KB088979

제3판

국제관계사
사라예보에서 몰타까지

제3판

국제관계사

사라예보에서 몰타까지

박건영 지음

사회평론아카데미

제3판

국제관계사

사라예보에서 몰타까지

2018년 9월 13일 초판 1쇄 발행
2022년 6월 30일 제3판 1쇄 발행
2024년 3월 21일 제3판 2쇄 발행

지은이 박건영

편집 김천희, 이소영
디자인 김진운
마케팅 김현주

펴낸이 윤철호
펴낸곳 (주)사회평론아카데미
등록번호 2013-000247(2013년 8월 23일)
전화 02-326-1545
팩스 02-326-1626
주소 03993 서울특별시 마포구 월드컵북로6길 56

ISBN 979-11-6707-066-1 93340

평화를 빕니다.

차례

제2차세계대전 173

냉전의 시작과 전개 347

중국의 사회혁명과 중화인민공화국의 성립 409

중소관계의 부침과 미중관계 정상화

쿠바미사일위기

"중동"의 갈등 931

데탕트(Détente) 1005

냉전의 종식 1057

서문: 국제관계사란 무엇인가?

국제관계사의 정의와 개념

　국제관계의 역사에 대한 탐구는 17세기 중반 등장한 국가주권(國家主權, state sovereignty)[1]이라는 새로운 유럽중심적 정치 개념이 어떠한 형태의 "수용과 변용, 저항을 거쳐 다른 권역으로 전파(傳播)"[2] 또는 확산되었는지, 그리고 국가[3]라고 불리게 된 이러한 주권적 정치 주체들이 생존, 물질적 이익, 위엄(prestige, pride), 명예(honor),[4] 이념, 가치(value)를 추구하면서, 혹은 오인이나 오판[5] 또는 생존을 위협

....

1　주권은 일정 영토 내에서의 최고 권위로서 영토 내 거주자들에 대한 도전받지 않는 지배권과 외부 권위에 의한 간섭으로부터의 독립성을 의미한다. 이 개념은 1648년 베스트팔렌 조약 이후 형성된 이른바 근대국제체제의 국제규범이 되었다.

2　이용희,『국제정치원론』, 연암서가, 2017.

3　프로이센/독일제국의 사회학자 막스 베버(Max Weber)는 그의 "직업으로서의 정치(Politik als Beruf, Politics as a Vocation)"라는 제목의 강연에서 국가를 "일정 영토 내에서 물리력의 정당한 사용에 대한 독점권을 [효과적으로] 주장하는 인간 공동체"라고 정의하였다. 그에 따르면, 봉건시대에는 어떤 군주도 물리력 사용에 대한 독점권을 효과적으로 주장할 수 없었다. 군주에 대해 충성을 서약한 봉신들은 자신의 봉토 내에서 자유롭게 권력을 행사할 수 있었고, 다른 한편, 군주와 봉신들은 로마 교회와 권력을 분점하거나 경쟁하는 관계에 있었다.

하는 외적 공포(fear)에 휩싸이면서,[6] 물리적 폭력, 균형화, 편승, 타협, 사대자소(事大字小), 이이제이(以夷制夷) 등 어떠한 수단으로 상호작용해 왔는지, 그리고 이러한 상호작용의 정치적, 군사적, 경제적, 문화적 결과와 그것이 다음 단계의 국가 간 상호작용에 어떠한 배경이 되었는지에 대한 분석과 이해를 그 주요 목적으로 한다. 그러나 국제관계사는 국가들의 의도적 행위만을 담고 있는 것은 아니다. 그것은 오히려 의도하지 않은 행위, 의도되지 않은 결과, 그리고 국가 행위를 직간접적으로 추동한 비국가적 수준의 결정들과 사건들을 포함하며, 나아가, 인간의 지각능력을 넘어서 존재하지만 세상의 사건들을 발생시키는 인과적 힘을 갖고 있는 소위 객관적 구조들(objective structures)을 포괄한다.

이 책은 19세기 말부터 냉전의 종식까지의 국제관계사를 담고 있다. 국가들은

....

4   영국은 아편전쟁 당시 중국 황제의 위엄을 타격하기 위해 군사적 의미가 없는 원명원(円明園, 위엔밍위엔)을 파괴하였다. 유럽열강이 식민지를 건설한 이유 중 하나도 위엄과 관련이 있었다. 이탈리아의 동아프리카 침공은 전형적 사례이다. 프랑스의 드골(Charles de Gaulle)에게 프랑스의 핵무기 개발 문제는 군사전략뿐 아니라 "프랑스가 프랑스로 남을 수 있을 것인가?(Will France remain France?)" 하는 위엄의 문제와 직결되어 있었다. Wilfred Kohl, *French Nuclear Diplomacy*, Princeton University Press. 1971. 이라크의 사담 후세인(Saddam Hussein)의 핵무기 개발 시도나 이란의 그에 대한 대응 모두 지역패권을 의식한 위엄의 문제와 관련이 있었다. 1974년 인디아가 순이익이 마이너스임을 알면서도 핵실험을 강행한 것 또한 국가적 위엄을 높이려는 의도와 무관하지 않았다. Greg Treverton, *Framing Compellent Strategies*, RAND Corporation, 2000. 투키디데스(Thucydides)는 명예(honor)가 그리스 도시국가들 간의 전쟁을 야기한 원인 중 하나로 꼽았고, 칸트(Immanuel Kant)는 "모든 수단을 통한 권력의 확대(the aggrandizement of their power by whatever means)"로서의 명예(honor)를 전쟁의 한 원인으로 보았다. Immanuel Kant, *Kant: Political Writings*, Cambridge University Press, 1991, Appendix I.

5   가장 빈번히 일어나는 오인은 적의(敵意)에 대한 과대평가로서 1차대전 참전국들 특히 오스트리아-헝가리의 경우가 대표적 사례이다. 오스트리아-헝가리는 러시아가 뒷배를 봐주는 슬라브 국가인 세르비아의 존재로 인해 자신이 고립되고 적대적 세력에 둘러싸여 있다고 느꼈다. 적의 능력에 대한 과소평가는 러일전쟁 전 일본을 얕잡아 본 러시아와 양차대전에서 미국의 산업능력을 과소평가한 독일이 전형적인 사례이다. Robert Jervis, "Arms Control, Stability, and Causes of War," *Political Science Quarterly*, Vol. 108, No. 2, 1993, p. 88; Jack S. Levy, "Misperception and the Causes of War: Theoretical Linkages and Analytical Problems," *World Politics*, Vol. 36, No. 1, 1983, pp. 83-84.

6   투키디데스는 펠로폰네소스 전쟁(431-404 B.C.)의 원인을 아테네의 '급부상(rise)'이 스파르타의 '공포(fear)'를 자극한 데서 찾았다.

자본주의가 태동하고 발달하기 전까지는 영토 확장이나 정치적 위엄을 둘러싼 권력정치(power politics) 또는 지정학적(geopolitical) 경쟁에 몰두하였다. 그러나 18세기 중반 자유시장경제와 산업혁명이 유럽의 물질과 관념의 세계를 지배하게 되면서 이 과정의 선두주자들은 해외의 시장·자원·노동력을 확보하기 위해 식민지를 건설하는 등 제국주의화하였고, 따라서, 19세기 말부터 20세기 초까지의 국제관계는 유럽의 열강 간 권력정치와 제국주의적 경쟁 및 침탈 과정이 상호강화하고 교호(交互)하는 양태로 점철되었다. 이후의 국제관계는 1차대전의 참화가 반전을 지향하는 목적론적 이상주의를 부각시킨 전간기를 거쳐 2차대전과 자본주의 내부의 성찰적 동학(dynamics)이 이상주의와 좌우파 전체주의 모두를 거부·지양하는 자유주의의 부상을 추동하는 가운데 자유주의에 포섭되지 않은 사회주의와 제3세계 비동맹주의가 수십 년간에 걸쳐 정치·경제·이념·군사적으로 도전·투쟁한 과정으로 요약될 수 있다. 『국제관계사: 사라예보에서 몰타까지』는 기본적으로 편년체를 채택하고 있으나, 권력정치, 제국주의, 자유주의, 사회주의, 비동맹주의 등이 각국의 내외적 그리고 국가적, 비국가적, 국제체제적 변수들과 역동적으로 교직(交織)되는 과정을 집중적이고 입체적으로 조명하며 역사의 전환적(轉換的) 흐름에 주목하는 역사사회학적, 또는 보다 정확하게 역사국제정치학적 인식의 틀에 기초하고 있다.

현존 국제관계사

국내에는 국제관계의 역사를 다루는 걸출한 저서들이 몇 있다.[7] 그러나 몇 가지 면에서 만족스럽지 못하다. 특히 이들은, 현재의 국제관계의 관점에서 본다면, 시간적으로 대과거(大過去, 너무 먼 과거)에서 출발하고, 냉전의 국제관계사를 담고 있지 않거나 피상적으로 다루고 있고, 냉전 종식 후 비밀해제된 문건도 반영하지

....

7   김용구, 『세계외교사』, 서울대학교출판문화원, 2012; 오기평, 『세계외교사』, 박영사, 2007; 백봉종, 『현대 지구촌 외교사』, 선인, 2001; 백경낭, 『국제관계사』, 법지사, 2001.

않고 있다.

냉전기에 주목하고 비밀해제 문건들을 섭렵한 서양 학자의 저작 중에는 개디스(John Lewis Gaddis)의 *We Now Know: Rethinking Cold War History*[8]와 *The Cold War: A New History*,[9] 그리고 영과 켄트(John W. Young and John Kent)의 *International Relations since 1945: A Global History*[10]가 잘 알려져 있다. 맥윌리암스와 피오트로우스키(Wayne C. McWilliams and Harry Piotrowski)의 *The World Since 1945: A History of International Relations*[11]는 이해하기 쉬운 형태로 쓰여진 역작이라 할 수 있다. 그러나 이들 저작은 공통적으로 미국 또는 서양 중심의 시각에 기초해 있다는 지적을 면하기 어렵다. "역사가는 자신이 딛고 있는 시·공간적 현실을 벗어나 사유할 수 없다"는 점을 고려할 때 서양의 학자들이 서양 중심의 국제관계사를 생산하게 된다는 것은 불가피한 사실일 것이다. 문제는 이러한 주류적 관점이 한국인, 아시아인 또는 비서구인들이 알아야 할 역사 또는 그들의 현재나 미래의 사활적 이익이 걸려 있는 역사에 대해 적극적으로 조명하지 않고 있다는 점이다. 예를 들어, 서양의 주류 저작들은 '홀로코스트(나치에 의한 유대인 대학살)'를 세계사적(世界史的) 무대의 중앙에 배치하지만 '난징학살(일본군에 의한 중국인 대학살)'은 그만큼 중요시 하지 않는다. 이들은 미국적 가치가 세계적으로, 그리고 때로는 강제적으로 폭력적으로, 확산되는 과정은 잘 보여주지만, 민주적 절차에 의해 선출된 이란의 모사덱(Muhammad Mossadegh, 1953), 과테말라의 아르벤즈(Jacobo Arbenz Guzman, 1954), 칠레의 아옌데(Salvador Allende Gossens, 1973)가 왜 그리고 어떠한 과정을 통해 미국 등 서양 강대국에 의해 불법적으로 축출되었는지는 적극적으로 조명하지 않는다. 비슷한 맥락에서, 그러나 다른 각도에서, 반제국주의를 '이

....

8   John Lewis Gaddis, *We Now Know: Rethinking Cold War History*, Council on Foreign Relations Book, 1997.

9   John Lewis Gaddis, *The Cold War: A New History*, Penguin Books, 2006.

10   John W. Young and John Kent, *International Relations since 1945: A Global History*, Oxford University Press, 2004.

11   Wayne C. McWilliams and Harry Piotrowski, *The World Since 1945: A History of International Relations*, Lynne Rienner Publishers, 2014.

넘적 심장(心腸)'으로 하고 있는 중화인민공화국이 1950년 티벳을 '제국적'으로 침공, 병합한 사실은 서양에서든 동양에서든 중대한 세계사적 문제로 다루지 않는다.

또한 이 저작들은 냉전의 기간과 미소 간 정치적 대립에만 초점을 맞추어 냉전이 1차대전, 러시아혁명, 2차대전 등에서 비롯되었다는 역사적 기원(起原)에 대한 토론을 생략하는 문제도 갖고 있다. 주지하듯이, 냉전의 시작은 자본주의와 사회주의의 이념 및 체제 간의 공존불가성에 대한 인식이 확산되고, 그에 따른 전략적 불신이 강화된 과정에 그 기원이 있다 할 수 있다. 따라서, 냉전기 이념이나 체제적 갈등은 러시아의 사회주의 혁명, 그리고 그것을 촉발한 주요 요인으로서 제국주의적 1차대전에 대한 이해를 필수적으로 한다. 나아가 2차대전 중 나치 독일에 효과적으로 대처하기 위해 불가피했던 사회주의 소련과 자본주의 영국, 프랑스, 미국 간 협력은 이념이나 체제적 모순과 갈등의 문제를 봉합한 측면이 있었다. 이러한 면에서 2차대전이 어떠한 맥락에서 '적과의 동침'을 가능하게 했는지, '동침'이 끝난 후 이들은 왜 그리고 어떠한 과정을 거쳐 냉전적 대립으로 휩쓸리게 되었는지, 또한 2차대전을 촉발한 히틀러와 나치는 어떠한 맥락과 의미에서 1차대전의 결과였는지에 대한 소급적 이해도 냉전에 대한 정확하고 타당한 해석을 위해 절대적으로 필요한 부분이다. 『국제관계사: 사라예보에서 몰타까지』에서 필자가 이루려는 목적 중 하나는 위에서 언급한 한국 내 국제관계사 탐구의 빈곤을 극복하고, 서양 중심 국제관계사의 '편향적 선택(selection bias)'에 대한 대안을 제시하는 것이다.

기점은 1차대전

이 책은 제1차세계대전에 이르게 되는 정치외교적, 경제적, 군사적 과정에 대한 역사적 분석으로 시작한다. 1차대전은 인류가 겪은 최초의 세계 수준의 "제국주의적" 전쟁이라는 기원적(紀元的) 의미뿐 아니라, 프랑스 혁명 이후 유럽 전역을 물질적, 관념적으로 강타한 나폴레옹 전쟁을 마무리짓고 유럽의 국제관계를 100년간이나 "보수적 유대(conservative unity)와 세력균형(balance of power) 외교"에 기초하여 안정적으로 관리한 '비엔나 체제(the Concert of Europe)'를 그 근원에서부터 해체하였다는 점에서 외교사나 국제관계사적 측면에서 의미심장하다 할 것이다. 나아가, 이 책의 주요 지향점이 냉전기 국제관계사에 대한 넓고 깊은 이해의 추구라 할 때, 냉전의 시작은 2차대전의 결과와 긴밀히 연결되고, 또 2차대전은 1차대전의 결과와 불가분의 관계에 있다고 할 때 그 분석과 논의를 1차대전으로부터 시작하는 것이 적실하고 타당하다 하겠다. 1차대전 이전(以前)의 국제관계—예를 들어, 크리미아 전쟁(Crimean War) 등 19세기 중반의 유럽의 열강관계—도 1차대전에 영향을 주었기 때문에 본 연구의 대상에 포함될 자격이 있지만, 지면의 한계라는 제약을 감안할 때, 현실적으로 가능한 접근은 선택과 집중, 즉 전략적 접근이며, 나아가 현재와 미래의 역사에 대해 가지는 적절성(relevance)과 영향력의 밀도 면에 있어 1차대전 이전과 이후는 불연속적이라 할 만큼 큰 차이를 가진다는 점이 지적될 수 있을 것이다. 이것이 『국제관계사: 사라예보에서 몰타까지』가 1차대전을 논의의 기점으로 삼는 주요 이유이다.

비밀해제된 외교문건의 반영

필자는 『국제관계사: 사라예보에서 몰타까지』 전체에 걸쳐 새롭게 발견된 역사적 증거나 새롭게 형성된 정설(定說)들을 충실히 반영하고자 하였다. 오랜 기간 동안 검증이 이루어진 양차대전에 관한 기록들은 비교적 논쟁의 여지가 덜하나 냉전기에 생산된 문건과 기록들은 검증 시간의 부족과 이념적 대결·투쟁이라는 개입변수로 인해 상대적으로 논쟁 가능성이 높으며 이로 인해 정설이 도전받을 여지가 더 많을 수밖에 없다. 필자는 미국, 중국, 일본, 러시아, 영국, 한국 등에서 비밀해제된 외교문건들을 면밀히 검토 분석하여 기존의 기록과 정설의 타당성을 검증하는 수단으로 활용하였다. 이러한 과정을 거쳐 형성된 새로운 지식은 새로운 정설을 위한 건설적 논쟁을 추동하는 원동력을 제공함으로써, 궁극적으로는 국제관계의 역사에 대한 이해의 지평을 넓히고 현실 문제 해결을 위한 깊은 통찰을 제공할 수 있을 것이다.

해당 국가의 외교문건을 독해해야 할 필요성에 비해 필자의 외국어 구사 능력의 한계는 아쉬운 부분이다. 따라서, 이와 같은 한계를 부분적으로 극복하기 위해 필자는 중국, 일본, 러시아 문건을 입수·해석해준 학자들과 석/박사후보들의 도움을 받았다. 필자는 이들과 함께 영어로 번역되어 있는 문건들을 원본과 비교·대조하면서 역사적 증거로서의 객관성·타당성을 더욱 완성도 있게 검증하는 노력을 기울였다.

서구 강대국 중심주의에 대한 재성찰

국제관계사의 학문영역에서 서구 강대국 중심주의란 "19세기 이후 국제관계의 역사에서 서구문명을 주체로 설정하고 비서구문명을 타자로 포섭하면서, 서구문명이 구성한 국가 간 관계의 역사를 '보편적'인 것으로 간주하는 역사기술"을 의미한다.[12] 미국 듀크 대학의 아리프 덜릭(Arif Dirlik) 교수에 따르면, 근대(modernity), 유럽중심주의, 그리고 역사학은 "구성적 관계"에 있다. 유럽중심주의는 근대를 형성하였고, "역사 자체가 근대의 기호였다(History itself is a 'sign of the modern')"는 말이다.[13] 근대 역사학은 유럽인들의 공간 범주에 따라 세계의 모든 지역을 서양과 동양으로 양분하였다. 또 인류 삶의 시간을 BC(Before Christ)와 AD(Anno Domini, In the Year of the Lord)로 나누는 것을 세계 표준으로 정하였다.[14] 유로아메리칸들(EuroAmericans)은 세계를 정복하고, 장소들의 이름을 바꾸고, 경제 사회 정치를 재편하고, 공간·시간적 지식에 대한 전근대적인 사고방식과 문법을 해소하였다. 이 과정에서 그들은 그들의 이미지에 맞게 유례없는 규모로 역사를 "보편화"하였다.[15]

··········

12 강정인, "서론: 서구중심주의에 대한 우리 학문의 이론적 성찰과 대응," 강정인 편, 『탈서구중심주의는 가능한가』, 아카넷, 2016, p. 20.

13 이 문장은 니콜라스 더크스(Nicholas Dirks)의 글로부터 덜릭 교수가 인용한 것이다. Arif Dirlik, "Is There History after Eurocentrism?: Globalism, Postcolonialism, and the Disavowal of History," *Cultural Critique*, No. 42, 1999, p. 3.

14 김기봉, 『내일을 위한 역사학 강의』, 문학과 지성사, 2018, pp. 10-11.

서구중심주의의 핵심적 문제는 이것이 "학문적 의제설정 권력(어떤 것이 연구될 가치가 있는가, 어떻게 연구되어야 하는가 등을 둘러싼 담론적 권력)"[16]을 행사하여 비서구인들에게 "문제의식의 서구화"를 강제함으로써 "자기 사회에 대한 독자적인 문제의식을 형성하지 못하거나 자기 사회의 맥락과 유리된 문제의식"을 갖게 만든다는 데 있다. 실제로, 앞서 말한 바와 같이 주류적 서구 강대국 중심주의적 관점은 한국인, 아시아인 또는 비서구인들이 알아야 할 역사 또는 그들의 현재나 미래의 사활적 이익이 걸려 있는 역사에 대해 적극적으로 조명하지 않고 있고, 한국을 포함하여 비서구적 국제관계사의 대부분도 서구의 담론적 권력에 포섭되어 있는 상태이다. 이러한 맥락에서 서구 강대국 중심주의를 극복하기 위한 시도는 사적(史的) 관념의 해체와 재구성이라는 관점에서 자못 의미심장하다 할 것이다. 최근 일단의 국제관계이론가들도 지배적 관점의 폐쇄성에 문제를 제기하며 "우선권, 관심, 이익"에 있어서의 이론적 변화를 모색하고 있다는 점[17]은 국제관계사에서의 유사한 논쟁이나 방향전환이 생산적이고 현실부합적이라는 사실을 방증한다 하겠다. 필자는 이러한 문제의식을 부분적으로 수용하여 기존 국제관계사의 관심과 조명을 받지 못하고 있지만 한국인과 비서구인의 입장에서 알아야 할 그러나 알려지지 않은 사실들을, 카(E. H. Carr)의 용어를 빌리자면, "역사적 사실(historical facts)"의 영역으로 포함하는 것을 『국제관계사: 사라예보에서 몰타까지』의 주요 집필 목표로 삼고 있다.

그러나 필자는 앞서 암시하였지만 서구 강대국 중심주의가 대체의 대상이라고 보지는 않는다. 다시 말해 필자는 국제관계사가 서구 강대국 중심주의를 예민하게 의식은 해야 한다고 생각하지만, 독자적인 비서구적 개념과 문법을 창조·도입해야 한다는 주장에 대해서는 회의적이거나 최소한 유보적이다. 서구 강대국 중심주의가 왜곡하고 간과한 역사에 빛을 비추어 국제관계사의 보편성을 증대하는 것과, 서

....

15   Dirlik(1999), p. 18.

16   강정인(2016), p. 26. 국제정치이론과 관련한 의제설정 권력에 대해서는 전재성, 박건영, "국제관계이론
      의 한국적 수용과 대안적 접근," 『국제정치논총』, 제42집 4호, 2002 참조.

17   Amitav Acharya and Barry Buzan, "Conclusion: on the possibility of a non-Western IR theory in
      Asia," *International Relations of the Asia-Pacific*, Vol. 7, 2007, p. 437.

구의 역사, 특히 서구의 팽창역사를 비서구적 개념과 문법을 사용하여 비서구적 관점에서 조명하는 것은 별도의 문제이다. 특히 후자의 동기(motive)가 보편성과 괴리되어 무분별하게 강조될 경우 내러티브(narrative)가 정치화되어 객관성의 측면에서 역효과가 야기될 수 있다는 사실이 지적되어야 한다. 반복하건대, 수많은 국제관계의 사실들이 저장되어 있는 사고(史庫)에서 특정 사실을 "역사적 사실"로 선택하는 과정은 고도의 주의와 분별력을 요구한다. 한국적 이익이나 정체성, 나아가 방기(放棄)된 비서구적 역사가 서양강대국 중심주의에 대해 주장할 수 있는 반제국주의적 정당성이나 민주적 당위성이 지나칠 경우, 필자가 이 프로젝트에서 극복하려고 하는 '허구적 보편주의'의 모순·오류를 '역전(逆轉, reversed)된 형태'의 '허구적 보편주의'로 극복하려는 우를 범하게 될 가능성이 있기 때문이다. 나아가 이와 같은 역전된 허구적 보편주의는 국제관계사의 현실성의 측면에서도 중대한 문제를 야기할 수 있다. 국제관계의 규칙과 제도를 만들어온 주체는 강대국들이고, 국제관계의 유지와 변동에 중대한 영향력을 행사해온 주체도 강대국들이다.[18] 따라서 국제관계이론이나 국제관계사의 민주화라는 관점[19]은 국제관계의 이러한 권력정치적 현실의 수용이라는 임계치(臨界値) 내에서만 현실적으로 타당하다 할 것이다.[20] 국제관계는 무정부상태(無政府狀態, anarchy)라는 구조적 속성으로 인해 인구나 영토를 단순히 반영하는 민주적 국제관계사는 현실과 부합하지 않는다는 점을 인정하고, 이러한 현실을 유지·수용하면서도 기존의 관점이 의도하지 않게 (또는 고의적으로) 왜곡하고 선택하지 않은 "대안적 관점에서 중대한" 사실들을 최대한 살려내고, 그것이 어떻게 강대국의 관심과 이익에 연관되어 왔는지를 조명하는 것이 분별력 있고 현실적인 사적(史的) 접근법이라 할 수 있을 것이다.

....

18 이런 면에서, 국가주권과 같은 유럽중심적 개념을 국제관계의 현실적 주요 개념으로 보는 시각과 의제 설정 권력으로서의 유럽중심주의는 구별되어야 한다.

19 Ching-Chang Chen, "The absence of non-western IR theory in Asia reconsidered," *International Relations of the Asia-Pacific*, Vol. 11, 2011.

20 이 문제에 대해서는 박건영, "한국적 국제정치이론의 구상," 미발표원고, 2020 참조.

몇 가지 방법론적 지향점

필자가 여기서 말하는 방법론이란 역사서를 집필할 때 '실질적인(substantive)' 내용의 타당성(validity), 정확성(accuracy), 신뢰성(reliability)을 담보하기 위해 사가가 필요로 하는 전략적 접근법과 도구들을 지칭한다. 필자는 가장 토대적인 것으로서 존재론(ontology)과 인식론(epistemology), 그리고, 필자가 이론·정책·역사의 '통합적 삼각인식구조'라고 부르는 방법론적 전략 도구 등에 대해 순차적으로 토론하고자 한다.

탈실증주의적 존재론과 인식론

외교사와는 달리 국제관계사는 단순한 서술이 아닌 설명/이해를 목표로 한다. 그런데 설명/이해를 도모하기 위해서는 경험적 상관관계뿐 아니라, 드러난 현상들이나 사건들의 이면에 존재하는 심층적인 인과적 힘들은 무엇인지, 그리고 그러한 힘들과 그 효과들은 어떻게 포착될 수 있는지에 대한 논의, 즉 존재론과 인식론에 대한 성찰을 필요로 한다.

존재론과 인식론은 서양철학의 변천 과정을 보면 쉽게 이해할 수 있다. 고대 그리스의 철학자들은 자연 현상들을 이해하기 위해 존재론을 사유의 출발점으로 삼았다. 그들은 '세상은 무엇으로 이루어져 있는가?'라는 질문을 던지고 어떤 이는 물, 어떤 이는 공기, 또 어떤 이들은 불, 흙 등을 제시하였다. 중세에 들어 철학은 신학에 자리를 내어주게 되었다. 신학자들의 주 관심은 인식론에 있었다. '당신이 안다고 생각하는 것을 어떻게 아는가(how do you know what you think you know)?'가 중요한 어젠다가 되었다. 그들은 신의 존재를 증명할 필요가 있었던 것이다.

존재론과 인식론은 현대의 철학이나 국제정치이론뿐 아니라 국제관계사에서도 매우 중요한 메타이론(Meta-theory, 연구자에게 연구 방향을 정해주는 이론의 전제에 관한, 이론 위에 존재하는 이론[higher order theory])적 논쟁거리이다. 즉, 존재론과 인식론은 연구자들이 세상에 관해 던지는 질문들 자체에 영향을 주고, 그 질문들에 답하기 위해 그들이 사용하는 연구방법들, 그리고, 궁극적으로, 그들이 생산하는 지식의 종류들에 영향을 준다는 의미에서,[21] 따라서, 국제관계사가들이 역사를 들여다보기 위해 착용하고 있는 특정 렌즈(이론)가 과연 현실(reality)과 진리(truth)에 부합하는지 여부를 가려준다는 의미에서, 그야말로 인간의 삶과 앎에 관해 '뿌리를 건드리는' 근본 문제를 다루는 토대적 연구 영역이다.

비판적 실재론: 보이지 않는 구조의 인과적 힘

전통적인 국제정치이론가들은 X가 증가하면 Y도 증가하는 현상이 시·공간을 초월하여 반복적으로 관찰되는 경우 Y는 X로 설명할 수 있다고 생각해왔다. 필자는 이러한 경험주의 철학(empiricism)에 기초한 실증주의적 접근(positivism)은 국제관계사에 적용될 경우 해당 현상이나 사건에 대한 큰 그림(big picture)을 그리지 못할 뿐 아니라 중요한 변수들을 배제 또는 간과함으로써 불완전하거나 왜곡된 설명을 제공하는 위험성을 가진다는 점을 지적하면서, 보다 완전한 이해를 추구하기 위해 드러난 현상들이나 사건들의 이면에 존재하는 드러나 있지 않은 심층적인 인과적 힘들에 대해 논해보고자 한다. 국제관계사가들을 이를 '구조적 힘'이라고 부르기도 하는데, 이것이 국제관계사를 외교사와 구별짓는 또 다른 주요 특징이라 할 때 이에 대한 토론은 '국제관계사란 무엇인가?'라는 근본 질문에 직접 닿아 있는 정곡(正鵠)에 해당하는 필수적 작업이라 하지 않을 수 없다. 영국 런던대학의 과학철학자 로이 바스카(Roy Bhaskar)는 세상에 존재하는 것(being)은 "실재하는 것(the real)", "사실인 것(the actual)", "경험된 것(the empirical)" 등 세 가지 "차별적이면서도 중첩적인(distinct but overlapping)" 영역들로 "층화(stratified)"되어 있다고 제시하였다.[22] 실재의 영역은 인간의 지각능력을 넘어서 존재하는 객관적 구조들로 이루어져 있다. 그런데 인간이 직접적 지식이나 경험을 갖고 있지 않은 이러한 객관적 실재들은 세상의 사건들(events)을 발생시키는 인과적 힘을 갖고 있는 '생성적 메커니즘(generative mechanisms)'이다. 단, 아래에서 상술하겠지만, 이 실재적

....

21 Alexander Wendt, "On Constitution and Causation in International Relations," *Review of International Studies*, Vol. 24, The Eighty Years' Crisis 1919-1999, December, 1998.

22 Roy Bhaskar, *A Realist Theory of Science*, Routledge, 1998, p. 41.

구조들은 그것을 구성하는 주체들의 이익, 이해(理解), 기대 등을 '결정(determine)'
하지는 않고 단지 '형성(shape)'할 뿐이다. 사실의 영역은 인과적 메커니즘들의 활
성화(activation)에 의해 야기된 사건들과 그 결과들로 구성된다. 그리고 경험의 영
역은 인간에 의해 관찰되고 경험되는 사건들과 그 결과들로 이루어진다. 바스카의
핵심 논지는 "현존(present)하는 것만이 존재(exist)한다"는 "존재론적 일가성(onto-
logical monovalence)"에 기초한 제 이론은, 실제로 존재하면서 세상의 사건들을 본
원적으로 야기하는 실재 영역의 객관적 주체의 존재와 힘을 무시/부인함으로써 세
상을 설명/이해하기에 미흡할 뿐 아니라, 오히려 현실을 호도하는 장애로 작용한
다는 것이다. 관념, 규범, 관행, 이론, 제도, 이념 등과 같은 객관적으로 실재하는 인
과적 메커니즘, 즉 실재적 구조들은 그 자체로 관찰 가능하지는 않지만 그것이 작
동하여 산출된 결과들은 관찰 가능하다.[23] 바스카에 따르면, 인과적 힘은 구조에 의
해 보유될 수도 있고, 행사될 수도 있으며, 실현될 수도 있다. 행사된 힘은 '개방체
계(open system, 특정 변수들의 효과를 차단할 수 있는 과학실험실과 같은 폐쇄체계가 아닌
다양한 힘들이 복합적 관계 속에서 동시다발적으로 작동하는 실제의 세계)'[24] 안에서 그것

....

23 바스카의 과학적 실재론에 입각하여 안소니 기든스(Anthony Giddens)는 구조를 세 가지 유형으로 구
    분하였다. 첫째, "의미화(signification)"이다. 이는 말의 의미는 고정되어 있는 것이 아니라 그것이 실
    행/실천되는 과정을 통해 형성되고 만들어진다는 것이다. 둘째, "정당화(legitimation)"는 사회적 규
    범이나 제도 등에 내재화되어 있는 지배적인 가치관적 관점을 말한다. 셋째, "지배(domination)"는 권
    력이 만들어내는, 특히 자원의 통제와 관련한 강제력을 말한다. Anthony Giddens, *Central Problems
    in Social Theory: Action, Structure, and Contradiction in Social Analysis*, University of California
    Press, 1979, p. 107.
24 세상에서 일어나는 사건들은 다수의 인과적 메커니즘의 우발적 결합과 동시적 작동의 결과라 할 수 있
    다. 따라서 특정 인과 메커니즘들과 특정 사건들 간 관계의 일관적인 규칙성은 특별한 조건 하에서만 일
    어날 수 있다. 즉 다른 여타 인과적 힘들이 작용하지 않도록 통제하고 해당 인과적 힘의 영향력만을 측
    정할 수 있는 과학실험실이라는 조건이 필요한 것이다. 나아가 이러한 '폐쇄체계(closed system)'의 또
    다른 조건은 인과적 메커니즘의 본질적 성격의 불변성이다. 메커니즘들이 (다른 메커니즘들의 간섭을
    받지 않음으로써) 일관된 방식으로 작동한다는 가정은 폐쇄의 외적 조건, 그리고, 메커니즘들의 본질적
    인 성격은 변하지 않는다는 가정은 폐쇄의 내적 조건이라 한다. 그러나 그러한 조건들은 '개방체계'인
    현실 사회체계에서는 충족되기 어렵다. 다수 메커니즘들의 우발적 결합과 동시적 작동을 과학실험실에
    서와 같이 통제하기 어려울 뿐 아니라 그러한 사회적 구조들과 그것의 인과적 속성들은 변하기 마련이
    기 때문이다. 데이비드 스콧, 이기홍 옮김, 『로이 바스카, 비판적 실재론과 교육을 말하다』, 한울, 2015,

이 영향을 미치는 범위 내에 있는 다른 구조들의 다른 힘들과 상호작용한다. 단, 이 행사된 힘도 다른 힘들이 그것의 효과를 상쇄할 수 있으므로 관찰 가능한 현상들을 만들어내지 못할 수도 있다. 다시 말해, 제도적/담론적 구조들의 힘은 보유되지만 행사되거나 실현되지 않을 수도 있고, 보유되며 행사되지만 실현되지 않을 수도 있으며, 보유되며 행사되며 실현될 수도 있다. 이 맥락에서 우리는 바스카의 이론이 전통적인 경험주의적 인과모델이 아님을 알 수 있다. 그는 사건들의 "항상적 연접(constant conjunctions)"에 기초를 둔 데이비드 흄(David Hume)류의 인과모델을 기각하면서 비시변적(非時變的, atemporal)인 "발생적-생성적(generative-productive)" 모델을 제시하고 있는 셈이다.[25]

구조의 인과적 힘을 이해하기 위해 인권이라는 규범을 사례로 들어보자. 먼저 충화된 존재의 경험적 영역에서 우리는 설문을 돌리고 사람들이 인권에 대해 갖는 신념이나 태도에 대해 관찰 가능한 결과를 경험할 수 있다. 또 인권이 거부되었을 때 항의시위가 발생하였다면 그것은 사실의 영역에 속하는 것이다. 그러나 인권의 문제가 계급, 젠더, 자본주의와 같은 객관적 구조의 인과적 힘이 작동한 결과라면 경험적으로 관찰 가능하지 않은, 그러나, 엄연히 실재하는 구조들에 대한 이해가 필수불가결할 것이다. 실재하는 것의 인과적 힘을 보여주기 위해 국제정치적인 사례를 들어보자. 19세기 유럽의 강국들은 '비엔나체제'의 100년 동안 세력균형(balance of power)을 일종의 국제정치적 제도이자 규범으로 여기고 그에 맞는 외교안보책을 구사하였다. 1815년 비엔나회의(Congress of Vienna) 이후 유럽에서의 100년의 평화는 사실인 것이었고, 유럽인들이 그러한 평화를 경험하여 지각하였다면 그것은 경험된 것이었다. 그리고 그러한 사실과 경험들은 세력균형이 하나의 실재하는 관념적 구조로 작동한 결과였던 것이다. 보다 현재에 가까운 예는 냉전 종

....

pp. 36-37.

25 비슷한(like) 대상들의 유(species)가 반복해서 발견되는 상황, 즉 A유형의 사건들이 B유형의 사건들에 앞서 반복적으로 일어난다면 이는 A와 B의 항상적 연접이다. 흄에 따르면 원인과 결과 간에는 (1) 시·공간상의 인접성(contiguity), (2) 시간상의 연속(succession), 그리고 (3) 항상적 연접(constant conjunction)이라는 세 가지 요소의 동시적인 성립이 경험주의의 원칙에 의해 정당화될 수 있는 인과관계의 본질이다. 윤용택, "흄의 '인과관계' 분석에 대한 비판적 고찰," 『철학』, 한국철학회, 1994, p. 48.

식 과정에서 소련 지도자 고르바초프(Mikhail Gorbachev)가 체제와 이념에 대해 내린 '결정적 결정'에 영향력을 행사한 당시의 "신사고적(New Thinking)" 시대 정신과 그를 추동한 '인식 공동체(epistemic community)'가 될 수 있을 것이다.

바스카에 따르면, 사회적 구조는 자연적 구조와는 달리 "발현적 현상(emergent phenomenon)"이다. 사회적 구조의 인과적 속성들은 그것을 구성하는 부분들 간의 구조화된 관계들로부터 발현(부분들의 속성 차원에서는 존재하지 않던 것이 그들 간 조직적 상호작용 인해 결국 외면적으로 드러나게)되어 하나의 '새로운 독립체(new entity)'로서 그 모습을 드러내는 것이다. 이와 같이 구성요소들, 즉 사회적 주체들(social actors)에 의존적이기는 하지만 그것들에 환원되지는 않는(dependent upon but irreducible) "경향성들(tendencies)"[26]을 보유하는 사회적 구조는 그러한 경향적인 인과적 힘들이 층화된 총체(總體, the whole)로 간주되어야 한다. 인간의 마음과 몸은 발현적 힘을 설명할 수 있는 좋은 사례이다. 마음은 몸에 의존하지만 그에 환원되지는 않는다. 우리는 사람들을 구성하는 세포들을 준거로 그들의 생각하는 힘을 (즉 세포들이 그러한 힘을 가진 것처럼) 설명하려 하지는 않는다. 마음은 몸을 구성하는 세포들에서 나온 발현인 것이다. 발현적 힘은 주체들에 영향을 미친다. 마음이 상하면 몸이 아프다는 것에서 알 수 있듯이 발현적 힘은 그것을 발현시킨 주체에 대해 인과적으로 개입하고 관여하고 있다는 사실을 알 수 있다.

이와 같이 발현이라는 개념은 세상에 대한 환원주의적 또는 방법론적 개인주의적(methodological individualism) 관점에 기초한 실증주의적 접근의 타당성과 현실성에 의문을 제기하는 주요 이론적 도구가 될 수 있다. 발현적 힘이 그 구성요소들로 환원될 수 없다는 점은 세상이 단지 분화(differentiated)되었을 뿐 아니라 층화되어 있다는 바스카의 통찰력과 밀접히 연관되어 있다. 환원주의자들은 존재가 층화되어 있다는 점을 간과하고 상이한 층들에 속하는 힘들을 자연과학에서처럼 일괄적, 동질적으로 양적 변수화하여 $Y=aX$와 같은 등식에 기계적으로 투입함으로써 발현적 힘이 가지는 중요성을 무시하고, 따라서 사회적 분석에서 인과성에 대한 오

....

26 구조의 행사된 인과적 힘들은 다른 힘들에 의해 상쇄되어 사실의 영역에서 기대되는 결과를 야기하지 못할 수도 있다. 따라서 객관적 구조의 인과적 힘들은 결과들을 발생시키는 '경향성'만을 가지는 것이다.

판을 저지를 수 있다. 바스카는 인간의 지각능력을 벗어나 객관적으로 실재하는 인
과적 메커니즘이 존재할진대 연구자가 존재론과 인식론의 차이를 구분하지 못하고
존재론적 이슈를 존재에 대한 인간의 지식에 관한 이슈로 전치(轉置, transpose)할
때, 즉 존재론적 진술을 인식론적 진술의 관점에서 분석할 때 "인식론적 오류(epis-
temic fallacy)"가 발생한다고 지적하였다.[27] 바스카의 비판적 실재론이 비판적인 이
유 중 하나는 바로 이러한 인식론적 오류를 지적하고 있다는 데 있다.[28] 인간은 이
러한 오류를 피함으로써 사회에 대한 인간의 이해를 증진시키고, 부정적인 인과적
힘을 미연에 방지하여 궁극적으로 인간해방(human emancipation)에 가까이 갈 수
있기 때문이다.

바스카의 '초월적 실재론(transcendental realism)'[29]은 실제로 인간의 삶에 어

....

27 바스카에 따르면, 세상에는 우리가 그것들을 알고 있는지 여부와 무관하게 사회적 객체들이 존재한다.
    그렇기 때문에 존재 그 자체로서 의미를 갖는(상대적으로 불변적인 우리가 알고자 하는 대상) "자동적
    (intransitive)" 세계와 객체에 대한 변화하는 지식이라는 "타동적(transitive)" 세계를 구분하지 않으면
    안 된다. 자동적인 존재를 타동적인 앎으로 환원하는 상향융합은 인식론적 오류를, 그리고 타동적인 앎
    을 자동적인 존재로 환원하는 하향융합은 "존재적 오류(ontic fallacy)"를 야기하게 된다.

28 바스카에 따르면, "사물의 자연적 필연성은 사물 그 자체의 인과적 힘이지만 인과적 힘은 실현될 수도,
    실현되지 않을 수도 있다. 자연적 필연성의 질서는 변형적 상상력을 창조하는 방향으로 작동한다. 여기
    에서 우리는 자유를 제한하는 인과적 힘을 막아내고, 모두를 위한 자유와 사랑, 행복의 번영을 가능케
    하는 인과적 힘이 실현되는 세계를 함께 창조할 수 있다." 못지 않게 중요한 것은 바스카가 기존 서양철
    학의 이원론적 경향(정신과 물질)을 극복하는, 즉 "비이원성과 초월"이라는 개념을 담은 '설명적 비판'
    의 논의를 이끌어 냈다는 점이다. 그에 따르면, 인간은 이원성의 세계 속에서 자신의 근원적 본성인 기
    저 상태에서 분리된 채 절반의 실재에서 자기중심적으로 살아갈 수밖에 없다. 인간은 이러한 이원론적
    착각에서 벗어나 진정한 실재를 살아갈 때 비로소 해방된 삶을 살 수 있다. 로이 바스카 지음, 김훈태 옮
    김, 『자연적 필연성의 질서: 친절한 비판적 실재론 입문』, 두번째 테제, 2017, p. 7, 212.

29 필자는 여기서 바스카의 접근법을 과학적 실재론, 초월적 실재론, 비판적 실재론(critical realism)으로
    기술하고 있으나, 이들은 핵심은 공유하고 있지만 범위와 초점은 다르다. 가장 광역에 해당되며 나머지
    두 개의 접근법에 철학적 기반을 제공하는 과학적 실재론에 따르면 세상은 인간의 인식, 이론, 언어와
    독립적으로 존재하며, 과학의 목적은 이러한 객관적 실재를 정확히 드러내는 데 있다. 전자나 중력장과
    같은 관찰 불가한 존재들이 작동한다는 것을 우리가 알고 있다는 것은 우리가 세상의 보이지 않는 근본
    구조(underlying structure)에 가깝게 다가갈 수 있음을 가리킨다. 경험을 초월한다는 의미에서의 초월
    적 실재론은 과학이 세상에 대해 신뢰할 수 있는 지식을 획득하기 위해 필요한 선결조건을 강조하며 세
    상에 존재하는 것의 범주를 "실재하는 것", "사실인 것", 그리고 "경험된 것"으로 나눈다. 이에 따르면
    참된 과학은 실증주의 인식론이 신뢰하는 경험된 것뿐 아니라 사실인 것은 물론이고 실재하는 것까지

떤 (긍정적) 영향을 주는가에 대해 논해보자. 일상생활의 예를 들어보자. 아침에 일어났더니 마당에 물이 고여 있다면 우리는 밤에 비가 왔음을 추론할 수 있다. 우리는 지난 밤의 강우를 경험하지는 못했지만 사실의 영역인 현상적 결과를 통해 지난 밤의 강우를 확인할 수 있고, 더 중요한 것으로서, 우리는 강우의 인과적 메커니즘에 대해 탐구할 수 있다. 우리가 이러한 실재적 영역까지 조사하여 그 인과적 힘을 파악할 수 있다면, 우리는 가뭄 때 기우제가 아닌 과학적으로 비가 오게 하는 방법을 찾을 수 있을 것이다. 과학적 실재론은 자연세계를 변형시킬 수 있고, 그 대상은 인간세계까지 확장될 수 있다.[30] 예를 들어, 우리는 자본주의 모순을 극복할 수 있는 경제/사회체제라든지, 국제적 무정부상태(anarchy)에서 비롯되는 자구체제(self-help system)나 안보딜레마(security dilemma)를 완화/극복할 수 있는 방안을 모색할 수 있다.

주지하듯이, 국제관계사를 다루는 현대의 진지한 사가들은 객관적 구조의 인과적 힘을 간과하지 않는다. 전통적인 외교사가들과는 달리 그들은 왕들, 정치지도자들, 사회적 엘리트들 개인의 행보와 업적을 역사의 중심에 두지 않는다. 인식론적 오류 또는 환원주의적 '구상화의 오류(fallacy of reification, 또는 실체화의 오류)'를 의식하고 있는 것이다. 따라서, 국제관계사가들은 비록 왕들, 정치지도자들, 사회적 엘리트들이 실제로 명령하고 행함으로써 국제관계가 변화하고 유지되는 것처럼 보이지만 이들의 사고, 의사결정 및 행동 과정에 거대한 조건이자 환경으로서 다양한 수준의 인과적 힘이 작동하고 있음을 인식하고 그 중요성을 인정한다. 이러한 면에서 양심적인 정치지도자들과 외교관들의 부단한 노력에도 불구하고 전쟁이 끊이지 않고 미래에도 그렇게 될 수밖에 없는 이유는 무정부상태, 즉 공권력 부재라는 국제관계의 구조가 국가들로 하여금 자력구제의 원칙을 따르게 하고, 자력구제를 추구하는 국가들 간에 안보딜레마가 발생하여 전쟁을 유발하기 때문이라는 구조주의

....

포함해서 다뤄야 한다. 초월적 실재론의 기초 위에 구축된 비판적 실재론은 사회과학과 인문학으로 탐구를 확장한다. 이는 물리적 실체뿐만 아니라 사회적 구조와 인간의 주체성을 포괄하는 구조화된(상이한 그러나 상호연관되어 있는 층위들이나 수준들로 구성된) 객관적 실재와 관찰 가능한 사건이나 현상을 야기하는 인과적 힘을 가진 보이지 않는 근본 구조를 드러내려 한다.

30   바스카(2017), p. 213.

국제정치이론가들의 주장이 일정 부분 설득력을 갖는다 하겠다.

국제정치이론가들뿐 아니라 구조를 강조하는 역사가들의 시각도 이런 맥락에서 통찰력을 제공한다. 예를 들어, "장기지속적(長期持續的, longue durée)인 일상생활(日常生活)의 축적"이 가지는 힘을 강조하는 아날학파(the Annales School)의 선구자 중 하나인 페르낭 브로델(Fernand Braudel)은 "전통적인 역사서술에서는 주변적으로 발전해온 준역사적인 논구들—인구, 식량, 의복, 주거, 기술, 화폐, 도시—의 중요성에 주목하였다. 그에 따르면, "어마어마한 규모로 존재하는 기본 활동의 영역"이며 "도처에 편재하고 침투하며 반복되는" 이른바 "물질생활(la vie materielle)" 혹은 "물질문명(la civilization materielle)"[31]은 일상사(routine)라는 성격을 가진다.[32] 그리고, 이 일상사라는 관찰공간을 좁힐수록 [우리가] 물질생활의 배경 그 자체 속으로 들어갈 기회가 더 커지며, 관찰시간을 아주 짧은 시간영역에 한정시키면 신문의 "사건·사고(evenement)"나 "잡보면(faits divers)"에 나오는 것 같은 일상사들을 볼 수 있게 되며, 그리고 잡보면의 일상사는 반복되고 또 반복되면서 일반성, 혹은 구조가 되며, 이와 같은 작은 사건들을 [우리가] 추적하면 한 사회가 드러나게 된다." 아날학파가 제공하는 통찰력이란 바로 이러한 오래 지속되는 "사회 기저의 조류(deep running currents)"[33]가 개인들과 당대 역사적 주체들(contemporary historical actors)에게 관찰되지 않는 방식으로 인간의 사회적 삶의 표면에 구조적 힘을 행사한다는 깨달음과 관련이 있다.

그러나 필자는 이 맥락에서 사회적 구조가 실재하고 인과적 힘을 가질 수 있다는 비판적 실재론의 의미와 중요성을 평가하면서도, 일부 국제정치이론가들이나 국제관계사가들의 '구조 과잉'에 대해서는 경계해야 할 필요가 있다고 생각한다. 다시 말해, 사회적 구조의 인과적 힘이 결정론적으로 과대평가될 수 있으며, 이렇게 될 경우 구조주의는 순환론 또는 '구조-환원주의'에 빠지게 될 위험성이 있다고 우려한다는 것이다. 만일 구조주의자들이 제시하듯 모든 개인의 동기, 신념, 지

....

31　페르낭 브로델, 주경철 역, 『물질문명과 자본주의 I-1: 일상생활의 구조 상』, 까치, 1995, p. 12.

32　브로델(1995), p. 19.

33　Fernand Braudel, *On History*, University of Chicago Press, 1980, p. 3.

식, 행동 등이 사회적, 경제적, 정치적 구조에서 비롯된 것이라 주장한다면, 바로 그렇게 생각하는 자신들의 지식이나 신념조차도 사회적, 경제적, 정치적 구조에서 비롯된 것이라 하지 않을 수 없다. 따라서, 모든 것은 구조에 의해 주어진 것이고 인간의 역할은 사라지게 되며, 극단적으로는 구조도 구조에 의해 주어진 것이라는 순환론적 구조-환원주의적 오류에 빠지게 될 수 있는 것이다. 예를 들어, 구조주의에 따르면, 러시아혁명, 2차대전, 중국혁명 등은 레닌, 히틀러, 마오가 없었어도 그 당시 시·공간에서 '일어날 수밖에 없었다.' 이 인물들이 아니라도 다른 인물들이 그들의 역할을 담당했을 것이기 때문이다. 예정설, 운명론, 결정론인 셈이다. 필자는『국제관계사: 사라예보에서 몰타까지』에서 구조주의가 그리는 일반적 추상적인 공간에서의 일반적 추상적인 힘 외에도 구체적인 시·공간에서 구체적인 개인이 구조의 힘을 극복하고 타파하거나 또는 적극적으로 활용하는 힘이 있음을 보여주고자 한다. 필자는 레닌, 히틀러, 마오가 구조적 조건이 준비되지 않은 상태에서 혁명과 전쟁을 '일으키거나 만들었다'고 생각하지는 않으나, 이들의 동기, 신념, 의지, 능력이 '평균적'이었다거나 '우연히' 주어졌다고도 생각하지 않는다. 필자는 이와 같은 대격변은 구조적 조건과 개인적 동기, 신념, 의지, 능력이 특정 시·공간에서 합치되고 결합된 결과로 보아야 한다고 생각한다. 혁명이나 전쟁은 '일어나는 것'도 '만들어지는 것'도 아니다. 그것들은 구조와 개인이 상호구성, 상호작용한 결과이다.

국제정치를 다루는 대부분의 사가들도 '구조 과잉'에 대해 우려하고 있다. 1차대전 직후 연합국 측은 베르사유 조약(Treaty of Versailles)을 통해 전쟁의 책임은 독일에 있다고 결정하였다. 그러나 1920년대 독일인들은 이러한 정죄를 거부하였으며, 1930년대에 들어서는 독일뿐 아니라 미국 등 열강의 일부 사가들도 구조적 요인들을 제시하기에 이르렀다. 예를 들어, 1928년 시드니 페이(Sydney Fay) 하버드대 교수는 전쟁의 책임이 독일에 지나치게 부과되었으며, 오히려 민족주의, 제국주의, 군국주의, 그리고 경직되고 휘발성이 강한 유럽의 동맹네트워크 등이 문제였다고 지적하였다.[34] 그러나, 2차대전 이후 1차자료들을 섭렵한 대부분의 사가들은 독일제국의 책임을 강조하고 있다. 1960년대 독일 역사학자 프리츠 피셔(Fritz Fisch-

....

34   Sydney Fay, *The Origins of the War*, Macmillan, 1928.

er)는 새롭게 발굴된 자료와 증거에 바탕하여 1차대전 당시 독일제국의 정치지도자들은 독일의 권력과 영토를 확장하고자 하는 의지가 강했고, 전쟁도 불사한다는 의도를 가지고 있었다고 주장하였다.[35] 이는 현재 정설로 되어 있고, '피셔 학파'는 세계 역사학계의 주류를 형성하고 있다.

구조주의는 개인이 범한 잘못에 대해 쉽게 면죄부를 발부할 수 있다는 도덕적 문제제기의 대상이 되기도 한다. 2차대전의 책임을 당시 바이마르 공화국(Weimar Republic)을 제약했던 구조적 조건들이나 독일 국민들의 자발적인 "자유로부터의 도피" 성향에만 지운다면 인류 역사상 유례없이 야심차고 무모한 상상력과 야만적이고 사악한 수단을 아무 죄의식도 없이 동원한 히틀러와 그의 동조자들을 무죄방면하는 셈이고, 따라서, 인류의 현재와 미래적 삶의 조건을 개선하기는커녕 오히려 악행을 격려하는 잘못을 저지르게 될 것이다. 이는 역사를 모욕하는 일이기도 하다. 독일 사가 울리히(Volker Ullrich)는 유익한 사례를 제시한다. 그에 따르면 1938년 발생한 '깨진 유리창의 밤(Kristallnacht)' 사건이 발생했을 때 대부분의 독일인들은 이를 지지하지 않았다. 이 사건을 일으킨 장본인인 히틀러는 배후에 숨고 국민들에게는 알려지지 않았다. 혐오스러운 이 사건을 목도한 독일 국민들은 "총통이 그걸 알기만 했더라면!"이라며 히틀러를 무죄방면해주었다.[36] 책임은 추상적인 '몰지각한 독일인들'과 그들이 사는 독일 사회의 구조에 돌아간 것이었다.

총체론적 존재론

여기서 필자가 말하는 총체론적(holistic) 존재론은 "전체는 구성요소들의 집합보다 크다"는, 단순히 환원주의와 대비되는 '발현주의적' 접근법이라기보다는 전체와 부분들이 서로에 대해 어떠한 존재론적 관계에 있는가라는 문제에 초점을 맞추는 관점이라 할 수 있다. 필자는 사회적 영역에서 벌어지는 어떤 사건들도 사회

....

35   Fritz Fischer, *Germany and the Origins of the First World War*, London, Chatto & Windus, 1967; *War of Illusions*, London: Chatto & Windus, 1975.

36   Volker Ullrich, "Hitler's Underestimated Charisma," Interview conducted by Jan Fleischhauer, *Spiegel*, October 11, 2013. http://www.spiegel.de/international/germany/historian-interview-new-book-explores-personal-charm-of-hitler-a-927155-2.html

적 구조의 재생산과 변화를 야기하는 주체들의 의도적 행위들과 유리되어 발생할 수 없고, 동시에, 이러한 주체들의 의도적 행위들도 그들 자체가 일부인 구조의 인과적 힘과 무관하게 이루어질 수 없다는 입장을 가지고 있다. 즉 전체를 구성하는 부분들은 그 전체와 유리되어 존재할 수 없고, 그 반대도 마찬가지라는 의미이다. 웬트(Alexander Wendt)가 제시한 바와 같이, 관념적 구조와 실체적 개인 간의 총체론적 상호구성관계는 노예제와 노예 간의 관계로 쉽게 설명할 수 있다. 즉 총체론적 존재론에 따르면, 노예제라는 관념적 구조가 없으면 노예라는 실체적 개인이 있을 수 없고, 노예라는 실체적 개인이 없으면 노예제라는 관념적 구조도 존재할 수 없다.[37]

그러나, 총체론적 존재론 내에서도 상호관계를 인과적으로 볼 것이냐, 아니면 비인과적으로 볼 것이냐를 둘러싸고 이견이 있을 수 있다. 웬트 등 구성주의자들은 구조와 개체 간의 관계가 "비시변적(atemporal)인 구성적 관계"에 있다며, 자신들의 목표는 시스템들이 어떻게 구성되는가를 설명하는 데 있기 때문에 "구체적인 역사적 과정들로부터 떨어져(abstract away)" 시스템들의 "스냅샷(snapshots)"을 찍는 것이 중요하다고 강조하고 있다.[38] 필자는 상호구성도 넓은 의미에서 인과적 상호작용(mutual causation)의 범주에 속할 뿐 아니라, 구조와 개인 간의 존재론적 독립성을 부인하는 '시차가 없는 상호구성'이라는 개념의 이론적 통찰력을 인정한다 해도, 그것은 시스템들의 공시적(共時的), 정태적 스냅샷이 아닌 국제관계의 통시적(通時的), 동태적 동영상을 찍는 국제관계사를 이해하는 데는 실익이 없다고 생각한다. 필자는 오히려 상호구성과 인과적 상호작용이라는 구조와 개인 간의 전통적 구분(divide)은 "구조와 개인의 상호의존성(mutual dependence of structure and agency)," 또는 "상호작용하는 쌍대성(雙對性, mutually interacting duality)"이라는 개념에서 수렴/공존한다고 보고 있다. 이 문제에 대한 존 폴락(John Pollack)의 비유는 시사하는 바가 있다:

....

37   Alexander Wendt, *Social Theory of International Politics*, Cambridge University Press, 1999; 알렉산더 웬트(박건영, 구갑우, 이옥연, 최종건 역), 『국제정치의 사회적 이론: 구성주의』, 사회평론, 2009.

38   Wendt(1998), p. 105.

두 개의 명제들이 상호인과적 관계에 있는 피드백 사례가 존재할 수 있다. 예를 들어, 두 개의 판자(板子)가 ∧ 형태로 서로에 기대고 있다고 상상해보자. 하나의 판자가 다른 하나의 판자를 떠받치고 있는 것이다. 중요한 것은 하나의 판자가 시간 t에서 무너지기 시작하지 않았다는 것은 바로 그 시간 t에서 다른 하나의 판자가 무너지기 시작하는 것을 막고 있다는 사실이다. 따라서 대칭적 인과성의 사례가 존재하는 것이다.[39]

상호구성과 인과적 상호작용이 상호의존성 또는 쌍대성이라는 개념에 수렴된다는 전제 하에 필자는 개인과 구조 간의 상호작용에 대해 영국의 사회학자 안소니 기든스(Anthony Giddens)의 '구조화이론(Structuration Theory)'이 시사하는 부분이 많다고 본다.[40] 월츠(Kenneth N. Waltz)와 같은 신현실주의자들은 구조를 개체주의적 관점에서, 그리고 월러스타인(Immanuel Wallerstein)과 같은 세계체제론자들은 구조를 구조주의적 시각에서 개념화하고 있다. 그렇기 때문에 전자는 행위자들에 의해 형성된 구조가 그들의 선택에 일방적으로 제약(constrain)을 가하고 있다고 보며, 후자는 구조가 국가 행위자들 자체를 생성(generate)하는 것으로 간주하고 있다. 기든스는 전자는 구조를 행위자들로 환원하는 잘못을, 그리고 후자는 구조를 물신화 또는 사물화하는 오류를 범하고 있다고 지적하며, 대안적 접근법을 제시하였다. 그에 따르면, 인간 주체는 자신의 환경과 조건에 완전히 매몰되지 않으며, 그것에 예속되지도 않는다. 그러나, 다른 한편, 인간은 자신의 환경과 조건으로부터 완전히 독립적이지도 자유롭지도 못하다. 이러한 상호구성의 관계에 있는 인간 주체나 구조는 생득적(生得的, inherently)으로 운동(in motion) 상태에 있으며, 양자는 "구조화(structuration)"라는 접점(interface)에서 만나 역동적으로 상호작용한다. 이 접점에서 일어나는 일련의 상호적 과정을 들여다보면, 주체들은 사회적 구조가 생산한 규범이나 제도라는 맥락 내에서 행위하며, 그럼으로써 구조가 재생산되는 데

....

39 Lois Frankel, "Mutual Causation, Simultaneity and Event Description," *Philosophical Studies*, Vol. 49, No. 3, 1986, p. 361에서 재인용.

40 Anthony Giddens, *The Constitution of Society: Outline of the Theory of Structuration*, Polity, 2013.

기여한다. 그런데 이는 구조의 안정성이 체계 외부에서 주어진 것이 아니고, 인간 주체가 사회적으로 구성되어 있기 때문에 가능한 것임을 가리킨다. 다른 한편, 인간 주체는 구조에 의해 영향을 받고 그 안정성 유지에 기여하지만, 동시에 성찰적 (省察的, reflective) 사고를 통해 자신에게 부과된 구조적 제약을 벗어나 행위함으로써 구조를 변경시킬 수 있다. 요컨대 개인과 구조는 역동적인 상호구성 및 상호작용의 관계 속에서 양립할 수 있다. 단 이와 같은 총체론적 존재론은 추상적이고 일반론적인 판단이 아니라, 구체적 시·공간에서의 구체적 연관관계를 주목할 때 비로소 발견되는 실제적 패턴에 기초한다. 즉 개인과 구조가 늘 이러저러한 관계에 있다는 것이 아니라, 개인과 구조의 상대적 영향력과 중요성은 '개방체계(open system)' 속에서의 인과적 힘들이 발현되고 사건들이 활성화되는가 여부에 따라 다르게 나타나며, 특히 대격변 등 체제 유지의 구심력이 약화되고 구조적 조건이나 맥락이 유동적이고 허용적인 시·공간에서 개인의 역량이 증폭될 수 있고, 더 부각되어 인식될 수 있다는 말이다.

해석학적 인식론

인식론이란 세상에 대한 신뢰할 수 있는 지식은 어떤 것인가라는 문제와 관련이 있다. 필자는 탈실증주의 인식론, 특히 행위나 사건의 의미(meaning)와 맥락(context)을 중시하는 해석학적 인식론(interpretivist epistemology)이 제기하는 문제의식에 귀를 기울이고자 한다. 20세기 초 유럽의 역사학계를 지배하던 독일 사학자 레오폴드 폰 랑케(Leopold von Ranke)는 그의 1824년 저서, 『라틴 및 게르만 제민족의 역사 1494-1514(Geschichten der romanischen und germanischen Völker von 1494 bis 1514, History of the Latin and Teutonic Nations from 1494 to 1514)』의 서문에서 "과거를 판단하거나 윤택한 미래를 위해 교훈을 제공하기보다는 단지 과거를 원래 그러했던 그대로(wie es eigentlich gewesen war, the way it had been, as it actually happened)" 보여주려 한다"고 썼다.[41] 물론 랑케의 '역사적 실증주의'는 역사적

....

41   John Lukacs, *Through the History of the Cold War*, University of Pennsylvania Press, 2010, p. 40에서 재인용.

배경이 있었다. 오랫동안 서양의 역사기술을 지배해왔던 그리스 사가들의 "유익한 역사(history as useful)론"에 대한 반성과 성찰의 결과였던 것이다.[42] 그러나, 랑케식 역사적 실증주의는 몇 가지 치명적 오류를 범할 수 있다. 첫째, "원래 그러했던 그 대로 보여준다"는 시각은 관념적으로는 그럴싸하게 들리지만 현실에서는 단순한 실록(實錄) 차원의 기록일 뿐 세상에 대한 인간의 앎의 영역의 확장에 기여하지 못 할 수 있다. 특정 행동이나 사건이 발생했나 안 했나, 특정 존재가 있었나 없었나를 파악하는 일은 시간과 부지런함이 해결할 수 있는 문제인 것처럼 보인다. 그러나 중요한 것은 사가들이 온갖 신화(神話)와 정치적 채색(彩色)을 걷어내고 얽히고설킨 과거의 문제들에 가까이 접근할 수 있다 하더라도, 그 특정 행동과 사건이 그저 언 제 어디서 발생하였다라고만 기술한다면 '몇 날 몇 시에 비가 왔다' 등과 같은 물질 적 현상에 대한 피상적 언급, 즉 시미엉(François Simiand), 브로델 등이 제시하였듯 이, 단순한 "실록(實錄, histoire événementielle)"에 머물게 될 것이라는 점이다.[43]

둘째, 역사적 실증주의는 사건과 행위들의 의미와 맥락을 배제하고 현상과 외 양으로만 판단하여 '구체적 실제에 대한 앎', 즉 '상황적 지식(situated knowledge)' 을 간과/상실하는 오류를 범할 수 있다. 예를 들어, 한 중년 남자가 호텔 리셉션장 을 향해 앞서 가던 다른 중년 남성의 뒤통수를 가볍게 때렸다고 가정해보면, 실증 주의자들은 이런 상황을 관찰할 때마다 '한 사람이 다른 사람을 때렸다'고 서술 할 것이고, 상황적 지식을 강조하는 탈실증주의자들은 특정 시·공간에서의 특정 한 뒤통수 가격이, 예를 들어, '고교 동창회에서 일어난 특정 절친들 간의 반가움의 표현'이라고 기술할 수도 있다. 인간의 행위는 사회적 맥락이 없는 공백에서 이루 어지지 않고, 사회적 "장소성(場所性, placeness)", 즉 특정 장소에서 드러나는 특별 한 성격에 의해 영향을 받는다. 따라서 우리가 사실과 사건의 진실에 더 가까이 가 려면 "사회적 행동의 구체적인 상황적 성격(situated nature of social action)"에 주 목할 필요가 있다. 강조하건대, 물질이 아닌 인간과 사회의 행동과 관계를 이해하

....

42   Michael Harsgor, "Total History: The Annales School," *Journal of Contemporary History*, Vol. 13, No. 1, 1978, p. 1.

43   Braudel(1980), p. 3.

기 위해서는 의도와 의미가 중요해지고, 그것을 놓치지 않기 위해서는 그러한 행동과 관계가 발생한 배경과 맥락에 대한 이해가 필수적이다. 국제정치적 예를 들어보자. 호치민(胡志明)은 냉전기 동안 미국 등 서방에서는 공산주의자로 규정되었다. 그가 프랑스 공산당과 코민테른에 가입·활동하였고, 그 이후의 행태도 "공산주의적"이었기 때문일 것이다. 그러나, 적어도 그가 어릴 적 공산주의를 선택한 시대적 배경을 고려하면, 다시 말해, 그의 의도와 의미를 시대적 맥락 속에서 파악할 경우 대안적 설명이나 해석이 가능해진다. 호치민이 추구하던 절대 목표는 프랑스의 식민지배로부터 벗어나 민족주의적 독립을 성취한다는 것일진대 1920년 그가 프랑스 공산당에 가입할 당시 베트남인들의 내적 역량이 부족한 상태에서 그가 보기에 지원을 요청할 수 있는 대상은 "광범위한 식민지들에 달라붙어 있는 제국주의의 촉수를 절단하라"며 제국주의 타파를 주창한 레닌(코민테른 제2차대회에 제출된 '민족과 식민지 문제에 관한 테제')의 코민테른이나 코민테른을 앞장서 지지하는 사회당 좌파가 창당한 프랑스 공산당 외에는 없었던 것이다. 요컨대, "정치적, 사회적, 역사적 틀(frameworks, 붕어빵은 밀가루와 팥을 붕어처럼 생긴 틀에 넣음으로써 만들어지듯)의 결과로서의 사실" 또는 "권력관계(power relations)의 결과로서의 사실"[44]을 '있는 그대로의 사실'로 받아들이는 실증주의적 역사 왜곡과 편견의 위험성은 특히 '인간이 사는 방식을 정하는 정치의 장'을 허상과 위선의 소모전으로 전락시킬 수 있고, 나아가, 지배와 배제를 정당화/제도화할 가능성이 있다.[45]

....

44 푸코(Michel Foucault)는 "인간과 사회를 다루는 특정한 영역에서 진실 여부를 가려주는 지식체계를 담론"으로 정의하고 특정한 권력 관계가 가능하려면 반드시 "당연한 진리로 받아들여지는" 담론을 생산 축적 유통할 필요가 있다고 보았다. 권력은 담론 내의 지식에 권위를 부여하고, 지식은 권력을 정당화한다는 것이다. 그는 담론의 기원(birth)을 찾고, 그 과정에 행사된 권력을 드러내는 접근법으로서 계보학(genealogy, generation + logos)을 제시하였다. 푸코에 따르면 누구도 도전하지 않는("과거가 없어 보이는," without history) 현존의 담론이 그 연원을 추적해 들어가면 특정한 시대의 특수한 상황에서 특정한 누군가가 인위적으로 만들어낸 것일 뿐, "사물은 어떠한 본질도 갖고 있지 않으며, 사물의 본질이라는 것은 이질적인 형식들로부터 조각조각 끌어 모으는 방식으로 날조된 것일 뿐"이기 때문에 계보학적 접근법은 당시 다른 사고와 행동방식이 존재했음을, 일들이 다른 방식으로 전개될 수도 있었다는 사실을 일깨워주기 위해 전환점들과 중요한 단절(discontinuity)들을 보여준다. Michel Foucault, *Discipline and Punish: The Birth of the Prison*, Vintage Books, 1979. 필자도 이러한 문제의식에 동의하고 책 전반에 걸쳐 계보학적 접근의 창발성을 살려보고자 노력하였다.

셋째, 실증주의는 가치중립적 객관성(value-free objectivity)의 추구가 가능하며 바람직하다는 입장에 서 있지만, 역시 여기서도 사가들은 과학자들이 실험실에서 물질을 다루듯이 인간사를 객관적으로 초연하게 서술할 수 없다는 사실이 중요하다. 자기들과 "이야기를 주고받는 과거의 인간들" 중 누구에게 발언권을 줄 것인지를 주관적으로 결정해야 하는 사가들은 역사 서술 과정에서 벗어나 있는 초월적 존재가 될 수 없고, 그 과정에 참여하고 개입하는 역사서의 일부일 수밖에 없는 것이다. 보다 구체적으로, 사가는 사고(史庫)에서 과거 사실의 두루마리를 지면의 한계상 선택적으로 꺼낼 수밖에 없다. 사가는 자신이 중요하게 생각하는 사실들을 선택할 것이고, 판단의 기준은 결국 그의 가치관의 개입을 불가피하게 만든다. 과거의 사실은 누군가의 행동의 결과일진대 그가 행동을 할 때 모종의 판단이 있었고, 그 판단은 그의 개인적 또는 시대적 가치관에 영향을 받을 수밖에 없었을 것이다. 이와 같이 가치관이 이미 개재(介在)된 과거의 사실을 현 시점의 사가가 그 자신과 시대적 가치관이라는 프리즘을 통해 선택하고 들여다보게 될 때, 그는 "과거를 원래 그러했던 그대로" 보여줄 수는 없다. 할 수 없는 것을 하고 있다고 말하는 것은 허위일 뿐 아니라 인간의 삶의 관점에서 위험천만한 일이다. 따라서, 중요한 것은 사가는 "과거를 원래 그러했던 그대로"를 보여준다는 것은 현실적으로 불가능한 이상(理想)에 가깝다는 사실을 인정하고, 그 '절대적 사실'에 가까이 접근하기 위해서는 과거의 사실에 가치관이 이미 스며들어 있고, 또한 자신도 그것을 들여다볼 때

....

45   국제정치학에서 예를 들어보자. 인간 주체의 심리, 동기, 신념, 감정 등을 탐구하는 심리감정 연구는 국제정치학계에서 비주류에 속하는 주변화된 분야이다. 은용수에 따르면 답은 대표적인 현실주의 이론가인 한스 모겐소(Hans Morgenthau)의 발언에서 찾을 수 있다: " '외교정책의 실마리', 즉 왜 그런 외교정책을 선택하고 결정했는가에 대한 해답을 '정책결정자의 심리감정적 동기(motives)'에서 찾는 것은 헛된 일이다… 왜냐하면 그러한 동기는 수시로 바뀌고 무엇보다도 (연구자의) '확인' 범위를 벗어나는 것이기 때문이다." 모겐소(류)의 이런 비판은 지금까지도 계속되는데 그 이유는 심리감정은 연구자의 경험적 확인/검증의 범위를 벗어나기 때문에 "과학적"이라 할 수 없다는 지배적 인식 때문이다. 즉 국제정치학에서 어떤 연구나 이론이 "과학"이라는 타이틀을 얻기 위해서는 인식론적 차원에서 실증적 확인의 범위 안에 있어야만 하는데, 심리감정 연구 (그리고 최근의 탈구조주의 및 포스트모던 연구도) 모두 그런 경험적 확인의 범위를 벗어나 있기 때문에 "비과학적"인 것으로 여겨지고 결국 주변화된다는 것이다. 과학을 정의하는 모겐소의 담론적 권력이 미국과 서구에서 효과적으로 행사된 셈이다. 은용수, "국제정치학의 메타이론: 존재론과 인식론." 박건영, 신욱희 편, 『국제정치이론』, 사회평론아카데미, 2021.

불가피하게 개인적, 시대적 가치관을 반영할 수밖에 없다는 점을 스스로 인식하는 일이다. 사가는 "인간의 사실과 관계"를 물질을 대하듯 가치중립적으로 대할 수 없다. 인류학자와 사회학자들은, 자연과학자들도 그들이 한 부분이 되는 과학자공동체들에 의해 영향을 받는다고 말한다. 다시 말해, 자연과학자들 자신이 그들의 문화적, 역사적 맥락에 의해 틀이 잡힌다는 것이다. "가치중립적이고 초월적인 지식 담지자는 존재하지 않는다."[46]

필자는 위에서 언급한 바와 같이 역사적 실증주의보다는 사가의 상황적 지식의 중요성과 가치 개입을 인정하는 해석학적 인식론이 역사 서술에 더 적합하다고 생각한다. 여기서 주목해야 할 부분은 해석학적 인식론이 역사에 대한 다원주의적 접근을 필수적으로 한다는 사실일 것이다. 사가마다 시각과 가치관이 다르기 때문에 사가의 수만큼 역사서가 다양하고 많을 수밖에 없다. 페르난데스-아메스토 (Felipe Fernández-Armesto)는 『지금 역사란 무엇인가?(*What Is History Now?*)』에 기고한 글에서 "역사는 나뭇잎들 사이로 잠시 잠깐 모습을 드러내는 목욕하는 뮤즈(신의 이야기를 들려주는 신)와 같다. 우리가 시각을 바꾸면 바꿀수록 뮤즈의 자태는 더 드러난다"고 말하였다.[47] "사가들"의 "가치관들"의 개입을 인정하는 다원주의적, 탈실증주의적, 해석학적 인식론이 더 생산적일 수 있다는 의미이다. 반대로, 역사교과서가 하나만 있어야 한다는 주장은 현실적으로 가능하지 않을 뿐 아니라, 인간을 전체주의의 극단으로 인도하는 역사적, 정치적으로 위험한 발상이다.

또 한 가지 지적될 수 있는 것은 국제관계사는 사가의 선택과 해석의 산물이고, 그렇기 때문에 그가 제시하는 역사적 사실은 잠정적인 성격(존 루이스 개디스가 자신의 저서가 *We NOW Know*라며 *NOW*를 강조했듯이)을 가질 수밖에 없고, 끊임없이 발견되고 생산되는 새로운 사실과 정설에 의해 대체될 수밖에 없다는 점이다. 가

....

46   Paul G. Hiebert, *The Missiological Implications of Epistemological Shifts: Affirming Truth in a Modern/Postmodern World*, Christian Mission & Modern Culture, 1999, pp. 30-31; Peter L. Berger and Thomas Luckmann, *The Social Construction of Reality: A Treatise in the Sociology of Knowledge*, Penguin Books, 1966.

47   Felipe Fernández-Armesto, "Epilogue: What Is History Now?," in David Cannadine eds., *What Is History Now?*, Palgrave, 2002, p. 155.

치관과 관점이 다른 사가들이 '실체적 진실'을 담은 '국제관계사들'을 생산하고 역사서의 시장(市場)에서 자유경쟁할 때 비로소 인류는 '역사적 진실'에 더 가까이 갈 수 있다. 이러한 맥락에서 『국제관계사: 사라예보에서 몰타까지』는 모든 역사서와 마찬가지로 사실상 도달하기 어려운 진실을 추구하는 과정 속에서, 즉 '국제관계사들'의 자유경쟁의 시장에서 다른 시각의 국제관계사들과 지속적으로 경쟁하는 과정 하에서, 잠정적이고 한정적인 정설의 지위를 얻기 위해 노력해야만 하는 운명을 태생적으로 갖고 있는 셈이다.[48]

그러나 의미와 맥락을 중시하는 해석학적 접근법은 "과거에 대한 어떠한 사가들의 관점도 틀렸다고 말할 수 없다"는 콜링우드(Robin George Collingwood) 류의 접근, 즉 사실상 진리의 존재를 부인하고 판단의 기준이 없는 단순한 '역사적 상대주의(historical relativism)'를 의미하지는 않는다. 반복하건대, 역사적 진실을 존재한다. 단지 그것에 '접근'하기 위해서는 사가들의 인식론적 한계가 분명히 인지되어야 하고, 역사서의 자유시장이 막힘 없이 작동되어야 하는 것이다. "역사는 사가와 그의 사실들 간 상호작용의 지속적 과정이자, 현재와 과거 간의 끊임없는 대화"라는 카의 발언은 이러한 맥락에서 시사하는 바가 있다 할 것이다.

필자는 탈실증주의적인 해석학적 인식론에 귀를 기울이지만 실증주의적 인식론을 무조건 배격하거나 해석학적 인식론의 보편성이나 방법론적 일원주의를 주장하지는 않는다. 오히려 필자는 해석학적 인식론의 오용이나 남용이 가지는 위험

....

48 카가 "카이사르 이전 수많은 사람들이 루비콘강을 건넜지만 그것을 중요하게 생각한 역사가는 없었고, 그가 도하를 했을 때 비로소 그것은 '역사적 사실'로 기록되어 의미심장한 역사가 되었다"고 말했듯이, 사실들은 역사가가 사고(史庫)에서 그것을 "꺼내" 세상에 알렸을 때 비로소 역사적 사실이 될 수 있다. 즉 모든 과거에 일어났던 사실은 시대의 기준에 영향을 받은 역사가들의 해석적 선택에 의해 우리에게 역사적 사실로 다가오는 것이다. 그러나, 시대는 늘 변하기 때문에 사가의 가치관도 상응하여 변할 수밖에 없고, 결국 역사는 사실에 대한 역사가의 "잠정적인 해석(for now)"에 기초해 있다 할 것이다. Edward Hallett Carr, *What Is History?*, Cambridge University Press, 1961. 다양한 역사가들의 다양한 해석들은 '역사의 시장'에서 자유경쟁하며 특정한 해석이 많은 지지자들을 확보하고 있을 때 우리는 이것을 정설이라 지칭하며, 이 정설은 시대의 변화에 따라 또는 사실의 (재)발견에 따라 다른 정설로 지속적으로 대체된다. 이러한 의미에서 역사서는 다원성을 기본으로 하며 사회의 정치적 정체성과 긴밀히 연계되어 있다. 전체주의나 독재 사회와 대별되는 자유민주주의 사회는 다원적 역사서들의 존재를 그 필수조건으로 한다.

성에 대해 주지하고 있다. 일반적으로, 실증주의자들은 관찰자로부터 외적, 객관적, 독립적으로 존재하는 현상이나 대상에 대해 인과적 관계를 가설화하고 경험적 검증을 통해 '설명(explanation)'하고 '일반화(generalize)'하려 하는 반면, 역사 속의 특수한 면면에 대해 "이해(understanding)"를 지향하고 '통찰력(insight)'을 추구하는 탈실증주의자들은 역사를 가설들에 대한 경험적 검증의 원천으로 보지 않고, 오히려, 사건의 기원, 전개, 결과에 대한 깊이 있는 이해를 가능하게 해주는 하나의 '내러티브(narrative)'로 간주한다.[49] 필자는 후자의 경우 특별한 주의가 필요하다고 판단한다. 탈실증주의자들이 역사를 자의적으로 해석하는 경우, 특히, 현재나 미래에 대한 실용주의적 함의를 이끌어낸다는 의지를 가지고 내러티브를 오용·남용할 경우, 그들의 역사서술은 '목적을 위한 조작'으로 타락할 수밖에 없기 때문이다. '유비적 사고(類比的 思考, analogical reasoning)'가 그러한 사례가 될 수 있다. 사가는 역사에서 외관상 유사한 사건들을 만날 수 있고, 한 사건을 과거 사건과의 유사성의 관점에서 프레임하여 제시·설명하려는 유혹에 빠질 수 있다. 더구나, 역사적 유비가 사가의 정치적, 이념적 이익을 정당화하기 위한 도구"[50]로서 인위적으로 선택·사용된다면 그의 역사서는 역사서가 아닌 선전책자가 되고 말 것이다. 필자는 『국제관계사: 사라예보에서 몰타까지』에서 역사적 유비를 자신도 의식하지 못한 채 정치적, 이념적 도구로 사용·암시하고 있지 않은지 주의를 기울였다. 이 책을 읽는 독자들도 '유비적 사고'의 유용성을 인식하면서도, 이것이 가지는 실용주의의 위험성을 경계하고 비판적 시각을 유지해야 할 필요가 있을 것이다.

　　나아가 필자는, 앞서 암시한 바와 같이, 해석학적 인식론이 '인간주의적 인식론'이라는 점을 이해하고 그것이 가지는 한계에 주목하고자 하였다. 여기서 바스카가 또 필요하다. 칸트의 초월적 관념론(transcendental idealism)에 익숙한 연구자들은 그가 "물 자체(das ding an sich; thing-in-itself)" 또는 "누메논(noumenon)"이라고 명명한 인간의 지각능력 밖에 존재하는 독립적 객체는 시·공간이라는 "감성의

....

49　Andrew Mumford, "Parallels, prescience and the past: Analogical reasoning and contemporary international politics," *International Politics*, Vol. 52, 2015, p. 5.

50　Mumford(2015), p. 4.

선험적 형식(a priori form of sensibility)"과 12가지 범주(categories)로 이뤄진 "오성(惡性)의 선험적 형식(a priori form of understanding)"에 의해 매개되어 인식되지 않는 것이므로 불가지물(不可知物, the unknowable)로 파악한다.[51] 칸트를 더 정확히 표현하자면 우리는 누메논의 세계가 존재한다는 것을 인정하지만 인간의 감각능력이 수동적(receptive)이기 때문에 그것을 알 수는 없다는 것이다.

필자는 불가지물 또는 객관적 실재에 인간이 직접 접근하거나 인식할 수는 없지만 인과적 기준에 입각하여 그러한 객관적 기제의 존재를 추론할 수 있다면 그 기제가 실재한다고 주장할 수 있다는 관점, 이른바 과학적 실재론 또는 '역전된 칸트적 초월주의(inverted Kantian transcendentalism)'에 동의한다. 따라서, 사가나 이론가들은 경험이든 해석이든 "주관적 존재론(subjective ontology)"에 기초한 '인간주의적 인식론'의 문제를 인식하고 '반인간주의(anti-anthropism)'에 입각하여, 경험된 또는 물화된 현상 넘어 존재하는 실재를 주목하는 "초사실주의(transfactualism)" 혹은 "초현상주의(transphenomenalism)" 인식론을 경청할 필요가 있다는 주장에도 동조한다. 나아가, 바스카가 말했듯이, '현실(reality) 그 자체'도 구조화(structured, 부분들이 전체 속에서 연관되어 존재한다는 의미에서)되고 발현된 과정이고, 인간은 이러한 과정의 일부 또는 참여자 중 하나라고 보는 시각도 지지한다. 인간은 결코 그러한 과정의 "조직자(organizer)"이거나 "창조가(creator)"가 아니기 때문이다. 필자는 인간 주체는 "우주의 중심에 고착되어 있는 단순한 관찰자가 아닌 의식적 주체 또는 실제적 조사자(human beings as conscious agents or practical investigators)로 거듭난다면 독립적인 현실, 즉 인간 지식의 객체(object of human knowledge)에 대해 비로소 정면에서 직시할 수 있는 능력을 갖게 될 것이라고 생각

....

51 칸트에 따르면, 우리는 아무것도 없는 무의 상태에서 어떤 대상을 보는 것이 아니라 선천적 안경(innate glasses)이라 할 수 있는 특정한 감성 형식(forms of sensibility)을 통해 보고 있는 것이다. 그 형식은 우리 바깥에 존재하는 것이 아니라 우리 내면에서 비롯되는 것으로서, 대상을 있는 그대로 보는 것이 아니라 우리가 우리 스스로 만든 형식에 따라 규정하는 대로 보고 있다. 우리는 어떤 대상을 지각할 때 감성의 선험적 형식을 사용하고, 질서를 세울 때 '범주(categories)'라는 일정한 도식을 매개로 사용한다. 그것이 바로 양, 질, 관계, 양태로 대표되는 오성(惡性)의 선험적 형식(사고능력)이다. 그 형식은 모두 우리 내부에서 일어나는 일이기에 사실은 우리의 주관이 객관을 형성하는 것이다.

한다.[52] 필자는 『국제관계사: 사라예보에서 몰타까지』에서 의식적 주체가 되려 노력하였다.

이론 · 정책 · 역사의 '통합적 삼각인식구조'

필자는 '반인간주의'에 입각한 '역전된 칸트적 초월주의' 인식론의 메타이론적 통찰력을 인정하는 가운데 여기서는 필자가 이론 · 정책 · 역사의 '통합적 삼각인식구조'라고 부르는 역사연구방법론에 초점을 맞춰 토론을 이어나가고자 한다. 인간은 지각능력의 한계로 인해 국제관계의 역사에 대한 직접적이고 완전한 지식을 가질 수 없다. 따라서 사가는 수많은 변수들이 수많은 방식으로 연관되어 있어 혼돈스러운 역사적 실제에 일련의 질서를 부여하고, 그러한 실제 속의 제 관계들의 핵심을 드러내주는 모종의 인식의 틀을 필요로 하게 된다. 마치 고도근시자가 세상을 보기 위해 렌즈나 안경에 의존할 수밖에 없는 것처럼, 사가도 역사적 실제를 보기 위해서는 그것을 자신의 역사의식의 관점에서 최적으로 단순화하고 클로즈업(close up)해주는 줌(zoom) 렌즈를 필요로 하게 된다는 말이다.[53] 그러나, 더 중요한 문제는 어떠한 렌즈를 착용할 것인가 여부이다. 그것은 사가의 연구 대상과 그것의 특성이 무엇인가에 따라 크게 달라진다. 대상이 개인이냐 민족이냐 계급이냐, 또는 국가냐 자본이냐 아니면 이념이냐에 따라 최적의 렌즈가 선택되고 착용되어야 한다는 의미이다. 혹자는 다양한 렌즈를 동시에 사용해야 한다고 주장할 수 있지만, 지면의 제약과 기회비용을 감안할 때, 역사적 실제 중 가장 밀도 있는 부분의 진수(眞髓)를 드러내주는 렌즈를 선택하거나 필요 시 만들어 착용하는 것이 보다 합리적이고 현실적일 것이다. 필자는 『국제관계사: 사라예보에서 몰타까지』를 집필하는데 있어 이론 · 정책 · 역사를 동시에 아우르는 '통합적 삼각인식구조'라는 방법론적

....

52 　Mingyu Seo, *Reality and Self-Realization: Bhaskar's Metaphilosophical Journey toward Non-dual Emancipation*, Routledge, 2014, p. 73.

53 　박건영, "국제관계이론의 역사와 계보," 우철구 · 박건영 편, 『현대 국제관계이론과 한국』, 사회평론, 2004.

전략의 필요성과 생산성을 드러내고자 하였다.

주지하듯이, 국제관계사의 특수성은 그것이 국가, 즉 "주어진 영토 내에서 물리력의 정당한 사용에 대한 독점적 권한을 주장하는 인간공동체들"[54] 간의 관계에 관한 것이라는 데서 비롯된다. 이와 같이 정당한 물리력 사용권을 내부적으로 독점하는 국가들은 그것을 하나의 정책 수단으로 외부적으로 사용하기도 한다. 따라서, 프로이센의 군사이론가 클라우제비츠(Carl von Clausewitz)가 오래 전에 말한 바와 같이, "전쟁은 다른 수단에 의한 정치의 연장(the continuation of politics by other means)"이기도 하고,[55] 국가의 주요 정책의 결과물이기도 한 것이다. 국가는 정책으로 전쟁을 일으키기도 하지만, 또한, 정책으로써 전쟁을 회피/자제하거나 평화를 만들기도 한다. 이러한 의미에서 정책이란 인간 삶에 관한 "문제를 푼다(problem-solving)"는 맥락에서 이해될 수 있다. 그런데 국가정책결정자들은 문제를 풀기 위해 무엇이 문제인지, 문제에 어떻게 접근하는 것이 합리적인지에 대한 지식을 필요로 하게 된다. 이론(theories)은 그들에게 "중요한 현실"이 무엇인지를 알려줄 뿐 아니라, 다양한 측면에서 그 현실과 작동원리를 조명(illuminate)해줌으로써 문제에 대한 깊은 이해를 가능케 하고, 또 그러한 이해에 기초하여 실천적 대안을 산출하는 데 도움을 준다. 그런데 실천적 대안은 국가의 입장에서 보면 이론의 현실적 적용으로서 국가 정책이 된다. 한편, 정책과 맞물리면서 끊임없이 변하는 현실은 이론에 피드백을 제공하여 지속적인 수정 및 대체를 유도한다. 이론과 현실, 즉 이론과 정책은 이와 같이 부단히 교호작용하면서 사회와 국제정치에 대한 이해를 제고하며, 인간의 삶을 파괴하거나 개선하는 수단이 된다.

역사는 이론과 정책에 개입하거나 양자를 매개(媒介, mediate)한다. 즉 역사는 문제가 왜 발생했는지를, 어떻게 해결되었는지(또는 해결되지 않았는지)를 가리켜(또는 가르쳐) 줌으로써 현재나 미래의 문제해결의 단초를 제공하는 것이다. 예를 들어, 2024년 미국의 대선에서 조 바이든(Joseph Robinette Biden Jr.) 대통령과 도널드 트럼프(Donald John Trump) 전 대통령이 각각 민주당과 공화당 후보로 경쟁하

....

54　Weber(1965).

55　Carl von Clausewitz, *On War*, Forgotten Books, 2008.

는 가운데 어떤 나라가 핵탄두를 장착한 대륙간탄도미사일로 미국을 위협하고 있다고 가정해보자. 이들 두 후보는 이 문제에 접근하기 위해 이전에 발생한 유사한 사태인 쿠바미사일위기를 기억하고 그것으로부터 교훈, 지침, 통찰력을 얻으려 할 것이다. 즉 이 후보들은 자신이 의식하든 의식하지 않든 자신이 가지고 있는 국제정치사적 지식을 소비하고자 하는 것이다. 이 두 후보들이 "역사적 유비(類比, analogy)를 자신의 정치적, 이념적 이익을 정당화하기 위한 도구"로 사용하지 않을 것이라는 전제 하에, 아마도, 트럼프는 케네디 대통령이 쿠바미사일위기를 단호함으로 해결하였다고 생각하고, 바이든은 케네디 대통령이 소련과의 대화채널을 효과적으로 확보·활용했기 때문이라고 생각할 가능성이 크지만, 어쨌든 이들의 이론적 이해와 문제해결 과정(정책결정 과정)은 역사적 사건에 대한 이들의 역사적 해석에 직결될 수밖에 없다. 어떤 현인의 말처럼, 역사는 "게으르고 탐욕적이며 겁 많은 인간들"[56]이 야망, 만행, 실패의 시행착오를 끊임없이 반복하는 과정처럼 보일 수 있지만 실제로는 수많은 사람들이 치열하게 살았던 삶의 누적이고, 그러한 사람들이 우리에게 보내는 '편지'와도 같다. 그때 그렇게 했기 때문에 그러한 일이 일어났다는 내용을 담은 그 '편지'는 지금 우리가 고민하는 문제의 원인을 짚어주고, 해결의 단초를 제공한다.

요컨대, 필자는 국제관계사라는 특수한 주제의 특성을 이해하기 위해서는 정책과 이론과 역사를 종합적으로, 그리고 유기적으로 분석할 수 있는 인식의 틀, 즉 국제정치 특유의 이론·정책·역사의 '통합적 삼각인식구조'를 상정하는 총체론적 접근법이 필수불가결하다고 판단한다. 필자는 역사적 결정과 행위, 그리고 그것들과 교호하는 객관적 구조의 힘에 대한 역사 주체들의 주관적 인식을 분석할 때 뿐 아니라, 그것들을 국제관계의 역사로서 선택하고 분석·서술하는 사가의 객관적, 대국적(大局的, big picture) 시각을 추구하기 위해서도 이러한 '통합적 삼각인식구조'를 일관되게 유지하고자 하였다.

....

56 Ian Morris, *Why the West Rules —for Now: The Patterns of History, and What They Reveal about the Future*, Farrar, Straus and Giroux, 2010, p. 28.

역사적 해석에서의 사가(史家)의 객관성

필자는 『국제관계사: 사라예보에서 몰타까지』를 집필함에 있어서 사가의 객관성을 유지하기 위해 노력하였다. 즉 필자는 사가의 객관성이, 카가 정의하였듯이, "사회와 역사 속에서의 자신의 위치로 인해 제한되어 있는 시야를 넘어설 수 있는 능력"이라 할 때 이 객관성을 추구하기 위해 필자의 역사적 해석을 '고난도 테스트(hard test)'를 통해 전개하고자 하였다. 경험의 세계는 특정 사실에 대한 어떠한 해석도 정당화할 수 있는 자료와 증거를 제공할 만큼 충분히 복합적이고 무제한적이다. 따라서 경우에 따라 서로 충돌하거나 모순적인 견해나 해석이 경험적 증거를 제시하며 공존할 수도 있다. 이러한 면에서 가설을 정당화하기 위해 그것과 부합하는 경험적 사례 몇 개를 제시하는 '저난도 테스트(soft test)'는 경험적 검증의 방법으로서 정당화될 수 없다. 사가가 객관성을 유지하려면 '고난도 테스트'를 수용해야 한다. 예를 들어, 카가 오래 전에 제시하였듯이, 영국 빅토리아 시대의 영국인들이 도덕적이고 이성적인 존재였다고 기술하고자 할 때에는 1850년의 '스톨리브리지 웨이크스(Stalybridge Wakes)' 사건, 즉 생강빵을 팔던 한 상인이 사소한 문제로 인해 결국 화난 군중들에게 맞아 죽은 일을 반드시 함께 평가·기술해야 한다. 비슷한 맥락에서, 국제제도가 국가 간 협력을 가져올 수 있다는 국제관계의 제도주의적 해석을 검증하려면 북유럽의 사례만 동원해서는 안 되고, 역사적 전략적 불신에 기초한 안보딜레마가 지배적인 동북아시아의 경우를 검증 대상으로 삼아야 한다.

나아가 필자는 '설명편향(explanation bias),' 특히 '사후확증편향(hindsight bias)'이 역사 해석의 객관성을 저해하지 않도록 주의를 기울였다. 사후적 관점에서 이뤄지는 역사 분석, 즉 사가가 '역사 탐정'이 되어 과거에 대한 미스터리를 풀기 위해 단서를 모으는 것과 같은 역행추론(retrodiction)은 국제정치적 '구조'에 대한 비판적 실재론적 접근을 가능하게 해주는 이점이 있지만, 다른 한편 오용이나 과용될 경우 과거의 불확정성(uncertainty)과 우연성(contingency)을 과소평가하게 하는 위험성을 동시에 가지고 있다. 과거 사건에 대해 이미 알고 있기 때문에 사가의 마음 속에서는 결과가 과정을 인과적, 논리적으로 지배하게 되고, 이러한 역행추론은 단순한 가능성(plausible)을 개연성(probable)으로, 그리고 불가피성(inevitable)으로 단정하게 만들 수 있는 것이다. 이러한 편향은 사가가 증거와 사료가 정당화하는 것보다 과도한 확정성과 인과성을 그의 역사 분석에 부여하도록 함으로써 역사적 사실 관계를 합리주의에 입각하여 결정론적으로 과도하게 단순화하고 왜곡하는 실수를 범하게 할 수 있다.

예를 들어, 소련 해체 직전인 1980년대 중후반 미국의 국력에 대한 미국인들의 인식은 과연 어떠했을까? 우리는 그들이 당시 "소련은 불가역적으로 쇠퇴"하고 있고, "미국은 상대적으로 상승"하고 있다고 인식하였다고 추론하는 경향이 있다.[57] 그러나 사실은 그렇지 않았다. 소련의 추락에 못지않게, 어쩌면, 더 많은 사람들의 관심이 미국의 쇠퇴에 집중되었던 것이다. 데이터에 따르면, 1989년 미국인들 중 절반은 미국이 쇠퇴하고 있다고 믿었다. 미국은 세계 최대 경제 강국이었으나 1/5 정도의 미국인들이 그렇다고 생각했을 뿐이다. 군비증강을 추진하던 1980년대 레이건 정부 시기에도 1/5 정도의 미국인들만이 군사력 면에서 미국이 소련에 앞서 있다고 인식하였다. 미국인들 중 1/3은 미국이 핵무력에서 소련에 뒤지고 있으며, 절반 정도는 재래식 무력에서도 뒤처지고 있다고 생각하였다. 1980년대 미국의 수많은 전문가들은 소련 이상으로 미국의 상대적 쇠퇴를 기정사실화하고 정부가 대책을 마련할 것을 주문하였다.[58]

그렇다면 우리는 왜 사실과 달리 당시 미국인들은 미국이 상승하고 있다고 인식했을 것이라고 추론하는가? 우리가 냉전에서의 미국의 승리와 소련의 해체라는 사실을 알고 있는 현재 시점에서 과거를 합리적으로 역산하는 사후확증편향에 빠져 있기 때문일 것이다. 필자가 앞서 서양 중심 국제관계사에 대해 비판할 때 언급한 '선택편향(selection bias)'이 역사 해석의 입구 또는 서론에서의 문제라면 설명편향과 사후확증편향은 본론과 결론에서의 오류라 할 수 있다. 필자가 『국제관계사: 사라예보에서 몰타까지』에서 이러한 실수와 오류를 무의식중에 범하고 있을 수도 있다. 그러나 필자는 편향 방지책(safeguards)은 자신이 그러한 우를 무의식중에

....

57   Mark Kramer, "Ideology and the Cold War," *Review of International Studies*, Vol. 25, 1999, p. 565.
58   Joseph Nye, Jr., *Bound to Lead: the Changing Nature of American Power*, Basic Books, 1990, p. 2. 예일대의 역사학 교수 폴 케네디는 미국은 영국의 전철을 밟게 될 것이라며 미국 '쇠퇴론 학파(declinist school)'를 주도하였다. Paul Kennedy, *The Rise and Fall of the Great Powers: Economic Change and Military Conflict from 1500 to 2000*, Random House, 1987.

언제든지 범할 수 있다는 성찰적 인식에서부터 시작한다고 믿는다. 필자는 증거와 사료가 뒷받침하는 경우에만 말하고 그렇지 않은 경우에는 합리주의적으로 끼워맞추지 않고 현존하는 미스터리나 공백을 그대로 남겨두었다.

역행추론은 과거 사건의 원인을 추론하기 위해 현재의 지식에서 거꾸로 작업하기 때문에 이러한 소급적 방법은 이른바 현재주의(presentism)로 이어질 수 있다. 사가가 현재의 지식과 가치관을 사용하여 과거를 해석할 때, 무의식적으로 역사적 사건에 현대적 관점과 가치관을 투영할 수 있다는 것이다. 이 과정에서 과거의 사건이 현재의 신념과 도덕적 기준의 렌즈를 통해 판단되거나 이해되는 시대착오적인 해석이 이루어질 수 있다.

예를 들어, 현재주의적 분석은 인권과 자결권 같은 현대적 가치와 이해를 식민주의 평가에 소급 적용함으로써 역사적 서사를 해석하지 않고 직역하는 위험성을 갖고 있다. 이러한 접근 방식은 당시의 다양한 수준에서의 복잡성과 당시 맥락에서 광범위하게 받아들여졌던 관행이나 규범을 충분히 반영하지 못하는 몰역사적인 도덕적 평가로 이어질 수 있다. 식민주의의 부당함을 인식하고 비판하는 것도 중요하지만, 이러한 역사적 현상을 보다 심층적으로 이해하려면 식민지 강대국을 움직인 당시의 경제적, 정치적, 이데올로기적 환경과 조건을 이해해야 한다. 요컨대 현재의 편견으로 과거를 색칠하지 않기 위해 현재의 가치관과 역사적 분석을 분리하는 것이 사가의 과제인 셈이다.

사가의 객관성은 사실과 사료를 다양한 오염원으로부터 분리할 수 있는 능력에 의해 제고될 수도 있다. 특히 사가는 정부나 공공기관의 공식적 기록의 신빙성을 의심하는 자세를 견지해야 한다. 공식적 기록은 승자나 강자의 정치적 이익에 복무하는 '주장'일 개연성이 높기 때문이다. 정치인들의 회고록이나 인터뷰도 '선별적 기억'으로 인한 정확성의 문제뿐 아니라 개인적 도덕이나 이익이 개재되는 문제로부터 자유롭지 못하다. 이를 극복할 수 방법으로 문건의 교차확인이 있을 수 있다. 같은 이슈에 대해 이해를 달리하는 주체들이 어떻게 사실을 제시하고 해석했는지를 비교 검토하는 것이다. 나아가, 동일한 주체가 제시하는 기억이나 기록이 내적 일관성을 갖고 있는지도 유념할 필요가 있다.

필자는 위에서 말한 바와 같이, 사고(史庫)에 방치되어 있던 특정 사실을 "역사적 사실"로 선택하여 햇빛을 보게 하는 과정은 고도의 주의와 분별력을 요구한다는 점을 인식하면서, 유사한 맥락에서 순수하고 결백해 보이는 사료들이 정치적, 이념적으로 오염되었을 가능성 또한 경계하고자 한다. 이와 관련된 중요하고 유익한 사례가 있다. 1962년 10월 쿠바미사일위기가 한창일 때 미국의 로버트 케네디(Robert Kennedy) 법무장관은 도브리닌(Anatoly Dobrynin) 소련 대사와 급히 회동하였다. 케네디 법무장관의 회고록에 기초한 최근까지의 정설에 따르면, "[미국은] 지금과 같이 위협당하고 있는 상황에서 소련의 요구를 수용하거나 굴복할 수는 없지만, 터키에 배치된 미국의 미사일은 위기가 성공적으로 종식되면 조만간 철수시킨다는 것이 대통령의 입장"이라고 말하였다.

그러나 소련 기록은 다르다. 도브리닌 대사는 크레믈린으로 보낸 전문에서 케네디 법무장관이 "'터키 내 미국의 미사일이 사태 해결의 장애물이기 때문에 미국 대통령이 이것을 정리할 것이다'라고 말했으며, 'NATO가 약화되겠지만, 그럼에도 불구하고, 미국은 터키에서 미사일을 철수할 것이다'라고 말했다"고 적었다. 냉전이 종식되기 전까지 대부분의 연구자들은 미국 기록이 정확하다고 보았다. 하지만 냉전이 끝난 후 당시 대통령의 최측근이자 집행위원회(ExComm) 위원이었던 소렌슨(Ted Sorensen)은 자신이 로버트 케네디 회고록의 해당 부분을 "편집"하였다고 고백하였다.[59] 그는 1989년 모스크바에서 개최된 쿠바미사일위기 관련 학술회의에서 자신이 보았던 케네디 법무장관의 일기에 따르면 "대통령은 소련이 요구하는 터키 미사일 철수를 수용하겠다고 도브리닌에게 구두로 전달하라고 지시"하였으며, 따라서 "미국은 터키에서, 그리고 소련은 쿠바에서 각각 탄도미사일을 철수한다는 것이 합의(deal)의 핵심"이라고 명시적으로 기록되어 있었다고 회고하였다. 하지만 그는 법무장관이 사망한 이후 회고록을 출판하면서 미국이 소련의 추가 요구조건을 수용하였다는 부분을 자신이 삭제하였다고 인정하였다. 로버트 케네디의 회고록을 비롯한 미국 측 기록에 등장하는 유명한 문구인 "터키 미사일 철수는 쿠

....

59 "Sorensen comments," in Bruce J. Allyn, James G. Blight, and David A. Welch eds., *Back to the Brink: Proceedings of the Moscow Conference on the Cuban Missile Crisis*, January 27-28, 1989, University Press of America, 1992, pp. 92-93.

바 미사일 철수와는 무관하다"는 주장은 사실 왜곡으로 판명되었다. 이와 같은 사례에서 교훈을 얻을 수 있듯이, 필자는 정부 간행물이나 인터뷰 자료뿐 아니라 기정사실화되어 있는 사료에 대해서도 비밀해제된 문건들과 비교·대조하면서 그 정확성과 진실성을 담보하는 노력을 경주하였다.

분석의 관점: "이상주의적 현실주의" 또는 "현실주의적 이상주의"

마지막으로, 지난 100여 년간의 국제관계를 어떠한 분석적, 가치관적 관점에서 바라볼 것인가 하는 문제가 있을 수 있다. 간단히 말해, 국제관계를 국가이익의 시각, 즉 현실주의적(Realist) 관점에서 볼 것인지, 아니면 인류적 이익의 시각, 즉 이상주의적(Idealist) 관점에서 볼 것인지의 문제이다. 인류적 이익의 관점에서 과거 국제관계를 역사적으로 조망하면 사가들은 국제관계의 규범적 측면을 강조할 수밖에 없다. 누군가가 지구 밖에서 지구 내 국제관계의 과정을 보게 되면 인간은 한동안 서로 협력하여 힘들게 문명과 사회를 건설한다. 그러나 이 협력은 결코 오래가지 못한다. 물질적으로 강해진 한 부류의 인간들은 이기적이고 탐욕적인 욕망을 만족시키기 위해 정복과 침략에 나선다. 지배자는 쾌활하게 웃고 피지배자는 괴로움의 눈물을 흘린다. 또한 다른 부류의 강자는 정의의 이름으로 탐욕적인 지배자에 맞선다. 이들은 어렵게 건설한 문명과 사회를 순식간에 파괴하고 서로를 남김 없이 죽이고자 한다. 인간은 살아남기 위해 자신을 위협하는 적을 대량으로 살상할 수 있는 수단을 밤을 새워가며 개발한다. 그리고 시간이 지나면 인간은 다시 문명 건설에 함께 나선다. 그리고는 호시탐탐 지배의 기회를 노리다가, 어느 순간 닭들이 갑자기 후다닥 하며 서로를 쪼듯이 또 다시 역동적으로 서로를 파괴한다. 이러한 인류적 관점은 인간이 이와 같은 악순환으로부터 탈출하는 통로로서 이성(理性), 이해(理解), 정의, 교육, 민주화 등을 제시한다. 지도자들과 지식인들은 이것이 쉽지 않은 일이라는 것을 알면서도 인류를 폭력과 야만으로부터 구해내기 위해 이상을 추구하고 그 실현수단을 강구해내야만 한다고 주장한다. 인간은 "개·돼지"가 아니고 존엄한 존재이기 때문일 것이다.

그러나 이상주의는 목적론의 함정에 빠질 위험성을 가지고 있다. 문제의 핵심은 전쟁방지 등과 같은 '당위(當爲)'가 인식과 판단을 지배하거나 마비시켜 현실을 간과하게 하거나 호도(糊塗)할 수 있다는 점이다. 2차대전 직전 영국의 네빌 챔벌린 (Neville Chamberlain) 수상은 히틀러와의 만남 후 그의 행보를 "굳이 선의로 해석 (benefit of the doubt)"하였다. 그의 머릿속에는 전쟁 방지가 크게 자리 잡고 있었다. 그 결과 인류는 유례없는 재앙을 경험해야 하였다. 요컨대 목적론과 이상주의는 "꼬리가 몸통을 흔들도록 할(wag the dog)" 개연성을 갖고 있다.

국가이익의 관점은 분석의 시각을 보다 미시화하여 지구 내로 끌어내린다. 국가이익의 관점에서 보면, 인류가 문명의 건설과 파괴를 반복하는 현상을 무모하고 부조리하며 우스꽝스러운 이야기로 보는 인류적 관점은 인류의 현실적 삶의 현실적 조건을 무시하는 천진한 이상주의가 된다. 세계 모든 국가들에 대해 구속력을 가진 공권력이 부재한 상태에서 무자비한 무한경쟁하에 존재하는 국가들은 어느 누구도 신뢰할 수 없고, 따라서 생존하기 위해서는 불가피하게 이기적인 이익극대화를 추구해야만 하고, 국민들의 생명과 복리를 책임져야 하는 정치지도자들은 이기적인 이익극대화야말로 그들의 "국제정치적 도덕"이라 생각한다.[60] 국가와 국민의 이익을 망각한 채 개인의 도덕이나 윤리를 실천하려는 지도자는 자신에게 권력을 위임한 주체들에 대해 배임(背任)하는 셈이고, "국제정치적으로 무능하여 결과적으로 부도덕"한 인물이 된다.

일본의 아베 총리는 침략전쟁과 식민지 지배에 대해 사죄한 '무라야마 담화' 가운데 '침략'이라는 표현에 대해 "학계에서도, 국제적으로도 정해지지 않았다. 국가 관계에서 어느 쪽에서 보느냐에 따라 다르다"고 말한 바 있다. 그는 또 태평양전쟁 책임자들을 처벌한 극동국제군사재판을 "승자의 판단에 의한 단죄"라 하였다. 당시 일본 국민 70%는 아베를 지지하였다.

일본의 인기 있는 소설가 시바 료타로(司馬遼太郎)는 "19세기부터 이 시대에 걸쳐 세계 각국과 지역들은 타국의 식민지가 되든지 그게 싫으면 산업을 부흥시키고 군사력을 갖춰 제국주의국가들의 동료가 되든지 하는 두 가지 길밖에 없었다… 유

....

60   Hans J. Morgenthau, *Politics Among Nations: The Struggle for Power and Peace*, Alfred A. Knopf, 1960, pp. 4-15.

신을 통해 자립의 길을 택한 이상, 일본은 이미 그때부터 타국(조선)에게 피해를 입힌다는 것을 전제로 내 나라의 자립을 유지해야 했던 것이다… 즉 일본은 조선정복을 고집해야 하는 역사적 단계에 있었다. 만약 이를 버린다면 조선은커녕 일본마저도 러시아에 병합돼 버릴 위험이 있었다"고 말한 바 있다.[61] 러일전쟁이란 무엇이었나? 시바 료타로는 이렇게 말하였다. "사태가 냉각된 후세라는 시점에서 봐도 러시아는 일본을 고의로 죽음으로 몰아넣었고, 궁지에 몰린 쥐로 만들었다. 일본으로서는 사력을 다해 고양이를 물 수밖에 없었을 것이다."

되돌아 보건대, 19세기 중반 식민지 건설과 제국주의를 반대한 영국과 프랑스 국민은 얼마나 되었던가? "콩고의 도살자" 레오폴드 2세는 벨기에의 위대한 영웅으로 남아 있다. 비약이긴 하나, 한국은 제국주의국가들이 해외침략을 국가정책화하고 있을 때 자신의 주변에 약소국이 있었다면 어떻게 했을까? 인류적 정의의 편에 섰을까, 아니면 생존을 위해 또는 제국이 되기 위해 제국주의적 침략에 기꺼이 동참했을까?

필자는 국가이익의 관점을 옹호하지 않는다. 모든 사가와 지식인들과 정치지도자들이 이러한 현실주의 국제정치 노선을 불가피한 것으로 인정하고 이러한 시각에 지면을 할애하고 이러한 메시지를 전 세계로 확산한다면 인류의 미래는 야만적인 약육강식의 논리가 지배하는 홉스적 또는 파시스트적 또는 사회적 다윈주의(Social Darwinism)의 세계가 되고 말 것이기 때문이다. 더구나 국가들이 국제정치의 무정부성과 자구(自救) 원리에만 주목하여 항상 '최악의 시나리오(worst-case scenario)'가 현실화될 것을 걱정하고, 이러한 가능성에 대처하기 위한 안보조치를 강구하는 데만 몰두한다면, 의도적으로 피하고자 하는 그 최악의 결과를 의도치 않게 초래할 수도 있다. 국가 간 관계에서 이러한 '자기실현적 예언(self-fulfilling prophecy)'이 현실이 되는 경우는 비일비재하다. 따라서 카가 적시하였듯이, 사가들은 "현실주의가 이상주의의 가면을 벗기는 중요한 역할을 한다"고 인정하면서도, 원색적(原色的) 현실주의는 적나라한 권력투쟁 외에는 대안적인 모습을 보여주지 못하기 때문에 [우리는] 새로운 우리의 유토피아를 건설하지 않을 수 없게 될

....

61   나카츠카 아키라, 『시바 료타로의 역사관』, 모시는 사람들, 2014, p. 65.

것"이라는 점을 기억해야 한다.

그러나, 앞서 말했듯이, 이상주의가 대안은 아니다. 이런 맥락에서 다카하시 데츠야(高橋哲哉) 도쿄대 교수와 한 일본 청년 간의 대화는 시사하는 바가 있다. 한 일본인 청년은 그에게 "유럽과 미국은 식민지배에 대해 사과하지 않는데 왜 일본만 한국과 타이완에 사과해야 하는가? 전시에는 모든 나라의 군대가 거의 유사한 악행을 저지르지 않는가? 왜 일본만 사죄해야 하는가?"라고 질문하였다. 이에 그는 일본이 사과하고 사죄해야 유럽과 미국의 제국주의와 전시악행에 대해 비판할 수 있는 권리를 가지게 된다고 답하였다. 그는 일본이 그러한 권리를 가져야 타국의 전시악행을 비판할 수 있고, 그것이 미래에 반복되지 않도록 할 수 있으며, 또한 미국을 비판할 수도, 핵무기가 다시 사용되지 않도록 할 수도 있다고 하였다. 그는 청년에게 반문하였다: "우리는 어떠한 미래를 선택할 것인가?"[62]

그러나 적지 않은 사람들은 다카하시 데츠야 교수의 답이 옳기는 하나 그것을 받아들이기에는 왠지 부자연스럽고 비현실적이며 불편하다는 느낌을 지울 수 없을 것이다. 청년이 어떻게 답했는지는 알 수 없으나, 그가 던진 질문의 성격을 고려할 때 다카하시 데츠야 교수의 답에 만족하지 않았을 가능성이 크다. 그는 "교수님이 국가지도자가 아닌 것에 감사한다"고 말했을지도 모른다.

필자는 위에서 암시하였듯이, 국가이익의 현실성을 강조하는 현실주의 관점이 무정부 상태의 국제관계의 "현실"을 이해하는 데 유용할 뿐 아니라, 목적론적 이상주의의 천진성(naïveté)과 그에 따른 잠재적 무책임성을 드러내는 데도 필요하고 유익하다고 생각한다. 그러나 딜레마는 현실화된 현실주의의 세상이 현실주의적으로 방치될 경우 인간의 존엄성이 존중되지 않는 홉스적 자연상태, 또는 인간관계나 국가 간 관계가 힘이라는 물질관계로 대체된 이른바 '인간 소외(alienation)'의 물신주의적 세상으로 전락할 수밖에 없다는 데 있다.

중요한 것은 두 관점 모두 치명적인 (잠재적) 약점을 가지고 있지만, 서로를 보완할 수 있는 관계에 있다는 것을 인식하는 일이다. 사가들은 현실주의가 세상을

....

62   Takahashi Tetsuya, "Why Must Japan Apologize for War While the United States Has Not Apologized for the Atomic Bombing?: Reply to a Young Japanese," *Sekai*, vol. 687, April 2001.

험악하고 위험한 경쟁으로 내몰 때, 그리고 국가 간 폭력행위를 국제관계의 불가피한 일상사로 치부할 때, 인류적 관점에 서서 이를 비판적 시각에서 조명할 필요가 있고, 이상주의가 인류를 현실로부터 이탈시켜 오히려 역설적으로, 인류적 이익에 위협을 가할 때 국가이익의 관점에서 그 무책임성을 비판할 수 있어야 할 것이다. 요컨대 필자는 모든 국제관계의 사가(史家)들은 사고(史庫)에서 사료(史料)를 선택하여 꺼낼 때, 그리고 그것들을 스토리로 엮어 기술할 때 국가이익의 관점과 인류적 이익의 관점, 즉 현실주의와 이상주의를 어떤 형태로든 상호보완적인 맥락에서 결합하여 현실을 객관적으로 직시하면서도 인류적 관점의 규범을 방기하지 않고 지구적 미래에 관한 비전을 동시에 제시할 수 있는 분별력과 인내심과 용기를 발휘해야 하는 의무와 운명을 짊어지고 있다고 생각한다.

감사

필자는 1998년 발간된 존 루이스 개디스의 냉전사(*We Now Know: Rethinking Cold War History*)를 한국어로 번역하여 2002년 『새로 쓰는 냉전의 역사』라는 제하의 번역본을 발간하였다. 이 책의 장점은 저자의 농익은 역사적 지식과 따끈따끈한 비밀해제 외교문건들이었다. 필자는 개디스의 해박함부터 역사를 대하는 태도에 이르기까지 많이 배웠다. 그러나 그의 관심사는 필자의 그것과는 사뭇 달랐다. 다시 말해, 개디스는 필자가 알고 싶은 역사보다는 그가 보여주고 싶은 역사를 보여주고 있었다. 사실 이 세상 어디에도 객관적이고 보편적인 역사서는 없다. 구체적 시·공간의 영향하에 놓인 사가의 가치관이나 관심사에 따라 사실들이 선택되고 "역사적 사실"로 편입되기 때문이다. 따라서 필자는 개디스를 타산지석으로 삼아 국제정치를 주도하는 현실적 역학관계의 역사를 존중하면서도 동시에 한국인이나 비서구인이 알고 싶은 역사, 어떻게 보면 서구적 주체들이 보여주고 싶지 않은 "흑역사"를 드러냄으로써, 비로소 진정으로 객관적이고 보편적인 역사에 근접하는 역사서가 가능하다는 생각을 하게 되었다. 필자는 이후 "역사란 무엇인가?"라는 오래되고 낯익은 주제에 대한 공부에 시간을 투자하면서, 나아가 "국제관계사란 무엇인가?"라는 새로운 퍼즐(puzzle)을 제시하고 국제정치 특유의 이론·정책·역사의 '통합적 삼각인식구조'를 상정하는 총체론적 문제의식하에서 당시부터 쏟아져 나오기 시작한 각국의 비밀해제 외교문건들을 수집하고 읽고 기록하기 시작하였다. 사건이나 개념에 관한 사가들의 논쟁을 추적하며 정설(定說)의 의미를 되새기기도 하였다. 그후 필자는 쓰기와 읽기, 그리고 수정과 보완을 병행하면서『새로 쓰는 냉전의 역사』를 내놓은 지 16년 만에 비로소 하나의 작은 결실을 맺게 되었다. 이 말에 내포되어 있듯이 이 책은 필자의 야심작이 아니고 필자가 차곡차곡 모은 의미있어 보이는 사료들을 소박한 마음으로 정리한 시론 정도라 할 수 있다. 개디스가 자신의 저서에 대해 지적했듯이, 이 책에 실려 있는 역사는 필자가 "지금(now)" 알고 있는 제한적인 사실에 대한 해석의 결과일 뿐이다. 필자는 이 책이 국제관계사의 새로운 시각과 정설의 발전을 추동하는 데 있어 하나의 작은 징검다리의 역할을 할 수 있기를 희망한다.

필자는 이 책을 구상하고 집필하는 과정에서 많은 동료 학자들의 도움을 받았다. 원고 전체 또는 일부를 꼼꼼히 읽고 필자의 생각의 폭을 넓혀주신 구갑우, 권만학, 김세걸, 김아란, 김재관, 김재철, 김준석, 김학노, 류석진, 박수헌, 박순성, 신욱희, 오승희, 은용수, 이한우, 정연태, 채웅석 선생님들께 감사드린다. 사료를 찾고 정리하는 데 도움을 준 김정현, 캉차이메이(康彩玫), 서영준, 하보람, 임현철, 이규봉, 최다현, 김건, 그리고 필자가 오랫동안 사료와 씨름할 때 늘 마음에 와닿는 격려를 아끼지 않았던 '독서모임' 선생님들, 지난 십수년 동안 지적 호기심으로 필자를 자극하고 국제관계사의 장정(長程)에 동행해준 가톨릭대학교 국제학도들과 '연말제자모임' 구성원들, 자료를 찾고 구입하는 시간을 크게 줄여주신 가톨릭대학교 중앙도서관 선생님들과 국제학부 조교들에게도 심심한 사의를 표하고자 한다. 별 볼일 없는 글을 흔쾌히 출간해주신 사회평론아카데미사의 윤철호 대표님, 책만들기의 예술을 보여주신 김천희 님을 비롯한 편집진 선생님들께도 감사드린다. 남편과 가족에게 헌신하며, 통찰력 있는 정치학자로서 초고 교정에 애써준 아내 아란, 가족의 빛나는 '아이돌' 보람, 필자의 '베프'이자 열혈 팬이며(필자의 착각일 수도 있음) 영원한 테니스 메이트인 재현, 그리고 위글러 뚜뚜와 타들러 선우에게 이 책을 헌정한다.

개정판 출간에 덧붙여

『국제관계사: 사라예보에서 몰타까지』는 2018년 초판 1쇄, 2019년 2쇄에 이어 2020년 개정판을 선보이게 되었다. 독자들에게 감사의 마음을 전한다. 필자는 개정판에 몇 가지를 추가 보완하였다. 먼저 국제관계사의 핵심 중 하나인 중동의 정치와 국제정치에 관한 내용을 추가하였다. 이로써 독자들은 이란의 이슬람혁명과 미국 레이건 정부의 '이란-콘트라 스캔들', 이란 이슬람혁명의 여파로서 미국이 개입한 이란-이라크 전쟁, 그리고 중동정치의 거대한 관념적·정서적 토대라고 할 수 있는 이슬람분파들 간의 경쟁과 충돌에 관한 역사를 자세히 접할 수 있게 되었다.

그리고 전쟁과 전투 과정을 서술할 때 군사적인 전술·전략적 개념과 용어를 순화하고 보다 상세히 논리적으로 설명함으로써 독자의 이해를 돕고자 노력하였다. 예를 들어, 독자들은 제1차세계대전에서 독일제국의 '쉴리펜 계획'이 실패한 이유, 그리고 북베트남군이 '디엔비엔푸 전투'에서 프랑스군을 물리친 이유에 대해 보다 '현장감 있는' 이해에 도달할 수 있을 것이다.

아울러 개정판에서는 한국과 중국이 1951년 샌프란시스코 회담에 초대받지 못한 이유와 과정에 대해, 그리고 1965년 한일협정과 청구권 협정이 한미일 관계의 전개와 어떠한 연관성을 가지고 있는지에 대해 관계국들의 외교문건을 통해 설명하고자 하였다. 특히 이러한 국제적 조약과 협정들이 '한국의 국제관계'의 정체성 형성과 변화에 어떠한 영향을 미쳤는지에 관한 토론과 논쟁의 재료를 제공하고자 하였다. 한국전 당시 맥아더의 만주 핵폭격 구상에 관한 그의 인터뷰도 실었다. 필자의 의도가 제대로 반영되었는지는 독자들이 판단할 몫인 것 같다. 조언과 비판을 겸허히 기다릴 뿐이다. 다시 한번 '두꺼운 책'을 즐겨주신 독자들에게 감사한다.

2020년 2월 7일

PSCC Hall of Fame 책상에서

박건영

제3판 출간에 즈음하여

『국제관계사』 제3판을 발행할 수 있게 되어 기쁘고 영광스럽게 생각한다. 필자는 제3판에서 크게 두 가지를 보완하였다. 첫째는 국제관계사를 '어떻게' 쓸 것인가와 관련된 필자의 메타이론적 성찰의 반영이다. 국제관계사는 전통적인 외교사와는 달리 국가나 개인의 행위에 영향을 미치는 국제적 구조의 중요성을 강조한다. 냉전의 평화적 종식에 영향을 미친 당시 세계적 수준의 인식공동체(epistemic community)가 한 사례이다. 둘째, 러시아의 국제정치적 역할에 대한 재조명이다. 2022년 러시아는 국제법이나 규범을 무시하고 우크라이나를 침공하였다. 러시아의 입장 중 하나는 우크라이나가 NATO에 가입하여 NATO군이 러시아 국경까지 진출하게 할 수 없다는 것이다. 소련은 냉전 종식이 기정사실화되던 1990년 초 자신이 통일독일의 NATO 잔류를 반대하지 않으면 NATO가 1인치도 동진하지 않을 것이라는 미국의 "구두 약속"을 믿었던 것이다. 필자는 이 문제뿐 아니라 소련의 핀란드 침략(1939), '카틴 숲 학살'(1940), 아프가니스탄 침공(1979) 등에 대해서도 최근 공개된 소련의 비밀문건을 활용하여 보다 더 상세히 서술하였다. 제3판이 국제관계를 역사적으로 이해하려는 독자들에게 도움이 되길 기대한다.

2022년 6월 15일

박건영

제1차세계대전

오스트리아-헝가리 황태자의 암살

유럽 동남부의 발칸반도는 14세기 말부터 오스만터키(Osman-Turkey, 1299-1922/23)에 의해 정복되기 시작했고, 16세 중반에 이르러서는 대부분이 제국의 지배하에 놓이게 되었다. 19세기에서 20세기 초까지 그리스, 세르비아, 루마니아, 불가리아, 알바니아 등이 오스만터키로부터 독립하였다. 그러나 여러 차례의 독립전쟁과 그 후과(後果)들, 그리고 나머지 지역에 대한 지배권/관할권을 둘러싼 제국주의적, 민족주의적, 국제정치적 갈등은 발칸을 그야말로 폭발 직전의 '화약고'로 만들어 놓았다. 이 화약고에 접근하고 있던 유럽 열강은 러시아와 오스트리아-헝가리(Österreich-Ungarn, Austria-Hungary, 1867-1918)를 포함하였다. 러시아는 제국주의적, 군사안보적, 경제적 이익과 함께 대부분 남(南)슬라브족이 구성하고 있던 발칸 국가들과 공유하는 '범슬라브주의(Pan-Slavism)'라는 또 다른 차원의 이익을 이 지역에 투영하고 있었다. 이에 대해, 러시아와 마찬가지로 식민지를 갖고 있지 못하던 오스트리아-헝가리는 남슬라브인들이 다수 거주하는 자신의 '남쪽 텃밭'에 대한 통제권을 공고히 하고자 하였다. 러시아는 영국과 프랑스를 우방으로, 오스트리아-헝가리는 독일과 이탈리아를 동맹국으로 하고 있었다.

1908년 10월 6일 오스트리아-헝가리는 자신의 보호령 보즈니아-헤르체고비나(Bosna i Hercegovina, Bosnia-Herzegovina)를 합병하였다. 그러나 이 지역의 다수 주민들은 남슬라브계 세르비아인으로서 세르비아(Srbija, Serbia) 등과 결합하여 러시아의 지원하에 대세르비아, 나아가, '남슬라브' 국가, 즉 '유고슬라비아(Yugoslavia)'를 세우려던 터였다. 합병 직후 '국민방위(Narodna Odbrana, National Defense)'라는 결사체가 신생국 세르비아의 수도 베오그라드(Beograd, Belgrade)의 시청에서 출범하였다. '국민방위'는 세르비아 정부의 장관과 관료, 군 장성 등을 포함하는 준비밀결사체로서 오스트리아-헝가리 제국 내 세르비아인들 보호 및 범세르비아주의 구현을 목표로 하였다. 1911년에는 당시 세르비아의 파시치(Nikola Pašić) 수상의 온건 민족주의 정책에 불만을 품은 급진적 민족주의자들과 일부 군 장교들이 대중적으로는 '흑수단(黑手團, Crna Ruka, the Black Hand Society)'으로 알려진 '통일 아니면 죽음(the Ujedinjenje ili Smrt)'이라는 지하단체를 결성하여 '국민방위'를 사실상 대체하였다. 1913년 오스트리아-헝가리 제국의 프란츠 요셉(Franz Joseph) 황제가 조카이자 황태자인 프란츠 페르디난트(Franz Ferdinand) 대공에게 1914년 6월 28일에 예정된 보즈니아에서의 육군 군사연습을 참관하도록 지시하였다는 사실이 알려지자, 흑수단은 암살계획을 세우기 시작하였다. 요셉 황제는 이날이 세르비아인들이 가장 성스럽게 생각하는 종교적, 민족적 기념일인 '성 비투스 날(Vidovdan, St. Vitus Day, 성 비투스의 금식일)'이라는 것을 알고 있었고, 바로 그 이유 때문에 제국의 힘과 위엄을 보즈니아에 '마수'를 뻗치는 세르비아에게 확실히 드러내어 보여줄 수 있는 날로 만들고 싶었다.[1] 흑수단은 세르비아 정부와 군에 이미 침투해 있었다. 그리고 세르비아 정부도 이를 잘 알고 있었다. 세르비아의 파시치 수상은 흑수단의 암살계획을 알고는 고민에 빠졌다. 만일 그가 이 계획을 방치하고 황태자 암살이 이뤄진다면, 결국 흑수단과 세르비아 정부 간의 연관성이 그를 매우 난처하게 만들 것이었다. 다른 한편, 오스트리아-헝가리에게 계획을 사전에 알린다면 그는 세르비아 국민들에게 역적으로 몰리게 될 것이었다. 그가 세르비아 내의 반(反)오스트

....

1   Helen Losanitch Frothingham, *Mission for Serbia: Letters from America and Canada, 1915-1920*, Walker and Co., 1970, p. 316.

리아-헝가리 집단에 대해 잘 알고 있었다는 점이 드러나게 될 위험성도 있었다.

파시치는 국경에서 흑수단원들을 체포하려 했으나 실패하였다. 당시 국경 경비대나 세관 관리들이 흑수단원이었기 때문에 명령이 집행되지 않은 것이었다. 결국 수상은 흑수단이 노출되지 않는 범위 내에서 조심스럽고 모호한 외교적 언사(言辭)로 암살계획을 오스트리아-헝가리에게 알리고자 하였다. 그는 주 비엔나 대사 요반 요바노비치(Jovan Jovanovic)에게 임무를 부여하였다. 요바노비치는 오스트리아-헝가리의 외교부 내에서 범세르비아 국수주의자로 낙인이 찍혀 있던 상태라 외교장관이 아닌 그가 잘 알고 지내던 재무장관 레온 폰 빌린스키(Leon von Bilinski)를 접촉하였다. 6월 5일 그는 황태자가 사라예보(Sarajevo)를 방문하지 않는 것이 좋겠다고 권고하였다. 그는 "세르비아 청년 몇 놈이 공포탄이 아니고 실탄을 장착하여 발사할지도 모릅니다"라고 말하였다.[2] 미묘한 외교적 표현을 경험한 적이 없는 이 오스트리아-헝가리의 재무장관은 말귀를 알아듣지 못하였다. 그는 "아무 일이 벌어지지 않길 빌어봅니다"라고 유머로 대응하였다. 그는 세르비아 대사에게 우호적으로 대하고자 했고, 또 이 일은 자신의 업무도 아니었다. 요바노비치는 빌린스키가 자신의 메시지를 이해하지 못하였다고 느꼈지만 더 이상 조치를 취하지 않았다.

황태자 프란츠 페르디난트 대공은 총독 오스카 포토이렉(Oskar Potoirek) 장군의 초청장을 받고 1914년 6월 28일 태자비 조피(Sophie Chotek)와 함께 기차를 타고 사라예보 외곽에 위치한 필리포비치(Filipovic) 기지에 도착하여 세르비아를 가상의 적으로 하는 육군의 군사연습을 참관하였다. 6월 28일은 그들의 14번째 결혼기념식과 얼추 맞아떨어진 날이었다. 보헤미아(Bohemia) 귀족 가문 출신인 조피는 황가(皇家) 출신이 아니었기 때문에 비엔나에서는 황태자와 함께 동승할 수 없었지만, 속방의 도시인 사라예보에서는 그러한 황실법도를 따를 필요가 없어, 이 여행을 나름대로 결혼기념일 선물로 생각하였다. 사실 이날은 세르비아 왕국의 수호 성인인 '성 비투스의 날'이기도 했지만, 1389년 세르비아 제국(Dušan Dynasty)이 오스만터키와의 코소보(Kosovo) 전투에서 패배한 날로, 세르비아인들에게는 국치일(國恥日)이었다. 그러나 1914년 6월 28일은 조금 더 특별하였다. 세르비아인들은

....

2   Samuel Lyman Atwood Marshall, *World War I*, Houghton Mifflin Harcourt, 1964, p. 26.

1912-13년 동안 두 차례에 걸친 발칸전쟁을 통해 오스만터키로부터 코소보 지역을 회복해 '세르비아의 부활절'의 의미를 갖는 축제 분위기 속에서 그날을 기념하기로 되어 있었기 때문이다.[3]

황태자의 방문 기간 중 보즈니아의 보안조치는 낮은 수준이었다. 황태자는 경호원들이 자신과 군중을 떼어놓는 것을 원하지 않았다. 보즈니아 주민들도 그를 환영하였고, 사라예보는 적대적 지역이 아니었다. 120명 정도의 군과 경찰이 보안업무를 수행하고 있었다. 6월 28일 오전 10시경 황태자 일행은 필리포비치 기지를 출발하여 리셉션장이 마련되어 있는 사라예보 시청을 향하였다. 6대의 차량에 분승한 일행은 밀랴카(Miljacka)강 북쪽 제방을 따라 이어진 아펠 퀘이(Appel Quay) 대로(大路)를 선택하였다. 따뜻하고 맑은 날씨 속에 아펠 퀘이 대로변에는 많은 인파가 오스트리아-헝가리 제국의 깃발과 꽃을 들고 황태자를 환영하였다.

그러나 이들 속에는 황태자를 암살하려는 7명의 세르비아계 청년들도 포함되어 있었다. 그들은 오스트리아-헝가리 점령자들을 몰아내는 것이야말로 세르비아 민족의 애국적 청년들의 몫이라고 생각하였다. 따라서 그들에게 황태자 암살은 외적(外敵)에 대항하여 세르비아 인민들이 봉기하도록 격려하는 "상징적"이고도 "위대한" 몸짓이었다. 쿠무르야 다리(Cumurja Bridge)의 서쪽에는 메흐메드바시치(Muhamed Mehmedbasic)가, 그리고 그 옆에 카브리노비치(Nedeljko Cabrinovic)가 자리를 잡았다. 다른 청년들은 '황제의 다리(Kaiser Bridge)'에 이르기까지 위치를 나눠 배치되었다.

시간이 되어 황태자의 차량이 지나갔다. 그러나 메흐메드바시치는 용기를 낼 수 없었다. 카브리노비치 차례가 왔다. 그는 폭탄을 주머니에서 꺼내어 가로등 기둥에 부딪혀 뇌관을 제거하고 황태자를 향해 투척하였다. 그러나 폭탄이 비행하는 그 짧은 시간에 많은 일이 동시에 일어났다. 황태자가 탄 오스트리아제 그래프-쉬티프트(Gräf & Stift) 차량에 경호원으로 동승했던 육군 중령 하라크(Franz von Harrach) 백작(伯爵)은 뇌관이 제거될 때 난 소음을 듣고 타이어에 펑크가 났다고 생각하여 "좋아요, 좀 쉬었다 갈 수 있겠군요"라고 말하였다. 그러나 운전병은 무슨

....

3   박상섭,『1차 세계대전의 기원: 패권 경쟁의 격화와 제국체제의 해체』, 아카넷, 2014.

연유인지 백작의 생각과는 반대의 행동을 하였다. 가속페달을 밟은 것이었다. 뭔가 날아오고 있다고 느낀 황태자는 팔을 들어 태자비를 보호하려 하였다. 폭탄은 그의 팔을 스친 후 무개차(無蓋車)의 옆부분에 맞고 튕겨나가면서 도로에 떨어져 폭발하였다. 수명의 환영객들이 부상을 당하였다. 일행 중에도 부상자가 발생하였다. 그러나 차량들은 그대로 몇 분을 더 진행한 후 부상자들을 확인하기 위해 멈췄다. 카브리노비치는 청산가리(cyanide)를 입에 털어넣고 강으로 뛰어들었다. 그러나 그가 먹은 극약은 유효기간이 한참 지나 구토만을 일으킬 뿐이었고, 강도 물이 말라 익사하기엔 너무 얕아서 군중과 경찰이 그를 체포하였다. 황태자가 시청으로 가는 도중 다른 암살자들이 기다리고 있었으나 그들은 암살을 시도하지 못하였다. 시청에 도착한 황태자는 보안조치가 미비했음을 지적하면서 시장을 크게 질책하였으나, 이내 평정심을 되찾고 리셉션을 무사히 마쳤다.

리셉션 후 황태자의 나머지 일정을 변경할 것인지에 대한 회의가 열렸다. 황태자는 박물관 방문과 총독관저에서의 만찬을 예정대로 진행할 것을 지시하였고, 부상당한 메리치(Erik von Merizzi) 중령이 치료받고 있는 병원을 방문하고자 하였다. 그러나 그들이 시청을 나설 때 차량의 운전자들에게 병원 방문에 대해 말해주는 이가 없었다. 그 일은 부상으로 병원에 있는 메리치 중령의 업무였던 것이다.

암살자들은 이번엔 꼭 성공하리라 다짐하였다. 황태자가 원래의 동선을 따른다는 보장은 없었지만 그들은 아펠 퀘이 대로의 곳곳에 자리를 잡았다. 범세르비아주의와 오스트리아-헝가리 축출을 추구하는 '청년보즈니아(Mlada Bosna)' 회원으로서 흑수단에서 폭탄 투척 훈련을 받은 19세의 세르비아계 보즈니아인 가브릴로 프린치프(Gavrilo Princip)[4]는 아펠 퀘이 대로를 가로질러 프란츠 요셉로(路)를 걸어 내려 갔다. 그는 샌드위치를 먹기 위해 모리츠 쉴러(Moritz Schiller's)라는 델리숍으로 들어갔다. 황태자의 차량을 선도하던 시장의 차량이 아펠 퀘이 대로에서 프란츠 요셉로로 방향을 틀었다. 예정대로 박물관을 향한 것이었다. 포토이렉 총독은 "길을 잘못 들었군. 아펠 퀘이 대로로 곧장 가야 해!"라고 소리쳤다. 운전자는 브레이

....

4   가브릴로는 그의 어머니의 나라인 세르비아 말로 가브리엘을 뜻하였다. 그는 보즈니아에서 태어난 세르비아계 오스트리아-헝가리 시민이었고, 당시 세르비아의 베오그라드에 거주지를 두고 있었다.

크를 밟은 후 후진을 시작하였다. 황태자의 운전자는 델리숍을 지나 전진해야 했으나 차량 간 오해가 발생하여, 황태자의 차량이 프린치프가 들어가 있는 델리숍 바로 앞에 정차하였다. 프린치프에게는 황태자가 마치 "앉아 있는 오리"처럼 그의 결행을 기다리고 있는 셈이었다. 프린치프는 권총을 꺼내 황태자에게 한 발을 발사하였다. 총알은 황태자의 경정맥(頸靜脈)을 관통하였고, 총독 관저로 가던 중 사망하였다. 프린치프는 자신의 권총으로 자살을 시도했으나 군중들이 덮쳐 실패하자 청산가리를 삼켰다. 그러나 이 역시 카브리노비치가 삼켰던 것과 마찬가지로 유효기간이 지난 것이었다.[5]

'흑수단'과 '청년보즈니아'의 계획은 성공하였다. 세계대전이 일어나서 그들이 혐오하던 오스트리아-헝가리는 결국 보즈니아에서 쫓겨났다. 결과적으로, 1918년 세르비아인들은 발칸지역의 남슬라브인들을 하나로 묶는 국가를 만들어냈다. '남슬라브인들의 국가'라는 의미를 지닌 유고슬라비아(Jugoslavija, Yugoslavia) 왕국이 출범하였고, 남슬라브인들은 프린치프를 "해방자"로 영웅화하였다. 그러나 아이러니하게도, 이들 남슬라브인들은 1990년대 '보즈니아 독립전쟁'에서 서로를 향해 총부리를 들이댔다. 모든 남슬라브인들이 함께 사는 국가 건설의 꿈은 산산조각이 났다. 국제사회는 무슬림 보즈니아인들을 무참히 대량 살해한 세르비아 정교의 세르비아 지도자들에게 "학살자", "인종청소(ethnic cleansing)"라는 악명을 부여하였다. 한편, 남슬라브인들에게는 프린치프가 영웅이었겠지만, 인류의 입장에서 보면 그는 세계의 인민들로 하여금 4년이란 긴 기간 동안 엄청난 인적, 물질적, 정신적 비용을 치르게 했던 장본인 중의 하나였다. 암살은 프린치프가 상상도 하지 않았던 세계대전으로 이어졌고, 1,500만 이상이 목숨을 빼앗겼으며, 그보다 훨씬 더 많은 수의 인간이 부상을 당하고 이산의 아픔을 겪어야 하였다.

....
5   프린치프는 최고형인 20년 형을 받았고, 1918년 4월 28일 감옥 내 병원에서 폐결핵으로 사망하였다.

제1차세계대전의 원인

오스트리아-헝가리 황태자의 암살이 제1차세계대전의 원인인 것은 맞지만, 그것만이 모든 것을 설명할 수는 없다. 전쟁의 원인(原因)을 근인(近因)과 원인(遠因)으로 나눌 수 있다면, 암살은 근인 중의 하나에 속할 것이다. 황태자의 암살이 하나의 "역사적 우연(a historical accident)"에 속하는지, 그리고 그 사건이 가지는 역사적 중요성이 어떠한지는 논쟁의 여지가 있겠지만, 다시 말해, "암살이 실패했더라면 그래도 전쟁은 일어났을까?"와 같은 질문이 가능할지에 대해 견해가 다를 수 있겠지만, 전쟁 원인을 보다 근본적이고 구조적인 맥락에서 파악하려는 것은 일단, 거시적이고 심층적인 그림을 그린다는 의미에서, 당연히 필요하고 합리적인 학문적 태도라 할 것이다. 이러한 구조적 관점에서 보면, 황태자 페르디난트의 암살은 전쟁의 원인이라기보다는 그것의 촉매였다. 수십 년간 만들어져 온 화약고에 불을 붙인 셈이다. 구조적 필연성을 강조하는 관점은 구조적 원인, 즉 오랫동안 형성되어 온 모순들이 어떠한 과정을 통해 폭발에 이르게 되었는지, 다시 말해, "양적인 변화"가 어떻게 "질적인 변화"로 전환하게 되었는지에 대한 이해를 추구한다. 아래에서는 국제정치적 원인과 경제적 원인, 즉 19세기 중후반부터 형성된 유럽 동맹정치의 긴장과 경직화 과정, 그리고 산업혁명 이후 자본주의의 고도화에 따른 이른바 제국주의적 모순의 격화 과정에 대해 고찰해보기로 한다.

한스 모겐소(Hans Morgenthau)에 따르면, 제1차세계대전 발발의 국제정치적 원인은 유럽 내 동맹체계의 경직성, 그리고 그것과 연결되어 있는 세력균형 체계의 붕괴에 대한 우려와 관련이 있다. 다시 말해, 제1차세계대전의 원인은 유럽에서의 세력균형이 와해될 수 있다는 강대국들의 공포심과 직결되어 있었다는 말이다.[6] 전쟁으로 치닫던 시기에 유럽에는 두 개의 거의 대등한 세력이 팽팽히 대치하고 있었다. 독일, 오스트리아-헝가리, 이탈리아를 포함하는 3국동맹(Triple Alliance)과 영국, 프랑스, 러시아를 구성원으로 하는 3국협상(Triple Entente)은 발칸반도 지역에

....

6   Hans Morgenthau, *Politics Among Nations: The Struggle for Power and Peace*, A. A. Knopf, 1960, p. 191.

서 적대적 세력이 지배력을 확보한다면 이는 유럽 전체의 세력균형에 결정적인 부정적 영향을 미칠 것으로 보았다. 이러한 공포심은 1914년 7월 보즈니아 문제로 대립하던 세르비아와의 한판 승부를 통해 자신의 안보 우려를 영원히 해소하고자 했던 동맹국 오스트리아-헝가리를 무조건적으로 지지한 독일제국의 동기의 주요 일부였다. 상대방도 마찬가지였다. 발칸에서 3국동맹에게 우위를 빼앗기면 유럽 전체를 내줄 수 있다는 3국협상의 공포는 러시아가 세르비아를 그리고 프랑스 및 영국이 러시아를 지원하게 된 배경이 되었다.[7]

비슷한 맥락에서, 그러나 국제정치의 '무정부상태(anarchy)'라는 구조적 제약에 내재되어 있는 국가들 간의 '안보상호의존성(security interdependence)'의 중요성에 초점을 맞춰 전쟁의 발발을 설명할 수도 있다.[8] 당시 유럽은 5개의 강대국으로 구성된 다극체계였다. 국제정치이론가 월츠(Kenneth Waltz)에 따르면, 이 체계 하에서는 동맹 파트너 간의 엇비슷한 수준의 물리적 능력은 동맹 내 높은 수준의 안보상호의존을 야기한다. 국제정치의 무정부적 구조와 이러한 상대적인 물리적 균형이 존재하는 상태에서 국가들은 자신의 안보가 동맹 파트너의 안보와 불가분의 관계에 있다고 파악하게 되는 것이다. 그 결과 한 국가가 전쟁으로 행진하는 경우 동맹국은 민감한 안보상호의존성으로 인해 하는 수 없이 그 전쟁에 말려들게 된다. 다시 말해, 동맹 파트너의 패전이 자신의 안보를 결정적으로 훼손할 것이기 때문에 어떤 국가도 전쟁에 참여하지 않겠다고 위협하며 자신의 무모한 동맹 파트너를 제어하려 할 수 없다는 것이다.[9] 마치 노역을 가는 죄수들을 묶어놓은 "쇠사슬(chain-ganging)"을 연상시키는 상황이다.

오스트리아-헝가리가 전쟁으로 행진한다면 독일은 엮여서 같이 들어갈 수밖에 없었다. 오스트리아-헝가리의 붕괴는 유럽 중부에 독일을 홀로 남겨둘 것이기 때문이었다. 같은 맥락에서, 러시아가 전쟁으로 행진한다면 프랑스도 함께 엮여 들어갈 수밖에 없었다. 독일에 의한 러시아의 패전은 프랑스의 패전이 될 것이 자명

....

7   Morgenthau(1960), p. 192.

8   Kenneth Waltz, *Theory of International Politics*, McGraw-Hill, 1979.

9   Waltz(1979), pp. 167-70.

했기 때문이다. 그 반대도 마찬가지였다. 이 모든 것은 악순환이었다. 월츠에 따르면, 주요 동맹국의 패전이나 변절은 유럽 내 세력균형을 자신에게 결정적으로 불리하게 흔들 것이기 때문에 각 국가는 동맹 파트너의 전략목표와 공포를 공유하는 방식으로 자신의 전략과 물리력을 조정할 수밖에 없었다.[10]

　　제1차세계대전의 원인을 안보와 동맹이라는 전략적 이익의 관점에서만 보면 전쟁의 책임 소재가 모호하게 되는 측면이 있다. 특히 독일과 관련하여 자신은 전쟁을 원하지 않았으나 생존을 위해 할 수 없이 엮여 들어갔다는 주장이 가능하기 때문이다. 1980년대에 이르러 관련 비밀문건이 공개되면서 독일의 책임을 부각하는 관점이 크게 대두하였다.[11] 독일이 의도적으로 전쟁을 부채질하였다는 것이다. 즉 독일이 세계전략적 차원에서 대전이 불가피하다고 보고 이를 미리 계획하였으며, 나아가 오스트리아-헝가리를 부추긴 측면이 있다는 것이다. 오스트리아-헝가리가 세르비아에 국한해 국지전만을 도모하였다는 점도 주목의 대상이다. 이런 관점에 따르면, 독일은 어차피 전쟁을 해야 한다면 시간을 늦출수록 승리할 가능성이 낮아질 것으로 보았다. 그러나 전쟁의 원인과 책임을 둘러싼 논쟁이 종료된 것은 아니다. 새로운 발견과 토론은 그 정설을 보완하거나 대체할 수도 있을 것이다.

　　1차대전의 원인은 민족주의적 염원에서 비롯된 갈등에서 찾아질 수도 있다. 유럽 열강들은 러시아-오스만터키 전쟁의 결과물인 1878년 3월의 산스테파노 조약(Treaty of San Stefano)이 러시아에게 과대하게 보상한다고 보았고, 독일 재상 비스마르크(Otto von Bismarck)의 주도 하에 그해 6월 베를린에서 회동하여 새로운 조약을 산출하였다. 이 베를린 조약에 따라 러시아의 꼭두각시가 될 것으로 의심받았던 남슬라브계 대(大)불가리아는 3분(分)되었고, 몬테네그로, 세르비아, 루마니아 등이 오스만터키로부터 독립하였으며, 보즈니아-헤르체고비나는 오스트리아-헝가리의 행정지배 하에 놓이게 되었다. 세르비아의 독립은 발칸의 국제정치에 회오리 바람을 일으켰다. 군인이자 보수주의 세르비아 정치인이었던 일리야 가라샤닌(Ilija Garašanin)이 남긴 민족주의적 유제가 동력을 받은 것이었다. 1844년 가라

....

10　　Waltz(1979), p. 167.

11　　Stewart Ross, *Causes and Consequences of the First World War*, Evans Brothers, 2003, p. 10.

샤닌은 『초고(Načertanije, The Draft)』를 통해 중세 때 발칸의 거의 전역을 통치 하에 두던 세르비아제국(두샨 왕국, Dušan)의 부활을 꿈꾸며 지역 내 모든 세르비아인들로 구성되는 대(大)세르비아 건설을 주창하였다. 이에 대해 세르비아 밖, 특히 보즈니아-헤르체고비나의 세르비아인들이 세르비아를 중심으로 한 남슬라브통일제국 건설에 크게 공감하고 호응하였다. 이들 '남슬라브주의자들(Yugoslavists)'은 이탈리아 '리조르지멘토(Risorgimento, 부활, 통일)'를 주도한 피에몬테(Piemonte, Piedmont-Sardinia) 왕국의 통일투쟁을 발칸에서 재현하고자 하였다. 나폴레옹 전쟁 이후 유럽의 영토와 국경을 원상 복구한 비엔나회의의 결정에 따라 이탈리아는 피에몬테, 토스카나, 파르마, 교황령, 시칠리아 등으로 회복되었지만 사실상 회의의 주역이었던 메테르니히(Klemens von Metternich)의 오스트리아의 지배를 받게 되었다. 1820-30년대에는 '카르보나리(Carbonari, 탄광노동자들)'와 같은 지하단체가 반오스트리아 활동을 전개했고, 1831년에는 쥐세페 마치니(Giuseppe Mazzini)가 세운 '청년이탈리아(Giovine Italia, Young Italy)'라는 공화주의/민족주의 단체가 대놓고 독립투쟁을 시작하였다. 리조르지멘토에 참여한 가리발디(Giuseppe Garibaldi)는 이탈리아 반도 남부로 진출하여 '붉은 셔츠' 게릴라들을 이끌고 시칠리아와 나폴리를 점령하였다. 이탈리아에서 가장 부유하고 자유주의적이었던 피에몬테 왕국은 1859년 리조르지멘토를 위한 최종 공세에 나섰다. 피에몬테의 수상 카보우르 백작(Camillo di Cavour)은 프랑스와 동맹을 맺고, 프랑스-오스트리아 전쟁(1859)을 통해 롬바르디아(Lombardia)를 획득하였고, 로마의 영광을 부활하려는 통일의 과정을 시작하였다. 남슬라브주의자들은 피에몬테로부터 영감을 얻어 세르비아식 리조르지멘토를 추구하였다. 그들은 모든 세르비아인들을 한 국가에 규합하는 차원을 넘어 모든 남슬라브인들로 구성되는 남슬라브왕국, 즉 유고슬라비아를 건설하고자 하였다.

한편, 1866년 프로이센과의 독일 내 패권전쟁에서 패한 후 자치를 요구하던 헝가리와의 '대타협(Ausgleich)'을 통해 동군연합(同君聯合, Dual Monarchy, 공동제국) 제국으로 출범한 오스트리아-헝가리는 자신의 동쪽으로 진출노선을 정한 후, 베를린조약에 의해 행정지배하던 보즈니아-헤르체고비나를 병합하고, 나아가, 다민족제국에 남슬라브주의, 세르비아주의라는 민족주의를 전파하는 세르비아까지

지배 하에 두려 하였다. 이렇게 되니 러시아도 움직일 수밖에 없었다. 러시아는 그 렇지 않아도 비스마르크가 주도한 베를린회의에서 수모를 당해 와신상담하고 있 었고, 특히 범슬라브인 형제국이 독일계 오스트리아의 지배하에 들어가는 것은 용 납할 수 없는 것이었다. 세르비아도 오스트리아-헝가리의 압력과 침략에 대응하기 위해 민족주의적 맹주인 러시아와의 군사협력에 적극적이었다.

그러나 발칸의 국제정치는 오스트리아-헝가리에 유리하게, 세르비아에게는 불리하게 전개되었다. 결정적인 것은 러시아가 1905년 일본과의 전쟁에서 대패하 고 '피의 일요일(the Bloody Sunday)'과 같은 혁명의 위기에 빠져 세르비아와 범슬 라브주의를 위한 보호막이 사라졌다는 사실이었다. 여기에 1908년 7월 청년터키 당 혁명이 발발하여 보즈니아에 대한 오스만터키의 주권은 유명무실화되었다. 오 스트리아-헝가리의 외교장관 아에렌탈(Graf Lexa von Aehrenthal)은 이를 "뜻밖의 횡재(windfall)"라고 보았다.[12] 오스트리아-헝가리는 혁명으로 국제정치의 불확실 성이 증가하고, 보즈니아-헤르체고비나가 오스만터키 의회에 보낼 대표들을 선출 하자, 더 늦기 전에 자신의 기득권을 현실화하고자 하였다. 아에렌탈은 러시아 외 교장관 이즈볼스키(Aleksandr P. Izvolsky)와 오스트리아령 모라비아(Moravia)의 부 흘라우(Buchlau)에서 비밀리에 회동하고 보즈니아-헤르체고비나 병합의 불가피 성을 설파하였다. 약화된 러시아는 현실주의적으로, 그러나, 세르비아의 입장에서 보면 기회주의적으로 행동하였다. 9월 16일 러시아는 1841년 이후 금지되었던 보 스포러스-다다넬스(Bosphorus-Dardanelles) 해협에 대한 러시아 군함의 제한적 항 행권[13]을 오스트리아-헝가리가 반대하지 않는다는 조건하에 후자의 보즈니아 병 합에 반대하지 않는다는 입장을 오스트리아-헝가리에게 전달하였다. 오스트리아-헝가리는 1908년 10월 6일 조칙에 의해 보즈니아-헤르체고비나를 합병하였다.

대세르비아 제국으로의 편입을 갈망하던 보즈니아-헤르체고비나의 세르비아

....

[12]   Anthony D'Agostino, *The Rise of Global Powers: International Politics in the Era of the World Wars*, Cambridge University Press, 2012, p. 55.

[13]   러시아는 "터키의 부전(不戰) 시, 해협들을 동시에 통과하는 흑해 연안국가들(riparian states)의 함정 의 수는 3척을 넘지 않는다"는 안을 제시하였다.

인들은 합병에 극력 반발하였다. 그들은 '청년보즈니아'와 같은 지하단체를 만들고 세르비아의 흑수단과 연계하여 투쟁하려 하였다. 1912년, 1913년 두 차례의 발칸 전쟁에서 세르비아가 영토와 인구를 이전보다 두 배나 확장하고 군사력을 증대시켜가자 대세르비아 건설이 가능하리라는 희망이 고조되었고, 특히 보즈니아의 세르비아인들은 더욱 고무되었다. 그들의 대오스트리아-헝가리 투쟁은 격화되었다. 타민족의 제국적 압제에 항거하던 세르비아 제국 부활론자들은, 결국, 한 세르비아계 보즈니아 청년으로 하여금 발칸의 거대한 화약고에 불을 붙이도록 하였다.

제1차세계대전의 원인을 지정학적 이익이나 민족주의적 갈등의 관점에서 보기보다는 그보다 더 세계체제적인 경제적 요인에 초점을 맞추는 시각도 있다. 자본주의의 고도화에 따른 제국주의적 모순의 격화가 전쟁의 기본적 동기라는 것이다. 이러한 관점은 자본주의 발달의 최고 단계, 즉 독점자본주의(monopoly capitalism)의 특수한 역사적 단계를 마르크스주의적 제국주의로 연결시킨 레닌에 의해 제시되었다. 제국주의론에 따르면, 자본주의의 핵심원리인 자유경쟁(free competition)은 개별자본(즉 기업)을 생산·판매로 획득한 이윤을 축적하여 자기를 확대하는 집적(集積, concentration)으로 이끈다. 이 과정이 상당히 진행되면 몇 안 되는 자본이 생산을 지배하게 되고 가격경쟁을 지양하고 시장을 자신들 사이에서 분할하며, 나아가 상호 간의 결합·합병을 통하여 자본의 규모를 확대시키는 집중(集中, central-ization)으로 나아간다. 이와 같이 자본주의의 기본원칙인 자유경쟁을 토대로 해서 독점이 형성된다. 상품 생산뿐 아니라 금융의 영역에서도 같은 과정이 진행된다. 은행은 그 본래의 역할은 지불의 중계(a middleman in the making of payments)였지만, 차차 활동하지 않는 화폐자본을 활동적인 자본, 즉 이윤을 창출하는 자본으로 전환시키며, 대량의 화폐소득을 자신의 관리 하에 두게 된다. 은행의 집적과 집중이 진행됨에 따라 큰 액수의 대출이 가능한 기관의 범위는 갈수록 좁아지고, 대은행들은 자신과 출자와 인적 결합을 통해 밀접한 관계에 있는 기업들 외에는 신용대출을 제한하거나 거부함으로써 금융에 대한 산업의 종속성을 증가시킨다. 한편, 대은행들 간의 집중화는 자연스럽게 은행 콘체른(연합)이나 트러스트(합동)를 산출하고, 결국 은행자본과 산업자본이 결합된 금융자본의 형성으로 이어진다.

그런데 자본가들에게 문제가 되는 것은 국내시장의 포화로 인한 과잉생산과 과잉자본이다. 독점대자본은 상품생산을 줄여도 고정비용이 계속 발생하므로 공급을 줄이기보다 수요확대를 선택하게 된다. 수요를 확대하려면 상품의 가격을 인하해야 하고, 그러려면 임금과 원료비를 낮춰야 하며, 과잉생산된 상품을 팔 수 있는 새로운 판매처가 필요하다. 식민지 개척 및 확대가 이에 대한 해결책이 된다.

금융자본은 식민지의 산업과 사회간접자본 건설 등에 고이윤으로 투하함으로써 과잉자본의 문제를 해결하려 한다. 과잉자본은 선진자본주의국가에서 자본의 투하처가 소멸되었음을 의미하는 것은 아니다. 독점적 지배가 확립되어 있는 상태에서 많은 자본투하는 이윤율을 저하시키기 때문에 자본이 과잉이 된다는 의미이다. 따라서 과잉자본은 '땅 짚고 헤엄치기'가 가능한 식민지로 수출되는 것이다.

자본수출은 상품수출과는 달리 본국과 식민지 사이의 결합을 항구화하게 된다. 제국주의론에 따르면, 독점적 금융자본은 자신의 이윤극대화를 위해 국가와 유착하거나 국가를 포섭하여 국가정책에 지대한 영향을 미치게 된다. 레닌은 독일 은행가 야이델스(Otto Jeidels)를 인용하며, 대은행들의 "감독이사회의 이사직은 당국과의 관계에서 여러 가지 편의를 줄 수 있는 명망가나 전직 정부 관리들에게 자연스레 돌아가곤 한다"고 지적하였다.[14] 국가도 이들과 공생관계에 있다. 즉 금융자본이 차관을 제공할 때 차관의 일부를 채권국의 생산물, 특히 군수품, 선박 등을 구입하는 데 지출할 것을 조건으로 내세우기 때문이다. 뿐만 아니라 차관이나 대출이 가져다 주는 고이윤은 국내의 실업문제를 해결하고 노동자들을 매수하는 데 사용될 수 있다.[15]

....

14   블라디미르 레닌, 『제국주의: 자본주의의 최고 단계』, 아고라, 2018, p. 67.

15   세실 로즈(Cecil Rhodes)는 영국의 과잉인구와 실업 문제가 내란을 유발할 수 있으며 이에 대한 유일한 해결책은 식민지 개척 및 확대라고 보던 많은 영국 정치인 중 하나였다. 그는 측근들에게 "나는 어제 런던의 이스트앤드(노동자 구역)에 가서 실업자들의 집회에 가 보았다네. 거기서 '빵을! 빵을!'이라고 외치는 난폭한 연설을 듣고는 집으로 돌아오는 길에 그 광경을 곰곰이 생각해보면서 나는 지금까지보다 더 제국주의의 중요성을 확신하게 되었네… 가슴에 품은 나의 이상은 사회 문제를 해결하는 것이라네. 그러니까 영국의 4천만 국민을 피비린내 나는 내란에서 구원하기 위해서 우리 식민정치가는 과잉인구를 이주시키고, 공장과 광산에서 생산되는 상품의 새로운 시장을 획득하기 위해 새로운 영토를 손에 넣지 않으면 안 된단 말일세. 내가 늘 말하는 것처럼 제국이란 빵과 버터의 문제라네. 내란이 일어나길 바라는 게 아니라면 여러분은 제국주의자가 될 수밖에 없다는 거야"라고 말하였다. 레닌(2018), pp.

이와 같은 이유로 본국 정부는 식민지 정치에 대해 직접 개입할 유인을 갖게 된다. 요컨대, "국민(nation)에 기초해 있고, 국가(nation-state)에 의해 보호받는 선진 자본주의 국가들의 독점자본들"은 상품 및 자본 시장, 그리고 자원과 노동력을 두고 세계 차원에서 경쟁하게 되며, 자국 독점자본의 이익을 보호·대변하는 국가들은 단순한 생산요소가 아닌 "경제적 영토(economic territories)"를 확보하기 위해 투쟁하게 되는 것이다.[16]

레닌은 제국주의가 자본주의의 '내재적 모순'에 기인하는 것으로 보았다. 레닌에게 큰 영향을 준 비마르크스주의 제국주의론자 홉슨(J. A. Hobson)은 자유경쟁은 독점, 금융자본의 부상, 그리고 제국주의로 이어진다고 분석하였으며, "제국주의는 유럽국가들에 의해 의도적으로 채택된 면이 있고, 미국의 정치적 고립주의를 와해시키고 있다"고 지적하였다.[17] 그리고 그는 영국 등이 제국주의화한 핵심적 이유는 영국의 과소소비(underconsumption)에서 발견된다고 주장하였다. 즉, 영국 경제가 독점자본화되면서 소득분배가 악화되어 총수요가 감소했고 (다시 말해 시장이 포화 상태에 이르렀고, saturation of markets), 그 결과 독점자본은 고이윤이 보장되는 시장을 찾아 해외로 진출하게 되었다는 것이다. 그러나 레닌은 홉슨과는 달리 제국주의가 대외경제정책이 아님을 강조하고 있다. 그는 "제국주의는 경제의 국면이나 단계가 아니라 정책, 즉 금융자본이 선호하는 특정 정책으로 이해해야 한다"고 주장한 독일 사민주의자 카우츠키(Karl Kautsky)에 대해 날선 비판을 가할 때 독일공산주의자 리프크네히트(Karl Liebknecht)를 인용하였다: "만일 정직하든 사기꾼이든 어떤 사람들이 예를 들어 독일과 영국 간의 긴장이 오해 때문에, 심술궂은 기자들의 자극적인 말들 때문에, 외교라는 음악회에서 솜씨 없는 음악가들이 뽐내는 연주 때문에 생기는 것이라고 우리가 믿기를 바란다면, 우리는 달리 알고 있다. 우리는 이 긴장이 세계 시장을 놓고 영국과 독일의 첨예화되는 경제적 경쟁의 필연적 결과라

....

129-30.

16   Prabhat Patnaik, Lenin, Imperialism, and the First World War, *Social Scientist*, Vol. 42, No. 7/8, 2014, p. 31.

17   John Atkinson Hobson, *Imperialism A Study*, Cosimo Classics, 2005, preface.

고 생각한다."[18] 요컨대, 레닌은 제국주의는 자본주의 체제적 모순에서 비롯된다며 '뿌리를 건드리는' 급진적이고 혁명적인 시각을 제시하였다. 그는 제국주의는 저소비 또는 수요 부족 또는 실업문제 등 자본주의의 특정한 문제 때문에 생겨난 해결책이 아니라, 자본주의 시장경제의 기본 운용원칙인 자유경쟁이 그 자유경쟁을 말살시키는 독점을 유발하고, 지속적인 이윤극대화를 위해 형성된 국제적 수준의 독점연합체들은 국가를 포섭하여 결국 경제영토의 분할과 재분할을 시도하게 되었다는 측면에서 자본주의의 내재적 모순의 결과로 발생하였다고 보았던 것이다.

　　제국주의론에 따르면, 독점자본에 포섭된 선진 자본주의 열강에 의해 분할된 세계 시장은 불균등한 발전, 전쟁, 파산 등의 결과로 재분할을 피하지 못한다. 자본가들이 "세계를 나눠 먹는 것은 특별히 나쁜 마음을 먹었기 때문이 아니라, 집중이 도달한 단계가 이윤 획득을 위해 그들을 선택의 여지 없이 그 길에 세우기 때문"이다. 동시에 그들은 "세계를 '자본에 비례해서,' '힘에 따라서' 나눠 먹는데, 상품생산과 자본주의 체제 아래에서 다른 분할 방식은 있을 수 없다." '경제적 영토를 얻기 위한 투쟁'을 기초로 정치적 동맹들이 만들어지지만, 이것들은 "어떠한 형태로 이루어지든, 즉 어떤 제국주의 연합에 대한 다른 제국주의 연합이라는 형태든, 또는 모든 제국주의 열강의 전반적 동맹이라는 형태든, 불가피하게 전쟁과 전쟁 사이의 '짧은 휴지기'에 불과"하다. 즉 평화적인 동맹이 전쟁을 준비하고 전쟁에서 다시 평화적인 동맹이 성장하며 양자가 서로에게 원인이 되는바, 세계 경제와 세계 정치의 "제국주의적 유착과 상호관계라는 같은 토양에서 평화적인 투쟁과 비평화적인 투쟁의 형태가 교대로 발현되는 것"이다. 레닌은 "중국의 '평정'을 위해 모든 열강들이 맺은 오늘의 평화적인 동맹(의화단 봉기에 대한 서구 열강의 진압동맹)은 목표가 달성되면 이내 터키 등의 분할을 위한 내일의 '평화적인' 동맹들을 준비하게 되며, 이는 제국주의 평화와 제국주의 전쟁 사이의 생생한 연관성을 보여준다"고 지적하였다.[19]

　　제국주의론에 따르면, 유럽경제의 독점적 지배의 확대는 1873년의 대불황을

....

18　　레닌(2018), p. 147.
19　　레닌(2018), p. 198.

야기했고, 영국 등 선진 자본주의국들의 독점자본은 고이윤을 겨냥한 자본투하처를 찾았으며, 국제적 상품경쟁력을 제고하기 위해 지가와 원료가 싸고 임금이 낮은 경쟁력의 원천을 찾았고, 또한 완제품을 수출하기 위한 추가된 시장을 찾았으며, 이들의 이익이 국가이익이라고 본 (대자본에 의해 포섭된) 국가들은 무력을 동원한 식민지 개척과 확장에 나섰다. 특히 산업혁명의 선두 주자 영국은 국내시장이 포화 상태에 이르자 해외시장 개척에 나설 수밖에 없었다. 유럽대륙에서 가장 먼저 산업혁명이 일어난 프랑스도 자본주의와 시장경제의 작동 논리에서 예외일 수는 없었다. 따라서, 자본주의가 고도화된 이들 선진 국가들은 자본주의적 필연성에 따라 고도화된 물리력을 사용하여 식민지를 경쟁적으로 건설하고 이른바 제국주의화하게 된 것이다. 제국주의론에 따르면, 이들 국가들에서의 제국주의의 강화가 생산과 잉에서 비롯된 불경기나 공황(恐慌)이 발생한 직후에 이루어졌다는 사실은 시장주의적 자유 경쟁의 필연적 결과를 명징하게 보여주는 역사적 경험적 방증이었다.

문제는 유럽의 다른 강대국들과 달리 19세기 후반에야 통일을 이룬 독일이 뒤늦게 제국주의 경쟁에 참여하게 된 데 있었다. 다시 말해, 아에게(AEG), 크룹(Krupp), 바스프(Badische Anilin und Soda Fabrik), 바이엘(Bayer), 도이치방크(Deutsche Bank) 등 독일의 산업자본 은행자본이 급속히 성장하고 독점자본화하면서 보다 높은 이윤을 찾아 외국을 향하게 되었고, 급기야, 기존의 제국주의 열강들과 알력을 빚게 된 것이었다. 빌헬름 2세(Friedrich Wilhelm Viktor Albert von Preußen) 이후 독일은 후발주자로서 영국과 프랑스 등 기득권 세력이 이미 구축해 놓은 제국주의적 질서를 타파하고자 1897년 이른바 "세계정책(Weltpolitik)"을 선포하고, "잃어버린 시간"을 만회하려는 듯 "태양 아래 내가 설 자리(place in the sun)"를 찾아나서기 시작하였다. 19세기 말에 이르러 독일은 중국 동부의 자오저우만(胶州灣, 교주만),[20] 서사모아, 남부 및 서부 아프리카의 일부를 자신의 식민지로 만들었다.

서구 열강의 식민지 경쟁은 20세기 초반에 이르러 사실상 종료되었다. 식민지를 건설할 수 있는 지역이 더 이상 남아 있지 않았던 것이다. 1876년에 그랬던 것

....

20   이 지역의 이름은 청나라 시대엔 자오아오(胶澳)였다.

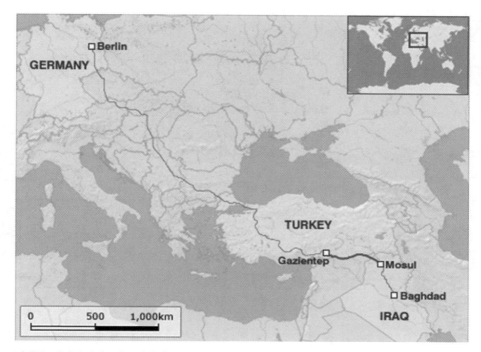

빌헬름 2세의 독일제국이 구상한 바그다드 철도(the Berlin-Baghdad Railway).

처럼, 유럽 열강들이 예를 들어 아프리카의 1/10을 그 식민지로 차지하고 있을 뿐
이었을 때는 식민정책은 말하자면 '선착순'으로 차지하는 방식으로 펼쳐질 수 있
었지만, 1900년 무렵 아프리카의 9/10가 정복되고 전 세계가 분할되었을 때, 식민
지를 건설할 수 있는 지역이 더 이상 남아 있지 않았던 것이다.[21] 후발주자 독일은
그나마 기회가 있다고 보여지는 중동으로 진출하고자 하였다. '바그다드 철도(the
Berlin-Baghdad Railway) 계획'은 독일과 오스만터키 및 페르시아 만을 잇는 경제
적, 전략적으로 비상한 중요성을 갖는 프로젝트였다. 영국은 독일의 이러한 역동적
인 제국주의를 자신의 국제적 위상과 이익에 대한 중대한 위협으로 간주하였다. 특
히 영국은 독일이 "세계정책"을 뒷받침하기 위해 알프레드 폰 티르피츠(Alfred von
Tirpitz) 제독이 주도하는 해군력 확충 프로젝트가 1898년부터 본격화하자 심각한

....

21   레닌(2018), p. 207.

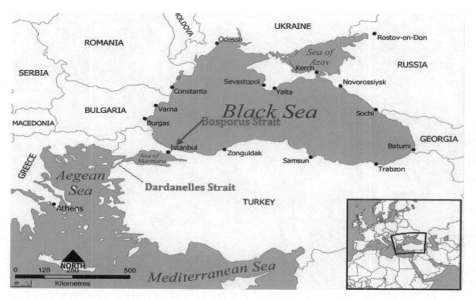

흑해와 지중해를 연결하는 터키 해협들.

안보적·전략적 우려를 갖게 되었다.[22] 독일제국의 빌헬름 2세는, 제1차(1905) 및 제
2차(1911) '모로코 위기'에서 보듯, 그의 제국주의적 열망을 감추지 않았다.

　　마침 이 무렵 오스만터키가 급격히 약화되면서 대폭발이 예고되었다. 트리폴
리(Tripoli, 현재 리비아의 수도)를 둘러싼 이탈리아와의 전쟁(1911-1912)과 제1-2차
발칸전쟁(1912-1913)에서 계속 패배한 오스만터키는 "유럽의 늙은 병자(Sick old
man of Europe)" 신세가 되었고, 이에 따라 발칸반도에서 "권력공백(power vacu-
um)"이 발생한 것이다. 오스만터키 제국의 통제하에 있던 발칸지역에서 오스만 축
출과 민족적 독립을 추구하던 세력이 탄력을 받게 되었다. 나아가 이 지역의 권력
공백은 아프리카, 아시아 등에서 식민지 분할이 완료된 시점에서, 유럽의 열강들에
게는 새로운 제국주의적 기회로 부상하였다. 오스만터키가 붕괴되면 이 지역은 누
가 차지할 것인가, 즉 "동방문제(the Eastern Question)"가 초미의 관심사가 되었다.
특히 오스트리아-헝가리는 자신이 뒷마당으로 여기는 이 지역으로의 확장을 갈망

....

22　　Ross(2003), p. 10, p. 17.

하였고, 이를 우려하는 러시아로서는 오스트리아-헝가리에 대한 억지를 추구하였다. 19세기 초부터 영토팽창에 나선 러시아는 자신의 안보와 직결되어 있는 보스포러스와 다다넬스 해협에 대한 위협을 의식하지 않을 수 없었고 마치 "굶주린 독수리"와도 같이 이제 죽어가는 오스만터키의 살을 물어뜯을 준비를 하고 있었다.[23] '세계정책'을 선언한 빌헬름 2세의 독일제국도 당연히 오스만터키 이후의 발칸에 주목하였다. 이런 맥락에서 '바그다드 철도' 프로젝트는 독일로서는 더욱 중차대한 의미가 있는 것이었다.

제1차세계대전의 원인을 규명하는 이러한 제 관점들은 상충적(相衝的)이라기보다는 상보적(相補的)인 관계에 있다고 봐야 할 것이다. 독점자본주의가 제국주의를 추동하던 당시의 역사적 과정에서 정치, 경제, 안보, 전략, 이념적 요인들이 따로 분리되어 있지 않았고, 국가들의 사활적 이익이라는 것도 어느 한 영역에서의 이익으로만 국한되는 것이 아니었기 때문일 것이다. 공권력이 부재하는 무정부적 국제정치 구조하에서 경제적, 이념적 이익을 확보하기 위해서는 군사력 등 물리력이 수단으로 사용된다는 면에서 더욱 그러하였다. 이론적으로 보아도, 정치와 안보는 경제적 이익과 분리될 수 없고, 경제 논리가 정치 및 안보 이익과 따로 떨어져 파악될 수도 없다. 이들을 나눠 생각하는 관습은 편의에 따른 것일 뿐이다. 더구나 역사적 과정을 세밀히 관찰해 보면, 제국주의적 요인과 국제정치적, 역사적 요인들이 특정한 시간과 공간적 맥락에서 상대적 우위를 보이는 경우는 있지만 늘 서로를 필수조건으로 포섭하여 작동한다는 사실을 알게 된다. 따라서 역사가들은 제1차세계대전의 원인은 물론 과정과 결과, 그리고 그 이후 전개되는 모든 세계사적 사건들을 이러한 복합적인 관점에 입각하여 서술하는 동시에, 역사적 시간성과 공간성이 각 요인들

....

23 19세기 초부터 러시아는 세계적 제국을 건설하기 위해 대외 팽창에 박차를 가하였다. 북부에서는 스웨덴으로부터 핀란드를, 서부에서는 나폴레옹의 통치하에 있던 바르샤바 공국 대부분을 탈취하는 동시에 루마니아의 베싸라비아를 빼앗았다. 남부로는 오스만터키와의 전쟁에서 다뉴브강 어귀와 카프카스 지역을 점령했고, 이란으로부터는 그루지아, 아르메니아와 아제르바이잔의 일부를 병합하였다. 러시아는 제2차 아편전쟁의 와중에 있는 청나라를 압박하여 중러아이훈조약(1858)과 중러베이징조약(1860)을 체결하고 중국 흑룡강 이북과 우수리강 동쪽의 영토를 취하였다. 1880년대에는 중앙아시아의 광대한 지역을 병합하였다.

을 어떻게 제약/추동하는지에 대해 분별력을 갖고 기술(記述)에 임해야 할 것이다.

제1차세계대전의 시작

제국주의의 충돌

앞서 말했듯이, 제1차세계대전 발발의 원인은 국제정치적, 이념적, 경제적 요인으로 설명할 수 있고, 전쟁에 이르는 실제 과정은 이 요인들 간의 복합적인 상호작용이었다. 경제적 요인이 보다 근본적이고 구조적인 것이었다. 즉 1914년 6월 28일의 페르디난트 황태자 암살 사건이 촉발한 제1차세계대전의 기저에는 유럽 열강들의 제국주의가 있었다는 의미이다. 이런 관점에서 1872년 6월 24일의 벤저민 디즈레일리(Benjamin Disraeli) 영국 보수당(Tory, 토리) 당수의 연설은 큰 의미가 있었다. 2년 후 집권하게 될 이 이탈리아계 유대인 정치가는 식민지를 부담스럽게 생각하던 자신의 과거 노선에서 일거 전향하여 '제국주의'와 대영제국의 영광을 내세우며 제1회 세계박람회가 열렸던 런던의 수정궁전(the Crystal Palace)에서 입추의 여지 없이 들어찬 보수 청중을 뜨겁게 선동하였다.

> "여러분들은 집에 돌아가서, 그리고 여러분들이 사는 지역이나 도시에 돌아가서 여러분들이 영향을 미칠 수 있는 사람들에게 이렇게 말해야만 합니다. 이제 시간이 되었습니다. 적어도 멀지 않았습니다. 영국은 국가적 원칙과 전 지구적 원칙 중 하나를 선택해야만 합니다. 이 이슈는 천박한 문제가 절대 아닙니다. 이 이슈는 여러분들이 대륙적 원칙에 따라 주조된, 그리고 언젠가는 불가피한 운명으로 맞이하게 될 편안한 영국에 만족하고 살 것인가, 아니면 여러분의 아들들이 최고의 위치에 섰을 때 단지 영국민들의 존경만 받고 사는 것이 아니라, 세계를 호령하며 사는 그러한 위대한 제국적 영국을 만들 것인지를 결정하는 중대한 문제입니다."[24]

....

24 "The Maintenance of Empire," in T.E. Kebbel ed., *Selected Speeches of the Earl of Beaconfield*, 1882, Vol. II, pp. 529-34.

전영국보수주의·입헌주의자단체 총연맹(National Union of Conservative and Constitutional Associations)의 연회장에서 근대 영국의 제국주의적 정치 개념을 일목요연하게 담은 연설문을 열정적으로 낭독한 디즈레일리는 대영제국의 명예와 위신을 강조하는 듯했지만, 사실은 1860년대 말에 시작된 영국의 경기침체와 그에 따른 실업문제 등 사회 불안에 대한 출구이자 대안으로서 해외식민지를 개척·확대한다는 제국주의 영국을 제창한 것이었다. 그리고 당시 그는 알 수 없었지만, 앞으로 전개될 영국의 경제적 미래는 그의 위상과 정치적 이익을 더욱 증대시키게 된다. 1873년 유럽에서 경제 공황이 시작되었던 것이다.

유럽 경제는 1848년의 자유주의·사회주의 혁명 이후 1873년 초까지 유례가 없는 호황을 누렸다. 1840년대의 일련의 혁명과 그에 따른 무역의 쇠퇴를 벗어나 새로운 자신감에 바탕한 성장과 기회의 시대가 열렸던 것이다. 영국의 역사가 에릭 홉스봄(Eric Hobsbawm)은 이 기간을 "자본의 시대(the Age of Capital)"라 명명한 바 있다. 독일의 성장은 눈부셨다. 프로이센/프랑스 전쟁(1870-1871)의 승리와 바이에른(Bayern), 바덴(Baden), 뷔르템부르크(Würtemberg)를 포함하는 독일의 통일은 확장되고 통일된 국내시장을 제공하였고, 프랑스로부터의 막대한 배상금은 경제성장에 필요한 자본을 마련해 주었으며, 알자스-로렌의 풍부한 광물은 산업발전에 중요한 자원을 보충해 주었다. 나아가 당시 독일은 산업혁명의 후발주자로서 선진국들의 시행착오를 참고하여 생산 효율을 높일 수 있는 이른바 "후발주자의 이점(the advantages of backwardness)"[25]을 누리고 있었다. 독일 등 유럽 각국의 고속 경제성장은 자원, 상품, 인적 운송의 증대를 동반하여 특히 산업혁명의 총아였던 철도사업의 급성장을 가져왔다. 프로이센/프랑스 전쟁으로 이루어진 통일 독일에서는 왕이나 제후들이 통치하던 각 지역들이 철도로 연결되면서 철도산업의 성장이 가속화되었다. 철도는 정치적 통일을 상징할 뿐 아니라 군사적으로도 필수적인 국가 자산으로 간주되었다.

그러나 경제 활황이 양산한 잉여자본은 자산가치에 거품을 만들어냈다. 철도

....

25   Alexander Gerschenkron, *Economic Backwardness in Historical Perspective: A Book of Essays*, Belknap Press of Harvard University Press, 1962.

회사의 경우 영국이 그 정도가 심했고, 독일에서는 프랑스로부터의 막대한 전쟁배상금의 유입으로 '졸부(猝富)'식 투기 붐이 심화되었다.[26] 대서양 너머 미국에서는 남북전쟁(1861-1865)에서 산업중심의 북측연방이 승리하고, 재건기간(1865-1877, Reconstruction) 동안의 정부보증에 의한 산업건설 프로젝트가 확대되면서 유사한 형태의 거품이 만들어졌다. 남북통일을 이룬 미국 연방정부는 당시 농업에 이어 두 번째로 규모가 큰 철도산업을 육성하고자 1866-1873년 동안 '토지공여(Federal Land Grant)'와 보조금 지급을 통해 53,000km에 달하는 철도 건설을 독려하였다. 미국 잉여자본은 초과이익을 노리고 철도회사에 집중투자하면서 급기야는 투기자본화하였다.

1873년 5월부터 시장경제에 내재된 거품은 급작스럽게 꺼졌다. 1873년 5월 비엔나 주식시장의 붕괴는 유럽의 다른 지역과 미국으로 급격히 확산되었다. 독일에서는 베텔 헨리 스트라우스버그(Bethel Henry Strousberg) 철도회사의 도산이 경기후퇴의 기폭제가 되었다. 1873년 9월에는 철도사업에 많은 자금을 투자한 미국의 제이 쿡(Jay Cooke & Company) 은행이 도산하였다. 미국의 수 많은 기업이 도산하고, 엄청난 실업이 발생하였다. '장기공황(Long Depression)'[27]이 발생한 것이었다.

그러나 공황의 보다 근본적인 원인은 자본주의의 무계획성에 따른 과잉생산(overproduction)과 과소소비였다. 자본가들은 경제가 활황일 때 이윤이 많이 나는 곳에 더 많이 투자한다. 그러나 자본이 같은 산업에 몰릴 경우 초과공급을 야기하여 결국 경쟁력이 떨어지는 기업들은 도산하게 되며, 살아남은 자본가들은 "필요 없는" 노동자들을 해고하게 된다. 임금 삭감이나 노동자 해고는 이들의 구매력을 약화시켜 경기를 더욱 후퇴시키게 된다. 이러한 악순환이 결국 공황을 야기한 것이다. 금융시장의 거품과 붕괴는 항상 이러한 보다 심층적인 '경제체제의 역기능(逆機

....

26 전쟁에서 패한 프랑스는 알자스-로렌 지역을 프로이센에 넘겨주었을 뿐 아니라 2억 파운드를 배상금으로 지불해야 하였다. 프로이센은 빌헬름 1세를 황제(Kaiser, 카이저)로 하는 독일제국을 선포하였다.
27 장기공황은 1873년부터 1890년대 말까지 지속되었다. 대공황(the Great Depression)은 1929년 미국에서 발생하여 전 세계로 확산되었고 1940년대 초까지 지속되었다.

能, dysfunctionality)'의 맥락에서 발생하는 것이다.

자본주의 체제의 첫 번째 주요 위기였던 이 공황은 크게 두 가지 결과를 산출하였다. 첫째, 자본의 신속한 '집적과 집중'이었다. 특히 집중의 경향이 강하였다. 중소기업들은 보다 큰 기업들에 합병되었고, 이들은 또한 경쟁력을 확보하기 위해 트러스트나 카르텔화하였다. 이들 대기업들은 정부조달과 은행대출에 크게 의존하였다. 바야흐로 '고전적 자본주의(classical capitalism)'는 국가, 은행자본, 산업자본이 협력하는 '독점자본주의(monopoly capitalism)'로 전환하게 되었다. 독점자본주의의 선두 주자는 독일이었다. 세계적 경제강국으로 부상한 독일은 영국식 자유무역주의 대신 보호무역주의를 고수하면서 새로운 자본주의의 시대를 주도하게 되었다.

둘째, 신제국주의(New Imperialism)[28]가 대두하였다. 영국의 경우를 보면, 디즈레일리 정부는 1874년 총선에서 압승한 후 제국주의적 팽창주의 외교 노선을 추구하였다. 수에즈 운하 회사(the Suez Canal Company)의 주식 획득을 통한 동방항로 확보가 대표적이다. 1869년 프랑스 자금이 투자되어 완성된 수에즈 운하는 주식회사로 운영되었으며 이집트의 태수 이스마일 파샤(Khedive of Egypt, Ismail Pasha)가 상당 부분의 주식을 소유하였다. 1875년 태수는 400만 파운드를 구하지 않으면 도산하는 위기에 처하였다. 태수가 주식을 판다는 소식을 영국의 대은행가 라이오넬 로스차일드(Lionel de Rothschild)로부터 들은 디즈레일리는 이것을 반드시 사들여 운하를 통제하고 영국이 인디아로 가는 동방항로를 확보해야 한다고 판단하였다.[29] 수에즈를 통과하는 화물 중 4/5가 영국 소유였다. 그러나 당시 의회는 휴회 중이었으므로 자금 마련을 위해 동분서주하다 결국 라이오넬 로스차일드로부터 필요한 자금을 확보하여 44%의 수에즈 운하 회사의 지분을 확보하였다.

이로 인해 영국이 주인이 된 것은 아니었지만, 운하 운영에 대한 증대된 영향력은 1880년대 초 영국이 프랑스를 배제하고 단독으로 이집트를 통제하게 된 수단이

....

28 신제국주의는, 15세기에서 19세기 초까지 이루어진 유럽국가들의 식민지확보 경쟁으로서의 제국주의와 대별하여, 19세기 말에서 20세기 초까지 이루어진 서유럽국가들, 미국, 일본 등의 제국주의를 지칭한다.

29 Bernard Glassman, *Benjamin Disraeli: The Fabricated Jew in Myth and Memory*, UPA, 2003, p. 82.

되었다. 디즈레일리는 제국주의 노선의 연장선상에서, 1876년에는 '국왕 명명에 관한 법(the Royal Titles Act in 1876)'을 통과시켜 영국 여왕을 인디아의 황제로 등극시켰다. 홉슨(John A. Hobson)이 말한 바대로, 영국은 경제공황으로 인해 유럽대륙과 미국이 보호무역주의화하자 새로운 시장과 국내불만의 분출구로서 해외식민지 건설에 적극적으로 나서게 된 것이었다. 영국만이 아니었다. 한나 아렌트(Hannah Arendt)가 "무제한적 자본의 팽창"의 시대는 "무제한적 권력의 확장"의 시대로 이어졌다고 제시한 것처럼, 영국을 필두로 한 유럽 열강들은 저마다 값싼 원료와 노동력, 그리고 독점적 시장과 투자의 새로운 출구와 무역항을 찾아 해외 식민지 건설에 나서게 된 것이다.[30] 19세기 중반이 넘어서면서 철도, 전보, 선박제조 등에서 큰 발전이 이뤄졌고, 제2차산업혁명 시기에는 제철, 전기, 화학제품 등이 등장하였으며, 그에 기초한 무기제조 기술의 진보는 유럽 열강들이 해외의 영토를 점령하고 식민화할 수 있는 주요 수단이 되었다. 1876년 유럽 열강들은 아프리카의 10% 정도만을 차지하고 있었으나, 1900년에는 90%를 상회하는 식민지를 확보하였다.

식민지 확보는 또 다시 철도건설을 추동하였다. 역외(域外) 시장 내에서, 그리고 역외 시장을 연결하는 새로운 철도가 필요하였던 것이다. 베를린에서 출발하여 오스트리아-헝가리, 발칸, 오스만터키의 바그다드와 바스라(Basra, 현재 이라크의 영토)로 연결되는 '바그다드 철도'는 전형적인 사례였다. 독일은 1880년까지는 중동에 대한 투자에 큰 관심을 갖지 않았으나 1890년 재상 비스마르크의 퇴진 후 제국주의를 주창한 빌헬름 2세가 직접 나서면서 상황이 급반전하였다. 도이치방크(Deutsche Bank)는 황제의 격려와 지원 하에 바그다드 철도라는 독일의 제국주의 프로젝트에 주도적인 역할을 담당하게 되었다. 1898년 빌헬름 2세와 술탄 압둘하미드 2세(Abdülhamid II)는 비잔틴(또는 콘스탄티노플, 현재는 이스탄불)에서 협상을 공식 개시하였다.

독일은 메소포타미아 지역에서 석유가 나올 경우 이에 대한 접근로를 확보할 수 있고, 나아가 페르시아 만의 바스라 항으로의 철도연결을 통해 영국 및 프랑스가

....

30   Margaret Canovan, *Hannah Arendt: A Reinterpretation of Her Political Thought*, Cambridge University Press, 1994, p. 29.

지배하는 수에즈 운하를 우회해서 독일제국의 동쪽 식민지들에 대한 접근로를 확보할 수 있을 것으로 보았다. 재정이 궁핍한 오스만터키로서도 독일이 만들어주는 이 철도를 이용하여 아라비아 반도에 대한 통제를 유지하고, 나아가 1882년 우라비 봉기(Urabi Revolt) 이후 영국의 군사적 지배하에 들어간 이집트에까지 영향력을 확대할 요량이었다. 그러나 독일제국의 바그다드 철도 계획은 중동과 인디아에 핵심적 이해관계를 가지고 있던 영국과 프랑스를 자극하였고, 영국의 3C(Cairo-Cape Town-Calcutta)정책과 독일의 3B(Berlin-Byzantium-Baghdad)정책이 대립하는 경직된 전략구도를 강화하는 요인이 되었다. 영국은 독일-중동 간의 교역이 증가할 가능성, 그리고 자신의 식민지 인디아에 대한 접근이 방해받을 가능성을 우려하였다. 시베리아 횡단 철도가 완공되기 전에 러시아와의 전쟁을 결단한 일본의 계산에서도 드러나듯, 철도의 전략적 중요성은 주지의 사실이었다. 영국은 독일이 철도를 통해 페르시아 만에 해군 기지를 건설할 가능성이 있다고 보고, 1899년 바스라의 오스만 행정지배권하에 있던 알 사바(Al Sabah) 부족장과 합의하여 쿠웨이트(Kuwait)를 보호국화하였다. 시간이 갈수록 오스만터키에 대한 독일의 경제적 침투는 강화되었다. 독일의 바그다드 철도 프로젝트 등은 사실 영국뿐 아니라 '3국협상(Triple Entente)' 모든 국가에게 위협으로 인식되었다. 전기했듯이, 영국으로서는 무역 위축 및 인디아 접근로 위협 문제 외에, 독일이 오스만터키의 보스포러스 및 다다넬스 해협을 통제할 경우 자신과 우방인 러시아 간의 전시(戰時) 커뮤니케이션이 차단될 가능성에 주목할 수밖에 없었다. 러시아가 자신의 흑해함대가 지중해로 진출하지 못할 것을 우려한 것은 안보전략상 너무도 당연한 것이었다. 뒤에서 상술할 영·러 간 '레발협정(Reval Agreement, 1907)'이 체결된 것은 이러한 연유에서였다. 독일 금융자본의 일부도 바그다드 철도 계획이 가지는 잠재적 폭발성을 인지하고 있었다. 1909년 '디 방크(Die Bank)'의 발행인 알프레트 란스부르크(Alfred Lansburgh)는 빌헬름 2세의 팔레스타인 여행과 "이 여행의 직접적 결과로 나타난 바그다드 철도 건설, 즉 우리의 모든 정치적 실책들을 합친 것보다도 훨씬 더 '포위'에 책임이 있는 저 저주해야 마땅한 '치명적인 독일 기업가 정신의 대사업(fatal 'great product of German enterprise')'"을 비난하였다.[31] 바그다드 철도가 영국 프랑스 등을 자극하고 급기야는 독일을 포위하는 다자동맹을 야기할 것임을 경고한 것이었다.

유럽 열강의 신제국주의는 경제적 이유뿐 아니라 당시 대두하고 있던 사회적, 문화적 가치관에 의해서도 정당화되었다. 산업혁명 이후 유럽의 기술적 진보는 사회적 다윈주의(Social Darwinism)의 호소력을 부각시켰다. 적자생존(適者生存)을 핵심 개념으로 하는 이 이론은 이들 국가의 엘리트들에게 쉽게 수용되었는데, 이 이론이 자신들의 대외정책을 정당화하는 데 유용했기 때문이다. 많은 유럽국가의 지도자들은 "강한 자만이 살아남을 수 있다"는 전제하에 부국강병을 국가목표로 설정했고, 이를 달성하기 위한 수단으로서 자원과 시장을 제공하는 식민지 확보를 강조하였다.

영국의 보수당 출신 로버트 솔즈베리(Robert Arthur Talbot Gascoyne-Cecil, 3rd marquess of Salisbury) 수상은 1898년 행한 연설에서 "지구상의 국가들은 둘로 나뉜다. 살아 있는 국가와 죽어가는 국가, 바로 그것이다"라고 목소리를 높였다. 당시 진보적인 저명 사회학자 막스 베버(Max Weber, 1864-1920) 또한 1895년 5월 프라이부르크(Freiburg) 대학 정치경제학 교수 취임 연설인 "국민국가와 경제정책(Der Nationalstaat und die Volkswirtschaftspolitik)"에서 "독일이 식민지 확보와 세계정치 참여를 추구하지 않는다면 1871년 독일의 통일과 제국의 출범은 아무런 의미를 가지지 못한다"고 주장하였다.

유럽 열강들의 자기중심적인 문명적 가치관도 제국주의를 합리화하는 수단이 되었다. 1871년 이후 제3공화국의 프랑스는 "문명화 미션(mission civilisatrice)"을 공식적 식민 이데올로기로 채택하였다. 독일이나 영국 등에서도 유사한 형태의 "문명화 미션" 의식이 정치와 사회에 크게 대두하였다. 1899년 2월 영국의 시인 루디야드 키플링(Rudyard Kipling)은 '백인의 짐(The White Man's Burden)'이라는 제하의 시에서 "미국도 영국과 다른 유럽국가들처럼 제국의 짐을 짊어질 것"을 요구하였다. 당시 미국은 필리핀과 전쟁 중이었으며, 푸에르토리코, 괌, 쿠바, 필리핀을 미국의 통제하에 둔다는 안이 상원의 인준을 받은 시점이었다. 당시 뉴욕 주지사였던 시어도어 루즈벨트(Theodore Roosevelt)는 헨리 카봇 라지(Henry Cabot Lodge) 상원의원에게 "이것은 훌륭한 시라 할 수는 없지만, 확장주의적 관점에서 본다면 말

....

31 란스부르크의 글("Economic Significance of Byzantinism")은 레닌(2018), p. 95에서 재인용.

이 되는 글"이라 평하였다.

국민 여론도 제국주의적 분위기를 고조시키는 데 일조하였다. 많은 수의 압력단체나 사회단체들은 정부에 대해 식민지를 만들고 확대할 것을 요구하였다. 1890년 7월 1일 영국과 독일 간에 체결된 '헬고란드-잔지바르 조약(Helgoland-Zanzibar Treaty)'이 일례가 될 수 있다. 독일은 이 조약을 통해 자신이 통제하던 아프리카의 섬 잔지바르를 영국에 양도하였지만, 영국령인 헬고란드 열도를 획득하여 키일(Kiel) 운하를 통제할 수 있게 되었고, 나아가 북해 항구들에 대한 접근로를 확보하였다. 전략적 관점에서 보면 독일이 큰 이익을 취한 경우였다. 그러나 독일 여론은 들끓었고, 1891년 범독일리그(Alldeutscher Verband, The Pan-German League)라는 식민주의를 옹호하는 민족주의적 압력단체를 만들어냈다. 20세기에 들어서서 범독일리그는 반유대주의 극우민족주의를 표방하며 독일제국주의 지지자들의 세력기반이 되었다.

또 다른 예는 보어전쟁(the Anglo-Boer War, 1899-1902)을 둘러싼 영국과 독일의 여론에서 찾아볼 수 있다. 1895년 남아프리카의 트란스발(Transvaal) 독립국에 대한 영국의 '제이미슨 공격(the Jameson Raid)'이 실패로 돌아가자 독일의 빌헬름 2세는 폴 크뤼거(Paul Krüger) 트란스발 대통령에게 "외부로부터의 공격을 격퇴한 것을 축하한다"는 내용의 '크뤼거 전문(the Krüger Telegram)'을 보냄으로써 그간의 중립노선을 폐기하고 보어인(Boers)들에 대한 지지로 돌아섰다. 당시의 전략적 구도를 보면 빌헬름 2세는 독일의 이익과는 거리가 있는 행동을 한 것이었다. 그러나 독일 국민들은 빌헬름 2세를 적극 지지하고 나섰다. 영국의 언론은 영국 내 반보어 분위기를 조성하는 동시에 독일 정부와 국민이 보어인들을 지원하고 있다며 맹공격을 퍼부었다. 독일 언론은 보어인들과 영국 간의 전쟁을 '다윗과 골리앗'의 대결로 묘사하며, 보어인들의 자유를 위한 투쟁을 지지한다고 선언하였다. 독일의 대표적 자유주의 신문인 '알게마이네 차이퉁(*Allgemeine Zeitung*)'은 "독일 정부가 한 행동은 독일 국민들의 영혼을 담은 것"이라며 빌헬름 2세의 외교행위를 찬양하였다.[32] 영국과 독일 정부는 보어인 문제로 양국 간 관계가 악화되는 것을 원하지는

....

32 Henry Kissinger, *Diplomacy*, Touchstone, 1994, p. 185.

않았다. 양국 정부는 제국주의적, 민족주의적 언론을 달래는 데 어려움을 겪을 정
도였다.

비스마르크 이전과 이후의 독일 외교

독일의 비스마르크 재상은 1890년 사임하기 전까지 제국주의적 국내여론에
도 불구하고 식민지 획득보다는 유럽대륙 내에서 "독일이 통제하는 안정"을 더욱
선호하였다. 그는 다른 유럽 열강들 간의 공세적 경향을 조장하거나 지원하는 것
이 독일에게 필요하고 이롭다고 생각하였다. 물론 열강들의 공세적, 제국주의적 경
향은 유럽이나 독일이 아닌 주변부를 향한 것이어야 하였다. 이와 같은 맥락에서,
1880년대 초 독일은 프랑스가 아프리카로 진출하도록 유도하였다. 비스마르크는
프랑스가 아프리카에서 영국, 이탈리아 등과 경쟁하는 동안 자신은 유럽대륙에 독
일 위주의 안보질서를 구축하고자 하였다.

비스마르크는 유럽 열강들이 아프리카에서 식민지 건설 경쟁을 하되 독일이
불필요한 분쟁에 휘말리지 않도록 하기 위해 질서 있는 경쟁을 위한 제도를 제공할
필요를 느꼈다. 그는 식민지 경쟁에서 파생되는 갈등을 해결할 원칙이나 매커니즘
을 만들기 위해 1884년 베를린에서 '서아프리카회의(베를린회의 또는 콩고회의 1884-
85)'를 주최하였다. 여기서 아프리카 식민지 건설에 관한 기본 개념과 규칙이 토론
되었다. 배경 설명을 하자면, 유럽 열강들이 아프리카 대륙에 영토적 야심을 갖게
된 것은 19세기부터이지만, 여기에는 그 이전에 이뤄진 아프리카 내지에 대한 탐
험과 그에 따른 토착 지식이 주요 배경으로 작용하였다. 예를 들어, 영국은 1788년
'아프리카내륙탐험협회(Association for Promoting the Discovery of the Interior Parts
of Africa, 1859년 왕립지리학회로 발전)'를 설립하여 내륙 지역에 탐험대를 들여보냈
다. '런던선교회(London Missionary Society)'의 도움을 받아 1841년부터 남부아프
리카에서 선교 활동을 시작한 리빙스턴(David Livingstone)은 영국 왕립지리학회
의 지원을 받아 3차례에 걸쳐 중앙아프리카와 동부아프리카를 탐험하였다. 그리고
1870년대에는 스탠리(Henry Morton Stanley)[33]가 중앙아프리카의 콩고강 유역을 탐
험하였다. 이러한 탐험들은 서구 열강들의 아프리카 진출과 식민지 건설을 더욱 촉

진하였는데, 특히 콩고분지의 영유권이 중요한 쟁점으로 부상하였다. 비엔나 체제 (the Concert of Vienna)의 일환인 1839년 런던협정에 의해 영세중립을 보장받은 벨 기에의 레오폴드 2세(Louis Philippe Leopold II)는 1876년 식민지 개척을 위해 위장 단체인 '국제아프리카협회(International African Society)'를 창설하여 스탠리를 후 원하였고, 스탠리는 그의 대리인으로서 콩고에서 벨기에 식민지 건설을 위한 사전 정지 작업을 수행하였다. 스탠리의 협력하에 레오폴드 2세는 1881년 콩고강 유역 에 자신의 개인 소유(proprietor)인 레오폴드빌(Leopoldville, 지금의 킨샤샤, Kinsha-sa)을 건설하여 "콩고의 도살자"가 되었다. 벨기에의 식민 의도를 간파한 프랑스는 해군 장교인 브라자(Pierre-Paul-Francois-Camille Savorgnan de Brazza)를 급파하여 1880년 콩고강 북쪽 지역에 프랑스 보호령을 설치하였다. 1883년 그의 이름을 딴 브라자빌(Brazzaville)이 건설되었다. 한편 포르투갈은 콩고왕국(Kingdom of Con-go)과의 협정을 기초로 콩고강 유역의 영유권을 주장했고, 영국은 1884년 포르투갈 과 협정을 맺어 이를 인정하는 대신 그 지역에서의 교역권을 얻었다. 그러나 영국과 포르투갈의 협정은 벨기에와 프랑스의 반발에 부닥쳤고, 포르투갈은 국제회의의 소집을 제안하였다. 그 결과 1884년 11월 15일부터 1885년 2월 26일까지 비스마르 크의 주재로 베를린회의(the Berlin Conference)가 열렸다.

베를린회의에서 서구 열강들은 '콩고분지조약(the Congo Basin Treaties)'을 체 결하였는데 이에 따라 각국은 아프리카 분할의 원칙에 대해 합의하고 공식화하였 다. 이 조약은 영유권 주장의 요건으로서 실효적 점령과 지배 상태를 강조하였다. 과거처럼 아프리카의 땅에 깃발을 꽂는 것으로는 식민지가 될 수 없으며, 가시적인 제도—경찰서, 교역사무소 등—가 설치되어야만 식민지로 인정될 수 있다는 것이 었다. 이 조약에 따라 콩고강 유역에 대한 포르투갈의 영유권은 인정되지 않은 반 면, 벨기에 레오폴드 2세의 지배는 인정되었다. 이 조약은 또한 모든 나라에 교역과 선박 운송의 자유를 보장하였다.

베를린회의는 영유권의 원칙과 관련 실효적 지배 상태를 강조함으로써 제국주

....

33 헨리 스탠리와 같은 탐험가들은 아프리카가 산업혁명을 가속화기 위해 필요한 자원의 보고라고 주장하
며 영국인들에게 이 지역에 투자할 것을 권고하기도 하였다.

의 열강들의 무력 진출과 경쟁을 더욱 촉발하는 결과를 낳았다. 이른바 '아프리카 식민지 쟁탈전(the Scramble for Africa)'이 본격화된 것이었다. 유럽 국가들은 자신이 필요로 하지 않는 땅도 일단 점령하고 보았다. 내가 점령하지 않으면 다른 나라가 점령할 것이기 때문이었다. 1884-85년경 후발주자 독일은 토고, 카메룬, 서남아프리카(현재의 나미비아) 등에 식민지를 건설하였다. 탕가니카(Tanganyika, 현재의 탄자니아)도 국민들의 환호를 등에 업고 점령하였다. 유럽 열강들이 아프리카를 공략함에 있어서 자신들끼리 크게 싸우는 일은 없었다. 오스트리아-헝가리와 러시아를 제외하고 유럽의 모든 열강들—벨기에와 같은 상대적으로 작은 나라도—은 아프리카에서 식민지를 건설하려 동분서주하였다. 제1차세계대전 직전인 1914년 초 아프리카의 유일한 독립국은 아비시니아(Abyssinia, 무솔리니가 정복 후 이디오피아로 개칭)와 미국이 돌려보낸 노예들이 건국한 라이베리아(Liberia)뿐이었다.

1862년 프로이센의 재상이 된 비스마르크는 철혈재상(鐵血宰相)[34]으로 불릴 만큼 냉철한 현실주의자였고, 이념, 의리, 도덕이 아닌 '힘으로 정의되는 국가이익'의 관점에서 외교안보 정책의 방향을 결정하였다. 거의 30년 동안 프로이센 그리고 통일 후에는 독일제국의 국내외정책을 총괄한 그에게 독일의 부국강병은 타협 불가한 목표였지만, 수단으로서의 정책과 동맹은 늘 상황에 따라 바꿀 수 있는 것이었다. 그에게 유럽의 모든 열강들은 잠재적 동맹국이면서도 또한 동시에 잠재적 적성국이었다. 비스마르크의 '현실주의적 실리외교안보정책(Realpolitik)'은 독일의 통일 과정에서 요약적으로 드러났다. 프로이센은 1864년 오스트리아와 동맹을 맺고 덴마크와의 전쟁에서 승리하였다. 이제 프로이센은 오스트리아와 맞잡이가 될 정도로 강력해졌다. 그 후 1866년에는 프랑스의 암묵적 승인하에[35] 오스트리아를 공격하여 승리하였다. 이로써 프로이센은 독일 내 오스트리아의 영향력을 제거함과 동시에 북독일 지역의 맹주로 부상하였다. 오스트리아는 비스마르크의 프로이센

....

34 산업화와 군사력의 의미를 이해한 비스마르크는 독일의 통일은 "언론이나 다수결에 의해서가 아니라 철과 피로써 이루어진다"고 발언해 철혈재상으로 불렸다.
35 비스마르크는 나폴레옹 3세의 프랑스에 라인 강변의 영토를 할양할 것처럼 암시해 프랑스의 중립을 얻어냈다. 그러나 그는 승전 후 이를 실천에 옮기지 않았고, 따라서 프로이센과 프랑스 간 관계가 악화되었다.

에 복수하고 열강의 지위를 유지하기 위한 고육책으로서 1848년 봉기 실패 이후 오스트리아와 러시아의 간접적 무단통치 하에서 제국으로부터의 분리독립을 추구 하던 헝가리의 조건을 받아들여 1867년 '동군연합' 오스트리아-헝가리 제국을 출 범시켰다. 그러나 오스트리아-헝가리의 능력으로는 프로이센에 대적할 수 없었고, 결국 진출할 곳이라고는 범슬라브주의가 부상하고 있던 발칸반도밖에 없었다. 오 스트리아-헝가리는 프로이센과 타협하고 '동진(東進)'하는 쪽을 선택하였다. 한편, 비스마르크는 1870년 이번에는 오스트리아-헝가리와의 관계를 회복한 후, 그리고 프로이센-오스트리아 전쟁에서 오스트리아 측에 가담했던 바이에른(Bayern) 등 남독일영방(領邦)을 결속한 후, 프랑스를 공격하여 프로이센-프랑스 전쟁에서 대승 하였고, 독일을 통일하였을 뿐 아니라 제국 성립이라는 국가적 목표를 달성하였다.

비스마르크는 당시 국내외 상황을 고려할 때 해외 식민지 획득보다는 독일의 안보를 위해 프랑스의 외교적 고립을 추구하는 것이 합리적이라 보았다. 따라서 그 에게는 1870년 전쟁패배와 알자스-로렌(Alsace-Lorraine) 상실에 대한 복수심에 불 타는 프랑스를 계속 고립시키기 위해 독영관계가 중요하였고, 발칸을 둘러싸고 서 로를 향해 으르렁대는 오스트리아-헝가리와 러시아 간의 관계 개선도 필요한 것이 었다. 그의 외교적 노력과 세심한 관리로 인해 19세기 말까지 독일과 영국 간에는 그 어떤 제국주의적 위기도 발생하지 않았다. 비스마르크는 프랑스와 충돌할 경우 러시아나 오스트리아-헝가리가 개입하지 못하도록 한다는 차원에서, 그리고 오스 트리아-헝가리와 러시아 간의 관계를 안정적으로 관리하기 위해 1873년 비공식적 동맹이라 할 수 있는 '3제동맹(3帝同盟, DreiKaiserbund, the League of Three Emper- ors)'을 결성하였다. 과정을 간단히 살펴보면, 1873년 5월 6일 비스마르크의 주도 하에 독일제국과 러시아제국은 제3국이 공격할 시 20만을 동원하여 피침국을 돕는 다는 '상트페테르부르크 조약(Saint Petersburg Treaty)'을 체결하였다. 러시아 황제 가 비엔나를 방문할 때 오스트리아-헝가리도 이 조약에 참가하도록 초대하였으나, 오스트리아-헝가리는 러시아와 동맹을 맺으면 발칸지역에서 자신의 이익을 추구 하는데 복잡한 문제가 생길 것을 우려하여 그의 제안을 고사하였다. 대신 오스트리 아-헝가리는 1873년 6월 6일 러시아와 '셴브룬 협약(Schönbrunn Convention, 셴브 룬은 오스트리아-헝가리 황제의 거처)'으로 알려진 오스트리아-헝가리/러시아 우호친

선협약을 체결하였다. 독일 황제는 10월 비엔나를 방문했을 때 이 협약에 참가하여 이른바 3제동맹이 완성되었다. 비스마르크는 그렇게 함으로써 복수심에 불타는 프랑스를 외교안보적으로 고립시키고, 러시아와 오스트리아-헝가리 간의 잠재적 갈등요소를 관리하면서 독일의 안보를 공고히 하고자 하였다.

비스마르크의 외교가 순탄한 것만은 아니었다. 러시아는 1877-78년 오스만터키와의 전쟁[36]에서 승리한 후 1878년 3월 3일 콘스탄티노플 서쪽 교외의 작은 마을 산스테파노(San Stefano)에서 체결된 러시아-터키 강화조약을 통해 친러적 대(大)불가리아 자치공국(自治公國) 건설, 모든 선박에 대한 터키 해협 개방, 세르비아·몬테네그로·루마니아의 독립 등 많은 전리품을 챙겼다. 이와 같은 러시아의 발칸 진출은 이 지역에서 범(汎)슬라브주의가 진전되는 데 크게 기여하였다. 이에 대해 영국과 오스트리아-헝가리는 "동방문제(the Eastern Question)"는 1856년 파리 조약의 규정대로 유럽 전체의 문제이므로 이 문제를 러시아가 일방적으로 요리해서는 안 된다며 견제에 나섰다. 러시아는 열강의 견제와 압박 속에서 결국 '베를린회의(the Congress of Berlin, 1878년 6월 13일-7월 13일)'에 불려 나왔다. 러시아는 1815년 비엔나 회의(the Congress of Vienna) 때부터 보수유럽체제를 함께 이끌어온 "친애하는 파트너"인 프로이센/독일의 비스마르크 재상이 "정직한 브로커(Ehrlicher Makler, Honest Broker)"를 자처한바, 이를 신뢰한 면도 있었다.

비스마르크는 회의를 시작할 때마다 "독일은 동방문제에 대해 어떠한 직접적 이해관계도 갖고 있지 않다"라고 언급하는 등 "정직한 브로커"로서 관련국들의 입장을 중재하고 전쟁을 방지하기 위해 노력하였으나, 영국의 디즈레일리 수상이 불가리아 맞은편의 한 산악지역은 반드시 터키에게 되돌려 주어야 하며, 그렇게 되지 않으면 자신은 퇴장하겠다고 위협하는 등 발칸에서의 세력균형의 회복을 요구하자, 비스마르크는 어쩔 수 없이 러시아에 불리한 합의를 묵인하지 않을 수 없었다.[37] 비스마르크는 반러적 오스트리아-헝가리를 제어할 준비도 되어 있지 않았다. 이런

....

36 오스만터키에 대한 발칸 민족들의 봉기는 일련의 복수전으로 이어졌고 러시아는 범슬라브주의의 입장에서 오스만터키와 일전을 벌이게 되었다.

37 Kissinger(1994), p. 157.

식으로 진행된 회의의 결과는 러시아로서는 '산스테파노 조약'을 통해 오스만터키
로부터 획득한 이익을 토해내야 하는 매우 굴욕적이고 불합리한 것이었다. 열강들
은 이 회의에서 발칸반도에서 러시아의 영향력 증대를 견제한다는 측면에서 친러
적 불가리아는 3분하기로 하였고, 남슬라브계의 세르비아와 몬테네그로, 그리고 루
마니아의 독립을 확인하면서도 오스트리아-헝가리에게 "새로운 정치 상황과 소통
의 자유 및 안전을 유지하는" 차원에서 보즈니아-헤르체고비나에 대한 행정지배
권을 부여하였고, 세력균형 차원에서 오스만터키의 강대국 지위를 유지시켰다. 영
국은 터키 해협의 자유항행을 계속 금지하는 데 성공하여 러시아의 흑해함대가 지
중해로 진출하지 못하도록 하였고,[38] 또한 이미 터키와 합의해 획득한 사이프러스
(Cyprus)의 점령을 국제적으로 인정받아 동지중해에서 도전받지 않는 지위를 갖게
되었다. 그러나 베를린회의의 열강들은 발칸 제 민족들의 이익과 소망을 고려하지
않았고, 이것이 발칸의 위기를 지속적으로 촉발시키고, 결국 제1차세계대전의 불
씨가 되도록 한 책임을 부분적으로 떠안게 되었다. 보다 직접적이고 임박한 문제는
비스마르크와 독일에 대한 러시아의 분노와 불신이었다. 러시아 특히 범슬라브주
의자들은 베를린회의에서 러시아를 견제한 인물은 영국의 디즈레일리였지만, 영국
의 방해와 반대에 대해서는 이미 익숙해져 있었기 때문에, 믿었던 비스마르크와 독
일에 대해 분노하고 불신 속에서 증오하게 되었다. 이에 영향을 받은 비스마르크는
1879년 독·오 간 양자동맹(Dual Alliance)을 결성했고,[39] 튀니지를 점령한 프랑스에
분노한 이탈리아를 끌어들여 1882년 3국동맹(Triple Alliance)을 성립시켰고, 1883
년에는 루마니아를 유인하여 독일의 동맹체계를 강화하였다.[40] 이러한 상황하에

....

38 러시아는 회의 초기 터키 해협에 대한 자유통항권을 밀어붙이려 했으나 군사적 현실을 확인하고는 해
    협 폐쇄에 동의하였다. 러시아는 해협의 개방은 오히려 제해권을 갖은 영국이 취약한 흑해함대를 공격
    할 수 있는 빌미를 제공할 수 있다고 판단하였다. William L. Langer, *European Alliances and Align-
    ments, 1871-1890*, Alfred A. Knopf, 1956, p. 158.

39 이 동맹조약에 따라 양국은 러시아가 공격할 경우 상호원조하고, 다른 국가가 공격할 시에는 중립을 지
    키기로 하였다. 독일은 이 조약으로 자신의 외교안보적 고립을 피할 수 있고, 러시아가 양국을 상대로
    전쟁을 하지는 못할 것이라는 점에서 이 양자 간 동맹조약을 합리적인 안보 조치로 보았다. 이후 오스트
    리아-헝가리는 러시아가 발칸에서 영향력을 증대하려는 시도를 저지하고자 총력을 기울였고, 독일은
    이를 지원하였다.

서 불에 기름을 부은 사건이 발생하였다. 베를린회의에서 분할된 불가리아가 1885년 다시 통일되었는데 독일 태생의 왕자 알렉산더 1세(Knyaz Alexander I of Battenberg)가 새로운 집권자가 된 것이었다. 러시아는 이를 독일의 음모로 보았고, 여론은 들끓었다. 결국 1887년 봄 짜르 알렉산데르 3세는 1873년 비스마르크가 공을 들여 만들고 1884년 연장을 통해 어렵사리 유지해온 독일·오스트리아-헝가리·러시아 간의 '3제동맹'의 재연장을 거부하였다.

3제동맹에서 탈퇴한 러시아는 독일과 오스트리아-헝가리에 의한 포위망을 뚫기 위해 다른 열강과의 동맹을 추진하였다. 마침 영국에서 국익만을 좇는 현실주의자 디즈레일리가 국제정치적 도덕과 집단안보의 중요성을 강조하는 글래드스톤(William Ewart Gladstone)으로 대체되는 정권교체가 이루어지면서 영러관계는 개선되고 있었다. 프랑스에서도 왕당파와 나폴레옹주의자(Bonapartists)들이 세력을 키우며 친독적 페리(Jules Ferry) 정부의 외교노선을 비판하며 강하게 압박하고 있었다.[41] 상황 악화를 감지한 비스마르크는 러시아가 반독일진영으로 넘어가는 것을 우려하여 1887년 6월 18일 '독러재보장조약(Reinsurance Treaty, 독일·오스트리아-헝가리 간의 동맹관계에 대한 러시아의 의심과 공포를 완화하기 위한 조약)'을 오스트리아-헝가리에게는 알리지 않고 비밀리에 체결하였다. 물론 오스트리아-헝가리가 이러한 사실을 알게 될 경우 비스마르크가 곤경에 처하게 될 것이었지만, 그로서는 독일의 안보를 지키고, 나아가 이 "두 마리 야만적인 들개들(two savage dogs)"[42]이 발칸을 둘러싸고 불장난을 하지 못하도록 하기 위해서는 이 조약이 불가피한 것이었다. 재보장조약의 내용은 독일이 프랑스를 공격하거나 러시아가 오스트리아-헝가리를 공격하는 경우를 제외하고 모든 제3국과의 전쟁에서 양국이 중립을 지킨다는 것으로서 양국이 침략전쟁을 일으키지 않는 한 '2개의 전선(two fronts)'이 개

....

40 비스마르크의 현실주의(Realpolitik) 노선은 이 시점을 기점으로 변화하였다. 그는 이제 러시아와의 동맹에 의존하기 어려워졌다는 판단 하에 가능한 한 많은 잠재적 적국들과 관계를 개선하고자 하였다. Henry Kissinger, *Diplomacy*, Simon & Schuster, 1995, pp. 139 – 143.

41 Otto Pflanze, *Bismarck and the Development of Germany*, Princeton University Press, 1990, p. 225.

42 Pflanze(1990), p. 225.

방되는 일은 벌어지지 않을 것이었다. 비스마르크는 러시아와 싸울 이유가 없었고, 맞서 싸우기에는 러시아가 너무 강대하였으며, 더구나 러시아가 프랑스와 연합하여 독일을 공격할 가능성을 우려하였던 것이다. 러시아에게는 독일이 동맹국 오스트리아-헝가리가 러시아의 이익을 침해하고 발칸으로 진출하는 것을 막겠다는 약속이 의미가 컸다. 비스마르크는 이 재보장조약의 부속합의서에서 러시아가 콘스탄티노플을 획득하고 불가리아에 대해 영향력을 확대하는 것에 반대하지 않는다고 약속하였다. 비스마르크는 러시아와 재보장조약을 맺음으로써 독일을 동서에서 위협하는 러불동맹의 체결을 잠시 연기시킬 수 있었다. 러시아 황제는 독일에 대한 분을 삭이지 못하던 러시아인들의 여론을 의식하여 이 재보장조약을 비밀로 할 것을 요구하였다.

비스마르크의 퇴진과 빌헬름 2세 체제의 대두

빌헬름 1세의 외아들 프리드리히 3세(Friedrich Wilhelm Nikolaus Karl)가 사망하고 1888년 프리드리히 3세의 아들 빌헬름 2세가 등극하였다. 근 20년을 재상으로서 프로이센/독일의 정치와 정책을 주도하던 비스마르크는 자신의 아들과 동문동학(同門同學)한 새로운 황제가 입헌군주로 만족해 할 것으로 기대하였다. 그러나 황제는 그의 기대와는 반대 방향으로 가고자 하였다. 빌헬름 2세는 소년 시절 신성로마제국의 영광을 기록한 책들을 즐겨 읽었다. 그는 신성로마제국의 황제들이 누렸던 제국적 권력을 원했고, 따라서 "자신의 생각"을 갖고 있는 비스마르크와 같은 노인들보다는 그를 맹목적으로 추종하는 정치적 인물들을 고위직에 등용하였다.

결국 1890년 3월 20일, 75세의 비스마르크는 재상에서 물러났다. 제국주의적 영토확장과 제국의 위엄을 중요시한 젊은 황제 빌헬름 2세와의 정책적 이견 때문이었다. 표면적으로는 로마가톨릭교회의 영향력을 약화시키기 위해 1871-78년 비스마르크가 주도한 "문화투쟁(Kulturkampf)"[43]의 실패나 그와 빌헬름 2세가 대립한

....

43   독일통일 과정에서 가톨릭교도들은 오스트리아를 포함한 대독일주의를 지지했지만 개신교의 프로이센은 소독일주의에 따라 오스트리아를 제외한 중앙집권적 정부를 지향하였다. 1866년 프로이센은 오스트

'사회주의자척결법'[44] 등이 이유로 제시될 수 있으나, 근본적으로는 안정을 중시한 비스마르크의 현상유지 노선과 확장을 추구한 빌헬름 2세의 현상타파 노선 간의 대립이었다.

황제가 기존 외교노선에 회의를 표명하고 그에 따라 비스마르크가 사임하자, 비스마르크의 아들인 헤르베르트 비스마르크(Herbert von Bismarck)도 외교장관 직에서 사퇴하였다. 그런데 당시 독일은 러시아와의 재보장조약의 연장을 며칠 앞두고 있었다. 수장이 사퇴한 외교부는 마비 상태에 빠졌다. 별 구상이 없었던 빌헬름 2세는 주독 러시아 대사에게 조약 연장을 이미 약속한 바 있었지만, 상황은 누구도 예측하지 못한 방향으로 흘러가고 있었다. 과거 비스마르크 노선을 따르고 조언했던 홀쉬타인(Friedrich August Karl Ferdinand Julius von Holstein) 외교부 정무국장은 돌연 러시아의 위협을 강조하면서 재보장조약의 연장을 반대하고 나섰다. 그는 오스트리아-헝가리가 독러재보장조약에 대해 알게 되면 양국관계에 금이 가게 되고, 러시아를 견제하는 데 유용한 동맹국을 잃게 될 수 있다고 보았다. 황제의 일부 외교안보 참모들은 프랑스, 러시아 간의 이념과 체제(공화정·전제정)의 차이와 공동이익의 결여를 지적하며 조약 연장에 대해 소극적이었다. 빌헬름 2세는 약속을 이미 해놓은 상태에서 난감해졌다. 그러나 홀쉬타인에 동감한 신임 재상 카프리비(Georg Leo Graf von Caprivi de Caprera de Montecuccoli)가 사퇴 카드로 압박해오자 황제는 1주일 만에 재상을 또 교체해야 하는 국내정치적 비용 등을 고려하여 결국 1890년 6월 18일 대러시아 재보장조약을 연장하지 않았다. 이 결정으로 독일은 비스마르크가 오랫동안 추구해왔던 독일 중심의 유럽의 안정과 프랑스 고립이라는

....

리아와의 전쟁에서 승리하였고 북독일연방을 성립하였다. 1870년 12월 독일 남서부의 가톨릭교도들은 독일중앙당(German Zentrumspartei, Centre Party)을 창당하여 정치적 발언권을 행사하기 시작하였다. 위협을 느낀 프로이센의 비스마르크는 1871년 7월 8일 종교교육부에서 가톨릭교회를 담당하는 사무국을 폐쇄함으로써 문화투쟁을 시작하였다. 비스마르크의 반가톨릭 정책은 독일 가톨릭교인들을 단결시키는 결과를 야기했고, 그는 불리해지는 정치적 상황을 타개하기 위해 1878년 탄압을 중지하였다.

44 1878년 10월 비스마르크는 제국의회가 '사회주의를 반대하는 비상 법령'을 채택하게 하였다. 이에 따라 1869년 창당된 사회민주노동당은 불법화되었고 노동자들의 신문, 잡지 간행이 불허되었다. 그러나 1890년 '비상 법령'이 폐지되면서 비스마르크가 정치적으로 타격을 입었다. 사회민주노동당은 독일사회민주당(Sozialdemokratische Partei Deutschlands)으로 당명을 변경하였다.

외교안보 목표를 단숨에 갈아치운 셈이 되었다. 독일의 숙적 프랑스는 러시아를 활용하여 자신의 고립을 타파할 수 있는 절호의 기회를 발견하였고, 독일은 이로 인해 향후 값비싼 비용을 치르게 될 것이었다.

빌헬름 2세는 재보장조약 연장을 거부하면서, 자신과 러시아제국의 "알렉산데르 3세와의 인간관계로 충분하다"고 말하였다. 빌헬름 2세는 프로이센의 프리드리히 빌헬름 3세의 친증손자이고, 러시아의 알렉산데르 3세는 프리드리히 빌헬름 3세의 외증손자였다.[45] 그러나 빌헬름 2세의 이러한 결정은 그가 비스마르크의 유산인 "복합적인 동맹네트워크"를 관리할 능력이나 의지를 가지지 못했던 데에 부분적으로 기인하였다.[46] 그에게는 외교적 "묘기(juggling)"가 부담스럽기도 하고, 또한 필요한 것으로 보이지도 않았다. 카이저(Kaiser, 독일 황제)의 재보장조약 연장 거부는, 영국과 관계를 개선하는 데 러시아와의 재보장조약이 부담이 된다고 판단한 결과이기도 하였다. 당시는 러시아가 발칸지역에서 영향력을 키워가고 있는 상태에서 러시아와 오스트리아-헝가리, 그리고 러시아와 영국 간 관계가 악화되고 있었다. 특히 러시아는 오스만터키의 보스포러스 및 다다넬스 해협에 압박을 가하면서 중동 지역에서의 영국의 이익을 위협하고 있었다. 카이저는 영국과 협력하는 것이 독일의 전략이익이라고 판단하였다. 다른 한편, 비스마르크의 현상타파적 후임자들은 독일이 러시아와의 재보장조약을 연장하지 않는다 하더라도 러시아와 프랑스는 실익이 없기 때문에 결코 손을 잡을 수 없을 것이라고 믿었다. 러시아의 핵심 이익은 흑해함대의 지중해 진출인데 프랑스는 이에 적극 반대하는 입장이었고, 프랑스의 당면 목표는 알자스-로렌 회복인데 러시아는 이를 둘러싸고 독일과의 전쟁을 감수할 만한 이유는 없다는 것이었다.

그러나 빌헬름 2세와 비스마르크의 후임자들의 예상은 빗나갔다. 빌헬름 2세를 인간적으로 혐오했지만 안보상의 이유로 재보장조약의 연장을 요구한 러시아의 알렉산데르 3세는 독일이 그의 제안을 거부하자 프랑스와의 관계개선에 박차

....

45 프리드리히 빌헬름 3세의 딸(Charlotte)은 러시아의 니콜라스 1세와 결혼하여 알렉산데르 3세의 아버지이자 러시아 농노를 해방하고 추후 암살된 알렉산드르 2세를 낳았다.

46 Kissinger(1994), p. 179.

를 가하였다. 부친을 혁명가의 폭탄테러로 잃은 알렉산데르 3세는 "혁명의 온상"인 프랑스를 혐오하였지만, 제국의 안보이익을 위하여 프랑스와의 협력을 추진하였던 것이다. 특히 그는 러독재보장조약의 폐기가 오스트리아-헝가리의 대러시아 모험주의를 고무할 것이라는 가능성에 민감하였다. 오랜 외교적 고립으로부터 벗어나고자 했던 프랑스는 러시아와의 협력에 적극적이었다. 이 무렵 영국과 독일 간의 '식민지 거래(헬고란드-잔지바르 조약, 1890년 7월 1일)'가 발생하여 러시아의 대독 위기의식을 심화시켰다. 카이저가 재보장조약 연장을 거부한 직후 영국과 독일이 동아프리카의 잔지바르 섬과 북해의 헬고란드를 맞교환한 것이었다. 독일은 이 우호적 거래가 영국과의 동맹조약 체결로 이어질 것을 기대하였지만, 영국은 그야말로 자신의 편의를 위한 식민지 교환일 뿐이었다. 그러나 러시아는 영독 간 조약에 긴장하지 않을 수 없었다. 그 결과 전략적 이해관계가 수렴한 러시아와 프랑스는 1891년 8월 27일 '화친조약(Entente Cordiale)'을, 그리고 1892년 8월 17일엔 동맹조약(Dual Alliance)을 체결하였으며, 1894년 1월 4일엔 동맹조약을 비준하였다. 이 조약은 제2조에서 "3국동맹의 군대, 또는 그 중 어떤 국가의 군대가 동원되는 경우, 그 사실이 알려지자마자 프랑스와 러시아는 사전 협의를 거치지 않고 즉각적으로, 그리고 동시에, 전군을 동원하여 국경지대에 집결시킨다", 그리고 제3조에서 "독일에 대하여 사용할 병력은 프랑스는 130만, 러시아는 70만 또는 80만으로 한다. 이들 병력은 신속히 전투에 투입되어 독일로 하여금 동서 양면전을 하도록 해야 한다"고 적시하였다. 그러나 이 조약은 미국의 외교관 조지 케넌(George Kennan)이 "인류역사상 가장 운명적인 조약 중 하나"라고 꼽았을 정도로 위험스러운 조항을 포함하고 있었다.[47] 이 조항은 제2항으로서 약한 이탈리아가 군을 동원하거나, 오스트리아가 발칸반도에서 군사행동을 하는 경우에도 프랑스와 러시아는 대군을 동원하여 즉각 독일을 공격하기로 약속한 것이었다.

이제 독일은 프랑스를 포위하는 전략을 추구하다가 졸지에 프랑스, 러시아 양국에 의해 포위 당하는 신세로 전락하였다. 러불동맹조약은 그간 비스마르크가 프

....

47   George F. Kennan, *The Fateful Alliance: France, Russia, and the Coming of the First World War*, Manchester, Manchester University Press, 1984.

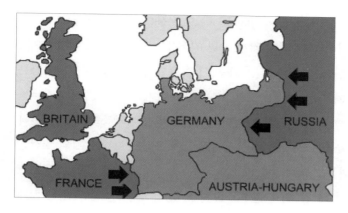

독일의 2개의 전선.

랑스를 고립시켜 독일의 안전과 위상을 확보하기 위해 구축한 일련의 동맹네트워크에 타격을 가하였던 것이다. 독일로서는 고립에서 벗어난 프랑스를 대적해야 할 뿐 아니라, 러시아가 프랑스와 동맹을 맺음으로써 독일의 악몽인 '2개의 전선'이라는 가공할 현실에 직면하게 되었다. 독일로서는 전쟁이 발발하면 양 전선이 동시에 개방될 것이기 때문에 이에 대한 군사전략 마련이 시급하게 되었다.

독일제국의 정치지도자들과 군사전략가들은 독일의 지정학적(地政學的, geopolitical) 숙명인 '2개 전선'이 야기하는 문제를 해결하기 위해 오래 고민해왔다. 비스마르크의 책략은 '2개 전선'이 발생하지 않도록 상대적으로 약한 러시아와 협력하고 강력한 경쟁국 프랑스를 고립시키는 것이었다. 그는 러시아가 발칸에 진출하는 것을 굳이 막으려 하지 않았다. 비스마르크는 '동방문제'가 가지는 연쇄적 폭발성과 발칸지역에서 독일의 정치 경제적 이익이 크지 않다는 점을 강조하며 1876년 제국의회 연설을 통해 '동방문제' 개입에 따른 독일의 이익은 "포메라니아 척탄병 (擲彈兵) 한 명의 뼈의 값어치에도 못 미친다(The whole of the Balkans is not worth the bones of a single Pomeranian grenadier)"고 말하였다.[48] 그의 외교안보 노선은

....

48 Emil Ludwig, *Bismarck: The Story of a Fighter*, Skyhorse Publishing, 2013, p. 511. 프로이센의 주요 일부인 포메라니아는 충성심, 의무, 희생 등 프로이센의 군사적 전통을 상징하였다. 비스마르크는 포메라니아 척탄병의 이미지를 불러일으킴으로써 독일 제국 내에서 군에 대한 국가적 자부심에 호소하고자

'주변으로의 주의(注意) 전환(periphery diversion)'으로 불리는바, 열강들과의 이익 충돌은 독일의 핵심이익이 걸려 있지 않은 주변 지역에서의 보상으로 해결함으로써 독일의 안보를 증진한다는 것이었다.[49] 대신 그는 독일의 안보를 직접 위협하는 프랑스에 대한 억지에 최우선을 두고, 프랑스를 고립시키기 위해 3제동맹과 3국동맹(Triple Alliance)을 포함하는 대프랑스 억지 동맹네트워크를 구축하는 등 냉철하고도 철저히 실리적인 노선을 추구하였다. 그리고 그가 물러날 때까지 그의 노선은 독일에게 성공적인 결과를 가져다 주었다.

그러나, 이제 독일이 러시아와 결별하고 프랑스 및 러시아를 상대로 하는 '2개 전선'의 위험성이 부각되었다. 독일제국의 일반참모부장(Chief of Imperial German General Staff) 쉴리펜(Alfred von Schlieffen)[50]은 독일의 군사자원을 양분하지 않은 전쟁계획을 세우고자 하였다. 그는 전쟁사에 밝은 군인이었다. 그는 특히 기원전 216년 로마 대군과의 '칸나에 전투(the Battle of Cannae)'를 승리로 이끈 카르타고(Cartago)의 한니발(Hannibal) 장군의 전술전략에 크게 감명을 받았다.[51] 한니발은 압도적 다수인 로마군의 압력을 중앙에서 흡수하고, 그 사이 다른 부대를 측면으로 이동시켜 적의 옆구리를 공격한다는 당시로서는 획기적인 작전으로 대승을 거두었다. 쉴리펜은 현대전에도 같은 논리가 적용될 수 있다고 보았다. 적의 측면에 대한 결집되고 대대적인 공격이 그의 작전계획의 핵심이 되었다.

....

하였다..

49   Stefan Berger, *A Companion to Nineteenth-Century Europe, 1789-1914,* Wiley-Blackwell, 2009, p. 410.

50   독일제국의 일반참모부는 나폴레옹전쟁에서 그 기원을 찾을 수 있다. 1806년 아우어쉬태트(Auerstädt) 및 예나(Jena)에서의 대패가 반복되어서는 안 된다고 판단한 프러시아의 샨호르스트(Gerhard Johann David von Scharnhorst) 장군과 그나이제나우(August Neidhardt von Gneisenau) 장군은 특수 목적의 부대 창설을 프러시아 왕에게 건의하였다. 1814년 법제화된 이 부대는 신분을 불문하고 오로지 능력 위주로 구성원을 충원하였고, 전쟁 계획, 정보 수집과 평가, 군 동원과 부대 이동에 대한 전권을 보유한 군 엘리트 조직이 되었다. 현장의 일반참모부장은 현장 지휘관의 작전이나 부대 이동 명령에 서면으로 부동의할 권한을 가질 정도로 군의 실세였다. 이러한 의미에서 연합국들은 1차대전의 상당한 책임이 일반참모부에 있다고 보고 전후 이를 해체하였다. Larry D. Bruns, *German General Staff In World War I,* Verdun Press, 2014, chapter 2.

51   James Lacey and Williamson Murray, *Gods of War,* Bantam Books, 2020.

쉴리펜은 1905년 수년의 연구와 시뮬레이션(워 게임) 과정을 거쳐 완성된 '쉴리펜 계획(the Schlieffen Plan)'을 내놓았다. 그는 프랑스와 러시아를 동시에 상대해야 하는 것은 독일에게 불리한 요소지만, 양국이 지리적으로 분리되어 있다는 것은 독일의 이점이라고 판단하였다. 그는 하나의 전선을 일단 현상유지하는 가운데 다른 전선에 대규모 병력을 투입하여 전격 승리한 후 전력을 신속히 이동시켜 나머지 적을 섬멸한다는 개념을 세웠다. 쉴리펜은 러시아가 일본과의 전쟁(1904-1905)에서 패하여 약화되었다는 점, 그리고 러시아의 광대한 영토, 철도 운송망의 후진성, 정부조직의 비효율성 등을 고려할 때 군을 동원하고 전선에 집합시키려면 6주 정도가 필요할 것으로 보았다. 따라서, 그는 전쟁 발발 시 러시아가 군사력을 집결할 때까지 동부전선에서는 '수비(hold)'에 전력하고, 독일의 주력부대가 독일-프랑스 국경에 배치된 프랑스의 요새를 우회하여 '낫(scythe)' 모양으로 네덜란드, 벨기에, 룩셈부르크를 통해 프랑스 북부를 급습해 들어가 '전격적이고 결정적인(quick and decisive)' 승리를 쟁취한 후, 전력을 다시 동부전선에 속히 투입해 러시아를 패퇴시킨다는 전략이 효과를 낼 수 있을 것으로 판단하였다. 그는 대프랑스 전에 투입되는 전력의 7/8을 메츠(Metz) 북부로 침입하는 이른바 '우익 부대(right wing)'에 분배하였다. 1/8의 전력은 프랑스 남부전선에 배치하였다. 쉴리펜은 자신의 전쟁전략이 성공하기 위해서는 기동성이 절대적으로 중요하다고 보았다. 독일군은 러시아군이 참전하기 전에 프랑스를 굴복시키고 동부전선으로 급히 이동해야 하였다. 1870-71년 프로이센-프랑스 전쟁 중 소규모 부대를 이끌고 '루아르 계곡(Loire Valley)' 전투에 참가했던 쉴리펜은 전격전과 기동성의 중요성을 체득한 바 있었다.

　　쉴리펜 사망 후 후임이 된 몰트케(Helmuth von Moltke, Moltke the Younger)는 쉴리펜 계획에 몇 가지 수정을 가하였다. 첫째, 그는 프랑스 북부를 급습해야 한다는 쉴리펜 계획의 원칙은 수용했지만, 네덜란드, 벨기에, 룩셈부르크 모두를 진출로(進出路)로 삼는 대신 영국을 자극하지 않기 위해 네덜란드는 여기서 제외하였다. 둘째, 그는 과거에 비해 러시아제국의 군사 역량이 증대되었기 때문에 쉴리펜 계획보다는 더 많은 독일 전력을 동부전선에 배분하였다. 셋째, 그는 프랑스군이 알자스-로렌으로 진출할 가능성이 높은 상태에서 이탈리아군이 독일군에 합세할지 불분명해지자 우익 부대와 좌익 부대(left wing) 간의 전력 배분을 7:1에서 3:1로 변경하였다.

1914년 실제로 전쟁이 발발했을 때 독일은 큰 틀에서 '수정된 쉴리펜 계획'대로 움직였다. 그러나, 전쟁계획의 생명인 기동성이 충분히 발휘되지 못했고, 전력이 감축된 우익 부대의 돌파력은 기대 이하였다. 이는, 아래에서 상술하겠지만, 독일이 패전한 주요 이유였다.

어쨌든 독일의 운명적인 지리적 조건과 프랑스·러시아 간 동맹으로 인해 동부 및 서부에 '2개 전선'을 전제하고 구상된 쉴리펜 계획은 극대화된 안보상호의존성 또는 쇠사슬에 비유되는 동맹의존성(chain-ganging)[52]의 증대와 함께, 유럽에서 독일의 이익이나 동맹이익과 관련해 분쟁이 발생할 경우 국지전화(局地戰化)하지 않고, 바로 프랑스와 러시아 등 유럽 전체를 개입시키는 구조적 경직성을 가지고 있었다. 또한 이 전쟁계획은 병력이동의 신속성을 필수화함으로써 외교적 해결의 가능성에 심각한 제약을 부과하였을 뿐 아니라 중립국에 대한 침공이 갖는 국제정치적 함의를 무시함으로써, 결과적으로, 오스트리아-헝가리와 세르비아 간의 전쟁이 세계대전으로 비화하도록 만든 구조적 요인 중 하나가 되었다.[53]

독일제국의 제국주의: '세계정책(Weltpolitik)'으로!

1890년 비스마르크가 퇴진하고 카프리비가 재상이 되었지만 제국주의와 관련해서는 비스마르크 외교노선이 유지되고 있었다. 당시 독일은 수출 강국이었고, 카프리비는 융커들(Junkers, 토지귀족)의 반대에도 불구하고 자유무역정책을 적극적으로 추진하였다.[54] 그는 러불동맹을 우려했지만 독영관계가 안정적으로 유지되는

....

52 월츠에 따르면 동맹국들의 "발목에 채워진 체인" 때문에 한 국가가 전쟁으로 돌진할 때 그와 안보상호의존적인 다른 국가도 할 수 없이 전쟁에 연루되게 된다. Waltz(1979), pp. 165-70.

53 테렌스 주버(Terence Zuber)가 쉴리펜 계획의 존재를 부정하는 글을 발표하면서 이와 관련한 논쟁이 벌어졌다. 유럽현대사학자 애니카 몸바우어(Annika Mombauer)는 이 논쟁을 요약·정리하면서 방대한 1차자료에 기초하여 쉴리펜 계획이 실제 존재했음을 설득력 있게 논증하였다. Annika Mombauer, "Of war plans and war guilt: The debate surrounding the Schlieffen Plan," *Journal of Strategic Studies*, Volume 28, Issue 5, 2005.

54 Paul Bairoch, *Economics and World History: Myths and Paradoxes,* University of Chicago Press,

한 독일의 안보는 걱정할 필요가 없고, 단 프랑스를 억지할 수 있는 군대만 보유하면 된다고 생각하였다. 따라서 그는 식민지 건설은 문제만을 야기할 뿐 독일에게 실익이 없다고 판단했고, 1894년까지 독일은 유럽대륙에 국한된 외교안보정책을 구사하였다.

그러나 1894년 카프리비가 보수파와의 갈등 등으로 퇴진하면서 독일의 정치는 본격적으로 제국주의화하기 시작하였다. 빌헬름 2세의 세계정책이 발동된 것이었다. 개각이 있을 때마다 빌헬름 2세의 세계정책을 공공연히 지지하는 정치인들이 핵심 요직을 차지하였다. 외교장관 뷜로우(Bernhard von Bülow)는 그 중 하나였다. 그는 강병정책을 밀어붙였다. 제국주의적 팽창이 국내적 사회적 문제를 해결하는 데 유용한 수단이라는 "사회적 제국주의(social imperialism)"를 신봉했던 그는 독일 국민을 단결시키고 사회적 갈등을 완화하기 위해,[55] 그리고 강대국의 지위를 국제적으로 인정받기 위해 해군력 증강에 의한 독일의 제국주의화는 극히 바람직하다고 판단하였다. 독일은 이제 식민지가 어디든 상관없었다. 제국주의적 팽창 자체가 목적이 되었다. 독일은 지리적으로 멀리 떨어진 극동에 대해 중대한 이해관계를 가지지는 않았지만, 1894-95년 청일전쟁 직후 이른바 '3국간섭(the Triple Intervention)'에 참여하였다. 즉 독일은 '시모노세키조약(下關條約, 1895년 4월 17일)'에서 인정된 일본의 랴오둥반도(遼東半島) 영유(領有)에 러시아, 프랑스와 함께 반대한 것이다. 이것이 독일에게 큰 실익을 가져다줄 것은 아니었지만, 독일 국민들은 이러한 "제국적" 조치를 환영하였다. 제국으로서 위엄을 보여주었을 뿐 아니라, 독일이 동아시아 문제에 발언권을 갖게 될 것이기 때문이었다. 얼마 되지 않아 독일은 직접 중국에 무력 진출하기에 이르렀다.

1897년 11월 1일 산둥성 남부의 쥐예현(巨野県, 거야현; 지금의 허쩌시, 荷泽市, 하택시)에서 대도회(大刀會, the Big Sword Society)라는 비밀결사조직이 반외세 운동을 펼치면서 현지를 여행 중이던 독일인 가톨릭 선교사 두 명을 살해하는 사건이 벌어

....

1995, p. 41.

55 단기간 급성장하면서 농업의 위기, 사회 불안, 군대의 팽창에 따른 극심한 재정난 등, 각종 부작용에 시달리고 있던 독일 사회의 내부적인 위기를 외부로 돌려 보겠다는 목적도 있었다.

졌다. 이 대도회라는 조직은 산둥성 일대에서 세력을 꾸준히 확대하고 나중에는 의화단(義和團, 이흐투안, Boxer Rebellion)의 중심 세력이 된다. 현지 독일 함정 지휘관은 "이 사건을 활용할 수 있다"고 본부에 알렸고,[56] 재상은 신중해야 한다는 입장이었으나, 황제가 개입하였다. 빌헬름 2세는 상하이에 주둔하고 있던 독일 동양함대에게 자오저우만 점령을 명령했고, 독일은 무혈입성하였다.[57] 독일은 아편전쟁 당시 홍콩을 영국에게 할양한 '난징(南京)조약'을 기초로 자오저우만을 99년간 조차하는 조약문을 내밀었고, 중국의 수정 요구를 묵살한 채 1898년 3월 6일 '중독자오아오조차조약(中獨胶澳租借条约, 자오저우의 청나라 시대 명칭은 자오아오, 현재는 칭다오, 青岛, 청도)'을 강제하였다. 이로써 독일은 현재 칭다오로 불리우는 지역을 비롯한 552km²의 영토를 차지하고 사실상 독일의 세력권으로 설정하였다. 빌헬름 2세는 칭다오를 독일의 보호령으로 선언하고 식민지배체제를 구축하였다. 독일은 칭다오의 해군기지로서의 중요성을 인식하고 식민당국이 아닌 해군성이 관리하도록 했으며, 이곳에 극동함대사령부를 설치하고 태평양에서의 작전을 지휘하도록 하였다.

　　독일의 제국주의에 관념적 동력을 부여한 인물에는 미국인도 있었다. 비스마르크가 퇴진한 1890년은 미국 해군 제독 알프레드 마한(Alfred Thayer Mahan)의 저서 『제해권이 역사에 미치는 영향(The Influence of Sea Power Upon History, 1660-1783)』이 출간된 해이기도 하였다. 마한은, 국가의 번영과 권력은 세계의 해상교통로에 대한 장악(command of the sea)에서 비롯된다고 주장하였다. 애로(隘路 choke points, bottleneck; 예를 들어 유럽과 아프리카 사이의 지브랄타[Gibraltar]), 관문(關門), 운하, 급탄소(給炭所) 등과 같은 전략적 해상요충지에 대한 통제와 장악은 평화시엔 상선을 보호하고 전시엔 적(敵)의 운신의 폭을 제약한다는 것이었다. 이와 함께 그는 해군의 화력 증강, 다수의 중소형 기동함정, 그리고 "공격이 최선의 방어"라는 원칙

....

56　　Terrell D. Gottschall, *By Order of the Kaiser: Otto von Diederichs and the Rise of the Imperial German Navy, 1865-1902*, Naval Institute Press, 2003, p. 156.

57　　러시아는 "자오저우만의 우선권은 러시아에 있다"면서 독일이 함대를 보낼 경우 러시아도 함대를 파견하겠다고 걸고넘어졌다. 독일은 러시아가 자오저우만 대신 인천 월미도를 점령할 것을 제안하지만, 러시아는 월미도를 점령할 경우 일본과 충돌할 수 있다는 이유로 거절하였다. 재상 뷜로우는 러시아가 이 문제로 독일과의 관계를 악화시킬 이유가 없다고 여겼고 해군 역시 강경한 입장이었다.

을 강조하였다.[58] 마한의 이론은 1883년 미국이 목제선박을 석탄/석유 기반의 금속 선박으로 교체하고, 해군 기지와 급탄소(給炭所) 획득에 적극적으로 나서는 데 큰 영향을 끼쳤다. 독일의 빌헬름 2세도 마한의 새로운 해양전략에 크게 공감하고 독일제국 대양함대의 모든 함정에 그의 저서를 비치하도록 명령하였다. 빌헬름 2세의 독일은 이제 식민지를 개척하고 강력한 해군 건설에 박차를 가하게 되었던 것이다.

독일의 제국주의화에 동력을 제공한 또 다른 주요 인물은 열렬한 '마한주의자' 티르피츠 제독이었다. 그는 1898년 '제1함대법(the First Fleet Act)'을 소개하면서 강한 독일을 유지하기 위해서는 해군력의 증강이 필수적이라 역설하였다. 1900년에는 더욱 야심찬 '제2함대법(the Second Fleet Act)'을 도입하였다. 독일 사회에는 제국주의와 해군력 강화를 열렬히 지지하는 분위기가 팽배하였다. 빌헬름 2세도 티르피츠의 강력한 해군 건설 노선을 공개적으로 지지하였다. 많은 방산기업인들과 해군장교들로 구성된 이른바 "해군주의자들(navalists)"은 '독일식민협회(Deutsche Kolonialgesellschaft, German Colonial Society)'의 재정적 지원과 '콜로니얼차이퉁(Kolonialzeitung)' 등의 정치선전 지원 덕분에 해군력 증강 프로그램에 탄력을 붙일 수 있었다. 특히 '독일식민협회'는 농업 및 토지소유 보수세력이 지지하는 육군에 대한 예산 유지는 식민지 개척으로 가능하다며, 이를 위해 상대적으로 낙후된 독일의 해군력을 증강하는 것이 국가정책상 급선무라 강조하며 보수세력의 지지를 이끌어냈다.[59] 독일제국의 지도자들은 그러나 영국을 자극하지 않는 선에서 해군력을 증강하는 안을 선택하였다. 즉 영국을 이길 정도의 해군력을 구축하기보다는 영국이 독일과의 전쟁을 불사하기엔 위험부담이 크다는 판단이 설 정도로만 증강하겠다는 의도의 결과였다. 독일은 그렇게 함으로써 영국과의 관계를 안정적으로 유지하는 가운데 식민지 확보를 효과적으로 도모할 수 있을 것으로 보았다. 대함대 건조의 배후에는 급성장한 크룹(Krupp) 등 방산업체가 주도하는 이른바 '군

....

58　Philip A. Crowl, "Alfred Thayer Mahan: The Naval Historian," in Peter Paret, Gordon A. Craig, and Felix Gilbert, eds. *Makers of Modern Strategy from Machiavelli to the Nuclear Age*, Princeton University Press, 1986, ch. 16; Francis P. Sempa, "Introduction," in Alfred Thayer Mahan, *The Problem of Asia: Its Effect upon International Politics*, Transaction Publishers, 2003.

59　Woodruff D. Smith, *The German Colonial Empire*, University of North Carolina Press, 1978, p. 173.

산복합체'가 자리하고 있었다. 탄력을 받은 독일 해군력의 증강은 '식민지 제국' 영국을 자극하기에 이르렀다. 영국은 막강한 노급함(弩級艦, H.M.S. Dreadnaught) 건조로 대응하였다. 1906년 2월 영국 국민들의 열화와 같은 지지 속에 노급함의 첫 진수가 이루어졌다. 빌헬름 2세와 티르피츠는 영국과의 해군력 경쟁을 감당할 수 없다고 판단하였지만, 결국 막강해진 군사복합체의 압력으로 인해 독일을 되돌릴 수 없는 길, 즉 영국과의 군비경쟁, 그리고 제1차 세계대전으로 몰아넣게 된다.

한편 영국은 1898년 독일이 '해군법'을 통과시킨 이후 점증하는 위협에 대처하기 위해 오랫동안 유지하던 "영광스러운 고립(the Splendid Isolation)"[60]으로 불리던 외교안보노선을 변경하여 군사동맹을 선택하게 되었다. 영국은 독일과의 군비경쟁에 직면하여 당시 또 다른 위협인 제2차 보어전쟁(1899-1902)과 만주에 대한 러시아의 야심을 동시에 해결할 만한 여력이 없었다. 인디아의 안전보장도 급선무로 대두하였다. 따라서, 청일전쟁에서 승리한 일본과 1902년 1월 동맹조약을 체결하여 일본으로 하여금 동아시아를 관리하게 하고, 자신은 제2차 보어전쟁, 독일의 위협, 인디아 안보 문제에 집중하는 것이 합리적이라 판단하였다. 나아가 영국은 영일조약에 "2개 국가가 동맹서명국을 공격했을 때만 동맹의무가 발동된다"고 명기함으로써 일본이 러시아를 봉쇄하도록 하면서도 자신은 일본이 자신을 원치 않는 전쟁에 끌어들이지 못하도록 조치하였다. 영국은 해외식민지 유지, 독일 억지, 러시아 팽창 저지 등 국가안보전략의 차원에서 영일동맹을 체결하였지만, 중국과 조선은 이러한 제국주의 열강들의 이해관계에 따라 국가적, 민족적 운명이 좌우되는 신세로 전락하였다. 일본은 세계 최강 대영제국의 동맹파트너라는 열강의 위상을 확인받았고, 영국과 자신의 전략이익을 위해 러시아의 중국 및 조선에 대한 팽창을 견제하는 데 주력하였다. 영국의 의도를 모르던 빌헬름 2세는 영일동맹을 내심 환영하

....

60   "영광스러운 고립"이라는 용어는 영국 해군장관 조지 고센(George Goshen)이 1896년 1월 캐나다 정치인 조지 포스터(George Foster)가 오타와의 의사당에서 행한 연설에서 사용한 어휘에 대해 처음 언급하며 영국의 전통적 외교안보노선을 지칭하게 되었다. A. D. Elliott, *The Life of George Joachim Goschen, First Viscount Goschen 1831-1907*, Vol. 2, Longmans Green, 1911, pp. 206-208; Barry Gough, *Pax Britannica: Ruling the Waves and Keeping the Peace before Armageddon*, Palgrave Macmillan, 2014에서 재인용.

였다. 그는 러시아와의 재보장조약을 갱신하지 않음으로써 영국이 독일 편에 서줄 것을 기대했었다. 그는 영국이 일본과 동맹을 체결한 이유는 러시아를 경계해서였기에 영국이 독일과 한편이 될 것이라고 예측하였다. 그러나 그의 기대와 예측은 여지없이 빗나갔다.

유사한 맥락에서 영국은 독일을 의식하여 프랑스와의 식민지 확보 경쟁을 중단하기로 하였다. 1898년 영국과 프랑스는 수단 남부의 파쇼다(Fashoda)에서 일촉즉발의 위기로 치달았으나 교섭을 통해 식민지 경쟁에 종지부를 찍게 되었다.[61] 양국은 독일이 위협이 되는 상황에서 상호이익의 접점을 찾았고, 궁극적으로는 1904년 4월 8일 '영국 · 프랑스화친조약(Entente Cordiale)'을 체결하였다.[62] 이 조약은 군사동맹조약은 아니었지만 '우호관계'와 식민지 경쟁의 종식을 담은 것으로 독일을 크게 긴장시켰다. 비스마르크 외교 정책의 궁극적인 목표였던 프랑스의 외교적 고립이 깨졌을 뿐만 아니라, 그 화살이 독일로 향하게 된 것이었다. 이는 독일의 입장에서는 기존의 러시아 · 프랑스동맹(1894년)의 공포를 가중시킨 위협이었다.

....

61   유럽 열강의 아프리카 분할 과정에서 우간다와 이집트를 철도로 연결하려던 영국과 서안에서 동쪽으로 진출하여 중앙아프리카를 가로질러 식민지를 확장하려던 프랑스는 1898년 가을 이집트령 수단 남부 파쇼다에서 맞닥뜨렸다. 프랑스에서는 '전쟁불사론'까지 일었다. 위기는 갑작스레 대화 분위기로 바뀌었다. 프랑스는 11월 초 파쇼다 철수라는 단안을 내렸다. 나일강을 경계로 이집트는 영국이, 모로코는 프랑스가 각각 차지한다는 이면합의가 있었지만 프랑스로서는 양보임이 분명하였다. 프랑스는 독일을 견제하기 위해 백년전쟁 이래 북미와 인도, 아프리카에서 피나는 경쟁을 벌였던 영국에 양보한 것이었다. 마침 프랑스에서 유대계 포병장교 드레퓌스의 독일 간첩 혐의에 대한 재판이 진행되고 "프랑스-프로이센전쟁(1871년)의 패배를 잊지 말자"는 일부 언론의 부추김으로 '반영(反英)' 기운은 '반독(反獨)' 분위기로 바뀌었다. 대독일 공동전선을 위해 식민팽창을 자제한 셈이다.

62   1907년 초 영국은 독일을 견제하기 위해 친프랑스 친러시아 정책을 취해야 한다고 그레이(Edward Grey) 외교장관에게 권고한 영국 외교부 에이어 크로우(Eyre Crowe) 심의관의 1907년 메모랜덤에서 보듯이, 프랑스는 동맹국 러시아가 일본과 교전을 시작하면서(1904년 2월) 만일의 경우(러시아가 붕괴하여 유럽대륙에서 자신이 홀로 남을 경우)에 대비하기 위해 영국과의 협력을 강화해야 할 필요성을 절감하였다. 프랑스는 러일전쟁 개전 2개월 후인 1904년 4월 8일 영국과 화친조약을 체결하였다. 독일은 오랫동안 경쟁국이었던 이들이 경쟁종식을 천명하자 내심 놀랐지만, 화친조약의 내용에 대해 반대할 이유가 없다고 선언하였다. 그러나 영국 프랑스가 제국주의적 갈등을 종식하였다는 것은 비스마르크가 추진해온 이이제이식 프랑스 고립전략의 실패를 의미하는 것이었다. 유사한 맥락에서 독일은 영국과 러시아 간의 관계개선 가능성에 대해 긴장 속에서 예의주시하게 되었다.

독일은 영국이 더 이상 프랑스와 가까워지는 것을 막고자 하였다. 빌헬름 2세는 독일의 막강한 힘을 과시하면 영국이 프랑스와 밀착하기보다는 독일과 동맹을 체결할 것으로 기대하였다. 그는 1905년 3월 독일제국의 해군력을 극적으로 과시하면서 스페인과 영국이 프랑스의 지배권을 인정한 모로코의 탕헤르(Tanger, Tangier)를 방문하는 외교적 도박을 감행하였다. 그는 3월 31일 자신의 요트에서 모로코가 주권국가임을 선포하였다. 제1차 모로코 위기가 발생한 것이었다. 빌헬름 2세 등 독일의 지도자들은 미국, 이탈리아, 오스트리아-헝가리 등은 프랑스의 모로코 독점에 반대하는 독일의 '문호개방정책(open-door policy)'을 지지해 줄 것으로 보았다. 그러나 그들의 기대와는 달리 열강들은 공포스러운 독일이 유럽의 패권을 잡을 가능성을 우려하였다. 오스트리아-헝가리와 이탈리아마저 전쟁에 휩쓸릴 것을 두려워하여 독일을 위해 나서지 않았다. 결국 독일은 프랑스 외교장관의 교체 외에 얻은 것 없이 철수할 수밖에 없었다. 독일이 한 가지 더 얻은 것이 있었다면 문제해결을 목표로 하는 국제회의 개최였다. 회의는 1906년 1월 16일부터 4월 17일까지 스페인의 알헤시라스(Algeciras)에서 개최되었다. 13개국이 참가한 이 회의에서 영국을 포함한 열강들은 모두 프랑스를 지지하고, 오스트리아-헝가리만 독일 편을 들었다. 유럽 열강들은 모로코에서의 프랑스의 특수이익을 승인하였고, 독일은 고립되는 형국이 되었다. 독일의 참패는 이미 예정된 것이었다. 독일이 전쟁을 위협한 후 이 위협이 잘 먹혀들지 않자, 6개월 후에 국제회의를 열자는 요구에 동의하였다는 사실은 독일의 위협이 이미 그 의미를 상실하였다는 것을 말해주는 것이었기 때문이다. 힘을 과시하여 열강들을 자신에게 "줄서게 하려던" 빌헬름 2세는 그 반대의 결과를 만들어 내었다.

　　한편 독일의 무모한 도전과 "돌출행동"은 급기야 영국으로 하여금 전통적 적인 러시아에 대한 억지정책에 대해 재고하도록 만들었다. 영국 외교부 고위관리 에이어 크로우(Eyre A. Crowe)는 1907년 1월 1일자로 되어 있는 '크로우 메모랜덤(the Crowe Memorandum)'에서 영국의 주 경쟁국은 1904-1905년 러일전쟁에서 패배하여 약화된 러시아나 식민지 쟁탈전을 벌이던 프랑스가 아니라 '프러시아의 철혈 정신'으로 유럽대륙의 패권을 추구할 가능성이 높은 독일이며, 따라서 섬나라 영국은 자신의 생명인 자유무역주의를 지키기 위해 "자기 주장이 강하고", "국가 간 규칙을 무시하는" 막무가내 독일에 대해 원칙을 갖고 맞서야 한다고 강조하였다.

메모랜덤의 핵심 내용은 아래와 같이 요약될 수 있다:

"영국 외교의 일반적 성격은 광대한 식민지를 보유하고 있으면서도 동시에 일개 도서국가라는 지리적 조건에 의해 결정된다. 따라서 영국에게 있어 막강한 해양력은 생존/번영을 위해 필수불가결한 조건이다. 특히 영국은 식량을 해외에 의존하고 있기 때문에 자유무역과 그것을 보장하는 해양력의 중요성은 아무리 강조해도 지나치지 않다. 따라서, 영국에게는 유럽대륙에서의 패권국의 부상을 저지하는 일이 무엇보다 중요하다.

독일의 부상은 영국에게 우려의 대상이다. 독일은 프러시아의 후예이다. 프러시아는 1등국가가 되기 위해 수단과 방법을 가리지 않고 무력으로 팽창을 거듭하여 단기간에 강국의 반열에 올랐다. 프레데릭 대왕은 평화로운 실레지아를 기습하여 정복한 후 폴란드를 병합하여 영토를 두 배로 증가시켰다. 그의 후예들도 그의 노선을 충실히 따랐다. "철혈 프러시아"는 1871년 전쟁을 통해 이 노선을 지속하였다. 뿐만 아니라 1871년 이후에도 프러시아 정신은 새로운 독일에 의해 전승되었다. 현재 독일의 해양력은 아직 존경받는 수준이라고 할 수는 없다. 이에 불만족한 독일은 애국주의를 자극하고 있다. 빌헬름 2세의 '세계정책'은 프레데릭 대왕의 노선과 정신에 따라 영토팽창을 정책의 1순위로 하고 있다. 독일은 아프리카, 아시아 등으로 분주히 진출하고 있다. 독일은 '독일화된 세계'를 구축하는 데 장애가 되는 문제가 있다면 이를 그들의 선조가 물려준 '선한 독일의 칼'로 단칼에 제거하려 할 것이다.

영국이 독일의 민족주의적 이상의 발전을 이해하기 위해서는, 유럽의 강국으로서의 통일독일이라는 개념과 "태양 아래 자신의 공간"을 찾는 세계적 대국으로서의 독일이라는 개념을 구분할 필요가 있다. 현재 영국의 우려를 자아내는 세계적 대국이라는 개념은 두 가지 요소를 포함한다. 하나의 요소는 "독일 민족의 확장(die Ausbreiting des deutschen Volkstums)"이라는 개념이다. 다른 하나의 요소는 "자기주장성(self-assertiveness)"이다. 요컨대 독일은 자신의 동의 없이 세계정치의 주요 문제가 다뤄지는 것을 용납하지 않는다는 자세를 가지게 된 것이다.

영국이 자기주장이 강해진 독일의 대외정책의 사실들에 걸맞는 외교노선을 선택하려면 두 가지 가설을 상정할 필요가 있어 보인다. 첫째, 독일이 이웃국가들의 독립을 위협하고 궁극적으로는 영국의 생존을 위협하면서 정치적 패권과 해양 지배권을 확실히 추구할 것이라는 가설이다. 둘째, 독일이 명백한 야망을 갖고 있는 것은 아니기 때문에 강대국으로서 누릴 수 있는 통상적인 이익을 추구할 것이며, 새로운 이익을 창출하더라도 평화적 수단을 활용할 것이라는 가설이다. 또한 향후 국제관계의 변동에 따라 독일의 위상이 확대될 수도 있으나 이는 기존의 정치질서를 준수하는 선에서 이루어질 것이라는 점도 이 가설에 포함된다. 일단, 첫번째 가설은 사실과 부합하지 않는 듯하다. 독일이 패권의 야망을 갖고 있다면 영국에게 그것을 숨긴 채 실력을 키운 다음 결정적인 순간에 일격을 가하는 것이 합리적일 텐데 독일은 영국과의 관계를 개선하려 하기보다는 오히려 영국의 여론을 자극하는 돌발적인 행위를 지속적으로 저질러 왔던 것이다. 오히려 독일은 현실과 유리된 모호하고 혼란스러우며 비현실적인 정치력을 남발하면서 실상은 자신이 어떤 방향으로 가고 있는지 알지 못하는 것처럼 보인다. 그러나 빌헬름 2세의 세계정책의 의도와 행태를 볼 때 둘째 가설 역시 현실과 부합하지 않는 것으로 판단된다. 영국에게 중요한 것은 두 개의 가설이 갖는 불확실성에도 불구하고 둘째 가설이 언제든 첫째 가설로 병합될 수 있다는 점이다. 즉 두 번째 가설이 제시하듯 독일이 평화적으로 성장하더라도 결국 강력해진 프러시아적 독일이 세계를 위협하게 될 것이라는 결과는 마찬가지라는 점이다.

이런 맥락에서 영국은 과거의 잘못된 외교행태에 대해 성찰할 필요가 있다. 영국은 대프랑스, 대러시아 관계에서 오래되고 실질적인 갈등의 원천이 존재하고 있음을 알고 있었다. 그것은 불완전하게 봉합된 과거의 입장 차이, 시대착오적 조약들의 비탄력적인 조항들, 또는 해소되지 않은 식민지 경계와 관련된 문제들로부터 기인하는 것이다. 그러나 영국은 갈등의 특정 원인이 노골적으로 드러나면 문제를 근본적으로 해결하려 하기보다는 특수협정을 체결하여 일단 넘어가려 함으로써 결국 더 큰 갈등의 씨앗을 뿌리는 우를 범하였다. 프랑스에 대한 이러한 안일한 행태는 1894년 4월 8일의 합의 이전까지 계속되었다. 그러나 영국-프랑스 관계는 이제 관리 가능한 영역이 되었다. 양국 간 협상은 물질적 기초와 가시적 목표를 가지고 있다. 실제로 존재하는 중대한 차이들의 숫자를 조정하는 것이 목표인 것이다. 영국이 지금 추진하고 있는 영국-러시아 협상도 유사한 맥락에서 정당화될 수 있다. 양국 간 현안은 이해관계의 확인, 타협, 관리가 가능하다.

영독관계는 영프관계나 영러관계와 같은 맥락에서 이해될 수 있는 것이 아니다. 사실 영독 양국 간에는 문제가 될 만한 현안이 없다. 독일이 영국에 원하는 것은 지리적 한계로 인해 발생하는 공격적/방어적 또는 정치적/경제적 특수 목적을 위한 협력, 또는 이러저러한 행동을 하지 말 것을 요구하는, 말하자면, 자기부인적 질서(self-denying order)의 구축이다. 영국은 공격적이든 방어적이든 독일과 동맹을 체결할 수는 없다. 정치적 조건들이 이를 허락하지 않을 뿐 아니라, 그러한 가능성이 열려 있다고 말하는 것조차도 결코 정직한 자세가 아니다. 영국은 어떤 형태의 협력, 어떤 형태의 반개입 체제라도 분별력을 가지고 판단해야 한다. 중요한 것은 구체적 상황이고, 어떤 제안이든 그것이 영국에게 어떤 이익을 줄 수 있는지를 살피는 일이다. 영국은 독일이 다른 강국들과 마찬가지로 영국의 이러한 판단기준을 수용하도록 할 필요가 있다.

물론 세력균형책을 유지하고 있는 영국에게 있어 독일의 세력약화는 바람직한 것이 아니다. 프랑스-러시아 동맹이 대영제국에 맞설 수 있기 때문이다. 따라서, 독일의 영토적 또는 기타 권리가 제한되어서는 안 된다. 독일의 행동이 선을 넘지만 않는다면 영국은 독일과 우호관계를 유지해야 하고, 경우에 따라서는 도덕적 지지를 마다하지 말아야 한다. 독일이 해군력을 강화한다 해도 영국이 그것을 막을 필요는 없다. 독립국가로서 자신의 이익을 추구하는 데 필요한 수단을 강구하는 것은 자연스러운 일이다. 영국은 단지 독일의 해군력 확충 프로그램이 독일 국민들에게 쓸데없이 많은 비용을 부과한다는 사실을 보여주기만 하면 된다. 독일이 함정 1대를 만들면 영국은 2개를 만들어 보여주면 되는 것이다. 그렇게 함으로써 영국은 기존의 지배력을 유지할 수 있다.

그러나 영국은 영독관계의 역사를 직시해야 한다. 1884년의 베를린 회의 이후 식민지 개척과 해양력 확충에 나선 독일은 영국에 대해 적대감을 드러내었고 기본적인 국가 간 규칙을 무시해왔다. 영국은 양국 관계를 강화하기 위해 양보와 타협을 거듭하였으나 독일은 이에 반응하지 않았다. 독일은 이유조차 설명하지 않고 케이프타운-카이로 간 철도 및 호수 기반의 선로에 의한 영국의 운송체계 건설에 반대하였을 뿐만 아니라 영국에 대해 위협적 자세로 영국-콩고 간 합의에 저항감을 갖고 있던 프랑스를 부추겼다. 영국이 결국 철도 건설을 위해 필요한 지역에 대한 조차권을 포기하였을 때에야 독일은 만족감을 표하였다.

영독관계의 역사는 독일의 외교행태가 전형적인 공갈행위와 다르지 않았음을 명백히 보여주고 있다. 영국이 독일의 요구를 들어주면 일시적 평화가 가능했지만 괴롭힘과 과도한 요구는 곧 재발되었다. 일시적 평화의 기간도 점점 더 짧아졌다. 사실, 공갈범의 계획은 누군가 그의 강탈행위에 대해 강력하게 맞서기 시작하면서 무너지게 된다. 중요한 것은 끝없는 양보의 길을 지속하기보다는 불편한 상황이 야기할 수 있는 모든 위험부담을 직시하고 정면에서 감당하려는 결의를 보여주는 것이다. 영국은 [1906년] 알헤시라스 회담에서 독일의 요구를 거부하였고 독일은 이에 대해 실망과 분노를 표출하였다. 그러나 그 이후 영국은 독일과의 관계에서 우호적이라고는 할 수 없을지 모르겠지만, 직접적 갈등의 징후로부터는 벗어날 수 있었다. 독일은 알헤시라스 이후 영국과 충돌할 수 있는 사안에 대해 매우 신중하게 고려하는 인상을 주고 있다. 영국은 원칙주의 노선을 지켜야 하고, 독일이 이를 알도록 해야 한다. 물론 영국은 독일이 태도를 변경하도록 예의를 갖춰 독려해야 한다. 그러나 동시에 영국은 독일의 일방적인 협상이나 조정에 대해서는 신속히 그리고 단호히 거부해야 하며, 지구의 전역에서 영국의 권리와 이익을 지킴에 있어 결코 타협하지 않을 것임을 분명히 함으로써 독일의 자세 변화를 더욱 촉진해야 할 것이다."

이어서 크로우는 이해관계가 맹백히 드러나 있고, 따라서, 관리가 가능한 프랑스나 러시아와는 달리, 독일의 끊임없는 세계적 도전의 동기와 배경은 이해할 수 없다며, 이것이 바로 독일이 위험한 이유라고 제시하였다. 나아가 그는 해양대국을 추구하는 독일의 정책은 대영제국의 생존과 공존할 수 없으며, 세계 최고의 육군과 해군을 겸비한 국가는 영국에게 지극히 위험할 수밖에 없다는 점을 강조하였다. 국제정치에서 '권력관계(power relations)'가 핵심이라고 믿은 '현실주의(Realism, Realpolitik)' 외교관 크로우는 독일의 동기(motive)를 알아내기는 어렵기 때문에 유일한 판단 기준은 능력(capabilities)이라고 보았고, 독일의 능력은 가공할 만하며, 따라서 독일의 패권을 방지하기 위한 영국 외교력의 선택과 집중이 어느 때보다 절실하다고 주장하였다.[63]

영국의 외교노선에 대한 근본적 재평가로서의 크로우 매모랜덤은 영국 정부 내에서 파급력을 보였다. 그레이(Edward Grey) 외교장관은 이 메모랜덤을 "매우 가치 있는(most valuable)"문건이라고 보고, 캠벨–배너만 수상(Henry Campbell-Bannerman)에게 전달하였다. 이후 영국의 대독정책은 크로우가 제시한 방향으로 진행되었고, 1차대전 이후에도 영국의 대독정책에 지속적으로 영향을 미쳤다.[64] 후일 『외교론(Diplomacy)』[65] 의 저자로 유명해진 하원의원 해롤드 니콜슨(Harold Nicolson) 경은 2차대전을 앞둔 1936년 『포린어페어즈(Foreign Affairs)』의 기고문에서 독일에 대한 크로우의 진단은 "더할 나위 없이 정확한 진단(brilliantly correct diagnosis)"이었다고 회고하였다.[66] 독일 역사가 가이스(Imanuel Geiss)도 "독일의 세계정책에 대한 가장 뛰어난 분석"이라고 그 가치를 인정하였다.[67]

영국은 '크로우 외교노선'을 확정하고, 전통적인 적수인 러시아와의 관계개선에 나섰다. 그 일환으로 영국의 에드워드 7세는 1907년 6월 9일(러시아력으로는 5월 27일) 러시아의 니콜라스 2세와 사상 최초의 양국 간 우호협력협정을 교섭하기 위해 대형 요트를 타고 레발(Reval, 현재는 에스토니아의 탈린 Tallinn) 항에 도착하여 회담에 들어갔다. 이들은 8월 31일 상트페테르부르크에서 조인된 '레발협정'이라 불리는 영러우호협력협정(Convention between the United Kingdom and Russia relating to Persia, Afghanistan, and Thibet)을 통해 페르시아에서의 세력권 분할 및 확인, 티

....

63   Kissinger(1994), p. 193.
64   일부 사가들은 이 메모가 1차세계대전을 가져온 먼 원인(remote cause)이었다고 보고 있다. 그들에 따르면 당시 독일에 자유주의 세력이 상당했고, 그들과의 협상을 통해 영국이 긴장을 완화할 수도 있었는데, 오히려 영국이 빌헬름 2세의 독일을 수정주의 세력으로 파악해서 이를 견제하려고 했고, 이로 인한 갈등이 세계대전으로 비화하였다는 것이다.
65   Harold Nicolson, *Diplomacy*, Harcourt Brace, 1939.
66   Harold Nicolson, "Has Britain a Policy?" *Foreign Affairs*, Vol. 14, No. 4, 1936. p. 552.
67   Imanuel Geiss, "Origins of the First World War" in H.W. Koch (ed.), *The Origins of the First World War*, Macmillan, London/Basingstoke, 1984. p. 57.

벳에 대한 내정불간섭, 아프가니스탄에 대한 영국의 세력권 인정 등에 합의하였지만, 더 중요한 것은 영국이 독일의 도전에 대처하기 위해 양국 간 제국주의적 긴장관계를 해소한다는 데 합의하였다는 점이었다. 사실 영국은 러시아에게 상당한 선물을 주었다. 예를 들면, 영국은 아프가니스탄은 자신의 세력권에 두었지만, 페르시아를 3분하여 남부는 자신이 지배하고, 중부는 중립화하며, 북부는 러시아의 세력권으로 인정하였던 것이다. 어쨌든 이제 영러관계는 양국이 1830년대부터 콘스탄티노플에서 조선에 이르기까지 전 세계의 1/3에 해당하는 지역에서 갈등하고 충돌하였던 점을 고려하면 그야말로 상전벽해가 된 셈이었다. "그레이트 게임(the Great Game)"이 종료된 것이었다. 레발협정에는 명기되지 않았지만, 영국은 그렇게 집요하게 막았던 러시아 함정의 터키해협 통과도 허용할 수 있다는 정도까지 유연한 자세를 유지하였다. 요컨대 레발협정의 배경에는 양국의 전략적 이해관계의 수렴이 존재하였다. 영국은 유럽과 "근동(近東, the Near East)"에서 독일에 대한 세력관계를 자신에게 유리하게 유도한다는 고려가 있었고, 러시아는 러일전쟁의 패배, 경제난과 인민봉기로 인해 어려워진 처지에서 자신을 향한 독일/오스트리아-헝가리의 위협적 동맹을 영국과의 협력으로 대처한다는 고려가 있었다. 러시아는 영국과 그의 동맹국 일본과 협력하는 차원에서 1907년 7월 30일 러일협약(제1차)을 체결하였다. 러일 양국은 이 조약에서 만주를 남북으로 나누어 이권(利權)을 서로 지지하고, 일본은 외몽골에서의 러시아의 특수이익을 존중하고, 러시아는 한국에서의 일본의 자유행동을 인정한다는 데 합의하였다.[68]

그런데 영러 간 레발협정은 기존의 러시아·프랑스동맹(1894년)과 '영국·프랑스화친조약(Entente Cordiale, 1904년 4월 8일)'과 결합하여 영프러의 '3국협상체제(Triple Entente)'로 이어졌고, 이는 독일과 오스트리아-헝가리의 위협인식을 극적

....

68 　러일협약의 배경에는 독일에 대해 영국과 함께 대처하려는 러시아의 의도뿐 아니라 미일관계 악화와 러일 양국의 재정 악화의 문제가 존재하였다. 러일전쟁은 극동에서의 세력균형의 변동을 가져왔다. 미국은 강대해진 일본을 의식하였고 양국 간 긴장이 조성되었으며 이것은 일본이 러시아와 협약을 체결하게 된 부분적 원인으로 작용하였다. 러일전쟁으로 인한 양국의 재정 악화와 국내정치적 불안정 또한 러일협약을 추동한 주요 원인이었다. Masato Matsui, "The Russo-Japanese Agreement of 1907: Its Causes and the Progress of Negotiations," *Modern Asian Studies*, Vol. 6, Iss. 1, 1972, pp. 33-48.

으로 심화시켰다. 레발협정에 대한 소식을 접한 빅토리아 영국 여왕의 손자인 독일의 빌헬름 2세는 "'삼촌'이 전쟁을 일으키려 하는군"[69]이라 말하였다. 그는 "알버트 삼촌(Uncle Bertie)"이라 부르던 영국의 에드워드 7세가 베를린 방문에 대해 적극적이지 않은 것도 내심 불쾌하게 생각하고 있었던 터였다.[70]

1911년 제2차 모로코 위기는 빌헬름 2세의 무모함과 돌출성을 다시 한번 부각시켰다. 1911년 4월 모로코에서 술탄에 저항하는 봉기가 발생하자 프랑스가 페즈(Fez)로 군대를 파견하여 술탄을 도왔다. 모로코를 사실상 보호국화하려는 프랑스의 군사 행동(페즈로의 진격, 'dash on Fez')은 1906년의 알헤시라스 협정과 1909년의 모로코에 관한 프랑스·독일 협정 위반이었다. 빌헬름 2세는 "독일 상인을 보호한다"는 구실로, 그러나 내심 자신의 힘을 확실하게 보여주기 위해, 독일 해군에서 가장 강력한 화력을 보유한 '판터(the Panther)'호를 모로코 남부의 아가디르(Agadir)에 보내 무력시위를 하였다. 프랑스는 침묵으로 일관한 반면, 영국은 7월 20일 "독일이 프랑스를 공격할 경우 영국 해외원정군을 프랑스에 파병할 것이다"라고 선언했고, 러시아도 모호하지만 동조하는 모양새를 취하였다. 결국 빌헬름 2세는 아프리카 식민지(프랑스령 콩고의 일부)를 약간 얻는 대가로 모로코에 대한 프랑스의 행정지배권을 인정하였다. 제2차모로코위기로 인해, 결과적으로 유럽의 세력 구도는 독일과 오스트리아-헝가리를 영국, 프랑스, 러시아가 둘러싸는 형태로 굳어지게 되었다.

"유럽의 늙은 병자," 그리고 화약고 발칸반도

당시 발칸반도에서는 제국주의적 갈등과 민족주의의 대두로 인한 위기가 증폭되고 있었다. 위기의 핵심에는 1908-1909년에 발생한 '청년터키당 혁명(Young

....

69 Wilhelm II's Comment on Metternich to Bulow, 25 June 1908, *GP*, xxx(ii), no. 8821, note 3, p. 481. Roderick R. McLean, *Royalty and Diplomacy in Europe, 1890-1914*, Cambridge University Press, 2001. p. 130에서 재인용.
70 McLean(2001), p. 130.

Turks Revolutions)'의 결과가 자리하고 있었다. 혁명은 오스만 마케도니아의 청년 장교들이 주도하였다. 마케도니아 터키인들은 물론 군인들의 열악한 생활 형편은 극에 달하였다. 병사들은 봉급을 제대로 받지 못했고, 정해진 임무도 없었다. 장교들은 이 지역에 외국군 장교들과 관료들이 주둔하고 있다는 사실에 대해 부끄럽게 생각했고, "오스만제국의 붕괴는 시간문제"라고 투덜대었다. 여기에 레발협정에 의한 영러 간 밀착이 오스만터키인들을 불안하게 하였다. 페르시아 및 아프가니스탄에서의 세력권 분할에 관한 영러 간 합의인 '레발협정'이 결국 마케도니아의 분할로 이어질 것이라 우려하였던 것이다. 아닌게 아니라, 영국의 에드워드 7세와 러시아의 니콜라스 2세는 오스만 마케도니아의 혼란을 관리하기 위한 방안을 모색하였는데, 결국 마케도니아의 자치를 인정하면서도, 총독은 오스만인 중에서 열강들의 동의를 받아 임명하되, 그를 "감시"하는 참모들은 유럽인들이어야 한다는 데 합의하였다.[71] 이로 인해 독일과 오스트리아-헝가리는 영국과 러시아가 공모하여 오스만터키의 붕괴를 촉진하려 한다는 의심을 품게 되었다. 이들의 의심은 당연히 이스탄불과 터키인들에게 신속히 확산되었고, '청년터키당 혁명'을 자극하였다. 이 무렵 러시아와 경쟁 관계에 있던 오스트리아-헝가리도 터키인들의 불안을 자극하였다. 오스트리아-헝가리는 1908년 1월 27일 세르비아가 아드리아해로 진출하지 못하도록 하기 위한 전략적 철도부설계획을 발표하였다. 그런데 이 철도계획은 세르비아는 물론 오스만 마케도니아인들도 자극하였다. 현실화되면 이 철도는 오스트리아-헝가리가 베를린회의에서 보즈니아-헤르체고비나 외에 추가적으로 군대 주둔권을 획득한 노비바자르(Novibazar, Novi Pazar)를 통과하여 보즈니아와 그리스의 살로니카(Salonika, Thessalonica)를 연결하는—그래서 발칸반도 서쪽 전부를 오스트리아-헝가리의 세력권 하에 두게 될—축선이 될 것인데, 이는 오스만 마케도니아를 통과하게 될 것이기 때문이었다.

1908년 7월, 마케도니아에서 오스만터키군 장교들이 주축이 되어 "반란"을 일으켰다. 이들 상당수는 '통일진보위원회(Committee of Union and Progress)', 즉 청

....

71   Ernest Jackh, *The Rising Crescent: Turkey Yesterday, Today, and Tomorrow*, Farrar and Rinehart, 1944, p. 90.

년터키당의 마케도니아 지부에 속하는 구성원들이었다. 청년 장교들은 조국 영토의 축소를 견딜 수 없는 수모로 받아들이고, 술탄에 대해 반기를 들었다.

아흐메드 니야지 베이(Ahmed Niyazi Bey)와 이스마일 엔버 베이(Ismail Enver Bey)[72] 등 지도자들은 영국의 지원 하에 아흐메드 셰피크 미드하트 파샤(Ahmed Şefik Midhat Pasha)[73] 등이 주도해 제정한 제1기 '1876년 헌법'의 부활을 요구하였고, 술탄은 군사반란 진압이 여의치 않자 이 요구를 받아들여 의회를 소집하였다.[74] 그러나 청년터키당원들의 기본 목표는 서유럽식 자유주의적 개혁이 아닌 터키민족주의에 기초한 제국의 보전과 강화에 있었다. 그들의 관심은 터키민족이 자강(自強)을 통해 유럽의 열강들과 어깨를 나란히 할 수 있는 반열에 서는 것이었다. 이들은 메이지 유신(1867-1868)에 성공하여 현대화되어 가던 민족주의적 일본을 부러워하였다. 일본이 1905년 러일전쟁에서 승리하자 청년터키당원들은 "일본 본받기"에 몰두하였다.[75] 그러나 청년터키당의 극우민족주의는 후일 아르메니아 대학살의 관념적, 이념적 배경이 되었다.

오스트리아-헝가리는 청년터키당 혁명의 발발로 국제정치의 불확실성이 증가하자 동요하지 않을 수 없었다. 특히 오스트리아-헝가리는 청년터키당 혁명이 성공하고, 자신의 보호령인 보즈니아-헤르체고비나가 오스만터키 의회에 보낼 지역 대표를 선출하자, 오스만터키가 이 지역에 대해 주권을 더 강화하기 전에 선제적 조치를 취해야 한다고 판단하였다. 1908년 10월 6일 오스트리아-헝가리는 독일의 지지하에 보즈니아-헤르체고비나의 합병을 선언하였다. 오스트리아-헝가리 제국은 "보즈니아와 헤르체고비나 거주민들의 정치적 생활의 수준을 제고하고, 그들에

....

72 아흐마드는 알바니아인이었고, 이스마일은 터키인이었지만, 그의 어머니는 알바니아인이었다. 이스마일은 통일진보위원회(the Committee of Union and Progress) 회원이었다. 베이는 족장(族長)의 의미로서 영어로는 "미스터(mister)나 "서어(sir)," 프랑스어로는 "머씨어(monsieur)"에 해당한다.

73 파샤(pasha)는 장군, 사령관, 주지사 등의 의미로서 군인이나 공직자에 대한 극존칭이다.

74 1889년 압둘 하미드 2세(II. Abdülhamit)는 러시아-오스만터키 전쟁(1877~1878)을 이유로 이 헌법을 정지시키고 전제 정치를 부활하였다.

75 Renée Worringer, "'Sick Man of Europe' or 'Japan of the near East'?: Constructing Ottoman Modernity in the Hamidian and Young Turk Eras," International Journal of Middle East Studies, Vol. 36, No. 2. 2014, pp. 53-54.

게 문명과 번영을 가져다 주기 위해"[오스트리아-헝가리]의 "입헌 정부가 이 지역으로 확대되는 것을 허한다"는 내용이었다. 오스트리아-헝가리의 합병 선언은 프란츠 요셉 황제가 즉위한 지 꼭 60년이 되는 해에 이뤄진 것이었다. 그간 요셉 황제는 여러 차례 패전과 영토 축소라는 수모를 겪어왔다. 이제서야 비로소 그는 '제국의 영토를 확장하는 군주'가 된 것이었다. 물론 이러한 제국의 확장은 다민족 다문화 제국 내부에 슬라브족의 수를 증대시키고 소수민족 간 긴장을 고조시키게 될 것이었지만, 프란츠로서는 보즈니아 합병을 자신의 존재감을 다른 열강들에게 부각시킬 수 있는 국제정치적 호재로 볼 수 있었다. 오스트리아-헝가리의 보즈니아 합병 결정은 "지배를 통한 안보"라는 전통적인 '권력정치(power politics)'의 처방이 실행된 것이기도 하였다. 동진을 추구하던 오스트리아-헝가리는 러시아의 영향력 확산과 범슬라브주의와 세르비아 민족주의에 대항하기 위해 이번 기회에 발칸지역을 확실하게 장악해야 한다고 판단하였던 것이다. 이런 면에서 보즈니아-헤르체고비나 병합은 오스트리아-헝가리의 사활적 이익으로 볼 수 있었다. 보즈니아 내 세르비아인들을 규합하여 대세르비아를 건설하려던 세르비아나 범슬라브주의의 맹주 러시아는 격하게 반발하였다.

당시의 국제법적 관점에서 보면 오스트리아-헝가리의 합병은 법적 근거가 없는 것은 아니었다. 앞서 서술한 바와 같이, 1878년 베를린회의는 러시아-터키 전쟁(1877-78)의 결과인 산스테파노 조약을 사실상 무효화하였다. 열강들은 몬테네그로, 세르비아, 루마니아의 독립뿐 아니라, 발칸지역에서의 세력권을 재조정한다는 생각이었다. 어쨌든 오스트리아-헝가리는 베를린회의 참가국들의 승인하에 1878년부터 보즈니아-헤르체고비나 지역을 행정지배하고 있었고, 이제 러시아와 세르비아의 위협을 불식하기 위해, 그리고 오스만의 약화와 혼란을 이용하여 '동진' 노선을 더욱 견고하게 다진다는 구상을 실행에 옮긴 것이었다.

오스트리아-헝가리의 행동은 러시아를 격분케 하였다. 베를린 조약은 오스트리아-헝가리의 행정지배만 허용했을 뿐 주권은 술탄에게 있었으며, 현상변경은 조약 당사국들의 동의를 얻어야 했기 때문이다. 독일은 러시아의 국제회의 소집 제안을 무시하고 오스트리아-헝가리를 강력하게 지지하였다. 러시아에게는 "예스냐 노냐"를 물으며 강력히 압박하였다. 법보다는 이익이 중요한 국제정치의 전형이었다. 영국과 프랑스가 자신을 지지하지 않자 러시아는 오스트리아-헝가리와 타협함으로써 자신의 전략적, 영토적 이익을 챙기기로 하였다. 결국 러시아는 합병을 인정했고, 남슬라브계 세르비아인들이 많이 거주하던 보즈니아-헤르체고비나를 탐내던 세르비아도 굴욕감 속에서 오스트리아-헝가리의 조치에 대해 더 이상 항의하지 않을 것임을 약속하였다. 세르비아와 보즈니아의 세르비아인들은 분루를 삼켰고, 러시아는 힘의 열세를 자각하고 영국, 프랑스에 더 밀착하지 않을 수 없게 되었다. 합병 문제는 오스트리아-헝가리와 오스만터키 간의 합의로 타결되었고, 대가는 240만 파운드였다.[76]

　　"유럽의 늙은 병자" 오스만터키의 쇠락과 이에 따른 발칸국가들의 도전은 이탈리아가 오스만터키 영토인 트리폴리(Tripoli)를 취함으로써 더욱 심화되었다. 19세기 말 이탈리아는 국내적으로 다양한 도전에 직면하고 있었다. '로마제국의 부활'을 꿈꾸던 크리스피(Francesco Crispi) 재상은 아프리카에 '제국'을 건설함으로써 이탈리아의 영광을 재현하는 한편, 민족주의 감정을 자극/이용하여 폭발 직전의 국내 문제를 극복한다는 계산을 가지고 있었다. 그러나 1896년 에티오피아에게 패함으로써 그 꿈은 일단 좌절되었다. 이탈리아는 '아도와(Adowa)의 굴욕'을 잊지 않고 있다가, 이탈리아 남부와 북부 간의 격차 해소를 위한 경제사회정책이 실패하면서 다시 공격적인 민족주의 외교노선으로 회귀하였다. 1911년 9월 이탈리아는 제2차 모로코 위기(아가디르 위기)로 국제정세가 어수선한 틈을 이용하여, 그리고, 1878년 베를린회의(the Congress of Berlin)에서 영국과 프랑스가 '땅 따먹기'를 하던 중 이탈리아는 트리폴리를 가져도 좋다는 의견을 제시한 것을 근거로 삼아 이탈리아 언론이 '자원의 보고'이자, '누워서 떡 먹기'처럼 차지하기 쉽다고 묘사한 오스만터키령 트리폴리를 무력 점령하였다. 이로 인해 오스만터키 제국은 "늙은 병자"임이 만천하에 드러났다.

....

76　　김용구(2012), p. 472.

발칸전쟁

오스만터키가 이와 같이 힘없이 무너지자 발칸지역의 국가들은 이 절호의 기회를 놓치려 하지 않았다. 1912년 10월 이들은 쓰러져가던 오스만터키 제국을 공격하였다. 제1차 발칸전쟁이 발발하였다. '발칸리그(the Balkan League; 세르비아, 몬테네그로, 불가리아, 그리스)'는 세르비아 주도하에 전승(戰勝)하여 오스만터키를 유럽 밖으로 몰아내려 하였다. 혁명을 통해 집권한 이스마일 엔버 베이(Ismail Enver Bey)가 이끄는 청년터키당의 민족주의 정권이 항전하였지만, 전세는 터키에 불리하게 되었고 결국 5월 30일 런던 회의의 결정으로 제1차 발칸전쟁은 종식되었다. 터키는 에노스-미디아(Enos-Midia)선 서쪽의 모든 영토를 포기하였다.

제1차 발칸전쟁의 과정과 결과는 열강 관계를 불안정하게 만들었다. 오스트리아-헝가리와 독일에서는 급격히 대두하던 '범슬라브주의 운동'을 러시아가 조종하고 있다는 의심과 우려가 확산되었다. 해외 식민지를 갖고 있지 못하던 오스트리아-헝가리는 자신의 "뒷마당"인 발칸에 대한 러시아의 "침략"에 대해서는 전쟁도 불사한다는 입장이었다. 러시아는 남슬라브족이자 범슬라브주의의 핵심인 세르비아가 오스트리아-헝가리의 제국주의적 야망의 희생양이 되도록 방치할 수는 없었다. 못지 않게 중요한 것은 세르비아의 보전이 보스포러스 및 다다넬스 통행 문제와 직결된 러시아의 핵심 안보 문제이기도 하였다는 점이다.

세르비아는 불만이 가득한 국가였다. 보즈니아-헤르체고비나를 "불의한" 열강들에 의해 오스트리아-헝가리에 "빼앗겨" 세르비아 제국 재현의 꿈이 사라졌고, 나아가, 아드리아해로 진출하여 국부 증진 수단을 다양화하려는 숙원이 좌절되었기 때문이다. 게다가 발칸리그에서 같이 싸웠던 불가리아가 약속을 어기고 북부 마케도니아를 자신에게 할양하지 않았다. 세르비아는 런던 회의 후 얼마 지나지 않아 그리스와 반(反)불가리아 동맹을 체결하였다. 런던 회의에서 전리품 배분과 관련해 세르비아와 불화를 빚었던 불가리아도 세르비아의 호전성에 긴장하였다. 결국 불가리아의 사보프(Mihail Savov) 장군은 1913년 6월 정부의 허락도 없이 세르비아와 그리스를 공격하였다. 제2차 발칸전쟁이 발발하였다. 불가리아는 루마니아 및 오스만터키까지 세르비아에 동조하여 참전하자 결국 '부카레스트 조약(Treaty of Bucharest)'을 맺어 강화할 수밖에 없었다. 불가리아 영토는 축소되었고, 이제 세르비아가 발칸의 강자가 되었다. 불가리아가 1차대전 때 오스트리아-헝가리 측에 가담하게 된 이유는 반세르비아주의에서 비롯되었다. 불가리아와 러시아 관계도 여기서 틀어졌다. 1913년까지만 해도 불가리아는 러시아와 밀착해 있었다. 러시아로서는 흑해함대가 지중해로 진출하기 위해서는 지리적 이점이 있는 불가리아와 관계를 강화해야 할 필요가 절대적이었다. 그러나 불가리아는 러시아가 마케도니아 분할과 관련 자신의 편에 서지 않았고, 결국 세르비아에 패전하게 되어 대러 관계를 크게 회의하게 되었으며, 복수를 위해 독일과 오스트리아-헝가리가 주도하는 3국 동맹에 가담하게 된 것이었다. 제2차 발칸전쟁 이후 불가리아가 러시아로부터 떨어져 나가자 이 지역에는 세르비아만이 러시아의 우호국으로 남게 되었다. 따라서 1914년 7월 오스트리아-헝가리가 세르비아를 위협하자 러시아는 세르비아를 보호하든지 아니면 발칸지역 전체를 내주든지, 양단간의 결정에 직면하게 되었다.

제1차세계대전과 유럽의 사회주의자들

제1차세계대전이 일어나게 된 배경에는 제국주의적 갈등과 열강 간 권력정치가 자리하고 있었지만, 전쟁을 방지할 수 있는 이념적, 관념적 방파제의 붕괴도 간과할 수 없는 요인이었다. 유럽의 사회주의자들의 변절이었다.

사회주의는 "원리상" 민족이나 국가가 아닌 계급의 이익을 우선시한다. 민족이나 국가는 그것을 초월한 "전 세계" 프롤레타리아 계급이 혁명의식으로 연대하는 것을 방해하기 때문이다. 마르크스(Karl Marx)와 엥겔스(Friedrich Engels)의 '공산당선언(the Communist Manifesto)'에 따르면, "노동자들에게는 조국이 없다." 1948년 코민포름(Information Bureau of the Communist and Workers' Parties)은 소련이 보기에 민족주의 노선을 걷고 있던 유고슬라비아의 티토(Josip Broz Tito)가 계급적 연대를 배신하였다고 비판하였다. 티토는 "노동자 계급에 있어서 조직의 최고 형태이며 가장 중요한 무기"인 공산당을 경시하고, 이를 인민전선으로 대신하고 있으며, 또한 "은연히 숨어 있던 민족주의 반동분자들은 유고 공산당의 지도부에서 공공연히 세력을 장악하여," 공산당의 "국제주의적인 전통과 절연하고" 민족주의 입장을 취하고 있다는 것이었다. "중공(中共)"에서도 류샤오치(劉少奇)가 '국제주의와 민족주의'(1949년 11월 1일)라는 일문(一文)을 발표하여 이에 적극 호응하였다.[77] 이와 같이 원리상 사회주의자들에게는 계급이 있을 뿐 조국은 없는 것이다. 특히 전쟁이란 교전국들의 지배계급이 자신들의 이익을 극대화하기 위해 경쟁/투쟁한 결과이므로 "지배계급의 조국"을 지키기 위해 목숨을 거는 프롤레타리아는 있을 수 없는 것이다. 유럽의 사회주의자들은 이러한 맥락에서 반전을 위해 투쟁하였다. 그러나 1차대전이 시작되자 '반전을 위한 계급적 연대'는 공허한 관념이 되었고 허무한 수사(修辭)가 되었다. 유럽의 사회주의자들은 너도나도 교전 상대국을 비난하면서 자국 정부를 옹호하였다. 계급보다 민족이 우선시되었다. 당시 일부 반전주의자들은 이러한 사회주의자들의 행태의 근원에는 "서구 열강의 독점자본가들이 식민지 약탈을 통해 확보한 이윤의 일부를 이들과 공유할 것"이라는 기대, 그리고 노동자들의 이른바 민족주의에 기초한 '배외주의(排外主義)'로의 전화에 있다고 보았다.[78]

사실 유럽의 사회주의 운동이 절정기에 올랐던 시점은 1차대전이 일어나기 50년 전이었다. 유럽의 노동자, 지식인 등은 1864년 칼 마르크스의 정치경제이론에 입각하여 '사회주의 인터내셔널(The International Workingmen's Association, the First International)'을 결성하였다. 이 조직은 세계 각국의 사회주의, 공산주의, 무정부주의, 노동자 단체를 규합하여 1864년 9월 28일 런던에서 창설되었다. '제1인터내셔널'은 1866년 제네바(Geneva), 1867년 로잔느(Lausanne), 1868년 브뤼셀(Brussels), 1969년 바젤(Basel, Basle)에서 회의를 개최하며 전성기 때는 500만~800만의 가입자들을 끌어모을 수 있었다.

'제1인터내셔널'은 파리코뮌(1871)[79]의 실패 후 사회주의와 무정부주의 분파

....

77 1948년 3월에서 5월 사이에 소련 공산당과 유고 공산당 사이에 오고 간 몇 차례 편지를 통해 분쟁이 격화되었다. 4월 13일의 유고 공산당 편지에는 "우리 모두가 사회주의의 고향 소련을 지극히 사랑하기는 하지만, 아무래도 우리 조국을 그보다 덜 사랑할 수는 없습니다"는 말이 들어 있었다. "Letter from J. B. Tito and E. Kardelj to J. V. Stalin and V. M. Molotov, April 13, 1948," in Royal Institute (fn. 13), p. 19. Duncan Wilson, *Tito's Yugoslavia*, Cambridge University Press, 1979, p. 56에서 재인용.

78 일반적으로 자기가 속한 집단 이외의 사회집단에 대한 배척적인 태도를 말하지만, 여기서는 본래 조국을 갖지 않는다고 생각되던 노동자가 일단 전쟁에 직면하면 자국에 대한 애국심의 형태로 타국에 대해 적대적인 감정을 갖게 되는 것을 의미한다. 거름출판사 편집부, 『러시아혁명사』, 거름, 1987, p. 91.

간의 불화로 1876년 7월 해산되었지만, 엥겔스의 주도하에 1890년 7월 14일 프랑스 혁명 100주년을 기념하여 파리에서 '제2인터내셔널(International Socialist Congress, 국제사회주의자회의)'로 다시 태어났다. 이 조직은 '제1인터내셔널'의 전통을 되살리고, 급성장한 노동자 계급과 사회주의 정당들을 국제적으로 대변하고 공동 노선을 강화하는 데 목표를 두었다. 제1차세계대전의 전운이 유럽을 감돌자 인터내셔널을 중심으로 한 유럽의 사회주의자들은 반전평화를 외치면서 각국에서 반전 여론을 형성하고자 하였다. 1890년대 말 "드레퓌스(Dreyfus) 사건"에서 피고를 옹호했던 프랑스의 사회주의자 장 조레스(Jean Jaurès)가 대표적인 지도자였다. 1904년 사회주의 대변지 '뤼마니테(L'Humanité)'를 창간한 그는 전쟁은 노동자 계급의 근본 이익에 반하며 인류의 악몽이라고 외치며 상당한 사회적 지지를 확보하고 있었다. 1913년 5월 25일 일요일 조레스는 파리 교외의 '르 쁘헤-생-쥬흐베(Le Pré-Saint-Gervais)' 언덕에 모인 10만이 넘는 프랑스인들에게 전쟁은 제국주의에 의한 것이고 제국주의를 위한 것이며, 따라서 세계 모든 국가의 인민과 프롤레타리아는 전쟁에 반대하여 분연히 일어나야 한다고 열변을 토하였다. 사람들은 전쟁을 원치 않았고, 그의 웅변에 열광하였다.

하지만 전쟁이 다가오자 프랑스 민족주의, 애국주의가 힘을 발휘하였다. 조레스가 열변을 토할수록 우익 민족주의 진영은 결속하였고, 그를 반역자로 규탄하였다. 그들의 일부는 조레스의 평화론의 민낯은 친독 매국노와 다를 바 없다고 선동하였다. 많은 프랑스 사람들은 이번 기회에 프랑스-프로이센 전쟁에서 빼앗긴 알자스-로렌을 되찾아 와야 한다는 애국주의에 끌리게 되었다.

조레스는 돌파구를 마련하기 위해 독일의 사회주의자들과 연대하기 위한 방편을 찾았다. 그는 연대가 이루어진다면, 그리고 국제적인 대규모 파업을 이끌어내고 노동자들이 집총을 거부하게 되면, 전쟁을 막거나 중단시킬 수 있다고 생각하였다.

....

79   1871년 프랑스의 나폴레옹 3세의 제2제정은 프로이센과의 전쟁에서 패하여 붕괴되었다. 파리 시민과 시민군은 선거를 통해 공산주의 정부를 수립하고 일련의 공산주의적 조치를 취하였다. 시민군은 베르사유 임시정부군과의 교전에서 2만여 명을 잃었고 진압당하였다. 마르크스는 이 파리코뮌을 "진정한 프롤레타리아의 독재"였다고 기록하였다.

1914년 7월 30일 조레스는 브뤼셀(Brussels)에서 열린 '사회주의자 회의'에 참가하여 독일사회당 지도자 후고 하세(Hugo Haase)와 반전연대에 대해 논의를 시작하였다. 그 다음날 저녁 그는 '뤼마니테' 신문사 편집실에서 동료들과 회의를 마친 후 몽마르트르(Montmartre) 거리에 있는 한 식당(Cafe du Croissant)에서 식사를 시작할 즈음 '알자스-로렌의 친구들(the League of Friends of Alsace-Lorraine)'이라는 프랑스 민족주의 단체의 회원인 29세의 라울 빌랭(Raoul Villain)에 의해 저격되었다. 그는 즉사하였다. 그리고 3일 후 전쟁이 시작되었다.

조레스 암살은 프랑스 정정의 불안정을 야기하였고, 반전 국제연대의 동력을 격감시켰다. 전쟁이 시작된 후 애국주의가 급격히 부상하면서 그때까지 반전(反戰)을 주장해 오던 사회주의자 대부분을 포함한 교전국의 국민들은 자국 정부의 전쟁 노력에 적극적으로 협력하였다. 엥겔스 사후 베른쉬타인(Eduard Bernstein) 등 독일 사회민주주의자들이 주도하면서 점차적으로 우경화한 '제2인터내셔널'은 전쟁 전에는 "전쟁의 원인은 자본주의에 있다"며 노동자 계급의 국제연대를 호소했으나, 전쟁이 시작되자 이 모든 구호들은 그저 말뿐인 것이 되었다.

프랑스 사회당은 국가를 위한 정쟁 중단, 즉 '신성동맹(L'union sacrée, Sacred Union)'을 지원한다는 의미에서 모든 쟁의나 파업을 중단한다고 선언하였다. 레이몽 푸앙카레(Raymond Poincaré) 프랑스 대통령은 "인간이 기억할 수 있는 한 프랑스에서 이보다 더 아름다운 것은 일찍이 없었다"고 후일담을 남길 정도로 기쁨을 감추지 않았다.[80]

영국에서도 마찬가지였다. 일부 사회주의 지도자들의 호소에도 불구하고 노동자들과 노조 지도자들은 국가의 전쟁노선에 줄을 서기 시작하였다. 제임스 하디(James Keir Hardie), 램지 맥도날드(James Ramsay MacDonald), 조지 랜즈베리(George Lansbury) 등과 같은 노동당 지도자들은 "중앙당과 모든 지부들은 정부의 병사 모집 노력을 전적으로 지원할 것"[81]이라고 대정부 협력을 선언하였다. 영국 사

....

80   Sean McMeekin, *July 1914: Countdown to War*, Basic Books, 2014.

81   *Labour Leader*, 3 September 1914. David A. Perrin, *The Socialist Party of Great Britain: Politics, Economics and Britain's Oldest Socialist Party*, Bridge Books, 2000, p. 215에서 재인용.

회당(British Socialist Party, 사회민주연맹Social Democratic Federation의 전신)의 전쟁 선언문은 "우리 영국 사회당은 국가의 자유와 독립이 프로이센 군국주의에 의해 위협당하고 있는 상황에서 당연히 전쟁이 신속하고 성공적으로 진행되길 원한다"[82] 고 입장을 분명히 하였다.

독일에서도 '역내평화(Burgfrieden)'라 불리는 거국일치 체제가 총력전의 기반이 되었다. 독일사민당은 '제2인터내셔널'의 반전 합의를 무시하고 전쟁을 지지하는 노선으로 선회하였고, 의회에서도 전쟁에 찬성표를 던졌다. 이들은 정부에 대한 전시기채(戰時起債, bonds) 권한부여안과 군비증강안에도 찬성표를 던졌다. 독일사민당의 좌파는 이 결정에 반대하여 1915년 리프크네히트(Karl Liebknecht)와 룩셈부르크(Rosa Luxemburg) 주도하에 '스파르타쿠스 리그(the Spartacus League)'를 결성하게 되는데, 이는 후일 독일공산당의 모체가 된다.

열강들의 보수 정당들은 국민의 애국주의를 고무하기 위해 선전활동에 앞을 다투었다. 독일은 러시아의 차리즘(Tsarism, 러시아의 전제군주제)이 독일의 문명과 민주적 성과를 파괴하려 하고 있다고 비난했고, 프랑스는 프로이센 군국주의가 프랑스 민주주의를 유린하려 하고 있다고 그럴싸하게 선전하였다. 러시아는 독일이 먼저 러시아를 공격해 러시아인들을 자신의 노예로 삼으려 한다고 국민감정을 자극하였다. 요컨대 이들 보수 정당들은 조국의 안보가 풍전등화와 같으니 애국심을 가지고 조국 방위에 나서야 한다고 국민들에게 호소하였던 것이다.

제1차세계대전의 발발

1914년 6월 28일 '청년보즈니아(Mlada Bosna)' 회원으로서 세르비아의 흑수단에서 훈련을 받은 세르비아계 보즈니아인 가브릴로 프린치프가 오스트리아-헝가리의 황태자 프란츠 페르디난트를 권총으로 암살하였다. 오스트리아-헝가리는 자국의 공안당국이 암살의 배후에 세르비아 정부가 있었다는 사실을 밝혀내지 못하자, 이 사건을 오스만터키의 발칸 지역 영토를 빼앗기 위해 자신과 경쟁하던 세

....

82   *Justice*, 17 September 1914. Perrin(2000), p. 215에서 재인용.

르비아를 제압하기 위한 수단으로 활용하기로 하고 7월 23일 일련의 굴욕적 요구 사항을 담은 최후통첩을 세르비아에게 보내면서 48시간 이내에 회답할 것을 요구하였다.

최후통첩의 내용은 반(反)오스트리아-헝가리 출판물의 금지(제1항), 반오스트리아-헝가리 단체(국민방위, Narodna Odbrana)의 해산(제2항), 반오스트리아-헝가리 교육 금지(제3항), 반오스트리아-헝가리 선전에 관여한 군인/관리 파면(제4항), '6.28 암살 음모'에 참여한 세르비아에 거주하는 혐의자들 재판 과정에 오스트리아-헝가리 관리 참여(제6항), 사라예보 사건을 일으킨 범죄자들의 월경(越境)을 도운 샤바츠(Schabats)와 로스니차(Losnitza)의 국경 수비대원들 처벌(제7항) 등 10개 항이었다. 세르비아는 오스트리아-헝가리의 요구 중 9개항을 수용하였다. 그러나 제6항과 관련해서는 혐의자들을 조사하는 것은 세르비아 정부의 의무이지만 이 과정에 외국 관리가 참여한다는 것은 세르비아의 헌법과 형법을 위반하는 것으로서 주권 침해의 소지가 있다며 수용하지 않았다.[83] 그러나 이 문제에 관하여도 세르비아는 '헤이그 중재재판소(Hague Tribunal)'나 열강의 결정에 맡길 수 있다는 유화적인 입장을 제시하였다. 오스트리아-헝가리가 그냥 쳐들어가지 않고 최후통첩을 한 이유는 세르비아가 희생자라는 이미지를 불식시키기 위한 것이었다. 그리고 거부될 것이 뻔한 내용을 포함한 이유는 전쟁 책임을 세르비아에게 뒤집어씌우기 위한 것이었다. 최후통첩의 타이밍도 면밀한 계산에 따른 것이었다. 오스트리아-헝가리는 7월 20일부터 러시아를 방문하고 있던 프랑스의 푸앙카레 대통령이 23일 출국할 때까지 기다렸던 것이다. 만일 그 사이에 최후통첩이 이뤄지면 프랑스와 러시아의 지도자들이 대면하는 중 모종의 합의가 가능할 것이기 때문이었다. 23일의 최후통첩이 알려지자 프랑스, 러시아뿐 아니라 영국도 경악하였다. 영국의 해군장

....

83 "아피스(Apis, 聖牛)"로 알려지기도 했던 세르비아군 정보사령관 디미트리예비치(Dragutin Dimitrije-vić) 대령은 암살자 3명을 훈련시켰고, 총기를 제공하였다. 급진적 민족주의자였던 디미트리예비치는 파시치 수상의 정적이기도 하였다. 세르비아 수상은 이를 알고 중단시키려 했으나 실패했고, 나중엔 이를 은폐하였다. 만일 세르비아가 오스트리아-헝가리의 조사 요구를 받아들였다면 세르비아의 책임이 드러날 수도 있었다. Samuel R. Williamson Jr. and Ernest R. May, "An Identity of Opinion: Historians and July 1914," *The Journal of Modern History*, Vol. 79, No. 2, 2007, p. 351.

관 처칠(Winston Churchill)은 이 최후통첩은 "역사상 가장 무례한 문건"이라고 비난하였다.[84]

독일의 빌헬름 2세는 세르비아의 회답내용을 보고 "48시간 이내의 대단한 해결"이라며, 비엔나의 "크나큰 도덕적 승리"로서 이제 "전쟁의 모든 이유는 사라지게" 되었다고 평가하였다.[85] 그럼에도 불구하고 그는 무슨 연유에선지 오스트리아-헝가리의 자제를 당부하지는 않았다.

오스트리아-헝가리의 정부 지도자들은 최후통첩을 보내기 전 이미 몇 가지 대응책을 놓고 손익을 계산하였다. 가장 중요한 것은 동맹으로서의 독일제국의 강력한 지지였다. 7월 1일 독일 외교장관의 친구이자 언론인이었던 빅터 나우만(Viktor Naumann)은 베르히톨트(Leopold, Graf von Berchtold) 오스트리아-헝가리 외교장관의 비서실장인 알렉산더 호요스(Alexander Hoyos)에게 "이제 세르비아를 없앨 수 있는 시간이 왔고, 독일의 지원을 기대해도 좋을 것"이라 말하였다. 다음날 비엔나 주재 독일 대사 하인리히 폰 치르쉬키(Heinrich Leonhard von Tschirschky)도 오스트리아-헝가리의 황제를 만나 오스트리아-헝가리의 "치밀한 계획과 결단력 있는 행동을 지지할 것"이라고 말하였다. 7월 4일, 베르히톨트는 독일 황제에게 오스트리아-헝가리 황제의 친서를 전달하고 세르비아 응징 계획을 설명하기 위해 호요스 특사를 베를린으로 파견하였다. 친서의 내용은 러시아, 프랑스가 3국동맹에 대해 음모를 꾸미고 있으며 특히 러시아는 세르비아를 부추기고 있다는 것이었다. 빌헬름 2세는 암살에 대해 격노한 후 페르디난트를 잃은 개인적 슬픔을 감추지 않았다. 오스트리아-헝가리의 문건을 받아든 후 빌헬름 2세는 조금 망설이다 재상과 협의하겠다고 말하였다. 그러나 오스트리아-헝가리의 대사와 특사가 간청하자, 그는 "러시아가 개입한다 해도 독일은 오스트리아-헝가리의 선택을 견결히 지지하겠다"고 약속하였다.[86] 그날 오후 빌헬름 2세는 재상, 외교장관, 전쟁장관 등을 소집하

....

84 Mary Soames ed., *Winston and Clementine: The Personal Letters of the Churchills*, Mariner Books, 2001, p. 95.

85 Lamar Cecil, *Wilhelm II: Emperor and Exile, 1900-1941*, The University of North Carolina Press, 2000, p. 203.

86 John G. Stoessinger, *Why Nations Go to War*, Wadsworth Publishing, 1974, p. 4.

였다. 회의 결과는 황제의 결정에 대한 지지였다. 재상은 이를 오스트리아-헝가리 대표단에게 통보했고, 호요스는 신속히 비엔나에 알렸다. 오스트리아-헝가리가 어떠한 행동을 해도 지원하겠다는 이른바 독일의 '백지위임장(carte blanche)'이 7월 5일 전달된 것이었다.

당시 독일에게 주어진 선택지는 여러 개였다. 그 중 하나는 세르비아에 압력을 행사하여 흑수단과 여타 극단주의 폭력집단을 강제적으로 제거하도록 하는 것이었다. 3국협상국들은 이 정도의 조치는 받아들일 수 있는 입장이었다. 그들은 전쟁을 원하지 않았다. 사실, 호요스도 적당한 수준에서의 독일의 원조를 기대하였다. 그러나 그는 독일의 군부가 발칸지역 내의 국지전 이상을 생각하고 있다는 것을 알게 되었다. 그의 회고록에 따르면, 독일의 목표는 "우리와 세르비아를 통해 서구 열강들을 정복하기 위한 제국적 전쟁"이었다.[87]

독일의 '백지위임장'은 발칸의 지역 분쟁을 세계대전으로 비화시킨 원인 중 하나였다. 그리고 이것이 베르사유에서 독일이 전쟁의 책임을 지게 된 주요 이유였다. 사가 해스팅스(Max Hastings)에 따르면, 독일은 이 전쟁에서 이길 수 있다고 생각하였다.[88]

7월 23일 최후통첩을 받은 세르비아는 러시아에 즉각 호소하였다. 러시아 외교장관 세르게이 사조노프(Sergey Sazonov)는 7월 24일 열린 국무회의에서 독일이 오스트리아-헝가리 황태자의 암살을 이용하여 발칸지역에 진출하려 한다고 말문을 열었다. 국무위원들은 러시아가 독일의 위협에 굴복할 수 없다는 입장을 개진하였다. 그들은 범슬라브주의의 중요성도 강조하였다. 주세르비아 러시아 대사는 "세르비아를 보호해야 하며 이런 의미에서 군대의 부분동원이 필요하다"고 러시아 황제에게 건의하였다. 독일의 의도를 알 수 없었던 니콜라스 2세는 7월 25일 오후 4시 "무력시위"로서 예비동원(preliminary mobilization)을 명령하였다. 이때는 오스트리아-헝가리가 세르비아에 보낸 최후통첩 만료 시각인 오후 6시보다 앞선 시점이었

....

87   R. J. W. Evans and Hartmut Pogge von Strandmann eds., *The Coming of the First World War*, Clarendon Press, 1990, p. 116.

88   Max Hastings, *Catastrophe: Europe Goes to War 1914*, William Collins, 2014, p. 561.

다. 니콜라스 2세가 예비동원을 이 시점에서 명령한 이유는 독일을 억지하기 위한 것이었다. 러시아 농업장관 크리포샤인(Alexander Krivoshein)은 예비동원은 독일이 더 이상 전쟁으로 치닫지 않도록 하기 위한 평화를 위한 조치라고 말하였다.

그러나 러시아의 황제는 군대동원이 곧 전쟁을 의미한다는 것을 위기가 고조될 때까지 알지 못하였다. 러시아의 전쟁계획에 따르면, 군대동원은 전쟁을 전제하는 총동원이었고, 예비동원이나 부분동원(partial mobilization)은 사실상 불가능한 것이었다. 또한 오스트리아-헝가리에 대한 동원은 동시에 독일에 대한 동원을 의미하는 것이었다. 마치 독일의 쉴리펜 작전계획이 프랑스와 러시아를 동시에 상대하는 전면전을 전제하였듯이, 러시아의 작전계획도 오스트리아-헝가리에 대한 군사 조치는 독일에 대한 동일한 행동을 동시에 수행한다는 전제를 가지고 있었던 것이다.[89] 참모총장 등 러시아 군 지도부는 7월 24-25일 회의에서 민간인 지도부에 이를 제대로 설명하지 않았다. 러시아 군부의 미필적 고의(未必的 故意)였다.[90]

한편, 세르비아는 오스트리아-헝가리가 공격할 것으로 보고 군에 대해 총동원령을 발령하는 동시에 최후통첩 마감 시각인 오후 6시 직전에 오스트리아-헝가리 대사에게 답신을 보냈다. 그것은 즉각 거부되었다. 7월 26일 오스트리아-헝가리는 세르비아와 단교하고 병력동원을 시작하였다. 오스트리아-헝가리는 세르비아 같은 소국에 대해 대규모 병력을 동원할 필요는 없었고, 그로 인해 타국을 자극할 필요도 없었다. 그러나, 오스트리아-헝가리는 국내적으로 강한 정치적 압박을 받고 있었고, 신속한 승리로써 내부적 안정을 회복하려 하였다. 또한 세르비아는 두 번

....

89   김용구(2012), p. 503.
90   러시아 민간 지도자들은 총동원령이 내려진 7월 30일에 가서야 동원이 전쟁을 의미한다는 사실을 깨달았다. 그들은 7월 25일 예비동원령이 내려졌을 때는 그것을 몰랐다. 그들은 부분동원령이 내려질 때도 동원이 오스트리아-헝가리에만 국한되지 않고 독일과 오스트리아-헝가리 모두를 대상으로 할 수밖에 없다는 사실을 모르고 있었다. 따라서 러시아의 어떤 동원도 독일의 동원, 그리고 전쟁을 촉발할 것이라는 사실도 몰랐다. 그들은 러시아군 병참감(兵站監)이 7월 26일 여행에서 귀환한 이후 비로소 이 중차대한 사실을 알게 되었다. 그때는 이미 부분동원이 원칙적으로 승인된 상태였고, 예비동원은 이미 진행 중에 있었다. 이러한 실책은 러시아의 군사비밀주의에서 비롯되었다. 이는 비밀주의가 타국뿐 아니라 자신의 정부를 혼란에 빠뜨리기도 한다는 사례가 되었다. Stephen Van Evera, *Causes of War: Power and the Roots of Conflict*, Cornell University Press, 1999, p. 49. 각주 55.

의 전쟁(제1, 2차 발칸전쟁)과 발칸리그의 붕괴로 약화되어 있었기 때문에 오스트리아-헝가리로서는 이 기회를 놓칠 이유가 없었다. 독일은 오스트리아-헝가리를 제지하지 않았다. 7월 28일 오스트리아-헝가리는 세르비아에 대해 선전포고하였다.

한편, 여행에서 돌아와 오스트리아-헝가리의 최후통첩에 대한 세르비아의 답신을 훑어본 독일의 카이저는 "이 정도면 괜찮다"고 생각하고 7월 27일 이른바 '베오그라드에서의 정지(Halt in Belgrade)' 평화구상을 오스트리아-헝가리가 발표하는 것이 분쟁을 국지화하는 데 도움이 될 것이라고 생각하였다. 오스트리아-헝가리가 "오스트리아는 세르비아가 오스트리아의 최후통첩에 대한 응답에서 한 약속을 이행할 때까지 임시적으로 세르비아 수도를 점령하고자 한다"고 발표하라는 것이었다.[91] 재상 베트만-홀베그는 "오스트리아-헝가리가 베오그라드에서 진군을 멈추고 러시아와 협상한다"는 카이저의 구상을 뒤늦게 그리고 모호하게 오스트리아-헝가리 대사에게 전하였다.

러시아의 니콜라스 2세는 "결의"를 보여야 한다는 군부의 압력에 따라 7월 29일 공개적으로 부분동원령을 내렸다. 오스트리아-헝가리와 가장 가까운 러시아 서부지역에서만 군을 동원한 것이었다. 짜르는 오스트리아-헝가리의 공격을 좌시하지 않겠다는 메시지와 독일과의 충돌은 원치 않는다는 메시지를 동시에 보낸 것이었다. 영국은 독일의 중재를 강하게 요구하였다. "영국이 전쟁에 참가할 수 있다"는 경고를 담은 전문이 7월 29일 오후 9시 12분에 독일에 전달되었다. "영국이 중립을 지킨다면 독일은 프랑스를 공격하지 않겠다"는 독일의 제안이 거부된 것이었다. 베트만-홀베그는 벨기에도 병력동원을 시작하였다는 정보를 29일 오후 4시에 입수하였다. 이에 따라 재상은 태도를 바꿔 '베오그라드에서의 정지' 협상을 오스트리아-헝가리에 권고하는 전문을 7월 30일 오전 2시 55분에 발송하였다. 오스트리아-헝가리는 '베오그라드에서의 정지' 안을 거부하였다. 오스트리아-헝가리가 '베오그라드에서의 정지'를 수용하도록 하기 위해서는 독일의 강력한 압력과 저지를 필요로 하였지만, 독일은 영국의 행동이 자신의 기대와 크게 다르다는 것을 깨

....

91   Imanuel Geiss, ed. *July 1914: The Outbreak of the First World War: Selected Documents*, Scribner's, 1967, p. 256.

닫기 전까지는 굳이 그러한 조치를 취할 필요를 느끼지 못하였다. 오스트리아–헝가리로서는 독일이 강권하지 않는 상태에서 '베오그라드에서의 정지'를 받아들일 경우 국제정치적 평판과 국내정치적 이익이 크게 훼손될 것임은 자명한 것이었다. 7월 29일 러시아의 부분동원령도 이 평화구상이 실행될 수 없도록 만든 요인 중 하나였다. 러시아는 전쟁이 불가피하다고 보았고, 독일이 보낸 "선제동원을 하지 않으면 문제가 해결될 수 있다"는 메시지의 중요성을 인식하지 못하였다.[92] 사실 그레이 영국 외상도 동의하였던 이 '베오그라드에서의 정지' 평화구상은 분쟁을 국지화하려던 마지막 그리고 실패한 시도가 되고 말았다. 일반참모부장 몰트케는 러시아와 프랑스가 병력을 동원하고 있는 상황을 지적하며 독일의 총동원을 주장했고, 7월 30일 회의에서 그것을 관철시켰다.

1914년 8월 1일 아침 독일은 두 개의 요구를 내놓고 답신을 기다리고 있었다. 독일은 7월 31일 오후 7시 독일–러시아 전쟁에서 프랑스가 중립을 지킬 것인지를 문의한 바 있었다. 독일은 18시간 이내로 답을 해줄 것을 요구하였다. 그리고 같은 날 자정 독일은 러시아에게 30일 내려진 총동원령(general mobilization)을 12시간 이내 취소할 것을 요구하는 최후통첩을 보냈다.

프랑스는 8월 1일 오전 11시 "국익에 따라 행동할 것"이라 답변한 후, 그날 오후 4시 군 총동원령을 내렸다. 푸앙카레 대통령은 이 조치는 전쟁 방지를 위한 것이고, 평화적 해결이 지금도 가능하다고 믿는다고 밝혔다. 그러나 그때는 이미 파리 시내 곳곳에 동원령이 내려졌다는 포스터가 붙기 시작하였다.

최후통첩 마감시간인 정오가 지나고도 러시아로부터 답신을 받지 못한 독일의 빌헬름 2세는 총동원령을 승인하였다. 그는 8월 1일 오후 7시 30분 베를린의 황궁 발코니에서 환호하는 군중을 향해 "전쟁이 눈앞에 놓여 있다. 짐은 짐의 백성에서 더 이상 당파들을 볼 수 없다. 독일에는 단지 독일민족밖에는 없다. 과거 짐에게 반기를 들었던 당파들이 있었다면, 짐은 그들을 모두 용서한다. 지금 무엇보다 중요한 것은 우리 모두가 형제들처럼 뭉치는 일이다. 그렇게 되면 주님은 독일의 칼을

....

92   Jack S. Levy, "Preferences, Constraints, and Choices in July 1914," *International Security*, Vol. 15, No. 3, 1990-1991, p. 184.

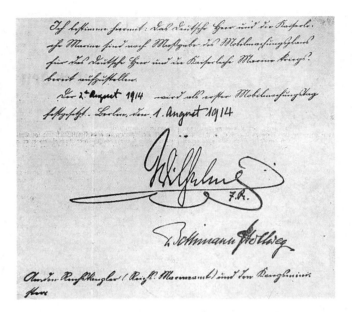

1914년 8월 1일 독일제국
빌헬름 2세가 서명한
총동원령 문건.

승리로 이끌어주실 것이다"라며 전쟁에 대한 지지와 참여를 독려하였다.[93]

독일은 민족적 이유와는 별도로 "마지막 동맹국을 잃으면 열강으로서의 독일의 기반이 무너질 것이기 때문에" 오스트리아-헝가리를 강력히 지원하지 않을 수 없었다. 같은 날 독일은 비밀리에 러시아의 위협에 시달리던 오스만터키와도 동맹조약을 체결하였다.[94] 독일은 영국이 중립을 지켜주리라 기대하였다.

한편, 상트페테르부르크에서는 독일의 포탈레스(Friedrich Pourtalès) 대사가 러시아의 사조노프 외교장관을 만나 독일의 선전포고문을 전달하였다. 포탈레스는 7월 말 러시아는 엄포를 놓고 있다며 베를린의 정부를 안심시키려 하였다. 그러나 결국 사태가 이 지경까지 이르자 그는 눈물을 흘렸고, 두 고위외교관은 서로 끌어안고 슬퍼하였다.

....

93   Cecil(2000), p. 209.
94   오스만터키의 술탄은 전쟁의 가능성 때문에 이 조약 체결을 반대하였으나, 실권자였던 엔버 베이는 그의 서명 없이 조약을 체결하였다.

8월 1일 유럽의 열강들이 분주하게 전문을 주고받으며 위험한 상황으로 치닫고 있었지만, 대전의 파열음을 낼지 여부는 영국에 달려 있다 해도 과언이 아니었다. 8월 1일 오전 11시에 내각회의가 예정되어 있었다. 회의 전 그레이 외교장관은 독일의 리히노브스키(Karl Max Fürst von Lichnowsky) 주영 대사에게 전화하여 "프랑스가 독일-러시아 전쟁에서 중립을 지키면 독일이 프랑스를 공격하지 않겠다는 보장을 제공할 수 있는지" 물었다. 리히노브스키는 영국이 중립을 지키면 독일은 프랑스의 영토를 병합하지 않을 것이라고 말하였다. 그레이는 다소 모호한 용어를 구사하며 독일이 현 상태에서 행동을 중지하면 자신은 프랑스의 중립을 약속한다고 답하였다. 리히노브스키는 그레이의 답변을 영국의 중립과 프랑스의 중립에 대한 영국의 보장을 의미한다고 이해하였다. 그는 런던 시간으로 오전 11시 15분 "우리가 프랑스를 공격하지 않는 한 영국은 중립을 지킬 것이고, 프랑스의 중립도 약속하였다"고 베를린에 타전하였다. 이 전문은 오후 5시 30분쯤 독일 정부에 전달되었다.

영국의 내각회의는 오후 1시 20분 종료되었다. 그레이 외교장관은 외교부 청사에서 초조하게 자신을 기다리던 주영 프랑스 대사 캉봉(Pierre Paul Cambon)을 만나 "영국은 현 시점에서 프랑스에게 원조 약속을 할 수 없음을 이해해달라"고 말하였다. 면담을 마치고 그레이의 사무실을 나선 캉봉은 아서 니콜슨(Arthur Nicolson) 외교차관에게 "영국이 우리를 버릴 모양입니다"라고 말하며 허탈한 표정을 숨기지 않았다. 그레이는 오후 3시 30분 독일 대사를 초치하여 "만일 독일이, 프랑스도 마찬가지지만, 벨기에의 중립을 침해한다면 영국 국민들은 잠자코 있지 않을 것이다"라고 경고하였다.

주영 독일 대사 리히노브스키가 오전 11시 15분에 보낸 전문은 독일이 이미 동원령을 내린 후 도착했는데, 핵심 내용은 리히노브스키가 보기에 영국이 중립을 지키며, 프랑스의 중립을 보장한다는 것이었다. 이를 전달받은 재상과 외교장관은 황궁으로 직행하였다. 카이저가 전문을 "해석"하고 있을 때 일반참모부장 몰트케가 입궁하여 그의 옆에 섰다. 빌헬름 2세는 "됐다! 이제 우리는 러시아하고만 싸우면 된다. 독일제국의 모든 병력을 동쪽으로 이동하는 거야"라고 환호하였다. 몰트케는 난처하였다. 1905년 이후 독일군은 쉴리펜 계획에 따라 개전 초기에는 동부

전선은 방어만 하고 프랑스를 먼저 공격하기로 되어 있었다. 그는 카이저의 탄성을 들으며 그의 동원계획과 전쟁계획이 망가질 것을 생각하니 걱정이 태산이었다. 그는 머뭇거리다가, "폐하, 병력동원은 일단 시작하면 중간에 변경할 수 없습니다"라고 말하였다.

빌헬름 2세는 삼촌인 영국의 조지 5세에게 직접 전문을 보내 프랑스 중립을 보장한다는 영국의 제안을 받아들인다고 알렸다. 그는 이 전문에서 병력동원은 되돌릴 수 없지만, 프랑스가 영국의 보장하에 중립을 제의한다면 자신은 프랑스를 공격하지 않을 것이고, 병력을 다른 곳으로 이동배치할 것이라 적었다.[95]

밤 10시 30분 러시아 상트페테르부르크의 거리는, 동원령에 응답하는 수많은 청년들이 파리 시내를 행진하고 있는 것처럼, 전쟁을 격렬히 지지하는 인파로 가득 찼다. 빌헬름 2세는 아직도 영국이 중립을 지킬 수도 있다는 기대를 품은 채 7촌 지간인 니콜라스 2세에게 전문을 보내 독일은 러시아가 최후통첩에 응답하지 않았기 때문에 동원령을 내렸으며, 짜르(Tsar, 러시아 황제)는 러시아군이 국경을 넘지 않도록 조치할 것을 촉구하였다.

빌헬름 2세의 전문을 받은 영국의 조지 5세는 그레이 외상과 리히노브스키 간의 대화로부터 뭔가 오해가 생긴 것 같다고 느꼈다. 오후 9시 그는 오해의 소지를 없애기 위해 그레이 외교장관을 버킹엄 궁으로 호출하여 독일로 보낼 전문을 작성하도록 하였다. 밤 11시 조지 5세의 전문이 베를린에 도착하였다. 핵심내용은 독일이 문제를 해결할 의지가 있다면 런던 회의서 보장한 벨기에의 중립을 침범하지 말라는 것이었다. 그러나 이미 때는 늦었다. 섣부른 전쟁을 내심 반대하던 베트만-홀베그 재상은 영국의 중립보장이 없이는 공격을 개시할 수 없다고 버텼지만, 그의 명령이 전방의 부대에 도착하기 이전 펠트만 중위(Hans von Feldmann)가 지휘하는 독일 육군 보병중대가 룩셈부르크 국경을 넘어 울핑겐(Ulflingen)의 철도를 점령하였다. 이후 다른 부대들도 벨기에를 침공하기 직전이었다. 전쟁의 불가피성을 직감

....

95   Telegram of His Majesty the Emperor to H. M. the King of England of August 1st, 1914, "How the Franco-German Conflict Might Have Been Avoided," *The American Journal of International Law*, Vol. 9, No. 1, Supplement: OfficialDocuments, January, 1915, p. 103.

한 빌헬름 2세는 몰트케를 불렀다. 그는 전문을 보여주며, "이제 귀관이 하고 싶은 일을 하게 되었네"라고 말하였다.[96]

"'종이 한 장' 때문에 전쟁을 한다?"

당시 영국(집권 자유당)[97]은 애초에 오스트리아-헝가리와 러시아가 충돌한 발칸지역의 문제나 그 향방에 대해서는 자신에게 '위협적'이라 보지 않았다. 독일이 무력개입하지 않는 한 유럽 대륙 내 세력균형이 무너질 정도의 파급력을 갖는다고 보지는 않았던 것이다. 그러나 독일이 개입한다면 그것은 다른 문제였다. 나폴레옹 전쟁 시 대영국 '대륙봉쇄(the Continental Blockade)'가 생생한 기억으로 남아 있었다. 이에 못지 않게 영국에게 중요했던 것은 자신의 신뢰성(credibility)과 평판을 유지하는 일이었다. 즉 영국은 프로이센도 서명한 벨기에의 독립과 중립을 보장한 1839년의 런던협정을 정면으로 위반하는 독일을 수수방관할 수는 없었던 것이다. 영국은 8월 4일 오전 11시 독일에게 최후통첩을 보내며 군대의 철수와 벨기에의 중립 및 독립을 존중할 것을 요구하였다. 독일은 이미 공격이 시작된 마당에 영국의 요구를 수용할 수는 없었고, 영국이 입장을 바꾸지 않는 한 전쟁은 불가피한 것으로 파악하였다. 독일은 자신과의 일전을 불사하는 영국의 행동을 이해할 수 없었다. 다음은 전쟁 개시 직전 최후 인터뷰를 하기 위해 독일 재상 베트만-홀베그를 방문한 고센(Edward Goschen) 독일 주재 영국 대사가 영국 외상 그레이에게 보낸 보고전문 중 일부이다. "'종이 한 장' 때문에 전쟁을 한다?"라는 인구에 회자된 독일 재상의 탄식이 여기서 비롯되었다.

본인은 독일이 벨기에의 중립지위를 존중하여 신속히 철군할 것을 요구하였음. 그러나 고틀리프 폰 야고우(Gottlieb von Jagow) 외상의 답은 '불가'였음. 독일군은

....

96 Steven Schlesser, *The Soldier, the Builder and the Diplomat*, Cune Press, 2005, p. 125.
97 야당은 보수당이었다. 1920년대 말부터 자유당은 노동당에 의해 사실상 대체되었다. 자유당은 영향력을 잃고 1988년 해산되었고, 당원 일부는 자유민주당으로 다른 일부는 자유당(1989)으로 당적을 옮겼다.

이미 당일 아침 벨기에 국경을 넘었기 때문에 벨기에 중립성 존중 운운은 무의미하다고 발언했음. 베트만-홀베그 독일 재상은 영국 정부의 행동은 이해하기 어렵다고 지적하면서, "중립"이라는 단어가 전시에 지켜진 경우를 찾아보기 어렵다는 점을 고려할 때, '종이 한 장' 때문에 우호관계를 원하는 일가친척과 전쟁을 불사한다는 영국은 참으로 비합리적이라고 개탄하였음. 그는 이어, 앞으로 벌어질 모든 끔찍한 결과에 대해 영국은 책임을 져야 한다고 말했음. 본인은, 독일 재상이 말하듯, 이 문제가 자신에게는 전략적 관점에서 '생과 사'의 문제일 수 있는 만큼이나 영국에게도 이 문제는 벨기에에게 약속한 바를 지켜야 하는 자신의 명예가 걸린 '생과 사'의 문제라는 점을 독일이 이해해야 할 것이라 지적하였음. 아울러, 본인은 영국의 약속은 반드시 지켜져야 한다고 말하며, 만일 그렇지 않을 경우 어느 나라가 영국을 신뢰할 수 있겠는가?라고 그에게 반문하였음. 이 인터뷰는 오후 7시에 실시되었음.

8월 4일 영국은 자신의 최후통첩 시한인 오후 11시까지도 독일이 반응을 보이지 않자 독일에 대해 선전을 포고하였다. 영국은 '3국협상'의 일원이었지만 무력동원 의무까지는 없었다. 그러나 위에서 보듯, 영국은 국제법과 국제정치윤리, 그리고 영국의 신뢰성과 평판의 문제를 중요시했고, 나아가 유럽 대륙 내 세력균형의 붕괴 가능성을 우려한 독일만큼이나 이에 매우 민감하게 반응하였다. 영국 수상 허버트 아스퀴스(Herbert Asquith)는 영국이 참전하게 된 이유로서 첫째, 벨기에를 포함하여 약소국들의 독립 보장, 둘째, 독일의 침략에 직면한 프랑스 지원, 셋째, "프로이센의 군국주의" 해체 등을 들었다.

미국은 중립을 선언하였다. 1898년의 미국-스페인 전쟁과 필리핀 봉기에 대처하느라 여론이 좋지 않았다. 미국은 영국과 독일을 포함한 교전국들 모두와 교역을 하겠다는 의도도 가지고 있었다. 바그다드 철도 등으로 협력관계에 있고 러시아의 남진을 두려워하던 오스만터키는 8월 5일 독일 편에 서서 러시아 흑해함대가 지중해로 나오지 못하도록 다다넬스 해협을 폐쇄하였다. 8월 6일 오스트리아-헝가리는 러시아에 선전포고하였다.

한편, 독일은 8월 2일 '대행진 II-서부(Grosser Westaufmarsch, Greater March II

West)'작전에 따라 룩셈부르크로 진격하였다. 8월 3일엔 프랑스에 선전을 포고하면서 벨기에에 최후통첩을 보냈다. 마치 1592년 일본이 "명(明)을 정벌하기 위해 조선에게 길을 내라고 했다"한 것처럼(征明假道 정명가도), 독일은 프랑스를 공격하기 위해 벨기에에게 무사통과, 즉 "정불가도(征佛假道)"를 요구한 셈이었다. 독일은 벨기에에게 자신의 통첩을 거부한다면 전쟁이 불가피하며, 12시간 내 회신하라고 요구하였다. 벨기에는 네덜란드와의 독립 투쟁을 벌여 1839년 런던 회의에서 열강들로부터 독립과 함께 영구중립의 지위를 보장받았다. 벨기에는 이러한 입장에서 독일의 최후통첩을 거부하는 동시에 영국, 프랑스, 러시아 등에 보호와 지원을 요청하였다.[98]

프랑스는 8월 3일 선전포고를 하고 '작전계획-17(Plan XVII)'로 독일군에 맞섰다. 그러나 독일군은 벨기에를 통과한 후 프랑스와의 첫 교전에서 쉽게 승리하고, 프랑스 북동부 지역을 공략하였다. 몰트케는 개전 3주 안에 200만 명의 독일군을 투입한다는 계획 하에[99] 우익 부대(프랑스 북부 공격)에 지상군 9개 군단을, 후미에 예비전력으로 7개 군단을 배치하였다.[100] 독일군은 6주 내 프랑스에 승리하고 600만 명의 러시아군이 총동원되기 전에 신속히 동부전선으로 이동해야 하였다. 그러나, 쉴리펜 계획의 생명인 기동성이 충분히 발휘되지 못하였다. 독일군은 네덜란드를 제외하고 벨기에와 룩셈부르크만을 통과했기 때문에 프랑스 북부로의 진출로가 좁아져 대규모 병력의 급습효과가 떨어졌기 때문이다. 그리고 독일의 예상과는 달리 독일 국경 밖 철도체계의 낙후성도 기동성 저하의 원인으로 작용하였다. 독일군이 쉴리펜 계획에 따라 6주 만에 프랑스에 승리하고 동부전선으로 돌아가지 못한 이유는 그것만이 아니었다. 전기한 바와 같이, 몰트케는 쉴리펜 계획을 변경하여 우익 부대에 배분된 전력을 축소 조정하였다. 그는 또한 개전 후 신규 편성되어 좌익 부대에 배치된 '에어사츠 군단(ersatz corps)'을 8월 셋째 주 '로렌 전투'에서

....

98   벨기에의 알베르 1세는 "나는 도로가 아닌 국가를 통치한다(I rule a nation, not a road)"고 독일의 요
      구를 정면으로 거부하였다. 독일은 8월 4일 벨기에를 침공하였다.
99   디트리히 올로, 문수현 옮김, 『독일현대사』, 미지북스, 2019(2012), p. 178.
100   Terence M. Holmes, "Absolute Numbers: The Schlieffen Plan as a Critique of German Strategy in
      1914," *War In History*, Vol. 21, Issue 2, 2014, p. 196.

승리한 후에도 우익 부대로 재배치하지 않았다. 그는 러시아가 예상과는 달리 신속하게 군을 동원하여 동부전선을 개방하자 8월 17일 18만 명에 달하는 병력을 동부전선으로 이동시켰을 뿐 아니라 8월 28일에는 서부 전선의 2개 군단과 1개 기갑사단을 치밀한 전략적 계산 없이 동프러시아 전선으로 증파하였다. 힌덴부르크와 루덴도르프 장군은 이 덕분으로 탄넨베르크 전투(the Battle of Tannenberg)에서 대승하였고, 전쟁영웅이 되었다. 그러나 역설적으로 독일군은 전투에서 승리했으나 전쟁에서는 승기를 놓친 셈이었다. 못지않게 중요한 요소로서 프랑스, 벨기에군의 맹렬한 저항도 독일군이 6주 만에 승리하고 동부전선으로 돌아가는 것을 방해하였다. 1914년 말에 이르러 전쟁은 소강국면으로 진입하였다. 서부전선의 전투가 소모전화하였고, 독일과 프랑스의 화력이 전력의 기동성에 의해 뒷받침되지 않았기 때문이다. 공자(攻者)에 비해 수자(守者)가 우위를 갖는 전술 구도였다. 양국 군은 벨기에 해안에서 프랑스 동북부를 지나 스위스 국경까지 참호(trench)를 파고 대치하였다. 수많은 중국인 노동자들이 참호 구축에 참여하였다. 후일 '참호전투(trench warfare)'라고 불리게 된 이러한 군사대치는 1918년 영국이 탱크부대를 전투에 투입할 때까지 지속되었다.

제1차세계대전의 전개

오스만터키의 패전과 아르메니아인 대학살

1914년 10월 29일, 청년터키당의 오스만터키는 같은 해 8월에 체결한 비밀동맹조약에 따라 러시아의 오데사(Odessa)를 공격하며 독일 진영에 본격 합류하였다. 3일 후 러시아에 선전포고하였다. 사실 오스만터키는 1914년 8월 훨씬 이전부터 독일에 우호적이었다. 특히 오스만터키군은 독일의 선진적인 군사 기술과 조직, 그리고 교범과 작전계획 능력을 흠모하였다. 1877-78년의 러시아-터키 전쟁 이후 독일과 오스만터키 간에는 상당 수준의 군사협력이 진행되었다. 독일 장교들은 오스만터키군에 배속되어 오스만군에 자문과 훈련을 지원하였다. 오스만터키군의 우수한 장교들은 독일의 참모대학에서 교육을 받았다. 이러한 연유로 오스만터키군 내에서는 친독 정서가 팽배해 있었다.

오스만터키 정부로서는 독일과의 정치, 군사, 경제적 이유 외에도 대독동맹은 불가피한 면이 있었다. 수 차례의 패전으로 인해 경제가 붕괴 직전이었기 때문에 그 상대가 어떤 국가이든 유럽 열강과의 동맹은 오스만터키에게는 유일한 타개책이었다. 러시아는 주적이었기 때문에 배제되었다. 프랑스는 러시아와 동맹관계에 있었기 때문에 역시 배제되었다. 영국은 오스만터키에 대해 관심을 보이지 않았다. 자신에게 관심을 보인 국가는 독일이었다. 독일은 오스만터키가 강국은 아니지만 "적의 적은 친구"라고 보고 러시아의 주적인 오스만터키의 전략적 중요성을 인정하였다. 물론 '바그다드 철도'도 중요한 전략적, 경제적 이익이었다. 나아가 독일은 영국에 결정적 위해(危害)를 가하기 위해서는 영국의 주변부를 공략해야 한다는 판단하에 인디아, 중동, 아프가니스탄 등에서의 무슬림 봉기를 획책하기 위해서 이슬람의 오스만터키를 활용하고자 하였다.

1915년 1월, 오스만터키의 이스마일 엔버 베이는 '사리카미스 전투(the battle of Sarıkamış)'에서 러시아군과 일대 교전을 했으나 대패하였다. 엔버 베이와 '청년 터키당' 정부는 패전의 책임을 아르메니아인들에게 지우기 시작하였다. 북동부 오스만 지역에 거주하는 아르메니아인들이 러시아의 의용군으로서 오스만에 대해 반역을 하였다는 것이다. 그리고 얼마 되지 않아 많은 아르메니아 기독교도들이 러시아 제국과 내통하고 있다는 의심을 받고 살해되었다. 이제 아르메니아인들은 오스만의 "안보위협(security threat)"이 된 것이었다. 1915년 4월 24일 오스만터키 정부는 250여 명의 아르메니아 지식인들을 체포하고 살해하였다. 이 사건을 계기로 셀 수 없을 만큼 많은 체포, 추방, 학살이 자행되었다.[101] 그해 8월 오스만터키는 아르메니아인들을 식량과 물을 주지 않은 채 시리아 사막으로 추방하였다.[102] 미국 미네소타 대학 '대학살 연구소(Center for Holocaust and Genocide Studies)'에 의하면 1914

....

101 아르메니아인들은 매년 4월 24일 아르메니아 대학살을 기념한다.

102 역사학자 데이비드 프롬킨(David Fromkin)은 "즉시 처형되지 않은 사람들은 아무 식량, 물, 피신처도 없이 산으로 또 사막으로 추방됐다"고 썼다. David Fromkin, *A Peace to End All Peace: The Fall of the Ottoman Empire and the Creation of the Modern Middle East*, Holt Paperbacks, 2009.

년도 이전에는 모두 2,133,190명의 아르메니아인이 오스만 제국에 거주하였다. 1922년에 이르러 아르메니아인들의 수는 387,800명에 불과하였다. 현재 터키 고등학교 역사책에는 "조사 결과 약 300,000명의 아르메니아인이 전쟁과 질병으로 인해 죽었으며, 같은 기간에 아르메니아인들은 600,000명의 터키인들을 죽였고 500,000명을 보금자리에서 밀어냈다"고 쓰여 있다.[103] 아르메니아 대학살을 공식적으로 인정하는 국가는 2022년 현재 33개국에 불과하다. 그러나 이 목록에 한국, 중국, 일본, 영국은 없고, 아이러니하게도 이스라엘[104]도 없다. 독일은 100주년 기념일을 맞아 이 대학살을 공식적으로 확인하였다. 2016년 프란시스코 교황은 오스만터키에 의한 아르메니아인 살해를 국가에 의한 '종족대학살(genocide)'로 규정하였다. 미국은 2019년 상/하원 결의(H.Res. 296, S.Res. 150)를 통해 오스만터키가 1915-1923년 동안 150만의 아르메니아인들을 조직적으로 학살하였다고 공식 확인하였다.

일본과 중국의 참전

유럽에서의 대전은 아시아에도 파급효과를 내었다. 영일동맹이 움직인 것이었다. 오랫동안 러시아 제국의 팽창을 견제하던 영국과 20세기 초 러시아의 만주 및 조선 공략을 우려하던 일본은 1902년 군사동맹조약을 체결하여 러시아의 위협에 공동대처하고자 하였다. 영일동맹의 첫 번째 테스트는 러일전쟁이었고, 대성공이었다. 즉 일본이 1904-1905년의 러일전쟁에서 승리할 수 있었던 데는 영일동맹이 결정적이었던 것이다. 러시아의 동맹국인 프랑스는 영일동맹을 의식하여 러일전쟁에 개입하지 않았다.[105] 나아가 영국은 러시아 발틱함대의 수에즈 운하 통과를 거부

....

103 John Kifner, Armenian Genocide of 1915: An Overview, *The New York Times*. http://www.ny-times.com/ref/timestopics/topics_armeniangenocide.html

104 적지 않은 수의 이스라엘의 지도자들이 아르메니아 대학살을 확인한 바 있으나 국가로서의 이스라엘은 군사 및 안보 면에서 중요한 터키를 의식하여 그 인정을 거부해오고 있다. Emily Schrader, "Israel's failure to recognize the Armenian Genocide is indefensible," *The Jerusalem Post*, April 24, 2020.

105 프랑스는 러시아와 동맹관계(1892 체결)였음에도 불구하고 외교적 지원만 하였다. 불·러동맹조약은 유럽에서의 3국동맹에 맞서는 것과 직접적으로 관련되지 않은 경우 러시아를 지원하도록 의무화하지 않았다. 프랑스는 독일의 위협과 이를 제어하기 위한 영국과의 관계를 중시하였다.

함으로써 러시아 해군을 아프리카 남단을 경유하여 장기간의 항해를 하도록 강제하였다. 결국 일본 해군은 피로에 지친 러시아 해군을 일본 근해에서 손쉽게 격파함으로써 "놀라운" 승리를 쟁취하였다. 유럽국가들은 백인국가를 꺾은 최초의 비백인국가인 일본에 대해 열강의 지위를 부여하였다. 이후 영일동맹은 지속되었고, 필리핀을 취하기 위해 일본의 양해를 필요로 했던 미국도 '미영일3국협력체제'의 일원이 되어 일본이 1910년 조선을 강제합병하는 데 일조하였다. 이와 같이 세계적 강국들과 전략적 네트워크를 형성한 일본은 호시탐탐 중국 대륙 "진출"을 노렸다. 이때 유럽에서 전쟁이 발발한 것이었다.

일본이 영국의 지원요청을 받은 시점은 8월 7일 오후였다. 오쿠마 시게노부 (大隈重信) 총리는 오후 8시에 비상각료회의를 개최하여 대독전쟁을 결의하였다. 8월 8일 저녁에 개최된 원로회의는 이 결의를 지지하였다. 8월 15일에는 천황 임석 하에 대독 최후통첩안이 최종 채택되었다. 곧이어 일본은 독일에게 자오저우만(胶州湾, 교주만)을 일본에 넘길 것을 요구하며 자신은 이 영토를 중국에게 반환하겠다고 선언하였다.[106] 일본으로서는 1894년 청일전쟁의 노획물로 랴오둥 반도를 탈취하였다가 1895년 독일 러시아 프랑스의 요구로 중국에 돌려주어야 했던 '3국간섭'의 굴욕을 되갚아주겠다는 심사였다. 일본은 독일이 중립을 선언한 중국에게 자신이 직접 자오저우를 반환하겠다고 밝히며 자신의 최후통첩을 무시하자, 1914년 8월 23일 독일에 대해 선전포고하였다:

독일은 조차지 자오저우에서 전쟁 준비에 바쁘다. 군함들이 동아시아 바다를 오가면서 일본과 일본의 동맹국들의 상업활동을 위협하고 있다. 따라서, 극동의 평화가 위협받는 상태에서, 평화를 향한 일본의 간절한 헌신에도 불구하고, 일본은 지극히 유감스럽게도 전쟁을 선포하지 않을 수 없다.[107]

....

106 日本外務省 外交史料館, 綴: 2.3.1-3.1. Bruce A. Elleman, *International Competition in China, 1899-1991: The Rise, Fall, and Restoration of the Open Door Policy*, Routledge, 2015, p. 28에서 재인용.

107 "Japan Declaration of War on Germany," 23 August 1914, in *Diplomatic Record: Japan in Shantung Province*, Hoover Archives, Stanley K. Hornbeck Papers, Box 382.

일본의 대독개전 결정이 일사분란하게 이뤄진 것처럼 보이지만 사실은 외양보다 훨씬 복잡하게 진행되었다. 물론 영일동맹이 무게를 가진 것은 부인할 수 없는 현실이었다. 러일강화조약 체결 직전인 1905년 8월 12일 개정된 영일동맹(제2차)은 일본이 인디아를 커버하는 대신 영국이 조선에서의 일본의 우월적 지위를 인정해줌으로써 일본의 "대륙 진출"을 위한 발판을 마련해주었다. 1911년 개정된 영일동맹(제3차)은 미일 간 전쟁가능성을 염두에 둔 것이었지만, 어쨌든, 일본의 열강으로서의 현재적 지위도 영일동맹에서 비롯된 것이었고, 향후 일본의 국제정치도 힘의 논리상 그것과 유리될 수 없는 것이었다.

그러나 영일동맹 외에도 일본의 신구 정치세력 간 권력투쟁, 전쟁의 전망과 관련된 신중론, 그리고 오랫동안 배양되어온 일본 내 친독파들의 저항이 변수로 작용하였다. 대독개전의 총대를 맨 인물은 외무대신 가토 다카아키(加藤高明)였고, 신중론을 제기한 인사들은 추밀원 원로 이노우에 가오루(井上馨)와 야마가타 아리토모(山縣有朋)였다. 국내정치적인 관점에서 보면, 이들은 '다이쇼 데모크라시'의 개혁가들과 사쓰마·조슈 출신 '메이지 사무라이' 집단을 각각 대표하는 셈이었다. 가토는 1913년 4월 제국의회의 제2정당인 입헌동지회의 회장에 선출되어 '라이징 스타(rising star)'가 되었다. 그는 자신의 정치적 영향력과 수완을 동원하여 측근 상당수를 오쿠마 시게노부 내각의 각료로 입각시켰다. 전쟁장관과 해군장관도 가토의 지지자였다. 74세의 총리는 외교업무에 관여하지 않았다. 한편 메이지 사무라이들의 정치적 영향력은 러일전쟁 이후 감소하기 시작하였다. 노쇠했고, 숫자도 줄어들었기 때문이다. 1914년 8월 추밀원에는 이노우에, 마쓰가타 마사요시(松方正義), 오야마 이와오(大山巖), 야마가타가 있었으나 모두 70대였고, 야마가타만 세력을 유지하고 있었다. 이러한 정치적 구도 하에서, 영국의 의회중심정치제도를 흠모해온 친영파 가토는 대독개전을 기정사실화하였던 것이다. 그는 오랫동안의 경험에서 비롯된 그의 국제정치 및 외교적 지식을 활용하여 영일동맹이 일본 제국의 현재와 미래에 결정적으로 중요하다는 점을 동료들에게 설득할 수 있었다. 야마가타는 일본의 미래는 중국을 병합하는 문제와 직결되어 있다고 주장하였다. 그는 외교권을 먼저 인수하는 등 조선을 합방했던 방식으로 중국을 취하고, 같은 동양인으로서 힘을 합해 언젠가는 치뤄야할 "백인들과의 한판"을 준비해야 한다고 생각했던 것이다.[108]

그는 중국을 병합하는 데 중요 장애물은 이미 중국에 진출해 있는 영국이라고 보았다. 야마가타는, 이 문제와는 별도로, 유럽에서의 전쟁은 독일의 승리로 돌아갈 것이라고 강조하였다. 프로이센을 모델로 일본제국군대를 설계한 야마가타는 승산은 3국동맹에게 6:4로 우세하고, 그 이유로서 막강한 전력을 보유한 독일에 비해 영국은 다른 나라를 위해 싸우고 있는 것처럼 성의가 없으며, 프랑스도 피해 최소화에 급급하다는 점을 들었다. 그러나 그는 자신의 의견을 관철시킬 능력을 결여하였다. 그리고 그는 가토 역시 "참전이 중국 공략을 위한 절호의 기회"라고 보았기 때문에 큰 틀에서 자신과 크게 다르지 않았다고 인식하였다.

일본이 참전을 '너무 빨리' 결정하자 연합 측 일부는 중국에 대한 일본의 야심을 의심하였다. 영국은 자신의 참전 요청을 일본이 그야말로 '즉각' 수락하자 4일 후 그 요청을 철회할 정도였다. 후일 많은 영국의 지도자들은 이러한 일본의 결정은 "전쟁의 명분"에 대한 지지도 없고, "아시아에서의 동맹국의 이익을 침해하면서 자신의 이익만 취하려는 조치"였다며, 이것은 향후 일본의 행동 패턴의 시작이었다고 지적하였다.[109] 일본은 8월 23일 공습과 함께 60,000여 명의 대규모 병력으로 자오저우를 공격하였다. 이에 영국뿐 아니라 미국도 일본이 중국에 무력진출할 가능성을 경계하였다. 결국, 일본은 전투지역을 일본의 해상무역 보호에 필요한 선에 국한한다고 결정하였고, 영국과 미국이 이에 동의하였다. 일본은 연합국 측으로부터 일본 해군의 지중해 파견에 대한 대가로 산둥성의 독일 이권과 적도 이북 태평양지역의 독일 식민지를 차지해도 좋다는 약속을 받아냈다. 1914년 10월 31일~11월 7일 일본은 영국과 인디아 군의 지원 하에 독일 조차지 자오저우를 점령하였다. 11월 7일에는 태평양의 캐롤라인(Caroline), 마샬(Marshall), 마리아나(Mariana) 군도에 진출하였다. 이제 일본은 영국과 미국에게 한 약속을 뒤로하고 오랫동안 기다

----

108 야마가타는 일중 간의 "불가분의 정신(inseparable spirit)"을 강조하며 인종적 문화적 유대가 일본제국의 거대한 에너지가 될 것이라고 주장하였다. "Opinion on China Policy," 15 August, 1914 in Oyama Azusa comp. Yamagata Aritomo ikensho, Tokyo, 1966, pp. 342-3, Richard F. Hamilton, Holger H. Herwig, *Decisions for War, 1914-1917*, Cambridge University Press, 2014, p. 153에서 재인용.

109 William Keylor, *The Twentieth-Century World: An International History*, Oxford University Press, 1996, p. 220, Hamilton and Herwig(2014), p. 152에서 재인용.

려왔던 중국 공략에 본격적으로 나설 수 있게 되었다. 한편, 일본이 중국에 대한 야심을 노골적으로 드러내면서 그렇지 않아도 불편해 하던 영국은 영일동맹의 미래에 대해 낙관할 수 없게 되었다. 영국은 1915년 1월 이른바 '21개조'를 통해 '한예평매철공사(漢冶萍煤鐵公司)'를 중국과 공동경영하려 한 일본의 시도는 자신의 양쯔강 유역의 세력권을 정면으로 침해하는 것으로 보았다. 영국과 일본은 아시아 문제를 둘러싸고 관계가 소원해졌고, 영일동맹은 1923년 8월에 폐기되기까지 불안정하게 유지되었다.

앞서 말했듯이, 일본은 1915년 1월 18일 중국 전역에서 철도부설권, 개항, 조차(租借) 시한 연장, 광산채굴권 등 이권을 확보하기 위해 '21개조'를 중국 정부에 들이댔다. 열강들은 경악하였지만 전쟁 중인지라 일본을 적극적으로 저지하지 못했고, 황제가 되려던 중국의 위안스카이(袁世凱, 원세개)는 5월 25일 일본의 요구의 일부(13개조)를 수락하였다.

위안스카이 정부는 유럽의 대전에 중립을 선언했지만, 중립을 유지할 수 있는 능력을 결여하였다. 영국, 프랑스, 러시아는 중국이 참전할 수 있게 하라고 일본에 요구하였다. 이는 당시 중국의 무기력함을 여실히 드러내주는 국제정치적 증빙이라할 수 있었다. 일본은 전후 중국의 발언권이 강화될 것을 우려하여 중국의 참전에 반대한다고 답하였다. 그러나 1917년부터 독일의 무제한 잠수함작전이 재개되자 미국은 중국의 참전을 요구하였고, 위안스카이를 승계한 돤치루이(段祺瑞, 단기서)의 정부는 8월 14일 대독 개전(開戰)을 선포하였다. 마침 이날은 중국으로서는 기억하지 않을 수 없는 날이었다. 꼭 18년 전 서양 8개국의 군대가 의화단을 진압하기 위해 베이징으로 진입하였고, 이를 주도한 국가는 독일제국이었다. 돤차루이는 선전포고를 하면서 국제법의 정의를 강조하였다.

우리가 원하는 것은 평화이다. 우리가 존중하는 것은 국제법이다. 우리가 보호해야 하는 것은 우리 국민들의 생명과 재산이다… 중화민국의 국가적 실존을 방어하고 발전시키기 위해 우리 국가 전체의 국민들은 오늘날의 난관 속에서도 최선을 다해야 한다. 그렇게 함으로써 우리는 국제사회에서 우리의 존재를 형성할 수 있고, 우리의 연대로부터 도출되는 축복과 번영을 온 인류와 공유할 수 있을 것이다.[110]

중국은 선전포고문에서 여실히 드러났듯이, 국제법에 기초한 새로운 세계질서의 주요 일부가 되고자 하였다. 힘이 없던 중국으로서는 당연히 국제정치에서도 법치가 필요하다고 주장했던 것이다. 당시 전쟁 전략과 정책 수립 과정에서 주도적 역할을 했던 량치차오(梁啓超)는 "극동의 평화는 독일이 자오저우를 강제점령함으로써 파괴되었다. 이 사건은 국제법을 무시한 독일의 첫 번째 행동이었다. 인류의 복리를 위하고 중국이 겪어야 했던 과거를 생각할 때 중국은 굴기하여 국제법을 감히 무시한 국가를 응징하지 않으면 안 된다"[111]며 중국의 입장을 간단히 정리하였다. 국제법과 국제정의를 위해서, 그것이 중국이 참전하는 이유라는 것이었다.

미국의 참전

1915년 5월 7일 독일의 잠수함 우-보트(U-boat)가 대서양을 오가는 세계 최대의 여객선 '루시타니아(Lusitania)'호를 침몰시킨 사건이 일어났다. 영국 소유의 이 선박은 미국 신문에 게재된 독일의 경고에도 불구하고 뉴욕을 떠나 리버풀(Liverpool)로 가고 있었다. 영국 해군은 선박 피침 사건이 빈번하여 위험수역을 피하거나 불가피할 경우 지그재그로 항해하라고 경고한 바 있었다. 그러나 루시타니아 호의 선장은 이를 무시한 채 위험수역인 아일랜드의 퀸즈타운(Queenstown) 남쪽을 항해하고 있었다. 이를 본 독일 우-보트(U-20)는 오후 2시 12분경 어뢰 한 발을 발사하여 32,000톤급 대형 선박을 18분 만에 침몰시켰다. 1,959명의 승선인 중 1,195명이 사망하였고, 이 중 123명이 미국인이었다. 독일은 루시타니아호가 적성국 선박이었고, 탄약을 싣고 있었기 때문에 공격하였다고 발표하였다. 루시타니아호는 여객과 함께 173톤의 탄약을 영국으로 운반하고 있었다. 그러나 미국의 여론은 들끓었다. 윌슨(Woodrow Wilson) 대통령은 향후 이런 일이 재발하면 독일의 "고의

....

110 Waijiaobu, ed., *Official Documents Relating to the War, for the Year of 1917*, Peking Leader Press, 1918. Guoqi Xu, *China and the Great War: China's Pursuit of a New National Identity and Internationalization*, 2011, p. 164에서 재인용.

111 W. Reginald Wheeler, *China and the Worldl War*, the Macmillan Company, 1919, pp. 80-81. p. 165에서 재인용.

적인 비우호적 행위(deliberately unfriendly)"로 간주하고, 책임을 물을 것이라고 독일에 경고하였다. 그러나 미국 국민이든 윌슨이든 아직 독일과 전쟁할 준비는 되어 있지 않았다. 독일은 유감을 표명하며 무제한적 잠수함작전을 중단하겠다고 약속하였다.

이 무렵 독일의 전쟁 노력을 저해하는 중대한 사건이 발생하였다. 이탈리아가 3국동맹을 이탈하여 3국협상 측으로 말을 바꿔 탄 것이었다. 이탈리아는 북아프리카에 대한 야심이 프랑스에 의해 견제되자 1882년 독·오동맹(1879)에 참여하여 3국동맹의 일원이 되었다. 이탈리아는 1887년 3국동맹의 갱신에 동의하였지만, 독일의 지원이 기대에 못 미치고, 오스트리아-헝가리와 영토적 마찰을 빚는 가운데 1902년 11월 1일 프랑스와 비밀리에 안보양해각서를 주고받았다. 1914년 8월 전쟁이 발발하자 이탈리아는 중립을 선언하였다. 3국동맹은 방어동맹(defensive alliance)이었기 때문이다. 이탈리아는 3국협상국들이 제공하는 영토적 유인을 받아들이고 1915년 4월 26일 '런던협정'에 서명하였다. 이 협정에 따르면 이탈리아는 이탈리아인들이 다수인 트렌티노(Trentino)와 트리에스테(Trieste)뿐 아니라 남부 티롤(Tirol), 북부 달마시아(Dalmatia) 등을 차지하게 되었다. 이탈리아는 5월 23일 오스트리아-헝가리에 선전을 포고하였다.

독일의 약속에도 불구하고 1916년 3월 24일 영국과 프랑스를 오가는 프랑스 여객선 '서섹스(Sussex)'호가 또 독일 잠수함의 공격을 받았다. 승선인 380명 중 50명이 사망했고, 80명이 부상하였으며, 이들 중 2명은 미국인이었다. 독일은 자신의 책임을 부인하였다. 미국은 증거물과 단교(斷交) 가능성으로 독일을 압박하였다. 이에 독일은 상선과 여객선에 대해 충분히 경고할 것이고, 여객과 승무원들의 안전을 최우선시 할 것이라는 이른바 '서섹스 약속(the Sussex pledge, 1916년 5월 4일)'을 제공하였다.

미국은 독일의 상선 여객선 공격으로 인해 전쟁 참여를 진지하게 고려하게 되었다. 미국의 참전을 예상한 독일은 멕시코 및 일본과의 동맹을 추진하고자 하였다. 이의 한 결과가 유명한 "짐머만 전문사건"이었다. 짐머만(Arthur von Zimmermann) 외교장관은 1917년 1월 19일 자로 멕시코 주재 독일 대사에게 다음과 같은 요지의 전문을 발송하였다.

독일은 2월 1일부터 무제한 잠수함작전을 개시한다. 귀관은 미국이 계속 중립을 유지하도록 노력해야 한다. 그러나 이런 노력이 실패하는 경우 독일은 멕시코에 동맹을 제의한다. 독일은 멕시코에 재정적 지원을 하며 또 멕시코가 미국의 뉴멕시코, 텍사스, 아리조나 주를 되찾는 데 지원을 약속한다. 미국과의 개전이 확실시될 때 비밀리에 교섭을 개시하고 일본을 이 동맹에 가입하도록 멕시코가 알선하도록 한다.[112]

1917년 1월 영국의 정보기관이 전문을 가로챈 후 판독하여 미국에 넘겼다. 그렇지 않아도 참전의 불가피성을 인식하고 있던 미국은 이 전문이야말로 참전을 필연적으로 만드는 중요 사안으로 보았다. 미국이 이 전문의 내용을 공표하자 미국 여론은 참전의 방향으로 급전(急轉)하였다. 독일은 아랑곳하지 않고 1917년 1월 31일 전쟁수역에서 무제한적 잠수함작전을 재개한다고 선언하였다.[113] 독일로서는 아사자(餓死者)를 양산한 영국의 대독 해상봉쇄에 대처하고, 연합국 측과의 소모전을 타파하며, 승기를 잡기 위한 결정이었다. 3일 후 미국은 대독 단교를 선언하였다. 몇 시간 후 미국의 '휴사토닉(Housatonic)'호가 독일 잠수함에 의해 폭침되었다. 2월 22일 미 의회는 무기구입 비용으로 2억 5천만 달러를 승인함으로써 전쟁 준비에 나섰다. 3월에 상선이 4척이나 독일에 의해 침몰당하자 윌슨 대통령은 4월 2일 의회에 나와 대독 선전포고를 요구하였고, 4월 4일 상원은 82:6으로 선전포고를 공식화하였으며, 4월 6일 하원이 이를 지지하였다. 미국이 1차 세계대전에 참전한 것이었다. 윌슨 대통령은 미국이 참전하는 이 전쟁은 "민주주의를 위해 안전한 세계를 만들기 위한 전쟁(a war to make the world safe for democracy)"이고, "모든 전쟁을 끝내기 위한 전쟁(a war to end all wars)"이라며 국민들을 독려하며, 여론을 형성하고, 여론을 등에 업고 전시 지도자로 급격히 부상하였다.

....

112 https://www.archives.gov/education/lessons/zimmermann
113 미국과 연합국들은 1856년 잠수함 협정의 원칙에 따라 잠수함에 의한 선박 격침이 불가하다는 입장이었지만, 독일은 자신의 안보를 위해 필요시 의심되는 선박을 침몰시킬 권리를 갖는다며 1월 31일 잠수함 작전을 공표하였다. 독일은 미국의 참전을 우려했지만 잠수함 작전으로 영국을 항복시키면 미국이 개입하지 못할 것으로 판단하였다.

미국의 참전은 힘의 균형을 연합국 측으로 급격히 기울게 하였다. 전승의 윤곽이 보이기 시작하던 1918년 1월 8일 윌슨은 1차대전의 원인인 비밀외교, 군비경쟁 등을 지양하고, 집단안보(collective security)[114]와 군축, 그리고 공개외교를 통한 국제평화 등 전후 영구평화의 구조에 관한 그의 비전을 담은 '14개조(Fourteen Points)'를 발표하였다. 그는 여기에 독일 국민은 전쟁이 끝나도 혹독한 처벌을 받지 않을 것이라는 메시지를 담기도 하였다.

영국과 아랍의 약속

오스만터키가 노쇠하여 제국의 영토에 대한 통제력이 약해지자 1916년 6월 5일 중동의 아랍인들이 "지배자"에 대해 봉기를 일으켰다. 무함마드의 직계인 하심가(House of Hashim al-Hashimi)의 지도자이자 메카의 지도자(Sharif)인 후세인 이븐 알리(Hussein ibn Ali)의 아들들이 주요 지역에서 이 봉기를 지휘하였다. 비록 하심 가의 메디나(Medina) 공격이 실패로 돌아갔지만, 후세인은 전열을 가다듬고 6월 10일 메카(Mecca)에서 대 오스만터키 항쟁을 공식 선포하였다. 그는 메카 전체를 장악했고, 그의 둘째 아들 압둘라(Abdullah bin al-Hussein al-Hashimi)는 타이프(Ta'if)를 포위하였다. 이어서 아랍봉기군은 홍해 연안의 지다(Jiddah) 등 항구들에 접근하였다. 홍해의 전략적 중요성을 인식한 영국은 해군함대를 이 지역에 급파하였다. 함포와 해군기들은 아랍봉기군을 엄호하였다. 7월 말에 이르러 지다, 얀부(Yanbu), 라벡(Rabegh) 항이 아랍 수중에 들어왔고, 영국은 이를 이용하여 헤자즈(Hejaz 아라비아 반도 서부)의 봉기군에 무기와 장비를 공급할 수 있게 되었다. 아랍봉기군이 홍해의 항구들을 점령하게 되자 이른바 "아랍정규군(the Arab Regular Army)"의 상륙이 가능하게 되었다. 아랍정규군은 갈리폴리(Gallipoli), 메소포타미

....

114 그러나 집단안보체인 국제연맹 창설을 주도한 윌슨 미국 대통령은 전후 미국 내 팽배해진 대유럽불간섭주의(또는 고립주의), 윌슨을 정치적으로 견제한 미국 공화당, 그리고 국제연맹을 효과적으로 홍보할 수 없게 만든 그의 건강이상으로 인해 결국 베르사유 조약 인준 확보에 실패하였고, 따라서 미국은 국제연맹에 가입하지 못하였다.

아, 시나이 전투 시 영국군이 확보한 오스만터키 육군의 포로들로서 이들이 자발적으로 아랍민족주의를 위해 싸우겠다고 하여 구성된 군대였다. 아랍정규군을 구성하는 데 기여한 후세인의 셋째 아들 파이잘(Faisal bin Hussein bin Ali al-Hashimi)은 이들과 함께 1918년 다마스커스(Damascus) 입성 시 선봉에 섰다. 영국 육군은 아랍 지도부와 이집트 주둔 영국군 사령부를 연결하기 위해 연락장교팀을 봉기군 장악지역에 파견하였다. 이 연락장교팀에는 "아라비아의 로렌스"라고 알려진 로렌스(T. E. Lawrence) 중위가 1916년 10월부터 배속되어 있었다. 이들은 아랍군이 메카와 타이프의 오스만터키 기지를 공격하는 데 크게 기여하였다.

1917년 11월 러시아의 볼셰비키 정부가 영국과 프랑스 간에 체결된 '사이크스–피코(the Sykes-Picot Agreement)' 비밀협정을 폭로하면서, 연합국 측의 중동에서의 전쟁 노력이 위기를 맞이 하였다. 1916년에 체결된 이 비밀협정은 전쟁이 끝나면 영국과 프랑스가 오스만터키의 중동지역을 분할하여 각각 자신들의 지배 하에 둔다는 내용이었다. 이것이 알려지자 아랍인들은 크게 분노하였다. 아랍인들은 분노하였지만, 그들은 전후 아랍독립을 추진할 것이라는 이집트 주재 영국 고등판무관(High Commissioner) 헨리 맥마흔(Sir Henry McMahon)의 1915년 7월의 약속을 이행하도록 할 힘이 없었다. 아랍인들을 동정하고 지지하는 열강도 없었다. 아랍 지도자들은 전쟁이 끝나면 이 비밀협정은 무효화될 것이라며 아랍인민들을 위무하였다. 지금 당장 그들이 해야 할 것은 영국보다 앞서 다마스커스를 점령하는 일이었다.

한편, 파이잘은 로렌스를 고문관으로 삼고 얀부에서 150km 북쪽에 위치한 웨즈(Wejh) 항을 함락하였다. 파이잘은 이곳에서 전략적 핵심인 헤자즈 철도를 집중 공격하였다. 영국군은 아랍봉기군이 12,000명 규모의 오스만터키군을 메디나에 묶어둘 수 있었기에 팔레스타인 공격을 시도할 수 있었다. 영국의 신임 이집트원정군(Egyptian Expeditionary Force) 사령관 에드먼드 알렌비(Edmund Allenby) 장군은 로렌스와 파이잘의 군대가 홍해 연안의 마지막 오스만 항구였던 아카바(Aqaba)에 기습 공격을 가하고 함락시키자, 아랍봉기군의 잠재력을 재평가하였다. 파이잘의 군대는 아카바로 기지를 옮기고 철도에 대한 공격을 남부 요르단까지 더욱 광범위하게 확대하였다. 로렌스의 정찰팀은 다마스커스로 이동하여 아랍 민족주의자들과 접촉하였다. 1917년 10월 이집트원정군이 세번째 가자(Gaza) 전투에서 승리하고,

요르단 계곡까지 진출하자, 파이잘 군대는 철도 공격을 더욱 강화하고 동쪽으로 확대해 나갔다. 아랍군은 데라(Deraa) 등지에서 핵심 철도 나들목을 공격함으로써 영국의 이집트원정군이 1918년 9월 메기도 전투(the Battle of Meggido)에서 승리하는 데 결정적인 역할을 하였다. 이 전투에서 승리한 이집트원정군은 팔레스타인과 요르단으로, 그리고 레바논과 다마스커스로 쾌속 진출하였다. 아랍군은 10월 1일 영연방국가 오스트레일리아군과 비슷한 시점에 다마스커스에 입성하였다. 한 달 후 오스만터키는 정전협정에 서명하였다. 이제 아랍봉기군은 전후 자신들의 해방과 독립을 약속한 영국 등 연합국들과 중동의 미래에 대한 어려운 협상과 투쟁에 임하게 되었다.[115]

전기한 바와 같이, 영국은 대오스만터키 전에서 아랍의 전력을 이용하기 위해 전후 독립을 약속하였다. 이는 이른바 '맥마흔-후세인 서한'에 의한 것으로서 이집트 주재 영국 고등판무관 헨리 맥마흔은 메카의 이슬람 지도자 후세인과의 서신들(1915년 7월 14일-1916년 1월 30일)을 통해 아랍인들이 오스만터키에 대해 봉기하도록 격려하면서 전후 아랍의 독립을 약속하였던 것이다. 그러나 영국은 이와는 별도로, 프랑스와 전후 오스만터키의 영토를 자신들의 세력권으로 분할 관리하기 위해 1916년 4월부터 비밀 협의를 진행하였다. 양국은 1916년 5월 16일 합의에 이르렀다. 협상 외교관들의 이름을 딴 '사이크스-피코' 비밀협정에 따르면, 프랑스 세력권에는 현재의 국가명을 기준으로 시리아, 레바논, 이라크 북부(모술 포함), 터키 남부가 포함되고, 영국 세력권에는 요르단, 이라크 남부, 이스라엘의 하이파가 포함되었다. 이들 양국의 세력권에서 벗어나 국제적 관리에 속하게 될 지역은 팔레스타인(하이파와 아크레 제외)이었다. 제정러시아도 이들 국가와 각서교환을 통해 자신의 영토적 이익을 확보하였다. 러시아는 '사이크스-피코' 합의를 존중하는 조건으로 오스만터키의 아르메니아(Armenia) 및 쿠르디스탄(Kurdistan), 그리고 흑해와 지중해를 연결하는 보스포러스 및 다다넬스 해협 주변 지역에 대한 통제권을 요구하였고, 프랑스와 영국의 승인을 받았다. 러시아는 해협과 관련 상선의 자유항행을 요

....

115 The Ottoman Empire, Page 8 — The Arab Revolt, 1916-18. https://nzhistory.govt.nz/war/otto-man-empire/arab-revolt

구하는 영국의 요구를 양해하였다.[116]

　　얼마 되지 않아 영국은 아랍인들이 보기에 '사이크스-피코 비밀협정'에 이어 또 한번 아랍인들을 배신하였다. 영국은 팔레스타인에 아랍독립국을 세우는 데 협력하기보다는 전쟁을 효과적으로 수행하기 위해 이번에는 유대인들의 재력과 정치적 영향력을 활용하고자 했던 것이다. 영국은 유럽에서 유대인들이 당한 부당함을 보상하는 차원에서, 그러나 보다 더 중요하게는 부족한 전비(戰費)를 확보하고 미국 내 유대인들이 미국의 참전을 압박하도록 하기 위한 노력의 일환으로써 1917년 11월 2일 외무장관 아서 발포어(Arthur James Balfour)가 영국의 유대인 공동체 지도자 월터 로스차일드(Walter Rothschild)에게 보낸 서신을 통해 팔레스타인에 "유대인들을 위한 민족적 향토(national home for the Jewish people)" 건설을 위해 최선을 다하겠다고 약속하였다. 팔레스타인의 기존 비유대인들의 시민권과 종교적 권리를 침해할 수 있는 조치는 배제된다는 내용을 포함한 이 '발포어 선언'은 오스만터키와의 '세브르 평화조약(the Sevres Treaty, 1920년 8월 10일)'과 국제연맹(The League of Nations)이 통과시킨 '팔레스타인 신탁통치 협약(Mandate Instrument)'에도 포함되었다. 현재까지, 그리고 내다볼 수 있는 미래에까지도, '전쟁, 테러, 증오, 탄압의 결정판'인 이스라엘-팔레스타인 갈등의 씨앗이 이때 뿌려졌다.

러시아 혁명과 전선 이탈

　　1917년 3월 8일 (러시아가 사용한 율리우스력으로는 2월 23일) 전쟁 중인 제정러시아에서 대규모 시위가 발생하였다. '국제여성의 날' 행사가 기폭제가 되었다. 시위에 참가한 섬유공장 여성 노동자들 중에는 남편을 전장에 보낸 많은 아내들이 있었다. 수도 페트로그라드(Petrograd, 1914년 상트페테르부르크에서 개명)[117]의 거리는

....

116　British Memorandum to Russian Government, 12 March 1915, in John Grenville and Bernard Wasserstein eds., *The Major International Treaties of the Twentieth Century: A History and Guide with Texts*, Routledge, 2013, p. 69.

117　러시아 제국은 1차대전 발발 직전 독일식 명칭인 상트페테르부르크를 페트로그라드로 개명하였다.

128,000여 명의 노동자들로 메워졌다. 이들의 주요 요구 사항은 전쟁 종식과 식량 공급이었다. 어떤 역사가들은 이 시위를 "빵 폭동"이라고 불렀다.[118] 생산인력이 대부분 전쟁에 동원되어 농산물 공급이 저하되었고, 수송체계의 마비가 도시의 식량 위기를 낳았던 것이다. 페트로그라드 수비대가 인민봉기에 가담하자 니콜라스 2세는 퇴위했고 동생이 즉위를 거부하자 300여 년 역사의 로마노프(Romanov) 왕조는 붕괴되었다. '2월 혁명'으로 '노동자-병사 소비에트'가 세워졌다. 그러나 공산주의 볼셰비키 지도자들 대부분은 아직 감옥이나 유형지에 있었고, 노동자, 농민 대중들도 정치적 경험이 부족했기 때문에 소비에트의 온건파 지도자들은 자유주의적 임시정부의 건립을 지지하였다. 그러나 케렌스키(Alexander Fyodorovich Kerensky)의 임시정부는 전쟁을 지속했기 때문에 민생고는 더 악화되었다.

청년시절부터 혁명운동에 참여하다 체포 및 유형을 거쳐 1900년 국외로 망명한 블라디미르 레닌(본명은 블라디미르 일리치 울랴노프, Vladimir Ilyich Ulyanov)은 브뤼셀과 런던을 전전하다 1913년부터는 스위스에 머물렀는데, 1917년 '2월 혁명' 소식을 접하고 귀국길을 서두르게 되었다. 가장 빠른 길은 독일을 통과하는 것이었다. 다른 급진주의 동료들이 독일 제국의 정부를 혐오하여 그 길을 꺼렸지만, 레닌에게는 연합국 측이나 독일 측이나 나쁘기는 매한가지였다. 그들은 공히 프롤레타리아를 착취하고 억압하는 제국주의자들이었기 때문이다. 그는 러시아 혁명의 현장으로 신속히 도달하는 데 도움이 된다면 이것저것 가리지 않는다는 생각이었다. 레닌은 러시아에서의 혁명이 성공하면 유럽 다른 지역에서도 사회주의 혁명이 일어날 것이고, 그렇게 되면 독일 정부나 연합국들의 정부나 모두 전복될 것이라 기대하였다. 따라서 레닌에게는 독일 정부가 자신을 도와주면 그것은 결국 독일에서의 사회주의 혁명을 초래할 것이었고, 독일은 자기 무덤을 파는 셈이었다. 독일 정부는 레닌의 생각과는 달리 러시아의 혁명이 독일로 확산되지는 않을 것으로 보았다. 오히려 독일은 러시아의 국내적 불안을 심화시켜 자신의 전력을 서부전선으로 옮길 수 있는 기회를 만들어 보려 하였다. 독일은 망명 중인 레닌과 그의 혁명동지

....

118 Martin McCauley, *The Russian Revolution and the Soviet State 1917-1921: Documents*, Palgrave Macmillan, 1980, p. 56.

레닌의 귀국 여정.

들이 "독일을 위해" 러시아에서 "문제를 일으킬 수 있을 것"으로 보았다. 단 그들은 독일을 통과하면서 독일인들을 오염시키는 행동을 해서는 안 되었다. 따라서 독일은 레닌과 그의 동료들이 스위스에서 출발하여 독일을 통과하되 "봉인열차(封印列車, sealed train)"를 이용하도록 하였다. 이 열차가 실제로 밀봉된 것은 아니었다. 다만 그들이 열차가 독일 영토를 통과할 동안 열차 내에서 연설을 하거나, 문건을 나눠주거나, 탑승객들과 접촉할 수는 없도록 한다는 것이었다. 이들은 독일의 조건을 수용했고, 쮜리히(Zurich)에서 출발하여 독일을 거쳐 스웨덴 및 핀란드를 통해 4월 16일 무사히 러시아에 입국하였다.[119] 페트로그라드의 핀란드 역(Finlyandsky

....

119 John M. Thompson, *Revolutionary Russia, 1917*, Waveland, 1996, pp. 38-39.

vokzal, Finland Station)에[120] 도착한 레닌은 환영 인파에 둘러싸여 "유럽 자본주의의 추락"과 "사회주의 혁명 만세"를 외쳤다.

레닌은 귀국 다음 날 볼셰비키 간부 회의를 소집하고 "이번 혁명에서의 무산계급의 제 과업"을 담은 '4월 테제(Aprelskiye Tezisy, the April Theses)'를 제시하면서, 임시정부를 지지하는 자유주의자들, 사회혁명당원 및 볼셰비키 일부를 비판하는 한편, 혁명가들은 "러시아 인민들이 국가를 장악해야 하며, 농민들은 지주로부터 토지를 빼앗고, 노동자들은 공장을 점거해야 한다"고 선동할 것을 호소하였다. 그는 러시아의 자본주의가 성숙하지 않고는 사회주의 혁명이 불가능하다는 마르크스 이론을 신봉하던 볼셰비키 중도파와 우파의 도전에 직면했으나, 결국 이들 대부분을 회유 설득하는 데 성공하였다. 마침내 1917년 11월 6일(러시아력 10월 24일) 전제(專制)와 전쟁 등 그간 축적되어온 러시아의 모순이 한꺼번에 격화되면서, 그리고 레닌과 트로츠키(Leon Trotsky) 등 볼셰비키의 지도력에 힘입어 사회주의 혁명이 일어났다.

러시아 제국 임시정부의 군대가 페트로그라드의 북부 교외에 위치한 볼셰비키 본부 소재지인 스몰니 학원(學園, the Smolny Institute)[121]을 점령하려 하자, 11월 7일 레닌의 전반적인 지도하에 페트로그라드 군사혁명위원회 위원장 트로츠키는 대정부 무장봉기를 선언하고, 혁명군으로 하여금 순양함 오로라(Aurora)호에서 공포사격이 시작되면 임시정부 사령부가 위치한 동궁(冬宮, the Winter Palace)을 공격하라고 명령하였다. 러일전쟁 시 활약했던 오로라호가 공포를 쏘자 혁명군은 진격했고 저항없이 동궁을 접수하였다. 그들은 모든 장관들을 체포했으나 케렌스키는 도주하였다. 트로츠키는 또한 혁명군으로 하여금 네바(Neva)강의 거의 모든 교량과 시내 진입로 등을 포함해 주요 거점들을 통제하도록 하였다. 레닌 자신은 스몰니 학원의 본부에서 혁명군과 노동자소비에트를 지휘하였다. 혁명이 성공하자 11월 8일 저녁 8시 40분 볼셰비키는 스몰니 학원의 강당에 모여 '인민위원 소비에트(Sovnarkom, Soviet of People's Commissars),' 즉 내각의 명단을 발표하였다. 위원장이 된 레

....

120 핀란드 역은 1918년 초까지 핀란드 철도회사(the Finnish Railways)에 의해 소유·운영되었다.
121 러시아에서 귀족의 딸들을 교육하기 위한 최초의 여성 교육기관으로 설립되었다.

닌은 정전과 무합병/무배상에 의한 평화의 실현, 지주의 토지 무상몰수, 국내 소수 민족의 자결권 승인 등을 선언하였다.

그러나 볼셰비키는 뜻밖의 정치적 실패를 경험하게 되었다. 볼셰비키는 1917년 11월 25일 실시된 제헌의회 선거에서 농촌사회주의 이념의 사회주의혁명당에게 패하였다. 볼셰비키는 도시지역에서는 압도적인 지지를 얻었으나 지방에서 고전을 면치 못하였던 것이다. 그렇게 되자 최고혁명기구인 전러시아중앙집행위원회(The All-Russian Central Executive Committee, Vserossiysky Centralny Ispolnitelny Komitet, VTsIK)가 소비에트의 이름으로 제헌의회의 해산을 명하였다. 레닌의 혁명 정부는 볼셰비키 외의 모든 정당을 해산하고 불법화하였으며, 이른바 '프롤레타리아 독재정권'을 수립하였다. 레닌과 볼셰비키는 1918년 3월 5일 제7차 당대회에서 당명을 '러시아사회민주노동당(Russian Social Democratic Labor Party)'에서 '러시아공산당(Russian Communist Party)'으로 바꾸고, 수도를 페트로그라드에서 모스크바로 옮겼다. 혁명 정부는 토지개혁, 주요 산업 및 금융기관의 국유화를 강제적으로 추진하였다.

러시아에서 혁명이 일어났지만 전쟁이 끝난 것은 아니었다. 볼셰비키 정부는 경제 파탄과 군대의 전투력 및 사기 저하로 전쟁을 더 이상 수행할 수 있는 처지가 아니었다. 정부의 영향력은 대도시를 중심으로 하는 일부 중앙지역에 국한되어 있었다. 레닌은 이미 정전을 공약한 바도 있었다. 강대국들이 약소국들의 영토를 분할 약취(掠取)하는 이 전쟁은 인류에 대한 범죄라고 외쳤다. 외교안보 책임자였던 트로츠키는 영국과 프랑스에게 대독 평화협상을 제안하면서 그의 요구가 수용되지 않으면 단독강화도 불사하겠다는 입장을 전달하였다. 영국과 프랑스로부터 답신이 없자, 그는 독일에게 평화협상을 제의했고 받아들여졌다.

1917년 12월 15일 소비에트 러시아와 독일 간에 정전협정이 체결되었다. 연합국들은 이를 러시아의 배신으로 간주하였다. 독일제국의 루덴도르프는 소련과 정전이 되었으므로 이제 춘계공세를 위해 44개 사단을 서부전선으로 이동할 수 있다고 판단하였다. 독일군의 이동은 연합군을 충격에 빠뜨렸다. 그러나 독일의 전략적 실수가 춘계공세의 위력을 떨어뜨렸다. 이 전략적 실수란 독일군의 서부 러시아 주둔이었다. 독일군은 정전협정을 감시하고, 폴란드로부터 카스피 해에 이르기까지 새롭게 획득한 지역을 경계·관리하기 위해 100만여의 병력을 이 지역에 주둔시켰다. 그러나 이 병력은 대프랑스 전에 투입되어야 마땅한 전력이었기 때문에 그곳에 관리병력으로 주둔시킨다는 것은 독일로서는 크나큰 기회비용(opportunity cost)인 셈이었다. 우크라이나의 곡물과 석탄을 활용하려던 계획도 전쟁과 내전으로 인해 큰 차질을 빚었고, 특히 지역민들은 독일군에 대해 적대적이었으며, 볼셰비키의 사주하에 봉기와 게릴라전을 시작하여 독일 병력 이동에 대해 큰 제약을 가하였다. 결국 춘계공세가 실패하면서 전세는 오히려 독일에게 불리하게 되었다.

볼셰비키 정부는 경제 문제와 반란 진압에 전념하기 위해, 그리고 전쟁은 어차피 자본주의, 제국주의 국가들 간의 이권투쟁이었으므로, 대독 정전협정을 평화협정으로 전환하고자 하였다. 레닌과 트로츠키가 이견을 잠시 노출하였으나, 결국 "현실주의 노선"이 채택되어 볼셰비키 정부는 1918년 3월 3일 "항복 조약"[122]에 준하는 브레스트-리토프스크(Treaty of Brest-Litovsk, 당시는 폴란드 현재는 벨라루스의 도시) 강화조약을 독일, 오스트리아-헝가리, 불가리아 및 오스만터키와 체결하였다. 이 조약과 함께 러시아는 핀란드, 에스토니아, 라트비아, 리투아니아, 벨라루스, 우크라이나를 상실하였다. 러시아-터키 전쟁에서 획득한 코카서스 지역도 잃게 되었다.

러시아 내전

사회주의 혁명 후 볼셰비키 정부는 매우 취약한 상태였다. 이들이 지배하는 지역은 페트로그라드와 모스크바, 그리고 이 도시들 사이의 지역들을 포함하는 정도였다. 니콜라스 2세의 실각 후 핀란드가 독립을 선포하고 핀란드군의 대포가 페트로그라드를 위협하고 있었다. 국내적으로는 레닌의 사회주의 혁명정부에 대해 불만을 가진 세력들이 무력으로 정부를 전복하려는 모의도 진행하고 있었다. 실제로

....

122 독일인들이 1919년의 베르사유 조약이 독일에게 가혹하다고 불평하자 연합국들과 이들에게 우호적인 사가들은 그것이 독소 간 체결된 '브레스트-리토프스크 강화조약'보다는 덜 가혹할 것이라 응수하였다. Zara S. Steiner, *The Lights that Failed: European International History, 1919-1933*. Oxford University Press, 2005, p. 68.

1917년 11월 7일 실각한 후 도주한 케렌스키 전 수상은 북부전선에서 군대를 모집하였고, 제정러시아의 육군참모총장 코르닐로프(Lavr Kornilov) 장군도 1918년 1월경 3,000여 명에 달하는 의용군을 수하에 넣었다. 이후 몇 달 동안 볼셰비키 정권에 반대하는 집단들이 속속 집결하고 결합하였다. 이들은 나중에 "백군(the White Army)"이라 불리게 된다. 백군에 동조하고 가입한 이들은 독일과의 전쟁을 계속해야 한다는 군인들, 그리고 프롤레타리아 독재에 반대하는 멘셰비키와 사회주의자들을 포함하였다. 이들 외에도 토지를 몰수당한 지주들, 국유화된 공장의 주인들, 볼셰비키 정부의 무신론에 반대하는 러시아동방정교 신도들, 그리고 제정복고를 꿈꾸는 왕당파들이 있었다. 백군의 저항은 볼셰비키의 세력이 약한 우크라이나 지역에서 성공적이었다. 이 지역의 무정부주의자 마흐노(Nestor Makhno)가 지휘하는 백군이 위력을 떨쳤다. 그러나 볼셰비키의 적군(赤軍, 붉은군대, Red Army)[123]은 서서히 우크라이나를 제압하는 데 성공하였고, 1918년 2월에 이르러서는 백군의 위협이 잦아드는 듯하였다.

그러나 볼셰비키 정부가 1918년 3월 "굴욕적"인 브레스트-리토프스크 강화조약을 체결하고 연합전선에서 이탈함으로써 러시아 내 반볼셰비키 분위기가 다시 고조되었고, 내란의 동력을 제공하였다. 소련이 폐쇄한 '동부전선'을 재개방하길 원했던 연합국 측도 볼셰비키 정부에 압박을 가한다는 차원에서, 그리고 다른 한편, 볼셰비키 정부를 전복할 수 있는 반볼셰비키를 지원한다는 차원에서 내란에 개입하였다. 이 과정에서 이른바 '체코군단' 문제가 발생하였고, 이 문제는 다시 연합국 측의 개입 강화를 야기하였다.

'체코군단(the Czechoslovak Legion)'이란 전쟁이 발발하자 우크라이나 등 러시아에 거주하고 있던 체코인, 슬로바키아인들이 중심이 되어 키예프 근처에서 결성한 의용군 부대였다. 이들 체코/슬로바키아인들은 러시아가 개전을 선언하자 미묘한 입장에 빠졌다. 그들의 모국은 오스트리아-헝가리에 속해 있었지만, 러시아는 자신들이 거주하는 제2의 모국이자 '슬라브 사촌'의 나라인 셈이었기 때문이다. 결국 그들은 러시아에 충성하고 체코슬로바키아의 독립을 위해 싸우기로 결정하

....

123　적군 창설의 결정은 1918년 1월 28일 이루어졌다.

였다. 체코군단은 오스트리아-헝가리 편에서 대충 싸우던 동족들이 러시아에 (집단적으로) 투항하게 되면서 그 규모가 확대되었다. 체코군단은 망명 중이던 마사리크(Tomáš Garrigue Masaryk)와 베네시(Edvard Beneš) 등의 노력에 의해 1917년 봄 그 실체를 인정받고 1917년 7월 2일 오스트리아-헝가리와의 즈보로프 전투(the Battle of Zborov)에서 승리를 이끌어 내는 등 동부전선에서 효과적으로 전투에 임하였다. 그러나 이후 러시아군이 패전을 거듭하면서 그해 여름 사실상 전투를 중단하자 마사리크는 전력손실이 거의 없는 체코군단을 서부전선으로 재배치할 것을 연합국 측에 제안하였다. 12월 연합국 측은 마사리크의 구상을 수용하고 50,000여 명의 체코군단 병력을 서부전선으로 이동시켜 프랑스군의 지휘하에 두고자 하였다. 1917년 10월 러시아 혁명과 1918년 3월 브레스트-리토프스크 조약 이후 체코군단의 지위는 애매하게 되었지만, 볼셰비키 정부는 스탈린 명의의 전문을 통해 체코군단이 서부전선으로 이동배치되도록 러시아 출국에 편의를 제공하겠다고 약속하였다. 이들이 가장 빨리 목적지에 도달하는 길은 발틱해로부터 출발하는 것이었지만, 독일의 잠수함 공격 가능성으로 인해 이 선택지는 배제되었다.[124] 대신 그들은 시베리아횡단열차를 타고 태평양에 연한 블라디보스토크(Vladivostok)로 가서 출국을 하게 되었다. 그러나, 브레스트-리토프스크 조약 이후 격화된 러시아 내전에 개입하려는 영국과 일본 해군이 블라디보스토크에 도착하자 볼셰비키는 계획을 변경하여 체코군단의 이동을 중지시켰다. 볼셰비키 정부의 전쟁인민위원(War Commissar) 겸 군사혁명위원회 의장인 트로츠키는 이들에게 적군(赤軍)에 합세하든지 무장해제 후 수용소로 돌아가든지 양자택일하라고 통첩하였다. 트로츠키의 이 결정은 볼셰비키 정부를 위험에 빠뜨렸고, 후일 스탈린이 그를 축출하는 데 사용되었다. 어쨌든, 트로츠키의 명령에 불복한 체코군단은 이동 과정에서 볼셰비키군과 교전하였다. 체코군단은 이 무력충돌에서 승리하여, 철도에 연한 심비르스크(Simbirsk, 현재는 울랴노브스크 Ulyanovsk) 등 주요 도시를 점거하고, 북쪽과 서쪽으로 이동하여 볼가(Volga) 중심부에서 반볼셰비키들과 함께 대규모 세력을 규합하였다. 이곳은 볼

....

124 Konstantin Viacheslavovich Sakharov, *The Czechs Legions in Siberia*, Buda Publishing Co., 1992, p. 37.

셰비키의 입지가 취약한 지역으로서 제헌의회 선거 때는 사회주의혁명당에 1:7로 대패한 적이 있었다. 이 사건으로 러시아 내 반볼셰비키 운동을 고무하게 된 체코군단은 지역의 반볼셰비키 세력 및 연합국의 군대와 결합하고 바야흐로 러시아를 본격적인 내란으로 몰아넣었다.

체코군단 사건은 연합국 특히 미국의 개입에 큰 영향을 주었다. 체코군단을 적군으로 편입시키려던 볼셰비키의 의도를 의심하게 된 미국은 경우에 따라서는 이들이 러시아 혁명의 향방을 바꿀 수 있을 만큼의 역량을 확보하고 있을 수도 있다고 판단하였다. 그러나 무엇보다도 중요했던 것은 체코군단 사태로 인해 보안체계가 취약해진 상태에서 독일이나 볼셰비키가 러시아 내 연합국 측의 군사장비와 보급품들을 탈취하는 것을 막는 일이었다. 이러한 맥락에서 그간 출병을 주저하던 미국의 윌슨이 움직였다. 그는 영국, 프랑스의 파병 요구에 동의하여 1918년 7월 군대를 블라디보스토크와 아르한겔스크(Arkhangelsk)에 파병하였다. 미국은 파병 명분으로 러시아 항구를 통한 연합국들에 대한 군수 물자 제공, 연합국들과의 군사협력, 미국 시민들의 안전한 소개(疏開) 등을 들었다. 그러나 못지 않게 중요한 것은 반볼셰비키 세력 지원이었다.[125] 윌슨은 7월 일본에게 7,000명의 병력 파견을 요구하였다. 일본으로서는 절호의 찬스가 온 것이었다. 그렇지 않아도 러시아 제국의 붕괴로 시베리아와 북만주의 광활한 지역에 힘의 공백상태가 발생하게 되자 일본 군부는 일찍부터 파병을 주장하고 있었다. 일본은 7,000명이 아닌 72,000명, 즉 "간섭전쟁"에 참여한 미국, 영국, 프랑스 등과 맺은 협정상의 파병 규모(12,000명)보다 무려 6만여 명이 더 많은 병력을 파견하였다. 그것도 다국적군의 작전통제를 받지 않고 일본이 단독으로 통제하는 군대였다. 작전 지역도 동시베리아까지 확장하여 반(反)볼셰비키 세력을 지원하였다. 그러나 일본은 미국 등 연합국들의 반대를 의식하여 영토적 야심을 실현할 수는 없었다. 러시아 내전에서 가장 적극적이었던 영국은 이미 1918년 4월 150여 명의 해병을 무르만스크(Murmansk)에 상륙시킨 후 점차적으로 18,000여 명으로 파병규모를 늘려나갔다.

....

125 Norman E. Saul, *War and Revolution: The United States and Russia, 1914-1921*, University Press of Kansas, 2001, p. 211.

한편, 반볼셰비키 사회주의혁명당원들은 케렌스키 정부에서 농업장관을 지낸 체르노프(Viktor Chernov)의 영도하에 사마라(Samara)에 자치정부를 구성한 후 자신들이 전체 시베리아를 통치한다고 선언하였다. 왕당파 세메노프(Grigori Semenov) 대령은 치타(Chita)를 수도로 하는 트랜스바이칼(Transbaikal) 정부를 세우고 군벌(軍閥)처럼 행세하였다. 제정러시아에서 극동지역 총독을 지낸 호르바트(Dmitrii L. Khorvat)는 만주에서 반볼셰비키 정부를 수립하였고, 세메노프와 대립 속에서 세를 키워나가고 있었다.

영국군의 지원을 받으며 옴스크(Omsk)에서 세력을 형성하던 제정러시아의 제독 콜차크(Alexander Kolchak)는 우파(Ufa)에서 만들어진 반볼셰비키 연대기구의 지도자가 되었다. 사회주의혁명당이 지배하는 사마라 정부와 보수적이고 시베리아 자치정부의 지지를 받는 옴스크 정부가 합세하여 지리적으로 중간에 위치한 우파에서 '전(全)러시아임시정부(Directory)'를 출범시킨 것이었다. 상대적으로 급진적이었던 체르노프는 배제되었다. 이제 동부전선에서의 갈등은 '볼셰비키 대 사민주의자 및 자유주의자'가 아니라 '볼셰비키 대 보수적 군부독재' 간의 투쟁으로 변모하였다.[126] 체코군단은 카잔(Kazan)에 보관되어 있던 금을 콜차크에 제공하는 등 그의 원정을 지원하였다. 콜차크는 볼가로 진출하였고, 모스크바를 눈앞에 두었지만 공격하지는 않았다. 만일 북부에서 남진하던 영국군과 합세하여 모스크바를 공격하였다면 러시아 혁명의 향방이 바뀌었을 수도 있었다. 프랑스도 개입하였다. 루마니아에서 연합군을 지휘하던 베르틀로(H.M. Berthelot) 장군은 상당수의 병력을 오데사에 파견하여 내전 개입을 본격화하였다. 볼셰비키 정부는 여러 개의 전선에서 고전하였다.[127]

그러나 볼셰비키도 노동자, 농민을 군사화하고 전력을 재정비한 후 조직적으로 진압에 나섰다. 트로츠키는 제정러시아 때 장교로 복무했던 군인들을 재등용하였고, 전투에서 일정한 성공을 거두었다. 그는 전투에서 승리하면 보상을, 패전하면 벌칙을 내리는 단순한 군운영원칙을 예외없이 적용하였고, 이 또한 제정러시아 시

....

126   Rex A. Ward, *Bolshevik Revolution and Russian Civil War*, Westport, 2001, p. 118.

127   Walter G. Moss, *A History of Russia, Volume 2: Since 1855*, Anthem Press, 2004, p. 211.

기 연고주의와 정실인사 등 부정부패에 시달리던 군의 사기를 북돋는 데 역할을 하였다. 레닌은 부족한 식량을 병사들에게 우선적으로 배분하였고, 이로써 러시아의 청년들이 대거 입대하는 효과를 거두었다. 또한 백군은 제정러시아를 연상케하는 고압적인 태도로 러시아 농민들을 소외시킨 반면, 레닌은 토지개혁을 약속함으로써 이들의 지지를 쉽게 확보할 수 있었다.

트로츠키는 볼가의 적군(赤軍)의 사기를 북돋으며 1918년 9월 드디어 카잔과 심비르스크를 확보하고, 사마라를 함락시켰다. 그러나 백군도 남부에서 데니킨(Anton Denikin)의 지휘로 쿠반(Kuban)강 지역을 석권하고, 브랑겔(Peter Wrangel) 장군은 볼가강 쪽으로 전진하면서 전세를 만회하려 하였다. 볼셰비키에게는 유데니치(Nikolai Yudenich)의 군대가 가장 위협적이었다. 1918년 10월 그는 페트로그라드에서 50km밖에 떨어지지 않은 가트치나(Gatchina)를 수중에 넣었다. 트로츠키는 수도를 방어하기 위해 페트로그라드로 복귀하여 노동자들을 규합하여 적군화하였고, 철도망을 사용하여 모스크바로부터의 증원군을 신속히 전개하였다. 결국 수에서 밀린 유데니치는 후퇴 명령을 내리고 자신은 인접국 에스토니아로 향하였다. 콜차크는 1919년 3월 서쪽으로 진출하여 카잔을 위협하였다. 그러나 여기까지였다. 특히 볼셰비키 측 유격 전사들이 크라스노야르스크(Krasnoyarsk)와 치타 등지에서 교량과 철도 등을 파괴하면서 전과를 올렸고, 큰 틀에서 러시아 내전의 향방은 볼셰비키 쪽으로 기울고 있었다.

연합국들은 1918년 11월 11일 독일과 정전협정을 체결하고 1차대전에 종지부를 찍으면서 러시아로부터 철수하기 시작하였다. 연합국들은 군사적 개입은 종료하고 반볼셰비키들에 대한 재정적인 지원만을 계속한다는 정책으로 전환하였다. 이른바 '교통차단선(Cordon Sanitaire)' 정책의 채택이었다.[128] 이에 따라 프랑스군은 1919년 3월 흑해로부터, 오세다에 주둔했던 연합군은 4월부터, 그리고 영국군은 6-8월 사이에 틸피스(Tilfis)와 바쿠(Baku)로부터 철수하였다. 한편, 프룬제(Mikhail Vasilyevich Frunze)의 적군은 1919년 11월 옴스크를 수복하였다. 콜차크는 1919년 5월 영국과 프랑스에게 정부 승인 요청을 하였으나 거부되자 동쪽으로 도

....

128　Richard Pipes, *Russia under the Bolshevik Regime*, Knopf, 1994, p. 220.

주하였다. 그는 곧 시베리아 혁명군 병사들에게 체포되어 볼셰비키에게 인도되었고, 1920년 2월 7일 사살되었다. 적군은 계속 진격하였고, 데니킨의 군대는 크리미아로, 그리고 얼마 되지 않아 흑해 연안의 노보로시스크(Novorossiysk)로 철수하였다. 브랑겔 등이 계속 버티고자 했으나, 1920년 11월 결국 백군은 러시아에서 구축(驅逐)되었다. 한편, 체코군단은 1918년 2월 우크라이나를 출발하여 세 갈래로 동진하였다. 제1진 12,000여 명은 4월 블라디보스토크에 도착하였고, 상당수는 러시아 내전에 개입하느라 서진하기도 했지만, 대부분의 후속 부대들은 차례로 도착하여 서부전선 재배치를 위해 대기하였다. 그런데 1918년 11월 11일 독일이 항복하면서 이들은 독립된 모국으로 귀환할 수 있게 되었다. 체코군단의 일부는 조국으로 돌아가기 전 가지고 있던 무기를 처리하고자 하였다. 이때 만주 왕칭현(汪淸縣, 왕청현)을 근거지로 활동하던 조선인들의 북로군정서(北路軍政署)는 이들로부터 무기를 구입하기 위해 교섭에 나섰다. 1920년 여름 교섭이 타결되어 조선인들은 소총, 권총, 수류탄, 기관총, 박격포, 탄약 등 1,000여 명이 무장할 수 있는 무기를 싼값에 구입할 수 있었고,[129] 이 무기들은 한국인들에게 잘 알려진 봉오동 전투, 청산리 전투에서 사용되었다. 물론 체코군단의 일부가 조선인들에게 무기를 판매한 것은 단순 일탈 행위였지, 식민지 조선에 대한 동병상련(同病相憐)에 따른 것은 아니었다. 그들은 중국인, 러시아인들에게도 자신들이 소지하고 있던 미제 무기를 판매하였다.[130]

1921년 초에 이르러 러시아 내란은 사실상 종료하였다. 1920년 시작된 폴란드와의 전쟁도 1921년 평화조약으로 마무리되었다. 1921년 레닌은 자본주의 시장경제를 활용한 신경제정책(New Economic Policy)으로 새로운 나라의 물적 기초를 다지고자 하였다. 레닌과 볼셰비키는 1922년 12월 30일 공산화된 이웃국가들과 연방

....

129 Robert S. Kim, *Project Eagle: The American Christians of North Korea in World War II*, Potomac Books, 2017, chapter on the Korean Provisional Government. 체코군단이 더 이상 무기가 필요 없어서 버린 것을 북로군정서가 가져온 것이 아니라 나름의 거래가 있었다고 보는 이유는 체코군단이 체코슬로바키아에 가져가서 보관하던 한국의 금/은비녀가 발견되었기 때문이다. 이를 통해 무기매매 대금이 현물로도 이뤄졌음을 알 수 있다.

130 러시아는 무기를 신속히 대량으로 생산할 수 있는 능력이 없어 M1891모신나강(Mosin-nagant)과 같은 미국의 소총을 구매하여 사용하였다. 양준석, "무기의 길: M1891모신나강 소총과 체코슬로바키아군단의 여정," 『국제지역연구』, 25권, 3호, 2021.

을 결성하여 나라의 이름을 '소비에트사회주의공화국연방(Soyuz Sovetskikh Sotsi-alisticheskikh Respublik, the Union of Soviet Socialist Republics),' 즉 소련이라고 바꾸었다.

제1차세계대전의 종전

베르사유 평화조약

서부전선에서 참호전(trench warfare)을 지속하던 독일은 1915년 들어 악화된 전세에 직면하였다. 3국동맹의 일원이었지만 중립을 지키던 이탈리아가 앙숙인 오스트리아-헝가리를 곤경에 빠뜨리기 위해 1915년 봄 연합국 측에 가담함으로써 오스트리아-헝가리 및 독일이 공동으로 담당하던 남부전선에 추가적 부담이 발생한 것이었다. 1916년에는 상황이 더욱 나빠졌다. 2월 뵈르됭(Verdun) 공세가 프랑스의 저항에 막혀 실패했고, 5월 유트란트(Jutland) 해전에서 영국에 패하여 해상봉쇄를 당하게 되었고, 7월에는 솜므(Somme) 전투에서 영국에 크게 패하였다. 독일은 1917년 4월 미국이 참전하면서 파멸의 나락으로 떨어졌다. 현재의 관점에서 보면, 독일의 패전은 몇 가지 실수와 실패로 요약될 수 있다. 특히 구조적으로 2개의 전선을 상정한 독일의 전쟁계획은 독일의 궁극적 패전을 미리 예고하는 것이었다. 독일이 예상했던 것과는 달리 전술적 기동성의 미흡으로 양 전선에서 고투하는 과정에서 독일군의 1916년 뵈르됭 공세가 실패로 돌아간 것은 치명적이었다. 1917년 무제한적 잠수함작전도 독일로서는 뼈아픈 실패로 돌아갔다. 볼셰비키와의 정전협정도 군사전술전략의 실수로 인해 오히려 독일의 패전 가능성을 높이는 방향으로 작용하였다.

1918년 초 오스트리아-헝가리와 독일의 주요 도시에서 종전을 주장하는 볼셰비키의 호소력이 수용되기 시작하였다. 1918년 1월 비엔나에서 파업이 발생하였고 독일로 확산되었다. 남부 독일에서는 "프로이센"과 "프로이센의 군국주의"에 대한 공공연한 성토가 이어졌다. 파업의 확산으로 이제 독일이 혁명 전야의 러시아 꼴이 되는 것 아닌가 하는 의구심도 독일 자본가들 사이에서 확산되었다. 결국 야전군

사령관 힌덴부르크와 루덴도르프 대장은 9월 29일 빌헬름 2세에게 독일은 이제 패전을 면할 수 없으며, 윌슨의 14개조에 입각한 정전협상에 즉각 나설 수밖에 없다고 말하였다. 빌헬름 2세는 이들의 건의를 수용하였다. 윌슨 대통령은 1918년 10월 4일 독일의 정전협상 요구를 스위스를 통해 입수하였다.

빌헬름 2세는 당시 황제로 머무르고 있었지만, 이미 권력은 제국의회의 다수파인 사회민주당의 수중에 있었다. 이들 사회민주당 정치인들은 노회한 폴 폰 힌체(Paul von Hintze) 당시 외교장관과 군 수뇌부의 계략에 말려들어 나중에 '등 뒤에서 칼 찌르기(stab in the back)'의 누명을 쓰게 될 것이었다. 힌체는 힌덴부르크와 루덴도르프에게 빌헬름 2세가 사민주의자를 신임 수상으로 임명하도록 설득해야 한다고 말하였다. 그는 아래와 같은 계략을 제시하였다.

사민주의자 신임 재상은 곧 전쟁을 끝내려 할 것이다. 그렇게 되면 힌덴부르크와 루덴도르프로 대표되는 군부는 평화조약을 거부하면서 끝까지 투쟁할 것임을 선언한다. 그들은 논쟁 과정에서 패배하는 모양새를 갖춘 채 어쩔 수 없이 종전이 이루어지도록 놔둔다. 이것을 알 길이 없는 독일 국민들은 패전의 책임과 평화조약의 악성 조항에 대한 책임을 반전주의 정치인들에게 뒤집어씌운다.[131]

힌체에 동조한 루덴도르프는 정전협정은 "무조건 항복"이나 마찬가지라며 불복하는 자세를 취하였다. 황제는 그를 해임하였다. 그리고 무제한 잠수함작전을 반대해온 온건 자유주의자 막시밀리안 폰 바덴(Maximilian von Baden)을 수상에 임명하였다. 그러나 그에게 평화협상이라는 임무는 버거운 것이었다. 그는 빌헬름 2세의 퇴위와 망명을 결정하고는 1918년 11월 3일 수병들의 반란이 일어난 직후인 1918년 11월 9일 사민당 지도자 프리드리히 에버트(Friedrich Ebert)를 수상에 임명하도록 하고 그 자신은 사임하였다. 힌체의 계략이 성공한 것이었다.

독일 국민들은 이제 "전쟁을 끝낸" 사민주의자들과 "전쟁을 계속하려던" 군 지도자들 간의 역설적인 협치(協治)를 목도하게 된다. 머지 않아 그들은 힌덴부르크

....

131 Paul W. Doerr, *British Foreign Policy, 1919-39*, Manchester University Press, 2002, pp. 101-102.

가 사민주의자들을 "조국의 배신자"로 만들면서도 새롭게 성립된 이른바 바이마르 공화국(Weimar Republic)의 대통령이 되는 것을 보게 된다. 그러나 '등 뒤에서 칼 찌르기'라는 조작된 신화는 사라지지 않을 것이었다. 1933년 아돌프 히틀러(Adolf Hitler)는 이 조작된 신화를 활용하여 사민주의자들을 정치적으로 옭아맬 수 있었고, 민주적 바이마르 공화국을 붕괴시켰다.

한편, 1918년 11월 3일 독일 북부의 키일(Kiel) 항의 수병들이 일으킨 군사반란의 여파는 일파만파로 확대되었다. 이들의 반란은 독일을 제외한 3국동맹국들 군대가 전선에서 이탈한 상황하에서 일어난 것이었다. 11월 3일 독일의 키일 군항의 수병들은 영국 해군과의 교전을 위해 출동명령을 받았다. 그들은 '독일형 가미카제(かみかぜ, 神風)'가 되길 거부하고, 인근 지역의 노동자들과 합세하여 장교들을 구금하였다. 이들은 소비에트와 유사한 형식의 위원회를 결성하고, 정치범의 석방, 표현과 언론의 자유 보장, 우편물 검열 폐지, 함정으로 복귀하는 동료 수병들에 대한 처벌 금지, 출동명령 금지 등을 요구하였다. 그러나 수병들이 점화한 혁명의 불길은 전국으로 확산되었다.

11월 8일에 이르러 뒤셀도르프, 쉬투트가르트, 라이프찌히, 할레, 오스나브뤼크, 쾰른 등이 혁명세력의 수중에 들어갔다. 쾰른 시장 콘라트 아데나워(Konrad Adenauer)는 새로운 정치상황을 전적으로 수용한다고 선언하였다. 이를 목도한 영국, 프랑스, 미국, 그리고 독일, 오스트리아-헝가리 등 전쟁 당사국들 모두가 경악하였다. 빌헬름 2세는 11월 9일 네덜란드로 망명하였다. 그러나 이때까지도 독일군은 싸우고 있었다. 동부전선에서 러시아군이 전쟁에서 이탈했기 때문에 어쨌든 서부전선에서의 전력도 보강된 셈이었다. 그리고 그들은 독일이 아닌 프랑스와 벨기에의 영토에서 "독일 민족과 제국의 국익과 위엄을 위해 분투"하고 있었다. 이때 후방에서 반제국적 혁명이 일어났으니 독일군으로서는 "등 뒤에서 칼을 맞았다"고 느낄 수도 있었다. 11월 11일 오전 5시 연합군총사령관인 프랑스의 페르디낭 포슈(Ferdinand Foch) 원수는 파리에서 북동쪽으로 60km 떨어진 콩피에뉴(Compiègne)의 한 숲의 기차 차량 안에서 독일의 항복문서를 수령하였다.[132] 이제 독일은 공화

....

132 일단의 독일군 장성과 정치인들은 정전의 조건을 협상하기 위해 콩피에뉴에 온 것이었다. 그러나 포슈

정으로 전환하게 되었고, 이론상 마르크스주의를 신봉하는 사민주의자들과 이론상 군주제를 지지하는 군이 공동으로 통치하는 정치체가 되었다.

연합국 측은 네덜란드로 망명한 독일 황제 빌헬름 2세를 특별법정에 세워 전쟁범죄의 책임을 물으려 하였다. 그러나 빌헬미나(Wilhelmina) 여왕의 네덜란드는 중립을 이유로 그의 신병을 넘겨주지 않았다. 사실 당시만 해도 패전국의 지도자를 기소하는 것은 혁명적인 개념이었다. 그간 국가는 전쟁할 수 있는 권리를 가진 주체로, 그리고, "전쟁범죄"는 전쟁의 일부로 간주되어 왔기 때문이다. 연합국 측은 전쟁범죄 혐의가 있는 901명 중 17명에 대해서만 기소하였다. 그러나 라이프찌히 재판에 의해 실제로 복역을 한 사람은 극소수였다.

정전협정으로 총성이 멈추자 독일인들은 전쟁을 공식 종료하게 될 평화협상이 윌슨 대통령의 14개조를 그대로 반영할 것으로 믿고 있었다. 그러나 이들은 1919년 1월 파리에서 시작된 평화협상을 프랑스의 클레망소(Georges Clemenceau) 수상과 영국의 로이드 조지(David Lloyd George) 수상이 주도하게 되면서 불안을 느끼기 시작하였다. 이들은 프랑스와 영국인들의 대독 적개심을 대변할 것으로 보였기 때문이다. 사실 클레망소는 독일이 다시는 위협적인 강국으로 재기하지 못하는 데 역점을 두려하였다. 5월 7일 평화조약의 조건들에 접한 독일 공화국 정부는 경악을 금하지 못하였다. 영토는 빼앗기고, 군사력도 국가 경비 수준으로만 허용되었다. 이와 더불어, "과도한" 배상액과 전쟁의 책임에 관한 문제는[133] 전쟁 직후 독일 경제를 수렁에 빠뜨리고, 히틀러와 나치가 호소력을 갖게 만든 주요 요인 중 하나가 될 것이었다. 물론 평화조약을 통해 연합국들이 독일에 부과한 비용과 부담이 결국 히틀러의 부상과 제2차세계대전의 핵심 원인이었다고 단정할 수는 없다. 1925년에 이르러 평화조약의 개정이 가능할 정도로 상황이 변하였기 때문이다. 이 문제에 대해서는 다음 장에서 상술하기로 한다.

....

원수는 독일의 무조건 항복을 요구하였다. 그들은 3일 후 무조건 항복을 수용하였다.

133 연합국들이 전쟁책임을 '독일에게만 부과하였다는 설(說, Alleinschuld, sole guilt)'은 의도적으로 조작된 것으로서 베르사유 조약에 따르면 전쟁책임은 독일과 그 동맹국들에게 있다는 것이었다. 그러나 이 조작된 설은 독일인들에게 마치 사실인 것처럼 파다하게 퍼지면서 그들의 굴욕감과 복수심을 자극했고, 이는 히틀러의 정치적 부상에 일조하였다.

제1차세계대전의 결과와 의의

세계대전으로 인해 유럽과 세계의 권력지도에 큰 변화가 일어났다. 유럽의 제국들이 해체되었고, 그에 따라 신생 독립국들이 새로운 국제정치의 무대에 등장하였다. 독일, 오스트리아-헝가리, 오스만터키, 러시아 제국이 붕괴한 자리에 헝가리, 체코슬로바키아, 핀란드와 발틱3국, 즉 에스토니아, 라트비아, 리투아니아가 들어섰고, 폴란드는 오스트리아-헝가리, 독일, 그리고 러시아 제국의 일부 영토들이 합쳐져 새롭게 "재독립"하였다. 유고슬라비아는 '세르비아-크로아티아-슬로베니아왕국'이라는 명칭으로 남슬라브인들의 국가로 독립하였다. 그리고 패전한 제국들의 식민지들도 그들의 손아귀에서 벗어나게 되었다. 미국 대통령 윌슨의 민족자결주의(self-determination)가 작용하였다.

그러나 베르사유 조약은 민족자결주의를 패전국과 유럽에 한정해 적용하였다. 위임통치(mandate)[134] 개념을 제안한 윌슨은 식민지를 민주주의국가로 성장토록 하기 위한 '선의의 인도(引導)'를 구상하고 있었다. 그러나 위임통치는 결국 1차대전 승전국들을 제외한 패전국들의 식민지 처리/관리를 위한 수단이 되었다. 이론상으로는, 영국 프랑스 등 감독국들은 이 식민지들이 독립할 수 있도록 관리/지원하게 되어 있었지만, 실제로는 윌슨의 반제국주의적 이념에 맞서지 않으면서 전략적으로 우회하는 방식으로 패전국들의 식민지를 자신들의 새로운 식민지로 만들어나갔다. 영국과 프랑스는 패전국들의 식민지를 전쟁 중 비밀리에 합의된 선(線)에 따라 승전국들에게 재분배하였다. 독일의 아프리카 식민지는 영국에게, 폴리네시아 식민지는 오스레일리아에게, 중국의 조차지는 일본에게 각각 분배되었다. 팔레스타인을 포함하여 비(非)터키 오스만 영토는 영국과 프랑스의 위임통치하에 놓이게 되었다.

연합국 측의 인종주의와 식민지의 민족주의도 부각되었다. 일본은 평화회의의 산물인 국제연맹 규약에 "인종 간 평등(racial equality)"의 문구를 넣고자 했으나, 캘리포니아 주의 반대로 미국이 난색을 표함에 따라, 그리고 오스트레일리아 등 식

....

134 위임통치는 신탁통치(trusteeship)와 같은 개념이다. 그러나 2차대전 후 UN은 실패한 국제연맹의 흔적을 지우기 위해 새로운 용어를 도입하였다.

민지에서의 인종 문제를 우려한 영국이 협조하지 않아 결국 관철하지 못하였다. 일본인들은 분개했고, 1920-30년대 "애국주의"와 군국주의로 이어졌다. 한편, 윌슨의 국무장관인 랜싱(Robert Lansing)에게는 아일랜드인, 인디아인, 이집트인, 보어인 등에게 자결권을 준다는 생각은 매우 위험하고 잘못된 것이었다. 게다가 윌슨과 랜싱을 포함해 미국인들 대부분은 식민지 문제에 대해 큰 관심을 갖고 있지 않았다. 따라서 베르사유 조약과 승전국들은 식민 제국들의 권력을 오히려 강화함으로써 이집트, 인디아, 인도네시아, 조선, 그리고 중국 등의 인민들의 상당수는 민족주의와 사회주의적 호소에 끌리게 되었다. 나아가 이는 미국이 자처하는 자유주의적 반식민주의에 대한 불신을 전 세계적으로 확산하였다. 서구에 저항하는 독립 및 해방 세력은 미국을 유럽 식민주의와 동일시하게 되었다. 민족주의는 세계 전역으로 퍼지기 시작하였고, 특히 구 문명권인 이슬람권과 아시아 지역에 사회주의와 연대하는 민족주의적 독립 의지가 크게 대두하였다.[135]

독일에 대한 복수가 이루어졌다. 영국과 프랑스는 전승국이기는 하나 4년여간의 전쟁으로 GDP의 1/3이 소실되는 등 경제와 사회가 심각하게 파괴되었다. 특히 오랜 무력갈등의 역사를 가진 프랑스는 대독 적개심과 함께 심각한 경제손실을 배상 받으려는 차원에서, 독일의 입장에서 보면, "가혹한" 전쟁배상금을 요구하였다. 오스트리아-헝가리와 오스만터키에 대해서도 배상금이 요구되었지만 이들이 배상능력이 부재하여 독일에게 배상 요구가 집중된 면도 있었다. 베르사유 조약은 전쟁책임, 영토 축소, 안보조치 등과 함께 무리한 배상액 책정으로 인해 전후 독일의 바이마르 공화국의 불안정과 이를 틈탄 히틀러의 부상을 야기한 주요 원인이 되기도 하였다.

제1차세계대전의 종료는 국제정치에서 유럽 중심 시대의 종말과 미국의 부상으로 이어졌다. 전쟁으로 파괴된 유럽에 비해 미국 권력의 강화는 눈부신 것이었다. 경제적 면이 두드러졌다. 특히 전쟁을 지원하기 위한 군수(軍需) 증대로 인해 미국의 공업생산은 급격히 확대되었다. 단기간에 대량의 무기와 군수물자를 생산 공급해야 했기에 그와 관련된 과학적 지식과 기술이 또한 크게 발전하였다. 유럽 교

....

135   이용희(2017), p. 98.

전국들에 대한 융자와 투자는 대전 후 미국을 채무국에서 채권국으로 바꿔놓았다. 전시 수요는 미국의 고용도 크게 신장하였다. 여성과 흑인이 대거 고용되었다. 그러나 전쟁이 끝나고 병사들이 귀국하면서 실업이 증가했고, 1920년대 말과 30년대 초의 '대공황(the Great Depression)'의 씨앗이 뿌려지기도 하였다.

일본은 아시아태평양 지역에서 강자로 부상하였다. 물론 청일전쟁과 러일전쟁의 승리로 지역 강자로서의 면모를 갖추었지만, 제1차세계대전 중 연합국들의 전쟁물자를 조달하면서 공업생산이 급격히 확대되었고, 전시 국내 수요 증가에 따라 경제능력도 팽창하였다. 더구나 일본은 전쟁 중인 유럽 제국들의 관여와 통제가 느슨해진 틈을 타 동남아시아 시장을 거의 독점적으로 차지하게 되었다. 외교적인 관점에서도 연합국들은 일본을 강대국으로 대접하여 파리평화 회의의 협상 상대로 인정하였고, 전쟁 중 일본이 탈취한 도서들에 대해 위임통치 권한을 부여하였다. 1923년 영국이 영일동맹을 해지한 이유 중 하나는 영국과 미국이 동아시아에서의 일본의 지역패권을 의식한 결과였다.

제1차세계대전 후 이념적 세계에서의 주요한 변화는 하나의 "국제권위"로서 공산주의 소련이 출현한 것이었다.[136] 30년간의 종교전쟁 이후 유럽의 근대 국제정치는 기본적으로 주권을 가진 국민국가들 간의 힘을 매개로 한 국익 경쟁으로 여겨졌다. 그런데 이와 같은 이른바 "힘 대 힘"을 상정하는 '권력정치'는 국제권위에 의해 일정한 정도 제한 또는 완화되어 온 것도 사실이다. 유럽에서는 기독교가, 동양에서는 유교나 불교 등이 국제권위의 역할을 하였다. 거기에 대해 러시아 혁명으로 인한 공산주의가 실체화하면서 이 사상적이고 도덕적인 권위가 국제정치의 일부를 지배하게 된 것이었다. 이 국제권위는 새로운 정치권위였고, 또한 새로울 뿐만 아니라 기왕의 모든 권위를 그 제도의 근저로부터 뒤집어 놓으려는 혁명적 권위로 자처하였다.

러시아혁명과 새로운 국제권위의 출현은 동아시아의 정치환경에도 영향을 미쳐 윌슨의 민족자결주의 및 '고종 독살설'과 함께 도쿄 조선인 유학생들에 의한 1919년 '2·8 독립선언'을 산출하였고,[137] 중국의 반제국주의 '5·4 운동'과 중국공

....

136   이용희(2017). pp. 344-45.

산당의 창당에 기여하였다. 1920년 레닌의 '민족 및 식민지 문제에 관한 테제(The-sis on the national and colonial question)'는 베트남의 독립투쟁노선에 영감을 주었다. 구체적으로, "식민지 지역이 세계자본주의 체제의 사활이 걸린 방어선"이라는 레닌의 관점, 그래서 "광범위한 식민지들에 달라붙어 있는 제국주의의 촉수를 절단하라. 그러면 자본주의 체계 자체가 무너질 것이다"라는 그의 전술전략적 지침은 호치민과 같은 식민지 독립투사들이 필요로 하던 도덕적 지원과 정치사상적 추동력을 제공하였던 것이다.[138]

소련의 공산주의는 스탈린의 '일국사회주의'가 물리적 기반을 확충하면서 사상적 호소력을 증대시켰고, 코민테른(Comintern, Communist International, the Third International, 1919-1943) 등을 통하여 윌슨의 "위선적인 민족자결주의"에 실망한 과거 제국주의 국가들의 식민지 지역에 사상적으로 침투하여 제국주의 국가들 내부의 붕괴를 기도하는 등 기존 국제정치질서를 근본적으로 흔들 가능성을 보여주었다. 이러한 반제국주의 공산주의 활동의 "국제정치적 본점격으로서의 소련의 출현은 1930년대에 와서는 세계적 차원의 중대 문제가 될 것이었다."[139]

제1차세계대전은 인류가 처음 겪은 세계 차원의 '대량살상(mass death)' 사건이었다. 군인 9,000,000여 명, 민간인 6,000,000여 명이 희생되었다.[140] 20세기의 고도의 산업능력을 총동원하여 '인간이 만든(man-made)'[141] 세계대전의 유례없는 대량살상과 반인륜적 대학살은 혁명, 내전 등과 함께 인류로 하여금 인간이성과 역

....

137 조선인 유학생 대표들은 '2·8 독립선언서'에서 "東洋平和의 見地로 보건대 그 威脅者이던 俄國은 이의 軍國主義的 野心을 抛棄하고 正義와 自由와 博愛를 基礎로 한 新國家를 建設하라고 하는 中"이라고 명기하였다.

138 윌리엄 듀이커(정영목 역), 『호찌민 평전』, 푸른숲, 2001, p. 119.

139 이용희(2017) p. 99.

140 1차세계대전의 사상자에 대한 가장 정확한 통계는 Rüdiger Overmans, "Kriegsverluste," in Hirschfeld, Gerhard, et. al. eds., *Enzyklopädie Erster Weltkrieg*, Paderborn 2004, pp. 663-66. 영국 군사사학자 키건은 이보다는 적은 추정치를 내놓은 바 있다. John Keegan, *The First World War*, Vintage, 1998, p. 423.

141 Edith Wyschogrod, *Spirit in the Ashes: Hegel, Heidegger, and Man-Made Mass Death*, Yale University Press, 1985.

사진보에 대한 믿음과 같은 유럽 특유의 계몽주의적(Enlightenment) 이상을 상실
케 하고, 모든 희망의 창이 폐쇄된 "절대적 절망(absolute despair)"에 빠지게 하였
으며,[142] 전전(戰前)의 기독교적 '말세론(末世論 apocalypticism)'을 극적으로 부각시
켰다.[143] 특히 베르사유조약이 가져다 준 민족적 굴욕과 수모가 이러한 '구세주 신
앙(messianism)'의 국민적 호소력을 증폭시키면서 대다수 독일인들은 이성적, 세속
적, 민주적, 다원적 바이마르공화국 대신 '적그리스도와의 최후의 투쟁'에서 승리
하여 도탄에 빠진 자신들을 영웅적으로 구출하는 독일적 구세주가 나타나길 갈구
하게 되었다. 그들은 압도적 힘을 가진 지도자가 나타나면 기꺼이 자발적으로 복종
해 자기를 부정함으로써 '영광스러운 피지배자' 집단에 편입되고자 하였다. 아돌프
히틀러라는 희대의 인종주의자가 정치적으로 급성장하기에 최적인 정치사회적 토
양이 마련된 셈이었다. 암시되었듯이, 1차세계대전은 인간 폭력성의 새로운 시작을
알리는 불길한 전조였다. 한나 아렌트가 지적했듯이, 1914년의 8월은 그 이후 "어
느 인간도 빠져나갈 수 없는, 어느 누구도 중단시킬 수 있어 보이지 않는 연쇄 반응
을 촉발시킬 것이었다."[144]

　　그러나 1차대전이 인류에게 온통 절망과 낙담만을 안겨준 것은 아니었다. 전
쟁 방지를 목표로 하는 국제정치학과 집단안보(collective security)의 개념이 태동
된 것은 1차대전 직후였다. 1918년 정전 직후 "전쟁에서 희생된 웨일즈 대학생들
을 기리고, 창설 중인 국제연맹이 주의를 환기(喚起)하고 있는 법과 정치, 윤리와 경
제 문제에 대한 연구를 도우며, 타 문명에 대한 올바른 이해를 촉진하기 위한" 기
금이 조성되어 세계 최초로 국제정치학과가 영국의 웨일즈 대학-애버리스트위스
(University College of Wales, Aberystwyth)에서, 그리고, 이어서 미국의 조지타운대

....

142　David Kaufmann, "In Light of 'The Light of Transcendence': Redemption in Adorno," in Wayne
　　Cristaudo and Wendy Baker eds., *Messianism, Apocalypse and Redemption in 20th Century Ger-*
　　man Thought, ATF Press, 2006, p. 37.

143　Engelhard Weigl, "Theodicy Between Messianism and Apocalypse," in Wayne Cristaudo and
　　Wendy Baker eds., *Messianism, Apocalypse and Redemption in 20th Century German Thought*,
　　ATF Press, 2006, p. 13.

144　Hannah Arendt, *The Origins of Totalitarianism*, Harcourt, 1951, p. 267.

학, 옥스포드대학, 런던경제대학 등에서 설치되었다. 웨일즈 대학-애버리스트위스의 국제정치학과의 초대 학과장(Woodrow Wilson Chair) 알프레드 지먼(Alfred Zimmern), 영국 노동당 출신 외교관 노엘-베이커(Philip Noel-Baker), '맨체스터 가디언(*The Manchester Guardian*)'의 외교담당 편집인 미트라니(David Mitrany) 등과 같은 유럽의 자유주의적 지식인들은 세계대전의 원인을 국제정치의 '무정부상태(anarchy)'와 그에 따른 집단동맹(collective defense) 등 열강의 세력균형책에서 찾았고, 이를 극복하기 위해 민주주의, 국제주의(international mind), 집단안보의 중요성을 강조하면서, 국제평화를 위해 무지, 편견, 악의, 이기주의를 해소하기 위한 시민교육에 각국이 적극적으로 나설 것을 촉구하였다.[145] 이들은 집단안보체인 국제연맹(League of Nations, 1920)과 전쟁의 위법화 및 부전(不戰)을 선언한 '켈로그-브리앙 협정(Kellogg-Briand Pact, Pact of Paris, 1928)'의 지적 배경이 되었다. 이 맥락에서 특기할 만한 또 한 가지는 유럽연합(European Union)은 1차대전이 없었더라면 실현되지 않았거나, 상당 기간 지체되었을 것이라는 점이다. 1차대전은 독일과 유럽에게 재앙이었다. 그리고, 2차대전은 상당 부분 1차대전의 결과이자 연장이었다. 미트라니, 모네(Jean Monnet) 등이 개념적/이론적 영감을 제공한 유럽석탄철강공동체(European Coal and Steel Community)로부터 시작한 유럽연합은 유럽의 최대/최강국의 역할에 관한 문제, 이른바 '독일 문제(the German Question)'를 다룰 수 있는 필수불가결한 정치적, 경제적, 문화적 인프라로 발전하게 되었다.

....

145 Donald Markwell, *John Maynard Keynes and International Relations: Economic Paths to War and Peace*, Oxford University Press, 2006, p. 3.

제2차세계대전

제2차세계대전은 인류 역사상 최대 규모의 참혹하고 파괴적인 무력 충돌이자 대격변이었다. 거의 6년간 진행된 이 전쟁은 유럽에서는 1939년 9월 1일 나치독일이 폴란드를 침공함으로써 시작되었고, 1945년 5월 8일 독일이 연합원정군 최고사령관과 소련군 사령관에게 무조건 항복함으로써 끝이 났다. 아시아·태평양에서는 일본이 1941년 12월 7일 미국 하와이의 진주만(Pearl Harbor)을 습격함으로써 시작되어 1945년 8월 15일 무조건 항복함으로써 비로소 종료되었다.

　2차대전은 이른바 '추축국(樞軸國, Axis Powers)'으로서 나치 독일과 파시스트 이탈리아, 그리고 군국주의 일본을 한편으로 하고, 영국, 프랑스, 소련 및 미국과 중국을 다른 한편으로 하여 벌어진 일종의 진영 간 전쟁이었지만, 참전 강대국들의 동맹·우방국들을 포함하여 이 전쟁에 직접 참여한 국가들은 60여 개국에 달했고, 전장(戰場)은 거의 지구 전체를 포괄하였다. 참전국들은 군인, 민간인, 그리고 전방, 후방을 구분하지 않고 벌어진 이 지구적 전면전을 치르면서 전대미문의 비용을 치러야만 하였다. 절정기엔 전 세계 국가들의 총 생산량의 1/3이 전쟁에 투입되었다. 전쟁의 직접적 결과로 사망한 사람의 수는 5,000~6,000만여 명에 이르고 그 중 2/3는 민간인이었다. 6년여의 전쟁 기간 중 매일 3만 명이 죽은 셈이다. 나치독일과 군국주의 일본은 인명살상을 "효율적"으로 도모하기 위해 가스와 세균을 수단으로 강구하고 대량학살을 자행하였다. 아우쉬비츠(Auschwitz) 강제수용소나 731부대로 상징되는 인간성 말살, 또는 "악행을 느끼지 못한다는 의미"로서의 "악의 평범성(banality of evil)"[1]은 2차대전이 적나라하게 드러내준 전쟁 속 인간의 실존적 민낯이기도 하였다.

이와 같이 전대미문(前代未聞)의 참담한 대격변으로서의 2차대전은 무슨 이유로 어떻게 시작되었고 전개되었는가? 그리고 전쟁의 종료는 세계와 인류에게 어떤 결과를 가져다 주었는가? 2차대전의 원인은 독일의 아돌프 히틀러를 제외하고는 설명할 수 없을 것이다. 그의 광기에 가까운 인종주의적, 이념적 혐오와 그 동기, 그리고 강박적인 권력 의지와 정치적 야심, 탁월한 대중선동 및 기획 능력, 목적 달성을 위한 몰인정한 집요함 등은 역사 과정에서 개인의 역할과 의미를 부각시키는 전형적 사례를 만들었다. 히틀러는 과연 "무엇(what)"이었나? 다른 한편, 개인은 시간과 공간을 초월할 수는 없다. 다시 말해, 히틀러는 그의 시대를 반영할 수밖에 없다는 말이다. 그가 생각하고 실행에 옮긴 것들 모두가 그것을 허용하는 구조적 조건이 구비되었기 때문에 가능했던 것이다. 따라서 히틀러 개인 그 자체의 중요성과 함께, 그가 제기하는 '정치경제사회적 현상으로서의 히틀러'를 이해하기 위해서는 당시의 시대와 공간을 포괄하는 보다 구조적이고 총체적인 역사적 접근이 필요하다. 아래에서는 "히틀러는 무엇인가?", 그리고 그가 시작한 제2차세계대전은 어떻게 제1차세계대전의 결과와 연결되었는지에 대해 살펴보기로 한다.

제2차세계대전의 원인

많은 역사가들은 2차대전은 1차대전의 연장이라고 보고 있다. 그들은 1차대전과 베르사유평화조약으로 해결되지 않은 분쟁의 씨앗들이 20년의 "불안한 평화"의 전간기(戰間期) 동안 배양되고 증폭된 사실에 주목하였다. 그들에 따르면, 베르사유

....

1   Hannah Arendt, *Eichmann in Jerusalem: A Report on the Banality of Evil*, 1977, Penguin Books, 1977.

의 "고름"이 특별한 인물의 부상과 특별한 구조적인 정치적, 사회적, 경제적 변동이 맞물린 시기와 공간에서 터져버린 것이었다. 일단의 국제정치이론가들도 이와 유사한 맥락에서, 즉 불만의 축적과 국력의 신장(伸張)이라는 차원에서, 세력전이이론 (power transition theory)을 제시하고 있다. 세력전이이론가들에 따르면, 국제질서는 세력균형이론가들이 상정하듯 '무정부상태(anarchy)'라기보다는 사실상의 '위계적(hierarchical)' 구조이다.[2] 세계 차원의 공권력이 존재하는 것은 아니지만, 국제정치가 "만인의 만인에 대한 투쟁" 식의 홉스(Hobbes)적 자연상태라기보다는, 힘의 차이에 따른 피라미드형의 위계와 그에 상응하는 질서가 국가 간 관계를 규정하고 행동양식과 규범을 제공한다는 것이다. 보다 구체적으로, 이들에 따르면 국제정치질서의 꼭대기에는 '지배국(dominant nation)'이 존재하고, 그 아래 '강대국들 (great powers)'이 위치한다. 나머지들은 '약소국들(middle, small powers)'이다. 문제는 이 강대국들 중 지배국이 구축하고 유지하려 하는 국제질서에 대해 강한 반감을 가지는 국가가 있다는 점이다. 이 불만족 강대국이 급속히 국력을 신장(伸張)하는 경우, 다시 말해 지배국과의 국력격차가 급격히 좁혀지는 경우, 패권전쟁이 발발할 가능성이 높아진다. 지배국은 도전국이 더 강력해지기 전에 '선제적으로' 위협을 해소해야 할 필요가 있고, 도전국은 힘의 격차가 없어졌으니 "부당한" 질서를 자신에게 유리한 것으로 대체하기 위해 일전을 불사하게 된다는 것이다.

이러한 관점에서 보면 제1차세계대전도 지역 수준에서의 "선제적 예방전쟁 (preventive war)"으로 볼 수 있다. 이에 따르면 독일은 러시아가 프랑스의 도움으로 건설하고 있던 모스크바-블라디보스토크(Moscow-Vladivostok) 간 9,286km의 시베리아횡단철도가 완공되면, 그리고 당시 진행 중이던 군사동원 개혁이 완성되면, 자신의 쉴리펜 계획이 무력화되고, '2개의 전선'에서 고전하게 될 것을 우려하여 선제적으로 전쟁을 일으켰다는 것이다.

제2차세계대전은 세력전이의 관점에서 보면 독일이 성급하게(premature) 일으킨 전쟁, 즉 "현상타파적 패권전쟁"이었다. 1차대전 후 성립된 독일의 바이마르 공화국은 능력 면이나 자신감에 있어서나 타국의 우려의 대상이 되지 못하였다. 그

....

2   Organski, A. F. K. *World Politics*, Knopf, 1968.

러나 히틀러가 집권하자 상황이 급변하였다. 1933년 영국의 군사비에 대한 독일의 군사비 비중이 전년에 비해 45.8%(1932년)에서 135.7%로 급증하였다. 같은 기간 동안 병력의 비중도 37.3%에서 99.1%로 급증하였다. 경제규모의 측면에서도 독일은 5-6년 사이 영국을 크게 상회하는 성과를 내었다. 따라서 독일은 연합국 측이 강제한 베르사유 조약에 의한 유럽질서가 대단히 불만족스러운 상황하에서 자신의 물리력이 패권국에 맞먹거나 추월하였다고 인식하면서 "부당한" 질서를 타파하고 자신의 새로운 질서를 건설하고자 전쟁을 일으켰다고 볼 수 있다.

세력전이이론가들과는 달리 세력균형이론가들은 2차대전의 원인을 영국과 미국이 독일 지배하의 유럽대륙을 전략적인 관점에서 방치할 수 없었던 데서 찾고 있다. 그들에 의하면, 영국이나 미국은 독일이 유럽대륙 전체를 손아귀에 넣게 되는 위험한 상황이 아니라면 독일의 급성장에 대해 무력으로까지 대응할 이유는 없었다. 영국과 미국은 공히 여론을 중시하는 다원주의 국가였고, 양국의 집권자들은 자신의 국민들이 전쟁을 원하지 않는다는 것을 잘 알고 있었다. 영토를 무력으로 확장해야 할 이유도 없었다. 전전(前戰) 양국은 나치독일군에 맞설 수 있을 만큼의 병력을 갖고 있지도 않았다. 자본주의 국가인 영국과 미국 입장에서는 당시 같은 자본주의 국가로 여겨지던 독일이 자본주의를 위협하는 공산주의 소련을 공격하거나 붕괴시킨다면 그렇게 나쁜 일도 아니었다.

그러나 세력균형이론가들에 따르면, 양국은 독일의 야심이 실현되면 유럽대륙에서의 세력균형이 붕괴될 수 있다는 가능성을 좌시할 수는 없었다. 1차대전이 발발한 1914년의 경우와 마찬가지로, 독일이 유럽대륙의 북부 해안을 점령/지배하게 되면 영국의 교역은 치명적인 위험에 처하게 될 것이었다. 더욱 중요한 것은 유럽대륙에서 세력균형이 유지되면 영국이 전통적으로 대륙 문제에 불개입한다는 고립주의적 정책/관행을 지속할 수 있겠지만, 대륙에서 비민주적 독일이 패권을 잡을 경우 당연히 그 공세적 후과는 바다 넘어 영국으로 파급될 것이 분명하다는 사실이었다.

독일 지배하의 유럽대륙이 미국의 안보 자체를 직접 위협할 정도로 심각한 사안은 아니었을 수도 있겠지만, 유럽에서의 세력균형이 무너져 영국의 생존마저 위협받을 가능성은 사실상의 동맹국 미국으로서는 사활적 이익이 걸린 문제로 볼 수밖에 없었고, 따라서 무너지는 세력균형을 회복하려는 중대조치를 취할 수밖에 없었다. 못지않게 중요한 것은 유럽대륙의 시장이 폐쇄적인 나치 경제블록에 의해, 그리고 동아시아의 시장이 폐쇄적인 일본의 경제블록에 의해 통제 받게 된다면, 이는 프랑스의 정치철학자 알렉시 드 토크빌(Alexis de Tocqueville)이 오래 전에 지적했듯이, "통상·해양 대국"인 미국에게는 심대한 경제적 위협이 아닐 수 없었다는 점이다.[3] 나아가 적대적 국가들의 해군함정들이 대양의 군항들과 기지들을 손아귀에 넣는다면, 이는 세계전략적인 관점에서, 미국의 상업적 국가이익을 근본적으로 저해하는 상황으로서 결코 묵과될 수 없는 것이었다.

세력전이론이나 세력균형론이 상정하는 단순한 국가 간 권력관계나 전략적 이익의 차원에서 볼 수 없는 요인들을 지적하는 국제정치학자나 역사가들도 있다. 전쟁을 일으킨 나라들의 "고유한 국가이익 개념"이나 해당 국가의 국내정치 및 경제적 요인이 못지않게 중요하다고 보는 시각이다. 그들에 의하면, 히틀러가 전쟁을 하려 했던 주요 이유 중 하나는 프랑스, 영국, 러시아의 '포위(encirclement)'에 대한 그의 공포였다. 그는 1930년대 독일이 이들 국가에 대해 누리던 이점들은 머지 않아 사라질 것으로 보았다. 이들 국가가 독일보다 더 빨리 성장할 것이라는 우려라기보다는, 오히려 이들 국가가 보유하고 있는 잠재능력이 현실화될 날이 멀지 않았고, 그 전에 이들을 하나씩 하나씩 상대하여 제압하지 않으면 안 된다고 생각하였던 것이다.[4] 그러나 와인버그(Gerhard Weinberg)에 따르면, 그가 장차 미래의 초강대국 미국과 대결하려면 유럽 전체를 장악해야만 한다는 생각을 하긴 했지만, 패권을 노리는 "세력전이적" 전략적 고려가 그의 계산에 포함되지는 않았다.[5]

이탈리아의 파시스트인 무솔리니(Benito Amilcare Andrea Mussolini)는 기회주의적 동기를 가지고 있었다. 그의 목표는 지중해와 아프리카에서 이탈리아의 식민지를 구축하고 확장하는 것이었다. 그는 히틀러가 전쟁에서 승리할 것으로 보았고,

....

3   Alexis de Tocqueville, *Democracy in America*, *Library of America*, 2004, p. 462.

4   Gerhard L. Weinberg, *The Foreign Policy of Hitler's Germany: Starting World War II 1937-1939*, Vol. 1, Prometheus Books, 1994, p. 358.

5   Weinberg(1994), p. 358.

따라서 이탈리아가 프랑스를 공격하고 독일 편에 섬으로써 전후 전리품을 챙기고 지중해에서 패권을 쥘 꿈에 부풀어 올랐다.[6]

일본은 '자족적(自足的)' 제국이라는 꿈을 성취하기 위해 지리적으로 인접한 약소국들을 편취하는 방법을 선택하였다. 1930년대 일본은 상당한 군사력을 보유하고 있었으나, 소련이나 미국에 도전할 수 있는 정도는 전혀 아니었다. 따라서 열강의 권력관계의 동학(動學, dynamics)에 참여/개입할 수 있는 동기가 부재하였다. 일본의 만주 점령(1931년)과 중국 침공(1937년)은 군국주의 및 제국주의의 사례로서 전략적 계산과는 별도로 고유의 민족주의적 국내정치, 그리고 미국발 공황으로 무너져가던 외부지향형 국내경제에 기인한 바가 컸다.

일본은 당시 명목상 의회를 가지고 있었지만, 실권은 "천황," 군부, 그리고 재벌(財閥)의 수중에 있었다. 오랜 사무라이 전통은 일본 정치에서 군부의 위상을 높여준 문화적 요인으로 작용하였다. 1920년대부터 군인들의 정치참여가 사실상 제도화되어 군부 특히 급진 민족주의적 장교들의 정치적 입김이 강해졌다. 만주에 주둔하고 있던 관동군은 '국체(國體)', 즉 천황을 신성시하는 황도파(こうどうは, 皇道派) 군맥의 핵심 중 하나였다.[7]

1920년대 말 미국발 공황에 따른 세계 경제와 무역의 급속한 위축은 민족주의적 군국주의와 제국주의가 결탁하게 된 배경으로 작용하였다. 세계경제의 위축은 먼저 일본의 농업과 산업에 치명타를 가하였다. 당시 일본인들의 상당수는 일본이 국가로서 살아남기 위해서는 자원, 연료, 시장을 무슨 수단으로든 반드시 확보해야 한다고 생각하였다. 그러나 서구 자본주의와의 자유경쟁은 부담스러웠다. 독일 민

....

6   R. J. B. Bosworth, *Mussolini*, Bloomsbury Academic, 2002, p. 370. Richard Ned Lebow, *Why Nations Fight: Past and Future Motives for War*, Cambridge University Press, 2010. p. 39에서 재인용.

7   러일전쟁에서 승리한 일본은 1905년 러시아와 맺은 포츠머스조약 2조에 따라 군 주둔권을 승인받고, 러시아의 조차지(租借地)인 랴오둥반도(遼東半島)를 인수하여 관동주(關東州)를 만들고 관동도독부를 두었다. 일본은 또한 포츠머스조약에서 창춘(長春)·뤼다(旅大) 간의 권익을 획득한 후 1906년 12월 7일 남만주철도주식회사(약칭 滿鐵)를 설립하여, 광대한 철도 부속지를 포함하는 만주 침략을 위한 국책회사(國策會社)로서 운영하였다. 원래는 러시아가 1898년의 랴오둥반도 조차조약(租借條約)에 의해서 취득한 부설권에 따라 둥칭철도[東淸鐵道]의 지선으로 건설하였으며, 1901년에 개통되었다. 관동주와 남만주 철도의 경비를 위해 병력을 주둔시킨 것이 관동군의 시초이다.

족주의자들과 마찬가지로 일본의 민족주의자들은 서구 자본주의에 종속된 일본을 거부하고, 자족적인 일본제국을 창조하려 하였다. "대동아공영권(大東亞共榮圈, 1940년 7월)"이라는 폐쇄적인 '엔 블록(Yen Bloc)'이 그 결과 중 하나였다. 그런데 이는 미국의 전후 구상인 대서양헌장(the Atlantic Charter, 1941년 8월 14일)에서 재확인되었듯이, 미국의 핵심가치인 '자유무역주의' 경제이념과 정면 충돌하는 것이었다.

일본이 중국과 동남아에 대한 지배력을 확장하려 하자 미국은 이를 저지하기 위해 '전략물자 금수조치(embargo)' 등 행동에 나섰다. 1941년 늦가을 일본은 미국을 기습 공격해야 한다고 판단하였다. 일본은 기습 공격을 당한 미국이 협상 테이블로 나올 것이고, 미국의 지원을 받지 못하는 장제스(蔣介石, 장개석; 개석은 자(字)이고 본명은 장중정[蔣中正])의 중국도 결국 일본과 타협할 수밖에 없을 것이라고 오판하였다. 만약 "왜 1941년 12월인가?" 하는 '타이밍'이 중요했었다면, 그것은 일본의 입장에서는 '전술적(tactical)'인 것이었다. 즉 연합국들의 일본에 대한 '전략물자 금수조치'가 몇 년 더 지속될 경우 일본이 해전을 벌일 능력이 상실될 것이라는 우려가 있었던 것이다.[8] 어쨌든, 일본의 대미 전쟁의 결정과 수행은 패권전쟁이나 아시아태평양상의 세력균형과는 거리가 있는 민족주의적 일본 권역의 구축과 확장이라는 목표, 그리고 그것을 달성하기 위한 '지경학적(地經學的, geoeconomic)'인 전술전략적 계산에 따른 것이었다.

국제정치이론가들과는 달리, 역사가들은 히틀러의 역사관과 정치적 비전을 더 중요시한다. 영예로운 독일제국을 위해 1차대전에 참전하였으나, 생각도 하지 않았던 패전과, 수치스러운 항복으로 인해 고통, 좌절, 분노를 안고 살아가던 '열혈졸병(熱血卒兵)' 히틀러에게 바이마르 공화국은 무기력하고 유약한 정치체였고, 지도자를 자처하던 사회민주주의 지도자들은 역적패당과 다르지 않았다. 그는 독일제국이 부활하기 위해서는 베르사유 조약을 대폭 수정하거나 아예 폐기해야만 한다고 생각하였다. 그러기 위해서는 독일이 강력해져야만 하였다. "위대한 아리안족"의 후예인 독일민족이 외국군의 통치를 받고, 프랑스로부터 지속적인 위협을 받는 상황을 해소하기 위해서는 물리력을 신속히 확보해야만 하였다. 게다가 그가 건설하

....

8   Akira Iriye, *The Origins of the Second World War in Asia and the Pacific*, Routledge, 1987.

려는 독일인 우월주의에 입각한 인종주의 국가는 러시아에서 공산혁명을 일으켰고 베르사유에서 "나라를 팔아먹은" 유대인들과 공산주의자들의 공모(共謀)를 종식시켜야 하는 임무도 가지고 있었다. 독일인들은 공산 러시아를 정복하고 러시아 서부의 광대하고 비옥한 영토를 접수함으로써 위대한 게르만 민족의 '천년왕국'을 영위할 수 있을 것이었다. 여기서 중요한 것은 히틀러의 이러한 비전이 일부라도 추진된다면 전쟁은 불가피한 것이었다는 점이다. 영국과 프랑스는 독일이 부당하다고 여기는 베르사유 조약의 일부를 개정할 수는 있었겠지만, 강력하게 부활한 독일이 유럽의 심장부를 차지하고, 러시아 영토를 탈취하여 독일민족을 위한 '레벤스라움(Lebensraum, Living Space, 생활공간)'까지 창출하여 유지하려 한다면, 자신들의 생존을 위해서 전쟁 이외의 방법은 고려될 수 없었을 것이다. 히틀러의 정치적 비전은 1919년 구축된 유럽의 기본질서와 정면으로 충돌하고 있었다.

위에서 제시된 원인들 외에도 다양한 요인들이 논쟁의 대상이 되어 왔다. 1차대전 후의 미국의 고립주의(isolationism), 세계적 리더십 부재하에 발생한 대공황, 영국의 반소 반공주의와 그에 따른 대독일 유화정책(appeasement policy), 1차대전에 대한 부정적 기억과 전쟁기피 여론 등이 그것이다. 수십 년 동안 연구 분석된 2차대전의 원인에 대해 "이것이다"라고 단언할 수는 없겠지만, "이 모든 것들이다"라고 '백화점 식' 논지를 펴는 것도 무의미하다. 그러나 분명해 보이는 것은, 2차대전은 1차대전의 결과와 큰 틀에서 맞닿아 있다는 것이고, 특히 베르사유 체제의 문제, 그리고 그의 구조적 결과물일 수도 있는 아돌프 히틀러의 가치관과 정치지도자로서의 역량이 주목받아야 한다는 사실일 것이다. 특히 히틀러의 역할은, 다른 역사적 사례들과는 다르게, 역사과정에서 개인의 중요성을 강조할 수밖에 없는 경우이다. 개인과 구조는 '총체적인 관계(holistic relations)'로 보아야 한다. 다시 말해, 노예와 노예제 간의 관계처럼 개체와 구조는 서로의 존재를 상호필수적인 것으로 한다. 노예가 없으면 노예제라는 관념적 구조가 있을 수 없고, 노예제라는 관념이 없으면 노예라는 실제가 존재할 수 없다는 말이다. 히틀러가 없었어도 누군가가 그를 대체하여 2차대전을 일으켰을 것이라는 구조주의적 설명은 한계가 있다. 그리고 히틀러가 없었더라면 2차대전도 없었을 것이라는 주의주의적(主意主義的) 또는 방법론적 개인주의(methodological individualism)도 마찬가지로 문제가 있다.

한편, 여기서 제시된 총체주의적 접근은 변인들이 역사과정 외부에서 주어졌다고 보는 본질주의(本質主意, essentialism)를 수용하지 않는다. 왜냐하면 개인과 구조 간의 상호의존적 관계 및 실제가 인정되는 가운데에서도, 역사의 구체적 과정에서는 서로가 서로를 잡아당기는 인력(引力)이 연속적, 불변적, 균등적이지 않고 오히려 불연속적, 가변적, 불균등적이기 때문이다. 요컨대, 히틀러와 2차대전은 개인-구조 간 총체적 역학관계로 파악되어야 하지만, 그의 개인적 인력은 일반적으로는 인류 역사의 과정에서, 그리고 구체적으로는 2차대전의 시작과 과정에서 실로 대단하였다고 보아야 할 것이다. 아래에서는 1차대전 후 독일과 유럽에 존재하던 구조적 조건과 히틀러라는 개인적 요소에 대한 분석을 통해 2차대전의 원인과 과정, 그리고 그 결과에 대한 이해를 도모해보기로 한다.

베르사유 체제

파리평화회의(1919년-1920년)는 1차대전과 관련된 제 문제를 해결하기 위한 일련의 회담이었고, 독일과의 평화조약인 베르사유 조약(1919년 6월 28일 체결, 1920년 1월 10일 발효)이 가장 중요하였다. 독일인들은 전쟁의 책임은 영국, 프랑스, 러시아 등을 포함해 참전 유럽 강국들에게 있으며, 독일을 전범국가로 규정한 베르사유 조약은 근본적으로 부당하고 불공평하다고 인식하고 있었다. 1919년 6월 28일 '도이치 차이퉁(The Deutsche Zeitung)'은 "복수! 독일인들이여!"라는 문구로 시작하여, 베르사유 조약이 "독일인들에게 견딜 수 없는 수치를 가져다 줬으며, 복수하지 않으면 안 된다"고 격분하였다. 히틀러 자신은 베르사유 조약을 협의의 결과가 아닌 독일인들에게 "주어진 명령(Diktat, dictation, 받아쓰기)"으로 규정하고, 1930년대 중후반 그가 조약을 위반하여 행한 일련의 조치들을 정당화하기도 하였다.[9] 그러나 돌이켜 보면 히틀러는 독일제국이 러시아에게 '브레스트-리토프스크' 조약에서

....

9   Norman A. Graebner, Edward M. Bennett, *The Versailles Treaty and its Legacy: The Failure of the Wilsonian Vision*, Cambridge University Press, 2011, p. 245.

'강제한 명령'은 망각한 채 베르사유에서 '주어진 명령'에만 격분한 것이기도 하였다.[10] 또한 베르사유 조약은 전쟁의 책임을 독일과 그의 동맹국들 모두에게 물었으나(231조), 독일인들은 평화조약이 독일에게 "모든 책임(Alleinschuld, sole guilt)"을 뒤집어씌웠다는 의도적인 왜곡 선전을 받아들여 박탈감과 격분을 자가생산한 면도 없지 않았다.

연합국들이 베르사유 조약을 통해 독일에게 부과한 징벌적 조치는 어떤 것이었나? 베르사유 조약에 따라 1871년 프랑스로부터 독일이 획득한 알자스-로렌(Alsace and Lorraine) 지역은 프랑스에 반환되었다. 석탄이 풍부한 '자르(Saar)' 지역은 국제연맹의 위임통치하에 들어갔다. 이에 따라, '자르'는 영국과 프랑스가 15년간 관리하며 (탄광지역은 프랑스가 통제) 마지막 해인 1935년에 주민투표를 실시하여 독일 귀속 여부를 결정하기로 되었다. 서부 프로이센(Prusy Zachodnie, West Prussia)과 포젠(Poznańska, Posen)의 거의 전부는 민족자결주의에 따라 새로운 나라로 태어난 폴란드에게 할양되었다. 신생 폴란드가 내륙국이 되어서 바다로의 길을 열어줘야 했기 때문에 이른바 길다란 '회랑(回廊, the Polish Corridor)'을 허용하였는데, 이로써 독일은 동프로이센 지방과 차단되었다. 독일 항구였던 단찌히(현재 폴란드의 그다니스크, Gdańsk)는 자유시의 법적 지위를 갖게 되었다. 단찌히의 대외관계, 관세 등의 문제는 폴란드가 관할하고, 대내관계는 국제연맹의 고등판무관(High Commissioner)이 관장토록 하였다. 북부 실레지아(Upper Silesia)는 주민투표에 따라 덴마크에 귀속되었다. 메멜(Memel)은 리투아니아로 넘겨졌다. 독일은 영토의 13%, 인구의 10% 정도를 상실하였다. 독일의 식민지는 영국과 프랑스가 주도하는 국제연맹의 관할이 되었다. 1918년 독일이 러시아로부터 빼앗은 에스토니아, 라트비아, 리투아니아는 독립국이 되었다. 오스트리아와의 병합은 금지되었다.

베르사유 조약은 독일의 라인란트(Rheinland, the Rhineland)를 비무장화하였다. 라인란트는 네덜란드, 벨기에, 프랑스, 스위스와 국경을 공유하는 독일 라인강 서쪽의 독일 영토로서 독일의 석탄, 철광석, 제강 등을 포괄하는 핵심 산업요충지

....

10 Eugene Davidson, *The Making of Adolf Hitler: The Birth and Rise of Nazism*, University of Missouri Press, 1997, p. 99.

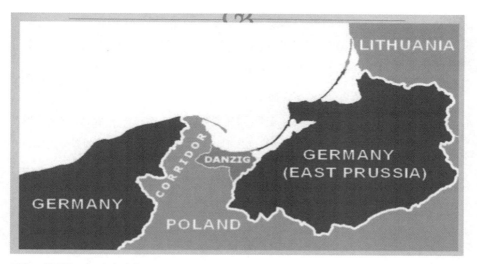

폴란드 회랑(Corridor)의 위치.

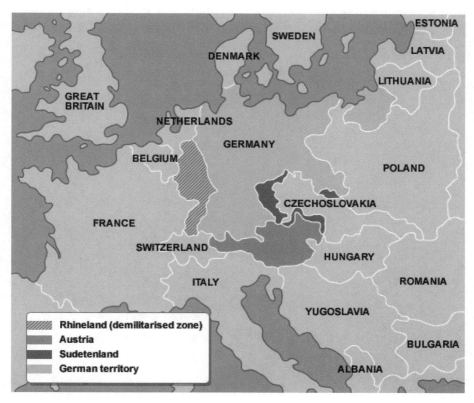

라인란트의 위치(빗금친 부분).

였다.

　연합국들은 독일과의 정전협정 체결 이후 이 지역으로부터 독일군을 철수시키고 1918년 말부터 프랑스, 영국, 벨기에 군을 주둔시켰다. 이들 점령국들의 군대는 베르사유 조약의 발효 후 5년마다 해당 지역으로부터 돌아가며 철수하게 되어 있었고, 따라서 1935년에 모두 철수할 것이었다(그러나 실제로는 영국의 제안에 따라 1930년 최종적으로 프랑스군 철수가 이루어졌다). 나아가 연합국들은 라인강 좌안(左岸)은 물론이고 라인강 우안의 50km 지역을 비무장지대로 만들었다.

　베르사유 조약은 독일의 군비축소에도 중점을 두었다. 징집제도는 폐지되었고, 독일의 육군은 10만 명의 직업군인으로 구성하되, 장교는 5천 명으로 제한되었다. 그리고 중포(重砲), 탱크의 보유가 금지되었고, 공군은 허용되지 않았다. 해군 병력은 15,000명, 함선은 36척으로 제한되었고, 노후화된 함선 교체 시 1만 t을 초과하지 않도록 하였다. 잠수함 보유 역시 금지되었다. 전쟁 시 군의 중추 역할을 했던 일반참모부(General Staff)도 해체되었다.

　영토와 군축 문제 이외에 연합국들이 베르사유 조약을 통해 독일을 혹독하게 처벌했던 수단은 전쟁배상금과 관련된 것이었다. 평화회담 초 영국, 프랑스, 벨기에 등은 전쟁 시 파괴된 것뿐 아니라 전쟁으로 인해 발생한 모든 비용을 배상금으로 요구하였다. 독일 처벌에 대해 프랑스는 영국보다 더 강경하였다. 이는 양국 간 전략적 입장의 차이에서 비롯되었다. 영국은 유럽에서의 세력균형을 유지하려는 자신의 전통적인 정책에 입각해서 프랑스가 유럽을 지배하게 될 가능성을 우려하였다. 프랑스는 독일을 약화시키는 데 전력을 기울였지만, 영국은 독일이 장차 유럽에서의 세력균형의 한 축이 될 수 있도록 원려(遠慮)를 갖고 협상에 임하였다. 영국은 '독일 털기'에 덜 적극적이었던 것이다. 권력정치와 세력균형을 지양하고 소통과 신뢰에 기초한 새로운 국제정치를 추구하던 미국의 윌슨은 독일에 징벌과 함께 새출발을 제시하고자 하였다. 그는 독일의 배상능력을 고려하여 보다 온건한 접근을 제시하였다. 물론 독일인들은 배상금 요구 자체가 부당하다고 봤기 때문에 윌슨의 대안을 흔쾌히 받아들이지는 않았다.

　1921년 1월 연합국배상금위원회(the Inter-Allied Reparations Commission)는 독일이 지불해야 하는 배상금 총액을 2,690억 금화 마르크(당시 630억 달러, 2017년 현재 7,680억 달러)로 결정하였다. 이는 당시 96,000톤의 금 또는 전전(戰前) 독일 GDP 의 530%에 달하는 액수였다.[11] 같은 해 이 액수는 2,260억 금화 마르크로 조정되었지만, 당시 상당한 재정 압박을 받고 있던 독일로서는 감당하기 쉽지 않은 수준이었다. 당시 영국 재무부 대표로 협상에 참가했던 경제학자 존 매이너드 케인즈 (John Maynard Keynes)는 "독일이 재원을 충당할 수 없으면 올바른 정책을 만들어낼 수 없다"는 말을 남기고, 과중한 배상금 요구에 항의하며 중도에 직을 사퇴하였다.[12] 배상은 다양한 형태로 이뤄졌는데, 현금뿐 아니라 석탄, 철강, 지적 재산권(예를 들어, 아스피린의 등록상표), 농산물 등을 망라하였다.

독일은 1921년 8월 최초의 배상금으로 25억 금화 마르크를 지불하였다. 이는 그야말로 독일중앙은행이 찍어낸 "인쇄된 종이"였다. 사실 독일은 돈 인쇄로 모든 문제를 해결하려 하였다. 인플레이션이 불가피하다는 것을 알았지만 대안이 없었다. 이제 빵 한 덩어리를 사기 위해 돈을 수레로 가지고 가야 하는 상황이 실제 발생한 것이었다. 독일은 최초 배상금을 지불한 후 채무불이행을 거듭하였다. 자금 조달이 문제였지만, 독일이 전쟁배상 자체에 대해 부당하다는 인식을 갖고 있었기 때문이다. 1923년에 이르러 프랑스는 독일의 채무불이행을 더 이상 참지 않았다. 영국은 '지불유예(moratorium)'를 제의하였지만, 전쟁의 가장 큰 피해를 본 프랑스와 벨기에는 강경한 입장을 고수하였고, 마침내 프랑스와 벨기에 군 60,000여 명은 1923년 1월 11일 독일의 공업지역 루르(Ruhr)를 점령하여 배상을 현물로 취하고자하였다. 점령군 당국은 루르 지역에서 각종 상품, 자산, 지하자원을 압류하고, 자신들이 보기에 불필요한 독일인들을 추방하였다. 독일 노동자들은 파업이나 태업, 작업 방해, 그리고 파괴 공작 등으로 저항했고, 독일공화국 정부는 파업 중인 노동자

....

11   Bob Swarup and Dario Perkins, Lombard Street Research, *Special Report: Till Debt Us Do Part*, February 2013, p. 7.

12   케인즈는 이후 펴낸 『평화의 경제적 결과(*The Economic Consequences of Peace*)』에서 독일에 부과된 천문학적 배상액은 독일경제를 수렁에 빠뜨릴 것이라 경고하였다. John Maynard Keynes, *The Economic Consequences of the Peace*, Macmillan & Co., 1919. 2017년도 판은 CreateSpace Independent Publishing Platform에서 출간. 그러나 현대의 대다수 사가들은 이 배상액이 큰 부담이 된 것은 사실이지만 독일이 결코 감당하지 못할 만한 액수는 아니었다고 판단하고 있다.

들의 급료를 지속적으로 지급함으로써 프랑스 등에 저항하고 루르 지역을 지키겠다는 의지를 분명히 하였다.

1923년의 루르 점령은 향후 벌어질 사태에 큰 영향을 주게 될 사건이었다. 루르 점령은 독일의 상공업을 마비시켰고, 마르크화의 가치를 급격히 떨어뜨렸고, 물가를 올리고, 재정을 파탄으로 몰고 갔다. 이로 인해 독일 바이마르 정부에 대한 지지도는 급락하였다. 경제 붕괴와 사회 불안정의 조짐이 확연해지자 극좌와 극우파들이 득세하게 되었다. 많은 역사가들은 루르 점령을 히틀러의 부상을 초래한 주요 원인으로 꼽고 있다.[13]

독일 정부의 '돈 찍어내기'와 루르 점령이 초래한 문제를 타개하기 위해 1924년 미국은 '도즈 계획(Dawes Plan)'을 통해 연합국들의 루르 점령 종료, 그리고 배상액 및 이행 계획의 재조정을 제안하였다. 미국의 압력을 받은 프랑스와 벨기에의 점령군은 1924년 8월 루르에서 철수하였다.

루르 철군이 이루어자 연합국 측과 독일 간의 분위기가 개선되었다. 그러나 곧 라인란트 문제가 불거졌다. 즉 연합국 측은 연합국군사통제위원회(the Inter-Allied Military Control Commission)가 라인란트 비무장화가 제대로 지켜지지 않고 있다는 내용의 중간보고서를 제출하자 1925년 1월 10일로 예정되어 있던 제1차철수를 하지 않기로 결정하였던 것이다. 독일의 쉬트레제만(Gustav Stresemann) 외교장관은 외교적 돌파구를 마련하고자 하였다. 그에게는 1차철병 연기 외에도 영프동맹이 결성될지 모른다는 첩보가 입수되어 긴장하지 않을 수 없었던 터였다. 그는 영국에게 베르사유 조약 재확인과 독일의 지위 개선을 담은 다자적 협정을 제안하였다. 영국은 영프동맹의 가능성이 전혀 없다는 영국의 의지를 독일에 보여줄 필요가 있었다. 만일 독일이 오인이나 오해를 하여 공산 소련과 가까워진다면 치러야 할 비용이 막대할 것이었기 때문이다. 이러한 배경에서 프랑스, 독일, 벨기에, 영국, 이탈리아(영국과 이탈리아는 조약보장국가로 참여)에 의해 1925년 12월 1일 성립된 로카르노 조약(Treaty of Mutual Guarantee between Germany, Belgium, France, Great Britain and Italy, 합의는 같은 해 10월 16일)은 6개의 협정을 포함하였다. 가장 중요한 것으로

....

13   Ruth Hening, *Versailles and After 1919-1933*, Lancaster Pamphlets, 1984, p. 35.

서 제1협정, 즉 라인란트 협정(Rhineland Pact)은 ① 5개국은 프랑스·독일 국경, 벨기에·독일 국경의 현상유지를 보장한다; ② 라인란트의 비무장을 규정한 베르사유조약 제42, 43조의 준수를 보장한다; ③ 프랑스·벨기에와 독일은 자위(the exercise of the right of legitimate defence)의 경우를 제외하고는 서로 전쟁을 하지 않는다; ④ 프랑스와 독일, 벨기에와 독일은 모든 분쟁을 평화적으로 해결할 것을 약속한다 등을 담았다. 쉬트레제만은 로카르노 조약을 통해 연합군의 라인란트 철수를 기대할 수 있었고, 영프동맹의 가능성에 대한 불안감을 떨쳐버릴 수 있었다. 독일은 로카르노 조약을 체결함으로써 다시 국제사회의 구성원이 되어 패전국의 법적 지위에서 탈피할 수 있었다. 소련은 이 조약을 반소적 영국이 주도한 반소동맹조약으로 보고, 독일이 여기에 편입된 것으로 이해하였다. 소련의 외교담당 정치위원 치체린(Georgy Chicherin)은 소련의 언론을 통해 영국의 저의를 신랄하게 비판하는 한편, 9월 말에는 베를린을 방문하여 쉬트레제만이 "영국의 꾀임"에 빠지지 말라며 로카르노행 열차가 출발하기 1시간 전까지 쉬트레제만을 설득하였다.[14] 그러나 쉬트레제만은 자신이 원하던 것을 실행하였다.

한편, 미국 등은 독일의 전쟁배상금과 관련하여 1929년 도즈 계획을 대체하는 '영 계획(Young Plan)'으로 배상액을 1,120억 금화 마르크로 더욱 감경하고, 미국 금융가의 대출을 보장하며, 나아가 59년에 걸쳐 분할 지불하도록 하는 등 이행계획도 보다 유연하게 조정하였다. 그러나 독일은 배상금 지불 능력이나 의지가 결여된 상태에서 1929년 미국에서 발생한 세계대공황의 파고가 들이닥치자 1931년 배상금 지불을 중단하였다.[15] 연합국들은 대공황에 따른 세계적 금융위기로 인해 독일의 배상금 지불이 불가능하다고 판단하고 1932년 로잔느 회의(Lausanne Conference)에서 이 문제를 논의하였다. 여기서 영국 프랑스 등은 배상금 액수를 30억 금화 마르크로 경감하고, 지불의 무기한 연기에 사실상 합의하면서, 이들이 전시에

....

14   Edward Norman Peterson, *An Estimate of Gustav Stresemann*, Thesis(MA), University of Wisconsin-Madison, 1951, p. 436.

15   공황의 여파로 인해 독일뿐 아니라 수많은 국가들이 전쟁으로 인한 엄청난 재정적자에 허덕이게 되자 미국 대통령 허버트 후버(Herbert Hoover)는 '배상금 지불 1년 유예책'을 도입하였다.

미국에게 진 채무 탕감과 연동하고자 하였다. 1932년 12월 미국 의회는 이를 거부했고, 독일의 배상금 지불 체제는 이미 붕괴한 것이나 마찬가지가 되었다.

독일은 1933년까지 배상금 전체 액수의 1/8을 변제하였다. 같은 해 수상이 된 아돌프 히틀러는 독일은 전쟁배상을 할 이유가 없다며 한 푼도 지불하지 않겠다고 선언하였다. 이는 그가 1928년부터 주장해온 바였다. 그가 그렇게 믿었을 수도 있고, 정치전술로 사용한 면도 있었을 것이다. 문제는 초인플레이션과 높은 실업률에 시달리던 독일인들은 '독일과 독일민족의 자존심'을 자극하면서 배상금 문제를 정치선전의 도구로 활용한 나치당에 쉽게 현혹되었다는 사실이다. 그러나 히틀러가 지불하지 않겠다고 했어도 독일이 이미 발행한 국채는 없어지지 않았다. 이로 인해, 히틀러가 일으킨 세계대전이 끝나 독일이 분단된 후 "서독 동독 중 누가 빚을 짊어져야 하는가?"하는 새로운 질문이 야기되었다.[16]

아돌프 히틀러

앞서 말했듯이, 2차대전의 주요 원인은 1차대전의 결과와 밀접히 연결되어 있었다. 1차대전 후의 독일 및 유럽의 정치 경제 사회를 포괄하는 구조적 조건은 '시즌 2' 또는 '연장전으로서의 2차대전'이 발발하는 데 핵심적 촉진제 역할을 하였음을 부인하기 어렵다는 의미이다. 전쟁을 일으킨 인간주체인 아돌프 히틀러도 그러한 구조적 조건하에서 형성된 결과가 아니라고 할 수도 없을 것이다. 그러나 그는 구조에 의해 형성되고, 그 제약하에서, 구조의 규범과 의미를 집행한 수동적인 행위자는 아니었다. 다시 말해, 그가 없었어도 2차대전은 일어났고, 또 시간과 공

....

16   이들 중 누구도 배상금에 대한 책임을 인정하지 않은 채, 1953년 6월에 이르러 서독이 런던 합의를 통해 독일이 1924년과 1930년 사이에 발행한 국채에 대해 점진적 변제를, 통일 이후엔 전액 상환을 약속하였다. 서독은 1990년대 초부터 원금을 갚기 시작하였고, 통일 20주년, 그리고 1차대전 패전 92년 만인 2010년 10월 3일 통일독일이 이자까지 최종적으로 변제하였다. 앞서 말했듯이, 독일이 변제한 액수는 배상금위원회가 책정한 배상금 전액은 아니고, 1924-1930년 사이에 독일이 발행한 채권과 이자, 그리고 외국인(대다수는 미국인인 투자자들)에게 판매된 채권을 포함하는 액수였다.

간, 그리고 양태 모든 면에서 유사했을 것이라는 주장은 큰 무리가 있다는 말이다. 그가 없었다면 2차대전이 일어나지 않았을 수도 있고, 일어났더라도 실제로 인류가 경험한 그런 참혹한 대전이 아니었을 가능성이 높다. 요컨대 총체주의적 '개인-구조' 관(觀)은 히틀러와 2차대전 간의 관계를 분석하는 적절한 시각으로서, 구조가 히틀러를 만들어낸 만큼이나 히틀러도 2차대전을 일으켰고 그 과정을 지배하였다고 보아야 한다. 레닌이나 마오 없이 러시아 사회혁명이나 중국 공산혁명을 이해할 수 없듯이, 히틀러의 동기와 능력에 대한 이해 없이 2차대전을 이해하기는 어렵다. 아래에서는 이러한 관점하에서, 인간 아돌프 히틀러가 당시 독일의 현실, 그리고 유럽의 구조적 제약과 어떻게 교호작용을 하며 파멸적 세계대전의 시작과 과정을 주도하였는지를 알아보고자 한다.

비엔나와 뮌헨의 히틀러

아돌프 히틀러는 1889년 4월 20일 독일 바이에른 주와 근접한 오스트리아 북부의 작은 국경 마을 '브라우나우 암 인(Braunau am Inn, 인 강변의 브라우나우)'의 한 월세 아파트에서 태어났다.[17] 그의 아버지는 자수성가한 세관 관리였고, 어머니는 가난한 농촌 출신 주부였다. 아버지는 아들이 관리가 되길 원했지만 히틀러는 이를 완강히 거부하였다. 아돌프는 예술에 관심이 있었지만 아버지는 그를 반강제적으로 실업학교(Realschule)에 보냈다. 그러나 아돌프의 성적은 저조하였다. 1903년 그의 아버지는 세상을 떠났다. 당시 유럽의 중심 중 하나였던 비엔나에서 예술공부를 하길 원했던 히틀러는 고민 끝에 유방암으로 투병 중인 어머니 곁을 떠나 1907년 18세 때 비엔나로 향하였다. 그는 명문 '비엔나예술아카데미(Akademie der Bildenden Künste Wien)'에서 회화를 공부하길 원했으나 시험에 낙방하였다. 재수

....

17   히틀러는 "이 작은 국경도시에서 태어났다는 사실에 행복을 느꼈다." 그 이유는 "이 작은 도시가 독일인이 이루고 있는 두 개의 국가의 국경에 위치하고, 적어도 이 두 국가의 재합병이야말로 우리 청년들이 어떠한 수단을 써서라도 반드시 실현해야 할 일생의 과업이라 여기기 때문이었다." 그는 『나의 투쟁』에서 "독일과 오스트리아는 그 모국인 대 독일로 복귀해야만 한다"고 썼다. 아돌프 히틀러(이명성 옮김), 『나의 투쟁』, 홍신문화사, 1993, p. 8.

(再修)도 성공하지 못하였다. 그는 비엔나에서 고아를 위한 정부지원금과 어머니가 보내주는 얼마간의 돈으로 힘겹게 생활을 꾸려나갔다. 그는 후일 비엔나 시절을 그의 인생 중 가장 슬펐던 기간이라고 회고하였다. 히틀러는 모자라는 돈을 막노동과 비엔나 풍경을 담은 그림을 그려 메워 나갔다. 그의 그림을 괜찮은 가격으로 사주는 딜러들은 주로 유대인들이었다. 이때까지만 해도 그는 유대인에 대해 특별한 악감정을 가지지 않았다. 그는 오히려 "유대인이 이교도라는 이유로 박해받고 있다고 생각했고, 그들에게 유익하지 못한 발언에 대해 혐오감을 느낄 정도였다."[18]

그러나 그는 얼마되지 않아 정치에 눈을 뜨고 "열광적인 반유대주의자"가 되었다. 그는 폭력적 시위와 파업을 주도하며 비엔나의 정치 경제를 좌지우지하던 사회민주주의자들이 주로 자칭 "선택된 민족," 즉 유대인들이라는 사실을 알게 되었다. 그는 "유대인 칼 마르크스"[19]에 의한 마르크스주의를 "유대적 교설(教說)"로 보았다. 그는 마르크스주의를 혐오했고, 마르크스주의자인 유대인들을 증오하게 되었던 것이다. 후일 히틀러는 유대인들이 추종하는 마르크스주의는 "자연의 귀족주의적 원리를 거부하고, 힘과 권력이라는 영원한 우선권 대신에 대중의 수와 그들의 공허한 중량을 주장하며, 인간에게 있는 가치를 부정하고 민족과 인종의 의의(意義)에 이론(異論)을 주장하며, 인간성 존립과 문명화의 가능성을 절단내려고 한다"고 주장하기에 이른다.[20] 그는 또한 비엔나의 반유대주의 정서에 크게 영향을 받았다. 그는 반유대주의 신문과 유인물들을 카페나 신문가판대, 그리고 그가 머물렀던 노숙자 보호소의 벤치에서 쉽게 접할 수 있었다. 그는 오스트리아-헝가리의 대지주이자 정치인이며 반유대주의/게르만 민족주의의 화신이었던 쉐너러(Georg Ritter von Schönerer)와 비엔나 시장이자 반유대주의/대중영합주의 정치인 루에거(Karl Lueger)에 열광하였다. 히틀러는 비엔나를 떠나면서 "절대적 반유대주의자이자 필사적인 반마르크스주의자"가 되었다.[21]

....

18　　히틀러(1993), p. 31.
19　　히틀러(1993), p. 98.
20　　히틀러(1993), pp. 37-38.
21　　Thomas Childers, *The Third Reich: A History of Nazi Germany*, Simon & Schuster, 2017, p. 11.

히틀러는 1913년 5월 아버지가 남긴 토지 유산의 마지막 부분을 상속받고 비엔나를 떠나 독일의 뮌헨으로 이주하였다. 1910년부터 오스트리아 군대에 징집되는 것을 피해온 그는 아예 외국으로 도망을 간 것이었다. 그는 나중에 이유를 밝혔다. 오스트리아의 합스부르크 왕가는 망하고 있었고, 여러 인종이 섞여 있는 오스트리아-헝가리 군대에 가기 싫었다는 것이다.[22] 뮌헨에서 그는 화가로 활동하며 얼마간의 돈을 벌며 생활하였다.

1914년 히틀러는 뮌헨에서 붙잡혀 오스트리아 영사관에 출두하든지 아니면 오스트리아로 추방되든지 하나를 선택해야만 하였다. 그는 결국 1914년 2월 15일 오스트리아에서 징병검사를 받았는데 "무기를 들기에 너무 약하다"는 판정을 받았다. 뮌헨으로 돌아온 히틀러는 1914년 8월 1일 저녁, 자신이 고대하던 소식을 듣게 된다. 그는 뮌헨의 오데온 광장(Odeonsplatz)에서 군중들과 함께 독일군 동원령을 접하게 된 것이었다. 히틀러는 나중에 이 일을 기억하면서 "나는 너무도 감격하여, 무릎을 꿇고 이 시간이 오게 해주신 주님께 정녕 진심으로 감사하였다"고 적었다.[23] 히틀러는 아직 오스트리아 국적이었기 때문에 독일 바이에른의 왕인 루드비히 3세(Ludwig Luitpold Josef Maria Aloys Alfried)에게 입대를 청원하였다. 그리고 그는 왕의 직할연대 배속을 기대하였다. 히틀러는 입대 허가를 받았지만, 결국 독일제국군 바이에른(Bayern, 영어로는 바바리아, Bavaria) 연대에 문서수발병으로 투입되었다. 히틀러는 전선에서 열정적으로 복무하였다. 곧 일병으로 진급했고, 1916년과 1918년 두 번에 걸쳐 부상을 당했으며, '일등철십자가(Iron Cross First Class)' 등 다섯 개의 훈장을 받았다. 부상 후 그는 베를린, 뮌헨 등에서 근무했는데, 이곳에서 노동자 등 시민들의 반전 시위를 접하고 경악하고 분노했으며, 이 무질서의 배후에 좌파 유대인 지식인/혁명가들이 있다는 심증을 굳히게 되었다.

....

22   Catherine Epstein, *Nazi Germany: Confronting the Myths*, Wiley Blackwell, 2015, p. 23. William L. Shirer, *The Rise and Fall of the Third Reich: A History of Nazi Germany*, Simon & Schuster, 1960.

23   David Johnson, *The Man Who Didn't Shoot Hitler: The Story of Henry Tandey VC and Adolf Hitler, 1918*, the History Press, 2014. 히틀러는 『나의 투쟁』에서 이때가 자신의 인생을 바꾼 순간이었다고 적었다. Adolf Hitler, Chapter 5: The World War, *Mein Kampf*, A Project Gutenberg of Australia eBook. http://gutenberg.net.au/ebooks02/0200601h.html

패전이 임박한 시점인 1918년 11월 7일 독일에서는 혁명이 발생하여 황제 빌헬름 2세는 네덜란드로 망명하였고, 11월 11일에는 정전협정이 이루어졌다. 군병원에서 치료를 받고 있던 히틀러는 패전 소식을 듣고 "이것은 반역이고, 유대인들의 음모이며, 의지 박약의 결과"라고 외쳤다. 그는 평생 동안 "독일은 질 수 없으며, 만약 패배한다면 그것은 외국이 아니라 독일에 의한 것이라며, 1차대전에서의 패전은 반역에 따른 것"이라고 생각하였다.[24]

1919년 1월 19일 총선거가 실시되었고, 민주공화파(사회민주당·민주당·독일중앙당)가 대승을 거두었다. 2월 6일 헌법제정을 위한 국민의회가 독일 중부 튀링겐(Thüringen) 주의 바이마르에서 열렸고, 2월 11일 사회민주당의 프리드리히 에버트(Friedrich Ebert)가 독일연방공화국의 임시 대통령으로 선출되었다.[25] 8월 11일엔 연방공화국의 헌법 이른바 바이마르 공화국 헌법이 공표되었다.[26] 이 헌법은 국민주권을 확인하고, 국민의 기본권을 상세히 규정한 민주적인 헌법이었으나 당시 상황을 고려하여 대통령에게 긴급명령권(緊急命令權)을 부여한 제48조는 후일 히틀러가 독재정권을 수립하는 길을 열어 주는 근거가 되었다.

한편, 바이마르 공화국 헌법제정을 위한 국민회의가 소집된 지 얼마 되지 않은 1919년 4월 7일 뮌헨에서 소비에트 공화국이 선포되었다. 유진 레바인(Eugen Leviné), 에른스트 톨러(Ernst Toller), 에리히 뮈잠(Erich Mühsam) 등 유대인들이 소비에트공화국의 지도자였다. 이들은 히틀러가 가장 혐오한 독일 유대인들이었다. 소비에트 공화국은 바이에른(Bayern) 자유주(自由州)의 영역을 기반으로 하여 바이마르 공화국으로부터 독립을 추구하였다. 그러나 소비에트 공화국은 얼마 되지 않

....

24   Kissinger(1994), pp. 289-90.

25   에버트는 제헌의회가 바이마르에서 개최된 지 5일 후인 1919년 2월 11일 독일공화국의 임시대통령에 선출되었다. 그는 신헌법이 1919년 8월 21일 발효되면서 대통령직에 올랐다.

26   헌법 제정을 위한 국민의회(國民議會)가 독일의 바이마르에서 열렸기 때문에 이 이름이 부쳐졌다. 그러나 1871년 정해진 'Deutsches Reich(독일제국 또는 독일합중국)'라는 명칭은 그대로 유지되었다. 바이마르 공화국에서는 바이마르 헌법에 의해 대통령이 매우 강력한 권한을 갖게 되었다. 대통령은 직접선거로 선출되기는 하지만 임기가 7년에 이르렀고 의회를 해산할 수 있었으며 긴급명령권 및 군대의 최고 사령관 지휘도 가졌다. 대통령제와 의회제의 혼합적 요소는 연방의회의 선출과 수상과 내각의 존재로 엿볼 수 있다. 기본적으로는 연방국가의 형태였지만 중앙 권력이 연방보다 강력하였다.

아 바이마르 공화국 정부군 등에 의해 주요 간부들이 체포당하면서 해체되었다.

히틀러는 전쟁이 끝난 뒤 제대하고 뮌헨에서 군무원으로 일하게 되었다. 그의 주요 역할은 자신들의 병사가 좌파 정치관으로부터 영향을 받지 않도록 '면역력을 기르고자' 몇몇 장교들이 조직한 정치 세뇌프로그램에 참가하여 각종 정치집회에 참가한 병사와 강사들에 대한 정보를 수집하여 보고하는 것이었다.[27] 그는 칼 마이어(Karl Mayr) 대위가 지휘하는 바이에른 주 방위군(Bavarian Reichswehr)의 교육/홍보부 프로그램의 일원으로서 당시는 군소정당이었던 독일노동당(Deutsche Arbeiterpartei, German Workers' Party of Germany)에 침투하도록 명령을 받았다. 여기서 그는 독학한 경제학자 고트프리드 페더(Gottfried Feder)의 '이자 예속의 타파'에 관한 강연을 듣고 "국민경제에서 주식자본을 분리해야만 한다," "국제자본이 민족적 자기보존의 기초를 위협한다"는 그의 주장에 크게 공감하였다.[28] 그후 계속 강의를 듣고 토론에 참여하던 히틀러는 1919년 9월 12일 독일노동당에 원서도 내지 않았는데도 입당이 허가되었다는 소식을 듣게 된다. 이후 히틀러는 정보원(Verbindungsmann, intelligence agent)으로서 반유대적 민족주의 집단인 독일노동당의 집회에 자주 참석하였다. 그는 정보원으로 참석했지만, 내면적으로는 새 정권에 반감을 품고 있었으므로, 독일노동당 뮌헨 시 위원장 안톤 드렉슬러(Anton Drexler)의 연설을 듣고 크게 고무되었다. 그는 드렉슬러의 게르만 민족주의, 반유대주의, 반자본주의, 반마르크스주의 정치관을 공유하기 시작하였다. 그는 "당이 작으면 작을수록 더 빨리 올바른 형태로 만들 수 있다"고 보고, 입당원서에 서명하였다. 그는 이러한 집단이 더 효율적으로 조직화될 수 있기를 바랐다. 분노에 찬 대중의 심리에 직접 호소할 수 있는 감성적 메시지의 필요성도 직감하였다.

메시아를 기다리며

당시 독일은 독일제국 힌체 외교장관이 고안하고, 그후 우파 정치인들이 부각

....

27   올로(2019), p. 273.
28   히틀러(1993), pp. 97-98.

시킨 '등 뒤에서 칼 찌르기,' 즉 '배후비수론(背後匕首論, stab-in-the-back theory)'이 잘 먹히고 있는 상황이었다. 독일제국이 전쟁에 패한 것은 전력이 약해서가 아니고, 열심히 조국을 위해 싸우고 있는 독일제국 군대의 "등에 칼을 꽂은" 독일 내부의 공산주의자들, 사민주의자들, 그리고 유대인들 때문이라는 것이었다. 특히 제대 군인들은 자신들의 명예를 위해서도 이를 열렬히 받아들여 지지하였고, "비겁한 역적들"에게 공공연히 적개심을 드러내었다. 이들의 관점에서 보면 그 "역적들"은 독일제국의 등에 칼을 꽂았을 뿐 아니라, 독일과 독일민족의 올가미인 베르사유 조약을 체결한 반역의 주역이었다.

베르사유 조약은 실제로 독일인들에게 견디기 어려운 모욕이었다. 이런 모욕은 그것을 성립시킨 연합국 측의 강제적 방식에 있었다. 그 이전의 유럽의 평화조약들은 승전국과 패전국 사이에서 이뤄진 협상의 결과였다. 물론 협상 과정에서 그 특성상 승전국의 위치가 더 강하였지만, 형식상으로는 패전국도 대등하게 참여하였다. 그렇게 함으로써 패전국의 명예를 지켜주고 합의 사항의 이행에 있어서 공동 책임을 지도록 하는 도덕적인 기반을 마련하였던 것이다.[29] 그러나 이번에는 독일을 배제한 채 승전국들이 합의한 내용을 독일에게 "전쟁을 다시 하지 않으려면 수용하라"는 최후통첩의 형태로 강요하였던 것이다. 독일은 히틀러가 "주어진 명령(Diktat)"이라 명명한 강화조약에 어쩔 수 없이 서명하였다. 이로써 독일인들은 강제에 의해 서명한 조약에 대해 처음부터 그 어떤 책임감도 느끼지 않았을 뿐 아니라, "베르사유의 쇠사슬"에 대한 견딜 수 없는 굴욕감과 모멸감을 한숨으로 삭힐 뿐이었다.[30]

전쟁배상금도 독일인들의 당시 세계관에 큰 부정적 영향을 주었다. 독일을 재기불능 상태로 만들고 싶어했던 프랑스의 강력한 주장으로 독일에게 부과된 유례없이 막대한 전쟁배상금은 패전으로 초토화된 독일 경제를 암연(黯然)의 나락으로 빠뜨렸고, 국민들은 억울하게 전쟁 책임의 멍에를 쓰고 "프랑스에 주는 배상금"을 갚기 위해 "죽을 때까지 혀가 빠지게" 일해야 한다는 모멸감에 탄식하고 있었다.

....

29   제바스티안 하프너, 『히틀러에게 붙이는 주석』, 돌베개, 2014, p. 116.
30   하프너(2014), pp. 48-49.

당시 집권세력은 이러한 독일 국민의 굴욕감과 분노, 그리고 미래에 대한 절망 감을 효과적으로 누그려뜨릴 수 있는 능력을 결여하고 있었다. 황제는 없고, 바이마르 공화국의 사민주의자들은 좌우파로부터 협공을 당하고 있었다. 1918년 11월 혁명의 급진적 좌파나 그 보수 우파 반대자들 어느 편도 바이마르 공화국을 지지하지 않았고, 독일은 그야말로 "공화파 없는 공화국"[31]이 되어 불안하게 방치되었던 것이다. 많은 국민들은 누군가 강력한 지도력으로 자신들을 이끌어주길 갈망하는 분위기였다.

이런 면에서 히틀러는 "행운의 사나이"였다. 예로부터 민주적 합리성으로 경쟁할 수 없는, 그러길 원하지 않는 정치인들은 권력을 획득하기 위해 늘 막연하지만 호소력이 있는 "강력한 지도력"을 높은 정치적 가치로 포장하고 정치상품화하였다. 국제정치는 공권력이 부재한 무정부상태이고, 따라서 "종족적(ethnic)"인 "원형적(原型的)" 민족주의가 호소력을 가질 수밖에 없다. 나치를 혐오하는 독일인들이 독일 또는 독일인에 대한 비난에 대해서는 공격적으로 반응하는 이유이다. 이를 악용하는 정치인들은 내외적 위험과 위협을 부각/과장하고, 이를 극복하고 안보와 질서를 회복하기 위해서는 효율적이고 강력한 지도력이 필요하다는 논리를 편다. 독재와 권위주의가 정당화되고, 사회는 일사분란하게 획일화되며, 독재자의 단기적 성과는 그것의 다대한 장기적 비용에 대한 토론을 봉쇄한다. 히틀러가 행운의 사나이였다는 말은 그의 정치전술전략이 쉽게 먹힐 수 있는 정치적 토양이 바이마르 공화국 사회에 이미 준비되어 있었다는 의미이다.

히틀러는 남다른 재능을 가지고 있었다. 그는 독일 국민의 우울하고 불안한 심리적 상태를 간파하고, 이들의 폐부를 파고드는 '게르만 영광의 재현'이라는 메시아적 연설을 쏟아내었다. 그가 대중에게 잘 먹힌다고 생각한 "거대한 거짓말(big lies)"[32]이 시작된 것이었다. 1920년 독일노동당은 드렉슬러의 지도하에 당의 명칭

....

31   하프너(2014), p. 48.
32   "그들은 그때 하나의 정당한 원칙, 즉 거짓말을 크게 떠벌리면, 곧이듣게 할 수 있는 요소가 언제나 존재한다는 원칙에서 출발하였다. 왜냐하면, 국민 대중의 마음은 본질적으로 타인의 작용으로 타락할 수 있는 것이며, 따라서 그들의 단순한 어리석음으로 하여 작은 거짓말보다 엄청난 거짓말에 희생되기 쉽기 때문이다. 그들 자신은 때때로 작은 거짓말은 곧잘 하지만 엄청난 거짓말을 하는 것은 남부끄럽게 여

을 "국가사회주의독일노동자당(나치, Nationalsozialistische Deutsche Arbeiterpartei; Nazi, National Socialist German Workers' Party)"으로 바꾸었다.[33] 히틀러는 당의 주요 지도자로 부상하였고, 1921년 당수가 되었다. 이제 정치지도자로서의 위엄을 갖춘 히틀러의 민족주의적 호소가 바이마르 정부의 실정과 경제의 악화 등과 결합되면서 그와 나치당에 대한 "애국적" 지지는 급격히 늘어갔다. 특히 나치는 노동자들을 사민주의와 공산주의에서 이탈시켜 게르만 민족주의로 전향시키는 데 큰 성과를 내었다.[34] 1920년 60여 명이었던 당원이 1923년에 이르러 56,000여 명으로 늘어났다. 당원이 아닌 열혈 "애국주의자들"의 수도 급증하였다.

『나의 투쟁(Mein Kampf)』

1923년 11월 8-9일 히틀러는 바이에른 주의 뮌헨에서 600여 명의 무장한 '돌격대'(the Sturmabteilung; SA, the Storm Troopers, 갈색셔츠)를 동원하여 이른바 '맥주홀 무장폭동(Beer Hall Putsch)'을 일으켰다.[35] 당시 에버트 사민주의 정권은 독일

....

기는 것이다. 그와 같은 엄청난 거짓말은 그들이 도저히 생각할 수도 없으며, 따라서 불명예스럽기 짝이 없는 허풍을 떠는 파렴치는, 남들도 가능하리라고는 믿을 수 없을 것이다. 뿐만 아니라 이에 대해 내막의 설명을 들어도 얼른 납득이 가지 않을 것이며, 적어도 상대방의 말에 한 가지쯤은 사실일 것이라고 생각하게 될 것이다. 이는 이 세상의 모든 거짓말 전문가들이나 거짓말의 기술에 대해 함께 모의하는 모든이들에게 잘 알려져 있다." Adolf Hitler, Chapter 10: Why The Second Reich Collapsed, *Mein Kampf*, A Project Gutenberg of Australia eBook. http://gutenberg.net.au/ebooks02/0200601h. html

33 일본과 한국 등에서는 나치를 국가사회주의독일노동자당이라 번역하는데 이는 적절치도 정확치도 않다. 나치는 당시 독일에서 유행하던 민족주의와 사회주의를 교묘히 결합한 정치선전 어구에 지나지 않으며, 특히 히틀러가 독일 민족은 우수하고 유대인과 슬라브족은 열등하다고 주장했고, 독일 민족의 게르만 제국, 즉 제3제국(제1제국은 신성로마제국, 제2제국은 1871-1918년 동안 빌헬름이 지배하던 제국)을 건설할 것을 선포하였다는 의미에서 '국가'가 아닌 '민족'이 정확한 명칭이다. "사회주의"와 "노동자"라는 용어가 들어간 이유는 당시 국민 대다수를 차지하던 노동자들의 지지와 표를 얻으려고 꾸며낸 간판일 뿐이었다.

34 Otis C. Mitchell, *Hitler's Stormtroopers and the Attack on the German Republic, 1919-1933*, McFarland & Company, Inc., 2008. p. 47.

35 아이러니하게도 공화국 정부는 의회민주주의를 전복하려는 반혁명주의자들을 지원하였다. 정부는 의용

이 초인플레이션에 대처하면서 앞으로 나갈 수 있는 유일한 길은 프랑스에 저항하기보다는 협조하는 것이라며, 그간의 비협조노선에서 전향하여, 9월 루르(Ruhr)에서 일어나고 있던 독일 주민들의 저항을 중단하도록 당부하였다. 히틀러는 이를 1차대전에 대한 독일의 책임을 인정하는 것이라며 에버트를 격렬히 비난하였다. 그는 "사민주의 반역자들"의 처사에 격분하여 사태에 대해 설명하기 위해 바이에른 주 총리(staatskommissar) 카르(Gustav Kahr)가 주재하던 '맥주홀 정치집회'에 '갈색 셔츠들'과 함께 난입하였다. 그는 1차대전의 "영웅" 루덴도르프를 옹립하여 바이에른 주 정부를 접수한 후 나치 동조자들과 함께 베를린을 점령하겠다는 심산이었다. 1922년 10월 29일 이탈리아의 베니토 무솔리니가 로마 입성에 성공한 것에[36] 고무된 히틀러와 그의 지지자들은 일단 뮌헨을 거점으로 확보하고자 하였다. 그러나 그의 쿠데타적 폭동은 카르 등의 변심과 방해로 실패하였다. 진압 과정에서 16명의 당원과 4명의 경찰이 사망하였다. 히틀러는 체포되어 반역죄로 기소되었다. 판사는 바이마르 독일의 법에 따라 24시간에 걸쳐 재판을 진행했고, 히틀러가 긴 연설을 하는 것을 허용하였다. 히틀러는 이를 자신의 정치적 소견을 국민에게 알릴

....

군으로 불리는 민병대의 조직을 인가하였을 뿐 아니라 재정적으로도 도움을 주었다. 주요 이유는 1919년 1월의 '제2혁명'과 폴란드의 동부 국경 잠식이라는 상황에 대처하기 위해 불충분한 정규군을 보충하기 위해서였다. 민병대는 8천여 명 규모였다. 바이에른 주에는 이러한 민병대를 보유하거나 연계되어 있는 40여 개의 원형민족주의 단체들이 활거하고 있었다. 국가사회주의독일노동자당도 그 중 하나였다. 이들의 공통점은 '안티'의 총합인 이념, 즉 반민주주의, 반마르크스주의, 반의회주의, 반유대주의를 신봉한다는 점이었다.

36 '로마 진군(the March on Rome)'은 파시스트들이 선전용으로 만들어낸 신화이다. 이탈리아 총리 루이기 팍타(Luigi Facta)는 1차대전 승리를 축하하기 위한 대규모 집회를 1922년 11월 4일 개최하려 하였다. 이를 알게 된 무솔리니는 1922년 10월 22일 자신의 추종자 3만여 명에게 '검은 셔츠'를 입고 로마로 진군하자고 선동하였다. 주이탈리아 미국 대사 리처드 차일드(Richard Washburn Child)는 무솔리니의 계획에 동의하였다. 총리는 계엄령을 발령하였다. 군은 이를 실행할 준비가 되어 있었으나 이탈리아의 정치체제에 대한 신뢰를 상실한 빅토르 에마뉴엘 3세(Victor Emmanuel III) 국왕은 사회주의로부터 사유재산제를 보호하고 왕정을 유지하기 위해 계엄령에 서명하길 거부하였다. 대신 그는 행진 예정일 하루 전인 10월 29일 전보를 보내 무솔리니에게 조각을 요청하였다. 행진은 필요도 없었고, 일어나지도 않았다. 무솔리니는 국왕이 제공한 특별기차를 타고 밀라노에서 로마로 향하였다. 무솔리니가 탄 기차에 중간에 동승한 '검은 셔츠들'은 그와 함께 로마에 도착하여 시내로 같이 걸어갔다. 많은 외신사 진기자들이 셔터를 눌러댔다. 무솔리니는 퀴리날 왕궁으로 입궁하여 총리로서 처음 의회에 참석하였다.

수 있는 기회로 활용하였고, "누군가"를 애타게 기다리던 바이마르의 국민들을 매료시키며 일약 "국민적 영웅"으로 부상하였다. 히틀러는 합법정부를 무력으로 전복하려 하였다는 반역죄를 선고 받았음에도 불구하고 그의 "애국심"이 고려되어 불과 5년의 금고형(禁錮刑)을 선고 받고 '란츠베르크 요새(the Fortress of Landsberg am Lech)'의 감금시설에 수감되었다. 당시 독일 형법하에서 '요새감금시설'은 다른 두 유형의 감옥보다 처벌 강도가 낮은 수준의 형벌시설이었다. 여기서는 강제노역이 없고, 매일 면회가 허용되었다. 요새감금에 처해지는 범법자들은 판사가 보기에 범행동기가 사악하지 않은 사람들이었다. 히틀러를 재판한 법관은 그를 정치범 또는 그에 준하는 양심수로 간주한 듯하다. 그는 히틀러에게 개인비서도 허용하였다. 수감된 히틀러는 같이 투옥된 루돌프 헤스(Rudolf Hess)를 개인비서로 삼았다. 그는 헤스에게 구술하여 자신의 세계관, 정치관, 정치전략을 담은 『나의 투쟁(Mein Kampf)』을 집필하였다. 이 책은 두 권으로 집필되었는데 히틀러는 1권에서 자신의 고향과 부모에 관한 정서 어린 회고로 시작하였지만 이어서 1차대전, 독일 혁명, 선전활동, 독일노동당, 독일제국의 멸망, 민족과 인종, 국가사회주의라는 나치의 철학과 조직 등 다양한 주제에 대한 자신의 견해를 제시하였다. 출옥 후 작성되고 프랑스군이 루르에서 철수한 후 집필된 2권은 국가사회주의 운동에 관한 내용으로, 세계관(Weltanschauung)과 정당, 국가, 마르크스주의, 돌격대, 선전과 조직, 노동조합, 전후 독일의 동맹정책, 정당방위권 등에 대해 보다 정치적이고 정책적인 주제를 다루었다.

히틀러는 『나의 투쟁』에서 2차대전과 핵심적인 연관성을 갖고 있는 "레벤스라움(Lebensraum)"이라는 개념을 구상하였다. "레벤스라움"이라는 용어는 이 저작에서 단 3번밖에 나오지 않지만, 그것을 둘러싼 설명과 비전은 책 전체에 스며들어 있다 해도 과언이 아니다. 히틀러는 1921년-25년 사이 독일이 생존하기 위해서는 "레벤스라움"을 절대적으로 필요로 한다는 믿음을 갖게 되었다. 그리고 이 공간은 독일의 동쪽 특히 러시아 서부의 땅에서 찾을 수 있다고 생각하였다. "레벤스라움"이라는 용어 자체는 히틀러가 만들어낸 것은 아니다. 독일 지리학자였던 프리드리히 라첼(Friedrich Ratzel)은 인간을 포함한 모든 종(種: 생물 분류의 기초 단위, species)의 발전은 그 종이 지리적 환경에 어떻게 적응하는가에 달려 있다는 이론을 제시하였다.[37] 1880-90년대 이 이론을 개발한 라첼은 특히 '종의 이주(移住, migration)'를 사회적 적응 및 문화적 변동을 야기하는 결정적 요인이라고 보았다. 한 지역에 잘 적응한 종은 다른 지역으로 자연스럽게 확산된다는 것이었다. 그에 따르면 종은 건강과 활력을 유지하기 위해서 자신이 점유하고 있는 "레벤스라움"의 크기를 지속적으로 확장해야만 한다. 왜냐하면 이주야말로 모든 종의 자연스러운 특징이고, 레벤스라움을 위한 종의 필요의 표현이기 때문이다. 이 과정은 민족들(völker, peoples)이라는 형태로 집단적 생활을 영위하는 인간에게도 적용된다. 역사를 보면 한 민족이 다른 민족을 정복해오지 않았는가? 라첼은 정복민족이 새로운 영토를 식민화(정복자가 농민을 이주시켜 정착한다는 의미에서)할 때 그러한 확장이 성공적일 수 있다고 주장하였다.

19세기 말에서 20세기 초에 이르기까지 독일 지식인들 사이에서 사회적 다원주의가 호소력을 가지고 있었다. 특히 당시 산업화와 도시화가 초래한 여러 가지 사회적 문제들에 대한 우려가 팽배해지고 있던 상태에서, 그리고 독일제국의 '세계정책(Weltpolitik)' 노선 또는 독일제국주의론이 크게 대두하고 있던 시점에서, 라첼의 "종의 이주론"은 독일의 "필요에 의한 확장"을 정당화해 주고, 독일민족의 영광스러운 미래를 제시하는 바람직한 정책적 처방으로 각광을 받게 되었다.[38] 라첼의 "레벤스라움"이라는 개념은 당시 독일 사회의 관념적 구조로서 히틀러에게 영향을 주었지만, 감옥에서 그의 책을 직접 읽은 히틀러에게는 특별히 "개인적인 차원"에서 지대한 영향을 주었다.

1차대전이 발발하기 몇 년 전부터 독일제국에서는 식민주의 정책의 초점이 해외식민지로의 이주에서 동부유럽 지역에 대한 정복, 그리고 정복지에 대한 독일 농민들의 진출과 정착을 강조하는 방향으로 이동하고 있었다. 이러한 정책적 전환을 추동하는 세력은, 앞서 언급한 바 있는, 극우민족주의 노선을 걷던 '범독일리그'였다. 이 세력을 주도하던 인물은 퇴역장성 프리드리히 폰 베른하르디(Friedrich von

....

37 Shelley Baranowski, *Nazi Empire: German Colonialism and Imperialism from Bismarck to Hitler*, Cambridge University Press, 2011, p. 140.
38 Baranowski(2011), chapter 1.

제2차세계대전 | 201

Bernhardi)였다. 그는 1912년 발행된 그의 저서 『독일과 다음 전쟁(*Germany and the Next War*)』에서 라첼의 이론을 차용하여 전쟁을 해서라도 동부유럽을 정복하여 독일농민들을 이주시켜야 한다는 주장을 개진하였다.[39] 그의 저작 등을 통해 동부유럽의 "레벤스라움"이라는 개념은 이미 전쟁이 발발하기 전에도 알 사람은 아는 정도로 광범위하게 퍼져 있었고, 전쟁이 끝난 후에는 더 크게 대두하였다.

전쟁이 시작되자 '범독일리그'는 서부러시아의 광대한 지역을 점령하는 것이 독일의 전쟁목표가 되어야 한다고 선동하였다. 이들의 선전의 핵심은 러시아 서부의 주민들을 쫓아내고 그곳에 독일농민들을 이주시켜 정착촌을 형성한다는 것이었다. 이 독일농민들은 제대군인들과 도시노동자들을 포함하였다. 이들은 독일민족의 육체적 건강성과 윤리적 건전성을 담보하는 구성원들이었다. "레벤스라움"의 확보 노력은 1914년 독일군이 폴란드와 서부 러시아를 정복했을 때 그 절정에 달하였다. 힌덴부르크를 사령관으로 하고 루덴도르프를 참모장으로 하는 독일제국의 '군정(軍丁, Oberost)'이 발틱 지역과 러시아 서부에 설치되었다. 이는 1918년 3월 소련과 체결한 브레스트-리토프스크 강화조약에 의해 공식화되었다. 독일은 이 지역의 기존 질서를 "야만적인 것"으로 규정하고, 자신의 현대적 관료체, 기술자, 법집행체계 등으로 대체하고자 하였다. 이제 이 지역은 특정한 영토에 거주하는 나름대로의 역사와 문화를 갖는 다양한 민족집단의 터전이 아니고, 그저 단순히 공간(raum, space)으로 간주되었다. 패전 후에도 자유군단(Freikorps, the Free Corps)과 같은 독일제국의 의용군은 발틱 지역에 남아 "독일식 약속된 땅"을 지키기 위해 볼셰비키와 처절하게 투쟁하였다. 1919년 종전 후 연합국들의 명령으로 비로소 이들의 해산과 귀국이 이루어졌다. 비통함을 억누를 길 없었던 이 자유군단 단원들 상당수는 히틀러의 나치당에서 활동공간을 마련하게 된다.

히틀러는 1919년 정치를 시작한 후에도 러시아에 대해 특별한 적대감을 갖지는 않았다. 오히려 그는 주적은 영국과 프랑스라고 생각하였다. 그는 러시아를 공격한 오스트리아-헝가리를 지지했던 전전(戰前) 독일의 지도자들을 비판할 정도였다. 그러나 1920년에 이르러 히틀러의 대러시아관은 급격히 변하기 시작하였다. 그

....

39   A. E. Samaan, *From a Race of Masters to a Master Race: 1948 To 1848*, A. E. Samman, 2013, p. 378.

에게 이 방향으로 큰 영향을 준 인물은 알프레드 로젠버그(Alfred Rosenberg)였다. 로젠버그는 발틱 지역에 거주하고 있던 독일인으로서 볼셰비키 혁명이 일어났을 때 모스크바에서 유학하다가 1918년 11월에 독일로 귀국하였다. 러시아 공산혁명을 직접 경험한 로젠버그는 그것이 유대인들에 의한 것이라는 확신을 갖게 되었다. 그는 1920년 나치당에 가입하고 기관지인 '민족의 옵서버(Völkischer Beobachter)'의 편집인이 되었다. 로젠버그를 러시아 문제 전문가로 존경하였던 히틀러는 그가 한 말을 곧이곧대로 믿었다. 볼셰비키 공산주의와 유대인들 간에는 뗄 수 없는 연관성이 있다는 것이었다. 히틀러에게 소련과의 협력은 국가나 민족의 가치관에 대한 배반이었다. 이제 히틀러의 눈에는 유럽에서 프랑스의 패권에 반대하고, 공산 소련에 대해서도 강력히 반대하는 영국과 이탈리아가 협력의 대상으로 부각되었다. 이제 이러한 역학관계를 활용하여, 독일이 필요로 하는 러시아 내의 "레벤스라움"을 확보하는 일이 히틀러의 과제로 떠오르게 되었다. 히틀러의 적대적 러시아관(觀)은 뮌헨에 거주하던 발틱 출신 독일인들과의 접촉으로 더 강화되었다. 히틀러가 접촉했던 인물들 중 막스-에르빈 폰 쇼이브너-리히터(Max-Erwin von Scheubner-Richter)는 1918년 알프레드 로젠버그와 함께 귀국한 반소 반공주의자였다. 아우구스트 비니히(August Winnig)는 발틱 지역에서 자유군단을 조직/운영하던 책임자였다. 발틱 지역에서 군정(軍丁)을 관장하던 루덴도르프 장군도 히틀러의 대러시아관에 영향을 준 핵심 인물이었다.

전기한 바와 같이, "레벤스라움"에 대한 히틀러의 구상이 구체화된 시기는 그가 감옥에서 『나의 투쟁』을 집필한 1924-25년 사이이다. 그는 이 시기 지정학(地政學, geopolitics)—환경 또는 지리적 조건이 국제정치에 미치는 영향—에 관한 공부에 몰두하였고, 이는 그가 가지고 있던 "레벤스라움"의 개념을 정당화하는 준과학적 증빙자료로 작용하였다. 그는 란츠베르크 감옥에서 라첼의 책과 그 밖에 다양한 지정학적 문건들을 읽고, 토론할 수 있었다. 퇴역장성이자 뮌헨대학교 지정학연구소 소장이던 칼 하우스호퍼(Karl Haushofer), 그리고 그의 옛 조수였고, 당시 히틀러와 같이 수감되어 있던 루돌프 헤스 덕분이었다. 프리드리히 라첼에게서 큰 영향을 받은 하우스호퍼는 군사지리학적인 관점에서 독일제국의 극히 불리한 지리적 조건과 농산물 및 자연자원의 부족을 강조하였다. 이는 히틀러로 하여금 그의 생각이 맞았음을 확인시켜주었다. 히틀러는 『나의 투쟁』에서 이와 같은 생각을 정리하고 정당화하였고, 그 이후에도 "레벤스라움"의 필요에 대한 그의 입장에는 변화가 없었다. 1941년 6월 히틀러는 그의 이상을 실행에 옮기는 중대한 결정을 내리게 된다. 1939년 8월 23일 모스크바에서 체결된 소련과의 불가침 조약(리벤트로프-몰로토프 조약)에도 불구하고 "레벤스라움" 확보를 위해 소련을 공격하게 되는 것이다. 그는 서부 러시아를 점령하여 러시아인들을 시베리아로 추방하거나 노예노동으로 이용하는 한편, 이곳에 지배민족으로서 독일인들을 이주/정착시키고자 하였다. 그의 시도는 실패하였지만, 그것과는 별도로, 2차대전과 히틀러의 투쟁 사이에 독일 민족의 "레벤스라움"이라는 개념이 있었다는 사실은 전쟁의 원인과 과정을 이해하는 데 필수불가결한 요소가 된다.

히틀러는 1924년 12월 20일, 9개월 복역 후 바이에른 주 검찰의 반대에도 불구하고 가석방(parole)으로 출소하였다. 바이에른 최고법원은 히틀러와 불법무장조직 간 연관성에 대한 증거가 부족하며, "그는 수감생활이 양호하여 가석방을 허락받을 만하다"고 한 형무소장 오토 레이볼트(Otto Leybold)의 보고서를 타당하다고 보았던 것이다. 극우파의 활동이 이미 절정을 지났다는 사회분위기도 법원의 결정에 어느 정도 영향을 주었다.[40] 그러나 후일 역사학자들은 당시 바이에른 법원의 정치적 편향성이 히틀러의 가석방을 가능하게 하였다고 적고 있다.[41]

전권위임법, 그리고 "총통(總統, Führer) 히틀러"

히틀러는 출소한 후 이젠 '맥주홀 폭동'과 같은 폭력으로 집권하기는 어렵다고 보고 합법적인 수단과 과정을 통해 집권을 모색하기 위해 조직을 재정비하고 특히 나치적 대중 선동 방법의 개발과 강화를 도모하기 시작하였다. 몇 년 후 히틀러로서는 운이 좋게도 미국발 대공황이 독일을 덮쳤고, 나치당은 처참한 경제 상황을 정치적 '순풍'으로 활용하여 그렇지 않아도 전후 굴욕적 삶을 영위하던 바이마르

....

40   요아힘 C. 페스트, 『히틀러 평전』, 푸른숲, 1998.

41   Ian Kershaw, *Hitler, 1889-1936: Hubris*, Penguin Books, 2001.

공화국 독일인들의 지친 마음 깊숙이 파고 들어갔다. 1929년 10월 29일 미국 뉴욕 월가(Wall Street)의 주식시장이 붕괴하였다. '검은 화요일(Black Tuesday)'로 불리는 이날 주식가격이 갑작스럽게 곤두박질쳤다. 공급 과잉, 수요 부족으로 경기후퇴의 징후가 이미 1926년 플로리다 토지가격의 하락 등에서 포착되었지만 주식시장의 활황으로 '묻지마 식'의 투기성 주식투자가 대규모로 이뤄졌었다. 10월 29일부터 주식가격이 급락하자 이젠 더 늦기 전에 팔아야 한다는 공포의 심리가 촉발되어 시장이 감당할 수 없는 정도의 규모와 속도로 매도주문이 이뤄졌다. 주식 투매(投賣)는 기업과 은행의 줄도산을 야기했고 임금의 급락과 실업의 급증으로 이어졌다. 미국의 투자 기관과 개인들은 해외에 투자한 자금을 회수할 수밖에 없었다. 미국의 대공황은 미국에 크게 의존하던 유럽 경제에 직격탄을 날렸고, 가장 취약했던 바이마르 독일의 경제를 파산으로 몰고 갔다.

바이마르 공화국 정부는 경제 위기에 효과적으로 대처하지 못하였다. 1930년 7월 연정에 참여하고 있던 가톨릭의 독일중앙당(Deutsche Zentrumspartei, German Centre Party)의 하인리히 브뤼닝(Heinrich Brüning) 수상은 의회(Reichstag)의 반대에도 불구하고 대통령을 설득하여 대통령 긴급명령권(헌법 48조)이 발동되도록 하였다. 바이마르 헌법은 직접 선출된 대통령에게 수상임면권, 의회해산권, 군통수권, 국민투표 부의권(附議權), 긴급명령권 등 강력한 권한을 부여하였다. 파울 폰 힌덴부르크(Paul von Hindenburg) 대통령의 이름으로 발동된 긴급조치는 정부 지출을 축소하고, 임금 및 실업수당을 삭감하는 비상 긴축정책이었다. 그러나 의회는 이 조치를 표결로 부결시켰다. 그러자 대통령은 의회를 해산하였다. 이러한 정치적 혼란은 그렇지 않아도 얼어붙은 독일 경제를 마비시켰고, 정치적·사회적 불안을 증폭시켰다. 경제상황 악화에 따라 많은 노동자들은 공산주의자가 되었고, 이는 재계와 지주들을 긴장시켜 히틀러의 물적, 정치적 지지기반이 되었다. 바이마르 민주주의가 실패하고 있다고 본 중산층은 독일이 필요한 것은 강력한 지도력이라 믿게 되었다. 이 와중에 히틀러를 포함한 독일민족주의 및 반유대주의 정치세력들은 베르사유 조약과 그에 따른 과중한 전쟁배상이 문제의 핵심이라 선동하였고, 이에 동조하는 시민들의 수가 급격히 늘어갔다.

나치당은 1930년 9월 14일 선거에서 전체 투표 중 18%를 얻어 107개의 의석을 획득하였다. 히틀러의 경이적인 승리였다. 나치당은 군소정당에서 일약 제2정당으로 도약한 것이었다. 세계 각국의 저명 언론사의 기자들이 히틀러를 인터뷰하기 위해 베를린으로 몰려들었다. 그들은 선거기간 중 히틀러가 "전쟁책임을 부인"하며 내세운 공약, 특히 "베르사유 조약 파기" 및 "배상금 지불 중지" 건에 대해 물었다. 히틀러는 '맥주홀 폭동' 시절의 우스꽝스러운 '독일의 찰리 채플린'이 아니었다. 그는 이제 대중 선동과 동원에 능숙한 정치인이 되었다. 그리고 그의 옆에는 충성스러운 '갈색셔츠'들이 히틀러 만세를 외치고 있었다.

권력자가 된 히틀러는 독일 재계(財界)의 지지와 협력을 확보하였다. 결정적인 계기는 1932년 '뒤셀도르프 모임'이었다. 히틀러는 1923년 루덴도르프 장군의 소개로 알게 된 철강기업인 프리츠 티센(Fritz Thyssen)이 1932년 1월 26일 뒤셀도르프에서 마련한 모임(Düsseldorf Industry Club)에 나가 기업가 수백 명을 상대로 연설을 하였다. 그는 국가사회주의독일노동자당이 노동자들의 이익을 대변하는 사회주의적 목표를 가지고 있다는 설을 단호히 부인하며, 자신은 사유재산의 신성함을 굳게 신봉하는 사람이라고 말하였다. 그는 '지도자 원리(Führerprinzip)'가 자신의 정치신조라고 강조하였다. 이 원리는 간단히 말해, 탁월한 지도자가 법과 제도의 제약 없이 주어진 목표를 효율적으로 추진할 수 있게 해야 한다는 파시스트적 정치관이었다.[42] 히틀러는 이 원리가 회사와 국가에 적용되어야 한다고 말하였다. 그러면서 회사의 방향을 노동자들에게 맡겨서는 안 되듯이, 국가의 방향 역시 대중에게 맡기면 안 된다고 덧붙였다. 그는 경제적 관점에서 보면 민주주의는 공산주의와 유사하고, 사유재산제는 강력한 지도력에 의해 보장되어야 한다고 역설하였다. 그는 공산주의를 뿌리 뽑고, 노동자들에게 엄격한 규율을 적용하며, 친기업적 정책을 실

....

42   이 원리는 히틀러가 만들어낸 것은 아니었다. 에스토니아의 독일계 철학자 헤르만 폰 카이저링(Hermann Graf von Keyserling)이 이 개념을 처음 사용하였다. 그의 주장의 핵심은 지도력은 "선천적으로 타고난다(gifted individuals were to born to rule)"는 것이었다. 이 원리 하에서 모든 조직들은 위계적으로 파악된다. 각 조직의 지도자는 절대적 권위와 책임을 가지고 자신의 조직원들의 절대적 복종을 요구할 수 있고, 그 지도자는 상위 조직의 지도자에게 절대적으로 복종할 의무를 가진다. 카이저링은 이 원리가 중시하는 위계와 복종은 질서와 안정, 그리고 그에 따른 번영을 가지고 온다고 주장하였다. Nicolas Lewkowicz, *The German Question and the International Order, 1943-48*, Palgrave, 2010, p. 212, 각주 136.

행하고, 소련을 붕괴시키겠다고 약속하였다. 티센에 따르면 "그곳에 모인 기업가들은 히틀러의 연설에 깊은 인상을 받았다. 이후 기업인들부터 후원금의 물결이 국가사회주의독일노동자당의 금고로 흘러들었다."[43]

1932년 3월 정치, 경제, 사회적 혼란과 불안 속에서 나치당의 히틀러는 무소속 힌덴부르크에 맞서 대선에 출마하였다. 히틀러는 힌덴부르크의 1,900만여 표에 못미치는 1,300만여 표를 얻었지만, 독일 시민권을 획득한 지 한 달도 안 돼서,[44] 그리고 전쟁영웅이자 저명한 군 지도자였던 현직 대통령을 상대로 크게 선전한 셈이었다. 재선에 성공한 힌덴부르크는 5월 브뤼닝 수상을 당시 독일중앙당 소속이었던 파펜(Franz von Papen)으로 대체하였으나, 사회 불안은 지속되었다.

히틀러는 독일 전역을 정력적으로 누비고 다녔다. 카리스마 있는 웅변가였던 그는 폐부를 찌르는 화려한 언술로 암울한 경제적 상황과 1차대전 패전 및 베르사유 조약의 가혹한 제 조건들이 가한 민족적 상처, 그리고 바이마르 정부에 대한 국민적 불만과 분노를 자극하였다. 그는 이어서 인종적, 지적, 육체적으로 우수한 독일민족이 무능하고 불의한 내외부 세력들에게 부당한 대접을 받고 있다고 역설하였다. 그는 영광스럽고 자유로운 독일의 부활을 위해 사악한 볼셰비키들과 국가반

....

43 Jacques R. Pauwels, *Big Business and Hitler*, James Lorimer and Company, 2017, p. 42. 미국 예일 대학의 역사학자 터너는 독일의 자본가들이 히틀러의 부상에 큰 역할을 하였다는 주장은 신화에 가깝다고 지적하였다. 그에 따르면, 티센의 회고록들을 자세히 살펴보면 티센 자신이나 독일 기업인들이 나치당에 대규모로 헌금하였다는 것은 사실이 아니다. 터너는 오히려 나치당의 재정은 회원들이 내는 회비, 무이자 대출금, 그리고 각종 집회에서 조성된 참가금이나 기부금으로 충족되었다고 파악하였다. 그리고 나치가 제2당이 된 1930년 9월 선거 이후에는 히틀러의 『나의 투쟁』의 인세가 폭발적으로 증가하여 상당한 자금이 되었다는 것이다. 터너는 공황기간에도 대기업의 지원이 아닌 노동자들의 자발적 헌금이나 노동 등이 나치당을 재정적으로 지지해준 주요 요소였으며, 히틀러의 당은 '풀뿌리정당(grass-root party)'이었다고 지적하였다. Henry Ashby Turner, Jr., *German Big Business and the Rise of Hitler*, Oxford University Press, 1985. 그러나, 독일의 저명한 역사가 볼프강 몸젠(Wolfgang Mommsen)이나 라인하르트 네베(Reinhard Neebe)는 히틀러가 뒤셀도르프에서 거둔 성공은 나치당의 노선이 "대기업이 세우는 전략적 계획에 중요한 요소가 되었다"는 점에서 발견된다고 보았다. Pauwels(2017), p. 43.

44 히틀러는 1913년 오스트리아를 떠난 후 그때까지 시민권을 받지 않아 공직에 출마할 수 없었다. 나치당이 참여하고 있던 브룬즈빅(Brunswick) 주 정부는 2월 25일 그에게 작은 행정직과 브룬즈빅 시민권을 부여하였다. 당시엔 주 정부가 시민권을 부여할 권한을 가지고 있었다.

역자들을 쳐부수고 "전지전능하신 신(the Almighty)"의 가호(加護)를 회복하는 데 동참할 것을 위대한 독일 국민들에게 호소한다고 선동하였다.[45] 히틀러의 단순하고 명료한 메시지는 효과적으로 전달되었고 득표로 나타났다. 나치당은 1928년 선거에서 12석만을 획득했었으나, 1932년 7월 31일 선거에서는 230석을 확보하여 의회 내 최대다수당이라는 놀랄 만한 성과를 거두었다. 사민당이 2위, 공산당(Kommunistische Partei Deutschlands, KPD)[46]이 그 다음이었다. 그러나 나치당의 의석은 과반수인 305석에는 미치지 못하였다.

1932년 9월 들어 파펜은 공산당이 주도한 불신임의 위기에 직면하였다.[47] 의석을 늘리기 위해 선거를 다시 하고 싶었던 나치당도 이에 동조하였다. 파펜은 힌덴부르크에게 의회해산을 요구하였고, 선거는 11월에 실시되었다. 바이마르 최후의 자유 공정선거가 된 이 11월 선거에서 나치당은 오히려 34석을 잃었으나 총 196석을 확보하여 다수당 지위를 유지하였다. 사민당은 121석, 공산당은 100석을 각각 획득하였다. 완패한 중앙당의 파펜은 사퇴하고 군장성 출신이자 힌덴부르크의 측근인 쉴라이허(Kurt von Schleicher)가 수상직을 승계하였다.

선거 후 바이마르 독일의 정정 불안은 악화되었고, 나치의 기승(氣勝)은 방치되었다. 가장 큰 이유는 비(非)-나치 정치세력이 서로 협력할 수 없었다는 데 있었다. 비-나치적 관점에서 볼 때, 독일공산당 지도부가 역사적 상황을 오판한 것이 결정적이었다. 정부의 억압과 탄압에도 불구하고, 수많은 당원들이 쫓기고 체포되는 상

....

45   Adolf Hitler, "Appeal to the Nation," 15 July 1932. https://archive.org/stream/HitlerAppealToTheNationSpeech15July1932/1932_07_15Hitlerappealtothenationae_djvu.txt

46   독일공산당(KPD)은 '스파르타쿠스 리그(Spartacus League)'의 후신으로 1918년 칼 리프크네히트 (Karl Liebknecht)와 로자 룩셈부르크(Rosa Luxemburg)가 주도하여 창립된 정당이다. 나치는 1933년 3월 6일 독일공산당을 해산시켰고, 지도자들은 망명을 가거나 지하로 숨어들었다. 독일공산당 지도자 중 빌헬름 피크(Wilhelm Pieck)와 발터 울브리히트(Walter Ulbricht)는 소련으로 망명하였다. 독일공산 당원들은 2차대전 이후 동독에서는 독일사회주의통합당(Sozialistische Einheitspartei Deutschlands, SED), 서독에서는 새로운 명칭의 독일공산당(Deutsche Kommunistische Partei, DKP)을 세웠다.

47   바이마르 헌법 제54조에 따르면, 제국 재상 및 국무 대신이 그 직무를 수행함에 있어서는 제국의회의 신임을 필요로 한다. 제국의회가 명시한 결의에 의하여 불신임을 표시한 때에는 재상 또는 국무대신은 사직하여야 한다.

황하에서도, 공산주의자들은 자신들의 주적은 나치가 아니라 사회민주당이라고 굳게 믿었다.

그들의 입장에서는, 첫째, 사회민주주의자들은 사적 소유를 지지한다는 면에서 부르주아 계급과 근본에서 차이가 없었다. 둘째, 그들은 사회적 모순을 계급적 갈등으로 첨예하게 부각시키는 데 있어 완충적인 역할을 하여 혁명의 기운을 분산시키는, 프롤레타리아의 적보다 더 교묘한 형태로 존재하는 반동적 부역자였다. 셋째, 이들은 인민에게 좌파로 인식되어 그들의 지지를 획득하는 데 있어 자신들과 경쟁관계에 있을 뿐 아니라, 적인데 우방으로 인식되어 혁명정치전략에 큰 장애가 되었다. 넷째, 그들은 레닌주의를 저버리고 기회주의적 '제2인터내셔널'을 주도함으로써 1차대전을 지지했을 뿐 아니라, 1918년 자본가들 및 군부와 협력함으로써 독일의 공산주의 혁명을 좌절시킨 장본인이었다. 나아가 이들은 우익 제대군인 조직인 '자유군단'과도 협력함으로써 미래의 나치 핵심 분자들을 키워내는 죄악을 저질렀다.

독일공산당의 이러한 시각은 소련의 지도에 의해 더 강화되었다. 1919년 3월 레닌이 창설한 세계공산주의 운동 기제인 코민테른은 모든 온건좌파 당들은 파시스트들의 정치 기반을 조성해준다는 면에서 "사회적 파시스트(social fascists)"이고, 따라서 공산주의자들은 이들을 파괴하는 데 역점을 둬야 한다는 지령을 내렸다. 독일공산주의자들은 설사 "나치가 집권하는 일이 있더라도 결코 사민주의자들의 바이마르 공화국을 살리는 데는 손가락 하나도 움직이지 않을 것"이라고 공개적으로 선언하기도 하였다.[48] 다른 한편, 독일공산당 지도부는 히틀러를 우익의 꼭두각시에 불과하다고 여겼다. 그가 권력을 장악한다면 필히 국민적 반작용이 뒤따를 것이고, 이는 공산주의자들에게 권력을 가져다 줄 것이라 생각하였다. 따라서 그들은 이러한 단계에서는 인내심이 최고의 혁명적 미덕이라고 판단하였다.

....

48   트로츠키주의자인 칼 그뢸(Karl Gröhl)은 독일공산당 탈퇴를 선언하며, 독일공산당과 코민테른, 그리고 소련을 공개적으로 격렬히 비난하였다. 그뢸은 독일의 사민주의를 파괴하는 독일공산당과 코민테른의 노선은 잘못되었으며 새롭게 태어나야 한다고 주장하였다. Jefferson Adams, *Historical Dictionary of German Intelligence*, Scarecrow Press, 2009, pp. 505-07.

이와 같은 비-나치 세력의 분열과 함께 나치당에게는 국민을 열광으로 몰고 가는 히틀러의 연설 능력[49]과 "팥으로 메주를 쒔다 해도 믿게 하는" 괴벨스(Paul Joseph Goebbels)의 선전 기술, "자유로부터 도피"하여 메시아를 찾고 있던 독일 국민들, 그리고 '돌격대'와 '친위대(the Schutzstaffel, Protection Squadron)' 등 히틀러에 헌신적인 폭력집단이 있었다. 이러한 혼란의 상황에서 힌덴부르크 대통령은 거의 모든 주요 정치, 경제 사안들을 헌법 48조에 따른 긴급명령으로 해결할 수밖에 없었다.[50]

1933년 1월 히틀러의 인기와 그의 정치적 약진을 우려한 노쇠한 힌덴부르크와 그의 참모이자 모사(某事)에 능한 파펜은 그를 자신들의 편에 서게 하기 위해 부수상 직을 제의했으나 히틀러는 수상 직을 요구하였다. 독일 군부와 보수파 엘리트 계층은 당시 이탈리아 무솔리니 정부의 모델을 긍정적으로 평가하고 있었고, 히틀러 정부가 유사한 성과를 낼 수 있을 것으로 생각하였다. 티센, 샤흐트(Hjalmar Schacht), 케플러(Wilhelm Keppler) 등 독일의 영향력이 있는 기업인, 금융인 들은 1932년 11월 힌덴부르크 대통령에게 히틀러를 수상으로 임명할 것을 요구하는 서한을 보낸 바 있었다. 힌덴부르크와 파펜은 히틀러가 수상이 되어도 요직에 자신들의 심복을 심어놓고 그를 통제할 수 있을 것이라 믿었고, 또한 수상 직은 몇 달 만에 바뀌는 자리라고 생각하였다. 그들은 히틀러에게 수상 직을 부여하였고, 곧 그들이 히틀러의 정치력을 과소평가하였음이 드러나게 된다.

수상이 된 히틀러는 자신의 정치적 목적을 달성하기 위해 자신에 대한 정치적 지지를 강화하고자 하였다. 그러려면 우선 의회에서 절대 다수를 확보해야 하였다.

....

49　히틀러는 "사람들은 글보다는 말에 더 큰 감동을 받는다. 위대한 운동은 위대한 작가가 아닌 위대한 연설가로부터 비롯되었다. 나는 말하기 재주를 타고는 났지만 동료들과의 논쟁을 통해 더욱 세련되게 가다듬었다. 난 소년기 때 아버지와 논쟁을 하곤 했으나, 그는 아들의 웅변능력을 알아차리지 못했다"고 말하였다.

50　바이마르 헌법 제48조는 "위헌·공안침해의 방지를 위한 조치"로서 그 2항에 따르면, "제국 내에 있어서 공공의 안녕질서에 중대한 장해가 발생하거나 또는 발생할 우려가 있을 때에는 제국대통령은 공공의 안녕질서를 회복하는 데 필요한 조치를 하고 필요 있을 때에는 병력을 사용할 수 있다. 이 목적을 위하여 대통령은 일시적으로 제114조 제115조 제117조 제118조 제123조 제124조 및 제153조에 정한 기본권의 전부 또는 일부를 정지할 수 있다."

그래서 의회를 해산하고 새로운 선거를 실시해야 했는데, 문제가 간단치는 않았다. 의회해산을 위해서는 내각의 동의가 필요했는데 10명의 장관 중 3명만이 나치당원이었다. 하원에서는 과반수가 되지 못하였다.

이때 히틀러를 도와주는 사건이 발생하였다.[51] 1933년 2월 27일 네덜란드에서 이주한 실직(失職) 벽돌공인 24세 청년 마리누스 반 데어 루베(Marinus van der Lubbe)가 의사당 건물에 대한 방화 혐의로 현장에서 체포되었던 것이다. 그런데 그의 속 주머니에서 네덜란드 공산당의 당원증이 발견되었다. 히틀러는 방화와 관련된 보고를 받고, 이것은 공산쿠데타가 곧 일어날 것임을 미리 알려준 "하늘로부터 내려온 신호"라고 말하였다.[52] 의회 의장 괴링(Hermann Göring)의 지시에 따라, 공산당원이 의사당을 불바다로 만들었다는 임시뉴스가 전국에 특보로 보도되었고, 나치당원의 횃불시위가 전국의 대소 도시를 누볐다. 하루 밤 사이에 1,500여 명의 공산당원이 체포되었으며, 상당수는 새롭게 만들어진 뮌헨 근처의 '다차우 수용소(Konzentrationslager Dachau)'로 보내졌다. 의사당 방화 사건 다음 날 힌덴부르크 대통령은 '민족과 국가를 수호하기 위한 대통령령(Verordnung des Reichspräsidenten zum Schutz von Volk und Staat, Decree of the Reich President for the Protection of People and State),' 일명 '의사당방화에 관한 법'에 서명하였다. 국가비상사태하에서 시민권은 중지되었고 나치에 비판적인 언론은 폐간되었다. 모든 공공건물에는 무장보안군이 배치되었고, 기차에서는 경찰이 "수상한 사람들"을 검거하기 위해 검문을 강화하였다.

"의사당방화 사건"과 '의사당방화에 관한 법'은 독일 민주주의의 숨통을 조이는 결정적인 역할을 하였지만, 히틀러에게는 정치적 호재였다. 그러나 이것도 활용하기에 따라 효과가 크게 증폭될 수 있는 것이었다. 히틀러는 여느 독재자와는 달

....

51　그는 1934년 1월 10일 처형되었다. 그가 1933년 3월 3일 경찰에서 "나는 좌파이고, 1919년까지 공산당 당원이었다. 나는 공산당의 시위가 독일 지도자들에 의해 해산되었다고 들었는데 이러한 체제는 절대적으로 반대되어야 한다. 노동자들이 아무런 일을 할 수 없었으므로 나라도 뭔가를 해야 하였다. 나는 항의표시로 방화를 선택하였다. 그리고 나 홀로 이를 실행하였다"고 진술하였다. Fritz Tobias, *The Reichstag Fire*, Putnam, 1964. p. 34.

52　Piers Brendon, *The Dark Valley: A Panorama of the 1930s*, Vintage Books, 2002, p. 283.

리 정치적 현실과 국민의 마음을 세밀하게 읽고 그에 따라 치밀하고도 극적으로 행동할 수 있는 능력을 가진 인물이었다. 그는 오래 전부터 이러한 '혁명의 상황'을 기다려왔다. 그는 이제 공산주의자들이 나라를 전복하려는 기도가 절정에 도달했을 때, 최후적으로 그리고 절망적으로 구제(救濟)를 갈구하는 국민들의 기대 속에서, "자비한 구원자의 모습으로 등장하여, 그야말로 극적인 대결로 거대한 적을 몰살하고, 혼란을 제거하고, 환호하는 질서의 힘으로 대중에게서 적법성과 존경을 쟁취할 수 있게 된 것"이었다.

이러한 불안하고 갈급한 상황하에서 히틀러와 나치당은 독일 국민들에게 공산주의 혁명에 대한 공포를 확산시키기 위해 "공산주의자들에 의한 정부 전복"이라는 정치적 구호를 끈질기게 반복 강조하였다. 히틀러와 나치당은 1921년 창설한 '돌격대' 등을 동원하여 "애국적" 인사들이 국가를 위해 "빨갱이 척결"에 나섰다고 선전하며 유례없는 규모의 테러를 전국에서 자행하였다. 괴링은 1933년 3월 3일 프랑크푸르트(Frankfurt)에서, "여기서 나는 정의를 구현할 필요가 없다. 여기서 나는 파괴하고 척결할 뿐이다"[53]라고 기염을 토하였다. 나치 선동이 대대적으로 가세하였다. 괴벨스는 1933년 3월 5일 선거를 "국가자각(國家自覺)의 날"로 선포하고 공산주의 혁명에 대한 공포를 확대재생산하는 한편 영화, 라디오를 통해, 심지어 비행기 안에서도, 히틀러를 도탄에 빠진 독일 국민을 구원할 '메시아'로 형상화한 메시지를 살포하였다. 이 선거전술은 현실에 대한 분노에 차 있으면서도 불안에 떨고 있던 독일 국민들 정서의 취약한 부분을 쉽게 파고 들었다. 프리츠 티센도 나치의 선거운동에 적극 참여하였다. 그는 독일기업인협회가 3백만 마르크를 나치당에 기부하는 데 핵심 역할을 하였다.

나치가 역동적인 선거운동을 전개할 때 사민당과 같은 비-나치 세력은 사실상 선거운동을 할 수가 없었다. 히틀러의 '돌격대'는 사민당의 정치집회를 공격하고 참가자들에게 폭력을 행사하였다. 경찰은 보고만 있었다. 테러로 인해 69명의 독일 시민이 사망하였다. 나치에 대해 비판적인 신문은 사실상 존재하지 않았기 때문에 투표권자들은 이를 알 수 없었다.

....

53   Edward Crankshaw, *Gestapo:Instrument of Tyranny*, Greenhill Books, 1956, p. 48.

이런 상황하에서 3월 5일 예정대로 총선거가 실시되었다. 투표율은 89%에 달하였다. 선거 결과는 나치당의 승리였다. 나치는 43.9%의 지지를 얻어 총 647석 중 288석을 확보하였다. 그러나 히틀러는 만족할 수 없었다. 이는 직전 선거 결과보다는 11% 상승한 것이지만, 나치당 단독으로 집권하기엔 부족한 것이었다. 연정 파트너인 '흑백적(黑白赤) 투쟁전선'은 52석을 얻었다. 사민당은 120석, 공산당은 81석을 획득하였고, 가톨릭의 독일중앙당은 73석을 얻었다.

선거 결과가 불만인 히틀러는 특단의 조치를 강구하기에 이른다. 그는 자신이 수반으로 되어 있는 내각이 의회의 동의없이 법을 제정할 수 있도록 하는 이른바 '전권위임법(일명 수권법, 授權法; 정식 명칭은 '민족과 국가의 위난을 해소하기 위한 법,' Gesetz zur Behebung der Not von Volk und Reich, Law to Remedy the Distress of People and Reich)'[54]을 밀어붙여야겠다고 결심하였다. 288석만을 확보하고 있던 나치당은 헌법 개정을 위해 필요한 재적의원 2/3, 그리고 출석의원 2/3 이상을 확보하기 위해 다른 당의 협조를 필요로 하였다. 때마침 의사당 방화 사건 직후의 정치적 상황은 히틀러에게 유리하게 돌아가고 있었다. 많은 정치인들이 질서 회복이 절대적으로 필요하다고 믿는 분위기였다. 3월 12일 힌덴부르크 대통령과 히틀러 수상은 바이마르 공화국 국기 게양을 금지하고 독일제국기와 나치당 기를 나란히 게양하도록 명령하였다. 의회 의장 괴링은 '의사당방화에 관한 법'을 운위하며 81명의 공산당 의원들이 의회 건물 안으로 입장하는 것을 막고 나섰다. 적지 않은 사민당 의원들도 체포되었거나 피신한 상태였다. 나치당 의원 288명 대(對) 비-나치당 의원 278명이었다. 결정적인 순간은 히틀러와 가톨릭의 독일중앙당 간의 협상이었다. 히틀러와 내무장관 빌헬름 프릭(Wilhelm Frick)은 협상에서 전권위임법의 진정한 목적을 감춘 채, '의사당방화에 관한 법'에 의해 제한된 시민적 기본권을 곧 회복시킬 것이라 말하였다. 그들은 헌법 기관과 지방 정부 존치, 가톨릭교회의 권리 존중, 향후 법안을 감시하는 기구의 의회 내 설치 등 몇 가지 유인(誘引, incentives)도 제시하였다. 그리고 그들은 이 법안을 오직 특별한 조건에서만 사용하겠으며,

....

54 힌덴부르크 대통령은 1933년 3월 24일 의회를 통과한 '전권위임법안'에 서명함으로써 법제화하였다. 이 법은 갱신되지 않으면 4년 후 폐기되도록 되어 있었지만 의회에 의해 두 번 갱신되었다.

효력은 4년이라는 내용을 포함하는 각서를 써주기로 약속하였다. 독일중앙당은 이를 받아들였다.

1933년 3월 24일, '전권위임법안'에 대한 표결에 앞서 사회민주당 당수 오토 벨스(Otto Wels)는 독일 민주주의를 구하기 위해 연단에 섰다. 그는 "우리 독일사민 주의자들은 이 역사적인 시간에 인간의 존엄성과 정의, 그리고 자유와 사회주의를 끝까지 수호할 것을 엄숙하게 선언한다. 영원하고 파괴될 수 없는 민주주의를 파괴 할 권한은 누구에게도 없다"라고 발언하였다. 그리고 그는 국민의 권리의식에 대한 호소와 박해받는 자들과 친구들에 대한 인사로 연설을 끝냈다.

벨스의 연설을 들은 히틀러는 격분하였다. 이제 히틀러 편이 된 파펜이 그를 붙잡았지만, 그는 그를 밀쳐버리고 연단으로 올라갔다. 벨스의 연설을 조목조목 비판한 후 히틀러는 박수갈채를 받으며 연설을 이어갔다:

> 당신은 박해를 얘기합니다. 그러나 나는 여기 있는 우리 중 당신네들의 박해를 받지 않은 사람은 없다고 생각합니다… 당신은 우리 셔츠 색깔이 마음에 들지 않는다는 이유로 우리의 셔츠를 찢어버렸다는 사실을 잊고 있군요… 당신들의 박해를 받으면서 우리는 성장했습니다. 당신은 비판이 건강에 좋다고 하셨지요. 그러나 독일을 사랑하는 사람은 누구라도 우리를 비판할 수 있지만, 인터내셔널[코민테른]을 숭배하는 사람은 우리를 비판할 수 없습니다… 독일 노동자가 요구하는 모든 것을 위해 우리 국가사회주의자들이 이제부터 길을 닦을 것입니다. 우리들이 노동자들의 대변인이 될 것입니다. 당신들은 더 이상 필요치 않습니다!... 나는 당신들에게 이것만은 확실히 말할 수 있습니다. 우리는 당신들이 이 법안에 찬성하기를 바라지 않습니다. 독일은 자유로워져야 합니다. 그러나 당신들을 통해서는 아닙니다![55]

....

55 Administration of the German Bundestag, Research Section WD 1, The Enabling Act of 23 March 1933, Historical exhibition presented by the German Bundestag, March 2006. https://www.bund-estag.de/blob/189778/d0f948962723d454c536d24d43965f87/enabling_act-data.pdf

이어서 각 당의 대표들이 연단에 올라 찬성하는 이유를 밝혔다. 독일중앙당 당수는 "당수님 사무실에 각서가 이미 전달되었습니다"라는 프릭의 말을 듣고 찬성의 연설을 하였다.[56]

표결 결과는 444 대 94, 나치당의 대승이었고, 전권위임법은 통과되었다. 사민당만이 반대하였다. 공산당 의원들이 투표에 참여했더라도 결과는 달라질 수 없었다. 나치당 의원들은 자리에서 일어나 열렬히 박수치며 환호하였다. 그리고는 모두 엄숙한 자세로 나치당가인 '회르스트 베셀(Hörst Wessel)'가(歌)[57]를 불렀다. 나치와 나치 협력자들은 이렇게 민주공화국을 파괴하였다. 한편, 나치당 기관지 '민족관찰자(*Völkischer Beobachter*)'는 이렇게 적었다:

> "역사적인 날. 의회제도는 새로운 독일 앞에 무릎을 꿇었다. 히틀러는 4년 동안 필요하다고 생각하는 모든 일을 할 수 있을 것이다. 작게는 마르크스주의의 모든 힘을 근절하는 것, 크게는 새로운 민족공동체를 일으켜 세우는 일이다. 위대한 기획이 이제 시작되었다! 제3제국의 날이 왔다!"[58]

이제 전권위임법으로 인해 수상의 포고령은 곧 법이 되었다. 히틀러는 절대권력자가 되었다. 이 법은 5개항으로 구성되어 있는데, 내용은 다음과 같다:

① 국가의 법률은 헌법에 명시된 과정을 통해 그리고 국가의 내각에 의해 제정될 수 있다. 이는 헌법 85조 2항과 87조에서 언급된 법률에도 적용된다.

② 국가의 내각이 제정한 국가의 법률은 하원과 상원의 위상에 영향을 주지 않는 한 헌법과 합치하지 않을 수 있다.

③ 의회의 입법권과 관련된 헌법 제5장(헌법 제68-77조)은 국가 내각에 의해 제정

....

56   페스트(1998), p. 749.

57   1929년 돌격대원 베셀이 작사한 이 "높은 곳의 깃발(Die Fahne hoch, the Flag on High)"은 돌격대(SA)를 찬양하는 내용이다.

58   페스트(1998), p. 750.

된 법률에는 적용되지 않는다.

④ 국가적 입법이 필요한 외국과의 조약 체결은 입법 기관의 동의를 필요로 하지 않는다. 국가의 내각은 조약의 이행을 위해 필요한 조항들을 규정할 권한을 가진다.

⑤ 이 법은 4년 후, 그리고 내각이 다른 내각으로 대체되면 무효화된다.

전권위임법하에서 통과된 법은 대통령의 동의를 필요로 했지만, 노쇠한 힌덴부르크 대통령은 악화되는 건강 때문에 매일매일의 정무에 대해 친람(親覽)하지 않을 것임을 이미 발표한 바 있었다. 그 결과 전권위임법하에서 제정된 법에 대해 대통령이 제동을 거는 일은 결코 일어나지 않았다. 히틀러는 1933년 6월 사회민주당을 불법화한 후 7월에는 전권위임법을 이용하여 나치를 제외한 모든 정당들을 사실상 해산시켰다. 유례없는 민주헌법을 가진 독일공화국이 불과 몇 년 사이에 유례없는 극우적 일당독재국가가 되어버린 것이었다.

히틀러의 나치 정부는 정치적 정당성을 확보하고자 1933년 7월 20일 바티칸과 '정교협약(Reichskonkordat, Reich Concordat)'을 체결하였다. 당시 교황 비오 11세(Pius XI, 1922-39)는 히틀러가 공산주의를 척결할 수 있는 인물이자, 기독교를 위해 싸울 수 있는 지도자로 보고 있었다. 몇 달 전 가톨릭계 독일중앙당이 전권위임법을 지지하도록 설득하였다고 알려진[59] 에우게니오 파셀리(Eugenio Pacelli) 바티칸 국무장관이 협상을 주도하였다. 양측이 합의한 정교협약에 따라 나치는 가톨릭의 종교의 자유와 구호, 문화, 교육단체의 지속적 활동을 보장하였고, 바티칸은 사제와 수사, 수녀들의 정치활동을 금지하였다. 이 협약은 나치독일이 최초로 체결한 국제조약이었고, 나치와 히틀러가 원하던 정치적, 도덕적 정통성을 부여한 의미심장한 것이었다. 독일 가톨릭 공동체에서 나치에 반대하고 저항하던 구성원들은 침묵할 수밖에 없었다. 이제 독일 가톨릭 신자들은 히틀러를 지지하는 것이 기독교적 의무라는 강론을 듣게 되었다. 이 정교협약으로 히틀러는 가톨릭교회를 건드리지 않는 한 독일 내에서 그 어떤 도전도 받지 않게 되었다.[60]

....

59 William Doino, Joseph Bottum, David G. Dalin, The Pius War: Responses to the Critics of Pius XII, Lexington Books, 2004, p. 224.

독일의 개신교는 독일의 전통에 따라 국가정책에 대체적으로 협력하였다. 그러나, 나치의 지원을 받는 히틀러의 교파(Deutsche Christen, 독일기독교단)가 1933년 9월 27일 나치당원 루트비히 뮐러(Ludwig Müller)를 '제국주교(Reich Bishop)'로 선출하는 등 독일복음교회의 지도부를 장악하고 성경과 종교개혁의 의미를 인종주의적으로 해석하며[61] 나치에 정치적으로 협력함에 따라 본회퍼(Dietrich Bonhoeffer), 릴리에(Hanns Lilje), 니뮐러(Martin Niemöller) 등은 '고백교회(Bekennende Kirche, Confessing Church)' 운동을 출범시키고 청년개혁운동과 목회자비상연대(Pfarrernotbund, Pastors' Emergency League) 등을 통해 나치에 부역하는 독일기독교단에 저항하였다. 그러나 이들에 동조하여 나치에 조직적으로 저항하는 개신교 세력은 미미하였고, 그나마 '고백교회'조차도 나치의 점증하는 탄압 속에서 지하화하였다. 1937년 니뮐러 등 많은 목회자들이 체포되었고, 1939년 전쟁이 터지자 대부분의 청년 목회자들이 징집됨에 따라 독일기독교단과 나치에 대한 개신교 저항세력은 자취를 감추게 되었다.

1934년 8월 2일 힌덴부르크 대통령이 사망하자 히틀러는 8월 19일 대통령과 수상 직을 통합하는 문제를 국민투표에 부쳤다. 당시에 예상되었듯이, 독일 국민들은 히틀러가 차지할 "지도자–수상(Führer und Reichskanzler, leader-chancellor)" 직 신설에 대해 90%의 압도적 지지를 보냈다. 당시 선거 보도를 담당했던 '뉴욕 타임즈'의 프레드릭 버챌(Frederick T. Birchall) 기자는 다음과 같이 썼다:

독일 국민들은 "4년 전에는 독일 시민도 아니었던 히틀러 수상에게 징기스칸 이래 어느 곳에서도 전례가 없는 독재권력을 부여하였다. 스탈린은 당(黨) 기구를 염두에 두어야 했고, 무솔리니는 명목상의 군주와 권력을 공유하였지만, 히틀러는 그들보다 훨씬 더 강력한 권력을 쥐게 되었다. 미국의 그 어떤 대통령도 꿈도 꾸지 못

··········

60   이 협약은 교황 비오 11세와 힌덴부르크 대통령 간에 체결된 바티칸과 독일 간의 협약이었다. 히틀러 또는 나치당은 이 협약에서 언급되지 않았다. 독일 가톨릭 사제들의 정치적 행동을 제약하는 이 조약에 따라 나치에 대해 비판적이던 사제들은 비판을 자제하게 되었다. 이 협약은 폐기되지 않은 채 남아 있다.

61   Probst(2012), p. 119.

할 그런 권력을 히틀러는 가지게 되었다. 이 세상 그 어떤 지배자도 이와 같은 포괄적인 권력을 가지고 있지 못하고, 또 이와 같이 복종적이고 유순한 국민을 가지고 있지 않다. 히틀러 수상은 이러한 유례없는 권위를 가지고 무엇을 할 것인가? 이제 이것이 국제사회의 초미의 관심사가 되고 있다."[62]

히틀러는 1933년 1월 수상이 된 후 단 19개월 만에 절대권력을 장악하였다. 되돌아보면, 그는 1933년 3월 24일에 전권위임법을 통과시켰고, 4월 26일엔 괴링을 수장으로 하는 '국가비밀경찰(Geheime Staatspolizei; Gestapo, 게쉬타포, Secret State Police)'을 창설하였고, 5월 2일에는 노조 지도자들을 체포하고, 노조를 어용 '노동전선(Deutsche Arbeitsfront, the German Labour Front)'으로 대체하였다. 7월 14일엔 나치당을 제외하고 모든 정당을 해산하였고, 향후 정당 결성도 금지하였다. 7월 20일에는 바티칸과 '정교협약'을 체결하였다. 히틀러는 이듬해인 1934년 6월 30일-7월 2일 '장검들의 밤(Night of the Long Knives)'으로 알려진 일련의 숙청 속에서 서로에게 '자네(Du)'라는 호칭을 쓰던 유일한 인물이자[63] 자신의 정치적 기반의 모태 중 하나였고, 또 '돌격대'의 수장이자 자신의 경쟁자로 여겨졌던 에른스트 룀(Ernst Röhm)마저 제거하였다. 히틀러는 룀을 제거함으로써 정치역량을 가진 모든 인물들로부터의 잠재적 위협에서 해방되었고, 나아가 룀과 경쟁관계였던 군부의 숙원을 해결해줌으로써 이 숙청을 공모했던 독일군 수뇌로부터 충성서약을 받아냈을 뿐 아니라, 그것을 통해 하사관 출신이기 때문에 가지게 된 군부에 대한 자격지심 내지는 열등의식에서 벗어나게 되었다.[64]

히틀러가 절대권력을 장악한 과정의 빠르기에 대해 적절한 개념을 가지려면

....

62 Frederick T. Birchall, "Hitler Endorsed by 9 to 1 in Poll on his Dictatorship, but Opposition Is Doubled," *The New York Times*, August 20, 1934.

63 하프너(2014), p. 31.

64 Richard Evans, *The Third Reich in Power*, Penguin, 2005, p. 26. '돌격대'는 1934년 여름에 이르러 독일군 숫자보다 많은 200만을 넘는 규모로 성장하였다. 군이나 당 내에서 '오만한' 룀을 견제하려는 세력도 증가하였다. 병(兵) 출신인 히틀러는 귀족 출신으로 호락호락하지 않은 군부 지도자들의 충성을 이끌어내기 위해 군이 원하는 대로 룀을 제거하는 데 동의하였다. 룀을 체포한 '친위대'와 지도자 하인리히 히믈러(Heinrich Himmler)는 히틀러의 신뢰 속에서 나치독일의 공포의 대상이 된다.

무솔리니가 이탈리아에서 그 비슷한 힘을 얻는 데 무려 7년이 걸렸다는 점을 생각해보면 될 것이다. 이제 히틀러는 독일의 민주주의를 절차적인 합법성을 갖춰 파괴하였고, 그 위에 극단적 민족주의와 인종주의에 기초한 파시스트 독재체제를 출범시켰다.

"자유로부터의 도피"

상당수 역사학자들은 참혹한 2차대전의 원인을 히틀러의 무모한 정치적 비전과 왜곡된 그의 인성에서 찾고 있다. 그리고 그들은 그가 그렇게 될 수 있도록 만든 당시 독일 사회의 구조적 제약에도 주목한다. 여기에서 히틀러라는 개인과 구조로서의 독일 사회 또는 독일 국민들 간의 밀접한 관계를 들여다볼 필요가 제기된다. 먼저 히틀러가 "정치적 괴물"이 되도록 방치한 비(非)나치주의자들의 오판이 문제가 된다. 비공산 비나치 저항세력은 "무시무시한 일이 천천히 다가오는데도 방심하고, 그들의 적(히틀러)이 나날이 깨뜨리는 규칙에 가망없이 매달리다가" 차라리 히틀러에게 '책임(권력)'을 넘겨줌으로써 그를 극악한 폭력추구자에서 '해롭지 않은' 존재로 바꾼다는 안이하고 무책임한 전략을 채택하였다. 게다가 그들은 히틀러가 수상이 되리라고는 꿈에도 생각하지 못했던 과거의 오판을 깨닫지 못하고, 히틀러가 집권하더라도 오래 가지는 못할 것이라고 믿어 의심치 않았다.

비나치 지도자들은 정치적 오판을 했을 뿐 아니라 국민 56%의 지지를 받았으면서도, 좌고우면했고, 비겁했으며, 일부는 변절하여 나치에 협력하였다. 이렇게 되니, 나치에 반대했던 일반인들조차도 자신들의 안위를 보장해줄 저항거점이 사라진 상황에서 대세화한 나치 쪽으로 무더기로 투항하였다. 공포와 불안 속에서 수십만의 노동자들이 사민당이나 공산당을 버리고 나치 돌격대가 되었다.

에리히 프롬(Erich Fromm)이 나치를 피해 미국에 정착하여 1941년 출판한 『자유로부터의 도피(Escape from Freedom)』는 나치의 부상을 촉진했던 당시 독일 국민들의 심리적 상황을 체계적으로 분석하고 있다.[65] 그에 따르면, 나치 지지자들의 심

....

65　에리히 프롬(이상두 옮김), 『자유에서의 도피』, 범우사, 2011.

리적 기반을 기준으로 두 개의 집단을 상정할 수 있다. 첫 번째 집단은 나치즘을 찬성도 반대도 하지 않았지만 결국 그것에 굴복한 사람들이다. 두 번째 집단은 나치의 새로운 이념에 매료되어 그것을 열정적으로 지지한 사람들이다. 먼저 첫 번째 집단은 주로 노동자들, 자유주의자들, 그리고 가톨릭 부르주아지들로 구성되었다. 이들이 나치 이념에 쉽게 굴복한 이유는 심리적인 피로와 체념 때문이었다. 노동자들은 1918년 독일혁명에서 승리하였다고 생각했지만, 사회주의가 실현된 것도 아니고, 자신들의 경제적, 사회적 지위가 향상된 것도 아니었다. 게다가 확실한 변화의 조짐도 없고, 그에 따라 자신들의 정치 행위의 유효성에 대해 회의하면서 좌절속에 빠지지 않을 수 없었다.

이러한 상태에서 히틀러는 이제 '독일' 그 자체가 되었다. 히틀러가 '독일주의적 절대권력'을 갖고 있는 이상, 그를 부정하는 것은 독일이라는 공동체에서 스스로를 몰아내는 것을 의미하였다. 히틀러에 대한 반대는 독일에 대한 부정이었다. 독일 국민들 앞에는 두 개의 선택지가 놓여 있었다. 독일을 부정하고 직면해야 하는 고독감, 아니면 그것을 인정함으로써 주어지는 소속감이 그것이었다. 대다수는 후자를 택하였다. 나치를 지지하지 않았던 사람들도 정체된 삶에 지치고, 미래에 대한 확신이 없는 상태에서 애국주의와 절대권력에 귀의하고자 했던 것이다.

두 번째 집단은 나치를 열렬히 지지한 사람들로서 상점주, 수공업자, 화이트칼라 등으로 이뤄진 하류중산계층이었다. 이들이 나치에 매료되었던 이유는 당시 그들의 "상대적 박탈감(relative deprivation),"[66] 그리고 피학/가학적 성격과 관련이 있었다. 전쟁 전 노동자들보다 자신들이 경제사회적으로 우월하다고 느꼈던 독일의 하류중산계층은 혁명 이후 자신들의 상대적 위상이 오히려 하락했다고 인식하였다. 1929년 말 시작한 세계대공황 때는 아예 그들의 꿈이 사라졌다. 그런데 문제는 이러한 경제사회적 불만 또는 상대적 박탈감이 국가사회주의 성장의 온상이 되었다는 데 있었다. 하류중산계층은 자신의 열악해진 처지를 국가와 연결시켰다. 국가

....

66   테드 거어(Ted Robert Gurr)는 개인이 비교대상보다 능력 면에서 더 우월하다고 생각하지만 현실은 그에게 더 열악하다고 느낄 때 상대적 박탈감을 갖게 된다고 지적하였다. 그는 상대적 박탈감이 봉기나 혁명의 주요 동인 중 하나라고 보았다. Ted Robert Gurr, *Why Men Rebel*, Routledge, 2011.

가 무능하고 무기력하여 자신들의 삶이 힘들어졌다는 것이었다. 영국식 개인주의 · 자유주의의 관점에서 보면, 개인의 생활고의 원인은 주로 개인적 능력이나 의지에 기인한 것이나, 독일의 하류중산계층은 이를 국가가 고장난 탓으로 돌렸다. 히틀러는 하류중산계층의 전형적 인물이었다. 그는 하류중산계층의 분노와 열등감을 국가적 수준으로 격상하고 고양함으로써 그것이 자신의 권력의 정신적 지지기반이 되도록 조작하는 데 성공하였다.

하류중산계층의 상대적 박탈감은 사회질서 유지의 중요성을 부각시킨 요인이었다. 이들은 혁명 이후 전통적인 위계가 무너진 것에 대해서 충격과 분노를 금하지 못하였다. 황제가 공공연하게 조소의 대상이 되고, 장교가 공격당할 때, 또한 국가가 그 형태를 변경하며 "붉은 선동자들"을 각료로 맞아들이고, 마구업자(馬具業者)[67]가 수상으로 선출되었을 때, 과거의 모든 제도와 가치에 귀속적으로 일체화되어 있던 이들로서는 자괴감과 냉소주의에 빠지고, 방향감각을 상실하게 되었던 것이다. 이들은 "과거 좋았던 시절(Good, old days)"로 되돌아가고 싶었다.

상대적 박탈감과 함께 하류중산계층의 가학/피학적 성격이 중요한 요인으로 작용하였다. 프롬에 따르면, 나치즘은 권위주의의 극단적 형태로서 그 본질은 사디즘(sadism)과 마조히즘(masochism)적 충동의 동시적 존재로 설명할 수 있다. 가학적 성격, 즉 사디즘은 타인에 대해 파괴성이 혼합된 절대적인 지배를 통해 희열감을 얻으려는 경향성으로, 피학증, 즉 마조히즘은 자신을 강력한 타자의 힘에 자발적으로 종속시켜 그 힘의 강인함과 영광에 소속하려는 성향으로 볼 수 있다. 프롬에 따르면, 고립된 개인은 자신의 무력함과 고독을 극복하기 위해 사디즘과 마조히즘 간의 "공서적(共棲的, symbiotic)" 관계로 도피하려는 충동을 갖게 된다.[68] 즉 그와 같은 대중은 무력한 존재를 지배하는 힘을 갖고자 하는 욕망과 함께 압도적으로 강한 힘에 복종하여 자기를 송두리째 없애버리려는 욕망을 동시에 가진다는 것이다.[69] 나치

....

67   에버트(Friedrich Ebert)는 1885년부터 1888년까지 마구 제조술을 익혔고, 1889년에는 독일 각지를 여
       행하였다. 그의 삼촌은 만하임(Mannheim)에서 에버트를 사민당에 소개하였고, 그는 1889년 입당하였
       다.
68   프롬(2011), p. 186.

즘의 권위주의에는 타자를 지배하려는 절실할 욕구와 압도적으로 강한 힘에 복종해 그 영광을 좇으려 하는 동경이 드러난다. 히틀러는 이러한 역설적인 심리상태의 공존을 교묘하게 자극하고 유지함으로써 자신의 권력에 대한 정당성과 효과성을 확보하고자 하였다. 히틀러의 이러한 의도는 『나의 투쟁』에 여러 형태로 나타나 있다:

> 대중의 심리는 강함과 단호함에게만 문을 연다. 여자들의 내적 감수성은 추상적인 추리에 의해 거의 영향 받지 않는다. 여자들은 그들의 삶을 완성시키는 강력한 힘에 의지하고픈 모호한 감정적 열망에 의해 영향 받는다. 그들은 약한 남자를 지배하기보다는 강한 남자의 지배를 받고자 한다. 대중도 마찬가지로 애원하는 사람보다 지배하는 사람을 더 선호하며, 자유선택을 제공하는 교리(敎理)보다는 오히려 경쟁자를 용납하지 않는 교리에 의해 더 강력한 정신적 안정감을 갖게 된다. 대중은 선택을 어떻게 해야 할지 모른다. 선택을 할 기회를 주면 그들은 자신들이 버려졌다고 생각하는 경향이 있다. 대중은 지적으로 테러를 당해도 부끄럽게 생각하지 않으며, 인간으로서의 그들의 자유가 악랄하게 억압받고 있다는 사실을 거의 의식하지 못한다. 그들은 이와 같이 교리의 내재적인 모순에 대해 추호도 의심하지 않으며, 그들이 항상 복종하는 결연한 이 교리의 표현의 무자비한 힘과 야만성만을 주시한다.[70]

히틀러와 그의 엘리트들은 독일 국민을 사디즘의 대상으로, 그리고 독일 국민들 대다수는 독일 안의 인종적/정치적 소수자들, 그리고 주변 약소국들의 국민들을 사디즘의 대상으로 보았다. 더 정확히 말하자면, 독일 국민이 사디즘에서 희열을 느꼈다기보다는, 그들의 심리적인 상태가 사디즘에 빠지기 적합한 조건이었다. 동시에 절대적으로 강한 힘에 복종하여 소속감과 희열감을 느끼는 마조히즘도 당시 독일 국민들에게서 명백하게 나타났다. 대중은 개인의 존재는 작고 하찮으며 자

....

69   프롬(2011), p. 194.
70   Adolf Hitler, Chapter II: Years of Study and Suffering in Vietnna, *Mein Kampf*, A Project Gutenberg of Australia eBook. http://gutenberg.net.au/ebooks02/0200601h.html

신을 높은 힘에 굴복시켜 영광에 참여하는 것을 자랑스러워하였다. 히틀러는 개인의 개성을 포함한 일체의 소극적 자유를 포기하게 만들었다. 그는 자기를 주장하지 못하도록 교육하는 것이 교육의 목적이라고 생각하였다. 히틀러는 독일 민족과 국가라는 고양된 관념과 가치를 창조하고, 대중이 자기부정과 희생을 통해 그에 도달하고 동참할 것을 호소하였다. 독일 국민들은 자아의 완전성, 즉 자유를 자발적으로 포기하고, 나치즘이 제공하는 안정감과 소속감을 기꺼이 받아들이려 하였다. 결국 나치즘은 독일 국민이 자신에게 부여된 자유를 감당하지 못하고, 그로부터 도망쳐 몸과 마음을 기탁한 도피처였다.

히틀러의 성과

절대권력을 장악한 히틀러는 사회 불안의 근저에 있던 실업문제 해결을 위해 전력을 기울였고, 상당한 성과를 내었으며, 결과적으로 신속한 경제성장도 이끌어 내었다. 실업해소 노력은 자금을 필요로 하였다. 1933년 나치 정부는 독일은 전쟁 책임이 없다며 베르사유 조약에 따른 배상금 지불을 중단하였다. 나치 정부는 자금을 기업에 융통해 주어 적지 않은 실업자들이 민간기업체에서 일자리를 찾는 데 기여하였다. 공공사업 확충은 나치의 핵심적인 실업문제 대처방법이었다. 대규모 삼림을 조성하고, 병원 및 학교를 건설하였다. 1936년 올림픽 경기장들과 같은 공공건물의 건설도 같은 맥락에서였다. 정치적 선전 수단이기도 했던 새로운 연방고속도로(아우토반, Bundesautobahnen) 건설은 8만에서 12만의 인력 고용을 창출하였다.[71] 나치 정부는 부자들뿐 아니라 서민들도 이 도로를 달릴 수 있도록 한다는 취지에서 1938년부터 '폴크스바겐 1형(VW Beetle, 딱정벌레)'을 '국민차(國民車)'로 개발하여 싼값에 보급하였다.

....

71 애초 나치는 연방고속도로가 자산가 귀족들과 유대인 부자들에게만 이롭다며 부정적 입장을 제시하였다. 따라서 나치는 이 고속도로 건설을 위한 자금조달 협상에 참여하지 않았다. 그러나 나치는 1933년 집권 후 연방고속도로가 자신들의 목적 달성에 유리하다는 점을 인식하고 이를 정치선전에 적극 활용하기 시작하였다.

히틀러는 바이마르 공화국 때부터 암암리에 시작한 재무장을 적극적으로 추진하였고, 이는 결과적으로 실업해소에 큰 도움이 되었다. 국가가 재정을 확보하고 이를 대규모 군수업체에게 배당함으로써 이들 기업과 이들의 다양한 군수/비군수 하청업체들은 수많은 실업자들을 재고용하였던 것이다. 히틀러의 재무장 프로그램은 독일의 군사비가 1933년 GDP의 1%에서 1938년 20%로 급증한 것을 보면 그 의지와 규모를 알 수 있다. 1933년 600만여에 이르렀던 실업자가 1939년에 이르러는 거의 사라졌다.

이외에도 나치 정부는 다양한 수단을 사용하여 실업문제에 대처하였다. 전국 민동원제도가 실시되어 모든 청년 남자들은 '국가노동봉사대(Reichsarbeitsdienst, RVD; Reich Labour Service)'에서 6개월간 노동의 의무를 채운 후 군대로 징집되었다. 1939년, 1,400,000여 명이 군에서 복무하였는데, 이들은 일단은 실업을 면한 인력이었다. 또한 나치 정부는 빌헬름 2세 때 시작한 "3K(Kinder, Küche, Kirche; children, kitchen, church)" 선전을 강화하여 여성 근로자들을 '보육/가정/교회'로 돌아가도록 하고 사회 불안 요소인 실업 남성이 그 자리를 차지하도록 조치하였다.

전기한 바와 같이, 나치 정부의 실업정책은 일단은 성공적이었다. 대량 빈곤이 사라지고 소박한 복지도 실현되었다. 거리는 안전하였고, 범죄율은 크게 감소하였다. "아이들은 여름에 캠프에 가고 '히틀러 소년단(Hitlerjugend)' 때문에 거리를 쏘다니지 않았기에" 가정과 사회 모두 "잘 돌아갔다." 나치는 대규모 정치적 동원행사를 실시하면서 국민에게 "나라와 민족을 위해" 무엇인가 몰두할 거리를 제공하였다. 독일 국민들에게, 특히 실업과 굶주림에 시달리던 사람들에게는, 나치 정부가 제공하는 일자리와 빵이야말로 자신들의 정치적, 종교적 자유 등 시민권을 유보해도 좋을 만큼 그야말로 '고대하던 메시아의 축복이자 선물'로 받아들였다. 더욱 중요한 것은 "대책도 없고 아무런 희망도 없던 상태에서 이제는 자신감과 확신이 생겼다는 사실"이었다. 위에서 말한 바와 같이, 1933년 전까지 사민당과 공산당을 지지했던 노동자 계층도 히틀러에게 대거 돌아섰다. 1936-38년 동안 이런 감정이 전체 분위기를 압도하면서 당시 아직 히틀러를 거부하던 사람들은 '불만분자'로 낙인이 찍혔다. 히틀러에 대해, "그 사람도 결점이야 있겠지. 하지만 그래도 우리에게 일자리와 빵을 준 사람이야"라는 게 전향한 대다수 사람들의 반응이었다.[72] 새로 히틀러의 추종자가 된 사람들이 줄곧 입에 올리곤 하던 말이 하나 더 있었다. "총통이 그걸 알기만 했더라면… (If the Führer had known about it…)"이라는 말이었다.[73] 이 것은 '총통에 대한 신앙'과 나치당에 대한 지지가 전혀 다른 문제였다는 것을 뜻하였다. 독일인들은 나치당이 벌이는 일이 마음에 안 든다 해도 본능적으로 히틀러에게서 정치적 부담을 덜어주려 하였다.

히틀러의 경제 정책은 군비확충과 불가분의 관계에 있었고, 또한 그것들은 그의 "위대한 독일"이라는 정치적 사상적 군사적 목적을 달성하기 위한 상호연관되고 보완적인 수단이었다. 히틀러가 수상이 되었을 때 베르사유 조약에 따라 독일은 현대적 무기나 공군도 보유하지 못한 채 그저 10만의 경무장 병력만을 가지고 있었다. 그러던 독일이 1938년에는 유럽에서 가장 강한 군대와 군사력을 보유한 국가가 되었다. 물론 이는 바이마르 시대에 어느 정도 사전 작업이 없었다면 불가능했을 것이고, 게다가 세부적으로는 군 지도부가 이루어낸 부분이 많았지만, 명령을 내리고 영감을 준 인물은 히틀러였다.[74]

특히 독자적으로 작전을 펼치는 "통합 전차군단"의 창설은 히틀러의 개인적 성과이고 군사 분야에서 큰 업적이었다. 풀러(J. F Fuller)나 드골(Charles De Gaulle) 등 영국이나 프랑스에서도 전차부대 옹호론자들이 있었으나, 보수적 장성들에 의해 좌절되었다. 히틀러는 이를 밀어붙여 성공한 것이었다. 전차군단의 결정적 진가는 1940년 프랑스에 대한 승리에서 나타났고, 그의 '마지막 비판자들'도 칭송해마지 않았다.[75]

이와 같이 히틀러의 경제성장 정책은 그 자체로서의 의미 외에도 전쟁을 위한 기반 확보라는 의미를 가지고 있었다. 베를린이 올림픽을 개최하고 있는 순간에도 히틀러는 전쟁계획을 점검하고 전쟁능력을 갖추기 위해 고심하였다. 비밀문건인 "4개년 계획"이라는 전쟁준비계획에 따르면, 독일군은 4년 내 동부에서 전쟁을 수

....

72   하프너(2014), p. 66.
73   Ullrich(2013).
74   하프너(2014), pp. 68-69.
75   하프너(2014), pp. 71-72.

행할 수 있을 정도로 성장해 있을 것이었다. 독일은 전쟁능력을 독자적으로 갖추기 위해 모든 면에서 자족적인 체계를 만들어야 하였다. 독일은 이러한 자족적 조달체계를 갖추기 위해 세계시장으로부터 자신을 고립시켰다. 유사시 전쟁능력의 중요 부분을 외국에 의존해서는 안 되기 때문이었다. 그리고 나치 정부는 독일의 모든 자산과 재원을 군사력 확충에 투자하였다. 머지 않아 나치독일은 국가 예산의 반을 군비에 할애하게 될 것이었다.

그러나 히틀러의 경제성장 정책은 장기적 위험성을 은폐하고 있었다. 히틀러는 실업해소와 경기진작을 위해 정부보증채권 발행을 서슴지 않았다. 그는 특히 '메포증서(MeFo Bills)'를 발행하여 자금을 조달하였다. 메포증서는 금속연구회사(Metallurgische Forschungsgesellschaft, Metallurgical Research Corporation)라는 유령 회사의 이름을 따 만든 것으로서, 독일중앙은행이 보증하는 비공식적 단기 채권이었다. 나치 정부는 이 채권을 팔아 1939년 당시 전체 재정의 20% 정도를 충당할 수 있었다. 그러나 이와 같이 히틀러가 조달한 자금은 하늘에서 떨어진 것이 아니었다. 후과(後果)가 그야말로 재앙의 수준이 될 것이었다. 히틀러의 비정상적 자금조달 조치는 엄청난 인플레이션 압력을 야기하였고, 1939년 초에는 경제위기로 비화하였다. 급해진 나치 정부는 임금동결과 가격통제에 나섰으나, 전쟁 이외에는 이러한 위기를 막을 방법이 없어 보였다.

유럽에서의 유대인 박해

히틀러의 정치 전술전략과 권력 장악에, 그리고 그가 2차대전으로 가는 과정에서 필수불가결하게 개재(介在)되는 문제는 유대인 탄압과 박해이다. 히틀러는 왜 유대인들을 증오하고 박해했으며, 끝내 600만에 달하는 그들을 학살하며 그것을 "최종적 해결"이라고 생각했을까? 그의 유대인 학살은 팔레스타인과 중동을 포함하여 전 세계의 정치, 군사, 경제, 사회, 문화적 문제를 동시다발적으로 만들어 내었다는 면에서 그 현재적, 미래적 함의가 다대하다 할 것이다.

주지하듯이, 유대인들은 서기 132년에 시작한 '바르 코크바(Bar Kohkba)' 봉기가 로마에 의해 무자비하게 진압된 이후 일부는 로마인들의 노예가 되고 일부는 오랜 방랑의 길을 떠나야 하였다. 첫 번째 이주 유대인 공동체는 바빌로니아에서 형성되었다. 여기서 그들은 상당한 자치를 누리며 '탈무드(Talmud)'를 만들어냈다. 9세기 바빌로니아가 쇠퇴하면서 이들 중 상당수는 베르베르(Berbers)와 무어(Moor) 족이 살고 있던 북아프리카로 이주하게 된다. 유대인들은 상대적으로 덜 종교적이고, 따라서 타 종교에 대해 더 관용적인 무어 족과 400여 년 동안이나 공생·협력관계를 지속할 수 있었다. 711년 무어 족으로 구성된 아랍군은 우마이야 왕조의 히스패니아 정복(the Umayyad conquest of Hispania)을 주도하였다. 이때 무어 족은 북아프리카에서 스페인으로 이주할 때 많은 유대인 동료들을 데리고 갔다. '세파르디(Sephardi)'[76]라 불리는 이들 스페인 이주 유대인들은 개방적이고 지적(知的)으로 선진적인 사회에 살면서 각종 학술 능력을 발휘했고, 고위 공직을 맡는 경우도 있었다. 이들 유대인은 십자군의 공격과 집단학살 등을 경험하지 않아도 되었다. 1492년 이슬람의 무어 족이 '그라나다(Granada)'를 포기하고, 가톨릭에 의한 재정복, 즉 '레콩키스타(Reconquista)'가 완료되어 스페인이 가톨릭 국가로 사실상 통일되자, 아라곤(Aragon)의 페르디난드 2세(Ferdinand II) 왕과 카스티야(Castile)의 이사벨라(Isabella) 여왕은 칙령을 발표하여 개종을 거부한 무슬림들과 20만여에 달하던 유대인들을 추방하였다. 이 세파르디 유대인들 대부분은 북아프리카와 중동의 공동체로 되돌아왔다.

　　바빌로니아에 살던 유대인들의 일부는 프랑크 왕국의 샤를마뉴(Charlemagne) 왕이 토지, 평등권, 안전 제공 등을 약속하자, 보름즈(Worms), 쉬파이어(Speyer), 마인츠(Mainz) 등 현 독일의 라인란트(Rhineland)로 이주하였다. 아쉬케나지(Ashkenazi)'[77] 유대인으로 불리운 이들은 '세파르디'와는 크게 다른 운명 속에 살았다. 중부유럽은 스페인과는 달리 미개하고 위험한 곳이었다. 문맹률이 99%에 달하였다. 샤를마뉴도 자신의 이름으로 서명할 수 없는 정도였다. 당시 기독교는 이교도들을

....

76　세파르드는 원래 성서에 나오는 지명(오바댜 20)으로 스페인을 가리킨다. 스페인과 포르투갈의 유대적 문화와 전통을 표현할 때 '세파르디시'라고 한다. 스페인 유대인의 후손을 전 세계에서 지금까지도 세파르딤이라고 부른다.

77　"아쉬케나즈(Ashkenaz)"라는 히브루 단어는 독일을 지칭한다. 오늘날 미국에 거주하는 대부분의 유대인은 1800년대 중반에서 1900년대 초의 기간 동안 독일과 동유럽을 탈출한 아쉬케나지 유대인이다.

개종시키기 위해 미신이나 우상을 용인하고 있었다. 우상숭배를 금지하는 유대교 '아쉬케나지'는 무지하고 야만적인 기독교인들을 경멸하였고, 따라서 이들은 토라(Torah)와 탈무드의 가르침을 새기며 배타적인 생활권을 형성하였다. '세파르디'가 무슬림을 동등하게 보고 거주지 사회에 동화된 것과는 대비되었다. 세월이 지나면서, 아이러니하게도, 아쉬케나지 유대인들의 배타성은 비유대인 지역인들의 세력이 커지면서, 역(逆)경멸과 박해를 초래하게 된다.

세파르디와 아쉬케나지 간의 큰 차이점은 이들이 서로 다른 언어를 사용한다는 것[78] 외에 세계관의 차이를 들 수 있다. 자신들을 "귀족 유대인"으로 생각하는 세파르디는 바빌로니아 체류 시부터 우마이야 왕조(Umayyad caliphate) 하의 스페인 문명의 황금기까지 문화적 변용과 사회화 과정을 자연스럽게 거치면서 그에 상응하는 정치적으로 온건하고 사회적으로 개방적인 세계관을 형성하였다. 반면, 아쉬케나지는 경멸, 차별, 박해, 그리고 그에 따른 외부세계와의 불안한 관계 속에서 자신들만이 "신의 선택"을 받았다고 하는 선민적(選民的) 가치관을 강조하는 데서 위안과 연대의식을 찾고자 하였다.[79]

13세기 들어 국가의 위상을 갖추게 된 폴란드 왕 볼레슬라프 포보쥐니(Boleslaw Pobozny)는 유대인들의 높은 교육 수준과 경제/금융 지식을 자국의 발전을 위해 활용하고자 당시로서는 파격적인 대우로 이민을 유도하였다. 폴란드 왕은 자신의 영지인 크라쿠프(Kraków)[80]로 유대인들을 받아들였고, 이들은 왕의 보호하

....

78 이디시(Yiddish)는 아쉬케나지 유대인들의 언어였다. 세파르디 유대인들은 라디노(Ladino)를 사용했는데 이는 이디시가 독일어와 히브리어의 혼합인 것처럼 스페인어와 히브리어가 혼합된 형태였다.

79 아쉬케나지 유대인들이 어떻게 "선민(the chosen people)"이라는 자신들의 정체성을 형성해갔으며 어떻게 유대인공동체에서 패권적 지위를 차지하게 되었는지에 대해, 고전(古典)으로서 James Picciotto, *Sketches of Anglo-Jewish History*, Forgotten Books, 2018, 그리고 권력관계나 투쟁에 대해서는 Kedar Griffo and Michael Berkley, *Religion, Politics, and Freemasonry: A Violent Attack Against Ancient Africa*, Lulu, 2011를 참조. 건국 과정을 주도한 아쉬케나지는 이스라엘의 정치, 경제, 사회적 주류가 되었다. 세파르디에 속하는 북아프리카 및 중동 출신 미즈라히(Mizrahi)의 상당수는 사회적 약자로서 차별과 불평등에 항의해왔다.

80 아우쉬비츠(Auschwitz) 수용소 전범 재판은 수용소가 있는 오시비엥침(Oswiecim, Oświęcim)에서 60km 떨어진 크라쿠프에서 진행되었다.

에 상당한 재력과 영향력을 갖게 되었다. 이와 같이 중동부 유럽으로 이주한 이 아쉬케나지 유대인들은 수백 년 후 히틀러가 전권위임법을 통과시킬 무렵인 1933년 300만(유럽의 총 유대인 수는 950만, 1933년 기준)에 달하게 되었다.

유럽에서의 유대인에 대한 박해나 증오는 그들의 이주 시부터 얼마 되지 않아 시작하였지만 12세기부터 두드러지게 나타났다. 역사가들은 '유대인들이 왜 미움의 대상이 되었는지'에 대해 몇 가지 이유를 제시한다. 즉, 이들이 수전노나 고리대금업자로 이미지화되었듯이[81] 탐욕적으로 부만을 추구하면서 가난한 자를 착취하고, 교만하게도 선민의식을 갖고 있으며, 특히 예수를 살해하였다는 것이다. 또 이들은 지역민들과 잘 섞이지 않고 부만 축적하여 자기들끼리만 나누기 때문에 특이하고 폐쇄적이며 이기적이라는 인식이 생겼다. 다른 역사가들은 유대인들에게 강제되었던 삶의 조건을 지적한다. 예를 들어, 유대인들은 토지 소유를 인정받지 못해 자영농민이 될 수 없었고, 상공업자들의 직종별 조합인 길드(Guild) 가입도 허용되지 않았다. 따라서 이와 같은 직업 차별의 조건하에서는 생존을 위해 기독교도들이 혐오하던 고리대금업 등에 종사할 수밖에 없었다는 것이다. 유대인들이 모여 살게 된 것도, 이러한 직업 차별과 박해 속에서 사실상 강요된 측면이 있고, 법으로 거주지역이 제한 받은 탓이기도 하였다. 그러나 이와 같은 인식과 실제 사이의 관계와는 별도로, 사회적으로 이질적으로 보이던 유대인들은 비유대인들이 범한 잘못의 희생양으로 쉽게 활용될 수 있었다.

독일에서의 유대인에 대한 박해나 증오의 확산과 관련이 있는 주요 역사적 인물 중 하나는 1517-1521년 종교개혁(Protestant Reformation)을 주도한 마틴 루터(Martin Luther)였다.[82] 로마 가톨릭의 아우구스티노회 소속 수사였던 그는 면벌부

....

81 프랭클은 이러한 이미지는 과장이라고 지적하고 있다. 모든 유대인들이 대부업자는 아니었고, 중세 시대 가톨릭 교회가 대부업을 금하였기 때문에 끊임없는 박해와 방랑 생활 속에서 자신의 재산이나 부동산을 소유하기 힘들었던 유대인들은 대부업에 대거 종사할 수밖에 없었다는 것이다. Jonathan Frankel, *The Fate of the European Jews, 1939-1945: Continuity or Contingency?* Oxford University Press, 1997, p. 16.

82 반유대주의의 역사적 맥락과 루터의 반유대주의에 관해서는 Christopher J. Probst, *Demonizing the Jews: Luther and the Protestant Church in Nazi Germany*, Indiana University Press, 2012, pp. 41-51.

(免罰符, indulgentia, indulgence)[83] 등 가톨릭교회의 부패를 지적하고, "교황의 전권 (全權, plenitudo potestatis)," '성직 특권주의(sacerdotalism)' 등에 도전하는 과정에서 교회로부터 파문되었다. 그러나 그의 "구세주 예수"에 대한 종교적 열정은 전도(傳 道)에 더욱 힘을 쏟게 하였다. 그는 유대인들의 도탄에 대해 측은하게 생각하고 이 들을 기독교로 전도하기 위해 노력하였다. 그러나 이 일이 그의 뜻대로 되지 않자, 그는 반유대교주의자로 돌아섰다. 그는 1543년 『유대인들과 그들의 거짓말에 대하 여(*Von den Jüden und iren Lügen; On the Jews and their Lies*)』라는 반유대교적 소책자 를 집필하였다. 그는 이 책에서 "사탄을 제외하고 여러분들에게 더 독하고, 해롭고, 강력한 적은 진심으로 유대인이 되고자 갈망하는 진짜 유대인밖에 없다"[84]고 경고 하였다. 루터는 기독교로의 개종을 거부하는 유대인들에 대한 조치로 일곱 가지를 제시하였다:

> 첫째, 시나고그(synagogue, 유대인 교회)와 유대인 학교들을 불태울 것. 타지 않은 것들은 땅에 묻고 흙으로 덮어 보이지 않게 할 것. 이는 우리 주님과 기독교의 이름 으로 행해져야 함. 그렇게 함으로써 하느님께서 우리가 기독교도임을 아시게 하고, 우리가 하느님의 아들과 하느님의 기독교도에 대한 공공연한 거짓말, 저주, 신성모 독을 용납하거나 고의로 허용하지 않는다는 것을 아시게 하여야 함.
>
> 둘째, 유대인들의 집을 불태우고 파괴할 것. 왜냐하면 그들이 시나고그에서 비 는 것을 그들의 집에서 빌 것이기 때문임. 그들은 집시(gypsies)와 같이 지붕이나 헛간에 머물게 되면 이 나라의 주인이 자신들이 아니라는 사실을 깨닫게 될 것임.

....

83 한국에서는 면죄부로 번역되어 사용되지만 그 의미가 죄를 사해준다는 것이 아니라(이것은 하느님의 소관영역) 벌을 면하게 해준다(교회나 교황의 소관영역)는 것이기 때문에 면벌부가 적확한 번역이다. 교황 레오 10세는 바티칸의 성베드로 성당 대규모 개축공사에 필요한 자금을 모으기 위해 면벌부를 판 매하도록 하였다. 면벌부는 살인 얼마, 사기 얼마, 절도 얼마 식으로 가격이 매겨졌다. 당시 로마 교회의 권위는 절대적이었기 때문에 많은 사람들은 로마 교회가 판매하는 면벌부를 사면 죄가 사해지고 천국 에 갈 수 있다고 믿었다.

84 Martin Luther, *The Jews and Their Lies*, 27-28. "On the Jews and their Lies," *Humanitas Interna-tional.org*, Accessed 4 August 2011. http://www.humanitas-international.org/showcase/chronog-raphy/documents/luther-jews.htm

그들은 하느님께 통곡하면서 자신들이 망명생활을 하고 있다는 점을 알게 될 것임.

셋째, 우상숭배, 거짓말, 저주, 신성모독으로 가득찬 유대인들의 기도서와 탈무드를 빼앗아야 함.

넷째, 하느님의 법을 무시하는 랍비들이 설교하지 못하도록 해야 함.

다섯째, 유대인들의 외부도로에서의 안전통행권을 완전히 폐기해야 함. 왜냐하면 그들은 지주, 관리, 무역인이 아니기에 도시 밖에 비즈니스가 없기 때문임.

여섯째, 유대인들이 보유하는 모든 자산이 우리로부터 빼앗은 것일진대 그들의 고리대금업을 폐기해야 함.

일곱째, 젊고 힘있는 유대인들에게 도리깨, 도끼, 괭이, 삽, 실패(distaff), 굴대(spindle)를 줘서 아담의 자손들에게 부과된 것처럼 그들도 빵을 얻기 위해 땀 흘리도록 해야 함. 자신들을 성스러운 민족이라 일컫는 이 유대인들이 우리가 땀 흘려 일하는 동안 따뜻한 난로 옆에서 게으름을 피며 놀고 먹고 방귀 뀌며, 특히 기독교도들에게 자신들의 신앙을 모독적으로 자랑하도록 허용해서는 안 됨.

가톨릭교회의 개혁을 주창하면서 개신교(Protestantism)를 출발시킨 루터는, 후술하겠지만, 그의 강력한 반유대교주의가 수백 년이 지나 수많은 독일 개신교 후손들에서 더 폭력적인 모습으로 재현될 것으로 예견할 수는 없었을 것이다.[85] 실제로, 루터의 위의 주장은 19세기 초 반유대교주의가 기승을 부리던 독일에서 독일기독교사회당(the German Christian Social Party)을 창당한 아돌프 슈퇴커(Adolf Stöcker) 등에 의해 널리 퍼져 나갔고 나치 지지자들에게 파급되었다.

유대인들은 독일이나 폴란드에 못지않게 러시아에도 많이 거주하였고, 박해의 정도도 덜하지 않았다. 러시아에서의 유대인 박해나 집단학살은 '빠그롬(погром, pogrom)'이라 불리는데, 19세기에서 20세기 초까지 러시아제국에서 폭넓게 자행되었다. 극단적인 빠그롬은 1881년 러시아제국 황제 알렉산데르 2세(Alexander II, Alexander Nikolaevich)의 암살에 의해 촉발되었다. 1861년 농노해방령을 내렸던

....

85 히틀러는 루터가 역사상 가장 위대한 개혁가이자 위대한 전사 중 하나였다고 회고하였다. 히틀러
    (1993), p. 192.

알렉산데르 2세를 암살한 인물은 러시아에서 농민혁명을 추진하던 '인민의 의지 (Narodnaya Volya, People's Will)'에 속했던 니콜라스 리사코프(Nicholas Ivanovitcu Rysakoff)였고, 그는 현장에서 체포되었다. 곧 이어 황제의 암살범은 유대인이라고 알려지게 되었다. 리사코프는 유대인이 아니었고, 오히려 무신론자이며 무정부주의자였다. 그러나 러시아 당국이 리사코프와 암살을 공모한 것으로 판단한 게샤 겔프만(Gesya Gelfman)이 유대계였기 때문에 "유대인이 황제를 죽였다"는 소문이 급속히 확산되었던 것이다. 사실 이러한 소문 자체보다 더 중요한 것은 러시아의 열악한 경제 상황하에서 유대인 금융업자들에게 많은 빚을 진 러시아인들이 이들에 대해 악감정을 갖고 있었다는 데 있었다. 유대인 노동자들과 경쟁관계에 있었던 러시아인 철도 노동자들도 이들에 동조하였다.[86]

황제 암살에 의해 촉발된 빠그롬은 특히 현재의 우크라이나와 벨라루스 등의 유대인 '이주자 지구(移住者地區, Pale of Settlement)' 내에서 주로 발생하였다. 빠그롬의 박해자들은 지역적으로 조직되었으나, 때로는 정부와 경찰의 지원을 받기도 하였다. 그들은 유대인 희생자들을 강간하고 살해한 후, 그 재산을 몰수하였다. 사회주의 혁명으로 성립된 소비에트 러시아에서도 빠그롬은 그치지 않았다. 1917년 볼셰비키 혁명 이후 내전 과정에서 수만 명의 유대인들이 살해되었다. 1919년 우크라이나의 키에프(Kiev) 주변지역에서는 '백색의용군(White Volunteer Army troops)'과 코자크인들(Cossack)에 의해 수많은 유대인들이 강간당하고 살해되었다. 레닌은 이 빠그롬을 강력히 비판하였고, 볼셰비키는 희생자들을 위해 얼마간의 자금을 지원했지만, 소비에트 러시아의 언론은 이 문제를 거의 다루지 않았다.[87]

제정러시아의 유대인 박해는 러시아나 동유럽의 이웃국가들뿐 아니라 전 세계적 차원에서 영향을 끼쳤다. 예를 들면, 동양의 변방 한 작은 나라인 조선도 영향을 받았다. 그 영향은 비록 간접적인 것이었으나 결과적으로는 조선의 명운(命運)을 바꿀 정도로 조선인들에게는 중차대한 것이었다. 러시아의 빠그롬을 지켜보던 유럽

....

86   I. Michael Aronson, "Geographical and Socioeconomic Factors in the 1881 Anti-Jewish Pogroms in Russia," *Russian Review*, Vol. 39, No. 1, 1980, pp. 18-31.

87   Benjamin Frankel, *A Restless Mind: Essays in Honor of Amos Perlmutter*, Routledge, 2013, p. 272.

과 미국의 유대인들은 반러감정이 극에 달하여, 러시아를 제재하기 위해 자신들이 할 수 있는 일을 찾아 나서게 되었다. 1904년 2월 8일 일본 해군이 러시아의 뤼순군항(旅順軍港)을 기습 공격함으로써 러일전쟁이 발발한 직후인 1904년 4월 유대인 금융재벌 로스차일드 계열의 '쿤·뢥(Kuhn, Loeb & Co.)'의 야콥 쉬프(Jacob Schiff)는 일본은행의 부총재 다카하시 고레키요(高橋是淸)를 파리에서 만나 군자금 부족에 시달리던 일본제국에게 일본국채 매입을 통해 미화 2억 달러를 조달해주기로 약속하였다. 그의 도움으로 2억 달러가 '월 스트리트'에서 마련되었는데 이 액수는 일본이 당시 필요로 했던 군자금의 절반에 미치는 거액이었다. 쉬프는 1903년 4월 발생한 키쉬네프(Kishinev)의 빠그롬에 크게 영향을 받았던 것이다.

일본은 이로 인해 세계적인 관심의 대상이 되었고, 마련된 자금으로 무기를 보강한 일본군은 뤼순을 점령한 뒤 펑톈(奉天) 회전과 쓰시마해협(대한해협) 해전 등에서 연달아 승리하였다. 러시아 황제는 1905년 1월 22일 '피의 일요일' 이후 전국이 혁명 분위기에 휩싸이면서 전의를 상실하였다. 세계 역사상 최초로 전쟁에서 비유럽국가가 유럽국가를 이긴 것이었다. 전승한 일본은 1905년과 1907년 쉬프를 초청하여 국빈대접을 하며 '서보장(瑞寶章, Order of the Sacred Treasure)'과 '욱일장(旭日章, Order of the Rising Sun)'을 각각 수여하였다. 그는 메이지 "천황"이 일본 "황궁"에서 직접 훈장을 수여한 최초의 외국인이자 유대인이 되었다.

이와 같이, 제정러시아의 유대인 박해는 유대인 재력가들이 러시아와 싸우는 일본을 도와주도록 함으로써 간접적으로 조선의 명운에 큰 부정적 영향을 주었다. 물론 영국과 미국의 유대인들이 조선을 의도적으로 해한 것은 아닐 것이다. 그러나 당시 열강의 지도자들은 "골리앗 러시아"와 한판 겨루는 일본을 우호적으로 보았고, 조선은 자강능력이 없는 무기력한 은둔국으로 보았다. 1900년 친일적(親日的), 인종주의적(人種主義的) 미국 대통령 시어도어 루즈벨트(Theodore Roosevelt)는 독일인 측근에게 "일본이 조선을 취하는 것이 마땅하다"고 말하였다.[88] 러일전쟁을 중재한 공로 등으로 노벨 평화상을 받은 그는 러일전쟁이 막바지에 이르던 1905년 8월 28일 존 헤이(John Hay) 국무장관에게 보낸 편지에서 이렇게 썼다. "조선인들

....

88   John Morton Blum, *The Republican Roosevelt*, Cambridge, Harvard University Press, 1977, p. 131.

은 자신들을 위해 주먹 한 번 휘두르지 못하였다…조선인들이 자신을 위해서 스스로 전혀 하지 못한 일을, 자기 나라에 아무런 이익이 되지 않음에도 불구하고 조선인들을 위해 대신 해주겠다고 나설 국가가 있겠는가?"[89]

반유대주의(Anti-Semitism)

유대인에 대한 탄압과 박해가 시작된 것은 이들이 유럽에 대규모로 이주한 시점과 대강 일치하지만, 종교 차별이 아닌 '인종적' 차별에 기초한, 다시 말해, 유럽 기독교 사회에 동화된 유대인들까지, 즉 유대 혈통 자체가 박해 대상이 된 시점은 19세기 후반이다. 반유대주의로 불리는 이 인종주의에 따르면, 순수 백인이 타인종보다 우월하며, 인종 간 결혼은 인류 문명의 발전에 장애가 된다. 보다 구체적으로는, 산업사회의 진전에 따라 발생한 도시 문제, 빈곤, 도덕의 퇴락, 기독교 이탈, 배금 사상 등의 근원에 유색인 특히 "기생적(寄生的)"인 유대인 등이 있다고 단정한다. 히틀러의 인종주의적 반유대주의도 이에 직접 연결되어 있다.

히틀러의 인종차별론, 즉 반유대주의는 프랑스 외교관이자 작가였던 조세프 고비노(Joseph Arthur de Gobineau)의 『인종불평등론(*Essai sur l'inégalité des races humaines*)』에 의해 크게 영향을 받았다. 히틀러가 영향을 받은 프리드리히 라첼이나 알프레드 로젠버그와 마찬가지로 고비노도 과학적 근거를 제시한 인물을 아니었다. 그러나 중요한 것은 과학성보다는 직관성을 중요시한 히틀러가 이들의 이론과 논리를 적극적으로 수용하였다는 점이다. 고비노의 관심은 인류 문명의 발전이었다. 1853년 출간된 이 책에서 그가 "과학적 근거없이" 내린 결론은 인간 사회의 성격을 결정하는 가장 중요한 요인은 인종이며, 모든 인류 역사의 진전은 백인에 의한 것이었다. 고비노는 백인 중에서도 "아리안족(Aryans)"이 인류 발전의 첨단에 위치하며, 이들이야말로 유럽 귀족사회의 근간을 구성한다고 주장하였다. 그는 고

....

89　"TR to Hermann Speck von Sternberg," August 28, 1900, in John M. Blum, John J. Buckley and Elting E. Morison eds., *The Letters of Theodore Roosevelt*, Vol. 8, Harvard University Press, 1951, p. 1394.

대에 존재하던 아리안족이 지금도 그러하며, 이 "백인 아리안족"만이 문화를 창조할 능력이 있고, "유색 인종들"은 단지 그것을 빌릴 뿐이라고 지적하였다. 그는 각 인종은 재주, 가치, 능력 면에서 선천적으로 다르며, 인종 간 장벽은 인류 역사가 시작된 이래 존재해 온 것으로서 자연스러운 것이고, 인종 간 결혼으로 인종 간 장벽이 무너지면 문명의 파괴를 야기할 것이라 주장하였다.[90]

1853년 출간된 고비노의 『인종불평등론』은 유럽에서 즉각적인 반향을 불러 일으키지는 못하였다. 그러나 그의 인종주의적 관점은 독일 음악가 빌헬름 바그너(Wilhelm Richard Wagner)와 그의 추종자들인 "바이로이트파(Der Bayreuther Kreis, the Bayreuth Circle)" 등의 영향으로 곧 유럽 지식인들의 큰 관심을 끌게 되었다. 고비노는 인종주의자였으나 반유대주의자는 아니었다. 그는 오히려 유대인들이 산업과 문화를 잘 일구는 강하고 지적인 '초인종(超人種, super-race)'의 일부로 보았다. 그러나 반유대주의자들은 이를 자신의 이론을 정당화하는 수단으로 활용하기도 했고, 특히 히틀러와 나치주의자들은 니체(Friedrich Wilhelm Nietzsche)의 저작에 대해 한 것처럼 고비노의 이론을 자신들의 입맛대로 편집하고 왜곡하여 자신들의 정치적 목적을 위해 악용하였다. 왜곡된 방식으로 표현되기는 했지만, 히틀러의 정치관이나 세계관은 고비노에게 큰 영향을 받은 것은 틀림없는 사실이었다. 히틀러는 그의 『나의 투쟁』에서 거의 자구(字句) 하나 틀리지 않고 "고비노"를 반복하였다:[91]

....

90   Arthur de Gobineau, *The Inequality of Human Races*, translated by Adrian Collins, Heinemann, 1915. http://media.bloomsbury.com/rep/files/primary-source-131-gobineau-the-inequality-of-the-human-races.pdf

91   Michael D. Biddiss, *Father of Racist Ideology: The Social and Political Thought of Count Gobineau*, Weybright & Talley, 1970, p. 25. 히틀러는 나의 투쟁에서 아래와 같이 썼다. "오늘날 인류 문화에 관하여, 즉 예술, 과학 및 기술의 성과에 관하여 눈앞에 볼 수 있는 것은 거의 대부분이 오로지 아리아 인종의 창조적 소산이다. 아리아 인종은, 그 빛나는 이마에서는 늘 천재의 신적 불꽃이 튀고, 또한 인식으로써, 침묵하는 신비의 밤에 등불을 밝히며, 인간에게 이 지상의 다른 생물의 지배자가 되는 길을 오르게 한 저 불을 항상 새로이 타오르게 한 인류의 프로메테우스였다… 이러한 결론을 정당화하는 사실은 아리아 인종만이 인류 최고형태를 기초하였고, 따라서 아리아 인종만이 우리가 인간(MAN)이라고 이해하고 있는 원형을 대표한다." Adolf Hitler, Chapter XI: Race and People, *Mein Kampf*, A Project Gutenberg of Australia eBook. http://gutenberg.net.au/ebooks02/0200601h.html

나는 서서히 인종 문제가 그 중요성의 면에서 역사의 다른 모든 문제들을 압도한다, 그리고 그 문제들의 해결에 열쇠가 된다, 그리고 인종들의 혼합으로부터 민족이 형성되는데, 이 인종들 간의 불평등이야말로 민족의 운명을 설명하는 충분한 요인이다라는 신념을 갖게 되었다. 나아가 나는 '예술, 과학, 문명에서 모든 위대하고 고귀하며 생산적인 것들은 한 인종에만 속한다.' 그리고 '이 인종의 여러 지류(支流)들이 우주의 문명화된 모든 국가들을 지배한다'고 믿게 되었다.[92]

전기한 바와 같이, 1517년 가톨릭교 개혁의 기수를 든 마르틴 루터의 "가르침"도 히틀러와 나치의 반유대주의에 큰 영향을 미쳤다. 루터는 인종주의자는 아니었으나 유대교와 유대교인들에 대한 그의 '악마화(demonizing)'는 독일 개신교도들에게 지대한 정신적 영향을 미쳤으며, 특히 히틀러와 나치는 루터를 믿기도 했지만, 그를 이용하여 자신들의 반유대 인종주의적 정치 슬로건에 정치적 정당성을 부여하고자 하였다. 루터를 숭모한 청년 시절의 히틀러는 "마르틴 루터는 독일민족에게 큰 선물을 하였다. 그는 독일인들에게 새로운 언어를 가져다 주었을 뿐 아니라, 더 중요하게는, 독일인들을 로마로부터 해방시켜 진정한 '독일다움'[93]을 선사하였다. 개신교야말로 진정한 독일의 종교"라고 말한 바 있었다. 무소불위의 국가지도자가 된 히틀러는 "루터는 나의 인생에 가장 큰 격려가 되고 있다. 그는 위대한 인물이고 거인이다. 그는 유대인들의 파멸을 원하였고, 우리는 그 작업을 이제 시작하고 있지만, 반드시 과업을 완수해야 한다"며 자신의 반유대주의에는 "위대한 독일인" 루터의 가르침이 있음을 분명히 하였다. 나치의 개신교파인 독일기독교단은 1933년 루터 탄생 450주년을 '루터-나치 공동집회'로 기념하였고, 수많은 개신교도들이 여기에 참여하였다. 최악의 반유대주의 나치 지도자 율리우스 쉬트라이허(Julius Streicher)는 뉘르베르크 전범재판정에서 "나는 루터가 하지 않은 말을 결코 한 적이 없다"고 말하였다.[94] 나치의 반유대주의에는 루터가 광범위하게 현존하고

....

92 *Ibid*.

93 Brigitte Hamann, *Hitler's Vienna: A Portrait of the Tyrant as a Young Man*, Tauris Parke, 2010, p. 250.

있었던 것이다.

독일 내 유대인 박해가 나치 정부의 방조와 비호하에 조직적으로 이루어지기 시작한 시점은 1933년 1월 30일 히틀러가 독일의 수상이 되고 난 후였다. '미국유대인위원회(American Jewish Committee),' '버내이 브리스(약속의 자녀들, B'nai B'rith International),' '영국유대인대표자회의(The Board of Deputies of British Jews)' 등의 주도하에 미국과 유럽의 유대인들이 새로운 나치 정부의 반유대주의를 비난하며 독일 상품에 대한 불매운동을 시작하자, 나치는 1933년 4월 1일을 기점으로 독일 내 유대인 상점과 상인들에 대한 겁박을 통해 보복하기 시작하였다. 권총을 찬 나치의 돌격대원들은 유대인 상점이나 백화점 앞에서 피켓을 들고 영업을 방해하였다. 피켓에는 "유대인들은 우리의 불행이다(Die Juden sind unser Unglück!)," "팔레스타인으로 가라(Geh nach Palästina!)" 등이 적혀 있었다. 1933년 4월 27일 자 독일 신문 '알게마이네 차이퉁(Deutsche Allgemeine Zeitung)'은 "자부심이 있는 나라에서 고위직을 외국인에게 맡기는 경우는 있을 수 없다… 전체 국민 중 외국인이 차지하는 비중이 너무 높다면 이는 다른 인종들의 우월성을 인정하는 꼴이 되며, 이는 결코 받아들여져서는 안 된다"고 썼다.[95]

1933년 7월 14일 나치독일은 '유전병자녀방지법(Gesetz zur Verhütung erbkranken Nachwuchses, the Law for the Prevention of Hereditarily Diseased Offspring)'을 제정하여 "열등인(劣等人, inferior)"들의 불임조치를 의무화하였고, 새롭게 세워진 200여 개의 '유전건강심사원(Erbgesundheitsgerichte, Hereditary Health Courts)'의 판정에 따라 수십만의 시민들이 강제적으로 불임조치를 받았다. 집시들은 "비사회적 인간들(asocials)"로서 불임수술의 대상이었고, 동성애자들과 아프리카계 독일인들도 마찬가지였다.

1935년 9월 15일 히틀러는 바이에른 주 뉘른베르크(Nürnberg)에서의 연례 나치당 대회 후 이른바 '뉘른베르크 인종법'을 제정 선포함으로써 유대인 박해를 위

....

94   Joachim Acolatse, *Samson: God's Mighty Man of Faith*, Tate, 2010, p. 142.

95   Henry Friedlander, *The Origins of Nazi Genocide: From Euthanasia to the Final Solution*, University of North Carolina Press, 1997, pp. 30-31.

한 공식적인 근거를 마련하였다. 그는 "분노하는 독일 국민들의 방어적인 행동을 자제시키기 위한 유일한 방도는 독일유대인 문제에 대한 법적 규제"라며 이 인종차별법을 정당화하였다.[96] 뉘른베르크 인종법은 '독일혈통 보호를 위한 법'과 '독일명예 및 제국시민에 관한 법' 등 두 개의 법률로 구성되었다. 뉘른베르크 법은 차별과 배제를 목적으로 유대인을 명확히 가려내기 위해 유대인 피가 어느 정도 섞인 인간이 유대인으로 판단되는지에 관해 기준을 제시하였다. 이 법은 순수 유대인과 "그에 준하는 유대인들(Geltungsjuden)"의 시민권과 참정권을 박탈하였다. 이 법은 또한 유대인들과 아리아인들 간의 성관계 및 결혼을 금지하였다. 뉘른베르크 법은 1939년까지 지속적으로 개정되어 독일유대인들의 생활을 통제하고 박해하는 데 사용되었다.

1938년에는 또 다른 중대한 유대인 박해 사건이 발생하였다. 11월 7일 주프랑스 독일 대사관의 3등서기관 에른스트 폼 라트(Ernst vom Rath)가 파리에 거주하고 있던 17세의 폴란드계 유대인 소년 헤르셸 그린츠판(Herschel Grynszpan)에 의해 저격되어 중상을 입고 결국 사망하였다. 독일인들은 보복에 나섰다. "깨진 유리창의 밤(Kristallnacht)" 사건이 발생한 것이었다. 1938년 11월 9-10일 '돌격대'와 상당수 독일인들은 경찰의 묵인하에 독일과 오스트리아에서 유대인 상점, 빌딩, 예배당(synagogues)의 유리창을 깨는 등 집단적 폭력을 행사하였다. 유대인들의 항의에도 불구하고, 나치 정부는 이 사건과 관련하여 10억 마르크의 벌금을 오히려 유대인들에게 부과하였다. 미국은 항의의 의미로 대사를 소환하였지만, 여기에 머물렀다. '깨진 유리창의 밤'을 기점으로 나치의 유대인 박해는 경제적, 정치적, 사회적인 것에서 구타, 구속, 살인 등 신체적 폭력으로 변해갔고, 이는 '유대인 대학살(Holocaust)'의 전조(前兆)였다.

"깨진 유리창의 밤" 사건이 일어날 무렵 '친위대' 기관지 『흑색군단(Das Schwarze Korps)』은 "칼과 불에 의한 파괴"를 선동하였다. 사건 다음 날 한 회의에서 괴벨스는 "유대인들에게 불탄 예배당을 청소시켜야 한다. 그렇게 한 후 우리는 예

··········

96   Nathan Stoltzfus, *Resistance of the Heart: Intermarriage and the Rosenstrasse Protest in Nazi Germany*, Rutgers University Press, 1997, p. 68.

배당을 주차장으로 만들 것이다"라고 분노를 표하였다. 괴링은 "유대인 문제는 조만간 우리가 전쟁에 돌입하게 되면 해결의 단계에 들어갈 것이다. 우리는 유대인 문제에 대한 최종적 해결을 추진하지 않을 수 없게 될 것이다"라고 말하였다.[97]

"최종해결책(Endlösung, Final Solution)"

1939월 5월 900여 명의 유대인들은 독일 선박 '세인트 루이스(the St. Louis)'호를 타고 난민 지위로 미국으로의 망명을 위해 함부르크 항을 떠났다. 이들은 미국으로 가기 전단계로서 쿠바에 입항하길 원했으나, 쿠바 정부가 입장을 바꿔 이들의 입항을 거절하였다. 이들은 선수(船首)를 미국 플로리다로 돌려 마이애미의 불빛이 보일 정도로 가까이 다가갔으나, 미국의 해양경비대는 이들의 입항을 허락하지 않았다. 이들은 유럽으로 되돌아갔다. 벨기에, 네덜란드, 영국, 프랑스가 이들을 받아들였다. 그러나 얼마 되지 않아 이들 국가들은 대부분 독일군에 의해 점령되었고, 이 유대인들은 머지 않아 나치의 '최종해결책'에 의해 희생되는 유대인들의 일부가 된다.

1939년 9월 1일 나치가 폴란드를 침공함으로써 세계대전이 시작한 후인 1940년 6월 3일 나치독일 외교부의 '유대인국(局)' 국장 프란츠 라데마허(Franz Rademacher)는 유럽의 유대인들을 아프리카의 마다가스카르(Madagascar) 섬으로 이주시키는 안을 내놓았다. 그는 독일이 당시 프랑스 함락을 앞두고 있었기 때문에 프랑스의 식민지였던 이 섬을 독일이 차지할 수 있을 것으로 보았다.[98] '국가중앙안보처(Reichssicherheitshauptamt, Reich Main Security Office, RSHA)' 소속 국가비밀경찰 제IV실 B4국(유대인 담당)[99] 국장 오토 아돌프 아이히만(Otto Adolf Eichmann)은

....

97 T. Zane Reeves, *Shoes Along the Danube: Based on a True Story*, Strategic Book Group, 2011, p. 42.

98 이 구상은 이미 1937년 폴란드 정부 및 프랑스 정부가 각각 검토한 적이 있는 것이었다. 프랑스의 조르주 보네(Georges Bonnet) 외무장관은 1938년 독일 측 상대인 요아힘 폰 레벤트로프와 이 문제에 대해 상의한 바 있다. 한나 아렌트(김선욱 옮김), 『예루살렘의 아이히만: 악의 평범성에 대한 보고서』, 한길사, 2006, p. 139.

히틀러의 승인을 받아 1940년 8월 15일 4년에 걸쳐 연 400만의 유대인들을 아프리카의 마다가스카르 섬으로 이주시킨다는 구체적 문건을 갖고 있었다. 이 섬은 경찰국가화하여 친위대가 다스린다는 구상이었다. 그러나 이 계획은 전시(戰時)에 실행하기 어렵다는 점이 고려되었고, 결국 독일이 1940년 말 영국과의 전투에서 패함으로써 무기 연기되었다.

이후 나치는 생각을 바꾸어 점령지의 모든 유대인들을 한군데 모아 집단적으로 박멸한다는 생각을 굳히게 되었다. "가구를 치우듯이 다른 곳으로 보내는 것이 아니라 오점을 지우듯이 아예 지워 없애기"로 한 것이다.[100] 1941년 여름 친위대 전국지도자이자 국가비밀경찰을 지휘하던 히믈러(Heinrich Himmler)는 아우쉬비츠 수용소 소장 회스(Rudolf Franz Ferdinand Höss)를 불러 최고지도자가 유대인 문제의 최종해결을 지시했으며, 친위대는 이를 집행해야 한다며, 그는 이 목적을 위해 아우쉬비츠를 선택했음을 알렸다. 1941년 9월 3일 아우쉬비츠에서 지클론(Zyklon)-B 가스가 최초로 실험되었고, 1942년 1월에는 유대인들을 대상으로 사용되기 시작하였다.

패색이 짙던 1942년 1월 20일 국가중앙안보처장 라인하르트 하이드리히(Reinhard Heydrich)는 "독일의 원대한 미래를 위해 유럽에 있는 유대인들을 청소해야 한다"는 히틀러 총통과 괴링 원수(元帥)의 지시를 효과적으로 실현하기 위해 필요한 정책 조정차 베를린 외곽의 호숫가 암 그로센 반제(Am Grossen Wannsee)

....

99   전시 제국중앙안보처는 7개의 국으로 이뤄졌는데 제4국은 국가비밀경찰 사무실로서 하인리히 뮐러(Heinrich Müller)가 수장이었고, 예하에 IV-A부와 IV-B부를 두고 있었다. 전자는 공산주의, 자유주의 등 "적"을 다루었고, 후자는 가톨릭, 개신교, 유대인 등 "분파들"을 담당하였다.

100 히틀러는 『나의투쟁』 마지막 부분에서 다음과 같이 말하였다. "필연적으로 이 지상에서 자신에게 주어진 지위를 차지해야 할 독일은 인종 오염의 시대에 최고 인종의 요소들을 보살피는 데 자신을 바치는 국가가 언젠가 지구의 주인이 되어야 한다. 생존공간 확보를 위해 싸우는―유대인들은 간교하게도 이 싸움에 참가하지 않는데―아리안 민족들을 파괴하고 약화시키는 것은 그들 자신의 파괴적인 세계 지배를 확실히 하는 것이다. 유대인들은 방해자 노릇을 한다… 국제주의, 평화주의, 자본주의, 공산주의 등을 동원하여 유대인이 아리안 민족들을 주요 과제와 임무에서 벗어나게 하고 있으니 독일만이 아니라 이 세상에서 아예 유대인이 사라져야 한다. 그들을 치워버려야 하는데, 가구를 치우듯이 다른 곳으로 보내는 것이 아니라 오점을 지우듯이 아예 지워 없애야 하는 것이다." 히틀러(1993), p. 145.

56-58번지에 있는 한 빌라에서 유관 부처 및 조직 대표 회의를 소집하였다.[101] 나치는 이미 유대인 총살을 지속하고 있었으나 이제 더 '효율적인 방법'이 필요했던 것이다. 총살은 시간이 걸리고, 또 총살 집행인들의 정신 건강에도 문제의 소지가 있다는 판단이 있었다. 그리고 유대인들을 찾아 죽이는 것보다, 이들을 모아서 죽이는 것이 더 효율적일 것이었다. 하이드리히는 히믈러 등의 지원을 등에 업고 '더 쉽게 죽일 수 있는 방법'을 마련하고 이를 본격적으로 추진하고자 했으나, 몇 가지 난관에 봉착해 있었다. 그 중 하나가 제국 원수이자 공군사령관이며 군수물자 생산의 책임자였던 괴링이 독일은 전쟁 수행을 위해 유대인들의 기술과 노동력이 필요하며, 따라서 이들을 모두 수용소로 보내 죽이는 것은 적절하지 않다는 의견을 표명한 데에 따른 것이었다. 괴링은 영국과의 공중전에서 번번이 패배하여 난처한 입장이었지만, 그렇다고 히틀러의 신임을 잃은 것은 아니었다. 괴링은 언제라도 총통을 만날 수 있는 위치에 있었다. 여러 명의 육군 장성들도 괴링의 입장을 지지하고 있었다. 이들은 군수물자 생산도 문제지만 친위대의 오만과 월권에 대해서 거부감을 가지고 있었다. 하이드리히와 히믈러는 괴링의 입장을 고려하는 가운데 유대인 문제의 '최종해결책'을 확정하고 공식화하기 위해 이 회의를 개최한 것이었다. 친위대, 나치당, 정부를 대표하는 15명의 참석자들은 동부 지역에 강제수용소를 더욱 확장하고 가스실을 더 만들어 각 지역의 유대인들, 집시들, 동성애자들을 더 신속히, 더 많이 이송하여 처리하자고 합의하였다. 당시 회의 자료에 따르면,[102] 유럽에는 11,000,000명이 넘는 유대인들이 있었다. 소련에 5,000,000명, 그리고 우크라이나에 2,994,684명, 헝가리에 742,800명, 영국에도 300,000명이 넘는 것으로 파악되었다. 반제 회의 참석자들은 전쟁에 승리한다는 전제하에 유대인들을 모두 화물열차에 태워 폴란드로 데려온 후 즉각 가스실에서 처리한다는 데 합의하였다. 괴링

....

101 반제 회의는 정책을 결정하는 자리는 아니었다. 그 이전에 이미 정해져 있었다. 이때부터 독일의 전 기관과 조직들이 나서 조직적으로 유대인을 학살하게 된 것이었다. 이 회의는 유대인대학살을 공식화했던 것이다.

102 http://germanhistorydocs.ghi-dc.org/pdf/eng/English41.pdf. 회의기록은 아돌프 아이히만이 작성하였다. 이 기록은 1947년 뉘렌베르크 전범재판에 참여한 미국 측 부대표 로버트 켐프너(Robert Kempner)에 의해 베를린에서 발견되었다. 1년 후 이 기록은 주요 전범들에 대한 중요한 증거로 채택되었다.

을 대신하여 회의에 참석한 "4개년 계획"의 실무책임자 에리히 노이만(Erich Neu-mann)은 그나마 일정 인원의 유대인들을 군수산업 노동인력으로 빼내는 데 역할을 하였다.

　나치의 '최종해결책'은 '홀로코스트(Holocaust)' 또는 히브리어로 '쇼아(Sho-ah, 대재앙)'로 불리는 대학살로 이어졌다. 유럽 유대인의 2/3가 희생되었다. 집시, 폴란드인, 공산주의자, 동성애자, 장애자, 소련의 전쟁포로 등 500만의 비유대인 희생자를 합쳐 11,000,000여 명이 독일과 독일 점령 지역의 42,500개 시설에서 살해되었다. 1945년 1월 27일 소련군이 아우쉬비츠 수용소를 점령했을 때는 이미 2백만이 이곳에서 처형된 후였다.

　유대인 대학살의 실무책임자 아이히만 중령에 관한 이야기는 후대 철학자들과 역사가들의 관심을 끌었다. 그는 대전 직후 미군에 의해 체포/수감되었으나 1946년 탈출하여 뉘른베르크 전범 재판을 면하였다. 그는 수배 중 친위대 퇴역군인들의 비밀조직인 '오데사(ODESSA)'와 연락하는 데 성공하여 이탈리아로 도주하였다. 그는 1950년 제노바(Genova)의 프란시스코 수도회 사제 에도아르도 되뫼터(Edoardo Dömöter)의 도움을 받아 적십자(The Red Cross) 이탈리아 대표부에서 여권과 단기비자를 취득했고 그것으로 아르헨티나 대사관에서 장기비자를 받아 아르헨티나로 향하였다.[103] 리카르도 클레멘트(Ricardo Klement)라는 가명을 사용하

....

103　적십자는 아이히만뿐 아니라 "리옹의 도살자," 클라우스 바비(Klaus Barbie), 그리고 아우쉬비츠 강제수용소의 내과의사였고, "죽음의 천사"로 알려진 요셉 멩겔레(Josef Mengele), 알버트 스페어(Albert Speer) 등 나치 학살자들이 독일을 떠나 해외로 도피하는 데 결과적으로 일조하였다. 적십자는 후일 난민을 돕는 과정에서 나치에 이용당하였다고 밝히면서 이를 매우 유감스럽게 생각한다고 밝힌 바 있다. 국제적십자는 전후 혼란과 업무 폭주 속에서 "10.100"로 알려진 여행문서를 발행함에 있어 바티칸의 조회와 연합군의 확인에 크게 의존하였다. 이 문제를 조사한 하버드 대학교의 제럴드 쉬타이나허(Gerald Steinacher)는 적십자의 국제위원회(ICRC)의 문서고(文書庫) 열람을 허가 받아 수천 건의 내부 문건에 접근할 수 있었다. 여기서 그는 전후 혼란 속에서 적십자의 여행문서가 나치당원들에게 실수로 발행되었다는 것을 발견하였다. 쉬타이나허에 따르면, 로마와 제노아의 적십자는 자신들을 "무국적 독일계"로 위장한 나치들에게 최소한 120,000부의 "10.100"을 교부하였으며, 이렇게 잘못 교부된 여행문서로 해서 90%의 나치들이 이탈리아, 스페인, 그리고 북미와 남미 특히 아르헨티나로 도주하였다. 1947년 영국과 캐나다는 8,000여 명의 전직 친위대원들의 입국을 받아들였다. 바티칸은 1939년 이후의 문서에 대해 열람을 허락하지 않고 있으며, 이 문제에 대해 일체의 논평을 거부해 오고 있다. 쉬타이나허는 바티칸이

여 아르헨티나로 숨어든 아이히만은 15년을 이곳에서 살았다. 그러나 아르헨티나의 벤츠(Mercedes-Benz) 자동차 공장의 감독관으로 일하던 그는 1960년 5월 11일 저녁 이스라엘 정보기관 '모사드(Mossad, The Institute for Intelligence and Special Operations)'의 요원들에게 붙잡혔다. 직장에서 퇴근 중 "납치"된 그는 머리빗, 담뱃갑, 그리고 집의 열쇠 등을 소지한 평범한 중년 차림이었다. 그는 이스라엘로 압송되었다. 아르헨티나는 그의 송환을 요구했으나, 이스라엘은 그가 국제전범이라며 거부하였고, UN 안보리가 개입하는 가운데[104] 양국의 타협에 따라, 결국 그는 TV로 중계방송되는 공개 재판정에 서게 되었다. 최후진술에 나선 그는 독일인 변호인 로베르트 세르바티우스(Robert Servatius)가 가르쳐준 대로 자신은 희생양이라고 말하였다:[105]

나는 괴물이 아닙니다. 그건 사람들이 만들어낸 것입니다. 나는 판단의 실수에 따른 희생자입니다… 나는 모든 죄를 뒤집어썼습니다. 내가 여기 선 이유는 당시 나치가 나에 대해 거짓 소문을 퍼뜨렸기 때문입니다. 그들은 벌을 면하기 위해 나를 희생양으로 삼았습니다… 일부 언론도 왜곡하고 과장하였습니다. 내가 여기 서 있는 이유는 바로 그들 때문입니다… 나는 다른 사람들이 지은 죄 때문에 고통받을 수밖에 없는 처지에 있습니다. 나는 운명이 내게 부과한 짐을 지게 되었습니다.

아이히만은 결국 반유대인 범죄, 반인류범죄, 그리고 전쟁 범죄에 대해 유죄

....

유럽에서의 가톨릭 부흥에 대한 기대를 가지고 있었고, 다른 한편, 소련에 의한 공산주의의 확산에 대해 우려하였다고 보고 있다. Gerald Steinacher, *Nazis on the Run: How Hitler's Henchmen Fled Justice*, Oxford University Press, 2012. 1960년 6월 28일, 바티칸의 일간 신문, '로마의 관찰자(*L'Osservatore Romano, The Roman Observer*)'는 아이히만이 1951년 바티칸의 도움으로 해외도주하였다는 보도는 "근거 없는 모략(slanderous inventions)"이라고 주장하였다. JTA, "Vatican Paper Denies Eichmann Had Vatican Passport," June 28, 1960. http://www.jta.org/1960/06/28/archive/vatican-paper-de-nies-eichmann-had-vatican-passport

104 United Nations Security Council Resolution 138(S/4349), 1960. http://www.un.org/en/ga/search/view_doc.asp?symbol=S/RES/138(1960)

105 Arendt(1977). pp. 247-49.

판결을 받았다. 그는 이차크 벤-즈비(Yitzhak Ben-Zvi) 대통령에게 선처를 탄원했으나 거부당했고, 1962년 5월 31일 람레(Ramleh) 교도소에서 교수형에 처해졌다. 그는 끝까지 유죄판결을 받아들이지 않았다. 그는 형이 집행되기 직전 "독일 만세, 아르헨티나 만세, 오스트리아 만세… 나는 전쟁과 국기(國旗)의 법에 따르지 않을 수 없었다"라고 말하였다. 그는 주위를 둘러보며 언론인들을 향해 "여러분, 우리는 머지 않아 다시 만나게 될 겁니다. 그게 모든 인간의 운명입니다. 나는 신앙인이었습니다. 그리고 지금도 신앙인으로서 생을 마감합니다"라고 쉰 목소리를 내었다.[106]

아이히만의 진술로 볼 수 있는 그의 삶과 죽음에 대한 태도, 그의 판단능력, 정서적 심리 상태 등을 면밀히 관찰한 유대인 철학자 한나 아렌트는 '최종해결책'이라는 것이 "어떻게 집행되었는지"에 대해 알고자 하였다. 그는 "악의 평범성(banality of evil)"을 지적하였다. 아렌트에 따르면, 아이히만은 범죄적 동기를 갖고 있지 않은 "놀라울 정도로 매우 정상적(terribly and terrifyingly normal)"이고 평범한(banal), 그리고 전형적인 "공무원(typical functionary)"이었다. 아이히만은 인간의 존엄성과 이성의 보편성을 거부하는 이념적 동기를 갖고 있지 않았고, 단지 "생각할 수 있는 능력이 없는(thoughless)" "광대(buffoon)"였거나 "악의 기계의 톱니(cog in the machine)"이었을망정 "사악한(demonic)" "괴물(monster)"은 아니었다. 아렌트의 판단은 "자신은 명령만을 수행했을 뿐"이라는 아이히만의 최후진술을 반영하였다.[107]

....

106 Arye Wallentein, "Adolf Eichmann Dies on the Gallows; Self-Possessed, Defiant to the End," *Reuters*. June 1, 1963. http://www.foia.cia.gov/sites/default/files/document_conversions/1705143/ EICHMANN,%20ADOLF%20%20VOL.%203_0089.pdf

107 아렌트는 1964년 독일 역사가 요아힘 페스트(Joachim Fest)와의 인터뷰에서 아이히만의 몰지각(沒知覺, thoughtless)한 나치와의 공서적 관계, 그의 폭력적 "애국주의"와 인종주의적 규범은 부도덕하고 비난받아 마땅하지만, 당시 나치 세계에서는 정당하고 합법적이었고, 오히려 "도덕적 다수(moral majority)"였던 사실이 간과되어서는 안 된다고 말하였다. 그는 이런 것들이 자신이 말한 악의 평범성이었다고 해명하였다. 아렌트의 인터뷰는 육성으로 들을 수 있다. Audio, Hannah Arendt interviewed by Joachim Fest, 1964, Hannah Arendt Center for Political Studies, Department of Human Sciences – University of Verona. http://www.arendtcenter.it/en/2016/12/10/hannah-arendt-im-gesprach-mit-joachim-fest/

악의 평범성이라는 개념은 대중이 분노하고 좌절할 때 압도적으로 강한 힘을 동경하여, 그것에 자발적으로 복종해 자기를 부정함으로써 "영광스러운 피지배자" 집단에 편입되고자 하였다는 역사적 사실과 연결지을 때 큰 현재적 의미를 갖게 된다는 점은 부인할 수 없는 사실이라 하겠다. 그러나 아렌트는 몇 가지 측면에서 비판받을 수 있을 것이다. 첫째, 그의 말대로 아이히만이 아무 생각 없이 인간학살에 참여하였다고 가정하더라도 그가 괴물이 아닌 것은 아니다. 생각 없이 사람을 대량으로 죽이는 자야말로 괴물인 것이다. 둘째, 아이히만은 그저 "기계의 톱니"가 아니었다. 독일 철학자·사학자 베티나 쉬탕네스(Bettina Stangneth)가 입수한 아이히만의 글과 녹취록은 아렌트가 얼마나 순진했었는지를 적나라하게 보여주었다. 아렌트가 접하지 못한 이 1,300페이지에 달하는 자료들에 따르면, 아이히만이 재판 시 진술했던 내용은 사악한 거짓이었다. 그는 붙잡히기 전 네덜란드 출신 전직 친위대(SS) 요원인 빌렘 사센(Willem Sassen) 등 아르헨티나 나치들과의 대화에서 자신은 과거 행적에 대해 전혀 후회하지 않으며, 자신이 자랑스럽게 행한 일은 독일을 위한 역사적 필연이었다고 말하였다.[108] 셋째, 아렌트 자신이 『예루살렘의 아이히만』의 제10장과 제11장에서 적시하였듯이, 많은 사람들은 "악의 기계의 톱니"가 되길 거부하였다는 점이 지적되어야 한다. 당시 덴마크의 국왕 크리스티안 10세는 나치가 유대인을 상징하는 별을 덴마크의 유대인들에게도 달겠다고 하자, 자신이 직접 그 별을 달고 다니겠다고 항의하며 그러한 조치를 막았고, 시민들 역시 스웨덴으로 도피하려는 유대인들을 적극적으로 지원하는 한편, 부유층은 스웨덴으로 도피하려는 유대인들의 뱃삯을 대납해주었을 정도로 "악의 기계"를 멈추게 하기 위해 저항하였다. 덴마크의 저항은 1943년경 나치가 덴마크의 유대인들에 대한 '최종적 해결'을 지시했을 때 그것이 제대로 작동하지 않게 하는 데 큰 역할을 하였다(덴마크 유대인 99%가 생존하였다). 불가리아 지도자들은 나치의 유대인 이송을 지연하기 위해 법령 제정을 고의로 지체하였다. 나아가, 시민들은 유대인 이송 기차를 막겠다

....

108 Bettina Stangneth, *Eichmann Before Jerusalem: The Unexamined Life of a Mass Murderer*, Vintage, 2015; Michael Bazyler, *Holocaust, Genocide, and the Law: A Quest for Justice in a Post-Holocaust World*, Oxford University Presss, 2016, p. 128.

고 위협했고, 왕궁 앞에서 이송 반대 시위에 나섰다. 그 결과 불가리아의 유대인은 수용소로 이송되지 않았다. 불가리아의 행동은 당시 서유럽 국가들이 기회주의적인 행태를 보여주었고 동유럽 국가들은 적극적으로 이송을 지원하고 있었다는 점을 고려할 때 매우 놀라운 일이었다. 이렇듯이 "악의 기계"가 돌아가고 있을 때, 두 국가의 시민들은 "악의 기계의 톱니"가 되길 거부하고, 그러한 기계가 돌아가는 것을 막기 위해 '목숨을 걸고' 저항하였다. 그리고 그러한 저항의 결과는 적어도 그 국가에서는 "악의 기계"의 멈춤으로 나타났다.

제2차세계대전으로 가는 길

"자유로부터 도피"하여 "메시아"에 구속(拘束 또는 救贖)되는 영광을 자처하던 당시 많은 독일 국민들의 심금을 울린 애국주의, 민족주의, 반유대주의, 반공주의적 "약속"과 "개혁"을 통해 절대 권력을 용이하게 장악한 히틀러는 독일의 국제정치적 명운과 위상을 근본적으로 바꾸기 위한 "역사적 기회"를 호시탐탐 엿보고 있었다.

히틀러는 국제연맹이 주도하여 1932년 창립한 군축회의(The Conference for the Reduction and Limitation of Armaments)를 1933년 10월 14일 탈퇴하였다. 독일의 제한 없는 재무장을 염두에 둔 행위였다. 히틀러는 1주일 후 국제연맹에서 탈퇴하고, 1934년 초 독일의 재무장을 선언하였다. 히틀러는 자신의 행위가 위협으로 인식되지 않도록 평화공세를 폈다. 그는 독일 육군의 규모는 300,000명으로, 그리고 공군은 프랑스 공군의 절반을 넘지 않도록 하겠다며 영국과 프랑스를 안심시키려 하였다. 그러나 이는 독일군의 규모를 제한하는 것이 아니라, 오히려 독일 육군의 규모를 100,000명으로 제한한 베르사유 조약 위반이었다. 영국은 군비경쟁을 피하기 위해 협상을 제안하였고, 독일을 유인하기 위해 1932년에 결정된 영국 공군기 규모를 그대로 유지한다고 발표하였다. 취약한 프랑스도 군축을 촉구할 뿐 히틀러의 행위에 제동을 걸지 않았다. 키신저가 요약했듯이, "프랑스는 감히 독자적으로 행동할 수 없었고, 영국은 [독일을 필요 없이 자극하지 않기 위해] 프랑스와 함께 행동하길 거부하였다." 영국과 프랑스는 히틀러의 의도를 알 수 없었고, 어떤

면에서는 반공주의자인 그가 쓸모가 있을 수도 있다고 판단하였다.[109]

1935년 1월 13일 히틀러에게 기회가 왔다. 자르 지역 주민들이 주민투표를 통해 독일로의 귀속을 결정하였기 때문이다. 석탄생산으로 유명한 자르는 독일의 공업기반을 약화시켜 전쟁능력을 제거한다는 취지하에 베르사유 조약에 따라 독일에서 분리되어 국제연맹의 위임통치하에 들어갔었다. 15년간의 위임통치 기간의 마지막 해인 1935년에 주민투표를 실시하여 독일 귀속 여부를 결정하기로 되어 있었는데, 이 지역 주민들은 압도적인 표 차(90.73%)로 독일 귀속을 결정한 것이었다. 자르의 인구는 얼마 되지 않았으나, 석탄매장량에 있어서는 유럽 최고 수준이었고, 그에 못지않게 중요한 것은, 1870년대 이후 독일의 무기·군수·화학 산업체가 이 지역에 집중되어 있었다는 것이다. 히틀러는 자르의 주민투표 결과를 국내정치적 선전 도구로 활용할 수 있게 되었을 뿐 아니라, 유럽의 근본 질서를 바꾸는 데 필요한 물적 기반을 상당 부분 회복한 셈이 되었다.

자르 회복 이후 나치독일은 영국과의 군축 관련 신경전 끝에 1935년 3월 15일 공군(Luftwaffe) 보유를 공식 선언하였다. 당시 독일 공군은 이미 2,500대의 항공기를 보유하고 있었다. 이는 베르사유 조약의 근본을 위반한 것이었다. 히틀러는 3월 16일 프랑스 대사에게 군복무 의무제를 실시할 것이라 말하였다. 나치는 55만의 독일군(Wehrmacht)을 목표치로 제시했는데, 이는 1934년 히틀러가 제시한 300,000명을 크게 상회할 뿐 아니라, 베르사유 조약이 허용한 수치의 5배를 넘는 것이었다. 이에 대해 영국과 프랑스는 모종의 조치를 취해야만 하였다. 이탈리아의 무솔리니도 군사력을 키워가는 독일이 과거 오스트리아의 영토였고, 주민 다수가 독일계인 티롤(Tirol)의 반환을 요구할 것을 우려하여 1935년 4월 14일 이탈리아의 마지오레 호수(Lago Maggiore) 기슭에 있는 마을 스트레사(Stresa)에서 3국 회의를 개최하였다. 영국, 프랑스, 이탈리아는 이 회의에서 로카르노 조약(Locarno Treaty)을 재확인하고, 오스트리아의 독립 유지 등이 3국 공통의 정책으로 지속될 것임을 선언하였다. 3국은 또한 독일이 베르사유 조약을 수정하려는 시도에 나설 경우 이를 허용하지 않기로 합의하였다.[110]

....

109 Kissinger(1994), p. 294.

그러나 스트레사 협정에 서명한 3국은 독일의 베르사유 조약 위반을 직접 응징하는 조치는 취하지 않았다.[110] 오히려 영국은 스트레사 회의 2개월 후인 1935년 6월 18일 나치독일과 영독해군협정을 체결하였다. 1932년 2월 국제연맹은 제네바에서 세계군축회의를 개최하였다. 여기서 바이마르 독일은 '동등한 권리(Gleich-berechtigung, equality of status, equality of armaments)'를 주장하며 독일에 대한 사실상의 무장해제를 규정하고 있는 베르사유 조약 제5조의 폐기를 요구하였다. 프랑스는 반대하였다. 그러나 영국 해군은 "국제정치적으로 받아들여져야 하는 것(베르사유 조약 제5조는 현실적으로 유지 불가)"을 받아들이는 것이 영국의 "전략적 이익"이라고 보고, 1932년 3월 독일은 베르사유 조약 제5조의 "완화를 요구할 수 있는 도덕적 권리를 가진다"고 천명하였다.[111] 1933년 1월 집권한 히틀러는 재무장 의지를 과시하면서 3월 23일 '수권법'을 통과시켰다. 영국 해군의 성명에 고무된 그는 10월 "모든 국가들이 함께 군축을 시행하든가, 아니면, 베르사유 조약 제5조를 넘어서는 독일의 재무장이 허용되어야 한다"고 기염을 토하였다. 프랑스는 1934년 4월 17일 '바르투 노트(Barthou note)'를 통해 반대 의지를 분명히 하였다. 나치 독일은 1934년 11월 영국에 양자 간 해군협정 체결 의사를 공개적으로 표명하였다. 영국 해군의 35%에 해당하는 능력만을 갖겠다는 것이었다. 당시 영국 해군은 워싱턴 해군협정(1921-22) 및 런던 해군협정(1930)에 의해 규모가 축소된 상태에서 대공황의 여파로 함정 건조 능력이 급감한 상태였다. 따라서 이와 같은 상황 하에서 영국이 해양패권을 유지하기 위해서는 잠재적 적국의 해군력을 제한/규제하는 것이 상책일 수도 있었다. 영국 해군참모총장 채트필드(Alfred Chatfield) 제독은 "독일 해군의 성장을 규제하기 위해 양자 간 해군협정이 필요"하다고 수상에 건의하

....

110 특히 베니토 무솔리니에게 중요했던 것은, 두체(Duce)에 대한 파시스트 선전, 즉 무솔리니가 경험 많은 정치인이며, 평화의 보증자라는 것을 선전할 수 있는 기회였다. 무솔리니가 1934년 독일의 오스트리아 합병을 좌절시켰던 것처럼 말이다. 1934년에 히틀러가 오스트리아 합병을 시도하자, 이는 무솔리니의 거센 항의를 받았고, 그는 히틀러에게 만약 그가 오스트리아에 한 발자국만 디디면, 이탈리아가 독일에 대해서 군사행동을 취할 것이라 경고했다.

111 Joseph Maiolo, *The Royal Navy and Nazi Germany, 1933–39: A Study in Appeasement and the Origins of the Second World War*, Palgrave Macmillan, 1998, p. 21.

였다.[112] 수상은 이 건의를 받아들였다. 독일이 향후 10년 동안 보유할 수 있는 함정의 총 배수량을 영국해군의 총 배수량의 35%로 제한한 협정은 영국으로서는 독일의 군비팽창을 현실적인 선에서[113] 제한하고 양국관계를 개선할 수 있다는 판단이었다. 그러나 독일은 생각이 달랐다. 나치독일은 영독해군협정을 프랑스와 소련을 겨냥한 독영동맹의 초기 단계로 보고, 이를 구체적으로 발전시키고자 하였던 것이다.[114] 어쨌든 프랑스, 이탈리아와 협의없이 이루어진 영국의 이 조치는 의도와는 상관없이 나치독일을 억지하기 위한 영불협력의 기초를 흔들었을 뿐 아니라,[115] 베르사유 조약에 의해 강제된 독일 해군력의 제한(1만 톤 초과 함정 6대 허용, 잠수함 불용)을 풀어주었고, 조약의 붕괴를 재촉한 주 원인으로 작용하였다. 1970년대 초 미국, 영국, 프랑스 정부의 후원으로 나치독일의 비밀문건을 수합/분석한 역사학자 노먼 리치(Norman Rich)에 따르면, 이 영독해군협정은 영국의 그야말로 "끔찍한 외교적 실수"였다.[116] 프랑스는 1935년 5월 2일 소련과 상호원조조약을 체결하였다. 프랑스는 이 협정을 정치동맹으로 규정하고 군인사 교류를 불허하는 등 군사적 요소를 철저히 배제하려 하였다. 프랑스는 소련과의 밀착이 자칫 잘못하면 영국의 의심을 살 수 있으며, 소련과 독일 사이에 위치한 프랑스의 동유럽동맹국들이 거부감을 가질 수 있고, 특히 독일을 자극할 수 있다고 판단했던 것이다.[117] 어쨌든, 프랑스·소련 상호원조조약은 추후 히틀러가 로카르노 조약을 파기하고 1936년 3월 7일 라인란트를 재무장하는 데 핑계를 제공하였다.

....

112 Maiolo(1998), p. 26.

113 영국의 입장은 1935년 외교부 메모랜덤에 잘 나타나 있다. "실용주의자인 영국인들은 1차대전 직후부터 평화조약에서 불안정하고 방어불가한 부분들을 제거하는 데에 정책적 우선순위를 두었다." W. N. Medlicott, *Britain and Germany*, Athlone Press, 1969, p. 3.

114 Joseph Maiolo, *The Royal Navy and Nazi Germany, 1933–39: A Study in Appeasement and the Origins of the Second World War*, Palgrave Macmillan, 1998, p. 37.

115 William Shirer, *The Collapse of the Third Republic: An Inquiry into the Fall of France in 1940*, Simon and Schuster, 1969, pp. 249-50.

116 Norman Rich, *Hitler's War Aims, Vol. 1, Ideology, the Nazi State, and the Course of Expansion*, W.W. Norton, 1973.

117 Kissinger(1994), p. 297.

이탈리아의 무솔리니와 독일의 히틀러

영국에 의해 스트레사 합의가 사실상 무력화되자 무솔리니는 이탈리아가 이제 국익을 자유롭게 추구할 수 있게 되었다고 판단하였다. 그는 1935년 10월 북아프리카의 아비시니아를 침공하였다. 오랜 봉건국가 아비시니아가 1869년 수에즈 운하 개통 후 홍해 연안 지역의 경제적 전략적 중요성이 증가하면서 유럽 열강의 구미를 자극하던 차였다. 자원과 영토 확장을 위해 이른바 이탈리아령 동아프리카(Africa Orientale Italiana, Italian East)를 건설함으로써 이탈리아와 파시즘의 군사적 역량을 과시하고자 했던 무솔리니로서는 당시 유럽에 의해 식민화되지 않은 거의 유일한 국가인 아비시니아가 절호의 기회로 보였다. 이탈리아의 아비시니아 침공에도 불구하고 영국과 프랑스는 국제연맹의 규약을 지키기 위해 이탈리아와 전쟁까지 할 마음은 없었다. 몇 달 전 이뤄진 스트레사 합의의 한 축인 이탈리아가 독일에 아예 기울게 될 가능성도 우려하였다. 영국과 프랑스는 국제연맹을 통해 문제를 외교적으로 해결하고자 하였다. 표결 결과는 50:4(오스트리아, 헝가리, 알바니아, 이탈리아 반대)였고, 국제연맹은 이탈리아를 침략자로 규정하고 경제제재를 단행하였다. 그러나 회원국들의 개별적 이해관계가 충돌하여 효과를 내지는 못하였다. 특히 전략물자인 석유에 대한 금수(禁輸)가 이루어지지 않았던 것이 결정적이었다. 영국은 이탈리아가 독일에 접근할 것을 우려하여 전략적 요충지인 수에즈 운하를 봉쇄하지 않은 채 몇 가지 어설픈 제재에 그치고 말았다.

무솔리니는 이러한 국제제재를 이탈리아 민족주의 감정을 자극하며 자신의 국내정치적 이익으로 연결시키는 데 성공하였다. 이탈리아 국민들은 파시스트 정부가 흔들어대는 국기 앞으로 몰려들었다. 100만 쌍이 넘는 신혼부부가 '조국을 위해 국가의 제단에서 올리는 신뢰의 의식'을 통해 금반지를 헌납했고, 국가가 공인한 쇠반지를 대신 수여 받고 애국심을 자랑하였다. 파시스트에 대한 지지는 가톨릭교회도 예외가 아니었다. 교황 비오 11세는 무솔리니를 이탈리아 사회주의 혁명을 막아줄 수 있는 인물로 보았다. 파시스트들은 그들이 필요했던 조직 능력과 도덕적 정당성을 가톨릭교회로부터 확보할 수 있었다. 교황은 2차대전이 발발하고 무솔리니가 이탈리아 유대인들을 박해하기 시작하자 무솔리니와의 타협을 후회하고 그와의 공개적 결별을 고려했으나 이루어지지는 않았다.[118]

무솔리니는 1936년 5월 아비시니아 정복을 완료하고, 이탈리아 왕 빅토르 에마뉴엘 3세(Victor Emmanuel III)를 신생제국 이디오피아(Ethiopia)의 황제로 선포하였다. 국제연맹은 하일레 셀라시에(Haile Selassie) 왕의 호소에 귀를 기울이지 않았고, 오히려 7월 15일 이탈리아에 대한 제재를 폐지하였다. 히틀러는 고무되었다. 영국, 프랑스가 국제연맹이나 베르사유 조약을 지키기 위해 독일과 싸울 마음이 없다는 것이 확인되었기 때문이다. 자르 "회복"과 무솔리니의 "성공"에 자극받은 히틀러는 베르사유 조약에 의해 비무장화된 라인란트 지역에 나치독일의 군대를 진입·배치시킴으로써 자신의 꿈을 실현하기 위한 첫 번째 주요 계획을 행동에 옮기고자 하였다. 라인란트는 풍부하게 매장된 석탄과 철 자원을 기초로 오래 전부터 독일의 핵심적 공업지역이었다.[119] 독일의 안보전략적 입장에서 볼 때 이 지역이 비무장화된다는 것은 프랑스의 공격에 무방비 상태가 됨을 의미하였고, 역으로 이 지역을 재무장한다는 것은 그만큼 독일의 안보가 증대되는 것이었다. 이 지역은 또한 프랑스의 공격을 효과적으로 저지할 수 있는 자연적 장벽의 역할을 하고 있었다. 라인강은 전쟁 발발 시 방어의 효율성 여하에 따라서 공격군에게는 큰 도하(渡河) 비용을 요구하는 군사적 장애물이기 때문이었다. 따라서 이렇게 전략적으로 중요한 지역을 누가 통제하느냐는 프랑스와 독일 간에, 나아가 유럽전체의 세력 구도에 엄청난 영향을 주는 것이었다.

히틀러의 라인란트 재무장(remilitarization)

프랑스는 1933년 1월 수상에 취임한 히틀러가 1935년 3월 베르사유 조약이 금한 공군을 이미 보유하고 있다고 선언하자 3월 15일 군복무 기간을 1년에서 2년

....

118　David I. Kertzer, *The Pope and Mussolini: The Secret History of Pius XI and the Rise of Fascism in Europe*, Random House, 2015.

119　서독의 수도 본(Bonn), 공과대학으로 유명한 아헨(Achen)과 에센(Essen), 그리고 현재 유명한 프로축구 구단이 있는 뒤셀도르프(Düsseldorf), 쾰른(Köln), 묀헨-글라드바흐(Monchen-gladbach), 도르트문트(Dortmund), 레버쿠젠(Leverkusen), 마인츠(Mainz), 카이저스라우테른(Kauserlautern) 등이 이곳의 주요 도시이다.

으로 연장하였다. 히틀러는 3월 16일 징병제 및 55만에 달하는 36개 사단 보유 계획을 프랑스 대사에게 통고하였다(베르사유 조약은 직업군인 10만 상한). 위협을 느낀 프랑스는 이내 소련과 상호원조조약 논의를 시작하였고 독일에 대한 위협으로 체결된 1894년의 프랑스·러시아동맹조약을 연상시키면서 1935년 5월 2일 조약을 체결하였다. 프랑스는 독일을 자극하지 않기 위해 이 조약에서 군사적 요소를 철저히 배제하였다. 예를 들어, 조약의 특별의정서는 "조약을 로카르노 조약에 종속시킴"으로써 영국 및 이탈리아가 독일의 행동을 침략이라고 인정하는 경우에만 프랑스·소련조약이 독일에 대해 효력을 갖는다고 확인하였다. 이와 같이 이 조약은 히틀러의 공격적 대외정책을 제어하기 위한 외교적 위협이었던 것이다. 그러나 히틀러는 이것이야말로 자신의 야망을 실현시키기 위한 절호의 기회라고 판단하였다. 그는 프랑스-소련협정을 독일에 대한 적대적 조치라고 주장하였고, 1936년 3월 7일 일요일 아침 22,000여 명의 병력을 비무장지대인 라인란트로 진입시켰다. 히틀러는 프랑스-소련협정을 운위하였지만, 그는 이미 같은 해 3월 독일의 재무장을 선포하여 베르사유 조약(Part V)을 사실상 폐기처분한 바 있었다. 어쨌든 독일군의 라인란트 진주는 독일의 국제연맹 가입을 허용했고, 라인란트 비무장을 규정한 베르사유 조약 제42, 43조의 준수를 보장하는 조약으로서, 그 동안 서유럽의 평화를 유지해온 국제법적 초석이었던 로카르노 조약 제1조를 정면으로 위반한 것이었고, 양 조약은 이제 무의미하게 되었다. 그러나 히틀러에게는 조약의 폐기 자체의 의미보다는 자신의 도발에 대해 영국과 프랑스가 어떻게 나올지가 더 중요한 문제였다. 그는 징병제를 실시한 지 1년도 안 된 독일의 당시 물리력이 영국과 프랑스의 군사력에 비교가 될 수준이 아니라는 것을 잘 알고 있었지만, 당시 영국과 프랑스의 국내외 정세를 고려할 때 그의 '허세(虛勢, bluffing) 전략'이 먹힐 것으로 판단하였다. 그는 만일 양국이 자신과 싸우려 한다면 그저 후퇴하면 될 것이었다. 그는 실제로 프랑스가 군사적으로 대응하는 경우 즉각 후퇴하라는 명령을 내려놓고 있었다. 그러나 그의 감(感)은 정확하였다.

이탈리아 문제에 골몰하던 영국과 프랑스는 히틀러에 의해 허를 찔린 셈이고 군사적 대응을 할 준비가 되어 있지 않았다. 특히 1차대전 후 경제적, 군사적으로 취약해진 영국은 불가피한 경우가 아니라면 전쟁에 다시 휘말리지 않겠다는 입장이었다. 그리고 당시 여론은 라인란트가 어차피 독일의 영토이기 때문에 독일군이 이 지역으로 진입하는 것은 중대한 도발이라 보기 어렵다는 분위기였다. 이든(Anthony Eden) 외교장관은 재무장 자체는 문제가 없으나 그 방법이 적절치 않았음만을 지적하였다. 로이드 조지 전 수상은 하원에서 프소조약이 체결된 상황에서 "히틀러 씨의 조치는 정당화되며, 그가 자신의 조국을 보호하지 않고 프소조약을 묵인하였다면 그는 조국에 대한 반역자가 되었을 것"이라며 라인란트 재무장 조치를 지지하기까지 하였다.[120] 영국은 베르사유 조약의 위반을 비난하였고, 그게 다였다.

프랑스도 마찬가지로 반응을 보이지 않았다. 당시 프랑스는 영국과 함께 독일의 팽창을 막기 위해 이탈리아의 협력을 필요로 하였다. 따라서 프랑스와 영국은 아비시니아의 2/3를 이탈리아에게 넘긴다는 '호어-라발(Hoare-Laval)' 안을 무솔리니에게 제안하였다. 그러나 1935년 12월 13일 이 비밀이 프랑스 언론에 누설되었고, "아비시니아를 팔아넘겼다"는 국민적 비난이 거칠게 일어났다. 프랑스의 삐에르 라발(Pierre Laval) 수상과 영국의 호어 외교장관은 사임하였고, 결국 3국 간 협정은 무산되었다. 이렇게 되자 무솔리니는 독일이 베르사유 조약을 수정하려는 시도에 나설 경우 이를 허용하지 않기로 합의했던 스트레사 공동전선의 파기를 선언하였다. 히틀러는 이탈리아가 3국합의에서 이탈하자 쾌재를 불렀다. 그가 1936년 3월 독일의 라일란트 재무장을 시도한 것은 바로 이 같은 상황에서였다. 프랑스는 총선이 5월 3일로 예정되어 있는 상황에서 독일군의 라인란트 행군을 저지하기 위해 동원령을 내릴 수는 없었다. 프랑스는 군사적으로도 준비가 되어 있지 않았다. 프랑스는 이탈리아와의 정치적 긴장 상태로 인해 군대를 라인란트에서 알프스와 튀니지 쪽으로 재배치한 상태였다. 또한 재무장을 선언한 지 2년도 안 된 독일군의 역량을 어처구니없이 과대평가한 프랑스 육군 총사령관 가믈랭(Maurice G. Gamelin)은 총동원이 보장되지 않는 한 군사적 대응은 무리라고 오판하였다. 프랑스 지도자들은 영국이 미온적인 상황에서 총동원을 실시할 수는 없다고 판단하였다. 영국은 독일이 프랑스를 침공하지 않는 한 히틀러에 대해 중대조치를 취할 수

....

120 Pierpaolo Barbieri, *Hitler's Shadow Empire: Nazi Economics and the Spanish Civil War*, Harvard University Press, 2015.

는 없다는 입장이었다. 프랑스 정부는 결국 라인란트를 독일에게 돌려주고 대신 국경에 구축된 '마지노선(Maginot Line)' 방어에 최선을 다하는 것이 현실성 있는 군사전략이라고 판단하였다.

영국과 프랑스가 자신의 도발을 묵과하자 히틀러는 그것이 당연하다는 듯 과거와 마찬가지로 자신의 행동을 정치적 원칙의 관점에서 정당화하였다. 독일은 자신의 영토의 일부에 대해 주권을 회복했을 뿐이며, 민족자결주의 원칙을 실행에 옮겼을 뿐이라는 논리를 폈다. 자신의 행동이 방어적이고 평화적이라는 것을 입증하기 위해 히틀러는 프랑스 및 벨기에와 25년 유효기간의 불가침협정을 체결하자고 제안하였다. 나아가 그는 3월 29일 라인란트 주권 회복에 대한 국민투표를 실시하여 투표자의 99%가 찬성하는 대성공을 거두었다.

히틀러는 자신의 도박이 성공하자 '모험(risk-taking)'이야말로 큰 이익을 낳는다는 인식을 체화(體化)하게 되었다. 전략적 국제정치적 관점에서 볼 때 독일의 라인란트 재무장은 유럽의 동맹체계에 상당한 영향을 주었다는 면에서 의미심장한 것이었다. 특히 프랑스는 영국의 무기력하고 이기적인 대응을 지켜보며 자신의 안보와 영국-프랑스동맹의 미래에 대해 의문을 품게 되었다. 그 결과 프랑스는 독일의 침공에 대비하기 위해 무력의 상당 부분을 프랑스-독일국경 지역에 배치하게 되었는데, 이는 프랑스와 동유럽 국가들 간의 동맹관계의 신뢰성에 의문을 야기하였다. 무엇보다 중요한 것은 이탈리아의 전향(轉向)이었다. 이탈리아에 대한 영국, 프랑스 등의 제재에 분노한 터에 '독일판 파시스트' 히틀러의 도박이 성공하자, 무솔리니는 독일이 대세라고 판단하고 돌연 친독적인 노선으로 선회하기에 이르렀다. 독일과 이탈리아의 이해관계의 수렴은 결국 1936년 11월 1일 선언된 '베를린-로마 추축(樞軸, axis)'의 선언으로 구체화되었다. 무솔리니는 밀라노에서 "로마와 베를린 간의 이 수직선은 협력과 평화의 의사를 가진 모든 유럽국가들이 단결할 수 있는 추축이다"라고 선언하였다. 독일과 이탈리아는 공산주의에 반대하고, 스페인 좌파정권에 반기를 든 반란군의 프랑코 장군을 지지하며, 이탈리아 제국 인정, 그리고 독일의 지중해 문제 불간여 등에 합의하였다. 이 조약이 영국과 프랑스에게 중요했던 이유는 이제 이탈리아가 중부유럽에서 독일을 견제하는 평형추 역할을 하지 않기로 결정하였다는 사실이었다. 1936년 11월 25일 독일은 소련을 겨냥하여 일본과 반공조약을 체결하였고, 이탈리아는 1937년 11월 6일 이에 동참하였다.[121] 1937년 내내 히틀러는 돌발적인 행동을 자제하고 전쟁을 위한 준비를 착착 진행하였다. 히틀러를 제어할 수 있는 능력을 가지고 있던 유일한 유럽국가인 영국은 "임박한 위협"이 없다는 입장을 유지하였다. 오히려 상원의장 할리팩스(Edward Frederick Lindley Wood, 1st earl of Halifax)는 1937년 5월 독일을 방문하여 바이에른 주 베르히테스가덴(Berchtesgaden)의 별장에서 히틀러와 면담하는 자리에서, 나치 독일은 "볼셰비즘(공산주의)에 대항하는 유럽의 수호자(bulwark)"이며, "단찌히, 오스트리아, 체코슬로바키아 등의 문제는 시간이 흐르면 자연스럽게 해결될 것"이라고 말하며 히틀러를 격려하였다.[122] 영국의 상원의장이 히틀러를 방문하고 귀국한 지 얼마 되지 않아 그렇지 않아도 취약한 프랑스의 전략적 상황은 더욱 악화되었다. 1937년 7월 프랑스와 국경을 공유하는 스페인에서 파시스트 군사쿠데타가 일어났고, 독일과 이탈리아가 지원에 나선 것이었다.

스페인 내전

파시스트 무솔리니, 그리고 파시즘에 인종주의를 추가한 나치 히틀러는 프랑코(Francisco Franco Bahamonde)라는 스페인 군인을 동료 파시스트로 맞아들였다. 그가 좌파적 스페인 공화정에 대해 군사반란을 일으켜 내전을 일으킨 것이었다. 스페인은 1931년까지 왕정국가였다. 그러나 정치적 갈등 끝에 왕은 총선을 약속했고, 1931년 총선에서 공화파가 압도적으로 승리하자, 입지가 좁아진 그는 망명길에 올랐다. 공화파는 주로 좌파 정치세력과 사모라(Niceto Alcalà Zamora) 같은 온건 가톨릭계를 포함하였다. 이들은 헌법에 지방자치, 정교분리, 여성참정권 등을 명기하고, 토지개혁을 정책목표로 삼았다. 그러나 이러한 개혁정책은 기득권 세력의 저항

....

121　1939년 5월 22일 독일과 이탈리아는 '강철조약(the Pact of Steel)'이라 불리는 군사동맹조약을 체결하였다. 1940년 9월 27일, 독일, 이탈리아, 일본은 '추축국 동맹'이라 불리는 삼자군사동맹조약을 체결하였다.

122　Kissinger(1994), p. 307.

을 불러왔다. 그리고 대공황의 여파로 좌우 극단주의가 득세하여 사모라 정부를 양쪽에서 공격하였다. 그는 퇴진하였고 우파가 집권했으나, 역시 정치적 혼란 속에서 1936년 총선이 실시되었다. 여기서 '인민전선(Frente Popular, the Popular Front)'이 승리하여 정권을 획득하였다.

'인민전선'은 토지개혁을 포함한 경제 사회개혁 정책들을 추진하였다. 이에 따라 이해관계가 상충하는 지주, 자본가, 가톨릭교회의 불만이 고조되었다. 쿠데타를 우려한 '인민전선' 정부는 1936년 2월 22일 요주의 인물 프랑코 장군을 카나리아 섬(the Canary Islands)으로, 그리고 28일에는 몰라(Emilio Mola) 장군을 팜플로나(Pamplona)로 인사조치하였다. 그럼에도 불구하고 7월에 한 무리의 군인들이 스페인 남부와 북부에서, 그리고 스페인 속지인 모로코에서 반란을 일으켰다. 스페인 내 군대도 이에 동조하였다. 그리고 그들은 프랑코를 지도자로 옹립하였다. 가톨릭교회, 지주, 토지 소유 농민, 왕당파, 자본가 등이 군부쿠데타를 지지하였다. 1933년 성립된 극우 정당 '팔랑헤(the Falange Española)'가 가장 적극적이었다. '인민전선'은 노동자, 자유주의자, 사회주의자, 공산주의자 그리고 바스크 및 카탈루냐 분리주의자들(Basque and Catalan separatists)을 포함하였다. 공화파는 스페인 내전을 '폭정'이냐 '민주주의'냐를 놓고 벌이는 투쟁으로 보았고, 반란세력인 "국민파(the Nationalists)"는 '공산주의자들로부터 사회와 국가를 보호하기 위한 싸움'이라고 주장하였다. 일부는 '인민전선'의 반교권주의로부터 교회를 지킨다며 파시스트 측을 지지하였다. 1936년 7월 외국의 가톨릭 언론들은 프랑코 등의 "국민파"의 반란과 봉기를 지지하고, "공화파"의 반(反)교권주의, 교회에 대한 신성모독 행위, 성직자 살해 등을 맹비난하는 기사를 앞다투어 내보냈다. 1937년 7월 1일, 추기경 고마(Isidro Goma y Tomas)는 세계 교회가 프랑코와 "국민파"의 대의를 지지해줄 것을 촉구하는 '전 세계 주교들'에게 보내는 공개 서한을 발표하였다. 추기경 프란시스코 비달 이 바라케르(Francisco Vidal y Barraquer)와 주교 마테오 무히카(Mateo Mugica Urrestarazu) 등 5명의 주교를 제외한 스페인의 모든 고위 성직자들이 이 문서에 서명하였다.

한편, 1936년 7월 20일 공화정부는 프랑스에게, 프랑코는 독일과 이탈리아에게 원조를 요청하였다. 히틀러는 7월 25일 이념적 동질성뿐 아니라, 영국, 프랑스와 이들의 아시아, 아프리카 식민지 간 교통을 방해하는 데 스페인이 유용하다고 판단하여 원조를 결정하였다. 그러나 프랑스는 8월 8일 스페인과의 국경을 폐쇄하고 공화정부의 원조요청을 묵살하였다. 히틀러는 프랑코를 위해 '콘도르 군단(The Condor Legion)'을 보냈다. 11월 6일–18일 '동계훈련 한자(Operation Winterubung Hansa)'라는 암호명을 가진 수송작전을 통해 92대의 항공기, 3,800여 명의 병력이 1차로 스페인에 도착하였다. 야포 부대와 쌍발엔진 항공기들도 이탈리아를 통해 이동하였다.[123] 프랑코가 승리할 것을 예상한 무솔리니는 히틀러에게 모든 공(功)이 가는 것을 두고볼 수는 없었다. 그는 독일보다 훨씬 많은 병력을 의용군으로 위장하여 스페인 내전에 투입하였다. 포르투갈의 권위주의 지도자 살라자르(António de Oliveira Salazar)는 상당수의 자원병을 스페인 반란군에게 보냈다. 그는 독일의 병력과 무기가 포르투갈을 통해 전달되도록 협조하기도 하였다. 동시에, 살라자르는 스페인 인민정부를 지지하는 포르투갈 국민들을 체포/구금하였고, 스페인과의 국경을 폐쇄하였다.

인민정부는 반파시스트 진영인 프랑스로부터 냉대를 받았고, 영국에도 기대를 걸기 어려운 상황이었다. 영국의 당시 보수정권은 사회주의혁명의 가능성이 걱정거리였다. 1926년의 총파업과 경기침체로 고통을 받은 영국 보수정치가들은 1936년 이미 공산주의자들과 사회주의자들을 분쇄한 독일 및 이탈리아 체제에 호오(好惡)가 뒤섞인 감정을 품고 있었다. 많은 유권자들 또한 제1차세계대전을 겪은 뒤로 전쟁을 혐오했으며, 베르사유 조약에서 독일에 강요한 굴욕에 미안한 마음을 갖고 있기도 하였다. 더구나 영국 국민들은 국외에서 벌어지는 사건들을 잘 알지도 못하였다. 베를린 주재 영국 대사관의 1등 서기관을 지낸 이본 커크패트릭(Ivone Kirkpatrick)이 후에 썼듯이, 당시 정부가 스페인 내전을 국민들에게 알리기 위해 아무것도 하지 않았기 때문에 영국 국민들이 당시 상황에 대해 "계몽된 견해"를 갖는다는 것은 애초부터 불가능하였다.[124] 보수당의 이든(Anthony Eden) 외교장관은 1937

....

123   Robert H. Whealey, *Hitler and Spain: The Nazi Role in the Spanish Civil War, 1936-1939*, University Press of Kentucky, 1989, p. 50.

124   Ivone Kirkpatrick, *The Inner Circle: Memoirs*, London McMillan, 1959. Antony Beevor, *The Battle*

년까지도 히틀러나 무솔리니의 위험성을 충분히 인식하지 못했으며, 1938년 초까지도 유화정책을 공개적으로 비난하지 않았다. 스페인 내전 초반에 그는 여러 요소를 고려하여 '공산주의자'의 승리보다는 오히려 '파시스트'의 승리를 선호하였다. 스페인 공화파 내 다수는 영국이 19세기적 전통에 따라 '약자의 수호자'로 나설 것이라는 순진한 믿음을 품고 있었다. 그러나 영국, 프랑스 등 민주주의 국가들이 결국에는 자신들을 군부독재자로부터 구해낼 것이라는 그들의 믿음은 국제정치 논리상 허망한 것이었다.

영국은 프랑스가 스페인 공화정부를 도우면 히틀러와 무솔리니가 반란군을 돕도록 자극할 뿐이라고 프랑스에게 경고하였다. 프랑스의 사회주의 레옹 블룸(André Léon Blum) 정부는 고심하였다. 그가 이끄는 '인민전선' 연합정부가 출범한 지 아직 6주밖에 안 된 데다가 당시 프랑스는 좌파세력과 '불의 십자단(Croix-de-Feu)' 같은 파시스트 집단 간에 시가전이 벌어지는 등 매우 혼란한 상황이었기 때문이다. 반전체주의 가톨릭 문필가 프랑수아 모리아크(François Mauriac)는 '피가로(The Figaro)' 기고문에서 "조심하시오. 우리는 당신의 그와 같은 범죄행위를 결코 용서하지 않을 것이오"라고 미온적인 블룸 수상에게 경고하였다.[125] 블룸은 고민 끝에 영국에 동조하였다. 영국은 공산 소련의 팽창을 억지하는 것이 급선무라고 판단하였다. 독일이 그 일을 대신해주는 것은 나쁘지 않은 일이었다. 1936년 9월 런던에서 '불간섭위원회(Non-Intervention Committee, NIC)'가 개최되었다. 주최국 영국이 의욕이 없었기 때문에 회의는 지지부진하였다. 독일 대표 리벤트로프 외교장관은 후일 "불간섭위원회의는 이름이 나빴다. 이름을 간섭위원회라고 했어야 했다(a better name for the NIC would have been the 'intervention committee')"고 농담하였다.[126] 참가국들이 사실상 토론에 참여하지 않았기 때문이다. 영국 외교장관 이든은 '불간섭위원회'의 결정이 공화파보다 국민파에게 더 유리하다는 사실을 알고 있었으면서도[127] "회의를 아예 안 하는 것보다는 하는 것이 조금 나았다(better a leaky

....

for Spain: The Spanish Civil War 1936-1939, Penguin, 2006, chapter 13에서 재인용.

125　Philipp Blom, *Fracture: Life and Culture in the West, 1918-1938*, Basic Books, 2015, p. 384.

126　Hugh Thomas, *The Spanish Civil War*, Penguin, 1990. p. 396.

dam than no dam at all)"고 회고하였다.[128] 불간섭위원회는 교전 쌍방에 대한 무기 수송을 금하였지만, 이를 어기는 독일, 이탈리아에 대해서는 아무런 조치를 취하지 않았다. 미국은 '중립법(Neutrality Act of 1937)'에 의거 내전이 일어난 국가에 무기 판매를 금지하였다. 그러나 독일, 이탈리아는 미국으로부터 무기를 사서 프랑코에게 공급하였다.

스페인의 인민정부를 위해 상당량의 무기, 식량, 군수물자, 기술자를 원조한 나라는 소련이었다. 소련은 국제연맹에서도 인민정부를 지지했다. 그러나 스탈린은 히틀러와 비밀리에 불가침 조약을 준비하고 있었기 때문에 직접적인 지원에 대해서는 제한을 두었다. 대신에 군자금으로 상당한 양의 금을 스페인은행으로 보냈다. 스탈린은 700여 명의 군인을 보냈지만, 독일을 자극하지 않기 위해 '의용군'이라는 명칭을 사용하도록 했다.

소련 외 유일하게 스페인 인민정부를 지원한 외부세력은 '국제여단(the International Brigade)'이었다. 파리에 본부를 둔 코민테른의 도움으로 유럽 전역을 포함한 세계 각국에서 스페인의 공화파를 지원하기 위해 의용병이 모여들었다. 무정부주의, 사회민주주의, 공산주의, 극좌파, 자유주의를 아우르는 다양한 이념을 가진 이들은 스페인 내전을 파시즘을 저지하기 위한 최전방으로 여겼다. 53개 국가에서 모인 약 3만 명의 국제여단은 스페인 내전에 헌신적으로 참가했으며 마드리드 공방전에서 파시스트 군대를 저지하는 성과를 내기도 하였다. 이 중에는 미국 의용군 2,800여 명의 '링컨 여단(the Abraham Lincoln Brigade)'도 있었다. 국제여단은 대부분 좌파로 구성되었으나, 영국 시인 로리 리(Laurie Lee), 프랑스 소설가 앙드레 말로(André Malraux), 독일 언론인 빌리 브란트(Willy Brandt), 미국 소설가 헤밍웨이(Ernest Hemingway) 등 반파시스트 지식인, 예술가들도 적지 않았다. 헤밍웨이는 그의 스페인 내전 경험을 바탕으로 1940년 『누구를 위해 종은 울리나(For Whom

....

127 Enrique Moradiellos, "The Origins of British Non-Intervention in the Spanish Civil War: Anglo-Spanish Relations in early 1936," *European History Quarterly*, Vol. 21, No. 3, 1991, p. 340.

128 Hugh Thomas "The Spanish Civil War," in A.J.P. Taylor ed., *History of the Twentieth Century*, Pumell, 1968, p. 1601.

the Bell Tolls)』를 출판하였다.

독일과 이탈리아로부터 상당 수준의 무력 지원을 받은 반란군은 공화파 정부 군을 크게 위협하였다. 그러나 공화파의 문제는 무력에서의 열세보다 '인민전선'이 내부로부터 무너지고 있었다는 데 있었다. 소수에 의한 어떠한 형태의 독재도 반대 하는 무정부주의자들과 혁명을 위해 소수혁명가들을 중시하는 볼셰비키 공산주의 자들 간에, 그리고 좌파에서 가장 큰 세력이었던 스페인사회주의노동당(Partido So-cialista Obrero Espanol) 내의 강경파와 온건파 간에 전술전략 및 지도력과 관련된 이견, 그리고 상대에 대한 사상적 의심으로 인해 발생한 내부분열은 인민정부를 마 비상태로 빠뜨렸다. 특히 스탈린의 지령을 받은 공산주의자들이 공화파 진영을 장 악하면서 분파주의는 극에 달하였다. 공산당에 속하지 않은 공화파는 무기를 지급 받지 못하는 경우도 있었다. 1937년엔 공산주의자들이 지배하는 인민정부의 경찰 은 무정부주의자들을 공격하였다. 이런 상황들로 인해 좌파에 가담한 전사들은 좌 절하였고, 투쟁의 의미를 상실하기도 하였다.

이 무렵 스페인 내전의 가장 참혹한 민간인 학살이 발생하였다. 1937년 4월 26 일 오후 4시 30분 스페인 북부의 유서 깊은 마을 게르니카(Guernica)에 공습을 알 리는 종소리가 요란하게 울렸다. 독일 콘도르 군단의 폭격기 한 대가 도시 상공에 나타나 폭탄을 떨어뜨리고는 사라졌다. 몇 분쯤 후 이젠 대형을 갖춘 항공기들이 폭탄을 투하하기 시작했고, 들판으로 질주하는 시민들에 대해 기총소사를 가하였 다. 수백 명이 살해됐다. 화가 파블로 피카소(Pablo Picasso)는 이 사실을 그림으로 그려 세계인들에게 이 만행을 고발하였다.

자신이 장악하던 지역들이 차례로 무너지자 공화파 정부는 1939년 3월 5일 프 랑스로 망명하였다. 반란군이 마드리드에 입성하였다. 내전이 끝나고 프랑코가 집 권하자 잔혹한 보복이 뒤따랐다. 수많은 공화파 세력이 투옥·살해되었다. 일부는 프랑스로 피신하였다. 그러나 반파시스트주의자들은 프랑스에서 '스페인 매키(The Spanish Maquis)'라는 망명게릴라 부대를 창립하였다. 이들은 1960년대 초까지 프 랑코 독재에 맞서 무력으로 투쟁하였다. 2차대전 기간에는 프랑스의 레지스탕스와 연대하여 나치에 저항하기도 하였다.

히틀러와 무솔리니는 스페인 내전과 프랑코의 승리로 많은 국내정치적 성과를 올렸다. 히틀러는 라인란트에 이어 스페인 내전에서도 영국, 프랑스가 개입하지 않자 그의 꿈을 실현하기 위한 준비에 박차를 가하게 되었다. 영국이 자신보다 공산 소련과 스탈린을 더 혐오하고 두려워한다는 사실을 알게 된 것도 큰 소득이었다. 소련이 자신과 싸우고 싶어하지 않는다는 사실도 히틀러에겐 큰 위안이 되었다. 1차대전의 '2개의 전선'의 악몽이 반복되지 않을 수도 있을 것이었다. 내전과 프랑코의 승리로 파시스트 정권 간의 연대도 강화되었다. 프랑코의 스페인은 집권 직후 독일, 이탈리아, 일본 간의 '반공(反共)조약'에 가입하였다. 스페인의 총통이 된 프랑코는 1975년 사망할 때까지 무자비한 파시스트 독재정치를 계속하였다.

히틀러의 오스트리아 병합(the Anschluss)

라인란트 재무장과 스페인 내전을 방치하는 영국과 프랑스를 보며 히틀러는 『나의 투쟁』에 담겨 있는 자신의 꿈이 실현될 수 있다고 믿게 되었다. 그는 1937년 11월 5일 군사·안보 참모들을 집합시켜 놓고 자신의 전쟁구상을 설명하였다. 1차대전 전의 독일을 회복하는 차원을 넘어 동유럽과 소련 일부를 식민지화하려 한다는 그의 구상을 들은 참모들은 경악하였다. 히틀러는 독일이 "재무장으로 영국과 프랑스에게 한방을 먹였지만, 독일의 우위는 일시적이며, 1943년 이후에는 그 우위가 급속도로 감소될 것이기 때문에 너무 늦지 않게 거사를 치러야 한다"고 말하였다.[129] 히틀러를 제거하기 위해 쿠데타를 고민한 군인들이 있었으나 이루어지지 않았다.

1938년에 들어서면서 나치의 침략전쟁의 먹구름이 유럽에 몰려들었다. 히틀러는 모든 독일인들을 포함하는 대독일 창립을 위한 계획을 추진하였다. 그는 우선 파리평화체제의 일부인 '생제르망 조약(Treaty of Saint-Germain-en-Laye)'을 위반하며[130] 오스트리아 병합을 시도하였다. 오스트리아 정부는 그의 제안을 몇 차례 거부했으나 히틀러의 계획을 멈출 수는 없었다. 그는 1938년 2월 20일 의회에서 생중

....

129 Kissinger(1994), p. 309.

130 연합국 측과 오스트리아의 단독 강화 조약인 생제르망 조약 제88조는 독일과의 합병을 방지하기 위해 "오스트리아의 독립은 국제연맹 이사국들의 동의 없이는 양도불가결하다"고 규정하고 있다.

계되는 방송을 통해 "독일은 국경너머에 거주하는 1천만의 독일인들에 대한 박해를 더 이상 용납하지 않을 것"[131]이라며 오스트리아와 체코슬로바키아를 위협하였다. 오스트리아는 하는 수 없이 병합문제를 국민투표에 부쳤다. 히틀러는 오스트리아 나치들을 움직였고, 오스트리아 나치당은 투표 예정일 하루 전인 3월 11일 무혈쿠데타를 성공시켜 권력을 장악하였다. 다음 날 독일 제8군이 국경을 넘었고, 히틀러도 자신의 출생지 브라우나우 암 인을 거쳐 비엔나로 향하였다. 4월 10일에 실시된 국민투표에서 오스트리아인의 99.73%는 병합(the Anschluss)을 지지하였다. 자유 비밀선거는 아니었지만 대규모 선거부정은 없었다. 영국과 프랑스는 항의했지만, 이번에도 독일과 싸울 의지를 보여주지는 않았다. 파리평화회의의 정신인 민족자결주의도 여기에 한몫하였다.

뮌헨협정, "우리 시대의 평화," 나치의 체코슬로바키아 침공

나치독일은 라인란트 재무장과 오스트리아 병합을 완료한 후 침략의 마수를 체코슬로바키아로 뻗쳤다. 체코슬로바키아에는 적지 않은 독일인 소수 민족이 있었는데 대부분이 서북부의 주데텐란트(Sudetenland)에 거주하고 있었다. 이 지역은 체코슬로바키아가 독일의 침략을 막을 수 있는 '천연병풍'이었고, 독일이 동쪽으로 진출하는 데 있어서는 지형적 장애물이었다. 히틀러는 자신의 소망인 독일인을 위한 "레벤스라움"을 건설하기 위해서는 동쪽 진출로가 필요하였고, 일찌감치 이 '천연병풍'을 제거하려 하였다.

배경을 간단히 소개하자면, 1차대전이 끝날 무렵인 1918년 10월 오스트리아-헝가리 제국의 몇 개 지방들이 세우고 생제르망 조약에 의해 확인된 체코슬로바키아에는 독일인들이 상당수 거주하고 있었다. 특히 독일인들이 주데텐란트라고 부르는 지역에는 히틀러의 민족주의적 호소에 공감하는 300만여 명의 독일인들이 있었다. 핵심 공업지역인 주데텐란트의 노동자들은 대공황의 직격탄을 맞고 있었고, 따라서 급성장하는 독일과의 통일을 통해 자신들의 문제가 해결될 수 있다고

....

131   Giles MacDonogh, *1938: Hitler's Gamble*, Basic Books, 2011, p. 35.

보았다. 체코 관리들의 차별대우도 주데텐란트 독일인들의 불만을 가중시켰다. 이들은 자신들의 이익을 대표할 당으로 히틀러가 지원하고 있던 주데텐 나치당을 선택하였다. 1938년 4월 이 당의 지도자 헨라인(Konrad Ernst Eduard Henlein)은 주데텐란트 자치안을 담은 '칼스바드 프로그램(the Karlsbad Programme)'을 발표하고 대규모 시위를 주도하였다. 5월 히틀러는 체코슬로바키아의 국경지대에 군대를 집결시켰다. 체코슬로바키아의 에드바르트 베네시(Edvard Beneš) 대통령은 이에 맞섰다. 7월 히틀러는 영국 챔벌린 수상에게 주데텐란트 문제가 독일이 원하는 대로 해결되면 체코슬로바키아를 공격하지 않겠다고 약속하였다. 그러면서도 히틀러는 9월 12일 뉘른베르크에서 열린 나치당 전당대회에서 체코슬로바키아 정부가 "문화민족인 독일인들을 핍박하고 있다"고 열변을 토하며 무력개입을 불사하겠다고 경고하였다:

> 이것은 독일인들의 문제입니다. 나는 독일의 심장부에 타국의 정치인들이 제2의 팔레스타인을 만드는 것을 허용할 의도는 없습니다… 체코에 있는 독일인들은 결코 무방비 상태에 있거나 버림받은 것이 아닙니다. 이 점에 관하여 여러분들은 확신할 수 있습니다.[132]

이에 자극받은 주데텐란트의 독일인들은 9월 12일 폭동을 일으켰고, 체코슬로바키아 정부는 계엄령을 선포하였다. 히틀러는 체코슬로바키아에 대해 최후통첩을 보냈다. 영국이 나섰다. 히틀러는 회담을 원하는 영국 수상을 바이에른 골짜기에 위치한 베르히테스가덴(Berchtesgaden)으로 오도록 하였다. 당시 69세였던 챔벌린은 런던에서 5시간이나 비행기를 타고 지친 몸으로 9월 15일 목적지에 도착하였다. 챔벌린은 영국의 여론을 의식하여 전쟁방지에 주력하였다. 챔벌린은 회담에서 체코슬로바키아와는 협의도 하지 않은 채, 독일인이 50% 이상 되는 모든 지역을 독일로 할양한다는 원칙에 동의하였다. 그들은 구체안을 마련하기 위해 장소를 옮

....

132   Adolf Hitler, "Closing speech at the NSDAP congress in Nuremberg." http://der-fuehrer.org/reden/english/38-09-12.htm

겼다. 챔벌린은 9월 22일-23일 본(Bonn) 근처 바트 고데스부르크(Bad Godesburg)에서 열린 회담에서 히틀러가 "독일인이 50%를 넘는 지역들을 일일히 조사할 것 없이 주데텐란트 전체를 병합하겠다"고 하자 이를 즉각 거부하였다. 히틀러가 위협적으로 나오면서 전쟁 분위기가 고조되었다. 챔벌린은 골치 아픈 문제로 고민하고 싶지는 않았다. 히틀러와의 회담을 마치고 귀국한 챔벌린은 대 국민 방송을 통해 "우리가 알지도 못하는 먼 나라의 민족들이 서로 싸우려 하고 있습니다. 우리는 이들 때문에 참호를 파야 하고, 가스 마스크를 써야 합니까? 우리가 싸워야 한다면 이보다는 큰 문제여야 할 것입니다"라고 독일에 대한 양보가 합리적임을 암시하였다.[133] 영국 국민들도 동조하였다. 영국 신문 '데일리 익스프레스(*The Daily Express*)'는 "프라하는 어디에 있는 도시인가?"라는 헤드라인 기사를 보도했는데, 이는 영국 국민들의 생각을 그대로 반영하고 있었다.

체코슬로바키아는 수상을 군인으로 교체하고 결전을 불사하려 하였다. 체코슬로바키아의 동맹국 소련도 또 다른 체코슬로바키아의 동맹국인 프랑스가 체코슬로바키아를 지키려 한다면 자신도 협력하겠다고 프랑스에 통보하였다. 챔벌린은 주이탈리아 대사를 통해 히틀러의 파시스트 동료인 무솔리니가 나서줄 것을 부탁하였다. 무솔리니는 이미 예정되어 있던 이탈리아·독일 외교장관 회담에 4강의 정상들이 참가하는 확대정상회담을 제안하였고, 그의 중재로 9월 29일-30일 뮌헨에서 챔벌린과 히틀러, 그리고 프랑스의 달라디에(Édouard Daladier) 수상과 이탈리아의 무솔리니가 참석한 4자 회담이 열렸다. 합의에 방해가 될 것이 분명한 체코슬로바키아와 소련은 초대되지 않았다.

무솔리니가 초안을 제시하였다(추후 공개된 자료에 따르면 독일외교부가 작성하였다). 논의 끝에 참석자들은 10월 10일까지 독일군이 주데텐란트 점령을 완수한다는 데 합의하였다. 챔벌린과 달라디에는 이 뮌헨협정으로 주데텐란트를 독일에 떼어 주면 체코슬로바키아는 구제할 수 있다고 믿었던 것이다. 영국과 프랑스는 체코슬로바키아에게 혼자서 독일에 맞서 싸우든지 뮌헨합의를 받아들이든지 양자택일을 하라고 압박하였다. 영국과 프랑스는 체코슬로바키아가 뮌헨합의를 받아들이면 주

....

133   Shirer(1960), p. 403.

데텐란트 이외의 지역에 대해서는 안전을 보장하겠다고 약속하였다. 체코슬로바키아는 선택의 여지가 없었다.

챔벌린은 9월 30일 영국에 도착하였다. 그는 전쟁을 막았다는 사실에 감개무량하여 뮌헨협정문을 흔들면서 "우리 시대의 평화(peace in our time)"를 가지고 왔다며 연설하였다:

> 독일의 최고지도자와 그리고 저 영국의 수상은 어젯밤 서명된 합의와 영독해군협정을 다시는 서로와 전쟁을 하지 않겠다는 양국 국민들의 바람을 담은 상징이라고 간주하였습니다. 우리 두 지도자들은 모든 현안을 대화를 통해 해결하기로 했으며 상호 간의 이견을 지속적으로 좁혀나가기로 합의했습니다. 그렇게 함으로써 우리는 유럽의 평화에 이바지하게 될 것입니다.[134]

영국 국민들은 챔벌린을 전쟁의 재발을 막은 세계 평화의 수호자로 환영하였다. 그는 수상 관저의 창문 앞에 서서 "여러분, 영국 역사상 두 번째로 영국 수상이 명예로운 평화(peace with honour)를 갖고 독일로부터 귀국하였습니다. 우리 시대의 평화를 가지고 온 것입니다. 이제 집에 돌아가서 단잠을 이루십시오"라고 말하였다.[135] 미국의 루즈벨트 대통령도 "멋진 지도자(Good man)"라며 챔벌린을 축하해주었다. 캐나다 오스트레일리아 수상들도 챔벌린을 칭찬하였다.[136] 다음 날 하원의원들은 뮌헨협정 인준 건에 대해 논의하였다. 하원은 협정을 인준하였지만 처칠, 이든, 맥밀란(Harold Macmillan) 등은 기권을 선택하였다. 처칠은 "영국은 전쟁과 굴욕 중 하나를 선택하도록 제안받았다. 영국은 굴욕을 선택했지만, 결국 전쟁

....

134 "Peace in our Time" Speech given in Defense of the Munich Agreement, 1938, Neville Chamberlain, Parliamentary Debates, Commons, Vol. 339 (October 3, 1938). file:///C:/Users/user/AppData/Local/Microsoft/Windows/INetCache/IE/EEUX5LZI/chamberlain_peaceinourtime.pdf

135 "Return from the Munich Pact," delivered by Neville Chamberlain, on September 30, 1938. https://www.mtholyoke.edu/acad/intrel/neville.htm

136 키신저에 따르면, 후일 세상에 알려진 것과는 달리, 챔벌린은 내심 다시는 히틀러에게 협박당하지 않으리라 결심하였고, 대규모 군비확충 프로그램을 시작하였다. Kissinger(1994), p. 316.

을 맞게 될 것이다"라고 말하였다.[137]

뮌헨합의에 따라 독일군은 주데텐란트를 접수하였다. 10월 22일 베네시 대통령은 런던으로 망명했고, 그곳에서 체코슬로바키아 민족해방위원회를 결성하고 후일을 도모하고자 하였다. 하지만 얼마되지 않아 히틀러는 챔벌린의 기대와는 달리 영토적 야심을 노골적으로 드러냈다. 히틀러는 주데텐란트에 만족하지 않고, 뮌헨협정을 위반하며, 1939년 3월 15일 체코슬로바키아의 보헤미아(Bohemia)와 모라비아(Moravia) 지역을 보호령으로 선포하였다. 나아가 히틀러는 슬로바키아의 친나치 세력을 동원하여 독립을 선포하도록 하였다. 신생국이 된 슬로바키아 공화국은 헝가리, 폴란드의 위협을 적시하며 히틀러의 보호를 요청했고, 히틀러는 기다렸다는 듯이 이를 즉각 받아들였다. 슬로바키아는 히틀러가 폴란드를 침공할 때 기꺼이 동참하였다.

독소불가침조약과 독일의 폴란드 침공, 그리고 제2차세계대전의 발발

오스트리아와 체코슬로바키아를 탈취한 히틀러는 폴란드 공략을 목표로 한 다음 단계로 넘어갔다. 히틀러는 특히 발트해에 면한 자유도시 단찌히와 동프로이센과 독일 본토를 분리하고 있는 소위 "폴란드 회랑(Polish Corridor)" 지역을 원하였다. 단찌히는 독일인들이 절대다수 거주하는 도시였고, 폴란드 회랑은 동서 독일 간의 연결에 장애가 된다는 이유에서였다. 나치독일의 야심을 알아차린 영국 국민들은 더 이상 참지 않겠다는 분위기였다. 히틀러는 영국과 프랑스가 개입할 가능성 때문에 동서 '2개의 전선'에서의 전투를 피하기 위해 먼저 소련을 포섭하고자 하였다. 히틀러는 러시아인들의 폴란드에 대한 관심과 이해관계를 잘 알고 있었기 때문에 영토적 유인을 제공하여 소련이 개입할 가능성을 미연에 방지하고자 하였다. 그 결과 1939년 8월 23일 극우 히틀러와 극좌 스탈린이 '독소불가침조약(German-Soviet Treaty of Nonaggression, Molotov‒Ribbentrop Pact)'을 체결하여 세계인들을 놀라게 하였다.

....

137   Alan Axelrod, *The Real History of World War II: A New Look at the Past*, Sterling, 2011, p. 42.

독소불가침조약은 당시 양국의 복잡한 이해관계를 수렴한 것이었고, 여기에는 역사적, 국제정치적 배경이 자리하고 있었다. 소련은 1938-39년 나치독일에 대항하여 영국과 프랑스를 주대상으로, 간접적으로는 폴란드를 포함하여 집단적 방위협정을 체결하고자 했으나 소련이 보기에 이들 국가가 호응하지 않아 실패로 끝났다. 폴란드는 1939년 5월 소련이 제시한 조건, 즉 소련군이 폴란드 영토를 통과할 수 있는 권리를 허용하지 않겠다고 선언했고, 영국과 프랑스도 협정 체결에 미온적이었다. 실망한 스탈린은 영국과 프랑스의 저의를 의심하기 시작했고, 소련의 안보를 위해 영국 프랑스 폴란드 외의 전략적 대안을 찾을 수밖에 없다고 판단하게 되었다.

한편, 소련의 입장에서 뮌헨협정은 자본주의 국가들의 대소련 음모의 결과였다. 돌아보면, 자신이 나치독일을 억지하기 위해 협력하자고 제안을 해도 영국과 프랑스는 탐탁하게 생각하지 않았다. 특히 체코슬로바키아의 동맹국인 프랑스는 동맹의 의무를 다하기는커녕 배신을 서슴지 않았다. 스탈린은 영국과 프랑스가 독일의 공격성을 동쪽으로 돌리려 한다고 의심하였다. 스탈린은 자본주의 서방과 독일은 공모(共謀)를 통해 동유럽을 나치에 넘길 것이고, 소련도 나눠가지려 할 것이라고 결론내렸다.[138] 여기까지 생각이 미친 스탈린은 독일에 힘을 실어주면서 자본주의 국가들끼리 피터지도록 싸우도록 하는 방안에 매력을 느끼게 되었다. 러시아 역사학자 솔로닌(Mark Solonin)이 제시하듯, 독일, 영국, 프랑스가 잿더미가 되면 그때 소련이 마치 "최후의 판관(判官)처럼 전장(戰場)에 도착하여 소련식 새로운 유럽을 선포할 수 있을 것"이었다.[139]

어쨌든 뮌헨협정의 저의를 간파하였다고 판단한 스탈린은 독일이 동유럽과 소련으로 팽창할 시 홀로 막아야 하는 입장에 처하게 되었는데, 가장 필요한 것은 시간이라고 생각하였다. 스탈린은 시간을 벌기 위해 독일을 일단 달래기로 결정하였다. 그는 1939년 5월 3일 국제제도나 국제기구에 의한 집단안보(collective security)를

....

138 Kissinger(1994), p. 338.

139 "Molotov-Ribbentrop Pact: A 'honeymoon' for two dictators." http://www.dw.com/en/molotov-ribbentrop-pact-a-honeymoon-for-two-dictators/a-17873179

지지하던 유대인인 리트비노프(Maksim Litvinov) 외교장관을 몰로토프(Vyacheslav Mikhaylovich Molotov)로 교체하고 독일과 협상에 나설 것을 지시하였다.

양국은 어렵지 않게 독소불가침조약을 체결하였다. 1939년 8월 23일 양국의 외교장관인 몰로토프와 리벤트로프(Joachim von Ribbentrop)가 서명한 독소불가침조약의 핵심 내용에는 상호불가침 외에 경제협력이 있었다. 이에 의하면 소련은 독일에 식량과 자원을 제공하고 독일로부터는 기계 등 완제품을 받도록 되었다. 이 조항의 중요성은 독일이 소련으로부터 식량과 자원을 공급 받음으로써 영국의 대독 해상 봉쇄를 무력화할 수 있다는 데 있었다. 또한 이 조약은 몇 항의 비밀합의를 포함하였다. 1989년에 가서야 공개된 이 비밀합의에 따르면, 독일은 소련이 중립을 지키는 한 에스토니아, 라트비아, 리투아니아 등 발틱국가들과 핀란드에 대한 소련의 세력권을 인정하고, 폴란드의 경우 나레우, 비스툴라, 산(Narew, Vistula, and San rivers)강들을 경계로 양국이 분할하여 점령하게 되어 있었다. 소련으로서는 자신의 안보를 지킬 수 있는 완충지역을 확보하는 셈이었다.

독일은 이렇게 소련을 묶어놓고 1939년 9월 1일 드디어 폴란드를 공격하였다. 소련은 불가침조약에 따라 이를 보고만 있었다. 이틀 후 영국과 프랑스는 폴란드에 대한 안보공약을 준수하기 위해 독일에 선전포고를 하였고, 이렇게 제2차세계대전이 시작되었다. 미국은 9월 5일 중립을 선언하였고, 10월 2일에는 대서양 연안 300마일 이내 해역에서의 전투행위 금지를 선포하였다.

독일과의 불가침조약과 부속밀약에 따라 소련은 9월 17일 동부 폴란드를 공격해 들어갔다. 독일과 소련 군대는 폴란드를 쳐들어갈 때엔 마치 동맹군처럼 우애를 과시하였다. 이들이 9월 22일 폴란드의 브레스트-리토프스크(Brest-Litovsk, 소련의 볼셰비키들이 굴욕적으로 독일제국의 모든 요구를 수용하면서 1차대전 강화조약을 체결한 장소)를 손잡고 통과할 때 소련의 크리보셰인(Semyon Krivoshein) 여단장과 독일의 구데리안(Heinz Guderian) 장군은 나란히 서서 전승을 자축하였다.

소련군은 폴란드가 저항하지 못하도록 하기 위해 1939년 말-1940년 초 수만 명의 폴란드인들을 체포하여 러시아, 우크라이나, 벨라루스 내의 수용소로 강제 이송하였다. 소련 정부는 1941년 6월 나치독일이 소련을 공격하자 이젠 폴란드 망명 정부와의 협력체제를 구축하고 구금 중이던 상당수의 폴란드인들을 석방하였다. 1939년 8월에 체결한 불가침조약을 무시하고 1941년 6월 소련을 공격한 독일은 동쪽으로 진격하면서 카틴(Katyń)을 통과하게 되었고, 그곳에서 대량의 암매장된 시체들을 발견하였다. 1943년 4월 나치의 요세프 괴벨스는 '카틴 숲'에서 4,000여 구의 폴란드인 시체를 발견하였다고 공표하면서 소련을 격하게 비난하였다. 소련은 그것은 나치의 소행이라고 반박하였다. 연합국들은 이를 독일과 싸우고 있는 연합국들인 소련과 서방국가들 간에 불신과 혐오가 발생토록 하기 위한 나치의 이간지계(離間之計)로 간주하였다. 전후 공산 폴란드 정부는 소련의 주장을 수용하였다. 그러나 대다수 망명정부 지도자들이나 서방/폴란드의 역사가들은 학살의 주체는 소련이라고 판단하였다.

'카틴 숲 학살'에 대한 소련의 책임을 처음으로 공개적으로 인정한 장본인은 소련 공산당 서기장 고르바초프였다. 그는 자신이 주도하던 '글라스노스트(Glasnost, 개방; 정치적 토론에 대한 개방성 확대)' 차원에서 1990년 4월 13일 소련을 방문한 폴란드 대통령 야루젤스키(Wojciech Jaruzelski)에게 관련 비밀문건의 일부를 넘겨주었다. 소련 정부는 "카틴의 비극에 대해 깊은 유감을 표명하며," 그것은 "스탈린주의의 최악의 범죄 행위 중 하나"라고 평가하였다. 그러나 고르바초프가 건넨 문건에는 소련 공산당 지도자들이 직접 개입한 사실이나 범죄가 얼마나 광범위하게 이루어졌는지 등은 적시되어 있지 않았다. 고르바초프의 정적으로서 러시아 대통령에 당선된 옐친(Boris N. Yeltsin)은 1992년 10월 15일 고르바초프는 스탈린이 학살에 직접 개입하였다는 사실을 감추고 있다고 비난하며 폴란드 대통령 레흐 바웬사(Lech Wałęsa)에게 비밀문건을 추가적으로 전달토록 하였다.[140] 이 소련 공산당의 문건에 따르면, 인민내무위원부(Narodnyi Komissariat Vnutrennikh Del,

....

140 옐친이 추가 문건을 공개한 것은 정치적 이유에 따른 것이었다. 당시 옐친 대통령은 전임자인 고르바초프와 소련공산당에 내려진 해산명령이 적법한지를 두고 헌법재판소에서 다투고 있었다. 소련 정부는 고르바초프에게 헌법재판소에 출두할 것을 요구하였으나 그는 두 번이나 거부하였고, 그에 따라 출국금지 명령이 내려진 상태였다. 옐친은 공산당과 고르바초프의 정당성에 흠집을 내기 위해 정치 공세 차원에서 문건을 공개한 것이었다. 그럼에도 불구하고 소련이 최초로 공개한 공산당 1급 비밀 문건은 고르바초프가 숨기려고 했던 과거 공산당 지도자들의 발언과 의도를 직접 드러내주었고, 특히 스탈린의 친필 주석이나 서명을 담은 문서를 포함하고 있다는 점에서 '가장 중요한 문서 공개'라는 역사적 의미를 갖는 것이었다.

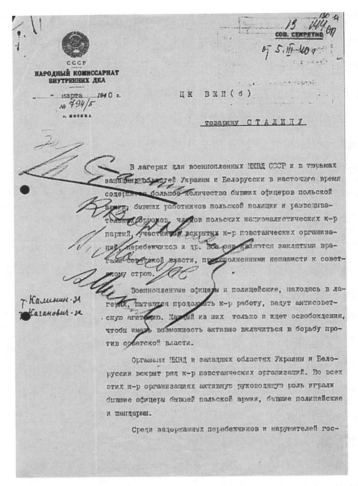

소련공산당중앙위원회가 "스탈린 동지"에게 제출한 극비 문서. 스탈린, 보로쉴로프(Kliment Voroshilov), 몰로토프, 미코얀(Anastas Mikoyan)이 친필로 동의하였다. 칼리닌(Mikhail Ivanovich Kalinin)과 카가노비치(Lazar Kaganovich)는 문서 왼쪽 주변에 서명했다.

NKVD, People's Commissariat for Internal Affairs, KGB의 전신) 위원장 라브렌티 베리야(Lavrentiy Beria)는 1940년 3월 5일 수용소에 수감되어 있는 "교화될 가능성이 없는 소련의 적"인 25,700명의 폴란드인을 처형할 것을 제안하였고, 정치국원들과 숙의한 스탈린은 수용자들에 대해 "최고형인 총살형"을 집행하도록 지시하였다.[141]

....

141   문건의 러시아어 복사본은 미국 윌슨 센터의 '카틴 학살' 관련 디지털 문서보관소 참조. https://digita-

소련사가 레베데바(Natalya Lebedeva) 등은 '카틴 숲 학살'은 1920년 소련군의 쓰라린 패배에 대한 스탈린의 앙갚음이라고 주장하였다.[142] 레닌은 독일과의 브레스트-리토프스크 조약을 폐기하고 빼앗긴 영토를 회복하기 위해 적군으로 하여금 서쪽으로 진격토록 하였다. 유럽 도처에서 벌어지고 있던 공산혁명을 돕기 위해서도 그러한 조치가 필요한 상황이었다. 그러나 폴란드는 길을 빌리자는 레닌의 요구를 거부하고 1772년 이전 국경을 회복하기 위해 군대를 동진시켰다. 폴란드군은 리투아니아, 벨라루스, 우크라이나로 진격했고, 내전에 몰두하던 레닌은 허를 찔린 셈이었다. 적군은 반격에 성공하여 바르샤바 함락을 눈앞에 두었으나, 1919년 8월 중순 반전이 생겨 결국 1920년 8월 12-25일 간 벌어진 바르샤바 전투에서 패배하여 퇴각할 수 밖에 없었다. 레닌은 휴전을 제의했고, 1921년 리가조약(Peace of Riga)이 체결되었다. 스탈린은 이를 민족적 굴욕이자, 갚아야 할 원수라고 생각하였다.

NKVD는 1940년 4월에서 5월 사이 소련 서부에 위치한 스몰렌스크의 '카틴 숲'에서 "총살형"을 집행하였다. 살해된 사람들은 폴란드군 전직 장교(장성과 대령 295명, 소령과 대위 2,080명), 관리, 지주, 경찰, 헌병 등 14,700여 명이었다. NKVD는 우크라이나와 벨라루스에 구금되어 있던 11,000여 명의 폴란드인 전쟁포로들도 처형하였다.

1943년 5월 독일은 12명의 법의학자들을 포함한 유럽 적십자회 전문가들을 '카틴 숲'으로 초치하여 감식을 실시하도록 했으며, 수명의 영국과 미국의 전쟁포로들로 하여금 처참한 광경을 목도하도록 하였다. 미국의 국립문서보관소가 2012년 9월 10일 공개한 미 육군 비밀문건에 따르면,[143] 시신들의 부패는 상당히 진행된 상태였다. 따라서 감식자들과 목격자들은 학살이 소련이 폴란드를 점령했을 당시 벌어졌다고 판단하였다. 독일이 소련을 몰아내고 폴란드를 점령한 것은 얼마 되지 않았기 때문이다. 그들은 또한 시체에서 발견된 폴란드어로 적힌 편지, 일기, 신

....

larchive.wilsoncenter.org/document/209800.pdf?v=617429808cec45eade94947567b6a62e

142 Anna M. Cienciala, Natalia S. Lebedeva, Wojciech Materski (eds.), *Katyn: A Crime Without Punishment*, Yale University Press, 2008.

143 https://digitalarchive.wilsoncenter.org/collection/719/katyn-massacre

분증, 신문기사 등이 모두 1940년 봄 이전의 것이라는 점을 확인할 수 있었다. 가장 중요한 증거는 폴란드 군인들이 입고, 신고 있던 옷과 군화가 크게 훼손되지 않았다는 사실이다. 체포되자마자 살해되었다는 증거였다. 만일 나치가 그들을 살해하였다면 체포된 날짜(가족들과의 서신 교환이 끊긴 1939년 말에서 1940년 초)를 고려할 때 옷과 군화가 그렇게 멀쩡할 수는 없는 노릇이었다. 그랬다면 그들이 한동안 사용했기 때문에 옷과 군화가 훨씬 더 훼손되었어야 마땅하다는 말이다.

당시 미국이 '카틴 숲 학살'에 대해 조사하지 않은 것은 아니었다. 미국 프랭클린 루즈벨트 대통령은 1944년 해군 장교 조지 얼(George Howard Earle III)을 밀사로 정하고 이 사건의 실체에 대해 조사·보고하도록 지시하였다. 얼은 소련의 범행으로 결론짓고 대통령에게 보고했으나 루즈벨트는 당시 전략적 판단 등에 따라 받아들이지 않았다. 연합국의 일원으로서 나치독일에 대항하여 함께 싸우는 소련을 자극하지 않으려 했던 것이다. 1951년에는 미국 의회가 나섰다. 미국 하원은 1951년 9월 18일 '카틴 숲 학살'을 조사하기 위해 특별위원회인 이른바 매든위원회(the Madden Committee, 위원장 레이 매든 하원의원)를 조직하였다. 포로로서 '카틴 숲'의 현장을 실견(實見)했던 도널드 스튜어트(Donald B. Stewart) 대위는 육군 지도부가 자신이 포로 시절 육군에게 보낸 암호메시지에 대해 함구하라고 요청했음에도 불구하고 존 반블리엣(John H. Van Vliet Jr) 중령과 함께 이 위원회에서 증언을 했고, 사건에 대한 보고서를 작성해 제출하기도 하였다. 상기한 미 육군 비밀문건에 따르면, 그들은 포로 상태에서도 이 사건에 소련이 책임이 있다는 자신들의 의견을 비밀암호문에 담아 미 육군 정보부대(MIS-X)에 보낸 바 있었던 것이다. 매든 위원회는 1952년 최종보고서에서 소련이 이 만행을 저질렀다는 데에는 의심의 여지가 없으며, 이 학살은 "인류 역사상 가장 야만적인 국제 범죄 중 하나"라고 판단하였다. 위원회는 또한 루즈벨트 정부가 "군사적 필요성"에 따라 이 사실이 공개되는 것을 막았다고 지적하였다. 결론적으로 위원회는 소련을 국제형사재판에 회부할 것을 미국 정부에게 권고하였다. 그러나, 미국 역대 정부는 매든 위원회의 조사결과와 권고에도 불구하고 소련과의 정치적 긴장이 고조되는 것을 막기 위해 수십 년 동안 '카틴 숲' 문제에 대해 침묵하였다.

소련은 폴란드 침공에 이어 1939년 11월 30일에는 핀란드를 공격하였다. 핀란드는 1809년부터 자치 대공국(grand duchy)으로서 러시아 제국의 일부였다. 핀란드는 1917년 볼셰비키 혁명의 혼란을 틈타 독립을 선언했지만, 1918년부터 내전에 휘말리게 되었고, 패배한 좌파세력은 사회주의 국가인 소련으로 대거 넘어갔다. 나치독일이 폴란드를 침공하자 핀란드는 중립을 선언하였다. 그러나 소련은 핀란드가 "적의 기지"로 사용될 가능성을 우려하였다. 스탈린은 핀란드에 대해 핀·소 국경지역 영토 일부에 대한 조차권 및 해군 주둔권을 소련에 양허할 것을 요구하였다. 그는 국경에서 불과 32km 떨어져 있는 수도 레닌그라드를 방어하기 위한 안보조치라고 설명하며, 대가로 다른 지역의 영토를 핀란드에게 주겠다고 하였다. 핀란드가 영국 등에 도움을 요청하는 등 시간을 벌려 하자 스탈린은 조작된 국경분쟁을 일으키고 이른바 '해방작전(liberation operation)' 또는 '동계공세(the Winter Offensive)'를 시작하였다.

소련 공군의 항공기들은 헬싱키를 집중 폭격하였다. 소련의 낙승이 예상되었다. 그러나 전쟁 개시 2주가 지나며 소련의 진격에 제동이 걸리기 시작하였다. 핀란드의 저항이 효과를 낸 것이었다. 여기에는 스탈린의 1938년 '대숙청(Great Purge)'이 변수로 작용하였다. 전기했듯이, 내전에서 패해 소련으로 도피했던 핀란드 좌파세력이 스탈린에 의해 무자비하게 숙청되자 핀란드인들이 이념을 초월하여 대소항전을 위해 결속하였던 것이다. 민간인들도 소련 탱크에 '몰로토프 칵테일(화염병)'을 던지고, 소련군의 보급로를 끊는 등 결사적으로 저항하였다. 핀란드의 스키부대 6,000여 명은 '수오무쌀미 전투(the battle of Suomussalmi)'에서 24,000여 명의 소련군에 대승하였다.

그러나 거기까지였다. 미국의 프랭클린 루즈벨트 대통령은 소련을 규탄하였으나, 당시 미국의 고립주의 여론을 고려하여 노후한 전투기(Buffalo Brewster) 몇 대를 핀란드에 제공하는 선에서 머물렀다. 소련은 50만에 달하는 병력과 4,000여 대의 탱크 및 3,000여 기의 항공기를 투입하여 전쟁을 마무리하고자 하였다. 핀란드 정부는 비밀리에 소련에 접근하여 개전 106일 만에 모스크바평화조약을 성사시켰다. 핀란드는 영토의 10%를 상실하고 40만의 인구가 이동해야 하였다. 그러나 발트 3국과는 달리 소련에 의해 병합되지 않고 독립을 유지할 수 있었고, 군대 또한 보유할 수 있게 되었다.

핀란드는 이듬해 6월 22일 독소불가침조약이 사실상 폐기되자 나치독일과 한 편이 되어 소련을 공격해 들어갔다. 영토 회복과 복수심 때문이었다. 그러나 핀란 드의 이러한 부역적 행동은 공산소련의 침공에 대한 항전에서 얻은 '도덕적 자산 (moral capital)'을 상실하는 결과를 가져왔다. 핀란드는 1941년에서 1944년까지 지 속된 핀란드/독일 대 소련 간의 제2차 핀·소전쟁 또는 '대조국전쟁(the Great Patri- otic War)'의 핀란드 전선에서도 패배하였다. 이후 핀란드는 친소 중립국으로서 소 련의 눈치를 보며 생존을 유지해야 하였다.

소련은 1940년 6월 에스토니아, 라트비아, 리투아니아 등 발틱 3국을 침공하 고, 2개월 후 각각 강제 병합하였다. 나치독일은 1941년 6월 22일 소련을 공격하고 이내 발틱3국을 점령한 후 제국위원회 동방행정구역(Reichskommissariat Ostland) 으로 지정하였다. 그러나 소련은 1944년 발틱공세 때 이 지역 대부분을 재점령하 였다.

한편, 영국과 프랑스는 독일에 대해 선전포고를 했지만 독일이 폴란드를 유린 하는 동안 독일에 대해 군사작전을 감행하지는 않았다. 독일도 폴란드를 점령한 후 이상하게도 대규모 전투를 시도하지 않았다. 미국 상원의원 윌리암 보라(William Borah)가 당시 지적했듯이, "가짜전쟁(phoney war)"이 8개월여 동안 벌어진 셈이 었다. 독일이 폴란드를 침공했을 때 영국-프랑스 연합군의 전력은 서부전선의 독 일군에 비해 크게 우세였다. 그럼에도 불구하고 연합군은 움직이지 않고 콘크리트 방어시설에서 방어태세만 유지하고 있었다. "가짜전쟁"은 독일이 덴마크를 침공할 때까지 지속되었다. 스탈린에게는 영국과 프랑스가 독일로 하여금 기수를 동쪽으 로 돌리도록 유도하는 것처럼 보였다.[144]

독일은 1940년 4월 9일 북해와 발틱해 통제에 중요한 덴마크, 노르웨이를 손 에 넣고 유럽 서부로 진격하였다. 룩셈부르크는 1940년 5월 10일, 네덜란드는 5월 14일, 벨기에는 5월 28일 각각 항복하였다. 독일군은 파죽지세로 프랑스를 점령 해 나갔다. 1940년 6월 21일 히틀러는 프랑스의 항복을 받기 위해 콩피에뉴(Com-

....

144 Yohanan Cohen, *Small Nations in Times of Crisis and Confrontation*, State University of New York Press, 1989, p. 93.

piègne)를 방문하였다. 이곳은 독일제국이 1차대전에서 패하여 굴욕적으로 무조건 항복을 받아들여야 했던 바로 그 장소였다. 히틀러는 독일제국군이 항복문서에 서명할 당시 사용되었던 기차의 차량을 찾아내 거기에서 프랑스가 항복하도록 하였다. 22일 히틀러의 복수가 이루어졌다. 이에 따라 프랑스는 독일 점령군이 통치하는 북부와 프랑스인이 명목상으로 통치하는 남부로 분할되었다. 남부의 경우 비시(Vichy)에서 회합한 프랑스 의회의 투표 결과, '프랑스 국가(État Français, French State)'라는 명칭으로 부역자 뻬탱(Philippe Pétain)이 관리하게 되었다.

독일은 프랑스를 쉽게 정복했지만 영국은 문제로 남았다. 히틀러는 영국이 협상을 원할 줄 알았는데 그렇지 않았다. 그는 영국 공격 준비를 지시했지만 결단을 내리기는 어려웠다. 영국해협을 건너 상륙작전을 해야 했는데 독일은 해군국가가 아닌 육군국가였고, 영국의 저항능력은 프랑스와는 다를 것이기 때문이었다. 게다가 독일이 영국과 지구전에 돌입하게 되면 비록 불가침조약을 맺은 상태였지만 이념적으로 가장 위협적인 소련이 어떻게 나올지도 걱정이었다. 소련이 1940년 6월 발틱3국과 베사라비아(Bessarabia, 상당 부분 현재의 몰도바, Moldova) 및 북부 부코비나(Bukovina, 현재 우크라이나의 일부)를 점령했기 때문에 독일이 의존하던 루마니아의 유전에 더 가깝게 위치하게 된 것도 위험하였다. 히틀러와 그의 참모들은 유럽에서의 전쟁의 승패는 결국 속전속결이 가능한가에 달려 있다고 판단하였다. 시간을 지체하면 영국, 미국, 소련 모두 증강된 능력으로 독일을 위협할 것이었다. 따라서 히틀러는 동쪽의 위협을 너무 늦지 않게 해소하기로 결정하고, 이제 그의 꿈인 "레벤스라움" 확보에 나서게 되었다.

제2차세계대전의 전개

히틀러의 바바로사 작전

1941년 6월 22일 독일과 독일이 지배하게 된 지역의 병력 400만이 2,900km 전선을 통해 소련을 전격적으로 침공하였다. 작전명은 원래 '프리츠 작전(Operation Fritz)'이었으나, 전쟁준비를 진행하면서 '게르만족에 의한 유럽지배'를 꿈꿨던 신성로마제국의 황제 프레데릭 바바로사(Frederick Barbarossa)의 이름을 따서 '바바로사 작전(Unternehmen Barbarossa)'으로 개칭되었다. 나치 독일군과 함께 나선 핀란드군은 1939년 소련의 '동계공세'에 대해 앙갚음을 하고자 하였다. 브레스트에서 소련과 함께 전승을 축하하던 구데리안(Heinz Guderian)이 이젠 탱크부대를 몰고 소련 공격에 앞장섰다. 독일의 대소련 전투는 초기엔 성공적이었으나 시간이 갈수록 정체 또는 수세에 빠지게 되었다. 소련의 광대한 전선과 혹한, 홈그라운드의 잇점을 살린 소련의 유격전, 장기전을 수행하기 어려운 독일의 군수체제의 모순 등이 이유였다. 히틀러는 원래 1941년 5월 중순을 공격 시점으로 잡았으나 같은 해 유고슬라비아와 그리스를 4월에 공격해야 하는 예상치 못했던 전략적 필요성 때문에 소련 침공을 6월 말로 미루게 된 것이었다. 발칸을 신속히 점령했기 때문에 독일은 재조정된 날짜에 맞춰 소련 공격에 나설 수 있었지만, 5주의 지체는 작전에 무리를 가져왔다. 특히 나치에게는 불행하게도 1941년 소련의 겨울이 예년보다 일찍 찾아왔다. 러시아의 동장군(冬將軍)은 진격하는 독일군을 막아섰고, 전세에 결정적 영향을 미쳤다.

모스크바 전투(the Battle of Moscow)는 1941년 9월 30일 시작되었다. 나치독일군은 추운 날씨로 땅이 얼어붙어 주춤하였지만 11월 15일 공격을 재개하였다. 그러나 독일군은 2주 간의 모스크바 진격 작전에서 큰 성과를 거두지 못하였다. 보급과 연료 및 탄약이 부족한 탓이었다. 소련군은 11월 22일 독일군에 반격을 가하였고 승리하였다. 그럼에도 불구하고 독일의 제258보병사단은 모스크바 외곽 24km까지 진격하였다. 이때 그 해 첫 대규모 눈보라가 발생하였다. 맹추위와 눈보라는 나치 육군의 기동성을 떨어뜨렸고, 공군기의 발목을 붙잡았다. 소련군은 12월 5일 대대적 반격에 나섰다. 나치독일군은 수십만의 병력을 잃고 모스크바 전투에서 결국 패하였다.

미국의 참전

독일은 소련과의 전쟁에서 승산을 내다보기 어려운 상태에서 '동맹의 연루(entrapment)' 메커니즘에 무모하게 도박을 한 결과 그야말로 전세가 뒤집히는 치명타를 맞게 되었다. 1941년 12월 7일 독일의 동맹국 일본은 전쟁 수행에 필수적인 전략물자의 보고(寶庫) 동남아를 방해받지 않고 석권하기 위해 미국의 태평양사령부가 있는 하와이의 진주만을 기습 공격하였다. 일본의 군국주의 지도자들 대부분은 미국이 협상을 제안하거나, 아니면 보복에 나선다 해도 일본은 상당 기간 동남아에서 자유롭게 휘젓고 다닐 수 있을 것으로 보았다. 그러나 기습 바로 다음 날 미국과 영국은 일본에 선전포고하였다.

히틀러는 동맹국 일본을 지원한다는 의미에서 대미선전포고를 준비하였다. 그러나 그가 대미 선전포고를 하기 전에 이탈리아의 무솔리니가 먼저 나섰다. 그는 영국의 트라팔가(Trafalgar) 광장을 본떠 만든 로마의 베네치아 광장(Plazzo di Venezia)의 군중을 향해 "강철동맹(pact of steel, 鋼鐵同盟)의 위대한 강국들은 반드시 승리할 것"이라며 선전포고를 하였다. 그 밖의 이탈리아인들은 무솔리니의 연설을 라디오로 들었다. 히틀러는 베를린의 의회당에서 연설하였다. 그는 88분간의 연설에서 독일이 그간 미국과의 직접적인 전쟁을 피하고자 노력했지만, 이제 1940년 9월 27일 서명된 '3국동맹조약(the Tripartite Pact)'에 의거하여 이탈리아와 함께 동맹국 일본을 방어하기 위한 조치를 취하게 되었다고 말한 후 "독일, 이탈리아, 일본은 전쟁에서 승리한 후 새롭고 정의로운 세계질서 구축을 위해 계속해서 긴밀히 협력할 것"이라 선언하였다.

히틀러로서는 '동맹의 연루'에 따른 위험부담이 있는 행동이었지만 나름대로 계산이 있었다. 미국은 1941년 3월 제정된 '무기대여법(the Lend-Lease Act, An Act to Promote the Defense of the United States)'[145]을 통해 영국, '자유프랑스(France Libre, Free France)', 중화민국 등에 엄청난 경제적 군사적 원조를 제공하고 있었다. 미국 함정들은 영국 화물선을 보호하고 있었고, 독일은 미국 구축함 루벤 제임스(Reuben James)호를 잠수함으로 공격한 적도 있었다. 그는 미국이 사실상의 적국이므로 동맹국과 전쟁을 시작한 이상 대미 선전포고를 하는 편이 합목적적이라고 보았다. 또한 히틀러는 일본을 지원하여 미국이 대일전 수행에 골몰하는 틈을 타 자

....

145 프랭클린 루즈벨트 대통령이 주도한 이 무기대여 프로그램은 미국은 2차대전에 간접적으로만 개입하고 영국이 독일을 반격하도록 돕는다는 데 목적이 있었다.

신은 소련 공략에 집중할 수 있을 것이고, 소련을 제압한 후 보다 손쉽게 영국과 미국을 상대할 수 있을 것으로 판단하였다.

미국의 프랭클린 루즈벨트 대통령은 "생명, 자유, 문명에 대한 전대미문의 도전"이 제기됐다며, 독일과 이탈리아에 대한 선전포고를 의회에 요청하였다. 의회는 만장일치로 선전포고를 선언하였다. 미국은 이제 유럽전쟁에 직접 참여하게 되었고, 자신의 막대한 군사역량을 독일 제압에 사용하게 될 것이었다.

사실 미국의 루즈벨트는 이 시점이 오기까지, 히틀러가 불평했듯이, 사실상 연합국 측의 일원으로 독일을 자극하고 있었다. 루즈벨트는 전쟁이 불가피하다고 생각하였다. 그러나 미국 여론이 문제였다. 독일이 미국에 대해 무력도발이나 선전포고를 하지 않는 이상 엄청난 재원과 인명의 희생을 허용하지 않을 것이기 때문이었다. 이때 독일의 동맹국 일본이 미국을 공격한 것이었다. 그러나 일본의 진주만 공격이 미국의 대독선전포고를 정당화할 수 있을지는 의문이었다. 일본이 자신을 공격하였다고 해서 일본이 아닌 독일을—미국을 공격하거나 선전포고를 하지 않은 독일을—미국이 공격한다는 것은 미국 국민들로서는 이해하기 쉽지 않을 것이기 때문이었다. 그러나 히틀러의 대미 선전포고는 루즈벨트의 수고를 덜어주었다. 독일의 선전포고를 접한 미국인들은 루즈벨트의 호소에 공감하였다. 의회는 만장일치로 대독 선전포고를 지지하였다. 미국 최초의 여성의원이자, 미국의 1차대전 참전 및 대일선전포고 시 부표를 던졌던 저넷 랜킨(Jeannette Rankin, 몬태나 출신 공화당 하원의원)만이 "기권표(present)"를 던졌다. 절대 다수의 의원들과 국민들은 미국이 1차대전에 참전하는 것을 열렬히 지지하였다. 민주, 공화 양당은 전쟁이 끝날 때까지 정쟁을 삼가고 국가안보에 집중하기로 합의하였다.

미국이 소련에게 무기대여법의 혜택을 제공하고, 이제 독일 공격에 나섬으로써 자본주의 영국, 미국과 사회주의 소련 간에 "연합국 측"이라 불리게 된 "이상한 동맹(Strange Alliance)"이 형성되었다. 미국이 참전하면서 유럽에서의 전세는 연합국 측에 유리하게 기울었다. 그럼에도 불구하고 히틀러는 소련 전선에서 강력하게 압박하고 나섰다. 1942년 6월-9월 독일과 추축국 군대는 소련에 대공세를 취해 스탈린그라드(현재 볼고그라드, Volgograd)와 크리미아반도를 점령하고 코카서스 지역 깊숙이 진격하였다. 스탈린은 독일의 예봉을 꺾기 위해 서부유럽에서의 '제2전선'이 개방되어야 한다고 연합국 측에 호소하였다. 사실 연합국 측은 1942년에 '제 2전선'을 개방하겠다고 약속한 바 있었으나 대량의 인명 피해를 우려하여 차일피일 미루고 있었다. 뮌헨협정 당시 가지게 된 대서방 의심을 거두지 않았던 스탈린은 '제2전선' 개방의 지연을 자본주의 국가들의 모종의 음모에 따른 것은 아닌지 의심하였다. 만일 미국과 영국이 독일과 강화조약을 체결하면 또 다시 소련이 홀로 나치독일을 상대해야만 할 것이었다. 스탈린은 1943년 11월 28일 개최된 테헤란 (Tehran) 회담에서 이 문제를 제기하였다. 그는 연합국 측이 서부유럽의 '제2전선' 을 "1942년 개방하겠다고 했으나 1943년 봄으로 연기했고 지금은 11월이지만 아직 개방되지 않았다"며 불만을 토로하였다. 테헤란 회담(1943년 11월 28일-12월 1일) 에서 처칠과 루즈벨트는 1944년 봄에 '제2전선'을 개방하겠다고 재차 약속하였다.

전시(戰時) 회담

연합국 측은 유럽에서의 전쟁이 한창일 때, 그리고 1942년 6월 미드웨이(the Midway) 해전에서 미군이 일본해군을 궤멸시키는 등 태평양전쟁에서 승세를 잡을 무렵, 전쟁수행전략 조율뿐 아니라 전후질서에 관한 구상을 협의하기 위해 일련의 수뇌회담을 진행하였다. 루즈벨트와 처칠은 1943년 1월 모로코의 카사블랑카 (Casablanca)에서 만나, 추축국들이 무조건 항복할 때까지 싸울 것, 태평양 방면으로의 전력 증파, 독일에 대한 집중 폭격 등에 합의하였다. 스탈린은 초대 받았으나 참석하지 않았다. 1943년 11월 22일에는 루즈벨트와 처칠, 그리고 중화민국의 장제스가 이집트 카이로에서 회동하여 전후 아시아 질서 구축 과정에서 중국이 주도적 역할을 할 것임을 확인하였다. 카이로에서 3국정상은 연합국들이 "일본의 침략을 억지하고 처벌하기 위해 전쟁을 수행하고 있음을 강조하며, 일본에 대한 미래의 군사작전에 대해 합의했고, 야만적인 적 일본에 대해 지속적인 압박을 가하기로 결의"하였다. 정상들은 이 전쟁에서 "자국의 개별적 이득을 도모하지 않으며, 영토적 확장에도 관심이 없음"을 확인하면서, 목표는 1차대전의 개전 후 일본이 빼앗거나 점령한 태평양 상의 모든 섬들을 박탈하고, 만주, 타이완, 평후제도(澎湖諸島, 팽호제도, the Pescadores) 등 일본이 중국으로부터 탈취한 모든 영토를 중화민국에 반환토록 하며, 또한 일본이 "폭력과 탐욕에 의해 탈취한 모든 다른 영토에서 축출"되도록 하는 데 있음을 선포하였다.

나아가 정상들은 한국의 자유와 독립에 대해서도 언급하였다. 당시 수많은 식민지가 있었음에도 유독 한국을 특정하여 합의문에 명기한 데에는 윤봉길의 상하이 '홍커우(虹口, 홍구) 공원 작탄(炸彈) 의거'(1932년 4월 29일)를 매개로 한 중국국민당 장제스와 대한민국임시정부 김구 간의 신뢰와 유대가 있었다. 장제스는 윤봉길 의거와 관련 "중국의 백만 군대가 해내지 못한 위업을 한국의 한 청년이 능히 처리했으니 장하고도 장한 일이로다"라고 찬탄한 바 있다.[146] 인도를 식민지로 두고 있던 영국의 처칠은 영국의 식민지에도 영향이 미칠 것을 우려하며 한국독립 조항 자체를 넣지 말자는 입장이었다.[147] 미국의 루즈벨트는 신탁통치가 바람직하다고 보았다. 결국 정상들은 타협하여 장제스의 주장대로 한국 조항을 합의문에 넣기는 하되 독립의 시기는 못박지 않았다. "3대 강국은 한국(Korea) 인민들이 노예화된 사실을 유념하면서 적당한 시점(in due course)에 한국이 자유로운 독립국이 될 것임"을 확인하였다. 3국 정상들은 일본의 무조건 항복을 압박하는 데에도 동의하였다. 그들은 합의문 말미에 "3국이 일본과 교전 중인 UN 회원국들과[148] 조화를 이루며 일본의 무조건 항복을 이끌어 내는 데(to procure the unconditional surrender of

....

146 이승만은 "김구가 중국에 망명해 있을 때 중국어로 간행된 책으로 한국인의 독립운동을 중국인에게 알리고자 쓴"『도왜실기(屠倭實記)』의 국역판(1946) 발간사에서 다음과 같이 썼다. "윤봉길 의사의 장거가 있은 후로 중국 관민의 한인을 대하는 태도는 우호와 신뢰로 바뀌어 한중 양국은 예로부터 이와 입술의 관계에 있음을 다시금 확인케 되었다. 국민정부는 물론이요, 장개석 주석이 김구 선생을 절대적으로 신뢰하여 음으로 양으로 대한임시정부를 성원해준 것은 모두 이 때문이리라. 그 중에도 한국 해방의 단서가 된 카이로 회담에서 장개석 주석이 솔선해서 한국의 자주독립을 주창하여 연합국의 동의를 얻은 사실도 역시 윤봉길 의사의 장거에 의한 것임을 잊어서는 안된다." 김구(엄항섭 엮음), 『도왜실기(屠倭實記)』, 범우사, 2002, pp. 15-16.

147 정병준, "카이로회담의 한국문제 논의와 카이로선언 한국조항의 작성과정," 『역사비평』, 107호, 2014, pp. 331-36.

148 미국, 영국, 소련, 중국 대표들은 1942년 1월 1일 후일 UN선언(the United Nations Declaration)으로 알려지게 될 문건에 서명하였다. 이때 UN이라는 명칭이 최초로 사용되었다. 다음 날 대서양헌장에 종교적 자유를 추가한 이 문건에 22개국이 추가적으로 서명하였고, 1945년 3월 1일에는 21개국이 추가적으로 서명에 동참하였다.

Japan) 필요한 중대하고 장기적인 작전들을 지속적으로 진행해 나갈 것"임을 확인하였다.

　루즈벨트와 처칠은 아시아 문제를 다룬 카이로 회담을 마치고 2차대전 승전전략과 전후처리 문제를 토의하기 위해 스탈린을 만나러 11월 28일 이란의 테헤란으로 갔다. 회담장소로 테헤란을 선택한 이유는 이란의 전략적 중요성과 관련이 있었다. 미국은 독일이 유럽 대부분과 발칸 및 북아프리카를 석권하고 대서양과 북해(North Sea) 상의 항해를 위협하는 상태에서 이란을 통해 소련에 전쟁물자를 운반할 수 있었기 때문이다. 루즈벨트의 주요 목표는 처음 만나는 스탈린을 대일전에 참전하도록 설득하는 것이었다. 논의 결과 3국정상은 미국, 영국 등이 1944년 5월 노르망디 상륙작전을 통해 '제2전선'을 개방함으로써 동부전선에서 소련의 부담을 덜어주고, 소련은 독일을 패배시킨 직후 대일전에 참전한다는 데 합의하였다. '제2전선' 개방의 약속은 1944년 6월 6일에 이행되었다. 미국과 영국 그리고 캐나다의 대규모 연합군은 프랑스 노르망디의 5개 해변에 상륙하여 서부유럽에서 '제2전선'을 개방하였다. 독일의 총공세에 시달리던 소련으로서는 큰 짐을 덜게 되었다. 소련은 이에 힘입어 6월 22일 대독공세를 취해 동부 비엘로루시아(Byelorussia, 벨라루스)에서 독일 중부군 주력세력을 파괴하고 8월 1일에는 폴란드 바르샤바 맞은편 비스툴라(Vistula) 강변에까지 진출하였다.

　1944년 10월 독일의 패전은 확연해지고 있었다. 그러나 히틀러는 최후의 도박을 시도하였다. 상대적으로 전세가 양호한 지역을 선택하고 역량을 집중하여 돌파구를 마련한다는 발상이었다. 군 지휘부는 독일 공군력의 절대 열세를 지적하며 이 구상에 반대하였으나, 결국 히틀러의 독단을 꺾지 못하고 모든 군사역량을 서부전선으로 집결하였다. 12월 16일 새벽 아흐덴(Ardennes) 숲에 엄폐되어 있던 독일 전차부대가 시동을 걸며 '벌지 전투(the Battle of the Bulge)'가 시작되었다. 독일군의 선택과 집중에 의한 기습은 부분적으로는 악천후 덕분에 일단 성공을 거두었다. 연합군의 항공기 공격이 제대로 이루어지지 못했기 때문이다. 그러나 히틀러의 도박은 이내 파탄이 났다. 작전 개시 후 얼마 되지 않아 수많은 전투에 피로하고 지친 독일군은 이제 막 참전한 "싱싱한" 미군에 밀리기 시작하였다. 12월 23일 날씨가 회복되면서 연합군은 항공기를 이용하여 보급과 폭격을 실시하였다. 폭격은 독일군의 보급기지를 효과적으로 파괴하였다. 독일군은 퇴각하였고, 이듬해 1월 23일 독일군 사령부가 작전중지 명령을 내리면서 사실상 전투가 종료되었다. 이 전투에 모든 것을 걸며 전투자산을 소비한 결과, 독일의 전쟁수행능력은 급격히 떨어졌다. 독일의 패전은 이제 시간 문제가 되었다.

한편, 1944년 여름에는 미국에서 국제기구와 국제제도를 설립하기 위한 일련의 다자간 회의가 개최되었다. 2차대전의 원인이 경제불황 타개책 미흡, 자유무역의 쇠퇴, 폐쇄적 경제블록의 형성, 그리고 국제적 소통과 협력의 부재와 관련되었다는 반성과 성찰의 결과였다. 1944년 7월 미국 뉴햄프셔 주 브레튼 우즈(Bretton Woods)에서 개최된 UN통화금융회의(UN Monetary and Financial Conference)는 국제통화기금(International Monetary Fund, IMF)과 국제부흥개발은행(International Bank for Reconstruction and Development, IBRD; 세계은행의 전신)을 창설하였다. 전후 통화와 금융질서를 관리하게 될 이 양대 국제기구의 비전은 사실 연합국 측이 전쟁에서 위태롭게 밀리고 있을 무렵인 1941년 8월 14일 개최된 '대서양 회의'에서 비롯되었다. 영미 정상이 합의한 '대서양헌장(the Atlantic Charter)'은 8개조로 되어 있었는데 "모든 국가들이 무역과 천연자원을 획득하는 데 균등한 대우를 받는다(제4조)," 그리고 "노동기준, 경제발전, 사회보장을 개선하기 위해 모든 국가들 간의 최대한의 경제협력을 촉진한다(제5조)"는 내용을 포함하였다.

브레튼 우즈에서 합의된 국제통화운용의 제도는 전후 세계경제의 자유주의적 발전에 기여하게 될 것이었다. 전후 패권국으로 떠오른 미국은 자국의 통화를 기반으로 한 통화 체제를 만들고자 했고, 44개국 대표는 이에 동의하였다. 미국의 달러를 기축으로 하는 금본위제, 브레튼 우즈 체제의 시작이었다. 브레튼 우즈 체제의 골자는 미국의 달러만을 금과 고정된 비율로 바꿀 수 있게 한다는 점이었다. 달러는 35달러당 금 1온스로 바꿀 수 있었고, 미국이 아닌 다른 국가의 통화는 달러에 자국 통화의 가치를 연결하는 간접적 형태의 금태환제도를 마련하였다. 브레튼 우즈 국제통화체제는 베트남전으로 인한 달러화의 공급량이 급격히 늘어나며 1973년 미국의 닉슨 정부가 금태환정지를 선언할 때까지 지속되었다.

1944년 8월부터 10월까지는 미국 워싱턴 D.C.의 덤바튼 오크스(Dumbarton Oaks) 맨션에서 회의가 열려 미국, 소련, 영국, 중국의 대표들이 전후 새로운 세계

안보질서 구축을 위한 국제기구와 국제제도의 창설을 논의하였다. 이 회의는 국제 연맹을 대체하기 위한 1943년 모스크바 선언의 제4조를 실행에 옮기는 첫 번째 시도로서 UN의 청사진을 제시하였지만, 안전보장이사회의 투표방식 등 핵심문제는 앞으로 열리게 될 얄타회담에서 해결될 것이었다.

1945년 2월 독일의 패전은 불가피해 보였으나, 태평양전쟁은 어느 정도 지속될 수도 있는 상황이었다. 미국, 영국, 소련의 지도자들은 제정러시아 짜르의 여름 휴양지였던 크리미아반도의 얄타(Yalta)에서 전후 유럽문제와 소련의 대일전 참전 문제를 주의제로 회동하였다. 동유럽에서의 소련지상군의 압도적인 위상, 그리고 일본을 신속히 패퇴시켜야 하는 미국의 입장을 반영한 회의 결과는 다음과 같이 요약될 수 있다:

1) 소련은 독일 항복 후, 그리고, 유럽 전쟁이 종료된 후 2-3개월 내(in two or three months) 대일본전에 참전할 것을 약속한다. 단, 이는 아래의 조건이 충족될 시 실행에 옮겨질 것이다.

1.1) 1904년 일본의 기만적 공격에 의해 무력화된 러시아의 권리를 회복한다. 즉 (러일전쟁 때 일본이 점령한) 남부 사할린과 인접 도서들을 소련에 반환한다. 다이렌의 무역항은 국제화되고 이 항구에 대한 소련의 특수이익이 보장되며, 뤼순항(旅順港, 여순항)의 소련 해군기지에 대한 조차권을 회복한다. 동청철도(東淸鐵道)와 다이렌(大連)으로 연결되는 남만주철도는 소련-중국이 공동운영하고, 이에 대한 소련의 특수이익을 인정한다. 중국은 만주에 대한 주권을 유지한다.

1.2) 외몽고(몽골인민공화국), 항구, 철도에 관한 내용은 장제스 총통의 동의를 필요로 하며, 미국 대통령은 스탈린 원수의 권고에 따라 총통의 동의를 이끌어 낼 수 있는 조치를 강구할 것을 약속한다. 3국 정상은 소련의 위와 같은 요구 조건이 일본 패망 후 무조건적으로 충족될 것임에 합의한다. 소련은 중국을 일본의 속박에서 해방하기 위한 목적으로 군대를 파견하기 위해 중국의 국민당 정부와 우호동맹조약을 체결할 준비가 되어 있음을 천명한다.

1.3) 쿠릴제도를 소련에 반환한다.

1.4) 외몽고(몽골인민공화국)의 현상을 유지한다.

2) 독일에 대한 점령과 전쟁배상이 이루어져야 한다. 전후 독일 군정 실시에 프랑스를 포함하고, 독일은 전쟁배상의 상당 부분(전체는 아님)을 책임져야 한다. 독일의 배상은 장비, 기계, 선박, 국내외 투자금, 회사 등 국가 재산을 대상으로 하며, 이는 독일의 전쟁잠재력을 제거하기 위한 조치이다. 연합국 측은 이와 함께 매년 생산물과 노동력을 배상으로 취할 수 있다. 소련은 총배상액으로 220억 달러를 잠정 책정하며 이 중 50%를 소련이 취해야 한다고 판단한다. 배상위원회는 이러한 소련의 제안을 검토할 것이다.

3) 나치에서 해방된 유럽의 국가들에 민주주의와 자유를 약속한다. 소련은 해방된 모든 영토에서 자유선거의 실시를 허용할 것을 보장한다. 소련군이 해방한 폴란드에서는 국내외 민주지도자들을 포함하는 자유선거(보통·비밀 선거)가 실시될 것이다.

4) UN 설립을 위한 샌프란시스코 회의는 1945년 4월 25일 개최될 것이다. 프랑스를 안보리 상임이사국에 포함하여 총 5개국이 안보리 상임이사회를 구성할 것이다. 이들 국가는 투표에 있어 거부권을 가지게 될 것이다.

5) 신탁통치는 국제연맹의 기존의 위임통치령, 현 전쟁의 결과로서 적국으로부터 탈환된 영토들, 그리고 자발적으로 신탁통치를 원하는 영토들에 해당되며, 이 카테고리 중 어떤 영토가 신탁통치의 대상이 될지는 향후 협의될 것이다.

스탈린이 회의 장소인 얄타로 가는 길을 전혀 정비하지 않고 파괴된 그대로 방치한 것은 루즈벨트와 처칠이 유럽에서 제2전선의 개방을 미루었기 때문에 소련이 처참히 파괴되었음을 보여주기 위한 것이었다. 따라서 소련이 미국을 위해 아시아에 제2전선을 개방해야 한다면, 말할 것도 없이, 충분한 보상이 필요할 것이었다. 실제로 스탈린은 루즈벨트에게 "유럽의 전쟁에서 시달리고 있는 소련이 왜 아시아에서 미국을 위해 싸워야 하는지" 소련 인민들에게 설명할 수 있어야 한다고 말하였다. 스탈린은 영토를 요구했고, 루즈벨트는 중국의 주권을 침해하지 않는 범위 내에서 타협하고자 했으며, 스탈린은 장제스는 자신이 설득할 수 있다고 자신하였다. 스탈린은 자신이 원하던 것을 얻었다. 미국의 입장에서 가장 중요한 문제는 소련의 대일개전이었고, 영국은 자신의 식민지에 영향을 주지 않는 타협은 가능한 것이었다.

처칠은 당초 독일을 3국이 분할점령하기로 한 데(1944년 런던협정)서 프랑스를 추가하자고 제의하였다. 그는 독일 재기 시 또는 미국과 소련이라는 제국에 대처하기 위해 강력한 파트너 프랑스가 필요하다고 판단하였던 것이다. 스탈린은 프랑스가 전쟁에 기여한 바가 없어 자격이 되지는 않지만 소련은 합리적으로 판단할 것이라며, 반대급부로서 막대한 배상금을 요구하였다. 루즈벨트와 처칠이 난색을 표명하자, 스탈린은 미국과 영국은 "왜 우리가 전쟁에서 회복하려는 것을 막으려 하나?"라며 이례적으로 화를 내었다. 소련의 현물을 포함한 배상금 징수는 동부 독일의 산업기반을 해체하게 된다.

협정문에는 언급되지 않았지만 참가국 대표들은 신생 폴란드 정부는 소련에 우호적이야 한다는 데 의견의 일치를 보았다.[149] 그러나 스탈린은, 3국 정상이 합의한바, "자유선거"를 통해 선출될 폴란드 정부는 폴란드인들의 전통적인 반소 정서로 인해 결코 친소적이거나 소련에 우호적일 수 없다고 생각하였다. 따라서 그는 "자유선거"에 큰 의미를 두지 않았고, 루즈벨트와 처칠의 체면을 유지하기 위한 수단쯤으로 생각하였다. 사실, 스탈린은 소련의 정보기관으로부터 루즈벨트와 처칠의 입장을 소상히 파악하고 있었다. 루즈벨트는 UN 창립과 일본 문제가 최고우선 관심사였고, 처칠은 수에즈 운하에 인접하고 소련이 지중해로 나가는 통로에 위치한 그리스를 확보하는 것이 가장 중요하였다. 스탈린과 처칠은 4개월 전 이미 그리스를 영국에 넘기고 동유럽의 대부분을 소련이 차지한다는 이른바 '퍼센티지 비밀협정(the Percentage Agreement)'을 체결한 바 있었다. 이러한 조건하에서 폴란드는 소련의 위성국가가 될 수밖에 없었다. 협정문에 명기되지 않은 또 다른 사안은 한국의 신탁통치에 관한 것이었다. 루즈벨트와 스탈린은 2월 8일 회의장 밖에서 따로 만나 한국에 대한 신탁통치 문제에 대해 논의하였다. 루즈벨트는 필리핀에서와 마찬가지로 한국도 독립하기 전 20-30년간의 미중소의 신탁통치를 받는 것이 좋을 듯하다고 말했고, 스탈린은 주저하면서도, 즉각적이고 전체적인 한국의 독립을 주

....

149   Raymond F. Hopkins and Richard W. Mansbach, *Structure and Process in International Politics*, Joanna Cotler Books, 1973, p. 323.

문하였다.[150] 그는 결국 "기간이 짧을수록 좋다(the shorter the period the better)"[151] 며 신탁통치 구상에는 동의하였다. 루즈벨트와 스탈린은 한국에 대한 다국적군사 점령이 필요하나 외군이 영구히 주둔하지 않는다는 데도 합의하였다. 루즈벨트는 한국에 대한 신탁통치에 영국의 참여가 필요치는 않지만 처칠이 불쾌하게 생각할 것이라 말했고, 스탈린은 그렇게 하면 영국이 "수모를 당했다고 느낄 것"이며, 처칠 이 "우리를 죽이려 할 것"이라고 경고하였다.[152] 어쨌든 양 정상은 한국 문제에 대 해 신탁통치의 일정 등 구체적 합의에 이를 수는 없었지만, 미영소중에 의한 신탁 통치안의 윤곽은 잡을 수 있었다.

얄타협정에 대한 반응은 특히 미국에서 좋았다. 미소 간 협력이 전후에도 지속 될 것이라는 희망적인 관측이 지배적이었다. 그러나 1945년 4월 12일 루즈벨트가 사망하고 트루먼이 대통령직을 승계하면서 분위기가 달라지기 시작하였다. 미국 공화당은 스탈린의 야심을 의심하며 루즈벨트가 얄타에서 "속아 넘어갔다"고 비난 하기 시작하였다. 적지 않은 미국인들은 루즈벨트가 소련으로부터 받아낸 상당한 양보에도 불구하고, 공화당의 정치공세에 동조하였다.[153] 미국인들 일부는 소련이 일본과의 중립조약을 파기하고 대일전에 참전하여 무조건 항복을 이끌어내는 데 결정적으로 기여하자 루즈벨트의 얄타 타협의 중요성을 인정하였다.

처벌

이 무렵 유럽의 전황은 이미 연합국 측에 완연히 기울어 있었다. 히틀러가 최 후의 발악을 하였지만 이제 동부와 서부에서 협공을 받게 된 나치독일이 붕괴하는

....

150 U.S. Department of States, *Foreign Relations of the United States(FRUS), Conferences at Malta and Yalta*, Government Printing Office, 1955, p. 984.

151 Harry Truman, *Years of Trial and Hope*, Doubleday & Company, Inc., 1956, II: 316-p. 317.

152 Yalta Conference. "Inter-Allied Consultation Regarding Korea," *FRUS, Conferences at Malta and Yalta*, 1945, p. 770.

153 U.S. Department of States, Office of Historian, The Yalta Conference, 1945. https://history.state.gov/milestones/1937-1945/yalta-conf

것은 시간 문제였다. 1945년 4월 25일, 미군과 소련군은 독일 엘베(Elbe)강 중류 토르가우(Torgau)에서 만났다. 미군과 소련군 병사들은 평화를 맹세하며 축배를 들었다. 영국 BBC의 종군 방송기자도 감격에 겨워하였다:

저는 지금 브래들리(Omar N. Bradley) 장군의 본부에서 전해드립니다. 동(東)과 서(西)가 만났습니다. 1945년 4월 25일 수요일 오후 4시40분 미군은 소련의 코네프(Ivan Konev) 장군의 제1우크라이나육군집단군 소속 부대원들과 엘베 강변의 토르가우 마을에서 만났습니다. 그야말로 전 연합국들이 고대하던 뉴스입니다. 해방의 군대가 손을 맞잡았습니다![154]

1945년 4월 30일 아돌프 히틀러는 소련군이 베를린에 접근해오자 총통 집무실 지하 벙커(엄폐호)에서 자살하였다. 1945년 5월 7일, 알프레트 요들(Alfred Jodl) 독일 육군참모총장은 무조건 항복문서에 서명하기 위해 아이젠하워 사령부가 위치하고 있던 프랑스 랭스(Reims)로 왔다. 그는 "한마디만 하고 싶다. 독일군과 독일 국민들은 세계 어느 국민들보다 더 많이 성공하기도 했고, 더 많이 고통받기도 하였다. 전승국들은 독일 국민들을 관용으로 다스려주기 바란다"는 말을 마치고 항복문서에 서명하였다. 스탈린은 나치와의 투쟁에서 소련이 가장 큰 역할을 하였다며 독일이 소련에게도 직접 항복해야 한다고 주장하였다. 5월 8일 독일군 최고사령관(Oberkommando der Wehrmacht, Armed Forces High Command) 빌헬름 카이텔(Wilhelm Keitel) 원수는 베를린의 칼스호르스트(Karlshorst)에서 게오르기 주코프(Georgy Zhukov) 원수가 입회한 가운데 무조건 항복문서에 서명하였다.

이들 독일군 장성들은 뉘른베르크 전범재판을 받고 '전쟁범죄' 및 자국 국민 살해 등을 포함한 '반인륜범죄(反人倫犯罪, crimes against humanity)'의 죄목으로 처형되었다. 연합국 측의 '전범위원회(War Crimes Commission)'는 1943년에 이미 설치되어 있었다. 같은 해 10월 30일에는 '모스크바 선언'을 통해 나치 점령하의 유

··········

154 Deutsche Welle, "May 8, 1945: The war in Europe is over." http://www.dw.com/en/may-8-1945-the-war-in-europe-is-over/a-15935977

럽에서 나치가 저지른 잔학행위에 대한 전후 징벌을 경고하였다. 전쟁이 종식되자 연합국들은 전범 재판정을 바이에른 주의 뉘른베르크로 정했는데, 이곳은 법정시설이 양호하였고, 대규모 포로수용소도 갖추고 있었으며, 무엇보다도 나치당의 독일민족주의적 대중선동의 향연으로 악명 높은 '뉘른베르크 집회'가 매년 열린 도시이고, 또 나치 국가의 미래 수도로 정해진 곳이었다.

미국, 영국, 프랑스, 소련인 재판관들은 반인류범죄, 반평화범죄, 그리고 전쟁범죄의 관점에서 177명의 독일과 오스트리아 전범 혐의자들을 심리한 끝에 142명에 대해 유죄판결을 내렸고, 35명에 대해서는 무죄를 선고하였다. 유죄판결을 받은 자들 중 20명에게는 무기징역, 그리고 25명의 중대 범죄자들에게는 사형 선고가 내려졌다. 괴링을 포함한 두 명은 자살하였고, 총통 비서 마틴 보르만(Martin Borman)은 재판정에 불출석하였는데, 이는 당시에는 알려지지 않았으나 그는 이미 죽은 상태였다. 뉘른베르크 전범재판소는 개인뿐 아니라 조직도 처벌하였다. 독일 일반참모부(General Staff)와 '돌격대(Sturmabteilung SA)'를 제외한 나치당, '친위대(Schutzstaffel SS),' 정보국(Sicherheitsdienst SD), 국가비밀경찰(Geheime Staatspolizei GESTAPO) 등이 유죄판결을 받았는데, 이 조직의 성원은 누구든 반인류범죄를 자행한 조직의 일원으로서 체포의 대상이 되었다.

1960년에 이르러 연합국들은 5,000여 명의 독일 및 오스트리아 범죄 혐의자들을 기소했고, 그들 중 유죄판결을 받은 500여 명을 처형하였다. 소련은 10,000여 명의 독일인 혐의자들을 기소했고, 상당수를 사형에 처하였다. 서독은 그보다 더 많은 숫자를 처벌하였다. 이스라엘은 뉘른베르크 재판을 피해 달아난 아이히만 같은 주요 나치 전범들을 색출해 처형하였다.

뉘른베르크 전범재판은 논쟁의 대상이 되기도 했다. 예를 들어, 전쟁재판은 소급입법이라 무효라는 주장이 있었다. 그러나 재판정은 피고인들이 저지른 행위는 2차대전 전부터 이미 범죄로 규정되었다고 판단했다. 전범재판은 기본적으로 '전승국의 정의(Victor's justice)'에 다름 아니다라는 비판도 있었다. 그러나 재판정은 침략전쟁 도발과 전시악행을 방지하기 위한 '반평화범죄'의 처벌은 인류 전체의 이익의 관점에서 정당화된다고 보았다. 뉘른베르크 재판을 설계한 미국 대법원 판사 로버트 잭슨(Robert Jackson)은 "우리가 규탄하고 처벌하려는 이 잘못들은 너무도 계산적이고, 너무도 악의적이며, 너무도 처참하기 때문에 문명세계(문명적인 삶)는 이 잘못들을 간과할 수 없고, 그것들이 반복되는 것을 허용할 수 없다"고 말하였다.[155]

반평화범죄, 전쟁범죄, 반인륜범죄 등의 개념을 사실상 최초로 도입한 뉘른베르크 전범 재판은 전후 국제법과 국제제도에 큰 영향을 미치게 되었다. UN이 채택한 전쟁범죄라는 개념은 국가뿐만 아니라 개인도 전쟁과 국가정책 등과 관련하여 형사책임이 있으며, 명령을 따랐을 뿐이라는 하급 전범에 대해서도 그 정상참작은 가능하지만 여전히 유죄가 될 수 있도록 하였다. '반인륜범죄'라는 법적 개념은 UN과 국제형사재판소(International Criminal Court) 등에서 채택되었고, 유고슬라비아와 르완다의 대학살을 재판한 국제법정도 이 개념을 준용하였다. UN은 전쟁책임을 면할 수 있는 경우를 '정당방위(self-defense)'와 '국제평화 및 국제안보(international peace and security)' 목적에 국한하였다.

한편, 1945년 여름이 되자 유럽의 미래와 태평양전쟁을 포함한 2차대전을 최종적으로 조율 관리해야 할 필요성이 제기되었다. 이에 연합국 대표들은 1945년 7월 17일, 마지막 전시 회담이 될 포츠담 회의를 독일 브란덴부르크 주 포츠담(Potsdam) 시의 쉴로스 세실리엔호프(Schloss Cecilienhof) 궁에서 개최하였다. 미국, 영국, 소련의 정상이 회합했으나 소련의 스탈린은 일본과의 중립조약을 이유로 합의문에 서명하지는 않았다. 이 회의는 긴장 속에서 이뤄졌다. 이미 서방 측과 소련 간에는 동유럽 문제와 관련하여 불신이 싹텄고 이른바 '냉전적' 기운이 감돌고 있었다. 따라서 루즈벨트를 승계한 트루먼과 회담기간 도중 선거에서 패한 처칠을 대체한 노동당의 애틀리(Clement Atlee)는 테헤란 회담부터 계속 완고한 태도를 견지한 스탈린과 어려운 협상을 이어나갔고, 결국 일본에 보내는 '최후통첩'을 제외하고는 큰 성과를 내지 못하였다. 포츠담 회의에서 정상들이 합의한 것은 ① 독일의 완전 무장해제를 실시한다. ② 나치당을 해체한다. ③ 전범들을 재판에 회부한다. ④ 콘체른(Konzerns, 독일식 재벌)을 해체한다. ⑤ 독일을 분할 점령하되 경제적으로는 하나의 공동체로 유지한다. ⑥ 소련은 배상금을 독일 내 자신의 점령지역뿐 아니라

....

155　George A. Annas and Michael A. Grodin eds., *The Nazi Doctors and the Nuremberg Code*, Oxford University Press, 1992, p. 68.

해외의 독일 자산으로부터도 수취한다.[156] ⑦ 가까운 장래에는 독일 중앙정부를 수립하지 않는다. ⑧ 독일/폴란드 국경은 [기존 선을 서쪽으로 이동한] 오데르-나이제선(Oder–Neisse line)[157]으로 정한다 등과 함께, 다음과 같은 대일본 최후통첩을 포함하였다:

미국, 중국, 영국의 정상들은 일본에게 이 전쟁을 끝낼 기회를 줄 것에 합의하였다. 미국, 중국, 영국의 군대는 일본에 대해 최후의 일격을 가할 준비가 되어 있다. 일본이 저항을 중단할 때까지 일본에 대한 전쟁을 계속한다는 모든 연합국들의 결연한 의지는 이들 국가의 군사력을 유지하고 사기를 높이고 있다. 독일의 무망하고 무모한 저항의 결과는 일본 국민들에게 명징한 교훈이 되어야 한다. 막강한 연합국들의 군사력과 결연한 의지는 일본 군대의 불가피하고 완전한 파괴뿐 아니라 일본 국토의 철저한 폐허화가 불가피하다는 사실을 의미한다. 군국주의 참모들의 무모한 계산은 일본제국을 파멸의 문턱으로 몰아넣었다. 일본은 "자기위주(self-willed)"의 이들 군국주의 참모들에 의해 계속 통제받을 것인지, 아니면 이성의 길을 걸을 것인지를 결정해야 할 시점에 와 있다. 카이로 선언의 내용은 실행에 옮겨질 것이다. 일본의 주권은 혼슈, 홋카이도, 규슈, 시코쿠, 그리고 연합국 측이 결정하는 기타 작은 섬들에 한정될 것이다. 연합국 측은 일본인들을 인종으로서 노예화할, 그리고 국민으로서 파괴할 의도를 갖고 있지 않다. 그러나 모든 전범들은 준

....

156 소련은 얄타 회담에서 소련의 막대한 피해를 고려하고 독일의 재기를 막기 위해 220억 달러(당시 가격)의 배상이 이뤄져야 하며 그 중 절반은 소련의 몫이 되어야 한다고 주장하였다. 그러나 다른 연합국들은 독일의 경제가 그러한 액수를 지급할 능력이 없다며 반대하였다. 소련은 연합국들에게 '루르 계곡' 지역을 공동으로 관리하여 배상문제를 해결하자고 제의했으나 이 또한 거부되자 자신의 점령지역인 동독에서 공장 기계 등 현물을 배상으로 취하였다. 미국, 영국, 프랑스는 1952년 런던 '독일외채회의'에서 배상액을 162억 마르크로부터 70억 마르크(현재 가격으로 30억 달러)로 하향 조정하였다. 서독은 1952년 9월 10일 이스라엘에 대해 30억 마르크를 배상하기로 하는 등 연합국 이외 국가에 대해서도 배상책임을 인정하였다.

157 1945년 2월 미영소 연합국들은 얄타회담에서 영국 외교장관 커즌(George Curzon)의 제안에 따라 폴란드의 동쪽 국경(소련과의 국경)을 커즌선(the Curzon Line)까지 서쪽으로 이동하도록 하였다. 그러나 이렇게 되면 폴란드의 영토가 크게 축소되므로 연합국들은 폴란드의 서쪽 국경을 독일 국경 내로 이동시킴으로써 보상하기로 동의하였다.

오데르-나이제선. 빗금친 부분은 연합국들에 의해 독일이 폴란드에 양도한 영토이다. 소련은 동프로이센 북부를 차지하였다.

엄한 정의의 심판을 받게 될 것이다. 연합국 측은 일본 정부에게 전체 일본 군대의 무조건 항복(unconditional surrender of all Japanese armed forces)을 즉시 선언할 것을 요구한다. 무조건 항복을 하지 않을 경우 일본은 신속히 그리고 완전히 파괴 될 것이다(the alternative for Japan is prompt and utter destruction).[158]

미국 등 서방과 소련은 이 회의를 마지막으로 전시협력을 뒤로 한 채 불신과 대결의 장으로 진입하게 되었다. 전후 동유럽 문제 처리를 둘러싼 갈등이 원인 중 하나였지만, 보다 근본적인 것은 나치독일 등 파시스트 측의 도전과 위협에 공동 대처하기 위해 일시 봉합되었던 체제적 차이와 이념적 불신이 공동의 적이 사라지 면서 수면 위로 부상한 데 있었다. 한편, 최후통첩을 받은 일본의 전쟁지도부는 고

....

158   The Berlin (Potsdam) Conference, July 17-August 2, 1945, Protocol of the Proceedings, August 1, 1945. http://avalon.law.yale.edu/20th_century/decade17.asp

민에 빠지게 되었다. 최후통첩을 받아들여 일본과 일본 국민들을 구하자는 의견과, 중립조약의 체약국인 소련의 중재를 기다리자는 견해, 그리고 '가미카제(神風)'를 무기로 결사항전에 임하자는 주장이 경쟁하였으나, 강경파가 우위를 점하였다. 6명으로 구성된 최고전쟁지도회의(最高戦争指導会議)는 포츠담 최후통첩을 수용하지 않았고, 미국은 일본의 "완전한 파괴"가 협박이 아니었음을 보여주었다. 다음 장에서는 이 참담한 '일본의 비극'이 어떠한 역사적 배경하에서 잉태되고 배양되었는지를 살펴보기로 한다.

일본제국주의와 태평양전쟁

"태평양전쟁(the Pacific War)"[159]은 일본이 1941년 12월 7일 미국 하와이의 진주만을 공격하면서 발생한 전쟁으로서 일본의 동맹국인 독일과 이탈리아(3국동맹, Tripartite Pact, 1940년 9월 27일 체결)가 미국에 선전포고하고, 미국이 영국 프랑스 소련 등의 연합국 측의 편에 섬으로써 제2차세계대전의 일부가 되었다. 태평양전쟁의 기원은 다양한 수준에서 찾을 수 있겠으나, 1936년 11월 25일 사실상 소련을 대상으로 독일과 일본이 체결하고 1937년 11월 6일 이탈리아가 동참한 '반코민테른 조약(Anti-Comintern Pact),' 그리고 부분적으로 이에 고무된 일본의 공격적인 국가안보전략에 따른 1937년 7월의 중국침공이 주요 변곡점 중 하나였다. 그러나 일본을 태평양전쟁의 길로 인도한 보다 근본적인 원인은 러일전쟁 후 본격 형성된 일본의 독점자본주의와 관련이 있었다. 메이지 유신과 함께 시작된 근대화의 진전에 따라 일본에는 1900년경 이미 은행자본이 강화되었고, 카르텔이 형성되었으며, 4대

....

159 태평양전쟁은 2차대전 가운데 미일전쟁 부분을 부각시킨 명칭으로 이 부분이 그 전쟁의 주요 측면이긴 하지만, 그 전쟁의 다른 측면인 중일전쟁과 여타 아시아 민족의 독립전쟁 부분을 가리는 문제가 있다. 그래서 혹자는 '아시아·태평양전쟁'이라는 명칭을 사용하기도 하고, 일본의 좌파학자 가운데는 이 전쟁이 만주사변에서 시작되어 일제의 패망 때까지 계속되었다고 해서 '동아시아 15년 전쟁'이라는 명칭을 쓰는 사람도 있다. 일본의 우익 인사들은 아직도 "위대한 동아시아 공동의 번영"을 내세운 대동아공영권을 그리워하며 '대동아전쟁'이라는 용어를 사용한다.

재벌이 부상하고 있었다. 러일전쟁과 전시경제는 일본의 독점자본주의를 추동한 핵심적 요인으로 작동하였고, 그 결과 일본은 해외팽창에 나서 1910년 조선을 병합하였으며, 세계적 차원의 제국주의적 경쟁에 참여하였다. 그러나 일본은 자본주의 발전 논리에서 비껴나 있는 예외적 조건을 갖고 있었다. 이는 과잉인구, 토지 및 자원 부족 문제를 포함하였다. 일본의 국토는 결코 작다고 할 수 없지만, 국토가 대부분 산지(山地)여서 사람들이 연안지대에 몰려 사는 관계로 '토지부족·과잉인구'는 일본의 만성적 문제였다. 메이지 유신 무렵에 약 4천만 명이었던 인구가 갑자기 늘어 쇼와 초기(1920년대 후반; 쇼와는 히로히토[裕仁] "천황"의 연호)에는 7천만 명을 넘어섰다. 에너지 자원의 결핍은 당시 타이밍상 결정적 하자였다. 일본이 본격적으로 산업화에 나선 19세기 말은 석유·내연기관·전기 등을 동력원으로 하는 제2차 산업혁명이 한창인 때였다. 제2차산업혁명의 산업 파급효과는 석탄·증기기관을 동력원으로 하던 제1차산업혁명의 그것과는 비교가 되지 않을 만큼 지대하였다.[160] 그런데 이러한 새로운 산업패러다임의 결과들을 경제성장에 효과적으로 연결시키기 위해서는 에너지 자원 및 공업 원료의 안정적 공급선 확보가 무엇보다 중요하였던 것이다. 이러한 일본의 결핍은 1920년대 말 시작된 세계대공황으로 인해 경기 침체와 무역 위축으로 그 취약성이 더욱 부각되었다. 일본의 독특성은 천황제에도 있었다. 제국주의론으로 설명할 수 없는, "강력한 반(半)봉건적 정치구조에 의해 제약을 받는 독점자본주의"가 당시 일본이었다.[161] 이러한 독특한 일본적 상황에서 메이지 헌법에 의해 특권을 부여받은 군부는 일본의 구조적 문제를 일거에 해소하기 위해 주변국들에 대한 침략전쟁을 구상하고, 이를 애국적 국가안보전략으로 정당화하였다. 요컨대 일본의 제국주의는 자본주의의 구조적 제약과 당시 시공간의 정치 군사적·문화적 여건과 교직되어 형성·발전되었던 것이다.

자본주의 일반논리와 일본적 특수논리가 압축적으로 결집된 형상은 군국주의적 애국주의로 나타났다. 그리고 제국주의를 정당한 국가정책 행위로 간주한 열혈

....

160 김세걸, 『진실의 서로 다른 얼굴들』, 소나무, 2017, pp. 68-71.

161 Germaine A. Hoston, *Marxism and the Crisis of Development in pre-war Japan*, Princeton University Press, 1986, p. 260.

군국주의자들의 애국주의의 실체적 뿌리는 러일전쟁 승리에 따른 전리품이자 조차지로 획득한 만주 랴오둥 반도의 뤼순(旅順)에 설치된 관동도독부(關東都督府), 뤼순-장춘(長春) 간의 철도 연선을 경영 관리하기 위해 설립된 남만주철도주식회사(南滿洲鐵道株式會社, 滿鐵), 그리고 조차지 방위뿐 아니라 철도 경비를 주요 명분으로 파견된 일본군, 즉 관동군(關東軍)[162]에 있었다.

관동군

1895년 일본은 청일전쟁에서 승리하여 타이완과 함께 랴오둥 반도를 할양받아 자신의 식민지로 만들려 하였다. 그러나 일본은 러시아, 프랑스, 독일이 이 문제에 개입함에 따라(3국간섭, 三國干涉, the triple intervention) 어쩔 수 없이 그 지역을 청나라에 반환하였다. 그 후 절치부심하던 일본은 러일전쟁에서 승리한 후 체결된 포츠머스조약(Treaty of Portsmouth, 1905년 9월 5일 서명)에 따라 러시아가 청으로부터 임대하고 있던 랴오둥 반도의 다롄(大連) 및 뤼순 조차지를 넘겨받았다. 1906년 일본은 이 지역을 관동주(關東州)[163]라고 이름짓고, 관동주 식민 행정 기관인 관동도독부와 관동주 방위군인 관동군을 설치하였다. 미국과 당사국인 청나라는 반대하였지만, 일본은 동맹국 영국이 1907년 러시아와 맺은 우호협력협정(레발협정)을 배경으로 영국을 포함 국제적 승인을 얻는 데 성공하였다.

관동군은 본토와 멀리 떨어져 있었고, 당시 일본의 불안정한 국내정치로 인해, 의사결정과 집행에 있어 상당한 자율권을 갖고 있었다. 이른바 '다이쇼(大正) 데모크라시' 시절 경제불황 속에서 생존과 출세를 위해 사관학교에 입학한 한미(寒微)한 가문 출신 청년장교들이 대종을 이룬 관동군은 "자연스럽게" 집단주의, 애국주의, 민족주의, 선군주의(先軍主義)를 우선가치로 내세웠고, 이들에게는 일본 국내의

....

162 1919년 도독부가 폐지되고 그 밑에 있던 육군부가 독립하여 일본 "천황" 직속의 관동군사령부가 되었다. 일본은 뤼순(旅順, 여순)에 관동군사령부를 설치하고, 일본 본토에서 교대로 파견되는 1개 사단·만주독립수비대·뤼순요새사령부·관동헌병대를 그 아래에 두었다.

163 산하이관(山海關, 산해관) 동쪽이라 하여 관동(關東)이라 이름 지어졌다.

정당/정치세력은 무능력하고 부패한 집단이기에 냉소와 혐오의 대상이었다. 일본 군 수뇌부의 사상에 대해서 의구심을 갖는 장교들도 적지 않았다. 관동군은 "천황" 의 영토를 확장하기 위해 만주사변(1931년 9월 18일)을 일으켰다. 이후 이들은 "다가 올 세계대전—특히 소련, 미국과의 전쟁—에 대비하여 자급자족적 경제권을 구축 해야 한다는 구실하에" 꼭두각시 정권인 만주국(1932)을 세우고, 몇 년 후에는 중국 본토를 침략하여 중일전쟁(1937년 7월 7일)을 촉발하였다. 결국 이들은 일본의 인도 차이나 점령, 이를 저지하려던 미국과의 갈등, 그리고 일본의 진주만 공습, 마지막 으로 핵피폭과 항복을 초래한, 당시 대다수 일본인들에게는 비극적인 전쟁영웅으 로, 그리고 피해국들에게는 무모하고 잔인한 전쟁광으로 자리매김하게 되었다.

2차대전과 태평양전쟁의 국제정치적, 역사적 중요성만큼이나 관동군과 일본 군국주의의 역사적 배경을 살펴보는 일도 같은 측면에서 매우 중요하다. 1911년 메이지 "천황"의 뒤를 이어 다이쇼 "천황"(たいしょうてんのう, 大正天皇)이 등극하였다. 이때 일본은 청나라와 러시아를 상대로 한 전쟁에서 승리하는 과정에서 군비산업 을 비약적으로 발전시켰고, 타이완, 한반도, 만주를 손아귀에 넣음으로써 산업의 배 후를 확보하고 경제규모도 급격히 확대하였다. 그러나 다른 한편, 전비 지출에 더 하여, 넓어진 "영토"와 세력권을 관리하는 재정지출이 급증하면서 나라 빚이 늘고 국민의 세금부담도 증가하였다. 그런데 이 무렵인 1914년에 제1차세계대전이 일어 났다. 전쟁 수요 덕분에 일본의 수출과 공업생산은 급증하였고, 그 결과 국가채무 는 청산되고 오히려 흑자국/채권국이 되었다. 그리고 유럽 열강들이 전쟁에 몰두하 는 동안 일본은 연합국 측에 가담하여 독일의 중국 내 조차지와 태평양 상의 제도 (諸島)를 차지하기도 하였다.

경제가 확대되고 안정적으로 관리됨에 따라 서구식 민주주의에 대한 일본 국 민들의 열망이 고조되었다. 사회, 노동, 농민 운동은 역동적으로 확산되었고, 그 결 과 25세 이상의 남자에게 보통선거권이 부여되었으며, 노동자들의 단결권 파업권 이 법제화되었다. 언론·집회·결사의 자유에 의거한 정당정치와 의회중심주의도 발달하였다. 훗날 역사가들은 일본의 이 시기를 '다이쇼(大正) 데모크라시'라 명명 하였다.

그러나 1920년대 후반에 이르러 '다이쇼 데모크라시'는 수명을 다하게 된다. 1

차대전부터 1920년대 말까지 유럽의 전시수요 덕에 급성장한 재벌과 정치지도자들 간의 '정경유착'으로 인해 부정부패가 만연하게 되었다. 그리고 1926년경부터는 수요부족에 따른 경기침체가 심각한 경제 사회 문제로 대두하는 가운데 1927년 금융공황, 1929년 미국발 세계대공황이 밀어닥쳤다. 국내시장이 협소하여 수출에 의존하던 일본은 해외시장의 붕괴로 심각한 타격을 받았다. 기업들은 임금을 삭감하고 노동자들을 해고하였다. 지주들은 지대를 높였고 많은 농민들은 파산하였다.

일본 국민들은 자신들의 불운을 다이쇼 정치의 부패와 무능 탓으로 돌렸다. 청년 장교들, 특히 경기침체와 대공황의 최대 피해자인 가난한 농촌 출신의 초급장교들은 "썩고 무능한 민간인들의 정당정치"를 청산하는 한편 고도의 효율성을 가진 집단주의적 "국체(國體)"[164] 창조야말로 일본의 생존과 번영을 담보할 수 있는 유일한 대안이라고 믿게 되었다.

일본군의 전략가 이시하라 간지

이들 분노한 청년 장교들 중 일본의 미래에 대한 구체적 복안을 가지고 있던 자들도 있었다. 이시하라 간지(石原莞爾)가 그런 인물이었다. 이시하라는 일본 육군 유년학교 출신으로서 일본육사와 출세 코스인 육군대학을 졸업하고, 독일 주재 무관으로 파견되어 전쟁사와 군사전략을 연구하였다. 그는 1928년 10월 관동군 작전참모로 부임하였다. 1928년 6월 장쭤린(張作霖) 폭사 사건 몇 달 후 만주에 도착한 그는 중국 동북부 지역에 발생한 '힘의 공백' 상태를 인식하고, 이 지역의 지배야말로 일본 국가전략의 핵심 목표가 되어야 한다고 생각하였다.

이시하라는, 당시 많은 일본 지도자들이나 지식인들이 그러했듯이, 과잉인구, 토지 및 자원 부족 문제를 우려하였다. 일부 일본인 지도자들과 지식인들은 이러한

....

164 일본이 '서구의 충격'에 저항하기 위해 내세운 것은 '도(道)'가 아니라 '국체(國體)'였다. 국학자 요시다 쇼인(吉田松陰)은 '도' 위에 '나라'를 위치하게 한 '국체 사상'을 내걸었고, 이는 결국 근대 일본의 국가 원리로 확립됐다. 일본에서 유교는 국체를 보호하기 위한 도구에 불과할 뿐, 통치 원리가 될 수 없었다. 이런 흐름 속에서 국가는 절대화됐고 서구의 침략이 국가를 멸망으로 이끌 수 있다고 인식한 일본인들은 국가의 존립과 힘을 키우기 위해서라면 기꺼이 서양 문물을 받아들였다.

문제를 해결하기 위한 방편으로 해외식민지 획득 문제를 공공연히 언급하기도 하였다. 그러나 지구상의 모든 땅은 이미 선발 제국주의 열강들에 의해 분할·지배되고 있던 상태였다. 만주 점령이 해결책으로 떠올랐다. 광활한 대지와 풍부한 자원을 가진 만주는 일본의 인구 및 토지 문제 해결뿐 아니라 경제성장을 위한 에너지 공급지로도 알맞은 지역이었다. 만주는 아메리카 대륙이 1800년대 이민의 시대의 유럽인들에게 그러했던 것처럼, 1930년대의 일본인들에게 '만추리언 드림(Manchurian Dream)'을 꿈꿀 수 있는 기회의 땅이었던 것이다.[165]

이시하라 간지는 일본이 현재의 난국을 타개하고 국운을 전회(轉回)하기 위해서는 해외로 진출해야 하고, 특히 일본이 현재 당면하고 있는 인구·식량·자원 등의 문제를 해결하기 위해서, 그리고 중국 내의 배일(排日) 운동을 종식시키기 위해서는 만주·몽고를 강제 점유하는 길밖에 없다고 판단하였다.[166] 나아가 이시하라는 직접적인 경쟁국은 소련이지만 결국 일본의 근본적인 이익추구에 도전할 세력은 미국이라고 보았다. 따라서 그는 미국이 주도하는 서방과 일본이 주도하는 아시아 간에 최후의 일전이 발발할 것으로 예견하고, 이 최후 전쟁의 첫 번째 준비 단계로서 아시아 대륙에서 거점을 마련하는 것이 무엇보다 중요하다고 생각하였다. 특히 전략자원과 에너지공급지로서 만주와 몽골의 확보는 국가전략의 절대적 필수요건이라고 판단하였다. 1931년 5월 관동군의 만주침공 직전 작성된 그의 전략구상은 일본이 추구해야 하는 대륙정책의 근본지침을 담고 있었다:

만주·몽고 문제에 대한 개인적 소견

만주·몽고의 가치
유럽의 대전[1차대전]으로부터 부상(浮上)한 5개의 초강대국들에 의해 지배되는 작금의 세계는 결국 하나의 체제로 통합될 것이다. 서방의 참피언으로서의 미국과 동방의 참피언으로서의 일본 간의 패권 쟁취를 위한 투쟁은 누가 세계를 지배할지

....

165   김세걸(2017), pp. 69-70.
166   *Ibid.*

를 결정하게 될 것이다. 조국의 국가 정책의 기본 원칙은 조국이 동방의 참피언으로서의 능력을 갖추기 위해 필요한 것들을 신속히 확보하는 일에 우선권을 부여해야 한다는 것이다. 현재의 경기 침체를 극복하고 동방의 지도국이 되는 데 필요한 것들을 획득하기 위해서는 신속한 팽창이 절대적으로 필수적이다. 만주·몽고 지역이 조국의 인구 문제를 해결해 주지는 않는다. 그리고 확대된 일본제국을 위해 충분한 천연자원을 갖고 있는 것도 아니다. 그러나 현재로서는 이른바 만·몽 문제의 해결은 다음과 같은 이유로 조국의 최우선 과제가 되어야 한다.

정치적 가치
① 국제정치에서 국가가 능동적인 역할을 수행하기 위해 가장 기본적인 조건은 유리한 방어입지이다. 독일이 왜 현재 방어입지가 이토록 불안정한가 하면 영국 패권이 이미 19세기에 유리한 방어입지를 확보했기 때문이다. 그러나 미국 해군이 성장하자 영국 제국의 방어입지도 상대적으로 약화되었다. 그리고 미국의 경제력이 발전하면서 미국은 서방의 참피언이 될 것이다. 우리 조국은 북쪽에서는 러시아의 침략을 저지해야 하고, 남쪽에서는 영국과 미국의 해군력에 직면해 있다. 만주 북부의 다싱안링(大興安嶺) 지구(地區)의 후룬베이얼(呼倫貝爾) 지역은 일본에게 주요 전략적 요충지가 된다. 일본이 이 북만주 지역을 장악하면, 러시아는 동쪽으로 진출하기 어렵게 된다. 만주와 몽고에 일본의 군사력을 증강하기만 하면 러시아를 어렵지 않게 봉쇄할 수 있을 것이다. 우리 조국이 북방에 대한 부담으로부터 해방되면 국가 정책을 어떻게 짜느냐에 따라 중국 본토로 또는 남해 지역으로 진출하기 위한 과감한 계획을 세울 수도 있다. 만주·몽고 지역은 조국의 운명과 발전에 있어 다대한 전략적 중요성을 갖고 있다.
② 만주·몽고 지역이 일본의 영향권하에 들어오면 조선에 대한 일본의 통제도 안정될 것이다.
③ 조국이 만주·몽고 문제를 무력으로 해결함으로써 강인한 결의를 보여준다면, 조국은 중국에 대해 지도국의 입지를 확보할 수 있고, 중국의 통합과 안정을 촉진할 수 있으며, 동방의 평화를 보장할 수 있다.

경제적 가치

① 만주·몽고 지역의 농업은 일본의 식량공급 문제를 해결하기에 충분하다.

② 안산(鞍山)의 철, 푸순(撫順)의 석탄, 그리고 만주의 다른 자원들은 조국의 중공업 기반을 구축하는 데 충분하다.

③ 만주·몽고 지역의 다양한 기업들은 조국의 실업자들을 고용함으로써 조국이 경제 침체로부터 벗어나도록 도와줄 것이다. 만주·몽고 지역의 천연자원이 조국을 동방의 참피언으로 만들기에는 부족한 면이 있지만, 조국이 현재의 난관을 해소하고 대도약을 위한 기반을 구축하기엔 충분하다.

만주·몽골 문제의 해결

지난 25년의 역사를 되돌아 보면 간사한 중국의 정치꾼들이 주도하는 한 중국의 발전은 전혀 기대할 수 없다. 동방의 수호자로서, 러시아에 대항하여 조국의 국가안보를 안정화시키기 위해 우리는 만주·몽고 문제의 해결책은 없다고 인정해야 하며, 이 지역을 우리의 영토로 만들어야만 한다는 사실을 알아야 한다.

만주·몽고 문제 해결은 두 개의 전제에 기초해 있다. 첫째, 만주·몽고를 우리의 영토로 만드는 일은 정당한 행위이다. 둘째, 우리의 조국은 이를 결연히 실행에 옮길 수 있는 힘이 있다.

물론 우리는 "중국 사회가 결국 자본주의 경제가 되기 위해 변화하고 있다", 또 "일본은 만주·몽고 지역으로부터 정치적으로 군사적으로 철수해야 한다," 그리고 "한족의 혁명과 조화를 이루며 경제발전을 이루어야 한다"는 주장들을 무시할 수는 없다. 그러나 본인이 직접 경험한 바에 따르면, 중국인들이 독자적으로 현대적 국민국가를 만들 수 있을지 극히 의심스럽다. 그 반대로, 본인은 우리 조국이 평화와 질서를 유지함으로써만 (만주) 한족의 자연스러운 발전과 복리가 가능하다고 확신한다.

우리 일본의 임무는 만주에 사는 3천만 중국인들의 공동의 적인 군벌과 관료들을 타도하는 데 있다. 나아가 만주·몽고 지역에 대한 우리 조국의 통제는 중국 본토의 통일을 가져올 것이다. 이것 역시 중국에서의 서방국들의 이익과 부합한다. 그러나 우리를 심히 질시하는 서방인들은 일본의 움직임에 적대적으로 나올 것이

틀림없다. 우리는 미국이 군사적으로 개입할 것이라 예상해야 한다. 그리고 경우에 따라서는, 러시아와 영국도 개입하게 될 것이다. 중국 및 만주·몽고의 문제들은 우리와 중국 관계에 있어서의 문제는 아니다. 문제는 우리와 미국 간에 발생하는 것이다. 우리가 이 적(敵)을 무찌르기 위해 필사의 자세를 갖추지 않으면 나무에서 생선을 잡으려 하는 것보다 더 어려운 형국에 빠지게 될 것이다.

언뜻 보기엔, 그러한 전쟁이 우리 조국에게 감당키 어려운 것으로 보일 수 있다. 그러나 우리는 동아시아의 지정학적(地政學的) 관계를 고려해야만 한다. 러시아는 북만주에서 철수한 후엔 우리를 강력하게 공격하기 매우 어렵게 되었다. 우리는 이미 이 지역을 점령하고 있다. 그리고 그 어느 국가도 해군력으로 우리 조국을 쉽게 이길 수는 없다.

어떤 이들은 경제적 관점에서 전쟁에 대해 비관론을 펼 수 있다. 그러나 비용은 크지 않을 것이다. 전쟁 비용 문제는 전장(戰場)에서 해결될 수 있기 때문에 전비 조달 문제는 크게 걱정하지 않아도 된다. 만일 필요하다면 우리는 결연한 의지를 가지고 조국과 점령지를 포괄하는 계획경제체제를 확립할 것이다. 잠시의 경제 혼란은 불가피하다. 그러나 궁극적으로 우리는 경제 위기를 극복하고 선진공업국들과 같은 수준의 발전을 도모해 나갈 수 있을 것이다.

늦어도 1936년까지는, 러시아가 경제적으로 회복하기 전, 그리고 미국이 해군력을 증강하기 전, 이 전쟁을 실행에 옮기는 것이 우리에게 유리하다. 이 전쟁은 그러나 장기전이 될 것이다. 따라서 일본에게는 전쟁 개시 전에 전쟁계획을 설계하는 것이 무엇보다 중요하다.

우리 조국의 현 상황은 전쟁을 하게 될 경우 어떻게 국론을 통일할 것인가에 대한 우려를 낳고 있다. 이러한 이유 때문에, 조국의 국내적 재건에 우선권을 부여하는 것이 논리적으로 보일 수도 있다. 우리는 이른바 내부적 재건과 국론통일을 이루는 데 큰 어려움이 있을 것으로 본다. 그리고 정치적 안정을 이루는 데도 많은 시간이 필요할 것으로 보고 있다. 그리고 정치적 안정이 이루어진다 해도 러시아 혁명의 경험을 상기할 때 우리는 경제구조를 개혁하기 위한 상세하고 적절한 계획이 미비된 상태이기 때문에 조국 경제의 일시적 침체는 불가피하다고 본다.

그러나 우리가 먼저 전쟁계획을 작성하고, 우리의 자본가들에게 일본이 전쟁에서 승리할 수 있다고 설득한다면 현재의 정권으로 하여금 적극적인 외교정책을 채택하도록 하는 것이 불가능하지는 않다. 역사는 군사적 성공, 특히 전쟁 초기의 승리는 국민적 여망을 불타오르게 하고 국론을 통일했었음을 보여주고 있다. 전쟁은 반드시 경제를 살릴 것이다. 만일 전쟁이 길어져 조국 경제가 어려움에 처하게 되는 경우 우리는 계엄법하에서 다양한 개혁을 추진할 것이다… 우리가 정치적 안정을 이루고 1936년까지 구체적인 개혁안을 마련할 수 있다고 확신한다면, 내부 개혁에 우선권을 부여하는 것도 나쁜 생각은 아니다. 그러나 조국의 현재의 사회적, 정치적 상황을 고려하면, 국민들을 독려하고, 외적 확장을 향해 힘을 모으고, 그리고 경우에 따라서는 이와 함께 국내적 개혁을 동시에 수행하는 것이 더 적절하다고 판단된다.[167]

이시하라의 구상은 개인적 경험과 철학뿐 아니라 당시 일본이라는 구체적 시·공간을 반영한 것이었다. 장기적으로 침체한 경제가 정치 사회적 불안을 야기했고, 이에 따라 정부와 재벌은 전쟁을 통해 경기를 회복하고, 중국의 자원과 시장을 동시에 확보한다는 정책대안을 개념적 차원에서 수용한 상태였다. 이시하라는 이에 더해 장래에 있을 미국과의 일전에 대비하기 위해 "고도국방국가(高度國防國家)"의 거점을 만·몽(滿蒙)에서 확보하고 국내적으로는 총력전 체제를 위한 국가개조운동의 필요성을 언급한 것이었다. 중국 주재 무관 출신이며 관동군 정보장교였으며, 후에 A급 전범으로 사형에 처해진 이타가키 세이시로(板垣征四郎) 대령은 이시하라에 크게 공감하였다. 이타가키는 정보단 단장의 권한과 재량권을 사용하여 이시하라와 함께 만주침략의 시발점이 된 류타오후 사건을 일으키게 된다.

....

167 石原莞爾 資料, 国防論策, 明治百年史 資料, 第18卷, pp. 76-79. Wm. Theodore de Bary, Carol Gluck, Arthur Tiedemann, Donald Keene, George Tanabe, Ryusaku Tsunoda, and H. Paul Varley, eds., *Sources of Japanese Tradition*, Volume 2, Columbia University Press, 2005, pp. 986-89.

류타오후 사건과 만주사변

1931년 9월 18일 밤 10시 20분경 펑톈 역(奉天驛, 현재는 선양, 심양)의 북쪽 교외에 위치한 류타오후(柳条湖, 류조호) 근처의 만철노선(滿鐵路線) 일부가 폭파되었다. 훼손된 철도는 상하선 포함하여 1m도 되지 않았다. 관동군은 중국 장쉐량(張學良, 장학량) 군의 폭거라고 발표하였다. 그러나 이것이 관동군의 계획적인 공작이었음은 말할 필요도 없으며, 그 계획과 준비를 맡은 인물들은 바로 이시하라 중령과 이타가키 대령이었다. 이들은 '국운전회(國運轉回)의 근본국책(根本國策)'의 일환으로서 우선 중국의 항일운동이 만주로 파급되는 것을 막고, 일본의 전시체제로의 재편을 꾀하였던 것이다. 관동군은 펑톈을 군사점령하였다. 시데하라 기주로(幣原喜重郎) 외상 자신은 19일 아침 신문을 보고서야 류타오후 사건의 발발을 알았다. 일본 내각은 펑톈 점령을 기정사실로 인정하였다. 당시는 일본 사회가 경제 사회 문제 해결을 위해 강력한 정치적 리더십을 요구하면서 군부가 일본 정치의 실력자로 부상한 상황이었다. 일본의 "천황"은 헌법 규정에 의하여 입법, 행정, 사법 및 군통수권을 독점하고 있었는바, 군부는 "천황"의 직속 기관이었고, 정부는 사실상 행정집행기관에 지나지 않았다. 군부는 "천황"의 명의로 제국주의 정책을 실시하고 타국에 대한 무력사용을 서슴지 않았다. 관동군은 도쿄 정부의 권위를 인정하지 않고 국경을 넘어 지린(吉林, 길림) 방면으로 북진하였다. '만주사변(滿洲事變)'이 발발하였고, 이후 일본은 본격적인 파시즘 체제로 전환하게 되었다. 일본인들은 만주침략을 대륙진출이라 부르며 열렬히 지지하였다. 관동군의 "하극상(げこくじょう, 下剋上)"은 처벌되기는커녕 오히려 인정되고 지지받았다. 지지자들은 관동군의 행동을 '아래로부터의 리더십(leading from below),' 또는 '충성스러운 명령불복종(loyal insubordination)'[168]으로 미화하기도 하였다.

1932년 3월 일본은 만주 침략에 대한 국제사회의 비난을 피하기 위해 청나라 마지막 황제 푸이(溥儀, 부의)를 끌어들여 만주국을 세웠다. 일본은 1922년 워싱턴 회의에 따라 참가국들과 함께 중국의 영토보전과 독립주권을 확인한 바 있었다. 따라서 관동군은 만주를 직접 통치하지 않고 만몽(滿蒙) 인민들의 지지를 받는 부의를

....

168   Ronald H. Spector, *Eagle Against the Sun: The American War with Japan*, Vintage, 1985, p. 35.

조종하는 방법을 택한 것이었다. 중국국민당 정부는 중국공산당과의 싸움에 전력을 기울이기 위해 일본에 군사적으로 맞서지 않고 국제연맹에 제소하기로 결정하였다. 국제연맹은 조사단을 파견하여 이른바 '리튼 보고서(the Lytton Report)'를 채택하였고, 일본의 만주 점령을 불법이라 규정하였지만 그 어떤 제재도 가하지 않았다. 불만을 품은 일본은 1933년 3월 국제연맹에서 탈퇴하였다. 일본은 더욱 효과적인 중국 침략을 위한 전술전략 마련에 몰두하였다.

일본의 군국주의화

이 무렵 일본 국내정치는 더욱 군국주의화하였다. 일본의 군국화 과정에는 두 번의 주요 쿠데타 시도가 있었다. 1932년 5월 15일에 발생하여 '5·15 사건'이라 불리는 군사행동은 해군군축과 관련이 있었다. 1930년 4월 22일, 1922년의 워싱턴해군군축조약[169]의 연장으로서, 그리고 "워싱턴 체제"의 공고화를 위해 영국, 일본, 프랑스, 이탈리아, 미국이 회합하여 런던해군군축조약이 체결되었다. 일본제국 해군의 규모를 제한한 이 조약은 청년 해군장교들의 분노를 자아냈고, 이 조약을 받아들인 정부를 전복하여 군부통치를 실시하자는 분위기가 해군 내에서 조성되었다. 일본 육군 내에서도 유사한 움직임이 일고 있었다. 1930년 9월 창단된 '사쿠라카이(桜会, 앵회, 사쿠라회)'라는 비밀 사조직이 이를 배후에서 주도하였다. 이들 장교들은 극우단체 '혈맹단(血盟団)'의 창설자 이노우에 니쇼(日召井上)와 교류하면서 "무력하고 부패한" 다이쇼 정권을 타도하고 쇼와 유신(昭和維新)을 성공시키려면 기존 유력 정치인들과 재계 인사들을 처단해야 한다는 데 공감하였다. 1932년 3월 이노

....

169 1차대전 이후 미국은 중국 시장에 대한 열강의 경쟁을 제한하고, 새롭게 떠오르는 강국 일본의 태평양 상에서의 팽창을 견제하기 위해 1921년 11월에서 1922년 2월까지 수도 워싱턴에서 해군군축회의를 개최하였다. 이 회의 기간 동안 미국, 영국, 프랑스, 일본은 태평양에서의 상호불가침을 약속하였고, 그 결과 영일동맹이 폐기되었으며(1923년 8월), 중국과 이탈리아 등의 5개국을 포함한 9개국 간 중국 문제에 관한 조약도 조인되었다(1922년 2월). 이 조약은 중국의 주권 독립, 영토 보전의 존중, 중국에 대한 문호 개방·기회균등 원칙, 그리고 새로운 특수 권익 설정의 금지를 결정하였다. 이에 따라 일본은 중국과의 교섭을 통해 산둥반도 권익을 반환하였고, 21개조 요구 중 일부도 철회하였다. 이러한 일련의 열강 간 합의는 '워싱턴체제(Washington Conference System)'로 불리게 되었다.

우에의 수하들은 전 대장상이자 입헌민정당(立憲民政党)의 당수인 이노우에 준노스케(井上準之助)와 미츠이(三井) 그룹의 총수인 단 타쿠마(團琢磨)를 암살하였다. 이른바 '혈맹단 사건'이었다.

'5·15 사건'은 이러한 험악한 정치상황하에서 벌어졌다. 이 사건의 주모자들인 해군 청년 장교들은 1930년 '런던해군군축조약'에 서명했던 와카쓰키 레이지로(若槻禮次郎) 전권대표를 죽이려 하였다. 그러나 그가 선거에서 패해 퇴진하자 '다이쇼 데모크라시'의 리더인 당시 총리대신 이누카이 쓰요시(犬養毅)를 선택하였다. 쿠데타 장교들은 수상관저에 난입하여 "일본제국의 순수하고, 영원하며, 일본 고유의 국가적 원칙에 반하는 방해물들을 척결하고자 한다"고 선언하였다.[170] 이들을 맞닥뜨린 이누카이는 "내게 설명할 기회를 준다면 자네들은 곧 이해할 것이네(話せば分かる)"라고 말하였다. 하지만 이들은 "대화는 필요 없오!(問答無用!)"라고 말하며 이누카이를 살해하였다.[171] 이들은 내대신(內大臣, "천황" 측근에서 자문역을 하는 원로대신)이자 다수당 입헌정우회(立憲政友会) 당수인 마키노 노부아키(牧野伸顯)의 관사를 공격했고, 미츠비시(三菱) 은행의 동경본점에 수류탄을 투척하기도 하였다. 그러나 이들은 총리대신을 암살한 것 외에는 이렇다 할 결과를 내지 못하였다. 실패한 쿠데타였다. 이들은 택시를 타고 "명예로운 자수(自首)"를 위해 경찰청으로 갔으며, 기다리고 있던 헌병대가 이들을 체포하였다.

1933년 이들에 대한 재판이 열렸을 때 일본 여론은 냉담하였다. 많은 사람들은 이들을 국가에 반역한 죄인들이라 비난하였다. 그러나 이들이 유죄판결을 받으며 재판이 끝날 무렵 여론이 급반전하였다. 이제 사람들은 그들을 국가적 영웅이자 국가혁신을 위해 살신성인하는 순교자들로 보게 된 것이었다. 재판에 대한 지속적인 언론의 보도가 일정 역할을 하였다. 그러나 더 중요한 것은 피고들이 재판과 언론매체를 통해 자신들의 정치적 소견을 국민들에게 전달하고 설득할 수 있었다는 점

....

170　Forrest Morgan, *Compellence and the Strategic Culture of Imperial Japan: Implications for Coercive Diplomacy in the Twenty-First Century*, Praeger, 2003, p. 129.

171　Grant McLachlan, *Sparrow: A Chronicle of Defiance*, CreateSpace Independent Publishing Platform, 2012, p. 586.

이었다. 피고들과 증인들은 "조국에 대한 열렬한 애국심"을 국민과 공유하고자 했고, 이들은 언론이 마련해준 "사회적 극장(social drama)"[172]에서 극적인 기승전결의 절정 단계에 이르러 경제사회적 위기 및 정치적 혼란에 불안과 염증을 느끼던 일본 국민들에게 그야말로 "사이다" 발언을 쏟아낸 것이었다. 일본 국민들은 조국의 능력을 입증함에 있어 여태까지는 생각하기 힘들었던, 불가능하다고 생각했던, 그리고 너무 야심적이라 무모하다고 생각했던 것을, 이제는 생각해볼 수 있는, 어쩌면 필요할 수도 있는, 그리고 구체적으로 실행가능한 것으로 믿게 되었다.

한편, 이누카이 암살은 "천황"의 고문으로서 총리대신 천거권을 갖고 있는 '겐로(Genro 元老, 원로)'[173] 사이온지 긴모치(西園寺公望)를 딜레마에 빠뜨렸다. 당시 사회 분위기를 반영하듯 일본의회는 국수주의자들이 점령하였고, 야당은 해체 위기 속에서 전혀 힘을 쓰지 못하고 있었다. 그는 고육책으로 중도파인 전 조선총독 사이토 마코토(斎藤實) 제독을 총리대신으로 선택하였다. 그러나 사이온지의 기대와는 다르게, 사이토는 만주국을 정식 승인하는 한편 내각을 정당 외의 국수주의자들로 채움으로써 의회의 다수정당이 내각을 구성해왔던 일본의 정당정치를 사실상 마감하였다. 한편, 주모자들이 제대로 처벌되지 않았던 '5·15 사건'은 군부 권력을 통제하는 법치와 민주주의의 기본을 훼손함으로써 1936년의 또 다른 쿠데타 시도와 그에 따른 군국주의의 발흥을 초래하게 되었다.

황도파 대 통제파

일본 군국주의의 본격화를 추동한 또 한 번의 쿠데타 시도는 1936년 2월 26일 발생하였다. 이 '2·26' 쿠데타 시도는 군 내부의 갈등에서 비롯된 것이었다. 1930년대 초반 일본의 제국육군에는 두 개의 파벌(派閥)이 경쟁하고 있었다. 그 중 하나인 이른바 '황도파(こうどうは, 皇道派, Imperial Way faction)'는 이누카이와 사이토 정부에서 육군대신을 지낸 아라키 사다오(荒木貞夫) 대장이 좌장 역할을 하였다. 황도

....

172 Sandra Wilson, *Nation and Nationalism in Japan*, Routledge, 2011, p. 56.
173 겐로는 메이지 때부터 초기 쇼와 시기까지 "천황"을 비공식적으로 자문하는 인물들을 지칭한다.

파는 아라키가 육군대신 시절인 1932년에서 1934년 사이 활개를 쳤다. 이들은 일본의 부국강병은 황도를 통해서만 가능하다며, 군인뿐 아니라 민간인들에게도 군지도부에 대한 철저한 신뢰와 충성을 요구하였다. 이들은 '고쿠다이(こくたい, 国体, 국체),' '고군(こうぐん, 皇軍, 황군),' '야마토-다마시(やまとだましい, 大和魂, 대화혼)'와 같은 "천황" 중심의 국수주의 군국주의 개념을 현양하는 책자 발간을 지원하기도 했고, 특히 아라키는 황군이라는 개념을 설명하면서, 일본제국의 군은 오로지 "천황"에게만 책임질 뿐이며, "일본제국의 모든 신민(臣民)은 아시아 대륙에 평화와 질서를 구축하기 위해 황군의 신념과 이상을 공부하고 자각해야만 한다"고 강조하였다. 요컨대 "천황"을 신격화하면서 그에 대한 신실한 믿음과 충성, 그리고 그를 보위하려는 강한 정신력 또는 "지력(智力)"이야말로 일본을 강대국으로 만드는 요체라는 것이었다. 황도파의 주요 거점은 관동군이었다. 관동군 주요 지휘관들은 공공연히 일본 민간정부에 대한 쿠데타를 충동하기도 하였다. "천황"이 이미 청일전쟁과 러일전쟁을 승리로 이끈 초월적 존재로 부각된 상태에서 황도파의 메시지는 일본의 대중국 침략이 가속화되고 성공을 거두게 되면서 더 큰 반향을 일으켰고, 군인과 민간인들의 헌신과 희생이 뒤따랐다. 이 과정에서 자유주의자들이 더욱 공개적으로 박해를 받았고, 정치인들의 암살이 빈발하게 되었다.

그러나 시간이 지나면서 황도파를 견제하려는 세력도 생겨났다. 황도파가 주로 청년 장교들과 한미한 가문 출신이 많았던 데 비해 통제파로 알려진 이 세력에는 상대적으로 고위장교들이 대종을 이루었고 유력 가문 출신이 많았다. 이들은 황도파가 정신력만 강조하고 탱크, 항공기 등의 군사력과 이를 뒷받침하는 산업능력의 중요성을 무시한다고 보았다. 이들은 황도파가 "천황"을 권력수단으로 사용한다는 불만도 내부적으로 제기하였다. 황도파의 핵심인 관동군의 하극상과 그들의 군사적 성공 등이 묘하게 결합되면서 질시의 대상이 되기도 하였다. 그렇다고 해서 이들 통제파(とうせいは, 統制派, Control Faction)가 온건한 집단인 것은 아니었다. 그들은 자신이 지배하던 당시 군 수뇌부에 권력이 집중되길 원했고, 임박한 총력전에 대비해 사회를 총동원하려 하였다.[174]

··········

174 앤드루 고든, 『현대일본의 역사: 도쿠가와 시대에서 2001년까지』, 이산, 2005, p. 362.

이런 맥락에서, 나가타 데쓰잔(永田鉄山)과 도조 히데키(東條英機)가 리더인 통제파는 황도파를 견제하고 무력화하고자 하였다. 황도파와 통제파는 1934년까지 격한 투쟁을 벌였으나, 1934년 1월 아라키가 건강상 이유로 퇴진하고 통제파가 육군의 요직을 독점하면서 투쟁이 종료되는 듯하였다. 하지만 황도파는 최후의 일전을 포기하지 않았다. 황도파는 최후의 일전에 앞서 전초전을 벌였다. '아이자와 사건(相澤事件)'이 그것이다. 1935년 8월 12일 도쿄의 육군성에 타이완 보병 제1연대 소속의 아이자와 사부로(相澤三郎) 중좌(중령)가 들어섰다. 육군중장인 야마오카 시게아쓰(山岡重厚) 정비(整備)국장을 인사차 방문했다는 그가 향한 곳은 통제파의 지도자였던 육군소장 나가타 데쓰잔 군무(軍務)국장실이었다. 아이자와는 군도(軍刀)를 빼어들고 "국가를 위태롭게 만드는 장본인을 베러 왔습니다"라고 말하고는 나가타를 내리쳐 버렸다. 군국(軍國) 일본의 심장부인 육군성 내에서 발생한 살인극이 바로 '아이자와 사건'이었다. 소식을 듣고 달려온 헌병에게 아이자와는 "임지(任地)에 가야지"라고 태연하게 말하였다. 현장에 달려온 야마오카 중장은 꾸짖기는커녕 아이자와의 상처 난 왼손을 손수건으로 감싸주고 "의무실로 데려가라"고 명령하였다. 아무도 아이자와를 제지하지 않은 것은 물론 네모토 히로시(根本博) 대좌는 감격의 악수를 청하기도 하였다. 아이자와는 군법회의에 회부되었다.[175] 선(禪)을 오래 수행하던 아이자와는 군법정에서 "나는 절대적 공간에 있으며, 따라서 긍정도 부정도, 선도 악도 없다"고 말하였다.[176] 아이자와는 유죄선고를 받고 총살형에 처해졌다.

아이자와 사건이 촉매역할을 한 일본 육군 파벌 간 최후의 일전은 1936년 2월 26일 발발하였다. 황도파는 통제파의 지도자 나가타 데쓰잔이 마사키 진자부로(眞崎甚三郎) 교육총감이 좌천되는 데 역할을 하였다고 믿었다. 구리하라 야스히데(栗原安秀) 중위를 비롯한 제1사단의 황도파 청년장교들은 "천황," "친정'(親政)," "쇼와이신(しょうわいしん, 昭和維新, 소화유신)," "토간(討奸, 간신 토벌)"을 기치로 1,483명의 병

....

175 Richard L. Sims, *Japanese Political History Since the Meiji Renovation, 1868-2000*, Palgrave Macmillan, 2001, pp. 194-95.

176 Christopher Ives, *Imperial-Way Zen: Ichikawa Hakugen's Critique and Lingering Questions for Buddhist Ethics*, University of Hawaii Press, 2009, p. 67.

력을 지휘하여 정부 공격에 나섰다. 이들은 경시청을 포위하고 전쟁성, 총리관저, 의사당을 점거하였다. 구리하라는 300여 명의 병력으로 총리관저를 포위한 뒤 권총으로 대항하는 경비경찰을 제압하고 관저 안으로 들어갔다. 오카다 게이스케(岡田啓介) 총리는 총소리가 나자 가정부 방 장롱 속으로 숨었다. 반란의 이 결기부대는 수상의 매부이자 개인비서였던 마쓰오 덴조우(松尾傳蔵) 전 육군대좌를 총리로 오인해 사살하였다. 구리하라 일행은 만세를 부르면서 다른 부대에 "쇼와이신"이 계획대로 진행되고 있다고 알렸다. 그러나 숨죽이고 숨어 있던 오카다는 문상객으로 가장하고 27일 밤 관저를 극적으로 탈출하였다. 나카하시 모토아키(中橋基明) 중위는 보병 제3연대 병력을 이끌고 대장대신(大藏大臣) 다카하시의 사저를 습격하였다. 나카시마(中島莞爾) 소위는 '국적(國賊)'이라는 외침과 함께 침실에서 사살된 82세의 다카하시의 시신에 '천벌'이라면서 군도로 난도질하였다. 사카이(坂井直) 중위는 병력을 이끌고 조선총독과 총리를 역임했던, 그리고 강우규(姜宇奎) 의사가 암살하려다 실패했던, 사이토 마코토 내대신(內大臣)의 사저를 습격하였다. 총소리에 놀라 침실에서 뛰어나온 78세 노구의 사이토도 권총과 기관총을 맞았고, 군도로 난자당하였다. 사이토는 47발의 총탄과 10번의 난도질을 당했는데 한 장교는 사저를 포위하고 있던 병사들에게 피 묻은 손을 들어올리며 '보라, 국적(國賊)의 피를!'이라고 외쳤다. 안도(安藤輝三) 대위는 병력을 이끌고 전 총리대신이었던 스즈키 간타로(鈴木貫太郎) 시종장의 관저를 습격하였다. 안도는 4발의 총알을 맞은 스즈키의 목을 자르려다가 부인 스즈키 다카(鈴木たか)의 애원을 받고는 곧 죽으리라는 판단으로 중지하였다. 그러나 스즈키는 겨우 목숨을 건졌고, 일왕 히로히토(裕仁)의 유모였던 스즈키의 부인은 궁성에 이 소식을 전하였다.

장교들은 주요 관청을 점령한 후, "궐기한 취지를 천황에게 전달할 것," "자신들에게 적대적인 군내부 파벌(통제파)에 대한 인사조치" 등 8개 항목의 요구조건을 육군상 가와시마 요시유키(川島義之)에게 제출하고 육군대장 마사키 진자부로를 수반으로 하는 군사정권의 수립을 요구하였다.

육군 수뇌부는 한때 반란을 인정하는 방향으로 움직였다. 그러나 육군의 독재를 우려한 해군이 반발하였고, 측근을 살해당한 히로히토 "천황"은 자신의 친정(親政)을 내걸고 쿠데타를 일으킨 젊은 병사들에 대해 원대복귀 명령을 내렸다. 2월 28

일 라디오에서 "칙령이 나왔다…폐하의 명령에 따라 원대로 복귀하라…"는 '병사에게 고한다'는 방송이 나왔다. 쿠데타 부대는 29일 아침 원대로 돌아갔다. 이들은 "천황"에게 영예로운 자결명령을 내려줄 것을 청하였다. 그러나 히로히토는 자결명령 특사 파견을 거절했고, 가혹한 뒤처리가 뒤따랐다. 노나카 시로(野中四郎)와 고노 히사시(河野壽) 대위는 자결했고, 구리하라 등 16명의 장교는 사형당하였다. 이뿐만 아니라 황도파에게 "쇼와이신"의 이념을 제공했던 극우파 사상가 기타 잇키(北一輝)와 니시다 미쓰기(西田税)도 형장의 이슬로 사라졌다.

이 사건으로 외무대신 히로다 고키(廣田弘毅)를 수반으로 하는 내각이 수립되었는데, 쿠데타 위협을 이용하여 정치에 관여하는 육군을 막아내지 못하여 결국 군부의 꼭두각시가 되었다. 쿠데타는 실패했지만 군부의 영향력이 커진 결과였다. '2·26 사건'으로 육군상과 해군상은 반드시 현역 군인 중에서 발탁해야 한다는 규정이 부활되었다. 나아가 군이 육군상 해군상 등 내각 구성원을 추천하지 않으면 그 내각 형성 자체가 불가하게 되어 군부의 정치적 위상은 견제받지 않는 수준까지 상승하였다. 정당내각제로부터 군부지배로 정치변동이 일어난 데는 군부지도자들만이 과격한 군인을 통제할 수 있다는 중신들의 판단이 있기도 하였다.[177]

한편, 황도파는 괴멸되다시피 하였다. 1936년 3월 아라키는 강제 전역을 당하였다. 진자부로와 야나가와 헤이스케(柳川平助) 등은 우가키 가즈시게(宇垣 一成)를 중심으로 하던 통제파로 흡수되었다. 파벌경쟁에 종지부를 찍은 일본 군부는 이제 "천황"을 신격화하는 데 앞장서게 되었다. "천황"은 자신을 위해 희생한다는 '멸사봉공(滅私奉公)'의 군부에 정치적 정당성과 편의를 제공하였다. "천황"과 군부는 군국주의에서 공생하게 된 것이었다. 군국 일본은 '다이쇼 데모크라시'의 정치적 사상적 관용성을 용납하지 않는 체제로 변형되었다. 기존의 폭넓은 지지를 받던 보수적 사상들까지 지탄의 대상이 되었다. 예를 들어, "천황기관설(天皇機関説)"은 도쿄제국대학 법대교수 미노베 다쓰키치(美濃部達吉)가 제창한 이론으로서 법인인 국가가 통치권의 주체가 되고, 천황은 국가의 최고기관으로 주권을 행사한다는 견해를 담고 있었다. 다시 말해, 천황의 역할이란 헌법에 의해 규정되므로 천황은 국가 밖

....

177   고든(2005), p. 361.

이나 그 위에 존재하는 신성한 정통성의 근원이 아니라 국가구조 안의 한 기관이라는 것이었다. 1935년 2월 18일 퇴역장성 기쿠치 다케오(菊池武夫) 남작이 미노베의 "반역적 사상"을 담은 저작들을 금서 조치할 것을 총리대신에게 요구하면서 "천황기관설 사건(天皇機関説事件)"이 발생하였다. 귀족원과 중의원은 미노베를 "천황"에 대해 불경을 저질렀다며 문책했고, 그는 귀족원의 의원직을 사퇴할 수밖에 없었다. 한 의원은 그를 '학문적 매춘부'라 매도하였다.[178] 이 사건을 계기로 해서 일본은 "일본인을 일본인으로 만드는" 개념, 즉 "천황"을 초월적 존재로 간주하는 "국체(こくたい, 國體, 고쿠다이)"라는 개념이 지배하는 나라가 되었다.[179] 군국주의 일본의 씨앗이 뿌려진 셈이었다.[180]

태평양전쟁으로 활도(滑倒, Slide)

유럽의 열강들이 히틀러의 팽창 저지에 몰두하고 있을 때 일본은 중국 대륙에서 침략행위를 자행하고 있었다. 1937년 7월 7일 루거우차오(蘆溝橋, 노구교, 일명 '마르코 폴로' 다리) 사건에 이어 결국 중일전쟁을 일으켰던 것이다. 일본이 루거우차오 사건을 일으킨 배경에는 '시안(西安) 사건'이 있었다. 당시 국민당의 장제스는 일본군에 대한 저항보다는 중국공산당을 주요 군사적 목표로 설정하고 "초공전(剿共戰)"에 전력을 기울이고 있었다. 그러나 장제스 휘하에 있던 동북군의 장쉐량, 서

....

178 Frank O. Miller, *Minobe Tatsukichi: Interpreter of Constitutionalism in Japan*, Berkeley: University of California Press, 1965, pp. 217-18.

179 "국체"는 도입되었을 때부터 포괄적이고 모호한 개념이었다. 일본 문부성은 이처럼 불확실한 국체의 개념을 둘러싼 논란이 계속되자 1937년 『국체의 본의』라는 해설서를 간행하였다. 이에 따르면, "대일본제국은 만세일계의 천황이 황조의 신칙을 받들어 영원히 통치하신다. 이것이 우리 만고불역의 국체이다. 그리고 이 대의를 기반으로 일대 가족국가로서 억조가 일심으로 성지를 받들고 명심하여, 능히 충효의 미덕을 발휘한다. 이것이 우리 국체가 정화로 삼는 바이다. 이 국체는 우리나라의 영원불변한 근본으로, 역사를 관통하여 일관되게 빛나고 있다." 히토쓰바시대학 한국학연구센터, 『일본 신민족주의 전환기에 '국체의 본의'를 읽다』, 형진의 역, 어문학사, 2017, p. 31.

180 Richard Minear, "The Aftermath of the Emperor-Organ Incident: the Tōdai Faculty of Law 天皇機関説事件の余波—東大法学部," *The Asia-Pacific Journal*, Volume 11, Issue 9, Number 1, 2013, p. 2.

북군의 양후청(楊虎城) 등이 내전정지, 일치항일을 내세우며 공산당토벌 우선을 주장한 장제스를 시안에서 체포하여 구금하였다. 중국공산당의 저우언라이(周恩來, 周恩來, 주은래)의 조정으로 구금이 해제되자 장제스는 항일투쟁노선을 약속할 수밖에 없었다. 이를 계기로 화베이(華北, 화북; 베이징 텐진과 허베이 성을 포함하는 중국의 북부지방) 지방에서는 중일 관계가 극도로 경직되었다. 이런 때 발발한 것이 루거우차오 사건이었다. 1937년 7월 7일 밤 10시 40분경 베이징 서남 교외에 있는 루거우차오에서 소련을 가상 적국으로 야간 연습하던 일본군이 중국국민당 정부군과 충돌하였다. 장제스는 1931년 만주사변 때와는 달리 강력하게 대응하였다. 그는 국공합작의 지도자는 자신이고, 그의 항일투쟁을 전적으로 지원하겠다는 스탈린의 약속을 믿었던 것이다. 긴장이 급격히 고조되었다. 당시 이시하라는 중국과의 전면전은 무모한 시도라 보았다. 그는 일본의 대적(大敵)은 소련과 미국으로서 그들과의 최후의 일전을 위해 국력을 아끼고 보충하는 일이 중요하다고 생각하였다. 따라서 일본은 현 단계에서는 만주와 몽골 공략에 집중해야 한다고 관동군 지휘부에 제시하였다. 그러나 그의 의견은 채택되지 않았다. 일본군은 파죽지세로 중국을 점령해 나갔고, 1937년 12월 13일 난징, 1938년 5월 쉬저우(徐州, 서주), 10월 우한, 광조우 등을 점령하였다. 그러나 일본군은 서남지역으로 이동한 국민당정부군에 결정적인 타격을 가하지는 못했고, 이런 상황에서 소련군과도 충돌하였다. 1939년 5월 소련과의 할힌골(Khalkhin Gol, 일본은 마을 이름을 따라 노몬한[ノモンハン]으로 칭함) 전투의 결과는 일본군의 참패였다.

북진론(北進論) 대 남진론(南進論)

할힌골 패전 후 일본군 내 일부는 군사전략의 변경이 필요하다며 문제를 제기하였다. 이로써 만주와 몽고, 그리고 동부 시베리아로 진출해야 한다는 '북진론'과 동남아와 서태평양으로의 진출이 더 현실적이고 합리적이라는 '남진론' 간에 논쟁이 시작되었다. 일본은 할힌골 전투 이후 소련의 군사력을 재평가하여 소련을 생각보다 강력한 위협으로 인식하게 된 상황이었다. 이는 '남진론'이 탄력을 받은 이유 중 하나였다. 그러나 보다 중요한 것은 중일전쟁을 신속히 마무리지어야 할 일본

군부의 정치적, 군사적 필요성이었다. 일본 군부는 중일전쟁을 시작할 때 3개월이면 끝낼 수 있다고 천황에게 호언장담했지만 4년여의 소모전에도 불구하고 그 끝은 보이지 않고 있었다. 일본군은 장제스가 중국 영토의 대부분을 점령당했는데도 항복하지 않는 이유는 미국, 영국, 소련이 그를 돕기 때문이라고 판단하였다. 그들은 이를 차단하기 위해서는 광조우-홍콩-인도차이나로 이어지는 "원장(援助蔣介石) 루트"를 파괴해야 하고, 그러기 위해서는 프랑스령 인도차이나에 비행장을 확보하여 거기서 물자를 나르는 차량과 선박을 폭격해야 한다고 생각하였다.[181] 요컨대 일본군은 중일전쟁을 빨리 끝내기 위해 인도차이나를 점령해야 했던 것이다.

유럽에서의 개전과 전황도 큰 영향을 미쳤다. 독일이 폴란드를 넘어 벨기에, 네덜란드를 격파하고 프랑스를 점령하였고, 영국도 독일과의 전쟁에 모든 힘을 기울이고 있던 상태였다. 이는 연합국들의 아시아 식민지, 즉 인도차이나, 인도네시아 등에서 힘의 공백이 발생했음을 의미하였다. 더구나 히틀러는 영국을 약화시키기 위해 일본에게 권력공백지(權力空白地)인 동남아와 버마 진출을 권유하고 있던 터였다.[182] 특히, 이시하라가 제시하였듯이, 일본은 최후에 결전할 대적(大敵)인 소련과 미국에 맞서 싸우기 위해서는 전략물자 특히 석유가 절대적으로 필요하기 때문에 "남쪽으로의 진출"은 불가피하다는 점이 중요하였다.

일본으로서는 남진이 당시 상황에서 현실적이고 합리적이긴 했지만, 일본의 아시아 장악을 반대하던 미국을 의식하지 않을 수 없었다. 그러나 일본으로서는 미국과의 한판은 어차피 불가피한 것이었고, 위험부담은 '대전략(大戰略, grand design)'상 감수할 수밖에 없는 것이었다. 더구나 승승장구하는 반공동맹국(Anti-Comintern Pact, 1936) 독일이 강권하고 있음을 고려하였다. 독일 외교장관 리벤트로프는 1939년 3월 7일 오오시마 히로시(大島浩) 주독 일본 대사에게 보낸 편지에서 "독일과 이탈리아가 [앞으로 체결될] 3국동맹의 관점에서 일본에게 바라는 것은, 무엇

....

181 가토 요코, 윤현명/이승혁 옮김, 『그럼에도 일본은 전쟁을 선택했다: 청일전쟁부터 태평양전쟁까지』, 서해문집, 2018, p. 380.

182 服部卓四郎, 『大東亜戦争全史』, 原書房, 동경, 1996, p. 56. 최영호, "'한반도 지속 지배' 일본의 망상 만주 이권 노린 소련의 기만," 『신동아』, 2014년 5월호 재인용.

보다도 미국을 제약하고 중립을 지키도록 조치하는 데 있다"고 일본의 대미 역할을 명시하였다.[183] 결국 일본은 북방의 소련을 의식하는 한편, 독일과의 협력을 염두에 두고 남진을 결정하였다.

1940년 7월 일본은 군국내각을 조직하고 권력공백이 생긴 동남아에 진출하여 영국, 프랑스, 네덜란드의 식민지를 탈취하고, 이 지역의 풍부한 석유, 고무, 주석 등 중요한 전략물자를 확보하고자 하였다. 일본군은 이와 같은 목적과 함께, 연합국 측의 중국 지원을 막기 위해 1940년 9월 5일 프랑스의 부역정권 비시(Vichy) 정부군의 저항을 제압하고 인도차이나 북부를 점령하였다. 미국은 항의의 표시로 9월 26일 일본에 대한 운송을 일부 금지하고, 항공연료 및 강철과 선철 수출을 금지하였다. 영국과 네덜란드도 대일 무역 운송을 금지하였다. 그러나 독일과 이탈리아는 1940년 9월 27일 '3국동맹'을 체결하여 일본을 극동의 패권국으로 인정하며 일본의 남진을 고무하였다. 미국과 영국은 일본의 남진을 우려하였지만 그렇다고 경제 제재 외에 군사적 대응을 할 형편은 아니었다. 그러는 사이 긴장이 더욱 고조되었다. 1941년 초 루즈벨트 대통령은 일본의 대미 공격 가능성을 염두에 두고 태평양함대를 기존의 캘리포니아 주 샌디에고(San Diego)에서 하와이의 진주만으로 옮겼다. 필리핀 지역의 군사력도 강화하였다. 그는 일본과의 외교교섭도 동시에 진행하였다.

한편, 일본은 미국과의 일전을 염두에 둘 수밖에 없었고, 전쟁을 해야 한다면 이겨야 하기 때문에 전력을 대미전쟁에 집중할 수 있어야 하였다. 따라서 1939년 5월 할힌골 전투 패배 이후 북방의 위협으로 크게 대두된 소련과의 전쟁은 절대적으로 피해야만 하였다. 특히 소련이 독소불가침조약으로 서쪽 국경에 여유를 가지게 됨에 따라 일본에 더 큰 위협으로 부상하였다. 일본으로서는 중장기적으로는 미국과의 전쟁을 염두에 두고 있었고, 그리고 당시 중국을 넘어 인도차이나로 전선을 확대하고 있었기 때문에 북방의 안보위협을 그냥 방치할 수는 없었다. 일본은 1940

....

183 Letter from Ambassador Oshima to Foreign Minister Arita, March 7, 1939, Gendai-shi Shiryo (Modern History Materials), Vol. 10, Misuzu Shobo, 1964, pp. 224-25. Nobuo Tajima, "Tripartite Pact between Japan, Germany and Italy," *2016 International Forum on War History: Proceedings*, p. 46에서 재인용.

년 5월 소련에 중립조약을 제의하였다. 소련은 1939년 8월 23일 독일과 불가침조약을 맺었지만, 독일이 언제 공격할지 몰라 전전긍긍하던 차였다. 소련은 양면전의 가능성을 제거하기 위해 기꺼이 일본의 제의를 받아들여 1941년 4월 13일 중립조약을 체결하였다. 히틀러가 독소불가침조약을 파기하고 소련을 침공한 날짜는 이로부터 2달 후인 1941년 6월 22일이었다.

일본은 중국을 남쪽으로부터 공략하기 위해 인도차이나 전체를 손에 넣길 원했으나 영국, 미국 등을 자극하지 않기 위해 점령에 즉각 나서지는 않았다. 그러나 일본은 북부 인도차이나 점령에 대해 영국, 미국 등이 군사 조치를 취하지 않았고, 또한 독일이 소련을 침공하여 연합국들의 관심이 유럽으로 집중되자 1941년 7월 2일 어전회의(御前會議)에서 남부 인도차이나 점령을 결정하고, 28일 비시 정부와의 교섭을 통해 일본군을 진주시켰다. 그러나 일본의 침략은 여기까지였다. 자신의 권익이 걸려 있지 않아 적극적으로 개입하지 않을 것으로 보였던 미국이 급제동을 걸었다. '대동아공영권(大東亞共榮圈)'이라는 일본의 아시아 패권전략이 자신의 안보와 경제에 대해 가지는 함의를 간파하고 지속적으로 경고하던 미국은 1941년 6월 22일 독일이 소련을 침공하자 300만 나치 대군과 힘겹게 투쟁하고 있던 소련에 힘을 실어주기 위해 독일의 동맹국 일본의 남진에 대해 적극적으로 대응하기 시작한 것이었다. 미국은 1941년 7월 25일 자국 내 일본자산 동결령(자금과 재산의 인출 및 이동 금지)을 발표하였고, 8월 1일에는 일본해군에게 치명적인 석유금수조치를 단행하였다. 버마 루트를 통한 중국국민당군에 대한 군수물자 공급도 개시하였다. 석유금수조치가 발동되자 그간 육군에 비해 온건한 노선을 지지하던 일본해군은 네덜란드의 인도네시아 식민지의 석유 조달 협상이 결렬되자, 미국과의 타협이 수주 내 실현되지 않으면 대미 전쟁을 불사할 수밖에 없다고 주장하였고, 9월 6일 어전회의는 이러한 해군의 입장을 채택하였다.[184] 사실 어전회의의 결정이 있기까지 일

....

184 어전회의는 "다가올 전쟁은 영국, 미국, 네덜란드에 대한 것으로 그 전쟁의 목적은 동아시아, 즉 동아시아에서의 영미난(英美蘭)의 세력을 구축하고, 제국의 자존자위를 확립하며, 더불어 대동아의 신질서를 건설하는 데 있다"고 결정하였다. 일본은 "영미난"이 자신의 대동아공영권 건설을 방해하고 있다고 보았고, 이를 해소하기 위해 전쟁이 불가피하다고 본 것이었다. 가토(2018), p. 367.

본의 전쟁지도부는 두 개의 선택지를 두고 고민하였다. 미국의 석유금수조치하에서 두 개의 선택지란, 첫째, 미국의 제재 해제를 위해 중국에서 완전철수하는 안, 그리고 둘째, 미국을 기습하고 미국이 반격에 나서기 전에 동남아의 유전을 신속히 장악한 후 유리한 조건에서 정전협정에 임하는 안이었다. 그러나 시간이 갈수록 강경파가 득세하여 제1안은 국내정치적으로 현실성을 잃고 있었다. 외교도 성과를 내지 못하였다. 긴장이 고조되는 가운데 도조 히데키 육군대장이 육군상과 총리대신을 겸하게 되었고, 11월이 되자 외교적 타협은 불가능해졌다.

　일본은 미국과의 전쟁의 승산이 낮다는 것을 알고 있었다. 전쟁수행능력은 비교가 되지 않았다. 미국의 국민총생산은 일본의 12배에 가까웠고, 철강은 12배, 자동차는 160배, 석유는 776배였다.[185] 그러나 군부의 강경파는 '야마토-다마시(大和魂)'[186]로 물질적 열세를 극복할 수 있다고 강변하였다.[187] 그리고 그들은 임시군사비특별회계(중일전쟁으로 편성된 임시군사비를 대규모로 전용해서 마련한 군자금)를 이용해 이미 군비를 확장하였으므로 일본이 항공기 수, 조종사의 기량, 항모 등에서 미국보다 우세한 시점에 전쟁을 시작해야 한다고 주장하였다. 11월 5일 어전회의는 해군 등 강경파가 득세하여 미국이 아시아에서 일본의 지위를 인정하지 않으면 진주만에 있는 미군함대를 공격하기로 결정하였다.[188] 일본군 지휘부는 어차피 동남아를 석권하기 위해서는 미 해군을 묶어두어야 했고, 그러기 위해서는 대미 예방전쟁이 불가피하다고 판단하였다.[189]

....

185　야마다 아키라, 윤현명 옮김, 『일본, 군비 확장의 역사』, 어문학사, 2014.
186　당시 일본인들은 "용맹하고 결백하게, 그리고 떳떳하고 미련 없이, 깨끗하게 최후를 마친다"는 이른바 '무사 정신'을 '일본 특유의 정신'으로 숭상하였고, 이를 '야마토-다마시'로 함축하여 표현하였다.
187　Roy Andrew Miller, *Japan's Modern Myth*, Weatherhill, 1982.
188　고든(2005), p. 379.
189　Tim Harper with Christopher Bayly, *Forgotten Armies: Britain's Asian Empire and the War With Japan*, Penguin Books, 2004.

진주만 기습과 미국의 선전포고

일본 외무성은 그동안 진행해왔던 협상의 결렬을 통고하는 장문의 외교전문을 진주만 공습 전에 미국으로 발송하였다. 그러나 주미 일본대사관은 암호화된 전문을 해독, 번역 정리하는 데 시간을 지체하여 12월 7일 오전 7시 55분(하와이 시간) 시작된 일본군의 기습 한참 후인 12월 7일 오후 2시 20분에야 해당 외교전문을 미국에 전달하였다.[190] 미국은 일본의 공격을 선전포고 없는 '기습'으로 간주하였다.

진주만 기습이라는 이 야심찬 해군작전을 구상하고 지휘한 인물은 러일전쟁 시 쓰시마(對馬) 해전에서 21세의 약관으로 무공을 세웠고, 1차대전 후 2년간 하버드 대학에 유학한 야마모토 이소로쿠(山本五十六) 제독이었다. 그는 태평양전쟁 후 연합국 특히 미국에게 "비열한 기습(sneak attack)"의 대명사로 알려져 있지만, 사실은 태평양전쟁을 반대했던 인물이었다. 그는 1930년대 민간정부를 무시하고 만주침략을 자행한 관동군을 멸시하였다. 그는 일본이 독일, 이탈리아와의 3국동맹에서 탈퇴하고 중국에서 철수해야 한다고 주장하기도 하였다. 강경 우파는 그를 '미국의 주구(走狗)'라며 암살하려 하였다. 야마모토는 철저하게 "희망적 사고(wishful thinking)"를 거부한 현실주의자였다. 그는 미국과의 전쟁이 지구전화할 가능성을 크게 우려하였다. 그는 1940년 9월 총리 고노에 후미마로(近衛文麿) 왕자와의 면담에서 일본 해군은 "개전 후 6개월에서 1년까지는 파죽지세의 전승을 확신할 수 있다. 그러나 전쟁이 2-3년으로 늘어질 경우 승리를 장담할 수 없다"고 말하였다.[191] 그는 일격으로 미국의 전쟁의지를 꺾을 수 없을 경우 전쟁이 소모전화할 공산이 크기 때문에 진주만 공격은 일본의 패배를 자초하는 결정적 악수(惡手)가 될 것이라 주장하였다. 그는 결국 "천황"이 전쟁결정 과정에 "거룩하게 개입(sacred decision)" 하여 무모한 시도를 거두어야 한다고 건의했지만, "천황"은 침묵으로 답하였다.[192] "천황"은 "천명"과 "무사도(武士道)"를 믿었고, 강경파 군부는 미국이 회복하려면

....

190   Iguchi, supra note 4, at 2.

191   Roberta Wohlstetter, *Pearl Harbor: Warning and Decision*, Stanford University Press, 1962, p. 350.

192   Ian W. Toll, "A Reluctant Enemy," *The New York Times*, December, 6, 2011.

시간이 걸릴 것이고, 그 이전 동남아시아를 정복할 수 있다고 믿었다.[193] 그러나 "거룩하게 개입하여" 무모한 시도를 막지 않은 "천황"은 머지않아 "항복을 위한 거룩한 결정"을 내릴 수밖에 없을 것이었다.[194] 야마모토로서는 진주만 공격이 결정되었기 때문에 최선을 다할 수밖에 없었다. 이 전쟁은 '사생결단(all-or-nothing)'이고 '주사위 던지기'였다. 그는 공격 첫날 결판이 날 것으로 보았다. 야마모토는 태평양의 반을 항해하는 6대의 항공모함과 12척의 함정이 들키지 않기를 바랐고, 중간급유의 문제를 해결하여 미국 태평양함대에 기습을 가함으로써 초전에 'KO 펀치'를 날릴 수 있기를 바랐다.

12월 7일 무사히 태평양을 항해한 일본의 항공모함들에서 발진한 항공기들이 오전 7시 55분 진주만에 첫 번째 폭격을 실시하였다. 미 해군은 전혀 대비하지 않은 상태였고, 야마모토의 작전은 일단 성공하였다. 폭격은 한 차례 더 실시되었고, 태평양 함대는 초토화되었다.

진주만 기습 10일 전 워싱턴의 국방부는 하와이 진주만의 태평양사령부에 "전쟁이 발발할 가능성이 높으니(This dispatch is to be considered a war warning)," 이에 상당한 방어태세(appropriate defensive deployment)를 갖추라고 지시하였다. 그러나 이 전문에는 '하와이'가 언급되지는 않았다. 태평양함대사령관 키멜(Husband Edward Kimmel) 제독은 일본이 진주만을 공격한다는 것은 있을 수 없는 일이라 생각하였다. 그는 태평양사령부의 해군이 비밀리에 일본으로 항해하여 기습 후 다시 되돌아올 수 없는 것처럼 일본 해군도 마찬가지일 것이라 판단하였다. 워싱턴의 국방부와 합참은 그가 함선들을 안전한 지역으로 이동시켰을 것으로 생각했지만, 정작 키멜은 정박된 함대에 대해 특별한 방어조치를 취하지 않았다. 하와이 주둔 육군사령관 쇼트(Walter C. Short) 장군은 워싱턴의 전문을 오해하여 현지 일본인들이나 첩자들에 의한 '파괴활동(sabotage)'에 대비하라는 의미로 받아들였다. 당시 그

··········

193　Patrick Degan, *Flattop Fighting in World War II: The Battles Between American and Japanese Aircraft Carriers*, McFarland, 2017, p. 29.

194　Noriko Kawamura, *Emperor Hirohito and the Pacific War*, University of Washington Press, 2016, p. 248.

러한 파괴공작이 빈번했기 때문이다. 그는 항공기들을 감시가 용이하도록 밀집 배치하였고, 일본 해군기들은 모여 있는 미국 항공기들을 손쉽게 폭격·파괴할 수 있었다. 당시 마침 미드웨이와 웨이크 등 다른 수역에서 해상 임무를 수행하던 태평양함대의 항공모함들(엔터프라이즈호와 렉싱턴호)은 파괴를 면하였다. 일본군은 이상하게도 진주만 근처의 석유저장시설과 선박수리시설은 파괴하지 않았다. 이 시설들은 후일 미 해군이 신속히 회복하는 데 큰 도움이 된다.

루즈벨트 대통령은 12월 8일 오후 12시 30분 라디오로 생중계되는 대의회 연설을 시작하였다. 그는 원래 "세계역사에 남을 날(a date which will live in world history)"로 되어 있던 것을 "치욕으로 기록될 날(a date which will live in infamy)"로 바꾼[195] 연설문을 읽어내려갔다. 상원은 만장일치, 하원은 공화당 소속 몬태나 출신 저넷 랜킨(Jeannette Rankin) 한 사람만 제외하고 대일전쟁선포에 찬표를 던졌고, 당일 오후 4시 루즈벨트 대통령은 선전포고문에 서명하였다.

진주만 기습에 성공한 일본은 한동안 승전을 거듭하였다. 홍콩, 보르네오, 마닐라, 싱가포르, 바타비아(Batavia), 랑군(버마)을 비롯한 동남아시아는 물론 남태평양의 뉴기니 섬 일대, 북태평양의 알류샨 열도의 요충지도 점령하였다. 일본은 이제 서쪽으로 진출하여 인디아를 점령한 후 중동(中東)의 독일 동맹군과 합세하거나, 연합군에 석유를 제공하는 바쿠(Baku)나 이란까지 진출할 수 있게 되었다. 그러나 일본은 일단 자신의 제국세력권을 확장하고 미국을 동태평양에 묶어두기 위해[196] 하와이에서 북서쪽으로 2,100km 떨어진 태평양 상의 미드웨이 섬을 공략하고자 하였다. 싱가포르를 작전 개시 후 9주 만에, 그리고 네덜란드령 동인도(현재 인도네시아)를 7주 만에 점령한 뒤라 자신감이 넘친 탓도 있었다.

일본은 미드웨이 섬을 하와이 진주만의 전초기지(前哨基地)라고 불렀다. 역으로 이 섬은 미국에게는 조기경보(早期警報, early warning)를 할 수 있는 위치에 있었으

....

195 'A Date Which Will Live in Infamy,' The First Typed Draft of Franklin D. Roosevelt's War Address. https://www.archives.gov/education/lessons/day-of-infamy

196 Bill Yenne, *Panic on the Pacific: How America Prepared for the West Coast Invasion*, Regnery History, 2016.

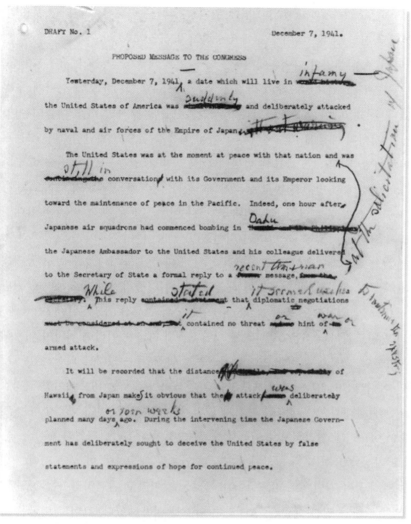

루즈벨트 대통령의 대의회 연설문(1941년 12월 7일).

므로 군사전략적으로 매우 중요하였다. 진주만 기습을 성공시킨 야마모토 제독은 일본 함정들이 미드웨이로 이동하면 태평양 상의 모든 미군 항모와 함정들이 이 섬을 방어하기 위해 집결할 것으로 판단하였다. 그는 몰려든 미 태평양함대를 파괴한후 하와이를 점령한다는 복안을 가지고 있었다. 더구나 야마모토로서는 미드웨이섬이 하와이에 배치된 항공기들의 항속거리(航續距離, 항공기가 이륙 순간부터 탑재된 연료를 전부 사용할 때까지의 비행거리) 밖에 위치하기 때문에 승산이 있다고 보았다. 그는 일본해군 전력을 미드웨이 공격에 집중하고자 하였다.

그러나 도조 히데키의 다이혼에이(大本營陸海軍部, 대본영육해군부; "천황" 밑에 두었던 최고 통수부[統帥府])는 두 개의 작전을 추가함으로써 야마모토의 전략에 수정을 가하였다. 첫째, 다이혼에이는 일본이 서알류샨을 공격하면 미 함대들이 이곳으로 집결할 것이기 때문에 미드웨이 공격이 수월해질 것으로 판단하였다. 성동격서식 유인책이었다. 그리고 알류샨 섬들에 대한 공격은 일본 육군이 계속 요구하던 터였다. 알류샨에서 발진한 미국 폭격기들이 일본 본토를 공격하지 못하도록 하는 효과가 있을 것으로 보았기 때문이다. 그러나 이는 일본에게도 더 적은 함대만이 미드웨이 공격에 동원될 수 있다는 의미였다. 둘째, 다이혼에이는 연합군의 기지 역할을 하는 오스레일리아를 고립시키기 위해 파푸아 뉴기니아를 먼저 공격해야 하는데 육군이 상륙할 때 항공모함 해군탑재기의 공중지원이 필요하다고 판단하였다. 알류샨 기만 전술은 통하지 않았다. 일본군의 알류샨 공격은 1942년 6월 3일에, 그리고 미드웨이 공격은 6월 4일에 이뤄졌는데 미군은 이러한 시차가 미드웨이로부터 미군의 전력을 다른 곳으로 돌리려는 기만책일 수 있다고 의심하였던 것이다. 뿐만 아니라, 미군은 일본이 태평양을 차지하기 위해서는 미드웨이가 결정적으로 중요한데 상대적으로 전략적 가치가 떨어지는 알류샨을 먼저 공격한다는 것은 기만술이 아니라면 합리적으로 이해할 수 없는 것이라고 판단하였다.

아마도 가장 중요한 것은 미군이 일본군의 암호를 해독하여 이 모든 것이 기만술이며 일본 해군이 전력으로 미드웨이로 몰려들 것이라고 판단하였다는 점일 것이다. 도쿄와 태평양 일본 해군은 "AF"라는 암호를 사용해왔다. 그러나 미국은 그것이 어느 지역을 뜻하는지는 알아내지 못하고 있었다. 하와이로 급파된 미국 암호부대 '블랙챔버(the Black Chamber)'의 첩보대 장교 재스퍼 홈스(Jasper Holmes)가 아이디어를 냈다. 홈스는 미드웨이와 하와이를 연결하는 해저케이블로 미드웨이 기지 사령관과 사전에 모의한 후 감청이 가능한 무선(無線)으로 그가 "미드웨이 섬의 해수정화장치가 고장나서 식수가 다 떨어져 간다"고 기만(欺瞞) 보고를 하도록 하였다. 일본해군은 이를 감청하고 다이혼에이에 "AF에 식수가 떨어져가고 있다("AF was short on water")고 보고하였다.[197] 이로써 미군은 미드웨이에 대규모의 일

본군 공격이 있을 것이라는 정보판단을 확정하였다.[198]

　미 해군은 일본의 성동격서 계략에 말려들지 않고 미드웨이에 역량을 집중하여 수척의 항모들을 알류샨과 남서태평양에 보내 숫적 열세에 있던 일본해군과 일전을 벌였다. 1942년 6월 3-6일 벌어진 '미드웨이 해전'에서 엔터프라이즈(Enterprise), 호넷(Hornet), 요크타운(Yorktown) 항모가 위력을 발휘하여 미국이 압승하였다. 미국의 미드웨이 승전은 태평양전쟁의 분기점이 되었다.

　이후 미국은 더글러스 맥아더(Douglas MacArthur) 장군의 '거점 우회(island hopping, 섬 건너뛰기)' 전략을 통해 태평양 상의 일본군을 제압해 나갔다.[199] 1944년 6월 사이판과 필리핀을 공격했고, 11월에는 도쿄에 첫번째 B-29 폭격을 가하였다. 일본도 필리핀 전투에서 '가미카제'를 동원해 저항하였다. 첫 번째 가미카제 공격은 10월 24일 레이트 만(the Gulf of Leyte)의 미 함정들에 대해 이뤄졌다. 10월 25일까지의 가미카제 공격은 미국 에스코트 항모 한 척을 파괴하고, 3척의 다른 에스코트 항모를 손상시켰다. 가미카제는 필리핀 방면 해군 1항공함대 사령관 오니시 다키지로(大西瀧治郎) 제독에 의해 조직되었다. 가미카제 부대는 폭격의 정확도를 높이기 위해 폭탄을 탑재한 항공기를 몰고 미군 함정에 직접 충돌할 용기 있는 자원자들을 모집하였다. 가미카제 열기는 다른 부대들에게 확산되었고, 전쟁이 지속되면서 해군 항공함대의 작전 중 하나로 여겨지게 되었다. 그러나 일본군은 이러한 자살이나 다름없는 특공전술에도 불구하고 레이트 섬을 지키지는 못하였다. 필리핀 주둔 사령관 야마시다 도모유키(山下奉文) 장군은 7만여 명의 병력을 레이트 섬에 집결시켜 싸웠으나, 미군은 1944년 크리스마스 날에 이르러 레이트 섬을 점령하였다. 이 전투에서 발생한 일본군 사망자는 68,000여 명이고, 레이트 섬으로 이동

....

197　U.S. National Security Agency, "The Battle of Midway: How Cryptology enabled the United States to turn the tide in the Pacific War." https://www.nsa.gov/about/cryptologic-heritage/historical-figures-publications/publications/wwii/battle-midway.shtml

198　Bradley Lightbody, *The Second World War: Ambitions to Nemesis*, Routledge, 2004, p. 135.

199　Kissinger(1994), p. 480. 미군은 일본군의 수비가 상대적으로 취약한 섬을 먼저 공략하고, 그곳에 활주로와 소규모의 기지를 신속히 구축한 후 근처의 다른 섬을 이어 공격하였다. 결국 미군은 일본 주변의 섬들을 장악하고 서서히 본토에 접근할 수 있었다.

하다 미군의 폭격으로 숨진 병사들의 수는 10,000여 명에 달하였다. 미군 사상자는 15,500여 명이었다. 미군은 1945년 2월 이오지마 상륙작전에 이어 4월에는 오키나와를 공격하였다.

1945년 4월 초 독일의 패망은 명약관화하였다. 일본도 최후의 저항을 하고 있었다. 이때 소련은 일본이 항복하기 전 대일선전포고를 해야 할 필요성을 절실하게 느끼고 있었다. 교전 전에 일본이 항복하면 연합국 측이 얄타에서 약속한 대일참전의 반대급부를 얻지 못할 수도 있기 때문이었다. 4월 5일 소련은 일본에게 중립조약 파기를 공식 통보하였다. 일본이 조약상 통고 후 1년이 지나야 효력이 발생한다고 하자, 소련은 이를 받아들여 조약이 1946년 4월까지 유효하다고 동의하였다.

그러나 일본은 큰 충격을 받았다. 대미 전쟁도 소련과의 중립조약을 믿고 시작한 것이었다. 미군이 오키나와 상륙전을 벌이고 있는 상태에서 소련이 공격해오면 그것으로 끝장이 날 것이었다. 육군을 중심으로 한 강경파는 '1억 옥쇄(玉碎)'로 "국체를 호지(護持)"하자며 완고한 자세를 견지하였다. 외무성과 해군은 "천황"의 명예를 보존하는 선에서 "명예로운 강화(講和)"를 추진하자고 나섰다. "천황"은 후자를 선택하였고, 고노에 후미마로를 대미 특사로 보냈다.

1945년 7월 26일 일본군의 무조건 항복을 요구한 포츠담선언이 발표되었다. 무조건 항복을 하지 않을 경우 일본은 "신속히 그리고 완전히 파괴될 것"이라는 으름장과 함께 연합국 측은 "일본인들을 인종으로서 노예화할, 그리고 국민으로서 파괴할 의도를 갖고 있지 않다"는 당근책도 포함하였다.[200] 미국의 일본 본토 공격은

....

200 '포츠담 선언'은 모두 13개 항목으로 구성되었다. 제1항에서 제5항까지는 일종의 전문으로서 일본에 항복을 촉구하는 내용이다. 연합국들은 제6항에서 군국주의자들의 영구적인 축출을 선언했고, 제7항에서는 일본에 새로운 질서가 확립되고 침략의 능력이 사라질 때까지 연합국이 일본 영토를 점령·관리할 것임을 분명히 하였다. 연합국들은 제8항에서 '카이로 선언'의 조항은 반드시 이행되어야 하고, 또한 일본의 주권은 혼슈, 홋카이도, 규슈 및 시코쿠와 함께 연합국이 결정하는 여러 작은 섬들에 한정된다고 규정하였다. 그들은 제9항에서는 각지의 일본군과 일본인들은 무장해제 후 본국으로 송환될 것임을 확인했고, 제10항에서는 연합국이 일본인들을 노예로 만들거나 일본 국가 자체를 파괴할 생각은 없지만, 전범에 대해서는 엄중한 심판을 내릴 것임을 경고했으며, 동시에 일본의 민주화를 가로막는 장애물들을 제거하고, 언론, 종교, 사상의 자유 등 기본적 인권을 확립할 것을 천명하였다. 미영중은 제11항에서 일본의 기본적 산업 활동과 세계무역 활동은 허용하되 재무장과 관련한 산업은 불허할 것임을 선언했고,

11월 1일로 예정되었다. 핵무기 투하 계획을 갖고 있던 미국은 일본이 무조건 항복을 받아들이면 이 계획들을 취소할 자세가 되어 있었다. 그러나 일본이 거부할 경우, 당시 전쟁장관 스팀슨(Henry L. Stimson)이 후일 기록했듯이, 끔찍한 그러나 "가장 덜 혐오스러운 선택(least abhorrent choice)"[201]을 강행하려 하였다.

미국 핵무기, 나치 대신 일본에 사용하다

1938년 12월 베를린의 카이저 빌헬름 화학 연구소(The Kaiser Wilhelm Institute for Chemistry)의 핵화학자 오토 한(Otto Hahn)과 프리츠 쉬트라스만(Fritz Strassmann)은 많은 중성자들을 우라늄 핵에 조사(照射)하면 우라늄 핵이 훨씬 더 가벼운 원소들로 변화하는 경향이 있음을 발견하였다. 그들은 이 결과를 나치 박해를 피해 스웨덴에 와 있던 동료 물리학자 리제 마이트너(Lise Meitner)에게 보냈고, 그녀와 그녀의 사촌인 오토 프리쉬(Otto Frisch)는 물리적 모델을 개발하고 실험한 후 핵분열은 원자당 약 2억 eV(전자볼트)의 에너지를 방출하며, 거대한 폭발력을 갖는 연쇄반응이 가능하다는 초기 결과를 1939년 2월호 '네이처(Nature)'지에 발표하였다.

1933년 레오 실라드(Leo Szilard)가 핵 연쇄반응의 아이디어를 내놓은 바 있었지만, 1938년 우라늄 원자 핵분열 실험의 성공은 세계 과학자 공동체에 충격적 영향을 미쳤다. 핵분열을 이용한 에너지가 무기화될 수 있으며, 이러한 지식을 독일이 갖고 있었기 때문이다. 독일은 이미 점령지 체코슬로바키아의 우라늄 광석의 해외 반출을 금지하고 있었다. 독일에 의한 대량파괴무기 개발의 가능성 그리고 이에 대한 미국의 경각심 결여를 우려한 헝가리 출신 유대인 물리학자들인 레오 실라드, 에드워드 텔러(Edward Teller), 유진 위그너(Eugene Wigner) 등은 물질과 에너지가 등량적(等量的)이라는(E=mc²), '상대성이론(1905)'을 공식화한 앨버트 아인쉬

....

제12항에서는 연합국 점령군은 목표가 달성되면 일본에서 철수할 것이며, 일본 국민의 자유로운 의사에 기초한 평화적이며 책임 있는 정부가 수립될 것임을 약속하였다. 연합국들은 제13항에서 다시 한 번 일본군의 무조건적인 항복과 항복에 따른 일본 정부의 적절한 조치를 촉구하였다.

201   Henry L. Stimson, *On Active Services in Peace and War*, Lovenstein Press, 2007. *Bulletin of the Atomic Scientists*, Vol. 3, No. 2, February 1947, p. 67에서 재인용.

타인(Albert Einstein)을 찾아가 도움을 청하였다. 평화주의자 아인쉬타인은 핵무기 개발에 반대했으나, 나치독일이 이 무기를 선점하고 사용할 수 있다는 생각에 실라드 등의 요구를 받아들였다. 실라드는 처음엔 벨기에 식민지인 콩고의 우라늄 광석을 나치독일이 확보할 수 없도록 하기 위해 아인쉬타인이 친분이 있는 벨기에 모후(母后)에게 편지를 보낼 것을 제안했으나, 며칠 뒤 프랭클린 루즈벨트 미 대통령의 비공식 참모 역할을 했던 경제학자 알렉산더 작스(Alexander Sachs)를 만나 새로운 대안을 알게 되었다. 작스는 아인쉬타인이 대통령에게 직접 편지를 쓰면, 자신이 그것을 개인적으로 전달하겠다고 약속했던 것이다. 실라드는 4쪽짜리 초고를 작성했으나, 아인쉬타인은 요점만을 부각하는 편지가 더 효과적이라고 보고 자신이 독일어로 불러주는 것을 실라드가 받아쓰도록 하였다. 실라드는 이를 며칠 동안 영역하여 아인쉬타인의 동의를 받은 후 1939년 8월 2일 자로 되어 있는 편지를 작스에게 전달하였다. 그러나 편지는 루즈벨트에게 즉각 전달되지 않았고, 9월 1일 독일이 폴란드를 침공하면서 2차대전이 발발하였다. 작스는 결국 10월 11일에야 루즈벨트에게 아인쉬타인의 편지를 전달할 수 있었다. 1941년 6월 22일 독일은 1939년 8월 23일 체결한 독소불가침조약에도 불구하고 소련에 전쟁을 선포하고 사상 최대인 '바바로사 작전'을 감행하였다. 이러한 급한 상황에도 미국은 핵무기의 유용성에 대해 확신하지 못하였고, 1941년 12월 6일에 가서야 비로소 나중에 "맨해튼 프로젝트(Manhattan Project)"로 알려지게 되는 대규모 정부 지원 연구를 시작하였다. 일련의 검토 끝에 원폭 제조를 결정한 미국정부는 1945년 7월 16일 첫 번째 핵실험에 성공하여 포츠담 회의에 참석하고 있던 트루먼 대통령에게 보고하였고, 트루먼은 스탈린에게 이 사실을 알렸다.

한편 일본 전쟁지도부는 고민을 거듭하였지만 "천황"의 거취가 언급되어 있지 않은 포츠담선언을 받아들이기 어려웠다. 더구나 일본은 소련에게 중재를 요청한 후 소련의 응답을 기다리고 있는 중이었다. 미국이 핵실험에 성공했다는 사실을 알지 못했던 일본군 지도부는 포츠담의 최후통첩을 일본 전체 도시들이 불탈 때까지 폭격을 계속하겠다는 의미로 해석하였다. 강경파는 이러한 전망에도 불구하고 전쟁을 지속한다는 입장을 고수하였다. 이들은 본토에 상륙하는 미군을 '가미카제'로 대응하게 되면 미국이 협상을 요구할 것이고, 그렇게 되면 일본에게 유리한 조건으로 전쟁을 끝낼 수 있다고 자신하고 있었다.

7월 26일 포츠담 최후통첩을 논의하기 위해 최고전쟁지도회의(最高戰争指導会議)가 개최되었다. 참가자 상당수는 일본이 하기에 따라 명예를 크게 잃지 않고 평화협상에 임할 수 있을 것으로 보았다. 이들은 포츠담 최후통첩은 일본군에 대해 무조건 항복을 요구했지 일본에 대해 무조건 항복을 요구하지는 않았다는 점을 지적하였다. 1941년 진주만 공격을 반대했던 도고 시게노리(東郷茂徳) 외무대신은 '명예로운 강화'의 가능성이 있다며 국체 보전만을 조건으로 항복을 받아들이자고 하였다. 러일전쟁 시 어뢰정함대를 지휘했던, 그리고 1936년 군국주의자들이 만주점령에 나설 무렵 벌어진 '2·26 사건' 때 간신히 목숨을 건졌던 스즈키 간타로(鈴木貫太郎) 총리대신도 동조하였다. 그러나 관동군 사령관 출신 육군참모총장 우메즈 요시지로(梅津美治郎)와 육군대신 아나미 고레치카(阿南惟幾)는 국체 보전 외에 전범, 무장해제, 점령의 범위도 조건에 넣어야 한다고 반박하였다. 군령부 총장(軍令部總長, 해군참모총장) 도요다 소에무(豊田副武)도 강경파를 지지하였다. 이들은 스탈린이 포츠담회담에 참가했고, 소련의 대규모 병력과 무기가 극동으로 이동하고 있었음에도 불구하고 어쩐 일인지 소련이 중재에 나설 가능성이 있다고 판단하였다. 그들은 소련이 중재하지 않는다 하더라도 일본군이 규슈(九州)에 상륙하는 미군에 본때를 보인다면 미국은 협상을 제의할 공산이 크다고 보았다. 따라서 그들은 지금 전쟁지도부가 해야 할 일은 연합국 측과 일본 국민들이 일본의 전쟁 지속 의지에 대해 추호의 의심을 갖지 않도록 결연한 힘의 시위를 하는 것이라고 강조하였다. 그들은 종전협정의 조건으로서 국체의 보전(천황 유지 및 천황제 보전), 도쿄를 제외한 형식적인 군정, 일본에 의한 일본군의 무장해제, 그리고 일본이 일본인 전범을 재판할 수 있는 권리 보장 등을 요구해야 한다고 주장하였다. 독일과의 동맹과 미국과의 전쟁을 모두 반대했던 해군대신 요나이 미츠마사(米内光政)는 여러 조건을 내걸면 종전협상이 어려워진다며 총리대신과 외무대신을 지지하였다. 검사 출신으로 총리대신을 지낸 히라누마 기이치로(平沼騏一郎) 추밀원 의장이 합류하여 심야까지 계속된 회의에서 결국 총리대신을 제외하고 의견이 3 대 3으로 갈렸다. 스즈키 총리대신은 천황의 결단에 맡긴다고 발언하였고, "천황"은 외무대신의 의견을 수용하였다. 그러나 회의 참석자들은 포츠담선언에 대해 수락 또는 거부에 관해 일절 언급하지 않기로 결정하였다.

그러나 포츠담선언 수락 여부는 일본과 세계의 운명에 관한 것이었기에 언론이 잠자코 있지 않았다. 7월 28일 '요미우리 호우치'(讀賣報知, 요미우리 신문의 당시 제호)는 "가소롭다, 대일항복조건", '마이니치신문(每日新聞)'은 "가소롭다! 미-영-중(장제스 정부) 공동선언, 자만심(자기도취)을 격파하라, 성전을 끝까지 완수," "백일몽 착각을 노정" 등이라고 보도하였다. 그러자 7월 28일 마지못해 스즈키 간타로 총리대신이 나섰다. 육군대신 아나미 고레치카의 압력을 받은 그는 28일 오후에 열린 기자회견에서 "공동성명은 카이로회담의 재탕[202]이라고 생각하며, 정부로서는 중대한 가치가 있는 것이라고 인정하지 않으며 [이를] 묵살하고 단호히 전쟁 완수에 매진한다(「共同聲明はカイロ會談の燒直しと思ふ、政府としては重大な價値あるものとは認めず默殺し、斷乎戰爭完遂に邁進する」)"라고 말하였다. '마이니치신문'은 1945년 7월 29일 지면에 이를 보도하고, 다음 날 '아사히신문(朝日新聞)'은 "정부는 묵살" 등이라고 보도하였다.

아마도 스즈키 총리의 발언은 일본이 포츠담선언을 수락도 거부도 하지 않은 상황에서 (소련으로부터의 회신을 기다리기 위한) 시간을 벌기 위해 당분간 '노-코멘트'하겠다는 의미였을 수 있다. 그러나 스즈키는 "묵살(默殺, もくさつ, 모쿠사츠)"이라는 용어를 사용했고, 이는 논란을 야기하였다. 일부 일본 학자들은 묵살이라는 일본 용어(用語)가 "의견제시를 자제함" 등 여러 의미를 가지며, "거부"와는 전혀 다르다며, 당시 일본 정부는 강화를 받아들이고자 했고, 일본 국민들도 소비재 제조기업들의 주가가 급등한 사례 등에서 보듯, 같은 생각을 했다고 제시하였다. '닙폰 타임즈(The Nipppon Times)' 편집인이자 미국 스탠포드 대학교 강사였던 가와이 가즈오에 따르면, "일본 정부는 결코 포츠담선언을 거부하려 하지 않았다"며 "일본이 포츠담선언을 거부했다는 전제에 따라 일어난 모든 일련의 사태는 실수의 비극으로 표현될 수 있으며, 용서받을 수 없는 서투른 실수를 저지른 일본 정부관리들은 결코 그 책임을 면할 수 없다"[203]고 지적하였다. 통역 실수의 문제를 제기하는 미국

....

202 燒直し(야키나오시)는 다시 구운 것, 조금 고쳐 다시 내놓은 것, 즉 재탕을 의미한다. 鈴木貫太郎伝記編纂委員会, 『鈴木貫太郎傳』, 1960, pp. 366-67.

인들도 적지 않았다.[204]

그러나 묵살의 의미 해석을 둘러싼 논란은 사실로부터 비켜난, 다시 말해 문제의 본질을 호도하는 측면을 가지고 있었다. 요컨대 일본 총리대신이 '노-코멘트' 등 가치중립적 용어가 아닌 다분히 불만과 적의를 내포하고 있는 '묵살'이라는 용어를 선택한 것은 전쟁지속의 의지를 담지 않았다고 해석하기 어려운 행동이었다. 더구나 논평 말미에 "단호히 전쟁 완수에 매진한다"는 선언까지 '의견제시를 자제한다' 또는 '노-코멘트'의 의미로 받아들여야 한다면 이는 당시 구체적 전시 상황과 최후통첩의 주체인 연합국 측의 시각과 크게 유리되어 있었을 뿐 아니라, 일본의 의도를 왜곡해서까지 관대하고 우호적으로 해석한 일본 위주의 일방적 설명이라 하지 않을 수 없다.

외상 도고 시게노리는 스즈키에게 격렬히 항의했지만 너무 늦었다. 일본의 동맹통신사는 "전면적으로 무시"라는 의미로 "ignore it entirely"라고 번역하고, 로이터와 AP통신은 "거부"라는 의미로 "reject"라고 번역하여 보도하였다. 다른 외신들도 묵살을 "무시(ignore)," "거부(reject)," 또는 "코멘트할 가치가 없는(not worthy of comment)" 등으로 영역(英譯) 표기하였다. 더구나 도쿄방송은 일본이 계속 싸울 것이라는 방송까지 내보냈다. 미국은 일본이 '전쟁지속'을 선택했다고 판단하였다. 일본이 내부적으로 강화를 준비했다 하더라도 미국은 알 길이 없었고, 또 사실 알지 못하였다. 당시 일본은 7,000기가 넘는 항공기를 동원하여 '가미카제' 공격에 사용하였지만, 최고의 항공기들과 비행사들은 본토 방어를 위해 남겨놓고 있었다.[205] 싸울 준비가 되어 있었던 것이다. 미국은 드디어 움직였다. 동태평양에서는 B-29 폭격기가 마리아나 군도의 티니안(Tinian) 섬에 '특별한 폭탄'을 운반하고 있었고, 거기에는 '에놀라 게이(Enola Gay)'호의 기장 티벳츠(Paul W. Tibbets Jr.) 중령과 그의 승무원들이 운명적인 '히로시마 임무' 수행을 위해 마지막 준비를 하고 있었다.

....

203 Kazuo Kawai, "Mokusatsu, Japan's Response to the Potsdam Declaration," *Pacific Historical Review*, Vol. 19, No. 4, 1950, p. 409.

204 John J. Marchi, "Good Translation Might Have Prevented Hiroshima," *The New York Times*, August 21, 1989.

205 Marchi(1989).

미국은 1945년 8월 6일 오전 8시 15분 히로시마에 원폭 한 발을 투하하였다. B-29 폭격기 에놀라 게이호에 탑재된 길이 4m, 직경 0.7m, 무게 4t, 12.5kt 위력의 우라늄(U-235) 원폭 "작은 소년(Little Boy)"이 투하된 것이었다. 낙하산에 의해 투하된 이 폭탄은 지상 580m에서 폭발하여 히로시마 인구의 38%를 살상하였다.[206]

그래도 일본의 '1억 옥쇄론'은 수그러들지 않았다. 정작 일본군의 '1억 옥쇄론'을 타격한 한 방은 소련으로부터 날아들어왔다. 8월 8일 바이칼 시각으로 밤 11시 소련의 몰로토프 외교장관은 일본에게 대일선전을 포고하였다. 8월 9일부터 일본을 전쟁 상대국으로 간주하겠다고 하였다. 일본으로서는 소련이 중립조약상의 약속을 위반한 것이고, 또한 시효에 대한 약속을 어긴 것이었다. 그러나 스탈린은 개의치 않았다. 얄타의 반대급부를 얻으려면 일본이 항복 하기 전에 전투를 개시해야만 했던 것이다. 자정을 1분 넘겨 9일이 되자마자 소련군은 3방면에서 관동군에 공격을 가하면서 만주점령에 나섰다. 일본의 마지막 희망이 사라진 것이었다. 미국은 1945년 8월 9일 오전 11시 2분 나가사키에 또 하나의 원폭을 투하하였다.[207] 20kt 위력의 플루토늄 원폭 "뚱보(Fat Man)"였다.

미국은 핵무기 투하가 많은 생명을 희생시켰지만 일본의 항복을 이끌어내 더 많은 생명을 구하기 위해 불가피했다고 주장해왔다. 그러나 당시 일본 정부의 문건과 관련 자료를 분석한 사가들에 따르면 이 주장은 전적으로 옳다고 할 수는 없다. 1965년 역사학자 가아 앨퍼로비츠(Gar Alperovitz)는 1965년 그의 저작 『핵외교(Atomic Diplomacy)』에서 미국의 핵폭격이 즉각적인 종전을 이끌어낸 역할을 했지만, 일본의 지도자들은 어차피 항복하려 했으며 11월 1일 예정된 미국의 본토공격 전에 항복했을 것이라 주장하였다. 워드 윌슨(Ward Wilson)도 8월 6일의 히로시마, 8월 9일의 나가사키 핵무기 투하, 그리고 핵폭격 지속 위협이 일본을 항복시켰다는

....

206 http://www.aasc.ucla.edu/cab/200708230009.html
207 이 핵폭탄의 예정된 목표 지점은 기타큐슈의 고쿠라(小倉市)였다. 그러나 8일 고쿠라 근처에 위치한 야와타 병기창에 대한 미국 B-29기들의 대대적 폭격으로 인해 연기가 다량 발생/잔존했고, 9일 아침 고쿠라의 상공에 짙은 구름이 끼어 시야가 불량하였다. 폭탄 투하를 위해 50여 분간 3차례의 시도가 있었으나 연료 문제와 야와타의 방공포의 위험 때문에 더 이상의 시도는 무리였다. 조종사 찰스 스위니(Charles Sweeney)는 시계가 상대적으로 나은 나가사키를 선택하였다.

통설에 문제를 제기하였다.[208] 윌슨은 시점(timing)에 주목하였다. 그가 보기에 가장 중요한 날짜는 6일이 아니라 9일이었다. 9일에야 비로소 전쟁 중 최초로 최고전쟁지도회의[209]가 무조건 항복을 토의하였다. 일본은 이날 이전까지는 항복을 고려하지 않았다. 당시 미국과 영국 등은 유럽에서 전범 재판을 진행중이었다. 1945년 여름 전황이 극도로 악화되었지만 일본지도자들은 번민하였다. "그들이 '천황' 폐하를 재판에 회부하면? 그들이 '천황'제를 폐지하고 정부형태를 근본적으로 변경하면?" 일본지도부로서는 상상할 수도 없는 일이었다. 그들은 일본의 전통, 신념, 생활방식을 포기하려 하지 않았다.

나가사키 핵투하 소식은 8월 9일 늦은 오전, 최고전쟁지도회의가 항복 논의를 시작한 후 교착상태로 종료된 후, 그리고 전체내각회의가 소집된 후에 전달되었다. 히로시마 핵투하는 더 말할 필요도 없다. 히로시마 핵투하는 74시간 전에 이미 이뤄졌다. 그것이 일본의 항복을 초래했다면 어떻게 3일이 지난 후에야 회의가 소집될 수 있었겠는가? 일본이 핵무기의 위력을 서서히 깨달았을 수 있다는 논리도 합리적이지 않다. 히로시마 지사는 같은 날 전체 인구의 1/3이 사망했고, 도시의 2/3가 파괴되었다고 도쿄에 보고했지만, 일본 지도자들은 움직이지 않았다. 8일 도고 시게노리 외상은 스즈키 칸타로 수상에게 항복 논의를 위한 최고전쟁지도회의 소집을 요구했으나 구성원들은 동의하지 않았다. 서서히 깨달았다는 논리가 정당화되려면 8일까지 핵투하에 대해 일본 지도자들이 크게 우려하지 않다가 갑자기 9일에 가서야 절망적으로 항복을 논의하게 되었다는 논리를 받아들여야만 할 것이다. 윌슨은 "만일 그들이 그랬다면 그들은 집단적 정신분열을 일으켰던지 아니면 다른 요인이 발생했었을 것"이라고 주장하였다. 요컨대, 일본이 항복을 결정하게 된 데는 소련의 공격과 미국의 핵투하가 크게 작용하였다. 그러나 더 정확하게 말하자면, 중립조약을 파기하고 일본에 선전을 포고한 소련은 일본의 실낱 같은 희망을 파괴했으며, 미국의 핵투하는 일본의 항복을 더욱 재촉했거나, 숨통이 붙어 있는

....

208 Ward Wilson, "The Bomb Didn't Beat Japan … Stalin Did," *Foreign Policy*, May 30, 2013.
209 회의 참석자는 총리 스즈키 간타로, 외무장관 도고 시게노리, 육군장관 겸 전쟁장관 아나미 고레치카, 해군장관 요나이 미츠마사, 육군 참모총장 우메즈 요시지로, 해군 참모총장 도요다 소에무 등이었다.

일본의 군국주의에 "확인사살"을 가한 것이었다.[210]

히로히토, "백성과 인류를 위한 성단"을 내리다

히로시마에 떨어진 '작은 소년'에 이어 나가사키에 '뚱보'가 투하되기 2분 전인 8월 9일 오전 11시 이른바 '빅 식스 회의'가 열렸다. 스즈키 간타로 총리는 "유일한 선택은 포츠담 선언을 받아들이고 전쟁을 끝내는 것"이라고 말하였다. 이때한 장교가 두 번째 원자폭탄이 투하됐다는 보고서를 들고 방으로 들어왔다. 군국주의 대표 육군대신 아나미, 육군참모총장 우메즈, 해군참모총장 도요다는 천황제도가 유지된다 해도 포츠담 선언은 수용 불가하다는 입장을 밝혔다. 이들은 전범 처벌은 일본 정부가 직접 맡아서 군법에 회부할 것, 일본군은 일본 장교들에 의해 해체될 것 등을 조건으로 내세우면서, 점령군의 주둔을 제한해야 한다고까지 주장하였다. 아나미는 본토 결전을 고집하였다. 도고 외무대신은 "여러분은 적의 상륙을 저지할 자신이 있습니까?"라고 물었다. 우메즈는 행운이 따른다면 가능하다고 말하였다. 3시간여의 숙의와 논쟁 후 스즈키는 기도 고이치(木戸幸一) 후작에게 회의에서 결론이 도출되지 못했다며, "폐하께 결정을 내리시라고 요구해야 합니다"라고 말하였다.[211] 이것은 전통을 깨는 것이었다. 천황은 권위가 있었지만 그의 역할은 국가의 방침을 결정하는 것이 아니기 때문이었다.

그날 오후에 내각회의가 열렸다. 아나미는 "우리 병사들은 절대 무기를 내려놓지 않을 것이다. 그들은 항복이 금지되어 있다는 것을 알고 있다. 우리에겐 전쟁을 계속하는 이외에 다른 대안 없다"고 강경한 자세를 유지하였다. 4명의 민간인 대신

....

210 전시 해군참모총장으로 '빅 식스'의 일원이었던 도요다 제독은 "나는 원자폭탄보다는 소련의 대일본 전쟁 참여가 항복을 더 재촉했다고 생각한다"고 말하였다. 영국의 공식 역사서인 『대일전쟁(*The War Against Japan*)』에 따르면 그는 "최고회의 구성원들 모두가 마지막 평화 협상 희망이 사라졌고, 조만간 연합국의 조건을 받아들이는 것 이외에 다른 대안이 없다는 사실을 절실하게 깨달았기 때문에…"라고 덧붙였다. 존 톨런드, 박병화 등 옮김, 『일본 제국 패망사: 태평양 전쟁 1936-1945』, 글항아리, 2019, p. 1218.

211 톨런드(2019), p. 1219.

은 그에 반대하였다. 밤 11시 50분 천황이 입실하였다. 관방대신 사코미즈 히사쓰네(迫水久常)는 포츠담 선언문을 낭독하였다. 도고 외무대신은 "국가의 본질인 고쿠다이가 유지될 수 있다면 선언을 즉시 받아들여야 한다"고 말하였다. 요나이 미츠마사(米內光政) 해군대신은 외무대신의 생각에 동의하였다. 아나미는 입장을 굽히지 않으며 "난 반대한다. 조건이 수용되지 않는다면 군부는 항복을 수용할 수 없다. 우리는 용기 있게 계속 싸우고, 죽음 속에서 삶을 찾아야만 한다. 나는 우리가 적에게 많은 사상자를 안길 수 있다고 확신한다. 그리고 우리가 그렇게 하지 못한다 하더라도, 수많은 우리 국민은 기록된 역사 속에 있는 일본 민족의 행동을 찬양하면서 명예롭게 죽을 준비가 돼 있다"고 기염을 필사적으로 토하였다.[212] 우메즈도 무조건 항복은 불가하다고 말하였다. 추밀원 의장 히라누마 기이치로(平沼騏一郎) 남작은 군 지도자들에게 "전쟁을 계속할 수 있는가?"라고 물었다. 우메즈는 "핵 공격은 방공을 강화해 막을 수 있다"고 대답하였다. 히라누마는 "선조들의 유산에 따라 천황 폐하께도 국가의 불안을 막아야 할 책임이 있습니다. 나는 천황 폐하께 이 점을 유의해 결정을 내려주실 것을 부탁드리는 바입니다"라고 천황에게 진언하였다. 스즈키는 자신의 견해를 말하지 않은 채, 천황의 "바람을 표현해주실 것을 정중히 요청드리는 바입니다"라고 아뢰었다. 천황은 포츠담 선언의 무조건 수용이냐 아니면 조건을 내세우는 군부의 손을 들어주느냐, 양단간의 결정을 해야 한다고 생각하였다. 히로히토는 다음과 같이 말하였다:

"나는 일본과 해외에 팽배해 있는 상황을 심각하게 생각하고 있으며, 전쟁을 계속한다는 것은 국가의 패망과 세계의 유혈 사태와 잔혹 행위의 연장을 의미한다는 결론을 내렸다. 나는 나의 무고한 국민이 고통받는 것을 보는 것을 더 이상 견딜 수 없다. 전쟁을 끝내는 것은 세계 평화를 복원하고 일본이 지고 있는 엄청난 고통에서 일본을 구하는 유일한 방법이다… 용감하고 충성스런 일본의 전사들이 무장해제되는 것을 본다는 것은 내겐 견딜 수 없는 일이다. 내게 충성을 다했던 사람들이 이제 전쟁 선동자로 처벌을 받아야 한다는 사실 또한 견디기 힘든 일이다. 그럼에

....

212   톨런드(2019), p. 1226.

도 우리가 견딜 수 없는 것을 견뎌야 하는 시간이 다가왔다. 삼국간섭 당시 나의 조부이신 메이지 천황의 감정을 생각하면서, 나는 눈물을 삼키며 외무대신이 윤곽을 잡은 기초에 근거해 연합국의 선언을 받아들이라는 제안을 재가하는 바이다."[213]

천황이 퇴실한 후 스즈키는 "폐하의 결정은 이 회의의 만장일치의 결정이 되어야 합니다"라고 말하였다. 그것은 결정이 아니라 천황의 희망을 표한 것이었지만, 충성스런 일본인들—그리고 이 회의실에 있던 11명 모두—에게 그 희망이란 명령이었다. 그들은 연합국이 천황의 법적 지위를 인정한다는 전제 하에 포츠담 선언을 수락하기로 결정하였다. 일본은 8월 10일 "포츠담 선언의 내용은 주권자인 천황의 특권을 침해하는 요구를 포함하지 않는다"라는 조건을 단 항복 의사를 스위스를 통해 미국에 전달하였다.

미국 동부 시간으로 8월 10일 오전 7시 33분 일본의 조건부 항복 문건이 워싱턴에 도착하였다. 트루먼 대통령은 자신의 개인 비서 리이히(William Daniel Leahy) 제독, 국무장관 번즈(James F. Byrnes), 전쟁장관 스팀슨(Henry L. Stimson), 해군장관 포레스털(James Forrestal)을 불러 전문을 읽어주었다. 해리 홉킨스(Harry Hopkins), 아치볼드 매클리시(Archibald MacLeish), 딘 애치슨 등 영향력 있는 인사들은 황실 폐지를 몇 주 동안 강력히 주장하고 있었다. 하지만 10일 오전 회의에 참석한 참모 4명 중 3명은 황실 폐지에 반대하였다. 스팀슨은 "산재해 있는 일본군의 항복을 이끌어내려면 히로히토의 도움이 필요하다"고 말했고, 번즈는 "만약 어떤 조건이 받아들여져야 한다면 나는 일본이 아닌 미국이 조건을 말하기를 바란다"고 했고, 포레스털은 "우리의 긍정적 성명만이 일본을 안심시킬 수 있다… 우리는 미국이 일본의 영원한 증오의 대상될 것이라는 점을 명심해야 한다"며 미국의 보다 유연한 자세를 대통령에게 건의하였다. 미국 군부는 무조건 항복을 고수할 경우 종전

....

213 톨런드(2019), p. 1227. 히로히토는 1946년 1월 시종장과의 대화에서 "그들—빅식스—이 그간 얼마나 많은 논의를 했든, 항복하는 순간까지도 합의의 전망은 없었다. 맹렬한 폭격 외에도 우리는 원자폭탄 공격을 당했고, 전쟁의 참상은 급작스럽게 커졌다. 끝으로 스즈키가 어전회의에서 내게 두 가지 의견 중 어떤 것을 취할 것인지를 물었을 때, 나는 처음으로 다른 사람들의 권위나 책임을 침해하지 않은 상태에서 나의 자유 의지를 표현할 기회를 가졌다"고 말하였다. p. 1228.

이 지연되어 중국 화북과 한반도를 점령할 소련군이 일본 본토에까지 상륙할 가능성을 우려하였다. 미국은 국무부가 주도하여 다음을 담은 초안을 작성하였다:

> 항복하는 순간부터 천황과 일본 정부의 국가통치권은 연합국최고사령관에게 예속된다… 천황은 항복 문건에 대한 일본 정부와 일본제국 대본영의 서명을 재가하고 확보해야 하고, 모든 일본 육군, 해군, 공군 당국과 그들의 지휘 하에 있는 모든 병사들에게 작전수행을 중단하고 투항하라는 명령을 하달하도록 한다… 일본 정부의 궁극적 형태는 포츠담 선언에 따라 일본 국민의 자유 의지에 의해 결정될 것이다.[214]

미국은 초안을 연합국들에게 회람하였다. 영국은 "천황이 항복 문건에 직접 서명하게 하는 것이 적절할지 의문"이라는 의견을 표명하였다. 미국은 이를 받아들여 *"will be required to authorize and ensure* the signature by the Government of Japan"을 *"shall authorize and ensure* the signature by the Government of Japan"로 바꾼 후,[215] 최종 답변을 8월 11일 스위스를 통해 일본에 보냈다. 일본은 8월 12일 심야에 연합국의 최후통첩을 접수하였다. 전쟁지도부는 이를 수용할지에 대해 격론을 벌였다. 미국은 8월 13일 공습을 재개하였다. 8월 14일 천황은 내각회의를 열고 자신은 "백성이 더 이상 희생되는 것을 두고 볼 수 없으며, 전쟁이 지속되면 나라 전체가 잿더미로 변하게 될 것"이라며 자신의 개인적 소망을 피력하였

....

214 Kiyoko Takeda, *The Dual-Image of the Japanese Emperor*, MacMillan, 1988, pp. 102-03.

215 원래 "요구될 것"이라는 문구는 일본 천황에게 보다 직접적인 의지를 부과하는 것으로, 외부 세력(즉 연합국)이 천황에게 특정 행동을 취하도록 강요하고 있음을 의미하였다. 이 문구는 천황의 권위와 주권을 훼손하는 것으로 해석될 수 있으며, 천황을 항복 과정에 적극적으로 참여하는 주체가 아니라 연합국의 의지에 따라 움직이는 존재로 묘사하는 것으로 해석될 수 있었다. "할 것"이라는 수정된 문구는 천황의 주체성을 인정하고 일본 군주제의 제도적 권위를 존중하는 어조를 담고 있었다. "할 것"을 사용함으로써 이 문서는 여전히 항복 절차에 천황의 관여가 필요함을 주장하지만, 천황의 존엄성과 주권적 의사 결정의 외관을 보존하는 방식으로 프레임된 것이었다. 이러한 문구 조정은 영국(그리고 아마도 다른 연합국들)이 무조건 항복과 일본이 어느 정도의 체면을 유지할 수 있도록 하는 것 사이의 균형을 찾은 결과였고, 연합국들은 이것이 전후 순조로운 점령과 재건 과정에 기여할 것이라고 기대하였다.

다. 이제 문제는 항복을 하면 천황제가 유지될지 여부였다. 일본 지도부의 상당수는 "일본 정부의 궁극적 형태는 포츠담 선언에 따라 일본 국민의 자유 의지에 의해 결정될 것"이라는 연합국 측 최후통첩의 내용이 천황제 유지를 암시한다고 판단하였다. 누가 보더라도 "충성스러운 일본 국민이 자유 의지에 따라 천황제를 유지할 것은 당연"하기 때문이었다. 일본은 8월 14일 포츠담 선언의 수락, 즉 무조건 항복을 결정하여 같은 날 밤 스위스를 통해 연합국에 통보하였다.

1945년 8월15일 정오 히로히토 "천황"의 떨리는 목소리가 라디오 잡음을 타고 흘러나왔다. '대동아전쟁 종결의 조서(詔書, 임금의 뜻을 일반에게 알리고자 적은 문서)'였다. 8월 14일 밤에 녹음된 것이었다. 일본인들은 이 목소리가 "천황"의 것이었기 때문에 이를 '옥음(玉音) 방송'이라 불렀다. 일본인들은 일본이 전쟁에 져서 천황이 '항복'한 것이 아니라, 일본 국민의 고통을 헤아리고 인류 문명을 파멸에서 구하기 위해 자신을 희생하면서까지 '종전'이라는 성단(聖斷)을 내렸다고 믿었다. "천황"이 읽은 이 815자(字) '대동아전쟁 종결의 조서'에는 패전 또는 항복이라는 말은 없었다.

국무대신(정보국 총재) 시모무라 히로시(下村宏)가 "천황폐하께서 황공하옵게도 친히 전 국민에게 칙서를 말씀하시게 되셨습니다… 지금부터 삼가 옥음(玉音)을 방송해 드리겠습니다"라는 멘트를 내보냈다. 일본제국 국가 '기미가요(君が代)' 연주가 끝나자, 히로히토는 다음과 같이 말하였다:

짐(朕)은 세계의 대세와 제국의 현 상황을 감안하여 비상조치로서 시국을 수습코자 충량한 너희 신민에게 고한다. 짐은 제국정부로 하여금 미영지소(米英支蘇; 중국은 '지나 支那') 4개국에 그 공동선언을 수락한다는 뜻을 통고하도록 하였다.

대저 제국 신민의 강녕을 도모하고 만방공영의 즐거움을 함께 나누고자 함은 황조황종(皇祖皇宗)의 유범(遺範, 전대가 남긴 모범)으로서 짐은 이를 삼가 제쳐두지 않았다. 일찍이 미영 2개국에 선전포고를 한 까닭도 실로 제국의 자존과 동아의 안정을 간절히 바라는 데서 나온 것이며, 타국의 주권을 배격하고 영토를 침략하는 행위는 본디 짐의 뜻이 아니다.

그런데 교전한 지 이미 4년이 지나 짐의 육해군 장병의 용전(勇戰), 짐의 백관 유사(百官有司)의 여정(勵精, 노력), 짐의 일억 중서(衆庶, 백성)의 봉공(奉公, 국가를 위해 희생함) 등 각각 최선을 다했음에도, 전국(戰局)이 호전된 것만은 아니었으며, 세계의 대세 역시 우리에게 유리하지 않다. 뿐만 아니라 적(敵)은 새로이 잔학한 폭탄을 사용하여 번번히 무고한 백성들을 살상하였으며 그 참해(慘害)는 참으로 헤아릴 수 없는 지경에 이르렀다. 더욱이 교전을 계속한다면 결국 우리 민족의 멸망을 초래할 뿐더러, 나아가서는 인류의 문명도 파각할 것이다. 이렇게 되면 짐은 무엇으로 억조(億兆)의 적자(赤子, 국민은 "천황"의 적자, 즉 '갓난아이'이다)를 보호하고 황조황종의 신령에게 사죄할 수 있겠는가. 짐이 제국정부로 하여금 공동선언에 응하도록 한 것도 이런 까닭이다.

짐은 제국과 함께 시종 동아의 해방에 협력한 여러 맹방에 유감의 뜻을 표하지 않을 수 없다. 제국신민으로서 전진(戰陣)에서 죽고 직역(職域, 직무)에 순직했으며 비명(非命)에 스러진 자 및 그 유족을 생각하면 오장육부가 찢어진다. 또한 전상(戰傷)을 입고 재화(災禍)를 입어 가업을 잃은 자들의 후생(厚生, 생계)에 이르러서는 짐의 우려하는 바가 크다. 생각하건대 금후 제국이 받아야 할 고난은 물론 심상치 않고, 너희 신민의 충정도 짐은 잘 알고 있다. 그러나 짐은 시운이 흘러가는 바참기 어려움을 참고 견디기 어려움을 견뎌, 이로써 만세(萬世)를 위해 태평한 세상을 열고자 한다.

이로써 짐은 국체를 수호할 수 있을 것이며, 너희 신민의 적성(赤誠, 정성)을 믿고 의지하며 항상 너희 신민과 함께 할 것이다. 만약 격한 감정을 이기지 못하여 함부로 사단을 일으키거나 혹은 동포들끼리 서로 배척하여 시국을 어지럽게 함으로써 대도(大道)를 그르치고 세계에서 신의(信義)를 잃는 일은 짐이 가장 경계하는 일이다. 아무쪼록 거국일가(擧國一家) 자손이 서로 전하여 굳건히 신주(神州, 일본)의 불멸을 믿고, 책임은 무겁고 길은 멀다는 것을 생각하여 장래의 건설에 총력을 기울여 도의(道義)를 두텁게 하고 지조(志操)를 굳게 하여 맹세코 국체의 정화(精華)를 발양하고 세계의 진운(進運)에 뒤지지 않도록 하라. 너희 신민은 이러한 짐의 뜻을 명심하여 지키도록 하라.[216]

....

216 일본 "천황"의 종전선언문 녹음본은 Atsushi Kodera, "Master recording of Hirohito's war-end

일본인들은 처음 들어보는 천황의 목소리였다. 그리고 히로히토가 어려운 한자를 섞은 궁정체를 사용했기 때문에 일반인들은 내용을 이해하기도 어려웠다. 일본인들은 와다 신켄(和田信賢) 방송원의 멘트를 듣고서야 종전조서의 의미를 이해할 수가 있었다:

황공하옵게도 천황폐하께서는 만대를 위하여 태평시대를 열고자 하시어, 어제 정부로 하여금 미영지소 네 국가에 대하여 포츠담선언을 수락한다는 뜻을 통고하게 하시었습니다. 황공하옵게도 천황폐하께서는 동시에 조서를 발표하시어, 일본제국이 네 국가의 공동선언을 부득이 수락하게 된 경위를 교시하시어, 금일 정오 어진 마음으로 조서를 방송하시었습니다. 이 미증유의 일은 삼가 살피건대 지극히 어진 결정이시오며, 일억 국민이 모두 감읍(感泣)하였습니다. 우리 신민은 다만 조서의 뜻을 반드시 삼가 받들어 국체의 유지와 민족의 명예 보전을 위하여, 멸사봉공을 맹세하고 받들어야 할 것입니다.

결사항전을 끝까지 주장하던 아나미 고레치카 육군대신은 강경파 군인들의 격한 항의를 받고 당일 할복자살하였다. 조서 방송을 막으려던 쿠데타 시도(宮城事件)가 있었고, 방송 후에도 소요(예를 들어, 마쓰에 소요사건, 松江騷擾事件)가 도처에서 일어났으나 모두 실패하였다.

미군은 1945년 8월 30일 일본 본토를 점령하였고, 일본은 9월 2일 도쿄만(東京灣)의 미주리호(號)에서 "천황"의 명을 받아, 그리고 "천황"을 대신하여, 일본제국 다이혼에이, 모든 일본제국 군대, 그리고 일본제국의 통제하에 있는 모든 군대의 무조건 항복을 연합국에게 선포한다"고 쓴 항복문서에 서명하였다. 이로써 태평양전쟁과 함께 제2차세계대전은 끝이 났다.

....

speech released in digital form," *The Japan Times*, August 1, 2015. https://www.japantimes.co.jp/news/2015/08/01/national/history/master-recording-hirohitos-war-end-speech-released-digital-form/#.WoguAU1G2Ul

일본 제국과 정부를 대신한 외무대신 시게미쯔 마모루(重光葵), 그리고 다이혼에이(大本營)의 전권을
가진 육군참모총장 우메즈 요시지로(梅津美治郞)가 항복문서에 서명하기 위해 대기하고 있다. 시게미쯔는
1932년 4월 29일 상하이 훙커우 공원(虹口公園)에서 열린 천장절(天長節) 겸 전승축하기념식에서
대한애국단의 윤봉길(尹奉吉)이 던진 폭탄에 의해 다리를 다쳐 이후 의족을 하고 지팡이를 집고 다녔다.
그는 당시 주중 공사였다.

처벌

전쟁은 끝이 났지만 전쟁 범죄에 대한 심판이 기다리고 있었다. 연합국 측은
포츠담선언을 통해 일본국민을 "속임으로써 전쟁으로 오도한(deceived and mis-
led)" 자들을 처단할 것임을 선언한 바 있었다. 맥아더 사령관은 연합국 측 내에서
누구를 어떻게 처단할 것인지에 대해 이견이 존재하는 가운데 종전 직후인 9월 11
일 대부분이 도조 히데키의 전시내각의 성원이었던 39명의 전범 혐의자들에 대한
체포를 명령하였다. 긴급 체포를 예상하지 않았던 도조는 자살을 시도하였다. 1946
년 1월 극동국제군사법정(International Military Tribune for Far East)이 설치되었고,
오스트레일리아, 캐나다, 중화민국, 뉴질랜드, 필리핀, 미국, 소련 등 일본과 교전한

11개국의 대표가 재판관으로 선임되었으며, 전범재판은 1946년 5월부터 시작되었다. 가장 중요한 정치인 전범에는 도조 히데키, 고이소 구니아키(小磯國昭), 히로타 고키(広田弘毅) 등이 있었다. 고노에는 재판정에 서기 전에 자결하였다. 도조 히데키는 자살조차 허용하지 않으려 했던 미국 의사들의 의료조치를 받고 전범재판정에 세워졌다. 군인 중에는 난징학살의 주범인 마쓰이 이와네(松井石根)와 아타가키 세이시로가 포함되었다. 군사법정에서 28명의 일본 지도자들이 A급전범으로 기소되었다. 히로히토는 그의 이름으로 전쟁이 치뤄졌지만 정치적 이유로 기소되지 않았다. 당시 재판관들이나 연합국 국민들 사이에서 히로히토를 처벌해야 한다는 정서가 팽배하였으나, 맥아더는 히로히토를 처벌할 경우 일본인들이 미군정에 대대적으로 저항할 것으로 보았고, 따라서 일본의 점령통치에 문제가 생길 것을 우려하였다.[217] 뉘른베르크 전범재판과는 달리 도쿄 전범재판에서는 단순 다수결로 판결을 내리고 형량을 정하였다. 기소된 28명 중 전원이 전쟁범죄의 책임이 인정되었고, 이 중 26명은 침략전쟁 모의 등의 범죄행위, 즉 '반평화범죄(crimes against peace)'로도 유죄판결을 받았다. 관동군 참모장 출신으로 진주만 습격을 총지휘했던 전 총리대신 도조 히데키, 류타오후 사건 공작을 주도했던 이른바 "만주의 로렌스" 육군대장 도이하라 겐지(土肥原賢二), 난징학살의 주범 육군대장 마쓰이 이와네, "버마의 도살자" 육군대장 기무라 헤이타로(木村兵太郎), 최후까지 소련과 화평공작을 위해 일본 주재 소련 대사와 회담했던 전 총리대신 히로타 고키, 이시하라 간지와 함께 류타오후 사건과 만주사변을 주모한 육군대신 이타가키 세이시로, '남진(南進)' 정책을 관철하고 난징학살을 주도했던 육군 중장 무토 아키라(武藤章) 등 A급[218] 전범 7명은 교수형에 처해졌다. 16명은 종신형, 1명은 20년, 또 다른 1명은 7년형에 처해졌다. 이타가키 세이시로와 함께 만주침공의 주역이었던 이시하라 간지는 도조 히데키에 공공연히 반대하였고, 중국 침공 및 진주만 기습에 반대한 사실이 인정되어 기소되지 않았다. 그러나 그는 피고 측의 증인으로 출두하여 미국 트루먼 대통

....

217 Leonard Mosley, *Hirohito, Emperor of Japan*, Prentice Hall, 1966, p. 347.

218 A급 전범은 "침략전쟁 또는 국제법·조약을 위배한 전쟁"을 계획·개시·수행했거나 그 계획·모의에 참가하여 반평화범죄를 저지른 개인이나 단체구성원으로 규정되었다.

령이야말로 일본 민간인들을 대량살상한 죄가 있다고 일갈하였다.[219] B급과 C급 전범들 수천 명은 필리핀 등의 다양한 재판정에 섰던바, 이들 중 900여 명이 사형에 처해졌다. 미국은 1960년 일본인 기결 전범 100여 명을 가석방하였다.

도쿄 군사법정의 판결은 논쟁의 대상이 되기도 하였다. 뉘른베르크에서처럼 전승국들이 일방적으로 구성한 법정에서 전승국의 법적 논리가 강제되었다는 주장 외에도 1920년대 말 이후의 일본 팽창주의가 "여러 결정들이 점차적으로 축적된 결과"라기보다는 피고인들의 '모의(謀議, conspiracy)'에 의한 것이라는 정죄가 그 중 하나였다.[220] 반평화범죄를 태평양전쟁에 국한하지 않고 만주사변 등 그 이전의 사건까지 소급하여 침략전쟁으로 소추(訴追)한 것은 불소급의 원칙을 위배하였다는 주장도 제기되었다.

제2차세계대전의 결과와 의의

제2차세계대전은 전장(戰場)이 유럽과 주변지역에 국한되었던 1차대전과는 달리, 아메리카를 제외한 지구 모든 지역을 싸움터로 했기 때문에 그만큼 인명의 피해도 컸다. 그때까지 인류가 벌인 살상 중 최고의 규모였다. 자료에 따라 차이가 있긴 하지만 대략 5,000-6,000만여 명의 목숨이 희생되었다. 1940년의 세계인구가 23억이라 할 때 2.2%-2.6%의 인류가 지구상에서 사라진 셈이다.[221] 소련의 인적 피해가 군인 8,668,400여 명, 민간인 1,000,000여 명으로 최대였다. 독일은 군인 2,049,872명, 민간인 410,000여 명, 그리고 중국은 군인 1,324,516명, 민간인 1,000,000여 명이었다. 일본은 군인 1,506,000여 명, 민간인 500,000여 명, 영국은 군인 397,762명, 민간인 92,673명으로 집계되었다.[222] 나치에 희생된 유대인들의 수

....

219   Timothy P. Maga, *Judgment at Tokyo: The Japanese War Crimes Trials*, University Press of Kentucky, 2001.

220   John Whiteclay Chambers et. al. eds., *The Oxford Companion to American Military History*, Oxford University Press, 1999, p. 782.

221   U.S. Census Bureau, *Total Midyear Population for the World: 1950-2050*, 2011.

는 6,000,000여 명 정도로 추산된다. 전체주의 국가들을 이웃으로 둔 폴란드의 경우는 전체 인구의 16%가 전몰(戰歿)하였는데, 그 중 절반은 나치의 "최종해결책"에 의해 희생된 유대계 폴란드인들이었다.[223] 나치는 유럽에서 질시의 대상이자 천대를 받던 유대인이나 집시 등을 인종적 "불량분자(unerwünscht, undesirable)"로 구분하고 잔인하게 학살하였는데, 이로 인해 전후 '종족대학살(genocide)'이라는 새로운 용어가 등장하게 되었다.[224] '강제추방자(displaced person)'라는 용어도 생겨났다. 나치로부터 해방된 체코슬로바키아는 1945년 이후 3,000,000여 명의 독일계 소수민족을 추방함으로써 복수했고, 폴란드 역시 1,300,000여 명의 독일인들을 쫓아내었다. 고아나 미아가 대량으로 발생했는데, 예를 들어, 유고슬라비아에는 그 수가 300,000명이 넘었다.

인류역사상 최대 · 최악의 이 전쟁, 그리고 '홀로코스트'와 '제노사이드(genocide)'와 같은 잔인한 대량 살상 과정은 18세기 이후 서구의 정신세계를 지배해 온 계몽주의에 대한 신랄한 비판과 깊은 반성이 1차대전에 이어 다시 한번 대두하는 계기가 되었다. 유럽에서는 17세기 중반부터 18세기에 이르기까지 과학, 철학, 사회, 정치의 다방면에서 혁명적인 변화가 일어났다. 특히 중세 시대의 기독교 중심의 세계관을 타파하고 인간 중심의 근대적 가치관이 부상하는 데 결정적 기여를 한 이른바 계몽주의 사상은 프랑스 혁명을 촉진하여 전통적인 계급사회를 파괴하고, 자유와 평등, 그리고 '인간 이성에 의한 진보'라는 이상(理想)에 기초한 새로운 미래를 약속하는 듯하였다. 종교적 권위와 신화(神話)를 거부한 계몽주의에 따르면, 인간은 이성과 논리에 기초한 과학과 기술의 수단을 통해 자신과 사회를 보다 나은 상태로 이끌어갈 수 있었다. 미래의 사회는 지금보다 더 인간중심적이고, 더 정

....

222   Priscilla Mary Roberts ed., World War II: The Essential Reference Guide, ABC-CLIO, 2012, p. 30.

223   "Counting the cost," *The Economist*, Jun 9th 2012. http://www.economist.com/node/21556542

224   '종족대학살(genocide)'이라는 용어는 폴란드 법률가 라파엘 렘킨(Raphaël Lemkin)이 그의 책『점령된 유럽에서의 추축국의 지배(*Axis Rule in Occupied Europe*)』에서 처음 사용하였다. 그리스어로 genos는 종족을, 라틴어로 cide는 살해를 의미한다. 렘킨은 이 용어를 나치의 유대인 학살뿐 아니라 역사상 특정 종족이나 민족이 고의에 의해 학살된 경우를 지칭하기 위해 제시하였다. United Nation, Office on Genocide Prevention and the Responsibility to Protect. http://www.un.org/en/genocideprevention/genocide.html

의로우며, 더욱 풍요롭게 변해갈 것이었다. 그러나 2차대전은 이러한 진보적 인간상을 산산조각 내었다. 세계대전에서 정작 인간이 이성과 논리, 그리고 과학과 기술을 가지고 서로에게 한 것은 한 부류의 인간이 다른 부류의 인간보다 본질적으로 우월하다는 가치관을 가지고 "저열한" 부류를 대상으로 한 숨막히는 '아우쉬비츠의 감금'이었고 잔인한 대량살상이었고, 그에 대한 일련의 처절한 복수적(復讐的) 살상이었기 때문이다.

서구 중심적인 이성과 문명이 희망과 진보의 미래가 아닌 야만적이고 타락한 '죽음의 몰골'을 드러내자 일단의 서구 지식인들은 이른바 계몽주의 '근대 프로젝트'를 해체하고 기존의 관념과 가치관을 근본에서부터 회의하는 탈근대적 사유의 틀을 탐색하기 시작하였다. 그들은 인류는 진정으로 인간적인 상태에 진입하는 대신 왜 새로운 종류의 야만성에 빠져버렸는가?, 인간이성이란 도대체 무엇인가?, 인류의 미래는 어떻게 될 것인가?, 대안은 무엇인가? 등과 같은 새로운 질문을 제기하면서, 비판이론(Critical Theory), 포스트모더니즘(Post-modernism)이라 불리는 시각들을 새로운 지적 실천적 토론의 장으로 내밀었다.

1968년 프랑스를 시작으로 세계 각국에서 '기존질서' 거부라는 큰 울림을 자아냈던 소위 '68운동'의 철학적 토대를 제공한 호르크하이머(Max Horkheimer)나 아도르노(Theodor W. Adorno)가 대표적 지식인이었다. 그들은 "나치 테러의 종말이 눈에 보이는 시점에서 쓴"『계몽의 변증법(*Dialectic of Enlightenment, Dialektik der Aufklärung*)』에서 "근대 프로젝트는 미몽(迷夢)과 신화를 깨뜨린 계몽 프로젝트의 기능을 잃어버리고 지배(domination)와 결합된 서양적 이성으로 전화(regression of reason)하여 그 자신이 또 다른 하나의 신화가 되었다며," 이제 야만은 근대성의 타락에 따른 것이 아니라 그것의 내재적 요소(immanent quality of modernity)"가 되었다고 지적하였다. 그들은 "계몽주의는 비판적 이성으로서의 성격을 잃어버리고 (목표 달성의 효율성만 강조하는) 도구적 이성으로 전락했고," "이 숨겨진 이성의 도구적 본질(instrumental essence of reason)은 근대를 '자기파괴성(self-destructiveness)'이라는 세균으로 감염시켰으며, 그 대가가 양차 세계대전과 홀로코스트 비극이었다"고 제시하였다.[225]

2차대전 중 인간의 이성이 도구화하여 효율적인 인간살상 수단의 개발에 기여한 전형적인 사례는 핵무기였다. 물론 핵무기는 인도적 무기 또는 정의의 무기로 볼 수도 있다. 히로시마와 나가사키에 핵무기를 투하하기로 결정할 당시 미국정부는 무고한 인간이 더 이상 희생되는 것을 막기 위해(다시 말해, 인간의 생명을 구하기 위해), 그리고, 일본 군국주의자들이 자행한 반인륜적 범죄와 무도(無道)를 응징하기 위해 핵무기 사용이 불가피하다고 생각하였다. 가치관에 따라 판단이 다르겠지만, 2차대전이 가공할 핵무기 개발을 추동했고, 이후 이 무기가 국제정치에서 핵심적 강제수단이자 대규모 전쟁을 방지하는 '공포의 균형(balance of terror)'을 유지하는 도구로, 다른 한편, 국가적 생존을 보장해주는 궁극적 자위수단으로 인식되고 사용되고 있다는 것은 부인할 수 없는 사실일 것이다. 그러나 핵무기는 "무차별 대량파괴"라는 속성과 그것이 가지는 부차적 효과(collateral damage)로 인해 전쟁과 무관한 민간인들을 전쟁의 주범들과 동일시하여 극단적 처벌을 가한다는 무모함을 내포하고 있었다. 나아가 2차대전 후 열강들이 핵무기를 다수 보유하게 됨으로써 핵억지전략, 미사일방어, 핵군비경쟁이 일상생활의 일부가 되어 인간이 태어나 삶을 마감할 때까지 "불시의 즉각적 죽음"이라는 상존하는 공포와 더불어 살아야 하게 되었다. 더구나 인류를 공멸시킬 수 있는 이렇게 결정적이고 최종적인 무기를 시민들의 동의 없이 열강의 정치지도자들이 사용결정권을 독점하는 상황은 가히 민주주의에 대한 심각한 위협이라 하지 않을 수 없을 것이다.

2차대전의 또 다른 주요 결과는 아프리카에서 아시아까지 전 세계의 상당 부분을 지배하던 유럽 열강들과 파시스트 제국들이 사라지게 되었다는 데서 찾을 수 있다. 이는 이들이 전쟁으로 인해 물리력이 약화/고갈되었거나 패전으로 인해 강제되었기 때문이기도 하지만, 식민지의 구성원들이 약화된 제국의 족쇄를 부숴버릴 수 있는 능력과 각성을 확보했기 때문이기도 하다. 알제리나 베트남과 같이 그 과정이 폭력을 동반한 장기적인 경우도 있었지만, 식민지들은 독자적 민족해방전쟁이나 강대국과의 연합전선을 통해 독립을 쟁취하였고, 이후 '제3세계'로서 다양한 방면에서 국제정치의 주체로 부상하게 되었다. 소련의 힘과 "이념적 호소력"으로

....

225 Max Horkheimer and Theodor W. Adorno, *Dialectic of Enlightenment*, Stanford University Press, 2002. xviii.

인해 일단의 신생국가들은 사회주의의 길로 나아갔다.

　2차대전은 전쟁방지와 공동번영을 위한 국제기구의 건립을 촉진하였다. 1차대전 후 윌슨주의에 따라 '집단안보, 군비감축, 개방외교' 등을 내걸고 국제연맹이 창설되었으나 제창국인 미국이 베르사유 조약에 대한 의회의 인준거부로 인하여 처음부터 불참하였고, 전쟁방지의 기능이 취약하여 본연의 역할을 하지 못하였다. 2차대전의 전승국들은 국제연맹의 취약점을 안전보장이사회의 거부권(veto power)과 군사행동권 등의 수단으로 보완하여 집단안보체제인 국제연합(the United Nations)을 결성하였다. 이들은 또한 2차대전 발발이 세계공황과 연관되어 있었다는 문제의식하에 자본주의 체제의 경기후퇴가 전쟁을 야기하지 못하도록 하는 차원에서 국제경제기구들을 만들었다. 경기불황을 타개하기 위해 단기간 돈을 빌려주는 국제통화기금(IMF), 상대적으로 장기적인 저리 차관을 통해 경제개발에 기여하는 국제부흥개발은행(IBRD), 그리고 2차대전의 원인 중 하나였던 전간기 세계경제의 블록화를 지양하고 자유무역을 촉진하는 GATT(발전하여 현재의 WTO) 등이 그것들이었다.

　2차대전은 아이러니하면서도 당연스럽게 유럽연합의 기원이 되었다. 1차대전에 이어 인류 최대의 참극을 겪은 유럽의 지식인들과 정치인들은 유럽에서 새로운 전쟁을 방지하기 위해서는 특정 국가가 무기생산 능력을 과도하게 보유하지 못하도록 하는 것이 우선 필요하다고 판단하였다. 이들 '참여주의 지식인들(concerned intellectuals)'은 무력의 핵심 재료가 되는 석탄 및 철강의 공동시장의 창설을 구상하였다. 1950년 5월 프랑스 외교장관 로베르 쉬망(Robert Schuman)이 구체화된 공동시장안을 제시하자 프랑스, 서독을 포함하는 6개국이 자신들의 석탄 및 철강 산업 분야에 대한 통제권을 독립적인 공동관리체에 위임하기로 함으로써 유럽석탄철강공동체(European Coal and Steel Community, ECSC)가 발족되었다. '유럽합중국(United States of Europe)'이라는 연방국가를 궁극 목표로 한 쉬망계획은 ECSC가 성공하면서 1957년 로마조약(Treaties of Rome, Treaty Establishing the European Economic Community)을 통해 유럽경제공동체(European Economic Community)와 유럽원자력공동체(European Atomic Energy Community)의 출범으로, 1991년에는 마스트리히트 조약(Maastricht Treaty, Treaty on European Union)을 통해 유럽연합으로 이어졌다. 유럽의 27개 국가들은 '전쟁할 수 있는 권리'가 토대라고 할 수 있는 주권의 일부를 상위의 공동권위체에 위임하여 무정부성(anarchy)이라는 국제정치의 구조와 베스트팔렌조약 이후 근 3백수십 년간 유지되어온 근대국제체제의 성격에 질적 변화를 일으키면서 인류가 전쟁 방지라는 이상을 다시 추구할 수 있는 제도적 기반이자 '비빌 언덕'을 마련하였다.

2차대전의 대격변적 사건들은 전후 국제정치연구에서 현실주의가 대두하는 데 기여하였다. 전간기 "이익의 조화(harmony of interests)"를 강조하는 이상주의를 천진하다고 힐난하며 국제정치에서 권력투쟁이라는 개념을 학문적 토론장의 전면에 내세운 이 에이치 카(E. H. Carr)의 통찰력을 체계화하고 이론화한 한스 모겐소는 "타자를 지배하려는 욕망(animus dominandi, desire to dominate)"은 모든 인간이 공유하는 본질적이고 보편적인 본성으로서 인간의 "권력에 대한 의지(will to power)"를 추동하는 원인이며, 국가는 이러한 '사악한 인간들'로 구성되어 있기 때문에 권력을 추구하는 인간의 본성은 국가의 본성이 되고, 이는 불변하는 국가의 본질이라며[226] 이러한 타자를 지배하려는 욕망이 가득한 이기적이고 사악한 국가들 간의 관계는 권력투쟁일 수밖에 없다고 주장하였다. 2차대전은 그의 주장을 경험적으로 증빙하는 사실로 간주되었다. 전후 국제정치학계에서 지배적 위상을 차지한 모겐소의 현실주의 패러다임은 강대국 지도자나 정책결정자들이 세상을 보는 방식에 실용주의적 방식으로 큰 영향을 미쳤다. 아이러니하게도 미국 등 연합국들은 국가 간 협력에 대해 낙관적인 자유주의에 입각하여 소위 규칙-기반의 국제질서(rules-based international order)를 구축하면서도 다른 한편으로는 국가적 외교안보의 셈법을 국가 간 갈등과 충돌은 불가피하고 영원히 계속될 것이라는 비관적 인식의 틀에 의존하는 이중적이고 복합적인 면모를 보여주었다.

2차대전의 획기적인 국제정치적 결과는 미국과 소련의 부상이었다. 이들은 전쟁을 승리로 이끈 주요 세력이자 "초강대국(superpower)"이라는 명칭이 어울리는 위세를 갖게 되었고, 유럽 제국들이 떠난 자리를 차지한 '새로운 제국'이 되었다. 생산시설이 전화(戰禍)를 면했고, 무기/군수품 판매로 초과이윤을 획득했으며, 전시

....

226 Hans Morgenthau, *Scientific Man versus Power Politics*, University of Chicago Press, 1946. p. 192.

활황과 고용 증가 속에서 이뤄진 급성장을 노자간 합의체제하에서 안정적으로 관리한 미국은 자본주의 세계 공업생산의 반을 차지하는 압도적인 경제력과 핵무기 독점에 기초한 군사력을 배경으로 새로운 국제질서를 시장민주주의(market democracy)와 자유주의적 가치에 따라 재편하고 지배하게 되었다. 소련은 경제력은 미국에 비교될 수 없는 수준이었지만, 정치적 무리(無理) 속에서도 5개년 경제성장계획을 효율적으로 진행하며 대안적 물질역량을 구축하였고, 그에 부분적으로 기초한 재래식 군사력의 급성장은 서방에 위협적일 만큼 눈에 띄는 것이었다. 급기야 소련은 1949년 8월 핵무기 실험에 성공함으로써 미국의 핵독점을 와해시켰다. 소련은 또한 마르크스-레닌주의라는 "인간이 고안하고 국가의 제도로 채택된 최초의 정치경제 관념"의 지적재산권을 주장하며 중동부유럽을 점취하였으며, 그 외의 지역에서도 마르크스-레닌주의의 인본주의에 감격하고 호응하는 적지 않은 인민들과 국가들의 롤모델이 되었다. 물론 2차대전이 이러한 새로운 국제질서의 성립의 원인이거나 이를 모두 설명할 수 있는 변인이라 할 수는 없다. 미국과 소련의 부상, 그리고 유럽 제국들의 쇠락은 이미 1939년 이전부터 진행되고 있었다. 따라서 새로운 국제질서의 등장은 2차대전 때문이라기보다는, 2차대전이 그러한 현상을 촉진하였다고 보는 것이 보다 합리적일 것이다.

유럽 열강의 쇠퇴와 미국, 소련의 부상으로 형성된 새로운 국제질서는 전쟁이 끝난 지 얼마 되지 않아 그 경직된 모습을 분명히 하였다. 즉 전쟁 중 필요에 의해 유지되던 두 초강대국 간의 우호협력 관계는 전후 처리 과정에서 상호불신이 싹트고 그것이 과거사에 대한 기억과 이념적 이질감에 의해 증폭되면서 적대적으로 변화하였고, 이는 이념, 정치, 군사, 경제 분야를 총망라하여 양 진영 간 대립하고 대결하는 이른바 냉전적 국제질서를 뿌리내리게 하였다.

냉전의 시작과 전개

2차대전이 끝나고 공동의 적이 사라진 후 미국과 소련은 서로의 체제와 이념의 위험을 경계하면서 역사적 전략적 불신을 심화하였고, 전후 문제를 처리하는 과정에서 사사건건 대립하였다. 이러한 면에서, "출발점은 다르나 같은 목표를 향해 달려가는 두개의 강대국들, 즉 러시아와 미국은, 섭리(攝理)의 비밀스러운 설계에 의해 각각 세계 절반의 운명을 두 손에 쥐고 있다"고 한 19세기 프랑스 사가(史家) 알렉시 드 토크빌(Alexis de Tocqueville)은 예지력이 있었다. 히틀러는 자살하기 직전 벙커에서 다음과 같은 말을 남겼다. 근거와 맥락은 다르나, 그가 전후체제를 미국과 소련이 "군사적, 경제적, 이념적 영역에서" 첨예하게 대결하는 패권경쟁의 구도가 될 것이라고 예상했다는 점에서 토크빌과 같은 그림을 보고 있었다:

독일제국이 멸망하고 아시아, 아프리카, 그리고 아마도 남아메리카 국가들의 민족주의가 부상하는 가운데 세계에는 서로를 적대할 능력이 있는 두 개의 강대국들이 존재하게 될 것이다. 미국과 소련. 역사와 지리의 법칙은 이 두 국가들이 군사적, 경제적, 이념적 영역에서 힘의 대결을 펼치도록 강제하게 될 것이다. 이 역사와 지리의 법칙에 따라 양국은 유럽의 적들이 될 것이다. 마찬가지로 확실한 것은 이 두 개의 강대국들이 조만간 유럽에서 유일하게 생존하는 민족, 즉 독일 민족의 도움을

절실히 필요로 하게 될 것이라는 점이다.[1]

전후 미국 지도자들은 미국이 누리고 있는 자유와 인권, 민주주의와 풍요를 자신들이 보기에 박해와 결핍에 시달리는 다른 민족들과 공유해야 한다는 생각, 즉 하나님이 자신들에게 부과한 "명백한 운명(the manifest destiny)" 또는 "산 중 마을(City upon a Hill, 마태(마태오)복음 5장 14절)"의 역할을 의식하고 있었다. 그들은 미국적 가치가 지구 상 모든 이들에게 확산되기를 바랐고, 이를 외교정책의 주요 지침으로 삼았다. 특히 독실한 개신교 신자였던 트루먼 대통령은 이러한 미션의식의 소유자였다. 그러나 소련의 스탈린은 국제정치를 영토적, 지정학적 관점에서 이해하고 있었다. 그는 공산주의자이면서도 러시아인으로서 내심 짜르의 민족주의적 팽창주의를 신봉했고, 거기에 나폴레옹 전쟁, 1차대전, 2차대전 등 피침과 고통의 러시아 고유의 역사인식을 짊어지고 있었다. 따라서 스탈린으로서는 소련과 국경을 공유하는 국가들이 친소적이거나 최소한 적대적이지 않아야 한다는 것을 2차대전 전승국 러시아의 역사적 권리라고 보았고, 이는 얄타회담 등 전시 회담 등을 통해 미국 등 서방 열강이 동의한 것으로 이해하였다. 실제로 루즈벨트 대통령은 스탈린에게 보낸 서한에서 스탈린의 요구에 매우 긍정적으로 반응하였다.[2]

포츠담회담의 결과로서 유럽의 미래를 결정하고 관리하기 위한 연합국 측 외교장관 회담이 1945년 9월 런던에서 개최되었다. 그러나 미국과 소련이 입장 차이를 좁히지 못해 성과를 내지 못하였다. 미국 등 서방의 관점에서 볼 때 가장 큰 장애물은 공산화된 동유럽 국가들의 모든 정부를 서방이 인정해야 한다는 몰로토프의 주장이었다. 그는 서방이 소련을 불신하고 적대시한다고 보았다. 그는 루마니아 정부와 관련하여 "미국이 루마니아 정부를 좋아하지 않으니 소련이 이 정부를 전복해야 합니까? 그리고 나서 소련에 우호적이지 않은 정부를 루마니아에 세워야 합니

....

1   "Hitler on the Future of Germany and Europe," April 1945, in Jussi M. Hanhimaki and Odd Arne Westad eds., *The Cold War: A History in Documents and Eyewitness Accounts*, Oxford University Press, 2004, pp. 73-76.

2   "Stalin to Roosevelt, 27 December 1944," in Manhimaki and Westad(2004), pp. 40-42.

까?"라고 문제를 제기하였다. 미국 트루먼 정부의 국무장관 번즈(James Francis Byrnes)는 "소련의 입장대로 하자면 결국 소련이 동유럽에 대해 완전한 종주권을 갖겠다"는 말인데, 이는 미국의 이익뿐 아니라 전시 합의에 배치된다고 주장하였다.

미국은 막무가내로 보이는 소련에 대해 좌절감을 느꼈지만, 이때까지만 해도 얄타의 정신으로서 "유럽 평화의 초석인 미소 간 우호관계"를 근본적으로 회의하는 지도자나 국민은 많지 않았다. 번즈는 회담 후 10월 31일 뉴욕의 한 언론인 모임에서 "우리는 소련이 중동부유럽의 이웃들과 더 긴밀한 관계를 구축하고자 하는 노력을 높이 평가하며, 전(前) 적국(敵國)들의 점령과 통제를 위한 제도적 장치를 마련함에 있어 소련이 특수한 안보이익을 갖고 있음을 충분히 이해하고 있다"고 말하였다.[3] 국무부 차관보 애치슨(Dean Acheson)은 11월 14일 번즈를 지원하는 차원에서 "우리는 소련이 우호적인 이웃 국가들을 갖는 것이 소련의 안보와 세계 평화를 위해 긴요하다는 사실을 인정하고 이해한다"고 거들었다.[4]

트루먼 정부가 소련을 의심하면서도 이러한 유연한 태도를 보인 것은 전후 미소협력의 끈을 놓지 않으려는 의도에 따른 것이기도 했지만, 소련군이 이미 중동부유럽을 점령하고 군정을 실시하고 있는 기정사실(旣定事實, a fait accompli)을 반영하는 것이기도 하였다. 나아가 중동부유럽은 경제적으로도 소련에 종속된 상태였다. 연합국 측은 이미 포츠담회담에서 소련이 동부 오스트리아, 헝가리, 루마니아, 불가리아 등에 있는 독일의 해외자산을 배상금 명목으로 수취하도록 허용한 바 있었지만 이들 국가에 나치가 은닉해놓은 자산과 권리가 어마어마하다는 사실은 잘 모르고 있었다. 어쨌든 소련은 이제 연합국 측의 동의하에 다뉴브 지역의 경제(Danubian economy)에 대해 상당한 영향력을 갖게 되었고, 당시 소련의 전반적인 정치 군사적 지배력을 고려할 때, 미국 등 서방이 문제제기를 통해 상황을 역전시킬 수 있는 가능성은 없어 보였던 것이 사실이다.

....

3   U.S. Department of State, Office of Public Communication, Bureau of Public Affairs, *The Department of State Bulletin*, Vol. 13, No. 2, 1945.

4   Robert J. McMahon, *Dean Acheson and the Creation of an American World Order*, Potomac Books, 2008, p. 44.

스탈린의 '2월 연설': "전쟁은 불가피하다!"

1946년 2월 9일 소련의 스탈린은 그가 의도했든 아니든 미국이 그간 가지고 있던 소련의 정체성에 대한 의구심을 말끔히 해소해주었다. 당시 스탈린은 1936년 '스탈린 헌법'에 의해 설치된 최고소비에트(Supreme Soviet)라는 양원제 의회 선거에 입후보한 상태였다. 그의 생애 두 번의 입후보 중 첫 번째였다. 그는 자신의 모스크바 지역구의 볼쇼이 극장(Bolshoi Theatre)에서 열린 유세에서 모스크바 당위원장 흐루쇼프(Nikita Sergeivich Khrushchev)가 사회를 보는 가운데 '소련 사회주의의 경제 문제'에 대해 유권자들의 주의를 환기시키고자 하였다. 그는 연설 모두(冒頭)에서 공산당과 사회주의 정권을 찬양하면서 1930년대의 집단화, 산업화 등 당의 모든 정책을 정당화하였다. 그러한 정책 덕에 전쟁에서 승리할 수 있었다고 말하였다. 그리고는 국제 문제로 주제를 옮겼다. 스탈린은 익숙한 레닌주의 개념인 "자본주의 최고 단계로서의 제국주의"와 제국주의 전쟁을 설파하기 시작하였다. 그는 제1차세계대전과 제2차세계대전 모두 자본주의 모순 때문에 불가피하게 발발하였다고 말하였다. 즉 자본주의는 주기적으로 [공급과잉으로 인해] 경제위기가 찾아오는데 자원과 시장이 취약한 국가들은 이 문제를 타개하기 위해 [경쟁국에] 무력을 사용하게 되어 결국 대규모 전쟁이 발발한다는 것이었다. 스탈린은 연설 며칠 전 문건을 배포하였는데, 연설 내용을 포함하여 이를 요약하면 다음과 같다:

① 1차, 2차대전은 모두 제국주의 전쟁이다.

② 자본주의의 제국주의 전쟁은 따라서 불가피하다. 이를 방지하기 위해서는 제국주의가 파괴되어야 한다.

③ 세계공산주의 평화운동은 잠정적 평화를 가져올 수 있으나 자본주의 전복과 사회주의 건설을 목표로 하지 않는 오류를 가지고 있다.

④ 미국이 서독, 영국, 프랑스, 이탈리아, 일본을 위성국가화했기 때문에 자본주의 국가들끼리 전쟁이 일어날 가망성이 낮다고 보는 공산주의자들은 오류에 빠진 것이다. 이들 국가는 미국의 속박에서 곧 벗어나려 할 것이다.

⑤ 2차대전은 자본주의 국가들끼리 시작한 것이지 소련을 겨냥해서 일어난 것은 아니다. 그러나 결국 불똥은 소련에게 튀지 않았나?[25]

스탈린은 소련이 강력한 물리력을 확보하고 있어야 제국주의 전쟁이 소련으로 이전되는 것을 막을 수 있다고 말하였다. 그는 소련이 약진에 의해 후진국에서 선진국으로, 농업국에서 공업국으로 탈바꿈했으며 미래의 위협에 대처하기 위해서는 또 한번의 약진이 필수적이라 말하였다. 스탈린이 말하는 약진은 소련 인민이 적군 (赤軍)의 방위력 증대를 위해 다시 한번 총동원됨을 의미하였다. 이는 일반 소련 인민들에게는 큰 실망감과 좌절감을 가져다 주었다. 지난 두 차례의 5개년경제개발 계획 기간 동안 소련 인민 대다수는 극도의 긴장 속에서 국가재건과 방위력 증대를 위해 장시간의 노동에 시달리며 개인의 삶을 희생하였다. 그리고 전쟁에서 승리하였다. 그러니 퇴역군인들이나 일반인들은, 스탈린이 1941년에 그리고 1945년 5월에 약속했듯이, 이제 전후 안정적 생활을 어느 정도 즐길 수 있을 것으로 생각하였다. 그런데 스탈린은 1946년 2월 태도를 돌변하여 소련 인민들에게 다시 새로운 힘든 과제를 부과한 것이었다.

스탈린은 왜 인민의 기대를 저버릴 수밖에 없었나? 비밀문건을 분석한 냉전사 전문가인 런던정치경제대학의 블라디슬라브 주보크(Vladislav Zubok) 교수에 따르면, 스탈린은 미국의 핵위협에 대처하기 위해 비용이 많이 드는 핵무기와 미사일 개발 프로젝트를 시작하려 했고, 따라서 인민들은 더 많이 일하여 더 많이 생산하여만 하였다. 스탈린은 당시 핀란드에서 활약하던 최측근을 모스크바로 불러들여 선전조직에서 일하게 하였다. 그는 인민이 왜 다시 힘든 노동을 견뎌야 하는지를 설명해야 하였다. 스탈린은 인민에게 핵무기, 미사일이 필요하니 더 일해야 한다고 말할 수는 없었다. 이 프로그램은 당연히 비밀 프로젝트였기 때문이다. 따라서 그는 인민의 희생을 정당화할 수 있는 다른 이유를 필요로 하였다.[6]

주보크에 따르면, 당시 스탈린은 실리주의자나 기회주의자였지 세계혁명을 추구하는 급진주의자나 팽창주의자가 아니었다. 『냉전의 기원에 관한 논쟁(*Debating*

....

5   "Speech Delivered by Stalin at a Meeting of Voters of the Stalin Electoral District, Moscow," February 09, 1946, History and Public Policy Program Digital Archive, Gospolitizdat, Moscow, 1946. http://digitalarchive.wilsoncenter.org/document/116179

6   Vladislav M. Zubok, *A Failed Empire: the Soviet Union in the Cold War from Stalin to Gorbachev*, The University of North Carolina Press, 2007, p. 51.

the Origins of the Cold War)』을 쓴 모스크바국제관계연구소(Moscow State Institute of International Relations)의 블라디미르 페차트노프(Vladimir Pechatnov)도 당시 "소련 정부 내에서는 고립주의들이 지배적이었다"고 회고하고 있다.[7] 그러나 스탈린의 의도가 어찌되었든 미국과 서방은 얼마 전까지만 해도 연합국 측의 일원이었던 소련의 최고지도자가 자본주의의 모순 때문에 서방과의 전쟁이 불가피하다고 전제하였기 때문에 소련을 잠재적 적이자 실존적 위협으로 받아들일 수밖에 없었다.

스탈린은 '2월 연설' 이전부터 공세적으로 나왔다. 1945년 12월 스탈린은 터키를 위협하였다. 그는 이미 1945년 7월 포츠담 회의에서 몽트뢰 조약(Montreux Convention)을 개정하여 터키해협의 공동방위에 소련이 참여하도록 해야 한다고 주장한 바 있었다. 그러나 서방의 지지를 받은 터키가 이를 거부하자 터키를 다시 협박한 것이었다. 그는 공개적으로 터키 영토 일부를 할양하라고 요구하였고, 보스포러스와 다다넬스 등 터키의 해협에 소련 군사기지 건설을 기도하였다. 그는 이란에도 압박을 가하여 1945년 12월 이란 북부의 소련 점령 지역에 쿠르드 족의 마하바드(Mahabad) 공화국과 아제르바이잔(Azerbaijan) 공화국 등 친소국을 건립하여 이란의 석유이권을 확보하는 동시에 이란 전역을 자신의 세력권하에 두려하였다.

그러나 중요한 것은 스탈린의 이러한 조치들은 소련의 관점에서 보면 공세적이라기보다는 수세적인 면이 더 강했다는 점이다. 주보크의 말을 빌리면, 소련의 터키에 대한 조치들과 요구들은 "제한적" 목표에 따른 것이었다. 즉 러시아는 갑자기 이와 같은 행동을 취한 것이 아니라, 오히려 제정러시아 때부터 수십 년 동안 주요 외교안보 현안으로 간주해온 것들을 지속적으로 추구한 것이었다. 이란도 오랫동안 소련의 세력권하에 있어 왔다. 그러나 미국 등 서방에게 스탈린의 행동이 문제로 보였던 이유는 그가 소련의 외교 행태에 대해 근거를 제시하고 정당화하지 않았다는 데 있었다. 그러나 스탈린의 입장에서 보면, 그는 늘 호시탐탐 기회를 노렸기 때문에 언제든 많은 선택지를 가지고자 하였고, 그러려면 자신의 행동의 근거를

....

7   Ralph B. Levering, Vladimir O. Pechatnov, Verena Botzenhart-Viehe, and Earl C. Edmondson, *Debating the Origins of the Cold War: American and Russian Perspectives*, Rowman and Littlefield Publishers, 2001, p. 115.

명확히 해서는 오히려 안 되는 것이었다.

"장문의 전문(the Long Telegram)"과 대소 봉쇄정책(Containment Policy)

어쨌든 스탈린이 1946년 2월 "전쟁이 불가피하다"는 연설을 했을 때 미국과 서방은 비로소 수수께끼를 푼 느낌이었다. 스탈린이 전후 행동에 옮긴 모든 것이 이제 이해가 될 수 있었다. 그는 역시 마르크스-레닌주의자였고, 세계혁명을 꿈꾸는 팽창주의자였던 것이다. 서방은 이제 공산주의적 보편주의와 짜르의 팽창주의가 결합된 위험한 괴물을 발견한 것이었다. 스탈린과 소련의 정체를 확인한 이상 미국 등 서방은 소련에 대한 신뢰나 협상의 가능성을 예전과 같이 유지할 수는 없었다. 외교적 경험 없이 루즈벨트를 승계한 트루먼 대통령은 소련과의 협상을 중단하는 한편 소련의 팽창을 봉쇄하기 위한 방편을 적극적으로 강구하게 되었다.

주모스크바 미국 대사관의 대리대사(Charge d'Affaires) 조지 케넌(George F. Kennan)은 스탈린의 '2월 연설'을 주의 깊게 분석한 미국 외교관 중 하나였다. 러시아의 문화, 역사, 정치, 경제에 해박했던 케넌에게 스탈린이 자본주의 국가들과 사회주의 국가들은 작동원리상 장기적 협력이 불가능하다고 보는 것은 숙지(熟知)의 사실이면서도 한편 새삼스러운 것이었다. 과거 케넌은 대사관에서 직원으로 근무할 당시부터 스탈린의 대숙청 등에 무관심하던 조셉 데이비스(Joseph E. Davies) 대사에 대해 강한 반감을 가지고 있었다. 이 때문에 대사는 케넌을 전보시키고자 했고, 그는 워싱턴 국무부(1789년 외교부로 시작하였으나 화폐 제조·관리 업무를 맡으면서 국무부로 명칭 변경)의 러시아 데스크로 자리를 옮겼다. 케넌은 이후 프라하, 베를린, 리스본, 런던 등지를 옮겨다니다가 애버럴 해리먼(W. Averell Harriman) 대사의 요청을 받고 주소 미국대사관으로 복귀하였다. 이후 케넌은 트루먼 정부가 소련에 대해 협력적 정책을 중단하고 소련을 견제하기 위해 유럽 내 세력권(sphere of influence)을 중시하는 보다 현실주의적 접근을 채택할 것을 주문하였다.

이런 상황에서 케넌은 1946년 2월 3일 미국 국무부로부터 한 통의 전문을 받았다. 재무부(U.S. Department of the Treasury)가 소련의 최근의 행동—예를 들어 소련이 국제통화기금(IMF)이나 국제부흥개발은행(IBRD) 등을 지지하지 않는—에 대해 국무부에 설명을 요청했던 것이다. 케넌은 제임스 번스(James Byrnes) 국무장관에게 보내는 1946년 2월 22일 자 전문을 통해 재무부의 질문에 답하였다. 그가 보낸 답신에서 보듯, 이제서야 그는 자신의 소련관과 그에 따른 대소전략에 대해 충분히 설명할 기회를 얻었다고 느꼈고, 장문의 전문을 작성하여 워싱턴의 국무장관에게 전송하였다. 케넌의 전문은 스탈린의 '2월 연설'에 의해 크게 영향을 받았다. 케넌은 스탈린의 "호전적"인 언행이 미국의 핵독점을 우려한 소련의 핵무기나 미사일 개발 프로그램과 관련되어 있다기보다는 소련의 공산주의 이데올로기와 러시아의 피침 역사가 배양한 민족주의적 팽창주의, 그리고 독재를 정당화할 국내정치적 필요에 따른 것으로 보았다.

케넌은 재무부의 질문들에 대한 대답이 복합적이고 미묘하며, 미국의 사고방식으로 이해하기 어렵기 때문에, 그리고 미국의 국제정치와 관련 중차대한 의미를 가질 수 있기 때문에, 장문의 보고서가 불가피하다며 보고서를 시작하였다:

소련은 자신이 적대적인 자본주의 국가들에 의해 포위되어 있으며, 자본주의 국가들과의 평화공존은 장기적으로 불가능하다고 믿고 있다. 스탈린은 1927년 미국 노동자 대표자들에게 말했듯이, 자본주의 열강들은 내적 모순으로 인해 진영으로 나뉘어 세계경제 지배를 위한 경쟁에 몰입하게 될 것이며, 경쟁의 결과는 대전이 될 것인데 영리한 자본주의자들은 자본주의의 내적 분쟁을 피하기 위해 사회주의 세계에 대한 무력개입을 감행하게 될 것으로 보고 있다. 이는 소련으로서는 전 세계적으로 자본주의와 공산주의의 운명을 결정할 중대한 사안이다.

이와 같은 소련공산당 노선의 기본 전제는 사실과 거리가 멀다. 자본주의 국가와 사회주의 국가는 역사적 경험에서 볼 수 있듯이 공존할 수 있다. 자본주의의 내적 경쟁이 전쟁을 반드시 야기하지는 않는다. 다시 말해, 모든 전쟁이 이 이유에서 비롯되지는 않았다. 그러나 스탈린의 관점에 따르면 자본주의 열강 간의 전쟁은 자본주의 작동 원리상 불가피하다. 그는 이러한 자본주의 열강들의 제국주의적 투쟁은 오히려 "소련이 군사적으로 강력하고 이념적으로 현 지도부에 일치단결하기만 하면" 사회주의에 큰 기회를 줄 수도 있다고 주장하고 있다. 스탈린은 이어서 사회주의 혁명에 가장 위험한 세력은 자본주의적 반동분자가 아니라 레닌이 인민의 "가짜 친구들"이라 부른 온건한 사회주의자 또는 사회민주주의자들이라고 경고하였다. 즉 반동분자들은 자신의 색깔을 확연히 드러내며 '행진'하지만 이들 비공산주의 좌파들은 반동자본의 이익에 복무하기 위해 사회주의적 장치를 이용함으로써 인민을 현혹시킨다는 것이다.

소련의 세계관의 배경에는 무엇이 있나? 소련공산당의 대서방 적대적 노선은 러시아 인민들의 관점을 반영하지 않는다. 러시아 인민들은 대개 외부세계에 대해 친절하고, 그것을 경험하고자 하며, 자신들이 보유하고 있는 능력을 타국인들과의 관계에서 측정하고 싶어하고, 특히 평화를 갈망하며 자신들의 노동의 대가를 즐기고자 한다. 당의 노선은 인민들에게 강제된 것이다. 한편, 당의 노선은 공산당, 경찰, 정부 등 권력기관을 구성하는 사람들의 관점이나 행동을 구속한다. 따라서 미국이 다뤄야 하는 것은 러시아 인민들이라기보다는 바로 이들인 것이다.

이와 같이 사실에 근거하지 않은 대외 적대감을 담은 당 노선은 러시아 국경 밖의 상황에 대한 객관적 분석에 기초한 것이 아니라 2차대전 이전부터 존재했고 지금도 존재하는 국가 내부적 필요에 의한 것이다. 즉 소련의 신경과민적인 세계관의 밑바닥에는 전통적이고 본능적인 러시아 특유의 불안감(sense of insecurity)이 있다. 러시아가 최초로 이러한 불안감을 체득하게 된 배경에는 유목민들이 있었다. 이 사나운 유목민들과 접촉하면서 광대하고 개방된 땅에서 평화롭게 생존해온 러시아 농민들의 불안감이 고착되었던 것이다. 여기에 러시아의 불안감을 증폭시킨 요인이 추가된다. 즉 경제적으로 선진적인 서구와 접촉하게 되면서, 보다 경쟁력 있고 더 강력하며 더 조직화되어 있는 사회들에 대한 공포가 발생했고, 이것이 기존의 불안감을 증폭시켰던 것이다. 이것은 러시아 인민들보다는 위정자들의 공포를 더 증폭시켰다. 위정자들은 그들의 통치 수단이 원시적이고, 심리적 측면에서는 더 취약하며 인위적이었기 때문에 서구 국가들의 정치체제와 경쟁하기 어렵다고 인식하였다. 이러한 연유로 러시아 위정자들은 항상 외부로부터의 침투나 서구와의 직접적 접촉을 두려워했고, 러시아 인민들이 외부 세계를 알게 되면 발생할 수 있는 상황(또는 외부 세계가 러시아 내부를 알게 되면 발생할 수 있는 상황)에 대해 두려워했던 것이다. 결과적으로, 러시아 위정자들은 국가안전보장은 경쟁국과의 맹약이나 타협이 아닌 경쟁국의 완전한 파괴를 위한 끈기있고 치명적인 투쟁을 통해

서만 확보될 수 있다고 믿게 되었다.

서부유럽에서 반세기 동안이나 별 성과를 내지 못했던 마르크스주의가 러시아에서 성공한 것은 우연이 아니다. 국내적이든 국제적이든 우호적인 이웃이나 분산된 권력들의 평형[권력분립]을 경험한 적이 없는 바로 이 러시아 땅에서, 한 사회에서의 경제적 갈등은 평화적 수단에 의해 결코 해결될 수 없다는 마르크스주의가 성공한 것이다. 마르크스주의는 레닌의 해석이 첨가되어 더욱 공격적이고 무자비한 형태로 변하였고, 볼셰비키의 불안감은 이전 러시아 황제들보다 더 심해졌다.

스탈린과 볼셰비키는 기본적으로는 이타성에 기초해 있는 마르크스주의에서, 외부세계에 대한 그들의 본능적인 공포를 정당화하고, 자신들이 알고 있는 유일한 통치 방법인 독재, 그리고 그들이 잔인하게 인민에게 강요하는 온갖 희생을 소련 국민들이 마땅히 감수해야 하는 것으로 정당화하는 일단의 정신기제(精神機制)를 발견한다. 그들은 마르크스주의의 이름으로 그들의 방법과 전술에서 모든 윤리적 가치를 배제하고 있다. 목적은 수단을 정당화한다. 오늘날 볼셰비키는 마르크스주의가 없이는 존재할 수 없다.

이러한 전제들로부터 소련의 전술전략에 관한 몇 가지 연역들이 도출될 수 있다. 가장 중요한 것으로는, 모든 것을 소련의 국력을 증대시키는 또는 자본주의 국가들의 국력을 감소시키는 방향으로 결집해야 한다는 소련의 국가전략이다. 소련과 그의 우방국들은 자본주의 강대국 간의 차이와 분쟁을 활용하고 격화시켜 제국주의 전쟁이 발발토록 해야 하고, 또한 이러한 전쟁이 자본주의 국가들 내에서 혁명적 봉기로 이어질 수 있도록 노력해야 한다는 것이다. 즉, 스탈린이 제시했듯이, 자본주의 국가 내에서 사회주의 혁명이 일어나도록 조건을 만들어내야 한다는 것이다.

소련은 식민지, 후진국, 종속국의 인민들에 대한 선진 서방국들의 힘, 영향력, 접촉을 약화시킴으로써 발생하는 권력공백은 이 지역에 침투하려는 자신에게 유리하게 작용할 것이라 보고 있다. 소련이 신탁통치에 참여하려는 이유는 바로 이 지역에서 서방의 영향력을 감소시키려는 의도에 기인한 것이다.

미국은 어떻게 대처해야 하는가? 여기 소련에는 미국과의 타협은 전적으로 불가능하다는 신념에 광적으로 투신하는 하나의 거대한 정치적 힘이 존재한다. 즉 의견·사상이 다른 사람들·조직들·국가들이 서로 다투지 않고 살아가기 위해 맺는 영구적인 잠정협정(modus vivendi)은 불가능하다는 인식이다. 그렇기 때문에 소련은 자신의 힘이 안전하게 유지되기 위해서는 미국 사회의 내적 조화가 파괴되고 미국의 전통적 삶이 훼손되며 미국의 국제적 권위가 손상되게 하는 것이 필요하다고 본다. 이 정치적 힘은 위대한 인민들과 세계 최대의 영토·자원을 가진 소련을 완전히 통제하고 있다. 이 정치적 힘의 배후에는 러시아 민족주의의 깊고 강력한 조류가 존재한다. 게다가 이 정치적 힘은 지하운동에서 다져진 경험과 기술을 바탕으로 한 놀라울 정도로 유연하고 다목적적인 조직들을 갖고 있어 다른 나라들에서 효과적인 영향력을 행사할 수 있다.

이 정치적 힘은 그러나 현실과 괴리되어 있다. 이 정치적 힘은, 미국과 같이 자신의 세계관을 인간 사회에 관한 객관적 사실에 대해 지속적으로 검증/변경하지 않고, 오히려 속이 보이지 않는 주머니에 선물을 넣어 놓고 사람들이 뽑게 하는 '뽑기게임'처럼 그야말로 자의적이고 과격한 방법으로 기존의 세계관을 강화할 뿐이다.

우리에게 펼쳐진 그림은 유쾌한 것은 아니지만 해결책이 없는 것은 아니다. 전쟁이라는 수단을 사용하지 않고 이러한 문제에 접근하는 방식을 제시하고자 한다. 먼저 소련의 힘은 히틀러의 힘과는 달리 조직적이거나 모험적이지 않다는 점을 이해해야 한다. 그것은 일정한 계획을 가지고 있지도 않고 불필요한 모험을 감수하려 하지도 않는다. 소련의 힘은 이성의 논리에 귀기울이지 않고 단지 힘의 논리에만 매우 예민하게 반응한다. 이와 같은 이유로 인해 소련의 힘은 어느 지점이든 강한 저항에 부딪히면 쉽게 철수할 수 있고, 또 실제로 대개의 경우 그래 왔다. 만약 소련의 적이 충분한 힘을 갖고 있고 그것을 사용할 결의를 보인다면 그 소련의 적은 그것을 사용할 필요도 없다. 상황이 적절히 관리되기만 하면 오기(午氣)의 일전은 일어나지 않는다.

소련 체제의 성공 여부는 아직 증명되지 않았다. 승계 문제가 핵심이다. 레닌 사망은 그후 15년 동안이나 소련에 타격을 입혔다. 스탈린이 죽거나 은퇴할 경우 어떤 일이 벌어질지 모른다. 그러나 이것도 최후의 테스트는 아니다. 소련의 내부 체제는 최근의 영토팽창으로 인해 재정적으로 테스트를 받게 될 것이다. 제정러시아가 그러하였다. 이곳 소련에서 우리가 목도하는 바로는 내전종결 이후 러시아 인민대중이 공산당의 노선으로부터 지금처럼 감정적으로 유리된 적이 없었다. 현재 러시아에서 공산당은 독재정부의 효율적인 통제장치를 갖고 있기는 하지만 얼마나 지속될지는 알 수 없고, 확실한 것은 러시아인들의 정서적 영감(靈感, 자신감)의 원천으로서의 공산당은 이미 존재하지 않는다는 사실이다. 따라서 소련의 내부적 건실성과 영속성은 확실히 보장된다고 장담할 수 없다.

미국은 소련이 제기하는 문제를 현명한 방법을 강구하여 풀어나갈 수 있다. 몇 가지 구체적 방법론을 제시한다면, 국민 교육이 중요하다. 러시아의 현실에 대한 교육을 언론에만 맡길 수는 없다. 경험과 정보가 많은 정부가 나서야 한다. 모양새가 좋지 않다는 의견이 있을 수 있으나 이는 옳지 않다. 소련의 현실을 알고 이해하게 되면 오히려 극단적 반소주의는 약화될 것이다. 무지가 야기하는 결과만큼 위험하거나 두려운 것은 없다. 러·미관계 악화에 대한 우려가 있을 수 있으나 양국 간 상호의존이 거의 존재하지 않기 때문에 미국으로서는 잃을 것이 거의 없다. 미소관계를 전향적으로 이끌어가기 위해서는 우리 국민이 계몽되어야 하고, 객관적인 사실에 기초한 대소접근이 절대적으로 필요하다고 판단된다.

미국 사회의 건강성과 역동성이 필요하다. 세계공산주의는 손상된 세포에서만 자라나는 유해기생충과 같다. 이 점이야말로 미국의 국내정책과 외교정책이 만나는 지점이다. 미국 사회의 내부적 문제를 해결하고, 미국인들의 자신감, 기강, 사기, 공동체의식을 함양하기 위한 과감하고 기민한 조치들은 소련에 대한 외교적 승리의 기초이며, 수천 개의 합의나 공동성명보다 더 중요한 의미를 갖는다. 미국인들이 자국 사회의 문제들에 직면하여 패배주의와 무관심에 빠진다면 결국 이익은 소련에게 돌아갈 것이다.

미국은 다른 나라들에 대해서도 긍정적이고 건설적인 국제정치적 청사진을 내놓아야 한다. 특히 유럽국가들은 과거의 경험으로 인해 추상적인 자유보다는 안보에 더 관심이 많다. 미국이 이를 제공하지 않으면 소련에 선수를 빼앗기게 될 것이다.

결국 소련공산주의를 상대함에 있어 미국을 실패하도록 만들 가장 큰 위험은 미국 자신을 자신이 상대하는 대상과 같이 되도록 방치하는 데 있다.[8]

INFORMATION
COPY
ACTION MUST BE ENDORSED
ON ACTION COPY

DEPARTMENT OF STATE

INCOMING TELEGRAM

PEM-K-M
No paraphrase necessary.

8963

Moscow via War

Dated February 22, 1946

Rec'd 3:52 p.m.

ACTION:EUR
INFO:
S
U
C
A-B
A-C
A-D
SA
SPA
UNO
EUR/X
DC/R

~~SECRET~~

Secretary of State,

Washington.

511, February 22, 9 p.m.

Answer to Dept's 284, Feb 3 involves questions so intricate, so delicate, so strange to our form of thought, and so important to analysis of our international environment that I cannot compress answers into single brief message without yielding to what I feel would be dangerous degree of over-simplification. I hope, therefore, Dept will bear with me if I submit in answer to this question five parts, subjects of which will be roughly as follows:

(One) Basic features of post-war Soviet outlook.

(Two) Background of this outlook.

(Three) Its projection in practical policy on official level.

(Four) Its projection on unofficial level.

(Five) Practical deductions from standpoint of US policy.

I apologize in advance for this burdening of telegraphic channel; but questions involved are of such urgent importance, particularly in view of recent events, that our answers to them, if they deserve attention at all, seem to me to deserve it at once. WHERE FOLLOWS PART ONE: BASIC FEATURES OF POST WAR SOVIET OUTLOOK, AS PUT FORWARD BY OFFICIAL PROPAGANDA MACHINE, ARE AS FOLLOWS:

(A) USSR still lives in antagonistic "capitalist encirclement" with which in the long run there can be no permanent peaceful coexistence. As stated by Stalin in 1927 to a delegation of American workers:

"In course

DECLASSIFIED
E.O. 11652, Sec. 3(E) and 5(D) or (E)

~~SECRET~~

Dept. of State letter, Aug. 10, 1972

케넌이 제임스 번즈 국무장관에게 보낸 1946년 2월 22일 자 '장문의 전문(the Long Telegram)'.

....

8   861.00/2 - 2246: Telegram, The Charge in the Soviet Union (Kennan) to the Secretary of State,

케넌의 전문은 워싱턴 내부에서 큰 반향을 일으켰다. 그렇지 않아도 트루먼 정부는 스탈린의 '2월 연설'과 같은 도발적 언사와 1945-46년 이란과 터키에 대한 위협적 행동으로 인해 외교적 접근의 한계를 느끼면서 군사적, 경제적 압박책을 궁리하고 있던 터였다. 케넌은 1947년 초 국방장관 제임스 포레스털(James Forrestal)을 위해 "장문의 전문"을 수정/보완한 보고서를 작성하였다. 케넌은 '포린어페어즈(*Foreign Affairs*)' 편집장 해밀턴 암스트롱(Hamilton Fish Armstrong)의 제안에 따라 국방장관의 승인을 얻어[9] 이 보고서를 "소련의 행동의 원천(The Sources of Soviet Conduct)"이라는 제목의 논문 형태로 6월호에 발표하였다. 현직 국무부 고위관리였던 케넌은 "X"라는 가명을 씀으로써 그의 글이 정부정책이라는 오해를 피하고자 하였다. "소련의 행동의 원천"은 "장문의 전문"에 기초해 있지만 분석과 처방이 보다 구체적이고 일반인 독자들을 위해 비유를 많이 사용하였다. 핵심은 다음과 같다:

현재 우리가 알고 있는 소련의 정치적 성격은 이데올로기와 환경의 결과물이다. 소련의 행동을 이해하려면 이 두 개가 어떤 역사적 연원을 갖고 있는지, 이것들의 상호작용과 각각의 역할은 어떠한지를 알아야 한다.

　사회주의 혁명 직후의 상황―열강이 러시아 내전에 무력개입하였고, 그러나 공산주의자들은 러시아 인민 중 극히 작은 일부였다는 사실―은 독재권력의 수립을 필수불가결한 것으로 만들었다. 공산주의자들이 자신들을 위해 독재를 추구한 것은 아닐 것이다. 그들은 자신들만이 러시아 사회를 위해 무엇이 바람직한지를 알고 있다고 믿었다. 그리고 그러한 바람직한 사회를 만들기 위해서는 그들의 권력이 확고하고 도전받지 않는 것이어야 한다고 믿었다. 그러나 그러한 목적을 달성하기 위해서는 어떤 수단도 사용 가능하다는 믿음이 문제였다. 그 수단에는 "탄압의 조직들(organs of suppression)"이 포함되었다. 러시아에서 위협의 원천이던 자본주의가 사라지자 공산주의자들은 자신들의 독재를 정당화하기 위해 또 다른 위협의

....

　　Moscow, February 22, 1946–9 p.m. [Received February 22-3: 52 p.m.]. https://nsarchive2.gwu.edu//coldwar/documents/episode-1/kennan.htm

9　George F. Kennan, *Memoirs, 1925-1950*, Little, Brown, 1967, pp. 354-56.

원천, 즉 러시아 밖 자본주의의 위험성을 강조하기 시작하였다. 이때부터 러시아 내의 반독재 세력은 소련에 적대적인 외부 반동세력의 첩자들로 규정되었다.

소련의 외교 관행에 대해 말하자면, 소련은 간혹 자신의 이익과 배치되는 외교문서에 서명을 하기도 하는데 이는 전술적 차원의 기만책으로서, 구매 물품의 하자 유무에 대해서는 매수자가 확인할 책임이 있다는 "매수자 위험 부담 원칙의 관점(in the spirit of caveat emptor)"에서 다뤄져야 한다. 기본적으로, 적대감은 남아 있다. 적어도 그렇다고 상정(想定)되고 있다. 이 적대감으로부터 미국이 이해할 수 없는 행동들이 파생되어 나온다. 비밀주의, 비솔직성, 이중성, 의심, 의도의 비우호성 등이 그것이다. 이러한 특징들은 사라지지 않을 것이다. 단 러시아가 미국에게 필요한 것이 있을 땐 이러한 특징들의 일부는 뒷전에 놓이게 될 것이다. 이런 일이 벌어지면 미국인들의 일부는 "러시아가 변했다"며 환호할 것이고, 심지어 이들 중 일부는 자신이 그러한 "변화"를 가져왔다고 공치사(功致辭)를 할 것이다. 그러나 미국은 소련의 전술에 말려서는 안 된다. 소련 정책의 특징들은 소련 내부의 성격에서 비롯된 것이다. 이 특징들은 드러나든 드러나지 않든 소련의 내적 성격이 변하지 않는 한 그대로 남아 있을 것이다.

소련은 그러한 외교정책을 어떻게 정당화하는가? 1929년 스탈린이 권력을 장악한 이후 소련공산당은 오류를 범하지 않으며 진리의 유일한 원천으로 되어 있다. 현안에 대한 공산당의 결정이 내려지면 외교부를 포함해 소련 정부의 모든 조직체들은 처방된 노선에 따라 멈춤 없이 운행한다. 이는 마치 태엽이 감긴 장난감 자동차가 주어진 방향으로 진행하다가 타개할 수 없는 힘에 맞닥뜨렸을 때 비로소 정지하게 되는 것과 같다.

내적 저항이 없는 소련 정부는 목적 달성을 위해 단기적 비용을 감당할 수 있는 입장에 있다. 미국은 장기적 관점에서 소련을 다루어야 한다. 미국의 대소정책은 장기적인 관점에서 소련의 팽창주의 경향을 강력하고 빈틈없으면서도 인내심 있게 봉쇄해야 한다.

그러나 중요한 것은 미국이 위협, 엄포, 또는 강인함을 보이기 위한 과장된 행동을 하지 말아야 한다는 점이다. 러시아 지도자들은 인간 심리에 정통하며, 자제력 상실은 결코 정치적 힘의 원천이 될 수 없다는 것을 잘 알고 있다. 그들은 이러한 취약점을 파고들 것이다. 이러한 이유로 소련을 대하는 외국 정부들은 어떠한 경우든 자제력과 침착함을 유지해야 하며, 소련이 타협적으로 나올 때 이것을 소련의 명예를 훼손하지 않는 방식으로 관리하는 것이 중요함을 이해해야 한다.

소련 체제의 내구성은 어떻게 되나? 소련 체제는 단기적으로는 성과를 낼 수 있다. 그러나 폭력과 강제는 국민과 경제에 장기적으로 효과를 낼 수 없다. 국민들이 쉬지 않고 일하도록 얼마 동안 강제할 수 있겠는가? 생산된 물건의 질이 저하될 수밖에 없다. 요컨대, 소련의 미래는 자기기만의 기제를 통해 크레믈린의 지도자들이 믿는 것처럼 확고하지는 않다.

미국은 어떤 정책적 선택지를 갖고 있나? 미국은 당분간 소련과의 긴밀한 정치관계를 기대할 수는 없다. 미국은 정치적 관계에서 계속해서 소련을 파트너가 아닌 경쟁자로 간주해야 한다. 미국은 소련이 평화공존을 믿지 않으며 경쟁국들의 영향력과 힘을 약화하는 데 전력을 기울이고 있음을 알아야 한다.

소련은 가능하다고 판단될 때마다 국경너머로 진출하려 한다. 미국의 대소정책의 기본 요소는 러시아의 팽창주의에 대한 장기적이고 강력하고 빈틈없으면서도 인내심 있는 봉쇄여야 한다. 이를 위해 미국은 소련 정책의 변동과 기동(機動)에 따라 지속적으로 변동하는 지리적 정치적 분쟁점들에서 노련하고 정교한 대항력을 행사하여 서방의 자유체제에 대한 소련의 압력을 극복하고 소련 팽창주의를 억지해야 한다. 미국은 소련의 정책이 실행되는 과정에 강한 제약을 가할 수 있는 힘을 가지고 있고, 소련이 최근 몇 년 동안 보여준 것보다 더한 온건성과 신중성을 보여주도록 강제할 수 있다. 이러한 봉쇄정책은 궁극적으로 소련의 해체 또는 점차적인 붕괴를 향한 경향성을 강화·촉진하게 될 것이다.[10]

케넌의 논문은 외교가에 널리 알려지게 되었고, 리프먼(Walter Lippmann)은 케넌이 사활적 이익(vital interests)과 주변적 이익(peripheral interests)을 구분하지 않았다고 비판했지만, 미국이 즉각 사용할 수 있는 책략으로 받아들여졌다. 냉전기 미국의 대소외교안보전략인 봉쇄전략(Containment Strategy)이 자리를 잡게 된 것

....

10   "X," "The Sources of Soviet Conduct," *Foreign Affairs*, July 1947.

이었다. 소련에 대한 전략이며 또한 냉전을 격화한 케넌의 전문은 독일에 대한 영국의 외교안보전략이며 또한 1차세계대전의 부분적 원인이 되었던 1907년 영국의 크로우 메모랜덤과 비견되는 국제관계사적으로 획기적인 문건이었다.

"장문의 전문"과 "X-논문" 덕에 케넌은 국무부의 정책기획(Policy Planning Staff) 국장 직에 오를 수 있었다.[11] 그는 1947년 맥아더 장군이 일본에 대한 "개혁정책의 의도적 후퇴"라고 할 수 있는 "역진정책(the Reverse Course, 逆進政策, 역코스)"을 추진하는 데도 협력하고 기여하였다.

한편, 영국에서 2차대전을 승전으로 이끈 윈스턴 처칠은 1945년 7월 26일 선거에 패하여 노동당의 클레멘트 애틀리(Clement Attlee)에게 수상 직을 넘겨줬지만, 야당이 된 보수당의 지도자로서 전후 세계 및 유럽 질서 구축 과정에서 소련 팽창주의의 위험성을 경계하는 역할을 수행하고자 하였다. 그는 1946년 3월 5일 현직 미국 대통령 트루먼이 지켜보는 가운데 미주리 주 풀턴(Fulton)의 웨스트민스터 대학(Westminster College)[12]에서 "평화의 원동력(The Sinews of Peace)"이라는 제목의 연설을 통해 "철의 장막(the Iron Curtain)"이라는 역사적인 냉전적 개념을 미국인들과 세계 만방에 소개하였다.[13] 연설의 핵심은 다음과 같다:

....

11 케넌은 얼마되지 않아 "자신의 역동적이고 뉘앙스가 있는 언어"가 오해되고 있다며 봉쇄정책을 비판하기 시작하였다. 그는 미국의 외교정책이 지나치게 군사적 수단에 의존하고 있다며, 미국은 소련의 불가피한 붕괴를 기다리면서 대소 저항력(counterforce), 즉 경제적, 정치적 제재·압박 수단을 활용해야 한다고 주장하였다. 케넌은 1952년 주소 미국대사로 임명되어 모스크바로 이동하던중 한 기자에게 질문을 받았다. 기자는 케넌이 "장문의 전문" 때문에 소련으로부터 견제를 받았을 수 있다고 생각하여 "주소 미국 대사관은 소련인들과 사회적으로 자주 접촉하였습니까?"하고 물었다. 케넌은 "저는 모스크바에서 매우 고립되었었는데, 비교하건대, 제가 1941-42년 나치 독일에서 인턴을 할 때만큼이나 소외되었었습니다"라며 외교관 답지 않게 소련에 대한 적대감을 드러내었다. 스탈린은 격노하여 그를 '기피인물(persona non grata)'로 지정하였고, 케넌은 이듬해 외교 일선에서 은퇴하였다. John Lukacs, *George Kennan: A Study of Character*, Yale University Press, 2009, p. 118.

12 이 조그만 지방 대학의 총장 맥클루어(Franc McCluer)는 트루먼과 친분이 있던 한 졸업생(본 장군, Harry Vaughan)을 통해 대통령과 처칠을 동시에 초청하는 영광을 누릴 수 있었다. 소련에 대해 세계 만방에 알리고 싶어했던 처칠을 이 우연한 기회를 놓치지 않았다. 이 대학에는 많은 관중을 소화할 수 있는 강당이 없어 체육관을 급조하여 연설장으로 만들었다.

13 나치의 요세프 괴벨스는 이미 1945년 2월 유럽 대륙이 러시아와 미국의 이익권(spheres of interest)으로 양분될 것이라 예측하였다. 이때 그가 사용한 용어가 "철의 장막(Iron Curtain)"이었다. "Hinter

전후 세계를 조직하고 관리하는 데 있어 영어권의 열강인 미국과 영국은 더 긴밀하고 특별한 관계를 구축해야만 한다. 오늘날 발트 해의 스테틴(Stettin)으로부터 아드리아 해의 트리에스테(Trieste)에 이르기까지 대륙을 횡단하여 '철의 장막'이 내려져 있다. 나아가 서부 및 남부 유럽에서 활동하는 제5열(국내에서 이적 행위를 하는 사람들)의 위험성이 증가하고 있다. 2차대전 직전의 히틀러에 대한 유럽의 유화정책을 상기해야 한다. 소련이 가장 존중하는 것은 서방의 힘이고, 가장 우습게 보는 것은 서방의 군사적 취약성이다.[14]

스탈린은 처칠의 연설에 대해 그냥 넘어가지 않았다. 1946년 3월 '프라우다(*Pravda*)'의 기자는 스탈린에게 처칠의 연설에 대해 명확히 할 것이 있는지 질문하였고, 그의 답변은 3월 14일 게재되었다. 스탈린은 처칠이 말한 "영어권 국가들의 협력"이라는 부분을 문제 삼았다:

처칠과 그의 친구들은 히틀러와 그의 친구들을 연상케 한다. 히틀러는 독일어를 사용하는 민족들만이 진정한 의미의 국가를 구성할 수 있다고 선언하면서 전쟁을 시작하였다. 독일의 인종주의 이론이 히틀러와 그의 친구들로 하여금 독일인들만이 유일한 국가를 구성하며 따라서 다른 나라들을 지배할 권리를 갖는다고 떠들어대게 했듯이, 영국의 인종주의 이론은 처칠과 그의 친구들이 영어권 국가들만이 진정한 국가들이고 세계를 지배할 권리를 갖는다는 허튼 믿음을 갖게 한다. 처칠과 그의 영국 및 미국 친구들은 비영어권 국가들에게 최후통첩을 한 것이나 마찬가지이다. 즉 영미의 지배를 자발적으로 받아들이든지 아니면 전쟁을 택하든지 결정해야 한다는 의미인 것이다. 많은 나라들은 이미 5년간의 잔인한 전쟁을 치르는 가운데 자유과 독립을 위해 피를 흘렸다. 그러나 그 피는 히틀러의 지배로부터 처칠의 지

....

dem eisernen Vorhang", *Signal*, May 1943, p. 2; Klaus P. Fischer, *Hitler and America*, University of Pennsylvania Press, 2011, p. 288. 괴벨스는 주목받지 못했고 처칠은 세계인들의 주목을 받았기에 사실상 "철의 장막"이라는 개념을 소개한 인물이 되었다.

14　Winston Churchill, *Sinews of Peace*, 1946. https://www.nationalchurchillmuseum.org/sinews-of-peace-iron-curtain-speech.html

배로 옮겨가기 위해 흘린 것은 아니었다. 따라서 세계 인구의 절대다수를 차지하는 비영어권 국가들은 새로운 노예가 되길 거부할 것이다.[15]

그리스 내전과 '트루먼 독트린'

1946년 2월 9일 스탈린의 유세연설과 2월 22일 케넌의 '장문의 전문,' 그리고 3월 5일 처칠의 '철의 장막' 연설은 미국과 소련이 바야흐로 냉전의 길로 확연히 들어서고 있음을 알려주는 이정표들이었다. 실제로 트루먼 정부는 케넌이 주문한대로 소련의 팽창을 요로에서 저지하는 "봉쇄정책"을 적극적으로 구상하고 있었다.

미국의 입장에서 당시 소련의 팽창에 따른 국제적 위기는 그리스의 내전과 관련이 있었다. 그리스 내전은 독일, 이탈리아, 불가리아가 그리스를 점령하고 있던 기간 중 미래의 권력공백을 선점하기 위해 그리스 좌파와 우파 간에 발생한 충돌로서 1943년에 시작되었다. 당시 그리스정부는 나치를 피해 이집트에 망명 중이었다. 이런 상황하에서 다양한 저항집단들이 정치권력을 획득하기 위해 경쟁하였는데, 이 중 가장 강력한 집단은 1941년 9월 결성된 좌파의 민족해방전선과 1942년 12월 군사기구로 설치된 민족해방군(Ethnikón Apeleftherotikón Métopon – Ethnikós Laïkós Apeleftherotikós Strátos, EAM-ELAS; National Popular Liberation Army)이었고, 이는 그리스공산당에 의해 사실상 통제되고 있었다. 그리스민주국민군(Ellínikos Dímokratikos Ethnikós Strátos, Greek Democratic National Army, EDES)도 레지스탕스로서 영국의 지원을 받고 있었다. 민족해방전선과 레지스탕스에 반대하는 다른 집단들도 권력투쟁에 참여하여 1943년 8월에 이르러는 몇 번의 충돌이 발생하기도 하였다. 1944년 9월 반공주의 망명정부의 수반(首班) 조지오스 파판드레오우(Georgios Papandreou)는 영국의 권고에 따라 연합국 사령부가 위치한 이탈리아의 카세르타(Caserta)로 정부를 옮기면서 민족해방전선의 사라피스(Stefanos Sarafis)와 그리스민주국민군의 제르바스(Napoleon Zervas)를 초치했고, 영국군 사령관을 포

....

15 Robert H. McNeal ed., *Lenin, Stalin, Khrushchev: Voices of Bolshevism*, Prentice Hall, 1963, pp. 120-23.

함한 회담에서 합의를 이끌어냈다. 이 협정은 그리스의 모든 레지스탕스 군을 영국군 로날드 스코비(Ronald Scobie) 장군의 휘하에 두도록 하였다. 1944년 10월 나치가 철수하고 '카세르타 협정'을 통해 영국군이 그리스에 입성하였다. 제 정치 집단들은 영국의 중재에 따라 파판드레오우를 수상으로 하고 민족해방전선 소속 6명의 장관을 포함하는 통합정부를 결성하였다. 그리스 공산주의자들은 스탈린과 처칠이 1944년 10월 9일 저녁 모스크바에서 회합하여 동남부 유럽의 세력권을 분할한 이른바 '퍼센티지 비밀협정(the Percentage Agreement)'에 합의했으며, 그에 따라 소련이 그리스를 영국의 손에 넘겨줬다는 사실을 알고, 영국의 명령에 저항하지 않기로 결정한 터였다.[16]

영국의 지원을 받은 그리스 통합정부는 좌파 게릴라군의 무장해제를 명령하였다. 12월 1일 좌파는 그리스정부가 나치부역자들에 대한 처벌에 미온적이고 우파 공안기관의 대좌파 테러에 제동을 걸지 않으면서 자신들에게만 부당한 조치를 취한다고 주장하며 정부의 무장해제 명령을 거부하고 통합정부에서 탈퇴하였다. 다음 날 파판드레오우 수상은 이들 좌파 각료가 부재중인 상태에서 회의를 진행해 민족해방군 등을 해체하는 포고령을 선포하였다. 그리스공산당은 항의의 표시로 12월 3일 시위 및 12월 4일 총파업 계획을 발표하였다.

1944년 12월 3일 좌파세력은 아테네 '신타그마 광장(Syntagma Square, 헌법 광장)'[17]을 중심으로 대규모 시위를 벌였다. 지방에서도 대거 참가하여 나치독일과 맞

....

16　처칠은 루마니아의 90%, 불가리아의 75%, 유고슬라비아와 헝가리의 50%, 그리고 그리스의 10%를 소련에게 할당하였다. 스탈린은 미국의 동의 하에 그리스의 90%를 영국에게 넘겨주었다. 스탈린은 "역사적으로, 영국이 지중해를 확보하지 않았을 때 영국의 어려움이 있었다"고 말하며 그리스에 대한 영국의 지배권을 인정하였다. "Record of Meeting at the Kremlin, Moscow, 9 October 1944, at 10 p.m.," October 09, 1944, History and Public Policy Program Digital Archive, Public Record Office, International History Declassified. https://digitalarchive.wilsoncenter.org/document/123186. 처칠은 스탈린에게 루즈벨트가 이 비밀합의를 알게 되면 충격을 받을 것이기 때문에 외교적 용어로 모호히 처리하자고 제의하였다. 처칠은 루즈벨트에게 보낸 5월 11일 자 편지에서 "어떤 것도 합의되지 않을 것이고, 예비적 합의에 대해서는 대통령과 반드시 협의하겠다"고 쓴 바 있지만, 그는 결코 루즈벨트에게 이 10월의 비밀합의 내용을 자세히 설명하지 않았다. 다니엘 예르긴은 처칠이 제안한 이 실리주의적 '퍼센티지 비밀협정'은 그의 이념적 '철의 장막' 연설과 극명하게 대비된다고 지적하였다. Daniel Yergin, *Shattered Peace: The Origins of the Cold War*, Penguin Books, 1990.

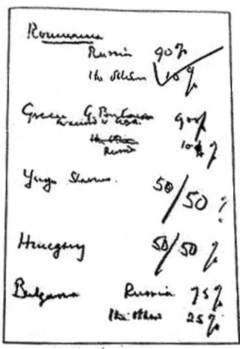

Churchill's copy of secret agreement with Stalin
made in Moscow, October, 1944.

1944년 10월 9일 회동에서 처칠이
스탈린에게 제시한 동남부 유럽의
세력권 분할안. 스탈린은 동의의
의미로 체크(∨)를 표기하였다.

서 싸운 민족해방전선의 군대를 해산하고 새로운 군대로 대치하려는 정부의 발표
에 항의하였다. 이 과정에서 정부군은 시위군중에 발포하였고, 37일간 아테네에서
민족해방군과 영국/정부군이 시가전을 벌인 이른바 '데켐브리아나(Dekemvrianá,
12월 사태)'가 발발하였다. 영국군이 탱크와 항공기까지 동원하여 가까스로 진압에
성공했으나, 민족해방군은 아테네와 테살로니키(Thessaloníki)를 제외한 그리스 전
역에 진출하기도 하였다.

영국은 무력개입을 둘러싸고 국제사회에서 비난이 일자 타협을 모색하였다.
처칠은 1944년 크리스마스에 안소니 이든 외교장관을 대동하고 그리스정부와 그
리스공산당 등 반정부 세력 지도자들 간의 회담을 주재하기 위해 아테네로 갔다.

··········

17 1843년 최초의 헌법 공포를 기념해 조성한 광장이다.

문제해결을 위해 소련 대표도 참석하였다. 회담은 영국과 그리스정부가 그리스공산당의 "무리한" 요구를 거부하며 결렬되었다.[18] 1945년 1월 파판드레오우는 사임하고 공화주의자 플라스티라스(Nikolaos Plastiras) 장군이 새로운 그리스 수상에 취임하였다. 영국점령군과 정부군의 공격에 전세가 불리해지는 상황에서 좌파세력은 처칠의 중재를 받아들여 1945년 2월 12일 좌파뿐 아니라 나치부역자들과 극우파의 무장해제를 명령한 '바르키자(Varkiza)' 협정에 서명하였다. 연정이 성립되었지만, 전투의 후유증은 백색테러로 이어졌고, 좌우파 간의 관계는 더욱 악화되었다. 민족해방전선은 좌파 제 정치집단을 규합하여 정치선동을 계속해나갔다. 정부는 '바르키자' 협정에 따라 1946년 3월 선거를 실시하였다. 좌파는 1946년 3월 선거에 불참하였고, 왕당파가 압승하였다. 1946년 9월에는 국민투표가 실시되어 그리스 왕정이 회복되었다.

좌파세력은 그리스 군주정부를 타도하고자 자신들만의 임시정부를 출범시켰다. 알바니아, 유고슬라비아, 불가리아는 공산 임시정부에 대해 군원을 제공하였고, 특히 유고슬라비아의 요지프 티토(Josip Broz Tito)는 소련이 직접 개입하지 않은 상태에서, 그리스 공산주의자들을 적극적으로 지원하였다. 이에 힘입어 새롭게 조직된 그리스공산당의 '그리스민주군(Dimokratikos Stratos Elladas, Democratic Army of Greece)'은 상당한 성과를 올렸다.

1946년 말 영국이 떠나고 미국이 바톤을 이어받게 된 내전은 방향을 틀게 되었다. 전후 연합국 측의 합의에 따라 그리스를 관리하고 원조하던 영국은 더 이상 경제적 부담을 지기 어려웠다. 2차대전의 막대한 비용과 전후 대영제국의 붕괴가 주요 원인이었다. 1945년 선거에서 처칠을 누르고 승리한 애틀리의 노동당 정부는 1947년 2월 21일 주미대사를 통해 영국은 3월 31일부로 자국 군대를 그리스에서 철수하고 경제지원도 중단할 것임을 미국에 통보하였다. 그렇지 않아도 트루먼 정부는 그리스와 터키 사태를 예의주시해 왔기 때문에 이제 미국이 나설 수밖에 없다고 판단하고 있었다. 즉 1946년 초부터 시작한 미소 간 긴장과 대립, 모스크바 3

....

18   Spencer C. Tucker, *The Roots and Consequences of Civil Wars and Revolutions*, ABC-CLIO, 2017, p. 372.

상회의의 난항, 폴란드 등 중동부유럽의 "일방적" 공산화 등을 목도하면서 대소협상에 대한 희망이 망상에 불과하다는 인식이 자리를 잡고 있던 상황하에서, 소련의 지중해 진출을 막고 중동으로 가는 사활적 이해가 걸린 전략적 요충지인 그리스와 터키에 대한 공산주의 압박과 위협은 트루먼 정부의 안보위협 인식을 자극하기에 충분한 것이었다. 한편, 미국은 보다 광범위한 관점에서 그리스와 터키의 중요성을 인식하고 있었다. 이 지역과 이웃하고 있는 석유와 농산 및 천연 자원의 보고인 중동이 소련의 세력권으로 넘어갈 경우 미국의 세계전략은 큰 차질을 빚을 것이었다. 소련 팽창은 봉쇄되어야 하였다.

그러나 두 가지 중대한 장애물이 있었다. 첫째, 미국은 병력규모를 이제 1/6로 줄여 2백만 이하로 감축하였고, 둘째, 전후 고립주의화한 미국 여론은 또 다른 해외 분쟁에 대규모 군비를 지출하는 정책에 완고하게 부정적이었다. 나아가 트루먼 정부는, 연방정부 예산삭감을 내건 공화당이 1946년 11월 중간선거에서 압승하며(하원, 246:188; 상원, 50:46) 1928년 이후 최초로 상하양원을 지배하게 된 상태였기 때문에 해외군원에 대해 의회가 동의하리라 기대할 수 없었다. 트루먼 대통령은 2월 27일 상황의 중대성을 설명하기 위해 민주, 공화 양당의 중진 의원들을 백악관으로 초치하였다. 이 자리에서 국무부의 딘 애치슨(Dean Acheson) 차관은 후일 아이젠하워 정부에서 '도미노 이론(Domino Theory)'이라고 불리게 될 자신의 관점을 참석 의원들에게 명확히 전달할 수 있었다. 그는 소련이 지난 18개월 동안 터키해협, 이란, 그리고 북부 그리스에 대해 강한 압박을 가해 오고 있고, 이런 소련의 압박은 발칸반도의 전략구도를 위태롭게 한바, 여기서 소련이 큰 이득을 취한다면 3개 대륙이 소련의 침투에 노출될 것이라 지적하였다. 그는 은유적 표현을 사용하여 의원들의 위기의식을 고취하고자 하였다:

바구니에 담겨 있는 하나의 썩은 사과가 나머지를 모두 썩게 하듯, 그리스가 병들면 이란을 전염시킬 것이고, 동쪽의 이웃국가들도 병들게 될 것입니다. 뿐만 아니라 그리스를 병들게 한 병균은 소아시아와 이집트를 통해 아프리카를 전염시키고, 이미 강력한 자생 공산당들에 의해 위협받고 있는 이탈리아와 프랑스 역시 감염시켜 유럽도 온전치 못할 것입니다. 소련은 최소한의 비용으로 역사상 가장 위험한 도박을 시도하고 있습니다. 소련은 이 모든 도박 중 하나나 둘만 성공해도 그야말로 막대한 전략적 이득을 얻게 됩니다. 이러한 도박이 성공하지 못하게 만들 위치에 있는 나라는 우리, 즉 미국뿐입니다.[19]

참석 의원들은 애치슨의 설명을 듣고 사태의 중대성을 이해한다고 말하였다. 그들은 대통령이 직접 의회에 나가 전국에 생중계되는 라디오 방송을 통해 위기의 엄중함을 특별히 강조할 것을 주문하였다. 특히 막강한 영향력을 갖고 있던 상원외교위원장 아서 반덴버그(Arthur Vandenberg) 공화당 의원은 트루먼 대통령이 정부의 입장을 "극적(劇的 dramatic)"으로 설명할 것을 권고하였다. 1947년 3월 12일 트루먼은 상하원 합동 회의에서 연설하였다. 그는 국민을 설득하기 위해 "극적인" 표현을 사용하며 18분간 '자유'와 미국의 의무에 대해 설파하였다:

세계 역사의 현 시점에서 거의 모든 나라는 이제 어떻게 살아야 하는가를 양자택일해야 하는 상황에 처해 있습니다. 하나는 다수의 뜻에 따르는 체제로서 여기서 사람들은 자유로운 제도, 대의(代議)정부, 자유선거, 개인의 자유, 언론과 종교의 자유, 그리고 정치적 압제로부터의 자유를 누립니다. 다른 하나는 소수가 다수에 강제한 삶의 양식인바, 여기서는 테러와 압제를 동원하여 신문과 라디오를 통제하고 선거를 조작하며 개인적 자유를 탄압합니다. 저는 무장된 소수나 외부세력이 자유민들을 복속시키겠다고 공격할 때 이에 저항하는 그들을 돕는 것이 미국의 정책이 되어야 한다고 믿습니다. 저는 우리가 자유민들을 도와서 그들이 그들의 운명을 스스로 개척해 나가도록 해야 한다고 믿습니다.[20]

트루먼 대통령은 이 연설에서 소련이나 공산주의를 거명하지는 않았지만 사

19   Robert J. McMahon, *Dean Acheson and the Creation of an American World Order*, McMahon Potomac Books, 2008, pp. 53-54.

20   U.S. Department of States, Office of Historian, The Truman Doctrine, 1947. https://history.state.gov/milestones/1945-1952/truman-doctrine

실상 소련에 대고 이념적 냉전을 선언한 셈이었다. 이는 그간의 고립주의적 대외정책, 즉 미국이 공격받지 않는 이상 국경 밖의 문제에 무력개입하지 않는 정책을 뿌리에서부터 바꾸는 역사적 정책전환을 의미하였다. 연설 다음 날 '뉴욕타임즈'의 제임스 레스턴(James Reston)은 트루먼의 신노선의 중대성을 1823년의 '몬로독트린'의 그것과 비교하였고, 이 신노선은 곧 '트루먼 독트린'으로 불리게 되었다. '뉴스위크(Newsweek)'지는 트루먼의 연설을 "미국의 운명과의 데이트(America's Date with Destiny)"로 규정하고, "만약 언어가 국가들의 미래를 결정한다면 이 연설이 그런 경우에 해당할 것이다"라고 평하였다.[21] 지구 상 모든 위협받는 자유민을 보호한다는 '트루먼 독트린'은 냉전기간 내내 미국 안보정책의 관념적 지침의 주요 일부가 되었다.

　미국의 지원은 그리스정부의 재정을 개선하고 정부군의 사기를 높이는 등 내전의 기본 구도에 큰 영향을 미쳤다. 그리스공산군은 반대 방향으로 가고 있었다. 소련과 유고슬라비아가 그리스 내전을 둘러싸고 노골적으로 대립하였던 것이다. 스탈린은 처칠과의 '퍼센티지 협정'을 준수하는 것이 동유럽을 수월히 지배하는 상책이라고 보고 그리스공산당이 내전을 중단하고 주저앉길 원하였다. 나아가 그는 티토가 그리스와 알바니아를 수중에 넣고 불가리아와 협력하여 발칸의 패권을 쥐려하고 있다고 보고 이를 절대로 용납하려 하지 않았다.[22] 반면 티토는 그리스공산당에게 내전 계속을 주문하였다. 그리스공산당은 내부 격론과 갈등을 겪은 끝에 "사회주의 국가들의 아버지 국가"인 소련과의 연대를 내세운 당서기 자카리아디스(Nikolaos Zachariadis) 노선을 선택하였다. 1949년 1월 공산 임시민주정부 수상 바페이아디스(Markos Vafeiadis)는 티토주의자로 낙인찍혀 직책을 박탈당했고, 자카리아디스가 직을 넘겨받았다. 이렇게 되자 그리스공산군에 가장 많은 원조를 제공하던 유고슬라비아가 원조를 중단했고, 몇 달 후 알바니아도 동조하였다. 그리스정부군은 1949년 여름부터 대공세(Operation Torch, 횃불 작전)에 나섰다. 1949년 10

....

21　"The Union: America's Date with Destiny," *Newsweek*, March 24, 1947.
22　Jeronim Perovic, "The Tito‒Stalin Split: A Reassessment in Light of New Evidence" *Journal of Cold War Studies*, Vol. 9, No. 2, Spring 2007, pp. 32-63.

월 16일 공산당은 방송을 통해 적대행위 중단을 선언했고, 민족해방군의 일부는 알바니아로 도주하였다. 그리스 내전은 미국 '트루먼 독트린'에 힘입어 자유주의 진영의 승리로 끝났다.

그러나 승리의 이면에서는 미국의 도덕과 윤리에 대한 의구심이 자라게 되었다. 한 미국 언론인의 죽음이 이 문제를 부각시켰다. 1948년 5월 16일 미국 CBS 특파원 조지 포크(George Polk)의 시체가 살로니카(Salonika) 항구에 떠올랐다. 그의 머리엔 한 개의 총알구멍이 있었다. 공산 임시민주정부 수상 바페이아디스를 인터뷰하러 가던 중 살해된 것이었다. 뉴욕신문협회는 조사팀을 구성하여 그리스로 가려하였다. 이때 영향력 있는 언론인 월터 리프먼이 선수를 쳤다. 그는 자신의 위원회를 꾸려 국무부 및 그리스정부와 협력하며 사건조사에 임하고자 하였다. 그는 CIA의 전신인 전략사무국(the Office of Strategic Services) 국장 윌리암 도노반(William Donovan) 장군을 자문위원으로 위촉하였다. 그리스에서 조사를 시작한 리프먼 위원회는 1주일 만에 포크가 공산주의자들에 의해 살해되었다고 발표하였다.

그러나 이것은 사실이 아니었다. 냉전이 종료된 후 미국 프린스턴 대학교의 에드먼드 킬리(Edmund Keeley) 교수는 미국, 영국, 그리스 정부의 비밀해제 문건들을 면밀히 검토한 후 당시에 제시된 미국의 공식입장을 정면으로 반박하였다. 그는 포크를 살해한 범인은 공산주의자들이 아니라 그리스 우파 급진주의자들이고, 미국은 그리스가 "지중해 동맹"에서 이탈하지 않도록 하기 위해 사실과 범죄를 은폐하였다고 밝혔다. 킬리에 따르면, 이 살해사건의 공범으로 체포되어 기소된 한 그리스 좌파 언론인은 고문당하고 거짓자백을 강요당해 결국 12년형을 선고받고 복역하였다. 미국대사관과 정보당국은 이와 같은 불법 수사 및 재판의 결과에 대해 논평하지 않았다.[23]

포크 기자는 '트루먼 독트린'과 그리스 정부에 대해 비판적이었다. 2014년 조

....

23 Edmund Keeley, *The Salonika Bay Murder: Cold War Politics and the Polk Affair*, Princeton University Press, 1989; 이와 관련된 비밀해제된 CIA 문건들에 대해서는 William Burr ed., The George Polk Case: CIA Has Lost Records on CBS Reporter Murdered in Greece in 1948, and Destroyed FOIA File on Case, *National Security Archive Electronic Briefing Book* No. 226, 2007 참조.

사연구를 발표한 마튼(Kati Marton)과 밀러(Mark Crispin Miller)에 따르면, 포크가 살해되기 며칠 전 왕당파 외교장관 콘스탄틴 찰다리스(Constantine Tsaldaris)와 격하게 부딪혔다. 찰다리스가 뉴욕의 한 은행에 25,000달러를 불법적으로 예치하였다고 포크가 단도직입적으로 몰아붙인 후였다.[24] 당시 미국은 '트루먼 독트린'의 일환으로 그리스에 돈을 퍼붓고 있던 때였다. 현재 가치 300,000달러 정도의 횡령이 폭로되면 찰다리스뿐 아니라 그리스정부와 미국에게도 큰 부담이 될 것이었다. 마튼과 밀러에 따르면, 포크와 찰다리스 간의 충돌은 6일 후 '살로니카 암살'로 나타났다. '피레에푸스 그룹(the Group of Piraeus, Peiraievs)'[25]으로 불리는 왕당파 조직과 연관성이 있는 극우파 조직이 포크를 살해했던 것이다.

'트루먼 독트린'의 핵심은 자유를 갈망하는 인민들이 내외부에서 위협받을 경우 이들을 보호하겠다는 것이었다. 그러나 당시 그리스나 터키 정권은 미국의 잣대로 보면 자유주의 민주주의 국가가 아니었다. '트루먼 독트린'의 연설문 초안을 작성한 국무부 관리 조셉 존스(Joseph Jones)는 자신의 회고록에서 당시 "그리스정부는 비민주적이고 부패하고 반동적이었고 극단적인 수법을 사용하였다"고 썼다.[26] 그러나 존스뿐 아니라 당시 의사결정과정에 참여했던 대다수 정치인이나 전략가들은 미국의 국익과 세계전략 차원에서 "반동적 그리스"일지라도 지원해야 한다고 판단하였다. 미국은 "나쁜 민주국을 단기적으로 지원하는 것"과 "소련의 지원을 받는 소수 무장세력이 영구적으로 그리스를 통치하는 것" 중 하나를 선택해야만 했었다는 것이다. 즉 미국의 선택은 "흑과 백 사이가 아니라, 흑과 더러운 회색 사이에서 이뤄져야 했다"는 것이다.[27] 따라서 미국은 대소 봉쇄정책과 반소/반공주의적 목표가 그리스의 비민주적 행태에 대한 공개적 비호와 은폐를 정당화할 정도로 중요하다고 판단하였고, 결국 '파우스트의 흥정'을 해야 하였다.

공산주의 위협을 봉쇄하기 위해 "비민주적이고 부패하고 반동적이었고 극단

....

24   Kati Marton and Mark Crispin Miller, *The Polk Conspiracy: Murder and Cover-Up in the Case of CBS News Correspondent George Polk*, Open Road Media, 2014, 16장.

25   그리스 동남부의 항구 도시로서 아테네의 외항(外港).

26   Joseph Marion Jones, *The Fifteen Weeks*, Mariner Books, 1965, p. 185.

27   Jones(1965), p. 186.

적인 수법을 사용하는" 정권을 보호하는 것이, '트루먼 독트린'의 경우처럼, '자유의 이름'으로 이뤄졌다면 '미국이 말하는 자유란 무엇인가?', '누구의 자유가 얼마나 언제까지 중요한가?'가 문제의 핵심이었다. 1953년 이란의 모사덱(Muhammad Mosaddegh), 1954년 과테말라의 아르벤츠(Jacobo Arbenz Guzman), 1973년 칠레의 아옌데(Salvador Allende Gossens) 등은 모두 미국의 개입으로 축출되었다. 이들은 모두 민주적 선거 절차를 거쳐 당선된 그러나 미국의 관점에서는 "자유를 위협하는" 해당 국가들의 지도자들이었다. '트루먼 독트린'과 그에 기초한 미국의 외교 안보정책은 '이중잣대(double-standard)' 논란에서 자유로울 수 없었다.

미국과 영국, "페르시아의 애국자 모사덱"을 축출하다

저명한 중동전문가 크리스토퍼 데 벨래그(Christopher de Bellaigue)는 무함마드 모사덱(Muhammad Mossadegh) 이란 수상을 "페르시아의 애국자"라고 불렀다.[28] 그에 따르면, 귀족가문으로서 스위스 로잔느(Laussane) 대학에서 법학박사 학위를 받은 모사덱은 보다 평등한 입장에서 서방과의 협력관계를 강화하고자 했으며, 이란 왕정의 전제주의(專制主義)에 맞서 서구식 공화정을 추구한 중동 최초의 자유주의자이자 민족주의자였다. 그러나 모사덱은 1950년대 초 영국의 제국주의와 미국의 냉전적 반공주의가 사주하고 추동한 쿠데타에 의해 이란 정치에서 축출되었다. 당시 72세였던 이 노정객의 죄목은 반역이었으나 사실은 근거가 미약한 용공(容共) 혐의와 이란 석유의 국유화에 따른 것이었다.

모사덱 정부를 전복한 1953년의 쿠데타와 관련된 사실은 영국과 미국에서 오랫동안 극비로 취급되었다. 명예 실추를 우려한 영국의 정보기관 MI6(Military Intelligence, Section 6)는 미국의 국무부가 발간하는 *Foreign Relations of the United States(FRUS)*가 쿠데타 관련 기밀을 담지 못하도록 압력을 행사하였고, 공범의 의혹을 받고 있던 미국의 CIA도 이 문제에 개입함으로써 1989년 발간된 해당 *FRUS*에

....

28   Christopher de Bellaigue, *Patriot of Persia: Muhammad Mossadegh and a Tragic Anglo-American Coup*, Harper Collins, 2012.

는 CIA에 관한 언급이 전혀 없고, 내용을 추리할 수도 없을 정도로 많은 부분이 삭제되었다. 이에 따라 *FRUS*를 작성하는 국무부 위원회의 수장은 이 1989년도 문건을 "사기(fraud)"라고 규정하고 정보기관의 압력행사에 사임으로 저항하였으며, 결국 의회가 나서게 되었다. 미국 의회는 이 사기적 문건이 올바른 역사에 대한 이해를 방해하였을 뿐 아니라, 이란의 반미주의 위정자들이 국내정치적 이익을 위해 역사를 왜곡하는 데 결과적으로 기여했다며 국무부가 철저히 조사하여 새로운 문건을 작성·발표할 것을 요구하는 결의안을 통과시켰다. 우여곡절 끝에 미 국무부는 영국과 미국의 정보기관이 직접적으로 개입하여 성공시킨 1953년 모사덱 축출 쿠데타에 관한 기록을 재조사하여 개선된 문건을 2017년 6월 발표하였고, CIA는 자신이 그러한 역할을 수행하였다고 인정하였다.[29]

　이란(1935년까지의 국호는 페르시아)은 1907년 이후 영국과 러시아가 중앙아시아 지배권을 두고 벌이던 이른바 '그레이트 게임(the Great Game, 1856-1907)'의 연장전의 맥락에서 남부는 영국, 북부는 러시아에 의해 각각 지배되고 있었다. 1차대전이 끝난 후 영국이 지지하던 코사크군 전 여단장 레자 칸(Reza Khan)은 1921년 2월 21일 쿠데타를 통해 카자르(Khazar) 왕조를 무너뜨리고 집권하였다. 레자 칸은 1925년 12월 샤(Shah)에 즉위하여 왕정을 재수립하였고, 영국과 소련이 아닌 유럽 국들과의 경제협력을 추진하였고, 그 결과 독일이 이란의 최대무역국이 되었으며, 이는 영국을 자극하였다.

　2차대전이 시작되자 독일과 밀착해 있던 샤는 중립을 선언했지만 사실상 독일 편에 섰다. 영국은 앵글로-페르시아석유회사(Anglo-Persian Oil Company, 1953년 이후 Anglo-Iranian Oil Company로 명칭 변경. 현재는 British Petroleum)가 소유한 이란 내 최대 정유시설이 있는 아바단(Abadan)이 나치독일의 수중에 넘어갈 가능성을 크게 우려하였다. 아바단은 또한 연합국들의 전쟁수행능력을 버텨주는 핵심적 전

....

29　Gregory Brew, "The 1953 Coup D'Etat in Iran: New FRUS, New Questions," October 30, 2017. https://www.wilsoncenter.org/blog-post/the-1953-coup-detat-iran-new-frus-new-questions; Malcolm Byrne ed., "The Secret CIA History of the Iran Coup, 1953," *National Security Archive Electronic Briefing Book* No. 28, 2000. https://nsarchive2.gwu.edu/NSAEBB/NSAEBB28/ 참조.

략물자 기지이기도 하였다. 이란은 연합국인 소련의 사활적 이익이 걸린 전략적 요충지이기도 하였다. 소련은 2차대전을 치르면서 미국의 원조에 크게 의존하였다. 지리적 조건만을 고려하면 북극해를 통해 아르한겔스크(Arkhangelsk)로 이어지는 운송라인이 순리였지만 독일의 잠수함 공격과 부유(浮游)하는 빙산들이 문제였다. 따라서 미국은 원조물자를 이란을 통해 소련에 전달하려 했고, 따라서 이란종단철도는 소련의 생명줄이나 마찬가지였다. 소련과 영국은 이란이 연합국 측의 전쟁노력에 협조하도록 샤에게 압력을 행사하였지만, 샤는 오히려 내정간섭을 지적하며 이란은 중립을 선언했으므로 연합국 측에게 이란종단철도 사용권을 허용할 수 없다는 입장을 견지하였다.

이에 따라 영국과 소련은 1941년 8월 25일부터 9월 17일까지 이란점령작전(Operation Countenance)을 수행하였다. 작전의 목표는 "동부전선에서 나치독일에 투쟁하는 소련에 대한 안전한 전략물자운송을 위해 아바단 유전을 확보하는 데" 있었다. 레자 칸은 점령군의 압력에 의해 그의 아들 무함마드 레자 팔레비(Mohammad Reza Pahlavi)에게 양위하였다. 2차대전이 종료되자 영국군은 이란에서 철수하였지만, 소련군은 이란 북서부에 계속 머물면서 친소 사회주의 세력의 봉기를 지원하였고, 이는 1945년 말 소련의 괴뢰인 아제르바이젠(Azerbaijan) 인민정부와 마하바드(Mahabad) 공화국의 성립으로 이어졌다. 이로 인해 발생한 '이란-소련위기'는 그리스 내전 및 터키 위기와 함께 트루먼 독트린의 주요 국제정치적 배경이 되었다. 소련은 이란으로부터 석유이권을 확보한 후1946년 5월 철군하였다. 소련군이 철수하자 이란 북부의 괴뢰정권들도 붕괴하였고, 소련에 양허됐던 석유이권도 취소되었다.

무함마드 모사덱은 1914년 유럽에서 귀국한 후 레자 칸 정부하에서 재무장관과 외교장관을 역임하였고, 1923년에는 마줄레스(Majles, 의회)에 선출되어 활발하게 정치활동에 참여하였다. 그러나 그는 1925년 레자 칸이 샤(Shah)로 즉위하자 이에 반발하였고, 결국 강제적으로 일선 정치에서 물러나야 하였다. 모사덱은 1941년 레자 샤가 영소점령군에 의해 강제 퇴위하면서 다시 정계에 복귀하였다. 그는 1944년 의회선거에서 승리하면서 일약 이란의 민족주의 지도자로 부상하였다. 그는 이란 점령 후 철군했던 영국과 소련이 또 다시 남부와 북부의 석유이권을 요구하자 이란 정부가 이를 양허하지 않도록 하는 데 공을 세웠던 것이다. 그 결과 1949년 의회선거에서는 석유기업의 국유화 문제가 최대의 화두로 떠올랐다. 선출된 의원들은 이란 내 최대 기업인 앵글로-페르시아석유회사에게 이윤 배분율을 조정할 것을 요구하였다. 당시 앵글로-페르시아석유회사가 이란 정부에게 지급하는 로열티(royalty)는 이 회사가 영국 정부에게 납부하는 세금보다도 적었다. 이란 의회는 최근 체결된 페르시아걸프석유회사(Persian Gulf Oil)와의 계약서를 제시하며 앵글로-페르시아석유회사도 같은 비율, 즉 50:50으로 이윤을 나눌 것을 제의하였으나 거부되었다. 그러나 1951년 앵글로-페르시아석유회사가 입장을 바꿔 50:50 배분율에 동의하였으나, 이번에는 자신이 주도했던 반영민족주의가 덫이 되어 '정부-기업위원회' 위원장인 모사덱은 영국의 제의를 거부하며 전면 국유화를 천명할 수밖에 없었다. 기술적 문제를 제기하며 국유화를 반대하던 라즈마라(Haj Ali Razmara) 수상은 의회 의장 아볼-가셈 카샤니(Ayatollah Abol-Qassem Kashani, 아야톨라 호메이니의 멘토)가 주도하던 강경파 무슬림 세력에 의해 1951년 3월 7일 암살되었다. 의회는 3월 20일 만장일치로 국유화안을 통과시켰다.

영국으로서는 자신이 석유를 발견하였고, 정유시설을 만들었는데 이제 와서 이란이 그것을 전부 내놓으라고 하는 셈이었다. 영국이 이란에 들어오기 전 이란에는 "석유가 없었다"는 사실을 모르는 젊은 이란인들은 영국이 이란 석유에 대해 독점권을 갖는 것을 이해할 수 없었다. 게다가 이란인들은 사우디 아라비아에서 활동하던 미국의 아라비아-아메리칸 석유회사(Arabian-American Oil Company)는 1950년 말 사우디 정부의 압력으로 이윤 배분의 비율을 조정하였고, 페르시아걸프석유회사도 그 뒤를 따랐는데, 40년간 이란의 석유를 착취한 영국 기업만이 전혀 양보할 의향을 보이지 않는 것에 대해서도 크게 분노하였다.

무함마드 레자 팔레비는 민족주의와는 거리가 멀었지만 전 국민이 지지하는 모사덱을 수상으로 지명하지 않을 재간이 없었다. 이란 의회는 1951년 4월 28일 79:12로 모사덱을 수상 후보로 지명하였고, 샤는 그를 수상에 임명하였다. 모사덱은 수상에 취임한 직후인 1951년 5월 1일 이란의 문제는 외세의 지배에서 비롯되었다며 앵글로-페르시아석유회사의 국유화를 실행에 옮기기 시작하였다. 그러나 국유화 문제는 간단히 끝나지 않았다. 모사덱은 이 문제로 1년 넘게 샤와 갈등을 빚은 끝에 1952년 7월 17일 수상직에서 사임하였다. 샤는 아흐메드 가밤(Ahmed Ghavam)을 새로운 수상으로 지명하였으나 국민들은 모사덱 복귀를 요구하며 대규모 시위에 나섰다. 결국 모사덱이 다시 수상직에 복귀하였다. 모사덱은 앵글로-페르시아석유회사와의 재협상에 응하였다. 그러나 그는 앵글로-페르시아석유회사가 "모든 직원들을 철수시키고, 유조선들의 선주들에게 이란 정부가 발행하는 영수증은 국제시장에서 통용되지 않을 것이라 협박"하자 협상 종료를 선언하였다.

영국의 처칠 정부는 모사덱의 이란에 대해 즉각 보복하였다. 영국은 자국 석유기업들로 하여금 이란에서 철수하도록 조치하였다. 그 결과 이란의 석유생산량은 급감하였다. 영국은 이란의 석유판매망에 대해서도 봉쇄를 단행하였다. 졸지에 판로를 상실한 모사덱은 대안적 시장을 찾아 나섰으나 성공하지 못했고, 이란의 경제사정은 급격히 악화되었다. 영국이 이란 정부의 해외금융자산을 동결하자 모사덱 정부는 1952년 10월 영국을 적으로 선언하고, 외교관계를 단절하였다.

이때쯤 영국은 모사덱 축출을 위한 쿠데타를 본격적으로 모의하기 시작하였다. 그러나 영국은 문제를 독자적으로 해결하기 어렵다고 판단하고 미국에 도움을 요청하였다. 이에 대해 미국의 트루먼 정부는 영국의 대이란정책에 문제가 있다며 난색을 표명하였다. 애치슨 국무장관은 영국이 "지배 아니면 파괴"라는 이분법적 자세를 취하고 있다며 비판하였다.

영국 수상 처칠은 1952년 대통령에 당선된 아이젠하워에게 모사덱의 위험성에 관해 직접 설명하였다. 처칠은 모사덱이 사회주의에 대해 공개적으로 적대감을 표시하는 등 사회주의자라고 볼 수는 없지만, 그가 친소적 이란 공산당인 투데당(Tudeh Party)을 자신의 정치적 기반의 일부로 하고 있기 때문에 냉전적 공포가 이란 내에서 확대되면 공산주의와 소련의 세력권으로 편입될 가능성이 있다며 모사덱을 의심하는 자신의 주장의 근거를 제시하였다. 아이젠하워는 처칠과 동행하고자 하였다. 모사덱에 대한 그의 판단을 중시한 면도 있지만, 미국의 군사전략에서 영국과의 협력이 절실했기 때문이었다. 아이젠하워는 소련의 위협에 대처하기 위해 비용이 많이 드는 재래식 군사력을 증강하기보다는 핵무기에 의한 대량보복(massive retaliation)과 동맹국들의 협력을 강조하는 군사전략을 채택하였고, 나아가, 베트남전 등 국제정세의 악화에 대해 영국 등과 공동대처하고자 했던 것이다.

어쨌든 모사덱 제거를 요구하는 영국의 목소리는 이제 미국 정부 내에서 긍정적인 반향을 확보하였다.

모사덱은 영국의 지배에서 벗어나기 위해 미국의 힘을 빌리려 했었다. 쿠데타가 일어나기 직전까지 주이란 미국대사관에서 영사/정무관으로 근무했던 존 스터츠먼(John Stutesman)에 따르면, 모사덱은 영국과 담판을 통해 문제를 해결할 생각은 없었고, 영국을 대체할 세력으로 공의로운 미국을 상정했고, 미국과의 협상을 통해 이란의 이익을 확보할 수 있을 것으로 판단하였다. 스터츠먼에 따르면, 모사덱은 미국이 영국과 한편이라는 사실을 알고 크게 실망하였다.[30]

처칠의 영국과 아이젠하워의 미국은 1953년 1월부터 모사덱 축출을 위한 공동계획 모의에 착수하였다. '애이잭스 작전(Operation Ajax)'으로 알려진 이 계획의 핵심은 이란 국왕으로 하여금 수상을 해임하는 왕령을 발표하도록 하는 데 있었다.[31] CIA는 1953년 3월부터 이란에 친미정권을 세우는 데에 대한 조사를 시작하였다. CIA는 같은 해 4월 16일 "모사덱 축출계획(Factors Involved in the Overthrow of Mossadegh)"을 완료하고 쿠데타가 가능하다는 판단을 상부에 보고하였다. 1953년 5월 13일 CIA와 MI6는 사이프러스의 니코시아에서 쿠데타 계획을 점검하였고, CIA 지도부는 CIA 이란 지부가 테헤란에서 "반모사덱 선전선동(grey propagranda)"에 나설 것을 지시하였다. CIA는 6월 10일 베이루트에서 마지막 회의를 개최하고 최종점검을 실시하였고, CIA와 MI6는 6월 19일 모사덱제거 최종계획을 미국 국무부와 영국의 외교부에 각각 제출하였다. 영국 수상은 7월 1일, 그리고 미국 대통령은 7월 11일 이 비밀계획을 승인하였다.

팔레비의 입장은 어려워졌다. 그로서는 국민에게 인기 있는 수상을 위법 소지가 있는 방식으로 해임할 수는 없는 노릇이었다. CIA는 프랑스에 거주하던 샤의 여동생 아쉬라프(Ashraf)를 테헤란으로 오도록 하여 샤를 설득하도록 하였다. CIA 문

....

30 스터츠먼과의 인터뷰는 1988년 6월 윌리엄 버(William Burr)에 의해 진행되었다. "The Coup Against Iran's Mohammad Mossadegh," Moments in U.S. Diplomatic History. https://adst.org/2015/07/the-coup-against-irans-mohammad-mossadegh/

31 이 계획은 TPAjax로 불리기도 하는데 TP는 이란에서 이루어지는 작전임을 지시하는 접두사이다.

건에 따르면, 미국과 영국은 샤에 대한 설득이 실패하더라도 쿠데타를 강행한다는 입장이었다. 샤는 8월 1일 쉬워츠코프(H. Norman Schwartkopf) 장군[32]과 면담하였으나 CIA 이란 지부의 요원으로서 쿠데타 계획을 주도한 도널드 윌버(Donald Wilber)가 작성한 왕명의 이행을 거부하였다. 모사덱은 CIA의 의도를 간파하고 8월 4일 의회해산을 위해 국민투표를 실시하고자 하였다. 국민적 지지를 확보하고 있는 수상에 의해 자신의 권위가 침식되고 있는 현실과 인기 있는 민족주의 수상을 외국의 강요에 의해 해임해야 하는 현실 사이에서 고뇌하던 샤는 시간을 끌다가 결국 영국과 미국의 설득과 뇌물을 받아들여 8월 13일 모사덱 해임에 동의하였다. 테헤란에서는 모사덱 지지에 나선 시위대들이 들고 있어섰고, 이란군의 일부는 8월 15일 쿠데타를 일으켰다. 그러나 모사덱 정부는 쿠데타 계획을 인지하고 있었으므로 진압에 신속히 나섰고, 주동자 자헤디(Fazlollah Zahedi)는 도주하였다. 다음 날 샤는 바그다드로 그리고 이후 로마로 피신하였다. 피신 중이던 샤는 1953년 8월 16일 모사덱을 공식적으로 해임하는 왕령을 발표하였고, CIA가 선택한 자헤디 장군을 수상으로 지명하고 의회에 인준을 요청하였다. 그러나 8월 18일 미국의 CIA본부는 쿠데타가 실패했다고 판단하고 CIA 이란 지부에게 작전 중단을 지시하였다. 그럼에도 불구하고 쿠데타의 동력은 점점 확산되어 나갔다. 본부의 지시에 따라 쿠데타를 기획/감독하기 위해 이란에서 활동하던 CIA의 근동/아프리카국 국장(Near East and Africa division) 커밋 루즈벨트(Kermit Roosevelt Jr.)가 "작전이 끝나지 않았다"며 본부의 지시를 의도적으로 무시하였던 것이다.[33] CIA가 매수한 이란의 주요 언론인들은 8월 19일 샤의 성명을 대대적으로 보도하였고, 역시 CIA에 의해 매수된 깡패들과 극우 인사들은 테헤란 시내 요로에서 샤를 지지하는 시위에 나섰다. CIA의 지원하에 급조된 가짜 공산당은 이란 국민들의 불안감과 위기의식을 의도적

....

32 쉬워츠코프 장군은 미 육군 중부사령부 사령관으로서 1991년 '사막방패 및 사막폭풍(Operations Desert Shield and Desert Storm) 작전'을 지휘한 쉬워츠코프 육군대장의 아버지이다. '뉴욕타임즈'는 8월 20일 쉬워츠코프가 쿠데타를 종용하는 미국 정부의 전문을 샤에게 전달하였다는 소련의 '프라우다'의 사설을 실은 바 있다.

33 루즈벨트가 본부의 지시를 고의로 무시한 사실은 2017년 비밀문건이 공개되기 이전까지는 세상에 알려지지 않았다.

으로 고조시켰다. CIA는 모사덱에 반대하는 무슬림 지도자들은 처형될 수 있다는 날조된 정부의 발표문을 교묘한 방법으로 배포함으로써 모사덱이 반정부 인사들을 탄압한다는 인상을 국내외에 퍼뜨렸다. 테헤란은 대 혼란에 빠졌고, 바로 이것이 CIA가 원하던 것이었다. 공공질서를 회복하기 위해 군의 개입이 불가피하다는 여론이 확산되었던 것이다. 은신하던 자헤디는 테헤란으로 복귀하여 쿠데타군을 지휘하며 모사덱을 체포하는 데 성공하였다. 쿠데타군의 핵심은 모사덱이 수상직을 유지한 채 국방장관에 취임하면서 한직으로 좌천시켰던 샤 지지자들이었다. 모사덱 지지자들은 도주하거나 투옥되었다. 파테미(Hossein Fatemi) 외교장관은 체포되어 반역죄로 처형되었다.

2017년 공개된 CIA 문건에 따르면, 1950년대 이란의 민족주의 정치인이자 성직자인 아볼-가셈 카샤니도 반모사덱 쿠데타의 성공에 한몫을 하였다. 이란 석유산업의 국유화를 지지하기도 했던 카샤니는 모사덱이 날로 증가하는 공산주의 투데당을 제어할 능력이 없다고 판단하였다. 비밀해제 문건에 따르면, 카샤니는 모사덱 축출 외에 다른 목표도 가지고 있었다. 그는 쿠데타 이전과 이후 미국과 수시로 연락하며 자금 지원을 요청한 것으로 보아 모종의 정치적 목표를 미국의 지원하에 추진하였던 것으로 보인다. 어쨌든 카샤니의 세력은 쿠데타 당일 군사역량을 총동원하여 쿠데타군이 모사덱의 정부군을 제압하는 데 결정적인 역할을 하였다. 쿠데타군에 의해 체포된 모사덱은 반역혐의로 군사재판에 회부되었다. 모사덱은 반역죄로 사형선고를 받았으나 3년으로 감형을 받았고, 출옥 후에는 1967년 사망할 때까지 가택연금에 처해졌다.

쿠데타가 성공한 후 이란에는 팔레비를 국왕으로 자헤디를 수상으로 하는 친미정권이 들어섰다. 신 정부는 미국과 영국의 석유회사들이 컨소시엄을 형성하도록 하고, 이들을 통해 충분한 석유를 국제시장에 제공하기로 결정하였다. 앵글로-페르시아 석유회사는 앵글로-이란 석유회사(Anglo-Iranian Oil Company)로 개명하여 활동을 재개하였다. 서구화를 지향하던 샤 정부는 미국 영국 등의 지원을 받아 이란의 산업화와 경제성장에서 성과를 내었고, 미국은 샤 정부가 안정을 유지할 수 있도록 이란군의 역량을 강화하고, 이스라엘의 모사드와 함께 이란의 비밀경찰(Sazeman-e Ettela'at va Amniyat-e Keshvar, SAVAK; Organization of National Security and Information)의 창립을 돕는 등 물적, 기술적 지원을 아끼지 않았다. 그러나 이란의 다수 국민들에게 샤 정권의 안정은 곧 친미·친영 정권에 의한 26년간의 독재와 이란 석유에 대한 외국의 지배를 의미하였다.

1953년 이란의 쿠데타는 이란의 국내정치뿐 아니라 국제정치적으로도 적지 않은 후과를 남겼다. 미국과 아이젠하워 정부는 이란 역사상 최초이자 유일하게 민주적 절차에 의해 선출된 "자유주의"[34] 정치지도자를 축출하는 데 중심역할을 함으로써 국가적, 정권적 도덕성에 타격을 받았지만, 소련과 공산주의의 대중동 팽창을 저지하기 위한 군사적 교두보이자 정치적 거점을 이란에서 마련하였고, 다른 한편, 안정적인 석유공급원을 확보하였을 뿐 아니라, 샤의 적극적인 지지와 비호하에 세계최대의 미국산 무기 시장을 획득하게 되었다. 인권옹호를 표방하며 대통령에 당선된 지미 카터(Jimmy Carter)는 그의 전임자들과 마찬가지로 팔레비의 이란과 우호관계를 강화하고자 하였다. 그는 1977년 12월 이란을 방문하여 샤가 이란을 "안정의 섬으로 만들었고, 따라서 국민들의 존경과 사랑을 한 몸에 받고 있다"고 칭송함으로써 당시 들끓고 있던 민심과 거리가 먼 발언을 하였다. 그는 미국의 국익을 위한 외교적 행위라고 생각했겠지만, 이란인들의 입장에서 보면, 그는 이란의 불행한 역사적 유제에 둔감한 일개 "미국적" 정치인이었다.[35] 1953년의 쿠데타와 팔레비에 의한 25년간의 서구지향적 통치는 이란 내에서 반미, 반영 민족주의의 강화를 촉진하였고, 1979년 이슬람혁명에서 그 절정에 이르렀다. 샤 정권을 전복한 이란의 민족주의자들은 미국, 영국 등 "거대한 사탄(Great Satan)"에 대적하기 위해 이슬람 신정(神政)이 불가피하다는 논리를 개발하였고, 이후 이란이슬람공화국(Jomhuri-ye Eslāmi-ye Irān, the Islamic Republic of Iran)은, 닉슨이 1967년 중공에 대해 말했듯이, "오랫동안 국제사회 밖에서 고립되어 환상을 배양하고 증오에 이를 갈고 이웃국가

....

34   이란이슬람공화국의 최고지도자 하메네이(Hojjat al-Islam Khamenei)는 1981년 3월 5일 "우리는 자유주의자 모사덱이나 아옌데와 같이 CIA에게 쉽게 당하지 않는다. 우리는 신생 이슬람공화국을 지키기 위해 극단적인 조치를 포함 모든 수단을 강구할 것이다"라고 말한 바 있다. A. Khamenei, "Speech," *Ettela'at*, 5 March 1981.

35   Peter L. Hahn, "How Jimmy Carter lost Iran: The politics behind Carter's biggest blunder," *The Washington Post*, October 22, 2017.

들을 위협하며 적대적 고립 속에서 살아가게"되었다. 또한 이란의 종교적 권위주의 정권은 자신의 정치적 정당성을 지속적으로 유지하기 위해 1953년의 쿠데타를 정치적 담론과 선전의 자료로 사용하였고, 이란 국민들의 정당한 정치적 요구를 탄압하는데 요긴하게 활용할 수 있었다. 한편, 창설 후 첫 번째 실험이었던 이란 쿠데타를 성공시킨 CIA는 자신감을 가지고 다른 국가에서 같은 작전을 추진할 준비가 되어 있었다. 과테말라가 CIA의 '이란 모델'이 첫 번째로 적용될 대상이 되었다. 이란 쿠데타를 성공시킨 장본인 커밋 루즈벨트는 아르벤츠가 과테말라 국민의 지지를 받고 있다며 작전 참여를 고사하였지만, CIA는 그 없이도 쿠데타를 성공시킬 수 있었다. 이후 CIA는 쿠바에서 카스트로 정권을 전복하려 했으나 실패하였지만, 칠레에서는 역시 민주적 절차에 의해 선출된 아옌데 정부를 전복하는 데 성공하였다.

소련의 베를린 봉쇄(the Berlin Blockade)와 미국의 베를린 공수(the Berlin Airlift)

한편, 1948년 유럽에서는 미국의 트루먼 독트린과 유럽부흥계획(the European Recovery Program, 마샬플랜)이 동유럽국가들 특히 동독에 대해 큰 파급효과를 내고 있었다. 이에 따라 소련은 1948년 6월 24일 서방에 대해 "베를린 시 서부지역"에 대한 철도와 육로 접근을 차단하는 '봉쇄 조치'를 단행하였고, 이에 대해 미국과 영국은 '베를린 공수'로 맞섰다. 냉전이 노골화된 것이었다.

미국, 영국, 소련은 2차대전이 끝나기 전인 1944년 9월 12일 런던협정을 체결하여 전후 독일을 3개 지역으로 분할점령하기로 하였다. 그후 3국 정상들은 1945년 얄타회담에서 프랑스를 점령국에 추가하여 독일을 4개 지역으로 분할점령하는 데 합의하였다. 점령지역을 프랑스에 배당한 것은 독일 재기 시 강력한 프랑스를 필요로 했던 영국의 처칠이 정치적 수완을 발휘한 데 따른 것이었다.[36] 연합국들은

....

36　미국은 1940년 프랑스의 군사적 저항이나 비시 부역정권 등의 경험으로 인해 프랑스를 높이 평가하지
　　않았다. 스탈린도 거부감을 갖고 있었으나 자신의 점령지역이 아닌 지역에서 프랑스 지역을 떼어내는
　　만큼 극구 반대할 수는 없었다. 처칠은 프랑스가 대륙 최강국일 때 성장하였고, 영국과 협력하던 제국주

독일 항복 직후 사전에 약속된 지역을 점령하였다. 미국은 남부, 영국은 북서부, 프랑스는 남서부, 그리고 소련은 중동부 독일을 점령하였다. 소련이 합병한 쾨니히스부르크(Königsberg, Kaliningrad)를 제외한 동부 일부는 폴란드가 행정을 맡도록 하였다. 연합국들을 베를린 시도 4개 지역으로 분할점령하였다. 1945년 4-5월 '베를린 전투(Berlin Strategic Offensive Operation, 베를린 전략공세작전)'에서 승리하여 베를린 시를 이미 점령한 소련은 1945년 7월 미국과 영국에게, 곧 이어 프랑스에게도 점령지역을 분할해 넘겨주었다.

1946년 여름 이후 미국은 서방측의 점령지역을 경제적으로 통합하는 방안을 강구하였다. 미국은 "향후 전쟁이 불가피하다"는 스탈린의 '2월 연설' 등 소련의 태도로 보아 민주적이고 통일된 독일의 재건은 현실적으로 불가하다고 판단하였다. 따라서 미국은 소련이 서쪽으로 팽창할 가능성을 염두에 두고 서부독일을 통합하여 대소 억지력을 확보하고자 하였다. 그리고 서부독일이 억지력을 가지려면 경제적 활력이 필수적이었고, 그것은 서방이 점령하고 있던 지역들의 통합에 따른 생산과 교환의 효율성 제고로부터 시작해야 하였다. 이와 비슷한 맥락에서, 미국은 서부독일을 유럽에서의 자유주의 경제체제의 엔진으로 만들어 독일이 다시 과거의 경제블록, 즉 자력갱생의 체제로 되돌아가는 것을 막고, 다른 한편 미국의 자본과 상품을 흡수하는 해외 경제 거점의 역할을 하도록 할 방침이었다.[37]

미국은 1946년 7월 28일 점령지역들의 경제적 통합을 공식 제의하였다. 하지만 프랑스와 소련이 이에 반대하였기 때문에, 미국과 영국만이 1946년 12월 자국의 점령지역을 경제적으로 통합하여 '2국공동통치지구(Bizone)'를 창립하였다. 소련은 이를 "독일 전체의 통합적 경제(economic unity) 운용"을 적시한 포츠담선언 위반이며, 독일의 영구 분할을 획책하는 조치라 비난하였다. 미국은 소련이야말로 점령지역들의 경제통합을 반대함으로써 독일의 "통합적 경제 운용"과 "균형적 발

....

의국가였고, 특히 프랑스 문화를 흠모하고 있었다. 그러나 무엇보다도 그는 지정학적 관점에서 독일의 부상 가능성을 염두에 두고 이를 억지하는 방편으로 프랑스가 열강으로 남길 원하였다.

37   Nicolas Lewkowicz, *The German Question and the International Order, 1943-48*, Palgrave, 2010, p. 159.

전(balanced development)"을 명기한 포츠담선언을 위반하였다고 맞받아쳤다. 마샬 장관이 말했듯이, 미국과 영국은 무통합(無統合)보다는 두 지역이라도 통합하는 것이 독일의 발전과 포츠담선언의 취지에 부합한다며 통합조치를 정당화하였다.[38] 이 시점부터 독일에 대한 '4개국공동통치구조'는 그 기반을 잃기 시작하였다.

미국은 1947년 3월 '트루먼 독트린'을 선언하여 자유세계를 지키겠다는 입장을 분명히 한 후, 그의 경제적 방편의 일환으로서 6월 '유럽부흥계획'을 발표하였다. 동유럽국가들은 소련의 압박에 의해 거부의사를 분명히 했지만 민주적 연합정부를 유지하던 체코슬로바키아의 온건정치세력은 유럽부흥계획 참여에 긍정적이었다. 이를 막기 위해 소련의 지원을 받은 체코슬로바키아 공산세력은 1948년 2월 25일 공산쿠데타를 성공시켰다. 이에 부분적으로 자극을 받은 미국과 영국은 프랑스를 설득하여 새로운 독일국가, 즉 서독을 창립하여 유럽부흥계획의 핵심거점으로 삼고, 장차 북대서양조약기구(North Atlantic Treaty Organization, NATO)에 편입시킨다는 비밀계획에 참여하도록 하는 데 성공하였다. 소련은 이 비밀계획을 알고는 전후 정규적으로 개최되어오던 연합국통제위원회(the Allied Control Council)에서 탈퇴하였다. 프랑스가 경제통합에 동의하자, 미국과 영국은 1948년 6월 1일 '3국공동통치 지구(Trizone)'의 성립을 선포하였다. 미국, 영국, 프랑스는 1948년 6월 20일 소련에는 통보하지 않은 채 거래활성화 조치의 일환으로 '3국공동통치지구' 내에서 화폐개혁을 단행하였다. 미국의 입장에서는 마샬플랜의 효과적인 시행을 위해 이 조치는 필수적이었다. 그간 사용되던 '국가마르크(Reichs Mark)'는 '독일마르크(Deutsche Mark)'로 대체되었고 모든 주민들에게 40 독일마르크가 지급되었다. 이 화폐개혁 조치는 소련 점령지역에 심각한 혼란을 야기하였다. 이 지역의 모든 주민들이 구 화폐를 신 화폐로 바꾸려 했기 때문이다. 급기야 소련은 동부 독일의 화폐개혁으로 대응하였다. 해당 지역은 소련의 점령지역과 베를린 시 전체였다. 미국 영국 프랑스는 소련의 화폐개혁 조치가 베를린 시 전체를 포함하는 데 반

....

38 George Catlett Marshall, Larry I. Bland, Mark A. Stoler, Sharon Ritenour Stevens, and Daniel D. Holt eds., *The Papers of George Catlett Marshall: "The Whole World Hangs in the Balance," January 8, 1947-September 30, 1949*, Vol. 6, The Johns Hopkins University Press, 2012, p. 116.

대하였고, '독일마르크'를 베를린 시내 자신들의 점령지역에서 유통되도록 하였다. 1948년 6월 24일 소련은 "베를린 시 서부지역"에 대한 철도와 육로 접근을 차단하는 '봉쇄 조치(the Berlin Blockade)'를 단행하였다. 소련은 서방에게 항복을 하든지 아니면 서베를린 주민들을 굶어죽게 하든지 양단 간에 결정하라는 최후통첩을 한 셈이었다.

2차대전 후 서방은 서베를린 접근로에 관한 합의가 없는 상태에서 소련의 호의에 의존하고 있었다. 소련은 하나의 철도선, 그리고 하루에 10번의 화물운송을 허용하고 있었지만, 이를 잠정적인 것으로 보고 있었다. 소련은 서방이 베를린에 출입할 수 있는 것은 법적 보장이 없는 상태에서 자신의 특별한 허락에 따른 것이고, 언제든 이 호의를 철회할 수 있다고 경고하고 있었다. 항공로는 1945년 소련과의 합의에 의해 함부르크, 뷔케부르크(Bückeburg), 프랑크푸르트 노선 등 3개 노선이 열려 있었다.[39] 미국은 6월 26일 '양식작전(糧食, Operation Vittles),' 영국은 이틀 후 시작한 '소찬작전(素餐, Plainfare)'을 통해 이른바 "베를린 공수(the Berlin Airlift)"를 시작하였다. 이들의 입장에서는 소련이 공수를 무력으로 막는다면 이는 인도적 구조 행위를 방해하는 침략 행위이며, 법적 구속력이 있는 합의를 위반하는 것이었다. 미국은 7월 말 공수작전을 뒷받침하기 위해 핵무기 장착이 가능한 B-29 전략폭격기 3개 편대를 영국에 전개하였다. 베를린 봉쇄는 318일간 지속되었다. 이 기간 동안 연(連) 275,000대의 항공기가 식량 등 총 150만 t의 물자를 서베를린으로 날랐다. 베를린의 미국 점령지역에 위치한 템플호프(Templehof) 공항에는 매 3분마다 항공기가 착륙한 셈이었다. 서베를린 주민들은 연료와 전기 부족에 시달리면서도 공수작전에 힘입어 거의 1년을 버티었다. 한편, 서방은 베를린 봉쇄에 맞서는 차원에서 동구 공산국들에 대해 경제제재를 실시하였다. 동독 경제가 어려워지자 스탈린은 결국 1949년 5월 12일 베를린 봉쇄를 포기하였다. 그러나 공수작전은 9월 30일까지 지속되었다.

베를린 봉쇄가 해제된 후 연합국들과 소련은 베를린에서의 현상(現狀, status

....

39　Roger Gene Miller, *To Save a City: The Berlin Airlift, 1948-1949*, Texas A&M University Press, 2000, p. 7.

quo)을 암묵적으로 유지하였다. 소련의 봉쇄를 성공적으로 타파한 미국은 서베를린의 경제적 성공과 정치적 자유를 자본주의 체제의 성공의 상징으로 극화(劇化)하면서 서베를린에 대한 안보공약을 재확인하였다. 미국은 소련이 서베를린에 대해 1948년과 같은 조치를 취한다면 무력 사용도 불사한다는 분위기였다. 이렇게 되면서 소련의 입장에서는 서베를린이 갈수록 '목의 가시'와 같은 존재가 되어갔다.

또한 베를린 봉쇄는 '철의 장막'을 영구화하는 계기가 되었다. 미국과 서유럽 국가들은 베를린 봉쇄가 진행 중이던 1949년 4월 4일 수도 워싱턴에서 소련을 가상의 적으로 하여 서유럽 제국(諸國)과 캐나다 등을 포함하는 집단군사동맹체인 북대서양조약기구(NATO)를 출범시킨 바 있었다. 1949년 5월 23일에는 서방점령지역에서 독일연방공화국(Bundesrepublik Deutschland)이, 같은 해 10월 7일에는 소련점령지역에서 독일민주공화국(Deutsche Demokratische Republik)이 각각 출범하였다.

스탈린은 한국전쟁이 진행 중이던 1952년 3월 10일 느닷없이 미국, 영국, 프랑스 정부에 똑같은 외교서한을 보내며 독일을 통일하고 중립화하여 평화조약을 체결하자고 제안하였다. '스탈린 노트(the Stalin Note)'로 알려지게 된 그의 제안 속에는 중립화된 독일에게 어떠한 조건도 부과되지 않으며 독일인들은 표현, 언론, 종교, 집회의 자유, 그리고 시민들이 정치적 신념을 가질 자유, 민주적 정당활동을 할 자유 등 시민적 기본권이 보장된다는 점이 포함되어 있었다. 과거 미국 프랭클린 루즈벨트 대통령의 심복 중 하나였던 제임스 워버그(James Warburg)는 3월 28일 미국 상원외교위원회의 한 유관 청문회장에서 소련의 제안이 허풍일 가능성이 있으나, "스탈린의 제안이 사실이라는 전제하에, 우리 정부는 자유화, 중립화, 비무장화된 독일이 소련의 위성국가가 될 것이라고 두려워하는 것 같다… 우리 정부는 NATO 내에서 독일을 재무장하려는 계획이 소련과의 대화로 차질을 빚으면 안 된다고 생각하는 것 같다"며[40] 트루먼 정부가 소극적이고 근시안적이라고 질타하였다. 이에 영향을 받아 미소 협상이 이루어졌으나 이내 성과없이 끝났다. 독일에게 재무장 및 서유럽국가들로 구성된 유럽방위공동체(European Defence Community) 가입이 허용되어야 한다는 서방의 입장을 스탈린이 거부했기 때문이다. 서독의 아

....

40   Noam Chomsky, *Deterring Democracy*, Vintage, 2006, p. 25.

데나워도 스탈린의 의도를 의심하며 반대 입장을 분명히 하였다. 미국의 반대는 소련과의 공존이 부정당(不正當, illegitimate)하다고 규정한 미국의 신안보정책의 지침인 '국가안보회의 정책보고서 제68호("United States Objectives and Programs for National Security, 미국국가안보의 목표와 수단," NSC-68)'에서 비롯된 것이었다.[41]

'스탈린 노트'를 둘러싼 논쟁이 일었다. 어떤 이는 이것이 소련의 기만책이라고 하고, 어떤 이는 독일통일의 기회를 저버린 서방의 "잃어버린 기회(missied opportunity)"라고 하였다. 그러나 냉전이 끝나고 이와 관련된 소련의 비밀문서가 공개되기 시작하면서 '스탈린 노트'는 그의 기만전술의 일부였다는 사실이 알려지게 되었다. 이 문서들에 따르면 스탈린은 동독을 철저히 위성국가화하려는 목적을 갖고 있었다. 그는 독일 통일 및 중립화안을 제시하고, 서방이 이를 거부하면, 독일의 분단 책임을 서방에게 뒤집어씌우고, 자신은 "하는 수 없이" 동독을 사실상 정치적으로 접수한다는 계획을 가지고 있었던 것이다.[42]

베를린위기(the Berlin Crisis)

서베를린은 지리적 위치상 미국의 대소련 첩보거점으로서의 중요성을 더해가고 있었다. 동부독일의 국가보안청(Staatssicherheitsdienst, State Security Service) 책임자였던 마르쿠스 볼프(Markus Wolf)에 따르면, 당시 베를린은 유럽 첩보작전의 심장부로서 80여 개의 각국 첩보기관들이 활동하고 있었다.[43] 나아가 동서 베를린은 정치적 자유와 경제적 풍요 면에서 극명한 대조를 이루면서 서방에 유리한 정치적 선전도구가 되었을 뿐 아니라, 양 지역 간 자유로운 물적, 인적 이동은 동베를린 주민들, 특히 지식인들과 기술자들의 대량 탈출을 야기하여 동부독일의 체제적 토대를 약화시키고 있었다.

....

41   Chomsky(2006), p. 25, 397-41.

42   Peter Ruggenthaler, "The 1952 Stalin Note on German Unification: the Ongoing Debate," *Journal of Cold War Studies*, Volume 13, Issue 4, Fall 2011, pp. 172-212.

43   Markus Wolf and Anne McElvoy, *Man Without a Face: the Autobiography of Communism's Greatest Spymaster*, Jonathan Cape, 1997, p. 49.

서독 수상 아데나워는 서독의 NATO 가입(1955년 5월 9일)과 독일연방군 창립(1955년 11월 12일) 직후인 1956년 9월 19일 서독은 "핵무기 생산 능력을 가능한 한 신속히 보유하고자 한다"며 그의 친미반소노선을 무력으로 뒷받침하고자 하였다.[44] 이는 친소적 통일독일을 꿈꾸던 신임 소련공산당 서기장 흐루쇼프를 크게 자극하였다. 그는 동독의 한가운데 위치한 자본주의의 보루 서베를린을 그대로 둘 수는 없다고 생각하였다. 그는 자신의 목에 걸려 있는 '가시'를 뽑아야 하였다.

동독의 집권당인 독일사회주의통합당(Sozialistische Einheitspartei Deutschlands, the Socialist Unity Party of Germany)[45] 중앙위 제1서기 발터 울브리히트(Walter Ulbricht)는 10월 2일 서독에 대한 공세적 조치의 중요성을 강조하였다. 그는 "서독이 재무장과 핵무기 개발을 선언한 이상 우리도 힘의 우위에 입각해서 대응해야 한다… 중국의 도서(島嶼) 포격 문제가 수면 아래로 가라앉으면 바로 독일 문제가 제기되어야 한다는 것을 명심해야 한다"고 강경 입장을 밝혔다. 그러나 그의 당면한 위협은 동독의 숙련노동자들이 서베를린으로 끊임없이 탈출하는 것이었다. 이는 경제뿐만 아니라 중대한 정치적 안보적 문제였다. 울브리히트는 서베를린을 그대로 두면 동독이 뿌리째 흔들릴 것이라며 소련에게 특단의 조치를 요구하였다.

흐루쇼프는 동독의 붕괴 가능성이 현실적이라고 판단하였고, 이를 막기 위한 모종의 단호한 조치를 강구한 끝에 1958년 11월 10일 "서방이 [서]베를린을 국가 내 국가로 만들고자 하며, 또한 [서]베를린을 동독, 소련, 바르샤바조약기구(WTO) 국가들에 대한 전복행위를 도모하는 중심 거점으로 활용하고 있다"고 비난하면서 미국, 영국, 프랑스가 서베를린에서 군정을 종식하고 철군할 것을 촉구하는 성명을 발표하였다:

서방은 동시에 독일의 통일도 방해하고 있다. 소련은 1944년 9월 12일 최초로 체

....

44   Jonathan Haslam, *Russia's Cold War: From the October Revolution to the Fall of the Wall*, Yale University Press, 2011, p. 176.

45   독일사회주의통합당은 2차대전 후 소련이 독일의 소련군 점령 지구 내 독일사회민주당과 독일공산당을 강제로 통합하여 동베를린에서 1946년에 창설한 정당이다.

결된 베를린 점령과 통치에 관한 의정서가 무효임을 선언한다. 소련은 서방이 대독일평화조약 체결을 위한 협상에 임할 것과 서베를린을 비무장 국제도시로 전환하는 문제에 대한 협의에 응할 것을 요구한다. 소련은 6개월 이내 충분한 진전이 이루어지지 않을 경우 동독과 단독으로 평화조약을 체결할 것이며, 베를린에 대한 교통노선 통제권을 동독 정부에게 이양할 것이다.[46]

흐루쇼프는 서방3국이 6개월 내 협조적으로 나오지 않으면 4개연합국들이 독일을 분할점령통치한다는 전후협정을 폐기하고, 동독과 평화조약을 체결하여 2차대전을 공식적으로 종료함으로써 전후협정에 따른 전승국으로서의 서방3국의 서베를린 접근권을 무력화하고자 했던 것이다. 울브리히트는 동독이 소련과 평화조약을 체결하면 서방이 동의하든 하지 않든 서베를린의 성격은 극적으로 변화할 것이라고 선언하였다. 그는 나아가, "자유도시" 베를린은 이른바 "난민캠프를 패쇄할 것"이며, "이 난민캠프를 무단 점거하고 있는 사람들은 서베를린을 떠나게 될 것"이라 공언하였다.[47]

흐루쇼프가 서방3국에 최후통첩을 천명한 데는, 그의 성명에 제시된 것을 포함하여, 조금 결을 달리하는 몇 가지 더 중요한 이유가 있었다. 최근에 비밀해제된 폴란드 문건에 따르면, 1958년 11월 10일 폴란드 통합노동당 제1서기 브와디스와프 고무우카(Władysław Gomułka)와 흐루쇼프 간 대화에서 그 이유가 발견된다. 그 이유는 첫째, 흐루쇼프의 전임 지도자들과의 차별화를 위해, 둘째, 서독의 NATO에서의 역할강화를 제어하기 위해, 셋째, 무엇보다도, 동독의 국제적 승인을 돕기 위한 것이었다.[48]

....

46   Gaddis(1997), p. 149; Vladislav M. Zubok, "Khrushchev and the Berlin Crisis (1958-1962)," The Cold War International History Project(CWIHP) Bulletin, No. 6, 1993, p. 22; Hope Millard Harrison, *The Bargaining Power of Weaker Allies in Bipolarity and Crisis: The Dynamics of Soviet-East German Relations, 1953-61*, Ph.D. Diss., Columbia University, 1993, 239-40 and fn #625.

47   Frederick Kempe, *Berlin 1961: Kennedy, Khrushchev, and the Most Dangerous Place on Earth*, Penguin Books, 2012.

48   Douglas Selvage, "Khrushchov's Berlin Ultimatum: New Evidence from the Polish Archives," CWIHP Bulletin, 1998, pp. 200-201. https://www.wilsoncenter.org/sites/default/files/CWIHP_

흐루쇼프에 따르면, '국가보안위원회(Komitet Gosudarstvennoi Bezopasnosti, KGB)' 위원장 라브렌티 베리야(Lavrentii Beria)와 소련공산당 중앙위 서기 게오르기 말렌코프(Georgi Malenkov)는 1953년 당시 베를린으로부터의 소련군 철수를 지지하였다. 흐루쇼프는 이들이 패배주의자였다고 고무우카에게 말하였다. 같은 해 흐루쇼프는 베리야의 독일정책을 문제 삼아 그를 숙청/처형하였고, 유사하게도 1957년 6월엔 말렌코프, 몰로토프, 카가노비치(Lazar Kaganovich) 등 "반당분자들"을 숙청할 때도 이들이 동독에 대한 차관을 반대했음을 들어 그의 조치를 정당화하였다.[49] 흐루쇼프는 이와 같은 행보의 연장선 상에서 자신의 철학적 일관성을 과시하고, 정치적 위상을 제고하려 했던 것이다.

전임 지도자들과의 차별화 외에 서독의 NATO 가입 문제도 중요하였다. 흐루쇼프는 NATO가 소련을 겨냥한 집단군사동맹체라는 것을 명백히 하면서 서독의 NATO 가입은 포츠담 협정을 정면으로 위배하는 행동이며, 따라서 소련은 포츠담에서 합의된 일련의 베를린 관련 기존 협정들을 폐기할 권리를 갖는다고 말하였다. 서베를린이 소련에 대한 공격기지 노릇을 하고 있다는 점을 고려할 때 더욱 그러하다는 것이었다. 흐루쇼프는 서베를린에 대한 통제권(서베를린 접근권)을 동독에게 이양하고자 한다고 말하였다. 그렇게 되면 서방은 동독과 직접 대화해야만 하고, 결과적으로 동독을 승인하는 결과를 초래하게 될 것이라 예상하였다. 그는 또한 가장 중요한 것은 중부 및 동부 유럽의 전후국경을 유지하는 일이라고 폴란드의 지도자에게 말하였다.

미국의 아이젠하워 대통령은 흐루쇼프의 요구를 거부하였다. 특히 베를린이 자유도시화된다면 동부독일 내에 위치한 지리적 조건으로 인해 도시가 공산화될 것은 불을 보듯 명확한 것이었다. 미국과 소련의 외교장관은 1959년 여름 제네바에서 회담했으나 서베를린에서의 "미군 철수" 문제를 놓고 부딪혔다. 우여곡절 끝에

....

Bulletin_11.pdf

49 "Mabnahmen zu den Analysen über den Warenaustausch mit den volksdemokratischen Ländern: Anlage Nr. 1 zum Protokoll Nr. 37 vom 25.7.61," Stiftung Archiv der Parteien und Massenorganisationen der ehemaligen DDR im Bundesarchiv (SAPMO BA), Berlin, J IV 2/2-778, pp. 26-27. Selvage(1998)에서 재인용.

1959년 9월 미국 캠프 데이비드에서 미소 정상이 회합하여 일정한 성과를 낼 것으로 기대되었으나 1960년 5월 1일 미국의 U-2 정찰기가 소련 영공에서 격추되는 사건이 발생하여 양국 간 관계에 오히려 긴장이 고조되었다. 흐루쇼프는 미국의 새로운 대통령이 취임하기 2주 전인 1961년 1월 초 서방3국이 베를린을 떠나지 않을 경우 중대한 조치를 취하겠다고 위협을 재개하였다. 취임하자마자 절대절명의 위기에 직면한 젊은 대통령 케네디는 4월 25일 국방장관 맥나마라(Robert S. McNamara)에게 베를린 위기와 관련된 군사태세 및 군사전략에 대해 브리핑을 준비하라고 지시하였다. 맥나마라는 5월 5일 "NATO는 재래식 무력만으로는 서베를린을 방어할 수 없으며, 공수작전도 소련이 강력히 저항하면 공중접근로를 재개방하고 유지하는 데 큰 어려움이 따른다"고 보고하였다.

흐루쇼프는 신임 케네디 대통령과 1961년 6월 3일 비엔나에서 회담하였다. 67세의 흐루쇼프는 회담을 시작하기 전 23살이나 어린 케네디에 대해 기선을 제압하기 위해 미국의 실패한 피그스 만 침공에 대해 거칠게 공격하고 나섰다. 그는 "자본주의가 봉건제에 도전해 승리했듯이 공산주의가 자본주의에 도전하고 승리하는 것은 역사발전의 법칙"이라고 공산주의 이론 교육도 곁들였다. 케네디도 밀릴 수 없다는 듯, "우리는 이 모든 것을 역사적 필연이라고 보지 않는다," 그리고 "정치적 자유는 인간의 존엄성과 불가분의 관계에 있다"고 강조하였고, 소련의 팽창주의가 위기로 비화할 수 있다고 경고하였다. 흐루쇼프는 미국의 제국주의적 행태야말로 세계 인민들의 반발과 저항에 직면하게 될 것이며, 6억이 넘는 대국 중국의 UN 가입을 막는 무리수는 의아하기까지 하다고 역공하였다.[50] 결국 케네디는 피그스 만 침공은 자신의 오판이었다고 시인하는 굴욕을 당해야 하였다.

이틀간에 걸친 정상회담은 성과가 없었다. 흐루쇼프는 미국에게 6개월 내 서베를린에서 철수하라고 통첩(通牒)하였다. 케네디는 서베를린에 대한 자유접근이 보장되어야 한다고 자신의 입장을 분명히 하였다. 케네디는 회담을 마치며 경직된 분위기를 완화해보자 하였다. 그러나 흐루쇼프는 "전쟁이든 평화든 미국이 하기에

....

50 David Raynolds, *Summits: Six Meetings That Shaped the Twentieth Century*, Basic Books, 2009, p. 201.

달렸습니다"라고 직설화법을 이어나갔다. 케네디는 "그렇다면 전쟁이 일어날 것입니다. 추운 겨울이 될 것입니다"라고 맞받아쳤다.[51] 케네디는 서베를린 수호 의지를 뒷받침하기 위해 15만의 예비군 소집령을 내렸다. 그리고 그는 의회에 32억 5천만 달러의 방위비 증액을 요구했고, 이는 관철되었다. 케네디는 전 국무장관 애치슨을 베를린 태스크포스 단장에 임명하였다. 애치슨은 대통령에게, 베를린 사태는 초강대국 간 결의의 시험대라며, 재래식 무력을 증강하는 동시에 소련이 무력행사를 강행하면 미국은 핵무기 사용을 포함하는 전면전도 불사할 것이라는 메시지를 전달해야 한다고 건의하였다. 애치슨의 '핵사용 불사론'이었다.

1961년 7월 흐루쇼프가 줄곧 즐겨 사용하던 장거리미사일 협박을 무력화하는 중요한 발견이 미국의 한 전문가에 의해 이루어졌다. 당시 국방부 자문관으로 일하던 랜드연구소(RAND Corporation)의 윌리엄 카우프먼(William W. Kaufmann)은 1년 전부터 가동된 1급비밀 '디스커버러(Discover)' 첩보위성이 촬영한 수천 장의 사진을 면밀히 검토하다가 당시 미국이 소련의 미사일 능력에 대해 갖고 있던 기본 전제를 허물어뜨리는 사실을 발견한 것이었다.

흐루쇼프는 그동안 허장성세전략을 활용하여 전략이익을 확보할 수 있었다. 그것이 서방에게 일정하게 먹혀들었던 것이다. 1957년 흐루쇼프는 "소련의 공장들은 미사일을 소시지 뽑아내듯" 양산하고 있다고 자랑하였다.[52] 마오는 1958년 7월 흐루쇼프에게 "우리는 흐루쇼프 동지의 미사일 덕으로 생존하고 있습니다"라고 말할 정도였다. 흐루쇼프는 특히 미국에게 소련의 미사일 능력을 과장하였다. 1958년 12월 소련을 방문한 미국 상원의원 험프리(Hubert H. Humphrey)를 만난 흐루쇼프는 면담 시간을 연장하여 무려 8시간 동안 소련 핵·미사일전력의 우위를 강조하였다. 흐루쇼프는 소련이 사정거리 9,000마일(14,400km)의 탄도미사일을 보유하고 있다고 자랑했으며, 핵전쟁이 일어나는 경우 그의 고향인 미니애폴리스는 핵공격

....

51   33. Memorandum of Conversation, Vienna, June 4, 1961, 3:15 p.m., *FRUS, 1961-1963*, Volume
       XIV, Berlin Crisis, 1961-1962.

52   Richard Ned Lebow, "Was Khrushchev Bluffing in Cuba?" *Bulletin of the Atomic Scientists*, April
       1988, pp. 41-42.

대상에서 빼주겠다고 호언하였다.

그러나 흐루쇼프로서도 이제 최후통첩까지 보낸 이상 자신의 의지와 발언이 미사일 무력에 의해 뒷받침되는지를 확인해야 하였다. 그는 1년여 전인 1957년 10월 29일 당 중앙위에서 "우리 전략폭격기는 괜찮다. 미국 폭격기에 비해 떨어지지 않는다고 들었다"고 말하였다. 그러나 흐루쇼프는 대륙간탄도미사일의 필요성을 강조하였다. 그는 "폭격기가 미국까지 비행하는 데는 난점이 있다. 우리는 대륙간탄도미사일이 필요하다. 우리는 미사일 무기를 완벽히 갖춰야 한다. 그러나 그러려면 비용이 많이 든다"고 말하였다. 그는 자신의 미사일 위주의 국방정책을 반대하던 전쟁 영웅 게오르기 주코프(Georgy Zhukov) 국방장관을 해임한 후 1959년 12월 8일 병력 감축을 결정하였다. 그의 논리는 "우리는 미사일을 만들 것이다. 미사일이 있다면 왜 많은 병력이 필요한가?"였다.

그러나 흐루쇼프의 이 결정은 그가 소련이 미사일 부문에서 미국에 크게 뒤처져 있다는 사실을 알고 있었다는 방증이었다. 그는 자신이 거짓말을 하고 있다는 사실을 누구보다 더 잘 알고 있었던 것이다. 따라서 그는 자신의 비밀이 "탄로"날 수 있는 기회를 가능한 한 회피하였다. 1955년 7월 미국은 "상호영공공개"(Open Skies)를 제안하고 당시 소련 국방장관 주코프는 이러한 제안에 찬성하였지만, 흐루쇼프는 상호 정찰로 소련 핵전력의 "진정한 규모"가 드러날 것을 우려하여 미국의 제안을 거부한 바 있었다. 흐루쇼프는 자신의 허장성세가 계속 먹힐 수 있다고 생각하지는 않았다. 따라서 소련의 취약성을 극복하기 위해 대미 미사일 격차를 신속히 줄이고자 하였다. 흐루쇼프는 허장성세를 구사하면서도 미사일 능력 증대에 박차를 가하였고, 스푸트니크(Sputnik)호에 이어 1961년 4월 인류 최초의 유인 우주비행을 성공시켰다. 그러나 흐루쇼프의 말대로 미국을 타격할 수 있는 대륙간탄도미사일의 개발은 비용과 기술 문제로 단기간에 이루어질 수는 없는 것이었다.

미국은 소련이 1957년 8월 대륙간탄도미사일과 10월 스푸트니크호를 발사한 이후 장거리미사일 능력에 있어 소련의 우위를 인정하고 있었다. 민간인 조사·연구기구인 '게이더 위원회(the Gaither Committee)'는 1957년 11월 미국이 대소 보복능력을 갖추기 위해 탄도탄요격 미사일을 확충해야 한다고 발표함으로써 이른바 "미사일 격차(the missile gap)"의 우려를 심화시켰다. 서방의 대소 첩보 능력의 한계와 흐루쇼프의 허풍도 이 우려를 심화시키는 데 일조하였다. 후일 케네디 후보도 유세기간 동안 이 "미사일 격차"를 강조하며 공화당 정부를 비판하였고, 유권자들의 호응을 이끌어낼 수 있었다.

　미국은 소련의 미사일 능력을 확인하기 위해 고고도 정찰기 U-2를 포함하는 '링컨작전(Operation Lincoln)' 등 대대적인 첩보작전을 시작하였다. 당시 소련은 U-2를 격추할 수 있는 대공 능력을 갖고 있지 못하였다. U-2의 작전고도는 21,000m에 달하였지만 소련 공군기는 19,000m 이상의 고도에서 비행할 수 없었기 때문이다. 소련의 기존 지대공 미사일도 U-2를 격추할 수 없었다. 차세대 지대공 미사일만이 이 고고도 정찰기를 격추할 수 있을 것이었다. 마침내 1960년 5월 1일, 소련의 지대공 미사일 V-75가 우랄 지역에서 U-2를 격추하는 데 성공하였다. 파리 정상회담을 앞둔 아이젠하워와 흐루쇼프는 이 문제를 두고 설전을 벌였지만 자제력을 발휘하였다. 그러나 결국 파리 회담은 성과 없이 끝났고, 흐루쇼프는 미국의 차기 대통령과 담판하고자 하였다. 한편, U-2가 격추당하자 아이젠하워 정부는 '코로나(Corona) 위성정찰 계획'에 박차를 가하였다. 코로나 계획은 1961년부터 성과를 내기 시작하였다. 1961년 7월 랜드연구소의 윌리엄 카우프먼이 보던 수천 장의 위성 사진들은 "흐루쇼프의 불편한 진실"을 고스란히 드러내주고 있었다. 격차가 있었지만 그것은 미국에게 유리한 격차였다. 소련은 최대 8기의 대륙간탄도탄만을 갖고 있었고, 폭격기는 활주로에 노출되어 있었으며, 대공미사일은 별 의미가 없는 상태였다. 카우프먼의 발견은 대통령에게 즉각 보고되었다.

　한편, 흐루쇼프는 서베를린을 두고 핵전쟁을 할 수는 없다고 생각하였다. 의미 없는 "승산"이었지만, 그것마저도 보장되지 않았던 것이다. 대신 그는 동독의 붕괴를 방지하기 위해 독특한 방안을 마련하였다. 동서 베를린 사이에 또 '하나의 장막'을 치는 것이었다. 동독은 1961년 8월 13일 동서베를린 경계에 가시철조망을 두른 담장을 구축하였다. 양 지역 간 자유이동을 막는 이 담장은 곧 시멘트 장벽으로 변하였다. 곳곳에 감시초소들도 세워졌다. 미국과 서방은 이 장벽 건설에 항의하였으며, 긴장은 지속되었다.

"바지가 벗겨진" 흐루쇼프

바로 이 무렵 흐루쇼프는 의도하지는 않았지만, 결과적으로 베를린을 둘러싼 핵전쟁의 가능성을 극적으로 낮추는 결정을 내렸다. 그는 서방이 자신의 통첩상의 데드라인을 무시할 것이 확실시되고, 베를린 위기가 가지는 위험한 함의를 인식하여 돌연 태도를 바꾸었던 것이다. 그는 1961년 10월 17일 개최된 제22차 소련공산당대회에서 자신이 서방3국에 제시한 데드라인에 집착하지 않겠다고 선언하였다. 케네디는 기회를 포착하였다고 생각하였다. 그는 이참에 "바지가 벗겨진 흐루쇼프의 엉덩이"를 전 세계에 보여주고자 하였다. 흐루쇼프가 자랑하던 소련의 장거리미사일 능력이 거짓임을 알리고자 했던 것이다.

케네디가 "바지가 내려진 흐루쇼프의 엉덩이"를 전 세계에 보여줄 수 있었던 데는 디스커버러호가 보낸 위성 사진뿐 아니라 영국 정보기관의 행운도 일조하였다. 최근 비밀해제된 영국의 외교문건들에 의하면, 영국 외교부 소속의 비밀정보 기관 MI6는 모스크바 거점장 치숌(Roderick Ruari Chisholm)의 지휘하에 대소 첩보 작전을 활발히 수행하고 있었는데, 여기서 그야말로 '대어(大魚)'를 낚은 것이었다. 발단은 소련 체제와 군인사에 대해 불만을 갖고 있던 소련 일반참모부 해외군사정보단(GRU Main Intelligence Directorate)의 펜코브스키(Oleg Penkovskii) 대령의 군기밀 누설이었다. 펜코브스키는 반볼셰비키로서 사망한 부친 때문에 자신이 인사상 불이익을 보고 있다고 믿었다. 그는 1960년 12월 대표단의 일원으로 소련을 방문한 영국 실업인 그레빌 윈(Greville Wynne)을 잠시 만났고, 1961년 4월 20일 윈과 다시 만나 MI6와 협력할 용의를 표명하였다. 펜코브스키는 윈에게 "소련의 대륙간탄도미사일에 대해 이야기하자면, 사실 우리는 현재까지 이 무기를 보유하고 있지 않다. 모든 것은 서류상이고, 실제 존재하는 것은 없다… 효과적인 유도체계의 구축을 방해하는 전자공학적 문제를 풀지 못하고 있다"고 소련의 극비를 누설하였다.[53] MI6는 이 극비 정보를 미국에 즉각 전달하였다.

이 무렵, 전기한 바와 같이, 미국은 코로나 정찰위성 계획이 상당히 진척되어 소련의 미사일기지에 대한 고화질의 정밀사진을 대량으로 입수하고 있었다. 미국

....

53　Debriefing, London, 20 April 1961, CIA Electronic Reading Room.

은 1959년 6월 고성능 카메라를 장착한 디스커버러 4호(Discoverer 4)의 실험을 성공시킨 이후 수많은 디스커버러들을 소련의 "거부 지역(denied areas)"의 상공에 침투시켜 그동안 U2 정찰기를 통해 축적했던 것보다 훨씬 많은 정확한 정보를 확보할 수 있었다. 카우프먼이 위성 사진 수천 장을 검토하다가 당시 미국이 소련의 미사일 능력에 대해 갖고 있던 기본 전제를 허물어뜨리는 사실을 발견한 것도 이때였다. 미국 정보기관은 영국이 제공한 펜코브스키발 '인간정보(human intelligence, HUMINT)'가 미국이 이미 확보하고 있던 대소 미사일 정보를 재확인해 준다고 판단하였다.

미국 국방장관 맥나마라는 1961년 2월 "미사일 격차는 없다"고 선언함으로써[54] 흐루쇼프의 "카드 패"를 공개하였다. 국방차관 로스웰 길패트릭(Roswell Gilpatric)은 10월 21일 버지니아 주 핫 스프링스(Hot Springs)에서 열린 기업협회(the National Business Council)의 행사장에서 행한 연설을 통해 "미사일 격차는 없을 뿐 아니라, 미국이 오히려 우위에 있고, 미국은 이러한 우위에도 불구하고 미사일 능력을 더욱 신속히 증대할 것"이라고 발표하였다.[55] 그는 미국이 보유한 핵무기의 수를 공개하면서 소련의 공격을 받은 이후에도 충분히 보복할 수 있는 능력을 보유하고 있다고 강조하였다. 그리고 "철의 장막을 뚫고 들어가기 어렵다 해도 소련이 우리에게 허풍 떠는 것을 믿게 하는 것보다는 덜 어려울 것이다"라고 덧붙였다. 당시 소련 일반참모부 작전부장이었던 그립코프(Anatoly Gribkov)에 따르면, 당시 소련의 미사일 능력이 미국에 비해 상대도 안 된다는 것은 소련 당국 내 주지의 사실이었다. 그는 "우리 모두는 다 알고 있었다. 핵탄두에 있어서는 1:17로 우리가 열세였고, 대륙간탄도미사일에 있어서는 우리는 25기의 운반수단만을 가지고 있었

....

54 Hearings on Military Posture, and H.R. 9637, to Authorize Appropriations, During Fiscal Year 1965 for Procurement of Aircraft, Missiles, and Naval Vessels, and Research, Development, Test, and Evaluation, for the Armed Forces, and of Other Purposes: Before the Committee on Armed Services, House of Representatives, Eighty-eighth Congress, Second Session, Government Printing Office, 1964, p. 6951.

55 James G. Blight and Philip Brenner, *Sad and Luminous Days: Cuba's Struggle with the Superpowers after the Missile Crisis*, Rowman & Littlefield Publishers, 2007, p. 7.

1961년 10월 27일 동서베를린 경계 지역의 찰리 초소에서 미국과 소련의 탱크가 대치하고 있다.

다"고 회고하였다.[56]

　"바지가 벗겨진 채 엉덩이가 노출된" 흐루쇼프는 자신과 소련이 국내정치적, 군사전략적으로 중대한 위기에 빠졌음을 직감하였다. 그는 이 위기를 타개하기 위해 일단 무력시위를 선택하였다. 그는 군에게 사상 최대인 30메가톤급 수소폭탄 실험을 실시하도록 지시하였다. 그것뿐이 아니었다. 길패트릭의 연설이 있던 날 밤, 동독의 국경 수비대가 오페라 공연을 관람하기 위해 동베를린으로 향하던 미국의 서베를린 주재 고위 외교관인 라이트너(Allan Lightner)의 차량을 막아섰다. 그는 장벽의 적법성을 인정하지 않는다는 미국의 의지를 과시하고자 했던 것이다. 그는 동독 수비대에 의해 구금되었다. 무장 미군이 동베를린으로 와서 그를 구출하였다. 그러나 긴장은 급격히 고조되었다. 10월 27일 동서 베를린 경계 지역에 위치한 찰리 초소(Checkpoint Charlie)에서 양측의 30여 대의 탱크가 16시간 동안 대치하여 위기가 절정에 달하였다. 흐루쇼프가 무력을 행사하면 케네디는 그동안 준비해왔던 핵선제공격을 단행할 수도 있는 상황이었다. 자유와 번영의 상징인 서베를린에

....

56　Gribkov at the Carnegie Endowment, 2000. www.ceip.org/cuban-missile-crisis/trnascript.htm

서의 "미국의 굴욕"은 국내정치적으로 또한 미국의 신뢰(credibility)와 관련하여 있을 수 없는 일이었고, 중동부 유럽에서 미군의 재래식 무력 역량은 소련에 비해 초라할 정도였기 때문이었다. 케네디는 막후 채널을 통해 흐루쇼프가 탱크를 제거하면 자신도 같은 조치를 취하겠다고 약속하였다. 흐루쇼프는 이를 수용하였고, 베를린 위기는 핵전쟁으로 비화되지는 않았다.

미국의 핵무기 선제공격 구상

미소 양측은 '찰리 초소'에서 무력충돌의 위기까지 다가갔으나 이성이 상황을 통제하여 전쟁은 피하였다. 미국과 소련을 포함 위기의 당사자들이 핵전쟁을 피한 것은 인류와 역사를 위해 다행스러운 일이었다. 그러나 최근 공개된 비밀문건들에 의하면, 1961년 10월의 베를린 위기는 위기 정도가 아니라 미국의 선공에 의해 핵전쟁이 발발할 수도 있었던 그야말로 '아마게돈(Armageddon)'의 가능성이 현실적인 범위까지 치달았던 사건이었다. 이 문건들을 기초로 당시의 상황을 재구성해보면,[57] 1961년 7월 7일 국가안보회의(National Security Council)에 비정규적으로 자문하던 하버드대 교수 헨리 키신저(Henry Kissinger)는 "베를린 유사시 계획과 전면전의 측면(General War Aspect of Berlin Contingency Planning)"이라는 메모를 국가안보좌관 맥조지 번디(McGeorge Bundy)에게 전달하였다. 메모의 핵심 내용은 애치슨이 비엔나 정상회담 직후 케네디에게 전달한 '핵사용 불사론'의 기본 개념은 옳지만, 미국이 핵무기를 사용한다면 핵옵션의 성격, 즉 어떤 경우에 어떠한 무기를 어떻게 사용할 것인지를 사전에 분명히 해놓아야 한다는 것이었다.

당시 케네디 정부의 군사전략은 전임 아이젠하워 정부의 "대량보복(massive retaliation)"이라는 전략개념에 기초해 있었다. 아이젠하워는 재래식 무력에 의존했던 한국전쟁에서 승리하지 못했고, 재래식 무기의 개발·생산에 막대한 비용이 든

....

57   William Burr ed., "First Strike Options and the Berlin Crisis," September 1961, New Documents from the Kennedy Administration, *National Security Archive Electronic Briefing Book No. 56*, September 25, 2001; Fred Kaplan, "JFK's First-Strike Plan," *The Atlantic*, October, 2001.

다는 사실을 지적하며 덜레스 국무장관으로 하여금 핵무기 사용 의지를 강력히 표명하도록 지시하였다. 덜레스는 1954년 1월 "향후 침략에 대해 미국은 미국이 선택하는 장소에서 미국이 선택하는 수단으로 대응하겠다(at places and with means of our own choosing)"고 선언하였다. 이는 시작이 얼마나 사소했든 간에 전면전이 개시되면 미국이 보유하고 있는 모든 핵무기를 소련, 중국, 그리고 동유럽의 공산국가들에게 발사하겠다는 의미였다. 아이젠하워 정부의 이와 같은 '단일통합작전계획(Single Integrated Operational Plan, SIOP)'은 미전략공군사령부의 모든 병참 및 훈련체계에 철저히 결합되어 있어 군통수권자가 원한다 하더라도 소규모 또는 선별적 핵무기 공격은 가능하지 않은 옵션이었다. 이 작전계획의 문제는 미국이 핵무기를 발사하고, 소련이 이를 탐지한 후 미국에 보복공격을 가할 가능성이었다. 그렇게 되면 수천만의 미국인들이 죽게 될 것이었다. 요컨대 '단일통합작전계획'은 대통령으로 하여금 항복이냐 자살이냐, 또는 굴욕이냐 공멸이냐, 양단 간에 결정하도록 요구하는 것이었다. 키신저는 번디에게 이러한 핵전략의 경직성을 완화하기 위해 "누진적 핵무기 사용(graduated nuclear response)"이라는 개념을 연구해볼 것을 건의하면서, 자신은 칼 캐이슨(Carl Kaysen), 헨리 로우언(Henry Rowen)과 이에 대해 논의하고 있는 중이라고 말하였다. 당시 하버드대 교수 캐이슨은 번디의 특보로 있었고, 랜드연구소의 핵전략가 로우언은 맥나마라 휘하에서 국방부 실장으로 일하고 있었다. 이들은 외부에 잘 알려져 있지 않았으나 미국의 핵선제공격계획을 입안하는 핵심적 역할을 수행하고 있었다.

이들의 연구는, 전기한 바와 같이, 랜드연구소의 윌리엄 카우프먼이 그해 여름 놀랄 만한 정보를 발견함에 따라 급진전하였다. 카우프먼은 소련의 미사일능력이 낙후했고, 대공미사일도 의미가 없는 상태에서, 미국이 자살이나 공멸을 피하면서도 핵무기를 선제적으로 사용할 수 있는 방법을 찾기 위해 생각에 몰두하였다. 그러나 그가 내린 결론은 의외로 간단하였다. 소련이 몇 개의 대륙간탄도탄만을 갖고 있고, 대공미사일체계가 형편없다면 미국은 소규모의 핵무기를 기습적으로 사용하여 소련의 핵무기들을 모두 파괴할 수 있을 것이고, 따라서 소련의 보복공격에 의한 자살이나 공멸의 가능성을 최소화할 수 있다는 것이었다.

카우프먼은 동료인 로우언에게 '디스커버러' 데이터를 보여주며 자신이 캐이슨을 만날 수 있게 해달라고 부탁하였다. 카우프먼의 발견은 번디에게도 전달되었다. 번디는 키신저가 "누진적 핵무기 사용"에 관한 메모를 제출한 당일인 7월 7일 케네디 대통령에게 "현재의 핵전략은 위험스러울 정도로 경직되어 있어 군통수권자에게 선택의 여지를 남겨두지 않고 있다"는 데 키신저, 캐이슨 그리고 자신이 모두 동의하였다고 보고하였다. 대통령은 7월 13일 국가안보회의를 개최하고 베를린 유사시 대응방안에 대해 의견을 들었다. 결론은 핵전쟁을 해야 할 경우 미국은 운신의 폭을 가지고 대응해야 하는데 현 작전계획은 이를 허용하지 않기 때문에 보다 효과적인 방안이 필요하다는 것이었다. 케네디가 연구자들의 지적을 수용한 것이었다. 7월 25일 케네디는 베를린을 둘러싸고 위기가 발생할 가능성에 우려를 표명하고, 민방위 및 방사성낙진피난소(放射性落塵避難所)의 중요성에 대해 주의를 환기하였다.

1961년 9월 5일 캐이슨과 로우언은 핵선제공격에 대한 연구를 마치고, 대통령 안보특보 테일러 장군에게 "전략공군계획과 베를린"이라는 제하의 33쪽짜리 메모를 제출하였다. 기존의 '단일통합작전계획'에 따르면, 미국은 유사시 전략공군사령부가 보유하고 있는 2,258기의 미사일과 3,423개의 핵탄두를 장착한 폭격기들을 "소련-중국 블록"에 산재해 있는 1,077개의 군사 및 도시-산업 시설들을 향해 발사·발진하도록 되어 있었다. 캐이슨은 미국이 이 작전계획을 실행할 경우 소련 인구의 54%, 그리고 건물의 82%를 파괴할 수 있을 것으로 판단하였다. 캐이슨은 이러한 경직되고 무모한 작전계획은 수정되어야 하며 미국이 선제공격을 하되 베를린의 경우에만 해당되는 계획을 세워야 한다고 제시하였다. 그는 구체적으로 소련의 장거리미사일을 중심으로 최소한의 타격대상을 선정하고 가능한 한 소련의 시민사회에 대한 타격은 피해야 한다고 주장하였다. 나아가 미국은 소련이 미국의 핵공격을 흡수한 다음 미국에게 보복할 수 없도록 하기 위해 핵무기를 충분히 남겨두어 대소 억지력으로 활용해야 한다고 제시하였다. 그는 또한 미국이 소련의 시민사회에 대한 타격을 자제한다면 소련이 감정적이고 무모하게 미국에 보복할 가능성을 낮출 수 있을 것이라 말하였다. 캐이슨이 건의한 핵전략의 개념은 이른바 "이성적 핵전쟁(rational nuclear war)" 계획이라 할 만하였다.

캐이슨은 메모에서 자신의 전쟁계획을 상세히 설명하였다. 그는 미국이 첫 번째 핵공격으로 파괴해야 할 대상으로 46개의 핵폭격기 본기지, 26개의 폭격기 출동대기 기지, 그리고 최대 8개의 대륙간탄도탄 기지(각 기지에는 2개의 미사일 격납고가 있으므로, 총 16개의 타격 대상; 소련은 미사일 지하 격납고를 미사일 수보다 많게 하여 피격 확률을 줄이는 방법을 사용하였다) 등 총 88개의 대상(군사용어로는 지명지상원점[指名地上原點, designated ground zeros])을 지목하였다. 그는 "미국이 88개의 지명지상원점을 파괴하면 소련의 보복능력을 무력화시켜 미국이 마무리 핵공격을 단행할 수 있을 것"이라고 예상하였다. 캐이슨은 소련의 대공능력이 낙후하여 미국의 핵폭격기를 한대도 격추할 수 없을 것으로 판단하였다.

캐이슨은 자신의 계획이 실행될 경우 소련의 인명 피해는 50만을 조금 상회하는, 최대로 잡아도 100만을 하회하는 정도로 예상하였다. 그는 핵폭탄이 대상 이외의 지역에 투하될 경우 피해는 증가할 수 있다는 단서를 달았다. 캐이슨은 미국의 피해는 경우에 따라 다르겠지만, 최선의 경우 무시해도 좋을 정도의 미량부터 최악의 경우 전체 인구의 75%에 달할 수 있다고 계산하며 "핵전쟁에서는 인간의 목숨이 쉽게 결정된다"고 덧붙였다.[58]

그럼에도 불구하고, 캐이슨은 미국은 '단일통합작전계획'의 자살이나 공멸을 선택할 수는 없고, 또한 항복이나 굴욕도 택할 수 없기 때문에 소규모 핵을 사용한 기습공격과 세심하게 계획된 추가 공격을 담은 자신의 작전계획이 상당한 이점을 가지고 있다고 주장하였다.

9월 19일 케네디는 테일러에게 일련의 질문을 담은 메모를 전달하였다. 합참의장, 전략공군사령관 등과의 회의 전에 생각하고 오라는 의미였다:

작전계획에 대한 대안을 생각해볼 수 있나? 우리가 공격할 때 소련의 도시지역과 정부기관을 제외하는 것이 가능한가? 소련의 장거리미사일만을 대상으로 한 소규

....

58 Carl Kaysen to General Maxwell Taylor, Military Representative to the President, "Strategic Air Planning and Berlin," 5 September 1961, Top Secret, excised copy, with cover memoranda to Joint Chiefs of Staff Chairman Lyman Lemnitzer, National Archives, Record Group 218, Records of the Joint Chiefs of Staf, Records of Maxwell Taylor.

모 핵공격은 어떻게 실행에 옮길 수 있는가? 긴장이 고조된 상태에서 기습이 가능하겠는가? 우리가 선제공격하여 부분적으로라도 성공한다면 이것이 과연 적의 선제공격에 대응하는 것보다 우리에게 더 유리한 입장을 가져다 줄 것인가? 소련의 장거리미사일에 대한 선제공격은 현실성이 있는가?[59]

케네디는 캐이슨이 고려하지 않은 문제에 대해서도 논의하고자 하였다. 그는 "전쟁이 일단 시작되면 군통수권자가 군에 대해 얼마나 통제할 수 있을지 우려된다. 우리가 첫 번째 핵공격에 성공하면 통수권자가 거기에서 공격을 중단시킬 수 있겠는가? 군이 쓸데없이 핵무기를 사용하는 것을 막을 수 있겠는가?" 등과 같은 질문을 던졌다.

다음 날 회의에 참석한 군지휘관들은 케네디 질문에 답하지 않았다. 전략공군사령관 토마스 파워(Thomas Power)는 소련이 CIA 사진이 보여주는 것에 수배나 되는 미사일을 은닉해 놓았다고 주장하였다. 파워는 "제한적 핵공격"이라는 개념에 대해서는 언급하지 않은 채 "소련의 기습공격 가능성이 가장 높은 시점은 지금이며, 핵전쟁이 불가피하다면 미국이 선제공격을 단행해야 한다"고 대통령에게 강력히 건의하였다.

합참의장과 국가안보보좌관은 소련이 더 많은 미사일을 은닉하였다는 파워의 주장에 동의하지 않았다. 케네디 대통령도 파워의 의견을 경청하는 듯하였지만 이내 원래의 의제로 돌아가고자 하였다. "과연 미국은 재앙적인 보복을 당하지 않고 소련에 기습 핵공격을 성공시킬 수 있겠는가?" 군지휘관들은 명확한 답을 줄 수 없었다.

10월 10일 대통령은 베를린 위기 대응 방안을 논의하기 위해 각료와 참모들을 소집하였다. 국방차관보 폴 니치(Paul Nitze)는 회의 이전 합참과 협의한 후 "베를린 갈등에 대한 군사행동의 우선순서(Preferred Sequence of Military Actions in a Berlin Conflict)"라는 제하의 문건을 작성하여 배포하였다. 여기에는 4개의 시나리

··········

59   Memorandum of Conference with President Kennedy, 20 September 1961, *FRUS, 1961-63*, Government Printing Office, 1998, pp. 130-31.

오가 적혀 있었다:

1. 소련이 베를린에 대한 서방의 접근을 방해할 시 연합국 측은 소규모 병력으로 대처한다.
2. 소련이 방해를 멈추지 않을 경우 연합국 측은 군사행동을 위한 능력을 신속히 동원·증강한다.
3. 그럼에도 불구하고 소련이 방해를 계속할 시 연합국 측은 아래의 옵션 중 하나 또는 그 이상을 선택한다.
3.1) 해상봉쇄를 실시한다.
3.2) 비핵공중군사행동과 지상방어능력을 확대한다.
3.3) 비핵지상군사능력을 공중지원하에 동부독일로까지 확대한다. (이것은 불가역적 비화(飛火)의 위험성을 소련에게 보여주기 위한 정치적 의미가 있는 군사작전임. 소련이 결사적으로 저항할 경우 우리가 군사적으로 압도할 수는 없음.)
4. 연합국 측의 비핵무력 행사에도 불구하고 소련이 우리의 사활적 이익을 계속 침해한다면 연합국 측은 핵무기를 사용해야만 한다. 핵무기 사용은 다음과 같이 점진적으로 이루어져야 한다.
4.1) 핵무기 사용 의지를 과시하는 목적으로 선택적 핵공격을 실시한다.
4.2) 핵무기를 제한적인 전술로서 전장에서만 사용한다.
4.3) 전면적 핵전쟁을 시작한다.

케네디는 참석자들에게 단도직입적으로 물었다. "우리가 소규모 핵무기를 사용해도 전면적 핵전쟁으로 비화하지 않도록 할 방안은 있는가?" 1950년 NSC-68 작성을 주도했던 폴 니치는 "우리는 소련과 핵공방을 하는 경우 궁극적으로 승리할 수 있습니다. 그러나 우리가 소련의 핵선제공격을 허용할 경우 패배할 수도 있습니다"라고 말하였다. 맥나마라 국방장관은 핵선제공격은 이론상만 가능하지 현실의 세계에서는 공멸을 야기할 뿐이라고 말했고, 러스크 국무장관은 누구든 핵무기를 선제 사용하면 감당하기 어려운 국제적 비난을 감수해야 할 것이고, 인류 앞에 무거운 책임을 모면할 수 없을 것이라며 부정적 입장을 표명하였다. 국가안보보좌관 번디는 "4번에 대한 이견이 해소되지 않았음"이라고 회의내용을 정리하였다.

　흐루쇼프가 1961년 10월 17일 자신이 서방3국에 보낸 최후통첩의 데드라인에 집착하지 않겠다고 선언하면서 핵전쟁의 위험은 일단 사라지게 되었다. 그러나 흐루쇼프가 데드라인이 지난 후 서베를린을 강제점령하고, 케네디가 "소규모의 핵을 분별력 있게 선제 사용할 수 있다"는 이론적 발상의 전환을 수용하였다면, 끔찍한 핵재앙이 벌어졌을 수도 있었다. 전 인류의 생명과 문명이 몇몇 서양 사람들에게 맡겨져 있던 이 상황은 인권과 자유와 민주주의가 갈 길이 멀다는 사실을 웅변으로 말해주었다. 어쨌든 베를린위기는 일단락되었지만, 흐루쇼프는 서베를린을 포기하지 않았다. 그는 소련의 전략이익을 위해, 그리고 자신의 굴욕을 설욕하기 위해 모종의 대안을 찾아 나섰고, 그 결과는 미국의 뒷마당인 중남미의 쿠바에서 머지않아 나타나게 될 것이었다.

중국의 사회혁명과 중화인민공화국의 성립

냉전 질서는 앞서 말한 바와 같이, 2차대전 직후 공동의 적이 사라지면서 형성된 미소 간의 이념적·전략적 불신, 그리고 그리스와 터키에 대한 공산위협에 대처하고, 나아가 폴란드와 독일 등 중동부유럽의 미래를 결정하는 과정에서 고착된 측면이 있었다. 그러나 더욱 직접적으로, 1949년 소련의 핵실험 성공과 중국의 공산화는 미국 등 서방에게 공산주의의 세계지배에 대한 우려와 경계심을 자아냈고, 그이후 한국전쟁과 베트남전쟁 등에서 그 우려를 심화하여 공산주의 대 자본주의 간전 세계 수준의 냉전적 대결을 격화시킨 주요 요인이 되었다. 한편, 1962년 10월의 쿠바미사일위기에서 보듯, 인류공멸을 초래할 수도 있었던 이 냉전적 대립과 대결은, 아니러니하게도, '공산종주국' 소련에 대한 '공산중화(共産中華)'의 도전을 계기로 해서 미중 '화해(和解, Rapprochement, Reconciliation)'로 이어져 궁극적으로 인류공멸의 위험성을 완화시킨 측면도 있었다. 다음 장에서는, 이러한 중화인민공화국의 역사적, 국제정치적 중요성을 의식하면서 이 이념적으로 "위험스러운," 경제적으로 낙후했지만 광대한 잠재력을 가진, 그리고 문명 문화적으로 유례없이 독특한 국제주체가 어떻게 태동했으며, 어떤 과정을 거쳐, 어떻게 냉전의 국제정치에 막대한 영향을 미치게 되었는지 살펴보기로 한다.

아편전쟁과 천하질서의 붕괴

중국의 사회혁명과 중화인민공화국의 성립을 설명하려면 봉건적 착취와 경제적 불평등에 대한 인민의 저항의 역사와 함께 청과 영국 간에 벌어진 아편전쟁(1839-42)으로 거슬러 올라가야 한다. 아편전쟁은 "천하질서(天下秩序, 트이안셔아쯔쉬, Tianxiazhixu)"라는 중국예외주의적 개념에 기초한 대외 관념과 제도가 해체되는 과정의 출발점일 뿐 아니라, 중국의 강제적 개방과 그에 따른 내외적 갈등 및 투쟁으로 점철된 이른바 "100년의 수모"를 초래하였고, 중국 인민들이 이를 자각하고 극복하는 과정에서 중국혁명이 일어났으며, 그 결과 중화인민공화국이 탄생하였기 때문이다.

아편전쟁으로 타격을 받은 중국의 천하질서란 중국의 황제는 천자(天子)이고, 그가 천명(天命, Mandate of Heaven)에 따라 지배하는 중국은 따라서 우주의 중심일 뿐 아니라 유일한 문명이며, 이 중화문명에서 거리가 멀어질수록 문명의 지배력이 약화되어 중국의 변경에는 교화의 대상이 되는 야만이 존재한다는 세계관이다. 이것이 천하질서가 화이질서(華夷秩序, 中原의 華族은 세상의 중심이고 주변은 야만, 즉 오랑캐라는 개념)로 불리는 이유이기도 하다. 이러한 중국의 예외주의(例外主義, exceptionalism)는 주(周) 나라(1046-221 BCE)의 철학서들에서부터 발견되는데 이후 유교적 예(禮) 및 위계질서 규범이 천하 개념을 확장하고 공고히 하였고, 중국의 오랜 왕조 역사를 관통하여 정치, 사회, 문화적으로 지배적 영향력을 행사하였다. 20세기 신해혁명을 주도하고 중화민국을 건국한 공화주의자 쑨원(孫文, 손문)조차도 천하위공(天下爲公)이라는 개념을 사용하며 중국이 천하임을 주장하였다.

천하질서 개념은 강력하고 통일된 중국의 황제의 위엄을 관념적으로 제도화한 측면, 그리고 다양한 문화와 종족들을 하나의 정치적 테두리 안에서 최소한의 비용으로 관리해야 할 필요성과 연관이 있었다. 즉 중국은 주변에 대해서는 책봉(冊封, 츠봉)의 관계를, 그리고 주변은 중국에 대해 조공(朝貢, 츠오꽁)의 관계를 자발적으로 수용함으로써, 강제력이 아닌 상호합의에 의해 제국 유지의 경제적, 군사적 비용의 최소화와 정치적 독자성 및 경제적 혜택을 각각 유지/확보할 수 있었다.

천하질서의 개념은 중국의 경제적, 물리적 능력과도 무관하지 않았다. 유관 역사학자들과 경제학자들은 서구와 중국의 생활수준의 격차가 급격히 벌어진 시점을 '대분기(大分岐, Great Divergence)'라고 부르고 대략 1820년경에 발생하였다고 보고 있다. 원인을 두고는 다양한 의견이 대립하고 있지만, 1760-1830년까지 영국에서 진행된 산업혁명이 지리적 우연에 의해 결정적으로 탄력을 받았다는 점(예를 들어, 포머랜츠가 말하는 가상토지, ghost acres),[1] 그리고 중국의 해금(海禁, 하이진) 정책에 대비되는 서유럽국가들의 식민주의가 주요하게 작용하였다는 점에는 대부분 동의하고 있다. 그러나 이를 뒤집어 말하면 1820년경 이전까지는 중국이 전 세계적 경제 강국이었고, 문화나 가치관이 물질 능력을 반영한다면 중국의 천하질서 관념은 이러한 중국의 물질적 "위대함"과 주변국들의 "인정"으로부터 도출되었을 개연성이 있다.

천하질서하에서의 국제관계는, 30년 동안의 종교전쟁 후 체결된 1648년 베스트팔렌(Westfalen, Westphalia) 조약을 기점으로 국가주권이라는 평등적 국제규범과 원자적(原子的, atomic) 국제질서의 개념이 인정되기 시작한 유럽의 경우와는 역사계보적으로 상이할 뿐 아니라 규범, 철학, 도덕, 조직원리 면에서도 판이하게 달랐다. 즉 천하질서는 중화와 변방에 존재하는 정치적 주체들이 책봉과 조공을 고리로 하여 '심장'과 '지체'들처럼 유기적(有機的, organic)으로 연결된 위계체제였다. 1793년 영국 최초의 대중 특사 조지 매카트니(George Macartney) 백작은 청나라의 건륭제(乾隆帝)에게 서구근대국제체제의 국가 간 평등 개념을 설명하고 주권에 입각한 무역협정에 서명할 것을 희망하였다. "천자"는 그의 요구를 거부하면서 "천조(天朝)에는 없는 것이 없어 교역 따위를 할 필요가 없다"며 국가 간 평등이나 주권 개념을 인정하지 않았다. 그로부터 수십 년이 지나 영국은 아편전쟁을 일으켰고 승리하였으며 중국에 불평등조약을 강제하였다. 이 전쟁과 중국의 몰락은 천하질서 개념

....

1   포머랜츠는 1750년경까지만 해도 경제 사회 수준이 엇비슷했던 영국과 중국이 제1차산업혁명기를 기점으로 크게 다른 길을 가게 된 이유 중의 하나를 영국의 지리적 이점에서 발견하였다. 그에 따르면, 주요 탄맥이 양쯔강 삼각주 지역에서 1,500km나 떨어져 있던 중국에 비해 영국에는 석탄이 땅 속 깊이 묻혀 있지 않았고, 채굴지도 소비중심지에서 멀리 떨어져 있지 않았다. 접근성이나 비용 면에서 상대적으로 유리했던 영국은 상대적으로 밀도가 높은 동력원, 또는 상대적으로 광활한 "가상의 토지"를 가진 셈이었다. 영국의 해외식민지도 같은 논리로 영국의 산업화에 탄력을 부여하였다. Kenneth Pomeranz, *The Great Divergence: China, Europe, and the Making of the Modern World Economy*, Princeton University Press, 2000. pp. 17-23, 264-97, 274-85.

의 종말의 시작을 의미하였다. 중국의 천하질서 개념을 파괴하고 중국인들이 새로운 국제관계 개념을 찾아 나서도록 강제한 역사적 사건인 아편전쟁은, 산업혁명으로 급격히 증대된 물질 능력에 기초한 영국의 자유주의적 보편주의가 팽창과 혁신을 거부한 채 오랫동안 정체를 거듭한 천하질서의 예외주의를 기습한 관념적 대사변이었다.

역사적 배경을 살펴보면, 중국은 명나라 시기 정화(鄭和, 쭝흐어)의 해외원정 (1405-1433년 총 7차례) 이후 북방민족의 위협에 대처하기 위해 군사역량을 지상군 위주로 재편하였고, 그 결과 해금정책이 도입되었다.[2] 청나라도 천하질서 세계관과 외국인 및 기독교에 대한 우월감/혐오감, 그리고 국내정치적 이유[3] 등으로 해금정책을 승계/유지하였다. 1685년 청나라 강희제(康熙帝)는 타이완에 웅거하던 정씨정권(鄭氏政權)의 항복으로 해상의 반청세력이 사라지자 광둥(廣東, 광둥) 푸젠(福建, 복건) 저장(浙江, 절강) 등 동남 연해에 해관(海關, 세관)을 설치하여, 이곳에서 서양 상선이 입항해 무역을 할 수 있도록 허용하였다. 1757년에는 해금정책이 강화되어 서양과의 무역이 광조우(廣州, 광주) 한 곳으로 제한되었다. 청나라가 서양과 교역을 허가한 주강(珠江, Pearl River) 가의 일정 구역 내에서 인가받은 상인조합인 13행 (十三行),[4] 즉 공행(公行)만을 상대로 행해진 이 무역제도를 서양인들은 '광조우체제 (the Canton System)'라 불렀다. 서양인들은 천자의 은혜에 따른 조공무역에 지나지 않았던 광조우체제를, 자유무역이라는 보편주의를 일탈한 불평등하고 비합리적인 무역통제이자 전근대적 유제로 보았다. 자본주의의 발달과 산업혁명에 힘입어 자유무역을 필수적 정상적 경제규범으로 간주하던 영국 등으로서는 광조우체제야말로 반드시 해체/타파해야 할 국가적 목표 중 하나로 볼 수밖에 없었다. 이러한 맥락에서 아편전쟁은, 해양국가인 영국이 폐쇄적 대륙국가인 청을 개방시켜 수출 시장화하려 하였다는 물질적, 국가전략적 측면과는 별도로, 무역에 관한 규범을 둘러싼

....

2   주경철,『그해, 역사가 바뀌다』, 21세기북스, 2017, p. 121.
3   청은 중국을 통일하기 전까지 명의 부흥을 꾀하는 세력이 남아 있어, 이들과 연해 지방을 단절시키기 위하여 해금(海禁) 정책을 폈다.
4   13이란 수는 행상의 수와는 관계가 없다. 초기 행상 수는 명확하지 않지만 1720년경까지 20가에서 50가(家) 정도로 추정된다.

영국과 청나라 사이의 무력분쟁이자(더 크게 보면 세계관의 충돌), 자유주의 규범이 중국의 천하질서 관념을 강제적으로 잠식하고 해체하는 과정의 시작이었다.

아편전쟁의 근인(近因)은 청나라와 영국 간 무역불균형, 그리고 이를 초래한 18세기 이래 영국의 차(茶)에 대한 수요의 급증과 연관이 있었다.[5] 당시 유일한 차 생산국은 중국이었다.[6] 16세기부터 영국 귀족들의 일부는 중국 차에 의료적 요소가 있다고 믿었으며 품위와 위세의 상징물로도 애용하였다.[7] 그후 차는 갈증해소에 효과가 있다며 맥주와 커피를 대체하는 고가의 기호품으로 대두하였다. 시간이 지나면서 차에 대한 관세가 전하(轉下)되고 카리브 해에서 설탕이 수입되면서 차 음용은 급속도로 일반화되었다. 런던의 노동자들은 가계예산의 5%를 차 구입에 사용한다는 통계가 있을 정도로 차에 대한 수요가 급증하였다. 그런데 영국은 중국으로부터 차를 수입하느라 결제수단인 은(銀)이 대량으로 유출되어 수지적자 재정적자를 우려하게 되었다. 나아가 은 부족의 상황에서도 차에 대한 수요가 급증하자 영국 정부는 은 확보를 위해 대중국 수출확대를 적극적으로 도모하였다. 당시 영국이 경쟁력을 갖고 있던 수출상품은 면(cotton)과 모직이었다. 영국 랑카셔(Lancashire)와 인도산 면 수출은 차 수입에 따른 수지 적자를 만회해주는 주요 상품이었다. 그런데 광조우체제에 따라 초과이윤(폭리)을 누리던 행(行)들에 자극받은 북부의 중국 상인들이 내륙에서 생산된 면을 남부로 이동시킴으로써 영국 면은 어려운 시장 경쟁에 직면하게 되었다.[8] 영국으로서는 면 수출 급감에 따른 무역불균형을 극복

....

5   영국의 대중 무역불균형은 차 이외에 도자기나 비단의 수입에서도 비롯되었다. 영국의 귀족이나 자산가들은 중국의 "문명"을 소비/보유한다는 신분 과시를 목적으로 이들 상품을 구매하기도 하였다.

6   아편전쟁 이후 영국 동인도회사는 스코틀랜드 출신 원예사 로버트 포춘(Robert Fortune)에게 중국으로부터 차 종자/나무와 차 재배/제조 기술을 훔쳐내올 것을 제안하였다. 5배의 임금에 유혹을 받은 포춘은 산업스파이가 되어 소기의 목적을 달성하였다. 동인도회사는 인디아 히말라야 부근에서 차 나무 개량에 성공했고, 아쌈(Assam)이나 다즐링(Darjeeling) 등 "영국 차"는 인디아로부터 세계전역으로 수출되기 시작하였다.

7   Hilary Young, "Tea culture in Britain, 1660-1800," Ceran1ics and Glass Department, Victoria and Albert Museum, London SW7 2RL, Great Britain. file:///C:/Users/user/AppData/Local/Microsoft/Windows/INetCache/IE/LKEH4IBU/I-004.pdf

8   Compilation Group for the "History of Modern China" Series, *The Opium War*, University Press of the Pacific, 2000.

하기 위해 모직물 수출에 정책적 노력을 집중하였다. 그러나 면이나 비단으로 옷을 해 입는 중국인들 속에서 모직물 시장을 개척하는 일은 쉽지 않았다. 더구나 광조우 등 중국 남부의 더운 날씨는 이중의 장애가 되었다. 이렇게 되자 영국은 인도의 영국령 벵골 지역에서 재배한 아편을 중국에 수출하고자 하였다. 영국과 동인도회사[9]는 중국에 수출하는 아편의 가격을 낮추고 아편용 파이프를 무료로 제공하는 등 아편 마케팅에 열중하였다. 청나라에는 관료의 부패로 인한 고통으로부터 도피하려는 백성들의 수가 많아지고 따라서 아편 소비가 증가하였다. 1829년 말 도입된 영국 쾌속 범선은 아편 밀무역 급증의 또 다른 원인이 되었다.

아편 수입이 급증하자 청 조정에서는 판매를 합법화하고 세금을 거두자는 '이금론(弛禁論)'[10]과 천자의 도덕을 강조하는 '엄금론(嚴禁論)'이 충돌하였다. 결국 엄금론이 채택되어 1839년 3월 린쩌쉬(林則徐, 임칙서)가 천자의 특명을 집행하는 흠차대신(欽差大臣)으로 임명되어 광둥으로 파견되었다. 그는 1839년 5월 '아편흡입 엄금장정(嚴禁阿片烟章程)' 39조를 반포하고 아편 단속에 나섰다. 당시 청나라로서는 아편 문제를 해결하지 않으면 조정 유지 자체가 위협받는 상황이었다. 국내 정치의 혼란과 재정 위기 속에서 대외 결제수단이었을 뿐 아니라, 납세의 수단이기도 하였던 은의 부족이 심각한 위협으로 작용하였다. 아편 수입에 따른 은의 국외 유출은

....

9   16세기 초 포르투갈에 의해 인도양 항로가 열린 이후 네덜란드, 영국, 프랑스 등의 소규모 상업자본은 인디아 및 동남아시와의 해상무역을 통해 큰 수익을 올릴 수 있었다. 이들은 주식회사의 형태로 대규모화하면서 상호경쟁에 돌입하였는데 결국 영국(런던 상업자본)의 동인도회사가 지배적 위치에 오르게 되었다. 영국의 동인도회사는 각지에서 특산품을 강제로 재배하게 해 유럽시장에 판매하여 독점이윤을 취하였다. 이는 영국 등 유럽의 자본의 '본원적 축적(本源的 蓄積)'에 기여하였다. 그러나, 동인도회사는 18세기 중후반 경영난으로 인해 영국 정부의 지원을 요청하였고, 그 결과 정부의 감독을 받게 되었다. 동인도회사는 자유무역주의자들의 반발과 로비로 1833년 무역독점권을 상실하였으며, 1858년 '세포이 (영국 동인도회사에 고용된 인도 병사, Sepoy; 병사를 뜻하는 페르시아 어)' 항쟁 이후 인디아가 영국의 직접 지배 하에 들어가게 됨으로써 그 기능을 외교부의 인디아국(India Office)으로 넘기고, 1874년 6월 1일 해체되었다. 주주들은 동인도주식배당금상환법(the East India Stock Dividend Redemption Act)에 의해 보상을 받았다.

10   1833년 광동안찰사(廣東按察使) 쉬나이지(許乃濟, 허내제) 등은 아편 이금(弛禁) 정책의 실행을 주장하였다. 이은자, "광조우(廣州)의 개항 기억". 『아시아문화연구』(가천대학교 아시아문화연구소) 제29집, 201-33, p. 303.

은 가격의 상승, 그리고 세금의 실질적 상승을 의미하였다. 유민(流民)이 발생하고 이는 다시 반청 민중봉기를 자극하는 주요 요인이 되었다.

광조우에 도착한 린쩌쉬는 곧바로 중국인들 수중의 아편을 압수하고 밀수업자들을 처형하는 등 근절책을 실행에 옮겼다. 외국 상인들에게도 아편을 자진해서 내놓으라고 요구하였다. 영국 상인들은 중국내 영국무역총책인 찰스 엘리엇(Charles Elliot) 해군 대위의 지휘하에 농성으로 저항하였다. 엘리엇은 5월 중순 광조우 상관으로 들어가다가 청군에 의해 포위되었다. 그는 영국 상인들을 설득하여 아편 21,306상자를 모두 청군에 넘기고 풀려나 돌아갔다. 린쩌쉬는 6월 초 이 아편을 중국인들이 보는 가운데 바다로 던져버리도록 하였다. 영국은 분노하였다. 엘리엇은 영국인 범죄자 인도를 거부하였고, 영국 상인들은 재발방지를 위해 린쩌쉬가 요구한 서약서 제출을 거부하면서 마카오로 철수하였다. 영국 정부는 10월 원정군 파견을 결정하였다. 한편, 주룽(九龍, 구룽)에서 술취한 영국 선원들에게 살해된 농부 린웨이시(林維喜, 임유희) 사건(1839년 7월 7일)은 상황을 악화시켰다. 이어 11월 3일 촨비(천비, 川鼻)에서 양국 해군 간에 전투가 벌어졌고, 중국은 참패하였다. 영국 내각은 이미 1839년 10월에 파병 방침을 세웠으나, 공식 결정은 1840년 2월에 내렸으며 이를 승인하느냐를 놓고 의원들이 3월에서 4월까지 공방을 펼쳤다. 토리당(Tory) 출신의 보수당 지도자 글래드스톤(William Ewart Gladstone)은 "아편 무역은 끔찍하게 추악한 만행"이라며 극력 반대에 나섰다.[11] 휘그당(Whig)의 현실주의자 파머스톤(Henry John Temple, 3rd Viscount Palmerston) 외교장관은 국익을 내세웠다. 논쟁 끝에 영국 의회는 271 대 262로 파병을 승인하였다. 영국 해군은 1940년 5월, 540문의 포를 탑재한 16척의 군함 등 4,000여 명의 병력을 중국으로 파견하였다. 당시 최고 속력과 기동성, 그리고 가공할 무기 탑재능력을 갖춘 영국 증기선 함정들과 함포는 중국인들이 일찍이 보도 듣도 못하던 천하의 '신기(新機)'였다. 청나라의 '범선(帆船)'은 영국의 '증기선'을 감당할 수 없었다. 산업혁명으로 강철을 생산한 영국은 함포의 사거리 및 정확성에서 청군을 압도하였다. 나아가 청군의 주요 무기는 분

....

11   Pierre-Arnaud Chouvy, *Opium: Uncovering the Politics of the Poppy*, Harvard University Press, 2009, p. 9.

당 1-2회 발사할 수 있는 사거리 100m의 산탄총(shotguns)이었던 반면, 영군은 분당 2-3회 발사할 수 있는 사거리 200m의 장총(muskets)으로 무장하였다.[12]

청나라의 백성들도 서양 열강의 침략에 민족 감정을 가지고 맞서려는 의식은 강하지 않았다. 결국 청은 영국의 강력한 물리력에 굴복하여 1842년 8월 29일 치욕적 난징조약에 서명하지 않을 수 없었다. 이에 따라 청나라는 홍콩을 영국에게 영구히 할양하고(to be possessed in perpetuity),[13] 양쯔강(揚子江, 양자강) 이남의 다섯 항구, 상하이(上海, 상해), 닝보(寧波, 영파), 푸저우(福州, 복주), 샤먼(廈門, 하문), 광조우(廣州, 광주)를 개항하며, 배상금 2,100만 냥, 공행의 폐지와 평등 왕래, 관세협정과 영사재판권, 최혜국대우를 약속하였다. 취약해진 청나라는 열강의 요구를 거부할 수 없었고, 1844년 미국과 왕샤(望廈, 망하)에서, 프랑스와 황푸(黃埔, 황포)에서 각각 불평등 조약을 체결하였다. 프랑스 전권대표 라그르네(T. de Lagrene)는 조약 체결 후 청에 머물며 가톨릭교 신앙의 자유를 위해 노력하였다. 당시 프랑스에서는 가톨릭교회의 지지가 없이는 정권의 유지가 어려웠다. 1844년 12월 14일 청은 5개 개항장에서 프랑스가 가톨릭교를 선교할 수 있는 자유를 허용하였다.[14]

난징조약은 중국에게는 치욕이었으나 이 조약에 불만을 느낀 나라는 오히려 영국이었다. 영국 상인들은 개항장으로 제한된 무역에 만족할 수 없었고, 특히 산업혁명 이후 영국 산업을 주도해왔던 면 산업이 생산과잉에 빠지자 이를 해소하기

....

12 Seonyeong (Anes) Lee, "The Opium War, 1839-1842: Warfare technology in the Opium War," November 22, 2014. https://opiumwarexhibition.wordpress.com/2014/11/22/warfare-technology-in-the-opium-war/

13 홍콩과 같이 영구할양된 땅은 패전으로 승전국에 양도한 땅으로 다시 전쟁을 치뤄 되찾아오기 전까지는 반환이 불가능한 땅이다. 일종의 장기 임대차 조약 성격의 조차지와는 성격이 다르다. 영국이 홍콩 전토에서 청으로부터 영구할양 받은 땅은 1842년 1차 아편전쟁 결과 받은 홍콩섬과 1860년 2차 아편전쟁의 결과 베이징조약에 따라 귀속된 가오룽(九龍) 반도 일대 좁은 영토였다. 조차기간이 설정된 곳은 '신계 (新界)'라 불리는 대륙과 연결된 지역이었다. 1984년 영국정부는 홍콩 신계지역 반환 문제를 논의하는 과정에서 홍콩 전체를 중국에 돌려주기로 합의하였다. 그러나 영국은 홍콩 특별행정구의 설치와 50년간 일국양제를 고수해야 한다는 조항을 걸었다. 이와 같이 영국과 서방이 개입할 수 있는 최소한의 여지는 남겨놓고 1997년 6월9일 마지막 홍콩 총독인 크리스 패튼(Chris Patten)과 영국군은 철수하였다.

14 이경자, "淸末 선교사들의 교육활동," 『中國學論叢』, 第49輯, 2015, p. 216. 청은 러시아, 미국, 영국, 프랑스 등과 1858년에 맺은 天津條約을 통해 100년 이상 금지되었던 중국 내에서의 선교를 허용하였다.

위해 중국의 내륙 시장을 공략하고자 하였다. 1853년 러시아와 크리미아전쟁을 개시하여 여력이 없었던 영국은 1856년 전쟁이 끝나자 다시 중국에 주목하였다. 특히 외교장관 시절 아편전쟁을 주도하였던 파머스톤 수상은 중국 공략을 국가 정책의 우선순위에 놓고 있었다. 이때 제2차 아편전쟁을 야기한 사건이 발생하였다. 1856년 10월 8일 광조우의 주강에 정박하고 있던 선박 '애로우(Arrow)'호에 중국 관헌이 올라가 해적 3명이 포함된 중국인 승무원 12명을 해적혐의로 연행해 갔다. 이 배는 중국인 소유였지만 영국인 선장이 탑승하고 있었다. 광조우의 영국 영사는 중국에 대해 승무원을 즉각 송환하고 배에 걸려 있던 영국 국기를 함부로 내린 데 대해 문서로 사과할 것을 요구하였다. 양광총독(兩廣總督) 예밍츤(葉名琛, 엽명침)은 당시 배에 영국 국기가 걸려 있지 않았고 배도 중국인 소유이므로 영국이 개입할 권리가 없다고 맞섰지만, 결국 승무원들을 모두 영국 영사관에 돌려보냈다. 그러나 영국 영사는 접수를 거부했으며, 이튿날 돌연 광조우를 무력으로 공격하였다. 영국은 대러시아 크리미아전쟁에서 협력한 바 있는 프랑스와의 대중국 협공을 제안하였다. 이미 제국주의 팽창을 기도하고 있던 프랑스의 나폴레옹 3세는 자국의 선교사 아우구스트 샤프들레이느(August Chapdelaine, 馬賴, Ma Lai) 신부가 중국 광시성의 지방관에게 처형당하자 이를 기회로 영중전쟁에 개입하고자 하였다. 황푸조약에 의하면 선교사의 선교 활동은 개항장 내에서만 가능한 것이므로, 광시성 시린(西林)에서의 선교는 명백한 조약 위반 행위였지만, 프랑스는 이에 개의치 않았다.

4,700여 명의 영국 및 인도인 병력과 950여 명의 프랑스군[15]은 광조우를 쉽게 점령하고 청에 교섭에 나설 것을 요구했으나, 청은 이를 거부하다 결국 톈진이 위협받게 되자 톈진조약(1858년 6월 25일)을 체결하여 사실상 항복하였다. 그런데 조약이 비준되기 직전 청이 영국 프랑스 조약사절이 탄 배를 공격함으로써 전쟁이 재발하였다. 결국 영국과 프랑스의 연합군은 베이징을 점령하고 서쪽 교외의 화려한 황실 행궁(行宮)인 원명원(圓明園, 위엔밍위엔)을 불태우기에 이르렀다. 원명원의 파괴는 중국의 취약점을 잘 이해한 영국의 의도된 행위였다. 원명원은 군사적 의미를

....

15   Harold E. Raugh, *The Victorians at war, 1815-1914: an encyclopedia of British military history*, ABC-CLIO, 2004, p. 100.

갖고 있지 않았고, 어린 함풍제(咸豊帝)는 이미 만주로 피신한 상황이었다. 영국 원정군의 울젤리(G. J. Wolsely) 중령은 "만다린의 정체성의 핵심이자 가장 취약한 부분은 황제의 위엄(pride)이며, 원명원의 파괴는 황제의 과장된 보편적 지배권이라는 개념에 가해질 수 있는 가장 치명적인 한 방"이었다고 말했고,[16] 영프연합군사령관 엘긴 경(The Earl of Elgin)은 "그것은 엄중한 응징 행위"였으며, "중국의 위엄과 감정을 으스러뜨렸을 것"이라고 회고하였다.

청은 러시아의 중재로 서양 외교사절의 베이징 상주, 외국인의 중국 내륙여행 허용, 아편 무역 합법화, 기독교 선교의 자유 인정 등을 포함하는 베이징조약(1860년 10월 18일)을 영국, 프랑스, 러시아와 체결하였다. 그러나 제2차 아편전쟁의 최대 수혜국은 베이징조약을 중재한 러시아였다. 러시아는 1858년 아이훈조약(愛琿條約, 애혼조약)을 체결하여 외흥안령(外興安嶺)과 흑룡강 사이의 60만 m²의 대지를 차지하였고, 1860년에는 베이징조약으로 우수리강 동쪽 40만 m²의 지역(현재의 연해주)을 획득하였다. 러시아는 연해주에 군항 블라디보스토크를 구축함으로써 중국에게는 북방의 위협이, 그리고 조선에게는 국경을 마주하는 잠재적 위협으로 여겨지게되었다. 열강의 공로증(恐露症)도 이에 부분적으로 기인하였다.

열강의 침략과 청의 멸망

역사상 '가장 부도덕한 전쟁'으로 기록된 아편전쟁에서 참패한 청나라는 톈진조약과 베이징조약을 통해 이른바 열강들에게 조계(租界, settlement)를 내주고 반식민지로 전락하였다. 전쟁 종식 후 서구의 자본주의는 중국 내륙 깊숙이 침투하여 전자본주의적 농촌경제를 교란하고 농민들의 민생고를 악화하는 데 일조하였다. 중국인들은 만주족 왕조를 경멸하며 저항하였다. 막대한 전비와 배상금은 백성에게 전가되어 사회적 불만이 팽배해져 갔으며, 결국 1850년 12월 발생한 "태평천국

....

16　　Garnet Joseph Wolseley, *Narrative of the war with China in 1860*, Adamant Media, 2005, p. 281. Matt Schiavenza, "How Humiliation Drove Modern Chinese History," *The Atlantic*, October 25, 2013에서 재인용.

의 난(후일 태평천국운동으로 개칭, 太平天國運動, 태핑트이안꿔위인동)"이 격화되었다.

영국, 프랑스는 태평천국이 기독교 국가를 천명했기 때문에 처음엔 관망하였지만, 주도자들이 한족의 민족주의를 내세우자 곧 이들을 공격하였다. 청 정부의 쩡궈판(曾國藩, 증국번)의 상군과 리훙장(李鴻章, 이홍장)이 이끈 회군, 그리고 영국군에 의해 훈련된 중국인 부대 상승군이 주요 역할을 하였다.[17] 13년여 동안 반봉건 반외세를 내세우며 외국 조계를 공격하는 등 중국 주요지역을 장악하며 이상사회를 실현하고자 했던 태평천국의 꿈은 결국 1864년 영국과 프랑스 그리고 청나라 정부군에 의해 진압되었다.

붕괴 직전까지 갔던 청나라에서 1861년경부터 서양의 문물을 배워 자강(自强)하려는 양무운동(洋務運動)이 일어났다. 주도자는 태평천국의 진압에 결정적 역할을 한 쩡궈판, 리훙장, 쯔워쯔웅탕(左宗棠, 좌종당) 등이었다. 이들은 중국의 정신과 전통은 유지한 채 서양의 기술을 습득한다는 '중체서용(中體西用)'을 내세우면서 서양에 대한 이해의 폭을 넓히는 동시에 중국 전역에 근대적 산업시설을 구축하고 군대의 전력을 강화하고자 하였다. 1894년 청일전쟁 시까지 계속된 이 '양무운동'은 중국의 민족자본을 형성하고, 근대적 교육을 보급하며, 서양의 선진 기술을 도입하였다는 점에서는 그 성과가 인정되나, 중국 국가 시스템 자체를 혁신하여 '서세동점(西勢東漸)'의 세기에 효과적으로 적응하게 한다는 면에 있어서는 성공하지 못하였다. 중국 지도자들의 절충적 정치관념, 양무운동에 저항하는 수구세력, 백성들의 서양혐오, 정부 재정의 부족, 관리들의 부패 등이 그 원인이었다. 특히 일본의 메이지유신이 개혁세력이 주도하여 성공한 것과 달리 양무운동은 기득권 세력이 주도하였지만 자신의 이익이 침해되는 지점에 이르자 개혁을 중단하였다는 점이 크게 대비되었다.

청은 인도차이나를 둘러싼 프랑스와의 교전으로 그 유약함이 적나라하게 드러나게 되었다. 프랑스는 인디아에서 영국에 패한 후 베트남으로 진출하였다. 프랑스는 이미 1858년 나폴레옹 3세가 영국과 함께 제2차 아편전쟁을 치르면서 다른 한

....

17   중국번은 고향 호남성에서 상군(湘軍)을 조직했는데 상(湘)이란 호남성의 약칭이었다. 리훙장 역시 고향인 회하(淮河) 유역의 안휘성에서 회군(淮軍)이라고 하는 의병을 조직하였다.

편 베트남을 압박하여 사이공 등지를 점령하였고, 1862년에는 '사이공 조약'을 체결하여 비엔호아 등 3성의 할양, 메콩강의 항해, 포교특권의 인정, 베트남이 다른 나라와 교섭 시 프랑스 황제의 동의 등을 강제하였다. 프랑스는 1873년경에는 하노이까지 공격하였다. 프랑스의 공격이 계속되자 베트남은 청나라 운남지역의 사병조직인 '흑기군(黑旗軍)'을 불러들여 공동으로 프랑스에 대항하였으나, 결국 1874년 사이공에서 이른바 '평화와 연맹조약(제2차 사이공 조약)'을 체결하였다. 이 조약은 베트남을 독립국으로 선포하여 중국의 대베트남 종주권을 부인하였다.

청은 이 조약을 즉각 거부하였다. 류큐왕국(오키나와)이 일본에 강제 병합되는 모습을 지켜본 청이 처음으로 조공국 방어를 위해 무력 개입을 시도했던 것이다. 청은 하노이가 점령되자 쯔워쯔웅탕의 남양함대를 통킹만으로 이동시켰고, 이윽고 청불전쟁이 발생하자 1882년 임오군란 이후 조선의 한성에 주둔시키고 있던 병력 3,000여 명 중 절반을 베트남으로 이동시켰다.[18] 그러나 프랑스는 남양함대를 물리치고 1884년 8월 베트남으로부터 북상하여 푸젠성의 푸젠함대를 대파하였다. 프랑스는 포모사(Formosa, 현재 타이완)를 봉쇄하고, 1885년에는 평후다오(澎湖島, 팽호도)를 점령하였다. 전쟁에서 이길 수 없다고 판단한 시태호우(西太后, 서태후)는 1885년 6월 톈진조약을 체결하여 베트남에 대한 프랑스의 보호권을 인정함으로써 대베트남 종주권을 상실하였다.

청불전쟁에서 청나라의 취약점이 만천하에 드러나자 영국, 러시아, 프랑스, 일본 등은 청과 그 주변 나라에 대한 침략적 야심을 노골화하기 시작하였다. 조선과 만주는 러시아와 일본에게 전략적 요충지였기 때문에 러시아를 견제하던 영국 등도 자연히 이 지역에 전략적 관심을 드러내었다. 1885년 4월 영국은 블라디보스토크의 러시아 함대가 남하하는 것을 저지한다는 명분으로 조선의 거문도를 점령해 근 2년간이나 불법 강점하기도 하였다.

당시 흥선대원군하에서 쇄국정책으로 일관하던 조선을 개방한 나라는 메이지 일본이었다. 메이지 이전엔 무사계급의 최고지위인 쇼군(將軍)이 통치하던 일본도

....

18   청-프랑스전쟁의 발발로 주한성 청군의 절반이 베트남으로 이동하자 조선의 개화당은 1884년 9월 정변 단행을 결정하고, 12월 4일 우정국 낙성식 축하연을 계기로 '갑신정변'을 일으켰다.

쇄국을 유지하고 있었다. 그러나 일본은 미국의 페리(M. C. Perry) 제독의 군함의 위력 앞에 1854년 3월 30일 가나가와(神奈川)에서 일미화친조약(日米和親條約, Treaty of Peace and Amity between the United States of America and the Empire of Japan)을 맺으면서 대외개방을 통해 새로운 국가전략을 추진하게 되었다. 국내적으로도 새로운 정부는 "천황"을 중심으로 메이지유신(明治維新, 명치유신)이라 불리는 일련의 정치경제개혁을 단행하였다. 메이지유신의 주도세력인 사쓰마 번(薩摩藩, 지금의 가고시마 현)과 조슈 번(長州藩 지금의 야마구치 현)의 봉건 영주들(大名, 다이묘)과 무사들은 1869년 영지와 백성에 대한 지배권을 "천황"에게 이양하고(版籍奉還, 판적봉환), 1871년에는 번을 폐지하고 현을 설치하여(廢藩置縣, 폐번치현) 중앙집권적 개혁을 단행하였다. 경제적으로는 정부가 직접 서양의 근대 기술과 지식을 도입/응용하여 국영기업과 공장 등을 통해 신속한 산업화를 추진하고, 특히 사회간접자본의 확충에 노력하였다. 메이지 정부는 경제개혁의 일환으로 신화폐를 도입하고 일본은행(日本銀行)을 설립하여 관주도의 성장을 주도하였다. 1873년에는 징병령을 발표하여 만 20세 이상의 남자에게 병역의 의무를 부과하였으며, 이를 통해 국민상비군을 조직하였다. 재정 문제는 세제의 개혁으로 해결하고자 하였다. 1872년에 그 동안 유지되어왔던 토지매매 금지를 해제하고, 지주와 자작농에게 지권을 교부하여 토지에 대한 사유권을 보장하였다. 그리고 이듬해 지조개정조례를 발표하고 토지소유자가 지가의 3%를 금납하도록 하였다.[19] 세제개혁과 농촌경제의 변동은 가난한 농민들의 자제들을 도시로 진출하게 하였고, 이들은 일본의 근대산업 발전에 필요한 노동력이 되었으며, 한편으로는 징병제를 뒷받침하는 중요한 자원이 되었다.

메이지유신을 성공시킨 일본은 자본주의의 발달과 함께 해외로의 진출에 관심을 가지기 시작하였다. 우선 1876년 강화도조약을 통해 조선을 강제적으로 개국시킨 일본은 당시 중국의 세력권 내에 있던 조선을 점령하기 위해서는 청과의 일전이 불가피하다고 판단하였다. 1894년 조선에서는 수탈적 체제를 거부한 갑오농민봉기가 발발하였다. 1884년 갑신정변이 청에 의해 진압된 후 청의 대조선 종주권이

....

19   R. M. Bird, "Land Taxation and Economic Development: the Model of Meiji Japan," *Journal of Development Studies*, Vol. 13, No. 2, 1977, p. 165.

강화된 상태에서 조선 조정은 청에 원병을 요청했고, 일본은 청이 조선에 출병할 경우 상호 통지한다(行文知照)는 1885년의 톈진조약(갑신정변 실패의 결과) 제3조를 근거로 조선에 출병하였다. 이로써 청일전쟁이 시작되었다. 쇠락한 청은 일본의 적수가 되지 못하였다. 청은 아편전쟁으로 인해 국력이 약화되긴 했지만 해군력은 아시아 최강의 지위를 유지하고 있었다. 그러나 양무운동이 좌절되고 보수정치가 부정부패와 도덕적 해이에서 벗어나지 못하면서 청의 전쟁수행 능력은 크게 잠식되었다. 정치인들은 조직적으로 국방비를 횡령하였다. 심지어 권력의 핵심인 시태호우는 1888년 이허위안(頤和園, 이화원) 건설사업에 착수하면서 해군 예산을 대규모로 끌어다 썼다. 일본은 정반대였다. 여기에는 메이지유신이 가져온 근대화, 산업화가 중요하였지만, 못지않게 중요한 것은 1886년의 '나가사키 사건'이었다. 당시 청의 북양함대 소속 함정들은 러시아의 남하를 견제하기 위해 조선의 동해(원산)에서 훈련을 한 후 연료보급과 함정정비를 위해 나가사키에 기항하였다. 그런데 8월 13일 청의 수병들은 만취한 상태에서 일본인들을 폭행하고 금품을 강탈하였다. 이들은 1874년 일본군의 타이완 침공으로 감정이 악화된 상태였다. 8월 15일 청군과 일본 사무라이들이 난투극을 벌였고, 사망자가 발생하였다. 일본은 이 사건에 자극받아 군구조를 해외원정에 유리하도록 바꾸고, 군사비를 대폭 증액하였다. 야마가타 아리토모(山縣有朋) 총리대신은 1890년 3월 의회에서 행한 연설에서 "현재의 국토를 일본의 주권선으로, 그리고 조선은 일본의 이익선"으로 규정하였다.[20] 그는 이 연설을 통해 일본은 자신을 중국과 러시아의 위협으로부터 보호하기 위해 일단 조선을 확보해야 한다고 선언한 것이었다. "이익선 이론"은 일본의 주류 외교안보 담론이 되었다.[21]

참패한 청은 1895년 시모노세키조약(1895년 4월 17일 체결)을 통해 조선이 완전한 자주독립국임을 인정하고, 랴오둥반도(遼東半島)[22]와 포모사(타이완, 臺灣) 및 펑후

....

20 Carol Gluck, *Japan's Modern Myths: Ideology in the Late Meiji Period*, Princeton University Press, 1985, p. 118.

21 Ryosei Kokubun, Yoshihide Soeya, Akio Takahara, Shin Kawashima, *Japan–China Relations in the Modern Era*, Routledge, 2017, p. 8.

22 랴오둥반도 할양은 만주 진출을 도모하고 있던 러시아를 자극하였다. 러시아의 주도하에 러시아, 프랑

다오 등을 일본에 할양하며, 일본에 배상금 2억 냥(당시 가격으로 3억 1천만 엔, 일본 예산의 4배)을 지불하고, 청국의 사스(沙市), 충칭(重慶), 쑤저우(蘇州), 항저우(杭州)의 개항 등을 약속하였다. 일본은 전쟁배상금으로 관영 야와타(八幡) 제철소(현재는 新日本製鐵이 운영)를 짓고, 방적시설을 확대하며 '일본판 산업혁명'에 탄력을 부여하였다. 보다 중요한 것은 일본이 배상금을 이용하여 자신을 당시 선진 열강의 금융 체제인 금본위제도로 편입시키는 데 성공하였다는 점이었다. 시모노세키 조약에 따르면 청은 배상금을 은으로 지불하게 되어 있었다. 그러나 총리대신 겸 대장상(大藏相)이었던 마쓰카타 마사요시(松方正義)는 프로이센/프랑스 전쟁의 배상금 지불 과정에서 영감을 얻어 청으로 하여금 대일배상금을 영국 파운드로 지불할 것을 요구하였다. 청은 어차피 유럽의 은행으로부터 대출을 받아야 하는 형편이었기 때문에 배상금에 상당하는 액수를 파운드로 대출 받았고 일본은 이를 영국은행(Bank of England)에 예치하였다. 이제 일본은 영국은행을 통해 금보유국이 된 것이었다. 일본 의회는 1897년 '통화법(Coinage Act)'을 통과시켜 일본을 국제금본위제에 공식 편입시켰다. 일본은 국채발행 등을 통해 경화를 차입하고 외국인 직접투자도 순조롭게 유치할 수 있게 되었다. 일본은행과 영국은행 간의 협력은 1902년의 영일동맹의 성립에 기여했고, 결과적으로 일본 해군력의 증강을 가져왔다. 1904년 일본은 14척의 함정을 보유했는데 이 중 13척은 국외에서 건조되었고, 이 13척 중 11척은 영국제였다. 일본은 함정 건조 비용을 금으로 지불하였다.

일본과의 전쟁에서 완패한 청은 이제 서구 열강들 간의 이권경쟁이 난무하는 권력정치의 무대가 되었다. 중국의 민중들은 국가적 굴욕감 외에 세금부담 가중, 내륙시장 개방에 따른 상권의 몰락과 물가폭등, 서양에 대한 문화적 반감 등으로 인해 의화단(義和團)의 '부청멸양(扶淸滅洋)'과 '구교운동(仇敎運動)'의 호소에 호응하였다. 초기에는 권비(拳匪)[23]로 불린 의화단은 1899년 산동에서 부청멸양을 내걸고 대

....

스, 독일의 3국은 랴오둥반도의 반환을 일본에 요구하였다(3국간섭). 국제정치적 불가피성을 인지한 일본은 3000만 량을 청으로부터 수령하고 랴오둥반도를 청에 반환하였다.

23　무술수련 단체인 의화권(義和拳)은 무술을 수련하면 기공으로 칼과 총알도 튕겨낼 수 있어 서양 오랑캐를 몰아낼 수 있다고 과장하였다. 그래서 서양에서는 의화단 사건이 '복서의 봉기(the Boxers' Rebellion)'로 불리게 되었다.

대적인 봉기를 시작하였다. 기독교 선교사와 신도들을 살해하고 성당을 불태웠다. 정부와 서양세력에 대한 적개심을 사회기반시설의 파괴로 표출하기도 하였다. 파산한 농민들이 합세하며 세(勢)가 급격히 성장하였다. 이에 위안스카이와 양무파들은 의화단 진압에 나섰다. 그러나 시태호우는 의화단 진압에 소극적이었다. 그러자 영국, 프랑스, 독일, 러시아, 미국, 일본, 오스트리아, 이탈리아 등 열강이 반발하며 폐위되었던 광서제의 복위를 요구하자 그녀는 오히려 의화단을 베이징에 불러들이고 열강에 선전포고하였다. 1900년 6월 10일 공사관을 지킨다는 명분으로 열강의 부대가 베이징으로 진격해 들어왔다. 위협을 느낀 시태호우는 태도를 돌변하여 열강에 의화단을 진압하겠다고 통보했지만, 연합군은 8월 14일 쯔이진층(紫禁城, 자금성)을 점령하였다. 시태호우는 광서제를 데리고 시안(西安)으로 이동하였다. 전쟁이 끝난 후 톈진은 승리한 8개국에 벨기에를 더해 9개국의 조계지가 됐다. 1901년 9월 7일 청과 열강은 베이징의정서에 서명하였고, 그에 따라 청나라는 외세배척운동을 자체적으로 제재/탄압해야 하는 사실상 식민지 상태로 전락하였다.

그러나 중국의 운명은 거기서 다한 것이 아니었다. 식민지적 굴욕과 고통은 마침내 청조타도운동으로 발현되고, 나아가 공화정을 세우기 위한 혁명이 발생한 것이었다. 신해혁명(辛亥革命)으로 불리는 반청·공화주의적 사변은 축적된 모순이 청조의 철도정책에서 한꺼번에 폭발한 결과였다. 청조는 오랫동안 중원을 지배하던 한족의 입장에서 보면 오랑캐의 정권이었다. 그리고 이 "야만족의 정권"은 부패와 무능으로 서양 제국뿐 아니라 한때 조공을 바치던[24] 일본의 침략을 받아 "천자가 다스리던 세상의 중심"을 굴욕적인 반식민지로 전락시킨 장본인이었다. 양무운동의 실패, 청일전쟁에서의 패배, 의화단 운동의 좌절은 한족 지식계층의 민족적 각

....

24   스웝에 따르면, 중국의 명(明)에 조공을 바치던 일본이 이 체계를 거부하고 중국의 종주권에 도전한 사건은 도요토미 히데요시(豊臣秀吉)의 조선 침공 이른바 임진왜란이었다. Kenneth M. Swope, "Deceit, Disguise, and Dependence: China, Japan, and the Future of the Tributary System, 1592-1596." *The International History Review*, Vol. 24, No. 4, 2002, pp. 757-82. 도요토미 히데요시를 대체한 도쿠가와(德川家康) 막부는 명과의 관계가 무역 등에서의 이익을 가져올 수 있으나, 자신의 정치적 정통성을 훼손할 가능성 때문에 조공체계에의 복귀를 피하였다. Ronald P. Toby, *State and Diplomacy in Early Modern Japan: Asia in the Development of the Tokugawa Bakufu*, Princeton University Press, 1984, p. 59.

성을 자극하였고, 이들의 반청적 혁명사상과 공화주의적 대안은 청조의 무분별한 이권공여와 징세강화 등에 진저리를 내던 중산층과 민중의 전폭적인 지지를 확보할 수 있었다.

혁명의 발단은 청조의 철도 국유화 정책에서 비롯되었다. 청조는 지방의 경제를 살리고, 세원을 확대하기 위해 철도부설권을 지방정부에게 이관하였다. 1905년 쓰촨성 정부는 '쓰촨-한코우철도회사'를 설립하였고, 이 회사는 '청두-우한노선'을 건설하기 위해 주식을 발행하였다. 쓰촨성 정부는 부족한 자금을 확보하기 위해 곡물수확에 대한 특별세 3%를 부과함으로써 지주에게도 상당 액수의 주식을 배분하였다. 그러나, 청조는 관료중심의 회사경영진이 부패 무능 등으로 사업의 성과를 내지 못하자 1907년 경영진을 교체하고 특단의 조치를 취하고자 하였다. 세금원을 신속히 확보해야 하는 필요성 때문이었다. 청조는 당시 의화단사건으로 인한 배상금 때문에 재정압박에 직면해 있었고, 따라서, 철도를 국유화하고 부설권을 외국자본에 판매하여 재정 적자 문제를 해결하고자 했던 것이다. 청조는 1911년 5월 9일 철도국유화 조치를 발표하고, 5월 20일 영불독미 4개국의 금융자본(영국의 HSBC은행, 프랑스의 인도차이나은행, 독일의 도이치-아시아은행, 미국의 J. P. Morgan은행·Kuhn/Loeb회사·시티은행)의 컨소시엄과 중부 중국의 철도 건설을 위한 차관협정을 체결하였다. 정부는 투자자들의 반발을 무마하기 위해 국채로 원금의 일부를 상환한다고 발표하였다. 그러나 이 조치는 신상(紳商)뿐 아니라 일반인 투자자들의 격분을 유발하였고, 피해가 가장 큰 쓰촨에서 결성된 '쓰촨 철도주권 보호동지회'는 10만이 넘는 회원을 확보하면서 보로운동(保路運動)의 중심지가 되었다. 저항세력은 "만주 정권이 중국의 이권을 외국으로 팔아 넘긴다"는 프레임으로 세를 확장하였다. 1911년 10월 10일 우창에서 발생한 무장봉기는 주변지역으로 급속히 파급되었다. 10월 22일 18세 생일을 맞은 마오쩌둥은 창사(長沙)의 한 언덕 위에서 "대한민국(大漢民國)"을 외치는 시위대를 바라보며 혁명적 흥분을 감추지 못하였다. 반만(反滿) 혁명가들은 11월 27일 쓰촨의 독립을 선포하였고, 이 소식은 곧 중국 전 지역으로 퍼졌으며, 한 달여 만에 총 24개의 성 중 화북과 동북 지방을 제외한 17개 성이 청조로부터 독립을 선언하였다.

청조의 탄압과 방해공작을 피해 일본에서 청조타도운동을 벌이던 쑨원은 12

월 25일 귀국하여 상하이에 모습을 드러내었다. 1912년 1월 1일 난징에서 그를 임시대총통으로 하고 삼민주의(민족·민권·민생)를 지도이념으로 하는 중화민국이라는 이름의 혁명 정부가 선포되었다. 그러나 청조는 2월 12일 선통제 푸이(溥儀)의 퇴위를 발표하면서 북양(北洋) 군벌 위안스카이에게 임시공화정부를 조각하라고 칙령을 내렸다. 혁명군 진압에 나선 위안스카이는 결국 남북화의(南北和議)에 임하였다. 청나라의 신군(新軍)을 장악하고 있던 위안스카이는 '민국' 따위에는 관심이 없었다. 제국주의 열강은 민족주의자 쑨원보다는 개인적 야심이 가득하여 다루기 쉬운 위안스카이를 지지하였다. 물리적 역량에서 열세였던[25] 쑨원은 공화정 실시 등의 합의 조건을 전제로 사임하고 위안스카이에게 대총통의 자리를 내주었다. 그해 10월 대총통에 선출된 위안스카이는 쑨원의 국민당과 국회를 해산시키고, 약법회의(約法會議, 임시헌법제정회의)를 소집하고, 이를 통해 이듬해 1월에는 자신에게 사실상 무제한의 권력을 부여하는 '신약법'을 제정하여 독재권을 움켜쥐었다.

위안스카이가 황제의 꿈을 꾸며 개인적 야망을 불태우고 있을 때 유럽에서는 1914년 7월 28일 오스트리아-헝가리가 세르비아에 대해 선전포고하고 베오그라드를 포격함으로써 세계대전이 일어났다. 뒤늦게 제국주의화한 독일이 영국, 프랑스 등 기존의 제국주의국가들과 무력에 의한 세력경쟁을 벌이게 된 것이었다. 일본은 개전 직후인 8월 15일 독일에게 최후 통첩을 보내 자오저우 만을 중국에 반환하고 독일 해군은 즉각 철수하라고 요구하며 사실상 중국침략의 길로 들어섰다. 일본은 중국 전역에서 우월한 지위를 확보하기 위해 이른바 대(對)중국 '21개조'를 1915년 1월 18일 중국 정부에 제출하였다. 위안스카이는 일본이 자신을 황제로 추대할 것으로 기대하고 5월 25일 '21개조' 중 '13개조'를 수용하였다. 1915년 12월 11일 그는 어용 참정원에서 중화제국 황제로 추대되었고, 다음 날 이를 선포하였다. 그러나 위안스카이는 황제의 영광을 별로 누리지 못하고 1916년 6월 6일 만성피로와 요독증으로 사망하였다.

위안스카이가 사망하자 북양군벌은 분열하였다. 북양군벌 안후이파의 돤치루

....

25   쑨원의 국내 지지기반은 취약하였고, 그가 주도한 중국동맹회마저 분열하고 있었다. 그는 민중의 역량에 대해서도 회의적이었으며 청조 타도 이후에 대한 명확한 구상도 가지고 있지 않았다.

이(段祺瑞, 단기서)가 베이징 정부의 권력을 장악하였다. 그는 육군총장으로서 중앙무대에서 활약하였고, 일본의 지원을 받고 있었다. 즈리 도독, 장쑤 도독을 역임하면서 주로 양쯔강 유역에서 활동한 바 있던 북양군벌 즈리파(直隸派, 직례는 화북의 옛 이름)의 펑궈장(馮國璋, 풍국장)은 미국과 영국의 지지를 받았다. 마적 출신인 장쭤린(張作霖, 장작림)은 위안스카이에 의해 펑톈 장군의 직을 받고 일본의 지지 하에 동북3성을 사실상 지배하고 있었다.

베이징의 군벌정부는 1차대전 전후 처리를 위한 파리강화회의에서 산둥(山東, 산동)의 이권을 회수하는 데 실패하여 중국 인민들의 거센 반발을 자초하였고, 1919년 일본의 '21개조' 철폐 및 친일파 처단을 주장하는 5·4운동을 촉발시켰다.[26] 혼란 속에서도 군벌은 서로 충돌하였다. 국민당 및 서남군벌(西南軍閥)과의 화평을 주장한 펑궈장이 하야한 후 즈리파의 실권을 장악한 차오쿤(曹錕, 조곤)과 우페이푸(嗚佩孚, 오패부)는 화중(華中), 화남(華南) 지방으로 세력을 확장하였다. 안후이파의 돤치루이 정부가 민심을 잃자 1920년 7월 14일 즈리파·펑톈파가 도전하였고, 5일간 이어진 전투에서 즈·펑연합파가 승리하였다. 이후 즈·펑연합은 분열하였고, 즈리파는 일본의 지원을 받은 장쭤린의 펑톈파와의 대결에서도 승리하였고, 종래의 대남방(對南方) 화평주의를 버리고 무력에 의한 통일정책을 추진하였다. 그러나 즈리파는 1924년 펑톈파와 다시 싸워 패하고 우페이푸는 후베이로 후퇴하기도 하였다.

중국의 역사가 그러했듯이 북부의 상황과 남부의 상황은 별 것이었다. 광둥을 중심으로 한 중국 남부는 국민당과 공산주의 운동의 성장을 위한 비옥한 토양을 제공하였다. 1925년 3월 12일 쑨원이 사망하자 국민당과 공산당이 1924년 합작설립한 황푸군관학교의 교장 장제스가 실력자로 부상하였다. 그는 1926년 혁명군을 이끌고 북상하여 우페이푸의 북양 정부군을 공격하였다. 그러나 장제스가 1927년 공산주의자들을 숙청하기 위해 북벌을 중단하면서 북양 정부는 장쭤린의 수중에 들

....

26 1919년 5월 4일 "독일이 산둥성에 가지고 있던 권익을 일본에 양도한다"는 내용의 파리강화회의 소식이 알려지자 베이징의 대학생 3,000여 명은 천안문 광장에 집결, 반일 데모를 벌였다. 대학생들은 친일파 관리의 집을 불사르고, 국산품 애용, 일본상품 불매운동을 부르짖으며 반일운동뿐 아니라 반봉건주의 기치를 내걸기 시작하였다. 저항이 상하이와 난징 등 전국적으로 번지자 군벌정부는 친일파 고관 3인을 파면하고 파리강화회의 조인을 거부하지 않을 수 없었다.

어갔다. 장쭤린은 외세타파나 인민생활 개선보다는 장제스의 북벌저지를 최우선시하였다. 국가적 혼란 속에서 중국 민중들의 고초(苦楚)는 심해갔다.

중국공산당의 창립, 그리고 국민당과의 합작

러일전쟁(1904-1905)의 패배와 제1차세계대전(1914-1919)으로 러시아가 혼란한 틈을 타 사회주의혁명(1917)에 의해 정치권력을 획득한 블라디미르 레닌은 자본주의의 모순이 격화하여 세계혁명이 곧 일어날 것이라 기대하고, 이를 추동하기 위해 1919년 3월 2일-6일 모스크바에서 34개국 공산당·노동자 대표들이 참가하는 대회를 열고 세계공산주의를 지향하는 조직으로서 '코민테른(The Communist International, 제3인터내셔널)' 설립을 주도하였다. 코민테른은 이제 각국의 공산당을 자신의 지부로 두고 이들을 지도하는 위치에 서게 되었다. 이 대회 이후 아시아 각국, 즉 인도네시아, 이란, 그리고 일본과 조선 등에서 공산당이 출범하였다. 러시아 10월혁명의 영향으로 사회주의사상이 확산되면서 코민테른의 지령하에 1920년 8월 베이징대(北京大) 문과대 학장 천두슈(陳獨秀, 진독수) 등 7명이 비밀리에 중국공산당 창립 발기대회를 개최하였다. 1921년 7월 23일에는 상하이 프랑스 조계의 한 사립학교 기숙사에서 중국공산당이 정식으로 창당되었다. 당원은 57명이었고, 창당대회 참가자는 13명이었는데 후난성(湖南省, 호남성) 대표 마오쩌둥(毛泽东, 毛澤東, 모택동)이 그 중 하나였다. 부재중이던 천두슈가 서기장으로 선출되었다. 창당 후 코민테른 대표 마링(Hendricus Maring, 본명은 헨드리쿠스 스네블리에트 Hendricus Sneevliet)은 레닌의 '민족과 식민지문제에 대한 테제'를 설명하고 국민당과의 합작을 권고했으나 천두슈 등은 비타협노선을 강조하며 이를 거절하였다. 그러나 1년여의 설득과 토론 끝에 중국공산당은 계급이익을 양보하지 않는 선에서 합작을 수용하였다. 공산당으로서도 홀로 군벌을 타도할 수 없다는 것을 인식한 결정이었다. 결과적으로 공산당은 이 시기 합작부터 그것이 깨지기까지 약 3년 동안 국공합작 정부의 보호를 받으며 민중적 기반을 확보해 나갈 수 있었다.

한편, 1917년 8월 27일 광둥 군정부(제1차 광둥정부) 수립을 선언했던 쑨원은 1919년 5·4운동을 계기로 10월 10일 중화혁명당을 중국국민당으로 개칭하고 총부를 상하이에 둔 바 있었다. 그는 1920년 11월 광조우로 내려와 제2차 광둥정부 설립을 주도하고, 호법(護法)의 목적을 달성하기 위해 국회에 북벌안(北伐案)을 제출 하여 통과시켰으며, 구이린(桂林, 계림)에 대본영을 설치하고 북벌 준비에 들어갔다. 그러나 서남파의 광둥 군벌 천중밍(陳炯明, 진형명) 광둥 성장은 베이징의 우페이푸 와 결탁하고 있었다. 쑨원은 천중밍의 야전장교로 근무하던 장제스의 도움을 받아 체포를 피해 탈출하였다.[27] 그는 천중밍의 반란이 진압되자 피신해 있던 상하이에 서 다시 광조우로 돌아와 제3차 광둥 정부를 조직하고 재차 북벌을 도모하였다. 그 에게 필요한 것은 무력이었다. 쑨원은 열강에게 원조를 요청하는 한편, 의화단 사 건으로 인한 배상/차관의 담보로 제공된 광둥세관의 관세수입적립금을 활용하고 자 하였다. 그러나 미국, 영국, 프랑스, 일본 등은 오히려 함대를 동원하여 무력 시 위를 하고 베이징 정부를 이용한 이이제이(以夷制夷)를 구사하였다. 코민테른이 국 공합작을 위해 쑨원에게 접근한 것은 이때였다.

쑨원은 1923년 1월 26일 소련정부의 특별전권대사인 요페(Adolph Joffe)와 함 께 '쑨-요페 공동선언'을 발표하여 국민당과 공산당 간의 제1차국공합작을 이뤄냈 다. 쑨원은 공산당의 계급투쟁에는 동조하지 않았지만 당시 상황에서 공산주의적 투쟁방법의 유용성을 인정했고, 군벌로 분열된 중국을 통일하는 데 공산당과의 협 력이 필요하다고 판단하였다. 천두슈 등 중국공산당 지도부가 국공합작을 거부하 다 코민테른의 설득으로 입장을 바꾼 맥락과 유사하였다. 한편, 소련은 쑨원의 민 족주의를 지원함으로써 궁극적으로 영국, 프랑스, 미국 등의 "제국주의적 촉수(觸 手)"를 절단할 수 있을 것으로 보았다. 국공합작이 합의된 후 중국공산당원들은 당 적을 유지한 채 개인 자격으로 국민당에 입당하였다. 1924년 1월 국민당, 공산당, 코민테른의 합의에 의해 광조우에서 국민당 제1회 전국대표회의가 열렸다. 이 대 회에서 쑨원이 주석으로 선출되고 24명의 중앙집행위원 중 천두슈와 베이징대 도 서관 주임이자 문과대 교수인 리다자오(李大釗, 이대교) 등 공산당원 3명이, 그리고 17명의 후보위원 중 마오쩌둥 등 공산당원 7명이 선출되었다. 당의 대중조직은 공 산당의 영향하에 놓이게 되었다. 국공합작의 기본 노선은 국민당과 공산당이 협력

....

27   조너선 D. 스펜서, 『현대중국을 찾아서 1』, 이산, 1998, p. 390.

하여 제국주의와 군벌을 타도하고, 농민과 노동자의 해방을 추구한다는 것이었다. 연아-연공-부조농공(聯俄-聯共-扶助農工) 등 진보적 당 노선이 표방되었다. 네덜란드 출신 국제공산주의자 마링은 사관학교 설립을 제의했고, 소련은 군 간부 양성을 위한 황푸군관학교 설립(1924년 6월)에 자금과 자문을 제공하였다. 일본 육군사관학교(1907-1909)를 졸업했고, 일본제국육군(1909-1911)에서 근무한 바 있는 쑨원의 측근 장제스는 1923년 군사자문단의 일원으로 소련을 방문해 소비에트군을 연구하고 돌아와 황푸군관학교의 초대 교장이 되었다. 황푸군관학교를 바탕으로 국민혁명군이 창설되었다.[28]

국공합작은 이념과 이익의 차이 때문에 오래갈 수 없었다. 민족·민권·민생이라는 삼민주의(三民主義)의 쑨원이 있었기에 합작이 가능한 것이었는데 1925년 3월 12일 그가 사망하자 합작의 기조가 흔들리기 시작하였다. 쑨원의 최측근이었던 왕징웨이(汪精衛, 왕정위)와 국민당 좌파는 당권을 획득하고 1926년 1월 제2차 전국대표대회를 통해 우파 일부를 제거하였다. 이때 공산당이 주도하는 민중운동이 급격히 확산되었다. 이에 대해 당내 우파는 위협을 절감하였다. 상인과 자본가들도 동요하였다. 이런 상황에서 1926년 3월 20일 '중산함 사건(中山艦事件)'이 발생하였다. 국민당 우파가 조작한 반공작전이었다. 작전에 성공한 장제스는 국민당의 실력자가 되었고 왕징웨이를 유럽으로 휴가를 보냈다. 1926년 6월 5일, 국민혁명군의 총사령이 된 장제스는 7월 쑨원이 이루지 못한 북벌의 장도에 올랐다. 국민당 지도부는 북벌을 용이하게 하고, 수도(首都)가 지리적 균형을 갖도록 하기 위해 국민당 정부의 위치를 옮기고자 하였다. 이때 좌파에서는 노동운동이 활발한 우한(武汉), 우파에서는 난창(南昌)을 주장하였는데, 1927년 1월 좌파의 주장대로 우한으로 정부를 이전하였다. 장제스의 북벌군은 우한 난징을 통과해 4월 상하이로 진입하였다. 당시 상하이는 중국공산당의 주도 아래 노동자들의 정치활동이 왕성하였다. 노동

....

28　김좌진(金佐鎭, 만주 북로군정서군), 홍범도(洪範圖, 만주 대한독립군)와 함께 청산리 전투(青山里戰鬪)를 승리로 이끈 이범석(李範奭)과 중국 윈난(雲南)군관학교를 졸업한 최용건(崔庸健)은 황푸군관학교의 교관으로 근무하였다. 그러나 해방 후 이범석은 대한민국의 초대 국방장관, 최용건은 조선인민민주주의공화국의 초대 민족보위상(국방장관)의 직을 맡게 되었다.

자들은 상하이 코뮌을 성립시켰고, 조계를 위협하여 열강의 무력시위를 야기하기도 하였다. 이에 장제스는 공산주의자 척결을 의미하는 "칭땅(清黨, 청당)"을 내세우며 4월 12일 상하이의 노동자와 공산당 당원을 대량 체포/살해하였다. 중국공산당은 이를 '상하이 학살'이라고 부르고, 국민당은 '4·12 사건'이라 부른다. 4월 12일 이후 한동안 공산주의자들에 대한 "백색테러"가 지속되었다. 4월 17일 국민당 당수 왕징웨이는 장제스를 당에서 제명하였다. 다음 날 장제스는 난징을 수도로 하는 국민당 정부를 선언하였다. 장제스는 소련의 지원을 끊고, 저장성(浙江省, 절강성)과 장쑤성(江蘇省, 강소성) 재벌의 뒷받침 아래, 그리고 제국주의 열강의 비호 아래, 난징에 국민당 정부를 성립시켰던 것이다. 이로써 국민당 정부는 '영한분열(寧漢分裂),' 즉 난징(옛 이름 江寧)과 우한으로 갈라지게 되었다.

1927년 4월 18일 출범한 난징의 국민당 정부는 반공우파 노선을 명확히 하면서 쑨원의 삼민주의와는 거리가 있는 정치행보를 하였다. 사회운동세력을 탄압하고 타 정파의 정치행위를 금지하며 타도의 대상이었던 군벌을 합류시켰다. 부패와 정치적 억압이 심화되었다. 장제스는 상하이의 깡패집단 '란이스어(藍衣社, 남의사)'와 줄이 닿아 있는 황푸군관학교 출신 다일리(戴笠, 대립)를 사실상 국민당의 정치사찰 특무대장으로 활용하여 공산주의 척결에 나섰고, 그 과정에서 잔인한 파시스트적 행동을 마다하지 않았다. 다일리는 "중국인 히믈러(Chinese Himmler)"[29]로서 국민당과 장제스의 정보 수장으로 활동하였다.

1927년 7월 15일 중국혁명사에 중대한 이정표가 될 사건이 발생하였다. 국민당 내 좌파로 구성된 우한 정부의 왕징웨이가 국민당에서 공산주의자들을 공식 제명한 것이었다. 사건은 코민테른 인디아 대표 로이(Manabendra Nath Roy)로부터 비롯되었다. 로이는 스탈린에게 중국혁명을 성공시키기 위해서는 노동자와 농민을 무장시키고 반정부 반체제 투쟁에 나서야 한다고 건의하였다. 스탈린은 동의했고 로이를 중국에 파견하였다. 로이는 코민테른과 소련을 대표하는 대표자로 중국에 파견되어 있던 보로딘(Mikhail Borodin)의 반대에도 불구하고 왕징웨이에게 스

....

29   Frederic Wakeman, Jr., *Spymaster: Dai Li and the Chinese Secret Service*, University of California Press, 2003.

탈린의 의사를 전하였다. 왕징웨이는 '반체제 무장투쟁론'을 스탈린이 중국을 지배하려는 전략의 일환이라고 해석하고[30] 공산주의와의 결별을 단행하고자 하였다. 당시는 '4·12사건'을 계기로 전국적으로 공산주의자 수배 및 체포가 이루어지고 있는 상황이었다. 북양 정부의 장쭤린은 4월 28일 "소련을 대리하여 중국을 전복하려 했다"며 중국공산당 창당의 주역이자 마오쩌둥의 멘토(스승)인 베이징대학의 리다자오를 포함해 수십 명의 공산주의자들을 체포·처형하였다. 중국 전역에서 노동, 농민 운동이 격화되었다. 왕징웨이는 이런 제반 사회혼란을 자신과 당에 대한 중대 위협으로 판단하고 7월 15일 청당을 단행하였던 것이다. 왕징웨이와 결별한 보로딘, 로이, 쑨원의 처 쑹칭링(宋慶齡)은 모스크바로 향하였다. 왕징웨이는 장제스와의 담판을 통해 반공을 표방하고 9월 난징의 국민당 정부와 합작(寧漢合作, 영한합작)하게 되었다. 공산당도 우한 국민 정부에서 이탈할 수밖에 없어 4년 동안의 국공합작이 끝나게 되었다. 장제스는 2차북벌을 단행하여 1928년 8월에는 베이징을 점령하고 중화민국을 수립하였다.

중국의 1차내전

'상하이 학살' 또는 '4·12 사건' 이후 제1차국공합작이 사실상 와해되자 국민당과 공산당은 생사를 건 투쟁에 나서게 되었다. 국공내전이 발발한 것이었다. 중국공산당은 코민테른의 전술노선과 지령에 따라 도시에서 무장봉기를 통해 거점을 확보하려 하였다. 중국 내전의 첫 번째 무장봉기는 1927년 8월 1일 장시성(江西省, 강서성) 성도(省都) 난창(南昌, 남창)에서 시작하였다. 저우언라이, 주더(朱德, 주덕), 류보청(劉伯承, 유백승), 리리싼(李立三, 이립삼) 등은 국민혁명군 제20군단장 허룽(賀龍, 하룡)과 제11군 24사단장 예팅(葉挺, 엽정)의 공산당계 3만여의 병력을 동원하여 국민당의 반공노선에 대항하는 무장폭동을 일으켰던 것이다. 이들 '중국공농혁명군'은 난창을 점령하고 혁명위원회를 설치했지만, 결국 국민당 정부군(國府軍)의 역

....

30   June M. Grasso, Jay P. Corrin and Michael Kort, *Modernization and Revolution in China: From the Opium Wars to the Olympics*, Routledge, 2015, p. 87.

습으로 퇴각하였다. 공산당은 8월 7일 긴급회의를 통해 천두슈를 우경투항주의자로 비판하였다. 작가/기자 출신인 취추바이(瞿秋白, 구추백)가 당권을 잡았다. 한편, 마오쩌둥은 도시에서의 무장봉기를 지원하기 위해 9월 7일 고향인 후난에서 "추수봉기(秋收起義)"를 주도하고 소비에트를 건설했으나 곧 반격을 받아 목표를 달성하지 못하였다. 12월 11일 예젠잉(葉劍英, 엽검영)의 부대는 광조우에서 봉기하여 노농정부, 즉 코뮌을 수립하였다. 그러나 역시 3주간의 치열한 전투 끝에 패하고 최초의 소비에트인 하이루펑(海陸風; 海風縣과 陸風縣)으로 이동하였다.

"추수봉기"에서 실패한 마오는 200정(挺)도 안 되는 소총을 가진 패잔병 1,000여 명을 이끌고 호남과 강서의 경계에 위치한 징강산(井岡山, 정강산)으로 들어갔다. 그러자 당 중앙은 이것을 두고 '소총운동'이라 비난하고, 마오를 정치국에서 해임하였다. 그러나 마오는 농민의 지지를 바탕으로 선거에 의한 소비에트 정부를 설립하였다. 얼마 되지 않아 주더, 린뱌오, 천이(陳毅, 진의) 등이 자신들의 부대를 이끌고 징강산으로 들어왔다. 점차 홍군의 대중활동은 향상되었고 군기도 엄격해졌으며, 대중을 조직하는 기술도 발전하였다. 홍군은 전투원들에게 3가지 간단한 기율을 지시하였다. 즉 명령에 복종하고, 가난한 농부의 재산은 어떤 것도 빼앗지 말아야 하며, 몰수한 지주의 재산은 즉시 정부에 전달해서 처리한다는 것이었다. 마오는 1929년 12월 푸젠성에서 개최된 한 회의에서 홍군의 그릇된 풍조(예를 들면, 유격주의와 유랑벽, 군벌주의 잔제)를 교정해야 한다고 주장하였다. 그는 기존의 3대 기율 외에 8가지 조항을 추가하였다.[31] '중국공농홍군(紅軍)'에 대한 '3대기율과 8항주의(三大紀律八項注意, attention)'는 다음과 같았다:

3대기율
① 모든 행동은 반드시 지휘에 따른다.
② 인민으로부터 바늘 하나 실 한 오라기라도 얻지 않는다.
③ 토호로부터 몰수한 것은 모두의 것으로 한다.
8항주의(注意)

....

31　解放軍文藝出版社 編, 남종호 역, 『모택동 자서전』, 다락원, 2002, pp. 78-79.

① 민간에서 떠날 때는 (취침 시 사용했던) 모든 문짝을 제 위치에 복귀시켜 놓을 것.

② 잠자고 난 뒤의 멍석은 개어 원래의 위치에 놓을 것.

③ 인민들에게 공손할 것이며 가능한 한 모든 힘으로 그들을 도울 것.

④ 빌린 물건은 모두 반납할 것.

⑤ 손상된 물품은 고쳐서 원상회복시킬 것.

⑥ 농민들과의 거래 시에는 정직할 것.

⑦ 물건을 살 때에는 반드시 대금을 지불할 것.

⑧ 위생에 신경을 쓰고, 변소는 민간에 피해를 주지 않는 멀리 떨어진 위치에 세울 것.

마오는 점령지에서 지주들의 농지를 몰수하여 농민들에게 경작토록 함으로써 이들의 전폭적인 지지를 얻었다. 한편, 취추바이는 1928년 6월 모스크바에서 개최된 중국공산당 제6차 전국대표대회에서 '좌경 모험주의자'라는 비판을 받고 총서기직을 박탈당하였다. 대신 무정부주의[32]에 심취했던 노동운동가 출신인 리리싼이 부상하였다. 1929년에 들어 국민당 군의 공격이 심해지자 징강산에 은거하고 있던 홍군은 마오와 주더의 지휘하에 장시 성 남부 루이진(瑞金, 서금)으로 이동하였다. 마오는 이곳에서 홍군을 재정비하고 게릴라전 등 손자병법에 따른 전술전략을 구상하였다. 그러나 공산당 중앙을 장악한 리리싼은 1927년 대도시공격이 실패했음에도 불구하고, 그리고 농촌을 먼저 장악하고 도시를 포위한다는 마오의 전략이 성과를 내고 있음에도 불구하고, "혁명을 위한 객관적 조건이 성숙되고 있다"[33]며 "한 성(省) 또는 몇 개 성에서의 우선 승리"를 주창하며 농촌지역에 분산되어 있던 홍군

....

32 한인희, 『국제지역연구』, 제11권 제4호, 2007, pp. 423-46. 리리싼의 무정부주의 사상의 출발점은 그가 프랑스에 가서 이른바 "근검공학(勤儉工學)"의 길을 선택하면서 비롯되었다. 리리싼은 이곳에서 무정부주의 "공독주의(工讀主義)"와 "공단주의(工團主義)"를 직접 체험할 수 있었다. 이후 리리싼은 특히 중국 공산당사에서 노동조합운동에 독보적으로 헌신하는 기초를 마련하게 되었다.

33 1929년 이후 경제공황은 심각한 양상을 띠고 있었으며 중국에서도 영향을 받아 도시에서 위기감이 고조되고 있었다. 게다가 장제스의 중앙집권적 통치체제에 대한 반감으로 군벌들이 들고 일어났다. 공산당은 강서, 하남, 호남, 호북 등지에서 크고 작은 15개의 혁명근거지가 생겨났고 홍군의 병력도 6만을 넘었다. 서진영, 『중국혁명사』, 한울, 1992, pp. 140-41.

을 집결시켜 또다시 대도시 일제 공격을 시도하였다. 홍군은 1930년 7월 후난(湖南, 호남)의 창사(長沙, 장사)를 잠시 점령했으나 며칠 만에 국민당군의 반격을 받고 패퇴하였다. 난창, 우한 등 다른 도시에서도 마찬가지였다. 무력의 열세도 극명하였지만 노동자들의 반응이 소극적이었다. 1930년 9월 제6기 3차 중앙위 전체회의에서 비판받은 리리싼은 11월 퇴진하였다. 1931년 1월 초순, 소련과 코민테른의 지지를 받은 강경파 왕밍(王明, 왕명, 본명은 陳紹禹, 진소우)이 리리싼의 뒤를 이어 상하이에서 열린 제6기 제4차 중앙위원회 전체회의에서 중공 중앙의 영도자로 올라섰다. 왕밍의 중공 중앙은 리리싼의 전술전략을 비판했던 마오쩌둥을 비난하였다. 마오는 진정한 노농홍군을 만들지 않았고, 유격주의 전통을 완전히 벗어나지 못하였고, 그의 전략전술은 '협애한 경험론'에 기초해 있으며, '농민의 낙후사상'에 의존하고 있다는 것이었다. 마오쩌둥이 군사지도권을 박탈당하면서 '유격전'과 '혁명근거지 전략'은 완전히 폐기되었다.

공산당의 도시 공격을 막아낸 국민당군은 대규모 홍군 토벌을 시도하였다. 그러나 1931년 9월 일본이 만주를 침략(만주사변)했기 때문에 장제스는 홍군 토벌에만 집중할 수는 없었다. 장제스는 자신에 합류한 장쭤린의 아들 장쉐량에게 일본군에 저항하지 말라고 명령하였다. '선안내 후양외(先安內後攘外, 국내를 안정시킨 후 외적과 싸운다)'를 내세우며 공산당 척결에 역량을 집중하고자 하였기 때문이다. 국민당 정부는 국제연맹에 문제 해결을 요구했으나 유럽국가들은 역내 더 큰 문제들로 인해 적극적으로 나서지 않았다. 영국은 내심 일본을 지지하였다. 국제연맹은 리튼보고서(Lytton Report)를 통해 일본에게 철수하라고 촉구하였지만 일본은 이를 거부하고 오히려 1933년 국제연맹을 탈퇴하였다.

한편, 마오와 주더는 장시성 일부에서 공산세력의 터전을 마련하는 데 성공하였다. 1931년 11월 7일 610명의 각지 소비에트의 대표들은 장시성 루이진에서 대표자회의를 열고 레닌의 구호인 "전 세계 무산계급과 억압받는 민족들이여, 단결하라!(全世界無產階級和被壓迫的民族聯合起來, Proletariats and Oppressed Peoples of the World, Unite!)"를 모토(motto)로 중화소비에트공화국(中華蘇維埃共和國, 강서소비에트)을 선포하였다. 마오쩌둥은 11월 27일 중화소비에트공화국 중앙집행위원회 제1차 회의에서 주석(中央執行委員會主席)과 인민위원회주석(人民委員會主席)으로 선출되었다. 이제 중국에는 두 개의 정부가 정치적 정당성을 둘러싸고 투쟁하게 되었다. 중화소비에트공화국은 1932년 4월 대일전쟁을 선포하였다.

그러나 중공당 중앙의 왕밍은 중화소비에트의 사업을 부정하였으며, 마오의 방침과 정책을 "협애한 경험론," "유격주의," "부농노선," "극히 심각한 우경기회주의"라고 비판하고 "화력을 집중하여 우경에 반대할 것"을 강조하였다. 당 중앙은 '진공노선'을 추진하였으며 홍군에 대한 마오쩌둥의 지도를 배제하기 시작하였다. 당 중앙의 견제로 인해 마오는 루이진 근교의 동화산에 가서 "휴양"하였다. 1932년 10월 상순 개최된 중국공산당 소비에트구 중앙국 전체회의는 마오쩌둥을 비판하였다. 당 중앙은 장시 남부 중심도시에 대한 홍군의 공격에 반대하고, "적의 통치역량이 약하고 공산당과 대중역량이 강한 장시 동북으로 홍군을 발전시켜 나가야 한다"고 한 마오의 주장을 비판했으며, "적을 깊숙이 유인한다"는 그의 전술은 "적이 진공해 오기만을 기다리는 우경적인 위험을 내포하고 있다"고 비판하였다. 그리고 홍군에게 적군의 연합포위공격 전에 주체적으로 출격하여 "적극 진공함"으로써 중심도시를 탈취하고 장시성에서 우선적으로 승리를 쟁취하라고 요구하였다.[34]

그러나 왕밍의 모험주의는 실패로 이어졌고 공산당을 더욱 위태롭게 만들었다. 1933년에는 상하이의 당 중앙도 국민당의 탄압을 피해 루이진으로 합류할 수밖에 없었다. 만주사변으로 주의가 분산되었던 장제스 정부는 1933년 5월에 이르러 장시성의 중화소비에트공화국에 대해 총공격을 가하였다.

국민당정부군의 초공전에 대패한 공산당은 1934년 7월 '북상항일선언'을 발표하고, 1934년 10월 15일 포위망을 뚫고 화북으로 이동하기 시작하였다. 대장정(大長征)에 나선 것이었다. 루이진을 탈출하여 대장정에 오른 공산군은 막대한 피해를 입으면서 구이저우(貴州, 귀주) 성 북부의 도시 쭌이(遵義, 준의)에 도착하였다. 이곳에서 중국공산당사에 있어 획기적 의의를 가지는 중앙정치국 확대회의가 열렸다. 마오쩌둥은 국민당정부군의 포위공격에 대한 공산당 중앙 지도부의 전술을 비판하였다. 즉 유격전이 아닌 진공전은 잘못된 전술이었고, 탈출과정도 목표와 계획이 결여된 맹목적 도주였다는 것이었다. 그의 비판은 받아들여졌고, 마오쩌둥은 당

....

34 廖蓋隆 編(정석태 譯), 『중국공산당사』, 1919-1991, 녹두, 1993.

권과 군권을 장악하였다. 홍군은 1935년 5월 마침내 양쯔강을 건너 부대를 다시 3개로 나누고 국민당정부군의 추적을 따돌리기 위해 소부대 단위로 이동하였다. 홍군은 거의 매일의 전투와 추위와 굶주림을 견디며, 1935년 10월 20일 드디어 시중쉰(習仲勳, 시진핑 주석의 아버지)이 1934년 11월부터 주석으로 있던 산간변구(陝甘邊區, 섬감변구)의 옌안(延安, 연안)에 도착하였다. 홍군은 12,500km의 산악지대를 걸어서 완주한 것이었다. 장정을 마친 후 홍군의 병력은 1/10로 줄었다. 그러나 '장정 이야기'가 인민들에게 전해지자, 수천 명의 청년이 마오쩌둥의 군대에 입대하기 위해 샨시성(陝西省, 섬서성)으로 몰려들었다. 대장정은 마오쩌둥을 명실공히 중국공산당의 최고위 지위로 올려놓았다.

홍군이 대장정을 하던 기간 동만주(東滿洲), 즉 간도(間島)에서는 중국공산당에 의해 다수의 재중 조선인들이 처형당한 사건, "민생단(民生團) 사건"으로 알려진 일대 참극이 벌어졌다. 만주사변 이후 일본이 강점한 만주의 동남부 간도에는 일제하의 조선을 떠나 생존을 위해 이주해온 한인들이 상당수 있었다. 옌지(延吉, 연길), 훈춘(琿春, 혼춘) 등 조선인 밀집지역의 조선인들은 중국인들과 함께 다수의 항일유격 거점을 형성하여 일제에 저항하였다. 일본은 군사력을 동원하여 토벌작전을 벌이기도 하고 무경단(武警團)을 만들어 이 지역에 대한 식민통치를 강화하고자 했지만, 중조연합항일투쟁이라는 위협의 근원은 사라지지 않았다.

1932년 2월 조선의 친일 정객 몇 명이 일본 이민당국과 협의하여 '간도에서의 조선인 자치'를 제시하며 실행기구로서 민생단(民生團)이라는 정치조직을 만들고 "민족의 이름"으로 중조연합항일전선을 무력화하고자 하였다. 그러나 일본은 괴뢰 만주국을 세우면서 "5족협화(五族協和: 만주국을 구성한 만주족·한족·몽고족·일본인·조선인의 민족적 화합)"의 개념과 어울리지 않는 조선인들의 민생단을 해산시켰다.

그러나 민생단의 출현에 긴장했던 중공 동만특위(東滿特委)는 이 조직에 참여했던 조선인들 색출 작업에 나섰다. 이들이 중국혁명을 파괴하기 위해 당에 침투하였다고 믿었던 것이다. 민생단의 적발과 숙청에는 수많은 조선인 공산주의자들과 대중들도 참여하였다. 이들이 민생단원을 색출하는 방법은 단순하고 무모하였다. 조선인이 일본의 헌병대에 붙잡혀 갔다 석방되면 일단 의심의 대상이 되었다. 공산당 조직은 이 조선인을 고문하고 자백을 강요하였다. 이 조선인이 고문을 못 이겨

허위로 자백하고, 동료 민생단원이라며 아는 사람들의 이름을 대고, 이러한 과정이 되풀이되면서 동만특위가 원하는 민생단원의 숫자는 눈덩이처럼 불어나게 되었다. 중국공산주의자들은 애꿎은 조선인들을 막무가내로 처형하였다. 목숨을 잃을 위기에 처한 인물 중 하나는 김일성(金日成)이었다. 코민테른이 중공당 하얼빈시 서기 웨이정민(魏拯民, 위증민)을 동만에 급파하여 개입함으로써 마녀사냥의 광풍이 잠재워졌지만 동만 지역 조선인들의 피해의식과 민족적 적개심은 쉽게 가라앉지 않았다. 처형의 위기에서 가까스로 살아남은 김일성은 조선민주주의인민공화국 수립 이후에도 조선인들에게 큰 상처를 남긴 이 문제를 자주 언급하였다.[35]

한편, 중국공산당은 코민테른의 '반제 통일전선 전략'을 수용하여 만주지역 모든 항일무장세력을 통합하여 항일연합전선을 형성하기 위해 동북항일연군(東北抗日連軍)[36]을 조직하였다. 가장 활동이 활발했던 1937년에는 병력의 규모가 4만에 달하였고, 김일성, 김책, 최용건 등 조선인들이 대거 참여하였다. 연군은 일본의 군사작전 강화로 1940년부터 약화되었고, 김일성 등 조선인 병사들은 1940년 12월 소련의 연해주로 피신하였다. 이들 조선인 병사들은 1942년 8월 소련 극동군의 지도하에 소련극동전선군 제88독립보병여단(蘇聯極東戰線軍第八八獨立步兵旅團)에 편입되었는데 김일성은 '조선인대대(朝鮮人大隊)'의 지휘관이 되었다.

시안사건(西安事件)

1935년 이후 중국에 대한 일본의 침략이 확대되자 소련과 코민테른은 국민당 정권과의 협력을 또다시 모색하지 않을 수 없었다. 중국공산당도 1936년 초 단행

....

35 1930년대 중국 연변지역 항일혁명 대오 내에서 발생한 민생단 사건에 대한 최초의 역사적, 경험적 분석은 김성호, 『1930년대 연변 민생단 사건 연구』, 백산자료원, 1999 참고.

36 국민당정부군에 쫓기던 중공군은 코민테른의 승인 하에 중화소비에트 중앙정부와 중국공산당 중앙위원회 명의로 1935년 8월 1일 이른바 반파시스트 '8·1선언'을 발표하고 내전정지, 일치항일, 국방정부 구성을 제안하였다. 특히 '8·1선언'은 각 당파와 민족, 모든 계층을 망라한 항일연합군의 조직을 주창하였다. 이 선언에 따라 중국공산당 만주조직은 1936년 1월 회의를 소집하고 각 항일부대를 '동북항일연군(東北抗日聯軍)'으로 재편성하기로 결정하였다.

한 홍군동정(紅軍東征)이 좌절되면서 '내전정지'와 '일치항일'을 강조하는 국민운동에 참여하면서 국민당과의 합작에 의욕을 보였다. 그러나 장제스는 '선안내 후양외(先安內後攘外)'를 강조하며 일본의 공격을 받고 만주로부터 철수한 장쉐량(張學良)의 동북군과 양후청(楊虎城, 양호성)의 서북군을 동원하여 옌안의 공산군 거점을 공격하려 하였다. 장제스와 노선을 달리하지만 그의 휘하에 있었던 장쉐량은 1936년 4월 9일 복잡하게 얽힌 문제를 타개하기 위해 저우언라이를 만나러 손수 비행기를 몰고 옌안으로 날아갔다. 푸스(膚施, 부시)라는 마을의 한 성당에서 저녁부터 새벽까지 비밀회담이 이뤄졌다. 장쉐량은 중국 민족이 힘을 합해 항일에 나서야 한다는 데 동의하며 자신의 재량에 속하는 일이라면 기꺼이 공산당을 돕겠다고 하였다. 그러나 그는 장제스가 일본에 투항하지 않는 한 그의 명령을 거부할 수는 없다며 자신이 곧 공산당 점령지역으로 진출하게 될 것이라고 말하였다.[37] 그래도 그는 어떻게든 힘을 다해 중재노력을 기울이겠다고 말하였다.

　　1936년 10월 하순 일본군은 항공기와 탱크를 동원하여 쑤이위안(綏遠, 수원, 현재는 내몽골에 위치)을 침공하였다. 일본은 11월 독일과의 반코민테른 조약에 서명했고, 독일의 조차지였다가 1922년 중화민국에 반환되었던 칭다오(靑島, 청도)에 해병대를 파견하여 무력시위를 하였다.[38] 장제스는 대일항전보다는 초공전을 다그쳤다. 그는 장쉐량이 샨시성에 주둔하던 30,000여 명의 공산군에 대한 공격을 거부하자, 1936년 12월 4일 항공기를 타고 시안의 군사령부로 직접 출두(出頭)하였다. 12월 9일 시안에서 수천 명의 대학생들이 항일시위에 나섰고, 군은 이들이 군사령부에 접근하지 못하도록 하기 위해 발포하였다. 이러한 상황에서 장쉐량은 12월 11일 장제스와 유혈사태 및 항일투쟁에 대해 장시간 대화하였다. 대화에 진전이 없다고 판단

....

37　Mayumi Itoh, *The Making of China's War with Japan: Zhou Enlai and Zhang Xueliang*, Palgrave Macmillan, 2016, pp. 119-20.

38　1936년 11월 상하이에 위치한 일본인 및 중국인 소유 섬유공장들에서 대대적인 파업이 발생하였다. 12월엔 칭다오의 일본인 소유의 섬유공장 노동자들이 동조파업에 나섰다. 상하이의 파업은 노사 합의(11월부터 소급된 5% 임금 인상)에 의해 해결되었으나, 칭다오의 파업은 파국을 맞았다. 일본은 해병대를 칭다오에 상륙시켜 파업 현장에 투입하였다. 이는 노골적인 주권침해 행위였다. 12월 4일 남경정부의 장춘(張羣) 외교장관은 일본의 가와고에 시게루(川越茂) 외교장관에게 강력히 항의하였다.

한 장쉐량은 고민 끝에 결단을 내렸다. 1936년 12월 12일 장쉐량은 경호원들을 사살하고 장제스를 체포·구금한 후 내전중지 등을 담은 8개항을 지방지도자, 언론, 단체 들에 배포하였다. '시안사건'이 발생한 것이었다.

저우언라이는 장쉐량, 장제스와 면담하기 위해 급히 시안으로 향하였다. 스탈린이 중국공산당에게 장제스의 석방을 위해 노력하라고 지침을 주었던 것이다. 장제스의 심복이자 마오의 옛제자 허잉친(何應欽, 하응흠)은 보스를 구출하기 위해 시안 공격을 불사하려는 자세를 보였다. 장제스의 부인 쑹메이링(宋美齡, 송미령)은 그 작전에 반대하였다. 남편이 살해될 수도 있고, 허잉친이 그것을 기회로 권력을 잡으려 할 수 있다고 생각했기 때문이다.[39] 쑹메이링은 장쉐량을 만나기 위해 다이리(戴笠) 등과 함께 시안으로 갔다. 회담은 사실상 저우언라이와 장제스의 담판이었다. 두 사람은 황푸군관학교에서 하나는 교장으로 다른 하나는 정치부 주임으로 함께 일한 사이였다. 그러나 이들 간의 친분과 신뢰가 결정적 역할을 한 것은 아니었다. 주류 역사가 일부가 주장하듯, 장쉐량에 의해 국공합작이 강제된 것도 아니었다.[40] 최근 공개된 스탠포드 대학 후버연구소에 소장된 장제스의 일기와 타이페이의 국사관(國史館)에 소장된 총통기록물에 따르면, 결정적으로 중요했던 것은 일본과의 전쟁에서 장제스를 지지하고 지원하겠다는 스탈린의 약속이었다.[41] 스탈린은 소련을 위해 장제스를 필요로 하였다. 만일 장제스가 살해되거나 실각하면 국민당이 붕괴하거나 허잉친 같은 친일 군인이 권력을 장악할 것이었다. 그렇게 되면 스탈린은 두 개의 전선에서 막강한 대적을 상대해야만 하였다. 장제스는 중국공산당을 장악하고 있는 스탈린이 자신을 지도자로 해서 합작적 항일전쟁을 지원한다면 시안에서 저우언라이와 합의하고, 인기 있는 부하 장쉐량을 다독이면서 중국 국민들의 영웅이 될 수 있다고 생각하였다.[42] 장제스가 1937년 7월 7일 루거우차오(蘆溝

....

39   Rana Mitter, *Forgotten Ally: China's World War II, 1937-1945*, Mariner Books, 2014, p. 71.

40   Rana Mitter, *A Bitter Revolution: China's Struggle with the Modern World*, Oxford: Oxford University Press, 2004, p. 163.

41   Steve Tsang, "Chiang Kai-shek's "secret deal" at Xian and the start of the Sino-Japanese War," Palgrave Communications, 20 Jan 2015, p. 3. http://www.academia.edu/27779651/Chiang_Kai-sheks_secret_deal_at_Xian_and_the_start_of_the_Sino-Japanese_War

橋, 노구교, Marco Polo bridge) 사건이 일어났을 때 과거와는 달리 강경하게 대응했던 배경에도 스탈린의 이러한 약속이 있었던 것이다. 이러한 배경하에서 2주간의 담판은 성과를 내었다. 장제스는 문서화하는 것은 거부했지만, 구두로 장쉐량의 요구조건을 수락하였다. 이에 따라 1937년 9월 22일 제2차 국공합작이 성립되었다. 공산당은 합법화되었고, 정치범이 석방되었다. 1938년 국민참정회가 설치되어 공산당원들이 여기에 참여하였다. 공산당은 토지혁명 중단, 소비에트정부 해체, 국민당 정부 통제하의 지방정부로의 편입 등을 받아들였다. 중국 국민들은 루거우차오 사건 이후 노골화되던 일본의 침략에 맞서기 위한 이러한 양당 간의 합작을 열렬히 지지하였다. 한편, 공산당은 시안 사건으로 인해 국민당군에 의한 초공전의 압박과 공포에서 일단 벗어나 '숨쉴 틈'을 확보했고, 국공합작 기간 동안 군사역량을 재구축할 수 있는 기회를 얻게 되었다.

중일전쟁

1937년 7월 7일 저녁 10시 40분경 베이징 서남 교외의에서 중일 간에 사소한 총격사건이 벌어졌다. 소련을 가상 적국으로 야간 연습을 실시하던 일본군이 중국 국민당정부군과 충돌했던 것이다. 일본은 사죄 및 발포 책임자 처벌을 요구하였고, 불이행 시 대규모 군대를 동원하겠고 위협하였다. 장제스는 당시 시안사건을 계기로 항일민족통일전선을 수용한 상태였기 때문에 일본의 무도한 침략을 좌시할 수 있는 입장이 아니었다. 그의 뒤에는 스탈린도 있었다. 그는 1937년 7월 17일 루산담화(廬山談話, 여산담화)를 통해 중국은 주권과 영토를 지키기 위해 어떠한 타협도 하지 않을 것임을 분명히 하였다. 일본의 고노에 후미마로(近衛文麿) 정부는 6년 전 만주침공(만주사변)을 촉발했던 펑톈 사건 때와는 달리 공격을 승인하였다. 1937년 당시 일본은 동북 중국의 철과 석탄을 원했고, 장제스군의 만주 점령/장악을 우려하였다. 일본군은 곧 침략을 시작하여 7월 31일에 톈진, 그리고 8월 4일에 베이징을 점령하였다. 양국 군은 8월 13일 상하이 지역에서 정면충돌하면서 전면적인 중

....

42   *Ibid.*

일전쟁에 돌입하였다.

국민당과 공산당은 거국적인 항전체제를 갖추고 전쟁에 임하였다. 1937년 8월 21일 국민당 정부는 소련과 불가침조약(中蘇互不侵犯條約)을 맺었다. 1937년 8월 25일 홍군은 국민혁명군 제8로군(八路軍)과 육군신편제4군(新四軍)으로 편입되었고, 샨시성 혁명근거지에 설립된 소비에트정부도 국민당 정부에 속하는 섬감령 변구정부(陝甘寧 邊區政府)로 개칭되었다. 9월 22일 제2차 국공합작이 정식으로 성립하였다. 그러나 이러한 노력에도 불구하고 중국군은 일본군의 총공세에 밀려 모든 전선에서 패주하였다. 일본군은 1937년 12월 13일 난징을 점령하였다. 국민당 정부가 떠나간 난징에는 전쟁의 화를 피해 각지에서 모여든 난민과 주민들이 무방비상태로 남아 있었다. 일본군은 몇 달 전 국민당정부군과의 상하이 전투에서(1937년 8월 13일-1937년 11월 26일) 대승하기는 했으나 상당한 피해를 입었다. 일본의 다이혼에이(大本營)는 이 상태에서 중국에게 정치적 심리적 타격을 주기 위해 수도인 난징 공격을 명령하였다. 병사들은 피로와 보급품 부족에 시달렸으나, 중지나방면군 사령관(中支那方面軍司令官) 마쓰이 이와네(松井石根)와 "천황" 히로히토(裕仁)의 삼촌이자 상하이 파견군 사령관 아사카노미야 야스히코(朝香宮鳩彦王)는 보급품을 현지에서 조달하여 난징 공격을 강행하도록 명령하였다. 국민당정부군이 난징을 포기하면서 무혈 입성한 5만여 명의 일본군은 이때부터 약 2개월 동안 상상할 수 없을 정도의 잔인한 학살과 강간 등 온갖 잔학행위를 자행하였다. 일본군이 1945년 항복 후 관련 기록을 모두 폐기하여 정확한 숫자를 알 수는 없지만, 일부 일본인 역사가들은 이때 4만여 명의 중국인들이 희생되었다고 보고 있고,[43] 1947년의 난징전범재판과 1946-1948년의 도쿄전범재판 기록[44]에 따르면 20-30만여 명의 중국인들이 살해되었다고 되어 있다. 이들 중 상당수가 여자와 아이들이었다. 또한 일본군은 2만여 명의 여성을 강간하였다.[45] 일본군은 "중국인 목따기 시합"도 하였다. 누가 먼

....

43   고든(2005), p. 372.

44   "Judgement: International Military Tribunal for the Far East," Chapter VIII: Conventional War Crimes (Atrocities), November 1948.

45   http://cnd.org/mirror/nanjing/NMTT.html; BBC News, "Scarred by history: The Rape of Nanjing," http://news.bbc.co.uk/2/hi/asia-pacific/223038.stm

100인 참수 '초기록': 100인 참수경쟁에서 무카이(向井) 소위는 106명, 노다(野田) 소위는 105명을 죽였는데 양 소위는 연장전까지 했다는 '도쿄니치니치심분(東京日日新聞, 동경일일신문)'의 1937년 12월 13일 자 보도. 난징 근처 쯔진산(紫金山) 자락에서 촬영된 사진.

저 중국인 100명을 죽이는지를 두고 벌인 일종의 "내기 게임"이었다. 난징의 일본군 지휘부는 몇 주 동안이나 이러한 악행을 방조하였다. 도쿄의 정부 당국도 "군의 명령은 '천황'의 명령"이라는 '군인칙유(軍人勅諭)'를 의식하여 군을 통제하지 못했거나 통제하지 않았다.[46] 난징의 진링여대(金陵女子大學, 금릉여자대학) 학장 윌헬미나 "미니" 보트린(Wilhelmina "Minnie" Vautrin)과 성공회 선교사 존 매기(John Gillespie Magee) 등 난징 주재 서양 선교사들은 난징 시민을 일본군으로부터 보호하고, 일본군의 만행을 필름과 사진을 통해 해외에 알렸다.

....

46   고든(2005), p. 374. 이들은 중국인의 저항의지를 꺾고 싶어 했을 수도 있다. 그러나 이는 오판이었다.

일본군은 난징을 뒤로 하고 1938년 5월에는 쉬저우(徐州, 서주)를 점령했으며, 10월에는 우한, 광조우 등을 점령하였다. 난징의 국민당 정부는 수도를 우한으로, 그리고 다시 충칭으로 옮겼다. 국민당 정부가 떠난 자리에 남겨진 민중들은 자력으로 항일 자위조직을 만들어 일본군에 대항하였다. 마오쩌둥은 민중의 투쟁이 공산당원의 지도를 앞지르기 시작하였다고 보고, 구체적이고 현실적인 문제에 있어서는 철저하게 민중으로부터 배워야 한다고 역설하였다.[47] 공산군은 민중의 항일투쟁을 지원하면서 해방구를 확대해 나갔다. 일본군은 도시와 연해 주요지역을 점령하였으나, 실제로는 점과 선에 불과했고, 넓은 농촌은 항일유격대가 통제하고 있었다. 마오는 자신이 1930년에 제시한 바 있는 '16자전법'을 적극적으로 활용하였다. "적이 전진하면 우리는 퇴각한다(敵進我退), 적이 멈추면 우리는 적을 교란시킨다(敵止我搖), 적이 지치면 우리는 공격한다(敵疲我打), 동쪽을 치는 척하고 서쪽을 공격한다(聲東擊西)'의 16자 전법은 공산군의 역량을 보존하면서 일본군의 진을 빼는 전술이었다.[48]

일본군은 서남지역으로 이동한 국민당 정부에도 결정적인 타격을 입히지는 못하였다. 일본군은 이런 상황에서 1939년 5월 소련군과도 충돌하였다. 만주 서북부 할힌골강(Khalkhin Gol River)에서 벌어진 이 전투는 몽골과 만주국 간 일부 국경선 인정 문제에서 비롯되었다(소련은 괴뢰 만주국을 불인정한 바 있다). 작전부장 이시하라 간지는 반대했지만, 제23사단장 고마쓰하라 미치타로(小松原道太郎) 중장 등 강경파는 "몽골병사 700명이 국경을 침범했다"며 진격을 명령하였다. 스탈린으로서는 러일전쟁의 빚을 갚을 절호의 기회였다.[49] 그는 게오르기 주코프(Georgy Zhukov)를 제57군단장으로 임명해 반격했고, 몽골도 2개 사단을 보내 돕도록 하였다. 전투는 소련의 일방적 승리였다. 일본군 6만여 명 중 2만여 명이 전사하거나 병사하였다.[50] 병력은 일본군이 많았지만 화력에 있어서는 소련이 압도하였다. 일본

....

47 우노 시게아끼(김정화 옮김), 『중국공산당사』, 일월서각, 1984. p. 128.

48 "A Single Spark can start a Prairie Fire," in *Selected Works of Mao Tse-tung*, Peking, Foreign Language Press, 1965, Vol. I, p. 124.

49 McWilliams and Piotrowski(2014), p. 37.

50 Alvin Coox, *Nomonhan: Japan against Russia, 1939*, Stanford University Press, 1985, pp. 914-15.

군은 강경파에게 굴욕적 전패의 책임을 물었다. 할힌골 전투로 소련에 호되게 당한 관동군은 활로를 남방에서 찾고자 하였다. 이런 맥락에서, 할힌골 패전은 향후 미국과 맞서고 결국 패배하는 일본의 운명을 결정하는 주요 군사적 변곡점이 되었다.

일본군은 남방진출을 구상하면서도, 다른 한편, 국민당의 왕징웨이를 포섭하여 1940년 3월 30일 괴뢰정권인 난징국민정부를 수립함으로써 충칭의 국민당 정부를 대체하고, 토벌작전을 통해 전세를 급진전시키고자 하였지만 왕징웨이가 민중의 지지를 받지 못해 실패하였다. 국민당과 공산당은 일본의 속전속결전략에 대응할 수 없었기 때문에 광대한 중국의 영토와 인구를 담보로 지구전, 장기전 전략으로 대응하였다. 전선은 교착상태에 빠졌고, 일본군은 장기적 지구전을 수행하기 위해 필요한 전략물자를 확보하기 위해 남방진출을 결정하였다. 그러려면 일단 북방의 소련과의 관계개선이 필요하였다. 특히 일본으로서는 독일과 소련이 무력 충돌할 경우 이에 원치 않게 개입되는 사태를 피하고자 하였다. 당시 소련도 나치독일과의 전쟁을 우려하던 상황이었다. 소련도 대독, 대일 양면전을 치뤄야할 가능성을 우려하지 않을 수 없었던 것이다. 이해관계가 일치한 소련과 일본은 1941년 4월 13일 유효기간을 5년으로 하는 중립조약을 체결하였다.

일본은 북방의 위협을 완화하기 위해 대소중립조약을 체결하면서, 다른 한편으로는 남방으로의 활로를 찾아나섰다. 일본은 독일에 부역하던 프랑스의 비시 정권을 협박하여 인도차이나 북부를 점령하였다. 중국국민당정부군에 물자를 제공하던 북부 인도차이나 수송로를 차단하기 위한 작전이었지만, 남방진출을 위한 교두보 확보의 의미도 있었다. 그러나 "친미적 통일중국 건국"을 전후 전략목표로 하며 국민당정부를 지원하던 미국은 1940년 9월 나치독일과 파시스트 이탈리아와 동맹이 된 일본이 남방으로 진출을 꾀하자 전선을 넓힐 수밖에 없었다. 미국과 영국 등은 일본에 대해 전략물자 금수(禁輸) 조치를 취하였다. 일본은 태평양 상의 미군을 기습 파괴하고, 미국이 반격을 준비할 동안 신속히 동남아를 석권하고자 1941년 12월 하와이 진주만의 미 태평양사령부를 전격적으로 공습하였다.

태평양전쟁이 발발하자 일본은 대미전쟁에 진력할 수밖에 없었고, 따라서 중일전쟁은 일본에게 불리하게 돌아갔으며, 전쟁의 성격까지 바뀌었다. 이전까지 소련을 제외한 미국 등 서방국가들은 일본을 자극하지 않기 위해 국민당 정부에 대한 원조에 소극적이었다. 그러나 일본이 1941년 12월 7일 진주만을 공격하면서 중일 전쟁은 세계대전의 일부가 되었고, 미국의 대중 지원은 강화되었다. 1942년-1945 년 동안 미국은 중국에 5억 달러의 차관과 13억 달러 상당의 무기를 "대여"하였다. 또 미국은 스틸웰(Joseph Stilwell) 장군 등 군사고문단을 파견하고, 쿤밍(昆明, 곤명) 에서 활동하던 '비호(飛虎, the Flying Tigers)'라는 공군부대를 확대개편하여 대일 공습을 실시하였다.

미국은 일본을 패퇴시키기 위해 국민당과 공산당이 더욱 협력하길 원하였다. 스틸웰은 홍군을 봉쇄하는 데 동원된 국민당정부군 정예부대를 대일전으로 돌리고, 미국의 원조를 홍군에게 일부 제공하라고 권고하였다. 그러나 장제스는 급격한 공산당의 성장에 위협을 느끼고 있어 반공노선을 견지하였다. 더구나 장제스로서는 세계대전에서 연합군이 일본을 이길 것이기 때문에 공산당 억제야말로 중국의 국가이익에 부합한다고 생각하였다. 한편, 마오쩌둥은 넓어져 가는 해방구를 '신민주주의론'[51]에 기초하여, 민주주의와 사회적 정의가 실현되는 신중국(新中國)으로 부각하고, 그것을 일당독재, 4대가족(장제스, 숭쯔원[宋子文, 송자문], 천리푸[陳立夫, 진립부], 궁샹시[孔祥熙, 공상희])의 족벌적 지배,[52] 부패·무능이 만연한 국민당 지배 지역과 대비함으로써 중국인민들의 지지를 확보하고자 노력하였다. 마오는 군사적으로도 성공하여 홍군의 증대된 병력은 1944년 4월 일본의 최후발악이라 할 수 있는 '제1호작전' 또는 '대륙타통작전(大陸打通作戰)'에 괴멸당한 국민당정부군과 현저히 대비되었다(홍군은 1944년 6월 47만에서 1945년 4월 91만으로 급증하였다).[53]

....

51 마오쩌둥은 아편전쟁 이후 중국의 혁명을 5·4운동을 전후로 하여 구민주주의혁명 단계와 신민주주의 혁명 단계로 구분하였다. 그에 따르면, 신민주주의혁명은 중국혁명의 영도권이 부르주아계급으로부터 프롤레타리아계급으로 이전되었다는 점에서 구민주주의혁명과 구별된다. 신민주주의혁명 단계에서 기본 혁명 세력은 노동자, 농민이지만 민족자산계급과 개명된 향신계급도 중간계급으로서 대지주와 대자본가 계급을 고립시키는 데 중요 역할을 수행한다고 보고, 이들을 포용하는 신민주주의 정치질서(연합정권), 신민주주의 경제(혼합경제), 신민주주의 문화(대중적 민족적 과학적 문화)를 창출해야 한다고 강조하였다. 서진영(1992), pp. 227-28.

52 이 중 숭쯔원은 자매들과 관련하여 기가 막힌 정치인맥을 형성하였다. 숭쯔원의 누나인 쑹아이링(宋藹齡, 송애령)은 궁샹시(孔祥熙)의 부인이며, 여동생 쑹메이링(宋美齡, 송매령)은 장제스 부인이었고 또한 누나인 쑹칭링(宋慶齡, 송경령)은 쑨원의 부인이었다.

중국의 2차내전

1945년 초 태평양전쟁에서 일본의 패배가 분명해지고 있었다. 5월 베를린 함락, 6월 미군의 오키나와 점령이 이뤄졌다. 장제스와 스탈린은 1945년 6월 15일 중소동맹조약(中蘇友好同盟條約)을 체결하였다. 미국은 8월에 일본에 대해 두 차례 원폭을 투하하였다. 8월 8일에는 소련이 얄타협정에 따라 일본 점령하의 만주로 진격하기 시작하였다. 일본은 8월 10일 항복을 암시하였다. 일본이 물러가면 권력공백이 채워져야 하였다. 이에 장제스와 마오쩌둥은 한편으로는 무력대결을 준비하면서도, 다른 한편 일련의 평화협상을 전개하였다. 1945년 8월 충칭회담(8월 28일-10월 10일), 10월 10일 공표된 쌍십(雙十)협정, 그리고 1946년 1월 정치협상회의가 이어졌다. 그러나 양 세력 간의 뿌리 깊은 불신과 대결의식은 1946년 7월 전면적인 내전으로 폭발하였다.

중국의 제2차내전은 1945년 8월 15일 항복한 일본군에 대한 무장해제와 이들의 광대한 점령지를 접수하는 문제로부터 비롯되었다. 공산당은 선제적으로 1945년 8월 10일 홍군에게 일본군 점령지를 접수하여 무장해제를 단행할 것을 명령하였다. 그러나 미국의 트루먼은 8월 15일 일반명령 제1호(General Order #1)를 발표하여 일본군에게 국민당정부군에게만 투항할 것, 그리고 국민당정부군이 접수할 때까지는 위치를 유지할 것을 명령하였다.[54] 공산군을 인정하지 말라는 의미였다. 장제스도 같은 명령을 공표하였다. 중국공산군은 화북과 만주에서 무장해제와 피점령지 접수를 강행하였다. 공산군은 특히 만주에서 소련군의 간접적 지원하에 농촌지역을 신속히 장악할 수 있었다. 종전 당시 국민당정부군의 주력부대는 일본군의 대륙타통작전으로 서남부 지역으로 퇴각해 있었기 때문에 일본군 점령지역 배후에서 해방구를 구축하고 있던 공산군에 비해 지리적, 전략적으로 불리한 위치에 있었다. 미국은 국민당정부군이 이러한 문제를 해결하는 데 도움을 주기 위해 태

....

53   Lyman Van Slyke, "The Chinese Communist Movement during the Sino-Japanese War, 1937-1945," in John K. Fairbank and Albert Feuerwerker eds., *The Cambridge History of China*, Vol. 13, Cambridge University Press, 1986, p. 709.

54   Michael Schaller, *The United States and China: Into the Twenty-First Century*, Oxford University Press, 2002, p. 101.

평양사령부 소속 60,000여 명의 해병대원을 신속히 북부 중국으로 전개하였고, 중부·서부에 주둔하던 수십만의 국민당정부군 병력이 만주로 재배치되도록 하기 위해 해군 수송선과 공군 수송기들을 제공하였다.[55] 국민당정부군은 미국의 수송지원과 일본 관동군 등의 협력을 받아 화동, 화북, 만주 및 서북 지역의 주요 도시와 주요 철로연변을 접수하였다. 이러한 상황에서 양측은 1945년 8월 28일 충칭에서 회동하였던 것이다.

국민당과 공산당 양측은 40여 일간의 난항을 거치면서 '쌍십협정'을 발표하였다. 상당한 합의가 있었지만, 군사통합, 해방구 처리 문제 등 심각한 견해 차이는 해소되지 않았다. 미국 트루먼 대통령은 조지 마샬 장군을 특사로 보내 이견조정을 시도했고, 당시 대미 냉전을 본격화하지 않은 소련도 이를 지지하였다. 그러나 국민당과 공산당은 당초에 협력의지가 있었는지가 의심될 정도로 팽팽히 대립했고, 1946년 초부터는 냉전이 시작되어 중국의 평화와 통일을 실현할 수 있는 국제적 환경이 급격히 무너졌다. 미국은 국민당정부에 대한 군사, 경제 원조를 강화하였다. 이는 국민당 보수강경파를 격려하였고, 공산당은 미국에 대한 의심을 심화하게 되었다. 1946년 4월 소련이 만주에서 철수하자 중국 공산군은 농촌지역뿐 아니라 창춘(長春, 장춘) 등 대도시들을 점령하였고, 국민당정부군은 정예부대를 투입하여 1946년 5월 하순 만주지역의 대도시들을 재점령하였다. 1946년 7월 국민당 정부군은 공산당 거점지역에 대해 대대적인 군사 공격을 실시하여 초기에는 선전하였다. 마오쩌둥은 맞대응하기보다는 병력의 확충을 기도하는 한편, 토지혁명을 통해 해방된 농민들의 에너지를 조직/동원하고자 하였다. 결국 "누구를 위해,""무엇을 위해 싸우는지"를 알게 된 농민과 군인들의 사기 증대는 1947년 여름 공산당에게 대반격의 전기를 마련해주었다. 반면, 국민당 정부는 항일전쟁 기간 공산당과의 민족적 정통성 경쟁에서 패배하였고, 사회 경제 개혁을 추진할 의사를 갖고 있지 않았으며, 인플레 등 경제혼란을 다스릴 수 있는 능력을 결여하였다. 특히 정치와 군부의 부패, 그리고 정부의 반인민적 성격은 국민당이 내전에서 정치적으로 패배하고 있음을 극명히 보여주었다.[56] 국민당 정권은 공산군과의 투쟁 중 내부로부

....

55   Schaller(2002), p. 201.

터 해체되고 있었던 것이다.[57] 중국공산당은 1948년 11월 1일부터 제8로군, 신4군, 동북항일연군을 통합하여 중국인민해방군(中國人民解放軍, People's Liberation Army)을 만들고 국민당정부군에 대한 총공세에 나섰고, 1949년 1월 31일 베이징을 점령하였다. 장제스는 국민당 정부의 총통직을 사임하고 총통대리 리쭝런(李宗仁, 이종인)으로 하여금 평화교섭에 나서도록 하였으나, 공산당이 진지하게 받아줄 리 만무하였다. 장제스는 리쭝런과도 권력을 두고 의심하여 자신에게 충성하는 군대를 자신 곁에 있게 하고 광시와 광둥 방어에 보내지 않았다. 공산군은 수월하게 남하하여 1949년 10월 광둥을 점령하였다. 1949년 12월 10일 이른 아침 공산군은 장제스가 작전지휘하고 있던 스촨성(四川省) 청두(成都, 성도)의 중앙군사학교를 포위하였다. 그는 청두 공군비행장에서 아내의 이름을 딴 항공기 '메이링(美齡)'호를 타고 아들 장징궈(蔣經國, 장경국)와 함께 타이완(당시 명칭은 포모사, Formosa)으로 퇴각하였다. 50만의 군인이 타이완으로 그를 따라갔다. 피난민은 200만여 명이나 되었다.

장제스가 피신한 타이완은 청일전쟁 이후 시모노세키 조약의 체결로 1895년 일본의 식민지가 되었다가 1945년 일본의 패전으로 중국의 영토로 회복되었다. 내전 중 국민당 정부는 관리들을 파견하여 통치권을 행사했으나 이들의 부정 부패는 타이완인들의 원성을 자아냈다. 그러던 중 1947년 '2·28 사건'이라는 참사가 일어났다. 국민당 정부는 정부의 허가 없는 담배 판매를 금지하였다. 하지만 1947년 2월27일 타이베이(臺北, 대북) 역 근처에서 밀수담배를 판매하던 린쟝마이(林江邁, 임강매)라는 여성이 단속반원에게 구타를 당해 중상을 입었다. 주변 시민들이 항의하자 경찰이 발포하여 사상자가 나왔다. 2월 28일 분노한 군중이 경찰서를 공격했고, 군과 경찰은 이들에 대해 기관총을 발사하였다. 타이베이 시 전역에서 파업과 철시가 발생했고, 대규모 시위가 시가지를 휩쓸었으며, 이는 3월 1일 이후 섬 전체로 확대되었다. 국민당정부의 타이완 당국이 위촉한 '2·28사건 처리위원회'는 사건을 조사한 후 타이완의 자치와 인권보장을 담은 '32개조'를 제시했지만, 타이완행정

....

56   서진영(1992), p. 278.
57   Lyman P. Van Slyke (originally U.S. Department of State), *The China White Paper: August 1949*, Stanford University Press, 1967, p. 282.

장관 겸 타이완경비총사령 천이(陳儀, 진의)는 극비리에 중앙정부에 군대파견을 요청하였다. 그 결과 타이완 전역의 질서가 점차 회복되어 가는 단계임에도 불구하고 1947년 3월 8일 대륙의 국민당정부군 2개 사단이 도착하여 대대적인 유혈진압에 나섰다. 이들은 공산주의자들을 색출하여 척결한다는 '청향(淸鄕)'을 진행하였다. 학살은 5월까지 진행되었고, 28,000여 명이 살해되었다. 타이완 성 주석 천청(陳誠, 진성)은 5월 19일 계엄령을 선포하였다. 타이완으로 도피한 장제스는 계엄령하에서 일체의 정당 및 단체 설립을 금하고 타이완을 본토회복을 위한 군사적 베이스 캠프로 만들어 나갔다.

장제스가 타이완으로 탈출할 무렵 공산군은 푸젠성과 저장성으로 진격하였고, 사실상 대륙 전체를 석권하였다. 이제 코 앞에 있는 폭 160km의 타이완해협을 넘어 타이완 상륙을 하면 중국이 통일될 것이었다. 그러나 공산당은 그렇게 하지 못하였다. 사실 공산당은 타이완 해방을 1949년 여름부터 준비하고 있었다. 공산당은 이 목적으로 수만의 병력을 남부지역에 집결시켰다. 문제는 타이완 섬에 항(港)이 미비하거나 부적합하여 병력을 상륙시키기 어렵다는 것이었다. 해결책으로서 병력을 목선에 싣고 타이완 근처 바다에 내리게 한 다음 수영을 하여 상륙한다는 안이 제시되었다.[58] 상륙부대는 저장성과 푸젠성에서 강과 용수로를 이용하여 수영연습에 착수하였다.[59] 그런데 이들이 수영하던 물 속에는 달팽이를 숙주로 하는 기생충 '일본주혈흡충(日本住血吸蟲 Schistosoma japonicum)'이 만연하고 있었다. 수영연습을 실시한 지 얼마 안 돼서 병사들이 피부병과 고열에 시달리게 되었고, 수영훈련 자체가 불가능할 정도로 사정이 악화되었다. 의사들도 처음 경험하는 질병이라 고전하였다. 훈련은 2개월이 지나서야 중단되었다. 30,000-50,000여 명의 병사들이 이미 감염된 상태였다. 이들은 6개월이 지나 회복하였다.[60] 물론 미국의 개입 가능성과 소련의 미온적 태도, 그리고 타이완 해방을 위한 병참 능력 부족 등이 작

....

58   F. A. Kierman, "The blood fluke that saved Formosa," *Harper's Magazine*, 1959, pp. 45-47.

59   A. S. Whiting, *China Crosses the Yalu: The Decision to Enter the Korean War*, Stanford University Press, 1968, p. 219.

60   C. S. Berry-Cabán, Return of the God of Plague: Schistosomiasis in China, *Journal of Rural & Tropical Public Health*, No. 6, 2007, pp. 45-53.

용하였지만 예기치 않았던 기생충이 마오의 꿈을 좌절시킨 것이었다. 마오는 1950
년 2월 스탈린의 원조 약속을 받았다.[61] 그는 2월 4일 이미 타이완 공격 준비 명령
을 내려놓고 있었고, 1주 후엔 4개 사단을 지정하여 상륙작전 훈련에 임하도록 하
였다.[62] 1950년 4월 16일엔 인민해방군이 하이난(海南, 해남)을 2주 만에 "해방"하였
다. 4월 말 저우언라이는 소련 국방장관 불가닌에게 무기 공급을 재촉하였다. 1950
년 여름, 늦어도 1951년 봄까지는 도착되어야 한다고 하였다. 5월 11일엔 인민해
방군이 산동에서 푸젠까지의 병력을 한 지역에 집결하기 시작하였다. 그러나 공격
준비는 계획대로 이뤄지지 않았고, 또 실제 공격을 위해서는 더 많은 계산과 숙고
가 필요했던 것으로 보인다. 인민해방군이 주로 육군이었기 때문에 상륙함이 부족
했거나, 상륙부대를 엄호할 항공기가 충분히 준비되지 않았을 수도 있다. 인민해방
군이 2주 만에 큰 손실 없이 하이난을 해방했지만, 타이완은 다른 경우였다. 타이
완 해협의 넓이는 대륙과 하이난 간의 거리에 7배나 되었고, 국민당군의 역량에도
큰 차이가 있는 것도 사실이었다.[63] 또한 당시 국가체제가 구비되지 않은 탓도 있었
을 것이고,[64] 인민공화국을 선포하기는 했으나 아직도 내부에서 전쟁이 완전히 종
식된 것이 아니어서 국민당 잔당세력의 위험이 상존하고 있었기 때문일 수도 있
다. 또는 내전 후 경제재건의 필요성이 부각되었을 수도 있다.[65] 어쨌든 1950년 6
월 중국 중앙군사위는 타이완 해방을 1951년 여름으로 연기하는 결정을 내렸다.[66]

....

61   1950년 초 스탈린은 중국에게 차관으로 제공한 3억 달러의 상당 부분을 타이완 해방에 사용해도 좋다
      고 중국에게 통보하였다. Michael Share, *Where Empires Collided: Russian and Soviet Relations with
      Hong Kong, Taiwan and Macao*, the Chinese University Press, 2007, p. 182.

62   Goncharov, Lewis, and Litai(1993), pp. 148-49.

63   Jae-Hyung Lee, *China and the Asia-Pacific Region: Geostrategic Relations and a Naval Dimen-
      sion*, iUniverse Press, 2003, p. 69. 그러나 인민해방군은 상륙작전의 경험이 없는 가운데 하이난
      점령을 성공시킴으로써 1949년 가을 진먼(금문, Quemoy) 섬과 저우산 군도(舟山群島, 주산군도,
      Zhoushan) 점령 실패 후 떨어진 사기를 만회할 수 있었다.

64   국가체제의 요체로서 전국인민대표대회도 결성되지 않았고, 대신 중국인민정치협상회의가 기능하고 있
      었다. 1954년 9월 20일 제1차 전국인민대표대회 제1차회의에서 비로소 중화인민공화국헌법이 제정 공
      포되었다.

65   Goncharov, Lewis, and Litai(1993), p. 163.

66   Goncharov, Lewis, and Litai(1993), p. 152.

그러나 마오의 준비가 지체되자 김일성이 선수를 쳤다. 1950년 4월 말 저우언라이가 불가닌에게 무기 공급을 재촉하던 그때 김일성은 전쟁계획을 가지고 스탈린을 설득하기 위해 모스크바를 방문하고 있었다. 김일성은 자신의 계획을 스탈린에게 설명하고, 마오에게는 스탈린이 자신의 계획을 수용하였다며 협력을 요청하였다. 1950년 6월 25일 소련제 무기를 공급 받은 김일성이 남침하여 한국전쟁을 일으켰다. 미국은 사실상 타이완의 국민당 정권을 보호하기 위해 인디아 정부의 경고에도 불구하고[67] 제7함대를 타이완해협에 파견하였다. 덜레스 미 국무장관은 1950년 10월 23일 미국이 7함대를 타이완해협으로 파견할 수 있었던 유일한 근거는 타이완의 위상이 UN에 의해 해결되어야 할 국제적 문제였다는 사실이라고 말하였다.[68] 어쨌든 마오로서는 소련이 두 개의 전쟁을 원할 리 없다고 판단했고, 나아가 내전 직후 최강국 미국과의 일전이라는 부담이 컸기 때문에 타이완 해방을 미룰 수밖에 없었다. 1950년 7월 중순 공산당 중앙군사위는 타이완 해방을 잠정 연기할 수밖에 없는 이유로서 한국전쟁을 들었고, 마오쩌둥은 8월 11일 타이완 해방을 1952년 이후로 연기한다고 공식화하였다. 9월 말에는 해방 날짜에 대한 언급을 금지하였다.[69] 마오쩌둥과 중국공산당으로서는 김일성 때문에 민족해방의 절호의 기회를 놓친 셈이었다. 향후 타이완은 미완의 통일을 상징하는 정치적 실존으로, 그리고 미중관계에서는 "가라앉지 않는 미국의 항공모함"으로서 중국 국가전략의 정치적, 전략적 계산의 핵심 변수가 되었다. 마오쩌둥은 중국공산당의 주석으로서 1949년 9월 21일 중국인민정치협상회의(中國人民政治協商會議) 제1차 전체회의에서 "중국인민이 일어났다(中国人民站起来了, the Chinese people have stood up)"[70]라는 제목으로 알

....

67   인디아 정부는 타이완해협에서의 미 해군활동이 중국으로서는 침략행위로 볼 수 있으며 미국은 이를 가볍게 보지 말 것을 요구하였다. Goncharov, Lewis, and Litai(1993), p. 157.

68   United States Department of State, *FRUS, 1950. East Asia and the Pacific*, Volume VI, 1950, p. 1325.

69   Goncharov, Lewis, and Litai(1993), p. 158.

70   중국 학자 관화이룬(管怀伦)에 따르면 마오는 회의 석상에서 "중국인민"이 아닌 "중국인"이라는 용어를 사용하였다. 마오의 연설문 제목이 "중국인민이 일어났다"인 이유는 후일 편집자가 제목에 손을 댔기 때문이다. "중국인민"과 "중국인" 간에는 커다란 의미의 차이가 있다. 전자는 정치적 용어로서 노동자, 농민, 도시소상공인과 애국적 자본가를 포함하는 반면 후자는 모든 중국사람들을 뜻하기 때문이다.

려진 연설문을 낭독하면서 중화인민공화국의 성립을 선포한 바 있었고, 10월 1일 오후 3시 베이징 티엔안먼(天安門, 천안문) 광장에서는 수많은 인민들과 함께 중화 인민공화국의 성립을 공식화하고 자축하였다. 중국의 '천하질서'를 무너뜨린 계기 가 된 아편전쟁으로부터 100년이 지나, 이제 "중국의 100년의 수모"가 끝이 나게 되었다. 그러나 마오쩌둥은 얼마 되지 않아 국가의 존립을 위협하는 중대 사안에 대해 결정을 내려야 하였다. 그는 내전 시 자신의 적인 국민당을 지원했고, 타이완 해협에 군사력을 파견하여 민족해방을 가로막았으며, 내전 시 동고동락(同苦同樂) 했던 조선의 혁명동지들이 세운 이웃 사회주의 국가를 넘보는 "제국주의 미국"에 저항하기 위해 "조선전쟁" 참전 여부를 결정해야 하였다.[71]

....

SCMP reporter, "The famous Mao slogan, that he never even used," *The South China Morning Post*, September 25, 2009.

71　Dennis Merrill and Thomas Paterson, *Major Problems in American Foreign Relations, Volume II: Since 1914*, Wadsworth Publishing, 2009, p. 265.

"한국전쟁"과 냉전의 세계화

1946년 2월 9일 스탈린의 유세연설과 2월 22일 케넌의 '장문의 전문,' 그리고 3월 5일 처칠의 '철의 장막' 연설을 기점으로 1947년 3월의 '트루먼 독트린', 1948년 6월의 베를린 봉쇄와 공수, 1949년 4월의 NATO 결성 등이 미소 간 냉전을 격화시키며 유럽 대륙에서는 일촉즉발의 진영 간 긴장이 고조되었다. 미국과 소련의 군사전략가들은 향후 이 지역에서 군사적 충돌이 일어난다면 미소 양 진영이 모두 연루되는 또 하나의 세계대전이 발발할 가능성이 높다고 보았다. 소련은 잠재적 전장 (戰場)에 지리적으로 근접해 있어 재래식 전쟁에 유리한 입장이었고 미국은 이를 인정하고 소련이 아직 개발하지 못한 핵무기 등 대량파괴무기의 억지력에 의존하고 있었다. 그러나 전쟁은 유럽이 아니고 아시아 대륙의 동쪽 끝에 달려 있는 작은 반도에서 일어났다. 그리고 이 전쟁은 유럽에서의 냉전을 세계적 차원의 냉전으로 확대하는 계기가 되었다.

한국전쟁의 기원, 발발, 전개, 그리고 결과

해방과 한반도의 분단

유럽에서의 전쟁이 연합국 측의 승리로 종결되자, 소련의 스탈린은 미국의 루즈벨트가 양허한 '얄타의 반대급부'를 현실화하기 위해 일본과의 중립조약을 일방적으로 폐기하고 대일전을 서둘렀다. 소련군은 미국이 1945년 8월 6일 히로시마에 원폭을 투하하자 일본이 곧 항복할 것을 우려하여 8월 8일 대일 선전포고 후 만주와 한반도에 진입, 나진공습에 이어 9일에는 한반도의 최동북단인 웅기를 폭격하고 곧 경흥으로 진공했으며, 13일에는 청진에 상륙하였다.

소련군이 한반도 북부로 진주하는 가운데 1945년 8월 10일 저녁 미국 3부조정위원회(State-War-Navy Coordinating Committee) 위원들은 한반도와 아시아에서 일본의 항복을 처리하는 문제에 대해 토론하고 있었다. 두 명의 젊은 장교들이 호출되었다. 그들의 임무는 소련이 한반도 전체를 점령하고 곧장 일본까지 넘보는 것을 저지하기 위해 한반도에 미국의 점령지를 구획하는 일이었다. 그러나 호출된 딘 러스크(Dean Rusk, 후일 케네디 및 존슨 정부 때 국무장관)와 찰스 본스틸(Charles Bonesteel, 후일 주한미군사령관) 중령은 그런 일을 맡을 준비가 전혀 되어 있지 않았다. 그들은 시간에 쫓기면서 '내셔널 지오그래픽(*National Geographic*)' 지도를 참고로 한반도의 허리를 가로지르는 북위 38도선을 기준으로 소련과 미국이 분리점령하는 안을 제시하였다.[1] 사실 미국은 되도록이면 경계선을 더욱 북쪽에 설정하고 싶었다. 그러나 소련군이 이미 한반도 북부에 진입했음에 반해, 미군은 오키나와와 필리핀에 머무르고 있었다. 따라서 러스크에 따르면,

> 미국 "육군은 가능한 한 북쪽에서 일본군의 무장해제를 하고자 하는 미국의 정치적 이익과 실제로 도달할 수 있는 지역의 현실적 한계를 고려한 안을 원하였다. 우리는 38도선을 제시했는데… 이것은 미군의 책임지역 내에 한국 수도를 포함시켜 놓는 것이 중요하다고 생각했기 때문이다."[2]

....

1   Don Oberdorfer, *The Two Koreas: A Contemporary History*, Addison-Wesley, 1997, p. 6.

1945년 8월 12일, 트루먼이 모스크바에 파견한 대통령 특사 폴리(Edwin W. Pauley)와 주소련 대사 해리먼(Averell Harriman) 등은 한반도 전역과 만주의 공업 지대를 미군이 점령토록 건의하였다. 그러나 다음 날 트루먼은 "이 시점의 [우리의] 기회는 장기간의 전쟁을 끝내는 것"이라며 모종의 경계선을 기준으로 남과 북을 분할점령하기로 결정하였다.[3] '38선'은 미국이 자신의 전략적 이익을 현실적 제약하에서 극대화한 결과였다. 미국의 현실적 제약이란 소련군의 한반도 북부로의 진공이었다. 일부 사가들은 이를 야기한 소련의 대일전 참전과 관련 미국이 일본 관동군의 전력을 지나치게 과대평가한 것일 뿐, 소련의 참전은 불필요하였다고 주장하였다.[4] 소련의 참전을 간청한 루즈벨트의 전략적 안목이 부족하였다는 것이다. 사실 관동군은 중국과의 장기전으로 이미 피폐해졌고, 태평양전쟁의 전황이 악화되자 최정예 부대와 장비를 태평양의 도서와 필리핀으로 보냈으며, 특히 프랑스 인도차이나로 가는 육로를 개척하고 일본 본토와 함정을 공격하는 미국 폭격기가 출격하는 중국 남동부의 공군 기지를 점령하기 위한 "대륙타통작전(大陸打通作戰, 또는 제1호작전)"에 참여함으로써 전투력이 크게 소진된 상태였다. 그럼에도 불구하고, 무조건항복을 요구한 포츠담선언을 일본이 "묵살"하면서 끝까지 기다렸던 것이 소련의 중재였고, 이러한 희망을 제거한 것이 소련의 대일전 참전이었다는 점을 고려할 때 루즈벨트의 전략구상이 미국의 국가이익에 더 부합하였다고 보는 것이 합리적일 것이다. 만일 소련이 참전하지 않고 일본이 항복을 거부하였다면 미군이 일본 본토 상륙에 전력을 투입하였을 것이고, 그렇지 않아도 "1억 옥쇄론"이 부담이 되던 미군에게 중국대륙의 일본군 병력이 일본 본토로 신속히 유입되는 상황은 상상할 수 없는 인적·물적 비용을 초래할 것이었다.[5] 뿐만 아니라 미군이 일본 본토로 진공하게 되면 극동지역으로 진출하려던 소련이 한반도를 일방적으로 위성국가화하거나, 아니면 일본식민주의자들과 친일·부일 동조세력들이 임시정부를 세울 수

....

2   U.S. Department of State, *FRUS, 1945*, Washington, D. C.: USGPO, 1969, p. 1039.

3   Harry Truman, *Memoirs: Year of Decisions*, Doubleday & Company, 1955, pp. 433-34.

4   John Dower, *War without Mercy: Race and Power in the Pacific War*, Pantheon, 1987; David M. Glantz, *The Soviet Strategic Offensive in Manchuria, 1945: 'August Storm'*, Routledge, 2003.

5   박다정, "미국의 38선 획정 원인과 목적(1943~1945)," 『歷史學報』, 第260輯, 2023, p. 146.

도 있었다.[6] 이는 미국의 지역적 전략이익을 크게 훼손하는 것이었다.

소련군이 한반도로 진출한 상태에서 미국의 우려는 소련이 신속히 한반도 전체를 점령하고 일본까지 넘보게 될 가능성이었다. 미국은 소련이 한반도를 단독으로 점령할 경우 기존 합의사항인 4대국 신탁통치가 원활하게 실시될 수 없을 것으로 보았다. 이러한 불신은 폴란드 전후처리 문제에서의 스탈린의 약속 불이행과 중소우호동맹호조조약의 체결 과정에서 기존 합의를 넘어서는 스탈린의 무리한 요구에서 비롯되었다. 미국은 한반도 점령에 참여하여 기존에 합의된 4대국 신탁통치의 이행을 소련에 강제할 수 있는 '정치적 자본'을 확보하고자 하였다.[7] 따라서 미국은 소련의 지배력을 한반도 북부에 묶어 두는 것을 현실적 목표로 삼았다. 이것이 가능하다면 미국은 태평양을 미국의 내해(內海)로 계속 지배할 수 있으며, 나아가 일본을 미국 영향권 안에 묶어둘 수 있을 것이었다.[8] 요컨대, '38선'에 의한 한반도의 분단은 일본군 무장해제의 편의를 위한 임시조치였을 뿐 아니라, 주어진 군사적 조건하에서 자신의 안보이익을 최대한 확보한다는 전략적 고려에서 비롯된 미국의 선택이었다.

트루먼 안은 영국 소련 및 중국국민당 정부에 전달되었다. 스탈린은 8월 14일 트루먼의 제안을 수용하였다. 미군은 9월에나 한반도로 진출할 예정이었고, 소련군은 이미 한반도 북부를 점령한 상태에서 스탈린은 소련군이 38선에 멈출 것을 지시하였던 것이다.[9] 그는 만주와 중국 북부에 대한 영토적 이익을 확보하는 등 이 지역에서 이미 주요 군사 목표를 달성했고, 나아가, 한반도의 북부를 점령함으로써 러일전쟁 이후 소련의 전통적인 대한반도 정책 목표인 적대적인 한반도의 출현을 막을 수 있을 것으로 판단했기 때문이다.[10] 또한 한반도 전체를 점령하는 것은

....

6   진덕규, "미군정의 정치사적 인식," 송건호 등, 『해방전후사의 인식』, 한길사, 1980, p. 44.

7   박다정(2023), p. 113.

8   *Ibid*.

9   U.S. Department of State, *FRUS, 1945*, VI, 1039, Washington, D. C.: USGPO; Ministry of Foreign Affairs of the U.S.S.R., Correspondence Between the Chairman of the Council of Ministers of the U.S.S.R. and the Presidents of the U.S.A. and the Prime Ministers of Great Britain During the Great Patriotic War of 1941-1945, II, Moscow, Foreign Languages Publishing House, 1957, pp. 260-66.

군수·병참 차원에서도 쉽지 않은 일이었고,[11] 연합국 미국을 필요 없이 자극할 수도 있는 것이었다. 연합국들 모두 트루먼 안을 받아들이자 맥아더 태평양지역 연합군 최고사령관은 9월 2일 이를 포고, 한반도에 있어서 38도선 이북의 일본군의 항복은 소련이, 이남의 일본군의 항복은 미군이 접수한다고 발표하였다.[12] 이와 같이 '38선'은 미소 양국의 "점령상 편의"를 위해 임시로 그어진 행정경계와 유사한 것이었지만, 동시에 양국의 이익이 균형을 이룬 세력의 접점이었다.

이 맥락에서, 해방된 한반도와 한국인들의 주권행사 문제가 거론될 수 있었다. 일제가 강점하기 전 한반도의 주권은 대한제국이 행사하였다. 따라서 일제가 물러간 후에는 대한제국의 망명정부가 귀환하여 통치를 계속하는 것이 순리였다. 그러나 대한제국은 멸망했기 때문에 이를 대체하여 1919년 4월 11일 임시헌장을 통해 민주공화국을 선언한 대한민국임시정부가 주권을 행사하고자 하였다. 임시정부는 1940년 9월 17일 한국광복군을 창설했고, 이듬해 태평양전쟁이 발발하자 1941년 12월 9일 대일선전(對日宣戰)을 정식으로 포고하였다. 대한민국임시정부의 주미외교위원부(駐美外交委員部)의 이승만(李承晚) 위원장[13]은 트루먼 대통령에게 보내는 서한에서 위원부의 목표는 대한민국임시정부의 국제적 승인을 획득함으로써 연합국의 일원으로 대일전쟁에 공식 참전하는 것이라 밝혔다. 그러나 미국은 부정적이었다. 1945년 6월 5일, 태평양전쟁 직전까지 주일대사를 지냈고, 미국의 일본점령정책과 관련하여 대표적 친일그룹("일본 로비, Japan Lobby")을 주도하던 당시 미 국무장관 직무대행 조셉 그류(Joseph Grew)는 5월 15일 자 이승만의 서한에 답하는 방식으로 "미국은 한국 임시정부를 인정하지 않는다"는 미국 정부의 입장을 명확히 하였다. 그는 미국은 "한국 국민을 동정하고 자유에 대한 그들의 열망에 대해 공감하지만 임시정부가 한국의 어느 부분에 대해서도 실효적 지배권(administrative au-

....

10 Kathryn Weathersby, "Soviet Aims in Korea and the Origins of the Korean War, 1945-1950: New Evidence from Russian Archives," CWIHP Bulletin, No. 8, 1993, p. 10.

11 1940년대 한반도는 도로와 철도를 비롯한 교통 인프라가 제한적이었다.

12 김학준, "분단의 배경과 고정화 과정," 『한국문제와 국제정치』, 박영사, 1976, pp. 70-71.

13 1925년 3월 임시대통령직에서 탄핵된 이승만은 1941년 6월 4일 주미외교위원부를 맡음으로써 임시정부와 단절되었던 관계를 회복한 셈이었다.

thority)을 행사한 적이 없으며, 오늘날 한국인들을 대표한다고 볼 수도 없고, 망명 중인 한국인들로부터도 전폭적인 지지를 받고 있지 못하기 때문에, 미국은 한국인들이 원하는 정부의 형태와 지도자들을 한국인이 선출할 권리를 침해하지 않고자 한다"고 언급하였다.[14] 그러나 그의 언급은 미국의 독립년도인 1776년 미국에도 실효적 지배권을 행사한 정치 주체가 없었다는 미국의 역사와 배치되는 것이었다.[15]

7월 25일 이승만 위원장은 미 국무부의 입장에 대해 실망을 표시하였다. 그는 국무부가 "한국의 임시정부 승인을 지연하고 있는 이유를 이제는 알겠다"고 하면서 "폴란드에서 루블린(Lublin) 공산정부에게 기회가 돌아간 것처럼 한국인 공산주의자들에게 정권획득의 기회를 주기 위한 조치가 아니냐"고 록하트(Frank Lockhart) 국무부 극동국장 대리에게 따졌다.[16]

....

14　The Acting Secretary of State to the Chairman of the Korean Commission in the United States (Rhee) Washington, June 5, 1945. *FRUS*, 1945, The British Commonwealth, The Far East, Vol., VI. 국무부 극동국 국장 대리 록하트(Frank P. Lockhart)가 작성한 이 편지의 내용은 그류가 제출한 정책보고서에서 다뤄진 한국 임시정부 승인 관련 미국의 입장을 축약한 것이었다. Joseph Grew, "Review of Policy regarding Korea," *Department of State Bulletin*, June 10, 1945, p. 1058. 유관 학자들에 따르면, 주일대사로 재직하는 동안 재벌가 및 군국주의 정권과 상당한 유대 관계를 맺은 그류는 국무부에서 "일본 로비"를 이끌었으며 워싱턴에서 활약하던 친일로비스트들의 대표 역할을 하면서 재벌해체 반대 등 미 군정당국의 대일 정책에게 큰 영향을 미쳤다. Glenn Davis and John G. Roberts, *Occupation Without Troops: Wall Street's Half-Century Domination of Japanese Politics*, Tuttle Publishing. 2012, p. 26-28; Mark E. Caprio and Yoneyuki Sugita, "Introduction," in Caprio and Sugita eds. *Democracy in Occupied Japan: The U.S. Occupation and Japanese Politics and Society*, Routledge, 2007, p. 16. 한국 임시정부 승인과 관련된 그의 편지 내용은 소련을 의식한 미국의 전반적인 전략적 이해관계를 반영한 것이었지만 동시에 그의 친일적 인종관, 가치관, 정체성에 영향을 받은 것이기도 하였다.

15　독립선언문이 채택된 1776년 7월 4일, 미국 식민지들은 영국과 전쟁을 하고 있었다. 대륙의회(Second Continental Congress)에 참석한 식민지 대표들 중 뉴욕(New York Provincial Congress) 대표를 제외한(영국과의 무역이 가장 활발했고 대규모 영국군이 주둔하던 뉴욕은 7월 9일에야 독립선언문을 승인하였다) 전원이 독립선언문을 지지했지만 미국에는 아직 모든 영토에 대한 실효적 지배권을 행사하는 주체는 존재하지 않았다. 독립 선언 이후에도 전쟁은 몇 년 더 계속되었고, 1783년 9월 3일 파리 조약이 체결된 후에야 영국은 지배권을 포기했고 미국은 공식적으로 독립국가로 인정받게 되었다.

16　The Chairman of the Korean Commssion in the United States (Rhee) to the Acting Chief of the Office of the Far Eastern Affairs (Lockhart), July 25, 1945, 895.01/7-2545, U.S. Department of State, *FRUS, 1945*, USGPO, 1969, p. 1032.

미국은 한국 임시정부의 자격 요건보다는 지역 차원의 세력균형과 향후 미소 관계가 더 중요하다고 보고 있었다. 태평양전쟁 초기부터, 장제스는 자신의 영향력 하에 있는 대한민국임시정부의 국제적 승인을 통하여 전후 한국에 대한 독보적인 영향력을 확보하고자 하였다. 반면에, 미국은 한반도를 역사적, 지정학적으로 일본, 중국, 소련 3국의 이익이 충돌하는 지역으로 인식하고, 전후에 한반도에 대한 지배권을 둘러싸고 중국과 소련이 충돌할 것을 우려하였다.[17] 따라서 미국은 한반도에서 중국이든 소련이든 어느 한 국가가 지배력을 갖는 상황을 방지하고자 하였다. 미국은 향후 미소관계도 중시하였다. 미국은 한국의 임시정부가 마오쩌둥의 공산당이 아니라 장제스의 국민당 정부의 통제를 받고 있다고 보았다. 따라서 미국은 "[반공주의적] 임시정부를 승인하면 향후 미소관계가 복잡하게 될 것이라 우려"하였던 것이다. 미국은 국민당 정부에게 한국의 임시정부를 승인하지 말고, 전후 한국 상황에 신축적으로 대할 것을 권고하였다.[18] 이와 같이, 미국이 전시 대한민국임시정부를 인정하지 않음으로써 추후 한국과 한국인들은 한국의 미래를 결정하는 과정에서 주인의 역할을 할 수 없게 되었다.

이러한 상황을 배경으로, 일본의 조선총독 아베 노부유키(阿部信行)는 8월 초 한반도 남쪽에서 일본인들의 안전을 담보해줄 조선의 민족지도자들을 찾아 나섰다.[19] 상하이 대한민국임시정부 임시의정원 의원을 역임하고 조선중앙일보사(朝鮮中央日報社) 사장으로서 언론을 통한 항일투쟁을 전개하였고 1944년 8월부터 항일

....

17 태평양전쟁 시기, 미국은 소련의 지원을 받는 시베리아 지역의 한인 사단이 존재하며 그 규모가 대한민국임시정부의 광복군보다 크다고 인식하고 있었다. 따라서 임시정부를 승인할 경우 소련 역시 소련 내 한인세력의 승인을 요구해올 것이며, 이 경우 한반도 문제로 인해 중국과 소련 사이에 마찰이 발생할 것을 우려하였다. 박다정, "태평양전쟁 초기 중국의 팽창주의와 미국의 한반도 신탁통치 결정 (1941~1943)," 『歷史學報』, 第256輯, 2022, pp. 349-92.

18 Chae-Jin Lee, *A Troubled Peace: U.S. Policy and the Two Koreas*, Johns Hopkins University Press, 2006, p. 19.

19 당시 일본 민간인은 378,000명, 그리고 재조선 일본군은 163,000명 정도였다. 조선총독부는 30여 년간 항일적 '동아일보'를 이끌었으나 최근 일본 통치를 수용한 바 있는 "온건 민족주의자" 송진우(宋鎭禹)를 먼저 접촉하였으나 그가 모호한 이유로 총독부의 제안을 거절하자 여운형을 만났다. Allan R. Millett, *The War for Korea, 1945–1950: A House Burning*, The University Press of Kansas, 2005, pp. 44, 159-185.

비밀결사 조직인 조선건국동맹을 이끌었던 여운형(呂運亨)이 노부유키의 상대가 되었다. 여운형은 그는 8월 15일 오전 8시 엔도 류사쿠(遠藤柳作) 일본정무총감과의 협상을 타결짓고[20] '조선건국준비위원회'(朝鮮建國準備委員會)를 발족시켰고, 각 지역에 설치된 인민위원회를 통해 치안을 유지하고자 하였다. 그의 이러한 신속한 조치는 조선인들의 상당한 지지를 확보하였다.[21] 9월 6일 여운형, 이승만, 김규식(金奎植), 김구(金九), 김성수(金性洙), 안재홍(安在鴻), 이강국(李康國), 신익희(申翼熙), 조만식(曺晚植) 등 민족주의자들과 사회주의자들이 망라된 600여 명의 '전국인민대표자대회'는 '조선인민공화국임시조직법'을 통과시킨 다음 '조선인민공화국' 수립을 발표하였다. 이는 미군 선발대가 김포비행장에 도착하여 조선호텔에서 일제 측과 예비교섭을 시작하던 날 저녁에 이뤄진 것이었다. 인민공화국 수립을 주도한 세력은 우파가 탈퇴한 후 조선공산당 계열이 주류가 된 건준이었다. 테러를 당해 요양 중이던 여운형은 인공을 지지하였다.

이 무렵 미군은 한반도 남쪽을 접수하기 위해 움직이기 시작하였다. 이 지역의 절대 다수 조선인들은 일본 식민지배의 질곡에서 자신들을 해방시켜준 미군을 학수고대하고 있었다. 도처에서 영어강좌, 영어회화 강습소가 생겨났다. 정보접근도가 상대적으로 높은 대도시뿐 아니라 지방의 어린이들도 미군 환영의 열기를 느낄 수 있을 정도였다.[22] 그런데 미군은 한국인들의 여망이 무색하게 주어진 임무만 처리한다는 입장이었다. 그래서 남쪽 조선인들과 미군의 첫 만남은 좋게 말해서 "어색한" 분위기 속에서 이뤄지게 되었다. 당시 지방의 어린이였던 한 한국인 사회과학자는 당시 상황을 이렇게 묘사하였다:

··········

20   여운형은 정치범의 즉각 석방 등 자신이 요구한 5가지 조건을 총독부가 마지못해 수락하자 '권력분담'에 합의하였다. 당시 여운형이 총독부와의 권력분담에 합의하게 된 배경은 총독부가 패전에도 불구하고 여전히 강력한 통치력을 유지하고 있었던 데 반해 국내 민족해방운동세력의 조직적·물리적 준비 정도는 미약한 수준인 데 있었다. 그는 총독부와의 권력분담을 통해 과도기구를 정착하고 이에 기초하여 궁극적으로 통일전선적 임시정부를 수립하고자 하였다. 장원석, "8·15 당시 여운형의 과도정부 구상과 여운형·엔도 회담," 『아시아문화연구』, 제27권, 2012.

21   Richard C. Allen, *Korea's Syngman Rhee: An Unauthorized Portrait*, Charles E. Tuttle, 1960, p. 74.

22   최정호, "8.15광복 '한국의 0년,'" 『문화일보』, 1998년 8월 8일.

미군 환영의 열기에 냉수를 끼얹은 것은 비행기로 살포된 1945년 9월 2일 자 '재조선 미국육군사령관의 조선 민중에게 고하는 포고'였다.

"美軍(미군)은 近日中(근일중) 貴國(귀국)에 上陸(상륙)하게 되었다.…"는 한자 투성이의 멋대가리 없는 문장으로 시작된 이 布告文(포고문)은 특별히 記(기)라고 표시한 후반부에 이렇게 강조하고 있었다…"민중에 대한 布告 及(급) 諸命令(제명령)은 현존하는 제관청을 통해 발표되는 것으로 연합군 총사령관으로부터의 명령은 諸民(제민)의 원조에 그 본의가 있는 것으로서 各位(각위)는 엄숙히 遵守勵行(준수여행)하며 불행히도 위반한 자는 처벌당할 것이다. 즉 각자는 통상과 如(여)히 생업에 종사하고 이기주의로 날뛴다든가 일본인 및 미상륙군에 대한 경거망동에 휩쓸린다든가 하는 행동은 이를 嚴(엄)히 피함으로써…"

이것은 마치 사랑을 고백하려고 천신만고 끝에 야밤에 찾아간 남자로부터 왜 얌전하게 집에 앉아 있지 않고 바람피우고 다니느냐고 야단을 맞은 처녀의 꼬락서니가 된 셈이나 다름없었다. 그 지긋지긋한 일제의 총독정치에서 해방을 시켜주었다고 미군에 대한 감사에 겨워하고 있던 조선민중에게 앞으로도 포고와 명령은 '현존하는 제관청', 곧 일제 총독부의 기구를 통해 발표한다고 포고했으니 많은 사람들은 영문도 모르고 뒤통수를 얻어맞은 심정이었을 것이다. 더욱이 일본인을 미상륙군과 동격에 올려놓고 그에 대한 '경거망동'을 엄하게 다스린다고 엄포를 놓은 고압적인 포고문은 미군을 해방군으로서 환영하려던 동포들을 실망시켰을 뿐만 아니라 분노하게도 하였다.

이처럼 냉랭하고 으스스한 미군의 포고와는 대조적으로 이미 8·15광복 이전에 북한에 진주한 소련의 '붉은군대 사령부'가 '조선인민에게 고한 메시지'는 화끈한 수사들이 춤추고 있었다. "조선 인민들이여! 붉은군대와 동맹국 군대들이 조선에서 일본 약탈자들을 구축하였다. 조선은 자유국이 되었다.…"란 말로 시작된 8월 20일 자 소련 점령군 사령관 치스차코프(Ivan Chistiakov)의 포고문은 '해방된 조선인민 만세!'란 말로 끝을 맺고 있다.

일제의 총독부 공문 같은 惡文(악문)으로 번역된 권위주의적, 관료주의적 미군 사령관의 '점령군'으로서의 포고문과 일제의 압제에서 풀려난 조선인의 심정에 어필하는 소련군 사령관의 '해방군'으로서의 포고문. 그것은 세계 지배를 기도하는

'되고자 하는 세계대국' 소련과, 하는 수 없이 억지로 된 '본의 아닌 세계대국' 미국의 전후 정책을 징후적으로 표출한 레토릭 같기도 하고, 동시에 선전 선동으로 구축한 프로파간다의 제국(帝國) 소련과, 그러한 프로파간다를 연구 분석하는 사회학의 나라 미국의 차이를 상징적으로 입증해 주는 레토릭 같았다.

그러나 그것은 해방된 조선인, 특히 그의 지식인들에게 있어선 한갖 레토릭의 차원에 머물 수 있는 문제가 아니었다. 1945년 한반도에 들어온 미·소 양군 사령관이 조선인에게 띄운 첫 메시지는 이미 그것만으로도 정치적 신조나 이념적 확신을 넘어 상당수의 사람들, 특히 지식인들의 마음을 '좌우케' 하는 데 적지 않이 기여했지 않았나 생각된다. 해방 후 많은 지식인들이 미국보다는 소련의 선전에 나부꼈다고 했을 때 그 책임의 큰 몫이 미국 점령군의 무신경한 초기 행태에 있다고 해서 잘못일까. '일본 일기'의 저자 마크 게인도 "남한에서 공산당의 힘이 커진 비밀은 우리들 자신의 과오에 있다"고 한 하지 중장의 정치고문의 말을 인용하고 있다.[23]

38선 이남에서 일본군을 무장해제하고 군정을 실시하는 임무를 제24군단의 하지(John R. Hodge)가 맡게 된 것은 비전략적인 우연이었고 그 우연의 결과는 그가 보기에도 참담한 것이었다. 하지는 군정에 적합한 인물이 아니었다. 그는 한국어를 전혀 구사하지 못했고, 한국의 문화 역사에 무지하였다. 통치를 위한 사전 청사진도 갖고 있지 않았다. 못지않게 중요한 것은 그의 무지에 그의 완고한 보수적 세계관이 합쳐졌다는 사실이었다. 그는 미국식 자유민주주의와 시장경제에 대한 대안이나 도전을 일절 불허하였다. 특히 그는 시위와 파업에 단호히 대응하였다. 그는 소련과의 협상 과정에서 유리한 고지를 차지하기 위해 우익과 좌익 내부의 온건파들을 규합하여 좌우합작을 시도했으나 내부 분열이 일고 군정이 지명한 사람들로 주로 구성된 남조선과도입법의원(南朝鮮過渡立法議院)이 창설되자 좌우합작에 대한 지원을 중단하였다. 하지는 정치적·사회적 혼란 속에서 즉흥적 조치들을 남발함으로써 상황을 더욱 악화시켰다. 한국에서 정부를 수립하는 문제는 결국 UN

....

23   최정호(1998).

으로 이관되었다. 하지는 1948년 늦여름 군정을 이끌었던 지난 3년을 당황스러운 마음으로 회고하였다. 그는 1945년 가을 당시 복잡한 남한 내 상황을 관리하지 못한 자신의 무능이 결국 한반도에서의 내전을 초래할 것임을 직감하였다. 하지는 자신의 최선의 노력과 의도에도 불구하고 역사가 자신을 가혹하게 평가할 것이라고 생각하였다. 그는 자신이 사용할 수 있던 수단과 정책을 되돌아보면서 "다른 길을 갈 수도 있었다"며 아쉬워하였다.[24]

한반도 남부의 점령과 군정을 제10군[25]에게 맡겨야 한다는 미국 전쟁부의 의견에도 불구하고 제10군 예하의 제24군단에게 그 임무를 맡긴 인물은 연합군 최고 사령관 맥아더였다. 아시아나 한국에 대해 무지한 하지가 중국-버마-인디아 전구 사령관을 역임하고 중국어를 구사하는 조셉 스틸웰(Joseph Stilwell) 제10군 사령관을 제치고 이런 책임을 맡게 된 배경은 무엇이었나? 유럽에서는 마크 클라크(Mark Clark), 러시어스 클레이(Lucius Clay) 등 저명한 지장(智將)들이 야전군급 이상의 병력으로 점령과 군정을 이끌었다. 트루먼 대통령은 '군인-정치가(soldier statesmen)'로서의 명성과 능력을 기준으로 이들을 직접 발탁하였다. 이들은 군정을 이끄는 역할을 맡기 전에 상당한 외교 및 이론적 경험을 쌓았다. 이러한 경험은 그들의 군사적 전문성을 점령 및 군정의 요구와 효과적으로 통합하는 능력을 크게 향상시켰다. 미 전쟁부는 한반도 남쪽에서도 마찬가지로 야전군급의 대규모 부대가 점령 및 군정을 실시해야 한다고 판단하였다. 그러나 이는 이뤄지지 않았다. 그 이유는 첫째, 미국은 소련의 제25군이 생각보다 신속히 남진하자 이를 막기 위해 서둘러 병력을 보내야 하였다. 통수권자가 유럽에서처럼 최적의 인물을 고를 시간적 여유가 없었다. 따라서 선택의 범위가 좁혀진 상태에서 차선은 한반도에 가장 가까이 위치한 오키나와에 주둔하던 스틸웰의 제10군을 보내는 것이었다. 제10군이 전체 작전 본부 역할을 하고, 그 아래 제24군단이 병력의 대부분과 전술본부를 제공하게 되는

....

24 R. R. Kroells, *On the Back of a Grasshopper: The XXIV Corps and the Korean Occupation*, School of Advanced Military Studies United States Army Command and General Staff College, 2016, p. 1.

25 1945년 4월 1일부터 6월 22일까지 벌어진 오키나와 전투에서의 지상군 주력 부대였던 미 제10군은 두 개의 군단으로 구성되었다. 그중 하나인 제24군단에는 7, 27, 77, 96사단이 포함되었다. 오키나와 상륙 작전의 주역이었던 미 해병대 제3상륙군단에는 제1, 2, 6사단이 포함되었다.

것이었다. 둘째, 맥아더는 그러한 합리성에도 불구하고 한반도 남쪽의 전략적 가치를 높이 평가하지 않았고(tertiary importance) 군단급 부대로 목표를 충분히 달성할 수 있다고 판단하였다.[26] 그러나 더욱 중요한 것은 맥아더가 제10군 사령관 스틸웰과 갈등 관계에 있었다는 점이다. 그는 자신만큼 강한 에고(ego)를 가진 웨스트포인트 1년 후배이자, 중국-버마-인디아 전선에서 막(6월 23일) 부임한 제10군 사령관 스틸웰[27]에게 중요 임무를 맡기려 하지 않았다. 중국 국민당 정부의 장제스 총통도 자신의 연합군 참모장이었던 스틸웰이 중국 해안이나 한국에 상륙한 미군을 지휘하는 데 강력히 반대하였다.[28] 맥아더는 워싱턴이 장제스의 요구를 받아들이도록 모종의 역할을 하였다.[29] 맥아더는 10군에 속한 24군단을 자신에게 직접 보고하는 독립군단으로 만들어 남한으로 급파하고자 하였다. 이 부대의 사령관이 하지였다.

8월 12일 오후 맥아더는 스틸웰 제10군 사령관에게 전문을 보내 일본 및 한국 점령계획인 '블랙리스트 계획(Operation Blacklist)'이 다음과 같이 일부 수정되었다고 통보하였다:

....

26 Kroells(2016), p. 2.

27 "식초 조(Vinegar Joe)"라는 별명을 가진 스틸웰은 상대방의 지위나 직급에 상관없이 자신의 생각을 직설적으로 말하는 것으로 유명하였다. 그는 자신의 책상 위에 라틴어로 쓰여진 그의 좌우명을 붙여두기도 하였다: "개자식들이 당신을 짓밟게 두지 마라." 중국-버마-인디아 전선을 중시한 스틸웰과 태평양 전장을 더 중시한 맥아더는 공식 채널을 통해 또는 공개적으로 서로를 비판하기도 하였다. 이로 인해 두 사람의 업무 관계는 파탄에 이르렀다.

28 스틸웰과 장제스는 여러 면에서 충돌하였다. 스틸웰은 장제스가 일본군과의 전투에 더 많은 전력을 투입하길 원했지만 총통은 중국공산당을 먼저 손봐야 한다는 '선안내 후양외(先安內後攘外)' 전략을 유지하고자 하였다. 스틸웰은 장제스가 이끄는 중국 국민당 정부 내의 부패와 비효율성에 대해 비판적이었고, 장제스의 리더십에 대한 불만을 공개적으로 표출하고 정치 개혁을 주장하였다. 장제스는 자신의 정치적 기반인 지주들에 대한 공격은 자신에 대한 공격이라고 판단하였다. 스틸웰은 자신의 의견을 직설적으로 표현하길 주저하지 않았다. 그러나 이는 중국 문화에서 체면과 존중을 중시하는 장제스와 그의 참모들에게 무례한 태도로 인식되었다.

29 미국이 장제스가 원하는 것을 들어주게 된 배경에는 맥아더의 개입이 있었다. 스틸웰은 "그렇게 그들은 장제스를 옹호하면서 내 목을 다시 한번 잘랐다"고 생각하였다. Barbara W. Tuchman, *Stilwell and the American Experience in China, 1911-1945*, Macmillan, 1971, p. 665. 커밍스(2023), p. 603에서 재인용.

제24군단을 한국 점령군으로 지정한다. 제24군단은 제10군이 한국에서 담당할 임무를 인계 받을 것이며 연합군최고사령부 직속 부대의 역할을 할 것이다. 류큐에서 제10군이 담당하고 있는 임무는 변경되지 않는다… 제10군은 제24군단 사령부가 한반도의 지역 사령부와 군정 기능을 수행할 수 있도록 간부와 사병, 그리고 필요한 물자를 적극 지원하라.[30]

1945년 9월 8일 인천에 도착한 하지 군단장은 다음 날 일본군을 무장해제하고 조선총독의 항복문서를 정식으로 접수하였다. 그는 군정의 출범을 용이하게 하기 위해 조선총독 아베 노부유키가 정부 수반 직(職)을 잠정적으로 유지하게 될 것이라고 선언하였다. 뿐만 아니라 그는 일본인 관리들도 그들의 직을 잠정적으로 유지하되 곧 미국인으로 교체되고, 궁극적으로 조선인들로 대체될 것이라고 발표하였다. 이는 소련 점령군 사령관 치스차코프가 유사한 상황에서 일본인 관리들을 조선인들로—대부분 소련에서 교육받은 조선인들이었지만—신속히 교체한 것과 대비되었다. 하지의 결정은 조선인들의 격한 항의로 인해 결국 취소될 수밖에 없었지만 토착적 조건에 대한 무지로 인한 이 모든 하지의 언행과 조치들은 자신을 조선인들로부터 고립되게 만든 요인이 되었다.[31]

한국인에 대한 하지의 편견은 재조선 일본군이 씌워준 렌즈 때문이기도 하였다. 8월 29일 조선총독은 일본 정부와 맥아더를 통해 오키나와의 하지에게 "북한의 상황은 8월 23일 이후 급변해 일본인의 생명과 재산이 급박한 위험에 노출돼 있습니다. 이런 개탄스러운 상황은, 해결하지 않고 그대로 두면 분명히 남한까지 퍼질 것입니다… 따라서 조선총독부는 남한의 치안과 질서를 유지할 권한을 인수할 연합군이 도착하기를 고대하며, 일본군의 무장해제와 일본인이 장악한 행정기관을

....

30　Radio, CINCAFPAC to COMGENTEN, etc. (but not to CG XXIV Corps) 121527/Z Aug 45. CG (Commanding General)는 사령관을 가리킨다. 블랙리스트 작전은 미태평양육군사령관이 지휘하는 일본 본토 및 한국(Japan Proper and Korea) 점령을 위한 계획이었고, 블랙리스트 내 한반도 남반부 점령을 위한 하위 계획은 제24군단의 인천항 상륙작전인 '베이커 40(Baker-40)'을 포함하였다.

31　Walter M. Hudson, *Army Diplomacy: American Military Occupation and Foreign Policy after World War II*, University Press of Kentucky, 2015, p. 246.

인수하기에 앞서 현지 상황을 충분히 고려해주기를 열망합니다"라고 말하였다.[32] 8월 31일부터 미 제24군단과 직접 무선통신이 가능해지자 재조선 일본군 사령관 고즈키 요시오(上月良夫)는 미군이 신속히 진주해야 한다는 내용의 전문을 수시로 보냈다. 교신을 통해 그가 전하려고 한 내용은 소련군이 북위 38도선 이남으로 내려올 수 있고, 또한, 38도선 이북을 점령한 소련군은 남한 내 공산주의자들과 독립운동가들을 고무하여 이 지역의 평화와 질서를 파괴할 수 있으므로 미군이 속히 진주하여 이러한 위태로운 상황을 정리해야 한다는 것이었다.[33] 예를 들어, 9월 1일 고즈키는 서울에서 보낸 전문에서 "상황을 이용해 이곳의 평화와 질서를 무너뜨리려는 조선인 공산주의자들과 독립운동가들이 있습니다"라고 했고, 그날과 그 뒤 이틀 동안 보낸 전문에서도 "빨갱이" 노동조합이 미군의 한국 상륙을 방해할 가능성을 경고하고 "한국인 군중이 경찰에 맞서 폭동을 일으키고 생필품을 훔치며 파업을 하고 있다"고 말하였다.[34] 물론 당시 남한 사회는 혼란스러웠다. 그러나 이러한 혼란은 정치적 변화에 대한 열망, 사회 정의, 식민지 시대의 부역자 제거 등 다양한 요인에 따른 어떻게 보면 자연스러운 정치사회적 현상이었다. 그리고 습격과 폭행, 파괴 등의 접수가 8월 18일에 278건으로 정점을 찍고, 21일에는 42건으로 급격히 줄어들었으며 25일에는 1건으로 거의 사라지는 등 치안이 안정적으로 관리되고 있었다. 그렇기 때문에 조선총독부와 일본군이 진정으로 우려했던 것은 북한을 점령한 공산주의 소련군이 남하하여 일본군과 일본인들을 무지막지하게 다룰 수 있는 가능성, 그리고 전국적으로 급속히 확대되는 건국준비위원회가 정부의 기능을 수행하여 일본인들과 그들의 이권에 대해 '감정적'으로 대할 가능성이었다. 건준 부

....

32   United States of Armed Forces in Korea, "History of the U.S. Armed Forces in Korea(HUSAFIK)," Manuscript in Office of the Chief of Military History, Washington D.C. (Seoul and Tokyo, 1947, 1948), Vol.1, ch. 1, pp. 51-52. 조선총독부는 이 전문을 일본 정부로 부쳤고, 이를 전해 받은 맥아더는 오키나와에 있는 하지에게 즉시 보냈다. Bruce Cumings, *The Origins of the Korean War, Vol. I: Liberation and the Emergence of Separate Regimes, 1945-1947*, Princeton University Press, 1981. 부르스 커밍스, 김범 옮김, 『한국전쟁의 기원: 해방과 분단 체제의 출현, 1945-1947』, 글항아리, 2023, p. 191 에서 재인용.

33   유지아, "전후 재조선일본군의 무장해제 과정에서 형성된 한미일관계,"『한일관계사연구』, 28집, 2007.

34   HUSAFIK, Vol. 1, ch. 1, p. 58. 커밍스(2023), pp. 191-92에서 재인용.

위원장 안재홍은 8월 16일 경성방송국에서 '해외·해내 3천만 동포에게 고함'이라는 연설을 3회에 걸쳐 송고하였다. 그는 건준 소속의 경위대(警衛隊) 신설, 정규병 편성, 식량 확보, 물자배급 유지, 통화 안정, 쌀 공출, 정치범 석방, 대일협력자 대책 등을 구체적으로 언급함으로써 정권이 이미 조선인들의 손에 넘어온 듯한 느낌을 주었다. 건준은 남한 내 145개, 북한까지 합하면 210개 조직을 갖추고 있었다. 소련도 아니고 건준도 아닌 미군에게 항복하고 권력을 이양하려던 조선총독부와 일본군은 건준이 일본인들의 신변보호 기능을 넘어서 자신들이 통제 불가한 주권적 주체로 부상하는 것은 불만족스럽고 불안한 것이었다. 그들은 '자본주의 문명대국' 미국의 군대가 하루빨리 한반도 남부를 접수하여 항복과 권력이양을 순조롭게 진행하고 일본인들의 이익을 보호해줄 것을 고대하였다.

고즈키의 전문은 하지에게 직접적인 영향을 주었다. 그는 일본인들이 자신에게 가장 많은 정보를 제공했으며 미군의 한국 진주를 크게 도왔다고 상부에 보고하였다. 고즈키는 1945년 11월 17일 하지에게 그가 그간 재조선 일본인에게 보여준 호의에 감사한다며 공식적으로 사의를 표하였다.[35] 그러나 이와 같이 조선총독부와 재조선 일본군의 정보공작이 성공했다는 사실은 군정과 한반도의 정치 과정에 난기류가 형성되었다는 것을 의미하는 것이었다. 점령군 사령관이 한국에 진주하기도 전에 일본이 주입한 선입견과 편견을 가지게 되었기 때문이다. 특히 미국이 소련 공산주의에 대해 경계심을 갖고 있다는 점을 간파하고 있었던 일본군이 그러한 미국의 경계심을 남한의 격동적인 정세와 교묘히 연관시켜 하지로 하여금 남한의 좌파 세력과 독립운동 세력에 대해 왜곡되고 굴절된 견해를 갖도록 하는 데 성공했다는 점은 한반도 내 자주적 독립국가 건설과 관련하여 특기할 만하다 하겠다.

하지는 조선인민공화국 대표자들을 만났다. 그러나 그는 그들에 대해 아는 것이 없었고, "인민공화국"이라는 명칭에도 거부감을 느꼈다. 중앙인민위원회 부주석 여운형의 노력에도 불구하고 주석으로 추대된 이승만을 비롯하여 대부분의 우익인사들이 조선인민공화국 참여를 거부하자 아놀드(Archibald V. Arnold) 군정장

....

35   Ricrard J.h. Johnston, "Japanese Chief in Korea Thanks Hodge For Courtesies Extended by U.S. Troops," *The New York Times*, November 17, 1945.

관(military governor)과 하지 주한 미군사령관은 10월 10일과 16일에 각각 성명을 발표하여 조선인민공화국의 정통성을 공식적으로 부인하였다. 이들은 "미군정 기관은 남한에서 최고 통치기관으로 존재하고 있으므로 북위 38도 이남의 조선에 두 개의 정부를 병립시킬 수 없다"는 이유로 조선인민공화국을 비합법적인 것으로 규정하고 해산을 명하였던 것이다.

하지 사령관은 여느 미국 지도자들과 마찬가지로 일반 조선인들은 자치능력이 부족하다고 생각하였다. 그래서 그는 일본과 밀착되어 있던 조선의 보수적 지주 및 상공인들과 보조를 맞추고자 하였다. 다른 한편, 그는 여운형과 인민공화국을 거부한 상태에서 군정을 실시하기 위해서는 불가피하게 식민시대에 존재했던 관료 및 경찰 조직들에 의존할 수밖에 없다고 판단하였다. 이렇게 해서 일제에 부역했던 조선인들은 자신을 보호할 수 있는 기회를 잡게 되었다. 그들은 조선인들의 의지와 선호 대신 반공적 '사회질서'의 유지를 더 우선시했던 하지와 미군정 당국의 군대식 리더십 덕분에 '민족적 처벌'을 피해갈 수 있었고,[36] 이는 향후 한국 정치, 경제, 문화의 향방을 결정짓는 중요한 역사적 요인으로 작용하게 될 것이었다.

한반도 북쪽에서는 김일성(金日成)이라는 인물이 소련에서 귀환하여 신속히 움직였다. 김일성은 본래 만주에서 최현(崔賢), 최용건(崔庸健), 김책(金策) 등과 함께 중국공산당의 동북항일연군(東北抗日聯軍)의 일원으로 항일 투쟁에 참가하였다.[37] 그는 코민테른의 '1국1당 원칙'에 의거해 중국공산당에 입당한 후 동북항일연군 소속으로 활동하였던 것이다. 그러나 동북항일연군은 일본의 관동군에 패하여 큰 피해를 입고 소련 국경 내로 후퇴하였다. 생존 대원들은 1942년 8월 소련극동군의 지도하에 소련극동전선군 제88독립보병여단에 편입되었는데, 이 88여단은 중국인, 극동 러시아인, 러시아인, 조선인으로 이루어진 4개 대대로 구성되었다.[38] 부대 전

....

36 Sung-ju Han, *The Failure of Democracy in South Korea*, University of California Press, 1974, p. 10.

37 중국공산당은 1933년 동북인민혁명군을 조직하였다. 이후 혁명군은 만주의 조선인들을 포함하여 1936년 연군으로 확대 개편되었다. 연군 내 조선인들이 조직한 조국광복회는 1937년 함경도 갑산군 혜산진 보천보를 습격하였다. 규모는 크지 않았지만 조선 언론에 대대적으로 보도되어 조선인들이 만주에서 항일 무장 투쟁을 계속하고 있다는 사실을 알리는 계기가 되었다.

38 88여단에서 중국인 주보중(周保中)은 여단장, 최용건은 부참모장, 김일성은 제1대대장을 맡았다.

체 인원은 1,354명, 그 중 조선인이 103명이었으며, 김일성은 이 '조선인대대(朝鮮人大隊)'의 지휘관이 되었다. 하바로프스크(Хабаровск) 지역의 뱌츠코예(Вятское) 마을에 주둔한 조선인 대대는 미래의 조선인민군의 기간요원을 훈련하는 구체적인 임무를 맡고 있었다. 김일성 대위는 부대 기강을 세우는 데 노력을 기울였고 상당한 평판을 얻게 되었다. 소련군 장교들은 과음을 금하는 그의 엄격한 규율을 높게 평가하였다.[39]

해방이 되자 김일성과 그의 일행 66명은 소련의 블라디보스토크에서 소련 군함 '뿌가초프(Pugachev)'호를 타고 출발하여 1945년 9월 19일 원산항에 도착하였다. 이에 앞서 8월 24일 김일성보다 먼저 평양에 입성한 소련군 제25군은 러시아화한 조선인들과 김일성 일파로 구성된 약 3백 명의 훈련된 정치 행정 요원들을 데리고 왔다.[40] 스탈린은 김일성의 소련군에서의 이력을 보고 그를 신임하였다. 소련의 자료에 따르면, 소련은 김일성을 북한의 지도자로 낙점하였으나, 그는 지도자로의 부상에 대해 자발적인 의욕을 보이지 않았으며 처음에는 그러한 임무를 고사하였다. 그러나 그는 소련 제25군 사령관 치스차코프 중장이 재고를 강력히 권하자 마음이 약해져 수락하였다.[41]

김일성은 1945년 10월 14일 평양공설운동장에서 열린 '김일성 장군 환영 평양시 군중대회'에서 처음으로 군중 앞에 모습을 드러냈다. 그는 이날 '모든 힘을 새 민주조선 건설을 위하여'라는 제목으로 연설했고, "돈 있는 자는 돈으로, 지식 있는 자는 지식으로, 노력을 가진 자는 노력으로" 전 민족이 건국 사업에 참여하여 민주주의 자주독립 국가를 건설하자고 외쳤다.

김일성과 사회주의자들이 조선공산당(북조선 분국)[42]에 결집하고 있을 때 북쪽

....

39 Goncharov, Lewis, and Litai(1993), p. 131.

40 U.S. Department of State, *North Korea: a case study in the techniques of takeover*, U.S. Government Printing Office, 1961, pp. 15-17.

41 Goncharov, Lewis, and Litai(1993), p. 132.

42 한반도 북부를 점령한 소련군은 이 지역에서의 공산주의적 통치를 용이하게 하기 위해 미군 점령 지역에 있던 박헌영(朴憲永)의 조선공산당(1925년 경성부에서 조직)이 아닌 자신이 직접 통제할 수 있는 독자적인 공산당 조직을 만들고자 하였다. 이러한 소련군의 구상에 따라 1945년 10월 10일부터 13일까지 평양에서 조선공산당 '북조선 5도 당 책임자 및 열성자 대회'가 비공개리에 개최되었다. 소련이 북한의

의 민족주의자들은 일제강점기 물산장려운동으로 명망을 얻은 기독교 지도자이자 평안남도 건국준비위원회 위원장을 역임한 조만식을 중심으로 1945년 11월 3일 조선민주당을 창당하고 정치권력 확보 경쟁에 나섰다. 북한을 점령한 소련군사령부가 처음에 내세우려던 민족의 지도자도 김일성이 아니라 조만식이었다. 조만식도 소련군이 주둔해 있는 상황에서 공산주의자들과의 협력이 필요하다고 인식하고 있었지만, 당 강령과 정책에서 토지개혁과 친일세력 청산 등의 문제를 회피하는 등 소련 노선을 추종하지 않았다. 조만식과 조선민주당은 1945년 12월 27일 모스크바 3상회의가 조선 독립을 위해 "미소공동위원회를 설치하고, 최장 5년의 신탁통치 문제를 협의한다"고 발표하자, 이에 반발하면서 소련과 각을 세우게 되었다. 냉전 후 공개된 소련 문건에 따르면, 테린티 쉬티코프(Terentii Fomich Shtykov) 미소공위 소련 측 수석대표는 모스크바에 보낸 전문에서 "조만식은 민족주의자이고 반소적이며 스탈린 동지의 정책을 따르지 않는 인물"이라 보고한 바 있다. 스탈린은 쉬티코프의 견해에 동의하며 조만식 제거를 명하고 친소적인 새 인물을 찾으라고 지시하였다.[43] 이에 따라 조만식은 평양의 고려호텔에 연금되었고 정권 경쟁에서 밀려나게 되었다.

당시 한반도 북쪽에서의 정권 경쟁의 주체들은 1945-48년 기간 동안 중국, 소련 등지에서 귀환한 공산주의자들을 포함하였다. 즉 김두봉(金枓奉), 무정(武亭), 박일우(朴一禹), 최창익(崔昌益) 등 중국 본토에서 항일독립운동을 했던 '연안파'와 박창옥(朴昌玉), 허가이(許哥而), 남일(南日) 등 소련과 소통이 가능한 조선인 2세들의 '소련파'가 그들이었다. 여기에 더해 박헌영(朴憲永), 이승엽(李承燁) 등의 남로당파, 그리고 박금철(朴金喆) 등의 갑산파(함경북도 갑산군 인근 지역에서 활동하던 일단의 조선인 공산주의자들), 현준혁(玄俊赫)을 중심으로 한 북쪽의 국내파도 정치과정의 주요 주체들이었다. 이들은 출신지와 활동무대가 다 달랐고 정치적 이해(利害)도 상이했

....

지도자로 선택한 김일성과 그의 지지자들은 미소 양국의 군대가 남북조선에 진주함으로써 생겨난 지역적 특수성을 강조하며 우선 북조선을 분리하여 공산화하고, 이를 기지로 삼아 남조선을 공산화하는 것이 합리적인바, 이를 위해서는 북조선에 독자적 공산당이 필요하다고 주장하였다.

43   Goncharov, Lewis, and Litai(1993), p. 326에서 재인용.

지만 소련 점령군의 지휘와 압력하에 김일성의 동북항일연군파(일명 빨치산파)와 더불어 느슨한 형태의 연립정권 체제를 구성하였다.

주로 미국에서 외교적 독립투쟁을 주도하던 이승만은 1945년 10월 4일 워싱턴을 떠나 하와이, 괌 등을 거쳐 14일 도쿄에 도착하여 3일간 체류하면서 미국 태평양육군사령관 겸 연합국최고사령부 총사령관(GHQ/SCAP) 맥아더, 그리고 그의 지시에 따라 '정무협의차' 그곳에 온 하지 '조선점령군' 사령관을 만났다. 미국인들에게 가장 잘 알려진 조선인 독립지도자였던 이승만은 이미 1945년 7월 말 태평양전쟁을 승전으로 지휘하고 있던 맥아더에게 전문을 보내 자신은 "미소공동점령에 반대하며, 만약 점령이 필요하다면 미군만의 단독점령을 원한다"며 자신을 한국에 보내주면 "어떤 자격으로라도 미군과 협력하겠다"고 자신의 강력한 반소·반공의 입장을 전한 바 있었다.[44] 이승만은 자신이 경애하던[45] 맥아더가 내준 개인 소유 항공기 '바탄(the Bataan)'호를 타고, 그러나 '개인 자격'으로, 해방된 조선으로 귀환하였다. 이와 같이 이승만은 해외 거주 어느 독립지도자들 보다 먼저, 그리고 점령국 미국의 축복을 받으며 한반도 남쪽의 정계에 진출할 수 있었다. 11월 24일에는 김구 대한민국임시정부 주석 일행 15명이 경성(京城, 일제 강점시대 서울의 명칭)에 귀환하였다. 김구는 미국이 임시정부를 인정하지 않았기 때문에 중국에 주둔하고 있던 미군 사령관 웨데마이어(Albert C. Wedemeyer) 중장에게 '개인 자격 입국을 확인한다'는 내용의 편지를 쓴 뒤에야 귀국 항공편을 제공 받았다. 한국의 민족주의 정치인들은 분개했지만 미 군정에 대항해 싸울 수는 없었다.[46]

"나와 최근까지 충킹[충칭, 중경]에 주재했던 대한민국 임시정부 요원들이 항공편으로 입국하는 것과 관련하여 나와 동지들이 공인 자격이 아니라 엄격하게 개인

....

44   정병준, 『우남 이승만 연구: 한국 근대국가의 형성과 우파의 길』(역사비평사, 2005), p. 269, 430.

45   무쵸(John J. Muccio)에 의하면 이승만은 맥아더에게 경외심을 갖고 있었기 때문에, 자신은 맥아더가 사령관으로 있는 한 이승만을 어려워 할 필요가 없었다고 회고하였다. James, D. Clayton, *The Years of MacArthur, Vol. III: Triumph and Disaster, 1945~1964*, Boston: Houghton Mifflin Company, 1985, p. 398.

46   Kenneth B. Lee, *Korea and East Asia: The Story of a Phoenix*, Praeger, 1997, p. 172.

자격으로 입국이 허락되었다는 것을 충분히 이해하고, 그것을 확인하는 바입니다. 나아가 나는 우리가 입국하여 집단적으로나 개인적으로나 행정적, 정치적 권력을 행사하는 정부로서 기능하지 않을 것임을 선언합니다. 우리의 목적은 미 군정이 한국인들을 위해 질서를 수립하는 데 협조하는 것입니다."[47]

1945년 11월 19일
김구

하지는 귀국한 김구가 자신의 구상에 따라 "스튜의 간을 맞추는 소금"[48]의 역할을 해주기를 기대하였다. 임정을 망명정부로 대우할 생각은 전혀 없었다. 그것을 확실히 하기 위해서 임정 요인들에게 입국 서약서를 받아낸 뒤 귀국을 허용했던 것이다.

모스크바3상회의[49]의 결정에 따라 코리아임시정부 수립을 논의하기 위해 미소

....

47 Ltr., Kim, Koo to Lt. Gen. A. C. Wedemeyer, CG US Forces China Theater, 19 Nov. 1945, I & H files(Intelligence and Headquarters files). 이 파일은 제2차 세계대전 이후 점령 기간 동안 주한미군(USFK)이 관리한 문서 모음이다. 이 파일에는 정보 보고서, 정책 문서, 서신 등 다양한 정보가 포함되어 있다. I&H 파일은 1990년대에 기밀이 해제되었으며, 현재 미국 국립문서기록관리청에 보관되어 있다.

48 1945년 11월 2일 자 군단참모회의 기록에 따르면 "하지 장군은 김구의 도착에 대해 언급하였다. 하지 장군은 한국의 냄비가 끓고 있지만 아직 끓어 넘치지는 않았다고 말하였다. 그는 상황이 이전보다 나아졌다고 생각하였다. 그는 김구가 스튜에 필요한 소금과 같은 존재이며 그의 존재가 우리에게 도움이 될 것이라고 생각하였다." *Historical Journal*, 11 Oct - 10 Nov 1945 / General Headquarters, Far East Command, Supreme Commander Allied Powers, and United Nations Command. https://librarian.nl.go.kr/LI/contents/L20201000000.do?viewKey=CNTS-00053806722&viewType=C&-typeName=%EC%A0%84%EC%9E%90%EC%B1%85. 군사관기장(軍史官記帳, Historical Journal of Korea)은 군사관들이 점령 직전부터 1948년까지 보고 듣고 인터뷰하고 신문 보도를 오려 둔 것의 집합체이다. 방선주, 「미국 제24군 G-2 군사실 자료 해제」, 『아시아문화』 3, 한림대 아시아문화연구소, 1987, p. 198. 군사관들은 특히 주한미군사령부 참모부에도 참석하여 회의에서 보고 들은 것을 기록으로 남겼다. 일부분이 없어졌지만 점령군의 동향과 점령군 지도자들의 시각, 군사관의 견해를 가감 없이 알려주는 경우가 많기 때문에 매우 유용하다.

49 모스크바3상회의는 카이로, 얄타, 포츠담 회의에 이어 이뤄진 전후국제질서에 관한 연합국들 간의 회의였다. 1945년 12월 6일부터 25일까지 열린 이 회의에서는 7개의 주제가 다뤄졌는데 한국과 관련해서는 다음과 같이 결정하였다: ① 코리아민주주의임시정부(a provisional Korean democratic government)를 창설한다. ② 코리아임시정부의 구성을 지원하고 이를 위한 적절한 조치들을 예비적으로 구체화하기

양국의 점령군 대표자회의인 미소공동위원회가 1946년 3월 20일 서울에서 개최되었다. 그러나 공위는 시작부터 협의대상인 정당 및 사회단체의 선정을 둘러싸고 난항을 거듭하였다. 하지는 회의 난항에 대한 자신의 인식을 반영하여 1946년 4월 4일 맥아더에게 지난 "6개월간의 점령"에 대한 보고서를 제출하였다. 하지는 "한국인들이 자신이 만난 사람들 가운데 가장 다루기 어려운 사람들"이라고 토로하며, "그들은 '독립'이라는 단 하나에 대해서만 공통된 인식을 가지고 있다"고 적었다. 그러면서 그는 "한국인들은 완고하고 서로 싸우길 잘하고, 감정이 격해지기 쉽고, 불가측적이며, 정직성에 문제가 있고, 시민의식이 낮으며, 자신만을 내세우고 그 외의 것에 대해서는 모두 반대한다"고 평가하였다. 하지는 "일본지배 이전 '부패한 은둔국(隱遁國)'의 역사를 가지고 있는 한국인들은 수십 년에 걸친 노예국민으로서의 삶과 높은 문맹률 등으로 인해 자치능력을 결여"하고 있으며, "국가재건 과정 중 어느 시점에 끔찍한 유혈숙청이 일어날 것이고, 미군정 기간 동안 그것이 일어날 수도 있다"며 좌우익의 갈등에 대해 경고하였다.[50] 그러나 하지는 치안유지에 성공적이었던 건준의 인민위원회 해체,[51] 그리고 '대구10월사건(과거 권위주의 정부 시대에는 이것이 조선공산당의 지령과 선동으로 일어났다고 그 의미를 왜곡하여 '대구폭동'이라고 불렀다)' 등을 야기한 비현실적 미곡정책[52] 등 자신의 정책적 과오는 간과하였

....

위해 남부 코리아 미군사령부 대표들과 북부 코리아 소련군사령부 대표로 공동위원회를 조직한다. 위원회는 자기의 제안을 작성할 때에 코리아의 민주주의 정당들, 사회단체들과 반드시 협의할 것이다. ③ 공동위원회의 제안은 코리아임시정부와 협의 후 5년 이내를 기한으로 하는 코리아에 대한 4개국 신탁통치의 협정을 작성하기 위하여 미·소·영·중 각국 정부의 공동심의를 받아야 한다. ④ 남·북 코리아와 관련된 긴급한 제 문제를 심의하기 위하여 또는 남부 코리아 미군사령부와 북부 코리아 소련군사령부 간의 행정·경제 부문에 있어서의 일상적 조정을 확립하는 제 방안을 작성하기 위하여 2주일 이내에 코리아에 주둔하는 미·소 양국 사령부 대표로서 회의를 소집할 것이다.

50   HUSAFIK, Vol. 1, ch. 1, pp. 143-44. William Stueck and Boram Yi, "An Alliance Forged in Blood': The American Occupation of Korea, the Korean War, and the US – South Korean Alliance," *Journal of Strategic Studies*, Vol. 33, No. 2, 2010, p. 188에서 재인용.

51   지방에서 치안과 행정 임무를 담당한 미군은 10대 후반, 20대 초반의 병사들이었다. 이들의 명령은 나이든 유교적 조선인들에게 효과적으로 먹혀들지 않았다. 특히 하지가 건준을 무시하고, 나아가 1946년 초 인민위원회의 해체를 기도했을 때 긴장은 크게 고조되었다. Stueck and Yi(2010), p. 189; E. Grant Meade, *American Military Government in Korea*, King's Crown Press, 1951, p. 8.

다.[53] 캘리포니아 주립대의 역사학자 제임스 매트레이(James I. Matray)는 하지 중장이 경험이 부족하고, 기획능력이 미흡하며, 정무감각이 떨어지는 인물로서 한반도 남부에서의 정치적 분열을 야기하고 한국전쟁의 조건을 성숙시킨 문제의 인물이었다며 하지의 군정에 관한 그의 논문에 하지의 이름을 패러디하여 "뒤죽박죽(Hodge Podge)"이라는 제목을 갖다 붙였다.[54]

미소공위가 진전을 이루지 못하자 미군정 당국은 좌우합작을 시도하였다. 그러나 이승만은 좌우합작을 반대하고 1946년 6월 3일 이른바 '정읍발언'을 통해 미군정의 기본정책과 배치되는 남한만의 단독정권 수립을 주장하였다. 1946년 7월 25일 좌우합작위원회가 구성되었지만, 1947년 7월 19일 여운형이 극우주의자에게 암살되자 좌우합작노선은 더욱 힘을 잃었다. 한국인들의 자치능력을 의심하던 하지는 미소공위에서 진전이 없다면 한국문제를 UN이나 '4대강대국 회의'에 이관하자고 이미 맥아더에게 제안한 바 있었다.[55]

....

52   하지는 1945년 10월 5일 '미곡의 자유 시장에 관한 일반 고시 제1호'를 발표하여 미곡의 자유 판매제를 실시하였다. 그러나 이로 인해, 그렇지 않아도 귀환동포의 유입으로 인한 인구 증가로 수요가 늘어난 상태에서 대일 밀수출이 늘고 사재기가 벌어지면서 풍작임에도 쌀값이 폭등하는 사태가 발생하였다. 그러자 미군정은 1945년 12월 19일 일반고시를 통해 미곡의 소매가격을 통제했고, 1946년 1월 25일에는 식량난의 해결을 위해 쌀을 강제로 수집하는 미곡수집령을 발표하였다. 하지만 농민들은 수집 가격이 생산비에도 미치지 못했고, 일제 강점기에 일했던 한국인 경찰들이 가택을 수색하는 등 강압적이고 모욕적인 수집 방식에 대해 크게 반발하였다.

53   하지는 공개 성명에서 '좌파 선동가들'을 무질서 조장을 주요 목표로 하는 '위험한 범죄자'로 규정하였다. 그는 해방 이후 안정적 생활 조건을 보장하지 못한 점령당국의 실패를 인정했지만, 범죄 행위의 분출이 잘못된 미곡정책 하의 빈곤과 연관되어 있었다는 사실은 이해하지 못하였다. James David Hillmer, *Democratizing Punishment: South Korean Penal Reform and Cold War Subjectivity 1945-60*, A dissertation submitted in partial satisfaction of the requirements for the degree Doctor of Philosophy in Asian Languages and Cultures, UCLA, 2022. 군정당국은 '폭동과 무질서'를 물질적 불만으로 해석하지 않고 소수의 사악한 '폭도'의 조작으로 프레임하였다. 하지는 "심각한 불법 행위에 가담한 모든 한국인을 비난하는 것은 아니며, 폭도 중에는 이기적인 사적 또는 정치적 목적을 위해 국가를 파괴하려는 위험한 범죄자들에게 잘못된 정보를 얻고 오도된 사람들이 많다는 것을 잘 알고 있다."고 말하였다. GHQ Commander-in-Chief, USAF, "Commanding Generals' Statement," Summation No. 13, October 1946, 24. Stueck and Yi(2010), p. 7.

54   James I. Matray, "Hodge Podge: American Occupation Policy in Korea, 1945-1948," *Korean Studies*, Vol. 19, 1995, pp. 17-38.

한반도의 유일 합법 정부

미국은 9월 17일 한국 문제를 UN으로 이관하기로 결정하였다. 이 결정의 배경에는 소모적 미소 대립과 남한 내 좌우합작의 실패가 있었지만, 미국의 국내 사정도 있었다. 미국 군부는 전략적 가치가 낮은 한국에서 주둔 미군을 철수하고 안보소요가 더 큰 지역으로 재배치하기를 원하였다. 미국 의회는 예산 절감을 위해 대한경제원조조차 삭감한 상태였다. 미국은 민족자결주의 등 한국 독립을 위해 노력한다는 명분을 유지하고, 미군을 철수하면서도 아시아 대륙에 전략적·정치적 거점을 확보하기 위해 불가능해 보이는 소련과의 타협 대신 자신이 "기계적 다수"를 확보하고 있던 UN 총회를 활용하는 것이 합리적이라 판단하였다.[56]

미국은 소련이 한국 문제의 UN 이관이 모스크바 협정에 위배되고, 총회는 헌장에 따라 "국제 평화와 안보를 위협할 가능성이 있는 상황에 대해 토론(discuss), 권고(recommend), 그리고 안보리의 주목을 요청할 수 있는(call the attention)" 권한만을 가진다고 지적하며 UN 총회 의제에 한국 문제를 포함시키는 것을 반대하였기 때문에, 소련이 거부권을 행사할 수 있는 안보리를 우회하고자 하였다. 소련은 총회에서 "한국인들 자신이 한국의 정부를 수립할 수 있도록 1948년 초까지 외국군을 철수하자"는 안을 제출하였다.[57] 당시 미군정하의 한반도 남부의 주민들 중 57%가 소련의 제안을 지지하였다.[58] 그러나 미국은 미군 철수 이전에 UN이 개입하는 것이 유리하다는 전술적 판단을 내리고 있었다. 미국의 외교 노력이 성과를 내어 총회 내에 설치되어 안건을 선별하는 UN일반위원회(찬성 12, 반대 2)[59]와 총회(찬성 41, 반대 6, 기권 7, 불참 1)는 한국 문제를 UN제1위원회(First Committee)[60]에 회

....

55 "CG USAFIK (Hodge) to SCAP (MacArthur)"(1946. 4. 4), MA, RG 9, Collection of Messages(Radiograms), Blue Binder Series, Korea.

56 김학준(1976), p. 90.

57 Leon Gordenker, *The United Nations and the Peaceful Unification of Korea: The Politics of Field Operations, 1947-1950*, The Hague, Matinus Nijhoff, 1959, p.17와 p. 283 note 42에서 재인용.

58 Soon Sung Cho, *Korea in World Politics 1940-1950: An Evaluation of American Responsibility*, Berkeley, University of California Press, 1967, p. 174 and note 44.

59 소련과 폴란드는 반대, 중화민국, 시리아, 영국 등은 찬성표를 던졌다.

60 총회는 국제사회의 정치, 경제, 사회적 문제들을 UN의 목적과 부합하게 처리하기 위해 산하에 6개 상임

부하하였다.[61] 미국이 1947년 10월 17일 제1위원회에 제출한 결의안 초안에는 "점령 당국은 담당지역에서 1948년 3월 31일 이전에 선거를 실시하고, UN임시위원단 (United Nations Temporary Commission on Korea)이 이를 감시하며, 인구비례의 원칙에 따른 선거를 통해 선출된 대표들이 국회를 구성하고, 국회는 군대를 창설할 정부를 점령군 철수 이전에 구성한다"는 내용이 담겨 있었다.

제1위원회는 1947년 10월 28일 제87차 회의에서 한국문제 심의를 시작하였다. 소련은 이 회의에서 남과 북의 대표들이 초대되어야 한다고 주장하였다. 소련의 제안은, 팔레스타인 민간대표들이 초대된 전례에 비춰 호소력을 가지고 있었다. 탈식민지화 및 기타 특수 정치 문제를 다루는 특별정치위원회(Special Political Committee)에서의 모든 발언자들은 한국 문제를 다루는 모든 회의에 남북의 대표들이 초대되어야 한다며 소련의 입장에 동의하였다.

그러나 논란 끝에 소련이 제1위원회에 제출한 결의안 초안은 찬성 6, 반대 35, 기권 10으로 거부되었고, 10월 30일 미국이 제출한 초안수정안은 승인되었다. 소련의 그로미코는 "임시위원단이 설립되면 소련은 불참할 것"이라 천명하며, "제1위원회의 한국 문제 심의를 연기할 것"을 요구하였으나 채택되지 않았다. 미국은 11월 4일 제1위원회 제92차 회의에서 인디아와 중화민국의 요구를 일부 반영하여 선거를 점령지역이 아닌 전국을 대상으로 하여 임시위원단의 감시하에 1948년 3월 31일에 실시한다는 수정안을 제출하였다. 소련은 임시위원단 설치 및 파견은 "실질적(substantive)" 문제이기 때문에 총회의 의제가 될 수 없고, 안보리가 심의해야만 한다며 미국을 비난하였다. 그러나 제1위원회는 11월 5일 미국의 수정안을 찬성 46, 반대 0, 기권 4로 채택하였다. 소련, 우크라이나, 폴란드, 벨라루스, 체코슬로바키아, 유고는 표결에 불참하였다. 그들은 남북 대표의 발언권이 봉쇄된 것은 UN헌장에 위배되며 민족자결의 원칙에도 반한다고 주장하였다. 소련은 미국이 임시위원단을 통해 한국을 "미국의 식민지로 만들려고 한다"며 격렬히 비판하였다.

....

위원회를 설치하였고, 제1위원회는 국제안보와 대량파괴 및 재래식 무기 축소 문제를 담당하였다.

61   U. N. Official Document, Verbatim Record, Second Session, 1947, the Plenary Meetings, Vol. 1, p. 299.

제1위원회를 통과한 미국의 수정안은 11월 14일 총회에서 찬성 43, 반대 9, 기권 6으로 승인되었다. 소련 진영의 국가들은 표결에 불참하였다. 소련의 안은 반대 34, 찬성 7, 기권 6으로 거부되었다. 이제 이 총회 결의안에 따라 설립된 임시위원단(오스트레일리아, 캐나다, 중화민국, 엘살바도르, 프랑스, 인디아, 필리핀, 시리아, 우크라이나)[62]은 선거를 감시하기 위해 한국으로 향하게 되었다. 또한 이 결의안에 따라, 선거에서 선출된 대표들은 제헌의회를 구성하고, 한반도 전체의 민사/군사 기능을 수행하는 국회는 가능한 한 90일 이내에 이뤄질 외국군 철수에 대해 점령당국과 협의하게 되었다.

총회는 "한국의 독립 달성과 점령군 철수를 촉진하고 원활히 하기 위해" 임시위원단을 한국에 파견하였다. 1948년 1월 서울에 도착한 임시위원단은 총회가 부과한 과업을 수행하는 데 있어 두 가지 장애물에 직면하였다. 즉, 소련이 임시위원단의 정통성을 부인하여 한반도 북부의 소련 점령지역에 접근할 수 없었고, 남부에서는 미군정하에서 대부분의 좌파 정치인들이 투옥·감금되고 망명·도피함에 따라 이들과 정치 일정에 대해 협의할 수 없었다. 임시위원단은 한반도 전역에서의 선거를 위해 계속 노력해야 할지, 아니면 접근이 가능한 지역에서만이라도 선거를 실시하기 위해 노력해야 할지를 총회의 과도위원회(Interim Committee)에 문의하기로 의결하였다. 과도위원회는 1947년 11월 13일 임시위원단을 설치하기 하루 전 미국 국무부가 안보리가 행동하지 못할 경우(소련의 거부권 행사에 따라)에 대비하여 만든 총회의 조직이었다.[63] 미국의 안에 따르면, 과도위원회는 총회에 회부된 주요 국제분쟁 건을 토론하고 조사하며, 위원회를 설립하고, 특별총회 소집을 권고할 권한을 가지고 있었다.[64] 소련은 과도위원회 설치안이 안보리를 무력화하고, "실질적 문제"에 대한 "열강의 만장일치"의 필요성을 규정한 UN 창설의 기본적 취지를 무효화한다고 극력 반대하였다.[65] 그러나 미국이 지배하던 총회는 미국의 과도위원회

....

62   우크라이나는 임시위원단에 참여하지 않았다.

63   Leland M. Goodrich and Edvard Hambro, *Charter of the United Nations: Commentary and Documents*, World Peace Foundation, 1949, p. 69.

64   Danesh Sarooshi, *The United Nations and the Development of Collective Security: The Delegation by the UN Security Council of Its Chapter VII Powers*, Clarendon, 1999, p. 135.

설치안을 채택하였다. 소련은 임시위원단이 자신의 과업과 관련하여 과도위원회의 의견을 묻기로 의결하자 이는 "불법적 위원단이 불법적 위원회에 자문을 구하고 있다"며 비난하였다.[66] 과도위원회는 1948년 2월 26일 임시위원단이 결의안 112(II)호의 계획대로 전국 선거를 감시하되, 불가능할 경우 접근 가능한 지역에서만이라도 선거를 감시하도록 하며, 선거 목적은 변함없이 남북 모두를 대표하는 국회 및 중앙정부 수립에 있다고 결정하였다. 임시위원단이 감시하는 선거를 통해 선출된 대표들이 국회를 구성하고 그 국회가 중앙정부를 수립한다는 미국의 의견이자 UN 총회의 원칙이 관철된 것이었다.

그러나 과도위원회의 결정은 처음에는 대다수의 지지를 확보하지는 못하였다. 미국에 우호적인 많은 국가들조차 미국이 원하는 대로 과도위원회의 결정이 이행될 경우 한국이 영구적으로 분단되고 적대적인 두 정부가 생겨날 것이라고 우려하였다. 과도위원회가 미국이 원하는 대로 진행되기 어렵게 되자 브라질 대표가 10일간의 휴회를 제안하였다. 미국은 이 기간 동안 외교력을 총동원하였다. 미국은 남한 내 단독선거를 특히 반대했던 인디아를 접촉하여 원조 등을 지렛대로 해서 결국 지지를 이끌어 내었다. 미국은 그 외의 중립 성향의 국가들에 대해서도 적극적 외교를 편 결과 미국의 원조에 대한 기대와 사회주의 확산에 대한 두려움이 효력을 발휘하여 소기의 목적을 달성할 수 있었다. 과도위원회는, 소련과 그 동맹국들은 표결에 참가하지 않은 상태에서, 찬성 34표, 반대 2표, 기권 11표로 위원단의 한반도 남쪽 지역에서의 단독선거 감시를 인정한다는 결의안을 채택하였다. 소련과 그 우방국들의 입장에서 보면 과도위원회의 결정은 법적 하자가 있는 '권력정치적 (power politics) 결정'이었다.[67] 이후 임시위원단은 자체의 논의 끝에 1948년 3월 12일 제22차 회의에서, 과도위원회의 결의안을 수용해 38도선 이남 지역에서만 선거를 감시한다고 의결하였다. 소수의견도 있었다. 임시위원단의 캐나다 대표는 "남한 내에서만의 선거가 한국의 통일에 아무런 기여를 하지 못한다면 UN위원단은

....

65   Ralph Townby, *The UN: A View from Within*, Scribner, 1968, p. 73.

66   Cho(1967), p. 187.

67   Cho(1967), p. 82.

이에 참여할 권한을 갖지 못한다"고 말하였다.[68] 그러나 그는 캐나다 정부의 훈령을 받고 입장을 변경할 수밖에 없었다.

남한 내 선거가 1948년 5월 10일로 예정되면서 대규모 시위와 혼란이 발생하였다. 1948년 4월 3일 남한만의 단독정부 수립에 반대한 남로당 제주도당의 무장봉기와 미군정의 실정과 강압이 계기가 되어 제주도에서 민중봉기가 일어났다. 수많은 인명이 이 과정에서 희생되었다.[69] 김구와 김규식 등은 한반도의 영구분단을 우려하여 '남북 정치지도자 회담'을 제의하였다. 4월 19일 '남북대표자 연석회의'가 평양에서 개최되어 공동성명[70]이 채택했으나, 국제문제화한 한반도 문제를 미소 합의 없이 해결할 수는 없는 노릇이었다.[71]

1948년 5월 10일 UN임시위원단의 감시하에서 한반도 남쪽에서만 제헌국회를 구성하기 위한 총선이 실시되었다. 김구, 김규식 등 통일세력은 선거를 보이콧하였다. 자신의 지역구(동대문갑)에서 무투표 당선된[72] 이승만은 초대 의회가 제정한 헌

....

68 Gordenker(1959), p. 81 and note 60, p. 288에서 재인용.

69 '4·3사건'의 원인은 복잡다기하지만, 1947년 '3·1절 발포사건'이 전조였다. 당시 제주도에서는 '대구 10월사건'과 마찬가지로 미군정의 미곡정책의 실패로 인한 주민의 원성이 비등하였다. 게다가 미군정이 일제 때 부역하던 경찰들의 상당수를 군정경찰로 채용하자 분노와 긴장이 더욱 고조되었다. 이런 분위기 속에서 3·1절 시위가 벌어졌고, 유혈사태가 발생하였다. 남로당 제주도당은 미군정이 민심을 잃었다고 보고 우익단체들에 의한 테러 중단과 남한 내 단독선거 반대를 내세우며 무장투쟁에 돌입하였다. 8월 15일 출범한 이승만 정부는 시위대가 자신의 정통성에 도전하고 있다고 보고 11월 17일 제주도에 계엄을 선포하고 무장대 토벌전에 나섰으며, 이 과정에서 30,000~80,000여 명의 양민이 목숨을 잃었다. Bruce Cumings, *The Korean War: A History*, Modern Library Press, 2010, pp. 124-25.

70 이 공동성명서는 전조선정당사회단체지도자협의회 명의로 발표되었다. 공동성명서 4개항의 요지는 다음과 같다: ① 소련이 제의한 바와 같이 외국군대는 우리 강토로부터 즉시 동시에 철거하는 것이 조선문제를 해결하는 가장 정당하고 유일한 방법이다. ② 남북 조선 정당·사회단체 지도자들은 외군이 철거한이후 내전이 발생할 수 없다는 것을 확인한다. ③ 외국군대가 철거한 이후에 전조선정치회의를 소집하여 조선 인민 각계 각층을 대표하는 민주주의 임시정부가 즉시 수립될 것이다. ④ 남조선 단독선거는 절대로 우리 민족의 의사를 표현하지 못할 것이며, 이 성명서에 서명한 정당·사회단체들은 남조선 단독선거의 결과를 결코 승인하지 않을 것이며 지지하지 않을 것이다.

71 김학준(1976), pp. 93-94.

72 안창호의 흥사단에서 활동하다 옥고를 치렀고 해방 후 월남해 미 군정청 경무부 수사국장을 지낸 최능진(崔能鎭)은 서울 동대문갑 지역에서 이승만에 맞서 출마했으나 입후보를 취소당하였다. 그는 소를 제기했으나 국회 선거심사위원회는 1948년 9월 15일 그의 '이승만 당선무효' 소청을 각하하였다. 2015년

법에 따라 국회에서의 간접선거 방식을 통해 대통령에 당선되었다. 1948년 8월 15일에는 헌법기초위원회의 결정에 의해 대한민국(大韓民國)을 국호로 하는 이승만 정부가 출범하였다. 소련은 '38선' 이북에 대한 UN임시위원단의 방문을 거부했고, 김일성은 남조선이 통일정부의 가능성을 저버리고 단독정부를 수립했다며 같은 해 9월 9일 조선민주주의인민공화국 정부 수립을 선포하였다.

임시위원단은 총회에 제출한 보고서에서, 남한 국회에 대해 "비록 5·10 선거가 남쪽 지역으로 제한되었기 때문에 국회의원 선거가 결의안을 완전히 만족시키지는 못했지만, 75%의 남한 유권자들이 선거에 참여했고, 이 지역의 인구가 전체 한국 주민의 약 2/3를 대표한다"라고 서술하며, 정부에 대해서도 "북쪽에는 국제사회의 감시가 없었던 독단적인 절차로 세워진 인민공화국이 있고, 남쪽에는 위원단의 감시 아래 치러진 선거의 결과로 대한민국 정부(the Government of the Republic of Korea)가 수립되었다"고 적시하였다.[73]

대한민국 정부는 UN의 승인을 통하여 국제사회에서 그 정당성과 합법성을 공식적으로 인정받기 위해 미국과 함께 외교적 노력을 기울였다. 특히 미국은 각국 대표단들과 접촉하여 대한민국 정부를 한반도 유일의 합법 정부로 지지하도록 강력히 당부하였다. 미국은 10월까지 중화민국과 필리핀, 그리고 라틴아메리카 제국들의 지지 의사를 받아냈고, 12월 제1위원회 논의에서도 남한 대표단의 초청과 임시위원단 보고서의 승인을 이끌어내기 위해 영향력을 행사하였다. 임시위원단의 결론을 거부한 소련은 자신의 우방국들과 함께 북한 대표를 초청해야 한다는 주장을 강력히 전개하였다. 그러나 소련의 영향력은 상대적으로 약하였다. 북한 대표단을 초청하자는 소련의 제안은 부결되었고 중화민국 대표가 제안한 남한 대표단 초

....

8월 27일 서울중앙지법 형사28부(재판장 최창영)는 국방경비법 위반죄로 1951년 2월 사형당한 최능진의 재심에서 "이 사건 공소사실은 범죄의 증명이 없다"며 무죄를 선고하였다.

73 UN 한국 임시위원단 보고서(U.N. Document Symbol: A/575/Add.3)는 소수 의견을 포함하였다. 즉 대한민국 국회에 대해 "국회를 국가적(national)"이라 칭하는 것은 조심스럽다," 그리고 "국회에 의해 설립된 대한민국 정부가 어느 정도로 한국 전 지역의 주권을 가진다고 말하기는 어렵다"라며 남한 정부를 1947년 11월 14일의 결의안에서 상정된 정부로 볼 수 있는지 여부에 대한 두 가지 상반된 의견을 동시에 서술하고 있다.

청안이 의결되었으며, 한국 독립 승인안 총회 상정 건도 찬성 41표, 반대 6표, 기권 2표로 가결되었다.

UN은 1948년 9월 21일부터 프랑스 파리의 '샤요국립극장(Théâtre National de Chaillot)'에서 제3차 총회를 열었다.[74] 총회는 12월 12일 "코리아의 독립 문제(the problem of the independence of Korea)"에 대한 결의안(A/RES/195(III))을 채택하였다. 찬성 48, 반대 6(소련, 우크라이나, 벨라루스, 체코슬로바키아, 폴란드, 유고슬라비아), 기권 1(스웨덴)로 채택된 이 결의안의 내용은 다음과 같다:

총회는 1947년 11월 14일의 한국 독립 문제에 관한 결의안 112(II)호와 UN한국임시위원단 보고서 및 그와 협의한 과도위원회의 보고서를 고려하며, 임시위원단의 보고서에서 언급된 어려움들로 인해 1947년 11월 14일 결의안의 목적이 아직 완전히 달성되지 않았다는 사실과, 특히 한국의 통일이 아직 달성되지 않았다는 사실을 염두에 두면서 다음과 같이 선언한다. ① 임시위원단 보고서의 결론을 인정한다. ② 임시위원단이 감시·협의할 수 있었고 전체 한국인의 대부분이 살고 있는 한국 영토의 일부에 효과적인 통치와 관할권을 갖는 합법적 정부가 수립되었다. 이 정부는 한국의 그 지역 유권자의 자유로운 의사의 유효한 표현이었던 선거에 기초하고 있다. 이것이 한국에 있는 유일한 그러한 정부이다.[75]

....

74   UN 총회는 1952년 뉴욕에 본부가 마련될 때까지 여러 도시에서 돌아가며 열렸다. 제1차 총회는 런던, 2차는 뉴욕의 롱아일랜드, 3차는 파리에서 개최되었다. UN 총회는 1946년 1월-2월 런던에서 열린 첫 번째 회기의 첫 번째 세션에서 1945년 12월 10일 미국 의회가 미국에 영구 사무소를 설치하기 위해 UN에 보낸 초청에 대한 응답으로 "유엔의 영구 본부는 웨스트체스터(뉴욕) 및/또는 페어필드(코네티컷) 카운티, 즉 뉴욕시 인근에 설치한다"는 결의안을 1946년 2월 14일 채택하였다. G.A. Res. 15(XV), I U.N. GAOR at 37, U.N. Doc. A/64 (1946). 그러나 록펠러(John D. Rockefeller Jr.)가 맨해튼 이스트사이드의 18에이커 부지(현재 본부 위치)를 매입하기 위해 850만 달러를 내겠다고 제안하자, 뉴욕 롱아일랜드에서 열린 제2차총회는 1946년 12월 14일 결의안 100(I)에서 유엔의 영구 본부 위치에 관한 이전 결정을 폐지하고 대신 현재 위치에 본부를 설립하기로 결의하였다. 1952년 영구 본부 건설이 완료될 때까지 유엔 임시 본부는 브롱크스의 헌터 칼리지와 롱아일랜드의 스페리 자이로스코프 빌딩 등 뉴욕 지역의 여러 장소에 위치하였다.

75   영문본은 다음과 같다. "Declares that there has been established a lawful government (the Government of the Republic of Korea) having effective control and jurisdiction over that part of Ko-

대한민국에서는 이 UN총회의 결의안을 둘러싸고 오랫동안 논쟁이 지속되었다. 논쟁의 핵심은 UN이 1948년 출범한 대한민국 정부를 한반도 전체에서 유일한 합법 정부로 인정했는가, 아니면 한반도 남쪽에서의 유일하게 합법적인 정부로 인정했는가의 문제였다. 한국의 정치인들과 지식인들은 이 결의안의 내용과 그 속의 어휘의 문맥적 의미에 대해 집중적으로 논쟁하였다. 결의안 195(III)는 문장 마지막을 제외하고는 대한민국 정부가 "UN이 감시하고 협의할 수 있었던 코리아의 한 부분(this Government is based on elections which were a valid expression of the free will of the electorate of that part of Korea)"에 대해 정당한 지배권을 갖는다고 표현했지만, 문장 마지막에서 "코리아에 있는 유일한 그러한 정부(this is the only such Government in Korea)"라고 표현함으로써 서로 다른 해석의 여지를 남겼다. '대한민국정부유일합법론자들'에 따르면, 결의안의 "코리아에 있는 유일한 합법 정부"라는 마지막 표현이 결론을 담은 것으로서 UN은 대한민국 정부를 한반도 전체에서 유일 합법 정부로 인정하였고, 북한에 성립된 정부는 불인정하였다. 이 해석에 반대하는 학자들은 결의안 마지막 부분을 제외하고 "코리아의 한 부분"이라는 표현이 사용되어 있으므로 대한민국 정부는 자기 지역(남한 지역)에서 합법성과 정당성을 갖춘 유일한 정부일 뿐이지, 한반도 전체에서 유일한 합법 정부라고 해석해서는 안 된다는 입장이다. 따라서 이들은 해당 결의안이 한반도 북쪽과 그 지역의 정부에 대해 언급하지 않았고, "공백"으로 남겨두었다고 주장한 것이다.

결의안 195(III)호의 내용은 상이한 해석의 여지가 없지 않으나, 그 결의안이 채택된 과정을 살펴보면 미국과 대한민국의 외교적 노력이 성공하여 이 국가들의 의도대로 채택되었음을 알 수 있다. 그리고 여기에는 미국이 가지고 있던 국제정

....

rea where the Temporary Commission was able to observe and consult and in which the great majority of the people of all Korea reside; that this Government is based on elections which were a valid expression of the free will of the electorate of that part of Korea and which were observed by the Temporary Commission; and that this is the only such Government in Korea." The Problem of the Independence of Korea," December 12, 1948, History and Public Policy Program Digital Archive, United Nations General Assembly, Yearbook of the United Nations, 1947-48, Department of Public Information, United Nations, 1949, p. 290. http://digitalarchive.wilson-center.org/document/117706.

치적 힘이 반영되었음은 주지의 사실이다. 물론 결의안 채택 과정이 정당성을 갖느냐, 또는 더 근본적으로, 그것이 UN의 설립 목적에 부합하느냐 하는 문제에는 논쟁의 여지가 있다. 그러나 이것은 그러한 문제점을 인정한다 하더라도 현실과 이상 간의 괴리의 문제일 뿐 1948년 당시 UN총회가 대한민국 정부를 한반도 전체에서 유일한 합법 정부로 인정했다는 사실에는 하등의 영향을 주지 않는다.

이러한 맥락에서 결의안 195(III)호는 다음과 같이 해석되어야 하는 것이었다:

한반도 남쪽 지역에서만 UN의 감시와 협의가 가능했고, 이 지역에 한국인들 대부분이 살고 있었으며, 이 지역에서 그들의 자유의사에 따라 투표가 이뤄졌고, UN임시위원단이 이를 감시하였다. 그리고 이는 사실(fact)이다. 역시 사실인 것은 소련이 UN총회의 결정에 불복해 UN임시위원단의 방북을 불허했고, 따라서 UN총회의 목표와는 달리 남쪽 지역에서만 선거가 가능했다는 것이다. 결론적으로, UN총회의 결정에 승복해서 절차를 지켜 탄생된 대한민국 정부는 UN의 선거 감시 및 협의의 대상인 한반도 전체에서 유일한 합법 정부이다. UN임시위원단이 선거를 직접 관찰하지 않았는데 어떻게 보지 않은 곳에 대해 언급할 수 있나?라는 반론이 있을 수 있다. 그러나 UN임시위원단은 소련이 UN총회의 결정에 불복하여 북쪽에서 실시되어야 하는 선거를 못 보게 했기 때문에 보지 못했을 뿐이다. 달리 말하면, UN총회는 자신의 결정의 집행이 '완력에 의해 무력화된 건(件)'에 대해서도 UN총회의 권위를 인정하고 결정에 따른 결과, 즉 남쪽에서의 선거 결과와 그것이 동반하는 법적 정통성을 '그대로 적용한다'는 유권해석을 내린 것이다.

물론 UN총회 결의안 195(III)호를 "국제사회가 정당한 절차를 거쳐 대한민국을 한반도 내 유일 합법 정부로 인정하였다"고 해석하기는 어렵다. 우선 미국이 "기계적 다수"를 확보하고 있던 당시의 UN총회를 국제사회 전체의 "자유의사"를 대변한다고 보기는 어렵다. 나아가 미국이 안보리가 담당해야 하는 "실질적(substative)" 문제인 한국 문제를 안보리를 우회하여 총회에 회부하고, UN한국임시위원단의 설립과 파견을 표결로 성사시키며, 자신이 주도하여 설치한 과도위원회에서 추가적 결의안을 채택하도록 하고, 이들을 종합한 결정으로서 195(III)호 결의안을 이끌어 내는 과정에서 UN의 절차뿐 아니라 그 취지와 근본정신을 위반하였다고 볼 소지가 있었다. 특히 주목해야 할 부분은 UN헌장에 따르면 총회는 심의, 토론, 권고, 안보리의 주목을 요구할 권한만을 가지며(헌장 10조 및 11조), 행동(구속력)을 필요로 하는 "실질적 문제"는 반드시 토론 전 또는 후에 안보리에 회부하도록 되어 있다는 점이다. 따라서 UN총회가 대한민국 정부를 유일·합법정부라고 선언한 것은 UN헌장상 구속력이 없는 '선언'으로 보아도 무방할 것이다. 그러나 UN총회가 대한민국을 한반도 전체에서 유일한 합법정부로 인정하였다는 점은 엄연한 역사적 사실로 인정되어야 한다. 반복하건대, 국제사회나 UN이 1948년 대한민국을 한반도 전체에서 유일한 합법정부로 인정했는가 하는 질문에는 '그렇지 않다'는 답변이 합리적이고 사실에 기초하고 있다. 그러나 UN총회가 대한민국을 한반도 전체에서 유일한 합법정부로 인정했는가 하는 질문에는, 국제법이나 윤리의 차원과는 별도로, 사실의 측면에서 '그렇다'가 맞는 답이다.

대한민국은 이후 한반도 북부를 "불법 점령하고 있는 북괴(北傀)"를 고립시키기 위해 총력 외교전을 펼쳤다. 대한민국은 서독의 '할쉬타인 원칙(Hallstein Doctrine)'을 원용하여 자신만이 자유선거에 의한 정부를 가진 한반도 내 유일·합법 국가이므로 북괴를 승인하는 나라와는 외교관계를 맺거나 유지하지 않는다는 입장을 고수하였다. 그러나 한국은 냉전의 종식이 임박했던 1988년 7월 남북한 자유왕래 및 한국과 사회주의권 간의 관계개선 및 협력 등을 주요 골자로 하는 '7·7선언'을 발표하여 정책적 전환을 추진하였고, 냉전이 종식된 후인 1991년 9월 18일 제46차 UN총회에서 조선민주주의인민공화국(Democratic People's Republic of Korea)과 함께 별개의 의석으로 UN에 가입하였다. 이로써 UN총회는 대한민국만을 한반도 내 유일 합법 정부로 인정한 지 43년 만에 한반도에서 양측의 정통성 및 합법성을 둘러싼 논쟁에 종지부를 찍었다. 그러나 대한민국과 조선민주주의인민공화국의 UN 동시가입 이후에도 서로의 실체를 인정하지 않는 실정법은 양측 관계를 상당 부분 제약하는 요인으로 작용하였다. 한편, 대한민국에서는 2000년대 중반 '대한민국유일합법정부론'이 다시 정치문제화되면서 국민들의 주목을 끌었다. 이를 지지하는 세력은 UN이 대한민국에 유일합법성을 부여했는데도, 이를 인정하지 않는 세력은 친북 또는 종북일 수밖에 없다며 정치공세를 펼쳤다. 이와는 다른 갈래로, 일부 세력은 이승만이 자유민주주의에 기초하여 대한민국을 건국하였고, 그의 정부의 정통성은 UN 결의안이 보장한다고 주장하며, 1948년 8월 15일을 단순히 정부수립일이 아닌 대한민국 건국절로 바꾸어야 한다고 강변하기도 하였다. 반대 세력에 따르면, 이들의 저의(底意)는, 대한민국 헌법 전문에 명기된 바, 1919년 "3·1운동으로 건립된 대한민국임시정부의 법통"을 부인하고, 임시정부의 민족주의 항일투쟁을 폄하(貶下)하는 한편, 해방 후 반공주의자로 변신한 친일부역자들을 등용한 이승만을 국부로 승격함으로써 '결과적으로 친일적인' 이승만의 정치노선을 부활·강화·선동하려는 데 있었다.

한국전쟁의 기원과 발발

유럽에서의 냉전을 세계화한 한국전쟁의 원초적인 기원은 일본에 의한 조선의 식민지화에서 찾아질 것이다. 조선이 식민지가 되지 않았다면 태평양전쟁에서 패한 일본군을 무장해제하기 위해 미국과 소련이 한반도를 분리점령하지 않았을 것이고, 따라서 북이 남을 "해방"하기 위해 침공하지 않았을 것이기 때문이다. 그러나 한국전쟁의 기원에 관한 보다 학술적인 연구는 미소의 분리점령이라는 전제와 제약 하에서 전쟁을 일으킨 주체는 누구인가라는 문제에 수렴되었다. 이런 관점에서의 한국전쟁의 기원에 관한 논쟁은 1961년 댈린(David Dallin)과 1964년 리즈(David Rees)가 기존의 좌파적 해석에 반론을 제기하면서 시작되었다. 1952년 진보적 언론인 스톤(Isidor Feinstein Stone)은 한국전의 기원은 미국 트루먼 정부의 반공주의 매파의 음모에서 발견된다고 보았다. 그에 따르면, 해외의 '아시아 폭군'인 맥아더 장군과 존 포스터 덜레스 등 워싱턴의 '아시아주의자들(Asia Firsters)' 간의 사악한 '신성동맹(unholy alliance)'이 북한의 남침을 유도하여 아시아 공산주의에 유화적인 트루먼 정부의 극동정책을 바꾸려하였다.[76] 이에 대해 댈린은 북한의 남침을 "계획하고, 준비하고, 주도한 주제는 스탈린이었다"고 지적했고, 리즈는 "북한의 남침은 소련의 계획"에 따른 것이었다고 주장하였다.[77] 한국전에 관한 전

....

76 I. F. Stone, *The Hidden History of the Korean War, 1950-51*, Little Brown 1952.

통주의라고 할 수 있는 '스탈린 주도설'은 냉전 후에도 아담 울람(Adam Ulam), 존 루이스 개디스 등에 의해 지지되고 있다.[78]

신좌파라고 할 수 있는 콜코 부부(Joyce and Gabriel Kolko)는 1972년 스톤과 궤를 같이하며 아시아우선주의자들이 중공 등 아시아 공산주의에 유화적이던 트루먼 정부의 유럽중심주의에 주의를 환기시키기 위해 한국에서의 전쟁을 유도하였다고 이른바 수정주의적(revisionist) 관점을 제시하였다.[79] 호건(Michael J. Hogan)은 트루먼의 "국가안보국가(national security state)"가 봉쇄정책을 "군사화"하기 위한 위기를 필요로 했기 때문에 전쟁은 필연적인 것이 되었다고 분석하였다.[80]

가장 획기적인 수정주의적 시각은 커밍스(Bruce Cumings)에 의해 제시되었다.[81] 핵심은 전쟁의 기원은 단기적이고 환원주의적 시각이 아닌 보다 역사적이고 체계적인 관점(a more complex and multifaceted view of causation)에서 조명되어야 한다는 것, 그리고, 전쟁을 결정할 때 북한이 상당히 독립적이었으며 소련의 역할은 제한적이었다는 것이다. 보다 구체적으로, 커밍스는 전쟁의 "기원(origin)"과 "시작(start)"을 동일시해서는 안 된다며, "누가 먼저 총을 쏘았느냐?"고 묻기 전에 "왜 쏠 수밖에 없었는지"를 먼저 물어야 한다고 주장하였다.[82] 즉 전쟁의 전체 맥락

....

77 David Dallin, *Soviet Foreign Policy After Stalin*, J.B. Lippincott, 1961, p. 60; David Rees, *Korea: The Limited War*, Penguin, 1964, p. 19.

78 울람은 북한의 남침은 소련의 명확한 명령에 의해 이뤄졌을 가능성이 높다고 지적하였다. 그러나 그는 남침이 남한에 대한 통제권을 소련이 쥐기 위한 의도에서 비롯된 것은 아니라고 보았다. 그에 따르면 소련에게 남한은 "전쟁을 무릅쓸 정도로 가치가 있는 상품(賞品)은 아니었다." 스탈린은 "한국전이 발발하면 미국이 타이완 보호에 나설 것이고, 또 하나의 내전을 우려한 마오가 소련의 지원을 필요로 할 것"이라고 보았다. 따라서, 한국전쟁은 "중공이 소련의 통제권에서 벗어나는 것을 막기 위한 하나의 방편"이었다. Adam Ulam, *The Communists: The Story of Power and Lost Illusions: 1948-1991*, New York and Toronto: Charles Scribner's Sons, 1992, pp. 81-82; John Lewis Gaddis, *We Now Know: Rethinking Cold War History*, Oxford University Press, 1997.

79 Joyce and Gabriel Kolko, *The Limits of Power: The World and United States Foreign Policy, 1945-1954*, Harper and Row, 1972, chapters 10, 21, 22.

80 Michael J. Hogan, *Cross of Iron: Harry S. Truman and the Origins of the National Security State, 1945-1954*, Cambridge University Press, 1998.

81 커밍스(2023).

82 커밍스(2023), pp. 26-27.

과 원인을 이해하려면 북한의 침공이라는 즉각적인 계기에만 주목하기보다는 그 시점까지 이어진 복잡하고 광범위한 역사적 전개 과정을 살펴볼 필요가 있다는 것이다. 커밍스는 한국전쟁의 기원과 관련해 한반도 내부의 상황, 특히 수십 년간의 일제 식민 통치에서 비롯된 민족과 계급의 문제를 둘러싼 상황에 초점을 맞추었다. 1948년 정부 수립 직후 한반도는 크게 두 진영으로 나뉘었다. 그에 따르면, 한쪽에서는 식민지 억압과 착취에 시달리던 소작농과 노동자를 기반으로 하는 독립 투사들이 혁명적 민족주의 진영을 구성했고, 그 반대편에는 일제의 억압적 통치의 손과 발이 되었던 관료, 경찰, 군인, 그리고 식민지 정부에 협력한 자본가와 지주가 또 다른 진영을 형성하였다. 해방 직후에는 항일 세력이 압도적으로 우위를 점하였다. 중도 좌파 지도자 여운형에 의해 발족된 조선건국준비위원회가 이를 잘 보여주었다. 건준은 한반도 전역에 지부를 두고 확산했으며 조선인민공화국 수립을 주도하였다. 그러나 한반도 문제 문제를 다루던 일차적 주체인 미 군정은 협상과 타협을 주문하던 국무부의 비둘기파(예를 들어, 극동아시아국장 존 카터 빈센트(John Carter Vincent)를 제압하고 반공·봉쇄 노선에 입각하여 조선인민공화국을 인정하지 않았고 오히려 보수 친일 세력과 손을 잡았다. 게다가 군정 당국은 일제의 경찰 조직을 그대로 활용하고, 일제에 부역하며 항일 게릴라 세력을 진압했던 군인들을 모아 조선경비사관학교를 창설하였다.[83] 미 군정은 특히 1946년 9월 총파업, 10월 대구 인민 봉기를 진압한 이후 본격적으로 좌파를 탄압하였다. 이후 남한 내의 좌익은 세력을 잃고 활동의 중심을 평양으로 옮겼다. 미 군정 하에서 친일 부역자들이 득세한 남한에서와는 달리 북한에서는 항일 게릴라 투쟁에 참여한 민족주의적 혁명가들이 소련군의 지원 하에 집권하였다. 1932년부터[84] 만주에서 "일본군과 용감하게

....

83 한국으로 돌아온 광복군 인사들은 "친일파로 널리 낙인 찍힌" 일본군 출신 장교들과 함께 국방경비대에 참여할 생각이 없었다. 국방부 편찬위원회, 『해방과 건군 – 한국전쟁사 1』, 국방부, 1967, p. 258-59. 참여했을 경우 "소란스럽고 불만스러운 소수"이자 불만을 가진 "대일 협력자"로 간주됐다. Irma Materi, *Irma and the Hermit*, W. W. Norton, 1949, pp. 72-74. 어마 마테리의 남편 조지프 마테리(Joseph Materi)는 조선경비사관학교 책임자이자 경무부 고문이었다. 미군정은 조선경비사관학교에 들어올 수 있는 인물은 일제 치하에서 투옥된 경력이 있어서는 안 된다고 규정했기 때문에 국내외에서 일제에 저항한 한국인들은 배제됐다. 그 결과 조선경비사관학교와 나중의 한국군은 "일본군 출신 장교"의 전유물이 됐다. 커밍스(2023), p. 245에서 재인용.

싸웠던 김일성"이 이끌던 북한의 정치 엘리트들은 일본인들보다 일본군을 돕는 부역자들을 더 혐오하였다. 그야말로 그들을 "혈해심구(血海深仇, blood enemies)" 또는 "철천지원수(徹天之怨讐)"로 보았던 것이다. 북한 지도자들은 "1950년 전쟁을 거의 대부분이 일제에 부역했던 한국 (육)군 최고 지휘부의 쓰레기들(hash)을 청소하기 위한 수단으로 인식하였다."[85] 그러니까 그들에게 한국전쟁은 침략전쟁이 아닌 반제국주의 민족해방전쟁인 셈이었다. 한국전쟁 기간 동안 이를 아는 미국인들은 거의 없었다. 설사 일부가 이를 알고 있었다 하더라도 일본은 당시 미국의 동맹국으로 간주되고 있었기 때문에 큰 의미가 없었다. 그러나 중요한 것은 미국이 어떻게 생각했는가가 아니라 북한이 어떻게 생각했는가였다. 요컨대, 커밍스는 한국전쟁의 기원은 일본의 식민 통치와 한국인들의 저항, 미소 편의에 따른 남북 분단과 결과적으로 친일적이었던 미 군정 실시 등 길고도 상호연결된 사건들의 그물망에서만 찾을 수 있다고 보았다. 그는 한국전쟁은 "처음에는 사회체제가 충돌하는 한국인들이 [통일]이라는 한국의 목표를 위해 싸운 내전이었으며, 1932년에 시작되어 아직도 끝나지 않은 전쟁"이라고 강조하였다. 나아가, 커밍스는 누가 먼저 총을 쏘았느냐는 중요한 문제도 아니고 분명히 확인될 수 있는 문제도 아니라고 보았다. 그는 미소의 분리점령 이후 남과 북 사이에는 38선 상에서 소규모 전투가 수도 없이 벌어졌는바(특히 1949년 개성과 옹진반도에서의 무력 충돌), 1950년 6월 25일 어느 쪽이 전면적인 군사행동을 취했는지는 분명하지 않다고 지적하며, 남한의 도발에 대해 북한이 대응하면서 전쟁으로 비화했을 가능성이 있다고 판단하였다.

내전적 성격을 강조하는 그의 '한국전쟁 기원론'은 논리적 정합성을 의식하며 김일성은 1950년 모스크바에 대해 독립적으로 판단하고 행동했을 가능성이 크다

----

84 1910년 일본이 대한제국을 병합한 후 많은 한국인들이 국경을 넘어 피난을 떠났고, 그 중에는 김일성의 부모도 있었다. 독립운동은 1932년 3월 일본이 꼭두각시 국가인 만주국을 수립한 후에야 무장 투쟁으로 전환되었다. Bruce Cumings, *The Korean War: A History*, Modern Library, 2010, p. 44. 북한의 '노동신문'에 따르면 김일성은 1932년 4월 25일 '첫 주체형 혁명적 무력'으로서 반일인민유격대를 창설했고, 이는 1934년 조선인민혁명군으로 발전하였으며 해방 후 1948년 조선인민군으로 이어졌다. "항일전쟁승리기념일을 경축하는 조선: 로씨야연방 정부기관지에 실린 글," 노동신문, 2023년 8월 15일.

85 Cumings(2010), pp. 44-45.

고 제시하였다. 북한은 1949년 5월 옹진반도 공격에서 보듯 소련의 승인 없이 행동했고, 당시 남한에 대해 병력이나 장비 면에서 압도적 우위를 확보하고 있어 소련의 지원 없이도 남조선 해방이 가능하다고 판단했을 것이며, 외세 의존을 혐오하는 민족주의자 김일성이 소련의 지시에 따라 움직였을 가능성은 낮으며, 특히 소련의 스탈린도 김일성의 무모한 도발이 소련으로 하여금 미국과의 전쟁이나 제3차대전에 휘말리게 할 수도 있다고 생각하며 극도로 조심스럽게 행동하였다는 것이다. 그러나 2004년 『한국전쟁의 기원』 제2권[86]이 출간된 뒤 공개된 소련 시절 기밀문서를 통해 스탈린이 김일성의 전쟁 계획에 관여했음이 드러났고 이 기밀문서를 근거로 삼아 한국전쟁 연구자들 사이에서 '커밍스가 스탈린의 역할을 너무 낮게 평가하였다'는 비판이 나오자 커밍스는 "내가 북한의 독립성을 지나치게 강조한 것은 잘못이었다"고 인정하였다.[87]

커밍스는 자신의 오류를 부분적으로 인정하였지만 그의 수정주의적 시각은 적지 않은 한국전쟁 연구자들에게 영감을 주었다. 특히 한국전쟁의 기원이 일본 식민주의의 유산, 그리고 점령군 및 군정과 얽히고설킨 한국인들의 정치적 분열 등과 연관되어 있다는 복합적이고 다각적인 관점, 그리고 전쟁에 대한 남북한 및 미국의 공식적인 내러티브나 그에 부분적으로 기초한 전통적인 해석이 정치적 또는 이념적 이유로 전쟁의 기원이나 원인을 지나치게 단순화하고 있다는 비판적 시각, 그리고 이전에 기밀로 분류되었던 외교 문서와 기록 자료를 광범위하게 사용한 사가로서의 능력에 대한 재평가 등은 유관 학계에서 상당한 공감과 지지를 받고 있다. 역사학계에서 '수정주의자'라는 용어가 반드시 경멸적인 의미를 갖고 있는 것은 아니다. 단순히 역사가의 해석이 일반적인 견해에 도전하고 역사적 사건에 대한 보다 '뉘앙스 있는(nuanced)' 또는 대안적인 이해를 제공하고자 한다는 의미일 뿐인 것이다. 커밍스의 수정주의적 관점은 한국전쟁의 기원에 대한 보다 폭넓고 복합적인 이해에 기여하였다.

....

86   Bruce Cumings, *The Origins of the Korean War, Vol. II: The Roaring of the Cataract 1947-1950*, Cornell University Press, 2004.

87   커밍스(2023), p. 17.

한국전쟁의 기원과 관련한 전통주의와 수정주의 간의 논쟁은 냉전종식 후 공개된 미국, 소련, 중국 등의 비밀문건들에 의해 일단락이 되었다. 이러한 새롭게 발굴된 '역사적 사실'에 따르면 한국전쟁은 김일성이 구상하고 준비한 "남조선해방전쟁안"을 회의(懷疑)와 고민 끝에 1950년 초 "변화된 국제환경"을 인지한 스탈린이 마오의 지원과 소련의 무력개입불가를 조건으로 승인하여 이뤄진 남침이었다. 그러나 미국이나 중국의 참전 결정 등 한국전쟁의 과정에 관한 논쟁은 부분적으로만 해소된바, 더 많은 신뢰할 만한 증거가 축적될 때까지 지속될 것으로 사료된다.

김일성 등 북한의 공산주의 지도자들은 1948년 8월 25일 제1기 대의원 선거를 실시한 뒤 같은해 9월 2일 최고인민회의 제1기 1차회의를 소집하고 9월 9일 '조선민주주의인민공화국'의 창건을 대내외에 선포하였다. 소련은 10월 12일 김일성 정권을 한반도 전체에서 유일한 주권 정부로 인정하였다.[88] 김일성은 조선노동당을 창설하여 김두봉(金枓奉) 등 연안파(延安派) 중심의 조선신민당(朝鮮新民黨) 및 박헌영 중심의 남조선노동당[89]을 흡수하면서 1949년에 이르러 정권의 체제를 공고히 하였다. 중국 내전에서 공산당의 승리가 확연해 보이던 당시 김일성의 다음 목표는 그가 1946년 미소공동위원회가 결렬될 때 마음 먹었듯이 북한을 "민주기지"로 삼아 일제의 잔재이자 "미제의 꼭두각시"인 남한 정권을 해소하여 소위 "민족해방"을 이루는 일이었다. 그는 기회를 기다리고 있었다.

김일성은 "민족해방"의 목표를 달성하기 위해서는 소련의 허락과 지원이 필수적이라는 사실을 알고 있었다. 소련군이 철수한 지(1948년 12월 말 완전 철수) 몇 개월이 되지 않은 1949년 3월 5일 김일성은 스탈린을 면담하기 위해 소련을 방문하였다. 저녁 8시에 시작된 스탈린과 김일성 간의 대화는 "남조선 해방" 문제에서 절정에 달하였다.[90]

....

88   Anthony Farrar-Hockley, *The British Part in the Korean War: A distant obligation*, Her Majesty's Stationery Office (HMSO), 1990, p. 20.

89   1925년 4월 17일 일제 하 경성부에서 조직된 조선공산당은 1928년 12월 해체되었다가, 1945년 8월 해방 후 박헌영 등이 재조직하였으나 1946년 11월 조선인민당 및 남조선신민당과 함께 남조선로동당(남로당)으로 통합되었다. 1946년 9월 월북한 박헌영은 부위원장에 선출되었는데 그는 '박헌영 서한'을 통해 남로당의 활동을 지도하였다.

스탈린: 김 동지, 어떻게 지내시나?

김일성: 모든 게 다 잘되고 있습니다. 남반부가 늘상 일으키는 무력도발 빼고는요.
이자들은 국경침범을 밥 먹듯이 하고 있습니다. 소규모 충돌이 계속되고
있습니다.

스탈린: 무슨 말을 하는 거요? 무기가 부족하오? 우리가 더 줄 것이오. 동지는 남반
부의 이빨을 가격해야 하오. 가격해야만 하오. 남반부의 이빨을…

소련의 냉전사가(冷戰史家) 곤차로프(Sergei Goncharov)는 "남반부의 이빨을 가
격하라"는 스탈린의 발언은 이것이 발화(發話)된 대화 당시의 맥락에서 이해되어야
한다고 강조하고 있다. 이때 김일성은 소규모 무력충돌과 대처방법에 대해서만 논
의한 것이었고, 스탈린은 김일성이 가지고 있는 "그 많은 무기를 가지고도 이런 말
을 하고 있나?" 하고 의아해 하고 있었던 것이다. 따라서 스탈린은 전면전에 대해
얘기하고 있는 것이 아니었고, 전쟁을 승인한 것도 아니었다. 미국과의 전쟁 발발
가능성을 극히 경계하던 스탈린으로서는 김일성이 '불장난'을 하려고 하면 오히려
극구 말려야 하는 입장이었다. 김일성은 지체하지 않고 본색을 드러내었다.

김일성: 스탈린 동지, 지금은 남조선을 해방하기 위한 적기입니다. 남조선의 반동
세력은 결코 평화통일에 대해 동의하지 않을 것이고, 그들은 자신이 공화

....

90 Igor Morosov, "'The War Has Not Begun Yet…', Interview with the Military Historian Grigorii
Kuzmin," Pereval, March 1991. Serigei Goncharov, John W. Lewis, and Xue Litai, "The Decision
for War in Korea," *Uncertain Partners: Stalin, Mao, and the Korean War*, Stanford University
Press, 1993, p. 135에서 재인용. 대화 내용의 공식적 요약본은 Notes of the Conversation between
Comrade I.V. Stalin and a Governmental Delegation from the Democratic People's Republic of
Korea headed by Kim Il Sung, https://digitalarchive.wilsoncenter.org/document/notes-conver-
sation-between-comrade-iv-stalin-and-governmental-delegation-democratic. 소련 국가문서보관
소 출처는 AVP RF, fond 059a, opis 5a, delo 3, papka 11, listy 10-20, and RGASPI, f. 558, op. 11, d.
346, ll. 0013-0023. 조선민주주의인민공화국 측 동석자는 부수상 겸 외무상 박헌영, 부수상 홍명희, 국
가계획위원회 위원장 정준택, 상업상 장시우, 교육상 백남운, 체신상 김정주, 소련 주재 조선대사 주영하
를 포함하였다.

국을 공격할 수 있는 능력이 갖춰졌다고 판단하기 전까지는 조선의 분단을 영구화하려 할 것입니다. 공화국의 군대는 상대적으로 강하며, 특히 우리는 남반부의 강력한 게릴라 부대의 지지를 받고 있습니다. 미제의 꼭두각시 정권을 경멸하는 남조선의 인민은 유사시 우리 편에 설 것입니다.

스탈린: 김 동지는 남조선을 공격해서는 안 되오. 첫째, 인민의 능력이 그렇게 압도적인 것은 아니오. 둘째, 남조선에는 아직도 미군이 주둔하고 있소. 셋째, 우리는 38선에 관한 미국과의 합의를 지켜야 하오. 이것이 깨지면 미국이 가만있지 않을 것 같소… 어디 봅시다. 남조선 정권이 적의가 있다면 그들은 조만간 그것을 무력으로 표현할 것이오. 그렇게 되면 김 동지는 반격에 나설 수 있는 기회가 생기는 셈이오. 세계는 김 동지의 조치를 이해하고 지지할 것이오.[91]

김일성이 귀국하자 평양의 소련 군사고문들 사이에 소문이 돌았다. 스탈린 동지가 "남반부의 이빨을 가격하라고 했다"는 것이었다. 이들은 김일성이 남반부를 즉시 공격하면 무능하고 인민의 인기를 결여한 이승만 정부는 쉽게 붕괴할 것이고, 김일성은 조국의 통일을 이룩한 영웅이 될 것이라며 인민군 동료들을 부추겼다.

김일성은 대규모 게릴라 부대를 한국의 동부해안 산악지역에 침투시켜 전진기지를 마련하고자 하였다.[92] 김일성은 게릴라전을 통해 이승만 정부를 무너뜨릴 수 있다고 기대하였고, 공격시점을 1949년 가을로 잡았다. 김일성은 무력도발을 시도하면서도 동시에 한반도의 평화적 통일을 외쳤다. 스탈린이 권고한 대로 양동작전(陽動作戰)을 행동에 옮긴 것이었다.[93] 그러나 1949년 7월 '개성 전투' 등 게릴라전

....

91 Evgenii P. Bajanov and Natalia Baljanova, "The Korean Conflict, 1950-1953: the Most Mysterious War of the 20th Century," CWIHP Bulletin.

92 John Merrill, "The Origins of the Korean War: Unanswered Questions," Paper presented at the Second International Conference on the Korean War, June 14-15, 1990, Seoul, p. 2, Goncharov, Lewis, and Litai(1993), p. 366에서 재인용.

93 Kathryn Weathersby, "The Decision for War in Korea: Pyongyang, Moscow, and Beijing," "in Pierre Journoud ed., La guerre de Coree et ses enjeux strategiques, de 1950 a nos jours (Paris: L'Harmattan, 2014). 영문본은 http://studyres.com/doc/21889775/the-decision-for-war-in-korea

의 초기 성과[94]에도 불구하고 그의 기대는 이내 실망으로 바뀌었다. 김일성의 게릴라 부대는 남한에서 한 개의 도시도 장악하지 못했고, 대규모 봉기도 이끌어내지 못하였다. 오히려 1949년 12월쯤 이승만 정부는 "남반부"에서 활동하던 게릴라들을 제압하는 데 성공하였다. 이제 김일성에게는 전면전이라는 모험만 남게 되었다. 김일성은 자신의 목적을 달성하기 위해 모든 수단을 동원하여 스탈린을 설득하려 하였다. 그러나 스탈린은 1949년 7월 중국공산당의 류샤오치와 "책임영역의 세계적 분할(global division of spheres of responsibility)"에 합의하였기 때문에 한반도에서의 전면전은 마오쩌둥의 책임영역에 속한다고 보고 있었고, 특히 전면전이 소련으로 하여금 미국과의 전쟁에 휘말리게 할 수 있다고 경계하였다.[95]

한국은 "전략적 주변지역(strategic backwater)"

냉전이 시작된 후 미국은 공산주의국가들을 '일괴암(一塊岩, monolith),' 즉 하나의 덩어리로 보았다. 따라서 미국은 공산국가(들)의 모든 도발의 배후에는 소련이 있을 수밖에 없다는 전제하에서 소련이 일으키거나 배후에서 조종하는 모든 전쟁은 소련의 지상군이 미군에 비해 상당한 비교우위를 확보하고 있는 중동부유럽, 특히 독일에서 시작될 것이라 판단하였다. 2차대전 후 유럽 내 소련의 팽창주의와 이에 대항한 봉쇄정책(1946년)과 트루먼 독트린(1947년 3월), 베를린 공수(1948년 6월), NATO 결성(1949년 4월) 등은 이러한 미국의 유럽중심적 군사전략의 성격을 명확히 보여주었다. 이와 같이 미국은 만일 전쟁이 일어나면 유럽에서 시작할 것이고 이는 곧 3차대전일 것이기 때문에 잠재적 전장(戰場)에서 먼거리에 위치한 한국은 전략적 가치가 높지 않다고 판단하였다. 한국은 이른바 "전략적 주변지역(strategic backwater)"으로 취급될 수밖에 없었던 것이다.[96] 미 합참은 비밀문건에서 이러한

....

94   Goncharov, Lewis, and Litai(1993), p. 135.
95   Goncharov, Lewis, and Litai(1993), p. 136.
96   Robert Barnes, "Introduction," in Steven Casey ed., *The Korean War at Sixty*, Routledge, London, 2012, p. 5.

판단을 여러 차례 확인하였다. UN군사령관을 지낸 리지웨이(Matthew Ridgway) 장군은 다음과 같이 회고하였다:

> 1949년에 이르러 우리는 미국이 개입하는 전쟁이 다시 발발한다면 그것은 세계대전이 될 것이며, 이 경우 한국은 상대적으로 덜 중요한 지역이 될 것이고, 어쨌든 방어불가한 국가가 될 것이라는 논리에 모두가 동감하였다. 우리의 모든 계획, 모든 공식적 발표, 모든 군사적 결정은 이러한 논리에 기초한 것이었다. 우리는 '제한적 전쟁'이라는 개념을 갖고 있지 않았다.[97]

1949년 3월 1일 맥아더도 영국 기자와의 인터뷰에서 미국의 태평양방어선은 "필리핀에서 시작하여 류큐열도를 지나 일본, 그리고 알류산열도와 알래스카로 이어진다"고 말하였다.[98] 이러한 평가에 따라 미국은 1949년 6월에 이르러 500여 명의 고문관을 제외하고 모든 미군을 남한에서 철수시켰다. 미 군부의 대아시아 전략관은 트루먼 대통령이 1949년 12월 30일 승인한 국가안보회의 문서 NSC-48/2[99]에 그대로 반영되었다. 미국 국무장관 애치슨의 1950년 1월 태평양방어선 관련 발언은 한국을 전략적 주변지역으로 파악한 이 문서에 기초한 것이었다. 그는 1950년 1월 12일 워싱턴의 '전미기자클럽(National Press Club)'에서 기자들과의 문답을 진행하던 중 아래와 같이 답변하였다:

> 미국의 태평양방어선은 알류산열도로부터 일본과 류큐열도를 거쳐 필리핀에 이릅니다. 태평양 기타 지역의 군사적 안전보장은 누구도 보장할 수 없습니다. 누군가 그것을 보장한다고 주장한다면 그것은 현실적으로 볼 때 결코 분별력이나 필요성

....

97   Matthew Ridgway, *The Korean War*, Doubleday, 1967, p. 11.

98   Dennis Wainstock, *Truman, MacArthur, and the Korean War*, Greewood Press, 1999, p. 13.

99   National Security Council, "Memorandum by the Executive Secretary of the National Security Council (Souers) to the National Security Council, Subject: The Position of the United States with Respect to Asia," Washington, December 30, 1949. *FRUS, 1949*, The Far East and Australasia, Volume VII, Part 2.

에 의해 정당화된다고 할 수 없을 것입니다. 이 기타 지역에서 만일 그러한 [군사적] 공격이 발생한다면 우선 의지해야 할 것은 공격을 받고 그에 대항하려는 해당 국가의 국민이어야 하며, 그 다음으로 전 문명세계가 UN헌장 아래서 맺은 서약입니다. UN은 현재까지 외부 공격으로부터 독립을 지키려는 모든 국민들이 기댈 수 없을 정도로 유약한 갈대와 같은 존재는 아니었습니다. 미국은 일본에 대해서 직접적인 책임과 직접적인 행동 기회를 가지고 있습니다. 이것은 한국에 대해서도 어느 정도 사실입니다. 우리는 현재 이 나라[한국]가 확고한 기초를 쌓을 때까지 원조를 계속하도록 의회에 요청하고 있습니다. 이런 원조를 중지하라는 의견이나 이 나라의 건설을 중도에서 그만두라는 견해는 아시아에서 추구하는 미국의 국가이익에 위배되는 극단적인 패배주의의 산물입니다.[100]

애치슨을 변호하는 미국정부 내 일각에서는 그의 의도가 의도적으로 왜곡 전달되었다고 주장하였다. 그가 언급한 'UN의 대처'는 의도적으로 생략되고, 한국 등이 미국의 태평양방어선에서 제외되었다는 사실만 부각됐다는 것이다. 이 지적은 어느 정도 사실이다. 특히 한국에서는 애치슨이 북한의 침략을 초래하였다는 것이 정설처럼 되어왔지만, 그의 발언의 전체 맥락을 살려, 그가 미국이 직접 방어할 국가들과 지역들을(군사점령국, 상호방위협정국)을 지목한 후, 그와 같은 경우가 아닌 국가들과 지역들에게 대해서는 UN헌장하의 문명적 세계가 대처하게 될 것이라고 한 사실은 인정되어야 한다. 그러나 그보다 중요하게, 한국이 미국의 태평양방어선에서 제외되었다는 사실, 그리고 미국이 태평양 기타 지역의 군사적 안전보장은 누구도 보장할 수 없다고 말한 사실도 역시 인정되어야만 할 것이다. 아마도 한국전 발발과 관련하여 가장 중요한 것은 김일성과 그의 잠재적 후원자들이 몇 달 앞서 단행된 주한미군 철수에 곧이어 행해진 애치슨의 발언을 어떻게 해석하였는가일 것이다.

사실, NSC-48/2나 애치슨 연설의 목적은 한국과 관련되었다기보다는 소련과 공산중국 사이를 이간하는 데 있었다. NSC-48/2의 결론 중 하나는 "미국은 개입한

....

100 Cynthia Ann Watson, *U.S. National Security: A Reference Handbook*, ABC-CLIO, 2002, p. 161.

다는 모습을 용의주도하게 피하면서도 적당한 정치적·심리적·경제적 수단을 통해 중국 공산주의자들과 소련 사이에, 그리고 중국 내 스탈린주의자들과 다른 세력들 간에 발생할 수 있는 어떠한 균열도 적극 이용해야 한다"였다. 애치슨의 연설은 미국의 '중소이간책'을 더욱 선명히 드러내주고 있었다:

북부중국에 대한 러시아의 태도와 이익은 공산주의 훨씬 이전부터 존재하였습니다. 공산주의 정권은 이러한 러시아의 제국주의에 새로운 방법, 새로운 기술, 새로운 개념을 추가했습니다… 소련은 이러한 새로운 무기를 가지고 북부중국을 중국으로부터 떼어내어 자신의 영토로 만들려고 하고 있습니다. 이러한 과정은 이미 외몽고에서 완료되었고, 만주에서도 거의 끝나가고 있습니다. 내몽고와 신장에서 활약하는 소련의 정보원들은 매우 기쁜 소식들을 모스크바로 보내고 있습니다… 소련이 중국의 4개 성을 탈취하고 있다는 사실은 열강들의 대아시아 관계에 있어 매우매우 중요한 사실입니다… 우리는 러시아가 파놓은 함정에 빠져서는 안 됩니다. 우리는 중국인들의 분노와 혐오를 러시아 대신 뒤집어써서는 안 됩니다… 우리는 중국 주권을 침해하는 자는 중국의 적이고, 그러한 행위는 미국의 국익에 반한다는 입장을 고수해야만 합니다. 이는 미국의 대아시아 정책의 제1원칙입니다.

당시 미국의 의도는 '중소이간'에 있었지만 의도하지 않은 결과가 초래되었다는 점에서 NSC-48/2는 실패한 정책이 되었다. 워싱턴에서 암약하던 영국인 간첩 도널드 맥클린(Donald Mclean)을 통해 이 문건을 입수한 스탈린은 그것이 '극비(top secret)'로 분류되었기 때문에 그 내용을 신뢰할 수 있었다. 그는 이 문건에서 소련과 중국을 이간하려는 미국의 진정한 의도를 읽었지만, 미국이 자신의 태평양방어선에서 한국과 타이완을 명백히 제외했다는 사실에 주목하였다. 그리고 그는 애치슨의 연설문을 읽고 이제 그가 김일성의 요구를 들어줄 수 있게 되었다고 판단하였다. 스탈린은 대중국 정책도 변경하였다. 그는 국민당 정부와 체결한 1945년 중소조약을 대체하는 조약을 체결하자는 마오의 요구를 1949년 12월 거부한 바 있었다. 그렇게 하면 소련에게 다대한 이익을 부여한 얄타 합의가 붕괴될 가능성이 있기 때문이었다. 스탈린은 변화된 상황에 부응하여 1950년 1월 6일 마오에게 새로운 중소조약을 체결할 준비가 되었다고 말하였다.[101] 그는 일본공산당에게 보다 적극적인 전략을 수립하도록 요구하는 한편 북베트남의 호치민 정권을 승인하였다. 김일성의 계획을 승인한 그의 결정은 아시아 대륙으로부터 미국이 철수함에 따른 공백을 메우기 위한 소련의 대전략(grand design)의 일환이었던 것이다.

미국 정부는 한국의 전략적 가치를 높게 평가하지는 않았지만, NSC-48/2에 명기되었듯이, "민주적 절차에 의해 선출된 대한민국 정부에 대해 정치적 지지와 함께 경제적 기술적 군사적 원조를 지속"하고자 했으나 성과를 내지 못하였다. 1950년 1월 19일 미 하원은 트루먼 대통령이 1950년 회계연도분으로 요청한 1억 5천만 달러의 대한원조지출안 중에서 잔액분인 9천만 달러에 대한 수권법안을 부결시켰다. 반대파의 주요한 이유는 타이완[국민당] 정부에 대해 대량원조가 필요하다는 것과 미국정부의 재정긴축을 고려해야 한다는 것이었다. 다음 날 이승만 대통령은 이에 대해 "대단히 유감으로 생각하는 바"라고 담화를 발표하였고, 장면(張勉) 주미 대사는 "이것이 한국에 대한 포기가 아닐 것으로 확신한다"고 말하였다.[102]

한편, 이승만 대통령은 1950년 3월 1일 '3·1절' 기념사를 통해 자신의 무력통일 노선을 어느 때보다도 강력히 되풀이하였다. 그는 미국이 자신에게 북한을 공격하지 말라고 충고하고 있지만, 자신은 공산치하에서 신음하고 있는 북한동포를 도저히 방치할 수 없다고 주장하면서, 북진을 위해 필요한 항공기와 군함 및 탱크 등 중무기를 공급해 달라고 미국에 공공연하면서도 강력하게 요구하였다. 3월 2일 자 '뉴욕타임즈'는 이 대통령의 발언을 보도하면서 미국정부와 주한미국군사고문단이 이 대통령의 북진공격의 가능성을 매우 우려하고 있다고 보도하였다.[103]

한국이 미국의 전략적 주변지역이라는 사실은 미국 외교정책결정과정에 지대한 영향을 미치는 인물에 의해 다시 한번 공개적으로 확인되었다. 미국 상원외교위원장 톰 코널리(Tom Connally)는 애치슨 발언 4개월 후인 1950년 5월 5일 "한국은

....

101 "Stalin's Conversations with Chinese Leaders," *CWHIP Bulletin*, Issues 6-7, Winter 1995/6, pp. 4-27.

102 구영록, 배영수, 『한미관계: 1881-1982』, 서울대출판부, 1982, p. 78.

103 구영록, 배영수(1982), p. 79

미국의 방어전략의 핵심적인(indispensable) 부분이 아니며, 공산주의자들은 언제든 마음만 먹으면 한국을 차지할 수 있을 것"이라고 공개적으로 발언하였다. 코널리 상원외교위원장의 '유에스뉴스앤월드리포트(*The U.S. News and World Report*)'지와의 인터뷰 내용은 다음과 같다:

기자   미국이 한국을 포기한다는 방안이 진지하게 검토될 것으로 보십니까?

코널리 그렇게 될 것 같습니다. 왜냐하면 미국이 원하든 원하지 않든 한국은 포기될 것이기 때문입니다. 나는 한국을 지지합니다. 상원외교위는 한국을 도우려 할 것입니다. 우리는 한국을 돕기 위해 예산을 마련 중에 있습니다. 그러나 남한은 이 선상에 위치합니다. 이 선의 북쪽에는 대륙에 닿아 있는 공산주의자들이 있고, 대륙에는 러시아가 있습니다. 따라서 러시아는 준비만 되면 포모사(타이완)를 쉽게 점령할 수 있는 것처럼 마음만 먹으면 남한을 정복할 수 있을 것입니다. 물론, 나는 그렇게 되지 않기를 바랍니다.

기자   한국은 미국의 방어전략의 핵심이 아닙니까?

코널리 아닙니다. 물론 한국과 같은 어떠한 지역도 전략적 가치가 없는 것은 아닙니다. 그러나 나는 이 지역이 매우 중요하다고 생각하지는 않습니다. 상원외교위 청문회에서 확인되었듯이 일본, 오키나와, 필리핀을 잇는 방어선이 절대적으로 중요한 전략적 가치를 가집니다. 이 지역 근방에 위치한 영토가 중요하긴 하지만 절대적으로 필수적이지는 않습니다.[104]

코널리 상원의원의 인터뷰가 너무 나갔다고 판단한 미국 국무부는 야기될 피해를 최소화하고자 하였다. 국무부 동아태 차관보 러스크는 기사가 공개되기 전인 5월 2일 제임스 웹(James Webb) 차관에게 코널리 상원의원과의 면담 시 국무부의 우려를 전달할 필요성을 환기하였다. 내용은 두 가지였다. 첫째, 코널리 의원의 발언이 패배주의로 받아들여질 수 있다는 점을 지적해야 한다는 것이었다. 러스크는

....

104   *The U.S. News and World Report*, May 5 1950, pp. 28-31.

이미 국무장관이 1950년 3월 7일 "한국을 포기할 수밖에 없다"는 패배주의에 대해 "미국은 실패의 가능성에 대한 공포보다는 성공을 위한 결의에 기초한 정책을 추진해야 하며, 한국이 내외적 문제로 어려움을 겪고는 있지만 안정과 질서를 위한 조건들을 개선해 나가고 있으며, 공산주의에 의한 전복의 가능성도 최소한 단기적으로는 높지 않다"며 정부의 입장을 분명히 하였음을 코널리에게 전달해야 한다고 권고하였다. 둘째, 한국이 미국의 방어선에서 제외됨에 따른 문제에 대해 향후 언론의 질문이 있을 경우 미국은 적절한 대응논리를 갖고 있어야 한다는 것이었다. 러스크는 이와 관련하여 "국무장관과 코널리 의원 간에는 견해와 의도에 있어 차이가 전혀 없으며, 미국은 한국의 독립국가로서의 생존에 깊은 이해관계를 투영하고 있고, 이를 위해 정치 경제 및 군사 원조뿐 아니라 UN을 통해 정치적 지원을 제공하고 있으며, 의회도 마찬가지로 한국과 아시아국가들이 공산위협에서 자유로워야 한다는 점을 군원 등을 통해 이미 충분히 확인했다"는 점을 홍보할 것을 주문하였다.[105]

그러나 정제되지 않은 코널리 발언의 효과는 미국 국무부의 노력에도 불구하고 신속히 파급되었다. 한국의 이승만 대통령은 극도의 배신감과 불안감 휩싸이게 되었다. 주한 미국 대리대사 드럼라이트(Everrett Drumright)는 이 대통령의 발언 내용을 다음과 같이 요약하였다:

이 대통령은 비통하고 냉소적인 표정을 지으며, 한국으로부터 수천 마일 떨어져 있는 한 정치인이, 대수롭지 않다는 듯, 한국과 3천만 국민들은 미국에게 전략적으로나 다른 면에 있어서 별로 중요하지 않다고 쉽게 말하고 있다고 탄식하였다. 그는 이어서 코널리 상원외교위원장의 발언은 북한에게 한국 침략을 격려하는 "공개적 초대장"이라며 격렬히 성토하였다.[106]

....

105 "Statements by Senator Connally regarding U.S. Policy in Korea," Memorandum by the Assistant Secretary of State for Far Eastern Affairs (Rusk) to the Under Secretary of State (Webb), *FRUS, 1950, Korea*, Volume VII, 611.95/5–250, Washington, May 2, 1950.

106 Memorandum of Conversation, by the Chargé in Korea (Drumright), Seoul, May 9, 1950. Subject: Pres. Rhee's Comment on Sen. Connally's Remarks on Korea, *FRUS, 1950, Korea*, Volume VII. https://history.state.gov/historicaldocuments/frus1950v07/d35

트루먼 정부는 코널리의 발언을 없던 것으로 하기 위해 미국이 한국의 독립을 지원한다는 사실을 재확인하고, 대한경제군사원조 프로그램을 강조하였지만, 그 누구도 한국에 대한 공산침략을 미국이 저지하지 않을 것이라는 코널리의 발언을 부인하지는 않았다. 요컨대 코널리의 발언이 트루먼 정부의 한국관을 대변하는 것은 아니었지만 당시 미국의 전략적 관심은 유럽의 독일과 세계대전 가능성에 쏠려 있었다는 것은 엄연한 사실이었고, 결과적으로, 특히 스탈린과 김일성에게는 한국이 미국의 전략적 관심 밖에 있는 것으로 보였다는 것도 역시 사실이었다.

김일성과 스탈린, 그리고 마오

김일성은 1949년 3월 면담 이후 주북 소련 대사관을 통해 "민족해방" 완수의 당위성과 성공 가능성에 대해 지속적으로 스탈린에게 의견을 개진하였다. 그는 "한반도는 게릴라전에 적당한 지리적 조건을 갖고 있지 않기 때문에 전면전이 유일한 수단"이라 강조하였다. 스탈린은 김일성의 입장을 동정하고 지지하였지만 한반도 전쟁이 가져올 여파에 대해 우려하였다. 특히 그는 미국이 중국[국민당 정권]을 구하기는 어려웠지만 한국의 경우는 다르며, 미국은 한국을 포기할 경우 평판의 문제가 제기될 것이므로 개입할 가능성이 높고, 한국은 소련의 세력권에서 멀리 벗어나 있는 지역으로 소련의 사활적 이익이 걸려 있지 않다는 점을 인식하고 있었다. 그러나 다른 한편, 한반도 확보는 구미가 당기는 것이기도 하였다. 그는 남침으로 미국의 의지를 시험할 수 있고, 미국과 마오의 중국 사이의 적대관계를 격화시킬 수 있으며, 미국의 군사력을 유럽에서 감축시킬 수 있는 기회가 될 수 있다고 보았다.

스탈린은 1949년 12월-1950년 2월 중소우호동맹호조조약 협상 시 마오와의 회동에서 김일성의 "통일계획"을 알려주고 의견을 물었다. 마오는 조심스러운 태도를 보였다. 특히 미국의 개입을 우려하였다. 마오는 애치슨 선언에도 불구하고 미국의 말을 곧이곧대로 믿어서는 안 된다는 입장을 피력하였다. 그러나 마오에게 더 중요했던 것은 며칠 전 스탈린으로부터 타이완해방을 위한 원조 약속을 받아냈다는 사실이었다. 그는 김일성의 계획이 승인된다면 중국의 타이완해방을 위한 기회를 상실할 수도 있다고 생각하였다. 김일성이 선수를 쳐 한국전이 발발하면 소련으로서는 일단 북한에 대한 원조에 몰두하게 될 것이기 때문이었다. 그리고 한국전이 언젠가는 종료되겠지만, 국제정치의 역학관계를 고려할 때, 언제 다시 자신에게 타이완해방의 기회가 돌아올지 알 수 없는 노릇이었다. 마오가 "김일성의 전쟁"에 대해 소극적이었던 또 다른 이유는 중국의 국내적 조건과 연관이 있었다. 마오로서는 오랜 내전으로 파괴된 중국 경제를 회복하는 일이 급선무였다. 나아가 그는 아직 청산되지 않은 반혁명분자들이 외부 세력과 결탁·합세하여 한국전쟁 개입에 따른 중국의 국가적 동력의 분산을 정치적으로 악용할 가능성에 대해 우려하지 않을 수 없었다. 따라서 마오는 한반도에서 전쟁이 일어나 중국이 연루되길 원하지 않았다.

그럼에도 불구하고 마오는 '김일성의 계획'을 거부하지는 않았다. 스탈린과 마오는 김일성이 제시한 증거들을 보며 남한이 '38선'에서 무력도발을 자주 하고 있다고 판단했고, 이승만이 무력에 의한 북진통일을 주장하고 있음에도 주목하였다. 스탈린은 또한 외부의 지원 없이 김일성 정권이 지속적으로 생존할 가능성에 대해 회의적이었다. 그러나 김일성 정권의 취약성은, 역설적으로, 스탈린이 그의 호소에 더욱 귀 기울이게 된 요인 중 하나였다. 스탈린은 오랜 전부터 재무장한 일본이 한국을 교두보로 삼아 소련의 극동지역을 위협할 가능성에 대해 우려하였다. 그는 1945년 이후 미국이 일본군을 한국에 진입시킬 명분을 찾고 있다고 보고 미국의 행동을 면밀히 관찰하고 있었다.[107] 그는 미국이 유럽에서 "독일의 군국주의"를 부활시켜 소련을 위협할 가능성에 대해 걱정하고 있던 터였다. 그는 미국, 일본, 한국군이 합세하여 전쟁을 일으킬 경우에 대비해 북한을 중요한 완충국가로 유지해야 한다고 판단하고 있었다. 어쨌든, 스탈린은 "우호적으로 변한 상황"을 인식하고 김일성의 전쟁계획을 승인하기로 마음먹었지만, 만에 하나 미국이 개입할 가능성에 대비하지 않으면 안 된다고 생각하였다. 그는 비상시 마오와 중국으로 하여금 군사적 부담을 전적으로 짊어지도록 할 요량이었다.

....

107 북한 지도부도 미국이 미군을 철수한 후 일본군을 들여보낼 것이라고 생각하였다. 마오는 1949년 5월 방중한 조선인민군 정치부 주임 김일(金一)과의 대화에서 "조선 동지들은 미군이 곧 남조선에서 철수할 것으로 생각하고 있다. 그런데 그들은 미군 대신 일본군이 주둔하고, 그들의 지원을 받아 남조선이 북조선을 침공할 것을 염려하고 있다"고 말하였다. "코발레프가 스탈린에게 보낸 암호전문(1949.5.18),"АП РФ, ф.45, оп.1, д.331, л.60. 이재훈(2005), p. 179에서 재인용.

마오는 스탈린에게 자신으로부터 무엇을 원하는지 직설적으로 말해달라고 요구하였다. 스탈린은 중국 내 조선인 공산군을 조선으로 보내는 안을 제안하였다. 인민해방군 녜룽전(聶榮臻, 聂荣臻, 섭영진) 원수에 따르면, 조선은 비록 인민군이 소련제 무기로 무장했지만 대규모 전쟁을 수행하기엔 병력이 부족하였다. 마오는 인민해방군에 소속되어 있는 조선인 병사들[108]을 조선으로 돌려보낼 수 있다고 판단하였다. 김일성은 1950년 1월 자신의 "오른팔" 김광협(金光俠) 조선인민군 작전국장을 베이징으로 파견하여 조선인 병사들의 귀환을 요청하였다. 중공 당 중앙은 모스크바에 있던 마오의 재가를 받아 제4야전군 제10병단 제43군 휘하 제156사의 병사 8,000여 명과 제4야전군 제15병단 소속 2,500여 명, 그리고, 제13병단 제113사 소속 1,000여 명 등 모두 12,000여 명의 조선인 병사들이 귀환하는 데 동의하였다. 이들은 독립15사로 편성된 후 원산에 도착하여 조선인민군 제12사단이 되었다. 한편 제1야전군의 제3병단 제47군 휘하 각 사단에 소속된 조선인 병사들은 1개 연대와 1개 독립대대로 편성되었고, 연대는 황해도 송림으로 가 조선인민군 제4사단 제18연대가 되었으며, 독립대대는 평양에서 기계화보병연대에 통합되었다. 1950년 3-4월 사이의 귀환은 1949년 7월의 귀환과 구별하기 위해 조선인 병사들의 '제2차 입북'이라 불린다. '제1차 입북'은 1948년 12월 말 소련군이 완전 철수하고 남한이 북침할 것이라는 위기 의식이 북한 내에서 고조됨에 따라 전투력 보강 차원에서 이뤄졌다. 1948년 12월 말 하얼빈에서 열린 북·중·소 3국회의에서 조선인 부대 인도 문제가 처음 제기되었는데 이때 중국은 만주의 국민당군 소탕을 이유로 난색을 표명하였다. 1949년 봄 남한의 대규모 침공 가능성을 우려한 북한과 소련이

....

108 1930년대 중국에서 항일투쟁을 벌이고 있던 많은 좌파 조선인들은 1942년 7월 화북지역에 집결해 화북조선독립동맹을 결성하고 그 무장력인 조선의용군을 조직하였다. 소련이 대일전을 시작한 직후인 1945년 8월 11일 화북조선독립동맹과 조선의용군은 만주와 조선의 해방을 위해 중국 동북지방으로 이동하라는 중국공산당의 명령을 받고 1945년 10월 말 선양 교외에 도착하였다. 그들이 만주에 들어와 각지의 조선독립동맹 지부 구성원들과 합류하던 중 중공당은 국민당군을 소탕하기 위해 조선인 병사들이 협력할 것을 요청했고, 이에 조선의용군은 1945년 11월 동북조선의용군 3개 지대를 구성하여 병력 확충에 나섰다. 이 3개 지대 중 2개 지대가 1949년 7월에 입북한 중국인민해방군 소속 조선인 사단인 제164사와 제166사의 전신이다. 이재훈, "1949~50년 중국인민해방군 내 조선인부대의 '입북'에 대한 북·중·소 3국의 입장," 『국제정치논총』, 제45집 3호, 2005, pp. 172-73.

중국에 조선인 부대 인도를 재차 요청하였다. 1949년 4월 28일 동북항일연군 사단 정치부 주임과 문화부장 등을 역임한 특사 김일(金一)이 방중하였다. 마오는 이때 베이징, 난징 등을 점령한 후 감군을 하고 있었다. 따라서 그는 위수 임무를 수행하는 잉여군사력으로서 전투력이 변변치 않았던 제4야전군 제13병단의 164사단(창춘사단)과 166사단(선양사단)의 조선인 병사들의 귀환에 동의하였다. 164사단은 함경남도 라남으로 이동하여 인민군 제5사단이 되었고, 166사단은 신의주를 거쳐 사리원으로 이동 배치되어 인민군 제6사단이 되었다. 중국에서의 내전과 항일투쟁을 경험한 이 병사들은 한국전쟁 초기 중요한 역할을 수행하였다. 방호산(方虎山)은 6사단을 이끌고 호남 일대와 진주, 마산까지 진출하는 등 전공을 세워 북한 측 영웅으로 대접받았고, 6사단은 근위사단의 칭호를 수여받았다.

한편, 김일성은 마오가 모스크바에 있을 때, 그리고 모스크바를 출발하고 베이징에 도착하기 전, 즉 1950년 2월 17일과 3월 4일 사이 새로운 정보를 제공하며 스탈린을 집중적으로 설득하였다. 김일성은 20만의 남로당원들과 지리산 빨치산의 봉기를 1949년 3월과 12월에 이어 거듭 언급하였다. 그는 이뿐 아니라 중요한 새로운 정보와 분석을 추가하였다: 첫째, 미국은 결코 한반도 전쟁에 개입하지 않을 것이다. 중국이라는 거인을 잃고 있을 때도 미국은 무력 개입하지 않았다. 둘째, 미국은 태평양방어선(애치슨 라인)에서 한국을 분명히 제외하였다. 셋째, 2월에 체결된 중소우호동맹호조조약은 미국을 억지하기에 충분하다. 그럼에도 불구하고 스탈린은 미국이 자신의 국제정치적 평판 때문에 개입할 가능성이 있다고 지적하였다. 김일성은 속도전을 통해 3일 만에 전쟁을 사실상 끝낼 수 있고, 그 상태에서 미국이 무리하게 개입할 가능성은 없다고 스탈린을 설득하였다.

스탈린은 김일성의 말을 듣고, 1950년 2월 14일 체결된 중소동맹조약의 전략적 함의를 '오버랩(overlap)'시켰다. 한국전 관련 중국의 외교 문건들을 정리한 중국 화동사범대학 냉전사연구센터 소장 션즈화(沈志華, 심지화)에 따르면, 스탈린은 이 조약에서 많은 것을 중국에 양보하였다고 생각하였다. 특히 소련이 1945년 2월 얄타협정과 1945년 8월 중소동맹조약(장제스의 국민당 정부와 체결)을 통해 확보했던 중국 동북 지역에서의 특권, 즉 소련이 태평양으로 진출할 수 있는 출구인 창춘철도와 부동항인 뤼순항을 중국에 반환하였다는 사실이 중요하였다. 스탈린은 "태평양으로의 진출 거점 및 부동항을 소유한 남한이 중국의 동북 지역을 대신하여 아시아에서 소련의 정치경제적 권익을 보장할 수 있다고 보았다."[109] 나아가 스탈린은 세계대전 발생 시 적화된 한반도를 미국의 위성국가인 일본에 대한 공격기지로 활용할 수 있다는 점이 중요하다고 판단하였다. 스탈린은 김일성의 조선반도 무력통일 계획에 더욱 흥미를 갖게 되었다.

스탈린은 김일성의 계획과 호소를 담은 전문을 마오에게 보내면서 의견을 구하였다. 스탈린은 미국과의 일전을 피하고자 했기 때문에 마오로 하여금 김일성을 지원하도록 계략을 꾸몄다. 스탈린은 애치슨 연설 직후부터 마오 활용 전략을 가동하였다. 그는 그렇게 함으로써 중국과 서방 간의 거리를 더욱 멀게 만들 수 있다고 생각했고, 그것이 소련의 이익이라 판단하였다. 마오는 스탈린의 전문을 받고 "이 전쟁은 내전이므로 미국이 개입할 가능성은 낮다"고 답하였다. 미국의 개입을 우려하던 정상회담 시와는 입장이 달라진 것이었다. 중국의 타이완 해방을 정당화하기 위한 논리였다. 미국이 타이완을 지키기 위해 개입할 가능성은 없지만(그래서 스탈린이 3차대전을 걱정하지 않고 중국의 타이완 해방을 지원할 수 있다) 남한을 지키기 위해서는 개입할 것이라는 논리는 말이 안 되기 때문이었다.

김일성은 1950년 3월 30일 다시 모스크바를 방문하였다. 최근 공개된 소련최고회의 간부회의의장 문서고의 한 비밀문건에 따르면, 스탈린은 1950년 1월경 "김일성의 전쟁"을 위한 국제적 조건이 무르익었다고 판단하였다. 1월 30일 그는 "남조선 해방"과 관련한 기존의 결정에 대한 재고를 요청하는 김일성의 전문에 답하면서 김일성이 제안한 것에 대해 토론하기 위해 모스크바에서 만나자고 제의하였다.[110] 스탈린은 이것이 극비임을 강조하였다. 그는 적을 포함하여 김일성의 측근이나 중국 동지들도 이에 대해 알아서는 안 된다고 재차 강조하였다. 박헌영을 대동한 김일성은 4월 25일까지 모스크바에 머물렀다. 소련 공산당 중앙위 국제부의 한 문건에 따르면, 김일성-스탈린 회담의 기록자는 다음과 같이 상황을 정리하였다:

....

109 션즈화, 김동길 옮김, 『조선전쟁의 재탐구: 중국·소련·조선의 협력과 갈등, 선인』, 2014, p. 66.

110 "Telegram from Stalin to Shtykov," January 30, 1950, History and Public Policy Program Digital Archive, AVP RF, f. 059a, op. 5a, d. 3, p. 11, l. 92, and RGASPI, f. 558, op. 11, d. 346, ll. 0069-0073.

스탈린 동지는 국제적 환경이 크게 변하여 조선의 통일을 위한 보다 적극적인 조치가 가능하게 되었다고 김일성에게 확인해줌. 스탈린 동지에 따르면, 중국의 공산화는 남조선에 대한 조치가 성공할 가능성을 높이고 있음. 중국은 내전에서 벗어나 조선을 원조할 수 있는 입장에 있고, 필요시 파병도 가능할 것임. 중국 공산당의 승리는 지대한 심리적 효과를 가지게 될 것임. 이는 아시아 혁명가들의 힘을 드러내주었고, 반대로 미국과 같은 반동세력의 취약점을 적나라하게 노출해주었음. 미국은 중국에서 철수하였고, 새로운 중국에 대해 감히 군사적으로 도전하지 못할 것임. 현재 중국과 소련은 동맹조약을 체결한 상태이므로 미국은 아시아 공산주의에 대해 더욱 위협감을 느낄 것임. 미국으로부터의 정보는 이와 같은 판단의 신빙성을 더해주고 있음. 특히 우리는 핵무기를 보유하고 있고, 평양에서의 위상이 견고하기 때문에 미국이 개입할 가능성은 매우 낮음. 그럼에도 불구하고 우리는 해방전쟁의 손익을 잘 계산해야 함. 중요한 것은 미국의 개입 여부, 그리고 전쟁에 대한 중국의 입장임.

김일성은 미국의 개입 가능성은 없다고 말함. 그에 따르면, 미국은 소련과 중국이 조선을 원조할 것임을 잘 알고 있기 때문에 세계대전을 무릅쓰려 하지 않을 것임. 마오 주석은 늘 우리의 민족해방을 지지해왔기 때문에 문제가 전혀 없을 것임. 중국은 필요시 군대도 파견할 수 있을 것임. 그러나 우리는 우리 군대의 역량으로 해방전쟁을 승리로 이끌 수 있다고 확신함.

스탈린 동지는 조선군의 준비태세를 격상하고, 정예부대를 창설할 필요성을 제기함. 스탈린 동지에 따르면, 김일성이 요구한 무기에 관한 건은 차질 없이 이행될 것임. 작전계획은 3단계로 이루어져야 함. 첫째 38선에 군사력을 집중 배치할 것. 둘째, 조선의 최고위 명의로 평화통일을 위한 대화를 [남조선에] 재차 제안할 것. 셋째, 이 제안은 거부될 것이 확실하기 때문에, 그렇게 되면 반격이 이루어져야 할 것임. 김 동지가 말했듯이, 옹진반도에서 무력충돌이 일어나면 어느 쪽에 책임이 있는지 불분명하므로 이를 시작으로 전선을 확대하는 것이 합리적일 것임. 전쟁은 미국이나 남조선 당국이 감을 잡기도 전에 신속히 끝내야 함.

스탈린 동지는 소련이 유럽에서 심각한 도전에 직면해 있으므로 이 전쟁에 직접적으로 참여할 수 없음을 김일성에게 주지하였음. 스탈린 동지는 김일성에게 마오쩌둥이 동양의 문제에 대해 식견이 있으므로 그와 협의할 것을 권고함.

김일성은 왜 미국이 개입할 수 없는지에 대해 자세히 설명함. 그에 따르면, [자신의] 공격은 신속히 이루어져 3일 내 해방이 달성될 것임. 남조선에서의 게릴라 부대가 그의 해방전쟁에 동조할 것임. 미국은 개입하려 해도 이미 남조선의 인민들이 새로운 정부를 열렬히 지지하는 것을 보고 포기할 것임. 박헌영은 20만의 남로당원들이 민중봉기를 지도하게 될 것이라고 말함.

스탈린 동지와 김일성은 1950년 여름까지 조선인민군을 총동원하고, 조선의 일반참모부는 소련 고문관들의 조력을 받아 구체적인 작전계획을 완성하기로 합의함.[111]

김일성은 스탈린과의 면담에서 그의 속도전이 반드시 성공할 것이라 자신하였다. 그는 1950년 봄 옹진반도와 개성 북부를 촬영한 항공사진들을 스탈린에게 보여주었다. 그는 포로들을 심문한 결과 탱크, 항공기 등 북한의 우위가 확인되었고 남조선의 군비태세는 형편없다고 말하였다. 병력도 10만이나 되어 남한을 압도하는 상황이었다. 요컨대 김일성과 박헌영은 미국 개입에 대한 스탈린의 우려를 해소시키기 위해 다섯 가지를 강조하였다:

① 인민공화국의 군사력이 남조선의 군사력을 압도하고 있다, ② 지리산 빨치산이 동참할 것이다, ③ 20만 남로당원이 봉기를 지도할 것이다, ④ 전쟁은 3일 만에 끝날 것이다, ⑤ 따라서 미국이 개입할 시간이 없을 것이다.

이를 다 들은 스탈린은 김일성의 전쟁계획을 승인하였다.[112] 그러나 스탈린은 자신이 책임질 일은 극구 피하고자 하였다. 그는 김일성에게 "조선의 동지들은 소

··········

111 International Department of the Central Committee of the All-Union Communist Party, APRF, "Report on Kim Il Sung's visit to the USSR, March 30-April 25, 1950," cited in Bajanov and Bajanova, pp. 40-42.

112 Goncharov, Lewis, and Litai(1993), p. 139.

련으로부터 큰 원조를 기대해서는 안 된다. 소련은 조선 문제보다 더 중요한 도전에 직면해 있다"고 말하며, 그들에게 "동양의 문제에 대해서는 마오쩌둥 동지가 이해도가 높으니 그와 상의하는 것이 좋겠다"고 권고하였다. 스탈린은 김일성과 헤어질 때조차도 소련이 전쟁에 연루될 위험성을 잊지 않았다. 그는 김일성에게 조건부적인 동의를 표시하면서도 "김 동지가 박살이 난다 해도 나는 손가락 하나 움직이지 않을 것이요. 마오쩌둥 동지에게 도움을 청해야 할 것이요"라고 말하였다. 그는 김일성이 전쟁에서 승리하면 공을 자신에게 돌리고, 실패하면 마오와 김일성에게 전가하려 했던 것이다.

김일성은 스탈린의 권고대로 마오와 회담하기 위해 1950년 5월 13일에서 16일까지 베이징을 방문하였다. 그러나 김일성은 자신의 계획에 대해 마오와 성실하게 상의하지는 않았다. 그는 자신의 결심만 통보하였고, 군사작전 정보나 개전 일시 등은 알려주지 않았다. 김일성은 마오에게 스탈린이 최근 자신의 계획이 성공할 가능성이 높아졌다고 재평가했음을 강조하였다. 그러나 마오는 전쟁계획의 성공 가능성과 스탈린의 재평가 모두에 대해 사실 회의적이었다. 그래도 마오는 미국의 개입 가능성을 제기하며 김일성의 계획에 제동을 걸 수는 없었다. 왜냐하면 자신도 타이완 해방을 시도하고 있는 상황에서 미국의 개입 가능성을 들며 김일성에 반대할 수는 없었던 것이다. 마오는 여러 가지 이유를 들며 김일성에게 재고를 권고하였다. 그러나 김일성은 들으려 하지 않았으며 오히려 "우리가 자체로 해결할 수 있다"고 장담하였다.

마오는 5월 15일 스탈린의 '3단계 전쟁계획'에 동의하였다. 그는 중국 내전에서 인민해방군이 성공한 이유를 설명하며 김일성에게 "신속히 행동할 것, 시간을 낭비하지 않기 위해 대도시를 우회하여 진격할 것, 적의 군사력 파괴에 모든 역량을 집중할 것" 등을 권고하였다. 그러나, 마오는 일본군의 개입 가능성을 경고하였다. 이에 대해 김일성은 그럴 가능성은 낮지만, 만일 일본군이 들어온다면 2-3만 정도의 규모가 될 것인바, 일본군의 파병은 인민군의 사기를 높여 오히려 긍정적인 면이 있다고 말하였다.[113] 마오는 일본군이 개입하면 전쟁이 장기화될 수 있고, 미

....

113　Telegram from Roshchin to Stalin, 15 May 1950, cited in Bajanov and Bajanova, pp. 51-52.

군이 직접 참전할 가능성도 있다고 김일성의 낙관주의에 제동을 걸었다. 김일성은 스탈린 동지가 "미국은 군사개입 의지가 없다고 말했다"는 점을 환기시켰다. 중국이라는 대륙을 포기한 미국이 한반도의 남쪽 일부를 무력으로 방어하고자 할 리가 없다는 것이었다. 마오는 김일성에게 만일 미군이 개입할 시 인민해방군의 파병을 원하는지 물었다.[114] 김일성은 전쟁은 신속히 끝날 것이기 때문에 미군이 개입할 시간적 여유가 없을 것이고, 따라서, 중국 인민해방군의 국경배치는 필요하지 않고, 소련의 원조로 충분할 것이라고 답하였다.

김일성이 모스크바에서 평양으로 귀환한 1950년 4월 이후 소련제 무기가 북한에 대규모로 반입되었다. 김일성은 남한과 비교할 때 이미 무력에 있어 압도적 우위를 누리고 있었다. 소련은 1948년 말 12만 병력의 소련군 제25군단을 철수시킬 때 모든 무기를 인민군에게 인계하였는데, 여기에는 소련군이 일본군 제34군단과 제58군단으로부터 노획한 무기도 포함되어 있었다. 소련의 자료에 따르면, 1940년 대 말에서 1950년대 초까지 소련이 북한에 제공한 군사원조는 같은 기간 동안 소련이 마오쩌둥의 인민해방군에 제공한 것보다 많았다.[115]

김일성이 전쟁 계획을 마오에게 알리면서 양자 간의 '선수(先手)치기' 경쟁이 시작되었다. 마오는 모스크바 방문 중이던 1950년 2월 4일 타이완 공격 준비를 명령한 바 있었다. 1주 후, 지정된 4개 사단이 상륙 훈련을 시작하였다. 마오는 김일성이 모스크바에 체류 중이던 4월 말 소련에게 타이완 해방을 위한 무기 공급을 재촉하였다. 애치슨 선언 이후 스탈린은 그때까지의 신중한 자세에서 벗어나 타이완 해방을 위해 마오가 요구했던 중국 공군 창설에 대해 적극적으로 나섰다.[116] 1950년 중반에 이르러 소련의 인민해방군 공군에 대한 교육도 계획대로 상당히 진행되

··········

114 마오쩌둥은 전쟁이 시작되면 "중국은 장차 선양에 하나의 부대를 배치시켜 남한이 일본군을 끌어들여 군사행동을 할 경우에 북한에게 필요한 원조를 제공해 줄 수 있다"고 말하였다. "蘇聯外交部關於朝鮮戰爭的背景報告(1966年 8月 9日) – 關於1950~1953年朝鮮停 戰及停戰談判," 沈志華 編, 『朝鮮戰爭: 俄國檔案館的解密文件』 下冊(臺北: 中央研究院近代史研究所, 1992), 1346面. 박영실, "정전회담을 둘러싼 북한·중국 갈등과 소련의 역할," 『현대북한연구』, 14권 3호, 2011, p. 47에서 재인용.

115 Goncharov, Lewis, and Litai(1993), p. 147.

116 John W. Garver, *China's Quest: The History of the Foreign Relations of the People's Republic*, Oxford University Press, 2016, p. 73.

었다. 타이완 해방의 성공 가능성이 어느 때보다 높았다. 그러나 마오의 바람과는 달리 타이완 공격 준비가 지연되었고, 중국공산당 중앙위는 1950년 6월 초 회의를 열고 타이완 공격 시기를 1951년 여름으로 연기하였다. 그리하여 마오는 김일성이 6월 25일 작전을 개시하자 선수를 빼앗기게 되었다.

마오는 김일성의 계획을 알고 있었으면서도 한국전쟁에 대비하지 않았다. 션즈화에 따르면, 마오는 전쟁이 시작된 후인 1950년 6월 30일 인민해방군 120만 감축을 예정대로 진행할 것을 지시할 정도였다.[117] 더구나 마오는 김일성이 말해주지 않았기 때문에 작전 개시의 정확한 시점도 모르고 있었다. 한편, 김일성은 마오쩌둥을 배제하고자 하였다. 북한 군부도 최근 귀국한 친중 연안파 세력을 "보안상의 이유"로 작전계획 수립 등의 과정에서 배제하였다. 김일성은 소련으로부터 반입되는 군사장비도 중국을 거쳐야 하는 철도 대신 선박에 의해 운송되도록 하였다. 김일성은 마오가 (타이완 해방에 장애가 되는) 자신의 계획을 흔쾌히 받아들이지 않았기 때문에 그를 완전히 신뢰할 수 없었던 것이다.

적극적인 개입 의사가 없던 중국의 지도부는 정작 전쟁이 발발하자 북한과 소련이 최종 의사결정 과정에서 중국을 배제하였음 알고 배신감을 갖게 되었다. 펑더화이(彭德怀, 팽덕회)와 천이는 김일성과 스탈린이 중국과 상의하지 않은 채 기습공격을 감행했지만, 막대한 비용은 중국에게 덮어씌우려 하고 있다며 격노하였다. 중국은 미국이 참전하고, 제7함대가 타이완해협에 급파되면서 한국전쟁이 자신의 안보를 직접적으로 위협할 수 있다고 보고, 한국전에 대한 기존의 개념과 태도를 수정하게 되었다.[118] 그럼에도 불구하고, 중국은 6월부터 10월까지 북한에 이렇다 할 원조를 제공하지는 않았다.

....

117　션즈화(2014)는 p. 393에서 저우언라이의 군사비서 레이잉푸(雷英夫)의, "抗美援朝战争几个重大决策的回忆," 『党的文献』, 1993, p. 76을 인용하고 있다.

118　*Ibid.*

김일성의 기습적 남침과 이승만의 대처

한편 1950년 1월 대한국 원조액을 삭감했던 미국은 1950년 봄에 이르러 한국에 대한 원조를 증대하기 시작하였다. 이때는 급격히 격화되고 있던 냉전을 반영한 미국의 새로운 국가안보전략, 즉 NSC-68이 완성된 상태였다. 뒤에 상술하겠지만, NSC-68은 기존 봉쇄전략의 수동성을 지적하며 강화된 소련과 공산주의의 팽창을 세계 전역에서 공격적으로 저지하기 위해 막대한 국방비를 요구하였다. 미 의회는 1억 달러의 대한국 경제·군사 원조안을 승인하였고, 고위 정부 인사들의 방한도 여러 차례 이루어졌다. 그럼에도 불구하고 김일성의 전쟁준비는 신속하게 이루어지고 있었다. 6월 12일 인민군은 38선 접경 지역으로 집결하기 시작하였다. 소련과 인민군은 부대이동에 대해 철저한 보안과 비밀 유지를 강조하였다. 그러나 김일성은, 실제로 그러했는지는 알 수 없지만, "남조선이 인민군의 부대이동에 대해 알아버렸다"고 6월 21일 스탈린에게 알리면서 옹진반도에서의 작전을 시작으로 전면전으로 확대한다는 원래의 계획을 수정하여 6월 25일 38선 전역에서 일제히 공격을 개시하는 방안을 제시하였다. 스탈린은 김일성의 제안을 승인하였다. 그러나 이러한 전격적이고 전면적인 대규모 공격은 결과적으로 스탈린과 김일성의 실책이었다. 국제사회는 1939년 9월 1일 나치독일의 대규모 전면 침공을 쉽게 연상할 수 있었고, 이는 후일 UN군이 참전하는 데 중요한 심리적·도덕적·정치적 역할을 하게 된다.[119]

1950년 6월 25일 새벽 김일성의 부대는 1941년 히틀러가 소련을 침공한 것처럼 휴일인 일요일을 택하여 옹진, 개성, 장단, 의정부/동두천, 춘천, 강릉 등 '38선' 일대에 걸쳐 일제히 기습 남침하였다.[120] 7개 사단 96,000명이 넘는 북한 침략군의

....

119 Kathryn Weathersby, "Stalin and the Korean War," in Melvyn P. Leffler and David S. Painters, eds., *Origins of the Cold War: An International History*, Routledge, 2005, p. 278.

120 인민해방군 소속이었던 조선인 병사들로 구성된 방호산(方虎山)의 제6사단이 선봉에 서서 해주로부터 공격해왔다. 6사단 제1연대는 01시에 옹진반도를 향해 돌격하였다. 나머지 연대들은 개성과 문산으로 이어지는 도로를 따라서 남침하였다. 제4사단은 제105전차여단의 지원을 받아 남쪽으로 진격하여 04시 30분 의정부를 향해 38도선을 넘었다. 6사단과 마찬가지로 인민해방군 소속이었다가 귀환한 병사들로 구성된 김창덕(金昌德)의 제5사단은 청진 근처의 라남에서 남쪽으로 600km 이상을 이동해 6월 25일 38도선 바로 위인 양양 남쪽 동해안 지점에 도달했고, 해안 도로를 따라 공격하여 05시에 38선을 넘

병력 중 상당수는 중국 내전의 전쟁 경험을 보유한 만주 출신 공산군으로서 '38선' 부근에 배치되었던 병사들이었다. 침략군에 대항한 남한의 병력은 38,000명 정도였고, 전쟁 경험이 없었다.[121] 남한은 북한의 기습을 전혀 예상하지 못하였다. 이승만 박물관의 자료에 따르면, "아침을 먹은 대통령은 9시 30분경 경회루(慶會樓)로 낚시를 하러 갔고, 같은 시각 영부인 프란체스카 여사는 어금니 치료를 받으러 치과에 갔다." 군통수권자가 "북한의 남침에 대해 처음 보고를 받은 것은 낚시를 하던 중인 10시경이었다."[122] 남한 정부는 반정부 게릴라 소탕을 위해 국군의 상당수를 한반도 남쪽 여러 지역에 분산 배치해 놓고 있었다. 게다가 일부 병사들은 주말 휴가 중이었고, 주요 지휘관들은 용산의 미 육군장교클럽(Army Officers Club) 건물 신축에 따른 축하파티에 참가한 후 다음 날 기침(起寢)을 하지 않은 상태였다. 전쟁이 터지자 북한의 라디오는 "이제 막 모내기 한 푸르른 계단식 논들을 지나 우르르 소리내며 남쪽으로 돌진하는 탱크들의 함성"을 방송하였지만[123] 남한의 언론 매체는 사태의 심각성을 인지하지 못하였다. 남한의 한 주요 일간신문은 "북괴군 돌연 남침을 기도," "국군 방위태세 만전," "적의 신경전에 동요말라"라는 제하에 다음과 같은 국방부 발표문을 실었다:

6월 25일 새벽 5-8시 사이 거의 동일한 시각에 '38선' 전역에 걸쳐 이북 괴뢰집단은 대거 불법남침하고 있다. 국군은 요격하여 긴급 적절한 작전을 전개하고 있다. 그 중 동두천 방면 전투에서는 적측이 전차까지 출동시켜 내습(來襲)하였으나 아군 대(對)전차포에 격파당하고 말았다. 이들의 무모한 내습은 제2차 총선거 이래

....

어 정오에 주문진을 점령하였다. Richard A. Mobley, "North Korea: How Did It Prepare for the 1950 Attack?," *Army History*, No. 49, 2000, pp. 10-11.

121 미군(U.S. Army Center of Military History) 측 자료에 따르면 1950년 6월 남한을 침공할 당시 북한의 병력은 10개 사단 135,000명으로 추산된다. https://history.army.mil/reference/korea/kw-chroNo. htm#phase01. 이 중 약 96,000명이 침공 당일 38선을 넘었다. 당시 한국군의 병력은 7개 사단 98,000명으로 추산되는데 이 중 절반 이상이 반정부 게릴라전 등에 투입되어 있었다.

122 http://xn--zb0bnwy6egumoslu1g.com/bbs/board.php?bo_table=tiath&wr_id=10&c_id=65&w=c

123 Lily Rothman, "How the Korean War Started," *Time*, Jun 25, 2015. http://time.com/3915803/korean-war-1950-history/

대내대외하여 가일층 융성발전되는 우리 대한민국을 침해파괴함으로써 괴뢰집단 가(家)의 배세(頹勢)를 만회하려는 의도 아래 소위 조통(祖統)을 통하여 화평통일이 니 남북협상이니를 모략방송하다가 하등의 반향도 없으므로 초조한 끝에 감행하게 된 공산도배의 상투 수단임에 틀림없다. 군은 각지에서 과감한 작전을 전개하고 있으니 전 국민은 군을 의뢰(依賴)하며 미동(微動)도 하지 말고 각자의 직장에서 만단(萬端)의 태세로 군의 행동과 작전에 적극 협력하기 바라는 바이다.[124]

이 신문은 1면 헤드라인만 북의 남침에 관한 기사를 실었을 뿐 다른 기사는 남침과 무관한 것들이었다. "자연과학과 학제"와 함께, 미일강화조약에 관한 외신, 그리고 국회교섭단체 구성 시한에 관한 기사들이 그것이었다. 당시 남북 간 국지적 총격이 빈발했었음을 방증하는 이 6월 25일 자 신문은 '6·25'가 국지적 성격의 대규모 총격전이라 판단하였다.

그러나 '6·25'는 김일성이 치밀한 사전 계획과 준비에 따라 감행한 3년 넘게 지속된 침략전쟁의 시작이었다. 전쟁을 공모한 소련은 작전이 제대로 실행되고 있다고 보았다. 1950년 6월 26일 평양 주재 소련대사 테렌티 쉬티코프(Terentii Fomich Shtykov)는 자하로프(Matvei Vasilievich Zakharov) 소련 일반참모부 부본부장에게 다음과 같은 전문을 보냈다.

본관은 조선인민군의 군사작전의 준비와 경과에 관해 보고함. 일반참모부의 작전 계획에 따라 38도선 근접지역에서의 인민군의 집결은 6월 12일 시작됐고, 6월 23일 완료되었음. 적의 정보기관은 병력재배치를 탐지하려 했을 수도 있지만 아군은 전쟁계획과 병력재배치작전의 개시 시점을 비밀로 유지하는 데 성공했음. 정치명령서가 병사들에게 낭독되었음. 이는 남조선군대가 38도선을 침해함으로써 아군의 군사공격을 유도한 바, 조선민주주의인민공화국 정부는 조선인민군에게 반격명령을 하달했음을 설명하는 내용임. 병력은 6월 24일 자정 전투개시를 위한 각 위치에 집결하였음. 군사작전은 현지 시간 오전 4시 40분에 실시되었음. 인민군의 공

....

124   '동아일보', 1950년 6월 26일.

격은 적이 전혀 눈치채지 못한 기습이었음.[125]

　1996년 영국 방송사 BBC가 입수하여 공개한 이 소련 전문의 내용은 북의 남침이 미국과 한국이 전혀 눈치채지 못했던 기습공격이었다는 점에서 최근 공개된 미국 CIA의 비밀문서의 내용과 정확히 일치한다. 이 CIA 문건에 따르면, 미국과 한국이 기습을 당한 이유는 첫째, 정보의 실패와 잘못된 전제(前提, assumptions)에서 비롯되었다. 태평양전쟁 종료에 따른 점령군으로서의 미군은 1945년 9월 8일부터 1948년 8월 15일까지 한반도 남쪽에 대해 군정을 실시하였고, 1949년 6월 400여 명의 군사고문단을 남겨두고 철수하였다. 당시 한국군의 전투력은 매우 낙후한 수준이었다. 미군정이 국방보다 치안에 더 신경을 썼기 때문이다. 무쵸 주한 미국 대사에 따르면 "미국은 군정기에 한국군을 군사적으로 발전시킬 수 있는 여력이 전혀 없었다. 군정은 치안에 집중했어야만 하였다. 한국 정부도 1949년 6월 29일 미군 전투부대가 마지막으로 철수하고 나서야 군대의 필요성을 심각하게 받아들이게 되었다."[126] 게다가 미국은 주한미군을 철수할 때 무기를 한국에 두고 가지 않았다. 미국은 이승만 정부가 북진통일을 공공연히 천명하였기 때문에 그가 그러한 의지를 실행할 물리적 능력을 갖게 되길 원하지 않았고, 따라서 무기를 그에게 넘겨주지 않고 철수했던 것이다. 반면, 소련은 북에서 철수할 때 상당한 양의 무기를 김일성의 군대에 넘겨주었다. 또한 대일항전에 중국공산당과 함께 나섰던 조선인 병사들, 즉 전쟁 경험이 있는 정예무력이 '38선' 상의 인민군 부대로 편입되었다. 이러한 상황에서 남과 북은 정부수립 후부터 '38선' 근처에서 크고 작은 물리적 충돌을 자주 벌였다. 미국은 인민군의 이동배치를 어느 정도 파악하고 있었다. 그러나 그

....

125　"Top Secret Report on the Military Situation in South Korea from Shtykov to Comrade," June 26, 1950, History and Public Policy Program Digital Archive, Collection of Soviet military documents obtained in 1994 by the British Broadcasting Corporation for a BBC TimeWatch documentary titled "Korea, Russia's Secret War" (January 1996). http://digitalarchive.wilsoncenter.org/document/110686.

126　Oral History Interview with John J. Muccio, December 7, 1973 by Richard D. McKinzie, https://www.trumanlibrary.gov/library/oral-histories/muccio3

것이 일제공격을 위한 조치라고 생각하지는 않았다. 1950년 1월 13일 자의 CIA 메모랜덤은 CIA가 인민군이 남쪽으로 서서히 이동하는 것을 탐지했으나, 이것을 기습공격의 전조라고 판단하지 않았음을 보여준다. CIA는 이 인민군의 부대이동이 공격적인 남한의 강화되는 군사 능력을 견제하기 위한 방어적 조치일 가능성이 높다고 본 것이었다. 이 문건은 결론적으로 "북의 남침 가능성은 낮다(unlikely)"고 판단하였다. 정보실패가 CIA 탓이라고만 볼 수는 없었다. 당시 CIA는 창설된 지 3년밖에 안 되었고, 따라서 예산이 뒷받침되지 않아 조기경보를 제공할 수 있는 기술적, 인적 능력을 제대로 갖추지 못하고 있었다. 트루먼 정부는 CIA가 또 다른 진주만습격을 방지할 수 있길 바랐지만, 정부 내 어떤 기구도 그에 걸맞는 정보능력을 갖고 있지 않았다. 그러나 누구의 책임이든 전쟁은 발발했고 한국과 미국, 그리고 전쟁참가국 모두에게 막대한 비용이 요구되었다.

둘째, 미국은 공산주의국가들을 '일괴암,' 즉 하나의 덩어리로 보았다. 미국이나 그 동맹국에 대한 공산국가(들)의 모든 공격의 배후에는 소련이 있을 수밖에 없다는 전제였다. 트루먼 대통령은 1951년 4월 라디오와 TV 연설에서 "크레믈린의 공산주의자들은 전 세계적으로 자유를 말살하기 위한 사악한 음모를 주도하고 있으며, 그들이 이 음모를 지속하도록 내버려 둔다면 미국이 곧 그것의 주요 희생물이 될 것이다"라고 말하였다. 당시 CIA의 모든 문서도 이와 같은 '크레믈린-중심적' 사고에 기초해 있었다. 북의 남침 6일 전 제출된 "북한정권의 현재적 능력(Current Capabilities of the Northern Korean Regime)"이라는 제하의 CIA 문건은 북한 정권이 소련의 확고한 통제하에 있고, 독자적으로 행동할 수 있는 능력을 결여하고 있으며, 생존 그 자체를 소련의 원조에 전적으로 의존하고 있는 소련의 위성국가일 뿐이라고 적시하였다.[127] 이러한 '크레믈린-중심적 렌즈'를 끼고 당시 군사전략적 상황을 분석하였던 미국은 전쟁이 발발한다면 소련이 직접 관련될 것이 분명하고, 따라서 전장은 소련의 재래식 무력이 우세한 중부유럽이 될 것으로 보고 있었

....

127 The Office of Research and Estimates (ORE) 18-50 Excerpt, "Current Capabilities of the Northern Korean Regime," 19 June 1950. https://www.cia.gov/library/readingroom/docs/DOC_0000258828.pdf

다. 전기한 바와 같이, 미국의 군사전략가들은 소련이 자신의 이해관계가 중대하게 걸려 있는 지역도 아니고, 자신의 상대적 우세가 보장된 곳도 아닌 한반도에서 전쟁을 일으킬 가능성은 거의 없다고 판단하였다. 그리고 그 판단은 잘못된 '일괴암적,' 그리고 '크레믈린-중심적' 전제들에서 도출되었기 때문에 남한 기습에 대비한 군사적 준비나 억지력 확보를 관념적으로 방해한 주 요인으로 작용하였다. 위에서 지적한 첫 번째 문제는 두 번째 문제와 연관되어 있었다. 즉 대북 정보실패는 CIA 등 정보기관의 능력과 관련된 것이기는 하지만, 일괴암적 공산진영이라는 전략적 고정관념과 그에 따른 군사전략적 판단 착오에 기인한 면이 없지 않음을 부인할 수 없을 것이다.

준비가 전혀 되지 않은 상태에서 북의 기습공격을 받은 남한은 거의 저항을 하지 못하고 후퇴를 거듭할 수밖에 없었다. 6월 26일 자 CIA 문건은 "서울의 함락이 임박했으며, 사기가 떨어진 남한군은 현재의 장비로는 북한의 강력한 대포-탱크-항공기 공격을 막아내기 어렵다"고 지적하였다.[128]

이승만 대통령은 일단 안전한 곳으로 피신하고자 하였다. 미 국무부 차관보 히커슨(John D. Hickerson)의 육성 증언에 따르면 그가 비겁해서가 아니라 "북한군에게 붙잡히면 안 된다"고 측근들에게 조언을 받았기 때문에 모처를 향해 떠났던 것이다. 그러나 미국 대사 무쵸는 "사면초가에 몰린 나라의 대통령이 할 수 있는 일이 아니다"며 차를 타고 나가 대통령을 설득해 경무대(景武臺)로 돌아오게 하였다. 이승만이 마음을 바꾸기 시작한 것은 무쵸가 "대통령 각하, 만약 돌아가지 않으신다면 역사가 각하에 대해 뭐라고 말할지 생각해보십시오"라고 말했을 때였다. 히커슨은 트루먼 미국 대통령이 이를 알고 "폭소했다(got the biggest laugh out)"고 기억하였다. 트루먼은 "바로 그거야(That did it)"라며 "모든 대통령은 역사가 자신을 어떻게 평가할지가 가장 두려운 것"이라고 말하였다.[129]

....

128 "CIA Files Show U.S. Blindsided By Korean War," June 25, 2010. http://www.npr.org/templates/
     story/story.php?storyId=128092817
129 Oral History Interview with John D. Hickerson, Washington, DC, November 10, 1972, by Richard
     D. McKinzie. https://www.trumanlibrary.gov/library/oral-histories/hickrson

6월 25일 오전 11시 35분 무쵸는 경무대로 복귀한 이승만과 면담하였다. 이승만은 북의 기습은 "전혀 놀랄 만한 일이 아니"라며 자신이 기회있을 때마다 미국에게 무기를 달라고 하지 않았나"고 말하였다. 이어서 이승만은 한국이 "제2의 사라예보"가 되지 않게 하기 위해 노력하고 있다고 말하였다. 미국이 개입하지 않으면 3차세계대전이 일어날 수도 있다고 무쵸와 미국을 위협한 셈이었다. 동시에 그는 이 위기는 "한국 문제를 최종적(once and for all)으로 해결할 수 있는" 절호의 기회라고 말하였다.[130] 이승만은 미국이 "타이완 해협에서 현상을 유지하는 조치를 취함으로써 중공을 묶어둘 수 있기 바란다"고 덧붙였다.

이승만은 6월 26일 밤 10시에 무쵸를 불렀다. 이승만이 이범석, 조병옥 등과 정부 이전 문제를 논의한 후 그를 부른 것이었다. 이 회동에서 전 국무총리 이범석은 대통령의 피신을 건의했고, 전 경무부장 조병옥은 "상황이 불확실한데 국민에게 잘못된 메시지를 줘서는 안 된다"며 반대하였다. 조병옥은 주한 미국대사와 협의 없이 중대 결정을 내려서는 안 된다고 말하였다. 이승만은 협의 대상이라고 간주된 미국 대사에게 북한군이 서울에 접근하고 있는 상황에서 정부를 대전으로 옮길 것이라고 말하였다. 이 말에 충격을 받은 무쵸는 "지금은 전쟁 초기이고 절박한 상황이 아니며, 한국군이 적당한 지원을 받으면 공산군을 물리칠 수 있다"고 이승만을 고무하는 한편 "만일 정부를 옮기면 국민과 군인의 사기를 떨어뜨려 한국이 전쟁에서 질 수 있다"고 경고하였다. 이승만은 자신이 "적에 잡히면 안 된다"는 이유를 댔다. 더 이상 설득이 불가능하다고 느낀 무쵸는 "자신은 서울에 남겠다"고 말하였다.[131] 미대사관에서부터 무쵸와 동행한 국무총리 서리 겸 국방장관인 신성모(申性

....

130 795.00/6 - 2550: Telegram, The Ambassador in Korea (Muccio) to the Secretary of State, Seoul, June 25, 1950—2 p. m. [Received June 25—2:54 a. m.] *FRUS*, 1950, Vol. VII.

131 무쵸가 그렇게 말한 것은 이승만 대신 자신이 한국을 지키겠다는 의미가 아니었고 미국인들을 소개하기 위해 서울에 남겠다는 의미였다. 후일 인터뷰에서 그는 "워싱턴으로부터 내가 이미 서울에 남기로 결정했다는 전보를 받았을 때, 나는 당황하였다. 그러나 그것은 절대로 나의 의도가 아니었다. 단지 나는 탈출할 거라고 말할 수는 없었고 워싱턴의 계획에 동의했을 뿐"이라고 회고하였다. 그는 미국인 소개가 성공적으로 이뤄져 자랑스럽다고 말하였다. Oral History Interview with John J. Muccio, Washington, D. C., December 27, 1973 by Richard D. McKinzie, https://www.trumanlibrary.gov/library/oral- histories/muccio3

模)는 그를 뒤따라 나오면서 "정부 이전 결정은 대통령이 자신과 협의하지 않고 내린 결정"이라고 말하였다.[132]

6월 26일 밤 긴급소집된 대한민국 국회는 미국 대통령 및 의회, 그리고 UN 총회에 대해 군원을 요청하고 대한민국 정부를 전폭적으로 지지한다는 결의안을 채택하였다. 그리고 격론을 벌인 끝에 다음 날 새벽 4시경 서울 사수를 결의하였다. '이승만주의자' 유영익 박사에 따르면, 신익희(申翼熙) 의장이 이 결의안을 전달하기 위해 27일 오전 7시경 경무대를 찾았을 때 이승만은 이미 서울을 탈출하여 특별열차를 타고 대구를 향하고 있었다.[133] 대통령이 서울을 떠났다는 사실을 알게 된 국회의원들도 서울 탈출에 나섰으나, 적기를 놓쳐 210명 중 62명은 공산 치하의 서울에 남게 되었다.[134] 국회의장이 경무대를 방문했을 때 신성모는 무쵸를 찾아가 대통령과 내각을 위한 "일본 내 망명정부"의 가능성에 대해 물었다. 무쵸는 긍정적으로 답하지 않았다.

정부는 방송을 통해 국군이 성공적으로 적을 물리치고 있다고 사실과 전혀 다르게 홍보하였다. 예를 들어, 27일 오후 1시 공보처는 "의정부 전투에서 국군이 승리하였고, 상황이 좋아졌으므로 천도 결정을 취소하였고, 정부는 여전히 수도에 있으며, 국회는 서울 사수를 결의하였다. 국민은 국방군을 믿어야 한다"고 호언장담하였다. 다시 말해 "정부가 서울을 지키고 있으니 시민은 안심하라"는 허황된 기만방송이었다.[135]

....

132 무쵸는 신성모가 거짓말을 하고 있다고 생각하였다. 이 대통령이 이범석 및 조병옥과 회동하도록 주선한 장본인이 그였기 때문이다. Oral History Interview with Ambassador John J. Muccio, Washington, D. C., February 10, 1971, by Jerry N. Hess, https://www.trumanlibrary.gov/library/oral-histories/muccio1

133 무쵸가 미 국무장관에게 보낸 전문에는 이승만이 대구가 아닌 진해를 향해 출발한 것으로 되었다. 국무총리 서리이자 국방장관인 신성모가 그렇게 확인해주었다는 것이다. 795.00/6-2750: Telegram, The Ambassador in Korea (Muccio) to the Secretary of State, Seoul, June 27, 1950—8 a. m., [Received June 26—6:54 p. m.], FRUS, 1950, KOREA, Vol. VII.

134 유영익, 『한국과 6.25전쟁』, 연세대학교출판부, 2002, p. 15.

135 장영민, "한국전쟁 발발 직후 이승만 대통령의 라디오 특별방송 관련 자료," 『한국근현대사연구』, 제67집, 2013, p. 985.

이승만은 6월 27일 밤 9시 대전에서 녹음된 대국민 메시지를 서울중앙방송국을 통해 발표하였다. CIA의 기록에 따르면 핵심 내용은 아래와 같다(국내에서는 이승만의 특별방송의 녹음이나 대본이 존재하지 않는다):

나는 미국에 군원을 5-6 차례 요구하였다. 그러나 민주국가에서는 시간이 걸리기 마련이다. 우리 군대는 열심히 싸우고는 있지만 공산군은 서울에 접근하고 있다. 나는 맥아더 장군과 트루먼 대통령(주미 대사를 통해)과 소통하고 있다. 나는 그들에게 무기를 달라고 했으며, 그러한 무기를 갖고 우리는 미국과 일본과 협력하며 국경을 사수할 수 있다고 말하였다. 맥아더 장군은 나에게 기쁜 소식을 보내왔다. 그는 중요한 작전이 개시되었으며 충분한 무기가 곧 도착할 것이라고 말하였다. 나는 국민이 피란하는 것을 이해할 수 있다. 그러나 우리 군대는 미국의 군원이 도착할 때까지 맹렬히 싸워야 한다. 그렇게 해야 세계는 우리에게 군원을 줄 수 있고, 우리가 남북 통일을 하는 데 도와줄 수 있다. 공산주의자들은 뉘우치고 대한민국의 충성스러운 국민이 되어야 한다. 나는 모든 국민이 용기와 애국심을 발휘해 침착하게 자신의 임무를 수행하면서 전쟁에 임할 것으로 믿는다.[136]

많은 시민들은 대통령이 서울에 그들과 함께 머무르고 있다고 생각하였다. 정부 대변인이 "정부는 여전히 수도에 있으며, 국회는 서울 사수를 결의하였다"고 하는 상황에서 정부의 수장이자 국군의 총사령관인 대통령이 서울을 비웠으리라고 믿기 어려웠을 뿐 아니라 이승만이 특별방송 말미에 "서울 시민은 대통령과 함께 서울에 남아서 서울을 사수해야 한다"고 말했기 때문이다.[137]

....

136　"Rhee Tells Public of U.S. Arms Aid," Seoul, in Korean to Korea, Foreign Broadcast Information Service, *Daily Report*, 1941-1959 No. 126, June 27, 1950, 1315 GMT – B(Speech delivered by President Syngman Rhee).

137　이 증언은 서울중앙방송국에서 대통령의 특별방송을 직접 방송하고, 녹음하고, 수차례 재방송하였던 기술직원 박경환이 한 것이므로 신빙성이 높다고 판단된다. 박경환, "6·25와 李博士의 放送내용," 『한국방송사』, 1977, p. 220. CIA 기록에는 이 내용이 없는데 이는 CIA 기록자가 "알아들을 수 없음(unintelligible)"이라고 한 부분의 일부일 가능성이 높다.

이 대통령의 방송이 나가고 몇 시간이 지난 후 한국군은 한강 인도교를 폭파하였다. 당시 다리를 건너다 부상을 당한 '뉴욕타임즈'의 한 종군기자는 6월 29일 자 기사에서 "후퇴하던 트럭에 탄 수백 명의 한국군이 서울 남단에서 희생되었다"고 썼다.[138] 500명 이상의 민간인도 숨졌다.[139] 인도교의 폭파는 수도 서울을 사수하던 국군 수만 명을 낙오병으로 만들었다. 국민들의 비판이 거세지자 육본 계엄고등군 법회의는 1950년 9월 15일 최창식(崔昌植) 공병감에 대해 '적전비행(敵前非行)'의 죄목으로 사형 선고를 내렸다. 선고는 곧 집행됐다. 그러나 1964년 육본 보통군법회의는 최 대령에게 무죄를 선고하고 최창식에게 폭파를 지시한 채병덕에게 최종 책임이 있다고 결론지었다.[140] 한편, 1950년 9월 28일 서울을 수복한 후 이승만 정부는 군·경·검 합동수사본부를 통해 도강하지 않고 서울에 잔류했던 국민들 중 30만여 명을 부역자로 검거하고 그들 중 867명을 사형에 처하였다.[141]

북한의 남침과 한국전쟁의 발발은 한민족과 인류의 비극이면서도 어떤 경우에는 "흑색희극(black comedy)적" 요소도 갖고 있었다. 1953년 7월 9일 미국 프린스턴 대학에서 개최된 한 세미나에서 한 참석자가 "우리는 NSC-68 프로그램을 어떻게 시작해야 할지 매우 난감해하고 있었다"고 운을 떼자, 다른 한 참석자가 "하나

....

138 Burton Crane, "South Koreans Kill Own Troops By Dynamiting a Bridge Too Soon; Hundreds of Retreating Soldiers in Trucks Blasted at Span South of Seoul-Two Reporters Hurt-U.S. Planes Cheered," *The New York Times*, June 29, 1950.

139 William Johnston, *A War of Patrols: Canadian Army Operations in Korea*, University of British Columbia Press, 2011, p. 20. 한국 국방부는 500-800명의 민간인이 사망하였다고 보고 있다. 국방부 전사 편찬위원회, 『한국전쟁사』, 제1권, 1997, p. 547.

140 채병덕은 적의 진로를 차단하기 위해 임진강 다리 폭파를 시도하였다 실패한 과오를 염두에 둔 듯하다. 1950년 6월 말 주한미군 일부 고문관들은 채병덕 육군 참모총장이 교량 폭파를 명령했고 공병감은 그 명령을 수행했을 뿐이라고 생각하였다. 채병덕은 자신이 명령을 내렸다는 사실을 부인하였다. U.S. Army Center of Military History, chapter III, p. 33. https://history.army.mil/books/korea/20-2-1/Sn03.htm

141 피난을 가지 못한 사람들은 생명보존책으로 인민군에 협조할 수밖에 없었다고 항변했지만, 그 대가는 혹독하였다. 1950년 12월 31일 주한 미국대사가 미 국방부에 보고한 부역자 처리상황에 따르면 검거된 부역혐의자 총수는 30만 5,523명이다. Incoming Message, RG338 Box 19, 338.134, 김윤경, "한국전쟁기 부역자 처벌과 재심: '비상사태하의 범죄처벌에 관한 특별조치령'을 중심으로," 『공익과 인권』, 통권 제18호, 2018, p. 152에서 재인용.

님, 감사합니다! 한국전쟁이 때맞춰 일어났고, 우리를 살려주었다. 우리 일을 대신 해주었다(Korea came along and saved us – do the job for us)"고 맞장구를 쳤다. 이때 애치슨은 "그렇게 말할 수 있다고 생각합니다"라며 이러한 발언의 내용이 사실이라고 시인하였다.[142]

　　NSC-68은 미국 국가안보회의의 정책문건 제68호였다. 이것이 나오게 된 배경에는 1949년에 발생한 세계적 안보상황의 극적인 변화가 있었다. 가장 중요한 것은 1949년 8월 29일의 소련의 핵무기 실험 성공이었다.[143] 이는 소련 핵개발 시점을 1950년대 중반으로 예상하고 있던 미국에게는 충격적이었다. 그리고 소련의 핵실험 성공으로 인한 미국의 핵독점 상황의 종료는 소련의 위협을 더욱 부각시켰다. 더구나 소련은 핵무기 미보유 상태에서 재래식 무기 증강에 전력을 기울였기 때문에 미국으로서는 핵독점의 상실과 함께 소련의 강력한 재래식 무력이 제기하는 위협에 노출된 셈이었다. 소련의 핵보유는 거대한 중국의 공산화 요인과 맞물려 미국의 위협인식을 급격히 증폭시켰다. 마오쩌둥은 1949년 7월 1일 "대소일변도(對蘇一邊倒)" 정책을 천명하고, 1949년 10월 1일 미국의 전후 세계전략의 아시아 거점으로 기대되던 장제스 정권을 몰아내고 중국을 공산화하였다. 중국과 소련은 1950년 2월 14일 군사동맹을 체결하였다.

　　트루먼 대통령은 광대한 유라시아 대륙이 공산주의를 매개로 결합하는 현실을 목도하면서 새로운 안보환경에 대처하기 위해 1950년 1월 31일 국무부와 국방부에게 미국 외교안보정책에 대한 전반적인 재평가를 지시하였다. 국무부의 신임 정책기획실장 폴 니치(Paul Nitze)가 위원장을 맡은 '국무부–국방부정책재평가그룹(State-Defense Policy Review Group)'은 1950년 4월 7일 완성된 결과물인 'NSC-68'을 대통령에게 보고·제출하였다. NSC-20/4의 결론에 기초한 NSC-68은 ① 소련을

....

142　Walter LaFeber, *America, Russia, and the Cold War, 1945-92*, McGraw-Hill, 1993, p. 98; Bruce Cumings, "The Wicked Witch of the West Is Dead," in Michael J. Hogan ed., 1992. *The End of the Cold War: Its Meaning and Implications*, Cambridge University Press, p. 90.

143　1949년 8월 29일 소련이 카자흐스탄의 세미팔라틴스크(Semipalatinsk)에서 실험한 핵폭탄 RDS-1은 '뚱보(Fat Man)'의 복사판이었다. 위력도 22kt로 평가되었다. 미국은 조셉 스탈린의 이름을 따서 Joe-1 이라 명명하였다.

효과적으로 봉쇄하기 위해서는 (케넌이 제시한) 서독, 일본 등 거점 중심 전략보다는 이제 포괄적인 전선 구축이 필요하며 이에 따라 저개발지역에 대한 지원이 중요함을 지적하였고, 나아가 ② (케넌이 강조한) 정치적, 경제적 방법은 월등한 군사력의 우위에 의해 뒷받침될 때 비로소 대소봉쇄가 효과적으로 이루어질 수 있다고 강조하였다. 요컨대 봉쇄를 넘어 소련 팽창주의에 대한 '원복(原復, roll back)'을 주장한 NSC-68에 따라 한국을 포함하는 저개발지역이 미국의 전략적 관심사에 포함되게 되었고, 미국의 안보목표를 달성하기 위해 충분한 군사비가 요구되었다. 문제는 예산이었다. NSC-68은 미국의 군사비를 3배 이상 증액해야 한다고 주문하였다. 즉, 연 군사비를 1950년 130억 달러에서 향후 400-500억 달러로 늘려야 한다는 요구였다.[144] 이 문건의 작성자들은 이와 같은 요구를 의회와 국민이 수용하기 어렵다는 것을 알고 있었다. 그러나 그들은 "예산적 고려는 미국의 독립이 위태롭게 될 수 있다는 명백한 사실에 종속되어야 한다"며 배수진을 쳤다. 난감해진 트루먼은 NSC-68을 의회로 가지고 갈 엄두도 못내고 그의 서랍 속에 넣어두었다.

바로 이때 김일성이 남침을 하였던 것이다. 그렇지 않아도 의회의 공화당 의원들은 트루먼과 민주당 정부가 "공산주의에 유약하다(soft on Communism)"며 비난을 퍼붓고 있던 터였기 때문에 NSC-68은 문제없이 의회를 통과하였다. 이러한 맥락에서, NSC-68을 주도했던 니치와 애치슨, 그리고 국무부 정책기획실 관리들은 자신들도 모르게 "하나님, 감사합니다! 한국전쟁이 때맞춰 일어났군요"라고 환호했던 것이다. NSC-68은 트루먼 정부의 공식적 외교안보정책으로 채택되었고, 이에 따라 미국은 군사비를 그야말로 3년간 3배 증액하여 GDP 기준으로 1950년 5%였던 것을 1953년 14.2%로 증대시켰다.[145]

....

144   NSC-68은 구체적 수치를 제시하지는 않고 대신 "크레믈린의 세계 지배를 견제하고 되돌리기 위한 강력한 정책을 뒷받침하기 위해서는 자유 세계의 '상당하고 신속한 군비증강(substantial and rapid building up of strength)'이 필수적"이라고 적시하였다. 이 문건 작성자들이나 당시 군사전문가들은 NSC-68이 주문하는 조치들을 실행에 옮기려면 400-500억 달러 정도가 필요하다고 보았다. 당시 미국의 국방비는 130억 달러였으므로 이 수치는 그것을 3배 이상 상회하는 것이었다. William Lee Miller, *Two Americans: Truman, Eisenhower, and a Dangerous World*, Alfred A. Knopf, 2012, p. 183; Robert R. Bowie and Richard H. Immerman, *Waging Peace: How Eisenhower Shaped an Enduring Cold War Strategy*, Oxford University Press, 2000, p. 17.

한국전쟁 발발과 UN안보리의 조치

주한 미국 대사 존 무쵸(John Muccio)는 전방으로부터 올라오는 각종 보고들을 종합한 결과 전면전이 발발하였다고 판단하고 즉시 워싱턴의 국무부에 이를 타전하였다. 국무장관 애치슨은 트루먼 대통령에게 전화하였다. 그는 미국 중서부 시간 토요일 오후인 당시 자신의 고향인 미주리 주에서 지인들과 지지자들을 만나고 있었다. 그는 애치슨의 전화를 받고 이 문제를 UN안보리에 회부하라고 지시한 후 워싱턴으로 급히 귀환하여 참모들과 숙의에 들어갔다. 백악관 회의는 일요일 밤과 월요일까지 계속되었다. 문제는 미군이 도착할 때까지 남한의 군대가 버틸 수 있겠는가였다. 트루먼 대통령은 일단 일본점령군 사령관 맥아더에게 미국인의 안전한 소개(疏開)와 한국에 대한 무기 및 탄약 제공을 지시하였다. 이승만 대통령은 미국의 원조가 지체되고 있다며 공개적으로 불만을 표시하였다. 한편, 북한은 라디오를 통해 남한의 항복을 요구하였다.

6월 25일 오후 4시(미국 동부 시간)에 소집된 제473회 UN안전보장이사회는 북한이 "평화파괴(breach of peace) 행위를 자행했음을 규탄하고, 북한이 적대행위를 즉각 중지하고 '38선' 이북으로 철수할 것"을 요구하는 미국 주도의 결의안(안보리 결의안 제82호)을 9-0-1로 통과시켰다. 비상임이사국 유고슬라비아는 기권하였다. 당시 소련은 6개월 전부터 중화인민공화국의 UN 가입에 대한 미국의 반대에 항의해 안보리를 보이콧하던 상황이라 표결에 참석하지 않았다.[146] 북한은 이 결의안을 "불법"이라며 인정하지 않았다.

북한이 침략을 계속하자 6월 27일 워렌 오스틴(Warren Austin) 주UN 미국대표 주도하에 UN안보리는 북한의 남침을 다시 한번 "평화파괴" 행동으로 규정하면서 적대 행위의 즉각적 중지와 북한군의 '38선' 이북으로의 철수를 요구하는 동시에 "북한이 UN안보리 결의안 82호를 무시했다고 규탄하였다. 그리고 안보리는 국제

....

145 U.S. Department of State, Office of Historian, NSC-68, 1950. https://history.state.gov/milestones/1945-1952/NSC68

146 소련은 중국의 안보리 입성을 중요하게 생각했지만 그에 대해 외교안보정책상 최고 우선권을 부여하지는 않았다. 소련에게 가장 중요했던 문제는 독일과의 평화협정 체결 및 서베를린에서 연합국 군대를 철수시키는 것이었다. 소련에게 아시아 문제는 항상 부차적 중요성만을 가지고 있었다.

평화와 안보를 회복하기 위해 신속한 군사적 조치가 필수적이며, 평화와 안보를 위한 즉각적이고 효과적인 조치를 UN에 요청한 한국의 호소를 고려하여, UN 회원국들이 북한의 무력공격을 격퇴하고 이 지역의 국제적 평화와 안보를 회복하는 데 필요한 지원을 한국에 제공할 것"을 요구하는 결의안 제83호를 채택하였다. 유고슬라비아는 반대했고, 비상임이사국 이집트와 인디아는 투표에 참가하지 않았다. 이때도 소련은 보이콧을 철회하지 않았다. 이러한 상황하에서 트루먼 대통령은 같은 날인 6월 27일 미국 의회에서 성명을 발표하였다:

> 북한의 침략군은 국경경비와 국내보안을 목적으로 무장한 대한민국의 군대를 공격하였다. UN안보리는 침략군이 적대행위를 중단하고 '38선' 이북으로 철수할 것을 요구한 바 있다. 북한은 이를 이행하지 않았고, 오히려 공격을 강화하고 있다. 안보리는 UN의 모든 회원국들에게 안보리결의안의 이행을 위해 UN에게 모든 원조를 제공할 것을 요청하였다. 본인은 한국군을 지원하기 위해 이미 미 공군과 해군에 출동명령을 내렸다. 공산주의는 정권 전복을 넘어 이제는 독립국가들을 정복하는 데까지 왔으며, 이를 위해 무력공격과 전쟁을 마다하지 않게 될 것이다. 본인은 태평양지역의 안보와 미국의 지역적 안보이익을 지키기 위해 제7함대를 타이완해협으로 급파하였다. 본인은 아울러 타이완 정부에게도 중국 본토에 대해 모든 해공군작전을 중단하도록 요구하였다. 타이완의 향후 위상은 태평양 안보의 회복, 일본과의 평화협정, 그리고 UN의 고려의 차원에서 결정될 것이다.[147]

트루먼의 성명은 선전포고를 의미하지는 않았다. 그는 자신의 군사조치(한반도에 대한 미국의 해·공군 전력 전개 명령)를 "경찰 행위(police action)"에 해당한다고 생각하였다.[148] 미주리 출신 공화당 상원의원 제임스 켐(James Kem) 등은 대통령이

....

147 Statement Issued by the President, Washington, June 27, 1950, *FRUS, 1950, Korea*, Volume VII.

148 6월 29일 한 기자가 "미국은 전쟁에 진입했습니까 아닙니까?"라고 묻자 트루먼 대통령은 "미국은 전쟁에 진입하지 않았습니다"라고 답하였다. 그러자 기자는 "그렇다면 대통령의 조치는 경찰행위에 해당합니까?"라고 물었고, 트루먼은 자신의 조치가 "정확히 그에 해당한다"고 말하였다. Steven Casey, *Selling the Korean War: Propaganda, Politics, and Public Opinion in the United States, 1950-1953.*

적법 절차를 무시하고 사실상 선전포고를 단행하였다고 문제를 제기하였다. 그러나 트루먼이 미국의 군사행동을 위한 예산을 의회에서 확보하는 데는 아무런 문제가 없었다. 6월 27일 대통령의 명령에 따라 미국의 극동해공군이 한국으로 출동하였다. 이때 필리핀 수빅(Subic) 항의 제7함대를 주력(主力)으로 하는 극동해군은 수빅, 사세보(佐世保), 요코스카(橫須賀)에서 출항하였고, 나고야(名古屋)의 제5공군과 오키나와의 제20공군, 필리핀의 제13공군으로 구성된 극동공군은 전투기, 전폭기를 한국에 가장 가까운 규슈지방의 이타츠케(板府), 아시야(芦屋) 등으로 이동시켜 출격했고, 오키나와(沖繩), 가데나(嘉手納), 요코다(橫田), 아시야(芦屋) 기지에서 폭격기가 출격하여 임무에 나섰다.

한편, 미국은 한반도에서 소련과 충돌하지 않기를 바랐다. 트루먼 대통령은 한국전 개입을 선언한 후 6월 27일 앨런 커크(Alan G. Kirk) 대사를 소련 외교부에 보내 한반도 사태를 종료시키기 위해 '거중조정(good offices)'을 행사해 줄 것을 소련에게 당부하였다. 6월 29일 오후 5시 소련 외교부 차관 안드레이 그로미코(Andrei Gromyko)는 커크 대사를 외교부 청사로 초치해 6월 27일 미국 정부의 성명에 대한 소련의 입장을 밝혔다:

소련은 남한이 북침했다는 정보를 갖고 있다… 주지하듯이, 소련 정부는 미국보다 먼저 한반도에서 군대를 철수하였다. 이는 타국에 대한 내정불간섭의 전통적 원칙을 확인하는 조치였다. 지금 역시도 소련 정부는 조선 내부 문제에 대한 외국의 간섭 불허라는 원칙을 고수하고 있다.[149]

소련 개입 배제를 위한 트루먼의 대소 배려는 곳곳에서 나타났다. 애치슨이 후에 회고한 바에 따르면 트루먼이 그의 연설에서 소련이 아닌 '공산주의'를 공격한 것은 미국이 소련에게 "우아한 퇴장(graceful exit)"이 가능하도록 배려한 것이었다.

....

Oxford University Press, p. 28.

149   795,00/6 – 2950: Telegram, The Ambassador in the Soviet Union (Kirk) to the Secretary of State, Moscow, June 29, 1950—6 p. m., [Received June 29—1:02 p. m.], *FRUS, 1950, Korea*, Volume VII.

유사한 맥락에서, 트루먼은 미국이 한국전을 미국이 아닌 UN의 이름하에 주도하기를 원하였다. 이는 소련과의 대결이라는 모양새를 피하고 소련의 체면을 세워주기 위한 조치였다. 트루먼 정부가 소련을 배려한 흔적은 파병된 미군이 "해공군에 국한될 것," 그리고 미군은 "'38선'을 넘지 않을 것"이라는 그의 결정과도 관련이 있었다.

애치슨과 국무부 관리들은 내정불간섭의 원칙을 강조한 그로미코의 발언을 분석한 결과 소련이 한국전쟁에 직접 개입할 의사가 없다고 결론내렸다.[150] 트루먼 정부는 소련이 독일 등 중동부유럽에서 도발하기 위해 먼저 극동에서 도발하여 유럽에서의 미국의 전력을 약화시킨다는 이른바 성동격서 전략의 개연성이 낮다고 비로소 판단하였다. 1950년 6월 28일 자 CIA 일일보고에서 보듯, 미국은 소련이 독일과 오스트리아에서 이렇다할 군사적 준비행동을 하지 않고 있음을 확인하였다.[151] 미국은 3차대전의 위험이 거의 없다고 보았고, 이윽고 "침략군 퇴치"를 위한 실질적이고 본격적인 조치를 시작하였다.

한편, 북한은 6월 29일 UN 사무총장이 보낸 전문에 응답하여 UN안보리의 결의를 받아들일 수 없다고 선언하였다. 즉, 안보리의 결의가 북한, 소련, 중국의 불참리에 이루어졌던 것이므로 북한은 "한반도 문제에 대한 안보리의 토론과 결정을 합법적인 것으로 인정하지 않는다"는 것이었다.[152]

도쿄에 주둔하고 있던 맥아더 장군은 6월 28일 내한하여 전선을 시찰한 후 트루먼 대통령에게 지상군 파병을 요청하였다. 트루먼은 한국에 대한 해공군 파병 및 타이완해협으로의 제7함대 출동 명령을 내린 지 3일이 지난 6월 30일 지상군 파병을 진지하게 고려하고 있었다. 그런데 여기서 미국의 군통수권자와 현지 사령관 사이에 불화가 발생할 뻔하였다. 트루먼은 지상군 파병 명령을 내리기 직전 맥아더가 이미 자신의 부대에 내린 부대이동 명령의 복사본을 국방부로부터 전달 받았던 것

....

150 H. W. Brands, *The General vs. the President: MacArthur and Truman at the Brink of Nuclear War*, Doubleday, 2016, p. 99.

151 CIA, "No Soviet Military Preparations in Germany and Austria," *Daily Summary Excerpt*, 28 June 1950.

152 구영록·배영수(1982), p. 84.

이다. 맥아더는 30일 아침 전송한 자신의 지상군 파병 요청에 대한 대통령의 승인을 받지 않은 상태에서 일본에 주둔하던 미 지상군에 이동 명령을 내렸다:

제24사단을 즉각 해·공군 수송편으로 이동할 것. 24사단은 공격작전을 수행하기 위해 일단 부산에 근거지를 마련할 것. 부산 도착 즉시 24사단장은 본관의 명령에 따라 작전에 임할 것.[153]

트루먼은 맥아더의 명령서 복사본 가장자리에 "이 명령서를 이해할 수 없다. 왜 맥아더는 30일 아침 내게 보낸 지상군 파병 요청에 대한 대통령의 승인이 나기 전에 부대이동 명령을 내렸나?"라고 적었다.[154] 트루먼은 군사지휘에 대한 "맥아더의 개념"과 매일 부딪히게 되었다. 그리고 그는 그것을 좋아하지 않았다. 그러나 그는 전쟁 중에 현지 사령관을 바꾸고 싶지는 않았다.[155]

전기한 바와 같이, 맥아더의 명령은 일본 점령군으로 임무 수행 중이던 미 제8군 예하부대 중 한반도에 가장 가까운 규슈(九州)에 주둔하던 미 제24사단에게 하달되었다. 제8군 사령관 워커(Walton H. Walker) 중장은 시급한 상황을 고려하여 제24사단에게 우선 대대 규모의 특수임무 부대를 편성하여 부산으로 공수하고 난 후 뒤이어 사단 본대를 한반도로 전개하도록 지시하였다. 제24사단장 딘(William F. Dean) 소장은 제21연대 제1대대에 포병과 약간의 지원병력을 증원시켜 특수임무 부대를 편성하였고, 이를 대대장 스미스(Charles B. Smith) 중령의 이름을 따서 '스미스 특수임무대(Task Force Smith)'로 명명하였다. 준비되지 않은 상태에서 급조된 '스미스 부대'는 이타츠케에서 C54수송기를 타고 7월 1일 14시경 부산에 도착함으로써 미 지상군의 역사적인 한국전쟁 참여가 시작되었다. 즉각 열차편으로 북상한 '스미스 부대'는 7월 4일 오산 북쪽 경부가도 상에 있는 교통요지인 죽미령 인근에

....

153 Brands(2016), p. 106.
154 Dennis Merrill, *Documentary History of the Truman presidency*, University Publications of America, 1997, p. 140.
155 Merrill(1997), p. 140.

방어진지를 편성하였다. 미국의 지상군이 최초로 북한군과 교전한 '오산전투'가 여기서 벌어졌다.

미군 당국은 주일미군의 출동이 일본 내 치안공백을 야기할 것으로 판단하였다. 따라서 맥아더는 일본국내의 '안전질서의 유지 및 불법입국과 밀입국에 대한 일본해안선의 보호'를 위하여 7월 8일 경찰예비대(警察予備隊, the National Police Reserve) 창설과 해상보안청 증원을 명령하였다. 경찰예비대 창설은 일본국내의 치안을 유지하고 주일미군과 병참시설, 가족 등의 안전을 유지하기 위해 이뤄졌지만, 추후 자위대(自衛隊)로 변화하면서 일본 재무장의 첫걸음이 되었다.

1950년 7월 7일 UN안보리는 북한의 남침이 평화파괴임을 상기하면서 UN 회원국들은 "북한의 무력공격을 격퇴하고 이 지역의 국제적 평화와 안보를 회복하는 데 필요한 지원을 남한에 제공할 것"을 권고하며, 안보리 결의안 제82호와 제83호에 따라 한국에 군대를 파견하거나 다른 형태의 지원을 제공하는 모든 회원국들은 이들을 미국이 지휘하는 통합사령부에 배정할 것, 그리고 미국은 통합사령관을 지명할 것 등을 권고"하는 결의안 제84호를 채택하였다(영국, 중국, 쿠바, 에콰도르, 프랑스, 노르웨이, 미국 찬성; 이집트, 인디아, 유고 기권). 트루먼 대통령은 다음 날 맥아더를 통합사령관, 즉 UN군 사령관에 임명하였다. 16개 UN 회원국들의 병력이 UN군 사령관의 작전통제하에 참전하게 되었다.[156]

한편, UN안보리에서의 미국의 행동을 예의주시하던 마오쩌둥은 중국의 안보를 위한 경계조치를 취하였다. 마오는 자문(自問)하였다. 미국이 한국 방어에 관심이 없다고 한 후 갑자기 개입하는 이유는 무엇일까? 마오는 한국전쟁이 "내전(혁명전쟁)"임을 고려할 때, 그리고 특히 미국이 애치슨 라인이나 코널리 상원의원의 발언 등에서 불개입 의도를 분명히 했었다는 사실을 감안할 때, 이와 같은 행위는 속임수였고, 미국의 진짜 목표는 북한군 퇴치보다는 중국에 대한 공격이나 위협일 개연성이 높다고 생각하게 되었다. 그의 이런 의심은 트루먼이 6월 27일 제7함대를 타이완해협으로 급파함으로써 강화되었다. 마오쩌둥은 6월 28일 "트루먼이 1월 5

....

156 1953년을 기준으로 영국은 14,200, 캐나다는 6,100, 터키는 5,500, 그리고 오스트레일리아가 2,200여 명의 병력을 제공하였다. 1953년까지 미국을 포함한 참전국들의 병사는 총 341,000여 명에 이르렀다.

일 미국은 타이완에 개입하지 않을 것이라 말했지만, 지금 그의 행동은 그가 말한 것이 거짓이었음을 증명하고 있다"고 측근에게 말하였다.[157] 그는 미국의 궁극적 목표는 한반도가 아닌 중국 본토라고 결론내렸다.

마오는 이에 따라 국경 경비를 강화하고자 하였다. 그는 "적이 '38선'을 넘을 경우 중북국경에 9개 사단을 즉각 집중배치하는 것이 옳을 것"이라는 스탈린의 메시지를 받고 7월 7일 공산당 중앙군사위원회를 통해 UN군의 압록강 진격 억지책으로 제4야전군 제13병단(兵團)의 4개 군과 3개 포병사단으로 동북변방군(東北邊防軍)을 편성, 7월 말까지 안둥(安東, 지금은 단둥, 丹東), 지안(輯安, 집안) 등 압록강 국경지방으로 집결시킨다는 결정을 내렸다. 그는 가오강(高崗, 고강)을 사령관에 임명하였다.

미국은 왜 한국전에 신속히 개입하였나?

앞서 말한 바와 같이, 미국은 북한의 남침 이전에는 한국의 전략적 가치를 인정하지 않았고, 이러한 전략적 판단은 애치슨 라인과 코널리 발언 등에서 공개적으로 반영되었다. 그리고 이러한 사실은 김일성과 스탈린의 전략계산에 포함되었다. 그렇다면 미국은 왜 한국전에 신속히 개입하였을까? 마오가 생각했듯이 그것은 미국의 의도적 기만전술이었을까? 사전기획에 따라 북한의 남침을 유도한 후 북침을 정당화하려 했을까? 미국의 유도전술은 성공했고 이승만 정부에 의한 한반도 통일을 눈앞에 두었으나, 뜻하지 않게 중공이 개입하여 목적 달성에 실패한 것인가? 그러나 이와 같은 추론은 논리적으로 큰 설득력을 갖지 못한다. 예를 들어, 한국을 "전략적 주변지역"으로 간주한 미국의 합참이나 CIA 등의 수많은 군사 및 정보보고서 등이 북한의 오판을 유도하기 위해 모두 일사분란하게 조작되었다고 볼 수 있겠는가 하는 문제가 있다. 민주주의, 다원주의 국가인 미국의 대통령이 여론과 의

....

157 트루먼 대통령은 1950년 1월 5일 미국은 "타이완의 상황에 대해 무력으로 개입하지 않을 것"임을 공개적으로 선언하였다. 그는 "군사원조뿐 아니라 군사자문도 배제한다"고 천명하였다. 같은 날 미국의 국무장관도 "미국은 타이완 해협에서 어떤 형태의 무력사용도 고려하지 않고 있다"고 말하였다. U.S. Congress, Congressional Record, Appendix, 1960, A3775.

회를 무시하고 전략적으로 별로 가치가 없는 신생국가를 통일시켜주기 위해 막대한 비용과 생명을 담보로 독단적으로 전쟁을 일으켰다는 주장은 음모론에 가깝다. 그렇다면 보다 설득력 있는 이유는 무엇일까?

첫째, 트루먼의 결정은 NSC-68의 새로운 국제정세판단을 반영하였다. 1949년 소련의 핵실험 성공과 미국의 핵독점 와해, 그리고 중국 대륙의 공산화 등은 미국의 국가안보전략의 재평가의 필요성을 부각시켰고, 트루먼은 1950년 1월 재평가를 지시했을 당시부터 안보패러다임의 전환을 시작하였다는 것이다. 그리고 4월 완성되어 그에게 제출된 NSC-68은 변경된 그의 시각을 정당화시켜 주었다. 트루먼은 공산 북한이 남침했을 때 이를 신속히 물리치지 않으면 거대하고 막강해진 중소 공산세력이 한반도 남부까지 점령한 조선민주주의인민공화국을 교두보로 삼아 아시아에서 미국의 최대의 동맹국으로 떠오르고 있는 일본을 직접 위협할 것으로 보았다. 이러한 새로운 정세판단을 반영하지 않은 애치슨 라인이나 코널리의 발언과는 달리 트루먼과 니치 등 국무부 매파들은 공산 위협에 처한 일본이 소련과 중공의 영향권에 편입된다면 이는 미국의 세계전략에 큰 차질을 빚을 수 있다고 판단했고, 따라서 이를 미연에 방지하기 위해서는 한반도에서 공산침략이 저지되어야 한다고 보았던 것이다.

연장선상에서 트루먼 대통령은 동맹의 신뢰(credibility)를 중요시하였다. 그는 영국이 자신에 대한 국제적 신뢰를 중시하여 빌헬름 2세의 독일제국과의 전쟁도 불사하였듯이, 한국을 잃고 일본을 위협에 빠뜨리게 되면 미국이 애써 신설한 NATO 동맹국들이 미국의 안보공약을 불신하여 각자도생(各自圖生)이나 소련과의 타협을 선택할 수도 있다고 생각하였다. 트루먼 입장에서 한국전쟁 불개입 시 발생하게 될 후폭풍은 가히 위협적이라고 볼 수밖에 없었다.

NSC-68은 다음과 같이 지적하였다:

미국이 미래에 있을 소련의 적대행위에 단호히 맞서지 않을 경우 서유럽의 동맹국들은 낙심하여 위험스러운 중립노선으로 표류할 가능성이 높다… 소련의 적대행위는 전면전이 아닌 야금야금 쳐들어오는 방식이 될 것인바 미국이 이에 신속히 대응하지 않으면 상황은 급락하는 나선형의 모습처럼 나중에 대응하려 해도 너무

작고 너무 늦은 상태로 악화될 것이며, 결국 운신의 폭을 잃고 언젠가는 압박을 못 이겨 점차적으로 철수해야만 하게 되어 미국의 사활적 이익을 희생시켜야 하는 상황에 당도할지도 모른다.[158]

둘째, 트루먼의 판단에 영향을 미친 것은 당시 안보담론을 지배하던 애치슨의 '썩은 사과론'(후일 아이젠하워의 도미노 이론)과 그가 유사한 맥락이라고 기억하던 역사적 사변인 '뮌헨 증후군'이었다. 트루먼은 이미 1947년 그리스와 터키를 지원하기 위해 '썩은 사과론'을 역설한 바 있었고, 뮌헨 증후군은 당시 모든 정치지도자들의 기억에 남아 있었듯이 초동대처의 중요성을 강조하는 역사적 교훈으로 그의 마음 속에 생생하게 살아 있었다.[159] 실제로 침략전쟁이 발발하자 미국의 전략가들도 같은 선상에서 분석하였다:

① 북한의 남침은 소련에 의해 계획되었고, 소련은 남한을 붕괴시킴으로써 호치민, 버마 공산주의자들 및 말레이시아 공산주의자들을 지원할 가능성이 있는 중국을 도우려할 것이다.
② 미국이 강력한 초동대처를 하지 않을 경우 이는 중국으로 하여금 아시아 공산화를 위해 더 대담한 전술을 채택토록 격려하는 꼴이 될 것이다. 미국의 강력한 저지만이 중국에게 심리적 타격을 가하여, 결과적으로, 중국이 무력한 소련과의 관계를 재고 또는 약화하는 데 기여할 수 있을 것이다.[160]

트루먼은 6월 27일 연설에서 "공산주의는 정권 전복을 넘어 이제는 독립국가

....

158 "NSC-68, A Report to the National Security Council by the Executive Secretary on United States Objectives and Programs for National Security, April 14, 1950," *Naval War College Review* 27, May/June 1975, pp. 51-108.

159 Ernest R. May, "Korea, 1950: History of Overpowering Calculation" in Ernest R. May, *Lessons of the Past: The Use and Misuse of History in American Foreign Policy*, Oxford University Press, 1973, pp. 52-86.

160 Goncharov, Lewis, and Litai(1993), p.156.

들을 정복하는 데까지 왔으며, 이를 위해 무력공격과 전쟁을 마다하지 않을 것이다"라고 경고하였다. 트루먼은 또한 "북한의 남침이 소련의 고무에 의한 것임이 틀림없다"고 참모들에게 지적하면서 "우리가 지금 싸우지 않는다면 그들이 앞으로 어떻게 나올지 알 수가 없다"고 말하였다. 트루먼은 애치슨에게 "딘, 우리는 어떻게든 이 개자식들의 행동을 중지시켜야만 하네"라고 말하였다.[161] 그의 한국전쟁 개입 결정은 10여 초 만에 이뤄졌다. 트루먼은 아시아의 공산화를 크게 우려했고 이런 맥락에서 타이완해협에 대한 제7함대 파견, 그리고 후일 인도차이나의 프랑스군 지원 결정이 이뤄졌다.

셋째, 트루먼은 1947년의 '트루먼 독트린'을 한반도에서도 적용하였다. '트루먼 독트린'에 담겨 있는 '윌슨주의적' 이상(理想)은, 그의 "썩은 사과론" 및 '뮌헨 증후군'과 연결되어 있기는 했지만, 그보다 훨씬 포괄적이고 본질적인 이념과 체제에 관한 세계관과 역사관의 문제였다. 그는 아마도 1947년 "저는 무장된 소수나 외부세력이 자유민들을 복속시키겠다고 공격할 때 이에 저항하는 그들을 돕는 것이 미국의 정책이 되어야 한다고 믿습니다"라고 했을 때 그 대상이 한국인이 될 거라고는 꿈에도 생각하지 못했을 것이다. 그러나 1949년 직후 악화된 안보정세하에서 실제로 자신이 지적한 일이 한반도에서 벌어졌을 때 그는 '트루먼 독트린'에서 그가 약속한 바를 지켜야 하고, 한국이라는 "자유세계"를 지켜야 한다고 생각했을 것이다.

이러한 측면에서 트루먼의 신속한 한국전 개입을 조명하면 미국은 일단 유럽 중심 전면전 군사전략을 구사하다 북한이 남침하자 허를 찔린 셈이었다. 미국의 한국전쟁 개입은 한국 그 자체와는 큰 상관이 없는 것이었다. 사실, 세계지도에서 한국을 찾을 수 없었던 대다수의 미국인들뿐 아니라 정책담당자들에게도 한국 자체는 중대한 관심거리가 아니었다. 따라서 한국전쟁은 트루먼과 미국에게는 하나의 '상징적인 전쟁'이었다. 트루먼 이후 집권한 아이젠하워는 한반도에서의 "전쟁이 내포한 위험은 공산화된 한반도가 공산세력에게 부여하는 본질적 가치로부터 나오는 것이 아니었다. 그것은 미국이 구축하고 유지해온 한 국가를 파괴하는 데 성공

....

161 Robert Beisner, *Dean Acheson: A Life in the Cold War*, Oxford University Press, 2006, p. 340.

한 공산주의자들이 누릴 위신(prestige)에서 나오는 것이었다… 간단히 말해, 남한은 전 세계에 걸쳐 중요한 상징이 되었다"고 말한 바 있다. 한국을 공산주의가 정복한다면 이는 미국과 서방의 사기(morale)에 엄청난 타격이 될 것이었다. 미국은 공산세력의 침략에 맞서 견결히 투쟁함으로써 "자유세계"의 단결을 도모하고자 하였다. 요컨대, 트루먼에게 한국전쟁은 윌슨주의적 또는 이상주의적 전쟁이었다.[162]

넷째, 트루먼의 결정에 영향을 준 또 하나의 핵심 요인은 국내정치였다. 1949년 10월 중국이 공산화되자 미국 공화당은 "누가 중국을 잃었나?(Who Lost China?)"라는 정치프레임으로 트루먼 정부를 맹공하고 있었다. 공화당은 트루먼 정부가 중국국민당 정부를 충분히 지원하지 않아 결국 패하게 만들었다고 비난하였다. 공화당의 정치공세는 국내적으로 잘 먹혀들었다. 여기에 "미국은 공산 중국정부를 승인해야 한다"는 애치슨 장관의 발언은 불에 기름을 끼얹는 격이었다.

유사한 또 다른 국내정치적 변수는 매카시의 "마녀사냥"과 관련이 있었다. 1950년 2월 9일 조셉 매카시 상원의원(Joseph McCarthy, 위스콘신)은 웨스트 버지니아 주 휠링(Wheeling)에서 공화당 여성클럽이 주최한 '링컨의 날' 행사에서 연설하며 "205명의 공산당원이 트루먼 국무부에서 활동하고 있다"고 주장하여 정치적 폭탄을 투하하였다. 이보다 두 주 앞선 1950년 1월 25일 루즈벨트의 민주당 정부에서 국무부 고위직에 있던 앨저 히스(Alger Hiss)가 스파이 혐의로 재판을 받고 위증으로 5년의 실형을 선고받았다. 이로 인해 트루먼 정부는 반공을 강하게 부각할 정치적 필요성을 느끼게 되었다. 공산세력이 "자유세계"를 침략했을 때 트루먼은 보란듯이 자신이 반공성(反共性)을 보여주고자 하였다.

국내정치는 국내경제를 반영한다는 측면에서 트루먼의 한국전 개입은 미국의 경제불황 타개책과 관련이 있었을 수도 있다. 이는 경제불황을 타개하기 위해 남침을 유도하였다는 의미라기보다는 북의 남침으로 전쟁이 발발하였으니 이를 불황타개책의 일환으로 사용하고자 했을 수 있다는 뜻이다. 미국의 실업자 수는 1943에 107만 명, 1944년에 67만 명이었으나, 1950년 3월에는 475만 명으로 급증하였다.

....

162   Frank Ninkovich, *The Wilsonian Century: U.S. Foreign Policy Since 1900*, University of Chicago Press, p. 178.

불황에서 군사비 증가는 실업률을 낮추고 경제활성화에 자극을 줄 수 있는 효과적 대안이었다. 즉 군사비의 증가는 방산업체와 그 하청업체의 가동률을 증가시킬 것이고, 이에 따라 고용이 증가하게 될 것이었다. 고용의 증가는 유효수요를 증가시킬 것이고, 공급초과의 상황을 평형의 방향으로 전환시킬 수 있는 것이었다. 특히 군사비 증가는 이에 따라 생산되는 무기가 국민경제로 되돌아가는 부가가치를 생산하지 않아 공급과잉의 경제에 공급의 추가적 부담을 가하지 않는 편리한 정책수단이 된다는 사실이 중요하였다. 1950년 1월에 시작되어 4월에 완성된 NSC-68은 "2차대전 기간 동안의 경험을 통해 우리가 얻은 가장 중요한 교훈 중 하나는 미국 경제가 충분한 효율성을 갖고 작동될 때, 한편으로는 높은 생활수준을 유지하면서도 민간소비와는 다른 목적으로 엄청난 자원을 동원할 수 있다는 점이다"라고 지적하며 재정지출(예를 들어, 군사비)을 늘림으로써 수요를 확대한다는 케인즈적 발상을 보여주었다. NSC-68은 전략핵무기뿐 아니라 재래식 무기의 확충을 강조하였다. 전략핵무기 증강이 더 효율적이고 돈이 덜 들겠지만 일자리 창출을 통한 수요의 확대라는 측면에서 재래식 무기의 증강이 강조되었을 것으로 판단된다.

이러한 관점에 따르면, 미국의 트루먼 정부는 전쟁이 발발하자 공산국가들의 기대와는 달리 즉각적으로 개입하였던 것이다. 트루먼 정부는 침체된 경제를 살리기 위해 이미 생산해 놓은 무기를 전장에서 신속히 소비하고, 더 많은 군사장비를 생산토록 하여 대규모 방산업체와 하청업체의 공장가동률을 높여 실업률을 낮추고, 이에 따라 증가된 유효수요를 바탕으로 경기진작을 도모하였던 것이다. 아마도 트루먼이나 민주당은 "군사적 케인즈주의(Military Keynesianism)"가 경제도 살리지만, 그로 인해 자신들이 정치적 정권적 이익을 얻을 수 있다고 판단했을 수도 있다. 미국의 중간선거는 1950년 11월, 대선은 1952년 11월에 예정되어 있었다. "하나님, 감사합니다! 한국전쟁이 때맞춰 일어났고, 우리를 살려주었다"는 국무부 관리들의 탄성은 이러한 관점을 포함하여 여러 측면에서 시사하는 바가 크다 할 것이다.

소련의 UN안보리 보이콧 전략

마오쩌둥은 트루먼이 한국전쟁에 신속히 개입하고 타이완 해협에 제7함대를 파견하자 미국의 속내가 중국의 파괴나 전복에 있다고 판단하고 예방적 군사조치를 취하였다. 그러나 마오는 7월 13일까지 중국의 경계 조치에 대해 소련에 알리지 않았다.[163] 소련의 의도를 알 수 없었기 때문이다. 이때까지도 소련은 안보리를 보이콧하고 있었다.

소련이 안보리를 보이콧한 이유는 미국이 중화인민공화국이 장제스의 중화민국을 대체해서 UN에 가입하는 것을 막았기 때문이라고 알려져 있다. 사실 야코프 말리크(Yakov Malik) 대표는 1950년 1월 13일 안보리 회의장을 박차고 나갈 때 그와 같은 사유를 공개적으로 밝힌 바 있었다. 그러나 소련이 자신과 국경을 공유하고 있는 사회주의국가가 전쟁을 시작하였는데도 무력사용권한을 가지고 있는 안보리로 복귀하지 않은 것은 납득하기 어려운 행보였다. 따라서 일부 사가들은 소련이 거부권을 행사하지 않아 UN안보리가 미국의 이익에 따라 일련의 결의안을 채택하고 결국 UN군을 결성하여 한국을 지원하였다며, 소련의 보이콧은 소련과 공산권의 입장에서는 중대한 "실수"였다고 지적하였다.

그러나 냉전 직후 공개된 소련의 자료에 따르면 당시 스탈린의 계산은 좀 더 복잡하였고, UN군의 한국 지원은 소련의 "실수"에 의한 결과가 아니었다. 소련의 보이콧은 스탈린이 주도하여 정치국 차원에서 결정되었다.[164] 안드레이 그로미코는 스탈린에게 말리크 대표를 안보리에 보내 북한이나 소련에게 적대적인 결의안 채택을 막을 것을 권고했으나 스탈린은 이를 거부하였다. 그로미코는 소련이 안보리에 불참할 경우 한국 지원을 위한 UN군이 결성될 것이라 재차 경고했으나 스탈린은 이를 받아들이지 않았다. 스탈린은 몇 가지를 염두에 두고 있었다.[165] 첫째, 그는 당시 전황을 고려할 때 전쟁이 최초 계획대로 진행될 수 있을 것으로 판단하였다. 그렇다면 UN의 결정은 별 의미가 없을 것이었다. 둘째, 그는 중소동맹의 함의와 그것이 가지는 파급효과를 우려하였다. 전쟁이 시작되자마자 미국의 개입 의지는 분

....

163 Stalin to Chinese Foreign Minister Zhou Enlai, 5 July 1950, Kathryn Weathersby, *New Russian Documents on the Korean War*, p. 31, 43.

164 Goncharov, Lewis, and Litai(1993), p. 161.

165 *Ibid*.

명하였다. 스탈린은 미군의 참전에 따라 결국 중국이 개입하지 않으면 안 될 정도로 전세가 악화되면, 중국, 미국 중 한 국가가 전쟁을 공식 선포할 개연성이 높고, 그렇게 되면 중소동맹조약의 자동개입 조항(제1조)이 발동되어 소련은 중국에게 "지체 없이 동원 가능한 모든 방법을 통해 군사 및 다른 형태의 원조를 제공해야 하는 의무를 지게 된다"고 생각하였다. 그런데 이는 그가 가장 두려워하는 결과였다. 그는 미국이 중국에 선전포고를 함으로써 한반도에서 싸우고 있는 미군과 중소동맹에 따라 참전하게 될 자신의 군대가 직접 교전하게 될 상황을 피하고자 하였다. 3차대전 발발 가능성을 우려한 것이다. 따라서 스탈린은 미군이 한반도에 전개되겠지만 그들이 "UN군의 모자를 쓰고" 전장에 투입되는 것이 미소 간 직접 충돌을 막는 방편이라 생각하였다. 이러한 맥락에서, 소련의 외교 차관은 소련은 한국전쟁에 개입하지 않을 것이고, 또한 다른 국가들도 그렇게 해야 한다고 선언하였던 것이다. 중국 관리들은 소련의 이러한 선언이 트루먼에게는 "귀한 보석"이었다고 지적하였다.[166] 그러나, 스탈린은 어떤 경우에도 미국과의 전쟁은 피하고자 하였다.

2005년 처음 공개된 소련의 한 비밀문건은 스탈린의 안보리 보이콧 결정에 대해 보다 구체적이고 대안적인 이해를 가능케 해주고 있다. 스탈린이 체코슬로바키아 공산당 의장 고트발트(Klement Gottwald)에게 보낸 1950년 8월 27일 자 전문은 이와 관련하여 거의 전체를 인용할 만하다:

우리는 소련이 6월 27일 UN안보리에서 철수한 일, 그리고 그 후 벌어진 일련의 사태에 대해 고트발트 동지와 다른 견해를 가지고 있음. 우리는 다음의 네 가지 이유로서 안보리에서 철수하였음. 첫째, 소련과 중국 간의 유대를 과시하기 위함. 둘째, UN안보리에서 중국의 진정한 대표를 마다하고 국민당 괴뢰 정권을 중국의 대표로 인정하고 있는 미국의 정책이 얼마나 어리석고 우둔한지를 강조하기 위함. 셋째, 2대 열강의 대표가 불참함으로써 안보리의 결정을 부당한 것으로 만들기 위함. 넷째, 미국 정부에 자유재량권을 부여하고, 더욱 우둔한 결정을 내릴 수 있는 기회를 줌으로써 국제사회가 미국 정부의 진정한 모습을 볼 수 있도록 하기 위함. 본인

....

166 Goncharov, Lewis, and Litai(1993), p. 162.

은 우리가 이 모든 목적을 달성하였다고 판단함. 우리가 안보리에서 철수한 후 미국은 한국전에 말려들어 군사적 위엄과 도덕적 권위를 모두 낭비하고 있음… 무엇보다 미국은 극동에 발이 묶여 있어 유럽에 신경 쓰기가 어렵게 되었음. 이것은 세계 차원의 세력균형에 있어 우리에게 득인가? 의심할 여지 없이 그러함. 미국 정부가 극동에 계속 발이 묶여 있고 중국이 조선의 자유와 자신의 독립을 위한 투쟁에 참전한다면 그 결과는 무엇일까? 첫째, 모든 다른 나라와 마찬가지로, 미국은 엄청난 규모의 준비된 병력을 갖고 있는 중국을 감당하기 어려울 것임. 미국은 과도하게 개입할 것임. 둘째, 미국은 이 전쟁에 과도하게 자신의 군자산을 투입함으로써 3차대전을 수행할 수 있는 능력을 당분간 상실하게 될 것임. 따라서 3차대전이 무기한 연기될 것이고, 이로써 우리는 유럽에서 사회주의를 강화하기 위해 필요한 시간을 벌 수 있을 것임. 뿐만 아니라 미중 투쟁은 극동 전체를 혁명화할 수 있는 이점이 있음. 이것은 세계 차원의 세력균형에 있어 우리에게 득인가? 의심할 여지 없이 그러함.

이러한 이점들을 고려할 때 "민주적 진영은 안보리에서 철수할 필요가 없다"는 논리에 우리는 동의하지 않음. 우리가 철수하느냐 참석하느냐의 문제는 상황에 따라 판단되어야 할 문제임. 우리는 국제적 상황을 보면서 안보리에서 철수할지 복귀할지를 결정해야 함.[167]

요약하면, 스탈린은 소련이 안보리에 불참해서 한반도에서 미국과 싸울 가능성을 최소화하는 한편 미국이 자유재량권을 가지게 함으로써 "미국의 진정한 모습"이 노출되도록 하고, "미국의 이해관계와 자원이 유럽에서 극동으로 이동하게 할 수 있으며," "중국이 미국의 힘을 소진시킴으로써 사회주의 진영이 3차대전을 준비할 수 있는 시간을 벌 수 있다"고 생각한 것이었다. 스탈린은 전문 말미에 "혹

....

167 Russian State Archive of Socio-Political History (RGASPI), fond 558, opis 11, delo 62, listy 71-72. Published in: Andrei Ledovskii, "Stalin, Mao Tsedunh I Koreiskaia Voina 1950-1953 godov," Novaia I Noveishaia Istoriia, No. 5 (September-October 2005), 79-113. Translated for NKIDP by Gary Goldberg.

자는 우리가 왜 안보리에 복귀했느냐고 물을 수 있다"며, 그 이유에 대해 "미국의 호전적 정책을 계속 드러내고, 미국이 자신의 호전성을 감추기 위해 안보리의 깃발을 사용하는 것을 막기 위함"이라고 적었다. 따라서, 이 전문은 스탈린의 '잘못된 보이콧 결정'에 대한 면피용 사후적 정당화일 뿐이라는 의심이 가능할 수도 있다. 그러나, 이 전문이 작성되던 시점은 북한군이 전술적 우위를 확보하고 있었고, 남한 및 UN군을 "부산방어선" 내에 봉쇄하고 있던 때였다. 다시 말해, 스탈린이 자신의 '보이콧 결정'을 사후적으로 정당화할 필요가 없던 시점이었다는 말이다. 이 전문은 스탈린의 '보이콧 결정'을 설명할 뿐 아니라 한국전쟁과 관련한 스탈린의 전략적 관점을 드러내주고 있다는 점에서 의의가 큰 문건이다.[168]

한편, 대한민국 국회는 1950년 7월 10일 미국과 UN안보리에 감사한다는 메시지를 보냈다. 이승만 대통령은 이제 '38선'은 자연해소되었다고 선언하였다. 그는 7월 19일 트루먼 대통령에게 UN군이 '38선'에서 진격을 정지해서는 안 되며, 북진통일을 완수해야 한다는 것이 한국 정부의 공식 입장이라고 역설하였다.[169] 소련은 8월 1일 안보리에 복귀하였다. 소련은 즉각 미국을 비난하며 안보리에 의한 추가 행동을 차단하고자 하였다. 소련 대표는 8월 10일 안보리에서 미국을 침략자라고 재차 규탄하였다. 그는 소련이 북한군에 무기를 공급하고 있다는 미국의 지적을 부인하고, "북한군은 소련군이 한국[북한]으로부터 철수하던 때에 소련이 판매한 무기를 소유하고 있을 뿐이므로 이러한 주장은 전혀 사실이 아니다"라고 말하였다.[170]

소련은 9월 7일 북한에 대한 미국의 "야만적(barbarous)" 폭격을 규탄하는 결의안을 제출하였다. 소련 대표 말리크는 한반도에서의 미국의 정책을 "히틀러의 그것(Hitlerian)과 비교하면서 북폭을 잔혹한(inhuman) 행동"이라 비난하였다. 주UN 미국대사 워렌 오스틴(Warren Austin)을 대신한 미국 대표 어니스트 그로스(Ernest Gross)는 전쟁포로 살해 등 북한의 수많은 전쟁범죄를 거론하면서, 미국은 북한의

....

168   Donggil Kim and William Stueck, "Did Stalin Lure the United States into the Korean War?: New Evidence on the Origins of the Korean War," July 7, 2011, *North Korea International Documentation Project*, Wilson Center.

169   구영록, 배영수(1982), p. 85.

170   구영록, 배영수(1982), p. 86.

민간인들에게 폭격 대상이 되지 않도록 피신하라고 모든 수단을 동원하여 경고하고 있다며 잔혹 행위를 부인하였다. 그는 "한 장군이 말했듯이, 전쟁은 지옥이다. 그러나 도덕은 단순하다. 바람을 심은 자는 회오리바람을 수확할 뿐이다(심은 대로 거두리라는 의미). 도덕적 책임은 침략자가 져야만 한다"며 미국의 반론을 마쳤다.[171] 안보리는 9 대 1로 소련의 대미 규탄 결의안을 부결시켰다. 유일한 찬성국은 소련이었다.

한국전쟁의 전개

맥아더 극동군사령관의 명령을 받은 제8군 사령관 워커 중장은 휘하의 제24사단 제21연대 소속 540명으로 구성된 '스미스 부대'를 7월 1일 부산으로 급파하였다. 그러나 이 부대는 북한군에 대적할 수 있는 능력을 갖고 있지 못하였다. '스미스 부대'의 병사들은 제8군의 여타 병사들과 마찬가지로 일본에 대한 군정을 지원하기 위해 주둔하고 있던 점령군이었다. 그들은 군정을 위한 업무에 종사하였기 때문에 훈련이나 장비 면에서 전투에 즉각 투입될 수 있는 조건 하에 있지 않았다. 북한의 기습에 허를 찔린 미국은 한반도에서 지리적으로 가장 가까운 일본의 규슈에 주둔하는 병력 중 그나마 전투력을 갖춘 부대를 급조하여 파병한 것이었다. 맥아더의 회고록에 따르면, '스미스 부대'를 보낸 것은 "힘을 담대히 과시하기 위한 것(arrogant display of force)"이었다. 맥아더는 "전쟁 초기에 미군의 강력한 의지를 보여줌으로써 적으로 하여금 미군의 능력이 실제보다 더 강력하다고 믿게 하려 했던 것이다."[172] 그러나 그의 조치는 허장성세(虛張聲勢)에 가까웠다. 그는 전투력을 제대로 갖춘 대규모 부대를 신속히 전개할 수 있는 조건에 있지 않았던 것이다. 연대급 정예부대는 북한군의 남하를 지체시킬 수 있는 능력을 갖고 있었다. 그러나 보병 연대의 중장비와 엄청난 병력을 이동시킬 공수편이 충분하지 않았다. 수송선을 이용할 수는 있었지만 맥아더의 '타협할 수 없는 일정'에 맞출 수는 없었다. 워싱턴의 합참

....

171   *The St. Louis Post-Dispatch*, September 8, 1950.
172   Douglas MacArthur, *Reminiscences*, McGraw-Hill, 1964, p. 336.

은 맥아더의 조치에 의문을 제기하였다. 그들은 맥아더가 중장비를 모두 항공으로 전개할 수 있는지, 만약 불가능하다면 계획이 실패하는 것은 아닌지 물었다. 맥아더는 대답하지 않았다. 그는 어려운 질문에 직면하면 답하지 않는 습관을 가지고 있었다.[173] 그는 취약한 '스미스 부대'의 한반도 전개를 강행하였다.

'스미스 부대'는 7월 5일 오산 죽미령에 도착하여 적의 전차에 대하여 첫 번째 야포 공격을 실시하였다. 그러나 우천으로 공중엄호가 불가하여 진격에 어려움이 있었다. 북한의 인민군은 오전 7시경 '스미스 부대'의 움직임을 탐지하고 소련제 T-34 탱크 8대를 앞세우고 수원에서 남하하였다. 스미스 부대는 오산전투에서 전력을 다해 싸웠으나 150여 명의 병력을 잃고 7월 6일 후퇴하였다. 그러나 '스미스 부대'는 일본에서 제1기갑사단과 제25보병사단이 도착할 때까지 인민군의 남하를 일시적으로 저지하는 데 성공하였다. 맥아더 장군은 오산 죽미령 전투 결과를 보고받고 비로소 북한군의 전력을 제대로 가늠하게 되었다.

다급해진 이승만 정부는 7월 12일 임시수도 대전에서 미국과 '미군의 지위에 관한 협정'을 체결하였다. 미군에게 치외법권을 부여한 이 '주한 미국군대의 관할권에 관한 대한민국과 미합중국 간의 협정'은 "미국 군법회의는 재한 미국 군대의 구성원에 대하여 배타적인 재판권을 행사할 수 있고, 미국 군대는 미국 군대 이외의 여하한 기관에도 복종할 수 없다"는 내용을 포함하였다.[174]

이러한 내용을 담고 있는 이른바 대전협정은 무쵸 미국 대사의 요구에 따른 것이었다. 그는 이승만 대통령에게 "전쟁을 효과적으로 수행하기 위해서는 의회와 정치인들의 간섭을 최소화해야 한다"고 말하였다.[175] 이승만은 이 협정을 체결함으로써 미 대사의 요구를 수용하였다. 미국이 원한 대로 이 협정은 대한민국 의회의 비

....

173 John Garrett, *Task Force Smith: The Lesson Never Learned*, School of Advanced Military Studies, United States Army Command and General Staff College, Fort Leavenworth, Kansas, Second Term AY 99-00 p. 4.

174 Exchange of notes constituting an agreement relating to jurisdiction over offenses by United States forces in Korea. Taejon, 12 July 1950. http://www.usfk.mil/Portals/105/Documents/SOFA/E_Taejon%20Agreement_UN%20Treaty%20Series%201955_No3029.pdf

175 Bong Lee, *The Unfinished War: Korea*, Algora Publishing, 2003, p. 91.

준 과정을 거치지 않았다. 이승만은 더 나아가 군통수권자인 자신에게 부여된 한국 군에 대한 일체의 "지휘권(command authority)"을 UN군 사령관에게 이양하는 서신을 7월 14일 미국 대사를 통해 맥아더에게 보냈다:

> 대한민국을 위한 UN의 공동군사협력에 있어 한국 내 또는 한국근해에서 작전 중인 UN의 모든 부대는 귀하의 통솔하에 있으며 또한 귀하는 그 최고사령관으로 임명되어 있음에 감하여, 본인은 현 작전상태가 계속되는 동안 일체의 지휘권(command authority)을 이양하게 된 것을 기쁘게 여기는 바이오며, 여사한 지휘권은 귀하 자신 또는 귀하가 한국내 또는 한국근해에서 행사하도록 위임한 기타 사령관이 행사하여야 할 것입니다.
>
> 한국군은 귀하의 휘하에서 복무하는 것을 영광으로 생각할 것이며 또한 한국 국민과 정부도 우리들의 사랑하는 국토의 독립과 보전에 대한 비열한 공산침략에 대항하기 위하여 힘을 합친 UN의 모든 군사권을 갖고 있는 고명하고 훌륭한 군인인 귀하의 전체적 지휘를 받게 된 것을 영광으로 생각하며 또한 격려되는 바입니다.
>
> 귀하에게 심후하고도 따뜻한 개인적인 공경을 표하나이다.[176]

이승만으로서는 UN 회원국이 아닌 한국의 군대를 UN군에 배속함으로써 전쟁수행의 효율성을 높이고자 했을 것이다. 이승만의 메시지를 무쵸를 통해 수신한 맥아더는 7월 16일 무쵸를 통한 답신에서 군수·인사 등을 포함하는 "일체의 지휘권" 대신 한국군에 대한 "작전지휘권(operational command authority)" 전환에 동의하였다:

> 대통령 각하
>
> 본관은 현 적대상태가 계속되는 동안 대한민국 육·해·공군의 작전지휘권을 위임

....

176　대한민국 국방부, 군사편찬위원회, 『국방조약집』, 제1집, 1981, p. 629.

한 7월 15일부 대통령의 서신에 관한 맥아더 원수의 답신을 다음과 같이 전달하게 되어 영광으로 생각합니다.

"7월 15일 자 공한에 의하여 이 대통령이 취하신 조치에 대하여 본관의 애심으로부터의 감사와 심심한 사의를 그에게 표하여 주시기 바랍니다. 한국내에서 작전 중인 UN군의 통솔력은 반드시 증강될 것입니다. 용감무쌍한 대한민국군을 본관 지휘하에 두게 된 것을 영광으로 생각합니다. 본관에 대한 이대통령의 과도한 개인적 찬사에 대한 사의와 그에 대하여 본관이 가지고 있는 존경의 뜻도 아울러 전달하여 주시기 바랍니다. 우리들의 장래가 고난하고 요원할지도 모르겠으나 종국적인 결과는 반드시 승리일 것이므로 실망하지 마시도록 그에게 전언하여 주시기 바랍니다." – 맥아더[177]

변함없는 존경과 함께 무쵸(John J. Muccio)

북한군은 계속 남하하여 7월 20일 미 제24사단장이 머물고 있던 대전을 공격하였다. 대전전투에서 제24사단은 통신두절의 상태에서 고전하다 결국 막대한 피해를 입고 후퇴하였다. 사단장 딘 소장은 부대와 분리되어 20여 일을 산길을 헤매다가 한국 민간인 두 명의 배신에 의해 결국 공산군의 포로가 되었다.[178]

계속 남하하던 북한군은 8월 5일 부산 방어선을 네 방향에서 공격하였다. 제8군 사령관 워커 장군은 합동전술이 미비된 북한군의 공격을 버티어내었다. 8월 24일 이윽고 미 제2사단이 도착하면서 미군의 전력이 강화되었다. 8월 27일 북한군은 또다시 다섯 방면에서 동시적으로 공세에 나섰지만, 미군은 9월 3일에 이르러 이를 물리칠 수 있었다.

....

177　대한민국 국방부(1981), p. 629.

178　UPI, "Gen. William Dean Dies at 82: Hero-Prisoner in Korean War," *The New York Times*, August 26, 1981. 1953년 7월 27일 정전협정 이후 딘은 몇 주 더 북한에 전쟁 포로로 남아 있었다. 그는 1953년 9월 4일 판문점의 UN군에게 인계되었고, 9월 24일 미국으로 귀환하였다.

한편, 8월 29일 영국이 파견한 최초의 지상군인 제27여단이 부산에 도착하여 전선에 투입되었다. 9월 12일 북한군은 7만여 명의 병력으로 총공세를 펼쳤다. 그러나 북한군은 부산 방어선 전체에 걸쳐 흩어져 있는 상황이었다. 그리고 북한군은 북으로부터의 병참선을 지나치게 확장하였고, 통신체계는 미 해·공군에 의해 지속적으로 파괴되고 있었다. 연합군과 한국군은 부산 방어선 내에 10만이 넘는 병력을 확보하고 있었다. 군사장비와 군수품도 부산항을 통해 속속 반입되어 미군은 500여 대의 탱크를 갖춰 북한군에 대해 5:1의 압도적 우위를 점하게 되었다. 이때는 이미 워커가 맥아더의 인천상륙작전(크롬작전, Operation Chromite)에 대해 소상히 알고 있던 시점이었다. 그는 부산 방어선을 결사적으로 지키는 한편 제8군 참모들로 하여금 방어선을 뚫고 북진하면서 인천상륙부대인 'X-군단(X-Corps)'과 연결하기 위한 작전계획에 집중하도록 하였다.

사실 맥아더 장군은 1950년 6월 29일 한강 방어선을 시찰하면서 북한군이 남쪽 깊이 진격해 들어오면 적의 후방을 공격하여 포위하고 보급선을 차단하는 대규모 상륙작전이 유용할 것이라 판단하였다. 그는 8월 12일 참모들에게 인천상륙작전을 준비하라고 명령하였다. 그러나 워싱턴의 합참은 인천상륙작전을 반대하였다. 합참은 일단 부산방어선에서 부대를 차출하는 것 자체가 위험하다고 보았다. 두 전선에서 모두 패할 가능성이 높다는 것이었다. 상륙작전을 준비하는 시간도 부족하였다. 나아가 미 합참은 인천항에 대한 접근이 매우 어렵다고 보았다. 합참이 보기에 인천상륙작전은 실패를 위한 모든 조건을 구비하고 있었다. 인천항의 조수는 하루에 두 번씩 10m까지 낮아져 12시간 동안 갯벌이 완전히 드러났다. 따라서 썰물 때는 상륙정이 이동하기 어렵고 병력이 적의 포격에 취약할 수밖에 없었다. 또한 밀물 시간에 맞춰 정확한 타이밍을 맞춰야 했기 때문에 작전을 수행할 수 있는 시간이 제한적이고 실패할 위험도 상당히 높았다. 아침 파도를 타고 상륙하는 부대는 12시간 동안 장비나 지원군을 기다려야 했고, 저녁에 도착한 부대는 해질녘이 빠르게 다가오는 상황에서 초기 목표를 확보하고 방어 진지를 구축할 수 있는 시간이 30분밖에 없었다. 인천항의 좁은 길목에 위치한 월미도의 북한군과 상륙을 위한 항만 시설 불비도 문제였다. 그러나 맥아더는 태평양전쟁에서 성공한 자신의 군사전략을 이번에도 적용하고자 하였다. 당시 미군 지도부의 전장중심전략(前場中

心戰略, battlefield-centric strategy)에도 불구하고 그는 "거점우회(island hopping, 섬 건너뛰기 작전)전략", 즉 강력한 방어력을 갖춘 일본의 도서 거점들을 우회해서 취약한 도서들에 대한 공격에 전력을 집중하여 점령하고, 그것을 발판으로 궁극적으로 일본군 핵심의 목을 조인다는 전략을 개발/실행함으로써 태평양전쟁에서 승기를 잡는 데 크게 기여하였다.[179] 게다가 맥아더는 거의 모든 북한군의 전력이 부산 방어선에 집결되어 있다는 것을 알고 있었다. 특히 인천-서울 지역을 방어하는 북한군이 취약하였다. 통신체계도 제대로 작동되지 않고 있었다. 맥아더는 수도 서울이 갖는 심리적 상징성을 강조하며 상륙작전을 통해 서울을 수복할 경우 그 파급효과는 엄청날 것이라 의견을 제시하였다. 나아가 그는 합참이 해병 1개 사단만 자신에게 제공해 준다면 부산 방어선의 전력을 그대로 유지하면서 상륙작전을 성공시킬 수 있다고 장담하였다.

미 합참의 지원을 확보한[180] 맥아더는 9월 15일 13,000여 명의 한국군을 포함한 미 해병 및 보병 각 1개 사단으로 편성된 X-군단[181]으로 기습적 인천상륙작전을 감행하여 적의 의표를 찔렀다. 전선에서 320km나 떨어진 후방이 뚫린 북한군은 평양 등 북으로부터의 보급선이 차단되어 북으로 퇴주할 수밖에 없는 처지에 빠졌다. 김일성의 조급한 속전속결전략의 아킬레스건이 끊긴 것이었다. 인민군이 너무 빨리 남하하면 후방이 취약해진다는 마오쩌둥의 우려를 김일성과 스탈린이 무시한 결과였다.[182] 연합상륙군은 북한군의 허술한 인천 방비를 뚫고 진격하여 9월 28일 서울을 수복하였다.

....

179 '도약(leapfrogging)' 전략이라고도 불리는 이 전략은 태평양전쟁 시 맥아더와 니미츠(Chester W. Nimitz) 제독이 개발하여 성공적으로 사용하였다.

180 미 합참은 맥아더의 강력한 의지와 세부적인 계획으로 인해 처음에는 반대했던 인천상륙작전 계획을 승인하였다. 맥아더의 군사 전략에 대한 전문 지식과 명성은 그들의 반대를 극복하는 데 결정적인 역할을 하였다. 북한군을 우회하여 결정적으로 패배시키고, 서울을 탈환하여 전쟁의 추세를 바꿀 전략적 기회가 될 수 있다는 점은 상당한 위험을 감수할 만큼 설득력이 있었던 것이다.

181 X-군단은 미 제1해병사단, 육군 제7보병사단, 그리고 얼마간의 기타 병력으로 구성되었다. 맥아더 등 현장 미군 지휘관들은 인천상륙작전 구상 단계에서 기밀을 유지하기 위해 X-Force라는 명칭을 사용하였고, 상륙부대가 만들어지자 이를 X-군단이라고 부르게 되었다.

182 Goncharov, Lewis, and Litai(1993), p. 111.

부산을 방어하던 연합군은 인천상륙작전의 성공과 함께 낙동강 전선을 돌파하고 이윽고 38도선 이남을 모두 탈환하였다. 이제 문제는 '38선'을 넘을 것인가, 아니면 침략군 퇴치에 만족할 것인가를 결정하는 것이었다. 트루먼은 '38선' 넘어로의 진격이 필요하다고 보았다. 그는 인민군을 파괴하여 북의 재침 가능성을 제거하고, 통일을 위한 전 한반도에서의 자유선거를 실시하고자 하였다.[183] 이승만 대통령은 무력에 의한 북진통일을 강력히 요구하였다. 연합군 진영과 워싱턴 내의 일부는 "UN의 요구는 침략군을 '38선' 이북으로 격퇴하라는 것이었음"을 지적하면서, '38선'을 넘어 북진할 경우 중국 및 소련이 개입하여 세계대전으로 비화할 가능성을 우려하였다. 인천상륙작전의 성공과 전세의 대반전에 고무된 트루먼은 진격을 결정하였다. 그는 9월 25일 일단 '38선' 넘어로의 진격을 정당화하기 위해 "전 한반도에 평화를 실현하고, UN 감시하에 선거를 실시하기 위해 필요한 모든 조치를 취해야 한다"는 UN 총회결의안을 이끌어내었고, 맥아더에게는 조건부로 '38선' 통과를 승인하였다. 트루먼 대통령은 9월 27일 합참을 통해 맥아더 장군에게 다음과 같이 지시하였다.

귀관의 군사적 목표는 북한군의 파괴에 있다. 이 목표 달성을 위해 귀관은 상륙, 공수, 지상 작전 등을 통해 한반도의 '38선' 넘어 북진할 수 있다. 단, '38선' 이북으로의 진격은 소련 또는 중공의 주력군이 북한에 진입하고 있지 않거나, 참전 기도에 대한 발표가 없거나, 또는 그 밖에 북한 지역 내에서 군사적으로 소련 및 중공군의 위협에 직면하지 않을 것이라는 확신이 있는 경우에 한한다. 어떠한 경우에도 귀관의 부대는 만주나 소련의 국경을 넘어서는 안 되며, 특히 소련과 마주하고 있는 동북지역이나 한만국경 지역에서 비한국인 병력이 사용되어서는 안 된다. 추가적으로 귀관의 작전은 만주나 소련 영토에 대한 공·해군 사용을 포함하지 않는다.[184]

....

183   John Francis Murphy, *The United Nations and the Control of International Violence: A Legal and Political Analysis*, Manchester University Press, 1983, p. 30.

184   357.AD/9-2650: Telegram, The Acting Secretary of State to the United States Mission at the Unit-

중국의 개입

마오는 1950년 7월부터 파병을 진지하게 고려하기 시작하였다. 7월 2일 저우언라이는 스탈린에게 "미군이 38선을 넘을 경우 소련의 공군 지원이 가능하다면 중국은 참전할 것"이라는 마오의 입장을 전달하였다. 스미스 부대가 부산에 도착한 다음 날이었다. 7월 5일 스탈린이 동의하였다. 그는 "9개 사단을 국경 부근에 배치하고 적이 38선을 넘을 때 인민지원군을 입북시키는 것이 옳을 것"이라며 소련은 "인민지원군을 위해 공군 지원"을 제공하겠다고 약속하였다.[185] 중국은 참전 준비에 돌입하였다. 7월 7일 제4야전군(과거 동북야전군) 제13병단을 중심으로 구성된 동북변방군은 8월 5일까지 국경 지역에 집결할 것이었다.[186]

....

ed Nations, *FRUS, 1950, Korea*, Vol. VII, Top secret, Priority, Washington, September 26, 1950—1 p. m.

185 Editorial Board of "Russian Declassified Archives", No. 00284, "Stalin sends a message to Roshchin: Questions about the buildup of Chinese troops at the border between China and North Korea," July 5, 1950. No. 00284 斯大林致罗申电: 关于中国军队在 中朝边境集结的问题(1950年 7月 5日), p. 563.

186 인민해방군의 편제는 야전군, 병단, 군, 사단 등으로 되어 있었는데 야전군은 나치 독일이나 소련의 집단군(army group)과 유사하고(한국군의 야전군 2-5개를 결합한 구조), 병단과 군은 한국군의 야전군과 군단에 해당하였다. 인민해방군 편제의 변화를 약관하자면, 1945년 6월-1946년 6월 사이 팔로군과 신사군은 27개 종대(纵队, 사단)와 6개 여단으로 통합되었다. 1947년 2월 이들은 5개 지역 야전군으로 재편되었다. 1948년 11월 모든 사단은 군으로 재지정되어 5개 야전군의 17개 병단으로 편성되었다. 1949년 말 인민해방군은 58개 군을 보유하였다. 1950년 각 병단은 2~4 군으로 구성되었다. 한편, 1949년 2월 4개 야전군에 번호가 매겨졌다: 西北野战军→제1야전군(彭德怀, 평더화이), 中原野战军→제2야전군(刘伯承, 류보청), 华东野战军→제3야전군(陈毅, 천이), 东北野战军→제4야전군(林彪, 린뱌오). 녜룽전(聂荣臻)의 화북야전군(华北野战军)은 이름을 유지하였다. 화북야전군은 전략적으로 중요한 지역인 중국 북부를 방어하는 임무를 맡았다. 중국 북부에는 수도 베이징과 주요 산업 및 농업 중심지가 위치해 있었다. 화북야전군은 강한 정체성과 자부심, 그리고 인민해방군의 중국 북부 방어에 대한 중요성을 반영하여 부대의 이름을 유지할 수 있었다. 당시 인민해방군은 국민당군을 섬멸하기 위해 남방에 주로 투입·배치되었고 수도가 있는 화북이나 동북지역에는 지방 부대나 수비 부대만 있을 뿐 야전군 주력 부대는 적었다. 한국전쟁 발발 시 동북에는 제42군단만 주둔하고 있었다. 중앙 군사위는 이러한 군사적 취약성을 줄이기 위해 제4야전군의 제13병단과 제1야전군의 제19병단을 자신의 직할 부대로 두고 화북 방어뿐 아니라 유사시 전국 차원의 전투에 투입할 수 있는 국방전략예비대로 운용하였다. 동북변방군이 최초에 결성될 때는 하남에 주둔하고 있던 제4야전군 제13병단 예하 12개 보병사단(제38, 39, 40군 예하), 흑룡강에 주둔하고 있던 제42군, 제1, 2, 8 포병사단, 1개 고사포 연대, 그리고 1개 공병사단 등 총

북한군이 낙동강 전선에서 저지되는 듯하자 마오는 8월 4일 정치국 회의를 열어 "만일 미제가 승전하면 간이 배 밖에 나와 우리를 치려 할 것이기 때문에 중국은 신속히 개입하지 않으면 안 된다"고 말하였다. 7월부터 동북 지역을 책임지던 동북 변방군 사령원 가오강은 "미제가 중국으로 들어오기 전에 우리가 먼저 손을 써야 한다. 우리는 중국 영토 밖에서 적을 섬멸해야 한다"고 마오를 거들었다.[187] 개입해야 한다는 정치국원들은 순망치한(脣亡齒寒), 즉 북한이 미국에 넘어가면 중국의 안보가 위태로워진다는 점을 설파하였다. 북한이 승기를 놓치지 않도록 중국이 속히 참전하여 미제와 그들의 꼭두각시를 바다로 밀어내야 한다는 주장이었다. 그러나 마오에게 보다 중요한 것은 한국전쟁에서의 신속한 승리가 중국 공산당의 잠재적인 정치적 위기를 해소해줄 수 있다는 점이었다. 전쟁이 발발하고 미국이 군사 개입하자 중국 내에서는 대미전쟁, 나아가 3차대전이 일어날 수 있다는 소문이 급속히 확산되었다. 장제스와 맥아더가 합작하여 본토를 침공할 것이라는 소문도 나돌았다. 대도시에서는 사재기가 벌어졌고 대규모 예금 인출이 폭주했으며 주식 시장이 곤두박질쳤다. 중국 공산당은 7월 23일 반혁명분자를 진압하는 명령(镇压反革命分子指示)을 내렸다. 이러한 상태에서 북한의 신속한 전승은 중국의 정치적 안정과 중국 공산당의 생존을 위해 절실히 필요한 것이었고, 따라서 이를 실현하는 차원에서 중국의 참전은 불가피한 것이었다. 저우언라이나 류샤오치 등은 신중한 자세를 취하였다. 9월 5일 마오는 중앙인민정부위원회(中央人民政府委員會)[188] 9차 회의에서 "미국이 참전하였다. 미국은 다른 지역에서도 전쟁을 벌일 수 있다. 우리는 대전, 장기전, 그리고 핵전쟁에 대해서조차 철저히 대비해야 한다"고 말하였다.

그러나 9월 들어 일이 꼬이기 시작하였다. 9월 4일 11대의 미군 전투기에 의해 소련의 폭격기 한 대가 뤼순(旅順) 앞바다에 추락하는 일이 발생하였다. 스탈린

....

병력 26만여 명이었다.

187 Gao Gang's speech at the military conference in Shenyang on August 13, 1950. Donggil Kim, "China's Intervention in the Korean War Revisited," *Diplomatic History*, Vol. 40, No. 5, 2016, p. 1006에서 재인용.

188 1949년 10월 1일 중국인민정치협상회의 제1기 전체회의는 선거를 실시하여 중화인민공화국의 최고국가행정기관으로서 중앙인민정부위원회를 성립하였다.

은 중국 동북 지역의 소련 군사 기지를 보호하기 위해 션양에 주둔하던 제151 경비 항공사단을 뤼순으로 이동 배치하였다. 이 조치는 중공군이 국경을 넘을 때 필요한 소련의 공중엄호(空中掩護)가 어렵게 되었음을 의미하였다. 마오에게는 엎친 데 덮친 격으로 9월 15일 UN군의 인천상륙작전이 성공하면서 전세가 급격히 역전되었다. 마오는 참전의 효과가 급감했음을 직감하였다. 그는 9월 22일 러시아 학자 유딘(Pavel Yudin)과의 면담에서 무력에 의한 한반도의 공산화는 불가능해 보인다며 협상에 의해 전쟁이 매듭지어지는 것이 좋겠다고 말하였다.[189] 그러나 한반도 공산화에 대한 그의 의지가 사라진 것은 아니었다. 단지 그것은 구체적 현실을 고려한 고육지책(苦肉之策)이자 관망책이었다.

UN군이 북진을 거듭하자 김일성은 박헌영과 공동 명의로 9월 30일 스탈린에게 급전을 보내 "무슨 이유에서든 소련이 지원하기 어렵다면 중국이나 기타 다른 인민민주국가들이 공화국을 돕도록 해달라"고 간청하였다.[190] 김일성은 중화인민공화국 창건일인 10월 1일 마오에게도 전문을 보내 "적들이 38선을 넘으면 자체의 힘으로 물리칠 수 없다"며 "중국 인민들의 직접 출동이 절대로 필요하다"며 파병을 요청하였다. 10월 1일 스탈린은 "개인적으로"[191] 마오에게 참전을 요구하였다. 중국이 "5~6개 사단을 보내면 조선 동지들이 기뻐할 것"이라는 내용이었다. 중국

....

189 Donggil Kim, "China's Intervention in the Korean War Revisited," *Diplomatic History*, Vol. 40, No. 5, 2016, p. 1011.

190 스탈린이 쉬티코프에게서 김일성과 박헌영이 도움을 요청하는 공식 서한이 담긴 암호 전문 1351호를 받은 것은 10월 1일 오전 2시 50분이었다. Alexandre Y. Mansourov, "Stalin, Mao, Kim, and China's Decision to Enter the Korean War, September 16-October 15, 1950: New Evidence from the Russian Archives," CWIHP Bulletin, Iss. 6-7, 1995/1996, pp. 111-112. Ciphered Telegram, DPRK leader Kim Il Sung and South Korean Communist leader Pak HonYong to Stalin (via Shtykov), 29 September 1950, APRF, fond 45, opis 1, delo 347, listy 41-45.

191 스탈린은 마오 동지가 "현재 상황에서 조선인들을 돕기 위해 군대를 보낼 수 있다고 생각한다면 그들이 38선 이북에서 재정비를 하기 위해 최소 5-6개 사단의 지원군을 보내야 합니다… 저는 조선 동지들에게 이 아이디어를 알리지 않았고 앞으로도 알리지 않을 것이지만, 그들이 이를 알게 되면 기뻐할 것이라고 믿어 의심치 않습니다"라고 전문 말미에 썼다. To Beijing, Soviet Ambassador (For immediate transmission to Mao Zedong and Zhou Enlai.), Archive of the President, Russian Federation(APRF), fond 45, opis 1, delo 334, listy 97-98. Mansourov(1995/1996), p. 100.

은 9월 후반부터 UN군의 북한 점령 가능성에 대해 다각적으로 경고하고 있었다.[192] 그러나 맥아더는 아랑곳하지 않고 10월 1일 김일성에게 무조건 항복을 요구하였다. 계속되는 중국의 대미 경고가 무시되고, "미군이 국경 너머까지 야욕을 가지고 있다는 음모론"이 부각되는 상황 하에서 마오는 김일성의 호소와 스탈린의 요구에 적극적으로 답해야겠다고 생각하였다. 스탈린의 전문을 받은 당일 마오는 당 중앙 정치국 회의를 열었다. 밤 늦게까지 계속된 회의에서 동북 지역의 제4야전군 사령원 린뱌오(林彪, 임표)는 참전에 대해 강하게 반대했고, 저우언라이와 류샤오치 등 대다수의 성원들도 유보적이었다. 첫째, 중국의 경제력이 전쟁을 뒷받침할 수 없고, 둘째, 미군의 군사력을 당해낼 수 없으며, 셋째, 토지개혁이 진행 중인데 반동주의자들이 저항하고 있다는 것이었다. 일부는 중국의 위협은 조선에서 오는 것이 아니고 타이완에서 오고 있다고 말하였다.[193] 린뱌오는 몸이 아프다며 참전군 사령원을 맡을 수 없다고 하였다.

마오는 참전을 주장하였다. 그는 "이웃이 위험에 처한 것을 보고도 아무런 도움도 주지 않고 가만히 있는 것은 부끄러운 일"이라며 조선이 위험에 처했을 때 중국이 방관한다면 소련도 중국이 위험에 처했을 때 방관할 수 있으며, "[사회주의] 국제주의는 공허한 말장난"이 될 것이라고 말하였다. 또한 그는 전략적 관점에서 파병이 중국에게 유리하다며 다음과 같이 주장하였다:

트루먼이 7함대를 보내 장제스를 보호하고, 맥아더가 호전적이 발언을 내뱉는 상황에서 미국과의 대결은 시간 문제다. 미국은 조선, 베트남, 타이완 등 세 방면에

....

192 인민해방군 총참모장 대리는 베이징 주재 인디아 대사에게 중국은 미군이 중국 영토에 접근하는 것을 용인하지 않을 것이라 말하였다. Kavalam Madhava Panikkar, *In Two Chinas: Memoirs of a Diplomat*, George Allen and Unwin, 1955, pp. 108-109. 인디아의 외교장관은 뉴델리의 미국대사에게 이를 전하였다. 주미 영국대사도 같은 메시지를 미 국무부에 전달하였다. Edwin P. Hoyt, *On To The Yalu*, Stein and Day, 1984, p. 198. 중국 외교부 대변인은 9월 22일 성명을 발표하여 "중국은 조선인민들 편에 설 것이다… 조선에 대한 미제의 침략적 범죄행위와 전쟁을 확대하려는 그들의 음모에 결연히 반대한다는 사실을 확인하고자 한다"는 입장을 공식적으로 천명하였다. Shu(1995), p. 77.

193 Hao Yufan and Zhai Zhihai, "China's Decision to Enter the Korean War: History Revisited," *The China Quarterly*, No. 121, 1990, p. 105.

서 중국을 공격할 준비가 되어 있다. 이 중 조선이 중국에게 가장 유리한 전장이다. 소련 및 중국의 공업지역과의 거리가 가깝기 때문이다. 조선반도의 북부는 타이완이나 베트남의 전장과는 달리 험한 산악지역으로서 미군 기계화부대의 기동이 방해될 수 있고, 그러한 지리적 이점으로 인해 중국군에 대한 보급은 상대적으로 수월하다… 만약 조선이 미국의 수중에 들어간다면 중국의 많은 병력과 자원이 중조 국경선을 따라 무기한 주둔해야 하지 않겠는가?[194]

마오는 신중을 기하자는 다수의 의견에 따라 다음 날 정치국 확대회의에 베이징에 있는 군 지휘관들을 불러 그들의 의견을 듣기로 결정하였다. 마오는 10월 2일 오전 스탈린에게 "사회주의 국제주의 이름으로" 파병하겠다는 내용의 전문의 기초를 잡았다.[195] 마오는 10월 2일 정오에 정치국 확대회의를 열었다. 그의 마음은 이미 정해져 있었다. 중국은 싸울 것이었다. 그는 "우리는 군대를 보내느냐 보내지 않느냐를 결정하기보다는 참전은 불가피한 것이니 파병 일정과 사령관을 정하자"고 말하였다. 그리고 그는 중국이 참전하는 이 전쟁을 "항미원조, 보가위국(抗美援朝, 保家爲國)"의 전쟁이라 명명하였다. 또한 마오는 스탈린이 10월 1일 제안한 대로 정규군이 아닌 중국인민지원군(中国人民志愿军, 中國人民志願軍)이라는 명칭을 사용할 것

....

194 Yufan and Zhihaip(1990), p. 106.
195 10월 2일 작성된 전문의 초안:
   1. 우리는 파병하기로 결정했고 파견군 명칭은 인민지원군으로 정했음. 파병은 극동 전체에 대한 위협에 대응하는 차원에서 결정되었음.
   2. 우리는 중미전쟁에 대비해야 한다는 것을 알고 있음. 그러나 이 전쟁이 대전이나 장기전이 될 가능성은 낮다고 판단됨.
   3. 우리가 적을 파괴하지 못하거나 전선이 교착상태에 빠지는 것은 최악의 상황이 될 것임. 그렇게 되면 중국의 경제 재건도 타격을 받고 국내적 불만이 고조될 것임.
   4. 12개 사단이 남만주로 이동하였음. 곧 북한의 적절한 지역(산악 지대)으로 배치될 것임. 이 병력은 소련으로부터 무기와 장비를 지원 받아 반격에 나설 것임.
   5. 제공권은 미국이 쥐고 있음. 중국 공군이 300대의 항공기를 투입하려면 1951년 2월까지 기다려야 할 것임.
   6. 12개 사단 외에 24개 사단이 양쯔강 이남과 샨간 관구(샨간(陝甘) 관구는 샨시(陝西) 성과 간수(甘肅) 성의 일부로 이뤄진 관구)로부터 차출되어 증원군으로 편성될 것임.

이라고 말하였다. 그러나 참가자들 상당수가 파병 자체에 대해 문제를 재차 제기하였다. 회의론자들의 주장의 핵심은 재정적자 및 실업문제 해결과 경제재건, 그리고 토지개혁 완수가 급선무이고, 변방의 성(省)들과 근해 도서들이 아직 해방되지 않았다는 점이었다. 100만이 넘는 산적(山賊) 퇴치의 필요성도 제기하였다. 그들은 가장 심각한 문제는 인민해방군의 무기가 낙후하여 미군의 무기와 비교가 되지 못한다는 데 있다고 지적하였다. 이들은 당시 전쟁을 두려워하는 중국의 국내여론을 대변하는 것이기도 하였다.

한편, 참전론자인 녜룽전은 "우리가 군대를 보내지 않으면 모두에게 불리하다. 적이 얄루강 유역에 도달하면 국내외의 반동세력이 준동할 것이다. 이는 우리나라에 불리할 뿐만 아니라 특히 동북 지역에 큰 위협이 될 것이다. 동북변방군 전체가 그곳에 묶일 것이고, 남만주의 전력생산 시설이 적의 위협에 노출될 것이다. 우리는 반드시 참전해야 한다. 참전하지 않으면 큰 피해를 입게 될 것"이라고 말하였다.

마오는 트루먼을 불신하였다. 그에게 트루먼은 타이완에 대해 무관심한 것처럼 하다가 한국전이 발발하자 제7함대를 해협으로 파견하여 타이완 해방을 적극적으로 막은 장본인이었다. 그리고 제7함대의 타이완해협 진입 자체로도 전쟁 사유가 되는 것이었다. 그는 이러한 행위가 미국이 한반도를 정복한 후 중국 사회주의 정권의 전복(顚覆)을 기도할 가능성을 암시한다고 말하였다. 그는 미국이 군사력을 돌려 동쪽에서는 타이완, 남쪽에서는 베트남과 함께 중국을 공격할 수 있다고 우려하였다. 마오를 더욱 불안케 한 것은 맥아더의 타이완 방문이었다. 맥아더는 7월 말 타이완을 방문하여 핵선제공격 가능성을 암시하였고, 장제스는 그 직후 "맥아더와의 회담을 통해 타이완 공동방어와 중미군사협력의 기초가 놓여졌다"는 내용의 성명을 발표하였다.[196] 마오는 이런 제반 상황을 고려할 때 중국이 관망하거나 수동적으로 대처하면 안 된다고 말하였다. 그는 미국이 한반도를 정복할 때까지 기다려서는 안 되고, 중국이 전장(戰場)을 선택할 수 있을 때 일전을 불사해야 한다고 주장하였다.

참전론자들은 7월부터 마오의 신경을 곤두서게 했던 국내 문제의 중요성을 강

....

196 Acheson to Sebald, August 1, 1950, Strong to Acheson, August 3 and 4, 1950, *FRUS*, 1950, 6: 405, p. 411, 417-18.

조하였다. 그들은 반동분자들이 300만이 넘고 일부는 봉기를 일으키고 있다는 점을 강조하였다. 안정적이던 동북지역에서 7월 12일에서 8월 11일 사이 150건이 넘는 철도파괴 범죄가 발생하였다. 장제스가 맥아더의 도움을 받아 본토를 공격한다는 소문이 무성하였다. 이들은 "공산당 정부가 취약하다는 인상을 줘서는 절대 안된다"고 주장하였다. 마오는 "우리가 참전하지 않는다면 적이 압록강을 넘을 때 국내외 반동분자들의 간이 배 밖에 나올 것"이라고 말하였다.[197] 그는 전날 강조한 바와 같이 "중국이 조선인 동지들을 위해 개입하지 않으면 중국이 위험에 빠지게 될 때 소련도 역시 개입하지 않을 것"이라며 참석자들을 설득하였다.[198]

참전론자들은 린뱌오 등 정치국의 상당수가 우려하던 미국의 핵무기 사용 가능성은 높지 않다고 지적하였다.[199] 그들이 제시한 근거는 첫째, 소련의 핵실험 성공으로 미국의 핵독점이 해소되었고, 둘째, 소련이 중소동맹조약에 따라 중국에 핵우산을 제공하고 있으며, 셋째, 소련이 뤼순 해군 기지 등 중국의 동북지역에 핵심이익을 투영하고 있기 때문에 미국도 소련의 핵보복을 고려하지 않을 수 없고, 넷째, 중국의 산업시설이 분산되어 있고 도시 인구가 전체의 10%도 되지 않기 때문에 핵무기의 효과가 크지 않고, 다섯째, 미국의 전술핵무기는 산악지역에서 효과가 제한적이며, 여섯째, 인민지원군과 미군이 "견치교착적 전투(犬牙交错的战斗)," 즉 양군이 "개의 이빨처럼 들쪽날쪽한 형태"로 뒤엉켜 싸울 것이기 때문에 자국군의 군대를 핵공격할 수 없을 것이며, 일곱째, 미국이 대량파괴무기 사용에 대한 국제사회의 비난을 부담스러워 할 것이라는 점 등이었다.[200] 따라서, 그들은 전쟁이 재래식 무력에 의한 국지전이 될 것이고, 중소동맹조약과 동북지역에 배치된 소련의 군사력은 중국의 공업지역에 대한 미군의 폭격을 충분히 억지할 것이며, 특히 미국은

....

197 "Mao Telegram to Zhou Enlai in Moscow re: the Advantages of Enter the War, October 13, 1950," in 毛泽东, 『建国以来毛泽东文稿』, 第1册, 中央文献出版社, 1987, p. 556. Goncharov, Lewis, and Litai(1993), p. 181에서 재인용.

198 Goncharov, Lewis, and Litai(1993), p. 182.

199 Wang Hanming, "A Brief Study of Sino-American Relations in the Korean War," *Junshi Lishi*, No. 4, 1989, pp. 12-13. Goncharov, Lewis, and Litai(1993), p. 164에서 재인용.

200 Goncharov, Lewis, and Litai(1993), pp. 164-67.

유럽 문제 해결에 골몰하고 있어 한국전에 전력을 투구할 수 없을 것이고, 만일 전쟁이 장기화되면 유럽의 동맹국들이 미국으로 하여금 주변지역에서 힘을 낭비하지 말라고 압박에 나설 것이라고 말하였다.[201] 마지막으로, 참전론자들은 남한의 군사력은 형편이 없고, 미군은 싸울 의지를 분쇄해 버리면 된다는 입장을 개진하였다. 중국이 참전의 정치적·경제적 비용을 감당할 수 없다며 참전을 반대하던 류샤오치는 마침내 참전을 지지하는 발언을 하였다. 그는 "핵심은 우리가 죽이는 미군의 숫자이다. 이 숫자가 늘어날수록 미국은, 우리가 유리한 조건하에서도, 전쟁을 중단하려 할 것"이라고 말하였다.[202]

그래도 회의론자들의 우려는 해소되지 않았다. 그들은 "중미전쟁이 너무 이르며, 전쟁을 해야 한다면 3-5년 후가 좋을 듯하다"고 말하였다. 마오와 참전론자들은 3-5년 내 산업기반을 건설하고 현대적 무기를 생산하는 것은 불가능하다고 반박하였다. 그리고 마오는 "왜 우리 정부가 그러한 산업기반을 구축해야 하는가?" 기껏 건설해놓고 중미전쟁에 의해 파괴되도록 하기 위해서란 말인가?"[203]라며 회의론자들을 몰아부쳤다. 그에게 그것은 넌센스였다.

마오가 애써 설명했는데도 다수의 성원들은 참전을 지지하지 않았다. 좌절감을 느낀 마오는 그가 10월 2일 오전에 초안한 전문을 스탈린에게 보내지 않았다.[204]

....

201 Xiao Jianning, "An analysis of U.S. Policy toward China on the Eve of the Outbreak of the Korean War and After," *Dangshi Yanjiu*, No. 6, 1987. Goncharov, Lewis, and Litai(1993), p. 182에서 재인용.

202 Yao Xu, "The Wise Decision to Resist America and Aid Korea," *Dangshi Yanjiu*, No. 5, 1980. Goncharov, Lewis, and Litai(1993), p. 182에서 재인용.

203 Peng Dehuai, "Speech at the Meeting to Mobilize the Cadres of the Chinese People's Volunteers at the Division Level and Above," October 14, 1950, in *Peng Dehuai Junshi Wenxuan*, Beijing, 1988. Goncharov, Lewis, and Litai(1993), p. 183에서 재인용

204 중국 공산당 중앙위가 1987년 발간한 내부용 문건(毛泽东, 『建国以来毛泽东文稿』, 第1册, 中央文献出版社, 1987)에 따르면 마오는 10월 2일 스탈린에게 "중미전쟁에 대한 두려움, 중국군의 준비 부족, 중국이 경제 발전에 집중해야 할 절박한 필요성에도 불구하고 사회주의 국제주의의 이름으로 중국군의 일부를 인민지원군이라는 이름으로 조선에 파병한다"는 전문을 보냈다. 10월 1일 자 스탈린의 파병 요청에 대한 마오의 답변이 공산주의 단결의 빛나는 사례로 제시된 것이었다. 그리고 이는 학계에서 오랫동안 정설로 간주되었다. 10월 2일 마오가 스탈린에게 보냈다는 전문을 1992년 영어로 번역하여 '뉴욕타

대신 10월 2일 밤 주중 소련대사 로쉬친(Nikolai Roshchin)에게 "현재로서는 파병이 불가하다"는 구두 메시지를 전하였다. 마오쩌둥은 "우리는 원래 적이 38선 이북으로 진격하면 조선 동지들을 지원하기 위해 몇 개의 사단을 조선으로 보낼 계획이었지만, 이를 깊이 생각한 결과 그러한 행동은 매우 심각한 결과를 초래할 수 있다고 판단하게 됐다"며 "따라서 지금은 인내심을 가지고 파병을 자제하며 적극적으로 우리 군대를 준비하는 것이 낫다"고 말하였다. 마오는 첫째, 중국군은 미군에 비해 무기와 장비가 열악한 상황이다. 둘째, 중국과 미국의 충돌은 평화 재건을 위한 중국의 계획을 망치고 소련을 미국과의 전쟁으로 몰아넣을 수 있다, 셋째, 중국

....

임즈'에 실은 크리스텐센도 이 해석을 따랐다. Thomas Christensen, "Mao's 2 Telegrams on Korea," *The New York Times*, February 26, 1992. 냉전 이후 러시아 국가문서보관소를 샅샅이 뒤진 곤차로프도 등도 "10월 2일의 정치국 회의는 중국의 한국전 개입을 최초로 결정한 모임이 되었다. 마오는 참전 결정을 스탈린에게 즉각 통보하였다"고 썼다. Goncharov, Lewis, Litai(1993). 그러나 이 해석은 1994년 이후부터 정설로 간주되지 않는다. 러시아의 보리스 옐친 대통령은 1994년 6월 모스크바를 방문한 김영삼 한국 대통령에게 대통령실 및 외무부 문서보관소에 보관된 548쪽 분량의 한국전쟁 관련 문서 사본을 건넸다. 이 자료들은 김 대통령을 위한 자료집 편찬 과정에서 기밀이 해제된 자료들 중에서 선별된 것들이었다. 그 사본들 중 마오쩌둥이 스탈린에게 보낸 10월 2일 자 전문은 중국판과는 전혀 다른 내용을 담고 있다. 주중 소련대사가 스탈린에게 보낸 이 전문에서 마오는 미국의 침략성, 자국 군대의 취약점, 중국 경제 재건의 필요성을 언급하며 김일성 구출을 위해 군대를 보내겠다는 이전의 암묵적 의지를 뒤집고 '지원군'을 보낼 수 없다고 적었다. 중국 측 문건에 대한 신뢰성 문제가 제기되면서 학자들은 문건에 대한 직접적 접근을 요구했고, 마침내 의문이 풀리게 되었다. 중국 측 문서는 진본이었고 마오쩌둥의 필체가 틀림없었다. 하지만 전문을 보냈다는 것을 증명하는 카운터 서명이나 타임 스탬프는 없었다. 중국어 버전의 '전문'은 초안일 뿐이었다. David Wolff, "Coming in from the Cold," Archives and Research, October 1, 1999. https://www.historians.org/research-and-publications/perspectives-on-history/october-1999/coming-in-from-the-cold. 만수로프는 그보다 앞서 "중국 문건을 신뢰하기 어렵다"고 문제를 제기하였다. 중국 측 문건은 "정확하지 않거나, 전송되지 않았거나, 날짜가 잘못되었을 가능성이 있으며, 중국 공산당이 이념적으로 또는 정치적으로 더 올바른 버전의 역사를 제시하기 위해 텍스트를 변경하거나 위조했을 가능성도 배제할 수 없다"는 것이었다. Alexandre Y. Mansourov, "Stalin, Mao, Kim, and China's Decision to Enter the Korean War," CWIHP Bulletin, Iss. 6-7, 1995/1996, pp. 114-16. 현재 정설은 마오가 초안한 전문은 스탈린에게 보내지지 않았고, 파병 불가론을 담은 구두 메시지가 로쉬친을 통해 스탈린에게 전달되었다는 것이다. Kim(2016), pp. 1012-1013; Shen Zhihua, trans. Chen Jian, "The Discrepancy between the Russian and Chinese Versions of Mao's 2 October 1950 Message to Stalin on Chinese Entry into the Korean War: A Chinese Scholar's Reply," CWIHP Bulletin, Iss. 8-9, 1996/1997, pp. 237-42.

의 참전에 반대하는 중국 공산당 간부들이 많다고 자신의 변화된 입장을 요약하였다.[205] 그러나 그는 정치국이 최종적으로 결정한 것은 아니라고 덧붙였다. 10월 3일 새벽 1시 저우는 주중 인디아 대사 파니카르(Kavalam Madhava Panikkar)에게 "UN군이 38선을 넘으면 중국은 참전한다. 그러나 중국은 UN을 통해 문제의 평화적 해결을 원한다"는 마오의 메시지를 전하였다. 중국의 목표가 한반도의 신속한 공산화에서 북한의 북반부 확보로 축소 조정된 것이었다.[206]

10월 2일 정치국 회의에서 자신의 참전 의지를 관철하지 못한 마오는 그날 저녁 저우에게 시안에 있는 제1야전군 사령원 펑더화이가 10월 4일 정치국 회의에 참석할 수 있도록 특별기를 보내라고 지시하였다. 그는 전쟁 경험이 풍부한 '야전의 사나이' 펑이 정치국원들 앞에서 자신을 적극 지지하기를 기대하였다.

10월 4일 회의에서도 다수는 참전에 반대하거나 유보적이었다. 중국 재건이 위험에 빠질 수 있고, 토지개혁 및 민주개혁이 아직 진행 중이며, 반혁명세력이 준동하고 있고, 인민해방군의 무력이 낙후한 상태이며 특히 공군력과 해군력은 미군에 대해 절대 열세라는 이유에서였다. 회의는 "절대적으로 필요로 하지 않은 한 파병은 불가하다"는 결정을 내렸다.[207] 마오가 중국 혁명의 최고 지도자인 것은 맞지만 당시 정치국 상임위에서 그는 여러 지도자 중 선임 지도자 정도일 뿐(Primus inter pares, first among equals)이었다. 회의에 늦게 도착한 펑은 침묵하였다.

마오는 10월 5일 회의에서 참전을 밀어붙여야겠다고 생각하였다.[208] 당일 오전 마오는 펑을 불러 참전에 관한 그의 의견을 들었다. 펑은 반대한다고 말하였다. 그러나 마오가 설득하자 태도를 바꾸었다. 마오는 펑에게 그날 오후에 예정되어 있는 정치국 회의에서 자신의 참전 의견을 공개적으로 밝혀달라고 요구하였다.[209] 마오

....

205 Mao's verbal message to Stalin via Roshchin, October 3, 1950, RGASPI, Fond 558, Opis 11, Delo 334, Listy 105-6. Kim(2016), p. 1013에서 재인용.

206 Kim(2016), p. 1014.

207 Zhonggong zhongyang wenxian yanjiushi, *Mao Zedong nianpu: 1949-1976* [A Chronology of Mao Zedong: 1949-1976] Vol.1, Beijing, 2013, p. 204. Kim(2016), p. 1015에서 재인용.

208 Hoyt(1990), pp. 80-81.

209 Report of Zhou Enlai on the war situation in Korea, September 29, 1950, cited from Jin Chongji, *Mao Zedong zhuan: 1949-1976* [Biography of Mao Zedong: 1949-1976], Vol. 1, 2003, p. 119.

는 "미군이 얄루강까지 오게 되면 강 하나를 두고 우리와 대치하게 될 것이다. 그들은 언제든 중국을 공격할 구실을 찾을 것"이기 때문에 "우리는 미군이 국경에 다다르기 전에 싸워야 한다. 그때까지 기다려서는 안 된다"고 펑에게 말하였다. 병을 이유로 참전군 사령원을 맡지 못한다고 한 린뱌오 대신 사령원에 내정된 펑은 마오를 도와야겠다고 생각하였다.

정치국 회의 직전 베이징 주재 소련 공산당 중앙위 대표 코발레프(Ivan Kovalev)가 마오를 예방하고 20여 분간 면담하였다. 그는 마오가 10월 2일 "당분간"은 파병이 어렵다고 말한 것에 대해 크게 실망한 스탈린이 마오 동지에게 답하는 전문을 전달하였다.[210] 스탈린은 이 전문에서 파병이 왜 중국에게 이익이며 왜 파병을 즉각 실행에 옮겨야 하는지에 대해 강한 어조로 설명하였다:

첫째, 미국은 현재 대전쟁(k bol'shoi voine)을 치를 준비가 되어 있지 않음. 둘째, 군사력이 아직 회복되지 않은 일본은 미국에게 군사 지원을 제공할 능력이 없음. 셋째, 미국은 동맹국인 소련을 배후에 두고 있는 중국에게 조선 문제를 양보할 수밖에 없으며, 결국 적들이 한반도를 침략의 발판으로 삼을 가능성을 주지 않는 조건에 동의하지 않을 수 없을 것임. 넷째, 같은 이유로 미국은 타이완을 포기해야 할뿐만 아니라 일본의 군국주의자들(revanchists)과의 '별도의 평화'라는 생각을 포기하게 될 것이고, 일본 제국주의를 부활시켜 일본을 극동에서 그들의 발판으로 전환하려는 계획도 포기하지 않을 수 없게 될 것임.

스탈린은 이어서 "강력한 투쟁과 당당한 무력 시위 없이는 이러한 모든 양보를 얻어낼 수 없고, 미국이나 미래의 일본이 침략의 발판으로 삼으려는 타이완도 해방시킬 수 없다"며 "중국이 소극적인 관망 정책을 취해서는 안 된다"고 강조하였

....

Kim(2016), p. 1015에서 재인용.

210 Anatoly Torkunov, *The War in Korea 1950-1953: Its Origin, Bloodshed and Conclusio*, ICF Publication, 2000, pp. 103-105; Evgeni Bajanov, "Assessing the politics of the Korean War, 1949-51," CWIHP Bulletin, No. 6/7, 1995, p. 89.

다. 그는 "미국이 대전에 대한 준비가 되어 있지 않음에도 불구하고 체면이나 명예
(prestige) 때문에 전쟁을 불사할 수 있고, 그 결과 중국을 전쟁에 끌어들일 수 있으
며, 이와 함께 상호원조조약으로 중국과 묶여 있는 소련도 전쟁에 끌어들일 수 있다
는 가능성도 고려했다"며 자신이 무모하지 않다는 점도 강조하였다. 그러면서 우리
가 "이를 두려워해야 하는가?"라며 반문하였다. 그는 "우리는 함께하면 미국과 영
국을 합친 것보다 더 강해질 것이고, 다른 유럽 자본주의 국가들(현재 미국에 어떤 지
원도 할 수 없는 독일을 제외하면)은 강력한 군사력을 가지고 있지 않기 때문에 두려워
해서는 안 된다"고 말하였다. 그는 "전쟁이 불가피하다면 일본 군국주의가 미국의
동맹국으로 복원되고 미국과 일본이 이승만이 통치하는 전체 한국의 형태로 대륙
에 교두보를 확보하게 될 몇 년 후가 아니라 지금 당장 하는 것이 낫다"고 강조하였
다.[211] 그는 전문 말미에 참전으로 인해 중국 국내 반동세력이 준동할 수 있다는 마오
의 입장을 이해하지만 그러한 난관을 극복할 수 있을지 여부는 중국 동지들만이 알
수 있을 것"이라며 마오의 자존심을 자극하였다. 이 전문은 행동을 촉구하는 스탈린
의 요구였다. 그는 마오에게 "모든 칩이 다 떨어졌음(상황이 엄중하다는 의미)을 강력
히 시사했고, 마오쩌둥은 결국 자신이 어떤 패를 가지고 있는지 보여줘야 하였다.[212]

마오는 코발레프를 만난 후 정치국 회의에 참석하였다. 오전에 만났던 펑더화
이가 강력한 은유를 사용하며 열변을 토하였다:

저는 어제 베이징 호텔에서 하루를 묵었는데 밤잠을 자지 못했습니다. 침대가 문제
인가 싶어 객실을 바꿨는데도 마찬가지였습니다. 저는 조선의 전쟁 상황에 대해 계
속 생각하고 또 생각할 수밖에 없었습니다. 미국은 동북 지역을 위협하며 얄루강
을 건너려 하고 있습니다. 또한 타이완을 장악해 상하이와 화둥(华东)을 위협하고
있습니다. 미국은 언제든지 어떤 구실로든 중국을 침략하기 위해 전쟁을 일으킬 수
있습니다. 호랑이는 사람을 잡아먹죠. 호랑이가 사람을 언제 잡아먹을지는 그의 식

....

211 Stalin's cable to Kim Il Sung (quoting Stalin's earlier message to Mao), 8 October 1950, APRF,
     Fond 45, list 1, file 347, pp. 65-67.
212 Mansourov(1995/1996), p. 101.

욕에 달려 있습니다. 호랑이에게 무언가를 양보한다는 것은 의미가 없습니다. 미국이 우리를 침략하러 왔기 때문에 우리는 미국의 침략에 저항해야 합니다. 미제에 맞서지 않고 우리가 사회주의 국가를 건설하는 것은 매우 어렵습니다.[213]

그는 "파병은 반드시 이루어져야 한다. 중국이 전쟁에서 큰 피해를 입는다면 그것은 단지 해방전쟁이 몇 년 더 지속됨을 의미할 뿐"이라고 말하였다. 그는 또한 "우리가 파병하여 적을 섬멸하게 되면 미국의 승리를 바라는 국내 반동·친미 세력에 철퇴를 가할 수 있다"고 말하였다. 파병부대 사령관이 될 인물이 강한 의지를 표명한 것이었다.

마오는 이때 코발레프가 준 스탈린의 전문을 공개하였다. 마오는 정치국원들을 향해 "동지들! 두 마리의 말이 앞으로 달리길 원합니다. 어찌해야 할까요?"라고 말하였다. 그가 "노인(老头子, 보스)이 파병을 원하는군요"라고 말하자 회의는 그것으로 사실상 끝이 났다. 누구도 그 '노인(그들은 스탈린을 그렇게 부르곤 했다)'의 권위에 대놓고 도전하려 하지 않았다. 마오는 중앙군사위 주석으로서 인민지원군에게 "늑대를 문 밖으로 내쫓으라고" 명령하게 될 것이었다.[214] 10월 8일 마오쩌둥은 펑더화이를 인민지원군 사령원으로 공식 임명하고 김일성에게도 파병을 통보하였다.[215]

그러나 정치국 회의의 결정은 조건부였다. 소련이 무기와 장비, 그리고 공군을 지원하며, 소련군도 동참하여 연합작전에 임한다는 조건으로 중국이 참전한다는 것이었다. 10월 8일 마오는 스탈린과의 면담을 위해 그가 머물고 있던 흑해 휴양지로 저우언라이와 린뱌오를 보냈다. 10월 11일 스탈린의 다차(dacha)에 도착한 저

....

213 Xiaobing Li, Allan R. Millet, and Bin Yu (tr. and ed.), *Mao's Generals Remember Korea*, University of Kansas Press, 2001, p. 31.

214 마오는 10월 8일 인민지원군에게 '항미원조 보가위국' 전쟁에 나설 것을 명령했는데 중국 언론은 후일 마오가 "늑대를 문 밖으로 내쫓으라고" 명령하였다고 썼다. John W. Lewis and Xue Litai, *China Builds the Bomb*, Stanford University Press, 1988, p. 8.

215 마오는 펑더화이 동지가 중국인민지원군의 사령원 겸 정치위원을, 중국인민지원군 후방 지원 업무는 동북군구 사령원 겸 정치위원 가오강 동지가 맡는다고 통보하였다. 이어서 그는 김일성에게 박일우 동지를 선양으로 보내 펑더화이, 가오강 동지와 만나 중국인민지원군의 북한 진입과 전투에 유리한 모든 문제를 논의하게 하라고 썼다.

우는 그에게 "적이 38선을 넘더라도 소련의 공군 지원과 적극적인 동참이 없이는 파병이 곤란하다"고 말하였다. 저우는 대화 중 한걸음 더 나가 아예 참전이 어렵다는 식으로 스탈린을 압박하였다. 소련 측 자료에 따르면 면담은 긴장감 속에서 치열하게 이뤄졌다.[216] 저우는 다음과 같이 말하였다:

> 중국은 돈, 무기, 운송수단이 턱없이 부족합니다. 우리는 한국전 참전이 아예 불가하다고 생각했었습니다. 전쟁은 아이들 장난이 아니잖습니까? 전쟁이 장기화하면 중국은 어떻게 되겠습니까? 중국의 동맹국들도 결국 개입하게 될 것입니다. 우리는 참전하지 않는 것이 합리적이라 판단하고 있습니다. 우리는 미국이 선전포고를 할 것으로 보기 때문에 참전을 하지 않을 것입니다.

참전하라는 스탈린과 참전할 수밖에 없다는 마오 사이에서 중국 사회주의 정권의 생존을 위해 저우가 방해 공작에 나선 것이었다. 그는 스탈린과의 이번 면담이 참전을 막는, 최소한 중국이 독박을 쓰는 것을 피할 수 있는 마지막 기회라고 생각하였다.[217]

린뱌오와 함께 정치국 내에서 파병 반대를 주도하는 저우가 소련에게 과도한 짐을 지우려 한다고 느낀 스탈린은 "공군 지원은 2달 또는 2달 반 이후에야 가능하며, 탱크나 야포 등은 6개월 이후에야 사용 가능할 것이고, 소련 공군이 연합작전에 임하는 것은 불가능하다"고 답하였다. 공군 지원을 수차례 약속했던 스탈린이 말을 바꾼 것이었다. 그는 말하였다:

> 우리는 참전할 수 없소. 2차대전이 끝난 지 얼마나 됐소? 우리는 3차대전에 준비되지 않았소. 미국은 2개의 전장, 즉 한반도와 중국에서 동시에 전쟁을 수행할 수는 없소. 따라서 중미전쟁은 발발하지 않을 것이오. 그러니 중국은 조선을 도와주는

....

216 이는 박헌영이 10월 18일 베이징을 방문했을 때 수행했던 타슈켄트 태생의 동포 3세 유성철(柳成鐵) 등의 회고적 인터뷰에 따른 것이다. Goncharov, Lewis, and Litai(1993), p. 188.

217 Mansourov(1995/1996), p. 103.

것이 가능하다고 생각하오… 미국이 북진하여 압록강과 두만강에 병력을 배치하면 중국 동북지역의 경제 재건은 불가능할 것이오. 미국은 공중, 지상, 해상에서 중국을 괴롭힐 것이오. 이웃 국가가 우방인 것이 얼마나 중국에 이익인 줄 알잖소. 물론 미제가 국제사회주의의 운명을 위태롭게 한다면 소련은 행동을 취할 것이오. 그러나 현재 미제는 전략적 조건이 구비되지 않았소. 독일, 일본, 영국이 2차대전으로 약화되지 않았소? 미제가 만일 중국 땅에서 싸우려 한다면 소련이 가만히 있지 않을 것임을 잘 알고 있기 때문에 중국은 미국이 중국 본토를 공격할 수 있다는 걱정을 하지 않아도 됩니다.

자신의 설명에도 저우가 태도를 바꾸지 않자 스탈린은 성난 목소리로 "참전은 당신들이 내릴 결정이지만, 참전하지 않으면 조선의 사회주의가 급격히 붕괴될 것임을 잘 알고 결정하시오"라고 말하였다. 잠시 후 화를 가라앉힌 스탈린은 중국이 파병을 못하겠다고 하니 조선의 병사들과 부상병들을 수용할 수 있는 시설을 조선 동지들과 함께 건설해야겠다고 말하였다. 스탈린이 저우의 강공에 되치기를 한 것이다. 놀란 저우가 한발 물러서서 소련의 공군 지원 여부를 재확인해달라고 요청했다. 스탈린은 "좋다"고 하면서도 소련이 큰 부담을 지지는 않을 것임을 분명히했다.

우리는 1948년 말 북한에서 군대를 철수하였소. 그런데 이제 다시 군을 파견하게 되면 미국은 우리가 그들과 전쟁을 하려 한다고 생각할 것이오. 그러니 가장 합리적 방안은 우리는 무기와 장비를 대고, 중국은 병력을 제공하는 것이 될 것이오. 우리는 항공기를 보내 중국 병력이 도강할 때 엄호하겠소. 그러나 우리 항공기들은 적의 후방으로까지 가서 작전을 하지는 않을 것이오. 우리는 소련 항공기들이 격추되고 조종사들이 포로가 되게 할 수는 없소.

결국 스탈린과 저우는 의견 교환에 대한 요약문을 공동 명의로 마오에게 전송하기로 하였다:

1. 파견 대상으로 지정된 중국군은 준비가 되어 있지 않고, 무장이 제대로 되어 있

지 않으며, 포병이 충분하지 않고, 탱크가 없으며, 항공기는 2개월 내 준비될 수 없고, 이 병력을 준비하고 훈련시키는 데 최대 6개월이 필요함.

2. 38선 이북의 조선인민군의 위태로운 상황을 고려할 때 한 달 안에 상당한 규모의 정예 병력이 지원되지 않는다면 조선은 미군에 의해 점령될 것임.

3. 실질적인 병력 지원은 6개월 이후에나 가능함. 따라서 지원이 제공될 수 있을 때는 이미 미군이 조선을 점령한 이후, 즉 더 이상 병력이 필요하지 않게 된 이후가 될 것임.

한편으로는 위의 사항을 고려하고, 다른 한편으로는 중국의 참전이 중국 내부 상황의 불리한 조건을 야기할 것이라는 저우언라이의 의견을 고려하여 만장일치로 다음과 같은 결론이 도출되었음:

1. 국제적 조건이 유리하기는 하지만 현재 준비가 되지 않은 중국군이 불리한 입장에 처하는 것을 피하기 위해 중국군은 조선 국경을 넘어서는 안 됨.

2. 이미 중조 국경을 넘은 병력이 있다면 국경에 연한 산악 지역을 넘어 남쪽으로 이동하지 않아야 함.

3. 조선인민군은 평양과 원산 북쪽의 산악지대를 점령하여 방어하고 일부 병력은 적 후방에 잔류하여 빨치산으로 게릴라전을 펼치는 것이 바람직함.

4. 조선인민군 중 지휘 요원과 함께 가장 우수한 인원을 만주로 조용히 그리고 소규모로 철수시키고, 이들로부터 조선인 사단을 편성할 수 있도록 해야 함.

5. 조선인들을 평양과 북한 산악 지역 남쪽의 다른 중요 지역에서 즉시 대피시켜야 함.

소련은 중국 동지들이 중국군을 재정비하는 데 필요한 탱크, 대포, 항공기를 충분히 공급할 것임. 우리는 마오 동지의 결정을 기다리겠음.[218]

....

218 Peking, to the Soviet Ambassador. Pass immediately to Cde. Mao Zedong. Cable N° 4784, Oc-tober 11, 1950. https://digitalarchive.wilsoncenter.org/document/cable-no-4785-filippov-stalin-

그렇지 않아도 참전하지 않을 수 있는 명분을 찾고 있던 저우는 스탈린이 중국에게는 참전은 요구하면서 자신은 위험을 부담하지 않겠다는 식으로 말한다고 보고 마오에게 면담의 내용을 부정적으로 뻥튀기를 하여 타전하였다. 공군 지원은 없고, 스탈린은 "중국의 참전을 그렇게 바라지는 않는 것 같다"는 내용이었다.[219] 마오는 혼란스러웠다. 그는 10월 12일 밤, 10월 9일에 내린 부대이동 명령의 집행을 잠정 중단하였다. 제4야전군의 제13병단(동북군구)과 제9병단(동중국군구) 모두 주둔지에서 명령을 기다리도록 하였다. 고민하던 마오는 소련의 공군 지원 없이도 참전할 수밖에 없다는 결론을 내렸다. 그는 스탈린이 정말로 북한을 포기할 의도가 없다는 것을 알고 있었다. 따라서 중국 공산당이 김일성 정권을 구출하지 못하면 스탈린의 신뢰를 완전히 잃게 될 것이고, 이는 새로운 정권을 공고히 하는 데 결정적으로 부정적인 영향을 미칠 것이었다. 그렇지 않아도 마오는 스탈린이 자신을 "제2의 티토"로 생각할까 두려워하고 있었다.[220] 어쨌든 이미 미국의 적이 된 중국이 동맹국 소련을 잃는다면 그것은 최악이었다.

마오는 10월 13일 정치국 긴급회의를 개최하였다. 정치국원 대다수는 소련 공군 및 현대적 장비 지원 없이 참전할 수는 없다고 문제를 다시 한번 제기하였다. 중국의 무력은 미군에 절대적으로 열세이므로 급기야는 전쟁이 중국으로 번질 수 있

....

and-zhou-enlai-soviet-ambassador-peking

219 Goncharov, Xue, and Lewis(1993)는 몰로토프가 모스크바로 돌아온 저우에게 전화하여 소련의 군사 장비 지원 약속을 취소했다고 주장했는데, 이는 저우의 비서로 그를 수행했던 강이민(康又民) 당 중앙판공청 기요국 부국장(中央委员会办公厅机要局副局长)의 개인적 진술에 따른 것으로 실제가 아니었던 것으로 판단된다. 당시 소련의 정치국원이 전화로 누군가와 통화한다는 것은 보안상 있을 수 없는 일이었다. 중국이 홀로 미군과 싸울 수는 없다는 저우의 지론을 알고 있던 강이민이 회담의 사실상의 결렬의 책임을 소련 측에 돌리기 위해 꾸며낸 이야기일 가능성이 높다. 스탈린은 중국이 참전하면 공중 엄호를 제공하겠다고 반복해서 말하였다. Mansourov(1995/1996), p. 103. 한편 만수로프는 양자 회담이 합의 없이 끝났고 공동 명의의 합의문 같은 것은 없었다고 주장하였다. 스탈린은 전문을 누구와도 공동 명의로 보낸 적이 없다는 것이다. 하지만, 스탈린과 저우는 공동 명의로 그들 간의 대화를 요약한 내용을 10월 11일 마오에게 전송하였다.

220 Mao's comments to Soviet ambassador Pavel Yudin on 22 July 1958 in Zhang Shu Guang and Chen Jian, "The Emerging Disputes Between Beijing and Moscow: Ten Newly Available Chinese Documents," CWIHP Bulletin, Iss. 6-7, 1995/1996, pp. 155-56.

고, 그렇게 되면 경제 재건은 물 건너간다는 것이었다. 참전 불가론자들은 소련의 참전 거부에 대해 불평하였다. 일부는 "미군이 만주를 점령한다 해도 할 수 없다"고 말하였다. 그들은 "그렇게 되면 오히려 소련이 미국을 감당해야 할 것이고, 중국은 양국 간 갈등에서 빠질 수 있다"고까지 수위를 높혀 발언하였다.[221]

마오도 물러서지 않았다. 정권 자체가 위험해질 수 있다는 것이었다. 마오가 "우리가 군대를 보내지 않으면 적군이 얄루강으로 밀고 들어올 때 국내외 반동 세력은 오만함으로 부풀어 오를 것"이라고 말하자, 펑더화이와 가오강이 가세하였다. 그들은 "미국이 국민당을 무장시켜 중국을 공격할 것"이고 "그러면 중국혁명의 승리가 무슨 소용이 있는가?"라고 반문하면서 "중국은 미제가 중국을 공격할 때까지 관망해서는 안 된다"며 조속한 파병의 필요성을 역설하였다.

펑더화이는 구체적인 안을 제시하였다. 그는 중국이 참전하면 적이 평양–원산 선에서 진격을 멈출 것이며 그렇게 되면 중국은 북한의 북반부를 확보하고 6개월 정도의 시간을 벌어 소련제 무기 및 장비를 반입하고 사용 방법을 숙지하여 총공격에 나설 수 있다고 말하였다. 회의적이던 정치국원들이 고개를 끄덕였다. 그의 구상이 그럴 듯하기도 했지만 스탈린이 강하게 파병을 압박하고 있다는 것을 알고 있었기 때문이다.

마오는 "그냥 놔두면 미군은 압록강까지 올라올 것이며, 어쩌면 압록강을 넘을 수도 있다"고 말하며 이를 억지하기 위한 파병은 중국에게 여러 면에서 유리하다고 결론적으로 말하였다. 정치국원들은 마오가 주장한 대로 "중국은 전쟁에 참전해야 하고 참전해야만 한다"는 데 동의하였다.[222]

회의가 끝난 후 마오는 저녁 9시경 로쉬친에게 "우리는 참전 불가의 결정에 대해 재론했고, 소련의 공중 지원 없이도 파병을 하기로 최종 결정했다"고 말하였다. 마오는 13일 저녁, 저우언라이에게 "우리는 소련 공군 지원 없이도 항미원조 전쟁

....

221 Chen Jian, "China's Road to the Korean War," New Evidence on the Korean War, CWIHP Bulletin, Iss. 6-7, 1995/1996, p. 89.

222 Zhonggong zhongyang wenxian yanjiushi, Mao Zedong wenji [Collection of Mao Zedong's Works] (MZWJ), Vol. 6, Beijing, 2009, p. 104. Kim(2016), p. 1021에서 재인용.

에 참전한다"고 타전하였다:

우리가 참전하지 않아 적이 얄루강을 향해 진격하게 되면 국내외 반동분자들이 쾌재를 부르며 준동할 것임. 결과적으로 이는 우리에게 큰 손해가 될 것이며, 특히 동북지역에 불리하게 작용할 것임. 이 경우 동북변방군 전체가 발이 묶이게 될 것이며, 남만주의 전력공급 시설이 적대세력에 의해 장악될 것임. 우리는 참전해야 함. 참전하는 것이 이익임. 반대로 참전하지 않으면 우리에게 큰 불이익이 될 것임.[223]

저우언라이는 마오가 보낸 전문을 번역하여 몰로토프를 통해 흑해에 있는 스탈린에게 보냈다. 그날 저녁 저우는 몰로토프를 만나 스탈린의 반응을 물었다. 몰로토프는 마오를 위한 공식적 답변은 아직 없다고 했지만, 새로운 지시를 받은 것이 분명하였다. 그는 소련이 무기와 장비를 제공하는 것에는 전혀 문제가 없다며, 무기 및 장비 조립의 구체적 문제와 미군의 공습으로부터 보호하는 방법에 대해 이야기해 보자고 하였다. 다음 날 스탈린의 반응이 알려졌다. 몰로토프는 저우에게 "스탈린 동지가 마오 동지의 전문을 읽으면서 감탄하였소. 거의 눈물을 쏟을 정도였소. 스탈린 동지는 중국 동지들이 훌륭하다고 극찬하였습니다"라고 말하였다.[224] 스탈린은 소련의 공중 엄호 없이도 참전하겠다는 마오의 의지를 확인하고는 흡족해 했다는 것이었다. 저우는 군원과 폭격기 동원을 요청하는 전문을 스탈린에게 직접 보냈다. 스탈린은 인민지원군에 대해 공중 엄호를 제공하겠다고 약속하였다.[225]

....

223   MZWJ, Vol. 6, Beijing, 2009, pp. 103-104. Kim(2016), p. 1021에서 재인용.

224   1964년 4월 16일 천이 장군의 발언. Yao Xu, "The Wise Decision to Resist America and Aid Korea," *Dangshi Yanjiu*, No. 5, 1980, p. 10.

225   스탈린은 실제로 공군을 지원하였고, 소련 공군은 미군 폭격기와 전투기에 대해 상당히 효과적으로 작전하였다. 마오는 1950년 11월 15일 인민지원군이 압록강을 도하할 때 미 공군기를 12일 동안 23대를 격추시키며 공군 지원을 제공한 소련 공군 조종사들의 영웅적 투쟁에 대해 스탈린에게 감사를 표하였다. 그 이후 몇 달 동안 소련의 공군 지원은 상당한 수준으로 증강되었다. Georgii Lobov, "Blank Spots in History: In the Skies Over North Korea," JPRS Report, JPRS-UAC-91-004, p. 3. 물론 스탈린은 미국과의 전면전이 발생할 가능성에 예민하여 소련 공군에게 중국 공군 조종사들을 전장으로 보내기 위해 가능한 신속히 그들을 훈련시키라고 명령하였다. Kathryn Weathersby, "New Russian Documents

그러나 폭격기 제공에 대해서는 언급하지 않았다.

　미군은 인천상륙작전(9월 15일)의 성공을 발판 삼아, 그리고 UN 총회의 결의(10월 7일)를 업고, '38선'을 넘고 북진하였다. 중국의 여러 차례의 경고에도 불구하고 미국 정보당국은 중국이 "능력은 있으나 의사(意思)가 없다"는 보고를 지속하였다.[226] 10월 1일 동부 전선의 '38선'을 넘어 북상하던 한국 제1군단은 10월 11일 원산을 점령하고 청진을 향하였다. 미8군은 보급품을 보충하고, 인천상륙부대인 X-군단이 원산으로 가기 위해 도로와 항만 시설을 사용했기 때문에 북진이 늦어져 10월 9일이 되어서야 개성을 통과하고 평양을 향하였다.

　UN군은 북진하고 있었지만 트루먼 대통령은 확전 가능성을 우려하고 있었다. 그는 UN군 사령관의 보고를 직접 받길 원하였다. 그는 10월 15일 전쟁 중인 상황을 감안하여 도쿄의 UN군 사령부에서 멀지 않은 웨이크 섬(Wake Island)까지 23,000km를 날아가 그가 "하나님의 오른팔(God's right hand man)"이라고 비꼬는 투로 일컬은 맥아더와 마주앉을 수 있었다.[227]

　맥아더는 트루먼을 높게 평가하지 않았다. 그는 1차대전 시 자신은 육사를 우등으로 졸업한 사단을 지휘하는 준장이었고, 트루먼은 사병 출신 일개 포병 대위였다는 사실을 결코 잊지 않았다. 그는 "운 좋게" 대통령이 된 트루먼의 초대를 세 번이나 거절한 바 있었다. 그는 네 번째 요구를 마지못해 수용하였다. 웨이크 섬으로 가는 길에 맥아더는 "정치적 이유로 소환된 것"에 불쾌해 하였다. 사실 이 만남에 대한 아이디어는 백악관 참모진에서 "선거철에 좋은 행사"라며 추진되었다. 처음에 트루먼은 바로 그런 이유로 "너무 정치적이고 쇼맨십이 지나치다"며 거부하였다. 프랭클린 루스벨트 대통령이 1944년 하와이에서 맥아더를 만나기 위해 바로 그런 여행을 했다는 사실을 상기한 후에야 트루먼은 마음을 바꿨다. 그는 태평양을

....

　on the Korean War, New Evidence on the Korean War," CWIHP Bulletin, Iss. 6-7, 1995/1996, p. 32.

226　Eliot A. Cohen, "The Chinese Intervention in Korea, 1950," *Studies in Intelligence*, Vol. 32, No. 3, 1988, p. 56.

227　Michael D. Pearlman, *Truman and MacArthur: Policy, Politics, and the Hunger for Honor and Renown*, Indiana University Press, 2008, p. 25.

넘어가면서 "내일 하나님의 오른팔과 이야기해야 한다"고 생각하였다.

맥아더는 대통령에게 중국군의 개입 가능성은 매우 낮다고 보고하였다. 당시 워싱턴의 전략가들은 중국이 본토를 통일한 지 1년밖에 되지 않았고, 타이완 문제가 놓여 있으며, 소련의 만주에 대한 야욕을 중국이 잘 알고 있을 것이라고 판단하고 있었고, 맥아더는 그들보다 더 낙관적인 태도를 갖고 있었다. 그는 11월 23일 추수감사절까지는 전쟁이 끝날 것이고, 미군은 12월 25일 크리스마스 전에 고향에 가 있을 것이라고 말하였다. 만에 하나 중국이 개입하더라도 공군력을 보유하지 못하였기 때문에 쉽게 격퇴할 수 있으며, 소련이 한국전에 개입할 가능성은 중국의 개입 가능성보다 더 낮다고 전망하였다. 이러한 맥아더의 낙관론에 만족한 트루먼은 귀로에 기착한 샌프란시스코에서 "UN군은 조만간 전 한반도의 평화를 회복하리라고 확신한다"고 말하였다.

미국의 낙관론을 비웃듯 중국이 드디어 움직였다. 마오는 10월 15일 인민지원군 사령원에게 10월 18일 또는 늦어도 19일 압록강을 넘어 전진하라고 타전하였다. 그는 또 하나의 전문을 보내 선발대는 17일 출발하여 23일 평안남도의 덕천(德川)에 도착하라고 명령하였다. 다음 부대는 18일, 그리고 나머지 부대들은 순차적으로 북한에 진입하여 모든 부대가 10일 내 입북할 것을 지시하였다. 펑더화이는 마오가 제시한 일정을 앞당겨 10월 16일 제13병단(한국의 야전군) 예하 제42군(한국의 군단)의 제372단(한국의 연대)을 그날 밤 입북시켰다.

마오는 저우가 귀국함에 따라 10월 18일 저녁 정치국 회의를 소집하였다. 이 회의에는 북한의 박헌영 등이 참관하였다. 마오는 중국은 5개군(제13병단의 38, 39, 40, 42, 50군)을 파병할 것이니 조선의 인민군과 협력하기 위해 연합사령부를 설치하는 것이 좋겠다고 말하였다. 그리고 그는 사령원은 펑더화이가 부사령원은 조선의 박일우(朴一禹, 당시 군사위원회 위원)가 맡든지, 아니면 그 반대로 하든지, 조선이 결정하면 좋겠다고 제시하였다.[228]

....

228 북한 군 지도부는 인민지원군이 입북하면 자연스럽게 북한의 통제를 받을 것으로 기대했지만 중국은 달리 생각하였다. 저우언라이는 스탈린에게 작전지휘권에 대해 문의했으나 명확한 답을 듣지 못하였다. 10월 21일 김일성은 대유동에서 펑더화이와 만났으나 작전지휘권에 대한 논의는 하지 않았다. 그 결과

19일 저녁 대규모 병력이 움직였다. 지안에서 제38군 및 제42군이, 안둥과 장전하구(長甸河口)에서 제39군과 제40군이 국경 방향으로 출동하였다. 마오는 10월 25일 제50군, 그리고 추가적으로 제66군에게 압록강을 건너라고 명령하였다. 총 26만여 명의 중국인민지원군이 압록강 3개 지점을 통해 북한으로 전개되었다. 마오는 19일 공산당의 전국 지역담당자들에게 '항미원조 전쟁 참전'을 공지하였다. 중국은 인민지원군 파병을 10월 25일 발표하였다. 그날은 평안북도 운산 북부에서 인민지원군이 한국군과 최초로 교전한 날이었다.

군인 맥아더, 정치인 맥아더

웨이크 섬에서 돌아온 맥아더는 10월 24일 제8군과 X-군단에 대해 "전속력으로 전력을 다해 북진할 것"을 명령하였다.[229] 비한국인 병력에게 내려졌던 국경지역에서의 교전 금지 명령도 해제하였다:

(1) 본직은 명에 의해 10월 2일부로 규정돼 10월 19일부로 개정된 UN군 공격 한계선 일체를 10월 24일 0시부로 해제한다.

(2) 귀관은 귀관의 지휘 권한에 속하는 모든 부대에 명해 한국군과 함께 전력으로 한만 국경선으로 돌진케 하라.

(3) 본직은 이제 UN군에 부과된 북한군 격멸 임무가 달성될 때까지 귀관과 귀관의 지휘권 아래 있는 전 지휘관이 아무런 제한도 받지 않고 한만 국경선까지 진출할 수 있음을 보장한다.

....

문제가 발생하였다. 11월 4일 중국인민지원군 제39군은 박천 부근에서 미 제24사단을 포위 공격하였으나, 순천을 향해 진격하던 북한군 탱크사단이 제39군을 오인하여 공격하는 바람에 미군이 포위망을 뚫고 탈출하는 사건이 발생한 것이다. 이종석, "한국전쟁 중 중조연합사령부의 성립과 그 영향," 『군사』, 제44호, 2001, p. 51. 12월 3일 마오의 요청에 따라 베이징을 방문한 김일성은 펑더화이가 연합사령부 사령원 및 정치위원을 맡고, 덩후아와 조선의 김웅(金雄)이 부사령원, 그리고 박일우가 부정치위원을 맡는다는 데 동의하였다.

229　Matthew Moten, *Presidents and Their Generals*, Harvard University Press, 2014, p. 244.

미 육군참모총장 콜린스(J. Lawton Collins) 장군은 맥아더의 행위가 9월 27일 자 합참의 지시를 위반한 것으로 간주하였으나,[230] 맥아더는 그의 결정이 정당하다고 반박하였다. 맥아더는 첫째, 그의 결정은 군사적 필요에 따른 현장 지휘관의 정책적 판단에 의한 것이고, 둘째, 9월 27일 자 합참의 지시가 변경 불가한 최종적인 것이 아니라 전선의 변화에 따라 조정될 수 있는 것이며, 셋째, 국방장관은 9월 30일 자로 자신에게 "전술적·전략적으로 방해받지 말고 북진하라"고 지시했고, 넷째, "이 문제는 웨이크 섬에서 이미 논의된 것"이라 제시하였다. 맥아더가 마샬 국방장관으로부터 대통령이 승인한 맥아더의 재량권을 인정한 '개인적 메시지'를 받은 것은 사실이었다. 콜린스는 더 이상 맥아더의 결정을 문제 삼지 않았다.

'맥아더 라인'이 10월 24일 자로 해제되면서 한국군과 UN군은 거침없이 북진하였다. 맥아더는 태백산맥 좌편의 8군과 우편의 X-군단이 북진하여 북한의 수도 평양을 점령한 후 압록강과 두만강까지 진출하여 한반도 전체를 손아귀에 넣을 수 있다고 판단하였다.

그러나 워커가 지휘하는 8군과 맥아더가 자신의 참모장인 아몬드를 통해 지휘하는 X-군단 간의 이 '두 갈래 공격(two-pronged attack)'은 X-군단이 원산으로 배치될 때부터 문제가 제기된 작전이었다.[231] 육군이나 합참의 전략가들 상당수는 양 군대의 작전통제가 이원적으로 이루어지고 있는 상황에서 소통과 조율의 문제가 포위 작전의 효율성을 떨어뜨릴 수 있고, 상호 보급지원을 하지 못하는 약점이 있으며, 특히 적이 양 군 간의 간극으로 치고 들어올 경우 측면이 취약해질 수 있다고 우려하였다. 8군 사령관과 그의 참모들은 한반도 북부의 험준한 지형을 고려하지 않은 이러한 작전이 비효율적이라는 것을 이미 알고 있었다. 그들은 상륙작전을

....

230 James F. Schnabel, *Policy and Direction: the First Year*, U.S. Government Printing Office, 1972, p. 218.

231 맥아더는 X-군단을 북한의 동북부 지역을 점령하는 데 투입하고, 작전통제권도 8군 사령관인 워커 중장이 아닌 자신이 군단장 아몬드를 통해 지휘하기로 결정한 바 있었다. X-군단장 아몬드 소장은 맥아더의 참모장으로 그의 총애를 받고 있었고, 리더십 스타일도 신중한 워커 장군과는 달리 위험을 감수하는 성향을 갖고 있었다. 그는 워커가 인천상륙작전의 의미를 폄훼하며 자신을 모욕했다고 생각하였다. 아몬드를 신뢰하던 맥아더는 그를 워커의 작전통제 하에 두는 것은 바람직하지 않다고 판단하였다.

성공시킨 X-군단이 후퇴하는 북한군을 즉시 추격하며 압록강으로 진격하고, 상대적으로 준비가 덜 된 8군은 X-군단을 뒤따라간 후 평양-원산 도로를 이용하여 원산을 점령한 한국군 제1군단과 합친 후 두만강 쪽으로 진출하는 것이 합리적이라고 생각하였다. 그렇게 하면 X-군단이 인천 항에서 나가 뱃길로 원산까지 가서 상륙하는 데 들어가는 2주의 시간을 줄일 수 있기 때문이었다. 극동해군사령관 조이(Charles Turner Joy) 제독과 그의 참모들도 뱃길이 아닌 육상으로 북진하여 원산을 점령하는 것이 효율적인 작전이라고 생각하였다. 그러나 맥아더는 "군사적으로 취약한 간극은 여기에 존재하지 않는다"며 "어떤 적군도 양 군 사이의 산악지역의 지리적, 기후적 악조건을 극복하고 아군을 공격할 수는 없으며," 만일 양 군대가 간격을 좁히고 서로의 측면을 방어해야 한다면 그것은 오히려 각자가 가지는 강력한 물리력을 전용하여 이것도 저것도 아닌 결과를 초래할 수 있으며, 나아가, 8군과 X-군단을 연결할 경우 각각의 해상보급선으로부터 발생하는 '기동의 자유(freedom of maneuver)'라는 작전상의 이점을 저하시킬 것이라고 반박하였다.[232]

현실은 맥아더의 바람과 달랐다. 미 지상군의 작전통제권 분리는 양군 간의 진격 속도에 상당한 차이를 야기했을 뿐 아니라 서부-동부 전선 간 광대한 공간을 불안정하게 만들었다. 맥아더가 이 공간에 대해 전혀 우려하지 않은 것은 아니었다. 그는 스트레티마이어(George E. Stratemeyer) 장군에게 이 공간에 대한 면밀한 정찰비행을 지시하였다. 미 공군은 주간비행을 12~16차례, 그리고 야간비행을 12차례나 실시했지만 이 지역에서 적군의 존재를 확인하지 못하였다.[233] 중공군의 각 부대는 한반도 진입 후 야행주숙(夜行晝宿)을 택하여 낮에는 엄격하게 은폐하고 밤에 이동하였으므로 미 항공기가 밤낮으로 정찰 및 탐색을 하여도 쉽게 발견되지 않았다.

....

232 Rad(Requirement Approval Document), C 50332, CINCUNC to DA for JCS, 3 Dec, 50; Chris Col-
     lodel, "MacArthur and Frozen Chosin: An Analysis of the Press Coverage of Douglas MacArthur
     during the Battle of Chosin Reservoir," *Voces Navae*, Vol. 7, Article 2, 2018; 황성칠, "한국전쟁시 중
     공군의 제1·2차 공세 전역에 관한 재조명," 『군사연구』, 제122책, 1992, p. 126.
233 Rad, CX 69453, CINCFE to CG FEAF, 21 Nov. 50; Rad, CG FEAF to CINCFE, 22 Nov. 50; James
     F. Schnabel, *United States Army in the Korean War Policy and Direction: the First Year, Center for
     Military History, U.S. Army*, Washington D.C., 1992. https://apps.dtic.mil/sti/pdfs/ADA353574.pdf

10월 25일 청천강을 도하한 한국군 제2군단은 6사단을 좌, 8사단을 우로 하여 초산과 만포진을 목표로 진격하였다. 6사단의 제2연대는 온정리(溫井里)를 지나다 생포한 포로들의 진술을 통해 중공군이 북한으로 침입하였다는 사실을 알게 되었다. 제7연대는 진공을 계속하여 10월 26일 14시 15분 압록강 변인 신도장(新道場)에 도착하여 그곳에 태극기를 꽂았다.

10월 25일, 박천-운산-온정리-희천을 잇는 선까지 진출한 국군은 적유령산맥 지역에서 대기하고 있다가 공격에 나선 인민지원군 제4야전군 예하 제40군의 부대로부터 기습을 당하였다. 운산군 온정리 양수동에서 한국군 6사단 2연대가 중공군의 공격을 받고 후퇴하자 초산으로 진격한 7연대의 유일한 주 보급로이며 퇴로이기도 한 온정-초산 통로가 완전히 폐쇄되었다. 후퇴 명령을 받은 7연대는 소규모로 분산 철수하기 시작하였다. 그러나 중공군의 공격으로 연대 병력 75%가 손실을 입었으며 전투기능을 완전히 상실하였다. 이 온정리 전투는 중공군이 한반도 진입 후 벌인 최초의 대규모 전투이자, '제1차공세'의 시작이었다.

미 8군의 제1군단은 미 제24사단(영 연방 제27여단 배속)을 좌측사단으로 하여 귀성-신의주 방면으로, 한국군 제1사단을 우측사단으로 하여 안주-운산-수풍을 향하여 각각 진격케 하고 미 제1기갑사단을 평양에 잔류시켜 경계에 임하도록 하였다. 이리하여 미 24사단은 신의주까지 불과 40km 거리인 정차동(停車洞)에 진출하고 한국군 제1사단은 운산에 진출하였다. 그러나, 미 24사단과 한국군 1사단의 협동작전은 취약점을 안고 있었다. 양 사단 간의 간격(24km)이 너무 벌어져 있어 각각의 측면이 적의 기습에 노출되어 있던 것이다. 이는 근본적으로 한반도 북부의 지형을 인지·고려하지 못한 '두 갈래 공격' 작전에서 비롯된 것이었다. 한반도는 청천강 이북으로 갈수록 지형이 넓어지는데 이는 그렇지 않아도 전력이 미흡한 8군 부대가 광범위한 지역에 흩어진다는 것을 의미하였다. 8군이 진군할수록 우측이 취약해지는 것이었다. 중공군은 이 간극을 파고들었다. 즉 제40군의 120사단은 한국군 1사단의 진공을 전면에서 저지하고, 제39군은 운산 서쪽에서 한미 양 부대 사이의 간극으로 침투하여 1사단의 측면을 공격한 것이었다. 최초로 희생된 부대는 1사단 제15연대였다. 북서진을 시도하던 15연대는 10월 25일 11시경 북쪽 고지로부터 중공군의 기습공격을 받았다. 연대는 교전 중 적 1명을 생포하였다. 그는

"운산 북서쪽과 북쪽에는 물론, 그 북동쪽인 희천 방면에 다수의 중국인민지원군이 배치되어 있다"고 진술하였다.[234] 8군은 자체 정보판단과 너무나 거리가 있는 이 첩보에 놀라기는 했으나 중국 정규군이 한국전에 개입했다고 보지는 않았고, 다만 북한군을 지원하기 위한 소규모의 병력이 투입되었을 뿐이라는 최초 판단을 고수하였다. 1군단장도 24사단의 진격이 순조로웠기 때문에 중공군의 수가 얼마 되지 않을 것으로 보고 16시 총공격명령을 하달하였다. 그것은 최악의 정보실패였다. 중공군은 야간기습을 실시하여 한국군 제1사단 15연대를 손쉽게 파괴하였다.

중공군에 무참히 희생된 다음 부대는 중공군이 운산 남동쪽 퇴로를 차단한 11월 2일 아침 일찍이 걸려든 미 제8기갑연대 소속 3대대였다. 1기갑사단장 게이(Hobart Gay) 소장은 11월 1일 8기갑연대가 포위되고 있음을 직감하였지만, 낙동강 전선 돌파 이후 최초로 퇴각하는 부대장이 되길 거부한 미 제1군단장 밀번(Frank W. Milburn) 장군이 후퇴를 허하지 않아 3대대가 위치를 지키도록 할 수밖에 없었다. 그러자 인민지원군 제39군의 115사단은 남서, 116사단은 북서, 117사단은 북동 쪽에서 나팔과 호각을 불며 공격해왔다. 3대대가 살아남을 수 있는 유일한 길은 외부의 구원군이었다. 그러나 그것을 기대할 수는 없었다.

밀번 군단장은 게이 사단장에게 다수를 살리기 위해 소수를 희생시키는 '사석(捨石) 작전'이 결정되었음을 알렸다. 그는 게이 장군과 장교들에게 "이것이야말로 내 군생활에 있어서 가장 가슴 아픈 결정이다. 이들 병력을 포기하는 것은 미합중국 육군의 전통에 반한다. 나는 이 결정을 좋아하지 않는다. 제군들도 이 결정을 좋아하지 않으리라 생각한다. 그러나 결정은 이미 내려졌다"고 말하였다.[235] 포위된 제3대대는 포기되었다. 중공군은 포로로 잡힌 미군을 잘 대우하며 미 제국주의의 침략성에 대해 세뇌 교육을 하였다. 그들은 미 제국주의에 대해 봉기하라고 하며 포로들을 돌려보내주었다.

맥아더는 현장 지휘관들에게 부대를 후퇴시키면서 청천강 남안에 방어선을 치고 전세 만회를 위한 작전 준비에 착수하라고 명령하였다. 미군만 후퇴한 것은 아

....

234 황성칠(1992), p. 123.
235 황성칠(1992), p. 125.

니었다. 중공군도 산악 지역으로 퇴각하였다. 그러나 중공군의 후퇴는 기만전술을 동반한 것이었다. 마오쩌둥은 맥아더를 연구한 전략가였다. 그는 맥아더의 자만심을 간파하였다.[236] 마오는 인민지원군이 후퇴하면 맥아더는 이를 군사역량의 열세(劣勢)로 간주하고 즉시 추격할 것으로 예상하였다. 중공군은 '제1차 공세' 후 철수하면서 길을 따라 낡고 오래된 무기와 장비를 계획에 따라 유기(遺棄)하였다. UN군을 유인하는 이러한 기만전술은 미군 지도부가 중공군의 전략의도를 판단하는 데 커다란 착각을 불러일으켰다. 맥아더는 중공군이 던진 미끼를 물게 된다.

'제1차 공세'에 나선 중공군은 물러났지만 전세는 UN군과 한국군에게 급격히 불리해졌다. 맥아더는 중국인민지원군의 증파를 막기 위하여 11월 5일 스트레티마이어 장군에게 총공세를 준비하도록 명령하였다. 그의 명령에 따르면 스트레티마이어의 공군은 "한만국경의 모든 군수·통신시설, 모든 공장, 도시, 농촌을 파괴해야"하였다. 단, 확전을 우려하여 국경 너머의 공격은 금지되었고, 수풍댐도 공격 대상에서 제외되었다. 중북국경인 압록강-두만강의 12개의 교량도 파괴의 대상이었고, 신의주-안동을 연결하는 쌍둥이 교량은 첫 번째 목표가 되었다. 맥아더의 명령에 대해 알게 된 영국은 압록강 주변지역에 대한 폭격이 대전(大戰)을 야기할 위험성이 있다며 미국에 강한 우려를 표명하였다. 영국 외교장관은 주미 영국대사에게 보낸 전문에서 맥아더의 행동을 다음과 같이 비판하였다:

영국의 주요 골칫거리는 맥아더 장군임. 그의 정책은 UN의 정책에서 이탈하였음. 그는 중국과의 전쟁을 원하고 있는 것처럼 보임. 영국은 중국과의 전쟁을 원하지 않음. 맥아더는 공개적 돌출발언을 불사함으로써 미국의 정치적 판단과 지도력에 대한 영국이나 서유럽의 신뢰를 약화시키고 있음. 그는 그의 정책이 미국 정부의 정책과 다르다고 공개적으로 발언하고 있고, 정부의 통제를 받고 있지 않으며, 그의 정부는 그럼에도 불구하고 그에 대해 기강을 확립할 의지와 능력을 결여하고 있는 것으로 보임.[237]

....

236 Daniel L. Davis, "The Battle of Chosin Reservoir: How China Saved North Korea from Extinction," *The National Interest*, January 6, 2018, p. 2.

중대 사안에 대해 영국과 사전협의(prior consultation)하도록 되어 있던[238] 미 국 부무는 압록강 교량 폭격에 대해 반대 의견을 분명히 하였다. 트루먼 대통령은 "미 군이 중대한 위험에 처할 가능성이 높다면" 맥아더의 명령을 승인하겠지만, 일단은 교량 폭격은 연기하고 맥아더로 하여금 전황에 대해 보다 상세히 보고하라고 명령 하였다. 합참은 맥아더에게 한중국경으로부터 8km(5마일) 내의 목표물에 대한 폭 격 계획을 연기할 것을 지시하면서, 맥아더가 압록강의 교량들에 대해 폭격 명령을 내린 이유를 물었다.[239] 당시 스트레티마이어의 공군기들은 일본의 기지에서 출격 직전이었다. 맥아더는 11월 4일의 전문(중공군이 개입할 가능성은 높지 않다는 내용)과 는 달리 합참에 보낸 11월 6일의 전문에서는 "중공군이 대량 진입하여 미군은 중 대한 위기"에 빠질 수 있다며 폭격이 불가피하다고 보고하였다. 맥아더는 합참의 지시에 대해 강력한 불만을 표시하였다:

(우리가) 북의 일부라도 중공의 침략군에 내어준다면 이는 근래에 볼 수 없는 자유 세계의 최대의 패배를 의미함. 이와 같은 너무나도 부도덕한 행위는 아시아에서 미 국의 지도력과 영향력을 땅에 떨어뜨리고, 미국의 정치적·군사적 위상을 위태롭 게 만들 것임.[240]

트루먼은 "현장지휘관의 판단을 존중한다며" 합참을 통해 "폭격을 진행하되 국경을 절대 침범해서는 안 되며 교량은 북한쪽 반만 잘라내듯 폭파하라"고 명령 하였다.[241] 반만 폭파된 안둥의 철교는 후일 '얄루강단교(鴨綠江斷橋)'로 명명되었다.

....

237   Hastings(1988), p. 201.
238   Robin Renwick, *Fighting With Allies: America and Britain in Peace and War*, Biteback Publishing, 2016, p. 112.
239   미 합참은 이 전문에서 "UN(의 정책결정)과의 관계에서 적당한 선을 유지할 필요성과 한반도전쟁 을 계속 국지화해야 할 국가이익상의 중요성을 고려해서, 미군의 폭격이 만주나 그 공역(空域)을 침범 하지 않도록" 주의하라고 강조하였다. Joint Chiefs of Staff to MacArthur, 6 November, 1950, *FRUS* 1950(7), pp. 1057-58.
240   MacArthur to Joint Chiefs of Staff, 9 November, 1950, *FRUS* 1950(7), pp. 1107-10.
241   Wainstock(1999), p. 82.

합참은 맥아더가 중국과 소련의 일부 지역에 전력을 제공하는 수풍발전소를 폭격하는 것은 승인하지 않았다.[242] 11월 8일-12월 12일 동안 미군의 해군·공군기는 폭격에 나서 국경지역의 군수·통신시설을 파괴하였다. 그러나 미국의 폭격기들은 트루먼의 폭격제한명령을 의식하여 12개의 교량 중 4개만을 파괴할 수 있었다. 그러나 중공군은 부교를 이용하여 지속적으로 도강하였다. 이들은 11월 19일경부터는 강이 얼어붙어 도보로 이동하여 북한으로 진입하였다.

중국인민지원군은 입북 과정에서 상당한 피해를 입었다. 소련이 공군의 엄호를 제대로 제공하지 않았기 때문에 미 공군의 타겟이 되었던 것이다. 11월 중국과 북한은 소련 전투기의 파견을 요구하는 공동명의의 호소문을 스탈린에게 보냈고, 그는 결국 11월 말 안둥 공군기지의 제64 독립전투비행단 소속 항공기들이 최초의 작전에 나서도록 명령하였다.[243] 스탈린의 이 결정은 10월 말 2대의 미 공군기가 기상 조건이 양호했음에도 불구하고 블라디보스토크 근방 '수하강(Sukhaia Rechka) 공군기지"를 폭격한 데 영향을 받은 것이었다. 그러나 그는 소련 공군은 공격작전에 나서지 말고, 전선의 북쪽에서만 임무를 수행하도록 지시하였다. 소련 공군은 도하한 지상군에게는 별 도움이 되지 못하였다. 그들은 지상군과의 합동작전도 거부하였다.[244]

11월 13일 영국은 세계대전을 상상하지 않는 한 북한을 점령하여 UN의 지배하에 두는 것은 사실상 불가능해졌다고 판단하였다. 게다가, "한국은 민주주의 열강들에게 전략적으로 그렇게 중요한 지역이 아니었다."[245] 미국의 최대 동맹국 영국은 여기서 멈추길 바랐다. 그러나 "전쟁영웅" 더글러스 맥아더는 자신의 작전시간표를 바꾸지 않았다. 그는 중공군이 1차공세 후 전술적이고 의도적으로 후퇴하자 11월 24일 추격 명령을 내렸다. 그는 자신이 웨이크 섬 면담 시 트루먼 대통령에게 약속한 것처럼 추수감사절까지 전쟁을 끝내지 못하자, 이번에는 북한을 '속히' 정

....

242 Ruth Tenzer Feldman, *The Korean War: Chronicles of America's Wars*, Lerner Publishing Group, 2003, p. 38.

243 Goncharov, Lewis, and Litai(1993), p. 199.

244 Goncharov, Lewis, and Litai(1993), p. 200.

245 Renwick(2016), p. 112.

복하여 "크리스마스까지는 귀국한다(home by Christmas)"는 약속은 지킨다는 의미에서의 이른바 '크리스마스 공세'를 명한 것이었다. 8군은 당일 10시에 움직였다. 그러나 11월 25일 대규모의 중공군은 마치 기다렸다는 듯이 25사단, 24사단 등 미 8군의 핵심부대에 타격을 가했으며, 특히 한국군 2군단은 괴멸 수준으로 파괴하였다. 중공군의 '2차공세'였다. 8군은 11월 26일 후퇴를 시작하였다. 후퇴하던 미 9군단을 엄호하던 미 2사단은 막심한 피해를 입었다. 자신만만하던 맥아더는 11월 28일 "전적으로 새로운 전쟁(an entirely new war)"이 시작되었다고 미 합참의 군 지도부에 보고할 수밖에 없었다.[246]

　　인천상륙작전의 성공과 맥아더의 10월 24일 명령은 동부전선의 UN군과 한국군에게도 커다란 북진의 동력을 제공하였다. 8군 소속이었다가 맥아더에 의해 X-군단으로 편입된 한국군 제1군단은 10월 11일 원산을 점령하였고, 수도사단은 동해안을 따라 최종목표인 웅기를 향해 진격하였다. 군단 예비부대이던 3사단의 26연대는 10월 25일 함경남도 개마고원의 장진호(長津湖)[247]를 향하여 진격하던 중 불의의 일격을 당하였다. 이날 밤 전투에서 연대는 적 1명을 포로로 잡았는데 그는 중공군 제8군 예하 5연대 소속으로서 장진호 북방에 4-5천 명의 중공군이 매복하고 있다고 진술하였다. 그러나 X-군단 정보처는 이를 믿으려 하지 않았다. 포로가 진술한 중공군 제8군은 서부전선으로 침투한 부대인데 포로가 말한 5연대는 중공군 제1군 예하인 2사단 소속이므로 그의 진술은 신빙성이 전혀 없다는 것이었다. 그들은 오히려 이것을 한국군 26연대가 그들의 진격이 계획보다 늦어진 것을 변명하기 위한 조작극이라고 의심하였다.[248]

　　한국군 제1군단이 이미 점령한 원산에 10월 26일 '행정 상륙'한 미 해병 제1사

....

246　795.00/11 – 2850: Telegram, The Commander in Chief, Far East (MacArthur) to the Joint Chiefs of Staff, top secret, Tokyo, 28 November 1950 – 4:45 p. m. [Received November 28 – 4:46 a. m.]. 맥아더는 합참으로 보낸 전문에서 "우리는 엄청난 군사력을 가진, 전적으로 새로운 적에 대해, 전적으로 새로운 조건하에서, 전적으로 새로운 전쟁에 임하게 되었음"이라고 보고하였다.

247　일본이 만든 한반도 지도를 사용하던 UN군은 장진의 일본어 발음인 초신(Chosin)을 사용하여 이 전투를 "초신호 전투(the Battle of Chosin Reservoir)"라고 명명하였다.

248　황성칠(1992), p. 126.

단은 부산에서 올라온 제7보병사단, 영국의 해병 특수부대, 한국군 2개 사단, 그리고 추후 합류하게될 3사단과 함께 X-군단의 핵심 전력이었다. 제8군의 2/3가 되는 규모의 군단을 사실상 지휘하게 된 아몬드는 경쟁자인 워커보다 먼저 압록강에 도달하고 싶어하였다. 아몬드는 해병 1사단의 사령관 스미스(Oliver Smith) 장군에게 강계와 만포진으로 진격하라고 명령하였다. 그러기 위해서는 북쪽의 장진호를 통과해야 하였다. 11월 10일 극동군사령부 정보참모부는 장진호 일대에 중공군이 매복하고 있을 수 있다고 경고하였다. 육군 참모차장 리지웨이(Matthew Ridgway) 중장은 맥아더의 양대 야전군 간의 간격이 너무 벌어져 각각의 측면이 적에 노출되어 있다고 이미 지적한 바 있었다. 맥아더는 이것이 심각한 위험이라고 생각하지 않았다. 그러나 중공군은 바로 이 빈 공간을 야간 이동으로 소리 없이 메웠다. 미군은 큰 비용을 치러야 할 것이었다.

아몬드를 통해 X-군단을 작전통제하던 맥아더는 북진을 원하였다. 스미스 제1해병 사단장은 공격하기 전에 보급로(main supply route)를 개선해야 한다고 생각하였다. 그러나 아몬드는 즉각 진격을 요구하였다. 스미스는 도로를 개선하고 간이 활주로를 만들며 명령불복종에 가까울 정도로 진격을 지연하였다. 그는 맥아더가 장진호 서쪽의 적 보급선을 차단하고 압록강으로 진격하라고 명령하자 11월 27일 작전에 나섰다. 중공군과의 교전 보고를 묵살한 것으로서 미국 육군 역사상 최악의 오판[249]에 따른 이 작전은 산악전투 경험이 없던 미군에게 매우 불리한 것이었다. 게다가 날씨마저 악화되어 9월 27일 섭씨 0도였던 기온이 영하 30도 아래로 내려간 상황이었다. 11월 27일 오전 유담리에 도착한 5연대는 7연대 진지를 초월하여 무매리(武埋里)를 목표로 진군하였다. 그러나 날이 어두워지기 시작할 무렵 유담리 서쪽 외곽을 벗어나려던 5연대는 느닷없이 사방에서 십자포화 공격을 받게 되었다. 11월 초순 압록강을 도하한 인민지원군 제9병단의 79사단과 89사단이 이곳에 매복하고 있다가 이들을 기습한 것이었다. 사실 중공군은 미 제1해병사단이 장

....

249 Caleb Hyatt, Great Expectations: the U.S. Army X Corps in Korea, September-November 1950, School of Advanced Military Studies, United States Army Command and General Staff College, Fort Leavenworth, Kansas, AY 2014-001. https://apps.dtic.mil/sti/pdfs/ADA612017.pdf

진호 방향으로 진출할 때부터 치밀하게 대비하고 있었다. 중공군은 미 제1해병사단을 파괴하는 것은 이중의 전술적 효과가 있다고 판단하였다. 미 최정예부대를 제압할 수 있는 중공군의 능력을 과시할 수 있다는 점, 그리고 내륙 깊숙이 위치한 개마고원 지역을 차지하면 압록강과 두만강 유역으로 이미 진출한 미군과 한국군의 퇴로를 차단할 수 있다는 점이 그것이었다.

7연대와 합세한 5연대는 밀고 밀리는 근접전을 전개하면서 유담리 북서쪽 6km인 덕동산으로 후퇴하였다. 이 무렵 장진호 동쪽 기슭에서 공격 중이던 31연대 전투팀(RCT-31, 페이스 특임부대)과 미 제7보병사단의 2개 대대 역시 중공군의 역습을 받고 하갈우리(下碣隅里) 쪽으로 철수하였다. 중공군 제58, 76사단은 고토리를 완전히 포위하였다. 이리하여 유담리-신흥리-하갈우리-고토리 간 운송과 소통이 불가능해졌다. 미 제1해병항공단과 해군 제77항공부대의 항공기들은 하갈우리의 사령부로 철수하던 해병을 엄호하였고, 급조된 '드라이스데일 특임부대(Task Force Drysdale)'는 하갈우리 남쪽 도로를 개방하는 데 성공하였다. 그러나 영하 20-30도를 오르내리는 혹한 속에서 혼전이 계속되는 가운데 미군 동사자가 속출하고 탄약은 고갈되어 갔다. 12월 1일 사상자 수가 급증하고 미 합참에서 중공군의 전력에 대한 재평가가 이루어지면서 미군은 함경남도 흥남 쪽으로 후퇴하기 시작하였다. 스미스 소장은 공군의 권유에도 불구하고 항공철수가 아닌 지상철수를 결정하였다. 항공철수를 위해서는 활주로를 엄호하는 병력이 임무완수 후 결국 적의 공격에 홀로 노출될 것이었기 때문이다. 그는 한 종군기자가 "후퇴(retreat)"이라는 용어를 사용하자, "천만의 말씀! 우리는 후퇴하는 것이 아니라 다른 방향으로 진격하는 겁니다(Retreat, hell! We're not retreating, we're just advancing in a different direction)"[250] 라고 말하기도 하였다. 미군은 악전고투를 계속한 끝에 유담리와 장진호 동쪽 호반, 그리고 하갈우리에서 중공군의 포위망을 돌파한 후 고토리와 황초령에 구축된 중공군의 차단선을 격전 끝에 다시 한번 돌파한 후 집결지인 흥남으로 후퇴할 수 있었다. 중공군은 후퇴하는 미군에게 무자비한 공격을 퍼부었지만, 자신도 "다른 방

....

250   Gerry van Tonder, *Korean War Chinese Invasion: People's Liberation Army Crosses the Yalu*, Pen and Sword Books, 2020, p. 63.

향으로 진격하던" 미군에 의해 막대한 피해를 입었다. 중국인민지원군 제9병단은 전열을 가다듬기 위해 후방으로 철수하였다. 만일 장진호 전투에서 중공군이 큰 피해를 입지 않았다면 그들의 남진이 수원, 오산 등에서 멈추지 않았을 수도 있다.

장진호 전투는 미국에게는 정보실패와 오판에 따른 군사적 재앙이었다. 그러나 미국의 관점에서 보면 포위를 뚫고 '후퇴 투쟁'을 승리로 이끈 해병들의 영웅적인 서사가 부각되어 보일 수 있다. 일부 미국인들은 이들을 "Chosin Few(장진호의 정예 해병)"라고 부른다. 미국인들은 미 해병을 "Chosen Few(선택된 소수)"라고 부르는데 발음과 의미가 비슷하기 때문에 생긴 명칭일 것이다. 중국인들도 장진호 전투에서 희생된 병사들을 숭고한 애국자로 기린다. 상관의 명령에 따라 고지를 끝까지 지키다 산 채로 얼어 죽은 '얼음조각 부대(氷雕連, 빙댜오롄)'는 국가적 영웅으로 칭송을 받는다. 미국과 중국의 영웅들이 목숨을 걸고 싸운 장소는 한반도의 함경남도 장진면이었다.

맥아더의 명령에 따른 '크리스마스 공세'가 실패하여 서부전선의 미 제8군이 38선 이남으로 퇴각하고, 퇴로가 차단되어 극심한 피해를 겪은 동부전선의 X-군단이 흥남항에서 부산으로 후퇴하면서 UN군은 북한에서 완전히 철수하였다. 인민군과 중공군은 남하하기 시작하여 1951년 1월 4일 서울을 점령하였다. '1·4 후퇴'라는 명칭은 이 날짜에서 비롯되었다. 1월 17일 중공군과 북한군은 수원을 점령하고 오산, 장호원, 제천, 삼척까지 진격하였다. UN 총회는 1951년 2월 1일 중화인민공화국 정부를 침략자로 규탄하는 결의안 제498(V)호를 찬성 44, 반대 7, 기권 9로 채택하였다. 이에 힘입어 전열을 재정비한 UN군은 반격에 나서 3월 14일 서울을 재탈환하고 3월 24일 또 다시 북진을 시작하였다.

한국의 이승만 정부는 중공군의 참전으로 병력증강이 필요해지자 1950년 12월 21일 국민방위군을 창설하였고, 순식간에 수십만의 장정들이 입대하였다. 그러나 전세가 악화되자 정부는 장정들을 남쪽으로 후송하였다. 예산을 착복한 국민방위군 고위 간부들은 엄동설한에 후송되는 장정들에게 필요한 식량 및 피복을 지급하지 않았고, 그로 인해 동사자와 아사자가 속출하였다. 정부의 사건 축소/은폐 기도에 대해 국민들이 들고 일어났고, 결국 김윤근 등 부정을 저지른 간부들 일부는 처형되었다. 국회는 1951년 4월 30일 국민방위군설치법 폐지안을 결의함으로써 국민방위군을 해산하였고, 이시영(李始榮) 부통령은 1951년 5월 9일 "탐관오리는 도처에 발호하여 국민의 신망을 실추하며 정부의 위신을 손상하고 신생 대한민국의 장래에 암영을 던져주고 있으니, 누가 참다운 애국자인지 흑백과 옥석을 가릴 수가 없게 되었다"는 성명을 남기고 직에서 사임하였다. 이승만 대통령은 자신의 정치기반이자 국민방위군 사건에 연루된 대한청년단(국민방위군 사령관이 이승만이 총재로 있던 대한청년단 단장 김윤근이었고, 장교 대부분이 대한청년단 간부였다)을 1953년 9월 10일 해산하였다.

한편, 트루먼 대통령은 맥아더가 웨이크 섬에서 "전쟁은 추수감사절까지 끝날 것이고, 미군은 크리스마스 전에 고향에 가게 될 것이며, 중국이 참전한다 해도 별 것 아니다"라고 한 예측이 터무니없이 빗나가자 그에 대한 존경과 신뢰를 거두었다. 트루먼으로서는 중국과의 전쟁은 악몽이었고, 따라서 일정한 선에서 전쟁을 끝내야겠다고 생각하였다. 그러나 맥아더는 대통령의 승인 없이 "확전을 불사한다"고 공개적으로 천명하는 등 트루먼이 보기에 위험수위를 넘나들고 있었다.

트루먼과 맥아더의 서로에 대한 불만은 1951년 3월 23일 맥아더가 군통수권자의 승인 없이 다음과 같이 대중 최후통첩성 발언을 하면서 최고조에 달하였다. "중공은 본관과 전장에서 만나 정전협상에 임하든지, 아니면, 산산조각이 나도록 파멸될 것인지, 양단간에 결정을 해야 할 것이다." 이를 알게 된 트루먼은 "그 개자식에게 누가 보스인지를 확실히 보여주겠다. 그자는 도대체 자기가 누구라고 생각하나? 하나님?"[251]이라며 분통을 터트렸지만, 자신의 국민적 인기가 26%인 상태에서 국민적 전쟁영웅을 해임할 수는 없었다. 그러나 트루먼의 인내심은 오래가지 않았다.

1951년 4월 5일 미 하원의 공화당 원내대표 조셉 마틴(Joseph Martin, 매사추세츠)은 맥아더가 3월 20일 자신에 보낸 서한을 하원 전체를 대상으로 낭독하였다. 이 서한은 마틴이 "장제스의 군대가 중국본토에 상륙하는 것을 허용하고 도와야 한다"고 했던 그의 2월 12일 연설에 대한 맥아더의 의견을 물은 데에 따른 답신이었다. 마틴은 2월 12일 연설에서 다음과 같이 말했었다:

....

251 Ronald J. Oakley, *God's Country: America in the 50's*, Barricade Books, 1990, p. 87.

미국은 제2전선을 개방해야 합니다. 미국은 장제스 총통에게 그가 필요한 물질적 지원을 해야 합니다. 훈련되고 유능한 그의 80만 군대가 본토에 상륙하여 중국 남부에서 중국 공산당에 저항하고 있는 수많은 게릴라군들과 합세하면 6-8주 내 두 배의 세력을 형성할 수 있습니다. 또한 이와 같이 중국의 제2전선이 개방되면 중공군의 전력이 분산되어 한국에서의 미군뿐 아니라 인도차이나에서의 프랑스군에 대한 압박이 감소하게 될 것입니다. 나아가 제2전선의 개방은 공산위협하에 있는 버마, 말라야, 인도네시아, 파키스탄, 인디아, 그리고 유럽에 대한 압박을 저감할 수 있을 것입니다. 미국이 이 합리적인 정책을 왜 채택하지 않는지 아십니까? 국무부가 반대하고 있기 때문입니다. 이들은 미국이 5년 전 중국을 잃도록 한 자들입니다. 이들은 장 총통에 대한 지원을 반대하고 방해한 세력입니다. 이들은 자신들이 틀렸다는 사실을 입증할 수 있는 이 제2전선 개방 전략에 극구 반대하고 있는 것입니다.[252]

마틴은 1951년 4월 5일 맥아더가 자신에게 보낸 3월 20일 자 답신을 하원의원들 전체에게 낭독하였다:

어떤 이에게는 공산주의자들이 세계정복을 목표로 여기 아시아를 택하여 도발을 자행하고 있다는 사실, 그래서 우리가 이와 같은 도전에 맞서기 위해 그들과 싸우고 있다는 사실, 유럽에서는 외교관들이 말로 전투를 하고 있고, 여기서는 우리가 무기를 들고 유럽의 전쟁을 수행하고 있다는 사실, 우리가 아시아에서 공산주의에 패하면 유럽의 붕괴는 불가피하다는 사실, 여기서 승리하면 유럽에서 전쟁을 하지 않아도 되고 자유도 유지할 수 있다는 사실을 깨닫기가 이상하게도 어려운 것 같습니다. 마틴 의원께서 지적하신 대로 우리는 승리해야만 합니다. 승리를 대체할

....

252 Press Release, Speech of Representative Joseph W. Martin, February 12, 1951. Truman Papers, President's Secretary's Files. MacArthur, Douglas: Dismissal. https://www.trumanlibrary.org/whistlestop/study_collections/koreanwar/documents/index.php?documentid=ma-2-9&pagenumber=1

수 있는 것은 없습니다.[253]

맥아더의 이 편지는 정치적으로 보면 군통수권자인 대통령의 주요 군사참모가 대통령의 정적(政敵)에게 군통수권자를 비판하며 그의 정적을 지지한다고 공개적으로 천명한 것이나 마찬가지였다. 트루먼으로서는 이를 항명, 즉 명령불복종으로 볼 수밖에 없었다. 트루먼은 이번에는 참지 않았다. 트루먼은 자신의 일기에 다음과 같이 썼다: "맥아더는 하원 공화당 원내대표인 조셉 마틴을 통해 또 하나의 정치적 폭탄을 내게 투척하였다. 이것이 그가 던질 수 있는 마지막 폭탄인 것 같다."[254]

그러나 합참은 망설였다. 맥아더가 돌출행동을 하지만 그는 전쟁을 아는 군인이었기 때문이다.[255] 그러나 합참의 지휘관들이 맥아더의 기록을 검토하면서 항명성 행동을 다수 발견하자 분위기는 반전되었다. 4월 8일 합참은 맥아더의 해임을 만장일치로 결의하였다. 이유는 "미국에서는 군(軍)이 민(民)의 권위에 의해 통제되어야 한다"는 것이었다.[256] 국무장관에서 국방장관으로 직을 옮긴 조지 마샬도 동의하였다. 트루먼은 4월 9일 맥아더에게 "지휘권을 리지웨이 중장에게 이양하라"고 명령하였다.[257] 그는 후일 이 결정에 대해 "맥아더를 해임한 이유는 그가 대통령의 권위에 도전했기 때문이다. 문민 우위는 미국 정치의 전통이다. 그는 '머저리 개자식'이었지만 그것 자체는 위법은 아니었다"라고 회고하였다. 백악관은 4월 11일 맥아더의 해임을 공식 발표하였다.

트루먼이 예상한 것이기는 했으나 정치적 후폭풍이 거칠게 일었다. 미국인 3/4이 맥아더의 해임에 반대하였다. 공화당 의원들은 공공연히 트루먼 탄핵을 외쳤다. 평상시 국가적 지도자라는 명성을 갖고 있던 오하이오 주의 공화당 상원의원 로버

....

253   Max Hastings, *The Korean War*, Simon & Schuster, 1988, p. 201.

254   Diary Entry of President Harry S. Truman, April 6, 1951. Truman Papers – President's Secretary's Files. Friday, April 6, 1951. https://www.trumanlibrary.org/whistlestop/study_collections/truman-papers/psf/diaries/index.php?documentVersion=transcript&documentid=hst-psf_976232_02

255   Ed Cray, *General of the Army: George C. Marshall, Soldier and Statesman*, Cooper Square Press, 2000, pp. 586-87.

256   Forrest C. Pogue, *George C. Marshall: Statesman, 1945-1959*, Penguin Books, 1989. p. 145.

257   Cray(2000), p. 588.

트 태프트(Robert Taft)는 보수 언론 '시카고 트리뷴(*Chicago Tribune*)'과의 인터뷰에서 트루먼 대통령이 탄핵되어야 한다고 주장하였다. 마틴 의원은 맥아더를 의회로 초청하여 그의 말을 들어봐야 한다고 목소리를 높였다. 위스콘신 주의 조셉 매카시 상원의원은 트루먼이 맥아더 해임을 결정할 때 술에 취해 있었다고 비난하였고, 캘리포니아 주의 닉슨 상원의원은 해임을 즉각 철회하라고 요구하였다.[258] 갤럽조사에 따르면 1952년 2월 트루먼에 대한 국민적 지지도는 22%로 곤두박질쳤다. 이것은 닉슨이 '워터게이트(Watergate)' 사건이 한창일 때 얻은 지지도보다 더 못한 수치였다.

해임된 맥아더는 뉴욕 시로 귀환하여 유례없이 대대적인 시민적 환영을 받았다. 그는 4월 19일 상하양원 합동회의에서 "노병은 결코 죽지 않는다. 그들은 다만 사라질 뿐이다(old soldiers never die; they just fade away)"라는 명연설을 하였다:

> 저는 52년의 군생활을 마감합니다… 제가 웨스트 포인트의 육군사관학교의 들판에서 서약을 한 후 세계는 여러 번 바뀌었습니다. 그리고 희망과 꿈들 또한 사라져 갔습니다. 그러나 저는 당시 사관학교에서 가장 인기 있었던 군대노래의 한 구절을 아직도 기억하고 있습니다—"노병은 결코 죽지 않는다. 그들은 다만 사라질 뿐이다"… 그리고 그 노래의 노병과 같이 저는 지금 군생활을 마감하며 사라질 뿐입니다. 하나님은 저에게 임무를 볼 수 있도록 빛을 주셨습니다. 저는 그 빛에 힘입어 저의 임무를 다하려 했던 노병입니다. 안녕히 계십시오.[259]

맥아더는 자신의 국민적 환영과 인기를 과신하여 대통령을 꿈꾸게 되었다. 맥아더는 한국전쟁이 한창이던 때 웨이크 섬에서 트루먼 대통령과 면담한 후 자신은 "정치적 야망이 전혀 없다"고 말한 적이 있었다. 그는 "장군 중 누군가가 대통령님에 대항하여 정치에 입문한다면 그는 아이젠하워지 저는 결코 아닙니다"라고 하였

....

258 Donald J. Farinnaci, *Truman and Macarthur: Adversaries for a Common Cause*, Merriam Press, 2017, p. 235.

259 Edward T. Imparato, *General MacArthur Speeches and Reports 1908-1964*, Turner, 2000, p. 167.

다.[260] 맥아더가 그때 자신의 본심을 숨겼는지, 아니면, 그후 심경에 변화가 있었는지는 알 수 없지만, 그는 이번에는 대선 출마 의지를 숨기지 않았다.

그러나 맥아더는 대선 가도에서 군부 선임자들의 신임과 지지를 얻지 못하였다. 맥아더는 1951년 5월 15일 상원 군사위와 외교위가 개최한 비공개 합동청문회에 참석하여 자신과 대통령 사이의 이견에 대해 상세히 설명하면서 자신은 합참의 지지를 받고 있었다고 소명하였다. 그러나 국방장관 조지 마샬과 합참의장 오마르 브래들리(Omar Bradley)는 맥아더를 지지하기는커녕 그의 판단 능력에 중대한 의문을 제기하였다. 그들은 맥아더는 중국과의 전면전을 불사했고, 이는 소련의 개입을 초래할 수도 있었으며, 따라서 세계대전이 일어날 수도 있었는데, 당시 미국은 그것을 감당할 군사능력을 결여하고 있었다고 증언하였다. 합참의장 브래들리는 "합참의 관점에서 보면, 맥아더 장군의 전략은 미국을 잘못된 전쟁에, 잘못된 장소에서, 잘못된 시간에, 잘못된 적에 밀어넣는 셈이었다"고 말하였다.[261] 브래들리의 증언은 맥아더에게 치명적이었다. 브래들리는 한 번도 정치적 발언을 한 적이 없는 존경받는 군인이었기 때문에 더욱 그러하였다. 브래들리의 발언은 맥아더의 정치적 기반인 공화당 우파의 지지를 사그라지게 만든 주요 요인이 되었다. 맥아더는 공화당 주자들이 겨루다 자신에게 기회가 오게 되면 받아들인다는 자세를 취하였다. 그러나 이는 오판이었다. 그는 1952년 공화당 전당대회에서 기조연설에 나서 "전쟁을 하려면 이기려 해야 하며 그렇지 않을 경우 치명적인 결과가 뒤따른다"며 트루먼과 민주당을 맹공하였다. 그러나 대의원들은 그의 연설에 열광하지 않았으며, 보다 상식적이고 보다 겸손한 아이젠하워 장군을 선택하였다. 5명의 후보 중 아이젠하워는 845표로 1위를 차지하였고, 맥아더는 4표로 5위에 그쳤다. 1952년 급조된 헌법당(the Constitution Party)은 맥아더를 대통령 후보로 지명하고 후보의 동의 없이 선거유세에 나섰으나 투표자의 0.03%의 지지를 받았을 뿐 선거인단은 1명

....

260 Wainstock(1999), p. 68.

261 Donald E. Schmidt, *The Folly of War: American Foreign Policy, 1898-2005*, Algora, 2005, p. 257; Testimony before the Senate Committee on Armed Services and the Foreign Relations, May 15, 1951, *Military Situation in the Far East*, Hearings, 82nd Cong., 1st session, part 2.

도 얻지 못하였다.

맥아더의 변명?: 1954년 인터뷰

자존심 강한 맥아더는 자신이 이길 수 있는 전쟁에서 이기지 못했다고 생각하였다. 그는 자신의 손발을 묶어놓은 방해꾼으로 영국, 미국의 국무부, 그리고 트루먼 대통령을 지목하였다. 맥아더는 자신의 전쟁계획과 전술전략에 대해 변명 또는 설명할 수 있는 기회를 휴전 직후 얻을 수 있었다. 그는 자신의 74번째 생일을 맞아 1954년 1월 25일 '스크립스-하워드 뉴스페이퍼즈(The Scripps-Howard Newspapers)'의 루카스(Jim G. Lucas), 그리고, '허스트 헤드라인 서비스(The Hearst Headline Service)'의 콘시다인(Bob Considine) 기자와 각각 인터뷰하며 안타까웠던 시간들에 대해 거의 2시간 동안 회고하였다. '뉴욕타임즈'는 이 인터뷰의 녹취본을 1964년 4월 9일 공개하였다.[262]

맥아더에 따르면 1950년 10월 15일 웨이크 섬에서 만난 트루먼 대통령은 중공군이 개입할 가능성에 대해 물었고, 그는 그럴 가능성은 낮다고 보고하였다. 그러나 그는 만일 그런 일이 벌어진다 해도 자신은 중공군을 퇴치할 수 있는 복안을 가지고 있다고 대통령에게 말하였다. 그는, 간단히 말해, 중공군이 압록강을 도하하도록 유도한 후 압록강의 교량들을 파괴하여 그들의 보급선을 끊으면 굶주린 그들을 쉽게 섬멸할 수 있다고 본 것이었다. 맥아더는 기자들과의 인터뷰에서 자신의 전술전략에 대해 보다 구체적으로 설명하였다:

중공군이 압록강을 도하하도록 유도한다. 도하 직후 교량들을 파괴하여 중공군의 보급선을 차단한다. 이때 30-50개의 원자폭탄을 남만주 지역(압록강 하류의 안동에서 소련 국경 근처의 훈춘까지)에 투하하여 중공군의 공군기지들과 부대시설들을 모두 파괴한다.

....

262 "Texts of Accounts by Lucas and Considine on Interviews With MacArthur in 1954," *The New York Times*, April 9, 1964.

그러고 나서 40만 명(콘시다인과의 인터뷰에서는 50만 명으로 언급)의 중국 국민당군을 동원하고 2개 미 해병사단과 결합하여 연합북진군을 구성한다. 이 연합북진군 중 상당수 병력을 한반도 서쪽의 안동에, 그리고 나머지 병력을 동쪽의 웅기 또는 라진에 상륙시킨다. 이들 전력은 서에서 동으로, 그리고 동에서 서로 진격하면서 이틀 내 북중국경의 중간 지점에서 합류한다.

합류된 연합북진군은 이제 남으로 진군하고, 38선 상의 미 8군은 퇴주하는 중공군을 치면서 북진하여 그들을 '독 안에 든 쥐'로 만든다. 이 시점에서 중국은 평화회담을 구걸하게 될 것이다.

만에 하나 중공의 증원군이 파견될 가능성을 고려하여 압록강을 따라 5마일 너비의 방사능 코발트 벨트(radioactive cobalt belt)를 설치한다. 이는 최소 60년간 한반도를 중국으로부터 단절하는 효과를 가지게 될 것이다. 중공군이 이 방사능 벨트를 건너려 한다면 자살 행위가 될 것이다.

맥아더는 그의 작전계획이 영국에 의해 거부되었다고 술회하였다. 중국과의 상업적 관계를 재개하려던 영국이 미국에 영향을 끼쳤다는 것이다. 그는 그와 워싱턴 간의 모든 전문들은 미 국무부에 의해 영국에 회람되었고, 48시간 내 영국에 의해 인디아나 런던 주재 소련 대사관에 중계되었으며, 이는 즉시 중국에 전달되었다고 의심하였다. 맥아더는 중공군이 참전하게 된 이유도 영국이 "맥아더는 손발이 묶일 것이며, 결코 중공군에 맞설 수 없을 것"이라며 중국을 안심시켜 주었기 때문이라고 말하였다. 그는 자신이 웨이크 섬 면담에서 "중국이 참전하지 않을 것"이라고 대통령에게 말한 것처럼 되어 있는데, 이도 좌파 언론의 왜곡보도라고 주장하였다.

정전협정과 제네바 정치회담

중공군에 밀려 후퇴한 후 전열을 재정비한 UN군과 한국군은 반격에 나서면서 1951년 3월 14일 서울을 재탈환하고 3월 24일 북진을 또다시 시작하였지만, 공산군의 저항이 만만찮아 '38선' 주변에서 일진일퇴를 거듭하였다. 이런 상황에서 미국은 전쟁의 피로감이 극에 달하였다. 공산군도 제공권(制空權)이 취약한 상태에서 승산이 없다고 판단하고 있었다. 소련도 승산 없는 전쟁을 지속하게 할 수는 없었다. 미국의 애치슨 국무장관은 전 소련주재 대사 조지 케넌으로 하여금 소련의 주 UN대사 야콥 말리크를 접촉하여 정전 의사를 타진하도록 하였다. 말리크는 6월 23일 UN 총회에서 즉각정전을 제의하였다. 미국은 6월 27일 주소 미국대사 커크(Alan Kirk)와 소련의 외교차관 그로미코 간의 회동을 통해 정전이 소련의 공식입장임을 확인하였다. 이에 따라, 리지웨이 UN군 사령관은 6월 30일 라디오 방송을 통해 정전을 제의하였다. 7월 1일 중국과 북한은 리지웨이의 제의에 긍정적으로 반응하였다. 정전회담은 1951년 7월 10일 개성에서 개최되었지만, 이때부터 양측은 정전이 합의될 때까지 지리한 협상과 치열한 전투를 병행하였다. 1952년 7월 본회담이 시작되어 같은 해 10월 판문점으로 회담 장소를 옮겼으나, 전쟁 포로 문제 등으로 인해 회담은 9개월간 중지되었다. 그후 1953년 7월 27일 판문점에서 UN군 총사령관 클라크(Mark Wayne Clark)와 조선인민군 최고사령관 김일성(金日成), 중국인민지원군 사령원 펑더화이(彭德懷)가 최종적으로 서명함으로써 협정이 체결되었다. 한국의 이승만 대통령은 북진통일을 원하였기 때문에 정전협정에 서명하지 않았다. 그러나 이승만이 정전협정에 서명할 의지가 있었다 해도 그가 한국군에 대한 작전통제권을 UN군 사령관에게 이양하였기 때문에 한국의 서명 자격에 관한 문제가 제기될 수도 있었다. 정전협정은 군사적 합의이기 때문이었다. 한국이 UN군 사령관을 통해 정전협정에 서명한 것이나 마찬가지라는 논리는 대한민국의 군통수권자의 강력한 정전 반대 의지를 감안할 때 합리적 해석이라 할 수 없다. 한국전쟁을 중지시킨 정전협정의 핵심내용은 다음과 같다:

제1항: 군사분계선을 확정하고 쌍방이 이 선으로부터 각기 2km씩 후퇴함으로써 적대 군대 간에 비무장지대를 설정한다. 비무장지대를 설정하여 이를 완충 지대로 함으로써 적대행위의 재발을 초래할 수 있는 사건의 발생을 방지한다.

제24항: 군사정전위원회의 전반적 임무는 본 휴전협정의 실시를 감시하며 본 휴전협정의 어떠한 위반사건이든지 협의하여 처리하는 것이다.

제41항: 중립국감시위원회의 임무는 본 휴전협정 제13항 (ㄷ)목, 제13항 (ㄹ)목 및 제28항에 규정한 감독, 감시, 조사 및 시찰의 기능을 집행하며 이러한 감독, 감시,

조사 및 시찰의 결과를 군사정전위원회에 보고하는 것이다.

제60항: 한국문제의 평화적 해결을 보장하기 위하여 쌍방 사령관은 쌍방의 관계 각국 정부에 휴전협정이 조인되고 효력을 발생한 후 3개월 내에 각기 대표를 파견하여 쌍방의 한 급 높은 정치회담을 소집하고 한국으로부터의 모든 외국군대의 철수 및 한국문제의 평화적 해결 등의 문제들을 협의할 것을 건의한다.

한국전쟁의 결과

한국전쟁에서 자신은 빠지고 전투임무를 마오쩌둥에게 맡김으로써 패전 시 책임을 전가하고 승전 시 전리품을 공유하고자 했던 소련의 스탈린은, 단기적으로는, 원하던 것을 얻을 수 있었다. 미국과 중국은 "영원히 증오하며 결별하였고," 자신에게 껄끄러울 수 있었던 중국은 소련에 의존하는 사회주의 개도국이 되었다. 스탈린은 중국이 참전하게 되면 중국과 미국 간 관계가 더욱 적대적으로 될 것이고, 중국은 스탈린에게 더 종속될 것을 이미 예상하고 있었다. 나아가 소련은 오랜 숙원이었던 동북아의 부동항을 가진 사회주의 위성국가를 확보할 수 있게 되었고, 일본 위협/공략을 위한 교두보(springboard) 또한 마련하는 성과를 얻었다.

중국은 한국전 참전을 통해 자신감을 크게 진작하는 성과를 내었다. 서양 제국주의의 침략으로 인한 '100년의 수모'를 딛고, 이제 비록 "빈손의 농민군"이지만 내전과 항일투쟁의 경험을 바탕으로 첨단무기를 갖춘 세계 최강의 미국과의 대결에서 적어도 지지 않았다는 자부심이 생긴 것이었다. 이 연장선상에서 중국은 마오가 중대한 전략적 이익이라고 말했던 강대국의 지위와 위엄을 갖추게 되었다. "기회주의적" 소련과는 달리 중국이 온갖 열악한 조건하에서 큰 피해를 마다하지 않고 사회주의 "이웃 동무들의 민족해방전쟁"을 지원하였다는 사실은 중국에게 소련과의 관계를 군신관계나 형제관계가 아닌 대등한 관계라고 주장할 만한 자격을 부여하였다. 이는 또한 스탈린 사후 중국이 자신은 마르크스-레닌주의의 정당성을 확보한 정통 사회주의이고 흐루쇼프의 소련은 수정주의라고 비판하며 중소이념분쟁에서 우위를 점하려는 시도를 가능하게 한 한 요인이 된다.

한국전쟁은 미국이 1947년부터 시작한 일본에 대한 '역진정책(the Reverse

Course, 逆進政策, 역코스)'에 탄력을 부여하였고, 전쟁특수는 일본의 산업능력을 급격히 발전시키는 요인으로 작용하였다. 한국전이 발발하자 미국은 UN군 창설을 주도하고, 지리적으로 근접해 있고 자신의 군정하에 있던 일본으로 하여금 UN군에 대한 보급업무를 관장하도록 하였다. 전쟁이 4개월째 되던 시점 일본의 공업생산은 2차대전 후 최고 수준에 달하였다. 전쟁 시작 후 2년간 일본의 수출은 50% 증가하였고, 실업률은 급격히 감소하였다. GNP는 연 10%로 성장하였다. 이치마다 히사토(一万田尚登) 일본은행 총재는 UN군의 보급품 구매를 "신조(神助, divine aid)", 즉 "신의 원조"라고 불렀고, 1949년 도산 위기에 처했던 자동차 회사 도요다(豊田, Toyota)의 가미야 쇼타로(神谷正太郎) 사장은 그것이 "도요다의 구원"이었다고 기억하였다.[263] 미국은 일본을 아시아에서 공산위협을 차단하기 위한 핵심적 전략거점으로 만들기 위해 일본과의 평화협정과 군사동맹협정을 서둘러 체결하고 일본이 지속적으로 성장할 수 있도록 동남아시아의 시장과 자원을 일본에게 "배정"하는 등 다각적으로 지원하였다.

한국전쟁은 남한과 북한에 수백만 명의 인명피해를 초래했고 수많은 이산가족을 만들어내었다. 전쟁은 또한 남한과 북한 모두를 폐허로 만들었다. 남한의 경우 일반공업시설의 40%, 주택의 16%가 파괴되었고, 북한은 3년간의 미군의 폭격으로 인해 사회간접자본이 사실상 전부 파괴되었다. 전후 북한의 공업생산은 전전에 비해 36%, 그리고 전력생산은 1949년 6백만 kw에서 1백만 kw로 줄어들었다. 북한은 또한 전쟁으로 인해 사망한 주민과 남한으로 월남한 인구를 포함하여 1백만 또는 전체 인구의 10% 이상을 상실하였다.[264]

김일성은 전쟁의 목표를 달성하지 못했지만 정전으로 소련과 중국의 정치군사적 영향력이 줄어들자 오히려 자신의 권력을 공고히 할 수 있었다. 예를 들어, 그는 1953년 8월 3일 박헌영을 체포하고 1955년 12월 15일 그에게 사형 선고가 내려지도록 하였다. 최근 공개된 소련 자료에 따르면 박헌영은 1956년 여름까지 생존했

....

263 Schaller(1996), p. 48.
264 Scott Snyder and Joyce Lee, The Impact of the Korean War on the Political-Economic System of North Korea, *International Journal of Korean Studies*, Vol. XIV, No. 2, 2010, p. 162.

지만, 결국 "미제의 간첩"이라는 죄목으로 처형되었다. 김일성은 남로당원들이 봉기하지 않음으로써 자신을 오도하였다는 죄명을 공식화하지는 않았다. 그렇게 하면 자신의 판단능력이 의심받을 수 있고, 또한 자신이 전쟁을 일으켰다는 반증이 될 수 있었기 때문이다.

한국전쟁으로 인해 미중관계는 회복 불가로 악화되었다. 미국은 중국이 공산화될 무렵 마오의 화해 제스처를 걷어차며 관계를 일단 정리한 바 있었지만, 한반도의 전장에서 "잔인하고 무자비했던" 중국을 혐오하며, 스탈린이 원하던 대로 영원히 결별하고자 하였다. 미국은 거기에 머무르지 않고 중공을 보복·봉쇄하기 위해 1952년 대공산권수출통제위원회 내 중국위원회를 설치하여 중국에 대하여 소련과 동구공산국들보다 더 강력한 전략물자수출통제, 즉 "대중국 차별적 제재(China Differential)"를 실시하였다. 서유럽의 국가들은 1957년 이 차별적 제재를 폐기했지만 미국은 1970년대 초 베트남전에서 명예롭게 후퇴하기 위해 중국의 도움이 필요하다는 인식이 형성될 때까지 이 조치를 유지하였다.

더 포괄적이고 광범위한 관점에서 보면, 한국전쟁은 미국의 봉쇄전략이 유럽 중심에서 아시아를 포함한 전 세계로 확대되는 계기로 작용하였다. 당시 미국은 공산진영을 크레믈린의 명령에 따라 일사분란하게 움직이는 일괴암이라고 전제하였기 때문에 북한의 남침과 중공의 참전을 통해 확인되었듯이 공산주의 혁명과 팽창은 세계 전역으로 확대될 것이라고 판단하였던 것이다. 나아가 미국은 공산침투의 요로를 차단하고 내부적으로 붕괴할 때까지 기다린다는 케넌 식 봉쇄정책에서 공산주의 팽창을 물리적으로 되돌려 놓는다는 롤백(roll-back)의 개념에 기초한 보다 포괄적이고 공격적인 군사전략을 채택하게 되었다. "NSC-68"로 표현되는 미국의 새로운 대공산권 군사전략은 막대한 군사비를 사용하며 미국의 군비(軍備)를 획기적으로 확충하였다. 급격히 증가된 미국의 군사비는 전후에도 감소하지 않고 군확(軍擴)에 이해관계를 같이 하는 군·방산업체·정치인·전문가들의 비공식적 비가시적 조직체인 '군산복합체(military-industrial complex)'를 만들어내었다. 5성장군인 아이젠하워 대통령은 1961년 1월 17일 퇴임연설을 통해 이 군산복합체의 위험성을 경고하였다.

군산복합체의 영향력은 우리가 원하든 원하지 않든 행사됩니다. 우리는 정부의 각 부처에서 원하지 않는 군산복합체의 영향력을 차단해야만 합니다. 선출되지 않은 권력이 재앙적으로 부상할 잠재성은 상존하고 있고, 또 이는 결코 사라지지 않을 것입니다. 우리는 이 군산복합체가 우리의 자유와 민주적 과정을 위협하지 못하도록 해야 합니다. 어떤 것도 당연시 해서는 안 됩니다. 깨어 있고 식견 있는 시민들 만이 이와 같은 거대한 군산복합체가 우리의 평화적 방법과 목적에 부합하도록 만들 수 있습니다. 그렇게 될 때에만 안보와 자유가 공동으로 번영할 수 있을 것입니다.

한국전쟁의 뒷자락

중화인민공화국의 티벳 침공

마오쩌둥이 1950년 10월 8일 항미원조전쟁 참전을 최종 결정하고 공식명령서에 서명하고 있을 때 그의 군대의 일부는 동쪽이 아닌 서쪽으로 진격하고 있었다. 그는 중국과 티벳 간 주권을 둘러싼 갈등을 논의하기 위해 티벳 대표들이 9월 16일까지 베이징에 올 것을 요구했지만 티벳이 이를 거부하자 10월 7일 인민해방군을 동원하여 무력을 행사한 것이었다. 인민해방군은 티벳의 동쪽 관문인 캄(康)의 참도(昌都)에 들이닥쳤다. 민간인을 포함 수많은 티벳인들이 희생되었다.

티벳을 침공한 국가는 중국뿐만은 아니었다. 1904년 영국의 프란시스 영허즈번드(Francis E. Younghusband) 대령은 맥도널드(J. R. L. MacDonald) 준장의 지원하에 티벳 수도 라싸를 점령하였다. 인디아 총독 조지 커즌(George Curzon)의 명령에 따른 것이었다. 영허즈번드는 제13대 달라이 라마(达赖喇嘛)를 위협하여 티벳에 대한 영국의 상업적 이권을 확보하였다. 무역 증진을 위한다는 사무소도 개설하였다. 티벳에 친영 정권을 수립하면 인디아를 보호할 수 있다는 계산도 있었다.[265] 그러나 영국의 티벳 침공에는 보다 거시적이고 전략적인 이유가 있었다. 중앙아시아 지배권을 두고 영국과 러시아가 벌이던 이른바 '그레이트 게임(the Great Game)'의 맥

....

265   Edward Wong, "China Seizes on a Dark Chapter for Tibet," *The New York Times*, August 9, 2010.

락에서 러시아의 남진을 차단한다는 것이었다. 당시 영국은 티벳 권부 내에 러시아인들이 침투하였다는 소문을 듣고 있었다. 영국은 사실을 확인해보고자 하였다. 시크(Sikhs), 구르카(Gurkhas) 족 병사들을 앞세운 영국군은 1,500여 명의 티벳군을 학살 수준으로 사살하였다. 영국군은 중동에 대한 독일의 팽창을 견제하기 위해 1907년 러시아와 '레발협정'을 맺고, 티벳과의 합의는 청나라를 통해서만 하기로 합의한 후 티벳으로부터 철수하였다. 티벳을 자신의 조공국으로 인식하고 있던 청은 영국의 군사점령이 끝나자 1910년 티벳을 자신의 통제하에 두기 위한 군사행동을 개시하여 라싸를 점령하였다. 그러나 1911년 신해혁명이 일어나고 1913년 청이 몰락하여 청군이 철수하자 티벳은 사실상 독립국이 되었고, 이는 1950년 10월 중화인민공화국이 침공하기 전까지 지속되었다.

마오쩌둥은 인민공화국 수립을 선포한 지 1년도 안 돼서, 그리고 항미원조전쟁에 개입하기로 최종 결정한 1950년 10월 8일보다 하루 이른 10월 7일 티벳 침공에 나섰다. 중국의 티벳 침공은 그러나 1년 전인 1949년 9월 3일 '런민러바오(人民日報, 인민일보)'를 통해 예고된 사건이었다:

1949년 7월 8일, 서장(西藏)[티벳] 지방 당권자들이 한족(漢族) 인민과 서장에 주재하는 국민당 인원을 몰아낸 사건은 영·미 제국주의와 그 추종자인 인도 네루 정부의 획책하에서 일어난 것이다. 영국과 미국, 인도의 반동파가 서장 지방의 반동 당국과 결탁하여 거행한 이 '반공' 사변의 목적은 인민해방군이 전국을 해방하려 할 때 서장 인민의 해방을 방해할 뿐만 아니라, 더 나아가 독립과 자유를 빼앗아 외국 제국주의의 식민지 노예로 바꾸려고 하는 것이다. 이 음모 사변은 최근 미제국주의가 타이완을 병탄하려 기도한 것과 같은 것이다. 일백 수년 동안, 영·미 제국주의는 일관되게 서장을 침략하고 병탄하고자 하여 1888년과 1904년에는 서장을 침략하는 전쟁을 일으켰다. 미 제국주의는 제2차 세계대전이 끝난 뒤 서장 침략을 적극 도모하였다. 미제국주의는 일찍이 간첩을 서장에 보내 활동하게 하여, 서장의 일부 상층분자를 통해 서장의 실질적 통치권을 취득하였다… 서장은 중국의 영토이며, 서장 민족이 중국 각 민족의 대가정에 가입하여 한족 및 중국 경내의 다른 민족과 형제관계를 발생시킨 것은 이미 유구한 역사를 갖는다… 중국 인민해방은 반드시 서장, 신장, 하이난, 타이완 등을 포괄한 중국 전 영토를 해방해야 하며, 단 한 치의 땅도 중화인민공화국의 통치 밖에 놓아 두어서는 안 된다.[266]

마오는 중화인민공화국의 건국 선포와 거의 동시에 티벳 침공을 결정하였고, 한국전쟁 참전을 결정할 당시 그 계획을 실행에 옮긴 것이었다. 마오가 내전 직후 피폐해진 내부 조건에도 불구하고 이와 같이 중대한 무력행사를 거의 동시적으로 결정하고 실존적 위험을 감수하였다는 사실은 그가 '100년의 수모'라는 관점에서 중화인민공화국의 영토 주권 생존의 문제에 대해 그야말로 심각하게 생각하였다는 방증이 될 수 있을 것이다. 그러나 다른 한편, 마오가 1931년 '중화소비에트공화국 헌법 대강'을 통과시킬 당시의 관점에서 보면 중국의 티벳 침공은 인민공화국의 정치철학적 기반이 되는 반제국주의를 훼손하는 자기부정(自己否定)의 측면을 내포하고 있었다. 마오와 중국공산당은 1931년 장시성 루이진에서 열린 중화소비에트 제1차전국대표대회에서 '헌법 대강' 제14조를 통해 "중화소비에트 정권은 중국 경내 소수민족의 자결권을 승인하여, 각 약소민족이 중국에서 이탈하여 스스로 독립적 국가를 성립시킬 권리를 승인한다. 몽(蒙), 회(回), 장(藏), 묘(苗), 여(黎), 고려인(高麗人) 등 중국 지역 내에 거주하는 이들은 완전한 자결권을 가지고, 중국소비에트 연방에 가입하거나 이탈, 혹은 자기의 자치구역을 건립할 수 있다"고 규정하였다. 레닌의 "민족과 식민지 문제에 대한 테제(Theses on National and Colonial Questions)"를 따른 것이었다. 그러나 마오와 중국공산당은 소수민족의 협조를 절실히 필요로 하던 혁명 초기에는 레닌의 노선을 따랐지만, 혁명을 성공시킨 후에는 입장을 바꾸었다. 1949년 9월 29일 중국 인민정치협상회의는 '공동강령' 제6장 민족정책 제50조를 통해 "중화인민공화국 경내의 각 민족은 일률 평등하며, 단결과 호조를 실행하고, 제국주의와 각 민족 내부의 인민 공적에 반대하여, 중화인민공화국이 각 민족의 우애 합작의 대가정이 되게 한다. 대민족주의와 편협한 민족주의를 반대하고, 민족 간의 차별과 압박 및 각 민족의 단결을 분열시키는 행위를 금지한다"고 선언

....

266 신화사, '인민일보,' 1949년 9월 3일. 김한규, 『티베트와 중국의 역사적 관계』, 혜안, 2003, p. 33에서 재
    인용.

했던 것이다.[267]

중국인민해방군은 "서장을 제국주의로부터 해방하기 위해(당시 티벳에 거주하는 서구인은 6명이었다)" 1950년 10월 7일 티벳을 침공하여, 신화사(新華社) 통신에 따르면, "19일 하오 4시에 참도를 점령하고 200여 명을 포로로 잡았고, 나머지 적들은 참도 이서와 이북으로 도주하고, 해방군 각 부대는 그들을 추격하여 맹렬히 격멸시켰으며, 도주한 적들이 21일에 모두 격멸되거나 투항하였다."[268] 중국군은 티벳의 사원과 종교적 유물을 파괴하였고, 수백 명의 승려들을 살해하였다. 티벳 당국은 황급히 인디아, 영국, 미국 등에 외교적 도움을 청하였다. 이에 미국 등은 엘살바도르의 이름으로 UN에 이 문제를 상정하였다. 중국군은 이에 아랑곳하지 않고 계속 서진하였고, 친정(親政)에 나선 16세의 제14대 달라이 라마 텐진갸초(Tenzin Gyatso)는 인디아의 접경지역인 야통(亞東)으로 피신하였다. 미국과 영국은 티벳 문제의 UN 상정을 스스로 포기하였다. 『티벳 약사(A Short History of Tibet)』의 저자이자[269] 1947년 이후 라싸에서 인디아 정부를 공식적으로 대표했던 휴 리처드슨(Hugh Edward Richardson)은 "영국과 인디아 정부는 중국의 불법적인 티벳 침략을 묵인한 죄를 면할 수 없다"며 영국과 인디아의 도덕성에 문제를 제기하였다.[270] 사가들은 당시 영국은 중국의 시장에, 미국은 한국전쟁에 각각 매몰되어 있어 티벳 문제에 개입할 의지나 이익을 갖고 있지 않았다고 지적하고 있다. 티벳 독립이나 중국의 티벳 침공 문제는 영국과 미국에게 경제적, 전략적으로 중요하지 않았던 것이다. 달라이 라마는 "영국이 티벳에서 상업적 이익을 발견하지 못한 상태에서 잠재적으로 거대한 중국 시장을 마다하고 중국에 맞서는 모험을 감수할 이유가 없다. 영국은 그저 셰도우 복싱(shadow boxing)을 할 뿐이다"라며 냉소를 금치 못하였다.[271]

모든 군사적, 외교적 수단을 상실한 티벳은 할 수 없이 중국의 회담 강요에 굴

....

267 『中國憲法類編』, pp. 183-93. 김한규(2003), p. 25에서 재인용.

268 '신화사,' 1950 11월 1일.

269 Hugh Edward Richardson, *A Short History of Tibet*, Dutton, 1962.

270 Sue Lloyd-Roberts, "Diplomat reveals Britain's betrayal of Tibet," *The Independent*, 13 March 1999.

271 Lloyd-Roberts(1999).

복하지 않을 수 없었다. 티벳 대표들은 1951년 4월 중국이 제시한 '17개조 합의'에 서명하였다. 내용은 중국이 티벳의 정치체제를 용인하고, 티벳은 중국의 군사점령을 인정하며 외교권을 중국에게 위임한다는 것이었다. 그후 1959년 3월 수년 동안 쌓인 티벳인들의 울분이 폭발하는 사건이 일어났다. 중국 당국은 달라이 라마를 중국군 부대로 초청하면서 호위대 대동을 허용하지 않았다. 라싸의 시민들은 중국 당국이 달라이 라마를 납치한다고 믿고 그를 보호하기 위해 달라이 라마의 여름궁전인 노불링카(罗布林卡)를 에워쌌다. 항의가 봉기로 이어졌고, 유혈투쟁으로 비화하였다. 라싸를 빠져나간 달라이 라마는 히말라야 산맥을 넘어 인디아로 망명하여 서북부 작은 고을인 다람살라(Dharamsala)에 터를 잡고 정치적 실체인 티벳망명정부를 수립하였다.

그러나 1959년 티벳 봉기의 배경에는 미국의 CIA가 있었다. CIA는 1958년 봉기를 배후에서 기획하였고, 항공기를 통해 일단의 무기를 티벳에 공급하였다.[272] 달라이 라마의 인디아 망명도 CIA의 기획과 지원에 따라 이루어졌다.[273] 공산 중국의 부도덕성을 부각하고, 대중국 분리주의 저항집단을 형성한다는 차원에서 달라이 라마가 유용했기 때문이다. 미국은 봉기 직후 티벳인들의 유격훈련을 위해 미국 콜로라도 주에 훈련기지(Camp Hale)를 마련하였다. 176명이 여기서 훈련을 받았다.[274] 반제국주의를 내걸고 혁명을 성공시킨 마오쩌둥과 중화인민공화국은 티벳인들이 자신들의 국가와 정부를 선택할 권리를 인정하지 않고 완력을 사용하여 자신들의 금과옥조였던 '민족과 식민지에 관한 레닌주의 원칙'을 저버림으로써 동유럽 공산국가들을 힘으로 강압하던 소련을 비난할 때 자신이 쓰던 "사회주의적 제국주의" 또는 "대국사문주의(大國沙文主義, 大國國粹主義)"의 장본인이 되었다. "자유주의적 제국주의 미국"은 "사회주의적 제국주의" 중화인민공화국의 위선과 부도덕성을 들춰내며, 기회 있을 때마다 중국의 정치적, 윤리적 정통성을 잠식하기 위해 티벳

....

272 "Many Rebel Khampas Killed in Nepal," *Tibetan Review*, Vol. 9, No. 8, 1974, pp. 9-10.
273 L. Fletcher Prouty, *The Secret Team: The CIA and its allies in control of the United States and the world*, Prentice-Hall, 1973, pp. 351-53.
274 심혁주, "티베트 문제와 미국의 역할 변화," 『인문학 연구』, 제 41집, 2011, p. 560.

과 달라이 라마를 활용하는 노력을 게을리하지 않았다.

'역진정책(the Reverse Course, 역코스)'과 샌프란시스코 체제

1945년 8월 일본이 항복한 후 미국은 연합국들의 대일본 점령과 갱생(更生) 및 개혁 작업을 주도하였다. 소련, 영국, 중국이 연합국위원회(Allied Council)를 통해 자문의 역할을 수행하였지만, 1945년 9월부터 맥아더 장군은 연합국최고사령관(Supreme Commander of Allied Powers, SCAP)으로서 군정업무를 사실상 독자적으로 지휘하였다.

SCAP은 일본 정부에게 '대일본제국헌법(大日本帝國憲法, 메이지 헌법)'을 대체할 새로운 헌법 초안 작성을 요구하였으나 일본이 메이지헌법과 내용상 차이가 없는 '마쓰모토(松本) 안'을 제출하자, 1946년 2월 '맥아더(MacArthur) 안'을 제시하였다. 일본은 이를 기초로 1946년 11월 3일 '일본국헌법(日本國憲法)'을 공포하였다. '평화헌법' 또는 '맥아더 헌법'이라 불리는 이 일본국헌법은 제1조에 "천황은 일본국의 상징이며, 일본 국민 통합의 상징으로서, 그 지위는 주권이 소재하는 일본 국민의 총의(總意)에 기초한다"라고 명기하여 천황의 제도는 유지하되 천황은 실권이 없는 상징적 존재로 규정하였다. 1946년 1월 1일 맥아더의 권고를 수용한 쇼와 "천황"은 천년 이상 황위를 이어온 '만세일계(萬歲一系)' 혈통의 신성성을 부정하고, 자신을 '인간으로 태어난 신'인 아라히토카미(あらひとがみ, 現人神)로 여기며 충성스럽게 숭배했던 일본 국민들을 충격에 몰아 넣으며, 자신이 신이 아니라 인간임을 이미 선언한 바 있었다.[275] 국민주권과 민주주의 개념을 최우선시한 새로운 헌법은 "신성불가침(神聖不可侵)인 천황이 통치권을 총람(總攬)한다"라고 한 메이지 헌법과 대비되었다. 새로운 일본헌법은 또한 일본의 교전권(交戰權)을 인정하지 않고, 전쟁 능력 보유를 자발적으로 포기함으로써 평화헌법으로 불렸다. 새 헌법의 제9조 제1항과 제3항은 "국권의 발동으로서의 전쟁과 무력에 의한 위협 또는 무력의 행사

....

275 맥아더는 천황에게 그가 천황직을 유지하고 전범재판을 피하기 위해 대국민 제스처를 취할 것을 권고하였다. SCAP 교육국의 해롤드 헨더슨(Harold Henderson) 중령이 '인간 선언'의 초안을 작성하였다.

는 국제분쟁을 해결하는 수단으로서는 영구히 포기한다,""전항(前項)의 목적을 달성하기 위해 육·해·공군 그 밖의 전력(戰力)은 불보유, 국가의 교전권은 불인정한다"라고 각각 천명하였다. 이는 오늘날 일본의 헌법 개정을 둘러싼 논란이 시작되고 있는 부분이기도 하다. SCAP은 출범 직후 일본 군국주의의 물적 토대가 되었던 대지주와 재벌의 권력을 무력화하고 민주주의와 시장경제의 제도적 물리적 초석을 놓기 위해 위해 토지개혁과 재벌해체 작업을 적극적으로 실시하였다. 특히 전쟁 중에 군수물자를 독점적으로 생산함으로써 비대해진 재벌의 해체는 SCAP의 핵심적 정책목표 중 하나였다. SCAP은 나아가 노동운동의 자유를 보장하는 노동기본법을 제정하고, 표현·언론·집회의 자유를 제한하는 모든 법령을 폐기하였고, 여성참정권을 도입하였다.

그러나 1947년 말 발생한 일본의 경제위기와 자생공산주의의 확산에 대한 SCAP의 경계심은 기존 일본개혁정책을 중단하고 정치안정과 경제성장에 집중하는 이른바 '역진정책'으로 이어졌다. SCAP은 개혁정책의 지속은 일본의 경제위기를 가속화할 가능성이 있고, 그렇게 되면 자생공산주의 세력이 확대되어 혁명이 일어날 수 있다고 우려하였다. 게다가 미국의 입장에서는 당시 국제정치가 위험스럽고 험악하게 돌아가고 있었다. 유럽에서는 소련이 그리스와 터키를 위협하고 있었고, 아시아에서는 중국공산당이 국민당에 승리하여 본토를 석권하고 있었다. 미국으로서는 백척간두에 놓여 있는 일본을 내외적 공산위협에서 구하고 아시아에서 공산주의 팽창을 저지할 수 있는 교두보로 만드는 일이 급선무로 부상하였다. 맥아더 개인으로서도 역진정책의 유인을 갖고 있었다. 당시 그는 '대통령 꿈'을 어렴풋이 꾸고 있었다. 그러려면 공화당과 보수세력의 지지가 필수적이었는데 그들은 맥아더의 대일본개혁정책에 대해 비판적이었다. 맥아더가 역진정책을 결정한 데에는 그의 정치적 야심도 일정한 역할을 하였다.[276]

역진정책의 발상은 사실상 1947년 초부터 시작되었다. 전일본산업별노동조합회의(全日本産業別労働組合会議)는 노동자들의 임금 인상, 식량 부족 문제 해결, 개혁적 각료의 입각 등을 요구하며 1947년 2월 1일 총파업에 나설 것임을 예고하였다.

....

276 Elise K. Tipton, *Modern Japan: A Social and Political History*, Routledge, 2002, p. 166.

그러나 맥아더는 총파업은 이제 안정을 찾아가는 일본의 경제와 사회에 막대한 피해를 입힐 것이라고 경고하며 파업불허를 고지하였다. 전일본산업별노동조합회의 지도부는 강온파로 나뉘어 격론을 벌인 끝에 맥아더의 호소를 받아들여 총파업은 취소되었다. 이 과정에서 조직도 해체되었다. 1948년 이후 역진정책은 더욱 뚜렷해졌다. SCAP은 재벌해체 중단, 친기업적 세제개혁, 전범의 정치적 권리 회복(예를 들어, 아베 신조 총리의 외조부 기시 노부스케는 A급 전범으로 구속수사를 받았지만 1948년 재판받지 않고 석방되었고, 후일 총리가 되었다) 등을 실시해 나갔다. "행정정리"와 "기업정비", 즉 공적 영역과 사적 영역에서의 구조조정이라는 명분으로 진보적 성향의 공무원 1,200여 명, 교사 1,200여 명, 회사원 12,000여 명이 해고되었다.[277] 1950년 6월 6-7일 SCAP은 일본공산당 중앙위원 24명 전원을 숙청하였다. 이들 중 7명은 현직 의원이었다. SCAP은 일본공산당 기관지 '아카하타(あかはた, 赤旗)'에 발간 정지 명령을 내렸고, '전국노동조합총연합(全国労働組合総連合)'을 강제해산하였다.

이와 같은 SCAP의 정치적 경제적 역진정책에도 불구하고, 일본 경제는 유효수요의 부족에 따라 불황으로 진입하고 있었다. 1949년에는 자동차 회사 도요다(豊田, Toyota)가 도산 위기에 처했을 정도였다. 이때 한국전쟁이 발발하여 일본의 불황을 걱정하던 미군정 관리들을 환호하게 하였다. 일본은 한반도에서 작전하는 UN군을 위한 보급창(補給廠)이 되었고, 한반도에서 전쟁이 격렬해질수록 공장의 가동률은 높아갔고, 실업률은 떨어지게 되었다. 일본은 이를 발판으로 신속한 경제성장을 이룩하여 1980년대 말 미국이 "일본이 온다," "일본기업의 침략에 어떻게 대처할 것인가?"를 걱정하게 될 수준으로 발전하였다.

....

277 Miyake Akimasa, *Reddo paji to wa nani ka* [What Was the Red Purge?], Tokyo: Otsuki Shoten, 1994, pp. 6-12. Hans Martin Krämer, "Just Who Reversed the Course? The Red Purge in Higher Education during the Occupation of Japan," *Social Science Japan Journal*, Vol. 8, No. 1, 2005, p.1 에서 재인용.

샌프란시스코 체제의 명과 암

미국 정치지도자들과 일본에서 군정을 실시하고 있던 맥아더 등 군부 지도자들은 1949년 이후 급변하는 동북아의 국제정세와 그것이 동반하는 공산위협에 효과적으로 대처하기 위해, 한편으로는 역진정책을 역동적으로 실시하고, 다른 한편으로는 미국의 사실상의 "식민지"였던 일본을 신속히 "독립"시키고 군사동맹으로 결합하여 미국의 지역적 핵심전략거점으로 활용하는 방안을 본격적으로 검토하기 시작하였다. 관대한 평화조약을 원하였던 일본도 미국의 이니셔티브에 적극적으로 호응하여 일련의 "밀약"을 거쳐[278] 평화조약과 대미군사동맹조약을 동시에 체결하게 될 샌프란시스코 회담에 서둘러 임하게 되었다.

샌프란시스코 회의는 1951년 9월 4일 개최되었는데, 연합국 측 51개국의 대표들이 참가하였다. 인디아, 버마, 유고슬라비아는 초대는 받았으나 회의에는 참가하지 않았다. 참가연합국들 중 48개국은 9월 8일 연합국과 일본국 간의 평화조약 (Peace Treaty with Japan, 日本国との平和条約)에 서명하였다. 이로써 패전국 일본은 미군정에서 벗어나 주권을 가진 일본국으로 다시 독립하게 되었다(조약의 발효는 1952년 4월 28일). 소련, 체코슬로바키아, 폴란드는 회의에는 참가했으나, 조약에 서명하지는 않았다.

샌프란시스코 평화조약은 같은 장소에서 체결되고 같은 날짜에 발효된 미일안보조약(Security Treaty between the United States of America and Japan)과 함께 향후 동아시아 안보질서의 기초가 된 규칙, 절차, 제도 등을 산출하였는데, 국제정치학자들이나 사가들은 이를 "샌프란시스코 체제"라고 불러왔다. 샌프란시스코 체제는 미국의 냉전 초기 안보전략에 일본을 지역적 대리주체(agent)로 활용한다는 목표 하에 일본에 대한 전후처리를 최대한 "관대하게" 실시함으로써[279] 일본의 정치적,

....

278 吉田茂, 『回想十年』 第三卷. 東京: 新潮社, 1958, pp. 29-30.
279 미국은 군정기간 동안 1억 명에 달하는 일본인들의 식량과 생활필수품을 조달하기 위해 상당한 비용을 감당해야 하였다. 1950년의 비용은 당시 가격으로 20억 달러에 달하였고, 이는 미국의 재정에 큰 부담으로 작용하였다. 따라서, 미국은 샌프란시스코 회의 참가국들에게 일본의 배상문제에 대해 관대한 자세를 가질 것을 권고하였다. 미국은 배상권을 포기하였고, 영국, 소련, 네덜란드, 오스트레일리아 등이 뒤를 따랐다.

경제적 재건을 지원하고, 나아가 일본의 일부를 미군기지화하고 자위대의 재무장을 사실상 허용·격려함으로써 동아시아에서 공산주의 팽창을 집단적으로 저지·봉쇄하기 위한 대전략(grand design)의 결과였다. 미국은 이러한 일련의 조치들로써 냉전기 동아시아 국제관계에 지대한 영향을 미쳤다.

미일관계사의 세계적 권위자인 미국 매사추세츠공대(MIT)의 사학과 존 W. 다우어(John W. Dower) 교수는 샌프란시스코 체제의 특징 및 문제점을 몇 가지로 요약하였다.[280] 첫째, 일본과 오키나와의 분리이다. 미국은 2차대전 후 군사력을 아시아에 투사할 수 있는 발진기지로서 오키나와를 절대적으로 필요로 하였다. 미국의 행정권하에 들어간 오키나와는 한국전쟁, 베트남전쟁 시기 B-29 폭격기의 발진기지로 활용되었다. 오키나와의 행정권은 1972년 일본에게 반환되었지만 미국의 전진 군사기지로서의 역할은 줄어들지 않았다. 둘째, 일본의 사실상의 재무장을 허용한 미일안보조약은 재무장을 금지한 일본의 헌법을 무시함으로써 일본군이 아시아에서 저지른 전시악행을 축소·부정하는 결과를 야기하였고, 일본의 우익 정치인들이 안보조약을 가지고 헌법을 고치려는, 이른바 "꼬리가 몸통을 흔드는(wag the dog)" 정치공학적 애국주의 정치 풍조를 격려하였다. 셋째, 샌프란시스코 조약들은 일본에 정치적 정당성을 부여하고 재무장을 촉진함으로써 일본 제국주의·군국주의와 관련된 "역사문제"가 은폐·축소·왜곡되는 데 일역을 담당하였다. 넷째, 미국은 조약들을 통해 "서구에 대한 왜곡된 선망과 아시아에 대한 경멸"로 가득찬, 과거의 적 일본을 자신의 안보파트너로 받아들임으로써 일본이 과거에 대해 반성하고 주변국들과 협력하며 아시아에서 리더십을 확보할 수 있는 기회를 박탈하고 자신에게만 충실한 정치외교적, 군사적 대리자 또는 순종적인 "피후견국가(client state)"로 남도록 하였다. 일본은 후견국에 대한 복종이 실리적 측면에서 정당화될 수 있는 만큼 후견국의 힘을 대리로 사용하여 동아시아에서 영향력을 행사하고자 하였다. 그러나 다른 한편, 피후견국이라는 지위는 일본이 지정학적으로 유연한 정

....

280　John W. Dower, "The San Francisco System: Past, Present, Future in U.S.-Japan-China Relations サンフランシスコ体制　米日中関係の過去, 現在, そして未来," *The Asia-Pacific Journal*, Vol. 12, No. 2, 2014.

책을 택하거나, 대국적인 정책을 취할 모든 가능성을 가로막기도 하였다. 다섯째, 샌프란시스코 조약들은 일본이 강탈한 영토를 반환하는 문제에 대해 역사나 사실에 의거하지 않고 냉전기 미국의 국가이익의 차원에서 접근하도록 함으로써 분쟁과 갈등의 씨앗을 심어놓았다.

다우어가 지적하고 있듯이, 샌프란시스코 평화조약은 "분리된 평화(separate peace)"를 의미하였다. 특히 소련, 중국, 한국의 입장에서 보면 이는 "단독강화" 또는 "배제된 평화"나 마찬가지였다. "불완전 평화" 또는 "부정의한 평화"라 부를 수도 있을 것이다. 소련은 회담에 참가하였으나, 미국 등이 쿠릴제도와 남사할린을 소련의 영토로 인정하길 거부하고,[281] 미일안보조약에 따라 미군을 일본에 주둔시키려 하자 이에 이의를 제기하고 평화조약에 대한 서명을 거부하였다.[282] 소련은 1956년 일본과 국교를 정상화하였다. 그러나 양국 간 영토문제는 해결되지 않고 지속되고 있다.

샌프란시스코 조약의 보다 근본적인 문제는 일본과의 평화조약의 주 당사자인 중국과 한국이 초대되지 않았다는 데 있었다. 중국이 초대받지 못한 이유는 중국 대표권 문제와 관련된 소련과 영국을 한편으로 하고 미국과 프랑스를 다른 한편으로 하는 힘겨루기가 정치적 타협으로 끝났기 때문이다. 영국은 1950년 1월 6일 중화인민공화국을 승인하였고, 프랑스는 1950년 1월 19일 호치민의 북베트남을 승인한 중국을 승인하지 않았으며, 미국과 마찬가지로, 타이완의 중화민국을 중국을 대표하는 정치적 주체로 인정하였다. 프랑스는 1964년에 가서야 중국과 국교를 정상화하였다. 미국은 한국전쟁에서 UN군과 교전 중이며 UN이 침략자로 규탄한 공산 중국을 결코 인정할 수 없었고, 봉쇄정책에 따라 중국을 국제사회에서 고립·축

....

281 대일평화조약을 체결할 무렵 미국은 이미 격화되고 있던 냉전의 맥락에서 기존의 전시연합국합의에 대해 유보적인 자세를 취하고 있었다. 예를 들어, 미국은 소련도 타국들의 권리와 관련하여 얄타협정의 조항들을 위반하였기 때문에 자신도 얄타협정을 준수할 의무가 없다는 입장이었다. 샌프란시스코에서 미소 간 극한 갈등은 일본이 포기해야 하는 영토와 관련된 조항을 두고 발생하였다. 미국은 "일본은 남부 사할린과 쿠릴제도에 대한 모든 권한을 포기한다"는 초안을 제시하였고, 소련은 이 초안에서 일본이 이 영토들에 대한 소련의 주권을 확인한다고 명백히 하지 않고 있음을 지적하며 미국 초안을 담은 평화조약 최종안에 서명하길 거부하였다.

282 G. Patrick March, *Eastern Destiny: Russia in Asia and the North Pacific*, Praeger, 1966, p. 241.

출하고자 하였다. 미국은 또한 미일군사동맹조약을 통해 일본을 자신의 지역적 대리자로 삼으려고 했기 때문에 그 전략의 대상이 되는 중국의 참가 자체를 원하지 않았다. 평화조약 체결 이후 중국 대표권 문제는 일본의 판단에 맡기는 것으로 되었다. 요시다 총리는 중국 대표권 문제가 국제적으로 해결될 때까지 미루려 하였다. 그러나 미국 대표 덜레스는 일본이 중국 대표권 문제에 대해 모호한 자세를 취하면 미국 상원이 샌프란시스코 평화조약을 비준하기 어렵다고 압박하였고, 요시다는 1951년 12월 24일 덜레스에게 보낸 이른바 '요시다서한(吉田書簡)'을 통해 평화조약의 상대국으로 국민당의 중화민국을 선택하였다.

UN이 침략자로 규정했고 UN군과 교전 중이며 정치적 정당성을 갖지 못한 북한이 평화회담에 초대되지 않은 것은 당연하였지만, 미국과 UN이 한반도 전체에서 "유일하고 합법적인 정부"로 인정한 한국이 초대받지 못한 것은 미국의 냉전전략, 미국의 이승만 정부에 대한 불신, 그리고 일본의 집요한 방해 때문이었다. 한국이 평화회담에 초대되지 않은 공식적 이유는 한국이 태평양전쟁 중 일본의 식민지였고, 주권국이 아니었다는 데 있었다. 영국이 한국 초청 불가 입장을 처음 개진하였다. 그러나 당시 미국은 한국이 초대받지 못하는 상황이 야기할 문제에 대해 고민하고 있었다. 1947년 말의 국무부 초안에 따르면 미국은 연합국이 아닌 인도네시아와 한국을 초대하는 문제를 진지하게 검토하였다. 국무부 관리들은 특히 한국은 "수십 년의 레지스탕스 운동의 결과로서 해방된 지역이고, 평화조약에 중요한 이해관계를 가지고 있는 주체로서 당연히 회의에 참가할 자격이 있다고 생각할 것 (feel entitled to participate)"이라고 언급하였다.[283] 나아가 미국은 아시아국가들이 가능한 한 많이 참가하도록 하여 "제국주의 백인들 간의 조약"으로 비쳐질 수 있는 조약의 정당성의 결핍을 보완하고 피해자인 아시아인들이 일본을 다시 품어주고 있다는 이미지를 부각해줄 수 있기를 기대하였다. 미국이 인도네시아와 한국, 그리고 프랑스의 사실상의 식민지인 '베트남·라오스·캄보디아국(Associated States of Vietnam, Laos, and Cambodia of the French Union)'까지 초청대상으로 한 것은 이러

....

283 "Commentary on 1947 Treaty," Box 1, Folder "Commentary on the 1947 Treaty", Records Relating to the Treaty of Peace with Japan, RG 59, NACP.

한 정치적 이유 때문이었다.

미국의 한국에 대한 이러한 정치적, 윤리적 고려는 그야말로 고려에 머물고 말았다. 덜레스는 1951년 초 전쟁 중인 "한국을 재조하기(rebuild ROK)" 위한 조치가 필요할 수도 있다며 회의 초청을 잠시 고려하기도 했으나 일본, 영국 등과 의견을 교환한 후 초대 불가로 입장을 정리하였다. 1951년 7월 9일 덜레스 대표는 주미 한국대사 양유찬(梁裕燦)을 만나 "1942년 UN선언 서명국이며 2차대전 중 일본과 교전한 국가들만" 평화회담에 초대될 것이라고 통고하였다. 양 대사는 "광복군의 1개 사단이 일본군과 교전을 하였고, 임시정부도 대일선전포고를 했다"고 덜레스에 항의하였으나, 그는 국무부 극동국의 로버트 피어리(Robert Feary) 명의의 "미국 정부는 임시정부를 인정한 바 없다"는 답변만을 받았다. 그러나, "덜레스의 사유"는 근거 없는 것이었다. 1942년 UN선언에 서명하지 않은 '베트남·라오스·캄보디아국'은 한국과 달리 회담에 초대받았던 것이다.

한국이 초대받지 못한 실제 이유는 미국의 대소냉전전략에서 중요한 위치를 차지하고 있는 일본을 보호하기 위한 것이었다. 당시 미국은 군정종식이 지연되거나 평화조약이 징벌적으로 인식되는 경우 일본인들의 반미주의가 폭발할 것으로 우려하였다. 미국은 이러한 반미주의가 일본의 자생공산주의자들과 합세하면 미국의 지역적 이익에 치명적인 손상을 입힐 것으로 보고 평화조약과 안보조약을 신속히 체결하는 것이 절대적으로 필요하다고 판단하였다.[284] 더구나 당시는 한국전쟁이 진행 중이었고, 일본이 미군의 군사/보급기지의 역할을 수행하고 있었기 때문에 일본의 정치적, 경제적, 군사적 안정과 성장이 미국의 최우선 과제였다.

미국은 한국을 이러한 자신의 최우선 과제에 차질을 빚게 할 수 있는 돌발변수로 간주하였다. 미국의 입장에서 한국은 동남아 국가들과 달리 럭비공과 같이 어디로 튈지 모르는 위험한 존재였던 것이다. 당시 대부분의 미국 국무부 관리들은 한국은 "화해보다" 일본으로부터 "돈을 뜯어낼 생각만 하고 있다"고 보았다. 그들

....

284 덜레스는 1951년 3월 18일 맥아더에게 보낸 서신에서 "태평양 상에서 유일한 힘은 미국과 일본인데… 미국과 일본이 갈라진다면 서태평양은 오랫동안 매우 위험한 상황에 빠지게 될 것이다"라고 말하였다. "Asia and the Pacific, 1951," *FRUS 1951*, Volume VI, Part 1, Document 532.

은 "절제되지 않은 한국의 민족주의"는 "도자기 가게의 거친 황소(a bull in china shop)"처럼 미국이 면밀하고 세밀하게 축조하고 있는 평화조약과 그에 기초한 새로운 국제질서에 악영향을 끼칠 것이라고 판단한 것이었다.[285] 특히 미국은 한국이 "40년간의 상실된 발전의 기회"에 대해 배상을 요구하고 있다고 보았고, 이는 과다할 뿐 아니라 자신의 냉전적 이익과 부합하지 않는다고 보았다.

덜레스는 이승만의 정직성(integrity)을 의심하기도 하였다. 이승만은 1951년 1월 12일 미국이 일본을 무장시키고 일본군을 한국전선에 파병할 것이라는 보도에 대해 "나는 이번 기회를 빌려 세계에 말하고자 한다. 한국은 중공군을 쫓아내기 전에 일본군과 먼저 싸울 것이다"라고 말하였다. 덜레스는 이 발언이 미국의 국익과 정면충돌한다고 보았을 뿐 아니라, 이승만이 술수에 능한 정직하지 못한 인기영합적인 정치인이라고 믿게 되었다. 이승만은 당시 일본을 포함하는 지역적 반공군사동맹 창설을 시도하고 있었기 때문이다. 그는 이승만이 한국인들의 반일감정을 이용하여 자유진영의 대전략을 도외시하고 자신의 국내정치적 이익을 추구하고 있다고 판단하였다.[286]

일본은 60만 명의 재일교포가 연합국의 국민으로 인정될 가능성에 예민하고 부정적으로 반응하였다. 1951년 4월 23일 요시다는 덜레스와의 회담에서 "일본은 불법 행위를 저지른 거의 모든 재일조선인들을 본국으로 보내고 싶다"고 말했고,[287] 덜레스는 "재일조선인들에게 평화조약에 따른 배상권을 주는 것은 현명하지 않은 것 같다"고 화답하였다. 양유찬 대사는 1951년 7월 19일 덜레스에게 한국이 평화회담에 참가할 권리가 있음을 설득한다는 차원에서 "일본은 [한국이라는] 식민지 상실을 안타까워하고 있으며, 80만 명에 달하는 재일조선인들을 차별대우하고 있다"고 말하였다. 덜레스의 답변은 양 대사로서는 기가 막히는 것이었다. 그는 "재일조선인들의 다수는 북한 출신이 많고, 일본 사회에서 환영받지 못하는 존재들이며,

....

285 John Price, "A Just Peace? The 1951 San Francisco Peace Treaty in Historical Perspective," JPRI Working Paper No. 78, June 2001. http://www.jpri.org/publications/workingpapers/wp78.html

286 Price(2001).

287 United States Department of State, *FRUS 1951*, Vol. VI, Part 1, U.S. Government Printing Office, 1951, p. 1007.

일본의 자생공산주의 중심세력이다"라고 말하며, 따라서, "일본 당국이 이들에 대해 내린 조치는 정당성을 갖는다"고 말하였다. 재일조선인 문제에 대해 알 길이 없는 덜레스가 이와 같은 언급을 한 이면에는 요시다 총리가 제공한 정보가 있었다.

회담 날짜가 다가오자 국무부의 한 관리는 한국이 옵저버로 참가할 수 있도록 하자는 안을 제시하였다. 그는 "순수하게 도덕적인 관점에서 볼 때 40년 넘게 일본인들로부터 고통받은 한국인들은 어떤 형태로든 이 회의에서 대변되어야 하며, 그것이 공평한 일일 것이다"라고 권고하였지만, 덜레스는 "한국의 입장에서는 그것이 옳을 수 있지만, 우리는 후회하게 될 '판도라의 상자'를 결코 열지 않을 것이다"라고 답하였다.[288] 국무부는 한국에게 비공식적 게스트로 참가할 의향이 있는지 물었다. 호텔 예약을 해줄 수 있다는 제안이었다. 한국은 답하지 않았다.

의기양양한 요시다 총리는 1951년 9월 8일 샌프란시스코 오페라 하우스에 모인 참가국 대표들 앞에서 "우리는 평화, 민주주의, 자유에 헌신하는 신생 일본에 대한 여러분들의 기대에 부응하기 위해 노력하겠다"고 선언하였다.[289] 그리고 몇 달이 지난 1952년 4월 19일, 평화조약이 발효되기 9일 전, 요시다 정부는 모든 재일외국인들(90% 이상이 재일조선인들이었다)은 평화조약의 발효와 함께 일본 국적을 상실한다고 발표하였다.

샌프란시스코 평화조약 2조(영토조항)와 독도 문제

중국과 한국은 평화회담에 참가할 기회를 박탈당하였기 때문에 영토 문제에 대해서 영향력을 행사할 수 없었다. 한국의 경우 독도 문제가 해당된다. 샌프란시스코 평화조약은 독도(일본명 다케시마)의 영유권에 대해 명시적으로 언급하지 않았다. 이로 인해 한국과 일본은 이 섬의 영유권을 둘러싸고 오랜 기간 다투게 되었다.

....

288 Johnson to Dulles, "Attendance of Korean Observers at Japanese Peace Conference," 20 Aug 1951, Reel 10, Microform C43, Files of John Foster Dulles, RG 59.

289 James Reston, "Yoshida Avers Country Will Not 'Fail' Allies in Promoting Points., *The New York Times*, September 8, 1951.

독도의 영유권 문제는 연합국들이 합의한 전시협정의 연장선상에서 이해되어야 한다. 연합국 지도자들은 카이로 회담에서 일본이 "폭력과 탐욕"으로 탈취한 영토에서 축출될 것이라는 원칙에 합의하였다. 포츠담선언은 카이로선언을 재확인하였다. 일본이 "폭력과 탐욕"으로 탈취한 영토의 전형이 독도임은 분명하였다. 조선은 1904년 1월 23일 러시아와 일본이 무력충돌할 시 중립을 지킬 것임을 선언하였다. 같은 해 2월 8일 조선에 상륙한 일본군은 "한성(漢城, 서울)"을 강제점령하고 이윽고 한반도 전역을 일본의 지배하에 두었다. 일본은 제물포(濟物浦, 인천)에서 3척의 러시아 전함을 격침한 직후인 2월 23일 대한제국과 한일의정서를 체결하여 "제3국의 침해나 혹은 내란으로 인해 대한제국 황실의 안녕과 영토 보전에 위험이 있을 경우 대일본제국정부는 속히 임기응변의 필요한 조치를 행하며, 대한제국정부는 대일본제국정부의 행동이 용이하도록 충분한 편의를 제공할 것, 그리고 대일본제국정부는 전항(前項)의 목적을 성취하기 위해 군략상 필요한 지점을 임기 수용할 수 있을 것" 등을 늑약(勒約)하였다. 나아가 일본은 1905년 2월 22일 "무주지(無主地) 다케시마"를 점유하여 시마네 현으로 편입한다고 고지하였다. 그러나 독도는 무주지가 아니었다. 대한제국은 이미 1900년 10월 25일 칙령 제41호를 통해 울릉도를 울도로 개칭하고 강원도에 편입하며, 강원도 군수는 독도(석도) 등을 관할할 것을 명하였다.[290]

일본 패전 후 연합국최고사령관은 일본제국 해체 작업의 일환으로, 1946년 1월 29일 연합국최고사령부 훈령(SCAPIN: Supreme Commander for Allied Powers Instruction) 제677호로 '약간의 주변지역을 정치상·행정상 일본으로부터 분리'(Governmental and Administrative Separation of Certain Outlying Areas from Japan)'하는데에 관한 각서를 발표하고 독도를 일본의 통치·행정 범위로부터 제외하였다. 동 각서는 제3항에서 일본이 통치권을 행사할 수 있는 지역은 "혼슈(本州), 규슈(九州),

....

290 칙령의 제1조와 제2조는 각각 아래와 같다. 제1조: 울릉도(鬱陵島)를 울도(鬱島)로 개칭하야 강원도(江原道)에 부속하고 도감(島監)을 군수(郡守)로 개정하야 관제중(官制中)에 편입(編入)하고 군등(郡等)은 오등(五等)으로 할 사(事). 제2조: 군청(郡廳) 위치(位置)는 태하동(台霞洞)으로 정(定)하고 구역(區域)은 울릉전도(鬱陵全島)와 죽도(竹島) 석도(石島)를 관할(管轄)할 사(事).

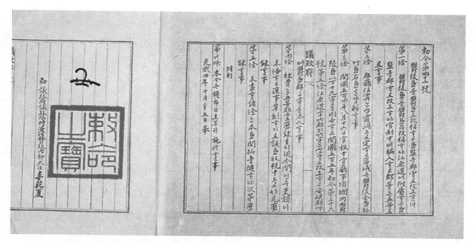

대한제국 황제의 칙령 제41호(勅令第四十一號).

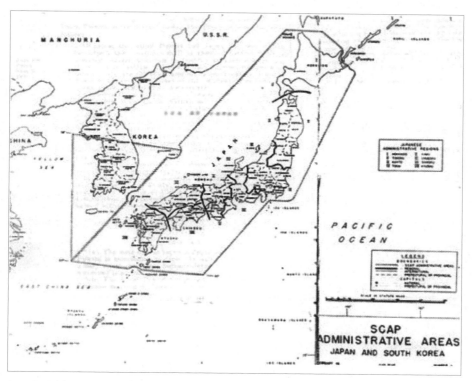

독도의 영유권을 명시한 SCAPIN 677호의 부도.

홋카이도(北海島), 시코쿠(四國) 등 4개 주요 도서와 약 1천 개의 인접 소도서"이며 일본의 영역에서 "울릉도, 리앙쿠르암(Liancourt Rocks, 독도)과 제주도는 제외된다"고 명시하였다. 또한, 연합국최고사령관은 '일본의 어업 및 포경업 허가 구역(Area Authorized for Japanese Fishing and Whaling)'에 관한 각서 제1033호를 통해 일본의 선박 및 일본 국민의 독도 또는 독도 주변 12해리 이내 접근을 금지하였다.

일본은 이와 같은 연합국최고사령관의 각서들에도 불구하고 이것들이 샌프란시스코 평화조약 이전에 이루어졌다는 사실을 지적하며 의미와 중요성을 격하하였다. 그러나 샌프란시스코 평화조약을 위한 미국의 준비는 SCAPIN 제677호와 제1033호보다 먼저 이루어졌다. 미국은 국무부가 주도하여 평화조약 초안 작성 작업에 일찌감치 들어가 첫 번째 초안을 1947년 3월 19일에 완성하였다. 이 초안부터 시작하여 제2차(1947년 8월 5일), 제3차(1948년 1월 8일), 제4차(1949년 10월 13일), 제5차초안(1949년 11월 2일) 모두는 리앙쿠르암(독도)을 한국령으로 명시하였다. 그런데 이 시점에서 친일 미국인 고위관료인 윌리엄 시볼드(William J. Sebald)가 개입하여 미 국무부의 논의의 흐름을 180도 반전시켰다. 시볼드는 1925년 주일 미국대사관 무관으로 근무하면서 일본인과 결혼하였고, 개인적으로 천황의 가족들과 친분을 유지하고 있던 인물로서 1947-1952년 동안 국무부 파견 일본정부 정치고문, 연합국최고사령부 외사국장, 연합국이사회 미국 대표 등 민간이 맡을 수 있는 최고위 직책 3개를 겸직하였다. 그는 일본 총리 요시다를 높이 평가하여, 그를 "일본의 윈스턴 처칠"이라 부르며 존경심을 표하기도 하였다.

시볼드는 미 국무부의 평화조약 초안들을 살펴보며 독도에 관한 조항에 문제가 있다고 보았다. 그는 1949년 11월 14일 국무장관에게 다음과 같이 이 조항에 대한 재고를 요청하였다.

우리 측 초안 제3항에 리앙쿠르암이 일본령임을 구체적으로 명시할 필요가 있음. 이 섬들에 대한 일본의 소유권 주장은 오래되었고, 타당한 것으로 판단되며, 이것이 한국의 해안에서 가까운 섬들이라는 주장은 받아들이기 어려움. 이 섬들에 기상/레이더 기지를 건설한다면 안보적 관점에서 미국의 이익에 부합할 것임.[291]

미 국무부가 시볼드의 건의를 어떻게 처리했는지에 관한 자료는 현재까지는 발견되지 않았다. 그러나 1949년 12월 8일 제시된 제6차 초안에는 리앙쿠르암(독도)이 일본령으로 표기되었다. 1949년 12월 19일 자의 "전일본영토의 처리에 관한 합의문(Agreement respecting the Disposition of Former Japanese Territories on December 19, 1949)"은 쓰시마-다케시마-레분(礼文島, 예문도)을 잇는 선 안쪽이 일본령이라며, 리앙쿠르암을 제주도, 거문도, 울릉도와 함께 한국령으로 표기했으나, 1949년 12월 29일 자 제7차 초안은 다시 일본령으로 명시하였다.[292] 1950년 1월 3일 자 제8차 초안도 마찬가지였다. 국제정치사가들에 따르면, 미국은 이 시점부터 독도가 가지는 냉전전략적 이익에 대해 심각하게 고려하기 시작하였다. 특히 미국은 공산주의자들이 한반도 전체를 정복할 가능성을 우려하여 독도를 일본에 귀속시키는 것이 미국의 국익에 부합한다고 판단하였다.[293]

한편, 영국과 영연방국가들의 초안작성그룹은 1950년 5월 "일본이 반환해야 하는 영토에 대해 평화조약에서 언급할 필요가 없음(Territories to be taken from Japan need not be mentioned in a Peace Treaty)"[294]이라는 제하의 제언에 합의하여 첫째, "일본의 주권이 미치는 영토는 4개의 주요 섬들과 평화회담에서 구체적으로 결정하게 될 근해 도서들로 제한된다, 둘째, 일본이 반환하게 될 영토 처리 문제는 샌프란시스코 평화조약 자체에는 포함될 필요가 없고, 일본은 반환될 영토들에 대한 모든 주장을 포기한다는 정도로 언급될 수 있을 것이다"[295]라고 입장을 정리함으로

....

291 Telegram from "The Acting Political Adviser in Japan (Sebald) to the Secretary of State," November 14, 1949, *FRUS 1949*, Vol. 7, pp. 898-900.

292 트루먼 대통령은 같은 날 미국의 아시아정책을 담은 NSC-48/2를 승인하였다. 여기서 미국은 일본이 미국의 전략적 방어의 제1일선(first line of strategic defense)이라며 그 중요성을 부각하였다.

293 Hong Nack Kim, "The U.S. and the Territorial Dispute on Dokdo/Takeshima between Japan and Korea, 1945-1954," *International Journal of Korean Studies*, Vol. XIII, No. 2, 2009; Kimie Hara, *Cold War Frontiers in the Asia-Pacific: Divided Territories in the San Francisco System*, Routledge, 2006, p. 32.

294 Memorandum from John M. Allison, U.S. Delegation to the United Nations, State Department Records, Record Group 59, May 25, 1950. Memorandum from Maxwell M. Hamilton, U.S. Representative on the Far Eastern Commission, Territorial Provisions in Japanese Peace Treaty, State Department Records, Record Group 59, May 26, 1950.

써, 일본이 반환하게 될 영토 모두를 평화조약에 언급할 필요는 없다고 의견을 제시한 것이었다. 미국은 오스트레일리아가 영토 문제에 관한 미국의 입장을 분명히 해줄 것을 요청하자 1950년 10월 19일 "리앙쿠르암은 오랫동안 일본 영토로 확인되어 왔고, 앞으로도 일본의 섬으로 유지될 것으로 판단된다"고 답하였다.[296]

미국 대표 덜레스는 영국 등의 의견을 고려하여 1951년 3월 12일 자 제9차 초안부터는 독도 문제에 관한 조항을 최대한 간단히 표기하기로 결정하였다. 즉, 독도가 어느 국가에 속하는지 여부는 적시하지 않고, "일본은 한국에 대한 모든 권리, 권원(權原, titles), 청구권을 포기한다"로 명기함으로써 미국으로서는 "불편한 시비"를 피하고자 하였던 것이다. 1951년 3월 17일 자 제10차 초안도 마찬가지였다. 그러나 미국은 1951년 4월 7일 자 제11차 초안에서 다케시마를 다시 일본령으로 명기하였다. 미국은 1951년 5월 3일 자 제12차 초안에서는 독도에 대한 언급을 회피하였다. 미국은 1951년 6월 14일 자 제13차 초안, 그리고 7월 3일 자 제14차 초안에서도 "일본은 한국의 독립을 승인하면서, 제주도, 거문도, 울릉도를 포함하여 한국에 대한 모든 권리, 권원, 청구권을 포기한다"라고만 표기함으로써 독도에 대해 언급하지 않았다.

한국 정부는 7월 19일 양유찬 대사를 통해 미국의 제14차 초안에 대해 수정을 요구하였다. 즉 한국은 초안 제2조 a항이 일본은 "1945년 8월 9일 자로 한국에 대한 모든 권리, 권원, 청구권을 포기하였고, 제주도, 거문도, 울릉도, 독도, 파랑도(波浪島, 제주 남쪽의 이어도[離於島]를 지칭) 등을 포함하여 일본의 조선 병합 이전 조선의 일부였던 도서들에 대해서도 모든 권리, 권원, 청구권을 포기하였음을 확인한다"로 되어야 마땅하다는 의견을 미 국무부에 전달하였던 것이다.[297] 미국은 국무장

....

295 British Embassy in Washington, DC, USA, to Commonwealth Working Party on Japanese Peace Treaty, Report of the Commonwealth Working Party, State Department Decimal File No. 694.001/9-2050 CS/H, State Department Records, Record Group 59, Sept. 20, 1950.

296 Answers to Questions submitted by the Australian Government arising out of the Statement of Principles regarding a Japanese Treaty prepared by the United States Government, State Department Decimal File No. 694.001/10-2650, State Department Records, Record Group 59 (Oct. 26, 1950).

297 "A Letter to Dean G. Acheson (US Secretary of State) from You Chan Yang (Korean Ambassador

관을 대신하여 러스크 국무부 차관보가 양 대사에게 답신을 보냈다:

미국은 아래의 몇 가지 사실로 인해 양 대사님의 제안에 동의하지 않습니다. 첫째, 미국이 가지고 있는 정보에 따르면, 리앙쿠르암은 한국의 일부로 취급받은 적이 없고, 1905년경 이래로 일본 시마네 현의 오키 제도 지방청의 관할하에 있어 왔습니다. 둘째, 미국은 한국이 제안한 대로 일본이 한국에 반환하는 영토들을 평화조약에서 확인할 필요성을 느끼지 않습니다. 셋째, 미국은 일본의 1945년 8월 9일 자 항복문서조항들이 그 자체로서 이 문제에 관한 공식적이고 최종적인 결정을 구성한다고 보지 않음을 확인하고자 합니다. 넷째, 미국은 포츠담선언에 대한 일본의 수용이 그 선언에서 처리된 영토들에 대해 일본의 주권이 공식적이고 최종적으로 포기되었다는 주장을 인정할 수 없습니다.[298]

러스크의 답신은 일본에게는 환호를 한국에게는 절망을 가져다 주었다. 2차대전 직후 해방된 조선을 미국과 소련이 양분하여 점령하기 위해 남북 경계선을 찾던 미 육군 장교 러스크는 '내셔널지오그래픽(National Geographic)'을 보고 군사적 편의의 관점에서 북위 38도선이 적당하다고 제시한 바 있었다.[299] 수년이 지나 국무부 차관보에 오른 그는 미국 내에서의 '식민국(일본) 대 식민지(조선)'의 지적(知的) 권력 관계를 고려하지 않고, 미국에 제공된 일본제국주의자들의 자료와 정보에 의존하여 한일관계의 관점에서 보면 그야말로 역사적인 그러나 편파적인 판단을 내린 것이었다. 물론 이 결정은 러스크 혼자 내린 결정이 아니고, 미국의 냉전전략적 고려를 담은 것이었겠지만, 다른 한편, 미국의 의사결정자들이 '러스크 서한'을 승

....

in Washington D.C., USA)," July 19, 1951, Memorandum of Conversation: Japanese Peace Treaty," July 19, 1951, USNARA/694.001/7-1951.

298 Letter from Dean Rusk, Assistant Secretary of State, to You Chan Yang, Korean Ambassador in Washington, D.C., State Department Decimal File No. 694.001/8-1051 CS/H, State Department Records, Record Group 59, August 9, 1951.

299 Michael Fry, National Geographic, Korea, and the 38th Parallel: How a National Geographic map helped divide Korea, *National Geographic*, August 4, 2013.

인하기까지 그들이 일본 중심의 일방적인 정보와 지식에 얼마나 함몰되어 있었는지를 여실히 보여주는 것이었다. 그러나 '러스크 서한'이 독도 문제와 관련하여 재론의 가능성을 완전히 없앤 것은 아니었다. 즉, 이 서한의 내용은, 반복하건대, "미국이 가지고 있는 정보에 따르면"이라는 전제를 갖고 있었기 때문에 한국이 언제든지 역사적 사실을 가지고 미국이나 국제사회의 판단을 다시 받을 수 있는 여지를 남겨두었다.

1951년 9월 8일 48개국이 서명한 샌프란시스코 평화조약 제2조 a항에는 "일본국은 한국의 독립을 승인하여 제주도, 거문도 및 울릉도를 포함하는 한국에 대한 모든 권리, 권원 및 청구권을 포기한다"고 명기되었다. 독도 문제는 아예 언급을 회피한 것이었다. 독도(다케시마)에 관한 영유권 문제를 모호하게 처리한 이 조항은 향후 한일 간 정치적 갈등을 간헐적으로 고조시키며, 샌프란시스코 체제의 정당성을 위협하는 중대 요인 중 하나로 발전하였다.

미국의 트루먼 정부는 냉전을 유리하게 이끌고 가기 위해서, '선택과 집중'이라는 전략적 개념을 도입하여 공산주의 팽창을 봉쇄하기 위해 유럽에서는 서독, 그리고 아시아에서는 일본을 집중 지원한다는 대소봉쇄전략을 추진하였다. 트루먼 정부는 NSC-68을 채택한 후에는 봉쇄의 지평을 확장하였고, 아이젠하워 정부를 지나 케네디 정부는 '선택과 집중'을 완화하고, 한국과 같은 반공주의 개도국들에게도 전략적 관심을 투영하기 시작하였다. 케네디를 이은 존슨 정부는 이러한 새로운 전략개념에 입각해 동북아시아에서 대공산주의 한미일 군사협력체제를 본격적으로 제도화하고자 하였다. 이러한 맥락에서 미국은 한일 양국에 대해 관계를 정상화하도록 압력을 가하였다. 독도 문제가 새로운 관점에서 조명된 것은 바로 이 시점에서였다. 한일기본조약이 체결되기 직전인 1965년 5월 18일 러스크 미국 국무장관은 박정희 한국 대통령과 환담을 하는 가운데 한일협상에 관한 문제를 언급하였다. 그는 한일협상이 조기에 타결되길 바란다고 말하였다. 이에 대해 박정희는 협상 타결에 장애물들이 몇 개 있다며 작은 문제이기는 하지만 독도 문제가 걸림돌이 되고 있다고 말하였다. 박 대통령은 "이 문제를 해결하기 위해 독도를 파괴해서 없애고 싶다"고 말하자, 러스크는 "한국과 일본이 공동관리하는 등대를 설치하는 방안을 제시하면서, 소유권 문제는 결정하지 말고 그 문제가 자연사(natural death)할

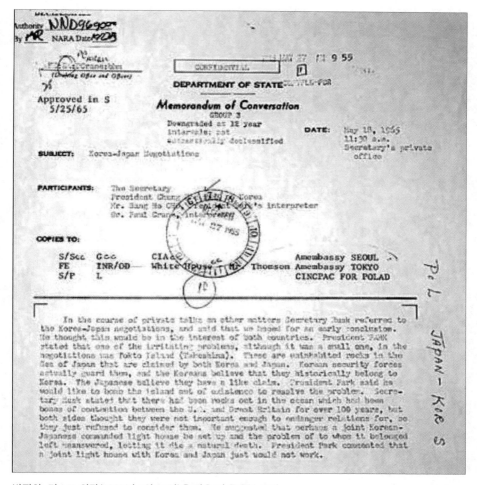

박정희-러스크 회담(1965년 5월 18일)을 담은 미 국무부 문건.

때까지 내버려두자"고 제안하였다. 박정희는 한일이 공동관리하는 등대설치안은
현실적으로 어렵다고 답하였다.[300]

　샌프란시스코 조약은 일본에게 그야말로 관대하였다. 일본의 미국 진주만 기
습을 승인하여 태평양전쟁을 일으킨 히로히토 "천황"은 요시다 총리에게 "위대한

....

300 U.S. Department of State, 1965a, "Memorandum of Conversation: Korea-Japan Negotiations,"
May 18, 1965, [USNARA/Doc. No.: N/A].

메이지 천황의 손자로서 해외 영토를 모두 상실하게 되어 입맛이 쓰다"고 말하였다. 요시다는 "지금은 천황이 그런 탄식을 할 때가 아니라고" 그를 일깨워주었다. 그러나 요시다와 천황이 공유했던 생각은 미국 등 연합국들이 샌프란시스코 회담에서 일본을 매우 관대하게 대우해주었다는 점이었다. 천황은 실제로 요시다에게 "샌프란시스코 평화조약은 일본을 진정으로 너그럽게 대우해주었고, 특히 자신에게는 기대 이상으로 관대하였다"고 말하였다.[301]

물론 미국 등이 일본에 관대했던 이유는 미국의 냉전전략과 긴밀히 연결되어 있었다. 미국은 동아시아에서 소련과 중공의 팽창을 저지하기 위해 일본을 전략거점을 활용하기로 결정한 이상 일본의 전쟁책임 문제를 관대하게 처리하고, 나아가 경제적으로 강력하고 군사적으로 상당한 잠재력을 가진 동맹국으로 성장시키는 것은 목표와 수단이 논리적으로 하자 없이 연결된 것으로서 합목적적인 국가정책이라고 판단하였다. 그러나 미국이 주도한 일본에 대한 "관대한 평화"는 전쟁의 피해국과 국민들에게는 "불의한 평화"였다. 사실 샌프란시스코 평화회담은 동아시아의 참혹했던 과거를 직시하고 잘못에 대한 응분의 책임을 묻는 자리가 되어야 했지만, 실제로는 미국과 일본이 밀착하여 정작 일본의 사과를 받고 그 책임을 물어야 할 가장 중요한 두 당사자인 중국과 한국을 배제한 채, 역사와 인권을 냉전전략의 하위개념으로 왜곡·폄하하고, 미국의 특정 동맹국에게 면죄부를 교부하는 위선적이고 미국편의적인 요식(要式)의 행사장이 되고 말았다.

"관대한 평화"는 미국에게 단기적으로는 이익이었겠지만, 장기적으로는 적지 않은 직/간접 비용을 청구하였다. 미국은 "관대한 평화"를 통해 과거의 잘못을 인정하지 않는 구 일본정치인들이 현실정치에 복귀하는 데 기여하였다. 이들이 일본의 정치를 주도하는 한 중국, 한국 등 전쟁피해국들과의 진정한 화해는 요원한 것이 되었다. 전쟁과 전시악행에 대한 사과와 반성 없이 미국의 후원하에 국제정치의 주류에 무임승차한 일본은, 그러나 동아시아에서 자신의 능력에 걸맞는 지도적 역할을 수행하기 어려웠고, 따라서 미국의 대동아시아 전략(예를 들면, 한미일군사동맹 구축)을 효과적으로 수행하는 대리자의 노릇에도 한계가 있을 수밖에 없었다.

....

301 Letter from Clutton to R. H. Scott, 20 September 1951, FO 371/92599/1419.

2차대전 후 미국 등 연합국들은 나치독일의 전범, 집단, 기관들을 철저히 정죄하고 처벌하는 한편, 유럽의 부흥을 위해 마샬계획을 실시하였고, 이를 기폭제로 해서 형성된 대서양 양안 간의 협력은 프랑스와 서독이 전쟁재발 방지라는 목적을 염두에 둔 '유럽석탄철강공동체(European Coal and Steel Community)'를 창립하는데 크게 기여하였다. 특히 서독은 나치독일의 만행에 대해 책임을 인정하고, 사죄·배상하며, 국민들이 독일의 어두운 과거를 잊지않도록 지속적으로 교육함으로써 유럽국가들의 동정과 화해를 이끌어낼 수 있었다. 사가들은 만일 미국이 샌프란시스코에서 일본에 냉전편의적 면죄부를 주지 않고, 독일에 한 것처럼 인류적 공의(公義)를 실천했다면 유럽의 화해와 평화를 동아시아에서 재현하는 데 일본이 주도적인 역할을 수행할 수도 있지 않았을까? 하는 물음을 던질 수 있을 것이다. 혹자는 19세 말 '탈아입구론(脫亞入歐論)'을 제창한 후쿠자와 유키치(福澤諭吉)가 1만 엔(円) 지폐에 그려질 정도로 일본인들이 존경하는 인물임을 지적하며 부정적으로 답할 수 있을 것이다. 그러나 인간의 인식은 구체적 시·공간이라는 구조적 조건에 영향을 받는다고 할 때, 1950년대 초 성찰과 협력을 강제하는 구조적 조건이 일본에 부과되었다면, 일본이 다른 길을 걸었을 가능성도 배제할 수는 없을 것이다.

제네바 정치회담의 실패와 남한과 북한의 방위조약

한국전쟁의 당사자들은 정전협정 제60항에 따라 전쟁을 정치적으로 종료하기 위한 협상에 임하도록 되어 있었다. 마침 미국, 영국, 프랑스, 소련 등 4개국 외교장관들은 1954년 1월 25일부터 2월 19일까지 열린 베를린 회담에서, 중국을 포함하는 5대 강대국이 아시아의 긴장해소 문제를 다루기 위한 회담을 제네바에서 열기로 결정하였다. 제네바 회담(4월 26일-7월 20일)의 주요 의제는 한반도 통일 문제(4월 26일-6월 15일)와 인도차이나에서의 평화회복 문제였다. 그러나 한반도 관련 문제는 시작도 하기 전에 성과를 낼 수 없다는 전망이 팽배하였다. 정전협정 서명국은 아니지만 "사실상"의 당사자였던 한국의 이승만 정부는 이 회담에 참여할 의지가 없었다. 전쟁을 해도 안 되는 문제를 여럿이 모여 말로 해결할 수는 없는 노릇이었고, 이승만은 무력에 의한 북진통일 외에 대안은 없다고 버티었다. 미국은 소련이나 중국과 마찬가지로 한반도에서 다시 파열음이 나지 않도록 하는 것이 가장 우선이었기 때문에 한국의 참여를 강권하였지만 이승만이 회담을 파탄내지 않도록 관리하는 데 주력하였다.[302] 이 회담에서 공산진영을 사실상 대표하는 주체는 소련도 북한도 아니고 중국이었다. 중국은 한국전쟁에 참전하고, 정전협정에 서명한 당사자이자 정전체제를 관리할 주요 주체였다. 이를 인정한 미국도 중국을 공산진영의 대표로 인정하였고 협상은 실제로 미국과 북한을 의식한 중국 간에 이루어졌다.[303] 중국은 이 회담을 통해 한반도 문제를 해결한다는 의지보다는 국제 주요 무대에 데뷔한다는 차원에서 한국전쟁을 통해 강화된 열강으로서의 지위를 확인한다는 의도가 더 컸다.[304]

제네바 회담에서 다루어졌던 주요 의제는 한반도 통일을 위한 선거의 범위 및 감독, 외국군 철수, UN의 권위 문제 등이었다. 회담 초기, 한국은 UN 감시하에 북한에 한하여 자유선거를 실시하자고 주장하였다. 이의 근거는 "남한에서는 이미 UN이 만족한 총선거가 실시됐으므로 UN 감시하의 총선거는 북한에서만 실시하면 된다"는 것이었다. 북한의 불법적이며 침략적인 성격을 감안하면 남북한을 동격으로 취급해서는 안 된다는 의미도 담겨 있었다. 한국은 선거 전에 중공군의 철수가 완료되어야 한다는 조건을 추가하였다. 이에 대해 북한은 '외국군 동시 철수 및 남북한 동시선거'를 주장하였다. 양측은 팽팽히 맞섰고, 한국은 1954년 5월 16일에 독자적인 "14개조항"을 제안하기에 이른다:

1. 통일되고 독립된 민주주의 한국을 수립하기 위해 이전의 모든 UN 결의에 의거해 UN 감시하에 자유총선거를 실시한다.
2. 자유 총선거는 그동안 실시가 불가능했던 북한에서 실시될 것이며, 남한에서도

....

302 김연철, "1954년 제네바 회담과 동북아 냉전질서," 『아세아연구』, 제54권 1호, 2011년, p. 207.

303 권오중, "제네바 한국평화회담(1954)의 진행, 결과 그리고 의미: 한반도 6자회담의 원형?," 『통일정책연구』, 14권 2호, 2005, p. 178.

304 Chen Jian and Shen Zhihua, "The Geneva Conference of 1954 New Evidence from the Archives of the Ministry of Foreign Affairs of the People's Republic of China," CWIHP Bulletin, Issue 16, p. 8.

다수의 국민이 원할 경우 자유 총선거가 실시될 것이다.

3. 총선거는 이 제안이 채택된 후 6개월 이내에 실시된다.

7. 전(全)한반도 국회(all-Korea legislature)에서의 대표권은 전체 한반도의 인구에 대한 직접적 비례에 따라 이루어져야 한다.

8. 선거구에서의 정확한 인구비례에 따른 대표를 할당하기 위해 UN 감시하에 인구조사를 실시한다.

9. 전한반도 국회는 총선거 후 서울에서 소집된다.

10. 특히 아래의 문제들은 전 한반도 국회가 결정한다.

　　가. 통일된 한반도의 대통령을 새로 선출할지 여부

　　나. 현존 대한민국 헌법의 개정 여부

　　다. 군대의 해체 여부

11. 전한반도 국회가 개정을 하지 않는 한 현행 대한민국 헌법은 유효하다.

12. 중공군은 총선거 실시 1개월 전까지 철수를 완료해야 한다.

13. UN군의 단계적 철수는 총선거 실시 이전에 개시할 수 있으나, 통일된 정부가 한반도 전체를 실질적으로 지배하고 또한 그 사실을 UN이 확인할 때까지는 철수를 완료해서는 안 된다.

14. UN은 통일되고 독립한 민주주의 한반도의 영토보전과 독립을 보장한다.[305]

　　공산 측은 4월 27일 개최된 제2차 전체회의에서 제안한 바와 같이 선거를 준비하는 "전(全)조선위원회의는 북한과 남한에서 선출된 동수의 대표로 구성하며 모든 결정은 상호 합의에 따라 해야 한다"는 입장을 고수하였다. 이는 당시 한반도 전체 인구의 1/3분도 안 되는 지역을 지배하는 비민주주의 정권이, 2/3를 차지하는 대한민국의 민주 국민의 결정을 거부할 수 있다는 의미로서 자유진영은 이에 대해 일고의 가치도 없다는 입장이었다.

　　통일을 위한 전쟁 재개를 원하던 이승만은 자신의 외교장관이 미국과 협의하

....

305　396.1 GE/5 - 1754: Telegram, The United States Delegation to the Embassy in Korea, Geneva , May 17, 1954—11 p.m. *FRUS, 1952-1954*, The Geneva Conference, Volume XVI.

여 내놓은 '14개조 통일방안'을 즉각 거부하였다. 미국으로서도 한반도 통일이 목적이 아닌 회담이었기 때문에 '14개조 통일방안'에 큰 미련을 두지 않았다. 미국은 이 회담은 어차피 결렬될 것이기 때문에 회담 결렬 시 책임이 공산 측에 있다는 것을 알리고 자유세계 여론의 지지를 얻는 데 주력하자는 입장이었다.[306] 공산진영도 회담의 성과를 내는 데 관심이 없기는 매한가지였다. 공산 측은 1954년 5월 22일 제11차 전체회의에서 한국전 교전당사자인 UN은 선거를 관리·감시할 권한이 없다며 중립국감시위원회가 그 역할을 맡아야 한다고 주장하였다. 미국 등 자유진영은 공산 측이 UN의 권위와 정당성을 부인한다면 협상 자체가 무의미하다고 반박하였다.[307] 대한민국은 예정대로 1954년 5월 20일 총선거를 실시하였다. 이로써 '14개조 통일방안'은 의미를 잃었고, 한국 문제와 관련된 제네바 회담은 성과 없이 끝나게 되었다.

미국과 소련, 중국 등은 제네바 회담에 임하며 두 가지의 선택지밖에 없다는 사실을 알고 있었다. 전쟁을 재개하든지 정전체제 또는 분단체제를 보다 확고히 하든지였다. 이들은 휴전선이 세력균형이 이루어진 지점이라고 판단했고, 따라서 제네바에서 후자를 선택하였다. 미국은 이승만의 북진통일론을 당근과 채찍으로 잠재웠다. 채찍의 관점에서 덜레스 국무장관은 군사행동 재개를 단호히 거절하였고, 브릭스(Ellis O. Briggs) 주한대사는 미국의 대한원조 중단 및 한미관계 재고(再考) 카드를 이승만에게 내밀었다.[308] 미국은 당근의 관점에서 이승만이 정전 시부터 강력히 요구한 한미상호방위조약과 지속적인 군사·경제원조를 약속하였다.

1953년 8월부터 시작한 한미상호방위조약 협상 과정에서의 핵심 문제는 "자동개입" 조항 포함 여부였다. 한국은 한국이 외부로부터 공격을 받을 경우 미국의 자동적이고 즉각적인 개입을 보장한 NATO식 조약을 요구했으나, 미국은 필리

....

306 396.1 GE/5 - 454: Telegram, The United States Delegation to the Embassy in Korea, Geneva, May 4, 1954—8 p.m., *FRUS, 1952-1954*, The Geneva Conference, Volume XVI.

307 396.1 GE/6 - 2554, Declaration by the Sixteen, Geneva, June 15, 19541, Geneva, June 15, 1954, *FRUS, 1952-1954*, The Geneva Conference, Volume XVI.

308 795.00/5 - 2854: Telegram, The Ambassador in Korea (Briggs) to the Department of State, Seoul, May 28, 1954—9 p.m, *FRUS, 1952-1954*, Korea, Volume XV, Part 2.

핀, 오스트레일리아, 뉴질랜드와의 방위조약의 경우처럼 "공통의 위험에 대처하기 위하여 각자의 헌법상의 수속에 따라 행동한다(act to meet the common danger in accordance with its constitutional processes)"는 유보조항을 두고자 하였다. 이승만의 무력에 의한 북진통일론을 의식한 미국은 한반도에서의 전쟁에 원하지 않게 다시 연루될 가능성을 우려하여 이 문제와 관한 한 한 발자국도 움직이려 하지 않았다. 이를 감지한 한국은 실리를 선택하여 군사·경제원조 확보에 주력하였다. 미국은 한국과 1953년 10월 1일 '한미상호방위조약(Mutual Defense Treaty Between the United States and the Republic of Korea),' 그리고 1954년 11월 7일 '경제 및 군사 문제에 관한 한미합의의사록(Agreed Minute Relating to Continued Cooperation in Economic and Military Matters)'을 각각 체결하였다. 미국은, 이승만이 자신의 통일의지를 관철하기 위해 한국군을 UN군의 통제에서 이탈시킬 수도 있다고 경고한 바를 의식하여, "대한민국은 상호협의에 의하여 그렇게 하는 것이 상호적, 개별적 이익에 가장 유리하기 때문에 변경하는 경우가 아니면 UN군 사령부가 대한민국의 방어를 책임지는 동안 한국군에 대한 UN군 사령부의 작전통제를 유지하도록 하는 데 동의한다"는 조항을 '합의의사록'에 포함시키는 데 성공하였다.[309] 미국으로서는 상호방위조약과 합의의사록을 통해 북한의 남침과 남한의 북진 모두를 억지하는 이른바 '이중억지(dual deterrence)'를 시도한 것이었다. 1954년 11월 17일 발효된 양 조약은 이후 한미 동맹관계를 규율하는 법적 근거가 되었다.

남한이 한미상호방위조약 등으로 군사동맹을 강화하자 북한도 이에 같은 방식으로 대응할 필요를 느끼게 되었다. 그러나 1956년 2월 제20차 소련공산당대회에서 평화공존론이 제창되고 스탈린 개인숭배가 비판받는 과정에서 북한의 정치도 위기에 직면하게 되었고, 1961년 정치적 안정을 되찾기 전까지는 소련과 중국과의 군사동맹은 북한의 정책적 우선순위에서 밀리게 되었다. 북한의 정치적 위기는 이른바 '8월 종파사건'에서 비롯되었다. 김일성에 대한 개인숭배에 대해 거부감을 갖던 연안파와 소련파 정치인들은 주북한 소련대사의 모종의 언질을 받고 김일성이 1956년 6-7월 소련·동구를 순방할 때 모의를 진행하였다. 그들은 당 중앙의 결의

....

309   대한민국 외무부 방교국, 『조약집』 제1권, 1968, pp. 456-61.

로 김일성을 합법적으로 조선로동당 중앙위 위원장에서 물러나게 하고, 내각만을 총괄하도록 하자는 데 합의하였다. 이들은 1956년 8월 30일 개최된 조선노동당 중앙위 전원회의에서 김일성을 비판하였다. 그러나 그들은 오히려 최용건 등 김일성의 지지자들에 의해 역공을 당하였고, '반동종파'로 몰리게 되었다. 연안파와 연결되어 있던 중국도, 소련파를 조종하던 소련도 김일성에 압박을 가할 형편은 못되었다.[310] 소련은 1956년 10월의 '헝가리 봉기'의 불똥이 북한으로 튈지도 모른다고 우려하고 있었고, 소련과 평화공존론에 대한 이념투쟁을 벌이던 중국도 사회주의 북한의 지지를 절실히 필요로 하고 있었기 때문이다. 마오와 흐루쇼프는 펑더화이와 미코얀을 대표로 하는 공동위원단을 북한에 보내 김일성의 숙청 조치를 되돌릴 것을 요구하였으나, 그것이 그들이 할 수 있는 일의 전부였다. 그들이 북한을 떠나자 김일성은 숙청 작업을 가속화하였다. 이 종파사건으로 연안파, 소련파, 남로당파 등 김일성에 대한 잠재적 경쟁세력이 모두 몰락함으로써 김일성과 만주항일유격대 계열은 북한의 정치권력을 독점하게 되었고, '주체'라는 명분하에 김일성에 대한 개인숭배가 제도화되는 계기가 되었다.

국내정치를 안정화하는 데 성공한 김일성은 양대 사회주의 국가들과의 군사동맹조약을 맺기 위해 바쁘게 움직였다. 그리고 그는 중소분쟁으로부터 얻을 수 있는 북한의 이익을 간파하고 '줄타기 외교'로써 소기의 목적을 달성할 수 있다고 생각하였다. 그는 1958-1961년 동안 소련을 3번 방문했는데 방문 직후 반드시 중국을 방문하였다. 이는 계산된 행동이었다.[311] 그는 중국카드를 은근히 내밀며 소련을 동맹조약으로 유인하였고, 소련카드를 중국에게 넌지시 알리며 중국을 또한 동맹조약으로 끌어들이려 하였던 것이다. 중국의 손자는 김일성에게 '이이제이(以夷制夷)'를 가르쳤지만, 김일성은 '이소제중(以蘇制中)'과 '이중제소(以中制蘇)'를 실천에 옮

....

310 Zhihua Shen and Yafeng Xia, "China and the Post-War Reconstruction of North Korea, 1953-1961," *The North Korea International Documentation Project*, Wilson Center, 2012, p. 13. https://www.wilsoncenter.org/sites/default/files/NKIDP_Working_Paper_4_China_and_the_Post-war_Reconstruction_of_North_Korea_Web_0.pdf

311 Vadim P. Tkachenko, *Koreiskki Poluostrov i Inrerensy Rossii (The Korean Peninsula and the Interest of Russia)*, Vostochnaia Literature, 2000, pp. 16-18. Shen and Xia(2012), p. 32에서 재인용.

긴 것이었다. 1961년 초 김일성은 오랜 기간 지속되어온 소련 및 중국과의 군사동맹 협상을 마치고 조약을 체결함으로써 자신의 국내외적 안전보장을 확고히 하는 데 성공하였다. 각 군사동맹 조약의 핵심내용은 다음과 같다:

조·소 우호협조 및 호상원조에 관한 조약(1961년 7월 6일)

제1조 체약 쌍방은 그들이 앞으로도 극동과 전 세계의 평화와 안전의 보장을 목적으로 하는 모든 국제적 활동에 참가할 것이며 이 고귀한 과업의 수행에 기여할 것을 성명한다. 체약 일방이 어떠한 국가 또는 국가련합으로부터 무력침공을 당함으로써 전쟁상태에 처하게 되는 경우에 체약 상대방은 지체 없이 자기가 보유하고 있는 온갖 수단으로써 군사적 및 기타 원조를 제공한다.

제2조 체약 각방은 체약 상대방을 반대하는 어떠한 동맹도 체결하지 않으며 체약 상대방을 반대하는 어떠한 연합이나 행동 또는 조치에도 참가하지 않을 데 대한 의무를 진다.

제5조 체약 쌍방은 조선의 통일이 평화적이며 민주주의적인 기초 우에서 실현되여야 하며 그리고 이와 같은 해결이 조선인민의 민족적 리익과 극동에서의 평화유지에 부합된다고 인정한다.

제6조 조약은 10년간 효력을 가진다. 체약 일방이 기한 만료 1년 전에 조약을 폐기할 데 대한 희망을 표시하지 않는다면 조약은 다음 5년간 계속하여 효력을 가지며 이와 같이 절차에 의하여 앞으로 유효기간이 연장된다.

조·중 우호협조 및 호상원조에 관한 조약(1961년 7월 11일)

제2조 체약 쌍방은 체약 쌍방 중 어느 일방에 대한 어떠한 국가로부터의 침략이라도 이를 방지하기 위하여 모든 조치를 공동으로 취할 의무를 지닌다. 체약 일방이 어떠한 한 개의 국가 또는 몇 개 국가들의 연합으로부터 무력침공을 당함으로써 전쟁상태에 처하게 되는 경우에 체약 상대방은 모든 힘을 다하여 지체 없이 군사적 및 기타 원조를 제공한다.

제3조 체약 쌍방은 체약 상대방을 반대하는 어떠한 동맹도 체결하지 않으며 체약 상대방을 반대하는 어떠한 집단과 어떠한 행동 또는 조치에도 참가하지 않는다.

제6조 체약 쌍방은 조선의 통일이 반드시 평화적이며 민주주의적인 기초 우에서 실현되여야 하며 그리고 이와 같은 해결이 곧 조선 인민의 민족적 리익과 극동에서의 평화 유지에 부합된다고 인정한다.

제7조 이 조약은 체약 쌍방이 개정이나 종료에 합의할 때까지 효력을 갖는다.

조소동맹조약과 조중동맹조약은 한미동맹조약과 몇 가지 면에서 차이를 갖는다. 북한이 체결한 양 동맹조약과 달리 한미동맹조약에는 자동개입 조항이 없다. 즉, 전자는 "체약 상대방은 모든 힘을 다하여 지체 없이 군사적 및 기타 원조를 제공한다"고 명시하였지만, 후자는 유사시 "공통의 위험에 대처하기 위하여 각자의 헌법상의 수속에 따라 행동할 것을 선언한다"는 유보사항을 붙인 것이다. 그러나 한국과 미국은 주한미군을 휴전선 인근에 배치하여 '인계철선(引繼鐵線)'의 역할을 수행하도록 함으로써 북한의 재침 시 미국이 사실상 자동개입하도록 조치하였다. 조약의 유효기간에 대해서는 3조약 모두 차이를 갖는다. 조소조약의 유효기간은 10년이고, 일방이 기한 만료 1년 전에 폐기를 희망하지 않는 경우 다음 5년간 자동 연장되는 데 비해, 조중조약의 유효기간은 "체약 쌍방이 개정이나 종료에 합의할 때까지 효력을 갖는 것"으로 되어 있어, 일방이 폐기를 원치 않는 한 유효기간은 사실상 영구적이다. 반면 한미조약은 제6조에 따라 조약 기간이 무기한이지만 일방의 통고가 있으면 1년 후에 종지(終止)시킬 수 있다.

조소동맹조약은 소련이 1990년 남한을 승인한 이후 그 의미를 상당 부분 상실하였고, 1995년에는 소련을 승계한 러시아가 조소동맹조약을 폐기하였다. 그러나 러시아와 북한은 2000년 2월 9일 군사동맹조약이 아닌 '친선우호협력조약(Treaty of friendship, good-neighborliness and cooperation)'을 체결하여 양국 간 협력을 유지하고자 하였다. 조중동맹조약은 1981년과 2001년 연장되었고, 2021년까지 효력을 갖게 되었다.

한국은 냉전전략 차원에서 한미일군사협력을 강화하려던 미국의 압력으로 1952년 2월 한일관계정상화를 위한 협상에 임하였으나, 배상, 역사, 영토 문제 등으로 인해 중단과 재개를 거듭하다가 1964년 미국이 베트남전에 심각하게 연루되기 시작하면서 양국을 강하게 압박해오자 협상에 속도를 붙이게 되었다.

5·16쿠데타로 정권을 잡은 박정희는 정통성 결핍과 공산주의 활동 전력 탓에 미국의 눈치를 봐야 하였다. 그는 1962년 11월 중앙정보부장 김종필을 도쿄로 보내 일본 외무대신 오히라 마사요시(大平正芳)와 비밀협상을 벌이게 하였다. '김-오히라 비밀 메모'라 불리는 양자 간의 합의로 회담은 급물살을 탔다.[312] 한국의 다수 학생과 시민들은 1964년 6월 3일 한일회담이 굴욕외교라며 극렬한 반대시위를 벌였다. 향후 이 시위는 '6·3사태'로, 시위를 주도했던 사람들은 '6·3세대'라 불리게 된다. 그러나 박정희 정부는 협상을 강행하였고, 1965년 6월 22일 한일기본조약에 서명함으로써 한일 외교관계를 정상화하였다.

　한일기본조약은 한일병합과 그 이전에 체결된 한일 간 제 조약들에 대해 애초에 성립하지 않았다는 문구 대신 단순히 "무효"임을 확인하였다. 또한 동 조약은 일본이 "UN총회 결의 제195(III)호에 명시된 바와 같이, 대한민국 정부가 한반도의 유일·합법 정부임을 확인한다"는 점을 확인하였다. 그러나 박정희 정부가 1965년 계엄령까지 동원해서 맺은 그 조약(청구권 협정)의 또 다른 주요 내용은 일본이 한국에게 3억 달러에 상당하는 "일본의 생산물과 일본인의 용역"을 10년 이내에 분할 무상공여(배상금이 아니다) 한다는 것이었다.[313] 일본은 3억 달러 무상 공여금을

....

312　김종필과 오히라는 일본이 무상 3억 달러, 유상 2억 달러 외에 수출입은행 차관 1억 달러 등 총 6억 달러를 한국에 지급하기로 합의하였다. 그러나, 메모에는 청구권 액수와 방식만 명기되었을뿐 자금 명목에 대한 언급은 없었다. 따라서 일본은 독립축하금 또는 경제협력 자금으로, 한국은 청구권 자금으로 해석할 수 있었다. 그러나 무상 유상이라는 표현은 청구의 권리라는 개념과 배치되는 것으로서 이를 담은 '김-오히라 메모'는 한국 내에서 국민적 비판의 대상이 되었다.

313　1965년 12월 18일 발효된 '대한민국과 일본국 간의 재산 및 청구권에 관한 문제의 해결과 경제협력에 관한 협정(Agreement on the Settlement of Problem concerning Property and Claims and the Economic Cooperation between the Republic of Korea and Japan)'의 제1조의 내용은 다음과 같다: 일본국은 대한민국에 대하여 (a) 현재에 있어서 1천8십억 일본 원(108,000,000,000원)으로 환산되는 3억 아메리카합중국 불($ 300,000,000)과 동등한 일본 원의 가치를 가지는 일본국의 생산물 및 일본인의 용역을 본 협정의 효력발생일로부터 10년 기간에 걸쳐 무상으로 제공한다. 매년의 생산물 및 용역의 제공은 현재에 있어서 1백8억 일본 원(10,800,000,000원)으로 환산되는 3천만 아메리카합중국 불($ 30,000,000)과 동등한 일본 원의 액수를 한도로 하고 매년의 제공이 본 액수에 미달되었을 때에는 그 잔액은 차년 이후의 제공액에 가산된다. 단, 매년의 제공 한도액은 양 체약국 정부의 합의에 의하여 증액될 수 있다. (b) 현재에 있어서 7백20억 일본 원(72,000,000,000원)으로 환산되는 2억 아메리카합중국 불($ 200,000,000)과 동등한 일본원의 액수에 달하기까지의 장기 저리의 차관으로서, 대한민국 정부가

대외적으로는 과거사 청산 배상금이라고 주장했고, 자국민에게는 경제협력 자금이라고 홍보하였다. 추가적 2억 달러는 차관이었다.[314] 일본은 부속협정(청구권 협정)에 "양 체약국은 양 체약국 및 그 국민(법인을 포함함)의 재산, 권리 및 이익과 양 체약국 및 그 국민 간의 청구권에 관한 문제가 1951년 9월 8일에 샌프란시스코 시에서 서명된 일본국과의 평화조약 제4조 (a)에 규정된 것을 포함하여 완전히 그리고 최종적으로 해결된 것이 된다는 것을 확인한다"(2조)는 조항을 넣었다. 2015년 12월 한국의 박근혜 정부는 한·일 외무장관 일본군 '위안부' 합의문에 '최종적'이며 '불가역적'이라는 문구가 포함되는 것에 동의하였다.

한일기본조약의 핵심내용은 다음과 같다:

제2조 1910년 8월 22일 및 그 이전에 대한제국과 대일본제국 간에 체결된 모든 조약 및 협정이 이미 무효임을 확인한다(It is confirmed that all treaties or agreements concluded between the Empire of Japan and the Empire of Korea on or before August 22, 1910 are already null and void).

제3조 대한민국 정부가 국제연합총회의 결의 제195(III)호에 명시된 바와 같이, 한반도에 있어서의 유일한 합법 정부임을 확인한다.

사가나 국제정치학자들은 한일기본조약에 기초한 한일관계와 그것과 연관되는 지역국들의 개입과 연루를 '1965년체제'라고 불러왔다. 국제관계사의 관점에서 1965년체제가 의미심장한 이유는 그것이 한일관계의 과거와 현재를 유기적으로 연결시켜주고 있다는 데 있다. 현재의 한일관계를 표상하는 주요 사안 중 하나는

··········

요청하고 또한 3의 규정에 근거하여 체결될 약정에 의하여 결정되는 사업의 실시에 필요한 일본국의 생산물 및 일본인의 용역을 대한민국이 조달하는 데 있어 충당될 차관을 본 협정의 효력발생일로부터 10년 기간에 걸쳐 행한다. 본 차관은 일본국의 해외경제협력기금에 의하여 행하여지는 것으로 하고, 일본국 정부는 동 기금이 본 차관을 매년 균등하게 이행할 수 있는 데 필요한 자금을 확보할 수 있도록 필요한 조치를 취한다. 전기 제공 및 차관은 대한민국의 경제발전에 유익한 것이 아니면 아니된다.

314 일본은 교환공문에서 "3억 아메리카합중국 불($ 300,000,000)의 액수를 초과하는 상업상의 기초에 의거한 통상의 민간 신용을 제공"할 것임을 약속하였다.

일제시대 강제징용과 관련한 한국 대법원의 판결(2018년)이다. 이 판결이 양국 간 문제가 되는 이유는 일본은 1965년 한일청구권협정으로 "국민의 재산, 권리 및 이익과 한일 및 그 국민 간의 청구권에 관한 문제가 완전히 최종적으로 해결됐다"고 보는 반면, 한국 정부는 "피해자들의 청구권은 일본 침략전쟁의 수행과 직결된 반인도적 행위에 대한 것이며 한반도 지배의 불법성을 전제로 하지 않는 한일 간 청구권협정이 피해자 개인의 청구권에 적용될 수 없다"[315]는 자국 대법원 판결을 존중하고 있기 때문이다. 한일기본조약에서 불법성이나 배상이라는 개념이 배제된 이유는 샌프란시스코 평화회의에 한국이 초청되지 않았기 때문이고, 초청되지 않은 이유는, 전기한 바와 같이, 영국, 미국 등이 1910년 합병조약을 불법으로 보지 않았고, 한국은 패전으로 인해 일본이 포기한 또는 일본으로부터 분리된 지역이라고 보았기 때문이다.

1910년 한일조약은 1905년의 을사늑약의 결과물이다. 1905년 조약이 불법이면 1910년 조약은 무효이고, 따라서, 1952년 샌프란시스코 평화조약 및 1965년 한일기본조약도 이미 무효인 조약을 수용한 불법적 요소를 가지고 있는 합의이다. 그런데 1905년 을사늑약은 강압에 의한 것이었고, 주권자가 서명(이름)조차 하지 않

....

315　대법관 다수의견에 따르면 "일제강점기에 강제동원되어 기간 군수사업체인 일본제철 주식회사에서 강제노동에 종사한 甲 등이 위 회사가 해산된 후 새로이 설립된 신일철주금 주식회사를 상대로 위자료 지급을 구한 사안에서, 甲 등의 손해배상청구권은, 일본 정부의 한반도에 대한 불법적인 식민지배 및 침략전쟁의 수행과 직결된 일본 기업의 반인도적인 불법행위를 전제로 하는 강제동원 피해자의 일본 기업에 대한 위자료청구권인 점, 청구권협정은 일본의 불법적 식민지배에 대한 배상을 청구하기 위한 협상이 아니라 기본적으로 샌프란시스코 조약 제4조에 근거하여 한일 양국 간의 재정적·민사적 채권·채무관계를 정치적 합의에 의하여 해결하기 위한 것이었다고 보이는 점, 청구권협정 제1조에 따라 일본 정부가 대한민국 정부에 지급한 경제협력자금이 제2조에 의한 권리문제의 해결과 법적인 대가관계가 있다고 볼 수 있는지도 분명하지 아니한 점, 청구권협정의 협상 과정에서 일본 정부는 식민지배의 불법성을 인정하지 않은 채 강제동원 피해의 법적 배상을 원천적으로 부인하였고, 이에 따라 한일 양국의 정부는 일제의 한반도 지배의 성격에 관하여 합의에 이르지 못하였는데, 이러한 상황에서 강제동원 위자료청구권이 청구권협정의 적용대상에 포함되었다고 보기는 어려운 점 등에 비추어, 甲 등이 주장하는 신일철주금에 대한 손해배상청구권은 청구권협정의 적용대상에 포함되지 않는다." 대법원, 손해배상(기) (일제 강제동원 피해자의 일본기업을 상대로 한 손해배상청구 사건), 2018. 10. 30, 선고, 2013다61381, 전원합의체 판결. 대한민국 법제처, 국가법령정보센터. https://www.law.go.kr/LSW//precInfoP.do?-mode=0&evtNo=2013%EB%8B%A461381

은 명백히 효력 없는 문건이었다.[316]

　을사늑약은 이미 체결 당시부터 국제법학계에서 무효라는 의견이 제시되었다. 1906년 프랑스 파리대 법과대학 교수 프란시스 레이(Francis Rey)는 1905년 한일 간 조약이 협상 대표에 대한 고종의 위임장과 조약 체결에 대한 비준서 등 국제조약에 필요한 형식적인 요건을 갖추고 있지 못한데다가 조약문의 첫머리에도 조약의 명칭조차 없이 그대로 비어 있어 국제조약으로 인정하기 어렵다고 지적하였다. 또한 그는 "전권대사의 인격에 대하여 행사된 강박은 조약을 무효로 하는 동의의 하자에 해당된다는 사법상의 원리가 공법에도 적용된다"고 적었다. 레이는 강제에 따른 불성립의 의미로서의 '절대적 무효'와 상대국의 원용에 의한 '상대적 무효(착오, 사기, 부패)'를 구분하고, 같은 강제라도 전쟁 등 국가에 대한 것은 이전에는 용인되었지만, 대표 개개인에 대해 가해진 강제는 이와 구별되어 이전부터 금지되었다고 지적하였다. 그러나 그는 그 무엇보다 중요한 것은 1905년 조약(1905년 11월 17일)이 1904년의 한일의정서(1904년 2월 23일)와 "근본적으로 모순된다는 사실(fundamental contradiction)"이라고 강조하였다.[317] 한일의정서에서 "대일본제국정부는 대한제국의 황실을 확실한 친의(親誼)로써 안전·강녕(康寧)하게 할 것(제2조),""대일본제국정부는 대한제국의 독립과 영토 보전을 확실히 보증할 것(제3조)"을 약속한 일본이 1910년 조약을 통해 대한제국을 합병한 것은 근본적으로 모순이고 국제법을 위반한 행위라는 것이었다. 그러나 일본의 동맹국 영국, 그리고 대한제국과 필리핀을 주고받기 위해 가쓰라-태프트 밀약(Katsura-Taft Agreement)을 체결한 미국의 시어도어 루즈벨트 정부는 을사늑약의 모순과 불법성에는 눈을 감았다.

　1927년 미국 국제법학회는 하버드 법대에 국제조약법 제정에 따른 법률안 기

....

316　병합을 알리는 조칙문은 어새는 찍혔으나 황제의 이름자 서명이 빠졌다. 물론 일본 천황도 비준하지 않았다. 1907년 11월 18일부터 통감부는 공문서 재가 형식을 일본식에 맞춰 황제의 수결인 대신에 이름자 서명을 직접 하고, 그 아래 어새 또는 국새를 찍는 것으로 하였다. 이름자 서명이 빠진 이유는 황제가 이 조칙문을 직접 보이지 않았거나 보았어도 서명을 거부하였다는 것으로밖에 해석할 길이 없다.

317　Francis Rey, "La situation international de la Coree," *Revue Generale de droit international public* 13, 1906, pp. 40-58. Douglas Howland, "Sovereignty and Laws of War: International Consequences of Japan's 1905 Victory over Russia," *Law and History Review*, Vol. 29, No. 1, 2011, p. 90에서 재인용.

초를 의뢰하였다. 48명의 저명 국제법 학자들은 1935년 국제조약법안에서 "조약 성립의 본질적 조건은 '당사자 간의 자유의사에 의한 동의'이며, 강박이 허용되는 유일한 예외는 승전국이 패전국에 부과하는 평화조약뿐이고 국가 간 조약은 평등의 원리에 따른 자유로운 선택이어야 하며, 공포에 의해서 동의가 조장되어서는 안된다"고 명시하였다. 『하버드 보고서』는 강박을 사용하여 늑약한 사례로 다음과 같은 조약들을 예시하였다:

1. 1773년 러시아군이 폴란드 의회를 포위하고 체결한 폴란드 분할조약

2. 20세기 초 대표적인 예로서, 이미 몇 차례 인용된 바, 일본의 전권공사가 일본군을 동원하여 1905년 11월 17일 조약을 체결하기 위해 대한제국 황제와 대신들에게 가한 강압

3. 1939년 보헤미아 및 모라비아를 [나치]독일의 보호 하에 두는 조약에 체코 대통령 및 외무장관이 서명하도록 하기 위해 가해진 고문 등.

1963년 UN국제법위원회(UN International Law Commission)는 1905년 한일 간 조약이 대한제국 황제와 내각에 대한 일본의 강압에 의해 체결되었으므로 국제법적으로 성립되지 않은 조약이라고 UN 총회에 보고하였다. 그러나 2년 후 체결된 한일기본조약에는 이 UN 국제법위원회 보고서의 판단과 정신이 전혀 반영되지 않았다.

매카시와 "적색 공포(the Red Scare) 제2탄"

한국전쟁 발발 직전인 1950년 2월 9일 당시 미국 정치권에서 잘 알려지지 않았던 조셉 매카시(Joseph McCarthy, 위스콘신 주) 미국 연방상원의원은 웨스트 버지니아 주의 휠링(Wheeling) 소재 맥루어(McLure) 호텔에서 개최된 공화당원들의 '링컨의 날(Lincoln Day)' 연례행사에 참가하였다. 그는 웨스트 버지니아의 '오하이오 카운티 여성공화당원 클럽'의 초청연사로 나서 미국과 세계의 역사를 바꾼 희대의 반공 연설을 하였다. 그는 사실 주택 문제에 대해 연설할 계획이었다. 그러나 그

는 공항에 마중 나온 행사 주최 측의 프란시스 러브(Francis J. Love) 전 하원의원에게 "좀 더 흥미를 자아낼 수 있는 연설 주제"에 대해 물었다.[318] 러브 전 의원은 공산주의의 위험에 관한 연설이 좋을 듯하다고 의견을 냈고, 매카시는 주저 없이 그것을 받아들였다. 매카시는 연단에 등단하여 종이 한 장을 꺼내 흔들어 대었다. 그는 자신이 트루먼 정부 내에서 암약하는 공산주의자들의 명단을 가지고 있다며 기염을 토하였다.

그의 연설이 끝난 후 한 지역 신문이 청중들의 기억에 의존한 몇 문단 정도의 기사를 게재하였다. 이에 따르면, 매카시는 트루먼 정부가 "내부의 반역자들"을 조사하는 데 주저하고 있고, 205명의 공산주의자들이 국무부에서 암약하고 있는데 국무장관은 이들이 공산당원임을 알고 있으며, 이들은 국무부에서 근무하며 미국의 외교정책에 지대한 영향을 미치고 있다"고 지적하였다.[319] 나아가 매카시는 "이러한 반역적인 행동이 지속되는 이유는 1억 4천만 명의 미국 국민들이 이들을 도덕적 봉기로 솎아낼 의지를 결여하고 있기 때문"이며, "공산주의와의 전쟁은 무신론에 대한 기독교의 최종적이고 전면적인 성전"이라고 목소리를 높였다. 연설의 나머지는 국무장관 애치슨, 그리고 "나라를 팔아먹은" 앨저 히스, "국무부 비밀을 공산주의자들에게 넘긴" 존 서비스(John Stewart Service) 등 전현직 국무부 관리들이 용공혐의가 짙다는 비난이었다.[320] 매카시의 이 연설은 1917년 러시아의 볼셰비키 혁명 이후 수년간 지속된 "적색 공포(Red Scare)"의 제2탄의 시작을 알리는 신호탄이었다. 그리고 이 "적색 공포 제2탄"은 제1탄보다 훨씬 더 강력하게 훨씬 더 오랫

....

318 Richard M. Fried, "Mccarthy and His 'Ism'," *The Chicago Tribune*, February 09, 1990.

319 Frank Desmond, "M'Carthy Charges Reds Hold U. S. Jobs, Truman Blasted For Reluctance To Press Probe," *The Wheeling Intelligencer*, February 10, 1950. '윌링 인텔리전서'의 해당 기자는 후일 의회 증언에서 매카시의 연설이 아니라 그가 미리 준비한 연설문을 바탕으로 기사를 썼다고 진술하였다. 매카시가 연설한 이후 그가 용공주의자들이라고 지목한 국무부 관리의 수는 57명, 81명, 10명 등으로 수시로 바뀌었다. 그러나 그는 단 한 명에 대해서도 확실한 증거를 제시하지 못하였다.

320 1950년 2월 20일 자 의회 문건에 따르면, 매카시는 국무부 내 중국통 존 서비스(John S. Service), 전 국무부 차관 앨저 히스(Alger Hiss), 당시 현직 국무장관 딘 애치슨(Dean Acheson)에 대한 비난으로 상당 시간을 할애하였다. Senator Joseph McCarthy, Speech at Wheeling, West Virginia, 1950. From *Congressional Record of the Senate, 81st Congress 2nd Session*, February 20, 1950. 1954-1957.

동안 미국 정치와 국제관계를 뒤흔든 격변적 사건이 된다.

위스콘신 이외의 지역에서는 정치적 존재감이 미미했던 매카시가 미국 사회와 역사를 뒤흔들 수 있었던 데는 그만한 이유가 있었다. 1930년대 중반의 히틀러와 독일 국민 간의 관계와 유사하였다. 즉 매카시가 자신의 정치적 이익을 위해 반공주의를 "판매"할 수 있는 구조적 조건이 미국에 마련되어 있었기 때문이다. 이러한 역사적, 구조적 조건에 대해 살펴보자면, 이 조건들은 러시아 혁명 직후인 '제1차 적색 공포' 기간에 부분적으로 만들어져 있었다. 연방수사국(Federal Bureau of Investigation, FBI)은 1919년 '반극단주의과(Antiradical Division)'를 신설했고, 이는 이듬해 일반첩보과(General Intelligence Division)로 확대개편되어 간첩·선동 행위 등을 색출·감시·조사하는 중추적 역할을 하였다. 각 지역에는 수많은 "애국주의적" 시민단체들이 결성되어 교육·홍보 등을 통해 좌파적 정치문화를 추방하고, 볼셰비키의 미국 내 침투와 자생적 공산주의자들의 출현·세력화에 대처하고자 하였다.

그러나 1930년대에 들어서는 공산주의 및 좌파세력이 득세하였다. 1930년대 초 대공황이 자본주의의 구조적 문제를 드러내면서 공산당원들의 수가 증가하였고, 루즈벨트 대통령이 시행한 뉴딜(New Deal) 정책은 국가의 역할을 확대하면서 미국의 정치문화를 진보적으로 바꾸는 데 일조하였다. 이 무렵부터 인간의 합리성과 개인의 자유를 강조하는 유럽식 전통적 자유주의(Classical Liberalism)가, 자유방임으로 비대해진 경제적 개인(예를 들면, 대기업)의 자유를 국가가 나서 규제함으로써 진정한 의미의 개인의 자유를 추구한다는 미국식 자유주의(New Deal Liberalism)로 변신하기 시작하였다.[321] 1930년대 중반 이후 유럽에서의 파시스트의 준동은 미국 내 좌파세력의 입장을 강화시켰다. 1933년 1월 집권한 히틀러가 정치, 경제, 군사적으로 성과를 거두자, 유럽과 미국의 파시스트파(또는 그에 준하는 극우파)는 열광하였다. 그러나 미국을 포함한 서방의 자유민주주의 정치세력들은 히틀러

....

321 뉴딜 자유주의는 진보의 시대(Progressive Era, 1890-1920)의 사상과 정책에 영향을 받아 20세기 초에 출현한 미국의 근대적 자유주의(modern Liberalism)의 한 발현으로 보는 시각도 있다. 미국 내 진보운동은 평등주의와 부패척결 등 사회운동으로 시작하여 직접민주주의 확대 및 거대 자본의 독점 규제 등 정치적 경제적 운동을 확산되었고, 1901년 시어도어 루즈벨트(Theodore Roosevelt)가 대통령에 선출되면서 본격화되었다.

가 라인란트를 점령할 때 별 반응을 보이지 않았다. 이탈리아가 아비시니아와 알바니아를 공격했을 때, 일본이 중국을 침략했을 때도 마찬가지였다. 나치 독일이 오스트리아를 수중에 넣고, 체코슬로바키아마저 강탈했을 때도 자유민주주의 국가들은 침묵하였다. 특히 나치와 파시스트들이 스페인에서 민주적으로 선출된 정부를 전복하고 파시스트적 팔랑헤(Falangist) 당과 군부를 공개적으로 지원하고 있을 때, 미국, 영국, 프랑스는 단지 수동적으로 우물쭈물하고 있었다. 이에 위협을 느낀 소련 공산주의 지도부는 이제 프롤레타리아 혁명의 전위적 조직이념으로서의 역할보다는 파시스트 팽창주의에 저항하는 전사로서의 역할을 국제적으로 부각시키고자 하였다. 이러한 상황하에서 상당수 미국인들은, 마르크스-레닌주의를 수용하는 것은 아니지만, 소련의 고독하고 용감한 대파시스트 저항에 공감하여 공산주의에 대해서도 관용적인 태도를 견지하였다. 국내적으로도 백인우월주의의 린치·테러에 대항하여 싸우는 집단도 좌파였고, 많은 시민들이 그들을 지지하였다. 이에 따라 1938년 미국 공산당원의 수는 75,000여 명으로 증가하였다.

그러자 공산주의 팽창에 위협을 느낀 미국의 반공·보수 정치세력은 적극적으로 대응하였다. 반격의 중심이 된 미 하원의 보수주의자들은 1938년 '반미행동특별위원회(Special House Committee to Investigate Un-American Activities)'를 설치하였다. 위원장인 텍사스 출신 마틴 디즈(Martin Dies) 의원은 "용공분자들"을 색출하기 위해 1938-40년의 기간 동안 수많은 청문회를 개최하였고, 언론은 이 문제를 부각하는 데 일조하였다. 이 청문회는 루즈벨트 정부 및 뉴딜 자유주의가 경제회복 및 사회보장의 미명으로 포장된 '공산주의 전선(front, 前線)'과 다를 바 없다는 전제하에 진행되었다. 상원에서도 국내보안소위원회(Internal Security Subcommittee)와 매카시가 위원장인 상설조사소위원회(Permanent Subcommittee on Investigations) 등이 신설되어 '디즈 위원회'와 공조에 나섰다. 많은 미국인들도 이에 동조하였다. 이들 중 라디오를 통해 설교하는 찰스 코플린(Charles E. Coughlin) 신부와 그의 '기독교 전선(Christian Front)'은 한 걸음 더 나아가 파시스트적 세계 질서를 옹호하기도 하였다. FBI 국장 에드가 후버(J. Edgar Hoover)도 유사한 맥락에서 "맹활약"하였다. 루즈벨트와 뉴딜을 강하게 지지하던 '미국노동지도자연맹(American Federation of Labor Leaders, AFL)'의 많은 인사들은 공산주의자들 덕에 크게 성장한 경쟁조직인 '산업조직협회(Congress of Industrial Organizations, CIO)'를 견제하기 위해 반공노선에 적극적으로 동참하였다. 그들은 우파나 파시스트의 주장에 설득력을 부여하면서 FBI나 '디즈 위원회' 등 어떠한 공적 기관과의 협력도 마다하지 않았다. 우파의 공격은 효과를 내었다.

이런 상황에서 1939년 늦여름 그간 히틀러의 나치즘에 저항하던 스탈린이 돌연 태도를 바꿔 독일과 불가침조약을 체결하자 미국 내 좌우세력의 세력균형이 일거에 무너졌다. 영국, 프랑스 등이 뮌헨협정을 통해 히틀러를 달래며 그의 공격성을 소련으로 향하게 했다고 믿은 스탈린은 그들의 배신을 배신으로 맞서고자 했을수 있지만, 많은 뉴딜 자유주의 또는 좌파적 성향의 미국 시민들은 그를 정의의 사도가 아닌 러시아 민족주의자이거나 전술적 기회주의자라고 낙인찍고, 그에 대한 신뢰와 지지를 철회하였다. 소련은 이제 중립을 선언했을 뿐 아니라 히틀러와의 협력하에 팽창주의의 이빨을 드러내었다. 독소불가침조약은 소련으로 하여금 폴란드의 1/3을 병탄하도록 허용하였다. 나아가 소련은 핀란드의 일부, 발트해 3국(리투아니아, 라트비아, 에스토니아), 그리고 루마니아의 일부를 손아귀에 넣게 되었다. 사태가 이렇게 전개되자 이제 미국의 자유주의자들도 반공전선에 기꺼이 투신하였다. 중요한 예로서 '스미스 법(Smith Act)'이라고 알려진 외국인등록법(Alien Registration Act of 1940)이 만들어졌다. 국가노사관계회의의 용공성을 조사하는 위원회의 위원장이었던 버지니아 주의 민주당 하원의원 하워드 스미스(Howard Smith)가 이 법안을 발의하였다. '스미스 법'은 정부 전복 지지 행위를 불법화하여, 사실상 공산당 가입을 범죄화하였고, 불온한 조직에 가입한 적이 있는 외국인은 강제추방의 대상이 되도록 하였다. 이 법은 결과적으로 '정부 내 용공주의자 색출'이라는 정치프레임에 탄력을 부여함으로써 공화당이 1946년 중간선거에서 압승하는 데 기여하였을 뿐 아니라 트루먼 대통령으로 하여금 전시에 임시적으로 실시하던 '국가충성도검증(loyalty review)' 프로그램을 공식화하고 확대하도록 도왔다. 그 결과 FBI뿐 아니라, 1921년 이후 수면하에 들어갔던 각 주와 시의 반공조직들이 활기를 되찾았고, 공산주의자들은 지하로 숨어들었다.

그러나 미국 내 공산주의자들의 운명은 다시 한번 롤러코스트를 타게 되었다. 또 하나의 역사적 아이러니가 미국 공산주의를 일시적으로 구해내게 된 것이었다.

1941년 6월 22일 히틀러는 소련을 침공하고, 수 개월 후 나치와 동맹인 일본이 미국 하와이의 진주만(Pearl Harbor)을 공습하였다. 소련은 낙후한 무기를 가지고 막강한 나치 독일군에 목숨을 바쳐 싸웠고, 1차대전에 이어 2차대전에서도 가장 많은 희생을 치르었다. 자신을 기습공격한 일본을 파괴하기 위해 엄청난 인명의 희생을 감당할 수밖에 없다고 생각했던 미국으로서는 소련이 일본의 아킬레스건인 "중립조약 파기" 카드를 꺼내 대일전에 참여함으로써 미국 대신 일본의 항복을 이끌어 내 주었고, 결과적으로 수많은 미군의 생명을 구해준 데에 대해 사의와 호의를 갖지 않을 수 없었다. 실제로, 미국의 진보 세력뿐 아니라 대부분의 국민들이 2차대전 중 겪은 소련의 고통과 피해를 동정하였고, '사악한 괴물들'을 퇴치한 소련인들의 영웅적 투쟁에 경의를 표하였다.

이러한 맥락에서 1945년 8월 제2차세계대전이 끝나자 미국 공산주의 운동은 과거 어느 시기보다 더 큰 정치적 정당성과 영향력을 확보하게 되었다. 미국 공산주의자들은 공산주의의 위상과 힘이 급격히 제고되었다고 자체 평가하기도 하였다. 소련은 더 이상 사회주의의 고독한 베이스캠프가 아니었다. 소련은 막강한 히틀러의 독일을 물리쳤고 주변 6개국을 지배하게 되었으며, 독일과 오스트리아의 1/3을 지배하게 되었다. 전쟁 중 막대한 피해를 입었지만 그래도 전후 초강대국 중 하나이고, 세계가 존경하고 두려워하는 그러한 존재가 되었던 것이다. 공산주의자들은 소련에 대해 굉장한 자부심을 느꼈다. 당시 많은 사람들에게 공산주의는 인류의 미래를 담보하는 인본주의적 시대정신이었다. 그러나 미국의 공산주의자들은 미소관계가 틀어지면 그들의 운명이 어떻게 될지, 무엇이 그러한 탈선을 야기할지 알지 못하였다.

미소관계의 악화는 이념과 체제의 문제가 바탕에 있었지만, 근인은 루즈벨트 대통령의 사망이었다. 루즈벨트가 1945년 4월 12일 사망하자 부통령 트루먼이 대통령직을 승계하게 되었다. 1944년 그가 부통령이 된 것은 트루먼 자신이 알고 있었듯이 민주당 내부 파벌들이 "반대하지 않는 인물"이었기 때문이었다. 루즈벨트는 1944년 당시 현직이던 부통령 헨리 월러스(Henry A. Wallace)가 민주당 내 보수 세력의 반대에 부딪히자 당내 분란을 의식하여 그 대신 트루먼을 자신의 러닝메이트로 선택했던 것이다. 요컨대 민주당 내 파벌들이 트루먼을 공히 수용하였다는 의

미는 그가 이념적으로 특정할 수 있는 입장을 갖고 있지 않았음을 뜻하였다.

그는 대통령직을 승계한 후 민주당의 진보적 자유주의자들을 자극하는 조치를 취하였다. 그가 자신이 상무장관으로 임명한 월러스를 해임한 것이었다. 당시 미국과 소련 간의 관계는 전시협력에서 대립의 방향으로 변화하고 있었다. 이때의 양국 간 입장 차이는 이란 문제와 관련이 있었다. 2차대전 중 연합국의 합의하에 이란에 진주한 소련군이 전후 철수하지 않고 일정 지역에 머무르고 있었고, 미국은 이에 대해 문제를 제기하였다. 양국은 무력충돌을 우려할 정도로 위험스러운 상황에까지 치달았다. 아직 냉전이라는 용어가 등장하지는 않았지만, 양국 관계는 매우 험악한 상태로 빠져들었다. 월러스는 소련과의 협상과 타협이 가능하고 이를 통한 대소관계의 개선은 미국뿐 아니라 서방국가들에게 다대한 경제적 이익과 유례없는 번영을 가져다 줄 수 있다고 주장하였다. 그는 그런 가능성을 차단하는 것은 경직된 반공주의 정치이념과 대소강경정책이라며 대통령을 비판하였다. 트루먼은 1946년 9월 20일 월러스를 해임하였다. 이를 계기로 민주당 내 진보세력은 트루먼을 보수파의 일원으로 규정하게 된다.

매카시즘이 대두하게 된 배경에는 1946년 중간선거에서의 공화당 압승도 있었다. 공화당은 1928년 이후 처음으로 상하 양원을 지배하게 되었다. 공화당은 반공노선을 강화하고 이를 정치적으로 활용하는 데 주저하지 않았다. 특히 하원의원에 최초로 도전한 젊은 리처드 닉슨(Richard Nixon)은 반공주의 책략과 정치프레임을 적절히 사용하며 5선 관록의 자유주의자인 제리 부리스(Horace Jeremiah "Jerry" Voorhis)를 꺾었다. 반공주의는 공화당의 성공적인 정치전략이 되었고, 의회 내 다수가 된 공화당은 반공주의가 미국 정치문화에 뿌리를 내리도록 하는 데 공을 들이게 되었다.

민주당이 선거에서 졌지만 트루먼으로서는 선거결과가 나쁘기만 한 것은 아니었다. 월러스를 지지하던 진보적 자유주의자들이 적지 않게 낙선했고, 그는 이제 정책전환을 하는 데 있어 상대적으로 자유로워졌기 때문이다. 트루먼은, 자신의 의지에 따른 것인지 공화당의 공격을 피하기 위한 고육책인지 모호하지만, 일단 반공노선의 강화를 시도하였다. 그는 1947년 3월 12일 그리스를 공산위협에서 구하기 위해 '트루먼 독트린'을 선포하였다. 의도적으로 타이밍을 고려했는지는 알 수 없지만, 그는 '트루먼 독트린'과 며칠 상관으로 연방정부에서 공산주의자들을 색출하기 위한 "국가충성도검증" 프로그램을 출범시켰다. 1947년 3월 22일 행정명령(Executive Order 9835)을 통해 출범한 '국가충성도위원회'는 연방정부 공무원에 대해 "국가충성도"를 검증하였다. 충성이 무엇인지는 위원회가 판단하였다. 트루먼의 행정명령이 미국인들을 안심시키기 위한 것이었는지는 알 수 없었다. 그러나 그렇다 하더라도 결과는 반대로 나타났다. 미국인들은 불안에 빠지기 시작했으며, 이 불안을 해소하기 위한 안보적 조치가 약속되었고, 이는 다시 불안을 더욱 조장하는 악순환을 야기하였다.

상하 양원을 지배한 공화당은 노동자조직의 힘을 빼기 위한 법적 조치를 서둘렀다. 1947년 6월 의회는 '태프트-하틀리 법안(Taft-Hartley Act)'으로 불리우는 '노사관계법(Labor-Management Relations Act)'안을 큰 표차로 통과시켰다. 공화당 의회는 트루먼 대통령의 거부권행사를 극복하고, 친노동조합적 법률인 '와그너 법(Wagner Act, 1935)'을 대폭 개정하여 이 법을 제정하였는데, 이는 노동조합의 정치자금 기부를 금지하고 노동조합의 간부는 공산당에 가입하지 않을 것을 선서하도록 규정하였다.

공화당 의회의 힘이 더욱 크게 감지된 곳은 '하원 반미행동위원회(House Un-American Activities Committee, HUAC)'였다. 전기한 바와 같이, 하원은 1938년 반미행동에 관한 특별위원회를 설치하였고, 이 특위는 텍사스 출신 디즈 의원의 주도하에 반공활동의 성과를 내었고, 또한 상당한 언론의 관심을 받았다. 그러나 특위는 미국이 소련과 협력했던 1차대전 기간 중에는 휴면의 상태에 머물러 있었다. 1945년 1월 전쟁의 끝이 보일 무렵 미시시피의 인종차별주의자/반유대주의자 존 랜킨(John E. Rankin) 등은 의회가 '하원 반미행동위원회'로 하여금 "미국 내 반미적 선동행위"를 조사하도록 해야 한다고 주장하고 나섰다.

1947년에 들어서면서 닉슨과 같은 새로운 반공주의자들이 이 위원회에 활력을 불어넣었다. '반미행동위원회'는 '할리우드'를 첫 조사 대상으로 선정하였다. 이 위원회는 할리우드의 공산주의자들이 작가, 연출자, 배우, 그리고 조합원들의 네트워크를 통해 공산주의 선전영화를 만들어내고 있다고 의심하였다. 이는 월트 디즈니와 같은 영화사들이 노동조합과 대립하면서 내세운 주장이기도 하였다. '반미

행동위원회' 청문회는 1947년 10월 20일 워싱턴 D.C.에서 개최되었다. 40명이 넘는 영화계 인사들이 '반미행동위원회'에 출석하도록 소환되었다. 위원들은 이들을 공산주의 활동 혐의를 지적하며 맹렬히 추궁하였다. 소환된 인사들 대부분은 답변을 할 경우 그들의 명성이나 경력이 훼손될 것을 염려하여 '불리한 진술을 강요받지 않을 권리', 즉 수정헌법 제5조(the Fifth Amendment)에 따른 '묵비권'을 행사하였다. 그러나 10명의 작가와 연출가들은 위원회 조사의 정당성에 대해 공개적으로 비판하였다. 존 로슨(John Howard Lawson), 댈튼 트럼보(Dalton Trumbo) 등 이른바 '할리우드 10인(the Hollywood Ten)'은 이 청문회가 개인이 정치조직에 참여할수 있는 권리를 보장하는 수정헌법 제1조를 위반하여 자신들의 시민권을 침해하고 있다고 주장하였다. 이들 중 일부는 이 위원회의 강압적이고 위협적인 조사·심문 방법이 독일 나치의 탄압적 조치와 닮았다고 비판하였다. 작가 로슨은 "내가 심판대에 선 것이 아니라 이 위원회가 심판대에 서 있다"고 일갈하였다. '할리우드 10인'은 의회를 모독한 죄로 옥살이를 해야 하였다. 에드워드 드미트릭(Edward Dmytryk)은 복역 중 전향하여 그가 공산주의자라고 판단한 20명이 넘는 동료들의 이름을 위원회에 제공하였다.

1948년 트루먼은 경위야 어찌 됐든 뜻밖의 정치적 횡재를 하였다. 1948년 여름 민주당 전당대회 이전까지는 그가 민주당 대통령 후보로 재선출될 것으로 보는 사람은 많지 않았다. 그러나 1년이 지난 시점에서 트루먼은 국내외적으로 강력한 정치적 입지를 구축하고 있었다. 이는 그가 이뤘다기보다는 스탈린이 그에게 준 것이나 마찬가지였다. 스탈린은 의도치 않게 트루먼을 국민적 영웅으로 만들어주었던 것이다.

1948년 소련의 스탈린은 미국, 영국, 프랑스가 자신들의 점령지역을 하나로 통일하고 '서독'으로 만든 후 서방으로 편입시키려는 의도를 간파하였다. 그는 이에 대처하기 위해 서베를린에서 서방의 점령군을 철수하라고 요구한 후 서베를린에 대한 육로접근을 봉쇄하였다. 트루먼은 1948년 6월 24일 스탈린의 위협과 압박을 무시하며 서베를린의 2백만 주민들에게 대대적인 '베를린 공수'를 통해 생활필수품을 제공하라고 명령하였다. 미국과의 전쟁을 두려워한 스탈린이 결국 봉쇄조치를 해제하자 트루먼은 일약 영웅이 되었다. 방송과 신문은 매시간 '베를린 공수'와 관련된 영웅담을 들려주었다. 미국인들의 자부심이 고양되었다. 트루먼은 화려하게 재기할 수 있는 발판을 마련한 셈이었다.

　트루먼은 이러한 이미지를 부각시키며 1948년 대선에 임하였다. 그는 '베를린 공수' 작전의 성공 등 국내외의 성과를 선전하면서 미국 전역을 부지런히 오가며 유세를 펼쳤다. 그의 반공주의 정치노선이 선전의 주요 부분이었다. 미국인들은 그의 호소에 귀를 기울였고, 지지자들이 급증하였다. 그러나 미국의 언론은 정치현실을 제대로 읽지 못하여 트루먼이 대선에서 승리할 수 없을 것으로 보았다. 1948년 봄까지만 해도 트루먼에 대한 지지도는 36%에 머물러 있었기 때문이다. 그러나 트루먼은 이 선거에서 선거인단 수 기준으로 303 대 189로 압승하였다.

　트루먼의 대선 승리는 그의 정치적 비전과 입지를 강화하였다. 특히 그의 대외정책이 반공주의에 맞춰진 만큼, 그리고 그것이 정치적 성과로 전환되는 만큼 그러하였다. '트루먼 독트린'에 따른 미국의 그리스 내전 개입은 그가 재집권한 후 더욱 탄력을 받아 공산위협으로부터 그리스의 "자유"를 지켜낼 수 있었다. 그는 1949년 서독에 반공·친미정권을 세우는 데에도 주력하였다. 그리고 트루먼은 반소 집단군사동맹체인 대서양조약기구(NATO)를 고리로 북미와 서유럽을 군사적으로 결합시켜 놓음으로써 소련 공산주의의 팽창을 다중적으로 저지하는 수단으로 만드는 데 성공하였다.

　한편, 미국의 자유주의 세력은 공산주의를 보는 시각과 관련하여 내분을 겪게 되었다. 당시 국내외 여건은 당연히 반공주의적 자유주의를 지지하였다. 여기에 속하는 주요 인물로는 루즈벨트 대통령 부인 엘리노어 루즈벨트(Eleanor Roosevelt), 신학자 라인홀드 니버(Reinhold Neibuhr), '자동차노조연맹(United Auto Workers, UAW)' 회장 월터 루서(Walter Reuther), 미니애폴리스 시장 휴버트 험프리(Hubert H. Humphrey), 역사학자 아서 쉴레진저(Arthur Schlesinger Jr.), 철학자 시드니 후크(Sidney Hook) 등이 있었다. 진보세력 내 주류인 이들은 트루먼을 "루즈벨트주의자"로 보지는 않았지만, 이념 문제에 있어서는 상대적 좌파인 헨리 월러스가 아닌 상대적 우파인 트루먼을 지지하였다. 이들은 물론, 소수의 "이상주의적 자유주의자들"이 주장하는 것처럼, 트루먼 정부의 '국가충성도검증' 프로그램이 국민의 기본권과 '정당한 법절차(due process)'를 침해하는 것으로서 원칙적으로는 거부되어야 마땅하지만, 우파의 이념적 정치공세를 미리 차단하기 위해 '정치적 판단'을 내릴 수밖에 없다고 생각하였다. '전미시민적자유연맹(American Civil Liberties Union, ACL)'은 자체 숙정(肅靜)에 나섰고, '전국유색인종연합(National Association for the Advancement of Colored People, NAACP)'은 국가에 대한 충성서약을 선언하며, 경쟁세력인 '시민적자유회의(Civil Rights Congress, CRC)' 회원들에게 적대감을 노골화하기도 하였다. 1949년에는 한때 공산주의자들이 주도하던 '시민적자유회의'가 전기노동자조합, 서해안항만노동자조합, 농기구노동자조합 등 11개의 급진세력을 축출하였다.[322]

신학자이자 실용주의적 정치평론가였던 니이버의 영향을 받은 하버드대 쉴레진저 교수는 공산주의와 파시즘의 전체주의를 배격하는 "필수적 중심(the vital center)"이라는 정치노선을 제시하며 국내적으로는 상대적으로 왼쪽, 소련/공산주의와의 관계에서는 상대적으로 오른쪽을 미국이 나아가야 할 방향이라고 역설하였다.[323] 뉴욕대 철학과 후크 교수도 유사한 입장이었다. 그는 공산주의와 파시즘이 민주정부를 폭력적으로 전복하려 한다는 점에서, 이를 신봉하는 인물들이 공직으로의 진출하는 것은 윤리적으로 용인될 수 없다고 주장하였다. 그에 따르면 민주주의자들은 이단(異端, heresy)과 음모(陰謀, conspiracy)를 구별할 수 있어야 하였다. 그에 따르면 이단이란 자유민주주의에 대한 반론을 제기하는 사람들로서 이들은 용인되어야 하였다. "음모는 목적을 달성하기 위해 정상적 정치 과정이나 교육적 과정을 통하지 않고 게임의 법칙을 벗어난 비밀/지하운동으로서 용인되어서는 안 되었다." 그는 미국 내 공산주의자들을 소련을 위한 음모세력으로 보았다. 그는 미국인들이 "이단과 음모를 구별하지 못하면 이단을 음모로 처벌하여 자멸하게 되고, 또 음모를 이단으로 용인하면 그들의 적에 의한 파멸로 치닫게 되어, 결국 미국

....

322 CIO는 1955년 미국노동연맹(American Federation of Labor)과 합쳐져 AFL-CIO를 출범시켰다.

323 쉴레진저에 따르면, "필수적 중심"은 민주주의 내에서의 자유주의 대 보수주의 간의 관계에 관한 것이 아니고, 민주주의와 전체주의 간의 관계에 관한 개념이다. "필수적 중심"은 결코 중도에 관한 것도 아니다. 중도는 필수적 중심이 아니라, 막다른 골목이다. 이 노선은 민주주의 내에서 중도에서 약간 왼쪽으로 움직여야 한다는 프랭클린 루즈벨트의 지향점과 일치한다. Arthur M. Schlesinger Jr., *The Vital Center: The Politics of Freedom*, Transaction Publishers, 1997, p. xiii.

의 자유문명은 치명타를 맞게 될 것"이라 주장하였다.[324]

트루먼 정부는 내외적으로 별 탈 없이 한동안 순항하였다. 소련과 동구권이 안전하게 봉쇄되고 있었고, 국내적으로도 극우보수세력이나 급진세력은 큰 정치적 영향력을 행사하지 못하고 있었다. 그러나 트루먼의 "반공주의와의 정치적 데이트"는 얼마 되지 않아 그를 역사의 수렁으로 밀어 넣는 일련의 국제정치적 사건들에 직면하게 되었다. 1949년 8월 29일 소련은 미국의 예상보다 먼저 첫 번째 핵무기 실험에 성공하였다. 핵독점이 가져다 줬던 미국의 안보가 근본에서부터 재고되어야만 하는 상황이 발생한 것이었다. 이에 따라 미국 내에서는 소련의 핵실험 성공에 미국의 첩자가 개입되어 있을 것이라는 의심이 파다하게 퍼지면서 심각한 정치적, 사회적 불안이 야기되었다. 학생들이 책상 밑으로 또 방공호로 숨는 연습이 매주 실시되었고, 소련의 핵무기탑재 미사일이 미국 본토를 타격할지도 모른다는 세기말적 공포가 휩쓸었다. 공포스러운 소련의 핵실험 후 몇 주 지나지 않은 1949년 10월 1일 그에 못지않게 충격적인 사변이 발생하였다. 중국의 공산화였다. 물론 미국이 지원하던 중화민국의 장제스군이 국공내전에서 마오쩌둥의 공산군에 승리할 수 없다는 체념이 이미 미국 조야와 사회를 지배하고 있었지만, 세계에서 가장 많은 인구를 갖고 있는 중국의 공산화가 현실로 다가오자 미국인들의 "적색 공포"는 심각하게 심화되었다. 미국의 일부 반공주의 보수세력과 공화당원들은 이러한 급변사태와 여론의 반전을 국내정치적 기회로 보았고, 트루먼의 민주당 정부를 "안보에 유약하고," "중국을 잃어버린" 장본인으로 규정하고 신랄한 공격과 비난을 퍼붓기를 주저하지 않았다. 바로 이 무렵 앨저 히스(Alger Hiss) 사건이 터졌다. 그는 루즈벨트 정부에서 국무 차관보(Assistant Secretary of State)를 역임한 바 있고, 당시 카네기국제평화재단(Carnegie Endowment for International Peace)의 회장으로서 미국 정치외교 무대에서 거물이었다. 히스는 과거 국무부 재직 시 얄타회담에 임하는 루즈벨트 대통령을 수행했고, UN 창설 및 조직에 기여한 존경받는 외교관으로 명성을 날린 바도 있었다. 그런 그가 1948년 간첩 혐의로 기소되었고, 결국 1950년 1월 간첩죄는 아니지만 간첩활동과 연관된 위증죄로 투옥되었다.[325] 민주당의 전직

....

324 Sidney Hook, "Heresy, Yes – But Conspiracy, No," *The New York Times Magazine*, 9 July 1950.

고위관리가 소련과 공산주의와 내통한 인물로 낙인 찍힌 것이었다. 미국 국민들은 "히스가 간첩이라면 이제 누굴 믿을 수 있나?"라고 할 정도로 허탈감, 불안, 긴장 속으로 빠져들게 되었다. 그러나 보다 중요한 것은 이 사건이 용공/첩자들이 트루먼 정부 내에서 암약하고 있다는 일부 극우적 보수주의자들의 주장에 신빙성을 제공하였다는 데 있었다. 매카시는 이러한 불안한 국내외적 위기상황하에서 트루먼 정부와 자유주의적 민주당원들을 대상으로 공격하기 시작하였다.

매카시는 1950년 2월 9일 윌링에서 연설할 때 용공분자의 리스트 따위는 가지고 있지 않았다. 그가 가지고 있던 것은 국무장관 번스(James Francis Byrnes)가 일리노이 주의 하원의원 사배스(Adolph J. Sabath)에게 보낸 1946년 7월 26일 자 편지였다. 이 편지는 의회 속기록에 이미 등재되어 있었다. 이 편지에서 국무장관은 전

....

325 30대 초중반 소련의 급사(急使, courier)로 활동했던 위태커 챔버스(Whittaker Chambers, 본명은 Jay Vivian Chambers)는 1938년 4월 스탈린의 '대숙청'이 일어나자 소련을 버리고 미국으로 전향하였다. 그는 '타임'지에서 편집기자 생활을 하다가 1948년 8월 3일 '반미행동위원회'에 의해 소환되어 증언대에 서게 되었다. 챔버스는 여기에서 "히스가 국무부 재직 시 소련을 위해 간첩 활동을 했다"고 증언하였다. 히스는 위원회에서 자신은 공산당에 가입한 적이 결코 없다고 항변하였다. 위원회는 보고서에서 히스의 증언은 "모호하고 회피적"이라 했지만, 그에게 간첩혐의가 있다고 기록하지는 않았다. 그가 설사 간첩행위를 하였다 하더라도 10년 전의 일이고, 이미 공소시효가 지났기 때문이었다. 대신 위원회는 히스가 "챔버스에게 어떤 문서도 주지 않았다," 그리고 "1936년 이후 그를 만난 적이 없다"고 한 발언에 대해 위증죄가 성립한다며 공소를 제기하였다. 1949년 6월 열린 첫 번째 재판에서 연방대배심원들은 합의에 이르지 못하였다. 두 번째 재판에서 연방대배심은 위증죄 혐의를 인정하였다. 1950년 1월 히스는 5년의 실형을 선고받았다. 히스는 죽을 때도 자신의 혐의를 부인하였다. 그러나 소련의 비밀경찰로부터 전향한 올렉 고르디에프스키(Oleg Gordievsky)는 1988년 히스가 "알레스(Ales)"라고 단정하였다. 그러나 냉전종식 후 많은 전문가들이 히스 사건을 파헤치기 위해 소련의 정보문건들을 뒤졌으나 히스가 간첩이었다는 증거는 말할 것도 없고, 그가 소련의 정보기관을 위해 일하였다는 증거도 찾지 못하였다. 그러다가 1995년 미 육군의 신호정보부대(Signal Intelligence Service)의 후신인 국무부의 국가안보실(National Security Agency)이 대소련 감청·암호해독 기록을 일부 공개하였는데, 이 기록에 따르면 2차대전 시 미국 내에서 암약하던 소련첩자들이 수많은 전문을 모스크바로 보냈다. 이 중 하나의 전문은 "알레스(Ales)"라는 가명으로 활동하던 인물이 보낸 것인데, 그는 1945년 얄타회담 시 루즈벨트 대통령을 수행하였고, 회의 후 모스크바를 방문하였다. 얄타에서 루즈벨트 대통령을 수행하고, 수행원 4명 중 유일하게 모스크바를 방문한 인물은 히스였다. '베노나 프로젝트(Venona Project)'의 방대한 기록을 조사·연구한 해인즈와 클레어에 따르면 1940년대와 1950년대 간첩행위를 한 것으로 알려진 인물 대부분은 실제로 그러했고, 히스도 그 중 하나라고 지적하였다. John Earl Haynes and Harvey Klehr, *Venona: Decoding Soviet Espionage in America*, Yale University Press, 2000.

시(戰時)기관에서 국무부로 이동 배치된 연방 공무원 약 3,000명을 예비조사한 결과, 이 중 285명이 직업공무원으로 부적격하다는 판정을 내렸다고 언급하였다. 이 285명의 공무원 중 79명은 1946년 6월부로 면직되었다. 매카시는 285명 중 면직된 79명을 제외한 205명(산술적으로 계산하면 이 숫자는 206명이 되어야 한다. 그러나 매카시는 205명이라고 하였다)이 공산주의자라고 지목했던 것이다.

어쨌든 그의 주장은 지역신문에 실렸다. 그러나 원래 이런 종류의 간단한 지역언론 기사는 그것으로 그치게 되는 것이었다. 그런데 이 경우엔 사정이 조금 달랐다. AP통신은 '윌링 인텔리전서(The Wheeling Intelligencer)'의 기사를 받아 언론사들에 전송하였다. 그러나 그때까지만 해도 이 기사를 받아 게재한 주요 신문사는 친 매카시 성향의 '시카고 트리뷴(The Chicago Tribune),' 그리고 '덴버포스트(The Denver Post)'뿐이었다.[326] 그러나 트루먼 정부가 매카시에 대응하고, 매카시가 맞대응하면서 일이 커지게 되었다. 매카시는 2월 11일 네바다 주 리노(Reno)에서 개최된 '링컨의 날' 행사에 참석하였다. 거기에서 매카시는 그가 가지고 있는 정보를 국무부로 보내달라는 국무차관보 퓨리포이(John E. Peurifoy)의 전보를 받았다. 매카시는 트루먼 대통령에게 전보를 보내어 보안파일에 대한 발표금지조치에도 불구하고 자신은 국무부의 공산주의자 57명의 이름을 파악할 수 있었다며 대통령은 그 파일에 대한 의회의 접근 금지조치를 철회하라고 요구하였다. 그는 그렇게 하지 않으면 민주당은 국무부 문제로 국제공산주의자의 동지라는 낙인이 찍힐 것이라고 위협하였다. '뉴욕타임즈'는 2월 12일 이 사실을 보도하였다.[327] '워싱턴포스트'도 뒤를 따랐다. 이들 신문의 기사는 매카시 의원의 근거 없고 무모한 발설을 비난하는 것이었다. 그러나 공산주의 침투에 대해 불안하게 생각하던 미국 국민들은 매카시의 연설을 주요 신문을 통해 자세히 알게 되었고, 이 신문들의 예상과는 달리 오히려 매카시 의원과 급격히 공감대를 형성하게 되었다.

2월 20일 매카시는 의사당에 나타났다. 그의 가방 안에는 국무부 보안파일에

....

326   Lawrence N. Strout, *Covering McCarthyism: How the Christian Science Monitor Handled Joseph R. McCarthy, 1950-1954*, Greenwood Press, 1999, p. 8.

327   "M'cArthy Insists Truman Outs Reds," *The New York Times*, February 12, 1950.

서 입수한 100여 명의 공무원에 대한 신상기록서 사본이 있었다. 이 문건은 1947년 하원 세출소위원회에서 선발된 조사관들이 작성한 것이었다. 매카시는 상원의원들에게 이 문건을 보여주며 국무부에는 81명의 "불온분자(loyalty risks)"가 암약하고 있다고 말하였다.[328] 그리고 그는 각 사례에 대해 설명을 추가하였다. 그런데 그가 가지고 있던 문건은 이미 비밀문건이 아니었고, 더구나 그의 설명은 의도적으로 사실을 왜곡하는 것이었다. 그는 '러시아 이름을 가진 세 명'을 '러시아인 세 명'으로, 그리고 '소련의 포섭 대상'을 '소련의 첩보원'으로 과장하여 말하였다. 그는 '그럴 것이다'나 '그랬을 것이다'를 '그렇다'와 '그랬다'로 대체하였고, '자유주의적'이라는 문구는 '공산주의 성향이 강한'이라는 표현으로 바꾸었다.

매카시는 국무부의 고위 공직자들이 중국 및 동유럽의 공산화에 책임이 있으며, 이와 같은 반역적인 행동을 계속할 가능성이 크다는 자신의 추정에 대해 근거를 제시해야 했지만, 전혀 그럴 의도가 없었을 뿐 아니라, 그렇게 하지도 않았다. 매카시가 상당수의 국무부 관리들을 용공으로 몰고가면서 사태는 걷잡을 수 없을 정도로 확대되었다. 매카시는 국무부의 존 서비스와 존스홉킨스 대학의 오웬 라티모어(Owen Lattimore) 교수를 표적으로 삼았다. 2차대전 당시 중국에서 외교관으로 활약하던 서비스와 장제스의 고문으로 잠시 일했던 라티모어는 국민당이 부패와 무능력을 해결하지 않고는 내전에서 이길 수 없다고 지적한 바 있었다. 매카시는 이들이 용공분자이며 특히 몽골 문화연구의 대가인 라티모어를 미국 내에서 암약하는 "소련의 1급 간첩"이라고 강변하였다. 한편, 매카시는 상원의 한 청문회에 참석한 서비스에게 희한한 질문을 던졌다. 국무부의 중국통 세 사람의 이름이 모두 "쟌(John)"이라는 것이 이상하다는 말이었다. 쟌 서비스, 쟌 데이비스(John Davies), 쟌 빈센트(John Vincent)를 일컬은 것이었다. 매카시는 "중국을 잃어버린

....

328 Telegram, McCarthy to President Harry S Truman, 11 February 1950. http://www.archives.gov/education/lessons/mccarthy-telegram/#documents. Senate Speech, McCarthy, Congressional Record, 81st Congress, 2nd Session, 20 February 1950, pp. 1953-80. Memorandum, Division of Security (SY), n.d. [April 1950], Folder – Loyalty and Security in the Dept," Box 16, Security Files 1932-1963, Records of the Division of A/SY/Evaluations, Record Group 59-Lot 96D584, National Archives and Records Administration, College Park, Maryland.

장본인들의 이름이 모두 쟌이라는 것이 우연이라는 말인가요?"라고 물었다. 서비스는 "의원님, 중국을 잃어버린 장본인은 세 명이 아니라 네 명의 쟌입니다"라고 답하였다. 매카시는 "네 번째는 누구요?"라고 재차 물었고, 서비스는 "쟌 케이 셱(John K. Shek, 장제스의 광동어 발음)"이라 답했고, 청중은 폭소하였다. 서비스는 말싸움에서는 이겼지만, 결국 직업을 잃어버렸다.[329]

매카시의 선동에 적극적으로 맞서는 지식인들도 있었다. '워싱턴포스트'의 만화가 허브 블락(Herb Block)이 그들 중 하나였다. 그는 1950년 3월 29일 게재된 "내가 저기에 올라가야 한다고?(You Mean I'm Supposed To Stand On That?)"라는 제하의 만평에서 공화당 상원의원 웨리(Kenneth Wherry), 태프트(Robert Taft), 브리지스(Styles Bridges)와 공화당전국위원회 의장 개브리엘슨(Guy Gabrielson)이 공화당을 상징하는 코끼리에게, 허브 블락이 "매카시주의"라고 명명한, 허술하고 위험스럽게 쌓아올려진 양동이들의 꼭대기에 올라가라며 억지로 끌어당기는 모습을 그렸다.

트루먼은 3월 30일 매카시의 발언에 대해 반박성명을 발표하였다.[330] 이는 딜레마에 빠진 트루먼의 고육지책이었다. 트루먼으로서는 매카시의 선동을 방치할 수도, 그렇다고 자신이 직접 나서 반박할 수도 없는 입장이었다. 결국 그는 자신이 직접 나서기로 결정했지만, 이는 결과적으로 트루먼의 전략적 실수였다. 대통령이 매카시의 정략에 감정적으로 반응함으로써 정치인 매카시를 키워준 꼴이 되었던 것이다. 매카시는 민주당 정부를 혼자 대적하는 보수파의 아이콘이 되어가고 있었다. 그의 '놀라운 폭로'는 그때마다 연쇄적인 비난, 맞비난, 정정, 부연 설명을 불렀다. 국무부는 매카시의 거짓말과 사실 왜곡에 대해 자세하고 장황한 분석을 통해 조목조목 비판하는 데 골몰하였다. 그러나 이는 매카시의 정치적 위상과 주가를 올려줄 뿐이었다. 정부와 언론은 매카시에게 무료 정치광고를 제공하고 있었다.

....

329   Schaller(2002), pp. 124-25.

330   Truman, Harry. Reaction of President Harry Truman to Loyalty Investigation, News Conference at Key West. March 30, 1950. In Schlesinger, Arthur M., Jr., and Rodger Burns, eds. *Congress Investigates: A Documentation of History, 1792-1974*. New York: Chelsea House, 1975, pp. 80-83.

1950년 3월 29일 게재된 허브 블락의 만평, "내가 저기에 올라가야 한다고?".

공화당 지도부는 매카시를 격려하였다. 선거공학적 동기에서였다. 여기에는 저간의 사정이 있었다. 1928년 대통령과 의회 다수파는 모두 공화당 소속이었다. 1년 후 대공황이 발생하였다. 미국인들은 후버(Herbert Hoover) 대통령과 공화당이 지배하던 의회의 무능력에 등을 돌리며 1932년 선거에서 루즈벨트를 압도적 표 차이로 대통령으로 선출하였다. 루즈벨트는 유효수요 확대를 위한 국가의 경제적 역할을 강조하는 케인즈주의적 처방으로 미국 경제를 회복시키는 데 성공하였다. 그의 성공은 미국 역사상 유례가 없는 4선으로 이어졌고, 그만큼 공화당의 정치적 곤경은 가중되는 것이었다. 공화당으로서는 인기 있는 루즈벨트의 사망이 정치적 호재였다. 공화당 지도부는 트루먼 민주당 정부를 공격할 수 있는 소재로서 1949년, 1950년 당시 국제정세를 고려할 때 반공주의가 효과를 낼 것으로 보았고, "민주당은 공산주의에 약하다(Democrats are soft on Communism)"는 정치프레임이 먹힐 수 있다고 판단하였다. 그들은 매카시가 "잘하고 있다"고 기뻐하였다. 1950년 3월 말 저명한 공화당 지도자로서 "미스터 공화당"이라는 별명을 갖고 있던 오하이오 주 상원의원 로버트 태프트는 "한 사례가 잘 안 먹히면 다른 사례를 꺼내라"며 매카시를 독려하였다.[331] 매카시는 계속 공격해야 하고, 근거를 제시할 필요는 없었다. 선거에서 이기면 모든 것이 망각 속에 파묻힐 것이기 때문이었다.

그러나 모든 공화당 의원들이 매카시의 행보를 지지한 것은 아니었다. 당시 유일한 여성 상원의원이었던 메인 주의 마가렛 스미스(Margaret Chase Smith)는 나라와 국민의 미래를 파괴할 수 있는 매카시와 공화당 지도부의 권모술수적 권력의지를 신랄하게 비판하며 1950년 6월 1일 이른바 '양심선언'을 발표하였다:

품위가 있어야 할 상원이 면책특권이라는 방패막이 속에서 증오와 인성파괴의 토론장으로 전락하였습니다… 저는 우리 공화당이 '공포, 무지, 편협, 비방'의 네 마리 중상모략의 말을 타고 권력을 잡는 데 성공하는 꼴은 보고 싶지 않습니다… 우리들 중 애국주의를 가장 큰 소리로 외치는 사람들은 많은 경우 애국주의의 기본 원칙, 즉 비판할 권리, 비통상적인 신념을 가질 권리, 항의할 권리, 독립적 사고를 할 권리를 무시하는 사람들입니다… 지금은 우리 상원과 의원들이 미국 국민에 대한 의무를 다하기 위해 양심에 귀 기울이며 반성과 성찰을 해야 할 때입니다.[332]

....

331   David M. Oshinsky, *A Conspiracy So Immense: The World of Joe McCarthy*, Oxford University Press, 2005, p. 133.

스미스는 15분간의 연설을 마치고 '양심선언문'을 의회기록으로 등재하였다. 스미스와 그의 동료 공화당 의원 6명이 이 문건에 서명하였다. 이 문건에서 이 의원들은 "우리는 공화당원이기 전에 미국인이다…매카시주의의 전체주의적 정치기법이 방치될 경우 우리가 지금까지 정성을 다해 지키고 가꿔온 미국적 생활방식은 파괴될 것이다"라고 적었다.

많은 상원의원들은 당시 지배적인 반공적 분위기에서 이러한 직설적 비판이 공화당 의원에 의해 제기된 사실에 충격을 받았다. 의원들은 매카시가 스미스를 맹공할 것을 예상하였다. 그러나 그는 회의장을 박차고 나갔다. 몇몇 공화당 의원들이 스미스를 지지하는 듯한 발언을 하였으나, 태프트 의원과 공화당 지도부는 그들을 외면하였다.

주요 언론은 스미스의 용기와 원칙주의에 찬사를 보냈다. '워싱턴포스트'의 월터 리프먼은 스미스가 논쟁에 품위를 부여하였다고 논평하였다. 원로 정치인 버나드 바루크(Bernard Baruch)는 "스미스가 한 말을 남성이 했다면 그는 차기 대통령감이다"라고 말했고, '뉴스위크'는 "스미스 상원의원: 여성 부통령?"이라는 글을 표지기사로 게재하였다. 그러나 민주당 상원의원들은 침묵을 지켰다. 애치슨과 국무부는 히스 사건과 중국 사태의 여파로 온갖 종류의 당파적 공격을 받고 있었다. 그리고 많은 민주당원, 특히 남부의 보수주의자들은 국무부를 방어하는 것을 꺼려하였다.

스미스의 '양심선언'은 매카시의 행보를 막지는 못하였다. 그가 연설한 직후인 6월 25일 공산군의 남침에 의한 한국전쟁이 발발했기 때문이다. 미국 국민들은 반공주의와 매카시를 적극 지지하였다. 대다수 보수파 정치인들은 매카시주의자를 자처하였다. 이러한 흐름 속에서 의회는 1950년 9월 20일 '내부보안법(Internal Security Act of 1950),' 일명 '맥캐런법(McCarran Act)'을 통과시켰다. 이 법은 공산주의 활동과 공산주의 집단의 정당등록 금지, 첩보활동이나 방해활동을 한 것으로 추정되는 사람의 긴급구류, 치안교란 행위 및 첩보활동 금지 등 총체적인 파괴활동 방지를 규정하였다. 그 법안은 '중대한' 위헌 요소가 있었는데, 그것은 이 법이 인신보호권을 침해하기 때문이었다. 그러나 미국인 다수는 이 법이 공산주의 척결에

....

332   U.S. Congress, Senate. https://www.senate.gov/artandhistory/.../pdf/SmithDeclaration.pdf

유효하다며 찬성하는 분위기였다. 트루먼 대통령은 9월 22일 강경한 거부의사와 함께 그 법안을 의회로 되돌려보냈다. 하원은 대통령이 거부한 법안을 찬성 286표, 반대 46표로 재가결하였다.

공산군의 침략전쟁은 매카시에게는 절호의 정치적 기회였고, 그는 1950년 11월 중간선거에서 자신의 지지자들을 위해 유세에 나섰고, 크게 성공하였다. 자신의 세력을 키운 매카시는 1951년 스미스에게 복수하였다. 그는 스미스를 자신이 위원장인 막강한 '상설조사소위원회'에서 물러나게 하고는 그 자리에 몇 달 전 처음으로 상원의원에 당선된 반공투사이자 자신의 열렬한 지지자인 리처드 닉슨을 기용하였다. 자신을 비판하는 정적들을 잠재운 매카시는 거칠 게 없었다. 대담해진 매카시는 1952년 자신의 선거유세용 책의 이름을 『매카시주의, 미국을 위한 투쟁(McCarthysim, the Fight for America)』이라 명명하기도 하였다. 자신도 감당할 수 없는 정도의 권력에 취한 매카시는 자신이 갖고 있는 제왕적 권위에 걸맞게 용공분자 색출·조사 권력을 자의적으로 사용하였고, 막아서는 자가 있다면 국가와 자유의 이름으로 처결하면 될 것이었다. 그러나 그것은 미국의 최후의 보루인 군을 건들기 전까지만이었다.

매카시가 군을 조사하겠다고 나서기 전 그의 궁극적 몰락을 알린 전조는 매튜스(J.B. Matthews)라는 인물과 관련이 있었다. 1953년 6월 매카시는 매튜스를 상원 '상설조사소위원회' 연구조사실장에 임명하였다. 매튜스는 과거 '하원 반미행동위원회'와 극우보수주의자들을 연결하는 고리의 역할을 수행하였다. 그러나 매튜스가 쓴 글이 문제가 되었고, 중도파 정치인들이 들고 일어났다. 매튜스는 극좌에서 전향한 극우 과격파였다. 매튜스는 자신이 전에 감리교 성직자였음에도 불구하고 개신교 성직자를 신랄하게 비판했었다. 1935년 그는 개신교 목사들을 '미국 상업자본주의 약탈자들의 파트너'라고 공공연히 비난하였다. 또한 1938년 이후에는 그들이 크레믈린과 공모했다고 공격하였다. 그는 연구조사실장에 취임한 직후 극우 잡지인 '아메리칸 머큐리(American Mercury)' 1953년 7월호에 "적색분자와 우리의 교회(Reds and Our Churches)"라는 제목의 논문을 발표하였다. 그는 이 논문의 서론에서 "오늘날 미국에서 공산주의 기관을 지원하는 가장 큰 단일 집단은 개신교 성직자 집단"이라고 썼다. 항의가 빗발쳤고 매튜스는 사임하였다.

매카시는 매튜스에 이어 또다시 무리하고 무모한 사건에 자신을 연루시켰다. 그는 미 육군에 용공분자가 있다며, 1953년 가을 국방부를 대상으로 육군이 가지고 있는 안보 관련 기밀파일에 대한 접근권을 요구하였다. 그는 자신에게 압력을 받고 있는 군이 응할 것이라 기대하면서 유명 호텔체인의 상속자이자 자신의 소위원회의 '수석 상담역'이었던 데이비드 샤인(Gerard David Schine)에 대한 특별대우를 요구하였다. 매카시와 그의 수석법률고문 로이 콘(Roy Marcus Cohn)은 1953년 7월 샤인이 징병위원회에 처음 소환되었을 때, 이 젊은 대학 중퇴생을 장교로 임관시키기 위해 노력했으나 실패하였다. 육군, 해군, 공군이 모두 법과 원칙대로 샤인의 장교 입대를 허용할 수 없다고 버틴 것이었다. 로이 콘은 CIA 국장 월터 스미스(Walter Smith) 장군에게 샤인을 CIA에 배치해달라고 부탁하였다. 당시 매카시는 CIA에 대한 조사를 주장하고 있었다. 콘은 샤인을 위해 포트 딕스(Fort Dix)의 육군 사령관, 육군법무국장, 심지어는 육군장관과도 통화하였다. 그러나 그들은 특혜를 요구하는 콘을 오히려 책망하였다. 육군은 매카시와 콘의 부당한 청탁과 압력을 적시한 '연표'를 작성하였다.

육군이 자신의 요구를 들어주지 않아 불쾌해진 매카시는 육군에 대해 자신의 정치적 위력을 보여주기 위해 일단 꼬투리를 잡았다. 1952년 10월 육군은 뉴욕의 치과의사이자 미국노동당 당원인 어빙 페레스(Irving Peress)를 장교로 임명하였다. 1953년 11월 그는 의사징병법의 규정에 따라 소령으로 자동 진급하였다. 그러나 다음 달 군당국은 정치적 신념을 묻는 질문에 페레스가 응답을 거부했다는 사실을 발견했고, 육군 1군단에 페레스를 90일 이내에 예편시키라는 명령을 내렸다. 매카시가 이 사실을 알아냈다. 그는 페레스사건 조사에 즉각 착수하였다. 매카시는 페레스를 소위원회에 소환하였다. 그러나 1954년 1월 30일 소위원회에 출석한 페레스는 자신의 정치적 정체성에 관한 질문에 대해 수정헌법 제5조에 규정된 묵비권을 행사하였다. 격분한 매카시는 육군장관에게 페레스를 군법회의에 회부하도록 요구하는 편지를 썼다. 매카시가 편지를 쓴 다음 날인 2월 2일 페레스는 자신의 전역이 즉시 효력을 발생해야 한다고 주장했고, 국방부는 가장 문제 소지가 적은 방법을 선택하여 페레스를 즉각 전역조치하였다. 2월 18일 매카시는 페레스의 상관인 랠프 즈위커(Ralph Wise Zwicker) 준장을 소위원회에 소환해 페레스의 전역을 허락한 장교의 명단을 요구하였다. 즈위커가 거부하자, 매카시는 그에게 '유니폼을 입을 자격이 없다'고 꾸짖고, "5살 난 아이"만도 못한 두뇌를 가진 군인이라고 즈위커를 조롱하였다.[333]

의회 문제에 거의 개입하지 않던 대통령 아이젠하워도 매카시의 군에 대한 공격과 조롱을 방치할 수 없었다. 그러나 대통령 성명의 논조는 온건하였다. 그는 "실수를 반역으로 간주하는 것은 전제정치하에서나 있을 수 있다. 이런 방법을 미국처럼 자유로운 나라에 적용하려는 사람은 공산주의를 막는 것이 아니라 돕는 것이다"라며 매카시를 우회적으로 비난하였다. 육군은 3월 11일 마침내 샤인을 위한 매카시의 청탁과 압력을 기록한 '연표'를 공개하였다. 다음 날 매카시는 육군이 샤인을 '인질'로 자신을 협박해 공산주의자 색출을 방해하고 있다고 반격하였다. 아이젠하워 대통령은 기자회견을 통해, 미국에서는 "논쟁의 당사자는 자신이 관련된 사건을 담당할 수 없다"고 말하였다. 매카시는 소위원회 위원장직에서 물러났고, 대신 사우스 다코다 출신의 칼 문트(Karl E. Mundt) 상원의원을 임시위원장직에 앉혔다. 그러나 1954년 4월 22일 일단 청문회가 시작되자, 매카시는 계속된 '의사진행 발언'을 통해 청문회의 진행을 좌우하였다.

1954년 6월 9일 극적인 반전이 일어났다. 육군의 변호인 조셉 웰치(Joseph N. Welch)는 로이 콘에게 매카시 의원이 지목한 국방부에 근무하는 130명의 불온인물들의 명단을 FBI와 국방부에 "해가 지기 전"에 제출할 것을 요구하였다.[334] 당황한 매카시는 변호인 웰치는 프레드 피셔(Fred Fisher)부터 확인해야 할 것이라고 쏘아붙혔다. 그러나 이는 매카시의 최대의 실수였다. 매카시의 도전은 웰치의 법률회사인 보스턴의 '헤일 앤드 도'(Hale & Dorr)사의 젊은 직원 피셔를 향한 것이었다. 피셔는 육군 변호를 위해 웰치의 보좌관 센트 클레어(James D. St. Clair)가 발탁해 4월 초에 워싱턴에 왔다. 그는 하버드 법대 학창 시절, 당시 사회주의 성향의 전국법률

....

333 XIV. Executive Sessions of the Senate Permanent Subcommittee on Investigations of the Committee on Government Operations, Vol. 5, 83rd Congress, Second Session, 1954, xiv.

334 U.S. Congress, Senate. Executive Sessions of the Senate Permanent Subcommittee on Investigations of the Committee on Government Operations (McCarthy Hearings 1953-54), Government Printing Office, 2003. S. Prt. 107-84.

웰치와 매카시.

인조합(National Lawyers Guild)에 속해 있었다. 웰치는 문제 발생을 미연에 방지하고자 그를 보스턴으로 돌려보냈고 이를 즉각 공개하였다. 매카시의 변호사 윌리엄스(Edward Bennett Williams)와 콘은 매카시에게 피셔를 청문회에 끌어들이지 말도록 설득했고, 매카시는 그 문제를 꺼내지 않겠다고 약속한 바 있었다.

　　그러나 매카시는 웰치가 콘에게 한방을 먹이자 방송국 카메라 앞에서 자제력을 잃었다. 콘이 머리를 좌우로 흔들며 사인을 보내는데도, 매카시는 피셔를 공격하기 시작하였다. 웰치의 반응은 격하였다. 그는 "이제야 당신이 얼마나 잔인하고 무모한지 알게 됐다"고 매카시에게 말하였다. 그는 피셔의 배경과 '헤일 앤드 도' 사에서의 그의 위치를 설명하고 그가 잠시 조합의 회원이었다고 인정하였다. 그리고나서 그는 다시 매카시에게 말하였다:

　　의원님이 그 청년에게 그렇게 상처를 줄 정도로 무모하고 잔인한지 전에는 미처 몰랐습니다… 나에게 의원님의 그 무모한 잔인함을 용서할 힘이 있다면 그렇게 하겠습니다. 저는 제가 신사라고 생각합니다. 그렇지만 의원님을 용서하는 것은 제가 아닌 다른 사람의 몫입니다."

　　매카시가 무슨 말을 하려고 했지만 웰치가 그의 말을 자르고 "의원님은 최소한의 예의도 없는 사람입니까?"라고 일갈하였다. 그는 "하늘에 하나님이 계신다면 그는 결코 의원님과 의원님이 하시는 일을 용납하지 않을 것입니다"라고 덧붙였다.

그는 위원장에게 "저는 더 이상 매카시 의원과 공방을 원치 않으니 다음 증인을 불러주십시오"라고 하며 일어서서 회의장에서 퇴장하였다. 그가 걸어나갈 때 청중 속에서 큰 박수가 터져나왔다.

청문회가 끝나갈 무렵 분이 풀리지 않은 매카시는 미주리 주 출신 민주당 상원의원 스튜어트 시밍턴(Stuart Symington)과 설전을 하였다. 시밍턴은 매카시의 보좌팀장 프랭크 카아(Frank Carr)가 매카시의 모든 보좌관들은 기밀문건에 대한 접근권을 가지고 있다고 말하자, "내가 보기엔 귀하들 중에도 불온인물이 있는 것 같다"며 그들의 이름을 대기 위해 증언대에 설 용의가 있다고 말하였다. 시밍턴은 매카시도 그의 보좌관들을 조사하겠다고 약속할 것을 요구하였다. 그러나 매카시는 시밍턴을 "독실한 체하는 스투어트(Sanctimonious Stu)"라 부르며 그가 공공연히 자신을 음해하고 있다고 말하였다. 그는 시밍턴에게 "귀하에게 속아넘어가는 사람은 없을걸"이라고 조롱하였다. 시밍턴도 지지 않고 "미국 국민은 의원님을 지난 6주 동안 잘 관찰했습니다. 귀하는 우리 국민 누구도 속일 수 없습니다"라고 쏘아붙였다.

시밍턴과 매카시의 설전은 예고되어 있었다. 청문회를 시작하기 전 매카시는 민주당 의원 시밍턴을 일부러 자극하였다. 그가 청문회에서 자유롭게 발언하지 못하도록 하기 위해서였다. 그는 시밍턴의 '흑역사'를 들춰내었다. 시밍턴은 16살 때 친구 두 명과 이웃집 차를 훔쳐 드라이브를 즐기다 경찰에 붙잡힌 적이 있었다. 이것은 1952년 선거운동 기간에 시밍턴을 비난하는 소재로 활용됐는데, 매카시가 다시 이 문제를 제기하며 그를 위협한 것이었다. 매카시는 청문회장으로 들어가면서 불쑥 시밍턴의 어깨에 팔을 얹고, "요즘은 차를 훔치지 않나"라고 물었다. 시밍턴은 그것이 무엇을 의미하는지 잘 알고 있었고, 그의 겁박이 자신에게 효과가 없음을 보여주고자 하였던 것이다.

매카시는 여전히 8-10명의 상원의원들의 지지를 받았고 그들을 통해서 의회와 백악관의 공화당 지도부에 지속적으로 영향력을 행사하고자 하였다. 그러나 여론은 그에게 등을 돌리고 있었다. TV 중계로 그를 처음 접한 시민들은 그의 비열한 책략과 무모한 정죄가 민주주의를 위태롭게 하여 국가와 국민에게 재앙으로 돌아올 것을 우려하였다. 1954년 1월 매카시에 대한 여론은 갤럽 조사를 기준으로 지지 50%, 반대 29%였으나, 6월에 들어서는 34%와 45%로 급반전하였다.[335]

육군-매카시 청문회가 끝나기 전 공화당 상원의원 플랜더스(Ralph Flanders), 왓킨스(Arthur Watkins), 스미스 등은 7월 30일 상원에서 매카시에 대한 견책(譴責, censure)을 요구하는 결의문을 제안하였다. "상원의 전통과 명예를 추락시킨 매카시의 행동을 더 이상 방치해서는 안 된다"고 강조한 플랜더스의 제안은 매카시의 정치행보를 봉쇄하고 실추된 상원의 권위와 명예를 되살릴 수 있는 극적이고 결정적인 시도였다.

8월 5일 상원은 초당적 특별위원회를 구성하고 경력에 하자가 없는 법률전문가들을 위원으로 위촉하였다. 왓킨스 의원이 위원장을 맡았고, 양당의 법률가 출신 의원 각 3명, 그리고 3명의 전직 판사와 2명의 전직 주지사들이 위원으로 참가하였다. 특위는 매카시에게 소명의 기회를 주어 그의 견해를 경청하였다. 위원들은 숙의 끝에 전원일치로 매카시 견책을 권고하기로 하고 보고서를 9월 27일 언론에 공개하였다. 사유는 두 가지였다. 하나는 매카시가 1951년과 1952년 '특권·선거소위원회(Subcommittee on Privileges and Elections)'의 소환에 불응하여 그의 성격에 관한 질문을 거부하고, 패널의 업무에 대해 사법방해를 한 혐의에 대해 진술을 거부한 것이었고, 다른 하나는 1954년 2월 18일 육군 청문회장에서 즈비커 장군을 공개적으로 모욕한 것이었다.

매카시 옹호자들은 "견책은 상원의원들의 미래의 행동에 제약을 가하게 될 것"이며, 견책의 대상이 되는 "매카시의 행동은 이전 의회에서 벌어진 것"이고, 견책은 "표현의 자유를 침해하는" 위험한 결정이 될 것이라며 특위의 보고서를 무력화하고자 하였다. 매카시 자신은 특위를 "부지불식간에 공산당에 연루된 공범자집단"이고, 왓킨스는 "비겁한 자"이며, 특위 전체의 숙의 과정은 "린치 파티"였다고 비난하였다.[336]

상원은 1954년 12월 2일 매카시를 견책하였다. 사유로는 즈비커 장군에 대

335 Richard M. Fried, *Nightmare in Red: The McCarthy Era in Perspective*, Oxford University Press, 1990, p. 138.

336 "The Censure Case of Joseph McCarthy of Wisconsin (1954)," United States Senate, adapted from Anne M. Butler and Wendy Wolff. United States Senate Election, Expulsion, and Censure Cases, 1793-1990. S. Doc., Government Printing Office, 1995, pp. 103-33.

한 모욕을 제외하고, 대신 '왓킨스 위원회,' 즉 '견책특위(Select Committee to Study Censure)'에 대한 모욕을 추가하였다. 그러나 상원은 매카시를 견책함에 있어 그의 반공주의적 행보에 대해서는 언급하지 않았다. 매카시는 견책을 무시하고자 했지만 상원의 결정은 그의 권력과 위상을 땅에 떨어뜨렸다. 그의 정치적 운이 기울자 그의 건강도 따라서 악화되었다. 매카시는 1957년 5월 2일 48세의 나이에 과다음주로 인한 간경변으로 별세하였다.

"베트남전쟁"

일반인들이 베트남전쟁이라 부르는 무력분쟁은 미국이 대규모 전투병력을 파견하여 본격적으로 개입한 1965년부터 파리평화회의에서 종전이 합의된 1973년 사이에 진행되었던 북베트남/베트남남부민족해방전선(Mat-Tran Dan-Toc Giai-Phong Mien-Nam Viet Nam, the National Liberation Front)을 한편으로 하고 남베트남, 미국, 한국 등을 다른 한편으로 하는, '8년' 동안의 "민족해방전쟁" 또는 팽창주의 공산 침략에 맞선 "자유수호전쟁"이었다고 할 수 있다. 그러나 엄밀히 말하면, 이 전쟁은 프랑스군이 2차대전 후 베트남에 재진입한 뒤 하이퐁(Hai Phong)을 공격한 1946년부터 제네바 회담에 의해 베트남이 분단된 1954년 이전까지의 반프랑스 저항전쟁과 1965년부터 1973년까지의 "민족해방전쟁" 또는 "자유수호전쟁"으로 이루어졌다고 볼 수도 있고, 나아가 분단의 시점인 1954년부터 통일이 이루어진 1975년까지의 '국제화된 내전'이라 할 수도 있다. 그러나 일반적으로, 사가(史家)들은 미국의 베트남전 개입 이전 베트남인들이 수행한 대프랑스 전쟁을 제1차 인도차이나 전쟁으로, 그리고 미국이 개입한 전쟁 및 그 연장으로서 1975년까지 지속된 내전(지상에서의 교전은 남베트남 내에서만 이뤄졌다)을 제2차 인도차이나 전쟁으로 부른다.

제1차 인도차이나 전쟁

베트남, 그리고 베트남인

기원전 207년 중국의 진(秦)이 무너진 틈을 타서 남쪽 변경의 지방관리인 조타(趙佗, 찌에우다)가 남비엣(Nam Viet, 南越)이라는 독립 왕국을 건설하였다. 남비엣은 중국 광둥(廣東), 광시(廣西) 일대에서 현 베트남의 북부까지 지배하며 비엣족이 세운 국가들을 병합하였다. 남비엣은 중국과 동남아를 연결하는 중개무역으로 번영했으나, 중국의 한(漢)과 무역 이권을 둘러싸고 갈등하다가, 기원전 111년 한의 침공을 받아 멸망하였다. 한은 이 지역에 군현을 설치하여 지배하였고, 당(唐)의 고종은 679년 하노이를 소재지로 한 안남도호부(安南都護府)를 설치하여 이 '안남' 지역을 통치하였다. 북부 베트남의 비엣족은 한의 정복 이후 약 천년간 중국 왕조의 지배를 받았는데, 중국 문화의 영향을 받으면서도 끊임없이 무장봉기를 일으켜 저항하였다.

당나라가 멸망하자 비엣인들은 독립을 도모하여 939년 최초의 베트남인에 의한 왕조인 응오(Ngo, 吳) 왕조 수립에 성공하였다. 이후 딘(Dinh, 丁), 레(Le, 黎), 막(Mạc, 莫) 왕조 등으로 이어졌다. 16세기 후반 북의 찐(Trinh, 鄭) 가(家)와 남의 응우옌(Nguyen, 阮) 가(家)가 오래 대립하여 계속된 전란 속에서 농촌이 피폐해졌다. 이 무렵 가톨릭 선교사들이 베트남에 진출하였다. 유럽의 가톨릭 교회는 일찍이 해외 선교에 큰 관심을 가지고 있었다. 인디아에서 활동하고 있던 포르투갈의 도미니코 수도회의 선교사들이 1500년대 베트남에 들어왔으나, 선교의 성과를 내지 못하고 돌아갔다. 이후 가톨릭이 베트남에서 성공하게 된 사정은 일본의 반기독교적 쇄국과 관련이 있었다. 1614년 일본의 도쿠가와 이에야스(德川家康)의 에도 바쿠후(江戸幕府)는 "서구의 종교, 문화, 사상의 침투를 막고 일본의 안전과 국체를 확고히 보존하기 위해" 1614년 '키리시탄(きりしたん, "Christian"의 일본식 명칭) 금교령(禁教令)을 내렸고, "일본의 로마" 나가사키(長崎) 교회를 박해하였다.

교황 바오로 5세는 선교지역을 당시 코친차이나로 알려진 베트남으로 옮기도록 하였다. 프란시스코나 도미니코 수도회에 비해 동남아 선교에 더 역점을 두던 예수회(the Society of Jesus, Societas Iesu)는 1615년 당시 지역 권력의 묵인하에 하노이에 거점을 마련하였다. 1627년 베트남에 도착한 예수회 신부들은 1651년 성경을 인쇄 보급하고 지역 주민들과의 소통 속에서 선교와 개발 사업을 활발히 하였다. 1624년부터 1644년까지 베트남에서 활동한 예수회의 프랑스인 선교사 알렉상드르 드 호드(Alexandre de Rhodes)는 현재 베트남에서 공식적으로 사용하는 로마자 기반의 베트남어의 표기체계인 '꾸옥응으(Quốc Ngữ, 國語)'를 고안하기도 하였다.

1774년 캄보디아를 통해 베트남으로 입국한 파리외방선교회(Societé des Missions Étrangères de Paris, the Paris Foreign Missions Society)의 삐에르-조셉-조르쥐 삐뇨 드 베엔느(Pierre-Joseph-Georges Pigneau de Béhaine) 몬시뇰도 베트남 역사에 큰 족적을 남겼다. 그가 베트남의 마지막 왕조의 건설에 결정적으로 기여했기 때문이다.

찐가와 응우옌가가 오래 대립한 베트남 남북조시대(南北朝時代)는 18세기 초 각처에서 농민들의 봉기를 초래하였다. 1771년 삼형제 응우옌르(阮侶), 응우옌냑(阮岳), 응우옌후에(阮惠)가 베트남 동부의 빈딘(Binh Dinh) 지역에서 반란을 일으켰다. 삼형제는 1777년 코친차이나의 사이공(현 호치민)을 점령하며 왕조를 설립하였다. 베트남 역사에서 농민 반란으로 세워진 첫 왕조로, 왕조 명은 자신들의 출신 마을의 이름을 따 떠이선(Tây Sơn) 왕조라 명명하였다.

떠이선 왕조에 속하지 않고 사이공을 중심으로 하여 메콩 지역을 지배하던 응우옌푹아인(Nguyễn Phúc Ánh, 阮福映)은 떠이선을 탈출하여 시암 만(灣)의 작은 섬들과 타이의 본토를 전전하였다. 그는 삐뇨 드 베헨느 몬시뇰을 만났고, 몬시뇰은 응우옌푹아인을 위해 프랑스로 가서 병력과 군자금을 모았고, 1787년에는 루이 16세와 응우옌푹아인 간의 베르사유 조약의 체결을 도왔다. 응우옌푹아인은 떠이선 왕조가 내분에 휩싸인 틈을 타고, 프랑스 용병 등 원군에 힘입어, 1802년 현재 베트남에 해당하는 지역을 통일하여 응우옌 왕조의 초대 황제가 되었다. 그는 6월 1일 자롱제(Gia Long, 嘉隆帝)가 되어 도읍을 후에(Hue, 富春)에 두고 하노이를 북성(北城), 사이공을 가정성(嘉定城)이라 칭하였다. 국호를 베트남(Vietnam, 越南)이라 칭하고 6부를 중심으로 통치조직을 정비하였다. 자롱제는 유교체제를 확립하고자 했으나 가톨릭교를 용인하였다. 여기에는 프랑스인 삐뇨 드 베헨느 몬시뇰과의 교분이 크게 작용하였다. 자롱제하에서 프랑스 선교사들은 포교활동에 큰 혜택을 받았다. 19

세기 베트남엔 가톨릭교도가 45만 명으로 불어났다.

그러나 베트남인들이 티엔쭈어자오(Thiên Chúa giáo, 天主敎) 혹은 꽁자오(Công giáo, 公敎)[1]라고 부르는 가톨릭 신도의 급증은 집권세력에게는 정치적 위협으로 받아들여졌다. 제2대 민망(Minh Mang, 明命) 황제와 제4대 뜨득(Tu Duc, 嗣德) 황제 등은 전통적 질서 유지를 위해 유교/중국 문화를 선호하였고, "서학(西學)" 또는 "서도(西道)"인 가톨릭교의 선교 및 개종권유(proselytism)를 금지하였다. 또한 중국, 조선, 일본 등이 그러했듯이, 사회 안정을 위해 베트남도 쇄국정책을 고수하였다. 그러한 가운데 프랑스 신부 등을 포함한 외국선교사들이 박해받고, 심지어 살해당하는 일이 벌어졌다. 1857년에는 뜨득 황제가 두 명의 스페인 선교사를 사형시켰다. 유럽의 선교사가 처형된 일은 그전에도 있었고, 프랑스 등 유럽국가들은 이를 묵인하였다. 그러나 이번엔 베트남에게 타이밍이 좋지 않았다. 프랑스가 중국을 "처벌"한 후 베트남을 "처벌"하러 내려올 상황이었기 때문이다.

1856년 2월 29일 파리외방선교회 선교사 외귀스트 샤들렌(Auguste Chapdelaine, Ma Lai 馬賴)이 비개항지역인 중국 광시에서 포교 활동을 하다 지방관에 체포되어 처형되었다. 1844년 청과 프랑스 간에 체결된 황푸조약(黃埔條約, 황포조약)에 의하면 선교사의 선교 활동은 개항장 내에서만 가능한 것이므로, 선교사의 명백한 조약 위반 행위였던 것이다. 그러나 프랑스는 이에 구애받지 않았고, 오히려 중국을 무력으로 "처벌"하기 위해 영국과 합세하였다.

영국은 1856년 10월 애로우호(亞羅號, Arrow) 사건을 시작으로 중국을 강제적으로 개방시키기 위한 제2차 아편전쟁을 일으켰다. 영국은 청(清)이 1851년에 시작한 "태평천국(太平天国)의 난"에 시달리는 것을 기화로, 무력으로 청의 양이주의(攘夷主義) 세력을 제거하고 공사(公使)의 베이징 주재권, 창장(长江, 장강)의 개방, 상인의 중국 내륙 여행권 등을 요체로 한 조약개정을 실현하려 하였다. 영국은 중국과의 싸움에 당시 크리미아전쟁에서 영국과 협력하고 있던 프랑스를 끌어들이려 하

....

1   베트남의 많은 천주교 신자들은 꽁자오라는 명칭을 사용하는바, 천주교의 특징과 로마 교황청과의 연계성을 잘 나타내기 때문이다. 응우옌응이, "베트남 천주교 역사 개략과 선교 상황," 『교회사연구』, 2010년 6월, p. 186. 그러나 이 책에서는 한국인들의 편의상 가톨릭이라 칭한다.

였다. 프랑스 역시 아시아 "진출"의 발판을 마련하려던 참이었다. 때마침 프랑스의 나폴레옹 3세는 중국 침략을 정당화할 수 있는 구실을 제공받았다. 외귀스트 샤들렌 처형 사건을 조사하던 프랑스 특사 장 바티스트 루이스 그로(Jean-Baptiste Louis Gros) 남작이 중국에 대한 강경한 조치가 필요하다고 보고했던 것이다.[2]

나폴레옹 보나파르트(Napoleon Bonaparte)의 조카이자 1851년 쿠데타를 통해 집권한 후 1852년 12월 2일 황제에 즉위한 나폴레옹 3세는 샤를 드 몽티니(Charles de Montigny)가 제시한 '종교의 자유'와 관련된 제안이 베트남에 의해 거부되자, 영국과 함께 제2차 아편전쟁(1856년 10월 8일-1860년 10월 24일)을 수행하는 중이던 1857년 11월 샤를 리고 드 주누이(Charles Rigault de Genouilly) 제독에게 대베트남 징벌을 명령하였다. 이 징벌은 "오래 지체된 교훈(long overdue lesson)"을 주기 위한 것이고, 베트남에 의한 가톨릭 선교 금지와 박해를 더 이상 용납할 수 없다는 의미였다. 프랑스군은 두 명의 스페인 선교사를 처형한 뜨득 황제에게 보복하기 위해 식민지 필리핀에 주둔하던 스페인군이 나섬으로써, 1858년 9월 1일 프랑스/스페인 연합군의 일원으로서 베트남 공격에 호조건을 갖춘 투란(Tourane, 현재의 다낭 Da Nang)을 공격하였다. 프랑스/스페인 연합군은 투란을 점령했으나 100km 떨어져 있는 수도 후에(Hue) 점령에는 실패하고, 사실상 투란에 발이 묶여 있게 되었다. 그러나 프랑스군은 중국에서 영국/프랑스 연합군이 1860년 9월 21일 '팔리교 전투(八里橋之戰 발리키아오지잔, the Battle of Palikao)'에서 승리하고 베이징을 점령한 후 70여 척의 함정과 3,500여 명의 병력을 증원하여 사이공(Saigon)으로 진격하였다. 막강한 증원군에 힘입어 프랑스군은 끼호아(Kỳ Hòa) 전투를 승리로 이끌었다. 패전한 뜨득 황제는 1862년 4월 13일 비엔호아(Bien Hoa), 쟈딘(Gia Dinh), 딘뜨엉(Dinh Tuong)을 프랑스에게 할양하였고, 프랑스는 식민지 코친차이나(Cochinchina)를 성립시켰다.

프랑스는 여기에 머무르지 않고 인도차이나 전체로 진출하고자 하였다. 그에는 배경이 있었다. 프랑스는 1871년 '프로이센-프랑스전쟁'에서 프로이센에게 굴욕적인 패전을 당하여 유럽 세력균형체제의 주요 주체로서의 위상을 상실할 위기

....

2   Saul David, *Victoria's Wars: The Rise of Empire*, Penguin Books, 2007, pp. 360-61.

에 처해 있었다. 프랑스는 프로이센에게 빼앗긴 알자스-로렌(Alsace-Lorraine)을 회복하고 프랑스 제국의 영광과 위신을 재현하는 물적 기반을 마련하기 위해 아프리카와 동남아 진출을 절박하게 모색했던 것이다. 프랑스는 중국-프랑스전쟁(1884-85)에서 승리하고, 중북부 베트남을 안남(Annam)과 통킹(Tonkin)으로 분리하여 보호령화하였고, 1887년엔 코친차이나와 캄보디아 보호령을 인도차이나연방(Union Indochinoise, Indochinese Union)으로 통합하였다. 프랑스는 1893년 샴(Siam, 현 타이)으로부터 라오스 지역을 강제적으로 취하여 인도차이나연방으로 귀속시켰다.

베트남 민족주의자들은 프랑스를 서양 오랑캐로 보고 한동안 조직적으로 저항하였다. 1885년, 19세기 후반 조선의 위정척사운동(衛正斥邪運動)과 유사한 '껀브엉운동(Can Vuong, 勤王運動, 근왕운동)'이 일어났다. 베트남의 근대적 민족주의자 판보이쩌우(Phan Boi Chau, 潘佩珠)는 중국의 량치차오(梁啓超)의 영향을 받아 베트남의 장래를 위한 인재를 양성하기 위해 일본으로 유학생을 파견하는 "동유(東遊)운동"을 전개하였다. 판 쭈찐(Phan Chu Trinh, 潘周楨)은 판 보이쩌우와는 달리 군주제를 폐지하고 서구식 근대화와 개혁을 바탕으로 베트남의 독립을 추진하였다. 그는 일본의 후쿠자와 유키치(福澤諭吉)의 게이오기주쿠(慶應義塾, 경응의숙)를 본따 동낀응이아툭(東京義塾, 동경의숙)을 설립하는 데 참여했고, 학생들에게 근대적인 교과 내용을 로마자화된 베트남어인 '꾸옥응으'로 가르쳤으며 강연회와 출판 사업을 통해 베트남인들에게 근대 의식을 고취시키려고 하였다. 베트남의 민족주의 운동은 광둥에서 호치민을 중심으로 한 베트남청년혁명동지회(1925년), 중국 국민당의 영향을 받은 베트남국민당(1927년), 홍콩에서의 베트남공산당(1930년, 이후 인도차이나공산당으로 개명)이 설립되면서 급진화되었다. 그러나 프랑스는 베트남국민당에 의한 엔바이(Yên Bái) 성 반란(1930년 2월) 등 수 차례의 반란과 봉기에도 불구하고 제2차 대전 발발 시까지 억압적으로 식민통치를 유지하였다.

제2차 세계대전이 일어나고 프랑스가 독일에 항복하자 인도차이나 식민정부는 부역정권인 비시(Vichy) 정부를 지지하고, 인도차이나연방을 통치하게 되었다. 그러나 얼마 되지 않아 정통성과 물리력이 취약해진 비시 식민정부는 중국과의 전쟁을 확대하던 일본이 침략해오자 굴욕의 나락으로 추락하였다. 1936년 시안(西安) 사건 이후 중국 국민당의 장제스는 대일항전에 적극적으로 나서게 되었다. 그러자 일본은 1937년 중국 전체에 대한 전면 공격으로 대응하기 시작하였다. 1938년 10월에는 중국 해안 봉쇄에 나섰다. 당시 중국국민당군에 대한 외부로부터의 군수물자 지원은 세 방면의 보급선을 통해 이루어졌다. 영국이 통제하는 버마(Burma) 루트, 소련으로부터의 신장-란저우(蘭新鐵路, Xinjiang-Lanzhou) 루트, 그리고 하이퐁-쿤밍(Haiphong-Kunming Railway) 루트가 그것이었는데, 1940년 5-6월 나치 독일이 영국 본토 타격에 나설 조짐을 보이자 영국은 일본과의 관계 악화를 막고자 버마 루트를 잠정 패쇄하였다. 신장-란저우 루트는 주로 소련으로부터의 보급품을 수송하는 통로였는데, 워낙 원시적이고 취약하여 중국에게는 큰 도움이 되지 못하고 있었다. 따라서 통킹을 통하는 하이퐁-쿤밍 루트는 중국국민당군에게는 생명선이었고, 이 때문에 일본은 이의 차단에 전력을 기울이게 되었다. 일본은 1940년 6월 비시 식민정부의 조르주 카트루(Georges Catroux) 장군에게 접근하여 하이퐁-쿤밍 루트에 대한 일본군의 관장/통제를 제안하였고, 그는 즉각 이에 동의하였다. 그러나 프랑스 비시 정부는 그를 해임하고 장 드쿠(Jean Decoux) 제독으로 대체하였다. 비시 정부의 굴욕은 여기서 그치지 않았다. 일본은 독일, 이탈리아와 3국동맹(Tripartite Pact, 1940년 9월 27일) 조약을 체결하기 직전 비시 식민정부에게 인도차이나의 비행장들에 대한 사용권, 일본군 기지 건설권, 그리고 일본 군부대의 자유 이동권을 요구하였다. 드쿠가 망설이자 일본군은 통킹의 북부를 공격하고 하이퐁으로 진격하였다. 이를 막으려던 프랑스군 800여 명이 교전 중 전사하였다. 드쿠는 일본의 요구를 모두 수락하였지만, 일본의 요구는 지속되었다. 결국 비시 식민정부는 인도차이나의 내정만 관할하는 신세로 전락하였다.

응우옌아이꾸옥(호치민)

인도차이나의 독립을 추구하던 공산주의자들을 포함한 베트남인들은 비시 정부의 취약점을 간파하여 코친차이나를 중심으로 항쟁에 나서게 되었다. 이들 중 일부는 중국 내전 당시 공산혁명의 근거지였던 광둥에서 베트남혁명을 모의하고 있었다. 응우옌아이꾸옥(Nguyễn Ái Quốc, 阮愛國)[3]이 지도자격이었다. 응우옌아이꾸옥은, 1890년 베트남 중북부 응에안(Nghe An)에서 태어났고 중부 후에(Hue) 소재 꾸옥혹(Quoc Hoc, 관리 양성을 목적으로 하는 국립영재고교, national academy) 재학 시절 (1907-08) 혁명운동에 가담하다 학교에서 쫓겨났으며, 1911년 베트남을 떠나 세계 각지를 떠돌다가 프랑스에 정착한 후 혁명운동을 개시하였다. 그는 사회주의자로 변신하여 프랑스사회당, 프랑스공산당에 참여하였고, 1924년 소련으로 건너가 '동방노력자공산대학(Коммунистический университет трудящихся Востока, 東方勞力者共産大學)'에서 학습한 후 코민테른 요원으로서 광둥에 파견되었다. 그는 1925년 광저우에서 베트남청년혁명동지회를 결성하고 강습반을 운영하여 혁명가들을 배출하였다. 그러나 장제스가 1927년 4월 광둥에서 공산주의자들을 몰아내자, 그는 소련으로 도주했고, 1928년에는 브뤼셀과 파리를 거쳐, 샴에서 2년여 동안 코민테른의 대표로 활동하였다. 그는 1930년 2월 3일 홍콩에서 베트남공산주의자들과 회합하여 베트남공산당을 창당하였다. 그러나 그는 10월 소련의 권고를 받아들여 당명을 덜 민족주의적인 인도차이나공산당으로 결정하였다. 1940년 가을 일본군의 침략 소식이 전해지고 프랑스군의 전열이 흐트러지자 북부 베트남에서 봉기가 잇달아 일어났다. 인도차이나공산당은 1940년 11월 코친차이나의 남끼(Nam Ky) 봉기를 주도하였고, 잠시나마 혁명정부를 세우기도 하였다.

중국 남부에서 장제스와 프랑스 당국의 체포를 피해 옌안(延安) 등에서 은거하던 응우옌아이꾸옥은 박선(Bắc Sơn) 봉기가 한창이던 1940년 10월 초 중국 광시(廣西) 성의 구이린(桂林, 계림)에 도착하였다. 그는 새로운 상황에 맞는 새로운 통일전선을 수립해야 한다고 생각하였다. 그가 보기에 그러한 통일전선은 인도차이나공산당의 영향력과 지도를 받아들여야 하지만, 전선의 정치적 성향에 대한 "국내외 비공산주의자들의 우려를 씻기 위해 신중하게 위장된 형태로 활동할 필요"가 있었다.[4]

1941년 1월 응우옌아이꾸옥은 프랑스, 미국, 영국, 소련, 중국 등 30여 년의 망명 생활을 마치고 보응우옌지압(Võ Nguyên Giáp), 팜반동(Phạm Văn Đồng) 등 몇몇

....

3   태어났을 때 주어진 이름은 응우옌신꿍(Nguyễn Sinh Cung, 阮生恭, 완생공)이었고, 아이꾸옥은 그의 가명이다. 그는 1940년 거점을 이동하면서 정체를 감추기 위해 호치민(Hồ Chí Minh, 胡志明)이라는 새로운 이름으로 중국 기자 행세를 하였다. 듀이커(2001), p. 382.

4   듀이커(2001), p. 378.

혁명동지들과 함께 국경을 넘어 고국 땅을 밟았다. 그는 곧 회의를 소집하고 프랑스 식민권력을 추방하는 공동투쟁에서 모든 애국세력을 규합할 광범위한 조직을 만들자고 혁명 동지들에게 제안하며, 명칭으로는 '베트남독립동맹(Việt Nam Độc Lập Đồng Minh, 베트민, 越盟)'을 제시하였다. 1941년 5월 10일 팍보(Pác Bó)에서 인도차이나공산당 제8차 전체회의가 열렸다. 응우옌아이꾸옥은 코민테른 대표 자격으로 참석하였다. 그는 여기서 베트남의 전술과 전략에 대해 논의하였다. 인도차이나공산당 지도부는 1930년대 초 모스크바에서 정리된 전략적 지침을 따랐는데, 이 지침은 주요 도시들의 통제에 초점을 맞출 것을 요구하였다. 그러나 1930년대 말이 되면서 보응우옌지압 등 당 활동가들은 중국의 경험에서 영감을 얻기 시작하였다. 그들은 농촌에서의 게릴라 전투의 의미를 강조하고 있는 마오의 '인민전쟁'이라는 개념이 베트남의 현실에 더 적합한 무기라 생각하였다. 응우옌아이꾸옥도 동의하였다. 그러나 그는 혁명전술 채택 문제를 넘어 그 전술들을 적용할 시기, 그리고 종전 후 집권 과정에서 그 전술을 어떻게 사용할 것인가의 문제도 중요하다고 강조하였다. 마오는 중국의 큰 땅덩이를 이용해 중국 북부에 커다란 기지를 세울 수 있었지만, 베트남은 두 제국주의 강국에 점령당한 작은 나라였다. 막 민족해방의 가능성이 보이는 시점에서 때 이른 봉기를 일으켰다가는 심한 탄압을 받아 운동 자체가 무너져버릴 수도 있었다. 그는 일본이 패배할 무렵까지 기다려야 한다고 보았다. 그 전에는 전국에 베트민 조직망을 건설하여 정치적 기지를 강화하고, 동시에 최종적 봉기의 시기에 지역 봉기를 다발적으로 일으킬 수 있는 군사력을 확보해나가야 할 것이었다.[5] 인도차이나공산당 제8차 전체회의에서 베트남독립동맹이 정식으로 출범하였다.

　　호치민과 베트민에 대해 국경 지역 주민들의 호응이 일자 미국 CIA의 전신인 전략정보국(Office of Strategic Services, OSS)이 호치민에게 접근하였다. 1945년 3월 OSS의 한 요원은 중국의 쿤밍에서 호치민을 면담하고 곧 합의에 이를 수 있었다. OSS는 베트민에게 무선통신장비와 소화기(小火器)를 제공하고, 베트민은 OSS에게 일본군의 동향과 일기(日氣)에 대한 정보를 제공하며, 베트민이 지배하는 해방구에

....

5　　듀이커(2001), pp. 390-91.

미군 항공기가 추락할 경우 조종사를 구조하기로 하였다.

1945년 초 파리가 나치의 손아귀에서 해방되자 인도차이나의 비시 식민정부는 반역자/부역자로 몰릴 것을 우려하여 '자유 프랑스(Free France)'와 비밀접촉을 하는 등 연합군의 상륙을 환영하는 준비를 비밀리에 시작하였다. 일본도 연합국이 유럽에서 승기를 잡고 아시아에서 일본을 옥죄어 오자 비시 식민정권이 자신을 공격할 가능성을 우려하여 공생관계를 청산하고자 하던 터였다. 1945년 3월 9일 일본은 비시 정부의 군대를 억류하고 정부를 전복하였다. 정변(coup de force) 다음 날인 1945년 3월 10일 주스페인 공사로 근무하다 1939년 인도차이나에서 첩보/심리전 단장과 베트남 황제 자문관의 역할을 겸하게 된 장-마리 요코야마(Jean-Marie Yokoyama)는 후에(Hue)의 끼엔쭝(Kien Trung, 황궁 내 한 건물)을 방문하여 바오다이(Bao Dai) 황제를 알현하였다. 그는 황제에게 서양제국주의에 일본이 맞서 아시아인들을 보호하겠다는 "대동아공영권(大東亞共榮圈)"에 대해 설명하고 황제의 지지를 당부하였고, 바오다이는 일본이 베트남을 "외국의 지배로부터 자유롭다"고 선언한다는 조건하에, 그리고 향후 일본이 베트남 독립을 돕겠다는 약속을 한다는 조건하에 요코야마의 요구를 들어주겠다고 답하였다. 일본은 베트남이 일본과 우호적 관계를 유지한다는 조건하에 베트남의 독립을 약속하였다. 바오다이는 다음 날 이와 같은 내용을 담은 칙서를 발표하였고, 베트남 전역에서 유명인사를 선발하여 자신의 독립 베트남제국의 각료로 위촉하였다. 이로써 인도차이나에 대한 80년이 넘는 프랑스 식민주의가 일단 종식되었다. 그러나 모든 베트남 사람들이 이를 인정하거나 환영한 것은 아니었다. 그리고 얼마 되지 않아 일본은 연합국에 항복했고, 베트남에는 권력공백이 발생하였다.

호치민은 이 기회를 놓치지 않았다. 그에게는 1941년 항프랑스, 항일 투쟁을 내걸고 결성한 베트민이 있었다. 베트민의 활동은 1945년 3월 비시 식민정권이 전복되고 일본군이 통치하기 전까지는 중국과의 국경 부근 북부 산악지역에 국한되었다. 그러나 이와 같은 정변(政變)이 활동공간을 넓혀주자 베트민 게릴라들은 남부 베트남으로 진출하였고, 전국적으로 네트워크를 확장하고 체계화할 수 있었다. 일본이 연합국에 항복하자 베트민은 하노이에서 봉기하였고, 특사를 후에에 보내 황제의 퇴위를 요구하였다. 바오다이는 베트민에 대해 거의 아는 것이 없었지만, 대세가 이미 기운 것을 확인하고 8월 25일 퇴위를 선언하였다: "짐은 노예들의 국가의 황제 자리를 유지하기보다는 독립된 베트남 국가의 일개 평민으로 살고자 한다."

인도차이나공산당 상임위원회는 호치민 주석의 지도하에 베트남민주공화국의 독립을 선언하기로 결정하였다. 호치민은 닷새에 걸쳐 선언문을 작성하고, 1945년 9월 2일 수많은 베트남인들이 운집해 있는 하노이의 바딘(Ba Dinh) 광장에서 독립선언문을 낭독하였다:

> 우리는 다음과 같은 것을 자명한 진리라고 생각합니다. 즉, 모든 인간은 평등하게 태어났고, 조물주는 몇 개의 양도할 수 없는 권리를 부여하였으며, 그 권리 중에는 생명과 자유와 행복의 추구가 있습니다. 이와 같은 불멸의 선언은 1776년 미합중국의 독립선언서에서 비롯되었습니다. 넓은 의미에서 본다면, 이는 모든 지구상의 인민들은 평등하게 태어났고, 모든 이들은 행복하고 자유롭게 살 수 있는 권리를 가진다는 것을 의미합니다. 1791년 프랑스 혁명에 의해 선포된 '인간과 시민의 권리에 관한 선언' 또한 '모든 인간은 평등하게 태어났고, 자유와 평등권을 누린다'고 제창하였습니다. 이것은 부인할 수 없는 진실입니다. 그러나 지난 80년간 프랑스 제국주의자들은 자유, 평등, 우애의 원칙을 모욕하면서, 우리의 영토 주권을 훼손하고 우리 민족을 탄압해 왔습니다. 이들의 행동은 인본주의와 정의의 이상(理想)에 역행하는 것입니다. 프랑스는 정치의 영역에서 모든 민주주의적 자유를 우리에게서 박탈하였습니다.[6]

호치민이 작성하고 낭독한 이 베트남공화국의 독립선언문의 첫 번째 문장은 미국의 독립선언서의 두 번째 문단을 문자 그대로 옮겨놓은 것이었다. 호치민과 협력한 당시 OSS 요원들의 영향 때문이었을 수도 있고, 미국의 도움이 절실하였던 호치민의 정치적 판단을 반영한 것이었을 수도 있다. 사실, 식민주의에 결연히 반

....

6   Gareth Porter ed., *Vietnam: The Definitive Documentation of Human Decisions*, E. M. Coleman Enterprises, 1979, Document No. 34.

대했고 신탁통치체제를 지지했던 프랭클린 루즈벨트 미국 대통령이 당시 살아 있었더라면 연합국들의 축복 속에 베트남민주공화국의 기초가 마련되었을지도 모를 일이었다. 루즈벨트는 처칠과 함께 서명한 1941년 대서양헌장에서 "모든 인민들이 자신들을 통치할 정부 형태를 선택할 권리"를 존중한다고 선언한 바 있었다. 그러나 그가 사망하자 연합국들은 일본의 항복 접수와 일본군 무장해제라는 문제에 직면하여 1945년 여름 포츠담에서 일단 쉬운 길을 택하였다. 즉 연합국들은 호치민의 독립 선포를 인정하지 않았고, 일본군을 무장해제하기 위해 북위 16도선을 기준으로 남부 베트남에는 영국군이, 북부 베트남에는 중국 국민당군이 각각 진주하기 시작하였다. 그리고 인도차이나에 재진출하기 위해 기다리고 있던 군대도 있었다. 나치에서 해방된 새로운 프랑스의 샤를 드골(Charles de Gaulle) 임시정부 의장이 식민통치를 재개하기 위해 극동원정군의 인도차이나 파병을 명령한 것이었다.

호치민이 독립을 선언한 지 2주도 되지 않은 1945년 9월 13일 인디아에 주둔하던 영국군 더글라스 그레이시(Douglas Gracey)는 '프랑스 인도차이나 연합지상군' 사령관으로서 2만여 명의 군대를 이끌고 사이공에 도착하였다. 베트남 사람들은 그를 환영한다기보다는 베트민 깃발을 흔들며 프랑스군의 철수를 요구하였다. 그레이시는 함께 일본군을 몰아내자는 베트민의 제안을 거부하였다. 그의 임무는 유럽의 제국이 과거 식민지를 되찾아야 하며, 프랑스도 그 권리를 가지고 있다는 영국 총리 처칠의 정책을 수행하는 것이었다. 베트남인들은 분노했고 파업을 선언하였다. 사이공 시장도 영업을 중지하였다. 그레이시도 물러서지 않았다. 그는 9월 12일 신문 인쇄를 중단시켰고 계엄을 선포하였다. 그레이시는 도시의 지리와 특성을 잘 아는 일본군을 무장시켜 영국군과 함께 베트민 독립투사들을 제압하도록 하였다. 결국 일본군의 도움과 네팔 용병의 "무자비한 활약" 덕분에 영국군은 베트남인들의 봉기를 제압하는 데 성공하였다.

그레이시는 처칠의 바람대로 프랑스군이 베트남을 접수하면 부대를 이끌고 인디아로 귀환하려 하였다. 그레이시는 9월 23일 프랑스군 포로들을 동원하여 사이공에서 베트민 세력을 몰아내고자 하였다. 그레이시가 풀어준 프랑스군 포로들은 9월 2일 독립선언 당시 자신들을 조롱했던 베트남인들을 닥치는 대로 해쳤다. 베트남인의 목에 줄을 매어 거리를 걷게 하는 경우도 있었다. 놀란 그레이시는 프랑스군 포로들을 즉각 막사로 복귀시켰다.

9월 24일 베트민과 조직폭력배를 포함하는 베트남인들은 복수에 나섰다. 그들은 씨떼호(Cite Hérault, 사이공의 프랑스식 명칭)를 공격하여 수십 명의 프랑스인과 유럽인들을 살해하였다.[7] 이때부터 남부 베트남에서는 베트민(또는 베트남 민족주의자들)과 프랑스와의 싸움이 격화되었다.

1945년 9월 14일 중국 국민당군이 진주하여 일본의 항복을 접수하고 일본군의 무장을 해제한 북부 베트남에서의 상황은 남부와는 차이가 있었다. 현지 국민당군 지휘관들은 북부의 민족주의자들이 오랫동안 호치민과 공산당에 반대해왔음에도 불구하고 남부 베트남에서와 같은 혼란을 피하기 위해 호치민과 그의 세력을 인정하였다.

1945년 9월 13일 영국이 남베트남을 점령하자 프랑스는 연합국들에게 자신의 식민지 회복을 공개적으로 요구하고 나섰다. 영국은 인디아를 식민지로 유지하는 한 프랑스의 요구를 거부할 수는 없었다. 프랑스는 미국을 압박하기 위해 자신이 NATO에 참여하기 전 이 문제를 해결할 것을 요구하였다. 1945년 4월 12일 루즈벨트 사망 후 대통령직을 수행하던 트루먼은 프랑스에 동정적이었다.

한편, 호치민은 독립을 추진하기 위해 대미 외교를 강화하였다. 그는 1946년 2월 28일 미 트루먼 대통령에게 서한을 보내 간곡히 도움을 청하였다:

본인은, 베트남 정부와 프랑스 대표 간에 협상이 진행 중이며, 우리는 코친차이나의 분리독립, 그리고 프랑스군의 하노이 복귀 중단을 요구하였고, 프랑스인들과 프랑스 군대가 기습 준비를 중단할 것을 요구하였음을 대통령님께 절박한 마음으로 알려드리고자 합니다. 본인은 대통령님께서 베트남의 독립을 위해 이 문제에 개입해 주실 것을, 그리고 이 협상이 대서양헌장과 샌프란시스코헌장의 원칙을 준수하여 원만히 타결되도록 도와주실 것을 간곡히 부탁드립니다.

....

7   Frederik Logevall, *Embers of War: The Fall of an Empire and the Making of America's Vietnam*, Random House, 2012, p. 115.

VIỆT-NAM DÂN CHỦ CỘNG HÒA

CHÍNH PHỦ LÂM THỜI

BO NGOAI GIAO

＊

HANOI FEBRUARY 28 1946

TELEGRAM

MAR 11 RECD

YKB-3739-1

PRESIDENT HOCHIMINH VIETNAM DEMOCRATIC REPUBLIC HANOI

TO THE PRESIDENT OF THE UNITED STATES OF AMERICA WASHINGTON D.C.

ON BEHALF OF VIETNAM GOVERNMENT AND PEOPLE I BEG TO INFORM YOU
THAT IN COURSE OF CONVERSATIONS BETWEEN VIETNAM GOVERNMENT AND FRENCH
REPRESENTATIVES THE LATTER REQUIRE THE SECESSION OF COCHINCHINA AND THE
RETURN OF FRENCH TROOPS IN HANOI STOP MEANWHILE FRENCH POPULATION AND
TROOPS ARE MAKING ACTIVE PREPARATIONS FOR A COUP DE MAIN IN HANOI AND
FOR MILLTARY AGGRESSION STOP I THEREFORE MOST EARNESTLY APPEAL TO YOU
PERSONALLY AND TO THE AMERICAN PEOPLE TO INTERFERE URGENTLY IN SUPPORT
OF OUR INDEPENDENCE AND HELP MAKING THE NEGOTIATIONS MORE IN KEEPING WIT
THE PRINCIPLES OF THE ATLANTIC AND SAN FRANCISCO CHARTERS

RESPECTFULLY

HOCHIMINH

호치민이 트루먼에게 보낸 서한.

트루먼은 베트남 주재 미 전략정보국(OSS) 연락사무소를 통해 호치민의 편지를 입수하였으나, 답신을 보내지는 않았다.

프랑스 제국주의의 귀환과 대프랑스 항전

중국의 국민당군은 1946년 중순 북베트남에서 철수함으로써 프랑스 복귀의 여건을 마련해주었다. 장제스는 이를 통해 중국 내 프랑스의 치외법권을 폐기하고, 철수에 따른 금전적 보상을 기대하기도 했지만, 중국이 인도차이나에서 프랑스의 주권을 인정하면 프랑스를 포함 국제사회가 일본의 꼭두각시 국가인 만주국에 대한 중국의 주권을 인정하게 될 것으로 판단하였다.[8] 중국군이 철수하자, 그간 어렵사리 봉합되어 왔던 공산주의자들과 반공민족주의자들 간의 갈등이 무력충돌로 비화하였다. 베트남 반공민족주의자들은 국민당군의 지원 없이, 인민의 지지를 확보한 베트민을 상대할 수는 없었다. 한편, 호치민과 베트민은 프랑스군과 대적하기에 앞서 북부에서 반공민족주의자들을 제거하였다. 호치민은 베트남독립 문제를 프랑스와 협상으로 풀어나가길 원했지만, 프랑스 정부는 완강하게 인도차이나의 식민지 회복을 추구하였다. 드골의 입장에서 영국은 식민지 인디아를 계속 경영하고 있는데 프랑스만 인도차이나를 되돌려줄 수는 없는 노릇이었다.

영국, 미국, 소련의 합의와 영국군의 협력으로 베트남에 재진입한 프랑스군은 1946년 3월 11일 하노이에 진입하였다. 이들과 베트민 간의 충돌은 불가피하였고, 충돌은 11월 하이퐁 항구를 둘러싼 문제에서 비롯되었다. 하이퐁은 북베트남이 수입하는 물자를 반입하는 무역항이자 중국으로부터 무기를 밀반입하는 통로이기도 하였다. 프랑스는 베트민이 중국으로부터 반입하는 무기에 대해 특히 예민했다. 11월 20일 프랑스 군함이 휘발유를 실은 중국의 정크선을 해상에서 나포하였다. 최종 목적지는 베트민으로 추측되었다. 정크선이 예인되어 항구로 끌려오자 해변에 있던 베트남 의용대가 프랑스군에 발포했고, 프랑스 측도 응사했다. 전투는 도시 전역으로 급속히 확대되었다. 역부족이었던 베트민은 11월 28일 전투를 포기하고 외곽으로 퇴각했다. 그러나 하이퐁 전투는 베트민이 주도하는 대불항전의 촉매가 되었다.

1946년 12월 12일 레옹 블룸(Léon Blum) 사회당 정부가 베트남의 독립을 인정하는 방식으로 인도차이나 문제를 해결할 의향을 발표하였다. 보응우옌지압은 그의 의도를 의심하였지만, 호치민은 협상에 응하기 위해 편지를 보냈다. 그의 편지가

....

8   Stein Tonnesson, *Vietnam 1946: How the War Began*, University of California Press, 2010, p. 55.

파리에 도착한 날은 19일이었다. 그러나 인도차이나의 프랑스군은 협상을 방해하고 전쟁을 기정사실화하기 위해 12월 17일 하노이 시내로 진입하여 베트민 병사들이 세워놓은 보루를 부수어버렸다. 프랑스군은 12월 20일부터는 자신이 수도의 치안을 담당하겠다고 선포했고, 다음 날엔 호치민 정부에 전쟁 준비를 중단하고 의용대를 해체하며, 하노이 치안을 넘기라고 최후통첩하였다. 12월 19일 베트민은 발전소 기습을 신호로 프랑스 시설과 유럽인 구역의 민간인들을 공격하기 시작하였다. 공산주의자들뿐 아니라 민족주의자들을 상당수 포함한 베트남독립동맹, 즉 베트민은 반제국주의적 민족주의 항쟁을 강조하며, 특히 농촌 지역에서 항프랑스 게릴라전을 효과적으로 수행할 수 있었다. 프랑스군도 하노이 중심부를 장악하고 북궁(北宮)을 공격하는 등 응전하였다. 이렇게 제1차 인도차이나 전쟁은 시작되었다.

한편 바오다이는 자신의 이름을 출생 이름인 빈 투이(Vinh Thuy)로 바꾸고 호치민의 특별고문이 되어 하노이에 머물렀다. 그러나 그는 1946년 초 중국 충칭의 국민당 정부 방문단의 단장으로 방중한 후 귀국하지 않고 홍콩에 남았다. 그는 거기서 프랑스군과 베트민 간의 전쟁이 발발하였다는 뉴스를 들을 수 있었다. 그는 홍콩에서 베트남 내의 반베트민 정치인들로부터 자신이 새로 창립될 '베트남국(State of Vietnam)'의 초대 국가수반이 될 수도 있다는 소문을 접하였다. 바오다이는 이윽고 프랑스로부터 제안을 받고 파리로 향하였다. 그는 1949년 3월 8일 파리의 엘리제 궁에서 자신이 수반인 베트남국 창립 합의문에 서명하였다. 그러나 베트남국은 주권국가가 아니라 프랑스연방(the French Union)의 일원으로서 무늬만 독립한 것이었다. 국방과 재정에 관한 권한도 프랑스의 것이었다. 그리고 국가수반의 권한도 형식적이었고 프랑스의 괴뢰에 지나지 않았다. 1950년 2월 7일 미국은 라오스 캄보디아와 함께 베트남국을 프랑스연방 내의 독립국가로 승인하였다. 영국도 뒤를 따랐다. 그러나 중화인민공화국과 소련은 이보다 앞선 같은 해 1월 북베트남의 베트민 정권을 베트남민주공화국으로 승인하였다. 이때부터 양국은 베트민에게 경제 및 군사 원조를 시작하였다. 베트남은 이제 남부의 베트남국, 그리고 북부의 베트남민주공화국이 들어서서 "이중주권(二重主權, dual sovereignty)"의 불안정한 상태가 되었다. 바오다이는 베트남국의 명실상부한 독립을 추구하였으나, 프랑스와의 협상이 결렬되어 성과를 내지 못하였다. 베트남국은 1954년 제네바 회담과

1955년 국민투표에 의해 비로소 베트남공화국이 된다.

미국의 트루먼 정부는 하이퐁 사태가 터지자 인도차이나 문제의 중대성을 인식하기 시작하였다. 하노이에서 보낸 전문에서 미국 부영사 제임스 오설리번(James L. O'Sullivan)은 베트남인들이 먼저 공격했지만, 프랑스인들의 오만한 태도가 사건의 원인이었다고 보고하였다. 그러나 11월 말 파리의 미국 대사관은 프랑스가 호치민이 모스크바로부터 지침을 받는다는 '확실한 증거'를 가지고 있다고 보고하였다. 사이공에서 미국 영사 찰스 리드(Charles S. Reed)는 만일 코친차이나가 베트민 손에 들어가면 캄보디아와 라오스가 위험해진다고 보고하였다. 아직 '도미노 이론'은 나오지 않았지만, 리드의 발언은 그 이론과 다를 바 없는 내용이었다.[9] 미국 국무부는 1946년 12월 17일 전 세계 미국 공관에 보낸 회람(回覽) 메모에서 북베트남 정부를 "공산주의적"이라 표현하고, "소련의 영향에 대한 방어 수단으로서만이 아니라, 베트남과 동남아시아를 미래의 중국 제국주의로부터 보호하기 위한 수단"으로서 이 지역에 프랑스군의 주둔이 긴요하다고 결론내렸다.[10] 트루먼 대통령은 실태를 파악하기 위해 그리핀(R. Allen Griffin)을 단장으로 하는 조사단을 인도차이나에 파견하였다. 그리핀 조사단은 바오다이의 "베트남 정부는 국민을 빈곤으로부터 해방할 수 있는 능력을 갖고 있지 못하며, 프랑스 식민주의만큼이나 시대착오적인 정치적 유물"이고, "이 문제는 아시아의 오래된 이슈로서 중국에서 국민당 정권을 붕괴시킨 바 있다"고 지적하면서도, "베트남에 대의민주적 정부를 건설하기 위해 미국이 더 적극적으로 개입할 필요가 있다"고 결론내렸다.[11] 트루먼은 프랑스에 군원을 제공하기로 결정하였다. 이 결정은 미국이 식민전쟁에 개입하지 않는다는 원칙과 인도차이나에서 프랑스가 이기기 어렵다는 예측, 그리고 미국의 원조가 대세를 바꾸기에는 역부족일 것이라는 정보보고에도 불구하고 이루어졌다.[12]

....

9   Confidential Reed, 7 November 1946, from Saigon, in General Records of the Department of State (RG 59), University Publications of America(UPA), Hanoi to Secretary of State, 23, November 1946, in RG 59, UPA; Paris to Department, 29 November 1946.

10   U.S. Department of State, Circular Airgram, 17 December 1946, in RG 59, UPA.

11   William Conrad Gibbons, *The U.S. Government and the Vietnam War: Executive and Legislative Roles and Relationships, Part III: 1965-1966*, Princeton University Press, 2014, p. 101.

트루먼은 그리핀 보고서의 내용만큼이나 당시 국내정치의 동학에 민감하게 반응하였던 것이다. 1950년 1월 미국에서는 루즈벨트 민주당 정부에서 국무부 고위직에 있던 앨저 히스(Alger Hiss)가 유죄 선고를 받았고, 2월엔 매카시 상원의원이 좌파 척결을 내세우며 민주당 트루먼 정부에 대해 맹공에 나서고 있었다. 그리고 자신의 국무장관은 이미 "식민지역의 모든 스탈린주의자들은 민족주의자들"이라고 하노이 주재 미 영사관에 반호치민노선의 방침을 내린 바 있었다.[13]

트루먼은 "공산위협"을 전면에 내세우며 한국전 발발 직후인 1950년 7월 26일 1,500만 달러의 군원이 집행되도록 하였다. 항공기, 탱크, 야포 등이 군사고문단과 함께 베트남으로 향하였다. 9월 27일 미국은 프랑스군을 지원하기 위해 사이공에 군사원조고문단(Military Assistance Advisory Group)을 설립하였다. 미국이 베트남전에 개입하게 된 것이었다. 미국은 상호방위원조프로그램(Mutual Defense Assistance Program)에 따라 1억 1900만 달러의 군원을 추가 제공하였고, 1952년에는 액수가 3억 달러로 증가했고, 1954년에 이르러서는 프랑스군 전비의 80%를 부담하게 되었다. 미국의 대프랑스군원을 무기별로 살펴보면, 1951년 10월부터 1952년 2월까지 제공된 총 13만 톤의 군사장비 중, 5,300만 회(回) 분량의 탄약, 8천여 대의 차량, 200대의 항공기, 14,000정의 자동소총이 포함되었고, 1953년 초에 이르러서는 900대의 장갑차, 160대의 헬기(F-6F)와 경전투기(F-8F), 41대의 경폭격기, 그리고 28대의 수송기(C-47)가 추가되었다.[14]

트루먼 정부는 프랑스군에 원조를 제공하고 있었지만, 미국의 정보기관들은 인도차이나의 상황에 대해 비관적이었다. 중국이 한국전에 참전한 직후 제출한 인도차이나에 대한 최초의 '국가정보보고서(National Intelligence Estimate)'는 "현 상

....

12   *The Pentagon Papers: The Defense Department History of United States Decisionmaking on Vietnam*, Volume 1, Chapter 4: "U.S. and France in Indochina, 1950-56," Beacon Press, 1971, pp. 179-214.

13   851G.01/5－1149: Telegram, The Secretary of State to the Consulate at Hanoi, *FRUS, 1949*, The Far East and Australasia, Vol. VII, Part 1, Secret, Washington, May 20, 1949.

14   Spencer C. Tucker, *Encyclopedia of the Vietnam War: A Political, Social, and Military History*, Oxford University Press, 2001, p. 677.

황이 비관적"이며, "베트민은 베트남에서 프랑스군을 6-9개월 내 몰아낼 수 있는 능력을 보유하고 있으며, 중국의 참전이 임박했다"고 분석하였다.[15]

'공산주의에 대한 반격'이라는 정강(政綱)을 내걸고 당선된 아이젠하워가 1953년 1월 대통령으로 취임하였다. 아이젠하워와 공화당 지도부는 "누가 중국을 잃었나?(Who Lost China?)"라는 정치프레임과 함께 한국전쟁의 교착상태를 정치적으로 이용하여 민주당 출신 대통령을 비난하였고, 성과를 거두었던 것이다. 아이젠하워는 3월 프랑스 총리와 회담하던 중 프랑스에 대한 군원을 늘리겠다고 하면서, 그 조건으로 프랑스가 인도차이나에서 전면적 승리를 쟁취하기 위해 더 과감한 방법을 채택할 의지가 있음을 보여달라고 요구하였다. 프랑스는 그런 의지를 갖고 있지 않았고, 정치적 해결책만이 유일한 방법이라고 판단하고 있었지만, 좀더 유리한 입장에서 베트민과 협상하기 위해 미국의 원조가 필요하다고 보았고, 따라서 현지 사령관 앙리 나바흐(Henri Navarre)의 이름을 딴 '나바흐 계획'을 제시하였다. 미국은 '나바흐 계획'을 승인하고, 프랑스와 새로운 원조협조 협정을 체결하였다.

인도차이나 내 프랑스군 증강, 남베트남군 강화, 그리고 북부 홍강(紅江) 삼각주 유역에 대한 대공세를 포함한 '나바흐 계획'은 1954년 봄과 여름에 실시될 예정이었다. 그 동안 프랑스군은 '종심방어전술(縱深防禦戰術, defense in depth)' 또는 '탄력적 방어전술(彈力的 防禦戰術, elastic defense)'에 따라 주요 전략지역에서 전초기지들을 건설하려 하였다. 종심방어전술은 주력군을 방어선에 한 줄로 배치하는 방어 전술인 '일선방어(一線防禦)'의 결점을 없애기 위해 이중, 삼중으로 진지를 배치함으로써, 진격하는 적군에게 최대한의 피해를 입힌 뒤, 공격력이 소진된 적을 향해 아군 예비대가 출동해 역공세를 취한다는 개념이었다.[16] 이 전술은 연장선상

....

15 CIA, *National Intelligence Estimate-5, Indochina: Current Situation and Probable Developments*, CIA Report, 29 December 1950.

16 종심(depth)이란 원래 진지의 전방에서 후방에 이르는 간격을 의미하며, 이러한 종심방어전술은 제1차 세계대전 시 프랑스의 제4군사령관이었던 앙리 그호(Henri Gouraud) 장군 의해 개발되어 오늘에 이르고 있다. 제2차 세계대전 당시 소련의 주코프 장군도 이 전술에 기초하여 방어 진지를 난공불락의 요새로 구축함으로써 독일군에게 최대한의 피해를 입힌 뒤, 공격력이 소진된 적을 향해 소련의 기동화된 예비부대가 출동해 역공세를 취한 바 있다.

에서, 전투 종심을 확대하기 위하여 기동화된 강습부대를 운용하여 적의 후방에 군사적 보루(堡壘), 즉, 공수작전을 통해 적전(敵前) '낙하 교두보'들을 설치하여 전선을 오히려 적 쪽으로 밀어버리고, 적의 보급과 증원의 흐름을 차단하는 방법이기도 하였다.

디엔비엔푸 전투

나바흐는 1952년 늦가을 나산(Nà Sản) 전투에서의 성공 경험, 즉 "고슴도치 (hodgehogs) 전략"[17]을 벤치마킹하여 주요 전략지역에 진지, 즉 고슴도치들을 구축하고자 하였다. 그런 주요 지역 중 하나가 2차대전 중 일본이 계류점(mooring point) 용도로 건설한 소규모 공군기지가 위치한 베트남 북서부 디엔비엔푸(Điện Biên Phủ, 奠邊府, 전변부)였다. 당시 베트민군은 1946년 3월 재진입한 프랑스군에 밀려 퇴각하고 있다가 1949년 10월 이후부터 중화인민공화국으로부터 원조를 받아 전력을 증강할 수 있었다. 베트민군은 1952년 가을 라오스로 들어가는 진입로로 삼기 위해 이 지역을 점령하였고, 라오스의 옛 수도 루앙 프라방(Luang Prabang) 근처까지 진출하기도 하였다. 1953년 11월 초 나바흐는 프랑스의 맹방인 라오스의 루앙 프라방을 방어하라는 정부의 명령을 받고,[18] 디엔비엔푸의 요새를 점령하고, 여기에 고슴도치를 구축하기로 결정하였다. 라오스 중/북부와 연결되는 베트민의 물자보급선과 병력증파의 거점을 끊는 것도 주요 목표였다. 11월 20일 작전을 개시한 프랑스군은 이곳에 공수부대를 투입했고 점령에 성공하였다. 나바흐는 이곳에 "인도차이나에서 가장 강력한," "난공불락"의 "완벽한" 고슴도치를 건설하였다

··········

17   Mark E. Cunningham and Lawrence J. Zwier, *The Aftermath of the French Defeat in Vietnam*, Twenty-First Century Books, 2009, p. 74.

18   나바흐는 자신을 인도차이나군 사령관으로 임명한 르네 마이어(Rene Mayer) 수상이 북부 라오스를 방어하라고 명령하였다고 생각했으나, 마이어 정부의 일부는 후일 그런 적이 없다고 부인하였다. 데이비슨에 따르면, 프랑스국방위원회가 나바흐의 책임에는 라오스 방어를 포함하지 않는다고 통보했으나 그 전문은 이미 작전이 시작한 후 나바흐에게 전달되었다. Phillip Davidson, *Vietnam at War: The History, 1946–1975*, Oxford University Press, 1988, p. 176.

고 믿었다.[19] 그는 베트민군이 군침을 삼키며 공격해 올 것이고, 그들이 이 오지(娛地) 산악지대로 중무기를 이동시키기 어려울 것이기 때문에 자신의 전술은 나산 전투 때처럼 큰 성과를 낼 것으로 판단하였다. 그러나, 후일 많은 군사가(軍史家)들은 프랑스가 공중으로만 접근할 수 있고, 전략적 가치도 없는 오지에 위치한 적진(敵陣)의 작은 영토를 왜 점령하기로 결정했는지 불가사의하다고 평가하였다.

베트민의 보응우옌지압 장군은 일전을 벌이자는 나바흐의 초대장을 거부하지 않았다. 그는 프랑스 제국주의 군대와의 일전을 승리로 이끈다면 군사적 측면뿐 아니라 정치적, 심리적 측면에서 쾌거가 될 것이고, 나아가 향후 전쟁을 결정적으로 유리한 방향으로 이끌 수 있는 절호의 기회가 될 것이라 판단하였다. 호치민도 비슷하게 생각하였다. 그는 12월 보응우옌지압에게 보내는 편지에서 이렇게 말하였다. "이 작전은 군사적으로 중요할 뿐만 아니라 정치적으로도 중요하며, 국내적 이유에서 중요할 뿐만 아니라 국제적 이유에서도 중요합니다. 따라서 우리 민족 전체, 우리 군대 전체, 당 전체가 이 임무를 수행하기 위해 총단결해야 합니다."[20]

여기에는 중화인민공화국의 독려와 종용이 크게 작용하였다. 중국은 오히려 베트민에게 디엔비엔푸에서 전력을 다해 프랑스군을 괴멸시키도록 압박하였다. 그 배경에는 중국이 인도차이나에서 협상과 종전을 필요로 하고 있었다는 사실이 있었다. 첫째, 중국은 전쟁이 지속될 경우 미국이 인도차이나 전쟁에 직접 개입할 가능성이 있다고 보았다. 최근 미국 윌슨 센터(Wilson Center)가 중국 외교부의 문서 보관소로부터 입수한 비밀해제 자료에 따르면 중국 지도부는 당시 소련 및 베트민과의 대화에서 이 가능성을 심각하게 우려하였고, 영국, 프랑스 지도부와의 대화에서도 이 가능성을 탐지하려 노력하였다.[21] 중국은 미국이 개입하기 전, 협상에 의한

....

19 Gary A. Donaldson, *America at War since 1945: Politics and Diplomacy in Korea, Vietnam, Iraq, and Afghanistan*, Carrel Books, 2016, p. 81.

20 듀이커(2001), p. 665.

21 Telegram, Zhou Enlai to Mao Zedong, Regarding Contact with Eden and Bidault, 2 June 1954, PRCFMA 206-Y0050. Obtained by CWIHP and translated for CWIHP by Zhao Han], The Geneva Conference of 1954: New Evidence from the Archives of the Ministry of Foreign Affairs of the People's Republic of China, CWIHP Bulletin, Issue 16.

해결이 자신의 사활적 이익이라고 간주하였다. 둘째, 중국은 국내 경제 재건에 역량을 집중해야만 하는 상황에 있었다. 중국은 한국전쟁 개입으로 인해 큰 대가를 치른 결과 베트민을 원조할 능력을 상실해가고 있었다. 이런 조건하에서 베트민에 대한 원조가 지속되어야 할 경우 국내 경제 재건을 위한 5개년 계획이 크게 차질을 빚을 것은 뻔한 일이었다. 따라서 중국은 협상은 불가피하다고 보았고, 저우언라이는 8월 24일 인터뷰에서 "한반도 갈등을 분명하게 끝내기 위한 평화회담이 열린다면 그 자리에서 '다른 문제들'도 논의할 수 있다"고 이미 중국의 의도를 암시한 바 있었다. 중국은 협상을 조기에 진수시키고, 아울러 협상에서 우위를 확보하기 위해 프랑스의 '기를 꺾는' 군사조치의 실시가 필요하다고 판단하였고, 이러한 맥락에서, 베트민의 디엔비엔푸 공격을 강력히 지지하였던 것이다. 저우언라이는 인도차이나의 중국 고문단에게 다음과 같은 메시지를 보냈다. "외교 분야에서 승리를 거두려면 우리는 한반도에서 휴전에 앞서 거두었던 것과 같은 극적인 승리를 베트남에서도 거두어야 할지 모릅니다."[22]

저우언라이가 언급한 평화회담은 제네바 회담을 뜻한 것이었다. 얼마 전인 1954년 1월 미국, 영국, 프랑스, 소련 등 연합국들의 외무장관들은 베를린에 모여 국제안보에 관한 협상을 시작하였다. 이들은 이 자리에서 4개 연합국의 점령하에 있던 독일과 오스트리아의 국제적 위상에 관한 문제에 관해서는 합의를 도출하지 못했지만, 한국전쟁과 관련된 정전협정을 평화협정으로 대체하는 일과 당시 진행 중이던 인도차이나 전쟁에 대한 해결책을 모색하기 위해 당사자들이 참여하는 보다 광범위한 국제회의를 개최하는 데는 합의할 수 있었다. 그러나 베트민은 제네바 회의로 갈 이유가 없었다. 밀어붙이면 프랑스군은 곧 무너질 것처럼 보였기 때문이다. 그러나 중국과 소련은 보다 광범위하고 복합적인 시각에서 베트남전을 바라 보고 있었다. 미국의 군사적 개입을 미연에 방지하기 위해 협상에 의한 평화가 절대적으로 필요하였다. 따라서 중국과 소련은 베트민을 회담으로 압박해야 하였다. 이들은 베트민을 달래는 한편, 베트민의 대프랑스, 대미국 협상력을 제고하기 위해 프랑스군을 괴멸시키는 데 보다 증대된 역할을 마다하지 않았다. 중국이 특히 적극

....

22   듀이커(2001), pp. 664-65.

적이었다. 중국은 '자신'의 전략목표를 달성하기 위해 대베트민 군사 지원을 증가시켰다. 중국 측 자료에 따르면, 중국은 트럭 2백 대 이상, 석유 1만 배럴, 대포 1백문 이상, 포탄 6천 발, 총 3천 정, 곡물 1천7백 톤 가량을 디엔비엔푸 주변에 배치된 베트민군에게 제공하였다.[23]

드디어 50,000여 명의 베트민군은 1954년 3월 13일부터 얼마 전에 빼앗긴 디엔비엔푸의 프랑스군 요새를 공격하였다. 사실, 디엔비엔푸의 요새는 나바흐가 생각했던 것처럼 난공불락이 아니었다. 약점은 보급 문제였다. 나바흐는 만일 요새가 베트민의 지상군에 의해 포위된다면 보급을 후방의 수송기를 통해 제공하면 된다고 판단하고 고원분지 위에 활주로를 증개축하고, 이를 지키기 위해 방공부대를 배치하고, 산등성이에는 참호를 파고 베트민군의 돌격을 저지하고자 하였다. 그러나 이 요새는 해발 1,000m의 "밥 그릇(rice bowl)"처럼 생긴 분지로서 야산들에 의해 둘러싸인 계곡에 위치하여 산 위에서의 야포 공격에 취약할 수 있었다. 그러나, 나바흐는 대량의 야포가 산 정상까지 배치될 가능성은 없다고 생각하였다. 그는 디엔비엔푸가 베트민 주요 거점 지역에서 상당히 떨어져 있는 오지(娛地)라 물자와 인력 공급이 지난(至難)하고, 설사 운반을 했다 해도 산 정상에 대포를 배치한다는 것은 불가능할 것으로 판단했던 것이다. 베트민군과 노동자 농민들은, 나바흐의 판단과는 달리, 몇날 며칠에 거쳐 베트민군 사령부가 있는 비엣박(Việt Bắc)과 인근 중국 국경으로부터 중국제 곡사포, 야포, 대공화기 등을 분해하여 매고 이고 끌고 디엔비엔푸로 운반하였다. 놀란 프랑스군은 참호를 부술 수 있는 베트민의 곡사포가 조립되고 사정거리 안에 들어오기 전에 항공기로 이를 파괴하고자 하였다. 그러나 베트민군은 분해해서 가지고 온 방공포를 신속히 조립하여 프랑스 항공기들을 겨누었다. 베트민군은 곡사포를 사용하여 참호를 파괴하고 고지를 점령하였다.

상황이 심각해지자 프랑스는 3월 20일 합참의장 폴 엘리(Paul Ely) 장군을 워싱턴으로 급파해 미국의 공습을 요청하였다. 미국의 합참의장 아서 래드포드(Arthur Radford) 제독과 리처드 닉슨 부통령은 이 구상을 지지하였다. 그러나 아이젠하워 대통령은 한국전쟁이 중단된 지 얼마 되지 않은 상황에서 다시 아시아의 전

....

23   듀이커(2001), p. 664.

쟁에 개입하지 않으려 하였다. 그는 프랑스가 궁극적으로 인도차이나 3개국에 완전 독립을 허용한다는 전제하에 여러 나라가 함께 참전한다는 보장이 있어야만 인도차이나에 전투 병력을 투입할 수 있다는 입장이었다. 덜레스 국무장관은 영국 및 프랑스 대사와 접촉했고, 아이젠하워 대통령은 처칠 총리에게 개인적으로 서한을 보내 동남아를 방어하기 위한 동맹군 결성에 영국이 참여할 것을 당부하였다. 아이젠하워는 1954년 4월 7일 기자회견을 통해 후일 "도미노 이론"이라 불리게 된 자신의 군사안보전략을 선보였다:

그들 앞에 도미노들이 한 줄로 서 있습니다. 그들이 첫 번째 도미노를 밀어 쓰러뜨리면 마지막 도미노에게 일어날 일은 뻔한 것입니다. 도미노들은 연쇄적으로 모두 쓰러질 것입니다… 인도차이나가 공산화되면 동남아 전체가 공산화될 것입니다… 그 결과 자유세계는 측정할 수 없을 만큼의 피해를 입게 될 것입니다.

아이젠하워는 영국의 참전을 거듭 요청하기 위해 래드포드를 영국에 보내 처칠 영국 총리를 만나도록 하였다. 4월 26일 저녁 래드포드는 처칠과의 만찬 중 "디엔비엔푸가 함락되고 미국과 영국이 합당한 행동을 취하지 못한다면, 이는 공산주의자들의 거대한 승리가 될 것이고, 역사를 되돌리는 대사변이 될 것입니다… 지금은 중공에 대항하여 중대 결정을 내려야만 하는 결정적 순간이고, 소련은 전쟁을 두려워 하여 대놓고 중공을 지원하지는 않을 것입니다"라고 말하였다. 처칠은 디엔비엔푸 요새의 함락이 역사적 사변이 될 수 있다는 점을 인정하면서도 베트남 파병을 요구한 미국에 대해 다음과 같이 말하였다:

영국인들은 동남아시아의 정글에서 일어나고 있는 일에 의해 쉽게 영향받지 않습니다. 그러나 그들은 이스트 앵글리아(East Anglia)에 막강한 미군기지가 있다는 사실과 중국과의 전쟁은 중소조약을 통해 영국에 대한 소련의 수소폭탄 공격을 야기할 수 있다는 사실을 잘 알고 있습니다. 우리는 제네바에서 이 모든 이슈들이 논의될 수 있는 시점에서 우리 모두를 서서히 재앙으로 인도할 수도 있는 파병이라는 결정을 지금 내릴 수는 없습니다.[24]

이런 상황 하에서 프랑스군은 4월 말까지 고전 속에서도 요새에 버티고 있었다. 베트민군의 지압 장군은 작전을 변경하였다. 그는 공격을 일단 중지하고 프랑스군 요새 주변에 터널과 참호를 파도록 하였다. 이제 삽이 무기가 되었다. 모든 병사들은 프랑스군의 포격 하에서 하루에 4-5m씩 터널과 참호를 파나갔다. 한 베트민 참전 병사에 따르면, 베트민군은 "이 터널과 참호를 통해 서서히 프랑스군의 목을 죄어나갈 수 있었다."[25] 5월 1일 베트민군은 공세에 나섰다. 프랑스군은 식수, 보급품, 탄약이 바닥나자 더 이상 버티기 어렵게 되었다. 5월 6일 프랑스군의 육상 퇴각로를 완전히 차단한 베트민군은 공중보급선마저 차단하기 위해 산 정상에서 활주로에 포 사격을 가하였다. 보급을 위해 활주로에 착륙하는 비행기는 산꼭대기의 참호들로부터 일제히 날아오는 베트민의 포탄에 즉시 파괴되었다. 이에 프랑스와 미국 조종사들은 공중에서 낙하산으로 물자와 병력을 떨구고 서둘러 골짜기를 빠져나가려 하였다. 그러나 베트민군은 이곳에 화력을 집중하여 지원 병력이 땅을 밟기도 전에 사살하였다. 프랑스군에 보급품을 공수하던 미군 조종사 맥거번(James McGovern)과 버포드(Wallace Buford)도 이때 사망하였다. 이들은 58,220명의 미군이 베트남전에서 사망하기 전 희생된 최초의 미군이었다. 바야흐로 프랑스군의 "고슴도치들"은 베트민의 심장을 노리는 단도(短刀)가 아니라 참혹한 "죽음의 함정"으로 변하고 있었다.[26]

정글전에서의 인명 피해를 우려하던 아이젠하워의 전투병 파견 불가 결정에 따라 프랑스군이 고대하던 미국 지상군은 오지 않았다. 디엔비엔푸 요새를 57일 동안이나 포위하고 대프랑스군 고사작전(枯死作戰)을 펼치고 있던 베트민군은 5월 7일 최종 공격을 실시하였다. 보응우엔지압 장군에 따르면, 베트민군은 "사방에서

....

24   PRO, FO 371/112057/360G, record of Churchill-Radford dinner, Chequers, 26, April 1954; Martin Gilbert, *Winston S. Churchill*, vol. VIII, "Never Despair," 1945-1965, Houghton Mifflin, 1960, p. 973.

25   Michael A. Eggleston, *Exiting Vietnam: The Era of Vietnamization and American Withdrawal Revealed in First-Person Accounts*, McFarland, 2014, pp. 18-19.

26   Mark E. Cunningham, Lawrence J. Zwier, *The Aftermath of the French Defeat in Vietnam*, Twenty-First Century Books, 2009, p. 74.

공격하여 프랑스군의 본부 및 참모부 전체를 포로로 잡았다."[27] 프랑스군 중 1,500여 명이 전사했고, 4,000여 명이 부상하였다.[28] 70여 명이 겨우 탈출하였다. 프랑스 포대장은 자살을 선택하였다. 베트민군에 항복한 1만여 명의 프랑스군은 수백 km를 걸으며 감옥을 향해 '수모의 행군(Walk of Shame)'을 하였다. 절반은 행군 중 사망하였다. 살아남은 프랑스군 포로들은 베트민군의 "진주들(珍珠, pearls)"이었다. 베트민은 이들 포로들의 몸값을 그렇게 불렀다.[29]

디엔비엔푸 패전은 프랑스로서는 국가적 재앙이었다. 프랑스의 80년이 넘는 인도차이나 식민지배를 종식시킨 사변이었고, 서구 식민국가가 공산주의자들에게 굴복한 최초의 군사적 사례가 되었으며, 이는 사실상 제국의 종말을 의미하였다. 이 결정적인 전패로 인해 인도차이나 전쟁에 대한 프랑스 국민들의 지지도는 급감하였다. 국제사회도 압력을 가하고 있었고, 또 장기간의 게릴라전에 따른 비용도 감당하기 어려운 수준으로 증가하였다. 프랑스는 식민지를 포기하고 1954년 제네바에서 협상에 참여하기로 결정하였다. 중국이 원하던 바였다. 중국은 또한 "다 잡은 고기를 놓치지 않으려던" 베트민을 압박하고 설득하여 제네바로 향하게 하였다.

제네바 회담에는 영국과 소련이 공동의장국으로 하고, 프랑스, 베트민의 베트남민주공화국, 바오다이의 베트남국, 미국, 중국, 캄보디아, 라오스 등 관련 9개국의 대표가 참석하여 인도차이나에서의 적대행위 중단과 그 이후의 과정에 대해 논의하였다. 베트민은 최대 후원자들과의 갈등이 비화할 것을 두려워하여 제네바 회담에 참여했지만, 역시 이 후원자들은 자신들의 뚜렷한 목표가 있었고, 이는 베트민의 이익과 충돌한다는 것을 쉽게 알아차릴 수 있었다. 중국과 소련은 베트민이 다시 전쟁을 하기를 바라지 않았다. 베트민의 요구를 전면 지지할 생각도 없었다. 이들은 오히려 자신들의 안보와 관련된 이해관계를 최우선시 했으며, 특히, 미국과의 일전을 극히 피하고자 하였다. 중국은 베트민의 반대에도 불구하고, 베트남의 잠정

....

27   듀이커(2001), p. 668.

28   베트민의 손실은 더 커서 사상자 수가 25,000여 명에 이르렀고, 작전 중에 전사한 병사들의 수는 10,000여 명에 달하였다.

29   Eggleston(2014), p. 19.

분할안이 현실적인 타협책이라고 설득하였고, 소련도 같은 생각이었다. 그러나 중국은 자신의 이익을 감추고 있었다.

중국의 외교장관 저우언라이와 소련의 외교장관 브야체슬라프 몰로토프는 회의 석상에서 베트남을 북위 17도선을 기준으로 두 개의 지대로 분할하여, 하나는 베트민이 차지하고 다른 하나는 바오다이 정부와 그 지지자들이 차지하게 하는 타협안을 지지한다고 밝혔다. 베트민에게는 포츠담 회담에서 결정된 영국과 중국의 전후 점령지역이 북위 16도선이었던 점을 고려할 때 그보다도 못한 결과였다.

라오스와 캄보디아 문제에도 베트민의 요구가 관철되지 않았다. 중국은 파테트 라오(Pathet Lao)와 크메르 루지(Khmer Rouge) 대표들이 라오스와 캄보디아 인민의 적법한 대표로 회의에 참석하게 해달라는 베트민의 요구를 지지하지 않는다는 입장을 분명히 하였다. 저우언라이는 그 문제 때문에 협상 타결에 지장이 생기고, 결국 미국이 전쟁에 개입하게 될 수도 있다고 경고하였다. 또한 저우언라이는 기존 국왕의 정부 치하에서 양국을 중립화하는 안을 받아들이는 것이 낫다고 생각하였다. 저우언라이는 베트민이 그 안을 받아들이도록 유도하기 위해 전쟁이 종결된 뒤 파테트 라오군에게 점령지대를 제공할 필요성을 주장하겠다고 하였다. 베트민 대표 팜반동은 불만이었지만 결국 합의하였다.

후일 베트남은 제네바에서 저우언라이의 행동은 라오스와 캄보디아를 자신의 영향권으로 흡수하려는 중국의 욕심 때문이었다고 지적하였다. 이런 주장을 뒷받침할 확실한 증거는 없지만, 중국은 이 두 나라가 자신의 안보에 긴요하다고 보았을 뿐 아니라 인도차이나 전체를 포함하는 강대국이 들어서는 것을 바라지 않았을 가능성이 있다. 그러나 중국은 당면 목표로 평화회담의 결렬을 막고, 나아가 양국에 미군이 주둔하는 것을 막아야 한다고 제시했고, 그런 맥락에서 베트민이 그 문제에 대한 타협안을 받아들일 것을 촉구했으며, 소련도 이 타협안을 강력하게 지지하였다.

1954년 7월 21일 베트남민주공화국(베트민) 총사령관을 대신한 국방차관 따꽝 브우(Ta Quang Buu)와 프랑스의 인도차이나 주둔군 총사령관을 대신한 앙리 델테이(Henri Delteil) 준장은 제네바 회의의 결과물인 정전협정문에 서명하였다. 핵심 내용은 다음과 같다:

베트남은 정전과 함께 북위 17도선을 경계로 잠정적으로 분할한다. 남과 북 5km 의 비무장지대를 둔 이 경계선은 "정치적 또는 영토적 의미의 국경을 의미하지 않는다." 17도선 이북과 이남은 1956년 7월 통일을 위한 "자유 민주적" 선거를 실시해야 한다. 프랑스군은 북에서 베트민군은 남에서 각각 300일 내 철수해야 한다. 이 기간 동안 주민들은 자신이 살고 싶은 지역으로 자유롭게 이동할 수 있는 권리를 갖는다. 어떠한 새로운 외국군도 베트남 영토에 진입할 수 없다. 인디아, 폴란드, 캐나다 대표로 구성될 국제통제위원회(International Control Commission)는 이 협정의 준수 여부를 감시한다. 라오스와 캄보디아는 중립왕국으로 독립한다. 프랑스군과 베트민군은 이들 국가로부터 철수한다.

친미 가톨릭 총리 지엠과 제2차인도차이나 전쟁

미국은 베트남민주공화국, 프랑스, 중국, 소련, 영국 등이 서명한 제네바 회의 최종선언문에 서명하기를 거부하였고, 베트남국 정부에게도 서명을 유보하도록 권고하였다. 미국은, 그러나, UN헌장 제2조 4항에 따라 협정을 저해하는 무력의 사용이나 위협을 하지 않을 것임을 약속했고, 또한 협정을 위반한 침략행위 재발 시 좌시하지 않을 것이며, 베트남의 통일은 UN의 감시 하에 자유선거에 의해 이루어져야 한다고 자신의 입장을 천명하였다. 베트남국은 미국의 주문을 받아들여 최종 선언문을 비난하며 서명하지 않았다. 1954년 10월 프랑스군이 하노이에서 철수하자 호치민은 8년여의 정글 생활을 마치고 공식적으로 북베트남을 접수하였다. 남부 베트남에서는 이미 6월 26일 국가수반 바오다이가 미국의 권유를 받아들여 응오딘지엠(Ngô Đinh Diệm)을 실권을 갖는 총리에 임명하였다. 가톨릭 신자인 지엠은 가톨릭 신자들이 대다수를 차지하는 100만에 달하는 인구가 북베트남으로부터 남베트남으로 이주할 것을 고무하였다. 9만에 달하는 남베트남의 공산주의자들은 북베트남으로 이주하였다. 1만여 명에 달하는 베트민 전사들은 하노이의 지령에 따라 남베트남에 남아 있게 되었다. 미국의 남베트남에 대한 최초의 군사원조 물자가 1955년 1월 사이공에 도착하였다. 미군은 동시에 남베트남군의 훈련을 위해 군사고문단을 파견하였다. 호치민은 1955년 7월 모스크바를 방문하여 군사원조협정에 서명하였다.

지엠 총리는 비공산주의, 공산주의 국내정치세력들과 경쟁하길 원치 않았다. 그는 이들의 도전을 무력을 동원하여 무력화(無力化)하면서 정치권력을 공고히 해나갔다. 국민적으로 인기가 없는 지엠에 대한 지지를 거두려던 미국도 그가 권력정치의 완력과 수완을 보이자 그를 계속 지원하기로 하였다. 지엠은 국내정치적 반대세력을 제압하고 미국의 지지까지 확보하자 자신을 총리로 임명한 바오다이를 정치적으로 거세하고자 하였다. 사실 이 두 인물은 애초부터 서로를 존경하지 않았다. 바오다이가 1933년 황제 시절 자신의 내무장관을 지냈던 지엠을 총리로 임명한 유일한 이유는 미국 고문관들이 그를 강력히 추천하였고, 그가 미국의 원조를 받기 위한 대미창구로서의 유용성이 있다고 인정했기 때문이다.

지엠은 정치활동을 시작할 때부터 베트남 독립을 추구한 민족주의자였다. 그가 내무장관에서 해임된 것도 프랑스 식민당국의 노여움을 샀기 때문이었다. 그는 반공주의자이기도 하였다. 따라서 베트민의 공격 대상이 되었다. 그는 1951년 베트남을 떠나 미국에 정착하였고, 미국에서 자신의 정치적 네트워크 구축에 전력을 기울였다. 애치슨 국무장관, 존 케네디 상원의원 등 유력 정치인들을 만나고, 미국 전역에서 반공 강연을 이어나갔다. 당시 반공주의가 지배하던 미국에서 지엠은 미국인들이 듣고 싶어하는 바를 정확히 짚어냈고, 그들의 지지를 확보해 나갔다. 미국 정치인들로서는 기독교 신자, 반공주의자, 친미주의자인 지엠을 베트남의 정치적 실력자로 양성하지 않을 이유가 없었다.

지엠이 자신의 권력을 공고히 하면서 독단적 행보를 취하자 바오다이는 그를 제거하고자 하였다. 그러자 지엠은 "베트남의 진정한 독립과 공화제 수립을 위한다는 명분으로"[30] 국민투표를 실시하고자 하였다. 프랑스에 머물며 왕정복고를 호소하던 바오다이는 10월 15일 국민투표를 반대하는 성명서를 발표하였다. 그는 지엠

....

30 테일러에 따르면, 지엠이 바오다이를 정리하고 베트남공화국을 수립한 것은 프랑스로부터의 독립을 선언하기 위한 한 방편이었다. Keith Taylor, *Voices from the Second Republic of South Vietnam, 1967-1975*, Southeast Asia Program Publications, 2015, p. 6.

이 제네바 합의에 따른 베트남의 통일을 방해할 것이라며 프랑스, 영국, 미국, 인디아, 소련 등에 지엠을 지지하지 말 것을 호소하였다.[31] 바오다이는 10월 18일 국가수반으로서[32] 총리인 지엠을 해임하며 그의 모든 권한을 무효화한다고 선언하였다. 지엠은 바오다이의 메시지가 베트남 주민들에게 알려지지 않도록 완력을 사용하여 언론을 통제하였다.

미국은 지엠과 국민투표를 지지하였다. 1955년 10월 23일 실시된 국민투표는 대규모 부정선거였다. 지엠의 동생인 응오딘뉴(Ngô Đinh Nhu)가 앞장섰다. 선거결과는 98.2%로 지엠 지지였다. 국민투표 과정에서 지엠을 도운 CIA에 배속된 공군 대령 에드워드 랜즈데일(Edward G. Lansdale)은 지엠에게 즉각 권력공고화 후속 작업에 착수할 것을 권고하였다. 지엠은 자신을 대통령으로 하는 베트남공화국을 선언하였다. 그는 대통령뿐 아니라 총리, 국방장관, 군 총사령관직을 겸하였다. 지엠 정권을 승인한 국가는 프랑스, 미국, 영국, 오스트레일리아, 뉴질랜드, 이탈리아, 일본, 타이, 한국 등이 있었다. 미국의 아이젠하워 대통령은 군원을 약속하였다.

지엠은 제네바 합의에 따라 1956년 7월까지 통일베트남을 위한 총선을 실시하게 되어 있었다. 그러나 그는 북베트남의 인구가 남베트남 인구를 크게 상회하고, 호치민에 대한 베트남 주민들의 높은 지지도 등을 고려할 때 자신이 절대적으로 불리하다고 판단하였다. 지엠은, 바오다이가 예측한 대로, 제네바 합의에 따른 베트남 총선을 거부하기로 결정하였다. 한편, 북베트남은 통일선거를 위한 협상에 강한 의지를 표명하였다. 팜반동 부총리는 1955년 6월 6일 기자회견문에서 "남베트남을 실제적으로 대표하는 권한 있는 당국(competent representative authorities in South Vietnam)"이라는 용어를 사용하였다. 이는 베트남민주공화국(북베트남)의 정부를 유일한 합법 정부로 자처하던 상황을 고려할 때 획기적인 것이었다.[33] 북베트남은 7

....

31   Joseph Buttinger, *Vietnam: A Dragon Embattled*, Praeger Publishers, 1967, pp. 890-92. 바오다이 자신도 제네바 합의를 거부한 바 있었다.

32   바오다이는 1945년 황제에서 물러났으며, 1954년의 제네바 합의에 따라 베트남국(State of Vietnam)의 국가수반이 되었고, 이 선언도 국가수반의 자격으로 이루어진 것이다.

33   Arthur J. Dommen, *The Indochinese Experience of the French and the Americans: Nationalism and Communism in Cambodia, Laos, and Vietnam*, Indiana University Press, 2002, p. 346.

월 19일 정부 성명을 통해, 최초이자 마지막으로, "베트남국의 국가원수/총리"라는 명칭을 사용했고, 1956년 5월 11일에는 지엠 "베트남공화국 대통령"명의로 메시지를 보냈다.

지엠은 북베트남의 '선거에 의한 통일'협상 제안을 거부하였다. 그는 1955년 7월 16일 방송을 통해 "제네바 합의는 베트남 국민의 바람에 반하여 이루어진 것이기 때문에 통일선거에 참여할 의사가 없음"을 확인하였고, 8월 31일 미국 국무장관 덜레스의 지지를 확보하였다. 미국은 선거 거부에 대해 내심 안심하였지만, 지엠이 협상 자체를 거부하기보다는 일단 협상을 시작한 후 북베트남이 협상 결렬을 선언하도록 유도할 것을 권고하였다. 협상 결렬의 책임을 북베트남에게 지운다는 전략이었다.[34] 그러나 지엠은 1956년 2월 "베트남국의 정부는 제네바 합의문에 서명을 하지 않았으므로 그의 조항에 구속되지 않으며, 북에서는 자유선거가 불가능하며, 북이 남측의 반체제 세력에게 정치군사적 원조를 제공하고 '베트콩'을 노골적으로 지원하고 있다는 이유를 내세우며 '베트남 통일을 위한 총선거' 거부를 공식화하였다. 1956년 4월 28일 프랑스는 군대 철수를 완료하였다.

지엠은 집권 후 권력공고화 후속작업을 서둘렀다. 1956년 10월 26일 공화국 헌법을 제정하고, 자신의 초법적 위상과 절대 권력을 법적으로 확보하였다. 그는 자신의 동생인 응오딘뉴를 막강한 비공식적 권력을 행사하는 대통령 고문으로 임명하는 등 친인척을 최고위 공직자로 등용하여 선출직 대통령의 공권력을 사유화하였다. 응오딘뉴의 아내 쩐레쑤언(Trần Lệ Xuân)은 미혼인 대통령의 퍼스트 레이디 역할을 수행하면서 정권에 비판적인 지도자나 시민들을 모욕하고 탄압하는 데 앞장섰다.

지엠은 토지개혁을 실시한 북베트남의 호치민과는 달리, 대지주가 광대한 토지를 그대로 소유하고 높은 소작료를 유지하도록 허용함으로써 토지개혁을 기대하던 농민들의 기대를 저버렸다. 농민들을 포함하여 비정치적인 일반 대다수 베트남인들은 지엠이 약탈적이고 탄압적인 대지주의 이익을 대변한다는 면에서 프랑

....

34 Jessica Chapman, "Staging Democracy: South Vietnam's 1955 Referendum to Depose Bao Dai," *Diplomatic History*, Vol. 30, No. 4, September 2006, p. 694.

스 식민주의자들과 매한가지라고 보았다. 지엠은 오히려 불교도 농민들로부터 토지를 압류하여 자신의 정치적 지지세력인 가톨릭교도들에게 분배함으로써 그렇지 않아도 정치, 경제, 사회적으로 소외된 불교도 농민층의 분노를 자극하였다. 북베트남에서는 1953-56년 기간 동안 급진적인 토지개혁이 실시되어 부재 지주들의 토지를 소작농들에게 분배하였고 상당한 성과를 거두었다. 그러나 정치적인 면에서는 부작용도 컸다. 지주들이 인민재판장에 끌려 나와 수모를 당하였고, 처형되거나 (16,000명 추산), 강제노역장으로 보내져 사회주의 정신교육을 받아야 했다. 민족주의 지주들의 원성이 드높았다. 토지개혁은 1956년 7월 완료되었지만, 결국 정치적으로 역화(逆火)하여 베트남노동당(인도차이나공산당의 후신이며, 베트남공산당의 전신)의 쯔엉찐(Trường Chinh) 서기장이 같은 해 10월 사임하였다. 그럼에도 불구하고, 북베트남에서의 토지개혁은, 민족주의 세력의 일부를 소외시켰으나, 결과적으로 많은 소작농민들을 반제국주의, 사회주의 독립투쟁에 능동적으로 동참하도록 하는 정치적 효과를 냈다. 토지개혁의 문제는 이후 베트남이 농업사회인 것을 고려할 때 남과 북의 베트남 정권의 전쟁수행능력과 관련하여 다대한 함의를 가지게 되었다.

지엠 정권은 1956년 1월을 기점으로 베트민 부역자로 의심되는 농민들을 영장 없이 체포하여 "보안위원회"에서 변호인 없이 재판을 받도록 하였다. 구치된 혐의자들은 심한 고문에 시달렸고, 경우에 따라서는 처형 후 "도주 중 피살"로 처리되었다.

1956년 5월 지엠은 워싱턴을 방문하였다. 아이젠하워 대통령은 그를 "아시아의 기적(miracle man of Asia)"이라 치켜세우며, 미국의 안보공약과 군사 및 경제 원조를 재확인하였다. 지엠 정부는, 그러나 미국의 경제원조의 대부분을 안보와 보안 부문에 집중 분배했고, 교육, 의료, 사회복지 등 농촌에서 절실히 필요한 부문에 대한 투자는 소홀히 하였다. 지엠은 남베트남의 공산주의자들이 농민들에게 토지개혁과 생활수준 개선 등을 약속하여 그들의 지지를 획득하도록 도와준 셈이었다.

"민족해방전쟁"의 개시

이러한 상황에서 이른바 "혁명전쟁"이 시작되었다. 1959년 3월 북베트남의 호치민은 전 베트남의 통일을 위한 민족해방 전쟁을 선언하였고, 17도선의 비무장지대를 우회하여 라오스 및 캄보디아를 통해 물자와 병력을 남베트남으로 침투시키기 위해 호치민 루트(Ho Chi Minh Trail) 건설을 시작하였다. 이 호치민 루트는 북베트남 서부, 라오스와 캄보디아의 정글과 산악지대를 통과하는 2,400km에 달하는 길다란, 그리고 미국과 남베트남에게는 치명적인 '밀림로'가 되었다. 1959년 개통 시에는 북베트남 북부에서 남베트남 중남부 산악지대까지 도보로 6개월이 걸렸다. 1968년에 이르러서는 6주면 충분하였다. 그 동안 수많은 노동자들—특히 여성 노동자들—이 이 '숲속 길'의 확충과 보수를 위해 노력하였다. 1970년대에 이르면 '숲속 길'을 옆으로 두고 연료 파이프라인이 건설된다.

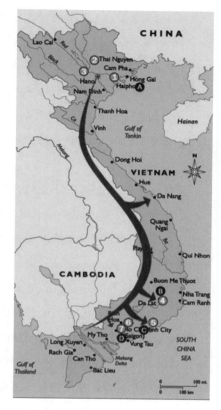

호치민 트레일(Trail).

  한편, 남베트남의 지엠 정권은 토지문제, 종교차별, 부정부패, 정치탄압 등으로 인한 정치불안에 시달렸다. 1960년 4월 18명의 저명한 남베트남 민족주의자들이 대통령에게 청원서를 제출하고, 그의 친인척이 운영하는 부패한 정부를 개혁할 것을 요구하였다. 지엠은 이를 무시하고, 반정부 신문들을 폐간시켰고, 언론인들과 지식인들을 체포 구금하였다. 1960년 11월 남베트남 군의 일부가 쿠데타를 시도했으나 실패하였다. 지엠은 반정부 인사들을 국가반역죄로 다스리면서 고문과 처형으로 맞섰다. 특히 그의 동생인 응오딘뉴가 통제하는 경찰이 정권의 주구 역할을 수행하였다. 그 결과 지엠은 남베트남 주민들의 지지를 더욱 상실하여, 무력이 아니면 정권을 유지하기 힘든 상태에 도달하였다. 남베트남에서 경찰에 쫓기던 시위자들의 일부는 북베트남으로 향하였다. 이들은 후일 호치민의 군대가 되어 남베트남으로 침투하게 된다.

베트남노동당은 남베트남에서 혁명역량을 결집하기 위해 1954년 10월 설립했던 '남부위원회(Xu uy Nam Bo)'를 대체하여 1961년 1월 23일 '남부중앙국(Trung uong Cuc mien Nam, the Central Office for South Vietnam, COSVN)'의 설치를 결정하였다.[35] '남부중앙국'은 "남베트남에서 당의 임무에 대해 지도·감독하고, 당 중앙위와 정치국의 모든 명령과 결의의 이행을 담보하는 권한을 가지는," 말하자면, 베트남노동당 중앙위의 남베트남 분소(分所)인 셈이었다. 응우옌반린(Nguyen Van Linh)이 비서로 임명되었다.[36]

한편, 1960년 12월 20일 호치민과 그의 정치국 동료들은 지엠이 "베트콩(Viet Cong, Viet Nam Cong San)"이라 비하하여 부르던 남베트남의 공산주의/민족주의 게릴라군을 지도하고 남베트남 정권의 전복을 목표로 하는 정치조직인 '베트남남부민족해방전선(Mat-Tran Dan-Toc Giai-Phong Mien-Nam Viet Nam, the NLF)'을 "남베트남 내 모처(somewhere in the South)"에 설립하였다. 공산주의/민족주의자들 모두를 포함하는 이른바 항프랑스 우산조직인 베트민이 북베트남에서 성공을 거두자 이를 남부에 적용하려는 시도였다. 북부의 조직인 남부중앙국(COSVN)과 남부의 조직인 NLF와의 관계는 전자가 후자를 지도하는 형태였다. NLF가 남부중앙국의 전신인 남부위원회의 지도하에 창립되었다는 사실 말고도, 어차피 베트남 내 공산주의자들에 대한 정치권력은 베트남노동당 중앙위와 정치국에 있었기 때문이다. 남부중앙국은 1962년 1월 통일전선전략의 일환으로 베트남인민혁명당(Đảng Nhân dân Cách mạng Việt Nam)의 창당을 지도하고, NLF에 배속시켰고, 이를 공개적으로 선언하였다.[37] NLF는 전 세계 모든 공산국가와 일부 중립국가들에 공관을 두고 외교활동을 수행하였다. 반프랑스 독립 노선의 베트민과는 달리 NLF는 1969년 6월

....

35   Nguyen Qui (chu bien, 주편), *Lich su Xu uy Nam b ova Trung uong cuc Mien Nam: 1954-1975*, Nxb Chinh tri Quoc gia, p. 163.

36   Douglas Pike, *History of Vietnamese Communism, 1925-1976*, Hoover Institution Press, 1978, p. 181. 레주언(Le Duan)은 남부위원회의 비서로 활동하다 1957년 하노이로 "월북"하였다. 따라서 그는 남부중앙국이 설립될 당시에는 베트남남부에 있지 않았다.

37   남부의 베트남인민혁명당은 베트남이 통일되자 1976년 북부의 베트남노동당과 합당하였고, 그 결과 베트남공산당이 창당되었다.

까지 남베트남에 임시정부를 세우지 않았다. 1961년 1월 호치민과 NLF의 무력통일노선은 큰 탄력을 받았다. 소련의 흐루쇼프 서기장이 하노이를 방문하여 "소련은 전 세계의 모든 민족해방전쟁"을 지원하겠다고 선언하였던 것이다. 베트민은 지엠 정권에 대한 무력투쟁을 강화하기 시작하였다.

케네디의 '명백한 운명,' 그리고 "케네디의 수재들"

"도미노 이론"을 신봉하면서도 인명피해를 우려하며 베트남전 개입을 주저하던 아이젠하워를 대체하여 1961년 1월 20일 존 케네디 정부가 출범하였다. 그의 취임연설은 냉전의 계기가 되었던 트루먼 독트린을 연상시켰다. 그는 "자유의 생존과 성공을 보장하기 위한 것이라면, 미국은 어떠한 비용도 감수할 것이고, 어떠한 부담도 마다하지 않을 것이며, 어떠한 어려움도 피하지 않을 것이고, 또한 어떠한 우방도 지원할 것이며, 어떠한 적들이라도 대적할 것"이라 선언하였다.[38] 가톨릭 신자인 그는 초기 미국이 서부로 팽창할 때 이를 이념적으로 정당화하기 위해 제시된 미국인들의 "명백한 운명(manifest destiny)"이라는 개념을 독실한 개신교 신자인 트루먼 못지않게 신봉하였다. 미국인들은 하느님이 자신들에게 주신 풍족함, 자유, 평등, 인권 등을 탄압과 압제에 시달리는 이들과 공유해야 하는 의무를 가진다는 것이었다. 뒤집어 말하면, 탄압과 압제의 주체는 미국인들의 분노와 투쟁의 대상이 될 수 있는 것이었다.

그러나 냉전기 국제정치에서 이상주의가 설 곳이 좁아지고 있었다는 점을 차치하고도, 케네디의 미국은 분노와 투쟁의 대상이 위치한 역사적 현실과 밀착한 현장감 있는 토착지식과 현실적인 방법론을 결여하고 있었다. 특히 젊은 대통령 케네디는 동남아에 대한 지식과 경험이 일천한 상태였다. 44세의 로버트 맥나마라 국방장관, 41세의 맥조지 번디(McGeorge Bundy) 등 주로 기업과 학계에서 등용된 민간인 전략가들이 베트남전쟁 전략의 구상과 집행에 결정적 역할을 하게 될 것이었다.

....

38   President Kennedy's Inaugural Address, 20 January 1961. https://www.jfklibrary.org/Asset-Viewer/BqXIEM9F4024ntFl7SVAjA.aspx

이들은, 군부와는 대비되어, 정치적 해결을 강제할 수 있는 정도의 제한적 전쟁이 미국의 이익에 부합한다고 보았다. 그러나 그들이 대적할 적은 그들의 주판(珠板)과는 질적으로 다른 셈법을 구사하게 될 것이었고, "상식을 초월하는 비범한 정책들(brilliant policies that defied common sense)"을 생산해 내는 케네디의 "수재(秀才, whiz kids)"들을 난관에 빠뜨리게 될 것이었다.[39] 실제로 호치민과 베트민은 정치적 타협이 아닌 전적인 군사적 승리와 베트남의 독립과 통일을 그 어떤 희생을 치르더라도 끝까지 싸워 쟁취하고자 하였다.[40]

케네디 대통령이 취임한 지 넉 달 후 미국의 전쟁 노선이 점차 분명해지고 있었다. 그의 '명백한 운명'이라는 이념적 관념은 호치민은 탄압과 압제의 주체요, 지엠은 자유와 민주주의의 수호자로 보이게 하였다. 1961년 5월 13일 린든 존슨(Lyndon B. Johnson) 부통령은 남베트남을 방문하여 지엠 대통령을 "아시아의 윈스턴 처칠"이라며 부패와 인권 탄압을 자행하던 남베트남의 독재자를 칭송해마지 않았다. 그로서는 베트남 대다수 주민들의 판단과 바람보다는 "자유를 지키는" 친미적 반공주의자의 위상이 더 중요하였다. 케네디 대통령은 남베트남 병사들에게 베트콩을 척결하기 위한 반게릴라 전술을 교육하기 위해 400명의 특전사 요원들로 구성된 특별고문단을 남베트남으로 파견하였다. 이 특별고문단은 곧 임무의 범위를 확장하여 "몬타냐흐(the Montagnards, 山岳派)"로 알려진 용맹스럽고 사나운 산 사

....

39 언론인 헬버스탬(David Halberstam)은 케네디(그리고 그를 승계한 존슨)의 수재들, 즉 학계와 기업 출신 고위전략가들이 경험이 풍부한 국무부나 국방부의 직업공무원들 의견을 무시하고 자신들의 특기인 영리하고 기발한 정책 구상과 개발에만 몰두한 결과 현실과는 괴리가 있는 탁상공론을 양산했다고 지적하였다. 예를 들어, 헬버스탬에 따르면, 케네디와 존슨의 수재 민간참모들이 추진한 단계적 확전정책(gradual escalation)은 부정적 국내여론과 의회의 비판을 모면하게 해주고, 중국과의 직접적 전쟁을 방지하였지만, 결정타를 날려야 할 시점에 전력(戰力) 부족으로 결국 베트남전 승리를 이끌어내지도 못했고, 적시의 미군 철수 결정도 하지 못하게 하는 우를 범하였다. David Halberstam, *The Best and the Brightest*, Ballantine Books, 1993.

40 1946년 12월 19일 호치민의 숙소를 프랑스군이 포위하였다. 그와, 보응우옌지압, 그리고 최측근 참모들은 논으로 피신하였다. 호는 고열에 시달리면서도 베트남 동포에게 고하는 독립호소문을 작성하였다. "우리들의 저항은 길고 험할 것입니다. 그러나 어떤 희생을 치르더라도, 투쟁이 얼마나 오래 걸릴지라도, 우리는 베트남의 완전한 독립과 통일을 성취할 때까지 끝까지 투쟁할 것입니다" A. J. Langguth, *Our Vietnam: The War 1954-1975*, Simon & Schuster, 2000, pp. 63-64.

람들로 구성된 민간비정규방위단(Civilian Irregular Defense Groups)을 설립하였고, 이들은 북베트남군이 남쪽으로 침투하는 것을 막는 역할을 수행하였다.

1961년 10월 11일 케네디 대통령은 미 공군의 일개 비행중대를 남베트남으로 파견하는 데 동의하면서, 지상군 파견에 대해 결정을 내리기 위해서 남베트남에서 악화되는 군사적 상황을 참모들이 직접 확인하고 보고하라고 지시하였다. 군사적 개입을 지지하던 백악관 참모인 윌리엄 테일러 장군과 월트 로스토우(Walt W. Rostow) 국가안보 부보좌관은 남베트남 방문 후 다음과 같이 보고하였다.[41]

> 베트남이 자신의 자원들을 동원하고 조직하는 시간을 벌기 위해서는 미국의 적극적 행동이 필요함. 그러나 그러한 전환을 이루기에는 시간이 촉박함. 그리고 베트남이 적의 수중에 들어가면 미국이 동남아를 수호하기는 불가능하지는 않더라도 매우 어려울 것으로 판단함. 미국이 잃게 될 것은 중요한 한 줌의 땅이라기보다는 이 지역에서 공산세력의 공격을 퇴치하려는 미국의 의지와 이들을 물리칠 수 있는 미국의 능력에 대한 지역국가들의 신뢰임.

이들은, 구체적으로, 전쟁 억지 및 미국의 결의 과시를 목적으로 6,000-18,000명의 지상군과 군수지원 병력 파견을 건의하였다. 국방장관 맥나마라와 합참은 북베트남의 기를 꺾기 위한 군사력의 과시를 위해 20만 명에 달하는 6개 사단 규모의 병력을 파견할 것을 건의하였다. 그러나 국무부 일각은 전투병 파견에 강력히 반대하였다. 국무차관 조지 볼(George W. Ball)이 그 중 하나였다. 그는 도덕적 이유 때문이 아니라 미국의 전략이익 때문에 반대한 것이었다. 그에 따르면, 미국의 외교안보전략의 핵심은 강력하고 통합된 서부유럽에 기초해야 하고, 그렇게 함으로써 이른바 '대서양동맹(the Atlantic alliance)'을 강화하여 소련과의 관계에서 안전판을 확보할 수 있다는 것이었다. 동남아는 미국의 전략적 이해관계에서 주변지역에 속하며, 공산중국의 위협도 과장되어 있었다. 그는 미국이 베트남에 전투병을 파견하

....

41   William Conrad Gibbons, *The U.S. Government and the Vietnam War: Executive and Legislative Roles and Relationships, Part III: 1965-1966*, Princeton University Press, 2014, pp. 6-7.

면 결국 수십 만이 '늪'으로 끌려들어갈 것이라고 하였다.

케네디 대통령은 미 지상군은 파병하지 않기로 결정하고, 대신 10월 24일 베트남공화국 정부 수립 6주년을 축하하며 지엠 대통령에게 친서를 전달하며, "미국은 베트남이 독립을 유지하는 데 공헌할 것임"을 약속하였다. 케네디는 그러나 군사고문단을 추가로 파견하고, 남베트남군의 이동을 돕기 위해 헬리콥터 부대를 파견함으로써 사실상 미군이 베트남의 전투에 개입하도록 하였다. 케네디는 군사고문단의 규모를 16,000명으로 늘려갔다. 케네디는 1962년 1월 15일 기자회견에서 미국의 전투병이 베트남전에 개입하고 있는지를 묻는 기자에게 "아니요"라고만 짧게 답하였다. 그러나 케네디는 1962년 2월 6일 1950년에 설치된 군사원조고문단(the Military Assistance Advisory Group for Vietnam)을 대체할 군사원조사령부(Military Assistance Command for Vietnam)를 신설하였다.

지엠의 독재, 인민의 저항

미국의 군사 및 경제 원조와 정치적 지지는 수령(受領) 주체인 지엠 정권의 '상호강화적(相互强化的)'인 부패–무능–독재로 인해 소기의 목적을 달성하기 어려운 상황이었다. 1963년에 들어서 지엠 정권의 부패는 극에 달하였다. 지엠은 남베트남군 고위 장교들을 그들의 능력보다는 자신에 대한 충성도를 기준으로 자의적으로 발탁하였다. 그는 이들 장교들에게 국가를 위해 용맹스럽게 싸우라는 말 대신 사이공에서 쿠데타가 발생하지 않도록 만전을 기하라고 명령하였다. 지엠의 동생 응오딘뉴는 살벌한 불법적 공안통치의 주범이었다. 그는 지엠이 당선된 불법선거에서 큰 공을 세운 바 있었다. 그는 정치, 보안, 노동, 언론 조직들을 비밀리에 총동원하여 바오다이를 허위로 비방하고, 지엠에 비판적인 세력을 가차 없이 공격하였다. 지엠이 98.2%의 지지율로 당선된 데에는 뉴의 정치공작이 핵심 역할을 하였다. 응오딘뉴는 지엠 당선 후 남베트남군 특수부대에 대한 사실상의 지배력을 확보하고, 이들을 베트콩과의 전투에 사용하기보다는 지엠과 가족들의 독재를 유지하는 보루로 사용하였다.[42] 응오딘뉴는 또한 부정축재에 열을 올렸다. 남베트남의 남부 전체가 그의 사냥감이었다. 응오딘뉴의 동생인 응오딘껀(Ngô Đình Cẩn)도 부패의 화신이었다. 형인 뉴가 남베트남의 남부를 지배했고, 껀은 북부에서 미군과의 물자조달 계약과 쌀수출을 독점하며 부정축재에 몰두하였다.[43] 뉴의 처인 쩐레쑤언은 독신인 지엠 대통령의 영부인 역할을 하며 권력을 남용하였다.

가톨릭 교도인 지엠은 가톨릭 교회나 신자들에게 특혜를 베풀고, 베트남 국민의 70-90%를 차지하는 불교도들을 국가와 사회에 포용/통합하는 데 소극적으로 임함으로써 정권이 국민들에 의해 소외되고, 그 결과 정치적 불안정과 인권 탄압의 악순환을 야기하였다. 지엠은 집권 후 모든 주요 공공건물에 교황청의 깃발을 게양하도록 하였고, 1959년에는 베트남을 성모 마리아에게 봉헌하였다.[44] 그는 정부 내 모든 고위 권력직에 가톨릭 교도들을 우선적으로 임명하였다. 그렇게 되니 베트남 사회 전체에서 가톨릭 교도들이 눈에 띄게 우대를 받게 되었다. 불교도들은 소수의 가톨릭 공동체에 제공되는 특혜에 대해 분노하였다. 특히 적지 않은 가톨릭 교도들이 과거 프랑스 식민정권에 부역했다는 점이 더 큰 불만을 불러일으켰다. 1950년대 및 1960년대 초 남베트남에서 불교 조직이 급성장하였다. 그 결과 불교도들이 정치적, 사회적으로 의식화되고 지엠 정부에 대해 비판적 발언권을 강화하였다. 이런 맥락에서 1963년 5월 발생한 지엠 정권의 불교도 탄압은 종교박해 그 자체의 의미와 함께 정치적 그리고 군사전략적으로도 다대한 의미를 갖는 것이었다.

1963년 4월 지엠 정부는 국가가 종교에 앞선다며 공공장소에서의 종교적 깃발과 현수막의 게양을 금하였다. 정부는 이 조치가 불교뿐 아니라 가톨릭교에 대해서도 공히 적용됨을 선포하였다. 정부의 이러한 조치가 지방관리들에게 하달된 시점은 석가탄신일(Vesak) 직전이었고, 불교도들에게는 석가탄신축제에 찬물을 끼얹는 일이었다. 더구나 일주 전 정부 후원으로 지엠의 형인 응오딘툭(Ngo Dinh Thuc) 후에(Hue) 대교구 대주교의 기념일 행사에서 가톨릭 깃발과 현수막이 나부꼈기 때문에, 그렇지 않아도 차별에 시달리던 불교도들의 분노는 극에 달하였다. 5월 8일 불

....

42   Stanley Karnow, *Vietnam: A history*, Penguin Books, 1997, pp. 280-84.

43   Karnow(1997), p. 246.

44   Seth Jacobs, *Cold War Mandarin: Ngo Dinh Diem and the Origins of America's War in Vietnam, 1950-1963*, Rowman & Littlefield, 2006, p. 91.

교도들은 정부의 지시에도 불구하고 불교의 깃발과 현수막을 내걸었고, 정부 명령에 항의하는 시위에 나섰다. 경찰이 발포하여 1명의 여성과 8명의 아동을 포함하여 9명이 숨지고 14명이 부상당하였다. 그러나 지엠 정부는 사상자는 정부의 발포에 의한 것이 아니고 베트콩이 던진 수류탄에 의한 것이라고 사실을 날조하였다.

6월부터 불교도들의 시위가 확산되었다. 1963년 봄 승려들은 공개적 소신공양(燒身供養, 焚身, 분신)으로써 지엠 정부에 항의할 것임을 암시하기 시작하였다. 6월 10일 승려들은 "중대사"가 일어날 것이라고 외국언론의 특파원들에게 알렸다. 6월 11일 대승불교(大乘佛敎) 승려 틱꽝득(Thích Quảng Đức)이 사이공 시내 한 복판에서 분신하였다. 틱꽝득의 분신을 촬영한 미국의 AP(Associated Press) 통신사의 맬콤 브라운(Malcom Browne)은 그때까지만 해도 정부의 검열이 실시되기 전이라 자신이 촬영한 사진들을 "비둘기"[45]를 이용하여 마닐라로 보냈고, 이어서, 무선으로 AP 통신사 본부에 전송할 수 있었다.

분신 광경은 각국의 언론에 보도되었는데, 화염 속에서도 표정의 일그러짐 없이 정좌자세로 조용히 죽음에 이르는 의연한 한 고승(高僧)의 모습은 전 세계적으로 충격을 주었다. 케네디 대통령은 동생인 로버트 케네디 법무장관과의 전화통화 중 신문에 실린 이 사진을 보고 "하느님 맙소사"를 연발하였다. 그는 "역사상 이처럼 전 세계인의 감정을 자극하는 뉴스 사진은 일찍이 본 적이 없다"고 말하였다.[46]

틱꽝득의 분신으로 지엠은 정치개혁을 요구하는 국제적 압력에 직면하여, 불교도들을 위무하기 위한 개혁을 발표하였다. 그러나 지엠은 의지가 없었기 때문에, 케네디의 강력한 권고에도 불구하고, 개혁을 실행에 옮기지 않았을 뿐 아니라, 오히려 8월 계엄을 선포하여 강제력으로 문제를 해결하려 하였다. 지엠의 동생 응오딘뉴에게 충성을 바치는 남베트남 특수부대는 사이공과 후에 등 남베트남 전역에서 불교도들을 탄압하고 불교 파고다들을 훼손하는 만행을 자행하였다. 응오딘뉴

....

45   맬콤 브라운은 2012년 타임지와의 인터뷰에서 "비둘기"라는 용어를 사용했는데, 이 "비둘기"는 정기적으로 비행기를 타는 승객으로서 부탁받은 물건이나 편지를 목적지까지 전달해주는 역할을 하였다. Patrick Witty, "Malcolm Browne: The Story Behind the Burning Monk" *The Time*, Aug 28, 2012.

46   Jacobs(2006), p. 149.

의 처이자 불교에서 개종한 가톨릭 신자인 "마담 뉴" 쩐레쑤언은 한 미국 언론과의 TV 인터뷰에서 틱꽝득의 죽음을 "땡중의 바베큐 쇼"라고 비난하였다. 응오딘뉴 자신은 "땡중들이 계속 분신을 한다면 기꺼이 휘발유와 성냥을 제공하겠다"며 조롱하였다.[47]

응오딘뉴의 탄압은 반정부 시위를 격화시켰고, 승려들의 분신이 잇달아 미국도 더 이상 용인할 수 없는 수준에 이르렀다. 미 국무부는 8월 24일 주베트남 대사 헨리 라지(Henry Cabot Lodge, Jr.)에게 지엠이 "뉴 가족(Nhus)을 숙청"하도록 건의하고, "지엠이 이것을 거부할 시 베트남의 지도자를 교체할 수 있는 방안을 모색"하라고 주문하였다.[48]

많은 국제정치사가들은 이때가 미국이 베트남전에서 빠져나갈 수 있었던 절호의 기회, 그러나 결과적으로 "잃어버린 기회(lost opportunity)"였다고 보고 있다. 케네디는 남베트남의 폭정을 미국을 위한 출구로 만들 수 있었다는 말이다.[49] 그러나 그는 남베트남에 대한 공약을 지키겠다고 선언하였다. 1963년 9월 2일 케네디는 미국 CBS 방송의 월터 크롱카이트(Walter Cronkite)와의 인터뷰에서 "미국이 베트남에서 철수하면 공산주의자들은 베트남, 타이, 캄보디아, 라오스, 말라야 등을 차례로 집어삼킬 것"이라며 "도미노 이론"을 다시 한번 상기시켰다. 그러나 케네디는 지엠이 "국민들과 괴리되어 있어 우려되고, 남베트남 정부는 정책의 변경, 그리고 아마도 인적 개선을 통해 국민의 지지를 회복할 수 있을 수도 있다"고 지엠을 압박하기도 하였다. 케네디는 10월 2일 주베트남 대사 라지에게 전문을 보냈다. 내용은 모호하였다: "쿠데타를 격려하는 어떠한 조치도 취해서는 안 될 것임. 동시에 대사는 지

....

47   Howard Jones, *Crucible of Power: A History of American Foreign Relations from 1945*, Rowman & Littlefield Publishers, 2008, p. 128.

48   Department of State, Telegram from the Department of State to the Embassy in Vietnam, Washington, August 24, 1963, 9:36 p.m., Har-Van Files, Overthrow of the Diem Government in South Vietnam, 1963. Top Secret; Operational Immediate. *FRUS, 1961-1963*, Volume III, Vietnam, January–August 1963.

49   Matthew Masur, "Historians and the Origins of the Vietnam War," in Andrew Wiest, Mary Kathryn Barbier, Glenn Robins eds., *New Perspectives on the Vietnam War: Re-examining the Culture and History of a Generation*, Routledge, 2010, p. 38.

엠을 대체할 수 있는 인물들이 부상하게 되면 그들을 확인하고 접촉을 시도할 것."

불교도인 즈엉반민(Dương Văn Minh) 장군이 미대사관을 접촉하여 쿠데타 의지를 피력하였다.[50] 쿠데타 성공 시 미국의 원조 지속 여부를 타진하고, 미국이 이 과정에 개입하지 말 것을 요구하였다. 미국은 긍정적이었고, 그의 요구에 동의하였다. 그러나 케네디 정부는 쿠데타가 실패하고, 미국이 배후에 있었다는 사실이 알려질 것이 두려워 최후의 순간까지 망설였다. 1961년 4월 쿠바의 피그스 만 침공 시 케네디의 자세와 '데자부(Déjà vu)'가 된 셈이었다. 10월 29일 백악관은 쿠데타를 중지하라고 지시하였다. 라지는 그렇게 되면 쿠데타 주동자들이 체포 처형될 것이라 답하였다. 11월 1일 라지가 지엠을 면담한 직후인 오후 1시 30분 쿠데타군이 대통령궁을 포위하였다. 지엠은 라지에게 전화하여 "미국의 입장은 무엇인가?"고 물었다. 라지는 "지금 워싱턴의 시각은 새벽 4시 30분이고, 미국 정부는 입장을 가지고 있지 않다"고 답하였다. 저녁 8시 지엠과 뉴는 대통령궁을 탈출하여 교외에 있는 화상(華商)의 안전가옥으로 이동하였다. 그러나 지엠의 한 부하가 쿠데타군에 그의 위치를 제보하였고, 지엠과 뉴는 성당으로 도주하여, 거기서 항복을 제의하였다. 그들은 장갑차에 실려 사이공으로 이송되던 중 모두 살해당하였다.

지엠의 살해 소식을 접한 케네디는 얼굴색이 하얗게 변하며 회의실 밖으로 나갔다. 그는 자신의 일기에 다음과 같이 썼다. "나는 이 사건에 대해 미국의 책임이 크다고 인정한다."[51] 어쩔 수 없기도 했지만, 자신의 모호했던 태도에 대한 자책이었다. 쿠데타와 지엠 정권의 붕괴는 남베트남에서 권력공백과 정치불안을 야기했고, "베트콩"은 공산주의 해방구를 남베트남의 40%까지 늘려 나갔다.

1963년 11월 22일 미국 대통령 케네디가 암살되었다. 린든 존슨 부통령이 대통령직을 승계하였고, 그는 케네디의 참모들을 그대로 유지하였다. 대통령 암살 이틀 뒤인 11월 24일, 존슨 대통령은 워싱턴에 체류하던 주베트남 대사 라지 등을

....

50 지엠은 중부 꽝빈(Quang Binh) 출신이고, 즈엉반민은 남부 띠엔장(Tien Giang) 출신이었다. 종교 갈등과 출신지역 문제가 얽혀 있는 사건이었다.

51 Patrick J. Sloyan, *The Politics of Deception: JFK's Secret Decisions on Vietnam, Civil Rights, and Cuba*, Thomas Dunne Books, 2015, p. 248.

포함한 주요 외교안보참모들에게 "나는 결코 베트남을 잃지 않겠다"고 말하였다. 1964년 3월 6일 국방장관 맥나마라는 남베트남을 방문하여 존슨의 방침을 알렸다. 그는 즈엉반민을 무혈쿠데타로 내쫓고 집권한 "응우옌카인(Nguyễn Khánh) 장군에 대해, "그가 미국의 감탄과, 미국의 존경과, 미국의 완전한 지지를 받고 있으며… 미국은 베트남에 주둔할 것이다. 미국은 베트남이 공산반란군과의 전쟁에서 반드시 승리할 수 있도록 지원을 아끼지 않을 것"이라며 남베트남 정부와 군을 격려하였다. 귀국 즉시 맥나마라는 위축된 베트남의 경제에 활력을 불어넣기 위해 원조 증액을 건의하였다. 맥나마라와 존슨의 안보참모들은 "도미노 이론"과는 별도로 미국의 신뢰성 유지의 중요성을 강조하기 시작하였다. 미국이 남베트남의 몰락을 방조하면 다른 동맹국이나 우방국들이 미국의 안보공약에 의구심을 갖게 되고, 이는 미국의 전 세계안보전략을 훼손할 것이라는 논리였다. 베트남전은 이제 바야흐로 미국의 위신과 존슨 대통령의 평판이 걸린, 공산주의와의 투쟁에 있어 미국이 강력한 의지를 과시해야만 하는 하나의 시험장이 되었다.

베트남전의 확전: 존슨과 '통킹만 사건'

1964년 초 북베트남은 중대 결정을 내렸다. 노동당 중앙위원회가 미군이 개입하기 전에 남베트남군을 파괴하기 위해 사실상 남베트남에 대한 전면전을 결정한 것이었다. 1월 20일 비밀리에 채택된 '결의안 9'는 이제까지 남과 북에서 분리해 추진하던 혁명 과정을 하나로 통합한다는 의미를 내포하고 있었다.[52] 이 시점을 계기로 점진온건파 호치민은 상징적이고 정신적인 지주(支柱)로 주변화되고, 남베트남 출신 급진강경파 레주언(Le Duan)이 당의 실권을 장악하게 되었다.[53]

1964년 초 미국의 관점에서 볼 때 남베트남의 상황은 악화되고 있었다. 베트콩의 전력이 확충되고 남베트남 전역으로 확대되었다. 북베트남은 정규군을 호치

....

52 Pierre Asselin, *Hanoi's Road to the Vietnam War, 1954-1965*, University of California Press, 2015, p. 168.
53 Asselin(2015), pp. 170-73.

민 루트를 통해 잠입시켰고, 이들은 베트콩의 무장투쟁력을 더욱 강화하였다. 존슨 대통령은 이에 대처하기 위해 1964년 1월 승인한 '작전계획 34A', 즉 남베트남군의 특수부대가 북베트남 해안에 침투하여 레이더시설을 파괴하는 CIA가 개발한 대북베트남 비밀작전을 2월 1일 개시하도록 하였다. 북베트남의 통킹만(Gulf of Tonkin)에서 작전 중인 미 해군 함정들은 이 특수부대의 공격을 지원하도록 되어 있었고, 이중에는 북베트남의 레이더의 위치를 확인하기 위해 전자정찰의 임무를 맡은 구축함 매독스(USS Maddox)호도 포함되어 있었다.

존슨 대통령은 격화되는 베트남전을 어떻게 할 것인지 고민에 빠지게 되었다. 상황은 엉망진창으로 빨려가고 있었다. 북베트남과 "베트콩"은 왕성한 전투욕을 보이고 있고, 남베트남은 잦은 쿠데타와 정치, 경제, 사회 불안정에 시달리고 있었다. 남베트남 정부와 군은 부패 무능으로 미국의 군원은 '밑 빠진 독에 물 붓기'처럼 보였다. 프랑스, 영국은 정치적 해결을 지지했고, 중국, 하노이, NLF도 미국에 의한 확전을 우려하여 협상의 가능성을 열어두고 있었다.[54]

그러나 존슨의 참모들은 프랑스의 드골이 제시하는 베트남 중립화 방안 등 정치적 해결이 결국 베트남의 공산화를 가져올 것으로 보고 미국의 군사적 개입이 불가피하다고 대통령에게 건의하였다. 고 케네디 대통령의 최측근 테드 소렌슨(Ted Sorenson)은 이미 1월 14일 존슨에게 서한을 보내 "베트남의 중립화는 결국 공산화로 이어질 것이고, 아시아에서 미국의 입지를 위태롭게 할 것이며, 이는 민주당에게 정치적 타격으로 돌아올 것"이라고 강조했고, 러스크, 맥나마라, 번디, 로스토우 등 대통령 참모들도 그의 견해에 동의하였다. 1월 30일 남베트남에서 쿠데타가 일어났다. 지엠 정부를 전복한 군사정권이 이번에는 동료 군 장성에 의해 무너졌다. 1월 31일 영향력 있는 언론인 제임스 레스턴은 '뉴욕타임즈'를 통해 협상에 의한 해결을 요구하였다. 2월 17일에는 사이공의 외교관으로부터 미군 개입의 불가피성을 강조하는 전문이 백악관에 도착하였다. 주베트남 대사관의 부대사 데이비드 네스(David Nes)는 "남베트남에게 기대할 것은 없고, 이 나라의 중립화를 피하려면 미국의 군사개입 확대가 유일한 방법"이라고 건의하였다.[55]

....

54   Masur(2010), p. 38.

남베트남군은 2월 26일 롱딘(Long Dinh)에서 "베트콩"과 맞닥뜨렸다. 그러나 남베트남군은 압도적인 수와 화력의 우세에도 불구하고 수세에 몰린 "베트콩"을 적극적으로 공격하지 않았고, 그들은 쉽게 퇴각할 수 있었다. 부패한 독재 정부가 낳은 정치적이고 기회주의적인 지휘관들 때문이었다. 그들은 진급을 위한 요건은 전투력이 아닌 권력자에 대한 정치적 충성도라는 것을 알고 있었다. 그들은 패전할 경우 병력 손실에 대한 책임추궁이 두려웠고, 승전할 경우에도 진급을 둘러싼 선임자의 의심과 질시가 두려웠기 때문에 가능한 한 위험부담이 있는 전투는 회피하였던 것이다. 지역 수준에서 "베트콩"과 암묵적인 평화협정을 맺은 전투단위들도 있었다.[56] 징집된 사병들도 사기가 높을 수 없었다. 돈 있는 사람의 아들은 뇌물을 통해 병역을 기피하고, 그렇지 못한 아들만 군대로 끌려왔기 때문이다. 1964년 남베트남군의 수는 50여 만이었다. 그리고 같은 해 탈영병의 수는 7만을 넘었다. 징병소에서의 병역 기피율은 50%에 달하였다.[57]

3월 4일 미 합참의장 테일러 장군은 북베트남에 대한 공격을 건의하였다. 그러나 존슨 대통령은 "11월 대선이 끝날 때까지 확전은 없다"고 말하였다.[58] 미국은 편법을 쓰기로 하였다. 1964년 봄부터 미국은 용병들을 사용하여 라오스 내 호치민 루트를 비밀리에 폭격하기 시작했던 것이다. 1964년 3월 17일, 미국의 국가안보회의는 북베트남에 대한 폭격을 건의하였다. 존슨은 이를 수용하지 않았지만, 국방부에게 이 계획을 연구해볼 것을 지시하였다. 존슨의 참모들은 대통령의 적극적인 베트남 정책을 지원하기 위한 의회의 결의안을 이끌어내고자 하였다. 그러나 상원이 별 관심을 보이지 않자 이 건은 잠정적으로 보류되었다. 그러나 이 결의안 초안은

....

55 Frederik Logevall, *Choosing War: The Lost Chance for Peace and the Escalation of War in Vietnam*, University of California Press, 1999, p. 113.

56 U.S. Congress, Senate, *Congressional Record*, October 4, 1967, U.S. Government Printing Office, 1967, p. 27919.

57 1964년 월평균 6,000명이었던 탈영병의 숫자는 1965년 11,000명으로 늘어났다. James S. Olson and Randy W. Roberts, "Into the Abyss, 1965-66," in *Where the Domino Fell: America and Vietnam 1945-1995*, Wiley-Blackwell, 2008.

58 David Kaiser, *American Tragedy: Kennedy, Johnson, and the Origins of the Vietnam War*, Harvard University Press, 2000, pp. 304-305.

후일 이른바 '통킹만 결의안'의 기초로 사용되었다.

존슨은 공산주의자들이 베트남을 정복하는 것을 용납할 수 없었다. 그러나 북베트남군과 베트콩은 전력을 역동적으로 강화하고 있었지만, 남베트남군은 이들의 적수가 되지 못한다는 사실이 명백하게 드러나고 있었다. 베트남의 공산화를 막으려면 미군이 들어가야만 하였다. 그러자니 인명 피해는 불가피하고, 그 국내정치적 함의는 부정적이었다. 존슨은 미국의 군사적 개입 여부를 두고 깊은 딜레마에 빠졌다. 그는 1964년 5월 27일 오전 10시 55분 자신의 오랜 친구이자 멘토인 조지아 주출신 상원의원 리처드 러셀(Richard Russell Jr.)에게 전화하여 조언을 구하였다:

러셀: 대통령님, 제가 대통령님이라면 솔직히 말해 이 전쟁에 개입하지 않을 것입니다. 베트남 상황은 제가 본 중 최악입니다. 제가 인생을 살면서 맞게 예측한 적이 많지는 않지만, 미국이 베트남에 첫발을 내디뎠을 때 저는 우리가 엉망진창으로 들어가게 될 것이라 판단했습니다. 저는 중국인들과 그리고 논밭과 정글의 베트남인들과의 일전을 하지 않고 여기를 빠져나올 수 있는 길을 찾지 못하겠습니다. 저도 우리가 어떻게 해야 하는지 잘 모르겠습니다.

존슨: 아, 그렇지요. 나도 지난 6개월 동안 같은 생각을 하고 있었습니다.

러셀: 상황이 매우 좋지 않습니다. 엉망진창입니다. 이제 더 악화될 겁니다. 저는 이 문제를 어떻게 해야 할지 또 무엇을 해야 할지… 암담한 상황입니다.

존슨: 베트남은 우리에게 얼마나 중요합니까?

러셀: 하나도 중요하지 않습니다.

존슨: 내가 보기엔 중요한 것 같습니다.

러셀: 심리적 관점에서는 그럴 수 있습니다.

존슨: 동맹조약의 관점에서 문제가 될 수 있습니다. 저의 안보참모 모두는 공산주의자들에게 미국의 힘을 보여줄 필요가 있다고 주문하고 있습니다. 이들은 한국전 때의 맥아더 같아요. 중공이 베트남전에 개입하지 않을 것이라고 말하고 있지요. 근거는 별로 없고요. 그들은 미국은 선택지가 별로 없다고 합니다. 지켜야 할 동맹조약이 있고, 미군이 이미 거기에 가 있고. 도미노 현상이 우려된다고도 합니다. 나는 결정을 보류하고 있기는 하지만, 미국 국민들이

어떻게 생각할지 걱정됩니다. 내가 보기에 미국 국민들은 확전을 지지하지 않을 것 같습니다… 나는 모르스 상원의원의 의견에 동의하지는 않지만, 그러나…

러셀: 저도 그렇습니다. 그러나 그는 많은 미국인들의 정서를 대변하고 있는 것은 사실입니다.

존슨: 맞습니다… 백악관 관저에서 일하는 작고 나이 든 상사가 하나 있습니다. 아이가 여섯이나 되요. 난 파병을 생각할 때 과연 이 아이 여섯 달린 아버지를 그곳으로 보내야 하나 하는 생각이 들곤 합니다. 우리는 도대체 그를 베트남으로 보내서 그로부터 무엇을 얻을 수 있을까요? 이런 생각을 하면 등뒤에서 식은땀이 흐르는 것을 느끼게 됩니다… 나는 그것을 할 용기가 없어요. 이 상황에서 다른 방법도 보이지 않고요.[59]

존슨이 고민할 당시 미국 내에서 확전을 지지하는 세력은, 군과 그의 외교안보 참모들 외에는, 거의 없었다.[60] 확전주의자 닉슨에 동의하는 공화당 의원들은 찾아볼 수 없는 정도였다. 오히려 적극적으로 우려를 표시하는 참모들도 있었다. 그 중 하나가 국무차관 조지 볼(George Ball)이었다. 그는 존슨 취임 5개월쯤 되었을 때 자신의 의견을 개진하였다. 그는 "미국이 너무 성급하게 그리고 예상되는 난관을 무시하고 희망적 사고에 젖은 채 전쟁을 확대하는 것 같다"며, 의사결정 이전 다음과 같은 문제들을 숙고해야 한다고 지적하였다. "존슨 정부가 당시 고려하고 있던 북베트남에 대한 폭격은 남베트남의 베트콩을 무력화시킬 수 있을까? 미국의 남베트남 원조가 미군의 투입으로 이어진다면 미국은 식민제국주의국가로 비처지지 않을까? 북베트남에 대한 미국의 공격은 UN에서 어떤 반응을 야기할 것인가?"[61] 조

....

59 Telephone Conversation Between President Johnson and Senator Richard Russell, *FRUS, 1964-1968*, Volume XXVII, Mainland Southeast Asia; Regional Affairs, Washington, May 27, 1964, 10:55.

60 Logevall(1999), p. 135.

61 Ball to Rusk, May 31, 1964, in George W. Ball, *The Past Has Another Pattern: Memoirs*, Norton, 1982, pp. 400-404.

지 볼은 "일단 호랑이 등에 올라 앉으면 어디에서 뛰어내려야 할지 알 수 없다"고 경고하였다.

존슨은 이때 베트남전의 출구로 갈 수가 있었다. 그러나 1963년 여름 케네디가 그러했던 것처럼 1964년 여름 존슨도 출구로 가지 않았다.[62] 당시 상당수의 군사고문이 이미 주둔하고 있는 상태였던지라 이들의 철수가 패배를 공개적으로 자인하는 면이 있었지만, 권위적이고 자존심 강한 그의 성격은 적당한 선에서 타협이라는 유화책(宥和策, appeasement)을 절대 용납할 수 없었다.[63] 그에게 "협상이란 어떠한 비용을 치르더라도 피해야 할 악몽의 목적지"였다.[64] 존슨은 오히려 베트남전의 "늪의 가운데"로 가기로 결정하였다. 존슨은 베트남전을 공산주의에 맞서는 자유진영의 십자군적 이념전쟁으로 정의하고, 각국에 이에 동참할 것을 호소('More Flags Campaign')하였다. 박정희의 한국은 존슨 정부의 호소에 적극적으로 호응하였다. 주한미군이 베트남에 재배치되는 것을 막고, 전쟁특수를 통해 경제개발 자금을 확보하고자 했던 박정희는 존슨의 특사에게 "비용을 미국이 부담한다면 기꺼이 전투부대를 파견하겠다"고 약속하였다.[65] 한국이 미국에 요구한 반대급부는 한국군 3개 예비사단에 대한 군사장비 제공, 군사분계선 상의 주한미군의 현 수준 유지, 파병부대 운송 경비 부담, 전투수당 지급, 미군과 같은 수준의 전사자/부상자 보상액, 대한 군원 증액, 한국 야전군에 대한 군수지원 강화 등을 포함하였다. 한국은 또한 미국이 전쟁물자를 구매함에 있어 한국기업을 우대할 것을 요구하였다.[66] "한 한국

....

62 Logevall(1999), p. 191.

63 제임스 바버(James Barber)는 존슨의 성격이 그의 외교안보정책에 미친 영향에 대해 상세히 분석하고 있다. 바버에 따르면, 초년기 형성된 그의 "적극적–부정적(active-negative)" 성격은 그가 외교안보 이슈를 사적(私的, personalized) 관점에서 인식하여 자신의 위신과 자존을 타협하는 결정을 거부하였다. James David Barber, *The Presidential Character: Predicting Performance in the White House*, Prentice-Hall, 1972.

64 Logevall(1999), p. 191.

65 Letter from the Ambassador in Vietnam (Lodge) to the President, June 5, 1964, *FRUS, 1964-1968*, 1, Doc. # 200, 459.

66 Christos G. Frentzos, "Warfare and National Building in the Repulic of Korea: 1953-1973," in Antonio S. Thompson and Christos G. Frentzos eds., *The Routledge Handbook of American Military and Diplomatic History: 1865 to the Present*, Routledge, 2013, p. 226.

정부 관리가 사적인 자리에서 말했듯이, 한국에게 베트남은 전쟁터이기도 하고, 시장이기도 하였다."[67]

1964년 7월 31일 국적표기 없는 고속정들을 동원한 남베트남군의 특수부대는 '작전계획 34A'의 일환으로 통킹만의 섬들에 위치한 2개의 북베트남 군사기지에 대해 파괴공작을 단행하였다. 미국의 구축함 매독스호는 그 근방에 있었다. 8월 2일, 3대의 북베트남 경비정이 해안에서 10마일(16km) 떨어진 지점에서 작전 중이던 매독스호를 공격하였다. 경비정들은 어뢰와 기관총으로 공격했는데, 매독스호를 타격한 것은 기관총 공격이었다. 사상자는 없었다. 제임스 스톡데일(James Stockdale) 제독이 지휘하는 항공모함 '티콘데로가(Ticonderoga, CVA-14)'호에서 출격한 함재기(艦載機)들은 북베트남의 경비정들을 공격하여, 한 척을 침몰시키고, 다른 두 척을 대파하였다.

이 사건이 발생한 시점은 워싱턴 시각으로 일요일 오전이었다. 존슨 대통령은 보고를 받고, 신중하게 처리할 것을 지시하였다. 그는 보복을 하는 대신 "도발 재발 시 중대 결과"를 경고하는 외교적 메시지를 하노이에 보냈다. 존슨은 동시에, 매독스호로 하여금 사건이 일어난 북베트남 근해에서 계속 정찰작전에 임할 것을 명령하였다. 8월 3일 미국과 남베트남의 강화된 합동작전이 실시되었다. 매독스호는 구축함 'C. 터너 조이(C. Turner Joy)'호와 함께 이번에는 북베트남 해안에서 8마일(13km) 떨어진 곳까지 접근하여 지그재그 항해를 실시하였다. 남베트남 특수부대는 고속정을 타고 북베트남 해변 기지에 대해 파괴공작을 계속하였다. 폭풍우가 몰아치고 해질녘이 되자 전자정찰기기의 정확성이 감소한 상태에서 매독스호의 승조원들은 북베트남 경비정들이 어뢰공격을 가하고 있다고 판단하였다. 2척의 구축함은 레이더에 걸려 있는 여러 개의 물체를 향해 함포사격을 실시하였다. 그러나 북베트남의 경비정들이 확인되지는 않았다. 8월 4일, 두 번째 공격이 실제로 발생했는지에 대한 의문의 여지가 있는 상태에서 미 합참은 대통령에게 북베트남에 대한 보복 폭격을 강력히 건의하였다. 미국의 언론은 두 번째 공격이 실제로 이뤄

....

67   Gregg A. Brazinsky, *Nation Building in South Korea: Koreans, Americans, and the Making of a Democracy*, The University of North Carolina Press, 2009, p. 137.

진 것처럼 보도하였다. 어떤 기자도 구축함에 동승하지 않았지만, 그들은 마치 공격을 본 것처럼 기사를 작성하였다. 존슨 대통령은 이번에는 보복하기로 결정하였다. 64대의 미 해군 탑재기들이 사전 경고 없이 북베트남의 석유시설 등에 대해 미군 최초의 폭격을 단행하였다. 존슨은 공격이 실시된 지 한 시간 후 한밤중 TV연설을 통해 "현 단계 미국의 대처는 제한적이고, 도발에 상응하는 조치"임을 밝혔다. 그는 나아가, "다른 이들은 잊고 있는 것처럼 보이지만 우리 미국인들은 갈등의 비화가 갖는 위험성을 잘 알고 있으며, 우리는 확전을 추구하지 않는다"고 강조하였다. 이 폭격작전 중 2대의 미 항공기가 격추되었다. 조종사 한 명은 즉사하였고, 한 명은 생포되었다. 최초의 미군 포로로서 에버릿 알바레즈(Everett Alvarez) 해군 중위가 하노이의 구금시설에 보내져 8년 넘게 수감되었다. 앞으로 격추되어 전쟁포로로 구금될 6백여 명의 미 조종사들은 이 시설을 "하노이 힐튼(Hanoi Hilton)"이라 부르게 된다.

미국 여론은 존슨의 결정을 압도적으로 지지하였다. 주요 신문의 사설들은 앞다투어 존슨 지지를 선언하였다. 8월 6일 오레건 주 출신 민주당 상원의원 웨인 모르스(Wayne Morse)는 국방부의 지인에게서 정보를 얻은 후 맥나마라 국방장관에게 "매독스호가 남베트남 특수부대의 북베트남 공격에 사실상 개입하였으므로 도발의 희생자는 북베트남이 아닌가?"고 추궁하였다. 맥나마라는 "만일 남베트남군의 작전이 있었다면, 미 해군은 거기에 결코 역할을 한 적이 없고, 그 작전과 아무런 관계가 없으며, 전혀 알지도 못했다"고 잘라 말하였다.

8월 7일 미 의회는 존슨 정부가 요청한 '통킹만 결의안'을 압도적 다수로 통과시켜 "대통령이 미군에 대한 공격의 재발을 방지하기 위해 무력사용을 포함한 모든 필요한 조치들을 취하도록"하여 그야말로 대통령에게 전권을 위임하였다. 하원은 전원, 상원은 오레건의 웨인 모르스(민주당)와 알래스카의 어니스트 그루닝(Ernest Gruening, 민주당)을 제외한 표결 참여 의원 전원이 결의안에 동의하여(82:2) 대통령이 선전포고 없이 전쟁을 수행하도록 하는 미국역사상 유례없는 입법적 결정을 단행하였다. 존슨 대통령은 8월 10일 이 결의안에 서명함으로써 '공법 88-408(Public Law 88-408)'로 법제화하였고, 이는 베트남전에서 존슨 정부가 취한 모든 행동의 법적 근거가 되었다.[68]

반대표를 던진 그루닝 상원의원은 "베트남 전체의 가치는 미국 청년 한 명의 생명의 가치만도 못하다"며 미국의 군사적 개입의 무모성을 지적하였다. 그러나 그의 외침에는 별 반향이 없었다. '뉴욕타임즈'나 '워싱턴 포스트'는 그의 발언에 지면을 할애하지 않았다. 존슨 대통령은 주저하는 풀브라이트 상원의원에게 "이 결의안은 현재 상황에만 해당하는 것으로, 향후 추가 군사행동이 필요하다고 판단되면 의회에 승인을 요청할 것"이라며 안심시키려 하였다. 그러나 결의안은 그런 식으로 작성되지 않았다. 결의안의 어휘들은 대통령의 권한이 베트남의 안보가 보장됐다고 선언할 수 있는 시점까지, 또는 의회가 그 결의안을 폐지할 때까지 유효하도록 조합되어 있었다. 존슨은 그의 한 참모에게 이 결의안은 "할머니의 잠옷처럼 모든 것을 포함하고 있다"고 말하였다.[69]

8월 26일 존슨은 민주당 전당대회에서 대통령 후보로 선출되었다. 그는 선거 캠페인 내내 빈곤퇴치, 주택, 의료, 교육 지원을 포함한 '위대한 사회(Great Society)' 프로그램에 초점을 맞추었다. 베트남전과 관련해서는 공화당 후보인 극우주의자 배리 골드워터(Barry Goldwater)를 전쟁광으로 모는 한편, 전투병 파병 가능성은 일축하였다. 그는 "9,000, 아니, 1만 마일이나 떨어져 있는 아시아에 아시아 청

....

68 미국 의회는 존슨이 이 법을 이용하여 베트남에 대한 개입을 확대해나가자 제동을 걸었다. 상원은 1970년 6월 24일 통킹만 결의안을 폐기하여 대통령의 전쟁권한에 제한을 두고자 하였다. 의회는 1973년 11월 닉슨 대통령의 거부권 행사를 무력화하면서 전쟁권한법(War Powers Resolution Act)을 제정하였다. 이 법은 대통령이 미군을 전투에 투입하기 전 의회와 협의(consult)하도록 했고, 투입 후 48시간 이내 의회에 통보하고, 의회가 전쟁선포를 하지 않고 군대 투입 후 60일이 지나면 전투를 종료할 것을 의무화하였다. 닉슨은 베트남전 개입과 관련된 자신의 권한은 통킹만 결의안이 아닌 군통수권자로서 미군의 생명을 보호해야 하는 대통령의 헌법적 의무이자 권한에서 비롯된다고 주장하였다. 미국의 많은 대통령은 이 법이 군통수권자로서의 대통령의 권한을 위헌적으로 제한한다며 무시하기도 하였다. 레이건 대통령은 1981년 엘살바도르에 파병할 때 의회와 협의하지 않았고, 클린턴 대통령은 1999년 코소보 폭격을 60일 이상 지속하였으며, 오바마 대통령은 리비아에 대해 군사력을 사용할 때 의회와 협의하지 않았다. 많은 비판자들은 이 법을 폐기해야 한다고 주장하였고, 미 하원은 1995년 폐기 여부를 표결에 부쳤으나, 결과는 217 대 204로 전쟁권한법은 유지되었다. 2000년 미국의 연방최고법원은 유고에 대한 미국의 군사력 사용의 위법 여부에 관한 소송에서 각하(refuse to hear the case) 결정을 내렸다.

69 James Wright, *Enduring Vietnam: An American Generation and Its War*, St. Martin's Press, p. 93.

년들이 해야 할 일을 대신하기 위해 미국의 청년들을 보내는 일은 없을 것"이라 약속하였다. 1964년 11월 3일 존슨은 미국 투표자들 61%의 압도적 지지를 획득하여 골드워터를 역대 최대인 1,600만 표 차이로 누르고 대통령에 당선되었다. 민주당은 하원 및 상원선거에서도 압승하여 양원을 지배하게 되었다.

존슨은 선거에서 국민의 압도적 지지를 받았고, 의회도 민주당 손아귀에 들어왔으며, '통킹만 결의안'이라는 백지수표까지 들고 있었으니 베트남전쟁 수행에 관한 모든 권한을 자유롭게 행사할 수 있는 위상을 확보한 셈이었다. 그는 이제 베트남 공산주의자들에게 미국의 힘을 보여주고자 하였다. 존슨에게 주어진 선택지는 현상유지, 신속한 확전, 단계적 확전 등 3가지였다. 존슨은 현상유지는 남베트남군의 능력으로는 불가능하고, 신속한 확전은 국내정치적 역풍이 우려되고, 또한 중국의 개입을 초래할 수 있기에 위험하다고 판단하였다. 따라서 그는 1964년 12월 1일 공중폭격과 미 지상군 파병을 결합한 '단계적 확전(gradual escalation)' 전략을 잠정 승인하였다. 존슨은 1965년 1월 20일 대통령 취임식에 즈음하여 전쟁개입의 의지를 구체화하기 시작하였다. 그는 "미국은 결코 영광스러운 고립에 만족하며 방관자를 자처하지 않을 것이다… 우리가 '국외'라고 불렀던 위험과 곤란들이 이제 우리의 생활 속에 지속적으로 개입하고 있다"고 선언하였다.

베트콩은 1964년 11월 1일 비엔호아 공군기지를 공격하여 최초로 미군과 교전한 지 3개월여 후인 1965년 2월 7일, 이번에는 플레이꾸(Pleiku)에 위치한 미 육군의 헬리콥터 기지(Camp Holloway)를 공격하여 미군 사망자 8명을 포함하여 134명의 사상자를 내고 10대의 헬리콥터를 파괴하였다. 존슨 대통령은 보복을 명령하여 17도선에 연한 북쪽 지역에 대해 폭격을 실시하였다.

1965년 1월 27일 맥나마라와 번디는 "미국의 제한적 군사개입은 성공하지 못하고 있다"는 내용을 담은 메모를 제출하면서, "미국은 베트남에서 '갈림길(fork in the road)'에 다다랐으며, 확전이나 철수 중 하나를 신속히 선택해야만 한다"고 강조하였다. 웨스트모어랜드(William Westmoreland) 주베트남 미군 사령관은 1965년 2월 22일 베트콩의 공격으로부터 다낭(Da Nang)에 위치한 미 공군기지를 보호하기 위해 미 해병 2개 대대의 파견을 요청하였다. 테일러 주베트남 대사는 대통령에게 "아군과 적군이 구분되지 않는 '적대적 외국'의 숲과 정글에 계속 병력을 증파함으로써 프랑스가 범한 실수를 미국이 반복할 수도 있다"며 자신은 해병 파견에 대해 "진지하게 유보적"이라는 입장을 전달하였다. 그러나 존슨은 대사의 경고에도 불구하고 웨스트모어랜드의 손을 들어주었다.

한편, 미국은 3월 2일 '플레이꾸에 대한 보복' 차원에서, 그리고 확전의 길목에서 잠정적으로 방향을 잡은 듯, 북베트남의 전략시설을 항공기로 장기간 지속적으로 타격하는 '뇌성(雷聲, Rolling Thunder, 롤링썬더) 작전'을 실시하였다. 이는 8주 예정이었지만, 이후 3년간 지속되었다. 타이 미군기지에서 미 공군 F-105와 F-4 팬텀기가 출격했고, 미 해군의 팬텀기와 A-4기가 북베트남에서 75마일 떨어진 곳에서 작전 중이던 항공모함에서 발진하였다. 1965년 미 공군기들은 북베트남 공격에 25,000회 출격했고, 1966년에는 79,000회, 1967년에는 108,000회로 그 횟수가 증가하였다. 공격의 대상도 농장이나 공장, 철도 등으로 확대되고, 1967년 투하된 폭탄의 중량은 25만 톤에 달하였다. 공중폭격은 호치민 루트에 대해서도 대대적으로 이루어졌다. 그러나 엄청난 폭격에도 불구하고 미국은 북에서 침투하는 북베트남군과 보급을 효과적으로 막을 수는 없었다. 호치민 루트의 파괴된 부분을 베트남 농민과 노동자들, 그리고 주로 여성들이 신속히 복구하였기 때문이다. 미군도 큰 피해를 입었다. 호치민 루트 공격 과정에서 격추된 미 항공기의 숫자는 500대에 이르렀다.

1965년 3월 8일 웨스트모어랜드 사령관이 요청한 해병 3,500명이 다낭의 미 공군기지를 보호하는 임무를 띠고 '차이나 비치(China Beach)'에 도착하였다. 이들은 미국이 파견한 첫 번째 전투병이었다. 당시 남베트남에는 23,000명의 군사고문단이 주둔하고 있었다. 존슨은 4월 1일 해병 2개 대대를 추가적으로 파견하기로 결정하고, 최대 20,000명에 이르는 군수지원병력 파견도 재가하였다. 존슨 대통령은 또한 미 전투병이 남베트남 농촌에서 베트콩을 척결하기 위한 경비 임무도 승인하였다. 그러나 그는 이와 같은 공격작전을 허용한 그의 결정을 미국 언론과 시민들에게 공개하지 말 것을 지시하였다. 비밀은 2개월 동안 유지되었다.

존슨은 1965년 4월 7일 저녁 9시 전국에 TV로 생중계되는 가운데 존스 홉킨스 대학의 쉬라이버 강당(Shriver Hall Auditorium)에서 "정복이 아닌 평화(Peace without Conquest)"라고 이름 붙여진 연설을 하기 위해 연단에 섰다. 6,000만여 명의 미국인들과 세계 전역의 많은 시민들이 지켜보고 있었다. 그는 자신의 확전정책을 비판하는 여론을 의식하여 획기적인 대안을 제시하고자 하였다. 존슨은 먼저 인센티브를 언급하였다. 즉 그는 북베트남과의 "조건 없는 대화(unconditional discussions)"에 임할 준비가 되어 있고, 대화에 이르는 기간 동안 확전은 없을 것이라고 말하였다. 미국의 최초의 협상 제의였다. 그는 이어서, 메콩 계곡을 1930년대 미국의 대공황을 타개하는 데 결정적, 상징적 역할을 한 '테네시 강 유역개발공사(Tennessee Valley Authority)'로 바꿔놓을 수 있다며, 북베트남의 재건을 위해 협력할 수 있음을 강조했고, 특히, 동남아 발전을 위한 발전사업(發電事業)에 미국이 10억 달러를 투자할 의향이 있고, 북베트남이 동남아의 일원으로 이 사업에 참여하길 기대한다면서, 폭격과 전화(戰禍)에 시달리고 있는 북베트남 지도자들을 협상테이블로 유인하고자 하였다. 그러나 존슨은, 다른 한편, 남베트남의 독립과 자유 보전이라는 전쟁의 목적을 분명히 하면서 "미군 철수는 미국의 공약과 가치에 대한 우방국들의 의구심을 자아낼 것이기 때문에 의미 없는 합의의 미명하에서는 철수하지 않을 것"임을 선언하였다. 그는 국내정치적 반대파에 대해서도 설득하고 나섰다. 그는 "본인은 폭격으로 이 모든 목표들을 달성할 수 없음을 잘 알고 있다. 그러나 그것은 평화를 향한 가장 확실한 도정(道程)의 필수적 일부라고 생각한다"고 말하였다.

존슨은 연설 후 백악관으로 돌아오는 길에 그의 특보 빌 모이어스(Bill Moyers)에게 "호[치민] 영감이 나의 제안을 거부하지 못할 걸세"라고 말하였다. 그러나 호치민은 존슨의 "평화공세"를 즉각 거부하였다. 모이어스는 후일 "호치민이 미국 노동총연맹 산업별조합회의(American Federation of Labor and Congress of Industrial Organizations) 의장이었다면 존슨의 유인책이 먹혔을 것"이라 말하였다.[70] 그러나 호치민의 이상(理想)은 노조지도자의 이해관계와는 질적으로 다른 것이었다. 존슨은 이를 이해할 수 없었다. 미국역사상 가장 위대한 대통령으로 기록되길 원하던

....

70　Interview with Bill Moyers, Vietnam, Bill Moyers, SR #2623, Tape 885, Side 2. http://www.columbia.edu/itc/journalism/cross/moyers.html; "LBJ Goes to War: 1964-65," Part of 4 of the documentary "Vietnam: A Television History." https://archive.org/stream/1602190518151419970300/1602190518151419970300_djvu.txt

자존심 센 텍사스인 린든 존슨은 '호치민의 거부'를 자신의 권위에 대한 용납할 수 없는 도전으로 받아들였다.

4월 15일 미군과 남베트남군의 전폭기들이 출격하여 1천 톤의 폭탄을 베트콩 지역에 투하하였다. 5월 3일 최초의 미 육군 전투병력인 제173 공수여단의 3,500명의 병사들이 남베트남에 도착하였다. 5월 초 베트콩은 남베트남군에 대한 공격을 강화하여 사이공 북부와 남베트남 중부를 압박하기 시작하였다. 미군 특수부대에 대한 기습도 빈번하게 이루어졌다. 미국은 북베트남 폭격으로 대응하였다.

1965년 6월 남베트남 공군 부원수 응우옌까오끼(Nguyen Cao Ky)와 국방장관 응우옌반티에우(Nguyen Van Thieu)는 쿠데타를 일으켜 정권을 획득하고, 6월 18일 끼는 실권을 쥔 총리로, 티에우는 국가원수에 취임하였다. 이로써 20개월의 기간 동안 10번이나 정권이 바뀐 것이었다. 이들의 정부는, 미국의 국무차관보 윌리엄 번디(William Bundy)가 후일 회고했듯이, "쓰레기 중 쓰레기(the bottom of the barrel, absolutely the bottom of the barrel)"였다.[71] 끼는 민주주의와 관련하여 독특한 개념을 가지고 있었다:

> 사람들은 나의 영웅이 누구냐고 묻는다. 나는 나의 영웅은 단 한 사람뿐이라고 말한다. 나의 영웅은 히틀러이다… 선거에서 승리한 사람이 공산주의자이거나 중도주의자이면 나는 그에 대해 무력을 동원해 싸울 것이다. 민주국가에서는 타인의 견해에 대해 반대할 자유가 있다.[72]

하지만 끼는 1965년 '뉴욕타임즈'의 제임스 레스턴 기자와의 인터뷰에서 자신이 공산주의자들에 비해 베트남 국민의 마음을 사로잡지 못하고 있음을 실토하였다. 레스턴에 따르면, 끼는 "사회정의와 독립 문제에 대한 국민적 열망에 자신의 정부보다 오히려 공산주의자들이 더 가까이 가 있음을 인정한다"고 말하였다.[73]

....

71   Oliver Stone and Peter Kuznick, *The Untold History of the United States*, Gallery Books, 2013, p. 332.

72   Stone and Kuznick(2013), p. 332.

"베트콩"은 남베트남의 정치불안정을 틈타 7월 1일 다낭 공군기지를 공격하고 3대의 항공기를 파괴하는 등 공세를 강화하였다. 존슨 대통령은 7월 28일 정오 기자회견을 열고 미국은 웨스트모어랜드 장군의 요청에 따라 44개 대대 병력을 남베트남에 파견하고, 월 징집자의 수도 배가하여 35,000명으로 늘릴 것이라고 발표하였다. 그러면서도 이 같은 결정이 결코 쉬운 것이 아니었음을 토로하였다:

> 꽃 같은 나이의 젊은이들을, 우리의 최고의 젊은 청년들을 전장으로 보내는 일은 쉽지 않습니다. 저는 오늘 사단과 대대와 같은 군사 용어를 사용합니다만, 저는 이 모든 용사들을 알고 있습니다. 저는 열심히 일하면서, 웃고, 물건을 만들어내고, 그리고 희망과 삶의 기쁨으로 가득 차 있는 이 젊은 청년들을 수많은 도시들과 50개 주의 모든 거리에서 보았습니다. 저는 그들의 어머니들이 어떠한 모습으로 울고 있으며, 그들의 가족들이 얼마나 슬퍼하고 있는지 잘 안다고 생각합니다.[74]

전쟁은 갈수록 격화되어 미군 사상자의 숫자도 증가하였다. 미군의 희생과 동시에 전시 악행들도 TV를 통해 미국 국민들에게 전달되었다. 급증하는 반전주의자들이 정부의 확전정책을 규탄하였다. 한편, 10월 30일 무공훈장을 가슴에 패용한 전역군인들이 앞장선 가운데 25,000여 명의 정부정책 지지자들이 워싱턴에서 시위에 나서기도 하였다.

1965년 11월 14일 미군과 남베트남 내에서 작전 중인 북베트남 정규군과의 첫 번째 교전이 이아드랑(Ia Drang) 계곡에서 벌어졌다. 미군은 전투지원을 위해 최초로 B-52 폭격기를 사용하였다. 이틀 동안의 전투에서 북베트남군은 미 제1기갑사단에 패하여 정글로 퇴각하였다. 미군은 79명 전사, 121명 부상이라는 피해를 입었지만, 북베트남군의 전사자는 2,000명에 달하였다. 그러나 북베트남군은 미 제7기갑사단을 매복 공격하여 155명의 미군을 사살함으로써 미 제1기갑사단이 거둔 '이

....

73   Stone and Kuznick(2013), p. 332.
74   Lyndon B. Johnson, Press Conference, Transcript, July 28, 1965. https://millercenter.org/the-presidency/presidential-speeches/july-28-1965-press-conference

아드랑 전투' 승리의 의미를 퇴색시켰다.

1966년 1월 12일 존슨 대통령은 연두기자회견에서 베트남전의 비극적 성격을 부각시켰다. 그는 베트남전은 그 이전의 다른 전쟁들과 다르긴 하지만, "그러나 전쟁은 전쟁이다, 전쟁은 모두 같은 속성을 가지고 있다"고 말하였다. 전쟁 속에서 젊은이들은 자신의 약속을 지키기 위해 목숨을 바친다. 전쟁이란 한 사람이 "잘 알지 못해 미워할 수도 없는" 다른 한 사람을 죽이려 하는 상황을 말한다. 따라서 "전쟁을 안다는 것은 이 세상에 아직 광기가 존재한다는 것을 안다는 것"이라고 비탄해 하였다. 그럼에도 불구하고 그는 미국의 확전이 계속되도록 하였다. 1월 28일 '박살작전(樸殺作戰, Operation Masher)'이 개시되어 적을 찾아나서는 이른바 "수색-섬멸(search-and-destroy)" 후 이동하는 적극적 토벌작전이 최초로 실시되었다. 존슨은 어감이 미국 국민들에게 지나치게 공격적이라는 조언에 따라 작전명을 '백익(白翼, White Wings)'으로 바꾸도록 하였다. 미 제1기갑사단은 '수색-섬멸-이동' 전술을 사용하여 전과를 거두었다. 그러나 이 작전 중 발생한 미군 사상자의 수도 각각 228명, 788명으로 상당하였다.

존슨은 북베트남이 자신의 평화제안에 반응을 보이지 않자 1966년 1월 31일 37일 동안 중단하였던 폭격을 재개하였다. 1월 31일 존 케네디 전 대통령의 동생이자 민주당 상원의원인 로버트 케네디는 대통령의 폭격재개 결정을 비판하며 "미국은 돌아올 수 없는 길, 인류의 파괴로 이어지는 길을 향해 걷고 있다"고 말하였다. 그의 비판은 존슨을 격분시켰다. 2월 3일에는 영향력 있는 언론인 월터 리프먼이 "몸짓, 선전, 홍보와 폭격, 그리고 또 폭격으로는 성공할 수 없다"며 존슨 대통령의 베트남전 전략을 맹공격하였다. 리프먼은 미군 사상자의 수가 증가하면 "미국은 베트남 때문에 두 개로 분열할 것"이라 우려하였다. 웨인 모르스 상원은 3월 1일 통킹만 결의안을 폐기하는 절차에 착수하였으나, 표결 결과 92 : 5로 실패하였다. 그러나 1964년 결의안 채택 시 찬성한 3명의 상원의원이 생각을 바꾸어 이번에는 반대표를 던졌다. 6월 4일, 6,400명의 교사와 교수들이 서명한 3쪽 전면을 차지한 대형 반전광고가 '뉴욕타임스'에 실렸다.

1966년 6월 29일 존슨 대통령은 1962년 10월 부통령으로서 겪은 쿠바미사일 위기에 못지않은, 3차대전을 떠올리는 절체절명의 위기에 직면하였다. 당시 존슨은 북폭을 잠정 중단하고 북베트남의 태도 변화를 유도하고 있었다. 그러나 북베트남은 호응하지 않고, 오히려 종전보다 더 많은 북베트남군을 남베트남으로 침투시키고 있었다. 존슨은 자발적으로 결정한 북폭중단을 끝내고 북베트남에 치명적 타격을 주기로 결정하였다. 존슨 정부는 북베트남의 '원유, 오일, 윤활유(Petroleum, Oil, Lubricant)' 저장시설을 폭격한다고 발표하였다. 그런데 이 시설들은 인구밀집지역인 하노이와 하이퐁에 위치하고 있어 민간인 살상의 위험이 부담스러웠다. 존슨에게 훨씬 더 큰 문제는 미군의 오폭이 중국과 소련의 무력개입을 자극할 가능성이 있다는 것이었다. 당시 소련 선박이 하이퐁 항에 정박하고 있었다. 존슨은 자신의 북폭 결정이 대규모 전쟁으로 비화할까 전전긍긍하였다. 29일 저녁 존슨의 딸 루시(Luci)는 "피곤해 하고 크게 걱정하는 듯한 대통령의 모습"을 보았다. 맥나마라 국방장관이 "첫 번째 폭격이 개시되었다"는 보고를 마친 직후였다. 루시는 "무슨 걱정을 하고 계세요?"라고 물었다. 존슨은 "너의 아빠가 3차대전을 시작한 인물로 역사에 기록될지도 모르겠구나"라고 답하였다. 자정이 임박했을 때 루시는 존슨을 워싱턴 내 성 도미니크(St. Dominic) 성당으로 인도하였다. 두 사람은 무릎을 꿇고 긴 시간 기도하였다.[75] 존슨은 백악관의 침실로 돌아왔으나 폭격이 무사히 완료되었다는 보고를 받고서야 잠을 이룰 수 있었다.

존슨의 북폭재개에도 북베트남의 투쟁의지는 변하지 않았고, 미국은 호치민루트, 꽝찌(Quang Tri) 지방, 비무장지대 등에 대한 폭격을 강화하였다. 그 과정에서 미군의 오폭으로 남베트남 주민 63명이 희생되기도 하였다. 하노이는 1966년 8월 30일 중국이 경제기술원조를 제공하기로 했다고 발표하였다. 이어 소련도 10월 이와 유사한 군사경제원조를 선언하였다.

이 와중에 전 식민지 캄보디아를 방문한 프랑스의 드골 대통령은 미군이 베트남에서 철수할 것을 요구하는 연설을 하였다. 9월 1일 수많은 캄보디아 국민이 밀집한 연설장에서 그는 중립을 선언한 시아누크(Norodom Sihanouk) 왕자의 노선을 지지하였다. 그는 10여 년 전 자신의 행보를 망각한 듯 반식민주의와 민족자결주의

....

75 Tom Wells, *The War Within: America's Battle Over Vietnam*, University of California Press, 1994, p. 94.

를 외쳤다. 그의 뇌리에는 비동맹운동(非同盟運動, Non-Aligned Movement)에 참가하는 많은 신생독립국들이 자리하고 있었다. 실리외교를 추구한 드골은 커다란 코를 비비며 미국의 정책은 실패할 것이 확실하다고 단언하였다. 미국은 격분하였지만 그를 제재할 뾰족한 수가 없었다. 존슨 정부는 9월 12일 역대 최대인 500여 대의 항공기를 동원하여 북베트남의 보급선과 해안의 전략시설들을 타격하였다. 동시에 미국은 작전의 효율성을 높이기 위해 비무장지대 주변의 정글에 고엽제를 대량 살포하였다.

한편, 1966년 말부터 평화협상의 가능성이 부상하였다. 폴란드가 주도하고 이탈리아가 협력한 '천수국(千壽菊, Marigold, 매리골드) 작전'은 미국과 베트남의 막대한 인적, 물적 피해를 줄이고, 전쟁을 조기에 앞당겨 끝낼 수 있는 기회를 줄 수 있었다. 제네바 합의에 따라 구성되었던 국제통제위원회(International Control Commission)의 폴란드 대표 야누스 르완도우스키(Janusz Lewandowski)는 1966년 6월 2일 하노이를 방문하여 북베트남 총리 팜반동과 회동하였다. 팜반동은 미국과의 협상 가능성에 대해 신축적 자세를 견지하고 있었다. 르완도우스키는 주하노이 이탈리아 대사에게 "하노이가 베트남의 즉각적 통일이나 중립화를 필수적으로 하지 않는 협상안을 가지고 미국과 직접 대화하고자 한다"고 알렸다. 미군은 "합리적 일정"에 따라 단계적으로 철수하면 된다는 것이었다. 이탈리아 대사는 이를 미국 대사 라지에게 통보했고, 그는 워싱턴에 보내는 전문에서 북베트남의 "제안은 여지껏 우리가 들어왔던 바를 넘어서는 것으로서, 이것이 사실이라면 폴란드의 중재의 신뢰성을 의심할 정도로 북베트남이 적극적이라 판단됨"이라 적시하였다. 미국은 처음엔 신뢰하기 어렵다고 봤으나 일단 '천수국 작전'에 참가하기로 결정하였다.

르완도우스키는 미국이 북폭을 잠정적으로 중단하고 있을 때인 11월 28일 팜반동과 다시 만나 바르샤바 비밀회담의 준비 상황을 점검하였다. 대화가 끝난 후 팜반동은 울먹이며 르완도우스키를 포옹하면서 그의 볼에 키스하였다.[76] 회담은 12

....

76   James G. Hershberg, "Who Murdered 'Marigold'?: New evidence on the mysterious failure of Poland's secret initiative to start U.S.-North Vietnamese Peace Talks, 1966," CWIHP Bulletin, No. 27, 2000, p. 24.

월 6일 열릴 예정이었다. 그러나 바르샤바 회담장으로 가는 길은 중도에 막히고 말았다. 다자적 소통 과정에서 의도하지 않은 착오나 오류가 발생했을 가능성이 있지만, 제임스 허시버그(James G. Hershberg)의 연구 등 최근의 상세한 문헌 조사에도 불구하고, 무슨 일이 일어났는지 정확히 알 수는 없다. 어쨌든 잠정중단되었던 북폭이 돌연 12월 2일, 4일, 그리고 13-14일에 재개되었다. '천수국 작전'이 위태로워질 것이라는 폴란드와 백악관 참모들의 경고에도 불구하고 존슨이 북폭 재개를 명령한 것이었다. 하노이는 거세게 반발하였다. 폴란드가 12월 14일 '천수국 작전'을 포기하자, 존슨은 그제서야 하노이 중심부(반경 10마일 내)에 대한 폭격을 중지하였다. 폴란드가 하노이를 다시 설득했으나 불신이 가득한 북베트남 지도부는 움직이지 않았다. '천수국 작전' 이후에도 영국과 소련이 주도한 '해바라기(Sunflower) 작전,' '펜실베이니아(Pennsylvania) 작전' 등 미-북베트남 직접협상을 위한 비밀채널이 가동되었다. 그러나 이 모든 시도들은 '천수국 작전'만큼 직접협상의 테이블에 가까이 가지는 못하였다.

"이길 수 없는 전쟁," 그리고 반전운동

1967년 봄 미국 내 반전운동이 대학 캠퍼스를 넘어 도시의 거리로 확산되었다. 1967년 4월 15일 뉴욕 센트럴 파크(Central Park)의 '쉽 메도우(Sheep Meadow)'에서 시작한 반전시위에는 역대급인 20만여 명이 참가하였다.

이 자리에서 베트남전쟁반대를 처음 공식적으로 선언한 인권운동가 마틴 루터 킹(Martin Luther King, Jr.) 목사는 가수 해리 벨라폰테(Harry Belafonte), 소아과 의사 벤자민 스포크(Benjamin Spock) 등과 함께 UN 본부 건물까지 진출하여 10만여 명의 시위자들 앞에서 "전쟁이 존슨 대통령의 사회복지 확충을 위한 '위대한 사회' 프로그램을 잠식하고 있고, 확전의 추구는 국내복지 프로그램의 입지를 위축시키고, 가난한 백인과 흑인들에게 국내외적으로 막대한 부담을 지우고 있다"고 열변을 토하였다.[77]

....

77   Dr. King's Speech in Front of U.N. April 15, 1967. http://www.thekingcenter.org/archive/docu-

샌프란시스코 시위에도 6만여 명이 모였다. 킹 목사의 부인, 코레타 킹(Coretta S. King)은 "미국에서의 자유와 정의는 베트남에서의 자유와 정의와 결합되어 있다"며 미국의 인종문제를 반전의 시각으로 고발하였다. 조지아 주의원 줄리안 본드(Julian Bond)는 "미국 군사주의의 암덩어리가 자라고 있다"고 정부의 매파를 공격하였다.[78] 산타 클라라 노동협의회(Santa Clara Labor Council) 등 노동단체들도 이에 동조하였다.

미군의 입장은 달랐다. 4월 24일 웨스트모어랜드 사령관은 AP 통신사의 연차 총회 행사장에서 행한 "시위는 이적행위다(Protests Encourage the Enemy)"라는 제하의 연설에서 반전주의 시위대가 북베트남군에게 "군사적으로는 불가능하지만 정치적으로는 이 전쟁에서 이길 수 있다는 희망을 주고 있다"고 반전주의자들을 규탄하였다.[79] 웨스트모어랜드는, 존슨 대통령에게 "이 전쟁은 무한정 지속될 수도 있다"고 털어놓기도 했지만, 이 전쟁에서 미국이 이기기 위해서는 추가 파병이 필수적이라고 강조하였다. 그는 1967년 7월 200,000여 명의 증원군 파병을 요청하였다. 그렇게 되면 남베트남 파병 미군의 총병력은 675,000명이 되는 셈이었다. 그러나 존슨은 45,000명의 추가 파병만을 승인하였다.

남베트남 내 미군의 수가 늘어나도 전세가 개선되기는커녕 날로 악화되어 갔다. 1967년 8월 9일 미 상원 군사위원회는 비공개 청문회를 개최하여 미국의 베트남전 군사전략과 관련된 참고인들의 의견을 청취하였다. 특기할 만한 것은 전세(戰勢)에 대한 맥나마라 국방장관의 새로운 판단이었다. 그는 미국의 광범위한 대규모 폭격이 남베트남 내 북베트남의 전쟁수행능력에 영향을 주지 못하고 있다고 말하였다. 그는 이어서 "북베트남과 그 주민들을 사실상 박멸하는 수준의 폭격이 아니라면 폭격은 결코 성공할 수 없을 것"이라 첨언하였다. 8월 18일 보수주의 정치

....

ment/dr-kings-speech-front-un-april-15-1967#.

78   Simon Hall, *Peace and Freedom: The Civil Rights and Antiwar Movements in the 1960s*, University of Pennsylvania Press, 2006, p. 105.

79   웨스트모어랜드의 연설문은 사우스 캐롤라이나 하원의원 윌리엄 도언(William J. B. Dorn)에 의해 1967년 4월 26일 의회기록부(Congressional Record)에 기재되었다. James Rothrock, *Divided We Fall: How Disunity Leads to Defeat*, Author House, 2006, p. 330.

인인 캘리포니아 주지사 로널드 레이건(Ronald Reagan)은 미국이 베트남에서 군대를 철수해야 한다고 주장하였다. 이유는 이길 수 없는 전쟁이라는 것이었다. 그러나 그가 말한 이길 수 없는 이유는 미군의 비효율적인 군사전략이나 남베트남군의 부패와 무능, 남베트남 정부의 독재 등이 아니라, "미군 지도부가 이 폭격대상에 너무 많은 제약을 가하고 있기 때문이라는 것"이었다. 그는 북베트남 전역의 주요 시설을 대상으로 대량의 폭탄을 투하하여 북베트남의 기를 꺾어놓아야 한다고 주장하였다. 11월 17일 존슨 대통령은 웨스트모어랜드 사령관, 강경파 엘스워스 벙커(Ellsworth Bunker) 대사 등으로부터 낙관적인 보고를 받고, TV 연설대에 섰다. 그는 "우리가 입는 피해에 비해 적의 피해가 훨씬 크다. 우리는 성과를 내고 있다"고 국민의 지지를 호소하였다. 미군과 적의 전사자 수가 작년에 1:5였다면, 올해는 1:6이기 때문에 미군이 성과를 내고 있다는 "논리"였다. 그러나 웨스트모어랜드가 제공한 이 "논리"는 북베트남군과 베트콩의 증원이 미군에 비해 훨씬 수월했다는 점, 그리고 미국 공항에 이송되어 들어오는 미군 전사자의 "절대적 숫자(상대적 비율이 아닌)"가 가지는 국내정치적 함의를 간과했다는 측면에서 가히 논리적이지 않았다. 그러나 웨스트모어랜드는 '타임지'와의 인터뷰에서 "베트콩이 싸움을 걸어오면 좋겠다. 우리는 싸움을 원하고 있다"고 말하는 등 강경한 자세를 견지하였다. 그러나 그들은 얼마 되지 않아 1968년 베트남인들의 명절인 "구정(舊正)"의 대공세로 웨스트모어랜드를 궁지에 빠뜨렸다.

전쟁의 출구가 보이지 않고, 국내외적인 여론이 악화하자 전략과 수단에 대한 존슨 정부의 고민은 깊어졌다. 존슨의 안보팀은 더 이상 상상력과 비범함을 추구하던 "케네디의 수재들"이 아니었다. 존슨은 "예스-맨들"만을 주변에 두었고, 희소식만을 원하였다. 국무장관 딘 러스크에 따르면, 존슨은 자신과 국방장관 맥나마라에게 먼저 의견을 구한 후 다른 참모들에게 "질문이나 이야기할 것이 있는가?" 하고 묻곤 하였다. 그들은 침묵을 선택하였다.[80] 대통령의 구미에 맞는 이야기를 할 여건이 아니었기 때문이다. 1966년에 최측근 정무보좌관 잭 발렌티(Jack Valenti), 국가안보보좌관 맥조지 번디(McGeorge Bundy), 홍보수석 빌 모이어스(Bill Moyers), 국

....

80　　Dean Rusk, *As I Saw It*, W.W. Norton, 1980, p. 467.

무차관 조지 볼(George Ball)이 이미 존슨을 떠났다. 대통령과의 불화 때문이라기보다는 "지배하고 군림하는 대통령"의 존재감으로 인한 피로감과 좌절감 때문이었다.[81] 1967년 11월 29일 끝까지 남아 있던 맥나마라 국방장관도 사임 형식으로 해임되었다.[82] 사실상 사임을 종용받은 그는 회의 석상에서 몇 차례 존슨의 전쟁전략에 회의를 표시하여 대통령의 격노를 산 바 있었다. 이튿날 반전주의자이자 미네소타 출신 민주당 상원의원 유진 매카시(Eugene McCarthy)가 존슨의 정책을 비판하며 민주당 대선 경선 출마를 선언하였다.

그러나 존슨의 자존심과 참모들의 "동지애(同志愛, esprit de corps)"는 존슨의 전쟁전략에 대한 재고를 허용하지 않았다. 존슨은 베트남을 방문하였다. 1967년 12월 23일 깜라인 만(Cam Ranh Bay, 캄란 만)에 도착하여, "미국은 모든 도전들을 이겨낼 것이다. 적들은 이제 임자를 만났다"고 선언하였다. 1967년 말 미군의 수는 463,000명으로 늘어났다. 그때까지의 전사자 수는 16,000여 명에 달하였다. 같은 해 90,000여 명의 북베트남군이 호치민 루트를 통해 남베트남으로 침투하였다. 남베트남 내에서 작전 중인 "베트콩"과 북베트남군의 수는 300,000여 명으로 증가하였다.

1968년 1월 21일 20,000여 명의 북베트남군이 케사인(Khe Sanh, 케산)에 위치한 미 공군기지를 공격하였다. 5,000여 명의 미 해병이 고립되었다. 미국 언론들은 디엔비엔푸를 연상시킨 이 포위에 대해 집중 보도하였다. 격노한 존슨은 제2의 디엔비엔푸가 결코 일어나서는 안 되며, 적을 격멸할 것을 지시했고, 합참은 대규모 공수작전을 통해 해병들에게 보급물자를 전달하는 한편, B-52를 동원하여 북베트남군에 110,000톤의 폭탄을 투하하였다.

....

81   발렌티는 백악관을 떠난 후 존슨을 "내가 만난 인간들 중 가장 지배력이 강한 인물"이었다고 회고하였다. 그는 존슨이 "그가 알고 있는 인간들 중 가장 지적인 인물"로도 기억하였다. Interview with Jack Valenti, "LBJ Goes to War: 1964-65," Vietnam: A Television History," 04/23/1981. http://open-vault.wgbh.org/catalog/V_D03ABA08207B4B789A32611FFC34125E

82   R. W. Apple Jr., "McNamara Recalls, and Regrets, Vietnam," *The New York Times*, April 9, 1995.

"구정 공세(the Tet Offensive)," 베트남 양민학살, 그리고 종전

케사인(케산) 공격이 시작된 지 10일 후인 1월 31일 베트남전쟁의 분기점이 된 전투가 벌어졌다. "구정 공세(the Tet Offensive)"로 알려진 남베트남 도시들에 대한 베트남 공산군의 대규모 공격에 따른 것이었다. 구정 공세는 1967년 7월 7일 북베트남 노동당 정치국의 결정에서 비롯되었다. 1967년경 하노이의 전쟁전략은 3단계로 이루어졌다. 첫 번째 단계에서는 미군을 남베트남의 도시들로부터 농촌으로 유인하기 위해 주변 지역에서 공격을 실시하고, 두 번째 단계에서는 베트콩이 주도하고 북베트남군이 지원하는 형태로 미군이 빠져나간 남베트남의 도시들을 공격하여 반정부 봉기가 일어나도록 하며, 세 번째 단계에서는 북베트남군이 17도선을 직접 넘어 남베트남을 공격하도록 되어 있었다. 구정 공세는 이 중 두 번째 단계에 속하는 것이었다.

북베트남군의 지원을 받은 84,000여 명의 베트콩이 100여 개의 남베트남 대소 도시들을 공격하였다. 구정 공세는 미국 TV를 통해 미국 국민들에게 생생하게 중계되었다. 사이공의 미 대사관이 베트콩에 의해 점령되는 장면, 누군가의 아버지, 아들, 형, 동생인 미군들이 수만 km 떨어진 타국의 전장에서 비명 속에서 다치고 죽어가는 장면은 미국 국민들에게 큰 충격을 주었다. 그러나 공산군도 미군의 반격에 큰 피해를 입었다. 대공세를 예측한 프레드 웨이언드(Fred C. Weyand) 중장 휘하의 미군과 연합군은 2월 1일 50개 대대 병력을 동원하여 반격작전을 펼친 끝에 35개 대대 규모의 공산군을 물리치고 떤선녓(Tan Son Nhut, 탄손누트) 공항과 군사원조사령부(Military Assistance Command for Vietnam), 남베트남군 사령부를 지켜냈다. 후에(Hue)에서의 전투도 많은 사상자를 냈다. 미 해병 142명이 전사하고, 857명이 부상당하였다. 육군 전사자는 74명, 부상자는 507명이었다. 남베트남군은 384명 전사, 1,830명 부상, 그리고 공산군 전사자는 5,000명을 상회하였다.

1968년 2월 1일 구정 공세가 이어지는 가운데 남베트남군 장교 응우옌뚜언(Nguyễn Tuan) 중령의 아내와 자식들을 살해한 베트콩 장교 응우옌반렘(Nguyễn Văn Lém)이 체포되어 사이공 도로 한복판에서 즉결처분되었다.[83] 남베트남 경찰청장

....

83　반렘은 오후 4시 30분경 고밥(Go Vap)의 기갑부대 기지를 공격할 목적으로 사보타지 부대를 이끌고

응우옌응옥로안(Nguyễn Ngoc Loan)은 권총으로 그의 머리를 쏘아 즉사시켰는데, AP통신과 미국 NBC 뉴스의 사진기자는 이 장면을 촬영하였다. AP의 에디 아담스(Eddie Adams)가 찍은 사진은 다음 날 아침 미국의 조간신문에 대서특필되었고, NBC의 보수(Võ Sửu)가 동영상으로 촬영한 처형 장면은 NBC TV를 통해 방송되어 미국 국민들을 충격과 경악 속으로 몰아 넣었다.

구정 공세는 군사적으로나 정치적으로나 베트남공산군의 큰 패배로 드러났다. 병력의 피해는 그야말로 막대하였다. 나아가, 남베트남 농민들을 총봉기에 나서도록 한다는 계획은 실현되지 않았다. 특히 구정 공세는 중국을 자극함으로써 소련과 중국 모두에서 원조를 받아야 하는 북베트남의 입장을 어렵게 만들었다. 북베트남은 구정 공세 이전까지는 중국의 권고를 받아들여 농촌지역에서의 게릴라전을 위주로 전쟁을 수행하였다. 그러나 도시에 대한 대규모 공격인 구정 공세는 소련의 전술전략을 받아들인 결과였다. 중소 이념분쟁이 심화되던 당시 중국 지도부로서는 구정 공세를 북베트남의 배신, 그리고 중국에 대한 소련의 포위망 확대로 받아들였다.[84] 중국이 적대적으로 돌아서지는 않았으나, 북베트남-중국 관계는 예전과 같을 수는 없게 되었다.[85] 그러나 중국 지도부는 북베트남을 노골적으로 적대하지 않는 것이 중국의 대미전략 등과 관련하여 유익하다고 판단하였다. 중국의 대북베트남 원조는 등락을 반복하면서 1975년까지 지속되었다.[86]

베트남 공산군의 구정 공세가 시작된지 2주가 채 되지 않은 상태에서 한국군

....

있었다. 그는 이 기지를 점령한 후 체포된 지휘관 뚜언에게 탱크를 몰아보라고 말하였다. 뚜언이 거부하자 반렘은 그와 그의 가족 전부를 살해하였다.

84 Lien-Hang T. Nguyen, "The Sino-Vietnamese split and the Indochina War, 1968-1975," in Odd Arne Westad and Sophie Quinn-Judge eds., *The Third Indochina War: Conflict between China, Vietnam and Cambodia, 1972-79*, Routledge, 2006, p. 18.

85 1960년 신장에서 국경 충돌이 일어난 이후 군사적 긴장이 증대되고 국경 협상이 결렬되면서 소련은 1964년에 국경 지역 군사를 대폭 증강한다. 중-인 국경 분쟁 이후 인도와 협력적 관계가 되었고, 몽골과는 1966년에 중-몽 국경지대에 군사를 배치하는 협약을 맺으면서 소련은 중국에 대한 포위망을 구축해 나가고 있었다.

86 Qiang Zhai, *China and the Vietnam Wars, 1950-1975*, Chapel Hill, University of North Carolina Press, 2000, p. 136.

에 의한 베트남 민간인 학살로 추정되는 사건이 일어났다. 1969년 12월 12일 미 국무장관은 주베트남 미국대사관에 전문을 보내 한국군이 1968년 2월 12일 남베트남 양민을 학살했다는 주장이 있다며 이를 조사해야 할 필요성을 제기하였다. 버거(Samuel Berger) 부대사는 1968년 6월 10일 자로 웨스트모어랜드를 대체한 애브럼즈(Creighton Abrams) 주베트남 미군사령관에게 "갖고 있는 정보"를 제공해줄 것을 요청하였고, 이로써 미군 차원에서 사건에 대한 조사가 시작되었다. 1969년 12월 23일 미 육군의 감사관(Inspector General)은 미 제3해병상륙군(III Marine Amphibious Force) 사령부가 작성한 1968년 2월 18일 자 보고서[87]를 참고하여 육군 참모총장에게 이 사건의 전모를 담은 보고서를 제출하였다.[88] 이 보고서의 내용은 다음과 같다:

> 이 보고서의 목적은 한국 해병에 의해 저질러졌다고 추정(alleged)되는 전시악행(atrocities) 중 첫 번째에 대해 총장에게 전모를 알리는 데 있음. 한국 해병을 동행한 미 해병과 태평양함대 소속 병사들의 진술 및 랜드(RAND) 연구소의 보고서에 따르면,
>
> • 1968년 2월 12일 한국 해병 2여단(청룡부대), 1대대, 1중대는 1번 도로(Route 1)를 따라 CAP D-2를 지나 북쪽으로 이동하다가 10:30쯤 CAP D-2 북쪽 400m쯤에서 서쪽으로 방향을 틀어 퐁니(Phong Nhi) 마을(전략촌, hamlet)을 지나 퐁넛 제2(Phong Nhut 2) 마을로 이동하였음.
> • 퐁넛 제2마을에서 총성이 들렸음. 집들이 불타는 광경을 볼 수 있었음.
> • 13:00쯤 이 전략촌 근방에 대한 포사격 이후 중대는 퐁니 마을로 귀환하였음. 총

··········

87 "Inquiry into the circumstances surrounding deaths and injuries of Vietnamese civilians of Phong Nhi and Phong Nhut(2) hamlets, located at coordinates, Dien Ban District, Quang Nam Province, Republic of Vietnam on 12 February 1968," Major H. Campanelli, Headquarters, III Marine Amphibious Forces, Military Assitance Command, Vietnam, 18 February 1968.1234.

88 Inspector General, "Alleged Atrocity Committed by ROK Marines on 12 February 1968," 23 December 1969.1234.

성이 들리고, 연기가 관찰되었음. 13:00쯤 태평양함대 소속 병사들은 2명의 부상당한 소년들과 칼에 찔린 한 여인을 데리고 옴.

• 13:00 조금 지나 CAP D-2에 도착한 미 해병 연합작전중대(Combined Action Company, Delta) 지휘관은 한국 해병 2여단에 배속된 미 해병 연락장교(Call Sign: Past 6)에게 무선으로 연락을 취했으나 통화하지 못하였음. 연합작전중대 지휘관은 한국 해병 2여단의 한 장교(BDE S-3)로부터 이 지역에서 어떤 작전도 진행되고 있지 않다고 통보 받았음. 연합작전중대 지휘관은 한국군 화력지원협력센터(FSCC) 네트워크에 연결하여 한국 해병 중대가 작전 중이던 지역에 대해 81mm 박격포 사격 중지를 요구하였음. 그러나 그는 한국군 측의 동의를 얻지 못했음. 따라서, 그는 자신의 무선채널을 통해 미 제3해병상륙군(III Marine Amphibious Force)에게 도움을 요청하였음.

• 15:00쯤 미 해병 및 태평양함대 소속 경비부대가 CAP D-2로부터 퐁니 전략촌으로 진입하였음. 퐁니 마을의 주민들은 3개의 그룹으로 나뉘어 집결된 후 사살된 것으로 보임. 희생자들은 비무장 민간인들로서 대다수는 살려달라고 애원한 여성과 아이들이었음. 많은 희생자들은 사살되기 전 칼에 찔렸음. 한 젊은 여인은 가슴이 도려내져 있었음. 퐁니와 퐁넛에서 69명의 민간인이 사살되었음. 퐁니 마을은 불타고 파괴되었음. 한국 해병의 행위는 사전에 계획된 작전(planned operation)이었음. 한국 해병은 사후 인위적으로 사건 은폐를 시도하였음.

• 한국 해병 2여단 1대대의 행정장교(executive officer)는 이 사건 이후 지역지휘관(District Chief)을 방문하여 생존자들과 사상자들의 친척들을 위무하기 위해 사과(sorry)하고, 마을 주민들을 위해 쌀 30포대를 두고 떠났음.

• 한국 해병은 2여단 1대대 1중대가 퐁넛 지역에서 작전 중 11:05, 15:30에 소총사격을 받았고 1명의 경미한 부상자(friendly Wounded In Action)가 발생하였다고 진술하였음.

• 미 해병대원들의 진술의 정확성은 확신할 수는 없으나 아래의 사항은 정확한 것으로 인정될 수 있다고 판단됨.

-한국군은 소총과 대포로 사격하였음.

-한국 해병 중대는 민간인 사상자가 발생한 지역에서 작전을 수행했으며, 중요한

사안으로서, 이 부대는 당일 밤 내내 퐁니 마을 북쪽 600m의 지역에 머물렀음.

-한 미국 해병대원은 이 사건에 대해 누설하지 말라는 경고를 받았고, 이에 한국 해병 2여단에 배속된 미 해병 연락부대는 무엇인가 잘못되었음(something was amiss)을 직감하였음.

주베트남 미군사령부의 해니펜(T. J. Hanifen) 대령이 미 대사관의 피커링(Laurence Pickering) 작전협력관에 보낸 1969년 12월 28일 자 전문에 따르면, 한국 해병 2여단장 김연상 준장은 지역지휘관에게 "자신은 이 사건에 대해 면밀히 조사하였고, 그에 따라, 사상자는 베트콩의 포사격으로 인해 발생하였다고 판단한다"고 통보하였다. 이 전문에 따르면, 주베트남 미군사령관 웨스트모어랜드 장군은 1968년 4월 29일 주베트남 한국군 사령관 채명신 장군에게 다음과 같은 내용의 전문을 발송하였다:

미국은 제네바협정의 서명국으로서 전쟁범죄 행위가 발생했다고 추정되는 경우 조사에 임해야 하기 때문에 사령관인 본인은 모든 미군에 대한 이와 같은 상시명령을 수행해야 하는 입장임. 미 제3해병상륙부대(III Marine Amphibious Force)는 1968년 2월 12일 퐁니와 퐁넛 제2마을에서 발생한 것으로 추정되는 사건을 조사하였음. 미군은 이 조사를 진행하면서 한국이 제네바 협정 서명국이므로 한국에게 이 문제를 알리고 조사를 이관하는 것이 합리적이라 판단하였고, 미군은 조사를 중단하였음. 이 문제가 가지는 함의의 중대성을 고려할 때 본관은 한국이 이 사건에 대해 조사하고 그 결과를 통보해줄 것을 요청하는 바임.[89]

채명신 사령관은 1968년 6월 4일 자 답신을 통해 웨스트모어랜드 장군에게 아래와 같이 조사 결과를 통보하였다:

....

89   W. C. Westmoreland, General, US Army, Commanding, Letter to Lieutenant General Chae, Myung Shin, Commander, ROK Forces, Saigon, Vietnam, April 29, 1968. http://vietnamvoices.org/wp-content/uploads/2015/10/US-Army-IG_ROK-Marines_Report_1969.pdf

DISPOSITION FORM

For use of this form, see AR 340-15; the proponent agency is The Adjutant General's Office.

SECRET

DECLASSIFIED
Authority NNO 957681

REFERENCE OR OFFICE SYMBOL	SUBJECT
MACIG-INV	Alleged Atrocity Committed by ROK Marines on 12 February 1968 (CofS Action 4984-69)(S), Short Title: ROK Marines (U)

TO	FROM	DATE	CMT 1
Chief of Staff	Inspector General	23 DEC 1969	
		COL Freitag/rb/3101	

1. (S) PURPOSE.

   a. To inform the Chief of Staff about the first of a series of alleged atrocities committed by ROK Marines.

   b. To obtain approval of a memorandum which forwards information of an alleged atrocity to the Mission Coordinator, US Embassy (TAB A).

2. (S) BACKGROUND.

   a. On 12 December 1969, the US Embassy received a message from the Secretary of State indicating that Rand Corporation, in one of their studies, had uncovered allegations of violent and inhuman acts by ROK troops against South Vietnamese civilians (TAB B).

   b. The 12 December 1969 message was forwarded by memorandum to GEN Abrams by Ambassador Berger on 12 December 1969 requesting "information that you may have" (TAB C).

   c. Both of the above documents were forwarded to MACIG by Chief of Staff Action 4984-69 on 13 December 1969 for action (TAB D).

   d. On 18 December 1969, the Chief of Staff approved the MACIG DF (TAB E) recommending that MACIG, in coordination with MACJA, prepare a memorandum of response to Ambassador Berger's request for information.

   e. In a Secure Voice Telecon on 20 December 1969 (TAB F), MACV was informed by CINCPAC that JCS had advised them of the Rand report and indicated that COMUSMACV was to be alerted and a copy of the III MAF investigation was to be located. It was further indicated that ADM McCain would dispatch a back channel message to GEN Abrams.

3. (S) DISCUSSION.

   a. MACIG has thus far determined that the ROK Marines may have

IG-4984-69   cy 1 of 2 2 cys
GROUP — 3   Page 1 of 9 pgs
Downgraded at 12 year intervals,
Not Automatically declassified

SECRET

Special Handling required —
Not releasable to foreign nationals
by authority of MACIG

DA FORM 2496   REPLACES DD FORM 95, EXISTING SUPPLIES OF WHICH WILL BE
1 FEB 62   ISSUED AND USED UNTIL 1 FEB 63 UNLESS SOONER EXHAUSTED.

'한국군에 의한 베트남 양민학살 추정 사건 조사보고서-미육군 감사관'.

• 한국 해병 중대는 1968년 2월 12일 퐁넛에서 [공산군] 토벌작전을 수행하였음을 인정함. 그러나 한국 해병 중대는 퐁니 마을에는 결코 들어가지 않았음. 11:30쯤 중대는 퐁넛을 떠나 13:00까지 북서 방향으로 이동하였는데, 이는 퐁니와는 정반대 방향임.

• 베트콩은 한국군 복장으로 위장한 적이 많음. 학살은 이를 기획하고 무자비하게 수행한 공산군의 소행임. 한국군은 제네바 협정을 위반한 어떠한 행동에도 개입된 바 없음.

• 조사보고서에 따르면, 1968년 2월 12일 중대는 퐁넛 마을로부터 총기 공격을 받은 후 마을을 공격하였음. 마을에 진입한 중대는 적이 부상자들을 남겨둔 채 도주했음을 확인했음. 중대가 우발적으로 약간의 총기 공격을 가했고, 이 과정에서 일정한 정도의 피해가 발생했었을 수는 있음. 중대는 11:30 퐁넛 제2마을을 떠나 13:00에 목적지에 도착하였음.

• 중대가 이 지역을 떠난 후 베트콩은 한국군 복장으로 위장한 채 이 지역에 진입하여 한국군의 소행이라고 날조하기 위해 퐁넛 제2마을과 퐁니 마을에서 끔찍한 만행을 저질렀음.

• 2여단 소속 한국군 행정장교는 쌀 30포대를 전달했을 때 이 지역에서 일어난 일에 대해 지역지휘관에게 사과를 한 적이 없음.[90]

1969년 12월 23일 자 미 육군 감사관의 보고서는 채명신 사령관의 답신에 대해 의문을 제기하였다. 첫 번째는 그 내용이 미 해병, 태평양함대 병사들, 남베트남 군무원들의 진술 및 증언과 괴리가 있다는 것이고, 둘째는 한국 해병 중대의 이동 경로와 시간에 대해 매우 모호하게 기술하고 있다는 것이었다. 특히 이 보고서는 채 사령관이 부대이동을 기술하면서 한국군의 조사보고서 이외의 자료를 사용한 것이 틀림없어 보인다고 평가하면서, 그 근거로서 채 장군은 부대가 어떤 방향으로

....

90   Chae Myung Shin, Lieutenant General, ROKA Commanding, Letter to William C. Westmoreland, Commander, US Military Assistance Command, Saigon, Vietnam, June 4, 1968. http://vietnam-voices.org/wp-content/uploads/2015/10/US-Army-IG_ROK-Marines_Report_1969.pdf

이동했는지에 대해 구체적으로 밝히고 있지 못하다고 지적하였다.

한편, 공산군의 구정 공세는 북베트남에게 적지 않은 난점을 가져다 주었지만 기대하지 않았던 곳에서 성과를 내었다. 존슨 정부의 신뢰성에 타격을 가해 미국 내 반전여론이 급격히 확대되었기 때문이다. 미국 국민들은 TV를 통해 구정 공세의 현실, 즉 미군이 처참한 피해를 입는 광경을 직접 목도하게 되었고 "자유를 위한 전쟁이 곧 승리로 귀결될 것"이라는 존슨 정부의 말을 신뢰하지 못하게 되었다. 통치능력의 핵심이라 할 수 있는 정부에 대한 신뢰가 근본에서부터 무너지게 되었던 것이다. 이 와중에 웨스트모어랜드 사령관은 합참을 통해 206,000명의 추가 병력 파견과 예비군의 동원을 요구하였다. 성난 여론에 기름을 부은 셈이었다.

구정 공세는 결국 존슨의 정치적 기반을 크게 잠식하였다. 구정 공세 후 실시된 대통령에 대한 지지도는 36%로, 그의 베트남전 정책에 대한 지지도는 26%로 각각 급감하였다. 1968년 3월 12일 존슨은 뉴햄프셔 주의 민주당 경선에서 반전주의자 유진 매카시를 49% : 42%, 300표라는 근소한 차이로 물리쳤지만, 그에 대한 국민들, 적어도 민주당원들의 지지가 철회되고 있음을 확인할 수 있었다. 민주당원들은 존슨이 베트남전 정책을 근본적으로 재고하지 않으면 대선은 물 건너간 것이나 다름없다고 판단하였다.

1968년 3월 14일 경선 참여를 고민하고 있던 로버트 케네디 뉴욕 주 상원의원은 존슨에게 비밀접촉을 통해 대통령이 자신을 포함한 위원회를 만들고, 이 위원회가 베트남전 정책을 재검토할 수 있게 해준다면 자신은 당 경선에 참여하지 않겠다고 제안하였다. 존슨은 일언지하에 그의 제의를 거부하였다. 케네디 의원은 3월 16일 경선 참여를 선언하였다. 존슨은 형의 부통령이었던 자신에게 로버트가 "형의 이름으로 말하노니 왕좌를 내놓으라"는 것으로 받아들였다.[91] 여론 조사에서 로버트 케네디의 지지도는 존슨을 능가하였다. 케네디는 유세기간 내내 "과거의 정책적 오류를 시정하는 것이 결코 잘못된 것이 아니다. 잘못되어 있는 것을 알면서 단순히 자신이 과거에 내린 결정이기 때문에 그것을 지속하는 것이야말로 크게 잘못된 것"이라며 존슨의 베트남전 정책을 비판하였고, 그를 지지하는 당원들이 급격히 늘

....

91   Chris Matthews, *Bobby Kennedy: A Raging Spirit*, Simon & Schuster, 2017, p. 3.

어났다. 그러나 케네디는 6월 5일 대의원 수가 가장 많은 캘리포니아 주 경선에서 승리한 직후 요르단 시민권을 갖고 있던 팔레스타인인 시르한 시르한(Sirḥān Bishāra Sirḥān)에게 저격되어 사망하였다.[92]

한편, 존슨은 위스콘신 주 경선 1주일 전인 3월 31일 경선 승리를 비관하며 미국 국민들의 놀람 속에 경선 사퇴를 선언하였다. 존슨의 부통령이자 베트남전 정책을 지지해오던 휴버트 험프리(Hubert Humphrey)가 출마를 선언하였다. 그는 국내 정치적으로 상당한 영향력을 유지하던 존슨 대통령의 후원하에, 경선을 실시하지 않는 주들을 집중 공략하고,[93] 반전시위와 사회불안에 대해 거부감을 갖고 있던 노동단체들과 기타 민주당원들의 지지에 힘입어 8월 28일 시카고에서 개최된 민주당 전당대회에서 민주당 대선 후보로 선출되었다. 민주당 전당대회는 많은 반전주의자들의 호소와 항의, 그리고 폭력이 뒤엉킨 난장판에 가까웠다. 베트남전이 미국을 어떻게 갈라놓았는지를 명확히 보여주는 정치적 대사건이었다. 한편, 공화당은 8월 8일 과거 아이젠하워 정부 때 부통령을 역임한 강경 반공 보수주의자인 리처드 닉슨을 대통령 후보로 선출하였다. 그는 유세기간 동안 존슨 정부를 비판하며 "베트남전을 명예롭게 종식시킬 묘안을 갖고 있다(peace with honor)"고 당원들에게 지지를 호소하였고, 대통령 후보 수락연설에서도 이를 강조하였다.

1968년 3월 31일 존슨이 재선 포기를 선언하면서 북폭 부분 중단과 평화협상을 제안한 지 40일이 지나 파리에서 평화회담이 개최되었다. 그러나 회담은 즉시 교착상태에 빠졌다. 미국은 남베트남에서 북베트남군이 철수해야 한다고 주장했고, 북베트남은 남베트남에 연립정부를 구성하고 NLF("베트콩")가 참여해야 한다고 맞섰다. 이 파리 평화회담은 앞으로 5년여 동안 간헐적으로 계속될 북베트남-미

....

92   그는 케네디가 팔레스타인을 해하려는 이스라엘에 군사지원을 시도하였기에 그를 암살하였다고 후일 밝혔다. 하버드대 법학교수 더쇼비츠(Alan Dershowitz)에 따르면, 케네디 암살은 팔레스타인-이스라엘 갈등이 "미국으로 수출된 최초의 주요 정치적 폭력"이었다. Sasha Issenberg, "RFK's death now viewed as first case of Mideast violence exported to U.S," *San Diego Union Tribune* (*Boston Globe*), June 8, 2008.

93   이 주들의 주요 민주당 지도자들(주지사 등)은 전당대회장에서 투표를 행사하도록 되어 있었다. 경선을 실시한 주는 캘리포니아, 플로리다, 일리노이 등 14개였다.

국 간의 직접적 공식회담의 시작이었다. 미국과 북베트남은 포로들을 석방하면서 회담 분위기를 안정적으로 유지하고자 노력하였다. 존슨 대통령은 10월 31일 그간 1백만 톤의 폭탄을 투하하며 3년 반 동안 지속되었던 '뇌성 작전'(롤링썬더 작전)의 종료를 선언하였다. 어차피 '뇌성 작전'은 북베트남의 사기를 꺾지 못했을 뿐 아니라, 북베트남 국민들이 지도자들을 중심으로 똘똘 뭉치게 하는 역효과를 내고 있었다. 국제사회의 비판도 작전 종료 선언에 역할을 하였다.

대선에서 민주당 험프리 후보를 꺾고 당선된 닉슨은 1969년 1월 20일 대통령 취임사에서 "역사가 부여할 수 있는 가장 큰 명예는 '화평케 하는 자(peacemaker)'라는 직책이다. 이 명예가 지금 미국을 부르고 있다"며 자신이 선거유세 시 사용했던 선거구호인 "명예로운 평화(peace with honor)"를 재강조하였다.

1월 25일 민족해방전선(NLF)을 포함하여 미국, 남베트남, 북베트남 대표가 파리평화회담에 임하였지만, NLF의 군사조직인 "베트콩"은 2월 23일 사이공을 포함한 남베트남의 110개 대상을 공격하였다. 닉슨 정부도 이에 대응하여 1969년 3월 18일부터 1970년 5월 26일까지 미 전략공군의 B-52를 동원하여 캄보디아 내 북베트남 기지와 국경지대의 이른바 "도피처(sanctuaries)"[94]에 대해 비밀 폭격을 실시하였다. 이 당시 베트남 내 미군의 숫자는 543,000여 명으로 최고점에 이르렀고, 전사자 수도 33,641명으로 한국전쟁 시 전사자 수를 상회하고 있었다.

5월 10일부터 10일간 '햄버거 힐(Hamburger Hill)'이라 불리던 후에(Hue) 근처 아샤우(A Shau) 계곡에서 전투가 벌어졌다. 미군이 승리하였지만, 미 제101공수부대원 46명이 전사하였고, 400여 명이 부상당하였다. 이와 같이 막대한 피해 속에 이 지역을 점령한 미군은 "수색-섬멸(search-and-destroy) 후 이동"이라는 전술개념에 입각한 지휘부의 명령에 따라 이 지역을 포기하였고, 북베트남군이 손쉽게 이 지역을 탈환하였다. 이 작전은 미국 내에서 "군 지휘부가 미국 청년들의 생명을 소

....

94 이 공산세력 지배하의 영토는 훈련소, 군수시설, 무기 및 탄약공장, 소규모 활주로, 포로수용소 등을 포함하기도 하였다. 베트콩이나 북베트남군은 이 "도피처"를 미군이나 남베트남군에 대한 "타격 후 도주(hit-and-run)"를 위해 주로 사용하였다. Richard A. Falk, *The Vietnam War and International Law, Volume 3: The Widening Context*, Princeton University Press, 2015, p. 866.

모품 쓰듯 낭비하고 있다"는 비판을 야기하였다. 존 케네디와 로버트 케네디의 동생인 에드워드 케네디(Edward Kennedy) 상원의원은 '햄버거 힐'을 "무모하고 무책임한 처사"라고 맹비난하였다. 이를 계기로 미군의 대규모 "수색-섬멸" 작전은 사라지게 되었고, 소규모 단위의 작전이 그것을 대체하게 되었다.

닉슨은 전략폭격과 함께 북베트남이 협상에 진지하게 임하도록 하기 위해 소련의 협력을 얻어내려 하였다. 그러나 닉슨의 군사 및 외교 조치는 협상 타결과 종전의 가능성을 높이는 데 실패하였다. 닉슨은 1969년 6월 8일 미드웨이 섬에서 남베트남 대통령 티에우를 만나 미국이 안보공약을 준수할 것임을 천명하였다. 그러나 기실 그가 티에우에게 전달하려 했던 바는 미군 철수 계획의 통보였다. 닉슨은 티에우와 함께 진행한 기자회견에서 "베트남전의 베트남화"와 25,000명의 미군 철수를 발표하였다. 그러나 베트남전 시작부터 그러했듯이, 부패한 남베트남 독재 정부와 무력한 남베트남군이 독립과 민족해방의 결의에 찬 북베트남군과 "베트콩"을 대적한다는 것은 가히 비현실적인 몽상에 지나지 않았다.

그 후 얼마 되지 않아 닉슨은 프랑스를 통해 "북베트남이 11월 1일까지 평화협상 테이블로 되돌아오지 않으면 북폭을 재개할 것"이라는 비밀메시지를 호치민에게 보냈다. 하노이는 답신을 통해 "남베트남 연립정부 구성과 NLF 참여" 요구를 반복하였다. 파리에서 평화협상이 시작되었으나 양측 모두 협상장을 선전의 장으로 사용함으로써 진전이 기대되지 않았다. 미국과 북베트남은 "모든 이슈"를 논의하기 위해 비밀회담을 갖기로 하고, 8월 4일 파리에서 국가안보좌관 헨리 키신저가 북베트남 대표와 회동하였다. 그러나 이 비밀회담은 호치민의 사망으로 중단되었다. 남베트남 출신 급진강경파 레주언(Le Duan)이 직을 승계하였다. 철도회사 직원으로 시작하여, 1959년 NLF의 공산전위정당인 인민혁명당 창건을 지휘한 바 있던 레주언은 중국이 지지하던 농촌 중심의 소모전 전략을 거부하고, 구정 공세와 같은 도시 전면전을 주창해서 관철했던 강경파 지도자였다. 그는 호치민의 장례식에서 그의 유언인 "양키들이 베트남에서 물러날 때까지 싸울 것"을 다짐하였다. 공식적 평화협상은 교착상태에 빠졌지만 비밀 평화협상은 재개되어 1970년 2월 21일 키신저가 베트남 노동당 정치국원 레득토(Le Duc Tho)를 파리에서 만났다. 이 회담은 우여곡절을 겪은 끝에 결국 1973년 1월 27일 파리평화협정으로 이어지게 된다.

베트남 주둔 미군을 단계적으로 철수시키고 있던 닉슨 대통령은 1969년 7월 25일 "베트남전의 베트남화"를 담은 이른바 '닉슨 독트린'을 공개하였다. 핵심은 미국이 공산주의와 투쟁하는 세계의 우방들에게 군사, 경제 원조는 제공하지만 베트남 식의 지상군 개입은 하지 않겠다는 내용이었다. 다시 말해, 미국은 이제 투쟁하는 당사국이 병력을 자체 조달하고, 자신은 공군력과 경제 및 기술 지원 등을 통해 해당국의 안보를 돕겠다는 선언이었던 것이다.

한편, 미국 내에서는 반전시위가 격화되고 있었다. 여기에는 베트남 중부에 위치한 밀라이(My Lai) 전략촌(戰略村, strategic hamlet)에서 벌어진 미군의 베트남 양민 학살 사건이 중요하게 작용하였다. 1968년 3월 16일 미 육군 제23 보병사단 소속 "찰리 중대(Charlie Company)"는 베트콩 은닉 혐의가 있는 베트남 중동부 꽝응아이(Quang Ngai) 지방의 밀라이 전략촌에 진입하였으나 베트콩을 발견할 수 없었다. 찰리 중대원들은 눈에 보이는 민간인들을 모두 사살하기 시작하였다. 저공비행하던 헬리콥터 조종사 휴 톰슨(Hugh Thompson) 선임준위가 미군들을 제지하고 생존자들을 야전병원 등으로 이송하였다. 1969년 밀라이 양민학살 사건이 알려지고, 군법회의에 회부된 군인들이 1971년 3월 29일 한 명만 유죄선고를 받자 미국 반전주의자들이 거세게 항의하였다. '타임지' 등 언론도 사설을 통해 재판결과를 강하게 비판하였다. 반면 수많은 "애국주의자들"은 성조기를 흔들며 미군을 지지하는 집회에 참가하였다.

1969년 10월 팜반동은 '라디오 하노이'를 통해 미국의 반전주의자들에게 보내는 서한을 읽으면서 "여러분들의 가을공세가 장려(壯麗)하게 성공하길 기원한다"며 그들의 행동을 찬양하였다. 그의 서한은 부통령 스피로 애그뉴(Spiro Agnew)를 포함하는 미국 보수주의자들을 격노하게 만들었다. 애그뉴는 시위자들을 "지식인을 자처하는 건방진 속물들의 약체 군단으로 공산주의자들에게 속아넘어간 얼간이"라고 비난하였다. 11월 3일 닉슨 대통령은 TV 연설을 통해 이른바 "침묵하는 다수(silent majority)의 미국 국민들"을 언급하며 자신의 베트남전 전략에 대한 지지를 호소하였다. 그는 "우리가 국내적으로 분열되면 될수록, 적이 파리의 협상 테이블로 돌아올 수 있는 가능성이 더 낮아진다…북베트남은 미국을 패배시키거나 모욕할 수 없다. 미국 국민들만이 그렇게 할 수 있다"고 미국 국민들에게 단결의 중요성을 강조하였다.[95] 그렇지만 반전시위는 더욱 확대되어 11월 15일 워싱턴 D.C.에서 개최된 미국 역사상 가장 큰 규모의 반전시위에 25만여 명이 참여하였다.

1970년 봄부터 미국의 반전시위는 더욱 심화되었다. 이에 큰 역할을 한 요인은 미국의 캄보디아 폭격이었다. 이는 3월 18일 캄보디아 왕자 시아누크의 축출로부터 비롯되었다. 중화인민공화국과 우호적 관계를 중시하던 시아누크는 베트남전쟁 중 중립을 선언했지만, 캄보디아 영토를 통과하는 호치민 루트와 국경지역의 공산군 도피처들을 묵시적으로 허용하고 있었고, 중국이 '시아누크빌(Sihanoukville, Krong Preah Seihanu)' 항을 통해 공산군을 지원하는 것을 용인하고 있었다. 미국은 론놀(Lon Nol) 장군이 주도한 쿠데타를 지원하였다.[96] 집권한 론놀의 군대는 3월 20일 공산주의 크메르 루지(Khmer Rouge)와 캄보디아 내 북베트남군을 공격하였다. 미국은 론놀의 친미정권을 적극적으로 돕는 한편, 그의 힘을 빌려 남베트남을 지원할 방안을 검토하기 시작하였다. 그 결과는 미군과 남베트남에 의한 남베트남-캄보디아 국경지역의 북베트남 거점에 대한 공격이었다. 이유는 몇 가지로 요약될 수 있었다. 첫째, "베트남전의 베트남화"와 그에 따른 미군 철수가 이루어지는 상황에서 미국은 이 공산 도피처 및 보급기지와 호치민 루트가 야기하는 남베트남에 대한 위협을 덜어줌으로써 남베트남 정부의 싸울 용기를 북돋워줄 수 있다고 판단하였다. 둘째, 마침 친미적 론놀의 집권으로 작전이 수월해지는 여건이었다. 셋째, 북베트남군은 3월 29일 캄보디아를 공격하여 동부 캄보디아의 상당 부분을 점령했는데 이에 대응해야 한다는 명분이 있었다.

론놀은 북베트남군에게 남베트남 접경지역을 따라 배치된 공산 도피처 및 보급기지 철거를 요구하였다. 북베트남군은 오히려 서쪽으로 자신의 영역을 확장해

....

95　Richard Nixon, "Address to the Nation on the War in Vietnam," November 3, 1969, P-691101 11/3/1969. https://www.nixonfoundation.org/2017/09/address-nation-vietnam-december-15-1969/

96　쿠데타 당시 유럽, 소련, 중국을 방문하고 있던 시아누크는 공산 크메르 루지와 연합하여 론놀 정권을 타도하고자 하였다. 크메르 루지는 해외에 잘 알려지지 않은 폴 포트(Pol Pot)가 지휘하고 있었는데 그는 시아누크의 권위와 명성을 이용해 캄보디아 내 공산혁명을 도모하고자 하였다. 1975년 4월 폴포트는 론놀을 몰아내고 캄보디아에 농촌이상향을 건설하는 작업을 개시하였다. 이 과정에서 기아, 과노동, 체계적 처형 등으로 인해 캄보디아 인구의 25%인 2백만여 명이 사망하였다.

나갔다. 닉슨은 미군-남베트남군으로 하여금 국경 넘어 30km 이내에서 6월 말까지만 작전을 수행하도록 명령하였다. 닉슨은 4월 30일 미군-남베트남군이 "캄보디아 작전"을 수행하고 있다고 발표하여 미국 국민들을 놀라게 하였다. 그는 "캄보디아 공격의 목적은 베트남전을 캄보디아로 확대하는 데 있지 않고, 오히려 베트남전을 끝내고, 우리가 갈망하는 정의로운 평화를 가져오는 데 있다"고 작전목표를 분명히 하였다. 캄보디아 공격의 국내정치적 후과는 다대하였다. 정치인, 언론인, 학생, 교수, 종교인 등을 포함해 수많은 중산층 미국 국민들이 닉슨과 "확전 정책"에 항의하였다. 닉슨은 반전학생들을 "캠퍼스를 폭발시키는 바보들"이라 조롱하였다. 5월 2일 미 전역의 대학가는 주권국이자 적국이 아닌 캄보디아 침공에 항의하는 대대적인 시위를 단행하기 시작하였다. 5월 4일 유혈사태가 벌어졌다. 오하이오 주의 주방위군이 켄트 주립대학 학내로 침입하여 발포하였다. 4명의 학생들이 사망하고, 9명이 부상을 당하였다. 이에 분노한 미국의 대학생들이 들고 일어났다. 400여 대학이 휴교에 들어갔다. 워싱턴 D.C.에서 10만의 시위자들이 백악관을 포함한 정부/공공 시설들을 둘러쌌다. 닉슨은 그날 밤 링컨 기념관으로 가서 일부 시위자들과 대화를 나누었지만 이들의 반정부감정을 누그러뜨릴 수는 없었다. 미군은 6월 30일 캄보디아에서 철수하였다. 이 캄보디아 침공 작전은, 비록 미국과 남베트남이 확보한 노획물을 전시하며 전승을 주장하였지만, 공산군을 쫓아내거나, 교묘히 피해 다니는 정치·군사사령부인 '남베트남중앙국(Trung uong Cuc mien Nam)'을 포착하지도 못했고, 350여 명의 전사자를 초래했을 뿐이었다.

1971년 1월 4일 새해 벽두 닉슨은 "전쟁의 끝이 보인다"고 말했고, 세계는 기대하며 마음을 졸였다. 그리고 1월 19일 미군의 전폭기들은 라오스와 캄보디아 내 북베트남 보급기지들에 중(重) 폭격을 가하였다. 남베트남군은 1월 30일부터 4월 6일까지, 미국의 '쿠퍼-처치 수정안(The Cooper-Church amendment, 1970년 12월 22일)'에 따라 미군의 라오스와 캄보디아 내 지상군 작전이 금지되자, 단독 작전인 '람선(Lam Son) 719'를 실시하여 라오스 내 호치민 루트를 공격하였다. 그러나 북베트남군은 남베트남군의 공격을 예상하고 있었고, 따라서 작전은 실패로 끝났다. 남베트남군은 무질서하게 퇴각하였다. '람선 719'가 엄청난 피해 속에서도 소기의 목표를 달성하지 못하면서 닉슨의 '베트남전의 베트남화'가 그야말로 무망하다는 사실을 드러내 주었다.

1971년 봄 미국 국내정치는 닉슨에게 매우 불리하게 돌아가고 있었다. 3월 29일 '밀라이 양민학살' 사건 관련 군사재판은 한 명에 대해서만 유죄판결을 내려 미국 사회를 분열시켰고, 그에 따라 미국 내 반전시위는 더욱 격화되었다. '전쟁을 반대하는 베트남참전용사들(Vietnam Veterans Against the War)'이 전국적 집회를 열기 시작했고, 워싱턴 D.C. 시위에는 20만이 참여하였다. 5월 3-5일간 열린 워싱턴 D.C. 반정부 시위집회 때는 12,000여 명이 체포되는 등 정치적 충돌과 사회불안이 극에 달하였다.

여기에 기름을 부은 사건이 6월에 발생하였다. 1971년 6월 13일 '뉴욕타임즈'가 베트남전 관련 1급비밀이 담긴 이른바 "국방부 보고서(the Pentagon Papers)"의 일부를 게재하기 시작하였던 것이다. 내부고발자 다니엘 엘스버그(Daniel Ellsberg)는 미국 "정부들은 이 전쟁에서 이길 수 없다는 것을 알면서도," 특히 "존슨 정부는 중대한 국가이익이 걸린 문제들에 대해 체계적이고 일관되게 국민들뿐 아니라 의회에도 거짓말을 자행했다"는 사실을 세상에 알리고자 하였다. 이는 장차 베트남전 종전을 앞당기고, 간접적으로 닉슨 대통령의 하야에 영향을 미친 중대한 역사적 사건이 된다.

북베트남은 전장에서의 승리가 협상테이블에서의 승리로 전환되기를 기대하고 1972년 3월부터 9월까지 20만의 병력으로 "춘·하전투(春夏戰鬪, Chiến dịch Xuân Hè, 미국식 명칭은 부활절 공세, the Eastertide Offensive)"에 나섰다. 보응우옌지압 장군은 남베트남 정권에 결정타를 날리면서 닉슨의 재선도 막고자 하였다. 미군은 이미 1971년 10월 9일 제1공중기갑사단의 일부가 "원하지 않는다(a desire not to go)"를 이유로 전투거부에 나선 적이 있을 만큼 지쳤고, 기강이 해이되어 있었다.[97] 반전시위는 극에 달하고 있었고, 남베트남군은 '람선 719' 때 이미 크게 부서진 상태였다. 북베트남 지도자들은 구정 공세가 국내정치적으로 존슨을 괴롭혔듯이, 이

....

97   미 육군 대변인에 따르면, 15명 중 6명이 "자신들의 목적은 방어"에 있다며 중대장의 명령에 불복하였다. William L. Hauser, *America's Army in Crisis: A Study in Civil-Military Relations*, Johns Hopkins University Press, 1973. p. 242.

번 공세도 성공하면 대선을 앞둔 닉슨에게 다대한 정치적 피해를 입힐 수 있을 것으로 판단하였다. "춘·하전투(부활절 공세)"는 1972년 3월 30일 꽝찌(Quang Tri)에 대한 공격으로 시작하였다. 북베트남군은 중부를 공격했고, 꼰뚬(Kontum)을 장악하면 남베트남은 사실상 둘로 나뉘게 될 형편이었다. 닉슨은 제7함대를 동원했고, B-52를 사용한 대규모 폭격과 하이퐁 항에 대한 기뢰 설치 등을 포함하는 '라인백커 작전(Operation Linebacker I)'도 실시하였다.

한편, 닉슨과 키신저는 1972년 베이징(2월 21일-28일)에 이어 북베트남의 후원자인 모스크바와의 관계를 개선하여 국제정치에서 베트남전에 대한 "맥락(context)"을 재정립할 방법을 모색하였다. 닉슨은 소련에게, 북베트남을 지원할 것인지 아니면 미국과 더 친밀한 관계를 도모할 것인지, 그의 표현에 의하면 '요리할 수 있는 더 큰 물고기'를 제공함으로써 소련에게 딜레마를 안겨주고자 하였던 것이다. 1972년 모스크바(5월 21-27)에서 열린 미소정상회담은 이 전략의 결과물이었으나, 효과는 즉각 나타나지 않았고, 소련은 중국과 마찬가지로 하노이에 대한 원조를 지속하였다.

사실 북베트남은 소련에 대해 이미 손을 써놓은 상태였다. 북베트남은 특히 당시 미중화해가 기정사실화되고 있었기 때문에 소련마저 데탕트(Détente, 긴장완화) 분위기에 휩쓸려 자신의 안보와 민족해방 노선에 차질이 빚어지게 할 수는 없었다. 급변하는 국제정세에 위협을 느낀 북베트남 지도부는 1971년 3월, 그리고 같은 해 12월, 당과 군을 대표하는 레주언과 보응우옌지압을 각각 소련을 방문하도록 하였다. 레주언은 소련의 원조를 호소하며 한달 간을 소련에 머물렀으며, 12월에 방소한 보응우옌지압은 베트남은 곧 있을 "춘·하전투"에서 승리하여 소련의 지도와 지원하에 제3세계혁명의 선봉이 되겠다고 서약하였다. 브레즈네프 등 소련지도자들은 보응우옌지압이 깜라인 만(Cam Ranh Bay, 캄란 만)을 수복하여 소련에게 해군기지로 사용할 수 있도록 배려하겠다고 하자 크게 반색하였다. 소련이 "닉슨의 물고기"를 덥썩 물지 않은 이유는 복합적인 국내정치적 전략적 요인들이 있었지만, 확실한 것은, 소련이 사회주의권 내 패권을 유지하고, 동시에 중소분쟁에서 이념적, 군사전략적 우위를 점하기 위해 친소적 하노이가 절대적으로 필요하다는 사실을 인정하였기 때문이다.

그럼에도 불구하고 북베트남은 닉슨의 대중국 대소련 외교적 이니셔티브에 대해 불안해하였다. 하노이는 중소갈등과 닉슨의 실리주의 외교가 자신의 양대 후원국들을 이간하고, 그간 피흘리며 이끌어왔던 민족해방전쟁의 결실이 눈앞에서 사라지게 될 수도 있다고 의심하였다. 디엔비엔푸 전승으로 "다 잡은 고기를" 중국과 소련이 놓치게 했던 '제네바의 기억'도 생생하였다. 이런 상황 하에서 1972년 7월 13일 파리평화회담이 재개되었다. 간헐적으로 개최되던 평화회담은 마침내 10월 8일 미국과 북베트남이 서로 양보하면서 타결되었다. 미국은 남베트남 내 작전 중인 북베트남군이 그대로 남아 있는 데 동의하였고, 북베트남은 남베트남 티에우 정부의 해체라는 조건을 철회하였던 것이다. 키신저의 참모들이 미국의 양보가 지나친 것 아닌가라고 개인적으로 의견을 제시하자, 키신저는 "당신들은 이해하지 못하고 있군. 난 이 전쟁을 대선 전에 끝내야 한단 말일세! 그렇게 될 수 있고, 그렇게 될 것일세"라고 답하였다.[98] 키신저는 동시에 남베트남에 대한 비밀작전을 실시하였다. 그는 티에우에게 전보를 보내 평화회담이 체결되기 전 가능한 한 많은 영토를 확보하라고 주문하였다. 그는 미 국방부로 하여금 20억 달러 상당의 보급품을 신속히 남베트남에게 인도하고, 모든 미군 기지들은 남베트남군 소유로 이전하도록 하였다. 협정초안에 있던 "모든 미군의 시설은 폐기한다"는 조항을 우회하기 위한 조치였다.[99] 협정 초안을 통보받은 티에우는 불안해 하고 불만스러워 하였다. 북베트남이 사이공 정부의 주권을 인정하라는 그의 요구조건이 담겨져 있지 않았기 때문이다. 티에우의 이 조건은 당시의 현실이었던 북베트남군의 남베트남 내 주둔/작전을 논리적으로 불법화하는 내용이었다. 그는 10월 22일 키신저와의 회담에서 "이는 있을 수 없는 일"이라며 격한 반응을 보였고, 이를 보고 받은 닉슨은 "모든 미국의 원조 중단"으로 위협했으나, 티에우의 태도는 변하지 않았고, 10월 24일 공식적으로 '키신저 안'을 거부하였다.

··········

98 후일 초대 국가정보국장(director of national intelligence)이 된 존 네그로폰트(John Negroponte)도 이 말을 들어야 했던 키신저의 회담 참모였다. Gerald Prenderghast, *Britain and the Wars in Vietnam: The Supply of Troops, Arms and Intelligence, 1945-1975*, McFarland, 2015, p. 89.

99 Prenderghast(2015) p. 89.

1972년 11월 7일 대통령에 재선된 닉슨은 11월 14일 티에우에게 북베트남이 평화협정을 위반하면 "신속하고 단호하게 보복할 것"임을 약속하였다. 그러면서도, 미국은 한편으로는 주베트남 미 전투병을 전원 철수하고, 다른 한편으로는, 티에우 대통령이 요구한 사항을 최종평화협정문에 포함시키려 노력하였다. 티에우의 조건 때문에 평화협상은 중단되었고, 닉슨은 1972년 12월 18일 북베트남의 심장부에 대한 '제2차 라인벡커(the Linebacker II)' 대량 폭격 작전을 실시하여 북베트남을 협상테이블로 복귀시키려 하였다. '크리스마스 폭격(Christmas Bombing)'으로 알려진 이 폭격작전은 세계적 비난을 불러일으켰다. 교황도 비난에 참여하였다. 그러나 미국의 라인벡커 작전은 북베트남에 먹혀들었다. 12월 26일 평화회담이 재개되었다. 키신저는 티에우의 요구사항을 이번에는 논외로 하였다. 티에우는 분했지만, 결국 미국의 원조 중단 위협에 굴복하여 북베트남군의 남베트남 주둔을 인정하는 평화협정을 받아들이게 되었다. 티에우는 이를 "항복이나 마찬가지"라고 말하면서도, 1973년 1월 27일 평화협정에 서명하지 않을 수 없었다.

닉슨은 1973년 1월 23일 합의가 이루어져 "전쟁을 끝내고 명예로운 평화를 달성할 수 있게 되었다"고 선언하였다. 27일 미국, 베트남민주공화국, 베트남공화국, 베트남남부민족해방전선이 티에우 정권 타도를 목적으로 1969년 6월 설립한 남베트남공화국임시혁명정부(Provisional Revolutionary Government of the Republic of South Vietnam)가 파리에서 평화협정을 체결하였다. 이 협정은 미국이 모든 군사행동을 즉각 중지하고, 60일 이내 모든 병력을 철수하도록 하였고, 베트남민주공화국은 즉각적 전투 중지와 60일 내 모든 미군 포로들을 석방하도록 하였다. 그리고 15만에 달하는 남베트남 내 북베트남군은 그대로 머무를 수 있게 하였다. 이 협정은 남베트남이 티에우 정부와 임시혁명정부로 나뉜, 즉 남베트남의 이중주권(二重主權, dual sovereignty)의 실제를 사실상 인정하였다. 3월 29일 닉슨은 "우리 모두가 갈구하던 그날이 왔다"고 발표하였다. "명예로운 평화"라는 것이었다. 그의 발표와 함께 남은 미군이 모두 베트남에서 철수하여, 전쟁이 사실상 종료되었다.[100] 약 2년 후인 1975년 4월 30일 북베트남군 30개 사단은 남베트남을 정복하고 베트남을 통일하

....

100 미국은 1973년 군대를 철수하였지만, 군사적, 경제적 원조는 지속하였다.

였다. 그렇지 않아도 의회와 여론의 반대와 재정적 제약에 직면하고 있던 닉슨은 그 자신이 워터게이트 사건에 휘말려 티에우에게 한 약속을 지킬 수 없었다.

베트남전의 결과

닉슨은 자신이 "명예로운 평화"를 가져왔다고 생각하였다. 그러나 미군 철수와 '베트남전으로부터의 해방'은 미국으로서는 그렇게 "명예로운 평화"는 아니었다. 중국, 소련을 지렛대로 활용한 압박외교와 강력한 무력과시에 힘입은 협상에 의한 해결이라는 점을 제외하면 미국은 자신이 벌인 가장 긴 전쟁에서 처음으로 패한 것이었고, 미국의 "명예로운 평화"라는 것은 그저 '중상(重傷)'을 입은 독수리'의 모습을 보여줄 뿐이었다. 미국의 패전과 충격은 냉전이 종식된 후 이라크를 침공할 때까지 미국의 국내정치와 군사안보정책 결정과정에 중대한 역사적 개입변수로 작용하였다.

미군은 11년간의 군사 개입 기간(1964년 8월 5일-1973년 1월 27일) 동안 연인원 8,744,000여 명이 참여하여 58,220명의 군인과 10,446명의 비전투요원이 사망하였고, 153,329명이 중상을 입었다.[101] 또한 70여 만 명의 참전군인들이 심리적 외상 후 스트레스 장애(post-traumatic stress disorder)에 시달리게 되었다.

무리한 전비(戰費) 지출은 미국의 경제, 사회, 복지에 치명적인 타격을 입혔다. 특히 존슨 정부는 국민들에게 인기가 없는 증세를 피하면서 막대한 전비를 지출하려다 보니 장기적 인플레이션을 야기하였다. 동시에 그가 야심차게 추진하려던 '위대한 사회' 프로그램은 좌초되었다. 이후 사회복지 확충을 위한 자유주의자들의 운신의 폭은 크게 줄어들게 되었다.

전비 조달 문제는 미국의 달러 패권과 국제통화제도에도 큰 영향을 미쳤다. 베트남전으로 인해 해외로 유출되는 달러의 양이 늘어나며 달러 가치는 1944년의 브레튼 우즈 합의에 따른 '35달러=금 1온스'의 공식을 유지하기 어려울 만큼 급락하

....

101 Vietnam War U.S. Military Fatal Casualty Statistics, U.S. National Archives. https://www.archives. gov/research/military/vietnam-war/casualty-statistics#category

였다. 추락하는 달러를 팔고 금을 요구하는 사람, 단체, 국가가 늘어나면서 기축통화인 달러의 신뢰는 급격히 하락하였다. 기축통화는 공급을 늘려 신뢰를 높여야 하는데, 공급이 늘면 통화 가치가 떨어져 기축통화의 신뢰도는 오히려 감소하는 '트리핀 딜레마(Triffin dilemma)'가 발생하였다. 달러패권주의와 국제통화제도의 안정성이 위협받게 된 것이었다. 닉슨 정부는 1971년 8월 15일 달러의 금태환을 중단하였고, 미국이 구축한 브레튼우즈 체제는 붕괴하였다.

또한 베트남전은 미국 정부와 정치에 대한 국민적 불신을 야기하였다. 특히 '국방부 보고서' 폭로와 국민적 환멸은 1973년 11월 7일 상원에 의한 '통킹만 결의안' 폐기 및 '전쟁권한 결의안(War Powers Resolution)' 등 "제왕적" 대통령직을 견제하기 위한 입법조치로 이어졌다. 비슷한 맥락에서, 베트남전 중 발생한 양민학살 사건은 자유와 인권의 옹호자를 자처하던 미국의 도덕성을 크게 훼손하였다. 그러나 다른 한편, 이 사건이 국민들에 의해 폭로되었고, 군에 의해 국민들에게 낱낱이 밝혀졌다는 점은, 그러지 못한 다른 나라들과 비교해 볼 때, 미국이 자신의 자정능력을 보여준 한 사례가 되기도 하였다.

베트남전은 아이젠하워 이후 본격 사용됐던 "도미노 이론"의 비현실성을 드러내주었다. 베트남의 공산화는 동남아로 확산되지 않았던 것이다. 나아가 1947년의 트루먼 독트린 이후 미국이 유지했던 '일괴암적 공산주의'라는 전제도, 한국전쟁을 스탈린이 아닌 김일성이 일으킨 데서 알 수 있듯이, 현실성을 결여한 것으로 드러났다. 특히 1960년대 중반 미국의 케네디나 존슨 정부가 이러한 정치적, 전략적 관념에 따라 베트남전을 확대했다면 그만큼 그 전략적 판단은 현실로부터 벗어난 것이었다. 소련과 중국은 이미 1957년부터 공개적으로 서로를 극렬히 비난하였고, 1960년대는 누가 보더라도 이들이 "공산주의적 공동목표"를 위해 미국에 대항하여 합세할 가능성은 없었기 때문이다. 베트남전 후의 역사를 들여다보면 미국의 개념적 오인은 더 명백해진다. 1975년 4월 17일 친미적 론놀 정권을 몰아낸 폴 포트의 친중적 공산 캄푸치아(Democratic Kampuchea)는 며칠 후 통일을 달성한 북베트남을 영토적 야심을 감춘 위선적인 "패권주의자"라고 비난하며[102] 지속적으로 대립

....

102 Department of Press and Information of the Ministry of Foreign Affairs of Democratic Kampu-

하다가 결국 1977년 12월 무력으로 충돌하였고, 급기야는 1979년 1월 친소 베트남 사회주의공화국의 공격으로 친베트남 세력에 의해 축출되었다. 중화인민공화국은 베트남전 기간 동안 베풀었던 은혜를 저버리고 소련과 협력조약을 맺었고, 그리고 소련의 "앞잡이"가 되어[103] 자신의 동맹국 캄푸치아를 침공한 베트남사회주의공화국에 "교훈"을 주기 위해 '17일간의 전쟁'을 마다하지 않았다. 공산주의 "동무들"끼리도 피흘리며 싸웠던 것이다.

베트남전은 의도된 것은 아닐지라도 미국의 대중국 접근을 가능하게 한 요소로 작용하였다. 당시 미국이 중소분쟁을 자신의 전략이익 차원에서 활용하려 한 측면이 있지만, 베트남전에서 "명예롭게 철수"하기 위해 북베트남의 후원자들을 정치적으로 공략한 점도 못지않게 중요하였다. 미중관계의 개선은 미국의 정치뿐 아니라 세계적 차원에서 국제정치적 문법이 다시 쓰여지는 계기가 되었다. 후술하겠지만, 베트남전은 냉전의 종식에 간접적으로 기여하였다. 미국이 베트남전에서 명예롭게 퇴각하기 위한 한 방편으로 미중화해를 선택하였고, 미중화해는 소련으로 하여금 '양대전선(소련 대 중국, 소련 대 유럽에서의 미국)'의 가능성에 대비하도록 강제하였고, 이에 따른 증가된 비용은 소련 경제의 피로를 악화시켜, 결국 1980년대 중반부터 "불운하게 판명될" 고르바초프(Mikhail Gorbachev)의 개혁·개방정책이 불가피하도록 만드는 데 일조하였던 것이다.

베트남전은 베트남 국민들에게 이룰 말할 수 없는 희생을 강요하였다. 전쟁 기간 동안 미 공군이 출격한 횟수는 총 300만 회나 되었고, 투하한 폭탄은 8백만 톤에 달하였다. 이는 제2차대전 시 투하된 모든 폭탄 무게의 4배에 해당하는 것으로 전쟁 역사상 최대량의 폭탄이 10년 동안 북베트남에 집중되었던 것이다. 북베트남군과 "베트콩"의 전사자 수는 110만에 달하였고, 남베트남군의 전사자 수는 20만을 상회하였다. 남과 북의 민간인 사망자의 수는 200-380만이나 되었다.[104] 베트남

....

chea, *Black Paper: Fact and Evidences of the Acts of Aggression and Annexation of Vietnam Against Kampuchea*, September 1978.

103 People's Daily and Xinhua News Agency Commentators, *On the Vietnamese Foreign Ministry's White Book Concerning Vietnam-China Relations*, Beijing: Foreign Language Press, 1979.

104 380만은 하버드 의대와 워싱턴 대학의 전문가들의 계산 결과이다. John Marciano, *The American*

전의 종식과 베트남의 통일 과정은 베트남 국민들의 희생을 더욱 심화하였다. 레주언 정부는 미국이나 사이공 정부 부역자들을 대대적으로 처형하지는 않았으나,[105] 30만에 달하는 남베트남 국민들을 재교육 수용소로 보내 참혹한 강제노역을 시키고, 때에 따라서는 갖가지 고문을 자행하였다. 1978년 이래 '경제재구조화(경제체제의 사회주의적 개조)'가 이뤄지는 과정에서 일부 남베트남 국민들이 '보트 피플(boat people)'이 되어 바다로 쫓겨났다.

전쟁과 폭격은 베트남의 사회기반시설을 파괴하였다. 베트남 전역이 지뢰밭이었고, 농지는 미국의 화학전(Operation Ranch Hand)으로 오염되었다. 통일된 베트남은 군사적으로는 동남아의 강자가 되었지만, 경제적으로는 세계에서 가장 가난한 나라 중의 하나가 되었다.

베트남의 미국, 미국의 베트남: 베트남전과 미국의 국내정치

미국이 프랑스를 위해 베트남에 들어갈 때는 '냉전 대처'라는 전략적 판단이 있었다. 미국은 1947년의 트루먼 독트린에 따라 일괴암적 공산주의의 팽창을 봉쇄한다는 원칙을 견지하면서, 다른 한편, 1954년 아이젠하워의 도미노 이론에 따라 인도차이나의 공산화를 막고자 했고, 이런 맥락에서 프랑스는 소련의 팽창을 억지하는 NATO 동맹국일뿐 아니라, 동남아시아에서 "중공(中共)"의 남진을 막을 수 있는 미국의 지역적 대리자(agent)로 여겨졌던 것이다. 이러한 냉전기 전략이익이 미국을 베트남으로 인도하였지만, 그곳은, 전략이익뿐 아니라 미국의 국내정치, 경제, 사회, 문화 등을 아우르는 전면적 수준의 이해관계가 부정적으로 교차하는, 키신저가 『외교(Diplomacy)』에서 제시하듯, 미국의 "늪(morass)"이었다. 베트남전이라는 늪에서 허우적거리는 동안 미국은 국제정치와 세계경제에서 도덕적 리더십과 패권

....

War in Vietnam: Crime or Commemoration?, Monthly Review Press, 2016, p. 155.

105 Mai Elliot, "The End of the War," *RAND in Southeast Asia: A History of the Vietnam War Era*, RAND Corporation, 2010, p. 499.

적 위상을 상실하고, 특히 정부에 대한 의심과 항의, 그리고 전쟁정책을 둘러싼 국민적 분열 속에서 정치적 타협의 활력과 민주주의의 생동성마저 잃게 되었다. 베트남전이 미국의 내부적 제 관계에 중대한 영향을 준 사례로서 '밀라이 양민학살,' '국방부 보고서', '워터게이트' 사건 등이 있었다.

'밀라이 양민학살'

1971년 4월 미국 내에서는 반전시위가 격화되고 있었다. 여기에는 베트남 중부에 위치한 선미(Sơn Mỹ), 미군의 지도 상에는 밀라이(My Lai) 전략촌(戰略村 strategic hamlet)이라고 명시되어 있고, 미군들의 속어로는 핑크빌(Pinkville)로 되어 있는 지역에서 벌어진 미군의 베트남 양민 학살 사건이 중요하게 작용하였다. 1968년 3월 16일 미 육군 제23 보병사단(Americal, 아메리칼 사단), 제1대대, "찰리 중대(Charlie Company)"는 베트콩 1개 대대가 은닉하고 있다는 보고를 받고 베트남 중동부 꽝응아이(Quang Ngai) 지방의 밀라이 전략촌에 진입하였으나 베트콩을 발견할 수 없었다. 이에 찰리 중대원들은 아이, 여자, 노인들을 포함해 눈에 보이는 민간인들을 모두 사살하기 시작하였다. 저공비행하던 헬리콥터 조종사 휴 톰슨[106] 선임준위는 이를 목격하고 자신의 부하들에게 베트남 민간인들을 사살하는 모든 미군에게 사격을 실시하라고 명령했으나, 그의 부하들은 사격을 하지는 않았다. 톰슨은 이윽고 착륙하여 민간인 사살을 중지시키고, 생존자들을 이송하였다.

찰리 중대는 3월 28일 민간인 학살에 대해서는 언급하지 않고 69명의 베트콩을 사살하였다고 전과를 허위 보고하였다. 밀라이 양민학살 사건은 근 1년 동안이나 비밀에 부쳐졌다. 1969년 3월 말 베트남전 참전용사이자 뉴올리언즈(New Or-

....

106 톰슨은 30년이 지나 육군으로부터 훈장을 받았다. 그러나 그렇게 되기까지 그는 온갖 위협과 협박에 시달려야 하였다. 그는 2004년 미국 CBS 뉴스 프로그램인 '60분(the Sixty Minutes)'에 출연하여 자신이 "전화상으로 살해협박을 수차례 받았으며, 아침에 일어나 "누군가가 자신의 집 현관에 놓아둔 동물의 시체들"에 한동안 맞닥뜨려야 했다"며, "나는 좋은 일[베트남 양민 구조]을 한 게 아니었다"고 자조적으로 술회하였다. Rebecca Leung, "An American Hero: Vietnam Veteran Speaks Out About My Lai," 60 Minutes, May 06, 2004. https://www.cbsnews.com/news/an-american-hero/

1968년 3월 16일 '밀라이 학살' 현장에서 작전하던 미군 헬기들을 라이프(*the LIFE*) 기자가 촬영한 사진.

leans) 언론인 로널드 리덴하워(Ronald Ridenhour)는 이 양민학살 사건을 폭로하는 서한을 닉슨 대통령, 멜빈 레어드(Melvin R. Laird) 국방장관, 그리고 당시 자신의 거주지 상원의원인 모리스 우달(Morris K. Udall)에게 우송하였다. 그가 사건 가담자들을 포함한 동료 참전용사들로부터 들은 내용을 요약한 "내부고발적" 서한은 육군의 사실조사, 학살사건의 공개, 그리고 군사재판으로 이어졌다.

3년 반의 조사 후 군검찰 측 윌리엄 피어스(William R. Peers) 중장은 "조사 결과 이 비극은 그날 그 장소에서 일어난 것이 맞다"고 확인하며, 25명의 장교/병사들을 학살 가담 및 은폐 혐의로 기소하였다. 그러나 19명은 기소유예 처분을 받았고, 6명이 군사재판에 회부되었다. 군사법정은 1971년 3월 29일 중대장 메디나(Ernest L. Medina) 등 군법회의에 회부된 장교/병사들 중 학살에 제일 많이 가담한 소대장 윌리엄 캘리(William L. Calley Jr.) 중위에게만 유죄선고를 내리고, 그에게 "민간인 20명 이상을 사전계획에 의해 살해한 범죄"로 강제노역을 포함한 종신형을 선고하였다. 제2차 대전 후 뉘른베르크 전범재판에서와 같이 군법회의에 회부된 병사들은 명령을 따랐을 뿐이라고 주장하였다. 여론도 그들 편이었다. 당시 '타임'지의 조사에 따르면, 다수의 미군 국민들은 리덴하워의 서한의 내용을 신뢰하지 않거나, 사건이 전쟁의 자연스러운 결과의 일부로서 밀라이 양민학살 같은 사건은 모든 전쟁에서 발생한다고 보았다.[107] 닉슨 대통령은 선고가 내려진 지 이틀 후인 1971년 3월31일 캘리를 항소심이 내려질 때까지 조지아 주 포트 베닝(Fort Benning) 군 형무소 대신 가택연금에 처해지도록 조치하였다.[108] 결국 캘리는 20년 형으로 감형되었고, 4년 수형 후 가석방되었다.

밀라이 학살과 그에 따른 군사재판 결과는 미국 반전주의자들의 거센 항의를 야기하였다. 장차 미국 상원의원과 국무장관에 오를 존 케리(John Kerry)는 1971년 4월 12일 뉴욕에서 열린 '전쟁을 반대하는 베트남참전용사들(Vietnam Veterans Against the War)'이 주도한 항의집회에서 성명서를 읽어내려 갔다:

우리 미국 국민들 모두는 전쟁이 지속되도록 허용한 책임을 통감해야 합니다. 우리는 미국의 장군들과 대통령들과 우리의 삶의 방식이 조장한 캘리의 행동을 미국이 정죄할 수 없다는 것을 미국이 깨닫길 원합니다. 우리가 캘리를 정죄하고자 한다면, 우리는 이 사건에 책임이 있는 그 모든 장군들, 대통령들, 모든 군인들을 정죄해야만 합니다. 우리는, 사실, 이 나라를 정죄해야 합니다.[109]

'타임지'는 같은 날 다른 각도에서 비판적 사설을 실었다:

밀라이의 비극적 현실과 그 의미는 두가지 방법으로 그 책임이 회피되고 있다. 하나는 그러한 실수는 보편적이며, 따라서 죄의 보편적 사면이 맞다는 결론을 내리는

....

107 Michael Lind, *Vietnam: The Necessary War: A Reinterpretation of America's Most Disastrous Military Conflict*, Free Press, 2002, p. 246.

108 캘리는 2009년 처음으로 밀라이 학살에 대해 사과하였다. 그는 조지아 주 컬럼비아의 키와니스 클럽(Kiwanis Club)에서 행한 한 연설에서 "자신은 그 일 이후 죄책감 때문에 하루도 마음이 편한 적이 없었다"며 진심으로 사과한다고 말하였다. Frank James, "William Calley Makes First Public Apology For Vietnam War's My Lai Massacre," National Public Radio, August 21, 2009.

109 *The Time*, April 12, 1971, p. 15.

일이다. 다른 하나는 밀라이에서 벌어
진 일이 필요했으며, 오히려 칭찬받을
일이라고 결론 내리는 일이다. 첫 번
째 시각은 미국의 베트남전 정책에 그
원죄가 있으며, 대통령들을 감옥에 보
내야 한다고 주장한다. "우리 모두가
다 죄인(we-are-all-guilty)"이라는 시
각은, 그 명백한 법리적 오류와는 별
도로, 도덕적 함정에 빠져 있다. 모든
이들이 죄가 있다면, 아무도 죄가 없
거나 책임이 없으며, 도덕의 의미 자
체가 해체될 수밖에 없다… 캘리 재판
을 둘러싼 양심의 위기는 케네디 대통

타임지 표지에 실린 캘리 중위.

령 암살이 초래한 두려움보다 더 중대한 현상이다. 역사적으로 이 사건이 훨씬 더
중요하다.[110]

밀라이 양민학살 시 제23사단 제11여단장으로 막 보임한 오런 헨더슨(Oran K.
Henderson) 대령의 군사재판도 많은 미국 국민들의 관심 속에서 이루어졌다. 군검
찰은 그가 사고 당시 사단장에게 "20명의 민간인이 부주의한 포사격에 의해 사망
하였다"고 보고한 점을 지적하며, 그를 사건조사를 적절히 수행하지 않은 "고의에
의한 직무유기" 혐의로 기소하였다. 헨더슨은 "장교들이 자신에게 허위보고를 하
였다"고 항변하였다. 1971년 12월 18일 군법정은 총 106명의 증인들의 증언을 청
취한 후 헨더슨에 대해 무죄를 선고하였다. 헨더슨은 거수경례를 한 후, "이 평결은
육군의 어느 누구라도 우리의 군사시스템을 신뢰할 수 있다는 사실을 재확인해 주
었다"고 말하였다.
　밀라이 양민학살과 재판 결과는 미국뿐 아니라 국제적으로 큰 논쟁을 야기했

....

110　Editorial, *The Time*, April 12, 1971.

으며, 미국과 미 육군의 평판에 부정적인 영향을 미쳤다. 리덴하워는 1973년 '뉴욕타임즈'에 실린 기고문[111]에서 그가 1969년 3월 정치인들에게 밀라이 양민학살 관련 서한을 보낸 이유는 "그것이 미국 국민들과 정부에게, 무력에 의존하는 미국의 대외정책과 속임수에 기초한 국내정치가 민주주의 사회의 원칙을 훼손할 뿐 아니라, 그 자체로 저급하고, 비열하며, 우매하고, 잔인하며, 자기파괴적이라는 것을 알리고 싶었기 때문이었다"고 적었다. 그는 박수도 받았지만 사시(斜視)를 더 많이 받았다. 그에 따르면, 사람들은 "그들이 왜 그랬지?라고 묻는 대신, 당신은 왜 그랬어요?"라고 물었다. 그는 "한마디로 말해 정의감 때문이었다"고 기고문에서 밝혔다. 그는 "당시 내가 너무 어렸고, 지금보다 더 순진했었다"고 부연하였다.

'국방부 보고서(the Pentagon Papers)' 사건

1971년 미국의 베트남전 정책과 미국의 국내정치에 대폭발을 일으킬 대사건들이 일어났는데 이는 당시 베트남전의 전황과 관계가 있었다. 1971년 1월 4일 닉슨은 "전쟁의 끝이 보인다"고 말했지만, 엄청난 폭격에도 불구하고, 끝은 좀처럼 보이지 않았다. 3월 29일 공개된 '밀라이 양민학살' 관련 군사재판 결과는 미국 사회를 더욱 분열시켰다. 4월부터 미국 내 반전시위는 더욱 격화하였다. '전쟁을 반대하는 베트남참전용사들'이 전국에서 집회를 열기 시작했고, 워싱턴 D.C. 시위에는 20만이 참여하였다. 5월 3-5일간 열린 워싱턴 D.C. 반정부 시위집회 때는 12,000여 명이 체포되는 등 정치적 충돌과 사회불안이 극에 달하였다.

이때 반전주의운동에 더욱 탄력을 붙여준 사건이 일어났다. 한 내부고발자가 미 국방부의 베트남전 정책의 오류와 정부의 기만성을 국민들에게 알리고자 하였던 것이다. 이 인물의 이름은 다니엘 엘스버그(Daniel Ellsberg)였다. 하버드 대학과 영국 캠브리지 대학에서 수학한 경제학 박사 엘스버그는 1964년 8월부터 미 국방부의 존 맥노튼(John McNaughton) 국제안보담당 차관보의 특보로 일하게 되었다. 그는 남베트남에서 2년간 국무부 소속으로 에드워드 랜즈데일 장군을 돕기도 하였

....

111   Ronald L. Ridenhour, "One Man's Bitter Porridge," *The New York Times*, November 10, 1973.

다.[112] 그는 귀국 후 미 공군이 설립한 랜드연구소(RAND)의 군사분석가로서 맥나마라 장관의 지시에 따라 시작된 비밀프로젝트에 참가하였다. 이 비밀프로젝트는 역대 정부의 베트남전의 역사, 정책, 전략, 전술, 작전 계획 등을 담은 1급기밀문건으로 1968년 완성되어 "국방부 보고서(the Pentagon Papers)"로 불리게 되었다. 엘스버그는 이 비밀프로젝트에 참여하면서도, 자신이 베트남 체류 시 확인한 "베트남전은 무모한 전쟁이다"라는 생각을 떨칠 수 없어, 반전 시위집회에도 종종 참관하였다. 1969년 말 엘스버그는 랜드연구소 동료인 앤서니 루소(Anthony Russo)의 도움을 받아 자신이 접근 가능한 문건들을 복사하였다. 엘스버그는 미국 "정부들은 이 전쟁에서 이길 수 없다는 것을 알면서도," 특히 "존슨 정부는 중대한 국가이익이 걸린 문제들에 대해 체계적이고 일관되게 국민들뿐 아니라 의회에도 거짓말을 자행했다"는 사실을 세상에 알려야겠다고 생각했던 것이다. 엘스버그는 지인이자 시인인 게리 스나이더(Gary Snyder)를 만나 대화를 나눈 후, "행동하겠다"고 결심하였다. 그는 반전주의 정치인인 윌리엄 풀브라이트와 조지 맥거번(George Mc-Govern) 상원의원을 설득하였다. 의회에서의 폭로는 면책이 될 것이기 때문이었다. 그는 동시에 '뉴욕타임즈'의 닐 쉬핸(Neil Sheehan) 기자에게 문건을 넘겼다. '뉴욕타임즈'는 1971년 6월 13일 7,000쪽에 달하는 1급비밀 문건의 일부를 게재하였다. 이를 본 닉슨은 격노하여, 법무장관으로 하여금 게재중단을 요구하면서 법원에 가처분 신청서를 제출하도록 하였다.

존 미첼(John Mitchell) 법무장관은 '뉴욕타임즈'의 발행인 아서 설즈버거(Arthur Ochs Sulzberger)에게 보낸 전문에서 다음과 같이 말하였다.

국방장관은 본인에게 '뉴욕타임즈'가 1971년 6월 13일 게재한 '국방부의 베트남 연구로부터의 주요 내용(Key Texts from Pentagon's Vietnam Study)'은 1급기밀로 분류된 미합중국의 국가방위에 관한 정보를 포함하고 있다고 알려왔음. 따라서 이 정보의 게재는 연방법 제18부, 제1장, 제37절, 제793호의 간첩방지법(Espionage

....

112 랜즈데일은 1955년 남베트남의 지엠이 국민투표에서 승리하도록 도왔고, 이후 쿠바의 카스트로를 전복하기 위한 미국의 비밀작전(몽구스)의 실무책임을 맡기도 하였다.

Law)에 의해 직접적으로 금지됨. 나아가 이러한 성격의 정보를 계속 게재하는 행위는 미합중국의 안보 이익을 복구불가할 정도로 훼손할 것인바, 본인은 귀하가 더 이상 이러한 성격의 정보를 게재하지 말 것, 그리고 해당 문건이 국방부에 반환되도록 조치를 취할 것을 정중하게 요청함.[113]

'뉴욕타임즈'는 이 "요청을 받아들일 계획을 갖고 있지 않다"고 법무부에 통보하였다:

'뉴욕타임즈'는 이 일련의 기사에 포함된 내용을 미국 국민들이 알 권리를 갖고 있다고 믿으며, 따라서 법무장관의 요청을 받아들일 수 없음을 정중히 통보합니다… 우리는 법무장관이 더 이상의 문건 게재를 막기 위해 사법적 절차에 착수할 의도를 갖고 있음을 알고 있습니다. 우리는 게재 지속 여부는 법원이 결정할 문제라고 생각합니다. '뉴욕타임즈'는 기사를 처음 게재하기로 결정했을 때와 같은 이유로 정부의 가처분 신청을 반대합니다. 우리는, 물론, 법원의 최종결정을 준수할 것입니다.[114]

'뉴욕타임즈'는 연방정부에 의한 가처분 신청을 인용한 연방법원의 결정에 따라 15일간 문건 게재를 중단하였다. '뉴욕타임즈'는 그때까지 9꼭지의 전체 문건 중 3꼭지를 "베트남 기록보관소(Vietnam Archive)"라는 이름으로 게재한 상태였다. 엘스버그는 13일간 미연방수사국(FBI)의 체포를 피해 다니다가 '워싱턴포스트'에 문건을 제공하였다. '워싱턴포스트'는 6월 18일부터 문건을 게재하기 시작하였다. 마침내, 6월 30일 긴급회의를 거듭한 미연방최고법원은 9명의 판사 중 6명이 원고인 정부에 동의하지 않고 "정부가 표현의 자유를 제한하려면 그 제한이 정당함을

....

113 Hedrick Smith, "Mitchell Seeks to Halt Series on Vietnam, but Times Refuses," *The New York Times*, June 15, 1971.

114 David W. Dunlap, "1971: Supreme Court Allows Publication of Pentagon Papers," *The New York Times*, June 30, 2016.

증명해야 하는 무거운 부담을 가진다"고 판시하고, '뉴욕타임즈'와 '워싱턴포스트'가 문건 게재를 "자유롭게 계속하도록" 허용하였다.

이와 같이 국내정치가 숨막히게 돌아가던 중 닉슨은 미국 국민들에게 "중국 카드"를 내보였다. 7월 15일 자신이 내년에 중국을 방문할 것이라고 발표한 것이었다. 사실 "중국 카드" 또는 "대중국 관계 개선" 프로젝트는 1969년부터 시작하였다. 닉슨은 1969년 7월 말 세계 각국을 순방하는 가운데 파키스탄의 야햐 칸(Yahya Khan)과 루마니아의 초세스쿠(Nicolae Ceauşescu)에게 중재를 요청하였고, 1971년 중국으로부터 "환영할 준비가 되어 있다"는 뜻을 전달 받았다. 1971년 7월 키신저가 방중하여 저우언라이와 회담하였고, 베트남에서의 미군 철수를 확약하였다. 키신저는 "우리 정부의 입장은 남베트남에 특정 정부를 유지하는 데 있지 않다. 남베트남 정부가 저우 총리의 판단만큼이나 인기가 없다면, 미군이 철수를 빨리 하면 빨리 무너질 것이다. 미군 철수 후 남베트남 정부가 무너진다면 우리는 개입하지 않을 것"이라 약속하였다.[115] 그리고 키신저와 저우언라이는 닉슨의 방중 날짜를 정하였다.

닉슨은 중국 카드를 사용하여 국민들에게 자신의 외교 업적을 과시하는 한편, 기밀이 유출되는 구멍을 막고자 하였다. 1971년 7월 17일 대통령 보좌관 존 에를리히먼(John Ehrlichman)과 찰스 콜슨(Charles Colson)은 엘스버그를 조사하고 새로운 기밀유출을 방지하기 위해 "배관공(Plumbers)"[116]이라는 조직을 만들었다. 이 조직의 구성원들은 엘스버그의 정신건강에 문제가 없는지를 알고자 하였다. 그가 정신적으로 문제가 있다면 그의 의도와 행동을 정신건강 문제에 따른 것으로 치부할 수 있을 것이기 때문이었다. 그들은 엘스버그의 정신과 의사 루이스 필딩(Lewis Fielding)의 사무실에 무단침입하여 엘스버그의 파일들을 뒤졌으나 그들이 원하던 자료는 발견되지 않았다. 그들 중에는 전 CIA 요원 헌트(E. Howard Hunt)와 전 FBI

....

115　139. Memorandum of Conversation, Beijing, July 9, 1971, 4:35 – 11:20 p.m., *FRUS, 1969-1976*, Volume XVII, China, 1969 – 1972.

116　이 이름은 배관공 중 하나였던 데이비드 영(David Young)의 할머니가 그렇게 부른 데서 비롯되었다. 영의 할머니는 "데이비드, 백악관에서 무슨 일을 하니?"라고 묻자, "저는 대통령의 기밀이 누출되지 않도록 돕는 일을 합니다"고 답했고, 할머니는 "아, 그럼 넌 배관공이구나!"라고 농을 하였다.

요원 리디(G. Gordon Liddy)가 포함되어 있었다. 이들은 훗날 닉슨의 하야를 몰고 올 워터게이트 호텔 내 민주당 전국위원회 본부에 도청장치를 설치하려다 붙잡힌 장본인들이었다.

'워터게이트 사건'

1972년 6월 17일 오전 2시 30분 5명의 빈집털이범들(그 중 한 명은 과거 CIA 요원)이 워싱턴 D.C.의 한 호텔에 있던 민주당 전국위원회 본부에 도청기를 설치하려다 체포되었다. 18일 '워싱턴포스트'는 "민주당 선거 본부에 도청기를 설치하려던 5명 체포"라는 제하의 헤드라인 기사를 게재하였다. 다음 날 밤 우드워드(Bob Woodward)와 그의 동료 칼 번스틴(Carl Bernstein) 기자는 "체포된 범죄혐의자들 중 한 사람은 공화당 보안 요원"이라는 기사를 게재하고, 제임스 맥코드(James Mc-Cord)는 닉슨 재선위원회 소속이라고 보도하였다.

경찰의 조사 결과 맥코드는 공화당 보안요원인 것으로 밝혀졌다. 닉슨 재선위원회 위원장인 전 법무장관 존 미첼은 위원회와 이들 간의 관계를 전면 부정하였다. 그러나 8월 1일 '워싱턴포스트'는 닉슨 재선위원회에 배분된 것으로 보이는 25,000달러의 수표가 민주당 본부 불법침입 시 체포된 버나드 바커(Bernard Barker)의 마이애미 은행계좌에 입금된 사실을 보도하였다. 10월 10일 미 연방수사국은 워터게이트 호텔 무단침입이 닉슨의 재선을 위한 대규모 정치사찰과 파괴공작에서 비롯되었다고 발표하였다.

그러나 닉슨의 선거 가도에는 아무런 장애도 없었다. 이번 선거에 결정적 시기라고 할 수 있는 1972년 봄 닉슨은 온갖 후원자들로부터 대규모 불법자금을 포함하여 역대급 선거자금을 모았다. 당시 2천만 달러, 2018년 가치로 따지면 1억 3천만 달러의 자금이 주로 대기업들로부터 답지하였다. 기존 선거자금법이 폐기되고 새로운 법이 실시되기 전의 한 달 동안 비밀자금이 대량으로 동원된 것이었다. 닉슨의 총 선거자금은 6천만 달러에 달하였다. 날개를 단 닉슨은 1972년 11월 7일 반전주의 민주당 후보 맥거번을 투표 수로는 61% 대 38%, 선거인단 수로는 520 대 17로 쉽게 압도하여 재선에 성공하였다. 워터게이트 이슈는 그대로 가라앉는 듯하였다.

그러나 1973년 초에 들어서면서 문제가 불거지기 시작하였다. 1월 30일 닉슨의 전직 참모 리디와 맥코드가 기소된 것이었다. 혐의는 모의, 무단침입, 도청이었다. 4월 30일 닉슨은 자신의 최고위 참모들이 위증과 사법방해 혐의를 피할 수 없게 되자 '꼬리 자르기'에 나섰다. 닉슨의 최고위 참모인 핼더먼(H.R. Haldeman)과 에를리히먼(John Ehrlichman), 그리고 법무장관 클라인딘스트(Richard Kleindienst)가 사임하였고, 백악관 보좌관 존 딘(John Dean)은 파면되었다.

닉슨은 비밀이 언론에 지속적으로 누출되자 FBI의 제2인자 마크 펠트(W. Mark Felt)를 의심하고 그를 사찰할 것을 지시하였다. 사실 펠트는 '워싱턴포스트'의 밥 우드워드 기자와 그의 동료 칼 번스틴을 수개월 동안 비밀리에 만나 비밀정보를 제공하고 있었다. 불법침입 건 조사에 대한 접근권을 가지고 있던 펠트는 다른 취재원들이 제시하는 정보를 확인 또는 부인함으로써 정보원으로서의 역할을 수행하였다. 펠트는 또한 어떤 방향으로 조사를 해야 하는지에 대해서도 조언을 하였다. 우드워드는 그의 정체를 비밀로 할 것을 약속하고, 그를 지칭해야 할 상황에서는 그를 "딥 스로트(Deep Throat, 내부고발자)"로 불렀다.

펠트에 대한 백악관의 의심이 표면 위로 부상하였지만, 제2차 대전 시 첩보장교로 활약한 그는 감시의 눈을 피하는 방법을 알고 있었다. 1973년 2월 21일 FBI가 배포한 메모에서 펠트는 '워싱턴포스트'의 기사를 "허구와 반진실(半眞實)"의 이야기라 비난하며, 이 기사의 취재원은 FBI이거나 법무부일 것이라고 추정하였다. 그는 자신에게 집중된 백악관의 의심을 딴 데로 돌리기 위해 비밀 유출에 대한 조사를 "신속히" 실시하라고 명령하기도 하였다. FBI 국장 대리 패트릭 그레이(L. Patrick Grey)에게는 닉슨 정부에 대해 정치적으로 충성스럽게 보이는 아부성 쪽지를 남기기도 하였다. 이와 같이 펠트는 낮에는 충실하고 성실한 닉슨 정부의 관리였다. 그러나 "딥 스로트" 펠트는 밤이 되면 달라졌다. 한번은 한밤인 오전 2시 지하 주차장에서 우드워드를 만났다. 그는 닉슨 정부의 정치적 꼼수를 맹렬히 비난하기도 했고, 미국 헌법을 훼손하고 있다고 우려하기도 하였다. 펠트는 그러나 민주주의 수호 등 단순한 의도를 갖고 있는 인물은 아니었다. 분명한 것은 그가 FBI라는 조직을 정치적 간섭으로부터 보호하려는 강한 열망을 가지고 있었다는 사실이었다. 그는 우드워드와의 대화에서 닉슨이 세계 최고의 법집행기관을 "백악관의 부속물"로 생각하고 있다는 점을 개탄하였다. 펠트는 애국자의 측면과 변절자의 측면을 모두 갖고 있었다. 전설적인 FBI 국장 후버를 흠모한 부처이기주의에 빠진 관료였고, 또한 현직 대통령을 상대로 진실을 알리려 한 용감한 제보자이기도 하였다. 어쨌든 중요한 것은, 그가 비록 그의 꿈인 FBI 국장까지 승진하지는 못했지만, 자신의 조국의 민주주의가 백척간두에 섰을 때 진실을 전했으며, 현대 미국 역사상 가장 추악한 정치적 추문의 한가운데 섰던 공직자 중 하나였다는 점이었다.

5월 18일 상원 워터게이트 위원회는 청문회를 시작하였고, 각 방송들은 전국에 TV 중계방송을 실시하였다. 클라인딘스트 후임으로 법무장관에 지명된 엘리엇 리처드슨(Elliot Richardson)은 케네디 정부에서 수석사법관(首席司法官, Solicitor General)을 역임한 하버드 법대 교수 아치볼드 칵스(Archibald Cox)를 법무부의 특검으로 임명하였다. 특검은 법무부의 '유관업무경력자우선보직(career reserved position)'으로서 설치되었으며, 이는 법무장관의 휘하에 있으면서도 특검이 부적절한 행동이나 불법 행위를 저지르지 않는 이상 해임되지 않는다는 것을 의미하였다. 리처드슨은 상원 인사청문회에서 위와 같은 경우가 아니면 워터게이트 특검을 해임하지 않을 것임을 확인한 바 있었다.[117]

닉슨과 결별한 첫 번째 백악관 비서는 존 딘이었다. 6월 3일 존 딘은 상원 워터게이트 위원회에서 그가 닉슨과 35번이나 만나 워터게이트 사건 은폐에 대해 논의하였고, 자신은 대통령에게 "은폐는 대통령에게 암적 존재"라고 말했다고 진술하였다. 6월 13일에는 특검이 엘스버그의 정신과 의사인 루이스 필딩의 "사무실 침입계획"에 관한 상세한 내용이 담긴 메모를 발견하였다. 수신자는 에를리히먼으로 되어 있었다. 7월 13일 닉슨의 의전보좌관 알렉산더 버터필드(Alexander Butterfield)는 의회에서 증언하는 가운데 대통령이 1971년부터 집무실 내 대화와 전화내용을 모두 녹음해왔다는 사실을 인정하였다.

7월 23일 칵스가 녹음 테이프의 복사본을 요구하는 소환장을 발부했으나, 닉슨은 이를 거부하였다. 10월 19일 닉슨은 후일 "스테니스 타협(the Stennis Compro-

....

117   Discovery Channel, Watergate, Volume 2: The Conspiracy Crumbles, Episode 4: Massacre, 1994.

mise)"으로 알려지게 된 제안을 하였다. 스테니스는 미시시피 주 출신의 상원의원으로 난청, 즉 귀가 대단히 어두운 인물이었다. 닉슨은 스테니스에게 녹음을 틀어주고, 그가 내용을 요약해서 특검에게 전달하는 방법을 제안한 것이었다. 상원 워터게이트 위원장 샘 어빈(Sam Ervin)은 이를 수용했으나, 특검 칵스는 이 타협안을 즉각 거부하였다. 닉슨은 법무장관에게 칵스를 해임하도록 지시하였다. 리처드슨 법무장관은 이를 거부하였고, 항의의 표시로 사임하였다. 닉슨은 법무차관 러클샤우스(William Ruckelshaus)에게 칵스 해임을 지시하였다. 그러나 그 또한 대통령 지시를 거부하고, 사임하였다. 닉슨은 법무장관 대행이자 법무부 제3인자인 수석사법관 로버트 보크(Robert Bork)로 하여금 칵스를 해임하도록 지시하였다. 상원 인사청문회에서 특검 활동에 개입하지 않겠다고 약속한 리처드슨과 러클샤우스와는 달리 보크는 그러한 약속을 하지 않았으므로 대통령의 지시를 수용하였고, 칵스에게 해임을 통보함으로써 "토요일 밤의 대학살(Saturday Night Massacre)"을 완성하였다. 닉슨은 칵스를 제거하려 할 때 특검 자체를 폐기하였다. 그러나 "토요일 밤의 대학살"이 벌어지자 워싱턴 정가는 발칵 뒤집어졌고, 11월 1일 닉슨은 급기야 텍사스 출신 유명 변호사 레온 자워르스키(Leon Jaworski)를 특검에 임명하였다.

이에 따라, 의회 내에서 닉슨 탄핵의 움직임이 힘을 받게 되었다. 닉슨의 신뢰성은 1973년 11월 20일 그의 한 변호인이 "특검이 요구하는 녹음 테이프 중 하나에서 약 18분간의 내용이 삭제되어 있고, 그 이유는 알 수 없다"는 사실을 연방판사에게 통보하면서 급격히 추락하였다. 미국 국민들 다수는 11월 17일 워터게이트 사건과 관련 결백을 주장하며, "나는 사기꾼이 아니다"라고 했던 닉슨을 더 이상 신뢰하기 어렵게 되었다.

1974년 1월 닉슨은 연두기자 회견을 통해 "워터게이트의 1년으로 충분하다"며 이 이슈를 뒤로 하고 미래로 전진할 것을 국민들과 의회에 호소하였으나, 뜻대로 되지 않았다. 특검 자워르스키와 상원 워터게이트 위원회는 녹음 테이프 제출을 줄기차게 요구하였다. 닉슨에 대한 국민의 지지가 추락하자 하원 법사위원회도 대통령 탄핵을 고려하기 시작하였다.

닉슨은 계속 버텼지만, 그에 대한 압력은 3월에 이르러 극에 달하였다. 특검이 미첼, 핼더먼, 에를리히먼 등 총 7명을 범죄공모와 사법방해, 위증 혐의로 기소하였던 것이다. 자워르스키는 현직 대통령에 대한 기소는 위헌의 소지가 있다며 불기소를 선택하였다.

1974년 4월 하원 법사위원회는 '백악관의 대화'를 담은 42개의 녹음 테이프를 제출할 것을 공식 요구하였다. 닉슨은 4월 30일 대통령의 행정적 특권과 국가안보상의 이유로 1,200쪽짜리 편집된 녹음 내용만을 제출하였다. 닉슨이 주장한 행정적 특권이란 "대통령은 행정부의 수장으로서 참모들의 비밀 건의를 받을 수 있는 권한을 가진다"는 의미였다. 그러나 하원 법사위원회는 닉슨이 녹음 테이프 자체를 제출해야 한다고 맞섰다. 한편, '워싱턴포스트'는 제출된 녹취록에 대해 "가장 솔직한 대통령의 대화"라고 조롱하였고, 닉슨의 열혈지지자들도 "검은 돈을 모으고 위증을 피하는 방법을 상의하는 욕설로 가득한 대통령의 대화" 내용을 보고 크게 실망하였다.

자워르스키는 워싱턴 D.C. 지역법원 판사 시리카(John Sirica)를 통해 64개의 대통령 대화 녹음 테이프의 제출을 요구하였다. 닉슨은 특검이 대통령을 제소할 권한이 없고, 제출 요구된 녹음 테이프는 대통령의 특권적 대화를 담은 것이기 때문에 특검이 요구하는 것을 제출할 수 없다고 버텼다. 자워르스키는 이 문제가 중요한 헌법적 사안이고, 시간을 지체할 수 없으므로, 항소법원을 거치지 않고 바로 연방최고법원에 제소하였다. 1974년 7월 24일 연방최고법원은 닉슨에게 테이프를 제출하라고 명령하였다. 윌리엄 렌퀴스트(William Rehnquist) 판사가 과거 존 미첼 휘하에서 근무했던 자신의 경력을 들며 자진해서 투표에 불참하였으나, 그를 제외한 8명 전원은 "법원은 행정부의 특권에 대한 대통령의 요구를 존중해야 한다"는 닉슨 측의 주장을 기각하였다. 7월 27일 하원 법사위원회는 탄핵 사유 3가지 중 하나인 사법방해(obstruction of justice) 건을 하원 전체 회의에 회부하는 건을 27 : 11로 승인하였다.

닉슨은 1974년 7월 말 녹음 테이프를 특검에 제출하였다. 이들 중 하나가 "움직일 수 없는 증거(smoking gun)"로 판명되었다. 1972년 6월 23일 녹음분인 이 테이프는 워터게이트 무단침입 사건 6일 뒤에 녹음된 것이었다. 이 테이프에서 닉슨은 핼더먼 등 자신의 참모들이 리처드 헬름스(Richard Helms) CIA 국장과 버넌 월터즈(Vernon A. Walters) 부국장에게 접근하여 페트릭 그레이 FBI 국장대리를 "국가안보상의 이유"를 들며 압박/회유한 후, 그가 FBI의 워터게이트 사건에 대한 조사를 중단하도록 요구한다는 데 동의하였다. 특검은 닉슨이 이에 동의함으로써 사법방해를 목표로 한 범죄음모에 공모하였다고 판단하였다.

하원 법사위는 며칠 후 권력남용과 법사위 소환 불응 건도 탄핵의 사유로 승인하였다. 1974년 8월 5일 "움직일 수 없는 증거"가 공개되자 그나마 남아 있던 닉슨에 대한 정치적 지지마저 사라지게 되었다. 탄핵소추안을 판결하는 상원도 예외가 아니었다. 배리 골드워터, 휴 스캇(Hugh Scott) 상원의원은 15명의 상원의원만이 탄핵기각을 검토해 보겠다는 입장인 것으로 파악하였다. 닉슨은 민주당이 다수인 하원에서의 탄핵이 기정사실화되어 있는 상황에서 탄핵을 결정하는 민주당 다수의 상원에서도 희망이 없다는 것을 확인하고 1974년 8월 8일 대통령직을 사임하였다. 그는 백악관 집무실에서 "제가 이제 대통령직에서 사임함으로써 미국이 절실히 필요로 하는 치유의 과정이 시작될 수 있기를 기대합니다"라고 사임의 변을 읽어 내려갔다. 그는 이어서, "저는 이러한 결정에 이르게 한 일련의 과정 속에서 발생한 상처들에 대해 깊이 유감으로 생각합니다"라며 자신의 과실을 인정하였다. 백악관 비서들에게 행한 마지막 연설에서는 "여러분들을 미워하는 사람들은 여러분들이 그들을 미워하지 않고, 그리고 여러분들이 여러분들을 파괴하지 않으면, 결코 승리자가 될 수 없습니다"라며 눈시울을 붉혔다.

닉슨은 미국 역사상 직을 사임한 최초의 대통령이 되었고, 8월 9일 그를 승계한 부통령 제럴드 포드(Gerald R. Ford)는 "우리의 오랜 악몽은 이제 끝났다"고 말하였다. 그는 한 달 후인 9월 8일 닉슨이 대통령 재직 중 "범했거나 범했을 수도 있는 모든 범죄에 대해 완전하고 자유롭고 절대적인 사면"을 단행하였다. 대선에서 압승을 거둔 직후의 현직 미국 대통령을 하야시키는 데 중요한 역할을 한 밥 우드워드와 칼 번스틴 기자의 워터게이트 자료들은 기록물로서 미국 역사상 가장 높은 가격인 500만 달러에 텍사스 대학에 팔렸다.

워터게이트 사건은 닉슨의 사임으로 끝이 났지만, 그것의 정치적 파급효과는 다대하여 미국 국민들과 의회는 미국 정부의 공공성을 확보하고 권력남용을 방지하는 다양한 조치를 취하게 되었다. 특히 의회는 선거자금제도 개혁 입법에 나서 1974년 연방선거유세법(Federal Election Campaign Act)을 제정함으로써 대통령 선거에 선거공영제 개념을 도입하였고, CIA와 여타 국가안보기관들이 권력을 남용하지 못하도록 하는 조사와 입법활동에 진력하였다. 워터게이트 사건은 미국 정치에 특검제도를 정착시키는 데 일조하였다. 미국에서 첫 번째 특검은 1875년 율리시즈 그랜트(Ulysses Grant) 대통령이 존 헨더슨(John B. Henderson)을 임명할 때부터 시작되었지만, 트루먼 대통령 시기 등 간헐적으로 유지되다가, 닉슨의 법무장관이 아치볼드 칵스를 특검에 임명하고, 또 특검이 큰 성과를 내면서 국민적 지지 속에 제도로서 자리잡게 되었다. 의회는 1978년 아예 정부행위윤리법(Ethics in Government Act)을 제정하여 특검 임명에 관한 절차 등을 법제화함으로써 미국 정치권력구조의 중요한 일부를 영구히 바꾸어놓았다.

중소관계의 부침과 미중관계 정상화

중소관계의 부침

중화인민공화국의 건국과 대소일변도정책(對蘇一邊倒政策)

1949년 10월 1일 성립된 중화인민공화국은 급속히 소련의 진영으로 편입되었다. 물론 중국공산당은 1940년대 들어서 소련공산당과 코민테른의 영향력에서 점차 벗어나고 있었고, 내전도 소련의 원조 없이 치렀을 뿐 아니라, 스탈린이 국민당을 지원했기 때문에 소련을 사회주의 진영의 맹주로 기꺼이 존중하려 하지 않았을 수도 있다. 마오는 1949년 자신의 군대가 양쯔강을 도하(渡河)하여 미국의 대응을 불러일으킨다면 소련은 지원에 나설 수 없다고 명백히 한 스탈린을 결코 진심으로 신뢰할 수는 없었을 것이다. 마오는 스탈린의 경고를 무시하고 양쯔강 도하를 명령했고, 그의 군대는 다음 달 상하이를 점령했으며, 미국은 개입하지 않았다. 마오는 스탈린이 모종의 러시아적 구상을 하고 있으며 그것이 중국의 이익과 배치될 수도 있다고 판단하였다.

하지만, 마오는 1949년 7월 1일 중국공산당 창당 28주년을 기념하여 천명했던 대소일변도정책을 굳건히 견지하였다. 몇 가지 이유가 있었다. 첫째, 내부적 이유로서, 마오는 사회주의 혁명을 지켜낸 소련의 경험을 중요시했고, 특히 파괴된 중국의 경제를 재건하고 제국주의에 맞설 무력건설을 위해 강대국 소련의 원조가 절실히 필요하다는 사실을 잘 알고 있었다. 특히 "장 비적(蔣 匪賊)"이 불법점령하고 있는 타이완의 해방을 위해서는 핵강대국 소련의 성원과 원조가 절대적으로 필요하였다. 나아가 "민주집중제(Democratic Centralism)"라는 마르크스-레닌주의의 개념은 전통적인 중국의 정치적 관행을 정당화하는 새롭고 세련된 수단을 제공하였다. 즉 유일하고 도전불가한 지도자의 권위주의적 통치가 정당화되는 것이었다.

둘째, 대소일변도 노선에 영향을 미친 외부적 요인으로서 중소군사동맹 체결의 필요성이 있었다. 개디스가 지적한 것처럼 마오의 대소일변도 연설은 구체적 목적을 가지고 있었다. 연설 당시 마오의 최고위 보좌관 중 하나였던 류샤오치가 중소동맹의 임무를 갖고 비밀리에 모스크바를 방문 중에 있었기 때문에 그의 운신의 폭을 넓혀주기 위한 목적이었던 것이다.[1] 마오는 중국의 안보를 확보하기 위해 중소동맹을 필요로 하였고, 스탈린에게 자신의 충성심을 보여준 것이었다.

미국에 대한 마오의 배신감과 불신이 배경으로 작용하였다. 특히 미국이 장제스의 군대를 만주로 수송하는 것을 지원했을 때 마오의 대미 불신은 극에 달하였다. 그는 "그것이 우리가 처음 미제국주의자들과 맞닥뜨린 경우였다… 우리는 많은 경험을 가지고 있지 않았다. 그 결과 우리는 속임수에 넘어갔다. 그러나 이를 경험한 후 우리는 다시 속아넘어가지 않을 것이다"라고 술회하였다.

마오가 대소일변도를 천명하고 지속적으로 고수한 가장 중요한 이유는 최근 중국의 문건이 공개됨에 따라 밝혀졌다. 마오는 1949년 초 미국이 중국 내부 문제에 개입할 것으로 보았던 것이다. 그는 소련에게 보낸 전문에서 "미국이 일본 및 국민당과 군사동맹을 형성하려 한다는 것, 만주와 소련의 극동, 그리고 시베리아를 핵무기로 공격할 수도 있다는 것"에 대해 소련의 주의를 환기하고자 하였다. 마오가 생각했던 것은 트루먼 정부가 구상하고 있던 것과는 거리가 멀었다. 마오가 그러한 생각을 하게 된 데에는 미국이 과거 타국의 내부 문제에 개입했다는 사실과 관련이 있었다. 마오는 "중국인"이었다. 그는 중국이 '우주의 중심'이라고 생각하

....

1   Gaddis(1997), p. 62; Jian Chen, *China's Road to the Korean War*, Columbia University Press, 1996, p. 72.

였다. 그런데 제국주의 미국이 이렇게 중요한 중국을 내버려두지 않을 것이며, 자신의 꼭두각시인 장제스를 구하기 위해 가능한 모든 일을 할 것이고, 그가 그냥 쫓겨나는 것을 방치하지 않을 것이라고 생각하였다. 그는 중국 문제에 개입한 과거 미국의 행태를 기억하고 있었다. 1900년 의화단 사건, 그리고 무명의 미국 탐험가였던 워드(Frederick Townsend Ward)가 진압에 기여했던 1850-64년 동안의 태평천국의 봉기를 그는 기억하고 있었던 것이다. 그는 미국과 그의 동맹국들이 볼셰비키 혁명을 진압하기 위해 1918년 러시아에 간섭한 바도 알고 있었다. 마오의 관점에서는, 중국 혁명이 볼셰비키 혁명 이후 가장 큰 사건이었기 때문에 미국이 어떤 형태로든 간섭하지 않는다면 그것은 모욕에 가까운 것이 될 것이었다. 그는 1949년 "중국을 장악함으로써 미국은 아시아 전체를 손에 넣게 될 것이며… 아시아에 교두보를 마련함으로써 미 제국주의는 자신의 힘을 유럽을 침략하는 데 집중할 수 있을 것이다"라고 우려하였다.[2]

스탈린은 전후 자본주의/사회주의 양 진영 간의 긴장이 고조되면서 광대한 인구와 영토를 가진 중국과의 협력이 미국 등 "제국주의 진영"과의 대결에서 유용할 것으로 보았지만, 소련과 국경을 공유하는 강대국 중국이 자신의 사회주의 맹주의 위상을 위협할 수 있다고 생각했고, 특히 중화사상으로 무장된 건방진 "마가린(margarine) 마르크시스트"[3] 마오쩌둥이 신뢰할 만하다고 판단하지 않았다. 마오와

....

2   개디스에 따르면, 마오가 미국의 공격 가능성에 대해 오해한 것은 그가 미국의 정부가 작동하는 방식을 잘 이해하지 못했기 때문이기도 하다. 그는 중국 권위주의 전통에 여과된 마르크스주의적 민주집중제를 미국적 환경에 그대로 투영했던 것이다. 다시 말해, 그는 도쿄의 미국 장군들, 의회의 정치적 우익인사들, 또는 중국 로비스트 언론의 "백열적"인 사설들을 포함한 저명한 미국인들의 발표들을 워싱턴의 현 "황제"(그는 하필 미주리식의 인습에 사로잡힌 정당 영수인 해리 트루먼이었다)의 견해를 대변하는 것으로 이해하였다. 마오는 공식적 정책과 당시 만연했던 무책임한 수사(修辭)를 구분할 방법을 가지고 있지 못하였다. 중국의 정보능력이 좋았다면 마오는 그러한 단순화의 오류를 범하지 않았을지도 모른다. 그러나 당시 중국의 정보원(情報源)은 소련의 타스(TASS) 통신에 의존하고 있었고, 그 외에 중국 공산당에 동정적이었던 중국계 미국인들의 간헐적인 보고서, 그리고 바르샤바 또는 홍콩에서 구할 수 있는 미국 신문들이 고작이었다. Gaddis(1997), p. 64.

3   스탈린은 외국인들과의 회견에서 중국 공산주의자들을 "마가린(margarine) 맑시스트"라 혹평하길 좋아하였다. 그가 의미한 바가 무엇이었는지 정확히 알 수는 없지만, 유고슬라브인들이 증언했듯이, 스탈린은 자신이 지배할 수 없는 모든 공산주의자들을 합성적(合成的) 성격을 가지고 있다고 판단하였

스탈린은 군사동맹을 협상하기 위해 곧 만나게 될 것이었다.

　1949년 12월 마오는 "생명줄"인 소련과의 동맹협상을 마무리하기 위해 모스크바를 방문하였다. 마오가 기대했던 바와는 달리 협상은 지체되었다. 그는 협상과는 별도로 스탈린과 소련의 고압적인 태도에 분개하였다. 마오 일행은 모스크바 외곽의 하급 빌라에 배정되었다. 낡은 탁구대가 빌라에 딸린 유일한 위락시설이었다. 소련은 공식일정 외에 마오를 위한 다른 일정은 잡지 않았다. 단 하나의 예외는 볼쇼이 극장 관람이었다. 수모를 받은 마오와 일행은 1950년 2월 14일 30년 기한인 '중소우호동맹호조조약(中蘇友好同盟互助條約)' 서명 후 바로 소련을 떠났다.[4] 그러나 이 동맹조약은 중국에게는 생존이 달린 문제였다. 마오는 자신이 생각하기에 한신(韓信)처럼 스탈린의 가랑이 사이를 기어가야만 하였다. 중국은 중소동맹조약을 통해 1954년부터 10년 상환 조건으로 연리 1%로 3억 달러의 차관을 확보하였고, "일본 또는 일본과 직간접적으로 연결된 침략"을 소련과 함께 모든 수단을 동원해 저지할 수 있게 되었다. 소련은 일본의 항복 이후 재장악한 만주철도와 뤼순항(旅順港, Port Arthur)[5] 군사기지와 다이롄 무역항에 대한 권리를 중국에 반환하기로 약속하였다. 소련은 인민해방군에 군사고문을 파견하며, 다양한 분야에서 기술이전을 진행하기로 하였다. 반대급부로 중국은 사실상 소련이 통제하는 몽골인민공화국의

....

　　다: 그는 진정한 혁명이란 자발적으로 일어나는 것이 되어서는 안 되고 반드시 모스크바에 의한 명령과 선동에 의해 이루어져야 하는 것이라 생각하였다. by Nikita Sergeevich Khrushchev, *Khrushchev Remembers*, Strobe Talbott, Little, Brown, 1971, p. 462. Gaddis(1997), p. 59에서 재인용.

4　1958년 흐루쇼프가 중국을 방문했을 때 마오는 보복할 수 있었다. 마오는 흐루쇼프와 그의 일행을 베이징이 가장 덥고 습기가 많은 당시 에어컨 시설이 없는 호텔로 배정하였다. 회담장소 중 하나로 중난하이(中南海)의 수영장으로 정하기도 하였다. 수영을 못하는 흐루쇼프는 빌린 수영복을 입고 풍만한 그의 몸매를 보여줘야만 하였다. 화가 난 그는 예정된 1주를 채우지 않고 3일 만에 소련으로 돌아갔다. Michael Lynch, *Mao*, Routledge, 2004, p. 219.

5　청일 전쟁에서 패한 중국은 시모노세키 조약(1895년 4월 17)을 통해 조선에 대한 종주권을 포기하고, 타이완 및 랴오둥 반도(여순, 대련 포함)를 일본에게 할양하였다. 러시아는 독일, 프랑스를 움직여 일본이 랴오둥 반도를 중국에 반환하도록 압력을 가하였다. 일본은 당시 국제정세를 고려하여 1895년 5월 5일 러시아의 권고를 받아들이는 각서를 중국에 제출하였다. 부동항을 절실히 필요로 하던 러시아는 1898년 중국과 여순항과 대련만을 조차하는 협정을 체결하였다. 1년 후 러시아는 이 조차를 확고히 유지하기 위해 하얼빈-심양-여순항을 잇는 동청철도를 건설하기 시작하였다.

독립을 승인하였다. 그러나 중소 양국은 19세기에 맺어진 일련의 불평등조약의 유산인 국경 문제는 이 조약에서 언급하지 않기로 하였다.

1950년 6월 25일 "한국전쟁"이 발발하자 스탈린은 자신은 손에 피를 묻히지 않으면서 마오가 일을 대신해 주길 바랐다. 마오가 기꺼이 임무를 수행하자 스탈린은 마오가 "아시아의 티토"가 아니라며 그에 대한 불신을 거두게 되었다.[6] 한편, 중국은 "한국전쟁"을 통해 첨단 무기와 군수 물자의 부족을 절감하고 소련과의 협력이 필수적임을 깨달았다. 더구나 미국 및 UN으로부터 제재를 받아 서방과의 외교 경제적 관계가 단절되자 소련에 대한 의존도는 급격히 높아졌고, 양국 간 협력관계는 긴밀해졌다. 그러나 "한국전쟁"은 다른 측면에서 중소관계에 틈이 생기는 계기가 되기도 하였다. 사회주의 민족해방 전쟁의 맹주를 자처하던 소련은 한국전쟁 지원에 소극적이었던 반면 신생 사회주의 중국이 직접 참전하고 다대한 희생을 치르면서까지 "최강의 제국주의" 미국에 대해 선전(善戰)한 것이 향후 사회주의권 리더십을 둘러싸고 중국의 위상을 강화하는 중요한 요인이 되었던 것이다.

흐루쇼프의 스탈린 격하 운동과 평화공존론, 마오의 "대국사문주의(大國沙文主義)" 비판

1953년 3월 5일 스탈린이 사망하였다. 그러나 소련과 중국과의 동맹관계는 변함이 없었다. 예를 들어, 중국은 한국전쟁 및 베트남전쟁 이슈를 다루는 1954년 제네바 회담(1954년 4월 26일-7월 21일) 참여를 자신이 국제무대에 데뷔하는 것으로 간주하고 큰 의미를 부여하였는데,[7] 이것은 몇 달 전 베를린 외상회의에서 소련이

....

6 M. S. Gill, *Immortal Heroes of The World*, Sarup Book Publishers, 2005, p. 112.

7 Jian Chen and Shen Zhihua, Introduction, "The Geneva Conference of 1954: New Evidence from the Archives of the Ministry of Foreign Affairs of the People's Republic of China," CWIHP Bulletin, Issue 16. https://www.wilsoncenter.org/sites/default/files/CWIHPBulletin16_p1_1.pdf. 저우언라이는 제네바 회담을 통해 영국, 프랑스 대표들에게 중국을 보여주는 것이 중요하다고 판단하였다. 이들과 미국 사이를 이간하는 것도 큰 의미를 가지는 것이었다. Telegram, Zhou Enlai to Mao Zedong and Others, Regarding a Meeting with British Foreign Secretary Eden, 1 May 1954, PRCFMA 206-00045-03; P1-4. Obtained by CWIHP and translated for CWIHP by Gao Bei.

중국의 참가를 강력히 주장해 관철한 것이었다. 제네바 회담에서 완강하게 비타협적이던 북베트남의 태도(특히 17도선으로 베트남을 일시 분할하는 안)를 누그려뜨린 것도 소련과 중국 간의 긴밀한 소통과 협력에 따른 것이었다. 1954년 9월 29일 중국을 처음 방문한 흐루쇼프는 공전(空前)의 환대를 받았고, 그는 중국에 핵협력을 선물로 주었다.[8]

그러나 1956년 2월 25일 흐루쇼프가 제20차 소련공산당 대회에서 비밀리에 '스탈린 비판'을 감행하면서 중소관계가 동요하게 되었다.[9] 1963년 9월 6일 중국공산당 기관지 '런민러바오(人民日報)'는 '소련공산당 지도부와 우리와의 의견 상위의 유래와 발전'이라는 글을 통해 중소 간 균열의 시초를 바로 이 1956년의 제20차 소련공산당 대회에서 찾았다.

중국 지도부는 흐루쇼프가 제기한 3가지 문제―스탈린 및 개인숭배 비판, 동서 진영 간의 평화공존, 그리고 사회주의로의 비폭력적 이행의 가능성―가운데 초기엔 특히 첫 번째를 문제시하였다. 흐루쇼프는 스탈린이 1930년 중반 대량테러의 수법으로 무고한 공산당원들을 숙청·처형한 결과 독일과의 전쟁수행에 큰 차질을 야기했다고 비판하였다. 그러나 흐루쇼프는 비공산당원들에 대한 핍박과 처형에 대해서는 침묵하였다. 당시 그는 떠오르는 차기 주자로서 이 일에 적극 참여했기 때문이다. 어쨌든 이제 스탈린은 숭배의 대상이 아니라 비판과 처벌의 대상이 되었다. 각국의 공산주의자들과 좌파지식인들도 동요하였다. 전후 공산주의의 호소력은 파시스트와 군국주의자들에 대한 저항 및 투쟁과 관련이 있었다. 그리고 그것을 지도한 인물은 명백히 소련의 스탈린이었다. 그런데 이제 그는 갑자기 범죄자가 되었고, 세계 좌파 진영에 지적, 이념적 혼란이 야기된 것이었다.

중공당은 반기를 들었다. 마오는 스탈린이 지도한 국제공산주의운동이 전반적으로 성공을 거두었고, 그는 단순히 러시아나 소련의 지도자가 아닌, 소련공산당 지도부가 폄하할 수 없는 업적과 유산을 남긴 세계적 위상의 지도자로서, "그의 공

....

8   Zhihua Shen and Yafeng Xia, *Mao and the Sino–Soviet Partnership, 1945-1959: A New History*, Lexington Books, 2015, p. 6.
9   이스라엘 정보기관은 이 연설의 복사본을 구해 아이젠하워 정부에게 넘겨주었다.

(70%)은 과(30%)를 크게 상회한다"고 말하였다.[10] 그가 이렇게 말한 데는 스탈린을 존경한 이유도 있었겠지만, 더 정확히 말해, 그가 흐루쇼프처럼 스탈린 개인숭배를 비판하면 자신도 같은 이유로 비판받을 수 있다는 논리적 추론에 따른 것이었다. 그러나 중국에게 흐루쇼프 노선의 소련은 새롭고 무거운 현실이었다. 결국 중공당 지도부는 흐루쇼프의 문제제기를 적극적으로 받아들여, 1956년 9월 11년 만에 개최된 중공당 제8차 전국대표대회에서 당규약에 수정을 가하였다. 덩샤오핑을 포함한 당 지도자들은 소련공산당 제20차 대회를 언급하며 개인숭배에 반대한다고 선언하였고, 중공의 이전 당 규약에 포함되었던 '마오쩌둥 사상'이라는 표현을 삭제하고, 집단지도체제의 확립을 강조하였다. 이렇게 해서 1943년 3월 20일 중공당 정치국 회의에서 채택되었던 "정책의 최종 결정권은 정치국 주석 마오쩌둥에게 있다"라는 비밀 결의가 무력화되었다.[11] 흐루쇼프의 평화공존론은 북한에게도 압박으로 작용할 수밖에 없었다. 김일성은 모호한 자세로 일단 "폭풍"을 피하고자 하였다. 최근 공개된 러시아국가문서보관소의 한 문건에 따르면, 그는 3월 특별당간부 회의와 4월 당대회에서 "스탈린주의의 일탈은 집단지도체제를 오랫동안 유지해온 조선인민민주주의공화국에게는 해당되지 않는다. 개인숭배가 있었다면 그것은 미국의 첩자 박헌영에 관한 것일진대, 그는 이미 지도부에서 축출되었다"고 강변하였다. 그는 이어서 자신의 경제정책이 실패하였다는 사실을 부인하면서 [북한의] "위대한 성공을 보지 못하는 자는 눈먼 사람 이외에는 없다"고 말하였다.

김일성은 자신이 스탈린격하운동에 부응한다는 것을 소련에 보여주기 위해 당 선전부에 자신에 대한 개인숭배를 완화하도록 지시하였다. 그러나 이것이 화장(化粧)에 지나지 않는다는 것은 주북 소련 대사관을 포함하여 모두가 다 아는 사실이었다. 북한 주재 한 사회주의국가의 외교관은 다음과 같이 농담하였다: "물론 북한은 집단지도체제에 의해 운영되고 있지. 모든 결정은 김씨, 일씨, 그리고 성씨에 의해 이뤄진다."[12]

....

10   Lorenz M. Lüthi, *The Sino-Soviet Split: Cold War in the Communist World*, Princeton University Press, 2008, p. 50.

11   아마코 사토시, 임상범 옮김, 『중화인민공화국 50년사』, 일조각, 2003, p. 59.

소련은 북한의 당대회에 대표단을 파견하여 김일성의 개인숭배를 비판하였다. 레오니드 브레즈네프(Leonid Brezhnev) 대표단장은 김일성의 오만을 지적하면서, "철없는 아첨꾼들"로 둘러싸인 그의 무책임성을 질책하였다. 김일성은 4월 30일 브레즈네프를 만난 자리에서 자신의 오류를 인정하였다. 그러나 그는 소련 동지들이 출국한 후 "폭풍"이 사그라들기를 기대하며 소련발 정치개혁을 거부하였다.

흐루쇼프의 평화공존론도 초기엔 큰 문제가 되지 않았으나 1957년에 들어서면서 중소 간에 주요 이슈로 대두하였다. 평화공존론은 군비부담을 줄이고 경제발전을 도모해야 할 당시 소련의 필요성을 반영한 것이기는 했으나, 다른 한편, 스탈린의 안보노선에 대한 정면도전이었다. 스탈린은 1946년 2월 9일 모스크바 자신의 지역구에서 행한 연설에서 "자본주의 역학과 내재적 모순을 고려할 때 결국 서방과의 전쟁은 불가피하고, 따라서 소련 인민들은 국가안보를 위해 계속되는 경제적 어려움과 희생을 감내할 것"을 요구하였다. 이에 대해 흐루쇼프는 서방과의 대결이 아닌 평화공존을 통해 국가안보에 대한 위협을 완화하면서 서방의 자본과 기술을 도입하고 무역을 확대함으로써 소련이 안정적으로 발전할 수 있다고 주장하였다. 그는 그렇게 함으로써 소련 인민들이 오랫동안 계속된 전쟁과 전시경제가 강요한 결핍과 희생에서 해방되어야 마땅하다고 강조하였다.

중공당 지도부는 흐루쇼프가 전 세계 공산주의 국가들에게 큰 영향을 줄 수 있는 사안을 중공당 등 형제 당들과 사전협의 없이 일방적으로 발표한 점을 문제 삼기 시작하였다. 급기야 1957년 1월 28일 마오는 지역 당서기들 모임에서 소련은 "대국사문주의(大國沙文主義, 大國國粹主義, great-power chauvinism)"에 빠져 있으며, 자신만이 마르크스-레닌주의의 진리를 대변한다고 착각하고 있다고 말하였다. 저우언라이도 같은 해 소련을 방문했을 당시 1956년 폴란드 사태에 대한 소련의 태도에 대해 역시 "대국사문주의"라고 공격하였다.[13]

....

12   Sergey Radchenko, "We do not want to overthrow him": Beijing, Moscow, and Kim Il Sung," 1956, August 7, 2017. https://www.wilsoncenter.org/blog-post/we-do-not-want-to-overthrow-him-beijing-moscow-and-kim-il-sung-1956

13   Lexicon of Mao Zedong Thought, p. 79. 1989년 10월 '마오쩌둥 사상과 실천'에 관한 세미나 참가자들은 마오쩌둥 사상 사전(Lexicon)을 편찬하였다. Kwok-sing Li, *A Glossary of Political Terms of the*

중국공산당은 이념적 주도권 문제와는 별도로 흐루쇼프의 평화공존론이 중국의 현실을 도외시하고 중국의 이익을 훼손하고 있다고 보았다. 평화공존론이, 이미 산업화되고 국경이 안정되어 있고, 핵무기를 가진 소련에게는 필요할지 모르지만, 이 모든 요소가 결핍된 중국에게는 전혀 이익이 아니며 오히려 위협을 가중시킬 수 있기 때문이었다. 마오는 불과 수년 전 한국전쟁에서의 대미 혈전(血戰)을 떠올리며 "미제(美帝)"는 조선반도든 중국본토든 언제든지 재침할 수 있다고 지적하였다. 게다가 "미제"는 중국의 미완의 최대과제인 타이완 해방을 무력으로 가로 막고 있는 이념적, 민족적 원수이기도 하였다. 따라서 그는 공산주의국가들은 모두 민족해방전쟁을 원조해야 하는바, 이러한 투쟁이 지속되는데도 도와주기는커녕 제국주의 서방과 평화공존하며 교류협력하겠다는 소련의 평화공존론은 정통 마르크스-레닌주의와 사회주의혁명노선으로부터의 이탈일 뿐 아니라 억압받고 있는 세계 모든 인민에 대한 중대한 도전이라고 비판하였다.

이렇게 시작된 중소 간 노선 대립은 이념과 이익이 충돌한 측면이 크지만, 양국이 서로에게 부여하고자 한 "위상과 역할이 '불일치(mismatch)'한 데 따른 것"이기도 하였다. 파리의 사회과학고등연구원(the Ecole des Hautes Études en Sciences Sociales)의 중국사학자 마리-클레르 베르제르(Marie-Claire Bergère)가 지적했듯이, "하나의 위성국가가 되기엔 지나치게 넓고 지나치게 육중한 대륙 국가였던 중국은 소련과 동등한 위상의 동반자가 되기엔 지나치게 가난하고 지나치게 취약했으며 지나치게 늦게 혁명을 이루었던 것이다."[14] 동시에, 혁명의 기운이 생생하게 살아 있고, 또 그러한 열정을 절실히 필요로 했던 중국에게 흐루쇼프의 소련은 혁명을 타협 대상에 놓는 이기주의적 기회주의자이면서도 찬란했던 중화의 영광을 존중하지 않는 힘세고 거친 오랑캐(逆夷, 역이)로 비쳐졌다.

내적 모순을 배태한 중소관계는 급격히 악화되어 1957년 말 드디어 파열음을 내기 시작하였다. 1957년 11월 14-16일 소련공산당은 '10월혁명' 40주년 기념식에 맞춰 사회주의 12개 국가의 공산당과 노동당 대표를 초청하여 '세계공산당대

....

People's Republic of China Paperback, The Chinese University Press, 1995, p. 37에서 재인용.
14   마리 클레르 베르제르, 박상수 옮김, 『중국현대사』, 심산, 2009, p. 132.

회'를 열었다. 여기서 중국과 소련의 공산당은 '자본주의에서 사회주의로의 평화적 이행 문제, 미 제국주의에 대한 평가, 평화공존과 민족해방투쟁 간의 관계' 등의 문제에서 크게 부딪혔다. 이 대회에 참석한 마오쩌둥은 표면적으로는 소련을 찬양했지만, 흐루쇼프 노선에 대해 비판을 삼가지 않았다. 그는 소련을 사회주의의 순수성을 포기한 '수정주의(修正主義)' 노선이라고 비판하였다. 이미 그는 11월 10일 '의견요강(意見要綱)'을 통해 "브루주아지는 자진해서 역사의 무대를 떠나지 않는다. 모든 나라의 프롤레타리아와 공산당은 혁명의 준비를 추호라도 소홀히 해서는 안 된다"며 평화공존론을 비판한 바 있었다.[15] 소련은 중국이 변화하는 국제정세를 정확하게 판단하지 못하고 사회주의의 원칙에만 충실하고자 하는 '교조주의(敎條主義)'라고 되받아쳤다. 마오는 회의 연설을 통해 '동풍론(東風論)'을 제시하였다. 즉 세계적 힘의 관계는 변했고, 이제는 서풍(제국주의)이 동풍(사회주의)을 압도하는 게 아니라 "동풍이 서풍을 압도하고 있다(東風壓倒西風)"고 말하였다. 마오는 11월 18일 행한 모스크바에서의 다른 연설에서 "미국을 비롯한 모든 반동파는 '종이 호랑이(紙老虎, paper tiger)'[16]이다"라고 일갈하며, 그가 "저자세"라고 규정한 평화공존론에 대해 빈정거리며 조롱하였다.

그러나 중소관계는 양국 간 입장의 차이에도 불구하고 일정한 타협의 여지는 갖고 있었다. 흐루쇼프는 1956년 차례로 발생한 폴란드와 헝가리 사태를 겪으면서 사회주의권 내에서 지도력을 유지하기 위해서는 중국의 지지가 필요하다는 점을 잘 알고 있었다. 흐루쇼프는 1957년 10월 15일 조인된 비밀국방협정을 통해 중국 핵무장에 필요한 기술지원을 약속했고, 원자탄 견본도 제공할 것이라고 약속하였다. 그러나 이러한 흐루쇼프의 제스처에도 불구하고 중국의 정치, 경제 일정은 그가 원하지 않는 방향으로 흘러갔다. 1957년 11월 모스크바 '세계공산당대회'에서 동풍론을 제시하고 귀국한 마오는 1958년 1월 난징에서 '대약진운동(大躍進運動)'

....

15 사토시(2003), p. 63.

16 이 용어는 마오가 심리전 차원에서 사용한 것으로 1946년 8월 미국인 특파원 아나 스트롱(Anna Louise Strong)과의 인터뷰에서 처음 사용하였다. John K. Leung and Michael Y. M. Kau eds., *The Writings of Mao Zedong*, M. E. Sharpe, 1992, p. 86.

을 선포하였다. 마오가 시작한 '대약진운동'은 소련의 발전노선과는 차별화되는 중국 독자노선의 출범을 의미하였다. 이 운동의 출범은 곧 일어나게 될 '타이완해협 위기'와 함께 중소관계 파탄의 전조(前兆)가 될 것이었다.

대약진운동(大躍進運動, the Great Leap Forward)과 중국의 독자노선

마오쩌둥은 1957년 초 소련 모델에 따른 중국의 기존 경제발전전략에 회의를 품게 되었다. 농촌경제를 활성화하지 못하는 농업집단화, 대규모 관료체와 중앙집권적 경제발전계획, 중공업 우선주의에 따른 불균형발전 등이 문제로 파악되었다. 게다가 소련에 대한 경제적, 심리적 의존이 심각하였다. 마오는 공산주의 사회 건설을 신속히 그리고 자력으로 이루고자 대안을 찾아 나서게 되었다. 마오는 1957년 11월 소련을 방문하고 '흐루쇼프 노선'을 직접 경험하고는 결단을 내렸다. 그는 귀국하자마자 쉬지 않고 지방을 시찰하며 대안적 발전전략을 고민하였다. 소련은 "15년 내 철강, 석탄, 전기, 석유 등 공업생산에서 미국을 따라잡을 수 있다"[17]는 흐루쇼프의 말에 자극받은 그는 1958년 1월 "15년 내 영국을 추월하자"는 목표를 제시하면서(내심으로는 수정주의이자 공산주의 라이벌인 소련을 곧 추월하자고 했을 것이다) 목표 달성을 위해 중국혁명 특유의 인민대중의 적극성과 창조성을 강조하였다. 1958년 5월 중국공산당 제8차 전국대회 제2차회의에서는 이른바 '대약진운동'으로 알려진 '사회주의 건설의 총노선'이 채택되었다. 이 '총노선'은 사회주의형 인간의 주관적 능동성을 강조하면서 중국의 독자적 방법, 즉 '대중노선'과 '2대기본노선[공업/농업 및 중앙/지방 공업의 동시 발전, 그리고 서양기술과 토법(土着法, 토착기술)의 병용]'을 주창하였다. 이는 중공업주의, 계획경제, 물질과 기술을 강조하는 소련의 발전 방식에서 벗어나고자 함을 분명히 천명한 것이었다.[18] 마오는 중국이 소련보다 먼저 공산주의 사회로 진입하게 될 것이라며 목소리를 높였다.[19]

----

17 Jonathan Clements, *Mao Zedong*, Haus Publishing, 2006, p. 112.

18 사토시(2003), p. 64.

19 Chi-kwan Mark, *China and the World Since 1945: An International History*, Routledge, 2011, p.

그러나 '대약진운동'은 기획, 자원, 자금, 인재 등 객관적인 조건을 충분히 고려하지 않고 단지 '일궁이백론(一窮二白論)', 즉 곤궁과 결핍은 오히려 인민대중의 혁명성을 강화할 것이기 때문에 사상혁명교육을 통해 인민대중의 무한한 생산력을 현실화시켜 비약적 경제발전을 이룰 수 있다는 믿음에 기초한 것이었다. 따라서 운동의 과정은 인간의 강력한 의지, 주관적 능동성, 계급적-민족적 당위(當爲), 교훈(校訓)과 계율(戒律)에 의한 교화(敎化) 등의 수단으로 대규모 생산운동을 다그치는 식으로 진행되었다. '대약진운동'은 증산운동뿐 아니라 사회시스템의 대개조를 지향하였다. 이 노선에 따라 인민대중의 사회주의적 능동성을 독려하기 위해 대규모의 공농상학병이 상호결합된 정사합일(政社合一)의 인민공사가 수립되었다. 인민공사란 1향(鄕) 1사(社)를 기준으로 행정부문과 농공업 생산부문, 학교·민병(民兵) 등을 포함하는 공산주의 사회의 기층(基層) 단위로서 집단생산과 집단생활을 영위하는 자력갱생/자급자족의 지역공간이었다.

마오의 국가발전에 대한 강력한 염원과 의지에도 불구하고 인간 의지력을 강조하는 주의주의(主意主義), 그리고 '결과적 평등주의'와 생산제일주의에 기초한 대약진운동은 1958년 가을부터 힘을 잃기 시작하였다. 인민공사 내의 평균주의(평등적 무상 분배)와 무상조기(無償調機, 생산요소와 인력을 무상으로 조달), 즉 '일평이조(一平二調)'가 야기한 '공산풍(共産風)'은 "일하든 일하지 않든 똑같다"라는 냉소주의를 확산시키고 농민의 생산 의욕을 저하시켰다. 공업생산 과정도 왜곡되었다. 특히 공업목표가 철강생산에 편중되었고, 오직 증산만 중요시되었기 때문에 품질은 무시되었다. 철 생산량은 늘었지만 이는 농기구를 포함한 모든 쇠붙이를 긁어 모아 '토고로(土高爐, 흑으로 만든 소규모 용광로)'에 집어넣었기 때문인데, 이로 인해 농사지을 농기구가 부족해질 정도였다. 그나마 생산된 철도 강철이 아닌 쓸모가 별로 없는 선철(銑鐵, pig iron)이 대부분이었다. 산의 나무는 '토고로'의 땔감으로 쓰였기 때문에 삼림이 극도로 황폐해지는 부작용을 낳았다.[20] 증산에 대한 압박은 과장 보고와 목표치 상향의 악순환을 거듭케 하였고, 나중엔 모든 수치가 비현실적으로 부풀려

....

47.

20   에즈라 보걸, 심규호·유소영 옮김,『덩샤오핑 평전』, 민음사, 2014, p. 86.

졌다.

대약진운동의 핵심 중 하나는 관개시설과 댐 건설이었다. 운동이 개시되던 해 수백만 명의 농민들은 추수를 앞두고도 강제로 공사 현장으로 불려 나왔다. 수확되지 않은 쌀, 콩, 옥수수가 썩어갔다. 그 해 처음으로 식량부족 사태가 발생하였다. 먹을 것이 없는 농민들은 종자까지 먹을 수밖에 없었고, 이듬해 식량사정은 더욱 악화되었다. 한편 마오는 소련에 대한 빚을 빨리 갚기 위해 곡물 수출을 다그쳤는데,[21] 이는 대기근과 함께 중국의 식량부족과 기아를 악화시킨 또 다른 요인이 되었다.

공산당은 대약진운동에 대한 불만 토로는 물론이고, 운동에 대한 의욕이 없어 보이거나 열심히 일하지 않는다고 판단된 농민이나 노동자들을 반동분자로 분류하여 처형하는 등 가차 없이 잔인하게 처벌하였다. 중국 통계에 따르면, 1959년-1961년 최악의 3년 동안 1,600만-1,700만여 명이 비정상적인 이유로 사망하였다.[22]

중국의 지방 공안부서 등의 해당문건을 면밀히 조사한 런던대학교의 디쾨터 (Frank Dikötter) 교수에 따르면 1958-62년 동안 4천5백만이 목숨을 잃었다.[23] 2차 대전의 5,000-6,000만에 버금가며, 캄보디아 폴포트 정권의 대학살의 20배가 넘는 수치이다. 중국공산당은 가뭄 때문에 대기근이 들어 많은 인민들이 사망했다고 오랫동안 강변해 오고 있지만, 디쾨터 등 서방의 학자들이 입수한 당시 문건에 따르면 수천만 명의 희생은 정부 정책의 무모성, 그리고 무모한 사업을 완수하기 위해 사용된 강제와 폭력의 직접적 결과였다.

소련은 중국의 '총노선'이 시작될 무렵 자금과 기술 자문을 제공한 바 있었다. 그러나 소련의 눈에 이 사업이 흉물화되자 비난하고 나섰다. 흐루쇼프는 "인민공사 건설이 소부르주아 열광주의(fanaticism)의 경향이 있다"고 비판하였다.[24] 그는 1959년 7월 폴란드 방문 시 인민공사를 지목하며 대약진운동은 마르크스주의와 소련 경제발전 모델에서 이탈한[25] 경솔하고 무모한(harebrained)[26] 계획이고 소련이

....

21   Mark(2011), p. 47.

22   보걸(2014), p. 86.

23   Frank Dikötter, *Mao's Great Famine; The Story of China's Most Devastating Catastrophe*, Walker & Company, 2010.

24   사토시(2003), p. 70.

제공한 원조는 오용·낭비되었다고 마오를 힐난하였고, 소련공산당 기관지 '프라우다(*Pravda*)'는 이를 헤드라인으로 보도하였다. 마오는 이에 격노하면서, 소련은 고압적이고 강압적이며 관료주의에 빠졌고 혁명성이 부족하며 러시아 민족주의에 충만해 있다는 자신의 기존 대소관을 굳히게 되었다.[27]

마오는 대약진운동이 실패의 기미를 보이자 1958년 11-12월에 열린 중국공산당 제8기 중앙위원회 제6차 전체회의(6中全會)에서 "당과 국가의 노선에 대한 구상과 마르크스-레닌주의 공부에 더 전념하기 위해"[28] 국가주석직을 사임하였다. 이듬해 열린 '전국인민대표회의'에서 류샤오치가 국가주석직을 승계하였다. 국가경제관리는 류샤오치, 천윈(陳雲, 진운), 덩샤오핑 등 이른바 실용주의파가 맡게 되었다. 마오는 비록 국가주석직은 내주었지만 최고권력직인 당 주석직과 국방위원회(후일 중앙군사위) 주석직은 유지하였다.[29] 마오는 대약진운동에 대해 허심탄회하게 토론하고 중앙 및 지방 지도자들을 설득하기 위해 1959년 7월 2일부터 8월 16일에 걸쳐 중공당 정치국 확대회의와 제8기 8중전회를 장시성 루산(廬山)에서 개최하였다. 참가자들은 회의에 앞서 각지의 실태를 조사한 후 중남구, 화동구, 서북구 등으로 나뉘어 의견을 교환하였다. 국방부장 펑더화이(彭德懷)는 서북구 조에 참가해 발

··········

25 Mark(2011), p. 47.

26 Robert G. Sutter, *Foreign Relations of the PRC: The Legacies and Constraints of China's International Politics since 1949*, Rowman & Littlefield Publishers, 2013, p. 23.

27 Thomas J. Christensen, *Worse Than a Monolith: Alliance Politics and Problems of Coercive Diplomacy in Asia*, Oxford University Press, 2011, p. 156.

28 Julia Kwong, *Chinese education in transition: Prelude to the Cultural Revolution*, McGill-Queen's University Press, 1979, p. 110.

29 1921년 중국공산당 창당 때부터 줄곧 유지됐던 제1인자인 총서기직은 1943년 3월 중국공산당중앙정치국주석직으로 바뀌었고, 마오가 당권을 장악한 1945년 제7차 당대회(4월 23일-6월 11일)부터 단일지도체제를 의미하는 중국공산당중앙위주석이라는 명칭으로 바뀌었다. 마오는 1956년 제8차 당대회(11월 15일-27일)에서 당주석 아래 당주석의 지휘를 받는 총서기직을 설치하여 덩샤오핑에게 여러 해 동안 직을 맡겼다. 실권자가 된 덩샤오핑은 1982년 9월 제12차 당대회(9월 1일-11일)에서 공산당 당장(黨章, 당헌, 사실상 헌법보다 상위규범)을 전면 개정해 "당은 어떠한 형식의 개인숭배도 금지한다"는 조항을 당장에 명기하고 개인숭배를 허용한 당주석직을 폐지하는 대신 원래의 당 제1인자의 의미로서의 총서기직은 부활시켰다.

언했는데, 대약진운동의 문제와 모순을 지적하였다. 펑더화이는 회의 전 마오에게 '개인 편지' 형식으로 자신의 의견을 솔직히 개진한 바 있었다. 마오는 그렇지 않아도 권위가 추락한 상황에서 펑더화이의의 고언(苦言)을 받아들이지 않고, 7월 23일 그의 개인적 편지를 회의석상에서 공개하였다. 펑더화이의 견해에 동조하는 참석자들이 적지 않았다. 그러자 마오는 며칠 후 "어떤 사람들은 가장 중요할 때 동요하여 역사의 커다란 바람과 파도에 흔들린다"고 불만을 표명하면서 펑더화이를 비판하였다. 공산당 중앙위 부주석 겸 국무원 부총리 린뱌오는 펑더화이와 그의 동조자들에게 "마오쩌둥에게 하야를 강요한 야심가, 거짓 군자, 우익기회주의 반당 군사그룹"이라는 낙인을 찍었다.[30] 회의 초기 펑더화이를 지지하던 참석자들이 지지입장을 철회하였다. 당 중앙위는 펑 등의 "반당집단"에 대한 결의안을 통과시켰고, 펑더화이를 직무에서 해임하였다.

마오는 "남이 나를 범하지 않으면 나도 남을 범하지 않는다. 그러나 남이 나를 범하면 나도 반드시 남을 범한다"는 말을 남겼다.[31] 그는 사실 펑에 대해 오랫동안 좋지 않은 감정을 축적해왔었다. 마오는 1935년 대장정 시 4회의 도강을 주장했지만 펑이 반대하였다. 그는 펑이 자신의 권위에 도전한다고 생각하였다. 1940년 일본군과의 '백단대전(百團大戰)' 때도 펑은 마오의 사전승인 없이 독자적 판단에 의해 전투를 수행하였다. 마오는 그것을 항명으로 보았다. 마오는 펑이 1954년 '가오강 사건'[32]에 연루되었다고 생각했지만 일이 커지는 것을 원하지 않았다. 마오는 개인숭배를 비판하고 소련과 내통하고 있다고 의심되는 펑을 경계하였다.

이 회의 이전까지 중국공산당 지도자들은 자유롭게 의견을 개진할 수 있었다. 최종결정을 따르는 한 어느 누구도 처벌받지 않았다. 그것이 그들이 형성한 토론

....

30   사토시(2003), p. 69.

31   薄一波, 『若干重大決策与事件的問題(下)』, pp. 889-890. 조영남, 『중국의 엘리트 정치: 마오쩌둥에서 시진핑까지』, 민음사, 2019, p. 157에서 재인용.

32   당 우위가 아닌 이른바 '군당론(軍黨論)'을 설파하며 류샤오치를 타도하려고 했던 가오강은 당의 조직규율을 위반한 것으로 간주되어 숙청되었다. 마오는 항미원조 전쟁에서 혁혁한 공을 세운 동북군 사령관 가오강이 린뱌오, 라오수스(饒漱石) 등과 세 규합을 시도했던 것으로 보고 그가 정치적 야심을 가지고 있다고 의심하였다.

문화이자 규범이었다. 1959년 루샨회의는 이 전통을 끝냈다. 국방부장의 직은 마오 우상화의 완장을 찬 린뱌오가 차지하였다. 마오에 대한 개인숭배는 이제 일상화되 었고, 문화대혁명 때까지 이어졌다.

이러한 돌발사태는 그렇지 않아도 악화되고 있던 중소관계에 타격을 가하였 다. 마오가 펑더화이를 소련과 내통하는 반민족반당분자로 몰았기 때문이다. 그는 이미 펑이 소련에게 대약진운동과 그것이 동반하고 있는 기근에 대한 수치스러운 정보를 넘겨줌으로써 자신을 모욕했다고 믿고 있었다.[33] 펑더화이가 개인 의견서를 제출한 시점이 공교롭게도 그가 소련 및 동구를 방문하고 돌아온 직후였기 때문에 친소반당분자라는 정죄(定罪)가 가능하였다. 펑더화이는 평소에도 마오가 강조하던 인간의지(人間意志, human volition)의 힘보다는 물리력을 신봉하는 유무기론자(唯武 器論者)였고, 따라서 선진 "소련으로부터 배우자"는 견해를 자주 피력하였다. 펑더 화이는 한국전쟁을 계기로 소련과 가까워졌다. 스탈린이나 후르쇼프도 그를 좋아 해서 소련을 방문할 때마다 환대하였다. 소련은 펑더화이의 해임을 중국 내 친소세 력에 대한 숙청으로 간주하였다.

타이완해협 위기와 중소 결별

1949년 말-1950년 초까지만 해도 미국은 중국이 타이완을 점령해도 수용할 수밖에 없다는 입장이었다.[34] 그러나 한국전쟁이 발발하자 미국은 제7함대를 타이 완해협으로 파견하여 중국과 국민당의 타이완을 동시에 억지하고자 하였다. 중국 은 제7함대가 버티고 있는 상황에서 어쩔 도리가 없었다. 중국은 타이완 공격을 위 해 집결해 있던 군대를 한국전장으로 파견하고자 했던 터라 더욱 그러하였다. 그러 나 미국의 대통령이 바뀌면서 사정이 달라졌다. 한국전쟁이 끝날 무렵인 1953년 2 월 2일 미국 아이젠하워 대통령은 취임 직후 신년 국정 연설을 통해 제7함대를 타

....

33   Lynch(2004), p. 220.

34   The Department of State, "The Taiwan Straits Crises: 1954-55 and 1958." https://history.state.
      gov/milestones/1953-1960/taiwan-strait-crises

이완해협에서 철수한다고 발표하였다. 7함대는 '이중억지(dual deterrence, 양방향 억지)'[35]로 기능했기 때문에 "한국전에서 미군을 죽이는 중국을 [타이완의 공격으로부터] 보호해야 할 필요가 없다"는 논리였다.[36] 고무된 타이완의 국민당 정부는 중국 남동부에 대해 유격전을 전개하기 위해[37] (또는 중국의 침공에 대비하여) 본토에 근접해 있는 진먼(金门, Jinmen) 섬과 마주(马祖, Mazu) 섬에 수천 명의 추가 병력과 상당한 군비를 투입하였다. 미국도 군사적·전략적 조치들을 취해나가기 시작하였다. 1954년엔 '동남아조약기구(SEATO)'를 결성했고, 장제스 정부와 상호방위조약 체결을 공론화하기 시작하였다. 중국은 이를 내정간섭이자 자신의 안보를 위협하는 조치로 보고, 한국전쟁이 정전(1953년 7월 27일)된 상태에서, 타이완해협에서의 전략적 위상을 강화하고자 1954년 9월 진먼 섬에, 그리고 이어서 마주와 다천(大陈, Dachen) 섬에 포격을 가하였다. 미국은 중국의 위협에 굴하지 않고 1954년 12월 2일 타이완과의 상호방위조약을 체결하는 강수를 두었다. 조약은 진먼과 마주 등 연안 섬들의 방어를 언급하지는 않았지만 타이완과 펑후 섬 방어를 공약하였다.

　　1954년 말-1955년 초 들어 타이완해협의 상황이 악화되었다. 이에 따라 미국 의회는 1955년 1월 아이젠하워 정부에게 타이완과 연안 섬들을 방어하기 위한 전권을 부여하는 '포모사 결의안'을 통과시켰고, 정부는 그에 따라 타이완 방어를 재천명하였다. 미국은 장제스에게 진먼과 마주에 대한 방어를 약속하면서도, 다른 한편, 방어하기 어렵고 전략적으로 의미가 모호한 다천(大陈) 섬은 포기하도록 권유했고, 장제스는 다천을 방어하던 병력을 철수시켰다. 미국의 강경파들은 중국에 대해 '핵무기 사용 위협'을 전략적 카드화할 것을 요구하였고, 덜레스(John Foster Dulles) 국무장관은 1955년 3월 상당한 국내외적 반대에도 불구하고 "미국이 핵무

....

35　1950년 6월 25일 북의 남침으로 한국전쟁이 발발하자 미국 트루먼 대통령은 27일 성명을 발표하여 제7함대의 타이완해협 파견은 본토와 타이완이 서로에게 무력사용을 하지 못하게 하려는 의도임을 분명히 하였다. "Statement by the President, Truman on Korea," June 27, 1950, History and Public Policy Program Digital Archive, Public Papers of the Presidents, Harry S. Truman, 1945-1953. http://digitalarchive.wilsoncenter.org/document/116192

36　헨리 키신저, 『중국 이야기』, 권기대 옮김, 민음사, 2012, p. 196.

37　Sebastien Roblin, "A forgotten fight between China and Taiwan that had big repercussions," *The National Interest*, Feb 19, 2017.

기 사용을 심각하게 고려하고 있다"는 발표를 강행하였다. NATO 외교장관들은 극력 반대하였다. 그러나 3월 말 카니(Robert B. Carney) 미 해군 제독은 아이젠하워 정부가 '덜레스 선언'에 발맞추어 "중공의 군사적 잠재력을 파괴"하는 계획을 세우고 있다고 말하였다. "현실주의(Realpolitik)" 전략가 마오는 선조가 가르쳐준 대로 "후퇴의 나팔"을 불었다.[38] 미국의 핵벼랑끝전술 앞에서 과연 소련이 미국에 대해 핵보복위협을 할 수 있을 것인가? 마오는 소련과 흐루쇼프를 너무 잘 알고 있었다. 1955년 4월 반둥회의에 참가한 저우언라이 총리 겸 외교부장은 미국에게 협상을 제의하였다. 양국은 1955년 9월 제네바에서 협상에 임했고 대화가 이어졌다. 그러나 미국은 얼마 지나지 않아 중국이 타이완에 대한 무력 사용을 포기할 것을 요구했고, 중국은 카이로 선언[39] 및 주권을 이유로 이를 거부함으로써 양국 간 회담은 중단되었다.

1958년 8월 23일 중국은 진먼 섬에 대한 포격을 재개하였다. 마오는 타이완 방어에 대한 미국의 결의를 시험해보고자 했을 뿐 아니라, 만일의 경우 소련이 과연 자신의 편에 서서 군사원조를 제공할 의도가 있는지를 떠보고자 하였다. 그렇기 때문에 소련에게 사전통보도 하지 않았다. 이와는 별도로 마오는 미국이 당시 레바논 사태에 군사개입하면서 대규모 피습을 당한 시점을 이용하고자 하였다. 이는 소련과의 경쟁에서 나온 중국의 일격이라는 의미도 있었다. 중동에서 미국의 군사행동을 묵인하는 소련을 이념적으로 전략적으로 공격한 것이었다.[40] 포격의 배경에는 이제 막 시작한 '대약진운동'을 위한 국내적 동원(動員)을 겨냥하여 국제적 위기를 조장한 측면도 있었을 것이다.[41]

중국은 타이완 정부가 진먼과 마주 섬에 주둔하고 있던 부대에 군수물자를 보

....

38   키신저(2012), p. 200.

39   카이로 선언문에는 "만주, 포모사, 평후제도는 중화민국에게 반환될 것이다(Manchuria, Formosa, and The Pescadores, shall be restored to the Republic of China)"라고 명기되어 있다. 당시 중공은 중화민국 정부가 1945년 10월 25일 타이완과 팽호군도를 회복하고 주권을 행사게 되었지만, 1949년 10월 1일 새로운 중공정부가 이전의 정부를 대체하였기 때문에 이전 정부가 행사하던 모든 권한을 이어받게 된다는 논리를 펼쳤다.

40   키신저(2012), p. 219.

41   Mark(2011), p. 46.

급하기 시작하자 포격을 가하였다. 긴장이 고조되고 전운이 감돌았다. 그러나 미국은 진먼과 마주에 대한 군수물자 보급을 강행토록 하였다. 그러자 중국은 포격을 갑자기 멈추었다. 그리고는 다시 29일간 포격을 계속하였다. 마침내 홀수 날에만 포격을 하는 패턴으로 굳어졌다.[42] 마오는 측근들에게 이는 군사전략이 아니라 '정치 전투' 행위라고 설명하였다.[43] 그는 타이완의 국민당군이 진먼, 마주 등 연안의 섬에서 철수하지 않기를 바랐다. 그는 본토와 타이완 간의 마지막 연결고리를 유지하고자 했던 것이다. 10월 25일 타이완 동포에게 평화통일을 위한 회담을 제안한 마오는 측근들에게 자신의 행동을 '올가미(絞索, 교색, noose) 전략'이라며 정당화하였다.[44] 중국과 타이완은 결국 상대의 군부대에 격일로 돌아가며 포격하는 이상한 타협에 이르게 되었고, 이는 미중관계정상화가 이뤄질 때까지 20여 년 동안 간헐적으로 계속되었다. 그러나 마오로서는 제2차 해협위기로부터 의도하지 않은 성과를 거둘 수 있었다. 위기를 타개하기 위한 미중 간 바르샤바 대화가 도출되었던 것이다. 1958년 9월 5일 저우언라이는 중국의 목적은 중미대화를 대사급으로 되돌리는 것이라고 발표하였다. 미국은 바르샤바에서 미국대사가 중국대사를 맞을 준비가 되어 있다고 호응하였다. 미중관계정상화 과정에서 이들 대사가 역할을 하게 될 것이었다.

그러나 중소관계는 그 반대방향으로 치달았다. 마오가 의도했던 것과는 정반대로, 소련은 "수정주의적" 평화공존정책을 거둬들이기는커녕 마오의 언행이 가지는 군사적 함의에 경악하고 격노하였다. 미국과의 핵전쟁이 발발할 수 있다는 불안에 빠진 흐루쇼프는 자신과는 협의도 하지 않고 제멋대로 "위험한 장난"을 하는 마오에 대해 어떻게든 제재를 가해야겠다고 결심하였다. 1년 전 흐루쇼프는 핵무기

....

42 1972년 닉슨이 중국을 방문했을 때 저우언라이는 다음과 같이 말하였다. "1958년 덜레스 미 국무장관은 장제스에게 진먼과 마주 섬을 포기하고 타이완과 본토 사이를 완전히 분리하는 것으로 일단락 지어 주기를 당부하였다. 장제스는 그러고 싶지 않았다. 게다가 우리도 그에게 진먼과 마주에서 물러나지 말라고 충고하였다. 우리는 그들에게 포격을 가함으로써 후퇴하지 말 것을 종용했던 것이다. 그래서 우리는 홀수 날에만 포격하고 짝수 날과 공휴일에는 포격을 중단하였다. 덕분에 그는 우리의 의도를 알아차리고 물러나지 않았다. 그는 그런 독특한 포격 방식을 이해하였다." 키신저(2012), p. 225.

43 키신저(2012), p. 218.

44 Mark(2011), p. 46.

원형(原型, prototype)을 중국에 제공할 것이라고 약속한 바 있었다. 원형은 이미 준비되어 있었다. 그러나 그로서는 마오가 이것을 가지고 무엇을 할 것인지 걱정이 태산이었다. 그는 일단 출하(出荷)를 11월로 연기하였다. 중국 지도부는 모스크바에서 오는 기차가 핵무기 원형을 싣고 있는지 매일 확인하며 몇 달 동안을 애타게 기다렸다.[45] 흐루쇼프는 핵무기 원형을 보내지 않음으로써 중국을 제재하고자 하였다. 1959년 6월 소련은 핵무기 원형을 중국에 제공하지 않을 것이며, 핵 관련 추가 협력도 불가함을 통보하였다. 표면상의 이유는 곧 있을 미국과의 정상회담에서 핵무기실험금지 협상에 임하게 되었다는 것이었다.[46] 마오쩌둥은 극도의 실망 속에서 배신감에 치를 떨며 격노하였다. 약속 위반에 대한 악감정뿐이 아니었다. 마오는 소련을 위해 할 것은 다 했다는 입장이었다. 특히 마오는 자국의 핵무기 개발을 돕는 소련에게 소련이 원하던 자신의 핵물질을 다 제공했다고 생각하였다. 예를 들어, 중국은 1955년 1월 20일 그간 "중국의 우라늄은 중국 내에서만 중국의 내부적 필요에 따라서만 소비된다"는 규정을 바꿔 소련에 대한 우라늄 수출을 기꺼이 허용하였던 것이다.[47] 냉전사가인 미국 예일대 개디스 교수는 중소분열의 결정적 계기는 바로 이 사건, 핵협력 취소였다고 지적하였다.[48]

1959년 9월 15일 미국을 방문했던 흐루쇼프는 그 직후인 9월 30일 중국을 방문하였다. 그의 마오쩌둥과의 네 번째이자 마지막 만남은 그야말로 최악이었다. 마오를 설득할 수 없다고 판단한 흐루쇼프는 대신 강의를 하기로 작정하였다. 그는 "사회주의 국가들이 강하다고 자본주의 체제의 안정성을 힘으로 시험해볼 필요는 없다. 소련의 공산주의자들은 모든 힘을 기울여 냉전체제의 종식을 위해 투쟁하는 것이 가장 성스러운 임무라고 생각한다"고 하며 '공산주의 천자(天子)' 마오쩌둥을 훈계하였다.[49] 흐루쇼프가 돌아간 후 중국은 1960년 4월 레닌 탄생 90주년을 기

....

45   Gaddis(1997), p. 252.
46   Haslam(2011), p. 192.
47   中華人民共和國 外交部 檔案館, 1956년 7월 9일, Archive of the Ministry of Foreign Affairs of the PRC, PRCFMA, 109-00751-01, 4. https://www.wilsoncenter.org/publication/sharing-the-bomb-among-friends-the-dilemmas-sino-soviet-strategic-cooperation#_ftn2
48   Gaddis(1997), p. 252.

회로 일련의 논평을 통해 흐루쇼프는 '평화공존론,' '제국주의와의 전쟁의 불가피성 부인,' '비폭력에 의한 정권 장악' 등의 기만적 술책을 주장함으로써 레닌주의를 "수정, 무력화, 배반"하고 있다고 힐난하였다. 이에 대해 소련은 마오가 트로츠키주의자로서 변화된 현실을 직시할 능력이 없고, 그의 고집과 교만으로 인해 지구를 멸망시킬 핵전쟁을 일으킬 수도 있다고 반격하였다.

흐루쇼프는 중국에서 소련 기술자들을 귀국시켜 모든 원조 프로그램을 중단하였다. 그는 "우리는 소련 최고의 전문가들이 애써 도와준 대가로 괴롭힘이나 당하는 꼴을 그저 옆에서 멍하니 서서 지켜보고 있을 수는 없다"고 말하였다.[50] 철수한 소련의 과학자들은 중국의 핵무기 개발 사업에 참여하고 있었던 고급인력이었다. 중국으로서는 막대한 타격이었다. 마오는 소련의 과학자와 기술자들이 형제애를 가진 도우미가 아니고 소련의 첩자였을 뿐이며, 소련은 경제 원조를 빙자하여 중국의 국방을 통제하려 했다고 비난하였다.[51] 마오에게 소련과의 결별은 쓰디쓴 것이었다. 그러나 마오쩌둥에게는 자신에게 충성스러운 중국인 과학자들이 있었다. 그들은 소련의 핵과학자들이 두고 간 연구자료들을 이것 저것 챙겼다. 파쇄된 문건들을 일일이 꿰맞추었다. 그리고 1964년 10월 16일 핵무기 실험을 성공시켰다.

"프롤레타리아 문화대혁명(无产阶级文化大革命, 無産階級文化大革命)"

1958년 말부터 약화된 대약진운동은 1962년 1월 7,000여 명의 공산당 간부들이 참가한 중공당 중앙위 확대회의(7천인 대회)에서 비판의 대상이 되었다. 국가주석 류샤오치는 '대약진'을 비판하며 인간 의지력을 강조하는 이념 위주의 '주의주의(主意主義)'를 지양하고 물질적 유인과 자극을 통해 생산 향상을 도모하는 실리주의를 제창하였다. 당 지도자들도 대부분 이에 동의하였다. 마오쩌둥은 '7천인 대회'에서 "중앙이 범했던 과오는 직접적으로나 간접적으로나 나에게 책임이 있

....

49   *Ibid.*

50   Kissinger(1994), p. 226.

51   Lynch(2005), p. 220.

다. 내가 중공중앙의 주석이기 때문이다"라고 잘못을 인정하고 자아비판을 하였다. 류샤오치와 덩샤오핑 등 실용주의자들이 전면에 나섰다. 덩샤오핑은 1962년 7월에 열린 중국공산주의청년단 중앙위원회 제3기 10차 전체회의에서 "노란 고양이든 검은 고양이든 생산성 회복에 유리하면 그것을 써야 한다"고 말하였다.[52] 확대된 '탈약진' 노선은 책임전(責任田)이라 불리는 일종의 농가생산청부제, 그리고 곧 이어 노동청부제, 생산청부제 등의 경영방식을 실험토록 하였고, 그 결과는 실용주의의 효용성을 부각시켰다. 경제는 회복기에 들어가 1963-65년에는 국민경제가 균형을 되찾고 농공업 생산도 상승세를 탔다.

마오는 정책 현장에서 벗어나 있었지만, 만족보다는 우려가 더 컸다. 그는 실용주의의 이점을 일부 인정하면서도 경제효율중시 사상이 수정주의로 나갈 가능성을 우려하였던 것이다. 이는 바로 마오가 혐오하는 흐루쇼프의 노선에 다름 아니었다. 그가 보기에 개인의 이기심을 자극하는 방법이 항구화되면 사회주의혁명보다 물질제일주의를 야기하여 중국이 인민대중이 아닌 전문가 지식인이 우위를 차지하는 반동적 사회로 '퇴행'할 것이었다. 마오는 1962년 중반에 이르러 중국 사회에서 혁명이나 계급투쟁의 정신을 부정하는 풍조가 생기기 시작하였다고 보았다.

마오는 당시 고조되던 외부적 위협도 크게 우려하였다. 흐루쇼프와의 사상 투쟁(1956년 이후)과 그에 따른 소련의 원조 중단, 타이완해협 위기(1954, 1958), 소련과의 신장(新疆)에서의 간헐적 분쟁(1960-62) 등 국제정세의 악화는, 그렇지 않아도 국내정치적으로 고립감을 느끼고 있던 마오로 하여금 조만간 이러한 국내외적 문제들을 일거에 해결할 수 있는 획기적인 돌파구를 마련하지 않으면 안 된다는 판단을 내리게 하였다. 마오는 중공당 중앙위 전체회의 개최를 요구하였고, 1962년 9월 24-27일 제8기 중앙위원회 10차 전체회의(제8기 10중전회)가 개최되었다. 그는 '사회주의 사회에서 계급투쟁중시론'이라는 보고를 통해 "계급투쟁을 절대로 잊지

....

52　중국 신화통신과 인민일보에 따르면, 이는 청나라 때 작가 포송령(蒲松齡)이 쓴 '요재지이(聊齋志異)'에 나온 표현이다. http://cpc.people.com.cn/GB/85037/8530953.html. 강연할 당시 덩은 이 표현을 류보청(치伯承, 劉伯承)에게 들은 것으로 말하였다. Benjamin Yang, *Deng: A Political Biography*, M. E. Sharpe, 1998, p. 151. 이 표현이 추후 "흑묘백묘론"으로 정착되었다.

말자"며 당 지도자들에게 강력히 호소하였다. 1937년 옌안 시절 자신이 제시했던 '모순론,' 즉 모든 사회에는 각종 모순들이 내재하며, 모순들의 전체적인 상호연관성을 이해하는 가운데 이 중 주요 모순을 찾아 해결하면 부차적 모순들은 자연스럽게 해소된다는 이론을 참가자들에게 상기시켰던 것이다. 그는 질적으로 다른 모순은 질적으로 다른 방법을 통해서만 해결될 수 있다며, 인민대중과 봉건제도 사이의 모순은 민주주의 혁명으로, 식민지와 제국주의 간 모순은 민족혁명전쟁으로, 그리고 무산계급과 자산계급 간 모순은 사회주의 혁명으로 해결해야 한다고 주장하였다. 그는 현단계 중국의 주요 모순은 사회주의 혁명의 미비에서 비롯된 것이기 때문에 계급투쟁이 가속화되어야 한다는 입장을 강력히 개진하였다. 나아가 마오는 악화일로의 국제정세의 긴박성을 강조하고, 중국공산당의 흔들리지 않는 혁명노선을 강조하였다. 마오는 린뱌오가 지도하는 군부의 지지하에, 류샤오치의 타협을 이끌어내었다. 이 회의 결론인 '공보(公報)'는 마오의 견해와 노선을 대대적으로 실었다.

1962년 9월의 10중전회를 계기로 마오의 혁명노선은 탄력을 받았다. 반소노선도 노골화되었다. 1963년 9월 6일 '런민러바오(人民日報)'와 '홍치(紅旗, 홍기)'의 편집부는 "소련공산당 지도부와 우리와의 의견 상위의 유래와 발전"이라는 글을 발표하여 중소 논쟁을 공개하였고, 이는 중국이 소련의 혁명모델과 명백히 결별하였음을 의미하였다. 이 무렵 마오는 사회주의교육운동을 개시하였다. 소련의 수정주의에 반대하고 예방하기 위한 계급투쟁이었다. 그러나 류샤오치가 그 내용과 방법을 변질시키고 있다고 생각한 마오는 그에 대해 악감정을 더하게 되었다.

1964년은 마오에게 더 큰 의미가 있는 해였다. 1964년 2월 1일 '런민러바오'가 "전국은 해방군에게 배우자"라는 제목의 사설을 발표하였다. 인민해방군이 단순히 전투집단이 아닌 정치사상, 정치공작, 생산활동, 사회봉사의 모범이라는 뜻이었다. 이어 "농업은 다자이(大寨, 대채)에서 배우자,""공업은 다칭(大慶, 대경)에서 배우자"등과 같은 혁명적 인간상과 사회상을 제시하는 정치구호가 크게 대두하여 경제효율을 중시하는 실용주의자들을 위협하였다. 5월에는 린뱌오의 지시에 의해 작성된 '모주석 어록(毛主席语录)'이 인민해방군을 시작으로 전국에 배포되었다. 린뱌오는 자신이 편집한 이 '소홍서(小紅書)'의 서론에서 마오의 사상은 "고갈되지 않은 힘의 원천이고 무한한 힘을 가진 정신적인 원자탄"이라고 칭송하며, 병사들과 인민들에게 "마오 주석 어록을 읽고, 마오 주석의 말을 듣고, 마오 주석의 지시에 따라 일을 하고, 마오 주석의 훌륭한 전사가 되자"고 호소하며 마오의 정치적 권위 회복에 기여하였다.

한편, 마오는 국제정세의 악화에 대처하기 위해 전국을 뒤흔든 두 개의 프로젝트를 추진하였다. 하나는 미국과 소련의 공격에 대비하기 위해 종래 연해와 대도시에 집중되어 있던 군사기지와 중공업시설들을 내륙의 오지로 이전하는 '국방3선건설'(6월)이었고, 또 다른 하나는 미소의 핵지배에 대항해 자력으로 추진한 최초의 원폭실험이었다(10월). 마오는 계속해서 국내정치적 위기와 국제정치적 위기를 서로 연결된 '하나'로 인식하고, 이들을 일거에 해소할 수 있는 대안을 찾기 위해 기회를 보고 있었다.

이 무렵 중국에서는 농촌 사회주의교육운동과 함께 중국의 역사적 인물과 관련된 문화예술 논쟁이 활발히 전개되었다. 마오쩌둥은 1963년 12월 종래의 문예계가 전통연구라는 미명하에 과거를 찬미함으로써 망자(亡者)가 많은 부분을 지배하고 있다고 비판하였다. 1964년에는 문예계가 "수정주의 문턱까지 전락하기에 이르렀다"고도 하였다. 그러나 실용주의자들은 표면적으로는 마오의 호소에 귀 기울이는 척했지만 교묘히 그의 비판을 무력화하려 하였다. 그들은 1964년 7월 '문화대혁명 5인소조(文化革命五人小組)'를 중앙서기처 산하에 설치했고, 조장은 베이징 당서기 펑전(彭真, 팽진)으로, 그리고 나머지 조원들도 실용주의자들로 채웠다. 캉성(康生, 강생)이 유일한 마오의 측근이었다.

당시 사람들의 큰 이목을 끈 작품은 역사학자이며 당시 베이징 시 부시장이었던 우한(吳晗, 오함)의 역사극 '하이루이 바관(海瑞罷官, 海瑞罷官, 해서파관, 1961)'이었다. 명나라의 청백리 하이루이가 부패척결을 위한 강력한 조치를 취하다 황제에게 파면당하고 낙향한다는 줄거리였다. 사실 이 역사극은 1959년 '하이루이(海瑞)의 정신을 배우자'는 마오쩌둥의 호소에 호응한 것이었다. 그러나 1964년은 사정이 달랐다. 마오가 보기에 "주자파(走資派, 자본주의의 길을 걷는 실권파)"들은 소련의 수정주의 모델에 따라 중국을 변화시키고 있었다. 그렇다면 자신의 역사적 위상은 어떻게 될 것인가? 게다가 마오는 1964년 10월 소련 지도자 흐루쇼프가 실각하자 자신에게 불똥이 튈까봐 불안해 하고 있었다.

오랫동안 정보계통에서 일했던 캉성은 마오를 부추겼다. 그는 '하이루이 바관'에서 핵심은 '바관(罷官, 파관)'이고, 이는 마오가 숙청한 평더화이를 뜻한다고 말하였다. 그렇지 않아도 '탈약진' 속에서 취약해진 자신의 정치적 위상을 만회코자 했던 마오는 이를 문제 삼기로 결심하였다. 마오는 처(妻) 장칭(江青, 강청)을 통해 중앙선전부 문화부에 '하이루이 바관'에 대하여 비판하도록 지시하였으나 문화부에 의해 사실상 거절당하였다. 마오는 1965년 9월 베이징에서 열린 제8기 중공당 중앙공작회의에서 문예계의 정풍(整風)을 요구하였다. 특히 우한의 극본을 콕 집어 비판하였다. 그러나 펑전은 마오의 지시에도 불구하고 모호한 태도를 취하였다. 마오의 발언은 신문에 보도조차 되지 않았다. 마오는 이제 당조직을 단념하고 베이징을 '탈출'하여 상하이로 향하였다. 장칭의 사주를 받은 상하이 당서기 야오원위안(姚文元, 요문원)은 11월 10일 '원휘이바오(文匯報, 문회보)'에 "신편 역사극 '하이루이 바관'을 평한다(評新編歷史劇 '海瑞罷官')"라는 글을 기고하였다. '하이루이 바관'은 대약진운동을 비판하다 실각한 평더화이를 옹호하는 글이라는 것이 주 내용이었다. 린뱌오가 지배하던 인민해방군의 기관지 '해방일보(解放日報)'가 이 글을 실었다. 장칭 등은 이 글을 '베이징러바오(北京日報)'에 싣고자 하였다. 밀고 당기는 과정을 거쳐 저우언라이가 중재에 나서 결국 '런민러바오(人民日報)'에 비판과 반박 글 모두를 싣기로 하였다. 전국 일간지가 이 글들을 전재(轉載)하면서 '하이루이 바관'은 정치적 소용돌이에 휘말리게 될 조짐을 보였다.

1966년 2월 류샤오치와 덩샤오핑이 나서 이 문제가 정치화되는 것에 우려를 표하였다. 그러나 마오는 결정적 기회를 잡았다고 생각하였다. 그는 "현재 학술계와 교육계는 브루주아 지식분자가 실권을 장악하고 있다"며 당 지도부를 격렬히 비난하였다. 4월 들어 공격의 화살은 우한뿐 아니라, 대약진운동을 비판한 '삼가촌찰기(三家村札記)'를 집필했던 베이징 시당 위원 덩튀(鄧拓, 등척)와 랴오모사(廖沫沙, 료말사) 등으로 겨눠졌다. 5월 7일 마오는 "인민해방군은 거대한 학교가 되어야 한다… 사회주의 교육 훈련에도 참가해야 한다"며 린뱌오를 적극 끌어들였다. 마오가 기초하고 중공당 중앙위가 승인한 1966년 5월 16일의 '통지(中國共産黨中央委員會通知)'는 사실상 문화대혁명의 문을 열었다. 마오는 회의에 불참하였다. 당시 류샤오치는 외유로 베이징에 없었다. 캉성과 린뱌오가 주도해 통과시킨 '5·16통지'는 문화계뿐만 아니라 당, 정부, 군대 내부에 침투한 반혁명 수정주의 집단을 비판하면서, "지금 우리 주변에는 잠자고 있는 흐루쇼프 타입의 인물"이 있다며 류샤오치와 펑전 등을 겨냥하였다. 마오는 '통지'를 통해 펑전을 해임하고, 그가 조장으로 있던 문화혁명5인소조를 캉성, 천보다(陳伯達, 진백달), 장칭 등 마오의 측근들로 채워진 문화혁명소조로 대체하였다.

마오는 혁명역사에서 유래하는 자신의 "절대적 인기와 카리스마"를 이용해 인민을 움직이고자 하였다.[53] 캉성이 유용하였다. 1966년 5월 25일 캉성은 그의 처 차오이오우(曹軼歐, 조일구)를 베이징 대학으로 보냈다. 펑전파 루핑(陸平, 육평) 교장 등을 제거하기 위한 계획의 일환이었다. 그는 옌안시대부터 알고 지내던 베이징대 철학과 당총지부 서기인 여성 교수 녜위안쯔(聶元梓, 섭원재)를 접촉하였다.[54] 루핑이 이제 "끈이 떨어졌다"는 이야기를 들은 그는 5월 25일 동료 여섯 명과 함께 교장과 베이징 당위원회 고등교육 담당 부주임을 신랄하게 비판하는 대자보를 내붙였다. 5월 29일 칭화대학 부속중학(한국식으로는 고등학교)에서 40여 명의 홍위병이 최초로 조직되었다. 6월 1일 마오가 녜위안쯔의 대자보를 "완전히 새로운 형태의 국가권력의 도래를 주창한 베이징 코뮌 선언"이라며 열렬히 지지하였다는 사실이 알려지자 학생들의 대자보는 폭발적으로 확산하였다. 6월 3일 중공당 중앙은 펑전과 루핑을 해임하는 한편 대학 내 소요를 막기 위해 공작조를 파견하였는데 이들은 학생들과 충돌하였다. 공작조가 이른바 조반파(造反派)와 폭력적으로 충돌하였던 것이다.

1966년 7월 16일 마오는 갑자기 우한에 나타나 1시간 5분 동안이나 양쯔강을 헤엄쳐 건너며 '72세의 힘 과시'를 한 후 베이징에 돌아와 "문화대혁명을 방해하고 있다"며 당 중앙이 보낸 공작조를 비난하였다. 1966년 7월 27일 마오를 지지하는 학생들이 "조반(造反, 반항)하지 않으면 수정주의가 된다"는 내용의 대자보를 마오

....

53   시게아끼(1984), p. 271.

54   Roderick MacFarquhar, *The Origins of the Cultural Revolution*, Volume 3, Columbia University Press, 1999, pp. 54-55.

55   1931년 1월 1일 홍군이 1만여 명의 국민당군 포로를 잡는 등 전투에서 대승하자 이를 축하하고 기념하기 위해 그 해 봄 '어가오 반제1차위초(漁家午-反第一次圍剿)'라는 시를 지었다. "빽빽히 들어찬 나무 추

베이징대학 녜위안쯔 등이 부착한 '무산계급문화대혁명' 대자보

홍위병을 격려하는 마오쩌둥의 모습이 담긴 선전물: "천병의 노기가 하늘을 찌른다―조반유리"[55]

....

에 보냈다. 마오는 "조반유리(造反有理, 반항에는 이유가 있다)"를 적어 보냈다.[56] 전국 적으로 홍위병들이 들고 일어났다. 문화대혁명이 일어난 것이었다.

1966년 8월 1일 제8기 11중전회 개최는 이러한 급변 상황을 배경으로 하였다. 회기 중이던 8월 5일 마오는 "사령부를 폭격하라—나의 대자보(炮打司令部—我的一张 大字报, 炮打司令部—我的一張大字報)"라는 글을 회의장 벽에 내붙였다. 당 지도부 일부 가 브루주아 독재를 실행하여 프롤레타리아의 문화대혁명을 억압하고 혁명파를 포 위하며 다른 의견을 억압하면서 득의양양하다는 줄거리였다. 누가 보아도 류사오 치 등 실용주의자들에 대한 비난이었다. 8월 8일에는 당 중앙이 '프롤레타리아 문 화대혁명에 관한 결정안 16개조'를 발표하였다. 이 16개조의 핵심은 "주자파 타파, 사상·문화·풍속·습관 등의 대개혁, 그리고 파리코뮌 형태의 '새로운 권력기구' 창출"이었다. "혁명의 아이돌(idol)" 마오의 압승이었다. 류사오치와 덩샤오핑의 당 내 서열은 격하되었고, 린뱌오가 급부상하였다. 마오쩌둥은 이 대회를 통해 신격 화되었다. 회의결정문은 마오를 "마르크스-레닌주의를 천재적, 창조적, 전면적으 로 받아들여 지키고 발전시켜 마르크스-레닌주의를 그야말로 새로운 단계에 올려 놓은" 인물로 묘사하고, 마오의 사상을 "제국주의가 전면 붕괴로 향하고 사회주의 는 전 세계적으로 승리로 향하는 시대의 마르크스-레닌주의이다"라고 정의하였 다.[57] 마오의 '뒤집기'는 8월 18일 이른바 '백만인 대집회'에서 명확히 드러났다. 천 안문 성루에서 홍위병을 상징하는 붉은 완장을 찬 마오는 전국 각지에서 베이징의 천안문 광장으로 몰려온 인민들과 함께 프롤레타리아 문화대혁명의 승리를 자축하 였다. 신화사는 이 집회에 참가한 일부를 홍위병이라 부름으로써 이 명칭이 최초로 정식 등장하였다.

....

운거울 붉은색(홍군)이 흐드러졌네, 천병의 노기가 하늘을 찌른다. 룽깡을 자욱하게 뒤덮은 안개 수많 은 산봉우리 감추었네, 선봉에서 장쫜후이를 사로잡았다고 일제히 소리친다. (萬木霜天紅爛漫, 天兵怒氣 冲霄漢, 霧滿龍岡千樟暗, 齊聲喚, 前頭捉張輝瓚)." 柯延 編著, 毛澤東生平全記錄(上), 北京, 中央文獻出版社, 2009.

56   Roderick MacFarquhar and Michael Schoenhals, *Mao's Last Revolution*, Harvard University Press, 2006, pp. 87-92.

57   시게아끼(1984), p. 276.

이렇게 권력을 부여받은 홍위병들은 8월 20일 일제히 가두에 진출하였다. 그들은 착취계급의 구사상, 구문화, 구풍속, 구습관의 '사구타파(四舊打破)'를 외쳤다. 홍위병 운동은 일단 시작하자 누구도 그 관성을 통제하기 어려웠다. 10월에는 각지에서 몰려드는 홍위병 때문에 교통대란이 일어났다. 수많은 이들이 도보로 베이징에 도착하였다. 이들을 묵게 할 숙사가 동이 났다. 이쯤되자 마오는 홍위병들에게 실권파가 타도된 베이징이 아닌 각자의 출신지에서 당을 지배하고 있던 주자파의 타도에 나설 것을 당부하였다. 11월 이후 홍위병들은 베이징에서 '경험 대교류'를 마친 후 각 지방의 탈권투쟁을 위해 귀향하였다.

홍위병들이 마오의 호소에 열렬히 반응한 데는 인민대중에 대해 갖고 있던 그의 전설적인 카리스마와 그들이 이상주의적 감수성이 예민한 청소년이었다는 것 외에도 일련의 사회구조적 배경이 있었다. 특히 사회적 차별을 관행화하던 출신주의/혈통주의와 임시직과 계약직 노동자를 차별하던 '이본립(二本立)' 노동고용제도가 불만의 대상이었다. 그들은 마오의 문화대혁명을 통해 이러한 모순을 혁파하고자 하였던 것이다.

소련은 중국의 문화혁명을 예의주시하고 있었다. 문화혁명을 마오의 당내 권력투쟁으로 보았던 소련은 그가 그의 정적들을 자본주의와 결탁한 소련 수정주의자로 몰고 있다는 점을 잘 알고 있었다. 따라서 문화를 혁명한다는 개념은 권력투쟁의 실제를 은폐하는 가장(假裝)에 지나지 않는다고 보았다. 1966년 9월 27일 소련 일간지 '이즈베스찌아(Izvestia)'는 '프롤레타리아 문화대혁명'을 레닌의 문화혁명과 대비시키면서, 레닌은 진정한 문화와 지식 및 서적의 중요성에 대한 깊이 인식하고, 학습과 학술 세계에 대한 존중심을 갖고 있었다고 강조하였다.[58] '이즈베스찌아'는 레닌의 첫 번째 정부는 유럽의 웬만한 교수들보다 더 많은 책을 집필한 인물들로 구성되었다며, 중국의 문화혁명은 어째서 지식을 거부하는가"하고 마오를 비난하였다. 몇 달 후 소련공산당 기관지 '프라우다(Pravda)'는 "중국에서 현재 문화혁명이라는 이름으로 벌어지고 있는 사태는 문화와는 전혀 관계가 없다"고 비판하였다.[59]

....

58 *Izvestia*, 1966년 9월 27일.
59 *Pravda*, 1966년 11월 27일.

알바니아를 제외한 헝가리 등 유럽의 사회주의 국가들도 소련과 보조를 맞췄다.

소련과 유럽 사회주의 국가들의 비난에도 불구하고, 중국의 문화대혁명은 1967년부터 다음 해에 걸쳐 한층 광범위하게 그러나 혼란스럽게 전개되었다. 인민해방군이 숙소와 음식을 제공하는 등 홍위병들을 도왔다. 마오의 입장에서 볼 때 홍위병들은 당을 청소하고 낡은 세계를 전복하는 데 크게 기여하고 있었다. 그러나 마오는 이내 이 혁명의 모순이 격화되고 있음을 목도할 수 있었다. 어린 홍위병들은 그 고유의 격정에 휩쓸리고 내분으로 찢어졌다. 어떤 홍위병들은 홍오류(紅五類, 노동자, 빈농, 혁명간부, 군인, 열사의 자제) 출신의 청소년들로 구성되고, 여기서 배제된 이들은 자신들만의 조직을 만들었다. 당 간부들은 자신들을 보호하기 위해 '홍위병 연합행동위원회(1966년 10월 베이징에 출현)' 등 그들을 위한 조직을 따로 만들었다. 그리고 이들의 파벌주의는 대규모 살상을 동반하였다. 1967년 7월 21일 광조우에서 홍기파와 동풍파 사이에 충돌이 일어나 수백 명이 목숨을 잃었다. 중국은 그야말로 오랜 중국의 파벌주의를 끝내자마자 또 다른 파벌주의에 직면하게 된 것이었다.

좌충우돌하던 홍위병들은 장칭 등 문화혁명소조원들의 지원하에 류샤오치와 덩샤오핑을 자신들에게 넘기라고 요구하였다. 류샤오치는 가족과 떨어져 허난성 카이펑(開封)의 한 집에, 덩샤오핑은 중난하이(中南海)에 있는 자신의 거처에 연금되어 있었다. 덩과 부인은 다른 당 간부들에게 비해 사정이 훨씬 나은 편이었다. 중난하이에 거주하고 있어 홍위병들의 직접적 공격에서 벗어나 있었기 때문이다. 요리사와 경호원도 부릴 수 있었고, 일정한 봉급도 받았다. 마오는 덩이 자신에게 충성심을 회복할 수 있도록 교훈을 주는 한편, 이후 그를 재기용할 여지를 남겨 둔 것이었다.[60] 홍위병들은 8월 초 외교부에 난입하여 외교부장 천이(陳毅)에 대해 자아비판을 강요했으며, 영국대사관에 불을 질렀고, 외국인들을 폭행하였다. 저우언라이도 비판하였다.

이제 통제불능 상태의 폭도들은 마오에게 더 이상 정치적으로 유용한 자산이 아니었다. 국제정세도 위험하게 돌아가고 있었다. 1968년 8월 소련이 체코슬로바

....
60   보걸(2014), p. 89.

키아의 '프라하의 봄'을 유혈진압하며, "모든 공산당은 자신의 인민뿐 아니라 공산주의 운동 전체에 대해 책임을 지고 있다"는 이른바 '브레즈네프 독트린'(Brezhnev Doctrine)을 내세우자 마오는 소련이 이제 중국의 내정에 간섭하거나 무력사용도 불사할 수 있다는 불안감을 가지게 되었다. 소련은 이미 동북 변경에 군사적 압력을 가중하고 있던 터였다. 마오는 홍위병에 의해 국가적 생존이 위협받도록 방치할 수는 없었다.

마오는 홍위병의 활동을 억제하고 문화대혁명을 끝내기로 마음먹고 군이 주도하는 혁명위원회를 수립하였다. 그가 다시 장악한 당 중앙은 조반파들을 작은 그룹으로 나눠 농촌으로 보냈고, 각급 학교에 교육 재개를 지시하였다. 조반파 지도자들은 마오에게 정의를 호소하기 위해 베이징으로 올라갔다. 마우는 이들을 접견한 자리에서 홍위병들의 행동을 나무라며, "여러분들은 나를 지원하지 않았다. 여러분들은 중국의 노동자, 농민, 군인들을 실망시켰다"고 말하였다. 홍위병들은 군대의 진압으로 사라져 갔다. 이들은 체포되었고, 일부는 처형되기도 하였다. 상당수는 인민해방군에 입대하거나 농촌으로 내려갔다. 마오는 1969년 4월 1일부터 개최된 중국공산당 제9차 전국대표대회(九全大會)를 통해 문화대혁명을 결산하고자 하였다. 인민해방군이 대표자로 대대적으로 충원되었다. 새로운 당장(黨章, 당 규약)에는 마오사상이 재도입되었고, 사회주의 국가의 관례상 이례적으로 주석 후계자의 이름이 기입되었다. 그는 1962년 9월 제8기 10중전회에서 마오를 강력히 지지했고 우상화했던 린뱌오였다.

마침내 문화대혁명은 수많은 인명을 살상하고 중국 사회를 대립, 증오, 복수의 혼란에 빠뜨린 후 결국 실용주의 경제노선을 추구하던 온건파를 권좌에서 몰아내고 그 자리에 신격화된 마오를 영입하였다. 온 사회가 정치와 이념 투쟁에 집중하고, 기존 질서를 전복하며, 학교가 문을 닫고, 노동자와 농민들이 마오 사상을 학습하느라 생산에 종사할 겨를이 없었고, 따라서 경제는 만신창이가 되었지만, 마오는 "우경하던" 중국공산당을 타파하고 그 자신에게만 충성하는 새로운 당과 국가기구를 만들어내는 데 성공하였다. 마르크스주의자 앤디 블런든(Andy Blunden)에 따르면, 마오는 자신의 "마오 사상"을 달달 외우는 "바보들을 양산했고, 그 바보들과 같이 행동하지 않거나 할 수 없는 인민들은 마녀사냥의 희생물이 되어도 상관하지 않았다."[61]

　문화혁명의 주요 국제정치적 함의는 그것이 반소주의를 정치적 수단으로 삼았다는 데 있다. 마오는 문화혁명 기간 동안 대약진운동이 야기한 모순들을 실용주의적으로 해소하려 했던 중공당의 "주자파들"이 자신의 정치적 위상을 잠식하자, 이들을 비판하고 숙청하기 위해서는 그들의 노선을 "중국이 혐오하는 소련의 수정주의"와 엮는 전술이 효과적이라 판단하였다. 따라서 기존의 반소노선은 '당내 투쟁'이라는 국내정치적 요인에 의해 더 강화되었다. 소련 수정주의에 대한 비판은 문화혁명 시기 일상의 화두이자 제식(祭式)으로 자리를 잡았다. 일례로, 1968년 4월 베트남 디엔비엔푸에 주둔하던 중국인민해방군은 같이 복무하던 소련 장교들과 시비를 벌였다. 중국군은 소련 장교들을 감금한 후 문화혁명의 제식이었던 소련 수정주의를 비판하는 성토집회를 열었다. 베트남의 지역당국은 "주권 침해"라며 항의하였다.[62]

　마오의 집요한 반소주의는 문화혁명기 '베트남-소련-중국' 3각관계에서도 노골적이었다. 중국은 인민공화국 성립 이후 주로 이념적 차원에서 아시아, 아프리카 등 전 식민지 인민들의 민족해방전쟁과 국민형성(nation-building)을 적극 지원하였다. 이는 스탈린의 일국사회주의 그리고 흐루쇼프의 평화공존론과 차별화되는 정치전략이었고, 중국은 그로써 비동맹운동의 지도국이 될 수 있었다. 호치민의 베트남에 대한 지원도 국경을 공유하는 전략적 관계도 주요 요인이었지만, 민족해방노선의 선상에 있었다. 마오가 북베트남 지원을 용이하게 하기 위해 쓰촨성(四川省, 사천성)의 청두(成都, 성도)와 윈난성(云南省, 운남성)의 쿤밍(成都-昆明)을 연결하는 철도를 1969년 이전까지 개통할 것을 결정한 것도 이와 같은 차원이었다.[63] 1960년대

....

61　Andy Blunden, "Stalinism: It's Origin and Future," 1993. https://www.marxists.org/subject/stalinism/origins-future/ch3-1.htm

62　Wang Xiangen, *Kang Mei yuanyue shilu* (A Factual Account of Resisting America and Assisting Vietnam), Beijing: International Cultural Development Press, 1990, pp. 229-35. Jian Chen, "China's Involvement in the Vietnam War, 1964-69," *The China Quarterly*, No. 142, June, 1995, p. 383에서 재인용.

63　Cong Jin, p. 467. Chen(2001), p. 377에서 재인용.

중반까지 중공당은 호치민의 노동당이 반소패권주의, 반수정주의 노선을 자신과 함께 걷고 있다고 생각하였다. 그러나 베트남전이 확대되고, 1964년 10월 평화공존론자 흐루쇼프가 실각하면서 소련이 대베트남 원조를 강화하고, 동시에 중국 등 사회주의 국가들에게 베트남 지원을 위한 '통일전선'을 촉구하면서 상황이 달라졌다. 1965년 2월 11일 소련 수상 코시긴(Alexei Kosygin)이 베트남 방문을 마치고 마오와의 회담을 위해 베이징을 방문하였다. 코시긴은 중소 간 논쟁을 접고 통합적인 베트남 원조 방안을 마련해 보자고 제의하였다. 마오는 코시긴의 제의를 일축하면서, "소련과의 논쟁은 앞으로 9천 년 동안 계속될 것"이라고 말하였다.[64] 이후부터 베트남은 소련 수정주의에 대한 비판을 삼가게 되었다. 중국은 베트남의 변심을 의심하면서도 반소주의 노선을 완화하지 않았다.

마오는 아시아 공산당들이 주도하는 '반제국주의 국제연대'도 소련 수정주의를 핑계로 반대하였다. 1966년 2월-3월 미야모토 겐지(宮本顯治) 서기장이 이끄는 일본공산당 대표단이 중국과 북베트남을 순방하며 중국과 소련을 포함하는 "반제국주의 국제연대"의 창설을 시도하였다. 북베트남이 이에 관심을 갖고 있다는 것을 알게 된 류샤오치와 덩샤오핑은 미야모토와 합의서에 서명하고자 하였다. 그러나 마지막 순간 마오가 돌연히 개입하였다. 그는 류와 덩이 중공당을 대표할 수 없다며, 소련은 세계 인민의 가장 위험한 적이 되었다고 반대 의사를 분명히 하였다. 그는 "반제국주의"에 더해 "반제국주의(반수정주의) 국제연대"의 창설이 마땅하다고 주장하였다.[65]

마오의 문화혁명과 반소주의는 중국-북한의 관계에도 부정적 영향을 끼쳤다. 북한은 마오 노선을 지지하지 않았고, 중국은 김일성을 수정주의자, 독재자로 비난하였다. 북한은 소련을 의식한 면도 있었지만, 주로 문화혁명의 광기(狂氣)와 그것이 초래한 정치적, 경제적, 사회적 혼란이 북한에 전염될 가능성을 우려하였다 이

....

64   Cong Jin, *Quzhe qianjin de shinian* (The Decade of Tortuous Advance), Zhengzhou: Henan People's Press, 1989. Chen(2001), p. 381에서 재인용.

65   Masaru Kojima ed., *The Record of the Talks between the Japanese Communist Party and the Communist Party of China: How Mao Zedong Scrapped the Joint Communique*, Tokyo: The Central Committee of the Japanese Communist Party, 1980. Chen(2001), p. 382에서 재인용.

러한 상황은 당시 주평양 소련대사관이 파악한 북한의 정치동향에 관한 보고서에 비교적 상세히 요약되어 있다.[66] 이 보고서에 따르면, '노동신문'은 1966년 8월 12일 "자주성을 옹호하자"라는 제목의 사설을 실었는데, 이는 같은 해 '노동신문'에 실린 그 어느 글보다 중요한 내용을 담은 것이었다. "조선 동지들은 소련 노동자들과의 대화에서 이 사설은 중국 지도부를 주로 겨냥한 글이라고 강조"하였다. 김일성은 1966년 10월 당 대회에서 중국의 문화혁명에 대해 언급하였다. 그는 보고에서 중국 지도부를 직접 겨냥하지는 않았지만, 추후 조선노동당 간부들을 대상으로 한 집회에서는 '좌경기회주의(left opportunism)'라는 용어를 사용하며 본심을 드러내었다. 김일성은 1966년 11월 소련대사와의 면담에서 문화혁명에 대해 우려를 표명하였고, 조선노동당 지도자들은 "이른바 문화대혁명을 '대광기(great madness, obaldenie)'라고 표현하며 그것은 문화나 혁명과는 전혀 상관이 없는 일"이라고 비판하였다. 또한 "조선의 동지들은 수만 명의 희생자들, 자살, 정치적·경제적 혼란을 야기한 이른바 문화혁명에 대해 언급하며 마오쩌둥을 '정신나간 늙은 머저리(an old fool who has gone out of his mind)'라고 칭하며, 중국 정부가 조선민주주의인민공화국에 대해 정치적, 경제적 압박을 가하고 있는 사례를 조목조목 들어가며 마오를 비난하였다." 유사한 맥락에서, 조선의 인민무력부장 오진우(吳振宇)는 조선인민군 창설 제19주년 기념 행사에서 누군가가 "우리 당과 혁명일꾼들을 이간질하려 한다면 그것은 참으로 어리석은 천진함에서 나오는 것"이라 말하였다. 소련은 오진우의 연설이 조선민주주의인민공화국에 대한 중국 측의 중상모략에 대한 반응인 것으로 파악하였다.

소련 대사관의 보고서에 따르면, 조선민주주의인민공화국 외교부는 평양의 모든 외국 공관들에게 공문을 보내 1967년 2월 1일부로 공관 내외부에 부착되어 있는 모든 사진을 제거하라고 통고하였다. "조선 동지들은 이 조치가 중국 정부를 겨

....

66   "The DPRK Attitude Toward the So-called 'Cultural Revolution' in China," March 07, 1967, History and Public Policy Program Digital Archive, AVPRF f. 0102, op. 23, p. 112, d. 24, pp. 13-23. Obtained by Sergey Radchenko and translated by Gary Goldberg. http://digitalarchive.wilson-center.org/document/114570

냥한 것이라는 점을 숨기지 않았다." 모든 공관들은 조선의 요구를 수용하였지만 중국 대사관은 예외였다. 중국 대사관은 이른바 문화혁명을 찬양·선동하는 사진들을 제거하지 않았고, 조선 당국이 몇 차례 부착물 제거를 요구하였으나 중국 대사관은 반응하지 않았다. 조선 당국은 "행정조치"를 시행하여 조선 인민들이 중국 공관 주변에 접근하지 못하도록 하였다. 중국을 지지해온 알바니아의 대사관도 중국과 합세하여 공관 건물에 선전용 사진을 다시 부착하였다. 조선 당국은 중국과 알바니아 대사관의 이러한 행동에 대해 "도발적인 범죄행위"라고 비난하였다. 조선 외교부의 의전국장 박천석은 평양 주재 사회주의 국가의 대사관 대표들이 모인 자리에서 "우리 조선 인민들은 중국의 무례한 행동에 분노하고 있다. 중국과 알바니아는 신경질적으로 행동하고 있다… 그들은 조선민주주의인민공화국의 이익을 침해하는 범죄행위에 대한 책임을 면할 수 없다"고 말하였다.

물론 당시 중소관계를 고려할 때 주평양 소련대사관의 보고서의 내용을 곧이곧대로 받아들일 수는 없을 것이다. 그러나 이 보고서가 대외선전용 문건이 아니고, 자국 정부에 보내는 공식보고서라는 점, 그리고 내용이 구체적이고 일관된다는 점을 동시에 고려한다면, 김일성과 북한의 지도부가 마오의 문화혁명의 무모함과 중국의 고압적인 "대국사문주의"에 대해 상당히 비판적이었다는 점을 부인할 수는 없을 것이다.

중소관계의 악화와 마오쩌둥의 대안 모색

호치민의 변절?

마오와 중국의 반소노선에 대한 집착과 완고함은 소련과의 마찰을 증대시켰을 뿐 아니라 전쟁을 수행 중인 북베트남에게도 좌절감을 안겨주었다. 북베트남은 마오가 코시긴이 제안한 통합적인 베트남 원조 방안(통일전선)뿐 아니라 미야모토 겐지의 "반제국주의 국제연대"도 거부하자 중국을 내심 패권주의 또는 "대국사문주의"로 보게 되었다. 북베트남 언론은 중국에 맞서는 베트남 인민들의 민족주의 애국주의를 불러일으키기 위해 중국의 '베트남 천년 지배'와 중국에 의한 베트남 침

략의 역사를 띄우기 시작하였다.[67]

북베트남과 중국 관계는 북베트남에 대한 소련의 원조가 증대되면서 더 멀어지기 시작하였다. 중국은 소련의 대북베트남 원조물자가 중국 영토를 통과하는 데는 협조하였지만, 소련이 제안한 통합군수지원체제는 거부하였다. 중국은 자신의 영토를 통과하는 소련의 물자에 대해 직접 통제하고자 했고, 소련이 원하던 원조물자의 공중통과를 거부하고 대신 육로운송을 고집했으며, 북베트남을 향하는 소련 물자 하나 하나에 대해 반입허가신청서 제출을 의무화하였다. 그리고 이조차 북베트남에 대한 시혜로 여겨지길 원하였다. 어쨌든 중국은 소련의 대베트남 원조의 증가가 베트남에서 소련의 영향력 증가로 나타날 것을 우려했고, 중국 영토를 통해 소련의 무기뿐 아니라 병력과 기술자들이 북베트남에 도달하는 시점을 가능한 한 지연시키고자 하였다.[68] 소련은 중국이 운송을 방해하고 있다고 지적하면서, 자신이 북베트남에게 보낸 미사일과 대공포 등이 중국에 묶여 있어 미국이 감히 북베트남에 무차별 폭격을 가하고 있다고 중국을 맹비난하였다. 북베트남도 대놓고 말을 할 수 있는 형편은 아니었지만, 일분 일초가 급한 전시에 전쟁물자운송이 신속히 이뤄지지 않는 상황에 좌절하였다. 북베트남은 이를 결코 환영하지 않았다. 1968년에 들어 중국은 북베트남이 소련으로 기울고 있다는 것을 확연히 인지하게 되었다.

마오쩌둥으로서도 1968년의 국내외적 상황이 문화혁명을 일으킬 당시하고는 판이하게 다르다는 것을 알고 있었다. 이제 자신의 위상을 위협하던 당내 "수정주의자"들은 제거되었거나 힘을 발휘할 수 없었다. "수정주의"와 차별화하기 위해 그가 북베트남 등 민족해방전쟁을 적극적으로 독려 · 원조해야 할 국내적 필요성이 줄어든 것이었다. 그러나 소련에 대한 중국의 위협인식은 증가하고 있었다. 1966년과 1967년 국경지역인 신장에서 소련의 교사(敎唆)를 받은 지역 위구르인들이 "수천" 차례나 지역의 국가기관을 공격하였다. 이리(伊犁) 등에서는 소련군과의 유혈 무력 충돌이 몇 차례 발생하였다.[69] 마오로서는 북베트남 지원의 필요성이 줄었고, 관계

....

67   Guo Ming et al., *Zhong Yue guanxi yanbian sishinian* (Forty- Year Evolution of Sino- Vietnamese Relations) Nanning: Guangxi People's Press, 1992, p. 101. Chen(2001), p. 357에서 재인용.

68   Alfred D. Low, *The Sino-Soviet Dispute: An Analysis of the Polemics*, p. 228.

가 소원해지기는 했지만, 북베트남이 소련과 결탁하여 남과 북에서 압박하는 전략 구도를 어떻게든 막아야 하는 입장이었다. 마오는 내키지는 않았지만 북베트남을 붙들고는 있어야 하였다. 바로 이 시점에서 북베트남은 의도했든 아니든 중국의 급소를 찔렀다. 1968년 '구정 공세(舊正攻勢, the Tet offensive)'였다.

베트콩은 북베트남군의 지원하에 1968년 1월 31일 새벽 3시, 즉 설날 새벽, 남베트남 전역의 주요 도시와 군사기지에 대해 총공세를 시작하였다. 베트콩은 사이공의 미국대사관의 일부를 6시간 동안이나 점령하기도 하였다. 남베트남군과 미군이 반격하여 몇 달 동안 치열한 전투가 이어졌고, 결국 공산군은 패퇴하여 퇴각하였으나 양측 모두 심대한 타격을 입었다. 미국은 전투에서는 이겼지만, 기습으로 인한 많은 희생자 때문에 미국 내 심각한 반전여론에 직면하게 되었다. 주베트남 미군 사령관 웨스트모어랜드는 병력 손실을 보충하고, 사기를 진작하며, 나아가 결정적인 공세를 취하기 위해 1968년 말까지 200,000여 명의 추가 파병을 군통수권자에게 요청하기도 하였다.

구정 공세의 대미 영향 못지않게 중요한 것은 그것이 중소관계와 중-북베트남 관계, 나아가 중국의 국가안보전략에 상당한 영향을 미쳤다는 점이었다. 북베트남은 1965년 확전을 선택하여 지상군을 파견한 미군에 대항하기 위해 적어도 1967년까지는 주로 마오쩌둥 식 게릴라 전술을 사용하였다. 그러나 전술 변화의 필요성을 느낀 북베트남 지도자들은 1967년 4월 초 베이징을 방문하여 이 문제를 거론하였다. 북베트남 지도자들로부터 작전계획의 "예비적 스케치"를 들은 중국 지도부는 북베트남군의 전술 변화가 전쟁을 신속히 종료하는 데 필요하다는 입장을 피력하였다. 그러나 남베트남 전역의 주요 도시에서의 총공세와 봉기를 상정한 '구정 공세'의 작전계획이 구체화되자 중국은 제동을 걸었다. 도시에 대한 총공세를 단행하기엔 아직 조건이 미성숙했다는 것이었다.[70] 중국공산당으로서는 북베트남의 전술적 변화가 두 가지 면에서 바람직하지 않은 것이었다. 첫째, 이는 마오의 '인민

....

69   중국 선전물에 따르면, 인민해방군은 신장의 이리(伊犁) 지역에서 소련의 기병대를 섬멸하였다. S. Frederick Starr, *Xinjiang: China's Muslim Borderland*, Routledge, 2004, p. 139.

70   Zhai(2000), pp. 170-71.

전쟁론'으로부터의 이탈을 의미하는 것이었다. 마오의 인민전쟁론에 따르면, 북베트남은 의도적으로 '결정적 전투(decisive battles)'를 피하도록 되어 있었다. 전력이 열세에 있기 때문에 섣부른 총공세는 전체 전력의 파멸을 가져올 수 있기 때문이었다. 대신, 이길 수 있는 전투를 신중히 선택하면서, 지구전적, 장기적 게릴라 전법을 구사하면 적의 사기를 저하시켜 결국 승리를 이끌어 낼 수 있을 것으로 보았다. 중국으로서는 중소관계를 고려할 때 북베트남의 인민전쟁론으로부터의 이탈은 전술변화 이상의 매우 부정적인 정치적 전략적 의미를 갖는 것이었다. 둘째, 중소관계의 측면에서 더욱 중요한 것은 북베트남의 전술변화는 소련의 정치적 영향력을 강화할 것이라는 점이었다. 도시들에 대한 총공격은 인민의 역량보다는 무기의 위력을 중시하는 발상에 따른 것이었다. 그런데 북베트남에 우수한 무기를 제공하는 주체는 소련이었다. 1968년 6월 저우언라이는 베트남노동당 정치국원 팜홍(Pham Hung)에게 다음과 같이 말하였다:

> "소련 수정주의자들은 사이공 공격이 진정한 공세이고, 농촌이 도시를 포위하는 전술은 틀렸으며, 지구전은 하책(下策)이라 말한다. 그들은 대도시에 대한 기습만이 결정적이라 한다. 그러나 당신들이 그렇게 하면 미국은 쾌재를 부를 것이다. 그들은 이제 분명한 적을 발견했다며 총공세로 맞대응할 것이다. 그러면 당신들은 파괴당할 것이고, 결국 전쟁에 대한 패배주의가 팽배해질 것이다."[71]

중국은 구정 공세를 목도하며 북베트남이 자신의 게릴라전 전술을 버리고 소련의 도시공격 전술을 채택했다고 판단하였다. 중국은 북베트남이 중국을 버리고 소련을 선택했으며, 이는 자신에 대한 적대세력의 포위망이 좁혀질 가능성이 높아지는 것으로 보았다.

'구정 공세'에 못지않게 중국 지도부에 타격을 준 북베트남의 "소련추수노선

....

71   Odd Arne Westad, Stein Tonnesson, Nguyen Vu Tung and James Hershberg eds., "77 Conversations between Chinese and Foreign Leaders on the Wars in Indochina, 1964-1977," CWIHP Bulletin, No. 22, 1998, p. 137.

(蘇聯追隨路線)"은 미국과의 파리평화회담 참여 결정이었다. '구정 공세' 이후 군사적 대치국면의 결과로 평화회담이 수면 위로 떠오르자 중국은 북베트남에게 반대 의사를 명백히 하였다. 중국은 소련이 평화협상을 통해 결국 베트남전쟁을 중국의 손아귀에서 탈취하여 자기의 '대전략(grand design)'의 일부로 이용할 것이라 우려했고, 북베트남에게는 이 단계에서 외교는 불필요하다며, 지구전을 계속할 것을 강하게 주문하였다. 정치국원 레득토(Le Duc Tho)는 "이 문제에 관해서 우리는 신중히 대처할 것이다. 현실이 답을 줄 것이다. 우리는 지난 15년간 경험을 축적해 왔다. 현실이 결정하도록 할 것이다"라고 응답하였다.[72] 베트남노동당은 1968년 4월 협상 참여를 결정했고, 중국의 비난은 거칠었다. 소련은 환영하였다.

중국은 구정 공세와 파리평화회담의 시작을 목도하고 중소경쟁에서 북베트남이 소련의 손을 들어준 것으로 판단하였다. 중국은 배신감을 느꼈다. 1968년 4월 중국과 북베트남 지도자들은 베이징에서 4번 회동하였다. 저우언라이는 중국이 처한 '지전략적(geostrategic) 딜레마'를 강조하면서 "오랜 기간 동안 미국은 중국의 반을 포위해왔다. 이제 소련도 중국을 포위하고 있다. 포위망이 거의 완성되고 있다. 베트남만이 예외이다"[73]라고 말했던 터였다. 저우언라이는 체면 불구하고 오랫동안 그야말로 '물심양면'으로 원조해준 베트남노동당에게 도와달라고 한 셈이었다. 그러나 1954년 제네바 회담을 강요하던 중국을 기억하고 있던 북베트남은 이번에는 자신의 이익을 추구했고, 중국은 베트남이 배은망덕하게도 중국의 최대 위협 주체인 소련과 한편이 된 것으로 보았다. 이러한 중국의 인식은 베트남이나 소련을 넘어 자신의 전세계안보전략 전체를 수정하도록 만드는 데 주요 계기로 작용하였다. 중국은 북베트남과 소련의 밀착을 방지하는 노력을 기울이면서도, 다른 한편, 이런 복잡하고 난감한 3각관계의 문제와 적대적 소련의 위협을 일소하기 위한 수단으로서 '대안적인 외교안보 카드'를 찾아 나서지 않을 수 없게 되었다.

....

72   Lien-Hang T. Nguyen(2006), p. 12.
73   Westad, Tonnesson, Tung and Hershberg (1998), pp. 129-30.

'브레즈네프 독트린'

중국의 위협인식은 1968년 8월 소련이 체코슬로바키아를 무력으로 침공하고, 그것을 정당화하기 위해 11월 이른바 '브레즈네프 독트린'[74]을 발표하자 더욱 심화되었다. 공식적인 개념은 아니었지만 '브레즈네프 독트린'이 중국에 의미하는 바는 명확하였다. 이 독트린은 '유기체적(organic)' 세계공산주의, 또는 '일괴암적(mono-lithic)' 세계공산주의 개념에 기초해 있었다. 1968년 11월 폴란드 공산당 제5차 대회에서 행한 브레즈네프의 연설에 따르면, "사회주의에 적대적인 외적, 내적 세력이 해당 사회국가의 발전을 자본주의체제의 방향으로 오도할 경우 이것은 그 국가 인민들만의 문제가 아니고 공동의 문제, 즉 모든 사회주의 국가들의 우려가 된다." 국가의 주권은 전 세계 "사회주의 공동체의 유지 발전"이라는 최고가치의 하위 개념이고, 사회주의 공동체의 어느 국가든 그 생존이 위협받는 경우 이는 사회주의 공동체 전체에 대한 위협이므로 사회주의 공동체를 구성하는 모든 국가들을 이에 개입할 권리를 가지게 된다는 것이었다. 그에 따르면, 사회주의 국가들은 한 몸이고 한 덩어리인 것이었다.

중국의 소련에 대한 비난은 유례없이 신랄하였다. 1968년 8월 23일 '런민러바오(人民日報)'는 이제까지 수정주의로 부르던 소련을 처음으로 "사회[주의]적 제국주의(Soviet social imperialism)"로 호칭하였다. 같은 날, 루마니아 국경일 행사에 참석한 저우언라이는 "소련은 체코슬로바키아 인민들에게 폭력적 범죄를 자행하였다. 이러한 형태의 행동은 가장 뻔뻔한 파시스트 권력의 전형적인 사례이다. 중국 정부와 인민은 이러한 침략적 범죄행위를 규탄하며 체코슬로바키아 인민을 지지한다"고 말하였다. 최근 비밀해제된 당시 주중 루마니아 대사관의 기록에 따르면, 저

....

74 브레즈네프 독트린을 처음 천명한 인물은 세르게이 코발료프(Sergei Kovalev)로서 그의 "사회주의국가들의 국제적 의무(Suverenitet i internatsional'nye obyazannosti sotsialisticheskikh stran, The International Obligations of Socialist Countries)"라는 기고문은 1968년 9월 26일 자 '프라우다'에 실렸다. 핵심은 "모든 공산당은 자국민뿐 아니라 모든 사회주의국가들, 전체 공산주의 운동에도 책임을 져야 한다. 공산당의 독립성만을 강조하며 이를 잊는 자는 균형감각을 잃은 자이다. 그는 자신의 국제 의무를 방기하는 자이다"로 요약된다. 이 기고문은 영어로 번역되어 '뉴욕타임즈' 9월 27일 자에 실렸다. 브레즈네프는 1968년 11월 13일 폴란드통일노동당(폴란드공산당) 제5차 전당대회 연설에서 이 독트린을 처음으로 언급하였다. .

우언라이는 이 자리에서 소련의 체코슬로바키아 침공을 히틀러가 체코슬로바키아에 자행한 범죄행위, 그리고 미국이 베트남에서 행한 범죄행위와 비교하면서 "소련의 수정주의는 사회[주의]적 제국주의 그리고 사회[주의]적 파시즘으로 더욱 퇴행하였고, 미국과 소련은 세계를 둘로 나눠 가지려 한다"고 맹렬히 규탄하였다.[75] 중국이 체코 사태에 대해 이렇게 심각하게 반발한 이유는 이것이 자신의 사활적 안보 이익과 직결된 사안이었기 때문이다. 중국은 '브레즈네프 독트린'의 논리 자체를 거부했지만, 현실적으로 보다 중요했던 사안은 소련이 같은 논리로 자신과의 관계를 증진하고 있던 알바니아와 루마니아를 공격할 가능성이었다. 중국의 입장에서는 소련의 위협이 질적으로 변화한 이상 소련이 다른 동유럽 국가를 강압하지 못할 이유가 없다고 판단하였다.[76] 나아가 중국의 시각에서 소련이 '브레즈네프 독트린'을 내세우며 중국의 내정에 간섭하거나 폭력을 행사할 가능성이 있다고 보았다. 9월 17일 자 '런민러바오'에 따르면, 중국외교부는 소련이 중국의 영공을 침해한 사실에 대해 강력 항의하면서, "체코 침공 이후 이와 같은 위법행위는 절대로 우연이 아니다"라고 비난하였다.[77]

사실 1968년은 중국으로서는 감당하기 어려운 외적 위협이 산적한 해였다. '브레즈네프 독트린'은 중국의 실존적 위협을 구성하였고, 나아가 중국이 보기에 소련이 구축하고 있던 대중국포위망은 그러한 중국의 위협인식을 극단적으로 증가시켰다. 자신의 경제재건 물자를 나누며 심혈을 기울여 가꾸어 왔던 북베트남과의 관계는 북베트남과 소련과의 결탁으로 인해 붕괴 직전이었다. 베트남 노동당은 체코에 대한 소련의 행동을 명백히 지지한 바 있었다.[78] 중국과 국경을 공유하는 인디아도 1950년대 말부터 친소 경향을 보이다가, 1962년 중인국경분쟁 시 소련이, 중

....

75   Telegrams from Romanian Embassy, Beijing, to Romanian Ministry of Foreign Affairs, no. 74325,
      24 August 1968. http://digitalarchive.wilsoncenter.org/document/113289.pdf?v=9718f8735e33d-
      ef2dd83c79a0ccd3c01

76   Nicholas Khoo, *Collateral Damage: Sino-Soviet Rivalry and the Termination of the Sino-Viet-
      namese Alliance*, Columbia University Press, 2011, p. 48.

77   '인민일보,' 1968년 9월 17일.

78   소련의 체코 침공 당일 (북)베트남 라디오는 소련의 개입을 "숭고한" 행동이라 규정하였다. Khoo
      (2011), p. 49.

국이 보기에, "반역적인 중립적 태도"(사실상 인디아 지지)를 취한 이후로는 소련의 수중으로 완전히 넘어갔다. 몽골은 친소화된 지 오래되어 1966년 소몽국경에 소련 군대의 배치를 이미 승인한 바 있었다.

중국에 대한 실존적인 외적 위협을 극복하는 방법은 자강(自强) 또는 대소 세력균형, 또는 이 모두의 결합일 것이었다. 그러나 1968년 당시 중국은 이 두 가지 능력을 모두 결여하고 있었다. 자강에 대한 제약은 북한과 북베트남에 대한 원조에서 주로 비롯되었다. 자신의 재건과 소련에 대항하는 데 써야 할 물자의 상당 부분을 "민족해방전쟁"을 치르는 동쪽과 남쪽의 "절친(絶親)들"에게 주고 나니 정작 자신이 필요할 때 크게 부족했던 것이다. 북베트남에 대한 탱크, 항공기, 함정, 대공포, 야포와 총기, 탄약, 그리고 공병, 군수 원조는 계속 진행 중이었다. 대소 세력균형 정책도 현실성이 낮아 보였다. 중국은 당시 국제적으로 고립된 상태였다. 말하자면 자초한 고립이었고, 한국전쟁, 타이완해협 위기, 문화혁명의 후과가 가운데 자리하고 있었다. 중국은 한국전쟁을 '항미원조 보가위국,' 즉 미국에 대항해 조선을 도와 가정과 나라를 지키는 정의로운 전쟁이라는 구호로 정치선전에 열중하였고, 수차례의 타이완해협 위기 시에도 미국을 남의 나라 내정에나 간섭하는 탐욕적이고 호전적인 제국주의국가로 비난하였다. 문화혁명은 중국의 외교가 멈춘 시기였다. 이 기간 중 통상적으로 작동한 해외 공관은 주이집트 대사관 정도였다. 그 대신 문화혁명의 외적 측면은 미국 제국주의와 소련 수정주의에 대한 증오와 비난으로 채워졌다. 미국과 서방은 중국공산화와 공산중국의 한국전 개입에 대한 보복으로 1952년 대공산권수출통제위원회(Coordinating Committee for Multilateral Export Controls, COCOM) 내 중국위원회(China Committee, CHINCOM)를 설치하여 중국에 대하여 소련과 동구공산국들보다 더 강력한 전략물자수출통제를 실시하였다. 1957년 영국 등 서방 대부분 국가들이 중국위원회에 의한 "대중국 차별적 제재(China Differential)"를 폐기했으나, 1968년 당시 미국은 홀로 남아 중국에 대한 강한 봉쇄와 고립책을 지속하고 있었다. 미국 내에서는 1954년 무렵 '매카시 마녀사냥'의 위력이 극적으로 감퇴되고 있었으나, 그것이 남긴 반공주의라는 관념적 유제는 강하게 남아 있었고, 이와 간접적으로 연결된 이른바 '차이나 로비(China Lobby),' 즉 친타이완 정치세력의 영향력은 상당하였다. 상대적으로 진보적인 케네디(John F. Kennedy) 대통령조차 중화인민공화국과의 화해가 국내정치적으로 불이익일 것이라 판단하고, 미국은 중공의 UN가입에 거부권을 행사할 것이라며 장제스를 안심시키고자 했을 정도였다. 미국과 소련은 1962년 쿠바미사일위기를 계기로 관계개선을 이뤘다. 양국은 1963년 8월 5일 모스크바에서 '대기권·우주·수중핵실험금지조약(Treaty Banning Nuclear Weapon Tests in the Atmosphere, in Outer Space and Under Water; Limited Test Ban Treaty, LTBT)'에 서명하였다. '현장검증(on-site inspection)'에 난색을 표명하던 소련의 입장을 배려하여 지하실험을 제외한 핵무기통제협정이었다. 양국 정상 간 직접전화선인 핫라인(hot-line)도 9월 30일 개통되었다. 미소 협력은 중국이 가장 원치 않던 것이었다. 마오는 미소가 결탁하여 중국을 공격하거나 분할지배하려 한다는 의심을 계속 품고 있던 것이다.

미중관계의 정상화

중국의 혁명적인 타개책, 미국의 "현실주의로의 복귀"

이러한 절대절명의 실존적 위기에 빠진 마오쩌둥은 중국을 막다른 골목에서 빠져나올 수 있게 해주는, 그야말로 기존의 전략적 관념과 정치적 가치관을 뒤집어 엎는 혁명적인 타개책을 찾아나서지 않을 수 없었다. 마오는 1969년 2월 말 저우언라이에게 "주요 국제문제들"에 대해 군원로들이 토론하고 정리하여 그 의견을 당 중앙에 개진토록 지시하였다. 저우언라이는 당시 문화혁명의 여파로 명목상 외교부장이었던 천이(陳毅), 중앙군사위 부주석 예젠잉(叶劍英, 葉劍英), 문화혁명 중 중책을 맡았으나 1967년 말 직책을 내놓은 쉬샹첸(徐向前, 서향전), 그리고 원자탄 개발 책임을 맡고 있던 중앙군사위 부주석 녜룽전 등 4명의 원수(元帥, marshal)를 접촉하고 1주 1회 만나서 주요 국제 문제들에 대해 토론하고 의견을 정리하여 당 중앙에 보고하라고 말하였다. 토론회는 3월 1일 시작했고, 3월 말까지 4번의 회동이 있었다. 4명의 원수들이 첫 모임에서 국제정세에 관한 포괄적 토론을 진행한 직후 악화일로를 걷던 중소관계가 드디어 대규모 파열음을 내며 폭발하였다. 3월 2일 중국 동북지역의 우수리(Ussuri, 乌苏里, 烏蘇里) 강변의 전바오 섬(珍宝島, 진보도, Damansky)을 둘러싼 중소 간 분쟁 속에서 중국군이 소련군 국경경비대원들을 매복 습격함으로써 대규모 무력충돌이 발생했던 것이다. 마오는 의도적으로 무력도발을 단행하였다. 즉 그는 문화혁명의 혼란이 야기한 이른바 국론분열을 민족적, 국가적 단결로 이끌기 위해, 또는 중국의 군사적 취약성을 위장하기 위해, 즉 소련이 중국을 공격한다면 상당한 비용을 지불해야 할 것임을 소련 등에 공표하기 위해 시위성 도발을 단행한 것이었다.[79] 그는 사실 1969년 초 국경에서의 소련의 군사 행동이 범상치 않다고 생각하던 터였다. 선제 조치였던 셈이다. 58명의 병사가 희생되자 소련이 반격에 나섰다. 3월 15일 소련은 전바오 섬과 우수리 강의 중국 쪽 기슭에 야포로 공격하여 이 공간을 "분화구로 가득한 달 표면 모습(moonscape of craters)" 처럼 초토화시켰다.[80] "애국적인" 중국 인민들은 "새로운 짜르"를 성토하며 대도시 거리를 메웠다. 그러나 중국의 열세는 분명했고, 일단 물러설 수밖에 없었다.

소련은 이 무력충돌을 계기로 도발적이고 불손한 마오와 그 일당을 손봐줘야겠다고 결정하였다. 1969년 여름 소련의 주미대사 아나톨리 도브리닌(Anatoly Dobrynin)은 미국 관리에게 "중국은 모든 나라에 골칫덩이가 되었다. 우리는 함께 조치를 취해야 한다. 시간이 없다"고 경고하였다. 8월 소련은 중국의 신장에서 군사적 공세를 취하여 3월과 마찬가지로 중국군을 쉽게 제압하였다. 그리고 이젠 중국의 핵무기 시설에 대한 공격을 실제로 상정하고 구체적 대안을 마련하고자 하였다. 소련의 한 KGB 간부는 미국의 정보담당 관리에게 "소련이 중국의 핵무기 시설을 공격할 경우 미국은 어떻게 하겠는가"하고 문의하였다. 그는 "미국의 중립을 당부하면서 소련이 중국의 핵무기 시설을 파괴하면 수십 년간 마오와 그 일당의 횡포를 저지할 수 있을 것"이라 말하였다.[81] 8월 27일 미국 CIA 국장 리처드 헬름즈(Richard

....

79   최근 비밀해제된 자료들을 종합한 결과 중국이 선제공격했다는 것이 정설화되고 있다. Lyle J.Goldstein, "Return to Zhenbao Island: Who Started Shooting and Why It Matters," *The China Quarterly*, No.168, December 2001, pp. 985-97; Jian Chen, *Mao's China and the Cold War*, University of North Carolina Press, 2001, chapter 9; and Roderick MacFarquhar and Michael Schoenhals, *Mao's Last Revolution*, Harvard University Press, 2006, chapter 18.

80   Patrick Tyler, *A Great Wall*, Public Affairs, 1999, p. 60.

81   Michael Schaller, *The U.S. and China in the 20th Century*, Oxford University Press, 2002, p. 168.

Helms)는 모스크바가 소련의 잠재적 대중선제공격에 대한 반응을 떠보기 위해 외국 정부 관리들에게 접근하고 있다"고 언론에 공표하였다. 이 무렵 소련은 중국과의 국경지역에 군사력을 집결시키고 있었다. 소련 공군의 폭격기들이 시베리아와 몽골지역으로 이동 배치되었고, 중국의 핵시설을 대상으로 폭격 연습을 실시하였다.[82]

사회주의 양대 국가가 백척간두에 선 이러한 위험천만한 상황에서 미국의 닉슨이 구두개입을 단행하였다. 과거 이념적 행보를 걸어왔던 닉슨답지 않은 실리적 행동이었고, 국제정치 역사의 관점에서 보면 전통적이고 합리적인 행동이었다. 닉슨은 1969년 9월 5일 국무차관(Undersecretary) 엘리엇 리처드슨(Elliot Richardson)에게 성명을 발표하도록 하였다. 그는 뉴욕에서 개최된 미국정치학회에서 다음과 같이 말하였다:

미국은 소련과 중화인민공화국 간의 적대관계를 자신의 이익을 위해 이용하지 않을 것이다. 양대 공산주의 열강들 간의 이념적 차이는 미국의 관심사가 아니다. 그러나 미국은 이와 같은 양국 간 분쟁이 국제 평화와 안보를 해칠 정도로 비화한다면 결코 묵과하지 않을 것이다.[83]

당시 닉슨의 국가안보보좌관이었던 헨리 키신저에 따르면, 닉슨은 자신을 대변한다고 느낄 만큼은 고위급이고 소련을 자극할 만큼은 고위급이 아닌 차관을 선택함으로써 수위를 조절하였다. 닉슨의 메시지는 분명하였다. 즉 "이용하지 않을 것"이라는 말은 이용할 수 있는 능력이 있음을 의미하는 것이었고, 더욱 중요하게는, "전쟁으로의 비화를 묵과하지 않겠다"는 말은 약자를 지원하겠다는 것을 강하게 암시하는 것이었다. 당연히 약자는 누가 보더라도 중국이었다. 키신저는 닉슨의 이 입장표명을 높게 평가하였다. 중국은 지난 20년 동안 미국과 접촉이 없었을 뿐 아니라 한국전쟁과 베트남전쟁에서 과거에 대결했거나, 현재 하고 있고, 기

....

82   Walter G. Moss, *A History of Russia Volume 2: Since 1855*, Anthem Press, 2004, p. 441.

83   Richardson address, "The Foreign Policy of the Nixon Administration: Its Aims and Strategy," in *U.S. Department of State Bulletin*, Vol. LXI, No. 1578, September 22, 1969, p. 260.

회 있을 때마다 미국을 중상모략 비난하던 국가였지만, 닉슨의 판단기준은 호불호가 아니라 철저히 이익이었다는 것이다. 다시 말해, 키신저는 닉슨이 중국을 지지하고 나선 것은 당시의 구체적인 세계전략 상황(situation)과 미국의 물질적 국가이익을 고려할 때 절묘한 현실주의 책략이었다고 보았다. 1947년 '트루먼 독트린'의 이상주의에서 국제정치의 전통적인 "현실주의 정책으로 복귀(return to the world of Realpolitik)"한 미국 지도자, 그것이 키신저가 닉슨에게 부여한 국제정치학적 칭호였다.[84] 소련도 국제정세의 논리를 인정할 만큼은 실리주의였고, 현실주의였다. 소련은 닉슨의 메시지를 알아차렸다.

한편, 중국은 1969년 3월 2일 국경분쟁에 크게 영향받을 수밖에 없었다. 4명의 원수들은 두 번째 모임부터 전바오 무력충돌 사건에 대해 집중 토론하였다. 그들은 3월 18일 1차보고서("세계전쟁상황분석")를 종료했고, 11일이 지난 후 2차보고서("전 세계의 숲속의 나무로서의 전바오 섬")를 완료하였다. 4명의 원수들은 이 두 개의 보고서에서 소련이 대중전쟁을 벌일 가능성은 높지 않다고 판단하였다. "최소한 3백만의 병력을 동원해야 하는데" 소련을 당시 그럴 상황이 아니라고 보았다. 한편, 그들은 당시 "미소 간 대립과 경쟁의 초점은 중동의 석유에 맞춰져 있기 때문에 이 문제가 해결되지 않고는" 소련이 자신의 전략적 관심을 중국으로 돌리기는 어렵다고 판단하였다. 그들은 대안으로서 일단 인민해방군 군사연습 수준 상향조정, 민병대 강화, 방산능력 증대 등을 제시하였다. 그들은 이 보고서에서 중국의 국가안보전략의 전면적 개편과 같은 예민한 문제는 전혀 언급하지 않았다. 마오가 이 보고서들을 실제 읽었는지는 알 수 없으나, 4월 1일-24일 동안 개최된 중국공산당 제9차 전국대표대회는 주로 미국과 소련에 대한 비난에 집중하였다. 마오의 후계자로 지정된 린뱌오가 읽은 정치보고서 어디에도 중국의 전략적 전환을 암시하는 내용은 없었다. 마오는 대회 직후 4명의 원수들에게 국제정세를 학습하는 정규적 모임을 재개하라고 지시하였다. 원수들은 주저하였다. 바로 며칠 전 당(黨)이 중국의 외교정책을 정의(定義)했기 때문에 그 공식적 문건을 단순히 반복한다면 학습모임은 의미가 없을 것이기 때문이었다. 그러나 새로운 아이디어를 담는다면 이는 당의 공식 외교 노선에

....

84   Kissinger(1994), p. 724.

도전한다는 위험이 있었다. 5월 중순 저우언라이는 이러한 문제를 해결하기 위해 원수들에게 마오 주석은 국제정세가 너무 복잡하고 급변하고 있기 때문에 제9차 전국대표대회가 채택한 노선과 현실이 정확히 들어맞지 않는다고 생각한다고 말하였다. 그리고 마오가 그들에게 이 일을 맡긴 이유는 바로 그러한 문제 때문이라고 하였다. 나아가 저우언라이는 원수들이 "기존의 인식틀에 구애받지 말고" 마오 주석이 "급변하는 국제적 전략환경에 대한 이해를 도모할 수 있도록" 노력해달라고 당부하였다. 저우언라이는 주석이 원수들의 경험과 전략적 비전을 높이 사고 있다고 격려하였다. 그는 원수들의 업무를 지원하기 위해 고위 외교관 두 사람을 배정하였다.

4명의 원수들은 1969년 6월 7일 다시 모였고, 7월 11일 보고서 최종본("전쟁상황에 대한 예비적 평가")을 마오와 중앙위에 제출하였다. 보고서의 핵심은 다음과 같았다:

> 미국과 소련은 국제 부르주아 계급의 양대 산맥이다. 그들은 중국을 적으로 간주하고 있지만 또한 서로를 적으로 보고 있다. 그들이 느끼는 실제적 위협은 그들 간에 존재하는 위협이다. 그들은 현재 국내외적으로 어려운 문제에 직면하고 있다. 그들의 전략적 대립과 경쟁은 유럽에 초점을 맞추고 있다. 미국 제국주의자들과 소련의 수정주의자들이 연합해서 또는 독자적으로 중국을 대상으로 전쟁을 일으킬 가능성은 낮다.[85]

원수들이 문건을 제출할 즈음 미국의 중국에 대한 태도가 미묘하게 변하였다. 1969년 7월 21일 미 국무부는 중국에 대한 여행제한의 완화를 발표하였다. 무역에서도 제재완화 조치가 이루어졌다. 닉슨 대통령은 미국 민주당 상원원내대표 마이클 맨스필드(Michael Joseph Mansfield)의 협력을 이끌어내어 맨스필드가 미중관

....

85 "Report by Four Chinese Marshals, Chen Yi, Ye Jianying, Xu Xiangqian, and Nie Rongzhen, to the Central Committee, 'A Preliminary Evaluation of the War Situation' (excerpt)," July 11, 1969, History and Public Policy Program Digital Archive, Zhonggong dangshi ziliao [CCP Party History Materials], no. 42 (June 1992), pp. 70-75. Translated for CWIHP by Jian Chen with assistance from Li Di. http://digitalarchive.wilsoncenter.org/document/117146

계 개선을 위해 방중을 원한다는 서신을 저우언라이에게 보내도록 하였다. 극우반공주의자에서 실용주의자로 변신한 닉슨은 세계전략구도에서 우위를 점하고, 동시에, 1968년 대선 기간 중 자신이 선언한 공약인 베트남전으로부터의 "명예로운 평화(honorable peace, 베트남전쟁의 명예로운 종결)"를 실천하기 위해 '중국카드'를 서서히 내밀고 있었다.

당시 닉슨 정부는 4년여간의 베트남 전을 수행하면서 4만에 가까운 전사자를 내었지만 전승의 가능성은 매우 낮다고 보았다. 국내적으로는 1968년 구정 공세 이후 여론이 극도로 악화되었다. '베트남전 확전의 장본인'인 존슨 대통령이 대선 출마 포기를 선언할 정도였다. 닉슨도 극도로 악화된 여론과 격렬해진 반전시위에 직면하고 있었다. 닉슨은 중국과 관계를 개선하고 이를 소련과의 관계에서 지렛대로 활용하면 북베트남이 파리협상에서 더 타협적으로 나오도록 압박할 수 있을 것으로 보았다. 평화협정에 의해 명예롭게 베트남전을 조기 종결하고, 남베트남에 대한 군사, 경제 원조를 줄일 수 있다는 이점도 보았다.

닉슨은 아시아 순방 중 1969년 7월 25일 괌(Guam)에서 미국-소련-중국-베트남 간의 역학관계에 극적인 영향을 미칠 다목적의 '괌 선언'을 발표하였다. 닉슨 정부는 이 선언을 정리하여 1970년 2월 의회에 외교교서로서 제출하였고, 이는 후일 '닉슨 독트린'이라 불리게 되었다. 내용은 ① 미국은 방위공약을 준수한다, ② 미국은 동맹국이나 미국의 안보에 사활적으로 중요한 국가가 핵위협을 받을 시 방위력을 제공한다, ③ 이들에 대한 비핵공격 발생 시 미국은 공약에 따라 군사적, 경제적 원조를 제공하지만 위협받는 당사국이 지상군 동원의 일차적 책임을 지도록 한다 등으로 요약되었다. 중요한 것은 닉슨이 미 지상군 투입의 가능성을 사실상 배제함으로써 존슨을 무너뜨린 베트남전의 또 다른 피해자가 되길 거부한 것이었다. 다른 한편, 닉슨 독트린은 중국과의 관계의 측면에서 본다면, 미국은 더 이상 과거처럼 '모든 공산주의 국가들은 일괴암'이므로 도미노 이론에 따라 행동해야 한다는 도그마를 신봉하지 않으며, 베트남에서 미군을 철수함으로써 이를 실천할테니 중국도 미국의 실용주의에 호응하길 바란다는 메시지를 담고 있었다.

미국은 닉슨 독트린의 맥락에서 중국과의 화해를 촉진하기 위해 한국에 주둔하던 미군을 감축하고자 하였다. 한국전쟁 시부터 주둔하고 있던 주한미군의 수는 1953년 6월(정전협정 체결 1개월 전) 현재 327,000여 명이었다. 이후 아이젠하워 정부는 그 규모를 대폭 감축하여 1960년 55,000여 명의 수준을 유지하였다. 그런데 이제 닉슨 정부는 20,000여 명의 7사단을 철수할 계획을 세우고 박정희 정부에 1970년 3월 통보한 것이었다. 당시 한국에는 안보와 관련하여 불안감이 팽배한 상태였다. 불과 2년 전인 1968년 북한 특수부대의 1·21 청와대습격 사건과 푸에블로호 사건, 울진·삼척무장공비침투 사건이 연이어 벌어졌다. 1970년 6월에는 북한 공작원에 의한 대통령 암살 미수 사건인 '현충문 사건'이 발생하였다. 8월 24일 박정희 대통령은 방한한 애그뉴 부통령에게 "공격적으로" 미군 철수에 저항감을 드러냈다. 그러나 닉슨 정부는 한국군에 대한 장비 제공을 약속하고 1971년 4월에 이르러 7사단 철수를 완료하였다. 주한미군은 40,000여 명 규모로 축소되었다. 당시 한국군 2개 사단은 베트남에서 전투에 임하고 있었다.

"좀 엉뚱한 생각"

한편, 중국의 새로운 전략을 고민하고 있던 인민해방군의 4명의 원수들은 7월 29일 소련의 위협과 닉슨 독트린 등 사태 변화를 토론하기 위해 다시 모였다. 이들은 미소 간 모순을 이용할 수 있는 방안을 찾아보고자 했으며, 다른 한편, 소련과의 국경문제의 해결을 통해 대미 투쟁에서 중국의 입장을 개선할 수 있는 방도에 대해서도 고민하였다. 그러나 맨스필드의 초청은 시점이 적당하지 않다고 결론 내리고, 잠시 기다리도록 하는 것이 합리적이라 판단하였다. 원수들이 이러한 견해를 문서화하려 할 때 지난 3월에 발생한 전바오 섬 무력충돌보다 훨씬 더 폭발성이 있는 사건이 신장에서 벌어졌다. 8월 13일 신장에서 소련군과 중국군 사이에 무력충돌이 발생하여 중국군 1개 여단 전체가 크게 피해를 입었다. 중국은 이외에도 소련이 침공할 수 있다는 여러 징후를 포착하고 예비적 전쟁준비태세에 들어갔다. 8월 28일 중공당 중앙은 소련 및 몽골과 국경을 공유하는 지역들에게 대해 경계령을 내렸다. 실제 전쟁이 일어날 가능성을 높게 보지는 않았지만 그래도 최악의 시나리오에 대비하는 차원이었다. 이런 맥락에서, 천이와 예젠잉은 소련과의 일전에 대비하기 위해 "미국 카드"를 사용해야 한다고 제시하였다. 9월 17일 완성된 보고서("현상황에 대한 우리들의 견해")에서 4명의 원수들은 소련 지도부가 진정 전쟁을 원하고 있고, 전쟁을 위한 병력배치도 완료한 상태지만, 정치적 문제로 인해 최종결정을 내릴 수는 없을 것이라 지적하였다. 그들은 미국과 소련에 대해 "도발-응징"의 투쟁을 전개하는 동시에 투쟁의 한 방법으로 협상을 이용해야 하며, 적절한 시점을 잡아 중미 간 대사급 회담을 재개할 수 있을 것이라 주장하였다. 천이는 저우언라이에게 자신의 "좀 엉뚱한 생각"을 전달하였다. 그는 중미관계에서 성과를 냄으로써 소련과 미국 간 모순을 격화시킬 수 있을 것이라 예견하고, 따라서 바르샤바에서 중미 간 대사급 회담을 재개하는 동시에 중미관계의 기본문제들을 해소하기 위해 장관급 또는 그보다 더 높은 급의 회담을 중국이 먼저 제안하는 것이 어떻겠냐고 말하였다. 마오가 어떻게 반응했는지 정확히 알 수는 없지만 그가 당의 외교노선에 구애받지 말라고 한 것으로 충분히 추론이 가능하다. 마오는 그 "좀 엉뚱한 생각"을 듣고 싶었던 것이다. 마오의 주치의 리즈쑤이(李志绥, 李志綏, 이지수)에 따르면, 마오는 다음과 같이 말하였다:

이걸 한번 생각해봐. 우리 북쪽과 서쪽에는 소련이 있고, 남쪽에는 인디아가, 동쪽에는 일본이 있잖아. 우리의 이 모든 적들이 연합해서 한꺼번에 우리를 공격한다면 우리는 어떻게 해야 하지? 다시 생각해보자. 일본 뒤로는 미국이 있다. 우리 선조들은 이럴 때 원교근공책을 쓰라고 하지 않았나?[86]

마오는 아마도 자신의 "좀 엉뚱한 생각"에 기초해 이미 대미 관계 개선을 마음속으로 구상하고 있었던 것으로 보인다. 이제 그가 직면한 문제는 어떻게 미국과 대화채널을 구축하는가였다. 이때 고맙게도 미국 대통령 닉슨도 같은 문제에 대한 답을 찾고 있었다.

당시 미중 간 접촉선은 없었다. 바르샤바 채널은 1969년 1월부터 중지되었다. 1969년 7월 말 닉슨은 세계 각국을 순방하는 가운데 중개인을 찾았다. 닉슨은 파키스탄 대통령 야햐 칸(Mohammd Yahya Khan)과 루마니아 지도자 초세스쿠(Nicolae

....

86   Henry Kissinger, *White House Years*, Little, Brown & Co., 1979, p. 180; Chen(2001), p. 249.

Ceauşescu)가 중국과 관계가 좋다는 것을 알고 있었고, 이들에게 중국과 대화를 하고 싶다는 자신의 의중을 중국 지도부에 전달해 달라고 요청하였다. 이를 전달 받은 저우언라이는 1969년 11월 16일 마오에게 "닉슨과 키신저의 움직임에는 뭔가 중요한 게 있다"고 보고하였다. 그러나 마오는 즉각 반응하지는 않았다.

미국이 먼저 접근하였다. 12월 3일 바르샤바에서 열린 유고슬라비아 패션쇼에 대사가 참석하여 중국 외교관과의 대화를 시도했으나, 준비가 되지 않은 중국 외교관은 자리를 피하였다. 스토슬(Walter Stoessel) 대사는 중국인 통역사에게 서투른 폴란드어를 사용하여 자신이 중국 대사관에 전달할 중요한 메시지를 갖고 있다고 말하였다. 중국은 이에 반응하였다. 주폴란드 중국 대사는 미국의 행동의 "특이점"을 지적했고, 저우언라이는 바로 마오에게 "기회가 오고 있으며, 우리는 이제 [미국의] 문을 부술 수 있는 벽돌을 갖게 되었다"고 보고하였다.[87]

저우언라이는 미국과의 대화채널 개방에 관심이 있음을 미국 측에 즉각 표명하였다. 홍콩 주재 미국 영사관은 10월 중순 광둥성 당국에게 2월 중순부터 중국에 억류되어 있는 2명의 미국인들의 건강 상태에 대해 문의한 바 있었다. 그들은 요트 항해 중 중국 영해를 침범하여 나포된 것이었다. 11월 초 중국 외교부는 미국의 이러한 문의는 "중국의 반응을 떠보려는 술책"이라 비난하면서도, "적당한 시점"에 이들을 석방할 것이라 발표하였다. 12월 6일 마오의 재가를 받은 저우언라이는 이들 미국인의 석방을 명령하였다. 동시에 중국은 주바르샤바 미국 대사관에 대화 재개를 통보했고, 12월 11일 비공식회담이 열렸다. 저우언라이는 야햐 칸을 통해 닉슨 대통령이 중국과의 대화를 진정 원하면 앞으로는 바르샤바 채널을 이용하라고 제시했었다. 결국 바르샤바 회담에서 스토슬 미국 대사는 미국이 특사를 파견하거나 중국의 특사를 맞을 준비가 되어 있다고 말하였다. 이미 중국 지도부의 훈령을 받은 중국 대사는 미국이 구체적 안을 제시할 것을 요구하였다.

두 번째 공식 회담은 1970년 2월 20일 열릴 예정이었다. 저우언라이는 회담 시 중국대사가 말할 내용을 면밀히 검토하고 문건을 작성하여 당 정치국의 인준을 받

....

87 Yafeng Xia, "China's Elite Politics and Sino-American Rapprochement, January 1969 – February 1972," *Journal of Cold War Studies*, Vol. 8, No. 4, Fall 2006, p. 11.

.

왔다. 미국이 양국 간 문제 해결을 위해 고위급 인사를 특사로 보낸다면 중국은 이를 받아들일 것이라는 내용이었고, 같은 날 마오는 이를 재가하였다. 바르샤바 회담에서 중국 측은 중미관계의 개선은 타이완 문제의 해소를 필수조건으로 한다고 제시하였지만, 동시에, 중국은 미국의 고위급특사 파견을 환영한다고 말하였다. 이에 고무된 닉슨은 야햐 칸을 통해 "우리는 워싱턴과 베이징 간 직접 대화채널을 구축하고 싶다. 중국이 이에 동의한다면 이 대화채널의 존재를 아는 사람들은 백악관 외에는 없을 것이고, 우리는 의사결정의 완전한 자유를 보유하고 있음을 보장한다"고 호응하였다.[88]

3월 21일 닉슨의 메시지를 받은 저우언라이는 닉슨이 파리평화회담의 협상방식을 선호하며, 아마도 키신저가 연락책을 맡을 것이라고 주위의 참모들에게 말하였다. 그러나 닉슨의 메시지의 타이밍이 좋지 않았다. 이 무렵 미국이 선택한 론놀(Lon Nol) 장군이 캄보디아에서 시아누크를 축출하고 정권을 장악하였다. 시아누크는 중국으로 망명했고, 그와 동맹관계에 있는 크메르 루즈(Khmer Rouge)는 북베트남군의 지원하에 캄보디아 내 군사행동을 강화하기 시작하였다. 3월 24일 저우언라이는 대사급 대화를 4월 중순까지 연기하였고, 미국이 장제스의 아들 장징궈의 방미를 받아들여 또 5월 20일까지 회담을 연기하였다. 5월 초 닉슨은 캄보디아내 북베트남 기지들을 공습하였다. 5월 16일 중공당 정치국은 바르샤바 회담을 연기하고 대규모 반미 시위를 주문하였다. 마오는 미국을 극렬히 비난하는 성명서를 냈다.

미국정부의 일각은 마오의 성명서를 접하여 미중대화의 가능성이 낮아지고 있다고 판단했지만, 키신저는 문서를 자세히 들여다보고는 마오의 메시지가 대화단절을 뜻하지는 않는다고 확신하였다. 그는 닉슨에게 마오의 성명서는 "누구를 위협하거나 누구를 위한 공약도 담고 있지 않으며, 대통령님을 개인적으로 비난하는 내용도 없고, 양국 간 현안들에 대해 입장을 내놓은 것도 아닙니다"라고 보고하였다. 미국은 대화 노력을 계속하기로 하였다. 중국도 대화의 끈을 놓으려 하지 않았다. 중국은 7월 10일 스파이 혐의로 1958년부터 간첩 및 정부전복모의죄로 억류하고

....

88   Chen(2001), p. 252.

있던 매리놀(Maryknoll) 수도회 소속 미국인 제임스 월쉬(James Walsh) 주교를 석방하였다.

사실 대화가 중단된 것은 미국의 캄보디아 침공 때문만은 아니었다. 국방장관 린뱌오가 마오의 집중력을 흐트러뜨렸기 때문이었다. 당내 권력투쟁이 발생했던 것이다. 린뱌오는 제9차 중국공산당 전국대표대회 이후로 마오의 의심을 사게 되었고, 이들 간의 관계는 1970년 여름 급격히 악화되었다. 이유는 린뱌오가 마오로 하여금 당시 공석인 국가주석직에 오를 것을 자주 건의한 것에 대해 린뱌오 자신이 국가주석직에 오르려 하는 것이 아닌가 하는 의심을 마오가 품게 된 데 있었다. 결전의 날짜와 장소는 8월 23일-9월 6일 개최된 루산에서의 중공당 제9기 제2중전회였다. 회의 초반은 린뱌오의 의지대로 움직였다. 결국 마오가 직접 나서면서 정리가 되었지만, 마오로서는 린뱌오의 힘과 야심을 체감하게 된 계기였다. 린뱌오의 국가주석직 취임은 불발하였다.

루산 제9기 제2중전회 이후 마오는 일단 대미 대화 문제로 돌아올 수 있었다. 1970년 11월 14일 저우언라이는 야햐 칸, 그리고 며칠 뒤 루마니아 부수상에게 중국은 "타이완 문제를 해결하고, 중미관계를 개선하기 위해 닉슨의 특사 또는 그 자신의 방중을 환영한다"는 메시지를 전달해 줄 것을 부탁하였다. 저우언라이는 이 메시지를 미국에 즉각 전달하지 말고 조금 기다려 달라는 당부도 하였다. 미국과의 대화를 시작하기 전 중국 인민들을 설득해야 하는 과제를 의식한 결과였다. 이 기간 동안 미국인 기자 에드가 스노우(Edgar Snow)가 중국을 위한 (그리고 미국을 위해) 모종의 역할을 하게 된다. 스노우는 옌안시절 마오를 인터뷰하여 1938년 『중국의 붉은 별(Red Star over China)』이라는 책을 발간하여 중국 내외에서 중국공산혁명에 대해 긍정적인 이미지를 만들낸 장본인이었다. 1960년, 1965년에도 방중하여 마오의 업적을 칭송하는 글을 썼다. 그러나 이후 중국 방문 비자는 그에게 발부되지 않았다. 그러다가 1970년 8월, 스위스에 살고 있던 그에게 주프랑스 대사 황전(黄镇, 黃鎭)이 급히 전화하여 방중을 권하였다. 스노우는 그간 비자 거부에 대해 불만을 토로하였다. 황전은 이번 초청은 마오 주석이 직접 한 것이고, 최고 예우를 기대해도 좋다고 말하였다. 1970년 10월 1일 스노우와 아내는 국경일 행사를 관전하기 위해 마오와 함께 천안문 광장 성루에 섰다. 이 사진은 중국 신문들의 1면을 장식하였다. 마오는 미국인들뿐 아니라 중국 인민들 모두에게 중요한 메시지를 보낸 것이었다. 키신저는 후에 그의 회고록에 "마오는 자신이 보내는 메시지를 미국인들이 간파할 것으로 보았으나 무딘 미국인들은 그것을 전혀 읽지 못하였다. 마오는 미국인들의 섬세함을 과대평가하였다"고 썼다.[89] 그러나 마오에게 더 중요했던 것은 중국 인민들이 그의 의중을 읽는 것이었다. 그는 새로운 미국의 이미지를 만들어 냄으로써 중미관계의 큰 변화에 대해 중국 인민들이 적응하도록 서서히 준비시키고자 했던 것이다. 12월 18일 마오는 스노우와 인터뷰하였다. 여기서 그는 대통령 자격이든 개인 자격이든 닉슨의 방중을 환영한다고 말하였다. 스노우는 중국 측의 요청으로 직접인용을 담은 이 인터뷰 내용을 1971년 4월까지 발표하지 않았다.

그러나 닉슨은 마오의 인터뷰 며칠 후 그가 자신의 방중을 원한다는 사실을 알아차렸다. 키신저는 중국이 인터뷰 내용의 발표를 지연하는 이유는 진본(眞本)이 워싱턴에 도착한 후에 내용이 발표되는 것이 예의라고 중국이 판단했기 때문이라고 믿었다. 그러나 진짜 이유는 중국 국내정치와 연관되어 있었다. 이 인터뷰의 상당 부분은 문화혁명에 할애되어 있었다. 마오는 문화혁명의 두 가지 문제점을 인정하였다. 첫째, "진실을 말하지 않은 것," 그리고 둘째, "전면적 내전"에서 "포로들을 학대한 점"이었다. 그러나 가장 중요한 것은 문화혁명의 스타는 린뱌오였다는 점이었다. 요컨대 마오는 대미관계 개선과 린뱌오 숙청이라는 두 개의 거대한 뉴스를 최고의 효과를 보장하는 최적의 시점에 터뜨릴 공산이었다. 마오가 이 시점을 만들 수는 없었지만, 적어도 그는 최적의 시간이 조만간 올 것이라고 판단하고 있었다. 아닌 게 아니라 '거대 뉴스'의 전조가 될 사건, 즉 '탁구외교(the Ping Pong Diplomacy)'라 불리게 될 역사적 사건이 1971년 봄에 일어나게 된다.

1971년 초 미중관계는 별 진전이 없었다. 핵심문제는 양국의 타이완 문제에 대한 상이한 접근법이었다. 중국은 타이완이 중국령이기 때문에 미국이 내정간섭을 하고 있으며, 더구나 타이완에 대한 군사적 개입은 타협의 여지가 없는 일이었다. 미국은 국민당이 타이완을 실효지배하고 있음을 인정해야 하며, 통일도 평화적인 방법으로 이뤄져야 한다는 입장을 고수하고 있었다. 양국은 베트남전의 향방, 한

....

89   Kissinger(1979), p. 698.

반도 문제 관리, 일본의 재부상과 관련해서도 큰 입장 차이를 노정하고 있었다. 그럼에도 불구하고 양국은 자신의 필요에 따라 관계개선을 절박하게 바라고 있었다. 1971년 4월 미국과 중국 모두를 만족시킬 비정치적, 비군사적 사변이 일어났다. 일본 나고야에서 제31회 세계탁구선수권대회가 열렸다. 중국은 문화혁명기인 1967년과 1969년에는 세계탁구선수권대회에 참가하지 않았다. 이번에도 중국 외교부와 스포츠 관련 관리들은 대회 참가를 꺼렸다. 그러나 마오가 나서 참가를 독려하였다. 중국 선수들은 발군의 역량을 발휘하여 대회를 지배하였다. 4월 4일 오후 역사적 우연이 발생하였다. 19세의 미국 탁구 선수 글렌 코윈(Glenn Cowen)이 실수로 중국 선수단 버스에 탑승한 것이었다. 모두 웃었지만 세계선수권을 세 차례나 제패했던 쫭쩌둥(庄则栋, 莊則棟, 장칙동)이 일어나 코윈에게 다가갔다. 그리고는 중국 황산(黃山)의 풍경을 담은 스카프를 선물하였다. 군인인 선수단장 자오쩡훙(赵正洪, 조정홍)이 쫭쩌둥을 제지하자, 그는 단장에게 "잠깐만요. 단장님은 걱정해야 할 일이 많겠지만, 저는 운동 선수일뿐입니다. 괜찮습니다"라고 말하였다. 5분 후 선수들이 버스에서 내리자 기자들이 몰려들었다. 미국과 중국인들이 같은 버스에 탄 것 자체가 큰 일이었기 때문이다. 다음 날 코윈은 쫭쩌둥에게 비틀즈의 '렛잇비(Let It Be)'가 새겨진 티셔츠로 전날 그의 친절에 화답하였다. 마오의 수간호사 우쒸준(吳旭君, 오욱군)에 따르면, 그는 나고야의 상황에 큰 관심을 갖고 매일 뉴스를 챙겼다. 그는 당시 미국 탁구선수단이 중국을 방문하고 싶다는 미국 선수단 감독의 문의를 보고 받고 목하 고민 중이었다. 4월 6일 그는 미국 선수단을 초청하기로 결정하고 외교부에 통보토록 하였다. 그러나 마오의 우려가 해소된 것은 아니었다. 그만큼 그것은 마오와 중국 인민들에게는 중대한 사안이었다. 간호사가 마오에게 쫭쩌둥과 글렌 코윈 관련 뉴스를 읽어주자, 그는 눈을 크게 뜨며 다시 읽어달라고 하였다. 마오의 입에서는 "쫭쩌둥은 탁구만 잘하는 줄 알았는데 외교 자질이 보통이 아니군"이라는 말이 미소 속에 흘러나왔다.[90]

경기가 성사되었다. 중국 언론은 "미국인들이 중국에 와서 한 수 배우겠다고 해서" 경기가 이뤄졌다며 그들이 마치 조공을 바치러 온 것처럼 정치선전에 열을

....

90   Chen(2011), p. 261.

올렸고, 인민들은 중국 선수들이 일부러 져주어도 아랑곳하지 않고 열렬히 게임을 즐겼다. 미국인들로서는 "중국인들의 다정하고 친절한 얼굴"을 처음 볼 수 있는 기회였다. 4월 14일 저우언라이는 선수들을 위한 리셉션에서 "중국과 미국 인민들은 자주 왔다갔다 했습니다. 그리고는 교류가 오랜 기간 중단되었습니다. 이제 여러분들은 방중을 통해 중국과 미국 인민들 간의 친선관계의 역사에 새로운 장을 열었습니다"라고 선언하였다. 미국은 몇 시간 후 22년 동안 중국에 가해졌던 무역제재의 해제를 포함해 5가지 새로운 전향적 조치를 발표하였다. 이제 마오는 스노우를 활용할 시간임을 알아차렸다. 그는 스노우와의 인터뷰 내용을 서방에 알려도 좋다고 허락했고, 닉슨 대통령의 방중을 환영할 것이라는 그의 발언이 담겨 있는 인터뷰 전체를 당원과 인민 모두에게 전달하라고 지시하였다.

중국은 1971년 4월 21일 파키스탄 채널을 통해 미국에게 "타이완 문제의 해결이 관계개선의 선결조건이지만, 미국의 특사나 대통령이 방중한다면 환영할 준비가 되어 있다"는 뜻을 전하였다. 닉슨은 1968년 대통령 선거 유세 중 공약으로 제시한 "명예로운 평화(Honorable Peace)"뿐 아니라, 민주당 정권이 저지른 "중국 포기(Losing China)"를 "중국 찾기(Finding China)"로 정치프레임화하여 자신의 정치적 자산을 극대화할 수 있다고 보았다. 나아가 그는 "악화된 중소관계를 이용하여" 미중소 관계를 자신이 주도하는 '전략적 3각관계(strategic triangle)'로 정립함으로써 소련에 대한 전략적 우위를 확보하여 핵무기 문제 등에서 소련을 밀어붙일 수 있을 것으로 판단하였다. 그러나 당시 미국의 국내정치, 특히 자신의 정치적 기반인 반공보수세력의 정서를 고려할 때 베이징 정부와의 직접 접촉은 정상회담 일정이 정해질 때까지 공개되어서는 안 될 것이었다. 그는 국가안보보좌관 키신저를 비밀리에 중국으로 보내기로 결정하였다. 당시 미국은 소련과의 '전략무기제한협상(Strategic Arms Limitation Talks, SALT I)'을 진행하고 있었는데 5월 20일 절차상 합의에 이르렀다. 키신저는 방중 전 자신의 중국 파트너에게 의미 있는 선물을 주었다. 즉 그는 파키스탄을 통해 아직 공개되지 않은 미소합의문을 중국에 보여주면서, "미국은 소련과의 협상에서 중화인민공화국의 이익에 반하는 어떤 합의도 하지 않을 것"임을 명시한 서한을 전달하였다.[91]

중국은 대미협상전략 마련에 착수하였다. 마오는 저우언라이가 정치국 토론을 주도하도록 지시하였다. 저우언라이는 당시 국제정세를 다면적으로 분석하며 중미 협상의 초점과 예상되는 결과를 다음과 같이 요약하였다:

> 미국은 인도차이나 문제와 관련하여 자신의 능력을 총동원하여 확전을 시도하거나, 아니면 서서히 군사적 개입의 수준을 감소시키는 방향으로 나갈 것이다. 아마도 미국은 후자를 택할 것이다. 그렇게 되면 미국은 중국의 협조를 얻으려 할 것이다. 이러한 상황은 중국에게 기회를 제공한다. 중미관계의 개선은 제국주의적 팽창주의와 패권주의에 대한 [인민의] 투쟁에 활력을 불어넣어 줄 뿐 아니라, 아시아와 세계 평화를 위해서도 유익하고, 우리나라의 안보에 기여하며, 평화적 방법에 의한 조국의 통일에도 역할을 할 것이다.[92]

마오는 5월 29일 저우언라이가 작성한 보고서를 승인했고, 중국 당국은 "마오 주석이 닉슨 대통령과 주요 문제에 대해 기탄없이 대화하고자 한다"는 전문을 미국에 보냈다. 저우언라이는 이번 미국과의 회담은 "미국의 필요에 따른 것이지 우리가 미국으로부터 뭔가를 필요로 해서 이뤄지는 것은 아니다"고 정치국원들에게 말하였다.[93] 중국 지도부는 향후 몇 달 동안 이 논리를 이용하여 중미회담의 배경을 당원과 인민들에게 설명하고 설득하였다.

키신저는 1971년 7월 9일-11일 비밀리에 베이징을 방문해 저우언라이를 만났다. 저우언라이는 키신저가 "매우 지적이고, 역시 박사라는 호칭에 걸맞다"고 생각하였다. 키신저는 저우언라이를 "자신이 만난 몇 안 되는 매우 인상적인 인물"이라고 생각하였다. 대화는 저우언라이가 주도하였다. 이들은 중국과 미국의 근본적인 이해관계를 서로가 이해하는 것이 회담의 목표라는 데 동의했고, 여기에 초점을 맞췄다. 타이완 문제와 베트남전 문제가 핵심이었다. 키신저는 베트남전이 종료되면

....

91   Kissinger(1979), pp. 725-26.

92   Yang Mingwei and Chen Yangyong, *Zhou Enlai waijiao fengyun* (Zhou Enlai's Diplomatic Career), Beijing: Jiefangjun wenyi, 1995, pp. 247-48. Chen(1995), p. 264에서 재인용.

93   中共中央文献研究室编; 金冲及主编, 『周恩来傳』, 北京: 中央文献出版社, 1998, p. 1097. Chen(1995), p. 266 에서 재인용.

타이완 주둔 미군의 2/3를 철수시키고, 미중관계가 개선되면 추가 철수도 가능하다면서, 미국은 타이완의 독립을 지지하지 않으며, 타이완은 중국의 일부라고 인정하였다. 단 타이완 문제는 평화적 방법으로 해결되어야 한다는 미국의 입장을 재확인하였다. 그는 인도차이나 문제와 관련하여 미국은 베트남전을 협상에 의해 종료하길 원하며, 미국의 명예와 자존심이 지켜진다면 남베트남으로부터의 미군 철수 계획을 확정할 의향을 갖고 있다고 말하였다. 저우언라이는 마오에게 키신저와의 회담에 대해 보고하였다. 마오는 "미국이 타이완으로부터 미군을 점진적으로 철수할 수 있다"는 저우언라이의 전언에 대해 "원숭이가 인간이 되려면 시간이 걸린다"[94]며 타이완 문제에 대해 조급해 하지 말아야 할 것이라고 말하였다. 키신저와 저우언라이 간의 회담은 급진전했고, 닉슨의 방중은 1972년 봄으로 정해졌다. 키신저는 워싱턴에 한 단어의 전문을 보냈다. 그 단어는 "유레카(Eureka, 금을 발견했다!)"였다.[95]

'중공(中共)'과 '미제(美帝)'가 만난다

키신저의 방중, 그리고 7월 15일에 이루어진 1972년 닉슨의 방중 계획 발표는 당시 격렬해진 베트남전 반대 시위와 베트남전 관련 1급기밀 문서인 이른바 "국방부 보고서(the Pentagon Papers)" 누출 사건으로 정치적으로 궁지에 몰려 있던 닉슨에게 정치적 활로를 개방하는 듯하였다. 그러나 국제정치적으로 보다 더 중요했던 것은 닉슨과 마오의 "역사적 실험"이 미국의 아시아 동맹국들뿐 아니라 중국의 동맹국들과 우방들에게 큰 충격을 주었다는 사실이다. '중공(中共)'과 '미제(美帝)'가 만난다는 것은 당시 국제정치 지형과 문화에 정면 위배되었기 때문이었다. 중국은 저우언라이를 하노이와 평양으로 보내 미중관계 개선이 장기적으로 북베트남과 북한에게 이로운 결과를 가져다 줄 것이라 설명하였다. 7월 13일 하노이에 도착하

....

94   Chen(1995), p. 267.
95   원래 "유레카"는 아르키메데스가 목욕 중 물체의 비중을 재는 방법을 발견한 후 소리치며 한 말이지만, 미국인들은 1840년대 캘리포니아 사금을 찾으러 몰려든 사람들이 금을 발견한 후 소리치던 말로 알고 있다.

여 7월 14일 레주언 등과 회담한 저우언라이는 미중회담의 의제 중 "베트남으로부터의 미군 철수가 최우선이고, 중국의 UN 가입은 두 번째"라고 말하면서 북베트남 지도부를 안심시켰다. 북베트남은 미중대화가 "조금만 있으면 익사하게 될 닉슨에게 생명줄을 던져주는 것과 같다"[96]고 중국의 노선변경에 극렬히 반대하였으나, 대세를 바꿀 힘은 없었다. 유럽에서 거의 유일한 친중국가 알바니아는 중국이 "세계 프롤레타리아 혁명의 명분"을 배신하였다고 비난하였다.[97]

하노이에서 베이징으로 돌아온 저우언라이는 다음날 바로 평양에 가서 김일성에게 키신저와의 회담을 상세하게 설명하였다. 김일성은 처음에는 항의하였으나, 결과적으로, 중국의 전략적 노선 변화에 협조하겠다며, "닉슨 방중은 북한주민들에게 새로운 문제이므로 조선노동당이 주민교육을 진행해야겠다"고 말하였다. 북한은 내부토론을 거쳐 중국에 제시할 의견을 정리하였고, 7월 30일 김일 제1부수상이 베이징에 가서 저우언라이와 회담하였다. 여기서 김일은 중국의 닉슨 초청과 정상급 회담을 충분히 이해하며 그것이 "세계혁명을 매우 유리하게 추동해 갈 것"이라는 뜻을 전달함으로써 중국의 입장을 공식적으로 수용하였다. 이때 북한은 중미회담 시 자신들의 주장을 전달해 달라고 요구했는데, 총 8개항의 내용은 다음과 같다.

① 남조선에서 미군을 완전히 철수시킬 것.

② 미국의 대남 핵무기, 미사일, 각종 무기 제공을 즉각 중단할 것.

③ 미국의 대북 침범 및 각종 정탐, 정찰행위를 중지할 것.

④ 남조선·미·일 공동 군사훈련을 중지하고, 한미연합군을 해체할 것.

⑤ 일본군국주의가 부활하지 못하도록 미국이 보증하고 남조선에서 미군 혹은 외국 군대를 일본군이 대체하지 않겠다고 보증할 것.

⑥ UN한국통일부흥위원단(UNCURK)을 해체할 것.

⑦ 미국은 남북한의 직접 협상을 방해하지 말며, 조선문제의 조선인민에 의한 자체 해결을 방해하지 말 것.

....

96   Chen(2001), p. 269.

97   *Ibid.*

⑧ UN에서 한반도 문제 토의 시 조선민주주의인민공화국 대표를 조건 없이 참여시킬 것.

그러나 당시 마오의 우려는 국제정치적 문제라기보다는 국내정치적인 것이었다. 1970년 여름 루산회의(중공당 제9기 2중전회)에서 고조되기 시작했던 마오와 린뱌오 간의 긴장관계가 키신저의 방중 시 극에 달하고 있었기 때문이다. 마오는 1970년 말부터 1971년 중순까지 린뱌오와 그의 추종자들이 모종의 음모를 꾸미고 있다고 믿고 그 실체를 파악하고자 하였다. 마오는 린뱌오의 최측근인 천보다 정치국원의 급진성을 질책하였고, 1971년 8월 말 남중국을 시찰하면서 자신의 후계자로 당장(黨章)에 명시된 린뱌오를 비판하였다. 위기의식을 갖게 된 린뱌오도 대응에 나섰다. 상당 기간이 지난 후 중국 정부는 다음과 같이 발표하였다.

> 1970년 린뱌오의 지시에 따라 린리궈(林立果)가 상하이에서 마오 주석을 암살하기 위한 '571계획(Project 571)'을 세웠다. 마오는 이를 파악하고 암살 예정일 하루 전에 상하이를 떠났다. 린뱌오의 가족들은 쿠데타가 실패하자 탈출을 시도하였다… 이들이 탑승한 항공기는 소련을 향했으나 연료가 부족하였다. 이 항공기에는 항해사도 무선통신사도 탑승하지 않았다. 항공기는 1971년 9월 13일 몽골에서 추락하였고, 탑승자 전원이 불타 죽었다.[98]

중국 정부의 설명의 신빙성과는 별도로,[99] 린뱌오의 죽음은 미중관계의 향방에 두 가지 면에서 큰 영향을 미쳤다. 첫째, 마오의 무오류 신화가 깨진 것이었다. 린뱌

....

98   J. D. Spence, *The Search for Modern China*, Norton, 1999. p. 585.
99   스펜서는 "중국 정부의 발표는 사진들이 조작되었을 가능성이 있고, 린뱌오의 쿠데타 계획의 세부 사항이 모호하다는 점에서 검증 자체가 불가하다"고 지적하고 있다. Spencer(1999), p.585. 린뱌오 국방장관 밑에서 공군참모총장으로 일했던 인물의 딸인 역사학자 진치우(Jin Qiu)는 발표되지 않은 아버지의 회고록과 다양한 인터뷰를 바탕으로 린뱌오 숙청의 근본 원인은 나이 들어가던 마오의 절대권력(immortality)에 대한 집착에서 비롯되었다고 제시하고 있다. Jin Qui, *The Culture of Power: The Lin Biao Incident in the Cultural Revolution*, Stanford University Press, 1999.

오는 마오가 직접 뽑은 자신의 후계자였다. 그런 그가 마오에 반기를 들었다는 사실은 마오의 권위에 치명타가 될 수 있었다. 이런 맥락에서, 마오는 국제정치에서 극적인 돌파구를 마련함으로써 추락한 그의 위엄과 권위를 회복할 필요를 강하게 느꼈다.

둘째, 미중관계 개선에 암묵적으로 반대하던 린뱌오의 제거는 마오가 직면했던 정치적 장애물의 해소, 다르게 말하면, 그의 정치적 활로의 개방을 의미하였다. 린뱌오는 군을 대표하는 매파로서 적과의 관계개선은 자신의 설 자리를 약화시킬 수밖에 없다고 생각하였다. 저우언라이는 미중관계 개선과 관련된 문서를 마오와 린뱌오의 재가를 위해 모두에게 제출하였지만, 마오와는 달리 린뱌오는 반응을 보이는 경우가 거의 없었다. 침묵이 반대를 의미한다면 린뱌오의 제거는 반대파의 약화를 의미하는 것이었다. 요컨대, 린뱌오의 숙청은 마오와 저우언라이의 "비정통적" 외교노선에 동력을 제공한 것이었다.[100]

닉슨이 중국을 방문하면 미국 대통령으로서 최초의 방중이었다. 닉슨은 반공, 반소, 반중 정치인으로 성장한 인물이었다. 그는 1950년대 초 매카시 상원의원의 '공산주의자 마녀사냥'을 열렬히 지지하던 젊은 캘리포니아 출신 하원의원으로서, 그리고 후일 상원의원(1947-50, 1950-53)으로서, 매카시 상원의원에 접근할 수 있는 몇 안 되는 정치인이었을 정도로 극우반공주의자로 이름을 떨친 바 있었다. 그는 1960년 대선 시 케네디 후보와의 논쟁 중 "중공은 과연 무엇을 원할까요? 그들이 원하는 것은 퀘모이(Quemoy, 금문도)나 마주(Matsu, 마조도)가 아닙니다. 타이완만을 원하는 것도 아니죠. 중국공산주의자들이 가지려는 것은 전 세계입니다"라고 말할 정도였다. 그는 후일 케네디와 존슨이 베트남 전에서 승리하기 위해, 또 중공을 봉쇄하기 위해 충분한 자원을 투입하지 않고 있다고 비난하기도 하였다.[101]

닉슨의 이러한 반공주의 이미지와 전력은 그가 "중공"을 방문하려 할 때 반공보수세력의 반대를 분산시키거나 무력화하는 데 주요하게 작용하였다. 미국 사학자 마이클 셸러(Michael Schaller)가 "닉슨만이 중국에 갈 수 있었다(Only Nixon

....

100   Chen(2001), p. 270.
101   Schaller(2002), p. 165.

could go to China)"라고 썼듯이, 만일 다른 대통령이 중공을 방문한다고 했다면 당시 미국 국내정치를 반분하던 반공보수세력이 가만히 있지 않았을 것이다.[102] 닉슨은 공산주의자 척결에 앞장섰었기 때문에 이른바 '색깔론'으로부터 상대적으로 자유로웠다.[103]

역사학자들과 국제정치학자들은 닉슨이 반공주의자에서 실용주의자로 변신한 시점을 1965-66년으로 보고 있지만,[104] 공식적으로 전향을 선언한 시점은 그가 *Foreign Affairs*라는 저널에 "베트남전 후 아시아(Asia After Viet Nam)"라는 글을 게재한 1967년 10월로 판단하고 있다.[105] 이 시점은 그가 전직 부통령으로서 1966년 의회선거에서 크게 활약해 1964년 완패했던 공화당의 선전(善戰)을 도왔고, 그에 따라 1968년 대선에서 유력한 공화당 후보로 부상하고 있던 때였다. 닉슨은 이 글에서 아시아의 반공주의 동맹국들에 대한 지원을 강조하고, 중국과의 관계정상화에 대해서는 반대입장을 분명히 했지만, 다른 한편, "미국은 오랫동안 중국을 국제사회 밖에 고립시켜 환상을 배양하고 증오에 이를 갈고 이웃국가들을 위협하도록 내버려둘 수는 없다. 이 작은 지구 상에 잠재적으로 가장 유능한 10억의 사람들이 '적대적 고립(angry isolation)' 속에 살아야 하는 공간은 없다"며 당시 공화당 지도자로서는 매우 전향적인 철학적 전환을 선언하였다. 닉슨은 1969년 1월 20일 대통령 취임사에도 "미국은 강대국 국민이든 약소국 국민이든 "적대적 고립" 속에서

....

102 민주당 케네디와 존슨 대통령도 대중정책의 변화에 대해 언급한 바 있으나, 실제로 행동에 옮긴 것은 없었다. 제임스 만(James Mann)은 미국의 보수우파의 공격을 의식한 탓이었다고 서술하고 있다. Mann(1999), p. 16.

103 Gary W. Reichard, *Politics as Usual: The Age of Truman and Eisenhower*, Harlan Davidson, 1988, p. 100. 1989년 이후 최초로 중국을 방문하는 클린턴 대통령은 국내정치적으로 큰 반대에 부딪혔다. 공화당 의원들은 "비극," "재앙"이라는 용어를 동원하기도 했고, 150명이 넘는 의원들이 그의 방중에 반대 의사를 표시하였다. 미국인의 1/3도 클린턴의 방중을 지지하지 않았다. Ann Scott Tyson, "Clinton vs. Nixon: Changed US Views On Trip to China," *The Christian Science Monitor*, June 24, 1998.

104 제임스 만에 따르면, 1965년 닉슨이 야인으로서 해외 순방을 하던 중 주싱가폴 미국 대사관 정무과장 로저 설리반(Roger Sullivan)과 공항 귀빈실에서 장시간 대화하였다. 그는 이때 "미중관계정상화가 필요하다"며 구체적 대중 접근 계획도 갖고 있었다. Mann(1999), p. 17.

105 Richard Nixon, "Asia after Viet Nam," *Foreign Affairs*, Vol. 46, No.1, October 1967, p. 165.

살지 않도록 진정으로 개방적인 세계를 추구할 것"이라며 중국을 겨냥한 유화적이고 포용적인 메시지를 담았다. 마오는 위의 글들을 읽고 저우언라이에게 미국의 대중국 외교노선이 변할 조짐이 보인다고 말하였다. 마오는 닉슨의 취임사 전문을 번역하여 '런민러바오(人民日報)'와 '홍치(红旗)'에 게재하도록 하였다. 물론 신문 기사의 모든 내용은 제국주의 미국에 대한 비난 일색이었지만, 미국 대통령 취임사 전문을 당기관지에 게재토록 한 것은 특기할 만한 일이었다. 그리고 이것은 닉슨의 방중이 성과를 낼 수 있음을 알리는 전조였다.

닉슨은 자신을 대하는 중국의 호의적 반응에 고무되었다. 그는 방중 목적으로서 미국의 냉전기 외교적 운신의 폭을 전반적으로 넓힌다는 것 외에, 보다 구체적으로는, "중국카드"를 사용하여 미중소 '전략적 3각관계(strategic triangle)'에서 우위를 점하고, 자신의 대선공약인 주베트남 미군의 "명예로운 철수(honorable retreat)"를 실현하기 위해 북베트남에게 압력을 가할 수 있는 외적 수단을 강구한다는 점을 중요시하였다. 닉슨을 수행했던 국가안보회의 국장이자 키신저의 특보였던 윈스턴 로드(Winston Lord)는 닉슨 방중의 목적을 다음과 같이 요약하였다.[106]

우리는 소련이나 동구 공산국들뿐 아니라 중국과도 관계를 맺어야 한다. 공산국들은 더 이상 하나의 블록이 아니다. 그리고 중국과의 관계 개선은 소련의 주목을 이끌어낼 수 있는 수단이다. 우리는 이 '중국 카드'를 사용해 소련에게 양보를 얻어낼 수 있을 것이다. 우리는 중국과 관계를 개선함으로써 러시아인들의 전통적인 피해망상(paranoia)을 조금 자극할 수 있을 것이다. 나아가 우리가 소련 및 중국과의 협상에서 우위를 점하게 되면 북베트남에 대한 압력이 증가될 수 있을 것이다. 이 압력은 북베트남이 평화협상에 더 진지하게 나오도록 하는 데 역할을 할 것이다. 바라건대, 이들이 북베트남에 제공하는 원조를 감축하거나, 최소한 북베트남이 고립감에 빠지도록 함으로써, 그들이 미국과의 평화협상을 체결하도록 할 수 있을 것이다.

....

106   Charles S. Kennedy, "Nixon Goes to China," The Association for Diplomatic Studies and Training: Foreign Affairs Oral History Project, 28 April, 1998. http://adst.org/2013/02/nixon-goes-to-china

닉슨이 중공에!

닉슨 대통령은 하와이 괌 상하이를 거쳐 1972년 2월 21일 월요일 오전 11시 30분 베이징에 도착하였다. 총리 저우언라이가 마중 나왔지만, 환영 인파는 따로 없었다. 닉슨은 비행기에서 내려 저우언라이에게 활짝 웃으며 손을 내밀었다. 이 광경은 수십 년을 증오와 적대감 속에 중공을 철저히 고립시키려던 미국의 대중국 전략이 종지부를 찍었음을 압축적으로 상징하였다. 1954년 제네바 회담장에서 존 포스터 덜레스에게 악수를 거부당했던 저우언라이도 기꺼이 손을 내밀어 닉슨과 악수하였다.[107]

닉슨은 마오와의 만남을 위해 그의 거처가 있는 지진청(紫禁城, 자금성) 내 중난하이(中南海, 중남해)로 향하였다. 닉슨, 마오, 키신저, 저우언라이는 오후 2:50분에서 3:55분까지 다음과 같은 대화를 나누었다.[108]

닉슨   주석님은 책을 많이 읽으신 분입니다. 총리는 자신보다 주석님이 독서를 더 많이 하신다고 하더군요.

마오   어제 비행기 안에서 대통령님께서 우리에게 어려운 문제를 던지셨습니다. 대통령님께서는 우리가 해야 하는 대화가 철학적 문제에 관한 것이어야 한다고 하셨다지요?

닉슨   저는 주석님의 시와 연설문을 읽고 주석님이 전문가적 철학자임이 틀림없다고 말했습니다. (중국 측 참석자들 웃음.)

키신저   저는 주석님의 글들을 제가 가르치는 하버드대학교 학생들에게 읽히곤 했습니다.

마오   저의 글들은 별것 아닙니다. 제가 쓴 글들에서 배울 만한 것은 없습니다.

닉슨   주석님의 저작들은 국가를 움직였고, 세계를 바꿨습니다.

마오   제가 이룬 것은 별로 없습니다. 제가 한 것이 있다면 베이징 근교의 몇몇

....

107   Kissinger(1994), p. 719.

108   194. Memorandum of Conversation, Beijing, February 21, 1972, 2:50 – 3:55 p.m., *FRUS, 1969-1976*, Volume XVII, China, 1969-1972.

1972년 2월 21일 중국을 방문한 닉슨 대통령이 저우언라이 중국 총리와 악수하고 있다.

       장소를 바꾼 것 정도이죠.

마오   미국의 민주당이 정권을 잡으면 우리는 그들과 접촉할 수밖에 없습니다.

닉슨   이해합니다. 그런 일이 벌어지지 않기를 바랄 뿐입니다.

마오   그런 얘기는 여기서 토론할 성질의 것은 아니고, 총리와 토론하시기 바랍니다. 저는 철학적 문제들을 토론하고자 합니다. 사실, 저는 미 대선 때 닉슨 후보에게 한 표 던졌습니다(웃음). 저는 우파를 좋아합니다. 사람들은 대통령님이 우파라고 합니다. 공화당이 우파이고요. 저는 미국에서 우파가 집권하는 것을 상대적으로 더 선호합니다.

닉슨   중요한 것은 미국에서는, 적어도 현재만 보면, 좌파가 말로만 하는 것을 우파는 행동으로 옮길 수 있다는 점입니다.

키신저 대통령님, 한 가지 더 있습니다. 미국 좌파는 친소파입니다. 그들은 미중관계 개선을 바라지 않습니다. 사실 그런 이유로 대통령님을 비판하고 있죠.

마오   바로 그것입니다. 대통령님을 비판하는 미국 사람들이 있죠. 우리나라에도 제가 대통령님을 만나는 것에 반대하는 반동분자들이 있습니다. 그들

마오와 환담하는 닉슨.

은 결국 비행기를 타고 도망갔습니다.

닉슨　미국 좌파는 인디아-파키스탄 분쟁에서 왜 인디아 편을 들지 않았냐고 비판합니다. 그들은 친인디아파 친소파이기 때문이죠. 저는 큰 문제들을 잘 들여다보는 것이 중요하다고 생각합니다. 우리는 큰 나라가 이웃 나라를 집어 삼키는 것을 두고만 볼 수 없습니다. 저의 이와 같은 발언은 정치적 비용을 동반하긴 하지요. 그러나 저는 정치적 비용이 든다 해도 할 말은 할 것입니다. 저는 역사가 이것이 옳았다고 기록할 것이라 믿습니다.

마오　죄송합니다만, 대통령님께서 브리핑을 조금 줄이실 수 있겠습니까? (닉슨은 키신저를 쳐다봤고, 저우언라이는 웃음.) 대통령님께서 우리가 여기에서 얘기하는 것, 우리의 철학적 토론에 대해 (누군가가) 다른 사람들에게 브리핑한다면 그것이 좋다고 생각하십니까?

닉슨　오늘 우리가 여기서 얘기하는 것은 외부로 유출되지 않을 것입니다. 그것이 보장되어야 초고위급 회담이 가능한 거죠.

마오　좋습니다.

닉슨　예를 들어, 저는 총리와 그리고 나중에 주석님과 타이완, 베트남, 한반도 문제에 대해 대화하고 싶습니다. 매우 예민한 문제이기는 하나 일본의 미래에 대해서, 그리고 남아시아의 미래와 인디아의 역할에 대해, 그리고 보다 거시적인 관점에서 미소관계의 미래에 대해 토론하고 싶습니다. 왜냐하면 우리가 세계의 전체적 그림을 볼 수 있고, 세계를 움직이는 힘들을 파악할 수 있을 때 비로소 우리는 우리의 비전을 지배하고 있는 현안들에 대해 올바른 결정을 내릴 수 있을 것이기 때문입니다. 예를 들면, 흥미로운 것은 세계의 대다수 국가들이 우리들의 만남에 대해 긍정적이지만, 소련은 비난하고 있고, 일본은 대놓고 의심하고 있으며, 인디아 또한 비난하고 있다는 사실입니다. 따라서 우리는 그 이유를 알아야 합니다. 우리는 한반도, 베트남, 그리고 물론 타이완과 같은 현안들뿐 아니라, 전 세계적 관점에서 어떻게 우리의 정책들을 발전시켜 나가야 할지를 결정해야 합니다.

마오   동의합니다.

닉슨   예를 들어, 우리는 소련이 왜 유럽이 아닌 중국과의 국경지역에 군사력을 더 많이 배치하는지 알아야 할 것입니다. 또 일본의 미래는 어떻게 될 것인가? 일본이 중립화하고 방어력을 완전히 포기한다면 그것은 좋은 것인가? 아니면 일본이 미국과 관계를 당분간 유지하는 것이 더 좋을 것인가? 철학적 영역의 얘기입니다만, 국제관계에서는 좋은 선택이란 없다는 의미입니다. 그러나 한 가지는 확실합니다. 공백이 있으면 안 된다는 것이죠. 채워지기 마련이기 때문입니다. 예를 들어, 총리께서는 미국과 소련 모두 제국주의적이라고 지적한 바 있습니다. 그러나 중요한 것은 인민공화국이 직면하고 있는 위험이 미국의 침략행위 때문인지 소련의 침략행위 때문인지를 구별하는 일입니다. 이는 어려운 문제이기는 하지만 우리는 이에 대해 토론해야만 합니다.

마오   중미 양국 간의 상황은 어색한 면이 있죠. 지난 22년간 서로의 생각들이 한 번도 토론을 통해 만난 적이 없기 때문이죠. 우리가 탁구를 시작한 지 이제 10개월도 안 됐습니다. 바르샤바 회담에서 대통령님께서 안을 제안하신 지는 이제 2년이 안 됐고요. 우리 쪽도 관료주의에 빠져 있었습니다. 예를 들어, 대통령님께서는 개인적 차원에서 인적 교류를 원하셨습니다. 무역도 마찬가지죠. 그러나 우리는 근본 문제의 해결 없이는 아무것도 의미가 없다는 우리의 입장에 고착되어 작은 문제들에 대한 토론에 의미를 부여하지 않았습니다. 제 자신이 그런 입장을 고수했었죠. 저는 시간이 좀 지나 대통령님이 옳았다고 판단했습니다. 그래서 탁구 경기도 하게 된 것입니다. 이것이 가능해진 것은 귀하께서 대통령이 되셨기 때문이라고 총리가 말하더군요.

키신저 주석님, 세계정세는 극적으로 변하고 있습니다. 우리는 많은 것을 배우고 있습니다. 우리는 모든 사회주의/공산주의 국가들이 같은 현상이라고 생각해 왔습니다. 닉슨 정부가 출범한 후에야 우리는 비로소 중국 혁명의 독특함을 이해하게 되었고, 다른 사회주의 국가들에서 일어난 혁명의 방식에 대해서 알게 되었습니다.

닉슨 주석님, 저는 과거에는 인민공화국에 대해 주석님과 총리가 전혀 동의할 수 없는 입장을 가지고 있었습니다. 우리가 오늘 만날 수 있게 된 것은 우리가 국제관계의 새로운 상황을 이해했기 때문입니다. 우리 정부는 중요한 것은 국가의 내적 정치철학이 아니라고 판단을 하게 되었습니다. 중요한 것은 중국이 세계에 대해 그리고 미국에 대해 어떤 정책을 취하는가라고 생각합니다. 이것이 우리가 서로 다른 입장에 서 있는 이유인 것이죠. 총리와 키신저 박사가 이러한 차이들에 대해 토론하였습니다… 우리는 차이에도 불구하고 공동의 이익을 추구할 수 있습니다. 그렇게 함으로써 우리 양국은 각자의 방식으로 각자의 노선에 따라 안전하게 발전해 나갈 세계적 구조를 구축해 나갈 수 있을 것입니다. 이것이 다른 어떤 나라에게는 해당되지 않을 수 있겠습니다만… 주석님과 총리께서 우리를 초대함에 따르는 위험부담을 마다하지 않으셨다고 알고 있습니다. 우리에게도 방중은 쉽지 않은 결정이었습니다. 그러나 저는 주석님이 하신 말씀을 글을 통해 읽고 나서 주석님이 기회를 정확히 포착하실 분이라 믿게 되었습니다. 우리는 눈앞의 기회를 놓치지 말아야 합니다.

마오 (키신저를 쳐다보며) '눈앞의 기회를 놓치지 말아야 한다…' 일반적으로 말해, 나 같은 사람들은 대포 같은 큰 소리를 냅니다(저우언라이 웃음). 말하자면, '전 세계는 단결하여 제국주의, 수정주의, 모든 반동분자들을 척결하고, 사회주의를 건설해야 한다는 등…

닉슨 나처럼. 그리고 비적(匪賊)들처럼.

마오 아마도 개인으로서의 대통령님은 타도의 대상이 아니겠지요. 키신저 박사도 마찬가지일 것이고요. 여러분들 모두 타도된다면 우리의 친구들이 남아 있지 않겠지요… 얘기는 서로 잘 나누는 것 자체가 좋은 것이지요. 합의가 없다 해도 괜찮습니다. 이도 저도 할 수 없는 교착상태에 빠지는 것보다는 낫지요. 결과물을 꼭 내야 할 필요는 없습니다. 처음 만남에서 우리가 성공하지 못하면 사람들은 왜 첫 만남이 성공하지 못했는지 그 이유를 분석하게 될 것입니다. 그 이유는 아마도 우리가 잘못된 길에 들어섰기 때문일 겁니다. 두 번째 만남에서 우리가 성공한다면 사람들을 뭐라 할까요?

닉슨은 마오와의 철학적 만남에 이어 다음 날부터는 저우언라이와 양국 간 현안 및 세계 정세에 대해 일련의 논의와 대화를 진행하였다.

타이완

7월 24일 저우언라이로서는 당연히 "비적" 타이완의 독립 문제를 들고 나오지 않을 수 없었다. 키신저는 이때 "타이완 문제에 대해 아주 조금만 얘기했다"고 그의 회고록 등에서 전하고 있지만 사실 닉슨은 타이완 문제가 핵심인 줄 알고 있었으며, 이에 대한 자신의 입장을 이미 정리해 놓고 있었다. 최근 비밀해제된 문건에 따르면, 닉슨은 댜오위타이(釣魚台, 조어대) 국빈관에서 저우언라이와의 회담에 앞서 다음과 같은 노트를 적어 가지고 있었다.[109]

타이완 = 베트남 = 맞교환
중국 인민들은 타이완에 대한 행동을 기대하고 있다.
(1) 미국 국민들은 베트남에 대한 행동을 기대하고 있다.
(2) 미국이나 중국 모두 당장 행동을 할 수는 없다—그러나 불가피하다—서로를 난처하게 만들지 말자.

닉슨과 키신저는 2월 22일부터 대화의 상당 부분을 타이완 독립에 대한 중국

....

109 James Mann, *About Face: A History of America's Curious Relationship with China, from Nixon to Clinton*, Alfred A. Knopf, New York, 1999, p. 15.

의 우려를 완화시키는 데 할애하였다. 닉슨은 저우언라이에게 미국의 첫째 원칙은 '하나의 중국'임을 명백히 하면서 타이완은 중국의 일부라고 분명히 하였다. 둘째, 그는 미국이 타이완의 독립을 지지하지 않아 왔고, 앞으로도 그러할 것이라 말하였다. 셋째, 닉슨은 타이완 문제의 평화적 해결을 지지하며, 이와 관련하여 타이완이 군사력을 사용하여 본토를 수복하려 한다면 이를 지지하지 않을 것이라 말하였다. 나아가 닉슨은 타이완 주둔 미군의 2/3는 동남아 주둔 미군을 지원하기 위한 것이며, 지금 하고 있는 미중대화와 상관없이 동남아 상황이 해결되면 철수하게 될 것이고, 이미 자신이 결정을 내렸다고 말하였다. 2/3가 철수하게 되면 남게 될 1/3의 타이완 주둔 미군은 평화적 해결책에 진전이 있을 경우 타이완을 떠날 것이라고 말하였다.

저우언라이는 미국이 타이완 독립주의자 펑밍민(彭明敏, 팽명민)의 도주를 도왔다고 문제를 제기하였다. 그는 키신저 박사의 제자 라이샤워(Edwin Oldfather Reischauer) 등이 앞장섰다고 하였다.[110] 키신저는 이에 대해 "펑 교수는 반장제스주의 좌파 미국인들의 도움으로 타이완을 떠날 수 있었을 것"이라 말하였다. 키신저는 이어서 "대통령님, 저는 총리에게 미국 내 타이완 독립운동을 직접 또는 간접적으로 지원하는 일이 없을 것이라 말했고, 총리가 그와 다른 정보를 갖고 있다면 미국은 그러한 운동을 저지할 것이라 말했습니다"라고 말하였다. 닉슨은 "나는 그 정책을 승인한다"고 호응하였다. 키신저는 "단 타이완 독립운동이 미국의 지지 없이 독자적으로 형성된다면 미국은 그것을 억누르기 위해 군사력을 사용할 수는 없다"고 말하였다. 이에 대해 저우언라이는 장제스가 그러한 운동을 획책할 능력을 가지고 있다며, 닉슨과 키신저가 타이완 독립 문제를 해결할 적당한 방법을 제시해야만 한다고 주장하였다. 닉슨은 "절대적으로 동의한다"고 말하였다. 이 자리에서 닉슨이 승인한 '타이완 독립을 지지하지 않으나 무력으로 그것을 저지할 수는 없다'는 입장은, 이후 25년 동안 공개되지는 않았지만, 사실상 미국의 대타이완정책의 핵심적 관념으로 자리 잡게 되었다.

....

110　라이샤워는 키신저보다 13살이나 많고 제자도 아니나 저우는 하버드대 동료교수라는 의미로 이 말을 한 것으로 보인다.

소련에 대한 군사정보

닉슨과 저우는 타이완 문제 외에 중국의 생존을 위협하던 소련 문제도 중점 논의하였다. 여기서 특기할 만한 것은, 닉슨과 키신저가 소련의 패권주의, 그리고 소련과 북베트남 간의 군사협력과 그에 따른 소련의 영향력 증대를 양국의 공통된 우려로 인정하면서, 미국의 1급기밀인 중소국경에 배치된 소련 군사력 현황을 중국 측에 브리핑한 것이었다. 닉슨과 키신저는 방중외교에 대해 자세히 기록한 그들의 회고록에서 이에 대해서는 전혀 언급하지 않았다. 이 내용은 수십 년간 고스란히 비밀로 남아 있었다.

최근 비밀해제된 미국외교문건에 따르면, 키신저는 2월 23일 오전 9:35분에서 12:34분까지 열린 예젠잉 중앙 군사위 부주석 등과의 회담에서 중국 국경지역에 배치된 소련의 군사력에 관한 정보를 중국 측에 알려주었다. 지상군, 전술항공기와 미사일, 전략대공전력, 전략미사일, 특히 핵무기 배치 현황에 관한 상세한 정보였다. 키신저는 정보를 제공하면서, "우리 동료들 중 누구도 우리가 당신들에게 이 정보를 주었다는 사실을 알지 못한다. 우리 정부에서 대통령과 여기에 있는 사람들을 제외하고는 그 누구도 우리가 이 정보를 당신들에게 준 것을 알지 못한다. 정보기관들조차도 우리가 이 정보를 제공했다는 사실을 알지 못한다"고 말하였다. 그는 "향후 위기가 발생하면 우리는 같은 정보에 기초해 의사결정을 할 수 있을 것"이라며, 정보 제공의 이유를 밝혔다. 예젠잉은 "이 1급기밀을 우리에게 제공해준 미국의 진정성을 믿는다"며 사의를 표했고, 키신저는 "추가적 정보가 필요하면 자신에게 연락하라"며 "공동의 이익"을 강조하였다.[111]

일본 군국주의 부활

닉슨과 저우언라이는 일본에 대해서도 상당 시간을 할애하여 논의하였다. 저우언라이는 일본의 신속한 경제성장이 군사적 팽창주의를 야기할 것이고, 한반도와 타이완에서 일본의 역할이 증대할 것이라며 우려를 표명하였다. 그는 일본이 계

....

111 Memorandum of Conversation, Beijing February 23, 1972, 9:35 a.m.-12:34 p.m. *FRUS, 1969-1976*, Vol. E-13, Documents on China, 1969-1972.

속 커가면 미국의 말을 듣지 않을 것이며, 일본의 전통적인 군사주의적 사고는 이웃나라들을 위협할 것이라고도 하였다.

이에 대해 닉슨은 일본이 한반도에 군사개입하는 일은 없을 것이며, 타이완에서의 일본의 역할도 걱정하지 않아도 된다고 저우언라이를 안심시키고자 하였다. 닉슨은 저우 총리가 말한 대로 일본인들은 팽창주의 욕구과 역사를 가진 민족이기 때문에, "경제적으로는 거인이면서 군사적으로는 피그미인 일본"을 누군가가 관리하지 않으면 결국 일본은 군국주의자들의 요구에 흔들리게 될 것이라고 말하였다. 그는 미국이 일본을 관리해야 하는 필요성을 되풀이해 강조하였다. 닉슨은 (일본이 핵무기 방어 수단을 가질 수 없기 때문에) 미국이 일본에 방어력을 제공함으로써 긴밀한 양국관계를 지속할 수 있다면 저우 총리가 정확히 짚은 일본의 군사팽창 가능성은 억지될 수 있다고 말하였다. 그는 이러한 미국의 대일 억지력은 긴밀한 관계가 유지될 때 가능한 것이며, 그렇지 않으면 일본은 미국의 말을 듣지 않을 것이라고도 하였다. 닉슨은 미국의 정책이 한반도 문제에 대한 일본의 군사개입을 막는 데 있다고 설명하면서, 그러한 정책의 실효성은 미국이 일본과 얼마나 긴밀한 관계를 유지하는가에 달려 있다고 강조하였다.

나아가 닉슨은 미군의 일본 주둔이 중국에게도 이익이라는 점을 지적하였다. 그는 "저우 총리의 철학적 관점에서 미일관계를 보면 주일미군은 철수해야 하고, 미일안보조약은 폐기되어야 하며, 일본은 비무장중립국가가 되어야 마땅하다"고 하였다. 그러나 그는 철학과 이익을 구분해서 보자며, 이익의 관점에서 보면 미국의 대일정책이 중국에 이익이 된다고 제시하였다. 닉슨은 일본이 관리되지 않는다면 군사적 독자노선화해서 한반도와 타이완에 군사적으로 영향력을 행사하거나, 아니면 소련과 가까워질 가능성이 크다고 말하였다. 이 두 가지 시나리오는 모두 중국에 불이익이며, 오로지 미국이 대일 영향력을 유지해야만 위와 같은 일이 일어나지 않을 것이라 강조하였다.

닉슨은 주일미군을 철수시키면 미국이 일본에 "대포소리처럼 크게 외쳐도 15,000마일은 너무 먼 거리"라고 은유를 동원하였다. 닉슨은 자신이 그리는 그림이 낡은 냉전적 사고에 따른 것으로 보일진 몰라도 이 그림이야말로 자신이 세계를 보고 분석한 결과이며, 그것이 우리, 즉 중국과 미국을 철학이나 친분이 아닌 이익, 즉

안보라는 공동이익의 관점에서 한 자리에 모을 수 있었다고 말하였다.

2월 24일 회담에서도 닉슨은 일본의 군국주의적 "지니(genie)"를 호리병 속에 가둬둘 수 있는 "병마개(bottle cap)"라는 의미로 주일미군의 이익을 설명하였고,[112] 저우언라이는 "말하자면, 미군이 일본에 주둔해야만 일본을 억지할 수 있다는 논리지요?"라고 긍정적인 톤으로 되물었다. 닉슨은 "바로 그것"이라며, 그는 중국과 일본이 외교관계를 회복하면 중일우호관계가 미일관계에 도움이 될 것이기 때문에 차기 일본 정부에 기대를 걸고 있다고 말하였다.

저우언라이는 닉슨의 기대에 기대감을 표시하였다. 저우 총리는 "중국은 일본과 외교관계를 정상화하고 평화조약을 체결하게 되면 양국 간 불가침조약도 고려할 수 있을 것이라 천명한 바 있다"고 말하였다. 저우언라이는 일본은 중국의 핵무기를 두려워하지만 우리는 '핵무기 선제불사용' 원칙을 고수하고 있다고 말하며, 중국은 일본을 위협하고 있지 않다고 강조하였다. 아이러니하게도, 저우언라이는 닉슨이 일본의 군사팽창 가능성을, 우회적으로 그리고 노회하게, 자신의 의제와 의지를 관철하기 위한 지렛대로 사용하고 있다는 사실은 인지하지 못하였다.[113]

베트남전

미국과 중국이 나눠야 할 대화의 주제는 타이완, 소련, 한반도, 일본, 인디아, 파키스탄 등 아시아 전체에 걸친 것이었지만, 가장 시급한 현안 특히 닉슨에게 가장 절박한 안건은 베트남전을 "명예롭게" 끝내는 일이었다. 2월 22일 회담에서 저우언라이는 인도차이나 문제가 "지금 가장 급한 현안"이라며 말을 꺼냈다. 그는 "베트남 인민은 위대하다"면서 이제 미국이 보다 대담한 행동을 할 필요가 있다고 강조하였다:

....

112 Liu Jiangyong, "New Trends in Sino-U.S. Relations," *Contemporary International Relations*, Vol. 8, No. 7, July 1998, p. 113. Thomas J. Christensen, *Worse Than a Monolith: Alliance Politics and Problems of Coercive Diplomacy in Asia*, Princeton University Press, 2011, p. 236.

113 Michael Schaller, "The Nixon 'Shocks' and U.S. - Japan Strategic Relations, 1969-74," Working Paper No. 2, 1996. http://nsarchive2.gwu.edu//japan/schaller.htm

미국은 의도하지 않게 베트남에 개입하게 되었습니다. 그냥 포기하시는 게 어떨까요? 베트남은 2차대전의 결과로 분단된 한국의 경우와는 다릅니다… 호치민과 저는 1922년 프랑스에서 만나 오랜 친구 관계를 유지하고 있습니다. 호치민이 전체 베트남을 지도할 수 있었다면 베트남과 미국 간 관계는 악화되지 않았을 것이고, 아마도 훨씬 좋았을 것입니다… 미국은 대담하게 행동해야 합니다. 그렇게 하지 않으면 이 지역에서 소련의 영향력이 더 증대될 것이고, 중국도 계속해서 북베트남을 지원하지 않을 수 없게 될 것입니다.

저우언라이는 미국이 철수하지 않으면 북베트남을 계속 지원할 수밖에 없다고 말하면서도 베트남은 한반도와는 다른 차원의 경우라고 말하고 있었다. 중국이 인민지원군을 보내 한국전에 참전할 수밖에 없었던 이유는 미국이 중국을 군사적으로 위협했기 때문이라는 것이었다. 이와 같이 저우언라이는 베트남에 인민해방군을 파병하지는 않을 것임을 강하게 암시하였다. 닉슨은 베트남 주둔 미군의 "명예로운 철수"를 보장받기 위해 저우언라이를 설득하였다:

저는 '외부의 개입 없이 인도차이나 국민들이 자신과 관련된 정치적 결정을 내리도록 해야 한다'는 총리의 견해에 전적으로 동의합니다. 우리는 이미 이를 제안한 바 있습니다. 우리는, 총리의 표현대로, 꼬리를 남기지 않고 전 미군을 철수하고, 인도차이나 전체에서 전쟁을 중지한다는 안을 내지 않았습니까? 그리고 이제 베트남인들이 자신들이 원하는 것을 하면 될 것입니다. 그러나 북베트남은 우리의 군사적 해결책 외에, 남베트남의 정치적 미래에 대한 개입, 즉 현 정부를 전복하고 사실상 자신들이 선택하는 정부로 대체하라고 고집하고 있습니다. 우리는 이것을 받아들일 수 없습니다. 북베트남은 자신의 주장을 내놓고, 우리더러 받든지 말든지 마음대로 하라는 식으로 나오고 있습니다… 미국이 자신의 동맹국을 전복시킨다면 미국의 국제적 평판은 어떻게 되겠습니까? 어떤 나라도 미국을 신뢰하려 하지 않을 것이고, 미국의 평판은 영원히 파괴될 것입니다. 북베트남이 미국의 인내를 시험하려 든다면 미국은 강력히 대응할 것입니다… 소련은 북베트남이 전쟁을 계속할 것을 요구하고 있습니다. 그들은 미국이 베트남에 묶여 있길 바랍니다. 그렇게 되면 소련은 이 지역에서 더 큰 영향력을 가지게 될 것입니다… 미국은 협정도 없이, 쫓겨나듯 그렇게 베트남을 떠나지는 않을 것입니다. 만일 협상이 성공한다면 미국은 북베트남을 포함하여 남베트남, 그리고 모든 인도차이나 국가들에게 상당한 경제원조를 제공할 용의가 있습니다. 미국은 꼬리를 남기고 싶지 않습니다. 우리는 이곳에 기지를 원하지도 않습니다. 총리가 제시한 베트남의 중립화도 받아들일 수 있습니다. 우리는 협상을 성공시키기 위한 중국의 어떠한 노력도 환영합니다. 그러나 우리는 중국에 기대하는 바는 없고, 중국이 협상을 지원하지 않아도 무방하다고 생각합니다. 우리는 북베트남과 우리가 제안한 바에 따라 협상을 진행해 나갈 겁니다… 저는 북베트남이 쉬운 쪽을 선택하길 바랍니다.

닉슨은, 2월 24일 저우언라이가 미국 민주당이 비판적일 것이라 우려하자, 우리가 아무리 "공동성명을 능숙하게 만들어낸다 해도 그들은 '중국은 타이완 문제 해결을 원했고 그것을 관철하였다, 미국은 베트남전 문제 해결을 위한 도움을 청했지만 중국으로부터 아무것도 얻은 것이 없다'고 할 것입니다"라고 말하며, 자신은 중국의 협조를 필요로 하는 입장임을 암시하였다. 저우언라이는 이에 대해 "공동성명에 제3국(여기서는 북베트남)을 대변하지 않는다는 조항이 있습니다"라고 완곡히 거절하였다. 닉슨은 베트남전 문제에 대해 부연설명하였다:

닉슨   저는 미국 대통령으로서 저우 총리에게 이 귀찮은 문제를 가장 신속히 해결하고 있다고 말씀드리고자 합니다. 저의 전임자는 50만의 병력을 베트남에 파병했지만, 저는 50만을 철수시켰습니다. 미국의 불개입은 이제 시간 문제라고 확실히 말씀드리겠습니다. 우리가 지금 하고 있는 대화의 핵심은 결국 미군이 급작스럽게 떠나느냐 아니면 협정에 의해 질서 있게 떠나느냐입니다. 직접적으로 말하죠. 우리는 철수합니다. 철수하고 있습니다. 그러나 우리는 남베트남 정부를 전복하고 새 정부를 북베트남에게 넘겨줄 수는 없습니다. 이것은 불가합니다. 북베트남은 공정한 선거를 통해 그렇게 할 능력이 있다고 봅니다.

저우언라이   존슨 정부는 남베트남의 애국자들을 탄압하기 위해 군대를 보냈습니다. 이러한 상황에서 남쪽의 형제들을 돕기 위해 북쪽에서 내려오는 동포들을 어떻게 거부할 수 있겠습니까?

닉슨   저는 그에 반대하지만 이해할 수는 있습니다. 저는 북베트남이 남쪽으로 내려오는 것을 이해할 수 있습니다. 모두 베트남인들이니까요… 저는 총리의 입장을 이해합니다. 우리는 중국이 이 상황에 개입하지 않더라도, 적어도 소련이 하는 것처럼 북베트남이 협상을 거부하도록 격려하지는 말았으면 합니다.

한반도

닉슨은 한국의 박정희 대통령에게 한반도 문제에 관해 얘기하지 않겠다고 했지만, 이에 대해 먼저 말을 꺼낸 쪽은 닉슨이었다. 그는 마오와의 면담에서 타이완, 베트남 등의 문제와 함께 한반도 문제도 논의하길 희망한다고 말했었고, 저우언라이와의 회담에서는 비교적 상세하게 언급하였다. 마오 면담 다음 날인 2월 22일 저우언라이는 베트남전의 기원과 미국의 실수를 지적하다가 중국의 한국전 참전 이야기를 꺼내며 중국 안보전략의 핵심을 요점적으로 정리하였다:

항미원조 전쟁 때 왜 우리가 중국인민지원군을 보낸 줄 아십니까? 트루먼이 우리를 그렇게 하도록 만들었기 때문이죠. 그는 우리가 타이완을 해방하지 못하도록 해협에 7함대를 보냈습니다. 게다가 미군은 국경인 압록강까지 진격하려 하고 있었습니다. 우리는 당시 미군이 압록강을 향해 진격한다면, 중국은 새로 해방된 나라였지만, 잠자코 있을 수만은 없다고 선언하였습니다. 따라서 트루먼의 군대가 압록강에 도달하자 우리는 우리가 한 말이 헛된 것이 아니라는 것을 보여주어야만 했습니다. 우리는 그러나 미국에 이길 수 있다고 확신하지는 않았습니다. 소련이 군대를 파견하지 않으려 하고 있었기 때문이죠. 대통령께서도 잘 알고 계시죠?

한반도 문제에 관한 더 상세한 대화는 2월 23일 회담에서 있었다. 이들은 다음과 같이 대화하였다:

저우언라이　우리는 물론 주한미군의 점차적 감축에 대해 긍정적으로 평가합니다.

닉슨　주한미군은 이미 1/3 감축되었습니다.

저우언라이　일본군(자위대)이 남한을 침략하도록 내버려둔다면 긴장이 고조될 것입니다. 키신저 박사가 인정했듯이, 일본은 이를 몇 차례 시도했고, 이미 사복차림의 군인들을 남조선에 보낸 바 있습니다.[114] 우리는 이를 주시하고 있습니다. 미국도 그러하리라 봅니다.

닉슨　일본의 한반도 문제 개입은 미국과 중국 모두에게 이롭지 못합니다. 일본의 개입을 막기 위해 우리가 할 수 있는 범위 내에서 최대의 노력을 기울일 것입니다.

저우언라이　저는 키신저 박사를 통해 궁극적으로 미군이 한국으로부터 철수할 것이며, 일본군의 남한 진입을 막을 것이라는 얘기를 들었습니다. 극동의 평화를 깨뜨릴 것이기 때문이라는 것이죠. 그런데 북남 간에 접촉은 어떻게 추진할 것인가? 평화통일은 어떻게 진행할 것인가? 이러한 문제는 중요하지만 긴 시간을 요할 것으로 보입니다.

닉슨　중요한 것은 우리의 동맹국들이 자제하도록 영향력을 행사하는 것입니다. 한국의 이승만 대통령과의 일화를 처음 소개하고자 합니다. 저는 아이젠하워 정부의 부통령으로서 세계 순방 중 한국을 방문하여 북진통일을 원하고 있던 이승만에게 북진통일은 안 된다, 만일 그렇게 한다면 미국은 지원하지 않을 것이라 말하자 이승만은 눈물을 흘렸습니다. 그의 북진통일

··········

114　1969년 6월 일본 육상자위대 장군 야마다 마사오(山田正雄)가 방한하여 한국군 부대를 시찰하고, 박정희 대통령을 만났다. 같은 달 한국군 합참의장 문형태 장군이 방일하여 자위대 시설을 시찰하고, 일본 방위청장과 사토 수상을 만났다. 1970년 7월에는 자위대 정무차관 쓰찌야 요시히코가 서울을 방문했고, 1971년 2월 22일에는 한국 국방차관 유근창이 방일하여 자위대와 국방대학을 시찰하였다. 저우언라이는 일본 자위대 장교들이 사복을 입고 남한에 드나든다는 얘기는 1971년 7월에 예정되었던 34명의 자위대 간부의 방문을 말했던 것이 틀림없다. 키신저는 1971년 10월 2차 베이징 방문 때 자신이 일본 자위대 장교들이 한국을 방문한 것은 사실이며, 자신이 그 명단도 갖고 있다고 시인하였다. Memorandum of Conversation, October 22, 1971, Hak visit to PRC, Foreign Relations, 1969-1976, Volume E-13, Documents on China, 1969-1972. https://2001-2009.state.gov/r/pa/ho/frus/nixon/e13/72461.htm. 홍석률, 『분단의 히스테리: 공개문서로 보는 미중관계와 한반도』, 창비, 2012, pp. 111-12.

을 막은 사람은 바로 나입니다. 한국인들은 남북 모두 감정적이고 충동적인 민족(emotionally impulsive people)입니다. 우리는 이러한 충동성과 그들의 호전성(belligerency)이 우리 양국을 곤경에 빠뜨리는 사건을 일으키지 않도록 영향력을 행사해야 합니다. 한반도를 우리 양국 간 분쟁의 장으로 만드는 것은 어리석고 비합리적인 일입니다. 이러한 일이 한 번 일어났지만, 다시는 일어나서는 안 됩니다. 총리와 내가 이러한 일이 다시 일어나지 않도록 협력하여 일할 수 있을 것이라고 믿습니다.

저우언라이   중요한 것은 또한 그들 간의 접촉을 촉진하는 일입니다.

닉슨   적십자회담처럼, 정치적 접촉처럼….

상하이공동성명

닉슨과 저우언라이는 1972년 2월 27일 상하이에서 그간의 협상을 요약·정리하는 공동성명을 발표하였다. '상하이공동성명(the Shanghai Communique)'으로 더 잘 알려진 이 선언은 미국과 중국이 20여 년간의 대립과 충돌, 그리고 불신과 증오에서 서서히 벗어나 외교관계정상화 과정을 시작하는 첫 주요 공식 단계가 되었다. 이 성명이 손쉽게 나온 것은 아니었다. 저우언라이는 "미중 간의 근본적인 차이가 드러나지 않는 공동성명은 기만적 행위"일 뿐이라며, 미국이 건넨 초안은 준수할 의지를 결여한 "상투적(banality)"이고 "부정직한(untruthful)" 소련의 일반문서와 같다고 거부하였다. 그러나 중국의 초안은 닉슨도 받아들일 수 없었다. 그가 회고록에서 제시하였듯이, "미국의 초안은 차이를 덮으려 한 반면 중국의 초안은 그 차이를 극명히 드러내려 하였다."[115] 키신저는 저우언라이에게 "미국 대통령이 '혁명은 역사의 불가항력적인 경향'이라든가 '인민혁명적 투쟁은 정의롭다'는 등의 내용을 담은 문서에 서명한다면 큰 일이 일어날 것"이라며 중국 측 초안을 점잖게 거부하였다. 그러나 저우언라이와 키신저가 타협을 거듭하고, 그리고 닉슨도 가끔 개입하

....

115   165. Memorandum from the President's Assistant for National Security Affairs (Kissinger) to President Nixon, Washington, undated, *FRUS, 1969-1976*, Volume XVII, China, 1969-1972.

며, 결국 상하이공동성명이 도출되었다. 양국 정상은 공동성명은 발표하되 양국의 차이를 굳이 얼버무리지 않기로 합의하였다. 요점은 다음과 같다:

중국과 미국은 중요한 변화와 큰 격변이 일어나고 있는 국제정세를 검토하고 이에 대한 양국의 입장과 태도를 진술했다.

미국은 인도차이나 국민들이 외부의 개입 없이 그들의 운명을 결정하도록 허용되어야 하며, 미국의 변함없는 기본목표는 협상을 통한 해결이라는 점을 강조했다. 베트남공화국과 미국이 1972년 1월 27일에 제안한 8개항은 이 목표 달성을 위한 기반을 반영하는 것이다. 협상에 의한 해결이 결여된 상태에서도 미국은 인도차이나의 모든 국가들의 민족자결주의라는 목표에 부응하여 이 지역에서 모든 미군의 궁극적인 철수를 구상하고 있다. 미국은 대한민국과의 긴밀한 유대와 이에 대한 지지를 유지할 것이다. 미국은 한반도의 긴장완화와 대화증진을 모색하려는 대한민국의 제 노력을 지지할 것이다. 미국은 일본과의 우호관계에 최고 가치를 부여하고, 기존의 긴밀한 유대를 더욱 증진할 것이다. 미국은 1971년 12월 21일 자 UN안보리 결의에 따라 인도·파키스탄 간의 정전이 유지될 것과 모든 군대가 자국 영토내로 복귀할 것, 그리고, 잠무와 캐슈미르 휴전선에서의 철수를 촉구한다. 미국은 남아시아가 강대국들의 경쟁의 장이 되는 것에 반대하고, 이 지역 국민들이 외부의 군사적 위협을 받지 않고 자신들의 장래를 만들어갈 수 있는 권리를 지지한다.

중국은 '압제가 있는 곳에 저항이 있고, 국가들은 독립을, 민족들은 해방을, 인민들은 혁명을 원하며, 이것이 역사의 불가항력적인 경향이 되었다'고 선언한다… 중국은 결코 초강대국이 되지 않을 것이며 어떤 류의 패권주의나 권력정치에도 반대한다. 중국 측은 자유와 해방을 위해 투쟁하는 모든 피압박 민족과 국가들의 노력을 확고히 지지하며, 모든 나라는 그들의 희망에 따라 그들의 사회체제를 선택하고, 그들 나라의 독립과 주권 및 영토를 수호하며, 외부 침략과 간섭·통제 및 전복활동에 반대할 수 있는 권리를 가진다고 천명한다. 모든 외국군대는 그들 나라에서 철수해야 한다.

중국은 그들 목표의 달성을 위해 노력하고 있는 베트남·라오스·캄보디아 인민들을 확고히 지지하고, 남베트남공화국 임시혁명정부의 7개항의 제안과 이 제안의 2개 핵심 문제에 관한 금년 2월의 구체적 대안에 대해 지지를 표명한다. 중국은 인도차이나 국가들의 인민정상회담의 공동선언도 지지한다. 중국은 1971년 4월 12일 조선민주주의인민공화국이 제시한 한반도의 평화적 통일에 관한 8개항을 확고히 지지하며, UN 한국통일부흥위원단의 해체를 촉구한다. 중국은 일본 군국주의의 부활과 대외팽창에 강력히 반대하며, 독립적·민주적·평화적·중립적 일본을 건설하려는 일본 국민들의 바람을 확고히 지지한다. 중국은 인도와 파키스탄은 인도·파키스탄 문제에 관한 UN 결의에 따라 그들의 모든 군대를 그들 영토 내로, 그리고, 잠무 및 캐슈미르 휴전선 경계선 안으로 즉각 철수시킬 것을 강력히 요구하며, 독립과 주권을 보존하려는 투쟁 속의 파키스탄 정부와 국민들, 그리고 자결권을 위해 투쟁하고 있는 잠무·캐슈미르의 인민들을 확고하게 지지한다.

중국과 미국 간에는 사회체제와 대외정책에 있어 근본적인 차이가 있다. 그러나 양국은 사회체제와 상관없이 모든 국가는 타국의 주권·영토에 대한 존중, 타국에 대한 불가침, 타국에 대한 내정불간섭, 평등·호혜 및 평화공존의 제 원칙에 입각하여 그들의 대외관계를 수행해야 한다고 합의했다. 국제분규는 무력의 행사나 위협 없이 이 기반에 따라 해결되어야 한다. 미국과 중국은 이 원칙들을 그들 상호관계에 적용할 자세가 되어 있다. 국제관계에 관한 이 원칙들을 염두에 두고 양측은 다음과 같이 입장을 개진했다.
- 중미관계의 정상화를 지향하는 진전은 모든 나라의 이익에 부합한다.
- 쌍방은 국제적 군사분쟁의 위험을 완화하기를 희망한다.
- 어느 측도 아시아 태평양지역에서의 패권을 추구하지 않을 것이며, 어느 다른 나라나 국가군의 이 같은 패권쟁취를 위한 노력에도 반대한다.
- 어느 측도 제3국을 대신하여 협상을 하거나, 또는 타국을 겨냥한 협정이나 양해사항을 다른 나라와 체결하지 않는다.

양국은 주요 국가가 다른 나라를 겨냥하여 다른 주요 국가와 공모하거나, 세계를 세력권으로 분할하는 일은 전 세계 인민들의 이익에 반하는 행동임을 인정한다.

양국은 중국과 미국 간의 다년간에 걸친 심각한 대립에 대해 검토했다. 중국 측은 그들의 입장을 재확인했다. 타이완 문제는 중국과 미국간 관계 정상화를 가로막는 핵심적 문제이다. 중화인민공화국 정부는 중국의 유일한 합법정부이며, 타이완은 조국에 오래 전 반환된 중국의 1개 성이다. 타이완 해방은 어떤 다른 나라도 개입할 권리가 없는 중국의 내부 문제이다. 모든 미군 및 군사시설은 타이완으로부터 반드시 철수되어야 한다. 중국정부는 '1개의 중국·1개의 타이완,' '1개의 중국·2개의 정부,' '2개의 중국,' 또는 '독립된 타이완'을 목적으로 하는 어떠한 행동도, 그리고 '타이완의 지위는 미정'이라는 주장을 옹호하는 어떠한 행동도 강력히 반대한다.

미국 측은 이렇게 선언했다. 미국은 타이완해협의 양측에 있는 모든 중국인들이 중국은 하나밖에 없으며 타이완은 중국의 일부라고 주장하고 있다는 점을 인식(acknowledge, 认识, 認識)한다. 미국정부는 이 같은 입장에 이의를 제기치 않는다. 미국은 중국인들 자신에 의한 타이완 문제의 평화적 해결을 다시 한번 지지한다. 이 같은 전망을 염두에 두고 미국은 타이완으로부터 모든 미군 및 군사시설을 궁극적으로 철수할 것임을 확인한다. 미국은 그 시점 이전에도 이 지역에서 긴장이 완화되면 타이완에 있는 미군과 군사시설들을 전향적으로 감축할 것이다.

당시 상황을 고려할 때 상하이공동성명의 채택은 중국의 마오와 미국의 닉슨에게 의미심장한 것이었다. 중국은 최근 "사회주의적 제국주의" 소련과 직접 격돌한 바 있었다. 또한 중국은 소련의 '브레즈네프 독트린'이 관념적인 그러나 사활이 걸린 위협을 제기하고 있다고 보고 있었다. 중국이 보기에 자신을 배신한 북베트남은 소련으로 경도되어 대중포위망의 일원이 된 셈이었다. 인디아는 서남쪽에서, 일본은 동북쪽에서 위험스러운 존재였다. 이러한 상황에서 닉슨이 제발로 찾아와 공동성명을 발표하며 적기에 중국의 활로를 찾아 준 것이니 마오로서는 말 그대로 의미가 심장(深長)하지 않을 수 없었다.

미국의 닉슨도 방중의 성공으로 그의 국내외 문제를 타개해 나갈 수 있었다. 사실 중국은 베트남전과 관련해 미국을 진지하게 돕지는 않았다. 그러나 중국이 전쟁을 계속해야 한다던 이전의 입장을 고집하지 않은 것은 사실상 미국을 위해 영향력을 행사한 것이나 마찬가지였다. 어쨌든 닉슨에게 중요했던 것은 자신이 민주당 트루먼이 "잃은 중국(Who Lost China?)"을 "되찾아(Finding China)" 전승의 가망성이 없고, 당시 1년에 15,000명 꼴로 인명 손실을 초래하던 베트남전을 "명예롭게 끝내게 되었다"는 정치 프레임을 활용할 수 있게 되었다는 점이었다. 닉슨은 "되찾은 중국," "명예로운 평화"라는 정치프레임을 내세워 대선에서 압승하였다. 나아가 미국은 이제 '전략적 3각관계(strategic triangle)'에서 서로에게 적대적인 중국과 소련을 각각 분리해서 상대할 수 있는 우월한 위치에 서게 되었다. 다시 말해, 미국이 '이중제소(以中制蘇)', '이소제중(以蘇制中)'을 할 수 있게 되었다는 것이다. 키신저는 1973년 3월 2일 대통령에게 제출한 자신의 중국방문 관련 보고서에서 다음과 같이 썼다.

소련 요인은 우리의 대중 관계에서 지렛대 역할을 하고 있음. 동시에, 대부분의 소련학 연구자들의 예측과는 달리, 미중관계 개선은 소련에 대한 우리의 위상을 높이고 있음. 우리는 중소 양국을 예의주시하면서 우리의 '마오타이'를 계속 갖고 있으면서 우리의 '보드카'를 동시에 즐길 수 있을 것임. 소련과의 적대관계를 상수로 보고 있는 중국은 최근 일본과 서유럽을 보험으로 확보하고자 노력하고 있지만, 결국 소련과 겨룸에 있어 미국 외 다른 국가를 상정할 수는 없을 것임. 한편, 소련은 유럽 문제와 경제 부문에서 미국을 필요로 하고 있음.[116]

닉슨은 중국 방문을 마친 후 1972년 5월 그의 방중성과와 상하이공동성명이라는 지렛대를 가지고 소련을 방문하여 존슨 정부 때 시작한 일련의 외교안보협상

....

116 "My Trip to China," 3. Memorandum From the President's Assistant for National Security Affairs (Kissinger) to President Nixon, Washington, March 2, 1973, *FRUS, 1969-1976*, Volume XXXVIII, Part 1, Foundations of Foreign Policy, 1973-1976.

을 타결짓고 '탄도미사일요격제한협정(Treaty on Anti-Ballistic Missile Systems, ABM Treaty)'과 '전략적공격무기제한잠정협정(Interim Agreement and Protocol on Limitation of Strategic Offensive Weapons)'에 서명하였다. 소련은 개선된 미중관계를 의식하지 않을 수 없었고, 그로 인해 미국에 타협적으로 나올 수밖에 없었다. 혹자는 닉슨이 중국과의 '화해(Rapprochement)'로써 '데탕트(détente)'라 불리는 미소 간 긴장완화의 시대를 열었다고 말할 수 있을 것이다.

한편, 상하이공동성명은 미중 그리고 미중소 간의 문제에 대한 새로운 실용주의적 접근의 결과물이기도 했지만, 그것을 넘어 일본, 한반도, 인디아, 파키스탄 등 아시아 전체의 문제 해결을 위해 미국과 중국이 대화하고 협력하기로 한 약속이기도 하였다. 특히 일본과 한국에게는 심대한 영향을 미쳐 이들 나라의 국가전략의 전환에 촉매 역할을 하기도 하였다.

"닉슨 충격," 그리고 일본의 실리주의적 편승외교와 중일관계정상화

일본에게 1971년 키신저의 비밀 방중과 1972년 닉슨의 방중 예정 발표는 그 야말로 충격이었다. 1957년에서 1963년까지 주미대사를 지냈던 아사카이 고이치로(朝海浩一郎)는 '어느 날 갑자기 미국이 일본에는 통보조차 않은 채 대중공 정책을 반전(反轉)하는' 꿈에 자주 잠을 설쳤다고 미국인 동료들에게 말하였다. 이른바 '아사카이의 악몽'이다. 미국 외교관들은 '있을 수 없는 일'이라며 그를 안심시켰다. 1971년 7월 '아사카이의 악몽'이 현실로 나타났다. 7월 15일 닉슨은 키신저의 비밀 방중과 자신의 방중 예정 사실을 발표하였다. 당시 일본 총리 사토 에이사쿠(佐藤栄作)가 이 사실을 전해 들은 것은 공식 발표 3분 전이었다. 불과 1주일 전만 해도 멜빈 레어드(Melvin Laird) 미 국방장관으로부터 미국의 대중 정책에 변화가 없을 것이라는 말을 들었던 사토로서는 실로 엄청난 충격이 아닐 수 없었다.[117] 사토 개인뿐 아니라 일본 국민들도 "국가적 모욕"이라며 분노하였다.[118]

....

117 Schaller(2002).
118 *International Herald Tribune*, April 26, 1972.

일본인들이 놀라고 분노한 이유는 일본이 1951년 9월 8일 샌프란시스코 평화조약 체결 이후 줄곧 반공주의를 핵심으로 하는 대미 추수노선(追隨路線)을 충직하게 유지해 오고 있었다는 그들의 인식에 있었다. 그러나 일본의 정치인들은 반드시 그렇지는 않았다. 시간을 조금 거슬러 올라가보면, 미군정 이후의 초대 총리 요시다 시게루(吉田茂)는 일본의 국익을 무엇보다 중요시한 인물이었다. 그는 반공주의자이기는 했지만 또한 실리주의자였다. 그는 1951년『포린 어페어즈(*Foreign Affairs*)』지에 기고한 글에서 "적(赤)이든 백이든 중국은 이웃나라다. 지세(地勢, geography)와 경제법칙이 장기적으로는 이데올로기적 차이나 인위적 무역장벽을 반드시 극복할 것이다"라고 제시한 바 있었다.[119] 그는 1951년 10월 일본 의회에서 "중공에 대한 문제는 이데올로기에도 불구하고 현실외교라는 견지에서 자주적으로 결정해야 함은 물론, 현재 대중공 관계는 통상무역이라는 측면에서 생각하고 있으며, 중공의 대응 여하에 따라 일본은 상하이에 재외사무소를 설치할 수도 있다고 생각한다"고 말하였다.[120] 그는 훗날 "중공정권은 현재까지 소련과 친밀하게 악수를 하고 있는 것처럼 보이지만 중국민족은 본질적으로 소련인과 양립할 수 없는 측면이 있다. 나는 문명이 다르고 국민성이 다르며 또한 정정(政情)도 다른 중소 양국은 끝내 가까워질 수 없다고 생각하고 있으며, 따라서 (일본과) 중공정권과의 사이를 결정적으로 악화시키는 것을 바라지 않았다"라고 회고하기도 하였다.[121] 이와 같이 요시다 독트린에 따른 일본의 국가전략은 미일동맹을 핵심으로 하되 가능한 범위 내에서 자국의 경제이익을 자율적으로 추구한다는 측면을 동시에 갖고 있었다. 일본은 1952년 4월 28일 타이완과 평화조약을 체결하고 협력을 강화하면서 미국이 추구하던 대중국봉쇄의 삼각체제에 참여하면서도 정경분리 원칙에 따라 중국과의 경제적 관계를 확대·강화해 가고자 하였다.

중국도 일본과의 관계개선 의지를 공개적으로 표명하였다. 1955년 10월 15일 일본 의회 대표단이 방중했을 때 마오쩌둥은 "일본 내 조건이 변하였다. 나는 군국

....

119 Shigeru Yoshida, "Japan and the Crisis in Asia," *Foreign Affairs*, Vol. 29, No. 2, 1951, p. 179.

120 모리 가즈코, 조진구 옮김,『중일관계: 전후에서 신시대로』, 리북, 2006, p. 27.

121 모리(2006), p. 27.

주의자들이 지배하던 일본은 좋아하지 않았지만, 지금은 일본을 좋아한다. 양국은 이념과 사회체제가 다르지만 이것이 상호존중과 우호관계의 장애가 될 수는 없다. 과거는 과거이고 중요한 것은 미래"라고 말하였다.[122] 1956년 5월 당 중앙 대외연락부의 일본 책임자 중 한 사람인 쟈오안보(趙安博)는 중국을 방문 중이던 우쓰노미야 도쿠마(宇都宮德馬) 의원에게 ① 중국은 타국으로부터의 배상에 의해 자국을 건설하려고는 생각하고 있지 않다, ② 일반적으로 말해, 거대한 전쟁배상을 패전국에게 과하는 것은 제1차 세계대전 후의 독일의 예에서 분명하게 볼 수 있는 것처럼 평화를 위해서는 유해하다, ③ 전쟁배상은 그 전쟁에 책임이 없는 세대가 부담하게 되기 때문에 불합리하다고 말하였다. 중국은 전쟁배상금 포기를 지렛대로 일본을 관계정상화로 유도하려 했던 것이다.

정경분리 원칙하에 실리를 도모하려던 일본으로서는 배상금 포기 등 중국의 구애가 솔깃한 것이기는 했으나 미국의 눈치를 보지 않을 수 없었고, 특히 친타이완 경향의 사토 정부는 한일협정과 오키나와 반환 협정에 몰두하고 있어 대중관계 정상화 문제를 진지하게 검토할 수 있는 입장이 아니었다. 그리고 당시에는 중국도 문화혁명으로 인해 외교활동이 극히 위축된 상태였다. 대미관계를 중시했던 사토는 1969년 11월 닉슨과의 회담에서 타이완 지역에서의 평화와 안전 유지가 일본의 안전에 "극히 중요하다(the maintenance of peace and security in the Taiwan area was a most important factor for the security of Japan)"고 선언하였다.[123] 중국은 타이

....

122 "Conversation with Members of the Japanese Diet, October 15, 1955," Foreign Broadcast Information Service, *Daily Report*, October 21, 1955.

123 사토 수상은 한국의 안보는 일본의 안보에 "필수적"이라 인정하였다(the security of the Republic of Korea was essential to Japan's own security). Joint Statement Following Discussions With Prime Minister Sato of Japan, November 21, 1969. 국제정치학자들은 이를 "한국조항(the Korea Clause)"이라 부른다. 사토는 미국 전미기자협회에서 행한 연설에서 한국에 대한 공격 발생 시 사전협의 체제를 긍정적이고 신속히 이행할 것을 약속하면서, 타이완에 대한 무력공격 또한 일본의 안보에 대한 위협으로 간주한다고 말하였다. U.S. Congress, Senate Committee on Foreign Relations, *United States Security Agreements and Commitments Abroad: Japan and Okinawa, Hearings before the Sub-Committee on U.S. Security Agreements and Commitments Abroad*, 91st Congress, 2nd Session, Part 5, Government Printing Office, 1970, pp. 1428-33.

완은 중국의 일부로서 타이완의 평화와 안전이 일본의 관심사라는 말 자체가 내정 간섭이고 제국주의 망언이라고 보았다. 중국은 사토의 발언에 대해 "범죄적 음모," "사토 정부의 반동주의 정책," 일본의 "대동아공영권 재건"을 위한 획책이라고 비난하였다.[124] 중국은 중일관계가 정상화되려면 타이완이 "중화인민공화국의 일부라는 대전제"를 일본이 수용하지 않으면 안 된다는 입장을 견지하였다. 문화혁명에서 벗어나 안정을 찾아가고 있던 마오와 중국은 일본과의 관계정상화에 대한 관심은 일단 접어두기로 하고, 소련의 군사적 위협이 심화되자 미국과의 관계개선에 나서고자 하였다.

중국과 미국의 공동이익의 범주가 커지면서 양국은 비밀리에 소통을 강화하였다. 그러나 일본은 닉슨·사토 공동성명을 자신의 외교노선의 근본이자 기반으로 간주하였다. 그런데 이러한 상태에서 미국이 키신저의 비밀방중과 대통령의 방중 결정을 발표하자 사토 정부와 일본은 경악할 수밖에 없었다. 일본의 재계가 민감하게 반응하였다. 1970년 가을 도요타 자동차, 아사히카세이(旭化成)와 같은 유력 기업이 "타이완, 한국, 미국과 깊은 관계를 가지고 있는 기업과는 거래하지 않는다"는 조항을 핵심으로 하는 저우언라이 4조건을 수용한 후 1971년 9월 신닛테스(新日鐵)도 이에 가세하면서 일화협력위원회(日華協力委員會)와 일한협력위원회의(日韓協力委員會) 탈퇴를 공표하였다.

사토 정부는 닉슨 충격에 이어 또 하나의 충격적 사건에 직면하였다. 중화인민공화국의 UN 안보리 진출이었다. 1970년 알바니아는 UN 총회에서 중화인민공화국의 유일한 합법적 대표권을 인정하고 5대 상임이사국의 하나로 받아들이는 동시에 타이완을 UN 및 다른 국제기구에서 축출하자는 결의안을 제출하여 처음으로 과반을 상회하는 찬성표를 획득하였다. 미국과 일본은 1971년 총회에서 중국과 타이완에게 모두 UN회원국의 자격을 부여하는 '2중대표제'안으로 대응하였다. 그러나 1971년 10월 25일 알바니아 결의안은 찬성 76, 반대 35(기권17, 결석3)라는 압도적인 표 차로 통과되었다.

일본의 정치권과 재계는 중국이 국제무대의 실세로 등장하였고, 미국도 이에

....

124   Schaller(2002).

대해 사실상 반대하지 않은 이상 반중국 친타이완 노선은 폐기처분될 수밖에 없으며, '미국의 봉쇄주의 족쇄'가 이완된 이러한 상황을 역으로 공략하기 위해 중국과의 관계개선에서 활로를 모색하고자 하였다. 요시다 시게루 수상의 측근이었고, 사토 정부에서 대장상(大藏相)과 통상산업상(通商産業相)을 지낸 다나카 가쿠에이(田中角栄)가 유망주로 부상하였다. 그는 당시 통상산업상으로서 미국의 압력에 저항하여 일본의 국익을 확보했다고 국민들에게 알려진 인물이었다. 다나카는 대중관계개선을 공약으로 내세우며 1972년 7월 7일 수상에 선출되었다.

다나카가 수상에 취임한 직후 공명당(公明黨)의 요시카츠 다케이리(竹入義勝) 위원장은 대표단을 이끌고 중국을 방문하여 7월 27일부터 29일까지 저우언라이와 회담하였다. 첫 번째 회담에서 저우언라이는 "중국이 배상청구를 포기한다"고 담담하게 말하여 다케이리를 놀라게 하였다. 다케이리는 후일 "나는 5백억 달러 정도는 지불하지 않으면 안 될 것이라고 생각하고 있었기 때문에 전혀 예상하지도 못한 회담에 몸이 부들부들 떨렸다"고 회고하였다. 저우는 "마오 주석은 배상청구권을 포기한다고 말하였다. 배상을 요구하면 일본인민들에게 부담이 된다. 그것은 중국 인민도 몸소 잘 알고 있다…부담을 인민들에게 지우는 것은 좋지 않다. 배상청구권을 포기한다는 것을 공동성명에 포함시켜도 좋다"고 말하였다. 이어서 저우는 미일동맹에 대해 언급하지 않겠다고 말해 다케이리가 안도의 숨을 쉬게 하였다. 한편 다케이리는 "(중일관계가) 정상화되면 1952년의 일화조약(日華條約, 일본·타이완 조약)은 무효가 될 것입니다"라며 저우언라이를 안심시켰다.[125]

다나카 수상은 1972년 8월 31일 하와이에서 닉슨 대통령과 만나 미일안보와 중일 국교정상화는 양립 가능하다고 강조하고 미국의 이해를 얻어냈다. 다나카는 1972년 9월 25일 오히라 외상과 니카이도 스스무(二階堂進) 관방장관을 대동하고 일본 총리로서는 처음으로 중국 땅을 밟았다.

관계정상화 협상이 전개되면서 양국은 두 개의 이슈에서 충돌하였다. 하나는 '다카시마 발언'이었다. '일중공동성명의 대중설명요항(對中設明要項)'을 설명한 외무성 조약국장 다카시마 마스오(高島益男)는 중국이 배상청구를 포기한 데에 대해

....

125　모리(2006), p. 88.

높게 평가하지만 중국의 권리는 이미 일화조약으로 포기되어 있기 때문에 "중국은 청구권을 포기한다"에서 권(權)이라는 글자를 삭제하기를 원한다고 말하였다. 두 번째 이슈는 다나카 총리의 만찬연설에서 사용된 용어와 관련이 있었다. 다나카는 "수십 년에 걸쳐 일중관계는 유감스럽게도 불행한 과정을 거쳐 왔습니다. 이 사이 우리나라가 중국 국민에게 다대한 폐를 끼친 것에 대해 나는 다시 한번 깊은 반성의 뜻을 표명하는 바입니다"라고 말했는데, 저우언라이가 "'폐를 끼쳤다(添了麻煩)'라는 것은 무심코 여성의 옷에 물을 튀겼을 때 사용하는 사과 방법이다"라며 노골적으로 노여움을 표명한 것이었다.[126] 이어 저우는 다카시마의 발언을 지적하며, "장제스가 배상청구권을 포기했기 때문에 중국은 이것을 포기할 권리가 없다는 외무성의 견해를 듣고 놀랐다"면서 "이것은 우리들에 대한 모욕"이라고 말하였다. 그는 다나카·오히라 수뇌부의 견해를 존중하지만 일본 외무성의 발언은 양 수뇌의 견해에 배치되는 것이 아닌가"라며 문제를 제기한 후 다카시마를 향해 귀하의 입장은 "전전(戰前)의 법비적(法匪的, 법비는 법을 남용하는 사람을 의미)인 일본인들의 생각과 같은 것이다. 당신은 법비다. 그런 형식적인 태도를 취한다면 곧바로 나가주기 바란다"라고 일갈하였다.[127] 일본 와세다 대학 교수 모리 가즈코(毛里和子)에 따르면, 중국의 배상청구권 포기는 마르크스주의적 국제주의, 윌슨적 이상주의, 나아가 전통적인 중국의 '왕도주의'가 중국의 대일외교에 관철된 결과였지만, 당시의 일본 외교당국자들에게 상대방의 이러한 '도의성'에 대한 이해나 배려, 나아가 경의(敬意)는 찾아볼 수 없었다.[128]

당황한 다나카는 "배상포기에 관한 발언을 매우 감사한 마음으로 들었다. 감사하다. 중국 측의 입장이 은수(恩讐)를 초월한 것이라는 것에 감명을 받았다"고 솔직하게 사의를 표명하였다. 그러자 중국 측도 협상의 마지막 단계에서 '청구권'의 '권'을 삭제하는 데 동의하였고, 회담은 순조롭게 진행되었다. 다나카는 마오와도 회동하였다. 마오쩌둥이 "당신들[저우언라이와 다나카] 사이의 싸움은 이제 끝났

....

126 林代昭, 『戰後日中關係史』, 北京大學出版會, 1992. 모리(2006), p. 92에서 재인용.

127 柳田邦男, 『日本は燃えているか』 講談社, 1983. 모리(2006), p. 92에서 재인용.

128 모리(2006), pp. 106-107.

습니까?"라고 묻자 다나카는 "아닙니다, 우리들의 회담은 매우 우호적이며 싸움은 하지 않고 있습니다"라고 긴장된 목소리로 대답했으며, 이후 이들은 일본 정치에 관해 잠시 환담을 나누었다.

1972년 9월 29일 양국은 공동성명을 발표하여 국교를 정상화하였다. 공동성 명에는 "일본 측은 과거에 일본국이 전쟁을 통해 중국 인민에게 중대한 손해를 주었던 것에 대한 책임을 통감하고 깊게 반성한다"는 전문에 이어 다음과 같은 합의가 포함되었다:

① 중화인민공화국과 일본국 간의 지금까지의 비정상상태는 이 공동성명이 발표되는 날로 종료한다.

② 일본국정부는 중화인민공화국정부가 중국의 유일·합법정부임을 승인한다.

③ 중화인민공화국정부는 타이완이 중화인민공화국의 영토의 불가분의 일부인 것을 거듭 표명한다. 일본정부는 이 중화인민공화국정부의 입장을 충분히 이해하고 존중하며 포츠담 선언 제8항에 입각한 입장을 견지한다.

⑤ 중화인민공화국정부는 중·일 양 국민의 우호를 위해 일본국에 대한 전쟁배상의 청구를 포기한다고 선언한다.

⑦ 중·일 양국 간의 국교정상화는 제3국을 겨냥한 것이 아니다. 양국의 어느 쪽도 아시아·태평양지역에 있어서의 패권을 구하지 않고 이와 같은 패권을 확립하려는 다른 어떠한 국가 또는 국가의 집단에 의한 시도에도 반대한다.

⑧ 일본국정부 및 중화인민공화국정부는 양국 간의 평화우호조약의 체결을 목적으로 교섭에 임하기로 합의했다.

중국 측은 합의에 이르기까지 상당히 많은 점에서 양보를 하였다. '전쟁의 종결'이 아니라 '비정상적인 상태의 종료'라고 합의했으며, 배상청구권의 '권'을 삭제 했으면 좋겠다는 일본의 요구도 받아들였다. 또한 중국은 미일동맹이나 타이완과의 단교 문제에 대해서는 한마디도 언급되어 있지 않은 성명문을 수용하였다. 이러한 배경에는 중국의 당면한 전략적 정치적 이해관계가 작용하고 있었다. 첫째, 중국은 소련으로부터의 실존적 위협을 억지할 수 있는 수단은 모두 취한다는 입장이었다. "조선전쟁을 일으킨 전범국인 제국주의 미국"과의 관계개선은 이러한 동기에서 출발한 것이었고, 미국이 대소억지 네트워크 구축에 동의한 상태에서 일본이 여기에 동참한다면 중국의 안보가 더욱 증진될 수 있다고 본 것이다. 그리고 중국은 미일동맹관계를 고려할 때 양국은 하나의 패키지로 움직일텐데 대일관계정상화 과정의 지체가 대소억지 네트워크 구축이라는 최고우선순위의 국가목표 달성에 차질을 빚도록 할 이유는 없었다. 또한 중국으로서는 당시 소련이 일본에 접근하고 있음을 파악하고 있었고, 이를 방치할 수 없었다. 마오는 1973년 2월 17일 키신저와의 회견에서 "미국과는 반패권 문제에 대해 의견이 일치했으며, 또한 일본과의 관계도 정상화되어 미국, 일본, 파키스탄, 이란, 터키, 유럽을 포함하는" 반소 국제통일전선이 구축되었다며, 그가 일련의 관계정상화 과정에서 반소 횡선전략을 기도했음을 밝혔다.

둘째, 중국은 정치적 정통성을 둘러싸고 자신과 경쟁하는 타이완의 장제스를 제압하고 이를 국내외적으로 과시할 필요가 있었다. 장제스는 자신과 타이완의 정치적 정당성과 반중공 국제협력을 제고하는 작업을 이미 적극적으로 수행하고 있었다. 장제스는 1951년 미국과의 합의를 기반으로 1952년 4월 28일 중일(일화)평화조약에서 일본이 조약의 대상을 "대륙을 포함하는 모든 중국의 대표가 아니라 어디까지나 타이완을 통치하고 있는 중화민국 정부로 한정한다"고 적시토록 하였다. 나아가 타이완은 대일본 전쟁배상청구권을 포기하였다. 도쿄 대학의 카와시마신(川島真) 교수 등의 최근 연구에 따르면, 지금까지 알려진바, 타이완이 "원한을 덕으로 답한다"는 생각을 가지고 있었기 때문에 당초부터 배상청구를 할 의도가 없었다는 설과는 달리, 실제로 타이완은 1943년부터 배상청구를 준비했지만 일본에게 자신을 중국의 '정통정권'으로 인정하게 하는 것이 선결과제라고 생각해 조약을 조인하는 단계에서 청구권을 포기하였다.[129] 마오쩌둥으로서는 장제스를 제압할

....

129 奧田安弘·川島真ほか『中国戦後補償——共同研究·歴史·法·裁判』, 明石書店, 2000. 타이완의 배상청구권 포기는 조약 본문이 아니라 부속의정서 1(b)에 "중화민국은 일본 국민에 대한 관후와 선의의 표시로 샌프란시스코조약 제14조(a)1에 입각해 일본국이 제공해야 할 역무의 이익을 자발적으로 포기한다"라고 명시되었다.

수 있는 최고의 방책은 장제스가 굴욕을 감수하며 협력을 구걸한 상대인 일본이 그와의 관계를 단절토록 하는 것이었다. 마오는 이것을 국내외적으로 자신과 중공당의 정치적 자산을 극적으로 확대할 수 있는 쾌거라고 보았고, 그것을 위하여 대일협상에서 양보를 거듭한 것이었다.

셋째, 중국은 일본을 자신의 경제발전을 위한 자본 및 기술 도입원으로 활용하고자 하는 의도를 갖고 있었다. 중국은 1971년과 같이 1972년에도 문화혁명이 망쳐놓은 경제구조를 복구하는 데 전력을 기울이고 있었다. 중국은 이를 위해서는 해외로부터의 자본과 선진기술 도입이 필수적이라고 보았고, 이를 제공할 수 있는 능력과 의지를 겸비한 국가 중 지리적으로 가장 가까운 일본이 적격이라고 판단하였다. 저우언라이가 닉슨과의 회담 때 "일본의 신속한 경제성장이 군사적 팽창주의를 야기할 것이고, 한반도와 타이완에서 일본의 역할이 증대할 것"이라며 우려를 표명한 이면에는 일본의 경제 및 기술 능력에 대한 그의 인정과 동경(憧憬)이 있었다. 일본과의 경제협력은 중국 경제의 재건을 위해 필요한 부분이었지만, 중국은 이것이 자신의 대소 군사전략과도 긴밀히 연관되어 있음을 이해하고 있었다. 중국의 경제가 성장하면 그만큼 군사력으로 전환할 수 있는 여력이 생길 것이기 때문이었다. 특히 당시 중국은 당면한 과제로서 무기생산에 필요한 금속을 해외에서 대량으로 수입하고 있었는데,[130] 금속 중 강철이 가장 중요했고, 이러한 수요를 만족시킬 수 있는 국가는 유럽의 자리를 대체한 세계 최대 강철생산국 일본이었다. 일본은 전전(戰前)부터 스미토모금속, 가와사키중공업, 고베철강 등 세계적 강철생산라인을 구축하고 있었고, 1950년대-1970년대 초에는 11개 생산라인을 추가적으로 도입하였다.

한편, 일본의 전략적, 경제적 유용성 때문에 양보를 거듭한 중국으로서도 대일 배상청구(권) 포기가 간단한 일은 아니었다. 저우언라이는 공동성명 발표 이전인 1972년 8월 배상문제를 인민들에게 설명하는 자료를 만들어 배포하도록 하였다.[131]

....

130 June Teufel Dreyer, *Middle Kingdom and Empire of the Rising Sun: Sino-Japanese Relations, Past and Present*, Oxford University Press, 2016, p. 135.

131 Ryosei Kokubun, Yoshihide Soeya, Akio Takahara, Shin Kawashima, *Japan–China Relations in the Modern Era*, Routledge, 2017, p. 94.

첫째, 중일국교정상화에 앞서 타이완의 장제스가 이미 배상청구를 포기했다. 공산당의 도량이 장제스보다 작아서는 안 된다.

둘째, 일본은 우리나라와의 국교회복을 위해 타이완과 단교하지 않으면 안 된다. 당 중앙은 배상문제에서 관용적인 태도를 취하면 일본과 타이완의 관계에서 일본을 우리 편으로 끌어들이는 데 유리하다고 생각한다.

셋째, 만약 일본에게 배상을 요구하면 그 부담은 최종적으로 광범한 일본 인민에게 돌아간다. 그렇게 되면 중국에 대한 배상을 지불하기 위해 그들은 오랫동안 고난의 생활을 강요받을 것이다. 이것은 당 중앙이 제기하고 있는 일본 인민과의 우호라는 바람과 합치하지 않는다.

재일 중국인 학자 주젠룽(朱建榮) 도요가쿠엔(東洋學園)대학 교수에 따르면, 중국인들은 배상금을 받으면 "텔레비전 한 대씩은 받을 수 있을 것"이라며 기대에 들떴고, 이내 공산당의 '포기 소식'에 실망하였지만, 국민적 인기와 전설적 권위를 가진 마오에게 비판을 제기할 수는 없었다.[132]

'한반도의 봄'과 역사적 퇴행

미중화해가 한반도에 미친 영향은 일본에 미친 영향에 못지않았다. 한국의 박정희 정부는 미국의 대중공 접근을 어쩔 수 없는 국제정치의 논리로 받아들이면서도, "상하이공동성명에서 중국이 주한미군 철수를 넣지 못한 점에 주목한다"며 안보환경의 급변 가능성을 경계하였다. 긴장하고 있던 한국은 상하이공동성명 이후의 미국의 태도에 실망하고 불안감을 떨치지 못하였다. 미국의 남한에 대한 태도와 중국의 북한에 대한 태도는 사뭇 달랐기 때문이다. 미국은 닉슨의 중국 방문 전 "한반도 문제에 대한 논의는 하지 않겠다"고 한국 정부를 안심시켰기 때문에 로저스 국무장관과 그린 국무차관보를 통해 미중 양국은 한반도 문제에 대해서는 "잠시

....

132 Zhu Jianrong "Why China Abstained from War Reparations", *Gaikou Forum*, October, 1992. 모리 (2006), p. 104에서 재인용.

언급"했을 정도라고 설명하였다. 그러나 한국은 이들 국무부 관리들이 미중고위급 대화에서 의도적으로 배제된 인물들이라는 사실을 알게 되면서 적지 않게 허탈해 하였다.

반면, 중국은 북한에 성의를 보여주었다. 중국은 1972년 3월 7일 저우언라이를 평양으로 보내 김일성에게 회담경과와 상하이공동성명에 대해 직접 설명하였다. 그는 중국이 이른바 "허담(許錟) 8개항"을 지지한다는 점을 미국에 명확히 했고, 일본군(자위대)이 타이완 및 남한에 진입하지 않을 것임을 미국이 약속했으며, 이는 묵계에 해당한다고 전하였다. 김일성은 사의를 표하였다.[133]

북한은 사실 이전부터 중국과 보조를 맞추며 새로운 전략환경에 적응하는 노력을 경주한 바 있었다. 북한은 닉슨 독트린과 미국의 대중화해전략의 목표 중 하나는 미국이 자신의 아시아 동맹국들에 대한 안보책임을 줄이는 것이라고 파악하였다. 따라서 북한은 1960년대 후반에 실행했던 대남 무력 공작보다는 닉슨 정부의 정책을 이용하는 것이 유리할 수 있다는 결론에 도달했고, 대남 평화공세를 통해 "한반도에서도 공산주의 위협이 과거에 비해 적어졌으며 현실적으로 긴장완화가 가능하다"는 닉슨 정부의 기대를 일부 충족시켜 줄 필요가 있다고 판단하였다. 북한은 베트남에서의 미군철수는 남한에서의 미군철수로 이어질 수도 있다고 보았다. 북한은 이전처럼 "박정희 정부가 타도되고 진정한 인민정권이 수립"되어야 통일문제를 논할 수 있다는 주장을 고수하기는 했으나, 통일문제를 "평화적으로 해결하겠다"고 함으로써 그 입장을 일부 바꾸었다. 북한은 또한 UN과 비동맹기구를 활용하는 국제통일전선전략과 한국 정부를 상대로 한 '상층통일전선'전략을 병행 구사하기 시작하였다. 예를 들어, 김일성은 1971년 8월 6일 "우리는 남조선의 민주공화당을 포함한 정당, 사회단체 및 개별적인 민주 인사들과 아무 때나 접촉할 용의가 있다"고 천명하였다. "박정희 정부 타도"나 "민주공화당은 대화의 상대가 아니다"라는 주장에서 후퇴하여 처음으로 남북 당국 간 대화에 긍정적인 태도를 보인 것이었다. 이틀 후인 8월 8일 중국의 리셴녠(李先念, 이선념) 부수상은 김일성의 제의를 지지한다고 밝혔다.

....

133   王泰平 主編, 『中華人民共和國外交史 1970-1978』, 北京, 世界知識出版社, 1999, p. 41.

북한은 1971년 11월 초 조선노동당 중앙위원회 제5기 제3차 총화보고(總和報告)에서 당면문제에 대한 전술적 전환을 결의하고 공식적으로 서방국가들과 접촉할 것임을 시사하였다. 이때 김일성의 보고에는 다음의 3가지 사항이 포함되어 있었다:

　　첫째, 미국의 힘은 내리막길에 있고, 국제정세도 사회주의 국가에 유리하게 전개되고 있다. 따라서 북남통일을 위해 지금 당장 행동하는 것은 현명치 못하다. 미중, 미소 회담 등의 긴장완화에 조응하여 일본 등 다수의 국가와 관계개선을 도모해 가는 것이 선결문제다. 둘째, 공화국의 통일정책에 대한 지지를 얻기 위해 노력하며 일본이나 남조선의 여론을 환기하기 위해 노력해야 한다. 셋째, 국제 경제협력을 확대해 국력을 축적하고, 유리한 정세를 맞이해야 한다.

　　한국의 박정희 정부는 미국 닉슨 정부의 외교안보 이니셔티브에 불안해 하고 허탈해 하면서도 국제정치의 논리에 보조를 맞추지 않을 수 없었다. 그러나 그것은 고육지책(苦肉之策)이었다. 박정희는 닉슨 정부가 닉슨 독트린 발표 이후 미중관계 개선과 보조를 맞추기 위해 한국에도 한반도 긴장완화를 위한 조치가 필요하다며 압력을 행사하자, 처음에는 북한위협론을 내세우며 완강하게 버텼다. 집권세력도 강력히 반대하였다. 당시의 상황을 간단히 살펴보면, 김형욱 전 중앙정보부장은 주한 미국대사 포터(William James Porter)가 남북대화의 필요성을 언급하자, 다음과 같이 반박하였다:

　　한국의 상황은 독일이나 베트남의 상황과 매우 다르다. 한국은 북한에 대해 잘 알고 있으며, 독일이나 베트남 어느 쪽보다도 더 나쁜 경험을 했다. 대사가 언급한 바와 같이, 한국은 군사력과 산업, 그리고 다른 모든 분야에서 좋아 보일지 모르지만 실제로는 북측과 어떠한 형태로든 접촉을 가질 만큼에 이르진 못했다. 그 같은 일을 하기엔 구조가 너무 허약해서 해체되고 말 것이다. 만약 박 대통령이 어떠한 주제로든, 공식이든 비공식이든, 북쪽 사람들과 접촉하거나 대화를 한다면 한국 국민들은 그를 용공주의자(pro-Communist)라고 비난할 것이며 혼란이 야기될 것이다.[134]

그리고 김형욱은 "1973년 이후에는 한국이 북한과 직접대화에 나설 수 있을지 모르지만 그 전에는 불가능하다"고 단정지었다.

그러나 미국은 남북대화를 강하게 압박하였다. 포터 주한 대사와 브라운(Winthrop G. Brown) 국무부 동아태 차관보는 1970년 2월 미 상원 외교위원회 한국문제 청문회에서 북한의 대남전술변화 및 남북대화에 관해 한국지도부와 협의해 왔음을 증언하였다. 포터는 "1967년부터 1968년까지 간첩·게릴라 남파에 의한 도발적 전술이 주한미군 증강과 대한(對韓) 군사원조의 증가를 초래했다는 결론에 도달한 북한은 대남 도발을 최소한으로 줄임으로써 닉슨 독트린의 실행을 방해하지 않기로 결정한 것으로 보인다"면서 북한의 대남전술이 바뀌고 있다고 말하였다. 또한 그는 미국이 남북대화의 범위와 영역을 탐색해 보기 위해 "한국 수뇌부와 조용한 토의를 계속해 왔으며 한국이 모종의 행동을 취해야 할 시기가 급속히 가까워지고 있다"며 미국이 한국에 대해 외교적 압박을 가하고 있음을 숨기지 않았다. 동일한 맥락에서, 1970년 7월 말 주한 미국 대사관은 박정희 정부가 "북한이 종전과 같은 대남 공세정책을 포기한다면 한국 정부도 북한 측과 정치협상(political negotiations)에 들어갈 용의가 있다"는 점을 광복절 경축사에서 밝힐 것이라고 워싱턴에 보고하였다.[135]

1970년 8월 15일 포터 대사의 전망대로 박정희 대통령은 '남북 간 선의의 경쟁'을 제의함으로써 남북대화 의사를 표시하였다. 박정희 대통령은 '평화통일기반조성구상'을 발표하면서, 북한이 무력적화통일이나 한국 정부에 대한 전복 기도를 포기한다면 통일기반 조성을 위한 획기적 방안을 제시할 용의가 있으며, 남북 간 '선의의 체제경쟁'을 수용할 것이라고 밝힌 것이었다. 요컨대, 박정희 정부는 미국의 권유와 압력을 받은 데다 변화된 국제정세를 인식하며, 비록 김형욱과 같은 입장이 박정희 정부 내에 팽배했지만, 결국 북한과의 관계 개선에 나서기 위한 준비 작업에 들어간 것이었다.

....

134 "Conversation with General Kim Hyung Wook, former Director, ROK CIA," From Embassy Seoul to Department of State, January 02, 1970.

135 "President Park's July 10 Response," From Embassy Seoul to Department of State, July 28, 1970.

1971년 2월 닉슨 독트린에 따라 기존의 66,000여 명 중 20,000여 명의 주한미군을 철수하고 있던 미국이 한국정부의 일회성 대북제의에 만족할 수는 없었다. 포터 대사는 1971년 2월 18일 워싱턴에 보낸 전문에서 미국은 한국정부에게 더 적극적으로 남북대화를 촉구해야 한다고 건의하였다:

비록 1970년 8월 박정희 대통령의 대북언급이 (한국 내) 강경론자들에 의해 상당 부분 완화되긴 했지만, 박 대통령이 대북접촉에 관해 무언가 말할 필요가 있다는 것을 언급했다는 점은 의미 있는 사실임. 의심할 여지없이 북한에도 비슷한 정서가 존재함. 현 정권은 통일문제에 관해 자신의 시간표와 방법으로 어떤 형태든 접근법을 만들어 갈 것임. 한국정부의 시간계산과 방법이 과연 우리가 좋아할 만한 것인지 아닌지는 두고 봐야 할 일임. 이미 본인은 이 문제를 한국관리들과 논의할 수 있는 권한을 부여받음. 본인은 우리의 관점을 처음부터 한국정부가 고려할 수 있도록 하기 위해 조용한 설득보다는 좀 더 적극적인 방식이 자주 필요하고, 또한 남북 간 직접접촉을 통한 긴장완화의 사고방식이 한국에 전달될 수 있게 하기 위해 아마도 '좀 더 강력한 수단'(a little more leverage)이 필요할 수도 있다고 판단함.[136]

1971년 4월 27일 포터 대사는 한국의 제7대 대통령선거가 끝나면 신정부가 남북대화에 나서도록 미국이 더 강한 압력수단을 동원해야 하는 근거를 다음과 같이 제시하였다:

우리는 덜 소극적이어야 하며… 덜 관용적이어야 함. 세계의 다른 곳에서는 공산주의국가들과의 긴장을 완화하기 위해 적극적으로 방도를 찾고 있음. 미군주둔으로 한국 방어를 공약하고 있는 이상 우리는 한반도 긴장 완화에 직접적인 이해를 갖고 있으며, 한국정부가 우리를 경직된 적대상태에 붙잡아 두는 것을 허용할 수는 없음.[137]

....

136 "Proposal for Increased Display of U.S. Interest in Dialogue between ROK and North Korea," From Embassy Seoul to SecState, February 18, 1971.

또한 포터 대사는 "박정희가 선출되든 야당후보(김대중)가 되든… 이산가족 문제부터 시작해 문화교류와 교역 등 북한과 실질적인 교류협력의 노력을 기울여야 한다"며 한국의 신정부가 남북대화를 위해 북한에 제의할 내용과 수순까지 언급하였다. 그는 한국정부가 비협조적으로 나올 경우에 대한 대응책도 제시하였다. 포터 대사는 "만약 한국 정부가 긴장 완화를 위한 만족할 만한 조치를 취하지 않는다면… 우리는 북한 측과 비공식 대화를 위한 채널을 찾아 나설 것이라고 한국정부에 통고해야 한다"고 주장하였다.[138]

당시는 '닉슨 독트린'이 나오면서 안보를 미국에 절대적으로 의존하던 한국으로서는 발등에 불이 떨어진 상황이었다. 1971년 2월 미군의 주력 부대인 7사단 병력 2만여 명이 한국에서 철수하면서 안보위기가 현실이 됐고, 박정희의 무리한 3선 개헌으로 민심이 이반되고 야당의 공세가 거세진 때이기도 하였다. 이러한 상황에서 대한적십자사는 박정희의 지시에 따라 1971년 8월 12일 북한적십자사에게 남북적십자회담을 제의하였다. 북한 적십자 측은 이틀 후인 8월 14일 이를 수락하여 판문점에서 남북적십자 예비회담이 열리게 되었다. 미국은 적십자회담이, 1963년 남북체육계 인사들의 스위스 접촉을 제외한다면, 1953년 이후 군사정전위원회의 틀을 벗어난 최초의 남북 직접접촉이라는 긍정적 평가를 내렸다.

그러나 박정희와 닉슨의 대중국관과 대북한관은 좀처럼 좁히기 어려웠다. 박정희는 닉슨에게 보낸 편지에서 중국정부를 한 번도 중화인민공화국(PRC)으로 표기하지 않고 "중공"(Communist China) 혹은 "붉은 중국"(red China)으로 표기함으로써 적대감을 감추지 않았다.[139] 박정희는 1960년대 말 북한의 대남도발의 배후에 중국이 있었다는 입장인 반면,[140] 닉슨은 한국전쟁과 푸에블로호 사건[141] 등 북한의

....

137   *Ibid*.

138   *Ibid*.

139   Letter from President Park to President Nixon, Fm: EA Marshal Green To: The Secretary, (Information Memorandum), September 20, 1971.

140   "U.S./Korean Relations," Fm: Department of State to Amebassy Seoul & CINCPAC for PolAd, (Memorandum of Conversation), September 21, 1971.

141   이는 1968년 1월 23일 북한 원산 앞 바다에서 미국의 정보수집함 푸에블로호(Pueblo號)가 북한의 해군초계정에 의해 나포된 사건이다.

모험주의적 행동 때문에 당혹해 했던 중국이 이제는 북한의 도발을 제어할 것으로 보았다.[142] 남북대화에 대해서도 미국의 긍정적 평가와 박정희의 인식 사이에는 상당한 거리가 있었다.

중국과 북한에 대한 박정희의 부정적인 시각은 1971년 9월 중순 닉슨에게 보낸 그의 서신에서도 잘 나타났다. 우선 박정희는 중국과의 관계개선 필요성 때문에 "오랜 친구를 저버리지는 않겠다"던 닉슨의 발언을 환기시키면서 만약 1972년 닉슨이 베이징을 방문할 때 한국문제가 논의될 것으로 예상된다면 반드시 한국과 사전에 협의해 줄 것을 요청하였다. 또 북중 협력관계를 매우 우려하고 있음을 숨기지 않았다.

> 비록 오늘날 세계가 긴장완화라는 강력한 흐름을 따라 커다란 변화를 겪고 있지만 북한 공산주의자들은, 그런 흐름과는 반대로, 무력으로 한반도를 공산화하려는 정책을 견지하고 있으며, 대한민국에 대해 끊임없이 침투공작과 무력도발을 자행하고 있습니다. 그 같은 북한의 정책은 '중공(Communist China)'의 지원을 공공연히 받아왔습니다. 새로운 국제적 흐름에도 불구하고 중공은 북한에 대한 태도에 있어 변화를 보이지 않고 있으며, 오히려 북한의 군사력을 더욱 증강시키기 위해 북한에 군사적 지원을 지속하고 있습니다.[143]

그러나 이미 북한이 남북대화에 나서도록 중국이 어느 정도 역할을 하고 있다고 믿고 있던 닉슨은 중국과 미국이 과거 정책에서 변환을 꾀하는 만큼 한국도 이에 동조해 주길 바랐다. 1971년 9월 20일 박정희의 서신을 국무부에 전달하기 위해 워싱턴을 방문한 김용식 외무장관은 마샬 그린(Marshall Green) 국무부 동아태 차관보를 만나 "북한이 한국의 8·12 적십자회담을 수락한 것은 한국을 약하다고

....

142 "New Developments in Korea May Lead to Contacts between North and South," Fm: EA-Wintrop G. Brown to: The Secretary (Information Memorandum), August 16, 1971.

143 "Letter from President Park to President Nixon," Fm: EA-Marshall Green to: The Secretary, September 20, 1971.

생각하기 때문"이라며 북한의 위협을 강조하였다. 그러나 그린은 북한의 위협이 현실화되려면 중국의 지지가 필수적인데, "중국은 결코 한반도 전쟁 재발을 자신의 이익이라고 생각하지 않는다"고 대꾸하였다.[144]

1971년 11월 19일 한국적십자 회담대표이자 한국의 중앙정보부 간부인 정홍진은 북한적십자사의 김덕현 회담대표에게 별도의 비밀접촉을 제의했고, 북한은 이를 받아들였다. 워싱턴이 이런 움직임을 반긴 것은 당연하였다. 닉슨은 1971년 11월 29일 박정희에게 보낸 답장에서 ① 미국은 아시아의 평화라는 목적을 실현하는 과정에서 동맹국들과 우방국들의 이익을 저버리는 일은 없을 것이며, ② 대한민국과의 강력한 연대를 재확인하면서 아시아에서 이탈할 의사가 없음은 물론, ③ 한미상호방위조약은 아시아의 평화와 안정을 위해 그 어떠한 의무보다도 더 중요하다고 밝힘으로써 박정희를 안심시켰다. 그리고 3개월 전인 1971년 8월 12일의 남북적십자 회담 제의는 긴장완화를 위한 '대한민국 자신의 이니셔티브'라고 추켜세우면서 북측과 대화와 교류를 더욱 발전시켜 나가길 희망한다고 말하였다. 한국이 가장 중시하는 주한미군을 추가로 감축할 계획은 없다고 강조하였다. 또 박정희의 방위분담을 위한 자구노력은 한국경제의 성숙도와 국민적 자부심을 보여준 것으로 미국과 전 세계의 존경을 받게 될 것이라고 격려하였다.[145]

북한의 위협을 인식하며 남북대화를 원하지 않던 박정희는 미국과 국제정세에 밀려 어차피 대화를 해야 한다면 이것을 자신의 국내정치적 자산을 확충하는 방향으로, 다시 말해, 당시 거세지고 있던 국내정치적 도전에 대한 통제 수단으로 활용하기로 하였다. 특히 1971년 선거에서 야당후보인 김대중이 평화통일문제를 제기하면서 매우 근소한 표 차이로 자신을 추격해 왔다는 사실은 박정희로 하여금 남북대화와 통일문제를 무작정 금기시할 수만은 없게 만들었다. 물론 그 이면에는 박 정권 내부 세력관계를 정리해야 할 필요성도 자리잡고 있었다. 남북대화에 반대하는 정일권, 김종필 등과 같은 정권 내부의 초강경 보수주의자들이 자신의 권위에

....

144 *Ibid.*

145 Text of the Letter from Nixon to Park Chung Hee," Fm. The White House to Amebassy Seoul, November 29, 1971.

도전하도록 내버려 두어서는 안 된다는 판단을 했던 것으로 보인다.

박정희는 "북한괴뢰"와 본격 대화를 하기 위해서는 내부에서 잡음이 나지 않도록 해야 한다는 논리를 세웠다. 그는 국가비상사태를 선포하고 총력안보태세를 강조하였다.[146] 박정희는 1971년 12월 6일 "중국의 UN 가입에 의한 국제정세의 급변에 수반하여 한반도에 미치는 영향, 북한의 무력남침의 준비 등을 주시한 결과 현재가 한국의 안전보장상 중대한 시점으로 판단되어 비상사태를 선언한다"는 대통령 담화를 발표하였다.[147] 한국 정부는 국가비상사태 선언이 향후 추진될 남북접촉 개시를 위한 준비 조치라고 강조하였다. 그러나 이를 포함한 박 정권의 일련의 정치적 조치는 한반도 정세를 보다 평화적이고 안정적으로 전환시키려는 미국의 입장과 배치되었다. 국무부의 한 분석자료는 박정희 대통령은 "북한의 새로운 유연성(flexibility)에 대해 더욱 경직된 정책노선으로 대응하였다"고 지적하였다.[148]

한편, 이러한 맥락적 조건하에서 적십자회담의 연장으로서 시작된 남북 당국자 간의 비밀접촉은 우여곡절 끝에 1972년 6월 결과물인 공동성명 문안 작성에 들어갈 수 있었다. 이 무렵인 6월 21일 키신저는 다시 베이징을 방문하였다. 키신저는 저우언라이에게 미국은 한반도의 긴장완화를 위해 남한에 영향력을 행사할 준비가 되어 있다고 말하였다. 중국도 북베트남에 대해 같은 차원의 영향력을 행사하라고 넌지시 요청한 것이었다.[149] 키신저는 미국으로 돌아와 닉슨 대통령에게 자신의 4차 베이징 방문을 결산하는 보고서를 제출하였다. 그는 이 보고서에서 "전반적인 세계 문제를 논할 때 지난해만 해도 우리에게 적대적이었던 중국이 "거의 동맹"이라고 말할 수 있는 수준으로 얼마나 많이 옮겨왔는지 그저 놀라울 정도"라고 하였다. 키신저는 그 근거로 중국은 미국이 소련 주위에 수비벽을 쌓기를 원했으며, 유럽경제공동체(EEC)와 유럽통합에 찬성하였고, 유럽에서 미군을 유지해야 한다고 주장했으며, 심지어 일본을 두고 미중이 경쟁하지 말자고 제의했다는 점 등을

....

146 윤종현, "7·4공동성명의 배경과 의의,"『統一』7월호, 민족통일중앙협의회, 1982, pp. 30-35.

147 문화공보부, "국가비상사태를 총화로 극복하자," 1971년 12월 6일.

148 "North Korea's Peace Offensive," The Bureau of Intelligence and Research, DEPARTMENT OF STATE (Intelligence Note), January 18, 1972.

149 홍석률(2012), p. 186.

들었다. 어느덧 미국과 중국은 소련을 견제하기 위해 협력하는 "암묵적 동맹(tacit allies)"이 되어버렸다는 것이었다.[150] 키신저는 한반도 문제에 대해서도 언급했는데, 저우언라이가 주한미군 철수 원칙을 고수했지만, 다른 한편, 일본군이 한국에 주둔하는 것을 막기 위해 미군이 일정 기간 동안 한국에 머물러야 한다고 암시했다고 적었다.[151] 요컨대 키신저에 따르면, 미국과 중국은 '한반도 문제의 한반도화'라는 입장에 합의하였다는 것이었다. 미국과 중국이 한반도에서 대립하거나 갈등할 소지를 줄이고, 한반도 분단체제를 안정적으로 관리하면서 양자관계를 진전시킨다는 개념이었다.

이와 같은 전략구도는 유례없는 것이었다. 남한과 북한은 서로를 주적(主敵)이자 타파해야 할 대상으로 간주하고 있었고, 미국과 남한, 그리고 중국과 북한은 각각 군사동맹국이었다. 따라서 논리적으로 보면 미국과 중국은 이와 같은 군사적 구도를 반영하여 적대적인 후원국들이어야 마땅하였다. 그러나 이제 미국과 중국은 "암묵적 동맹"이 되었다. 안보를 제공하는 강대 후원국들이 "암묵적 동맹"이 되었으니 남한과 북한은 잠정적이나마 이러한 "낯선" 전략구도에 순응하는 길밖에는 없었다. 그 결과, 1972년 7월 4일 오전 10시 서울과 평양에서 남북공동성명이 낭독되었다:

1) 쌍방은 다음과 같은 조국통일원칙에 합의를 보았다. 첫째, 통일은 외세에 의존하거나 외세의 간섭을 받음이 없이 자주적으로 해결해야 한다. 둘째, 통일은 서로 상대방을 반대하는 무력행사에 의거하지 않고 평화적 방법으로 실현하여야 한다. 셋째, 사상과 이념, 제도의 차이를 초월하여 우선 하나의 민족으로서 민족적 대단결을 도모하여야 한다.

2) 쌍방은 남북 사이의 긴장상태를 완화하고 신뢰의 분위기를 조성하기 위하여

··········

150   U.S. Department of State, "My Visit to China," 62. Memorandum From the President's Assistant for National Security Affairs (Kissinger) to President Nixon, *FRUS, 1969-1976*, Volume XVIII, China, 1973-1976, Washington, November 19, 1973.

151   홍석률(2012), p. 187.

서로 상대방을 중상비방하지 않으며 크고 작은 것을 막론하고 무장도발을 하지 않으며 불의의 군사적 충돌사건을 방지하기 위한 적극적인 조치를 취하기로 합의하였다.

3) 쌍방은 끊어졌던 민족적 연계를 회복하며 서로의 이해를 증진시키고 자주적 평화통일을 촉진시키기 위하여 남북 사이에 다방면적인 제반 교류를 실시하기로 합의하였다.

4) 쌍방은 지금 온 민족의 거대한 기대 속에 진행되고 있는 남북 적십자회담이 하루빨리 성사되도록 적극 협조하는 데 합의하였다.

5) 쌍방은 돌발적인 군사사고를 방지하고 남북한 사이에 제기되는 문제들을 직접, 신속 정확히 처리하기 위하여 서울과 평양 사이에 상설 직통전화를 놓기로 합의하였다.

6) 쌍방은 이러한 합의사항을 추진시킴과 함께 남북 사이의 제반 문제를 개선 해결하며 또 합의된 조국통일원칙에 기초하여 나라의 통일 문제를 해결할 목적으로 이후락 부장과 김영주 부장을 공동위원장으로 하는 남북조절위원회를 구성 운영하기로 합의하였다.

7) 쌍방은 이상의 합의사항이 조국통일을 일일천추로 갈망하는 온 겨레의 한결같은 염원에 부합된다고 확신하면서 이 합의 사항을 성실히 이행할 것을 온 민족 앞에 엄숙히 약속한다.

서로 상부의 뜻을 받들어
이후락   김영주

남북공동성명을 발표한 남한의 이후락 중앙정보부장은 자신이 1972년 5월 2일부터 5월 5일까지 평양을 방문하여 평양의 김영주 조직지도부장과 회담을 진행하였으며, 김영주 부장을 대신한 박성철 제2부수상이 1972년 5월 29일부터 6월 1일까지 서울을 방문하여 자신과 회담을 진행했다고 밝혔다. 남한의 주민들은 놀라움과 흥분을 금하지 못하였다. 당일 한 일간신문은 "단절의 사슬 풀 '남북의 청신호'"라는 헤드라인 아래 "7·4남북공동성명이 발표되던 날 중앙정보부장이 '평양에 다녀왔다'는 말에 모두 놀랐고, 거리마다 긴장과 흥분이 엇갈려 업무도 중단되었으며, TV와 라디오 앞에 몰려 충격적 뉴스를 듣고 탄성이 터졌다"고 당시 분위기를 요약하였다.

그러나 남한 국민들의 황홀감은 오래갈 수 없었다. 북한의 박성철은 1972년 7월 4일 10시 성명을 발표하고 난 후 기자회견에서 ① 통일 3원칙은 "김일성 수령이 내놓은 제안에 남조선 측이 찬동한 것"이고 ② 남북공동성명을 발표한 이상 "미 제국주의자들은 더 이상 우리나라 내정에 간섭하지 말아야 하며, 자기의 침략 군대를 걷어 가지고 지체 없이 물러나야 한다"고 주장하였다.[152] 이상 징후는 북한적십자 대표단이 서울을 방문했을 때 더욱 분명해졌다. 한국전 이후 "빨갱이" 개념에 익숙하던 남한의 국민들은 북측 대표단이 "우리 조선노동당," "우리 공산주의자들," "우리 민족의 경애하는 위대한 수령 김일성 원수"를 되풀이하는 모습을 TV에서 목격하며 실망과 거부감을 감추지 않았다. 신문과 TV는 북측에 대한 비판적 보도를 쏟아내었고, 이후락 중앙정보부장이 자제를 촉구하는 서한을 신문사와 방송사에 보내기에 이르렀다.[153] 남한에서 반공열기가 들끓을 무렵 박정희는 이 같은 분위기를 사전에 계획한 대로 국내정치적으로 최대한 활용하고자 하였다. 미 국무부 동아태 차관보 마샬 그린은 로저스 국무장관에게 보낸 보고서에서 다음과 같이 적고 있다: "한국정부는 북한사람들의 선전적 연설을 들은 남한의 언론과 대중의 자연발생적인 적대반응에 상당히 놀랐으며, 동시에 무척 즐거워하였다."[154]

1972년 10월 12일 남북한 양측은 남북공동성명에 따라 설립된 남북조절위원회 제1차 회의에서 뚜렷한 입장차이를 보였다. 평양 측은 ① 반공정책을 포기하고 공산주의를 인정하며, ② UN도 외세이므로 개입하게 하지 말고, ③ 미군을 철수시키고, ④ 국군의 전력증강과 훈련을 중지할 것을 요구했고, 서울 측은 ① 우선적으로 남북조절위를 구성하고, ② 조절위를 통해 합의사항을 실천하며, ③ 상대방의

....

152 『남북대화: 남북조절위원회, 남북적십자회담』, 1973, p. 23.

153 神谷不二, "변모하는 조선 문제와 일본: 남북공동성명 · 적십자회담 · 국제연합총회." 『70年代의 南北韓關係』, 동아일보사, 1972, p. 114.

154 "A Status report on Contacts Between North and South Korea," Fm: Marshal Green to: the Secretary (Information Memorandum), October 6, 1972.

질서에 대한 간섭 없이 교류와 협력을 추진하고, ④ 사회 개방을 추진해 나가자고 주장하였다. 양측의 입장이 팽팽히 맞선 결과 합의된 것은 7·4공동성명 정신의 재확인과 제2차 회의 개최뿐이었다.[155]

북한은 1973년 8월 28일 남북조절위원회 북한 측 공동대표 김영주 명의의 성명을 발표하여 남북조절위원회를 통한 남북 대화의 중단을 일방적으로 선언하였다. 김영주는 '김대중 납치 사건'의 주범인 서울 측 공동위원장 이후락의 교체를 요구했고, 남북한 UN동시가입을 포함하고 있던 한국의 '6·23 외교정책선언'의 취소, 반공법과 국가보안법의 폐지, 복역중인 간첩들의 석방을 요구하였다.

2017년 7월 2일에 비밀해제된 CIA의 1급기밀 대통령 보고문건에 따르면, 박정희는 7·4남북공동성명을 남북관계의 개선이나 한반도 긴장완화, 나아가 평화적 통일을 위한 수단으로 생각하지 않았다. 그는 "하비브 주한 미국 대사와의 면담에서 이후락 부장을 다시 북한에 보낼 일은 없을 것이며, 공동성명을 통해 설치된 남북조절위원회는 고위급이 배제된 실무진 위주로 구성될 것이고, 그 기능도 남북적십자대화 지원과 비무장지대(DMZ) 충돌 방지 등에 머물 것이라는 점을 분명히 하였다."[156] 다른 CIA 1급 기밀문건에 따르면, "김일성은 남북 간의 군사, 정치 문제를 토의하기 위해 박정희와의 정상회담을 공개적으로 제안"했으나, "박정희는 이것이 주한미군 철수와 UN사 해체를 염두에 둔 북한의 술책으로 판단"하고 응하지 않았다. CIA는 "박정희가 남북대화와 정상회담에 큰 미련을 갖고 있지 않은 이유가 거기에 있지만, 못지않게 중요한 것은 북한을 적대적 주체로 보는 그의 대북관에 있으며, 그의 정책의 초점은 북한의 위협에 대응하는 공격적인 방어(militant defense)에 맞춰져 있다고 판단하였다."[157]

박정희는 대북 비밀접촉을 시작한 지 2주일여 만인 1971년 12월 6일 국가비상사태를 선언했듯이, 7·4공동성명 발표 후 북측 인사들의 서울 방문 1개월여 만인 1972년 10월 17일 비상계엄을 선포하였다. "'10월 유신'을 통해 남북대화에 대한

....

155   민병천, "南北對話의 展開過程에 관한 考察," 『行政論集』, 제14집. 동국대학교 행정대학원, 1984, p. 23.

156   CIA, The President's Daily Brief, June 15, 1972; CIA, The President's Daily Brief, July 5, 1972.

157   CIA, The President's Daily Brief, June 21, 1972.

국내 정치구조의 역기능을 해소하고, 국력배양, 국력의 조직화, 국론통일, 개인생활의 혁신이라는 4대 질서를 추구함으로써 북한 공산주의자들이 꿈꾸는 인민혁명전략이 궁극적으로 실현될 수 없다는 것을 실증해야 한다"는 것이 박정희 정부의 주장이었다.[158] 박정희는 비상계엄령을 통해 국회를 해산하고, 정당/정치 활동을 금지하였다.

박정희는 "우리 민족의 지상 과제인 조국의 평화적 통일을 뒷받침하기 위해 우리의 정치체제를 개혁한다"며 11월 21일 언론이 검열되는 계엄령하에서 유신헌법을 국민투표를 거쳐 확정하고, 12월 8일 대통령 선거에서 유신헌법을 지지하는 대의원들로만 구성된 통일주체국민회의에서 99.9%의 지지(총 2,359표 중 2개의 무효표)로 대통령에 당선되었다. 대통령이 의장인 통일주체국민회의는 대통령이 추천한 국회의원 정수의 3분의 1에 해당하는 의원들을 선출했는데, 이들은 1900년 이토 히로부미(伊藤博文)가 만든 입헌정우회(立憲政友會)를 상기시키는 유신정우회(維新政友會)로 활동하며 박정희 정부를 위한 거수기(擧手機) 역할을 하였다. 유신헌법하에서 박정희 대통령은 국회해산권, 법률안거부권, 긴급조치권 등 절대권력을 보유하게 되었고, 1971년 대선과 같은 "위험스러운 민주적 절차(94만 표의 근소한 차이로 승리)"를 또 다시 경험하지 않고 영구적으로 집권할 수 있게 되었다.

요컨대, 박정희는 미국의 남북대화 압력에 대해 초기에는 불안해하며 저항하였고, 1971년 10월까지 소극적으로 순응해갔지만, 1971년 말부터는 장기집권과 권력강화의 동기가 부여되자 적극적으로 접촉과 대화를 추진하였다. 남북관계의 변화와 국내 권력구조 재편을 직결시키는 방법을 찾은 것이었다. 박정희는 1971년 12월 국가비상사태선언을 정당화하기 위해 남북대화를 가속화했으며, 가속화된 대화는, 부분적으로는 "북한의 도움"으로, 1972년 10월 유신체제의 출범을 가능하게 하였다.[159] 박정희 정부가 계엄령과 '10월 유신,' 그리고 국민투표 실시 등 일련의 계획을 북한 측에 사전에 고지했을 것인가에 대해 미국 국무부는 상당히 단정적으로 답하고 있다:

....

158 김영선, "장관치사," 1972.
159 돈 오버도퍼, 이종길 옮김, 『두 개의 한국』, 2002, 길산, p. 83.

어떠한 경우든 평양은 박정희의 국내정치적 움직임에 대해 신중하게 행동하였다. 한국정부는 (아마도 미국에게 말하기 전에) 10월 17일 계엄령 발동에 대해 (북한에) 통보하였으며 아마 박정희 자신의 장기집권과 권력강화 전반의 계획에 대해서도 사전에 알렸을 것이다.[160]

박정희가 대한민국 헌정을 중단하고 유신독재체제를 출범하자 김일성도 "밀릴 수 없다"는 듯, 1972년 12월, 1948년에 제정된 '조선민주주의인민공화국 헌법'을 새로운 '사회주의 헌법'으로 대체하였다.[161] 김일성도 기존의 마르크스-레닌주의를 김일성 수령유일영도체제로 바꾸면서 "통일과 민족적 독립"을 내세웠다. 김일성을 신격화한 이른바 "주체사상"의 '사회주의 헌법'은 결국 사회주의 이념과 대척점에 있는 봉건적 세습주의를 정당화함으로써 북한을 세계역사상 유례가 없는 "사교적(邪敎的)" 절대주의 정치체제로 전락시키는 데 일조하였다. 불과 2개월을 사이에 두고 벌어진 너무나 유사한 남한과 북한 집권자들의 행태는 두 정권의 관계가 '적대적 상호의존' 또는 '적대적 공생'으로 규정되는 주요 계기가 되었다.

미국과 중국은 닉슨의 방중과 상하이공동성명 채택 이후 미중관계정상화를 위한 조치들을 착착 진행하고 있었다. 특히 미국은 1972년 미중정상회담과 미소정상회담 등을 통해 미중소 '전략적 3각관계'에서 유리한 지위에 서게 되어 한국 정부에게 남북대화를 강력히 압박할 이유를 덜게 되었다. 나아가, 닉슨으로서는 미국의 국가이익이 한반도의 통일이 아닌 이상 친미·반공의 동맹국 지도자가 미국 세계전략의 동북아 대리인(agent)을 자처하는 마당에 굳이 한국의 국내정치적 일정에 간섭할 필요가 없었다. 만일 남과 북이 7·4공동성명 등을 통해 통일의 노정으로 진입하여 동북아의 정치동학이 남과 북은 물론 미국 자신이 감당할 수 없는 속도로 진행된다면, 세계 및 지역 수준의 전략적 불확정성을 증폭시킬 우려도 있었다. 중국도 미국과 마찬가지로 한반도에서의 전략적 불확실성의 증가를 바라고 있지 않았

....

160 ROK/DPRK: South-North Talks, a Pause Follows Rapid Progress, Intelligence Note, December 18, 1972.

161 오버도퍼(2002), p. 83.

다. 그리고 중국은 한반도의 안정 및 교류협력과 관련하여 김일성의 마지못한 지지를 얻어낸 바 있었지만, 역사적 관계로 보나, 김일성이 내세우고 있는 정치적 정체성을 보나, 그에게 가할 수 있는 압박은 한계가 있음을 잘 알고 있었다. 그러나 아마도 가장 중요한 이유는, 이미 당시 미중관계는 상당히 탄탄한 궤도에 진입하여 한반도에서의 남북대화라는 인위적 정치메커니즘이 없어도 크게 영향받지 않고 진전될 것이라는 양국의 판단이었다.[162] 실제로, 남과 북은 1974년 8월 15일 문세광의 대통령 저격 사건에도 불구하고 1975년 3월까지 남북조절위 부위원장 회담을 10차례나 이어갔다. 1972년 11월 닉슨은 압도적 표차로 대통령에 재선되었고, 1973년 5월 양국은 베이징과 워싱턴에 연락사무소를 설치하였다.

그러나 1973년 여름부터 미중관계의 진전은 사실상 정지되었다. 닉슨이 개입된 것으로 보이는 '워터게이트 사건'이 수면 위로 떠올랐던 것이다. 1973년 10월 20일 닉슨이 자신을 조사하던 특검을 해임하자 법무부 고위간부들이 사표를 던진 '토요일 밤의 학살(the Saturday Night Massacre)'이 발생하였다. 닉슨은 결국 1974년 8월 8일 대통령직에서 사임하였다. 부통령 제럴드 포드(Gerald Ford)가 닉슨을 승계했지만 미중관계 정상화를 적극적으로 이끌어갈 형편은 되지 못하였다. 그러는 사이 1976년 1월 8일 저우언라이가, 그리고 1976년 9월 9일에는 마오쩌둥이 사망하였다. 1976년 10월 마오의 처(妻) 장칭 등 이른바 '4인방(四人幇, 四人帮)'이 체포되고, 1977년 7월 22일 덩샤오핑이 권력을 쥘 때까지 미중관계정상화는 정체될 수밖에 없었다. 미국도 1977년 1월 20일 지미 카터(James Earl Carter Jr.)가 대통령에 취임하고 나서야 닉슨이 시작하고 추진하던 일들을 이어나갈 수 있었다. 카터는 취임 후 상하이공동성명의 목표를 재확인하고 미중관계정상화에 탄력을 부여하였다. 그러나 카터는 '전략무기제한협상II(SALT II)'[163]의 협상 상대인 소련을 자극하지 않기 위해 국무장관 사이러스 밴스(Cyrus Vance), 국가안보보좌관 즈비그뉴 브레진스

....

162 박건영, 우승지, 박선원, "제3공화국 시기 국제정치와 남북관계: 7.4공동 성명과 미국의 역할을 중심으로," 『국가전략』, 제9권 4호, 2003.

163 1972년 미국은 잠정협정인 SALT를 장기적·포괄적 조약으로 대체하기 위해 소련과 SALT II 협상을 시작하였다. 미국이 중국과의 관계정상화를 추진하던 이유 중 하나는 중국과 갈등하던 소련이 전략적 고립감을 느껴 SALT II에 보다 전향적으로 접근토록 하기 위함이었다.

키(Zbigniew Brzezinski) 등으로 하여금 신중하게 중국에 접근토록 하였다. 1978년 초 소련을 중시하던 밴스와 대소련강경파인 브레진스키 간의 내부충돌로 시간이 지체되었으나,[164] 결국 1978년 12월 15일 미국과 중국은 1979년 1월 1일부로 외교관계를 정상화한다고 선언하였다.

　　미국의 반공보수파와 공화당은 "자유중국(Free China)," 즉 오랜 친구 장제스의 아들이 통치하는 타이완을 헌신짝처럼 버릴 수는 없다고 카터와 민주당을 비난하였다. 민주당 일각에서도 미중관계정상화가 타이완에 대해 갖는 정치, 경제, 군사적 함의를 우려하였다. 특히 대중억지 차원에서 "가라앉지 않는 항공모함" 타이완의 가치는 변하지 않을 것이기 때문이었다. 미국 의회는 타이완해협의 안전과 평화를 유지하고 타이완 주민의 생명과 재산을 보호한다는 차원에서 1979년 4월 10일 타이완관계법(Taiwan Relations Act)을 통과시켰다. 미국은 이 법을 통해 다음과 같은 타이완정책을 천명하였다:

　　미국의 정책은 ① 중국 본토 주민들과 서태평양 지역 모든 주민들 간의 제 관계뿐 아니라, 미국 주민들과 타이완 주민들 간의 광범위하고, 긴밀하며, 우호적인 상업적 문화적 그리고 다른 방면의 관계를 유지하고 촉진하는 데 있으며; ② 이 지역의 평화와 안정은 미국의 정치, 안보, 경제적 이익이며 또한 국제적 관심사에 속한다고 선언하는 데 있고; ③ 미중관계정상화는 타이완의 미래가 평화적 방법에 의해 결정될 것이라는 기대에 기초해 있다는 것을 확실히 하는 데 있으며; ④ 보이콧이나 제재 등을 포함하는 비평화적 방법에 의해 타이완의 미래를 결정하려는 모든 행위를 서태평양 지역의 평화와 안보에 대한 위협으로 간주하며, 미국에 대한 중대한 우려가 된다는 점을 밝히는 데 있고; ⑤ 타이완에 방어용 무기를 제공하고; ⑥ 타이완 주민들의 안보 또는 사회적 경제적 체제를 위험에 빠뜨리는 힘의 사용이나

··········

164　Jimmy Carter, "Confrontation or Cooperation with the Soviet Union," Address by President Carter at the U.S. Naval Academy, June 7, 1978. https://nsarchive2.gwu.edu/carterbrezhnev/docs_global_competition/TAB%204/doc02%20-%2019780607%20-%20Confrontation%20or%20Cooperation%20with%20the%20Soviet%20Union.pdf

다른 형태의 강제를 저지할 수 있는 미국의 능력을 유지하는 데 있다.

미국은 이후 타이완에 대한 무기판매를 지속하였고, 타이완 고위 인사의 미국 방문을 허용하였다. 1995년 6월 타이완의 리덩후이(李登輝) 총통은 모교에서 거행되는 명예 박사학위 수여식에 참석할 목적으로 미국을 방문하였다. 이에 대해 중국은 타이완에서 북쪽으로 137km 떨어진 바다에서 미사일 발사 실험을 하는 등 강력하게 반발하였다. 미국은 두 개의 항모전단을 타이완해협으로 파견하여 미국의 타이완관계법 준수 의지를 명확히 하였다. 타이완 정부와 민진당(民進黨)은 미국의 군사행동을 환영하였지만, 당시 국민당을 탈당하여 무소속으로 대선에 출마한 통일지상주의자 임양항(林洋港, 린양캉)과 중화인민공화국은 미국의 행동을 "내정 간섭"이라고 힐난하였다. 하지만 위기는 더 이상 비화되지 않았다.

쿠바미사일위기

쿠바는 1492년 스페인 카스티(Castile)의 이사벨라 1세(Isabella I) 여왕의 지원
으로 "서인도"를 발견한 크리스토퍼 콜럼버스(Christopher Columbus)가 스페인령
화한 이후 1526년부터 아프리카로부터 노예를 수입하는 창구 역할을 하였다. 쿠
바인들은 1868부터 10여 년간 독립투쟁을 벌였고, 그 결과 1886년에는 노예제가
폐지되었지만 스페인이 약속한 개혁이나 자치는 이루어지지 않았다. 쿠바인들은
1895년 시인 호세 마르티(José Julián Martí Pérez)의 지도하에 제2차 독립투쟁을 전
개하였다. 그러나 스페인은 쿠바인들에게 "강제수용소(Reconcentrados)" 설치로 답
하였다. 1898년 미국은 스페인과 쿠바인들 간의 무력충돌이 쿠바로부터의 사탕수
수의 수입 등 자신의 교역활동에 지장을 주어 투자 회수 및 이익 감소 등의 문제가
발생하였기 때문에 쿠바 문제에 개입하지 않을 수 없었다. 미국은 쿠바의 독립을
지원하는 방향으로 움직였다. 미국의 이러한 결정에는 "강제수용소"의 참상을 보
도한 '뉴욕월드(*The New York World*)'나 '뉴욕저널(*The New York Journal*)' 등 언론
의 영향이 컸다. 지전략적(地戰略的, geostrategic) 이익도 중요하게 작용하였다. 1898
년 미국은 쿠바 내 미국인 보호 명분으로 군함 '매인(Maine)'호를 파견하였다. 그
런데 정박해 있는 '매인'호가 폭파되었고, 이는 스페인 군의 소행으로 간주되었다.
1976년 이는 스페인군의 소행이 아니고 함정 내 화재로 인한 탄약고 폭발로 밝혀

졌지만, 당시는 스페인에 대한 전쟁사유가 되었다. 미군과 쿠바 민병대는 스페인군을 쉽게 굴복시켰다. 미국은 스페인으로부터 쿠바에 대한 모든 권한을 인수하고, 쿠바를 1902년까지 보호령으로 통치하였다. 미국은 스페인령이었던 푸에르토리코(Puerto Rico), 그리고 태평양 상의 괌과 필리핀을 동시에 점령하였다.

1901년 3월 미국은 쿠바의 독립을 허용하되 미 육군의 '플랫 수정안(Platt Amendment)'을 받아들이도록 쿠바를 압박하였다. 이 수정안은 쿠바의 독립을 저해하는 조약 체결을 금지하고, 외국이 쿠바 영토를 군사적 목적으로 사용하지 못하게 하며, 쿠바 내 미국의 해군기지(관타나모, Guantánamo Bay)를 허용하고, 쿠바 독립을 유지하기 위해 미국이 개입할 수 있다는 내용을 담고 있었다. 1902년 토마스 팔마(Tomas Estrada Palma)가 플랫 수정안을 받아들이면서 대통령에 당선되었다. 이후 쿠바는 정치, 경제적으로 미국의 지배를 받게 되었고, 이에 저항하는 크고 작은 시위나 봉기가 발생하였다. 1912년에는 차별에 항의하는 흑인 시위를 진압하기 위해 미군이 쿠바에 투입되기도 하였다. 1925년 쿠바 공산당(Partido Comunista de Cuba, the Communist Party of Cuba)이 코민테른이 파견한 멕시코 공산당원 엔리케 마곤(Enrique Flores Magon)의 지도하에 창립되었다. 1925년 5월 독립전쟁 시 군 지도자 중 하나였던 헤라르도 마차도(Gerardo Machado y Morales)가 "물, 도로, 학교"를 캠페인 구호로 대통령에 당선되었지만, 곧 권위주의화하였다. 1933년 풀헨시오 바티스타(Fulgencio Batista) 상사(上士) 등은 쿠데타를 일으켜 마차도 정부를 전복하였다. 바티스타는 1940년 자신이 대통령이 되어 친노동 개혁을 추진하였고, 1944년에는 정계은퇴를 선언하고 미국에 체류하다가, 1952년 쿠바로 귀국하여 쿠데타를 통해 재집권하였다. 바티스타는 미국의 지원하에 부패하고 권위주의적인 수단으로 쿠바를 통치하였다. 특기할 만한 것은 바티스타 정권과 미국 마피아 간의 공생관계였다. 그는 수많은 이권을 마피아에 넘겨주고 대가로 정치자금을 수수하였다. 나아가 바티스타는 사탕수수 농장 대부분을 미국 자본에 넘겨주었고, 국제전신전화회사(International Telephone and Telegraph, ITT)가 쿠바의 전신/전화 사업을 지배하도록 하는 등 쿠바 경제가 미국에 종속되도록 방치하였다. 그는 쿠바의 무기공급원도 미국에 한정하여 미 방산업체에게 독점시장을 제공하였다. 미국은 바티스타 정권하에서 사실상 쿠바의 정치, 경제, 군사, 문화 모든 면을 지배하게 되었다. 전(前) 주 쿠바 미국 대사 얼 스미스(Earl T. Smith)는 1960년 미 상원 청문회에서 "쿠바에서는 미국 대사가 제2인자라 해도 무방할 정도로 미국의 영향력은 압도적입니다. 미국 대사는 어떨 때는 쿠바 대통령보다 더 큰 영향력을 행사하기도 합니다"라고 발언하기도 하였다.[1]

1953년 7월 26일, 1년여 전 바티스타에 의해 취소되었던 총선에 출마했던 젊은 변호사 피델 카스트로(Fidel Castro)는 165명의 청년들을 이끌고 쿠바의 제2도시 산티아고 데 쿠바(Santiago de Cuba)의 몬카다(Moncada) 군 기지를 습격하였다. 그러나 그가 기대했던 인민봉기는 여러 가지 일이 꼬이면서 발생하지 않았다. 그는 체포되어 투옥되었다. 15년 형을 받은 카스트로는 그의 동생 라울(Raul)과 함께 1955년 5월 15일 정치범에 대한 일반특사(general amnesty)로 석방되었다. 이 석방은 후에 바티스타로서는 크게 후회하게 될 일이었다.[2] 석방된 카스트로는 멕시코시티(Mexico City)로 가서 제2 봉기를 위해 자금과 혁명동지들을 모으고 있었다. 거기서 그는 에르네스토 게바라(Ernesto Guevara de la Serna, 에르네스토 라파엘 게바라 데 라 세르나, 체(che) 게바라)를 만났다.[3]

아르헨티나의 부에노스 아이레스 대학(Universidad de Buenos Aires) 의과대학생이었던 게바라는 중·남미의 가난과 억압을 해소하기 위해서는 제국주의자들과 그 하수인들에 대한 무장투쟁만이 답이라고 보고 과테말라(Guatemala)에서 혁명의 기회를 보던 중 민주적 절차에 따라 선출된 하코보 아르벤스(Jacobo Árbenz Guzmán) 정권이 1954년 6월 27일 미국 CIA의 계획과 지원하에 군부에 의해 전복되는 것을 목도하였다.

당시 아이젠하워 정부는 이 군사정변을 서반구에 침투하려는 소련의 기도를 막은 자유주의적 긴급조치로 규정하였다. 그러나 미국이 아르벤스 정부를 참지 못

....

1 Earl T. Smith, former American Ambassador to Cuba, during 1960 testimony to the U.S. Senate, in Douglas Kellner, *Ernesto "Che" Guevara*, Chelsea House Publishers, 1989, p. 66.

2 Henry Butterfield Ryan, *The Fall of Che Guevara: A Story of Soldiers, Spies, and Diplomats*, Oxford University Press, 1999, p. 15.

3 체(che)라는 그의 별칭은 게바라가 1950년대 과테말라에서 쿠바망명자들과 공작활동을 할 때 얻은 것이다. 한국어로는 "어이" 정도, 영어로는 "헤이(Hey)"라는 의미이다.

12 May 1975

MEMORANDUM

SUBJECT: CIA's Role in the Overthrow of Arbenz

In August 1953, the Operations Coordinating Board directed CIA to assume responsibility for operations against the Arbenz regime. Appropriate authorization was issued to permit close and prompt cooperation with the Departments of Defense, State and other Government agencies in order to support the Agency in this task. The plan of operations called for cutting off military aid to Guatemala, increasing aid to its neighbors, exerting diplomatic and economic pressure against Arbenz and attempts to subvert and or defect Army and political leaders, broad scale psychological warfare and paramilitary actions. During the period August through December 1953 a CIA staff was assembled and operational plans were prepared.

Following are the specific operational mechanisms utilized by the Agency in the overall missions against the Arbenz government:

a. Paramilitary Operations. Approximately 85 members of the CASTILLO Armas group received training in Nicaragua. Thirty were trained in sabotage, six as shock troop leaders and 20 others as support-type personnel. Eighty-nine tons of equipment were prepared. The support of this operation was staged inside the borders of Honduras and Nicaragua[   ]There were an estimated 260 men in Honduras and El Salvador for use as shock troops and specialists, outside of the training personnel that had been sent to Nicaragua.

b. Air Operations. The planning for providing air operational support was broken down into three phases; i.e. the initial stockpiling of equipment; the delivering of equipment to advance bases by black flight; and the aerial resupply of troops in the field. Thirty days prior to D-day, a fourth phase, fighter support, was initiated. There were approximately 80 missions flown during the 14-29 June 1954 period, by various type aircraft such as C-47's, F-47's and Cessnas which were used to discharge cargo, distribute propaganda and for strafing and bombing missions.

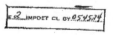

SECRET

"아르벤츠 축출 과정에서의 CIA의 역할"이라는 제하의 1975년 5월 12일 자 비밀 메모.

했던 진짜 이유는 그가 미국 '연합청과회사(United Fruit Company)' 소유의 불경작(不耕作) 토지를 강제 매입하여 토지개혁의 일환으로 농민들에게 분배하는 과정에서 찾을 수 있었다. 과테말라 바나나의 생산과 수출의 거의 전부를 독점하던 '연합청과회사'는 과테말라 정부에 납부하는 세금을 줄이기 위해 오래 전부터 수익을 축소 보고해 오고 있었다. 아르벤츠 정부는 이 기업의 불경작 토지를 강제 매입함에 있어 지가를 산정할 때 바로 이 회사가 신고해온 지가 기준을 사용했던 것이다. 열혈 반공주의자 덜레스(John Foster Dulles) 국무장관의 축복을 받고 쿠데타로 집권한 과테말라 군부는 과테말라 내 좌파 척결에 나서게 되었고, 초보혁명가 게바라는 주과테말라 아르헨티나 대사관의 보호를 받다가 결국 멕시코로 피신하였다.

1954년 가을 멕시코로 잠입한 게바라는 다음 해 7월 피델 카스트로를 만났다. 게바라는 아바나 대학(Universidad de La Habana) 법대 출신 혁명가 카스트로의 열정과 전술/전략에 매료되어 쿠바 혁명으로 이어질 '7·26' 운동에 참가하게 되었다. 그들은 1957초 시에라 마에스트라(Sierra Maestra)에서 함께 게릴라전을 수행하였다. 도시의 시민운동단체들, 중산층, 전문직 종사자들이 바티스타에 저항하고 카스트로를 지지하였다. 1959년 1월 8일 카스트로는 9천여 명의 게릴라군과 함께 아바나로 진격하였다. 여기엔 게바라의 산타 클라라(Santa Clara) 전승(戰勝)이 결정적으로 작용하였다. 바티스타는 막대한 자금을 가지고 도미니카로, 그리고 포르투갈로 도주하였다.

위기의 시작

카스트로 혁명정권

혁명을 성공시킨 카스트로는 1959년 3월 3일 미국 국제전신전화회사 소유의 자산을 몰수하고 통화료 인하 조치를 단행하였다. 그리고 이러한 조치가 미국의 항의와 의심을 받자 1959년 4월 방미하여 자신이 "공산주의자라는 의혹"을 불식시키기 위해 노력하였다. 그는 하버드대를 방문하여 연설을 하기도 하였다. 학장 번디(McGeorge Bundy)는 환영사에서 11년 전 하버드대에 입학신청서를 낸 "카스트로를 탈락시킨 것은 하버드대학 역사상 최악의 실수"라고 하면서 우호적인 분위기를 조성하였다. 그러나 미국 정부는 카스트로를 포용하지 않았으며, 아이젠하워 대통령은 카스트로와의 면담을 거부하였다.

1959년 5월 17일 카스트로는 경제발전 전략의 일환으로 토지개혁을 실시하였다. 카스트로 정부는 농지개혁법(The Agrarian Reform Law of 1959)을 통해 토지소유상한선을 1,000에이커로 정하고(사탕수수, 쌀, 축산농가는 최대 3,333에이커), 이를 상회하는 토지는 국유화하고, 보상으로서 1948년 공시가를 기준으로 25년 만기 이자 4.5%의 채권을 지급하였다. 쿠바 정부는 사탕수수 농장에 대한 외국인 소유도 금하였다. 카스트로의 조치는 외국인과 대토지소유 내국인들의 반발을 불러일으켰고, 상당 규모의 자본도피(capital flight)가 잇따랐다.

카스트로 정부는 1962년 2월 미국 소유의 쿠바 정유회사가 소련에서 수입한 석유 정제를 거부하자 이 정유시설을 강제 수용하였고, 1960년 6월 미국이 쿠바에서 수입하는 설탕 물량을 제한하자 쿠바 내 미국 자산 8억 5,000만 달러를 국유화하였다. 미국은 경제 보복에 나섰고, 미국에 전적으로 의존했던 쿠바 경제는 붕괴 조짐을 보였다. 아이젠하워 정부는 쿠바가 주쿠바 미국대사관이 간첩활동의 기지가 되고 있다며 직원 수를 줄일 것을 요구하자 대사를 소환했고, 결국 1961년 1월 3일 쿠바와의 외교관계를 단절하였다. 이후 쿠바는 생존을 위해 소련에 더욱 접근하게 되었고, 소련이 쿠바 설탕을 수입하고 쿠바에 방어용 무기를 공급하면서 그 관계는 더욱 긴밀해졌다.

미국은 카스트로를 제거하고자 했고, CIA가 나서게 되었다. CIA는 1947년 트루먼 대통령이 설립을 승인하여 만들어졌다. 트루먼은 CIA의 역할을 중요시했지만 타국 정부의 전복을 승인하지는 않았다. 그에 이어 집권한 아이젠하워 대통령은 냉전기 미국의 "국익"을 위해 CIA를 더 적극적으로 활용하고자 하였다. 1953년 8월 19일 민주적 절차에 따라 선출된 이란의 모사덱(Mohammad Mossadegh)이 첫 번째 희생물이 되었다. 1954년 6월 27일 과테말라의 아르벤츠가 두 번째 제물이 되었다. CIA는 이러한 성공사례들의 경험을 살려 쿠바에서 세 번째 작업을 실행에 옮겼다.

피그스 만(Bahía de Cochinos, the Bay of Pigs) 침공

1961년 1월 20일 취임한 케네디는 아이젠하워 정부 시절 세워진 카스트로 제거 계획, 즉 몽구스(Mongoose) 작전을 승계하여 1961년 4월 4일 최종 승인하였다. 대통령 승인 직후 CIA 요원들은 마이애미 등지에서 카스트로 집권 후 쿠바를 탈출한 망명자들에 대한 접촉을 강화하였다. 당시로서는 상당한 액수인 1,300만 달러의 예산을 확보한 CIA는 1,400여 명의 반카스트로 혁명가들을 충원하였다. 최근 비밀 해제된 CIA 자료에 따르면 CIA 고위직 몇몇은 카스트로 암살 작전에 마피아를 활용하는 방안을 추진하기도 하였다.[4]

이미 CIA는 1960년 조직된 '2506 돌격여단(Brigada Asalto 2506)'[5]을 플로리다의 사유지인 유세파 섬(Useppa Island)으로 이동시켜 소화기(小火器) 사용법부터 게릴라 전술까지 다양한 전투기법을 교육하였다. CIA는 1960년 9월부터는 과테말라의 비밀군사기지로 이들을 이동시켜 육군과 상륙군은 제이엠트랙스(JMTrax)에서 공군은 제이엠매드(JMMadd)에서 각각 훈련에 임하도록 하였다. 리드 도스터(Reid Doster) 장군 지휘하의 미국 알라바마 주 방위군 공군(Alabama Air National Guard)도 참여하였다.

CIA 자료에 따르면 침공작전은 1961년 4월 15일 새벽 쿠바 공군에 대한 공습으로부터 시작하였다.[6] '해방공군(Fuerza Aérea de Liberación)'이라고 자체 명명한 이들 여단 조종사들과 알라바마 주 방위군 공군 조종사들은 6대의 B-26항공기를 타고 쿠바 공군으로 위장한 채 쿠바 공군력을 무력화하기 위해 두 개의 비행장과 세 개의 군사기지, 그리고 안토니오 마쎄오(Antonio Maceo Airport) 공항을 폭격하였다. 90여 분 후 쿠바 공군으로 가장한 2506여단 소속 해방공군 요원들은 "위장한 도주 항공기(getaway plane)"를 몰고 미국에 귀순한다고 미 당국에 통보하였다. 쿠

....

4   Re: Castro, Cuba, and the Missile Crisis, Reply #3 on: July 17, 2013, 09:33:53 pm. http://www.jfkessentials.com/forum/index.php?topic=109.0

5   조직원들은 1960년 9월 훈련중 사망한 산타나(Carlos Rodriguez Santana)의 "군번" 2506을 조직의 명칭으로 결정하였다.

6   The Bay of Pigs Invasion, Featured Story Archive, CIA. https://www.cia.gov/news-information/featured-story-archive/2016-featured-story-archive/the-bay-of-pigs-invasion.html

바에 대한 공습이 쿠바의 반란군 소행임을 증명하기 위한 계략이었다.

카스트로는 쿠바 공습이 반란군이 아니라 미국의 소행이라 발표하며 반정부봉기의 가능성을 차단하기 위해 쿠바 내 잠재적 반체제 반정부 인사들을 극장, 운동장, 군사기지 등에 가두어 놓았다. 쿠바 외교장관 라울 카스트로는 4월 15일 UN 정치안보위원회의 긴급 소집을 요청하였다. 쿠바침공 작전에 대해 전혀 모르던 미국 UN대사 스티븐슨(Adlai Stevenson)은 미국의 개입을 부인하며 일련의 사진을 증거물로 제출하였다. 그런데 이 사진들이 오히려 미국의 개입을 명백히 증명하였다. 쿠바 공군기의 노즈(nose, 코)는 플라스틱인 반면 귀순 항공기의 노즈는 금속이었던 것이다. 스티븐슨은 전모를 알게 된 후 이를 알리지 않은 참모와 관련 지휘부에 대해 격노하였다.

케네디 정부는 쿠바 침공 작전이 성공하지 못할 가능성에 대비해 정부가 개입한 흔적을 남기지 않으려 고심하였지만, UN에서 수모를 당하고는 대책을 마련하지 않을 수 없었다. 4월 16일 케네디는 쿠바 공군기들을 파괴하기 위해 계획되었던 공습을 마지막 순간에 취소하였다. 이때는 2506여단 조종사들이 쿠바를 향해 막 이륙하려던 순간이었다.

미국의 공습이 취소된 상태에서도 2506여단은 쿠바 침공을 강행하였다. 4월 17일 여단은 몇 대 안 되는 자체 항공기의 엄호를 받으며 상륙을 시도하였다. 상륙한 여단은 즉각적으로 쿠바군의 공격을 받았다. 케네디가 마지막 순간 공습을 최소함으로써 파괴되지 않은 쿠바 공군기들과 조종사들이 여단 요원들에 기총소사와 폭격을 가함으로써 침공작전을 사실상 무위로 돌아가게 하였다.

상황악화를 보고 받은 케네디는 카리브해에서 작전 중이던 항공모함 에섹스(USS Essex)호에 탑재되어 있던 6대의 전투기의 발진을 승인하였다. 그의 작전 승인에 따르면 이 전투기들은 여단의 항공기들을 위해 4월 19일 한 시간 동안만 공중경계를 제공하되 공중전이나 지상목표에 대한 공격은 할 수 없었다. 그러나 이러한 제한이 문제였다기보다는 그 시점이 문제였다. 미군과 여단 간의 소통부족으로 인해 항모탑재기가 발진하기 한 시간 전에 이미 여단의 항공기가 쿠바로 향하였던 것이다. 탑재기들이 전속력으로 이들의 뒤를 따라갔으나 결국 침공지역에서 이들을 위한 공중경계를 제공할 수는 없었다. 기론(Playa Girón) 등 해변에 상륙한 여단 요원들 중 114명은 사살되었고, 1,189명은 체포되었다.[7] 살아남은 몇몇은 산중으로 피신했으나 결국 쿠바군에 항복하였다. CIA 자료에 따르면, 여단 요원의 70%는 쿠바 감옥에 투옥되었다. 쿠바는 여단의 지휘관들을 처형하고 나머지는 1962년 12월 5,300만 달러 상당의 식량 및 의약품과의 교환 조건으로 미국으로 추방하였다. 최근에야 알려진 사실이지만 B-26을 몰았던 알라바마 주 방위군 공군 조종사/승무원 8명중 4명이 쿠바침공 작전 중 사망하였다. 백악관과 CIA는 이들에게 적에 생포될 시 자신들의 정체를 "용병(mercenaries)"으로 하라고 지시하였다. 미 국방부는 15년이나 지난 시점에서야 이들에게 훈장을 수여했으나, 가족들에게는 일체 비밀로 할 것을 서약하도록 하였다.

피그스 만 작전은 미국에게는 재앙이었다. 사실 그간 정설처럼 간주되어 왔던 바, 군과 CIA가 작전 성공을 확약하면서 케네디 신임 대통령을 움직였다는 것은 사실이 아니었다. 비밀해제된 문건에 따르면, CIA는 신임 케네디 대통령에게 브리핑 할 보고서를 작성하면서 미국이 쿠바와 전쟁을 하지 않는 한 카스트로 제거는 어렵다고 판단하였다.[8] 망명자 집단으로 구성된 2506여단이 카스트로군의 저항을 감당할 수 없을 것으로 본 것이었다. 그러나 작전은 멈춰지지 않았다. 피그스 만 침공 작전의 실패는 케네디 정부와 미국에게 국내정치적, 국제정치적, 군사전략적 모든 면에서 뼈아픈 것이었다. 미국의 진보 진영은 케네디가 타국 정부를 비밀리에 전복하려 했다고 비난하는 한편 보수 진영은 카스트로 공산 정권에 대한 군사작전에 실패한 책임을 케네디에게 지우려 하였다.

카스트로 정권은 미국이 다시 침공할 것이라고 예상하고, 내부 단속을 통하여 혁명에 반대하는 세력을 제거하였으며, 상당 숫자의 반대파를 미국 등지로 추방하면서 정권의 권력 기반을 더욱 강화하였다. 카스트로는 외적 안보 수단으로 소련을 선택하여 1961년 5월 1일 쿠바가 공산국임을 선언하였다. 미국은 혁명적 쿠바가 자신의 뒷마당인 서반구의 중남미에 공산혁명을 수출하는 소련의 전진기지가 될

....

7   Rowland White, *Phoenix Squadron*, Transworld Publishers, 2009, p. 94.
8   Jack B. Pfeiffer, Official History of the Bay of Pigs Operation, DCI-8, Volume III, Evolution of CIA's Anti-Castro Policies, 1959-January 1961, CIA, December 1979, p. 149.

것으로 예상하고 이를 막기 위한 대책에 골몰하게 되었다.

쿠바미사일위기로 가는 길

소련의 흐루쇼프는 당시 독일과 베를린 문제로 극렬히 대립하던 미국의 코 앞에 자신의 위성국임을 자처하는 공산 정권이 가지는 쿠바의 전략적 함의를 간과하지 않았다. 그리고 제2의 피그스 만 침공에 대비하기 위한 조치를 쿠바와 논의하였다. 피그스 만 침공이 실패로 돌아간 후 1962년 봄과 여름 미국의 정보기관은 쿠바로 반입되는 소련 무기의 양이 급증하고 있음을 탐지하였다. 쿠바에 반입되는 무기가 핵미사일을 포함하고 있는지를 우려하던 케네디 정부는 이제 훨씬 더 중대한 안보위협에 직면하여 1962년 10월 몽구스 작전을 폐기하고, 베를린을 둘러싸고 대립하던 소련이 쿠바에 핵미사일과 같은 대량파괴무기를 반입할 가능성과 그 군사전략적 함의를 분석하는 데 몰두하게 되었다.

아닌 게 아니라 흐루쇼프는 미국의 쿠바 재침방지뿐 아니라, 어쩌면 그에 우선하여 자신에게 '목의 가시'이자 '암적 존재'인 베를린 문제를 해결하기 위해 '쿠바 승부수'를 던졌다. 그는 미국의 뒷마당인 자신의 위성국가 쿠바에 미사일을 비밀리에 배치하고 이것을 협박도구로 하여 서방이 서베를린에서 물러나도록 압박할 요량이었다. 나아가 흐루쇼프는 쿠바 내 미사일 배치가 그에게 베를린을 넘어서는 보다 일반적인 전략이익을 가져다 줄 수도 있다고 생각하였다. 즉 그는 미사일 배치가 베를린 문제와 관련된 협상의 도구로서의 의미를 넘어 세계 차원의 대미 핵억지력이 강화될 수 있는 기회가 될 수 있을 것으로 보았다. 흐루쇼프는 자신의 최후통첩을 미국이 거부하고 베를린을 둘러싼 갈등/도발이 비화하여 전면전의 위기가 발생할 시, 또는 다른 지역이나 다른 시점에서 미소갈등이 전쟁으로 비화할 가능성이 있는 경우, 신뢰성 있는 대미 핵억지력이 절대적으로 필요할진대, 미국을 직접 타격할 수 있는 소련의 장거리 미사일 능력이 크게 열세인 상태에서, 이를 벌충하기 위해 미국에 지리적으로 근접한 쿠바에 중거리 탄도미사일을 배치하고자 했던 것이다.

케네디도 쿠바 내 소련 미사일 배치 문제는 베를린의 문제와 연동되어 있다고 판단하였다. 더 정확하게는, 흐루쇼프는 베를린 문제를 자신에게 유리한 조건으로 해결하기 위한 '연계정치(linkage politics)'의 수단으로서 '쿠바 내 미사일 배치'를 선택했고, 케네디는 그의 의도를 정확히 알아차린 것이었다. 물론 소련의 입장에서 쿠바 방어를 위한 조치가 필요했고, 세계 차원의 전략적 균형이 못지않게 중요한 사안이었을 수도 있었으나 위기의 발단은 소련과 동독의 입장에서 이른바 '서베를린 접수' 문제에서 비롯되었다.

흐루쇼프의 모험:"샘 아저씨의 바지 속에 고슴도치를 넣자"

1961년 7월 29일 흐루쇼프는 자신의 계획과 구상을 동료 정치국원들에게 알렸다. 그는 KGB 의장 셸레핀(Alexandr Shelepin)으로 하여금 자신의 전략을 설명하도록 하였다. 셸레핀은 케네디 정부의 피그스만 침공작전의 실패를 유럽에서 소련의 위상을 제고하는 수단으로 삼아야 한다고 강조하는 한편, "소련의 전략의 핵심은 전 세계적으로 미국 및 미국의 동맹국들의 관심과 전력을 쿠바로 집중시켜 독일과의 평화협정 체결 및 서베를린 문제를 해결하는 기간 동안 이들을 이곳에 묶어둘 수 있는 환경을 조성하는 데 있다"고 당 중앙 정치국원들에게 설명하였다. 정치국은 베를린 장벽 건설을 결정한 8월 1일 이 전략을 승인하였다.

흐루쇼프는 1945년 이후 서베를린의 존재가 동독뿐 아니라 소련 자신에게도 치명적 위협이 되고 있다고 인식하고 있었다. 베를린 봉쇄(1948-49), 베를린 위기(1958-61) 등은 모두 그러한 위협인식에서 비롯된 것이었다. 그는 이미 1958년 11월 10일 연합국이 서베를린에서 철수할 것을 최후통첩 식으로 요구하면서 만약 이를 연합국 측이 거부한다면 소련은 동독과 '연합국의 권리를 부정하는 조약'을 체결할 수밖에 없을 것이며, 그렇게 되면 소련은 조약에 따라 연합국 군대를 서베를린에서 강제로 추방할 수밖에 없을 것이라고 선언하였다. 그러나 미국은 서베를린 주둔 군대의 규모를 늘리고, 만일에 대비한 군사대응조치로 응수하였다.

흐루쇼프는 베를린 문제 해결이 자신과 소련에게 가장 중요한 경제적, 정치적, 군사적 이익이라고 판단하고 있었다. 그는 베를린 문제에서 외교적 승리를 거두게 되면 미국 등과 관계개선에 나설 수 있고, 그러고 나면 국방산업 및 중공업 분야에

과도하게 투자된 자원을 돌려 인민들의 생활개선에 나서고, 그 결과 국내경제 상황도 개선될 수 있을 것으로 보았다.

흐루쇼프는 베를린 문제가 자신이 원하는 방식으로 해결되면 소련의 안보 문제 전체도 새로운 지평을 내다볼 수 있을 것으로 판단하였다. 그는 서베를린을 미국과 그 동맹국들로부터 분리시켜 내면 서독은 NATO에 더 이상 의존할 수 없음을 알게 될 것이고, 결국 소련의 품에 안길 것으로 예상하였다. 흐루쇼프는 1961년 10월 주소 영국대사에게 "서독이 서방에 대한 신뢰를 상실하게 되면 반드시 우리에게 몸을 의탁하게 될 것이다. 서독은 우리를 제외하고 마땅히 갈 곳이 없음을 알게 될 것이다"라고 말하였다.[9]

흐루쇼프는 최후통첩 등 "경로의존적(path-dependent)"[10] 동학으로 인해 베를린 문제에 자신의 정치적 자산을 '올인'하게 되었다. 당시 그와 면담한 서방 인사들에 따르면, 그는 베를린 문제 해결에 자신의 "위신" 전체, 즉 "정치적 생명"을 걸고 접근하고 있었다. 흐루쇼프는 케네디에게 보낸 편지에서 "당신들은 분명히 알아야 한다. 나는 더 이상 물러설 여지가 없다. 뒤에는 절벽이 있기 때문이다"라며 베를린 문제의 중요성을 강조하였다.[11] 그는 1962년 3월 도브리닌이 주미 대사로 부임할 때도 "우리는 서베를린을 둘러싸고 미국과 일전을 불사할 수도 있으니 단단히 준비해야 할 것"이라며, "미국이 배치한 터키 내의 미사일은 코 앞에서 우리를 위협하고 있다"는 사실을 강조하고, "미국의 긴 팔들을 잘라낼 수 있는 적기(適期)가 왔다"고 말하였다.[12]

쿠바에서 소련의 미사일이 발견되었을 때 케네디는 바로 흐루쇼프의 사고의 핵심을 파악할 수 있었다. 그가 볼 때 흐루쇼프의 수순은 베를린을 중심으로 전개

....

9   Pierre Salinger, *With Kennedy*, Doubleday, 1967, p. 225. 샐린저는 케네디 대통령의 홍보수석이었다.

10   개인의 과거의 역사적 결정들이 그의 현재적 의사결정에 영향을 미친다는 의미.

11   "Khrushchev to Kennedy," November 9, 1961, *FRUS Berlin Crisis, 1962-1963*, Vol. 15, p. 579. Graham Allison and Phillip Zelikow, 김태현 역, 『결정의 엣센스: 쿠바 미사일 사태와 세계핵전쟁의 위기』, 모음북스, 1999, pp. 148-49에서 재인용.

12   Anatoly Dobrynin, *In Confidence: Moscow's Ambassador to America's Six Cold War Presidents (1962-1986)*, 1995, p. 52.

되고 있었다. 역지사지를 해보면 그의 의도가 분명해 보였다. 흐루쇼프는 미국이 별 조치를 취하지 않으면 서베를린에서 미군과 연합국의 병력을 강제로 쫓아내면 되고, 만일 미국이 강경하게 나오면 쿠바의 미사일로 위협하면 될 것이었다. 미국이 베를린과 쿠바의 미사일을 맞교환하자고 하면 그 또한 바라던 바였다. 베를린이 쿠바보다 훨씬 중요하기 때문에 그러한 거래는 흐루쇼프의 승리이기 때문이었다. 미국이 쿠바를 봉쇄하거나 공격하면 서베를린을 즉각 점령해버리면 될 것이었다. 케네디는 10월 22일 의회지도자들과의 면담에서 "우리가 쿠바에 대해 어떤 조치를 취하든 소련은 베를린에서 상응하는 조치를 취할 수 있는 기회를 갖게 될 것"이라고 말하였다.[13] 더욱 나쁜 것은 서베를린을 잃을 경우 내막을 모르는 미국의 동맹국들이 자신을 비난할 것이고, 이와 같은 적전분열은 결국 소련을 최후의 승리자로 만들 것이라는 점이었다.

1962년 3월 말 그간 진행 중이던 러스크-그로미코 간의 베를린 문제에 관한 협상이 교착상태에 빠졌고, 타결의 가능성이 없다는 것이 명백해졌다. 흐루쇼프는 마음 속으로 결단을 내리고, 1962년 4월 말 불가리아 방문 직전 소련 각료회의 제1부의장이자 제2인자인 최측근 미코얀과 산책을 하는 도중 "우리의 중거리 미사일을 쿠바에 갖다 놓자"며 미코얀이 보기에 "무모하고 위험한 구상"을 공개하였다. 미코얀은 "미국이 미사일을 발견하면 어떻게 하는가?"라고 묻는 등 다양한 우려를 표명했고, 카스트로가 소련의 미사일이 쿠바에 대한 침략을 억지하기보다 오히려 공격을 초래할 수 있다며 반대할 수도 있다고 말하였다.[14] 흐루쇼프는 국방장관 말리노브스키(Rodion Malinovsky)와 전략로켓군 사령관 비류조프(Sergei Biryuzov) 원수에게도 "샘 아저씨의 바지 속에 고슴도치를 넣자"[15]고 제의하였다. 그들은 찬성하였다.

흐루쇼프는 불가리아에서 귀국하면서 그로미코 외교장관과 최종 결정을 내렸

....

13   Ernest R. May and Phillip D. Zelikow, *The Kennedy Tapes: Inside the White House During the Cuban Missile Crisis*, Harvard University Press, 1977, p. 256.

14   James G. Blight, David A. Welch, McGeorge Bundy, *On the Brink: Americans and Soviets Reexamine the Cuban Missile Crisis*, Hill and Wang, 1989, p. 238.

15   Aleksandra Fursenko and Timothy Naftali, *One Hell of a Gamble, Khrushchev, Castro, and Kennedy, 1958-1964: The Secret History of the Cuban Missile Crisis*, W. W. Norton, 1997, p. 171.

다. 5월 20일, 그는 "이 조치가 워싱턴에서 정치적 폭발을 야기할 것"라 말하였다. 21일과 24일 흐루쇼프는 "쿠바 원조(Aid to Cuba)"라는 제하의 계획을 정치국 회의에 제출하면서 "쿠바를 구하는 유일한 방법은 그곳에 미사일을 배치하는 것"이며, "미국은 터키에 미사일을 배치하여 우리를 위협하고 있고," "미사일을 미국 근처에 배치하면 더욱 큰 효과를 낼 수 있으며," "그들에게 잘 듣는 약을 처방하자"[16]고 통보하는 식으로 제안하였다. 흐루쇼프는 일단 "고슴도치가 바지 속으로 들어가면" 미국은 그 "고슴도치"를 꺼내기 위해 "목에 걸린 가시"를 빼달라는 소련의 요구를 들어줄 것이며, 이에 소련은 베를린 문제를 해결하고 대신 쿠바 문제를 양보할 수 있다는 생각을 갖고 있었다. "샘 아저씨의 바지 속에 고슴도치를 넣자"는 흐루쇼프의 제안에 미코얀만 반대하였다. 적지 않은 위원들은 적극적으로 의사표현을 하지 않았다. 미코얀은 이 계획이 "매우 모험적"이며 카스트로가 받아들이지 않을 것이라 말하였다. 하지만 과반수 이상이 찬성했고, 1929년 이후의 전통에 따라 참석자 전원이 계획서에 서명하였다. 그들이 서명한 계획서의 내용은 첫째, " '아나디르 작전(Operation Anadyr)' 전체를 전원일치로 승인함(카스트로의 동의 전제)," 둘째, "협상을 위해 카스트로에게 협상팀을 보내기로 함"이었다.

다음 날 흐루쇼프는 국방위원회를 열어 자신의 전략을 다른 방식으로 설명하였다. 그는 "우리의 미사일은 쿠바 방어용일 뿐 아니라 서방이 즐겨 부르는 이른바 세력균형을 맞추기 위한 것입니다"라고 말하며, "미국은 우리나라를 군사기지들로 포위하고 핵무기로 위협하고 있습니다. 이제 미국은 적의 미사일들이 자신을 겨냥하고 있는 기분이 어떤지 알게 될 것입니다"라고 '아나디르' 작전의 동기와 목적을 분명히 하였다.[17]

요컨대, 흐루쇼프가 쿠바에 미사일을 배치한 이유는 제2의 피그스 만 침공의 가능성이 상존하는 가운데 자신의 공산동맹국 쿠바를 보호하고, 중남미의 혁명거점으로 활용하기 위함이었다. 한 발 더 나아가 그가 주쿠바 소련대사 알렉세에프에게 미사일이 쿠바에 배치되면 "우리는 미국과 동등한 자격으로 협상에 임할 수 있

··········

16   Aleksandra Fursenko and Timothy Naftali(1997), p. 182.
17   *Ibid.*

다"고 말한 데서도 알 수 있듯이,[18] 베를린 문제, 그리고 세계 차원의 대미 핵전략과도 직접 관련이 있었다. 특히 베를린 문제와 핵전략은 상보적인 관계에 있는 만큼 세계전략적 차원에서 극히 중요하였다. 쿠바의 카스트로도 1963년 3월 프랑스의 르몽드(Le Monde)에 "소련은 우리에게 전 세계 차원에서 사회주의 진영의 능력을 강화하는 조치이니 수용하길 바란다고 말하였다… 소련은 미사일 배치가 쿠바의 방어를 위한 것이 아니고, 그보다 높은 차원, 즉 국제적 수준에서 사회주의를 강화하기 위한 것이라고 설명하였다"고 술회하였다.[19]

흐루쇼프는 1962년 9월 6일 미국 내무장관 우달(Stuart Udall)에게 쿠바 내 미사일 반입 계획을 암시하였다. 그는 "우리는 케네디 대통령이 (베를린) 문제를 해결할 수 있도록 도울 것이다. 우리는 그가 문제를 해결하지 않으면 안 되는 상황 속에 들어가게 할 것이다. 우리는 그에게 선택지를 줄 것이다. 전쟁을 하든지, 아니면 평화협정을 체결하든지"라고 압박하며 "우리는 케네디 대통령의 정치적 이해관계를 고려하여 11월 선거 이전에는 아무런 조치도 취하지 않을 것이다"라고 대통령의 참모를 일단 안심시키고자 하였다.[20] 1962년 10월 18일 러스크 국무장관을 만난 그로미코도 "미국은 서베를린을 긴장의 온상으로 보유하고자 하지만 우리는 미국의 11월 선거 이전에 서베를린에 대해 어떤 조치도 취하지 않을 것"이라 말하였다.

작전계획 '아나디르'

흐루쇼프의 아나디르 작전의 핵심은 소련 제43미사일사단의 전략 미사일을 쿠바로 비밀리에 반입하는 것이었다. 구체적으로, 43사단의 3개 연대는 24개의 미사일 격납고(格納庫 silo)에 보관되어 있는 중거리 미사일인 R-12(미국식 명칭 SS-4, MRBM)를, 2개 연대는 16개의 격납고에 보관되어 있는 중장거리 미사일인

....

18   John Lee Anderson and Armando Duran, *Che Guevara: A Revolutionary Life*, Grove Press, 2008, p. 528.

19   C. Julien, "Sept heures avec M. Fidel Castro," *Le Monde*, 22 March 1963.

20   Memcon, 6 September 1962, *FRUS*, Vol. 15, doc. 112.

R-14(SS-5, IRBM)를 쿠바로 보내게 되어 있었다. R-12(SS-4)의 사거리는 2,500km 로서 쿠바에 배치될 경우 미국 남부를 타격할 수 있었고, R-14(SS-5)는 사거리 4,500km로서 북서해안을 제외한 미국 전역을 타격권으로 하고 있었다. 미국의 방어체계는 허점을 노출하고 있었다. 미국의 탄도미사일조기경보체계(Ballistic Missile Early Warning System)는 쿠바 쪽이 아닌 북쪽을 향해 배치되어 있었다. 유사시 공격 명령은 모스크바에서 직접 전달될 것이었다. 소련은 미사일과 함께 4개 기계화 연대가 동반하도록 함으로써 총병력은 44,000명에 달하였다. 전술핵무기도 동반 배치될 것이었다. 현장 지휘관은 플리예프(Issa Alexandrovich Pliyev) 장군이 맡도록 하였다. 6월 말 라울 카스트로가 조약에 가서명하기 위해 모스크바를 방문하였다. 최종조약은 8월 27일 체 게바라가 모스크바에서 서명하였다. 미사일 반입 시점은 흐루쇼프의 정치공세와 맞물리도록 계산하였다. R-12(SS-4)는 10월 28일까지 발사 준비 완료를 목표로 하였고, R-14(SS-5)는 12월 15일까지로 하였다. 12월 15일은 흐루쇼프가 UN에서 연설하는 날이었다. 그는 미국 몰래 쿠바에 미사일을 갖다 놓고는 UN 총회에 나가 미사일 배치 사실을 알린 후 베를린 문제와 이 문제를 맞교환하는 교차해결책을 제시할 계획이었다.[21] 최초의 R-12(SS-4) 미사일은 10월 4일 준비 완료되었다. 10기는 10월 10일, 나머지 10기는 10월 20일까지 준비되고, 마지막 R-12(SS-4)는 10월 25일에 도착 예정이었다. R-14(SS-5)는 11월 5일에 도착할 것이었다.

중거리 탄도미사일의 발견

1962년 8월 17일 미국 언론들은 7월 29일부터 시작하여 18,000-20,000명이나 되는 소련 병력과 상당한 무기가 쿠바로 이동하고 있다고 보도했다. 전임 공화당 정부에서 핵에너지위원회를 맡았다가 1961년 11월 케네디 민주당 정부의 CIA 국장이 된 존 맥콘(John McCone)은 쿠바에서 소련제 미사일 냄새를 맡을 수 있었다.[22]

....

21 Elie Abel, *The Missiles of October: the Cuban Missile Crisis 1962*, MacGibbon & Kee Limited, 1966, p. 47.

그는 "흐루쇼프가 무엇인가 극히 중요한 것을 방어하기 위해서가 아니라면 최신형 지대공 미사일인 SA-2를 쿠바에 배치할 리가 없다"고 판단하였다. 그는 8월 23일 몽구스 작전회의 석상에서 이 지대공 미사일의 존재는 쿠바에 소련제 중거리 탄도미사일 기지가 있음을 강력히 시사하는 증좌라고 주장하였다.[23] 그러나 대부분이 민주당 사람들인 회의 참석자들은 공화당 사람인 맥콘의 주장에 의심의 눈초리를 보냈다. 당시 총선을 앞두고 공화당 정치인들이 케네디 민주당 정부가 사실을 은폐하고 "소련의 불장난"을 모른 체하고 있다고 비난하고 있었기 때문이었다. 국무장관 러스크와 국방장관 맥나마라는 쿠바 내 반입되는 무기들은 방어용이라고 일축하였다. 대통령을 설득하지 못한 맥콘은 8월 말 장기 신혼여행을 떠나버렸다.

케네디는 그 동안 소련제 방어용 무기가 쿠바로 반입되는 것을 알고도 이를 용인하였다. 그리고 그의 이러한 결정이 집행되는 과정에서 발생할 수 있는 국내정치적 논란을 피하려고 하였다. 하지만 8월 31일에 공화당의 키팅(Kenneth B. Keating) 상원의원이 의회 연설을 통해 "소련이 쿠바에 탄도미사일 기지를 건설하고 있다"고 주장하면서 상황이 급변하였다. 이러한 주장은 사실에 근거하지 않은 주장이었으며, 쿠바 망명자들의 주장을 일방적으로 수용한 것이었다. 9월 1일 당시 소련은 탄도미사일 배치를 결정하여 수송 중이었지만, 미사일은 아직 쿠바에 반입되지 않았다.

키팅의 주장은 근거가 없었지만 정치적으로는 큰 파장을 일으켰다. 케네디는 9월 4일 "소련이 공격용 무기를 쿠바에 반입했다는 증거는 없지만, 만일 증거가 드러난다면 중대한 이슈가 발생할 것"이라 경고하였다. 소련이 9월 11일 "핵미사일을 반입할 필요가 없다"고 천명하였지만 케네디는 9월 13일의 기자회견에서 쿠바내 소련 미사일 배치를 결코 용납하지 않을 것이며 미국은 자신 및 동맹국의 안전을 확보하기 위해 "모든 조치를 취할 것"이라고 강조하였다. 그러나 케네디는 지금

....

22   케네디는 피그스만 작전이 실패로 돌아가자 CIA 국장 알렌 덜레스(Allen Dulles)를 경질하고 국내정치적 포석의 일환으로서 공화당원인 맥콘을 후임으로 임명하였다.

23   Richard Helms and William Hood, *A Look Over My Shoulder: A Life in the Central Intelligence Agency*, Presidio Press 2003, p. 212.

까지의 정보를 종합할 때, 미국 정부는 군사행동을 취할 필요를 느끼지 않으며, "쿠바를 공격해야 한다"는 등 정치인들의 "무책임한 주장(loose talk)은 공산주의자들의 모함에 정당성을 부여하여" 미국의 국가이익을 해치는 행위라고 규탄하였다.[24]

1962년 9월 19일 자 "쿠바 내 군비증강(The Military Buildup in Cuba)"에 관한 CIA의 국가정보에 관한 '특별보고서(Special National Intelligence Estimates, SNIE 85-3-62)'는 쿠바에 소련 미사일이 배치되었을 가능성을 인정하지 않았다. "현재까지의 소련의 행보를 감안해볼 때," 그리고 "CIA가 예측하는 미래의 소련의 정책을 고려해 볼 때," 소련이 쿠바에 미사일을 배치할 가능성이 낮다는 것이었다. 다시 말해, 소련이 "그러한 행동을 하려면 미소관계가 파탄날 것을 염두에 두어야 하는데 소련은 아직까지 그러한 무모함을 보여준 적이 없고, 앞으로도 그럴 가능성이 없다"는 것이었다.[25] 이 보고서를 읽은 맥콘은 9월 20일 파리에서 "CIA는 소련의 대쿠바 무기 정책과 관련해서는 고도의 상상력을 유지해야 한다"는 전문을 보냈다.

케네디는 공화당이 11월 총선에 앞서 "안보를 구실로" 정치적 이익을 도모하고 있다고 판단하고, 방어용 무기와 공격용 무기를 구별하여 대처하려 하였다. 쿠바에는 소련제 무기가 있지만 공격용은 아니므로 이에 대해 특단의 조치를 취할 필요는 없다는 주장이었다.[26] 그러나 미국 정치는 그의 뜻대로 움직여지지 않았다. 9월 20일 민주당이 다수를 점하고 있던 상원은 "쿠바가 미국의 안보를 위협하는 공격용 군사기지로 변화할 가능성을 방지하기 위해 군사력 사용을 허용"하는 결의안을 찬성 86, 반대 1표로 통과시켰다. 케네디는 그럼에도 불구하고 쿠바 문제가 정치화될 가능성을 차단하고자 하였다. 공화당의 키팅, 골드워터, 캐이프하트(Homer E. Capehart), 그리고 민주당의 써몬드(Strom Thurmond) 상원의원 등은 케네디 정부의 "보다 적극적이고 간접적인 접근을 통해 카스트로를 고립시키는" 대쿠바전략

....

24 *The New York Times*, Septber 14, 1962.

25 CIA, "Special National Intelligence Estimate," SNIE 85-3-62, Washington, September 19, 1962, *FRUS, 1961-1963*, Volume X, Cuba, January 1961 - September 1962.

26 국가안보보좌관 번디는 중간선거를 앞두고 국내정치적 비난이 거세지자 이러한 구분을 사용할 것을 대통령에게 건의하였다. 소련을 포함하여 모든 정치인들은 공격용이란 핵무기를 의미한다는 것을 알고 있었다.

을 "속수무책이자 무사안일주의"라고 비난하였다. 케네디는 캐이프하트의 지역구인 인디애나 주에서 민주당 유세에 참가하여 "장군과 제독을 자처하는 정치인들이 다른 사람들의 아들들을 전쟁에 보내려한다"고 비판하였다.[27]

이러한 정치 환경하에서 케네디 정부의 정보기관은 쿠바에 대한 정찰 및 정보 활동을 강화하였다. 정보기관의 요원들은 '인간정보(Human Intelligence, HUMINT),' 즉 첩보원이나 쿠바 망명자들로부터 소련 탄도미사일이 쿠바 내로 반입되었다는 신빙성 있는 정보를 입수하기 시작하였다. 나아가 군과 정보기관은 쿠바 서부에 위치한 산크리스토발(San Cristobal)의 지대공 미사일 기지에 특이점을 발견하였다. 이들의 관심이 집중된 미사일은 SA-2유도라인지대공미사일(SA-2 Guide-Line SAM)이었다. U2정찰사진들은 상당히 많은 수의 SA-2 발사대가 산크리스토발 기지에 배치되어 있음을 보여주었다. 국방정보국(Defense Intelligence Agency)의 존 라이트(John Wright) 대령과 그의 참모들은 SA-2 미사일들이 "극히 중요한 다른 시설들"을 보호하기 위해 부등변 사각형(trapezoid)의 모양, 즉 '거점방어(point defense)' 형태로 배치되어 있다는 사실을 인지하였다. 그리고 그들은 이러한 거점 방어 형태가 소련 본토에서 공격용 장거리 미사일들을 보호하는 지대공미사일기지 배치 형태와 닮았다는 사실을 알아차렸다.[28] 보고를 받은 대통령의 참모들은 서부 쿠바에 대한 U-2정찰 재개에 동의하였고, 항공정찰위원회(Committee on Overhead Reconnaissance, COMOR)는 10월 4일 산크리스토발에 대한 U-2기 정찰 실시를 결정하였다.

그러나 U-2의 정찰 비행은 국방부와 CIA 간의 영역다툼으로인해 지연되었다. 국방부는 U-2가 격추될 가능성을 우려하여 CIA 요원이 아닌 공군장교가 항공기를 조종해야 한다고 주장하였다. 9월 8일 타이완의 U-2기가 중국 상공에서 격추되었는데, 이는 8월 30일 미국의 U-2기가 우발적으로 사할린 열도 상공의 소련 영공

....

27 *The New York Times*, October 14, 1962.

28 CIA, "Cuban missile crisis, 1962, value of photo intelligence." https://www.cia.gov/library/center-for-the-study-of-intelligence/kent-csi/docs/v44i4a09p_0004.htm. Russel G. Swenson ed., Bringing Intelligence About: Practitioners Reflect on Best Practices, Center for Strategic Intelligence Research, May 2003, p. 170.

을 침범하여 소련으로부터 격렬한 항의를 받은 지 불과 1주일 만의 사고였다. 그러나, CIA는 정보수집 임무는 CIA 관할이고, 뿐만 아니라, CIA가 개조한 U-2는 소련 제 대공미사일을 피하는 데 최적화되어 있다고 반박하였다. 국무부는 차라리 드론(drone)을 띄우자고 제안하였다. 소련의 공격용미사일이 속속 쿠바로 반입될 수도 있는 상황에서 이 영역다툼은 5일간 지속되었다. 마침내 10월 9일 COMOR는 공군의 손을 들어주었다. U-2가 격추되는 경우 군사정찰 임무 수행 중이었다고 하면 국제사회의 비난을 피해갈 수 있을 것이라는 판단이 깔려있었다. 그러나 어렵게 출격한 공군의 U-2기는 고공비행 중 기체고장으로 기지로 급히 귀환하였다. 국방부와 CIA 간에 두 번째 논쟁이 벌어졌다. 이번에는 타협이 이루어져 CIA의 U-2를 공군 장교가 조종하는 것으로 결정되었다.

임무는 텍사스 주 델 리오(Del Rio)에 위치한 러플린(Laughlin) 공군기지에 배치된 전략공군사령부 제4080전략비행단 소속 제4028일기편대(Weather Squadron)로 떨어졌다. 10월 14일 일요일 오전 마침내 리처드 헤이저(Richard Heyser) 소령이 조종한 CIA의 U-2F기는 캘리포니아 에드워즈 공군기지로부터 출격하여 쿠바 내 소련의 중거리 탄도미사일(MRBM) 기지를 최초로 촬영할 수 있었다. 10월 15일 루돌프 앤더슨(Rudolph Anderson) 소령도 U-2F기를 타고 더 많은 사진을 찍을 수 있었다. U-2F기가 촬영한 산크리스토발 지역의 사진들 속에는 기립발사대, 미사일 운반용 차량, 연료 트럭, 레이더를 실은 밴 차량 등이 선명하게 보였다.

미국의 군과 정보기관은 U-2가 촬영한 기지의 사진들과 펜코브스키(Oleg Penkovsky)가 제공한 사진들을 대조하고, 특히 쿠바의 미사일 기지가 위장되지 않은 채 노출되어 있었기 때문에 확정적 판단을 내릴 수 있었다. U-2 촬영과 관련된 기사가 '타임(Time)'지에 게재되자 소련합참 작전부장 그립코프는 미사일 기지가 정찰기에 노출된 이유를 깨닫게 되었다. 그립코프에 따르면, "10월 14일 U-2기는 우리가 위장할 수 없었던 지역을 촬영하였다… 흰색의 콘크리트 슬라브가 있었다. 이것들은 위장하기가 어려웠다. U-2기는 이것을 확연히 볼 수 있었다. 우리 몇몇 동지들은 미사일과 야자수가 구분이 안 되도록 배치하면 될 것이라고 생각하였다. 그러나 이는 바보 같은 생각이었다. 왜냐하면 모든 미사일 기지들은 준비되어 있어야 했기 때문이다. (그런데 준비되어 있지 않았다.) U-2기는 기지 주변에 케이블이 걸려 있고, 발사대가 설치된 것을 충분히 볼 수 있었다. 다시 말해, 모든 것이 복잡하게 얽히고 설킨 모습이었다."[29] 뿐만 아니라 미사일 기지 전체가 전반적으로 미비한 상태였다.[30]

미국은 10월 14일 U-2기를 통해 소련제 R-12(SS-4) 탄도미사일이 배치되어 있는 사진들을 확보하였고, 15일 오후 4시에 최종 확인된 정보는 CIA를 거쳐 저녁 9시 국가안보보좌관 번디에게 전달되었다. 번디는 다음 날인 10월 16일 아침 대통령에게 다섯 곳에서 MRBM 기지를, 그리고 2곳에서 IRBM 기지를 발견하였다고 보고하였다. 케네디 대통령의 일성은 "그자가 나에게 이렇게 해서는 안 된다"였다. 흐루쇼프의 정치적 약속이 있었기 때문이다. 1962년 9월 4일 미국이 성명서를 통해 쿠바에 공격용 무기의 배치를 용납하지 않겠다고 경고한 직후, 도브리닌은 대통령의 동생이자 법무장관인 로버트 케네디를 통해 소련은 쿠바에 공격용 무기를 배치하지 않는다는 원칙을 비공식적으로 확인해 준 바 있었다. 또한 흐루쇼프는 우달과 그로미코를 통해 "11월 중간선거 이전에는 케네디 대통령을 곤혹스럽게 만들지 않겠다"는 메시지를 전달하고, 쿠바에 공격용 무기를 배치하지 않겠다고 다짐하기도 하였다. 케네디는 미국은 쿠바를 침공할 의사가 없으며 피그스 만 침공은 실수(mistake)였다고 인정하면서, 지난번 정상회담에서 자신이 흐루쇼프에게 피그스 만 침공이 어리석은 행동이었다고 고백한 바 있었다. 외교장관 그로미코는 소련의 쿠바에 대한 군사 지원은 "쿠바의 방어 능력 향상을 위한 것"에 국한된다고 확언하기도 하였다. 케네디는 로버트 케네디 법무장관에게 "흐루쇼프는 책임감 있는 정치가가 아니라 깡패 같은 놈"이라고 원색적으로 비난하였다. 미국 군과 정보기관은 계속해서 영상증거를 수집하였다. 10월 17일엔 또 다른 U-2 비행이 수도 아바나(Havana) 서쪽 과나하이(Guanajay)에서 건설되고 있는 고정된 R-14(SS-5) 미사일 기지

....

29　Tomas Diez Acosta, *October 1962: The 'Missile' Crisis as Seen from Cuba*, Pathfinder, 2002, p. 121.

30　그립코프는 소련 해체 후 가진 한 학술행사에서 "기지 내 배치된 어떤 미사일도 직립 형태로 배치되지 않았다… 단 하나에도 연료가 주입되지 않았다. 산화제(酸化劑)도 부착되지 않았다. 비행계획도 갖고 있지 않았다… 어떤 미사일도 핵탄두를 장착하고 있지 않았다"고 회고한 바 있다. Gribkov at the Carnegie Endowment, 2000. www.ceip.org/cuban-missile-crisis/trnascript.htm

를 촬영하여 논란의 여지가 없는 증거를 확보하였다.

위기와 해소

군 통수권자 케네디, 강경파를 누르다

쿠바미사일위기 기간 동안 미국의 의사결정과정을 상세히 기록한 문건들에 따르면,[31] 10월 16일 오전 8시 45분 사진 증거물과 함께 국가안보보좌관 번디의 보고를 받은 케네디 대통령은 14명의 참석자 이름을 일일이 호명하며 이들로 국가안보회의 집행위원회(The Executive Committee of the National Security Council, Ex-Comm)를 구성하고 회의를 긴급 소집하라고 지시하였다. 11시 45분 ExComm 첫 회의가 열려 증거 확인과 쿠바 내 소련 군사력 평가 작업이 이루어졌다. 대통령은 U-2기의 추가적인 증거 확보를 지시하였다.

이 첫 번째 ExComm 회의에서 케네디 대통령은 국무장관이 먼저 발언하도록 하였다. 러스크는 쿠바와 베를린은 연관되어 있는 문제라고 지적하였다. 그는 "이 모든 것에 베를린 문제가 개입되어 있습니다… 저는 처음으로 흐루쇼프 서기장이 베를린 문제에 대해 합리성을 갖고 접근하는지 의문을 갖기 시작했습니다"라고 말하며 다음과 같이 문제를 요약하였다.[32]

첫째, 소련에 배치된 미사일은 상대적으로 숫자가 적으며, 미국의 레이더 체계에 의해 탐지가 가능하다. 둘째, 소련이 쿠바에 미사일을 배치하면 핵무기의 균형이 변동할 수 있다. 쿠바의 중장거리탄도미사일(IRBM)은 레이더 체계를 무력화할 수 있어 조기경보가 불가능해지고, 조기경보가 없는 상태에서 지리적으로 가까운 쿠

....

31 National Security Archive, Laurence Chang, Peter Kornbluh, *Cuban Missile Crisis, 1962: A National Security Archive Documents Reader*, New Press, 1999.

32 Transcript of "Off the Record Meeting on Cuba," 16 October 1962, 6:30-7:55 p.m., *International Security*, vol. 10, no. 1, 1985, p. 177.

바에서의 미사일 발사는 미국의 대륙간탄도미사일 기지 및 전략공군사령부(Strategic Air Command)를 보다 정확하게 파괴할 수 있다. 소련이 쿠바에서 미국에 대해 기습공격을 감행하는 경우 미국은 모든 주요 방어대상을 커버할 수 없게 된다.[33]

이는 1961년 7월 29일 KGB의장 셸레핀이 "소련 전략의 핵심은 전 세계적으로 미국 및 미국의 동맹국들의 관심과 전력을 쿠바로 집중시켜 소련이 독일과 평화협정을 체결하고 서베를린 문제를 해결하는 기간 동안 이들을 그곳에 묶어둘 수 있는 환경을 조성하는 데 있다"고 한 것이 실현된 상황이었다. 미국의 입장에서 문제의 심각성은 쿠바에 발이 묶인 미국이 서독, 특히 서베를린을 방어할 수 있을지에 대한 동맹국들의 의구심을 유발할 가능성과 관련이 있었다. 케네디 정부는 이 문제들을 동시에 해결할 수 있는 해결책을 찾아내야만 하였다.

대응 방안과 관련하여 맥나마라 국방장관은 전 세계적 전략균형에는 변동이 없으므로 무대응이 합리적이라 제시했지만, 대통령은 일언지하에 이를 거부하고, 이 문제는 군사투쟁인만큼이나 정치투쟁이므로 소련 미사일을 반드시 제거해야만 한다는 강한 의지를 표명하였다. 게다가 케네디에게는 피그스만 작전의 실패로 인한 "결단력이 없다"는 국내외적 인식이 큰 부담이었다. 다음에 유사한 일이 생기면 단호하게 행동하지 않으면 안 된다는 일종의 집착이 생겼던 것이다.[34] 그러나, 케네디는 소련이 쿠바에 배치된 미사일을 이용하여 베를린에서 미국을 압박(squeeze in Berlin)할 가능성을 우려하였다. 그는 "만약 미국이 미사일 기지를 공격하지 않으면 소련은 미국을 만만하게 보고 더욱 많은 무기를 반입하여 미사일 기지를 강화할 것"이라고 지적하면서 군사행동이 필요하다고 말하였다. 그러나 그로서는 흐루쇼프가 이에 대응하여 베를린 봉쇄에 다시 나설 수도 있다는 점이 걱정이었다. 로버트 케네디 법무장관은 미국이 군사행동을 하지 않으면 남미 지역에 쿠바 및 소련의 영향력이 확대될 것이고, 미국은 속수무책으로 당하게 될 것이라고 말하였다.

....

33   Rust to the mission to NATO and the European Regional Organizations, 28 October 1962, *FRUS*, Vol. 15, doc. 145.

34   Allison and Zelikow(1999), p. 401.

처음 "무행동(no action)"을 건의했다가 거부당한 국방장관 맥나마라는 그날 저녁 회의에서 해상봉쇄(naval blockade)를 제안하였다. 쿠바로 접근하는 소련의 화물선을 공해 상에서 정선시키고 배 안에 공격용 무기가 발견되면 제거한다는 개념이었다. 시간을 벌 수 있고, 국내정치적 비난을 모면할 수 있는 장점이 있었다. 해상봉쇄의 대안이 제시된 후 ExComm 참석자들은 강경파와 온건파로 나뉘었다. 군부 인사들은 외과폭격(surgical airstrike)이나 침공(invasion)을 안으로 내세웠고, 외교관들은 협상을 통한 해결을 제안하였다. 특히 미 공군은 미사일 기지에 대한 폭격을 강력히 주장하였다. 맥나마라 국방장관을 자문하던 랜드연구소의 윌리엄 카우프먼(William Kaufmann)은 이때의 일을 회고하며 공군의 강경한 입장을 위험하고 무모한 시도라고 보았다. 그에 따르면, "전략공군사령관 토마스 파워(Thomas Power)는 이 야만인들을 다루는 유일한 방법은 이들을 박살내는 것이다"라고 주장했고, 나는 "누가 승리할 것인가?"하고 물었고, 그는 "두 명의 미국인과 한 명의 러시아인이 생존한다면 나는 만족할 것이다. 그렇게 되면 우리가 이긴 것이다"라고 말하였다. 카우프먼은 "생존인 중 한 사람은 여자이어야 할 것이요"라고 응수했다고 후에 술회하였다.[35]

위원들은 외과폭격, 전면적 침공, 해상봉쇄 등 세 가지 대안에 대해 집중 토론하였다. 분위기가 미사일 기지를 외과 수술하듯 도려내자는 쪽으로 방향을 틀자 애초 전면 침공의 입장이었던 대통령의 동생이자 법무장관인 로버트 케네디는 대통령에게 쪽지를 내밀었다. 이 쪽지에는 "진주만 공격을 계획할 때 도조[진주만 기습 시의 일본 수상 도조 히데키]가 어떤 기분이었는지 이제 알 것 같습니다(I now know how Tojo felt when he was planning Pearl Harbor.)"라고 적혀 있었다.[36] 로버트 케네디는 미국은 1941년 12월 일본이 하와이 진주만을 기습 공격하였던 것같이 비겁하고 불법적으로 행동해서는 안 된다고 한 것이었다. 미국의 쿠바에 대한 기습공격

....

35 William Kaufmann, 90; MIT political scientist reshaped Kennedy's defense strategy, *Boston Globe*, December 26, 2008.

36 Transcript of October 27 Cuban Missile Crisis ExComm Meetings, 10/27/1962; Robert F. Kennedy, *Thirteen Days: A Memoir of the Cuban Missile Crisis*, Norton, 1969, pp. 30-31.

을 "진주만 공격과 같은 행동"이라고 규정하며 반대했던 최초의 인물은 국무차관 (Undersecretary of State) 조지 볼(George Ball)이었다. 볼은 기습공격은 미국의 전통에서 용납될 수 없으며, 진주만 공격으로 미국은 일본인들을 전쟁범죄자로 처벌하였다고 강조한 바 있었다.

한편, 같은 날 흐루쇼프는 주소 미국 대사 포이 콜러(Foy Kohler)에게 쿠바 내 소련 무기는 방어용이라며, 오히려 터키 및 이탈리아에 배치된 미국의 미사일 기지에 대해 비난을 퍼부었다. 워싱턴 주재 소련 대사관의 게오르기 볼샤코프(Georgi Bolshakov)도 로버트 케네디에게 흐루쇼프의 메시지를 전달하였다. 쿠바 내 소련 미사일은 방어용이라는 것이었다. 그러나 미국은 이미 R-12(SS-4)보다 두 배의 사거리를 가진 R-14(SS-5) IRBM 기지가 건설 중에 있고, 12월에 완료될 것임을 알고 있었다. R-12(SS-4) MRBM 기지는 1주 후 가동될 것이었다.

10월 17일 회의에서 국가안보보좌관 번디는 해상봉쇄를 강력히 지지하고 나섰다. 그는 "외과폭격은 현실성이 없다. 결국 전면적 침공으로 이어질 것이다"라고 말하였다. 대통령의 요청을 받고 ExComm에 처음 참석한 전 국무장관 애치슨은 해상봉쇄에 대해 반대 의견을 개진하였다. 이미 배치된 미사일에 대한 대안이 아니라는 것이었다. 외과폭격론자들도 해상봉쇄는 쿠바 문제를 소련으로까지 확대하여 결국 베를린 봉쇄로 이어질 가능성이 있다고 우려하였다.

10월 18일 오전 11시 회의에서 합참은 외과폭격(작전계획 312)을 정식으로 제안하였다. 로버트 케네디가 반대하고 나섰다. 그는 대통령에게 "조지 볼의 말이 맞습니다… 이 모든 것이 지난 후 결국 우리나라는 어떤 나라가 되는 겁니까?"라고 말하였다. 볼은 "우리가 평생 카인의 징표(mark of Cain)를 이마에 붙이고 살 수 있겠습니까?"라고 거들었다. 볼은 이미 "미국이 일본인들을 기소한 이유는 그들이 기습을 했기 때문임. 미국이 일본과 똑 같은 행위를 한다면 이는 미국의 전통에 위배될 뿐 아니라 문명국에 대한 배신 행위가 될 것임"이라는 내용을 담은 메모를 대통령에게 제출한 바 있었다. 로버트 케네디는 "카인의 징표를 평생 달고 다니는 일은 엄청나게 괴로운 일이 될 것입니다"라고 볼을 지지하면서 "우리는 쿠바를 이미 공격한 바 있습니다. 우리는 지난 15년간 미국에 대한 소련의 선제공격을 방지하기 위해 싸워왔습니다… 지금 우리는 약소국에 선제공격을 하려 하고 있습니다"라고 말하였다.[37] 그는 기습은 미국적 전통에 위배되며, 결국 선전포고 없는 "진주만 기습의 미국판(Pearl Harbor in reverse)"이 될 것이라 강조하였다. 이후 대통령은 애치슨을 따로 만나 로버트 케네디의 '도덕론'에 대해 어떻게 생각하느냐고 물었다. 애치슨은 도덕론은 "쓸데없는 소리"라며 외과폭격이 최선책이라 건의하였다. 애치슨의 논리는 "일본은 가만히 있는 미국을 몇천 마일을 항해하여 기습했고, 소련은 (서반구에 대한 유럽국들의 간섭 불용을 담은) 미국의 몬로독트린이 140년 전에 천명되었는데도 미국에서 불과 90마일 떨어져 있는 곳에서 도발을 하고 있다"는 것이었다. 그러나 회의가 재개되자 도덕론이 다시 제기되었고, 참석자들 중 특히 재무장관 더글라스 딜론(Douglas Dillon)과 국무차관 조지 볼이 기습에 대해 명확한 반대 입장을 천명하였다. 로버트 케네디가 기습불가론을 주도하면서 이날 분위기는 해상봉쇄 쪽으로 기울게 되었다.

당일 오후 5시 소련 외교장관 그로미코가 백악관을 방문하였다. 흐루쇼프가 UN 참석차 미국을 방문할 것이며, 케네디 대통령과의 면담을 원한다는 메시지를 전달하였다. 그리고 그는 미국이 약소국 쿠바를 "괴롭히고 있으며(pestering)," 소련의 대쿠바 지원은 방어용 무기에 국한하고 있다고 잘라 말하였다.

저녁 9시 ExComm 회의가 열렸을 때 참석자 대부분은 해상봉쇄로 의견을 모은 상태였다. 그러나 회의가 진행되면서 회의적(懷疑的) 분위기가 부상하였다. MRBM이 18시간 내 발사 가능하다는 정보 보고가 이루어졌던 것이다. 10월 19일 오전 9시 45분 ExComm 회의가 열렸고 대통령이 말문을 열었다. 전면침공(작전계획 316)과 공습(작전계획 312)의 장단점을 비교하며 그의 고민을 토로하였다. 그가 보기에 공습의 경우 소련의 보복, 특히 베를린에 대한 무력도발이 예상되며, 그렇게 되면 미국이 핵무기를 사용할 수밖에 없는 난감한 상황에 빠지게 되고, 해상봉쇄를 선택하면 역시 소련이 베를린 봉쇄로 나올 공산이 크며, 소련은 국제사회, 특히 미국의 유럽동맹국들에게 미국이 먼저 봉쇄하고 나섰다고 비난하며 미국을 정치적으로 난처하게 만들 수 있다고 우려하였다. 테일러(Maxwell Taylor) 합참의장

....

37   Timothy Naftali, Ernest May, and Philip Zelikow, eds., *The Presidential Recordings, John F. Kennedy: The Great Crises*, Vols. 2, W. W. Norton, 2001, p. 547.

이 이어서 발언하였다. 그는 이 맥락에서 미국이 행동하지 않으면 미국의 신뢰도 (credibility)는 땅에 떨어질 것이라며, 베를린 문제에 대한 악영향도 불 보듯 확연하다고 말하였다. 그는 우리 군은 "행동하지 않으면 안 된다"는 입장이라고 대통령을 압박하였다. 대통령을 진정 압박한 군인은 커티스 르메이(Curtis LeMay) 공군참모총장이었다. 케네디가 비밀리에 녹음한 당시 상황은 대통령과 공군참모총장 간의 그야말로 "계급장 떼고 벌인 설전"이었다.[38] 르메이는 단도직입적으로 직접군사행동 외는 대안이 없다며, 대통령이 상정하는 쿠바와 베를린 간의 연관관계는 역으로 성립할 뿐이라고 목소리를 높였다. 만일 대통령이 베를린 문제 등을 걱정하여 쿠바에 대한 무력행사를 회피한다면 "이는 '뮤닉(Munich, 뮌헨)' 사건을 연상시키는 유화정책(appeasment)으로 낙인찍힐 것(This is almost as bad as the appeasement at Munich)"이며, 미국의 리더십을 유약하게 보이게 함으로써 소련의 공격성을 자극하게 될 것이라 지적하였다. 그는 국내여론도 크게 악화하여 "대통령님은 진창에 빠지게 될 것(you're in a pretty bad fix, Mr. President)"이라고 직설을 마다하지 않았다. 사실 르메이는 태평양전쟁 시 일본 도쿄 시민 10만여 명을 몰살시킨 소이탄(燒夷彈) 공격(東京大空襲)을 설계한 장본인이었다. 그는 시민들은 전쟁을 위해 세금을 바친 사람들이며 전쟁을 신속히 종료하기 위해 당연히 필요한 조치였다고 강변할 만큼 무골(武骨)이었다.

불쾌해진 대통령은 "뭐라 하셨나요?"라고 물었고, 르메이는 "'대통령은 진창에 빠지게 될 것'이라 말했습니다"라며 물러서지 않았다. 케네디는 엷은 웃음으로 분노를 억제하면서 "귀관도 나와 함께 진창에 빠져 있지 않소?"라며 다른 화제로 넘어가고자 하였다. 회의가 끝난 후 몇몇 참석자들은 회의실에 남아 회의 내용에 대해 의견을 주고받았다. 해병대 사령관 데이비드 슙(David Shoup)은 르메이를 추켜세웠다: "당신, 대통령을 꼼짝 못하게 만들더군." 우쭐해진 르메이는 칭찬을 더 하라는 듯, "무슨 말을 하려는 거야?"라고 말하였다. 슙은 "정치인들은 단칼에 해치울 일을

....

38   Ted Widmer, Listening In: The Secret White House Recordings of John F. Kennedy, Hyperion, 2012; Robert Dallek, "JFK vs. the Military." https://www.theatlantic.com/magazine/archive/2013/08/jfk-vs-the-military/309496/

나눠서 하려는 습성이 있지. 미사일 따위에 겁먹으면 아무것도 할 수 없고, 망할 수밖에 없어"라고 탄식조로 말하였다. 르메이는 "그래, 망할 수밖에 없어. 망할 거야"라고 대답하였다.[39] 대통령은 자신의 최측근인 의전비서관 케네스 오도넬(Kenneth O'Donnell)과 특별보좌관 데이브 파워즈(Dave Powers)에게 한마디 하였다: "이 별을 단 놈들은 하나의 큰 이점을 가지고 있어. 우리가 그들이 원하는 대로 하게 되면, 우리 중 누구도 살아남아서 그놈들이 틀렸음을 얘기해 줄 수 없다는 점이야…."[40]

이 회의에서 위원들은 합의를 도출하지 못하였다. 대통령은 팀을 나누어 대안들을 좀 더 다듬은 다음 회의를 재개하자고 제안하였다. 팀별 토론의 과정에서 맥나마라는 봉쇄와 협상을 겸한 대안을 제시하였다. 그는 아마도 미국이 터키 및 이탈리아에 배치된 미사일 기지를 포기해야 할지도 모른다고 말하였다. 그러나 로버트 케네디는 "그것은 너무 과하다"며, 봉쇄와 최후통첩을 결합한, 즉 봉쇄는 시작단계일 뿐 언제든지 공격할 준비를 갖춘다는 대안을 제시하였다.

당일 CIA는 "쿠바에 대한 미국의 조치와 그에 대한 소련의 반응(Soviet Reactions to Certain US Courses of Action on Cuba)"이라는 제하의 '국가정보에 관한 특별보고서(Special National Intelligence Estimate, SNIE 11-18-62)'를 대통령에게 제출하였다. 내용의 핵심은 첫째, 흐루쇼프와 카스트로에 대한 직접 소통으로 미사일 배치를 중단하기 어렵다, 둘째, 전면적 해상봉쇄는 소련이 다른 지역에서 유사한 조치를 취하게 할 가능성이 높다, 셋째, 쿠바에 대한 군사 행동은 소련의 군사 보복을 야기하고, 오판 여하에 따라 '작용/반작용'의 메커니즘이 발동되어 전면전으로 비화할 가능성이 있다는 것이었다. 케네디 대통령은 이 보고서를 읽었고, 마음을 굳히게 되었다.

10월 20일 케네디는 국가안보회의를 소집하였다. 맥나마라는 해상봉쇄를 시작하는 동시에 협상에 나서 소련이 미사일을 철수하는 조건으로 터키와 이탈리아

....

39 Dobbs(2008), pp. 22-23.

40 Re: JFK and the Military-Industrial Complex, Reply #4 on: July 17, 2013, 08:04:43 pm, 10/19/1962. http://www.jfkessentials.com/forum/index.php?PHPSESSID=16213492c7c3daa 6c3e33a7174163 c4&action=printpage;topic=107.0

의 미사일을 철수하고 쿠바의 관타나모 미군기지를 폐쇄하는 안을 제시하였다. 대통령은 그럴 경우 미국의 위신과 신뢰가 타격을 입게 된다고 말하였다. 그는 해상봉쇄와 최후통첩을 동시에 조치한 후 소련의 반응이 부정적일 경우 미사일 기지에 대한 외과폭격을 감행한다는 대안이 합리적이라며 미국의 정책을 사실상 결정하였다. 합참은 소련이 핵을 사용할 가능성이 있으므로 미국도 핵 사용을 마다해서는 안 된다는 입장을 제시하였다. 케네디는 논의의 초점은 해상봉쇄에 맞춰져야 하며, 이것이야말로 미국의 전통에 부합하는 유일한 해결책이라고 단호하게 입장을 정리하였다. 뉴욕에서 오느라 회의에 늦게 도착한 UN대사 스티븐슨(Adlai Stevenson)은 터키와 이탈리아의 미사일을 협상 테이블에 올려놓는 것이 합리적이라 말하였다. 터키의 미사일은 사실 미국으로서는 없어도 그만인 자산이었다.

미국은 1950년대 말 NATO 동맹국에 대한 지지의 한 방편으로 영국·프랑스·서독·이탈리아, 그리고 소련 및 공산권 국가들과 국경을 맞대고 있는 터키와 그리스에 탄도미사일을 배치한다고 결정하였다. 프랑스와 그리스 등은 협상 과정에서 제외되었고 서독 또한 소련의 반발을 우려하여 배치하지 않았다. 결국 영국에 토르미사일(Thor Missile)이, 그리고 이탈리아와 터키에 주피터(PGM-19 Jupiter) 미사일이 배치되었다. 이는 1957년 10월 소련의 스푸트니크 인공위성 발사 직후의 충격을 완화하고 동맹국에 대한 지지를 확인하는 수단이었으며, 사정거리와 탄두 안정성 문제 등으로 군사적 유용성은 크지 않았다. 터키에는 1962년 3월에 기지가 완성되어 배치가 시작되었으며, 6월에 배치가 완료되어 터키 정부에 미사일 기지가 이양되었다. 터키와 이탈리아에 배치된 15개와 30개의 탄도미사일은 모스크바와 레닌그라드를 포함하는 서부 러시아를 목표로 하였다.[41] 발사 권한은 미국과 주둔국 정부의 승인을 조건으로 미군 장성인 NATO총사령관이 갖고 있었다. 그러나 실제 핵무기 사용 결정은 주둔국 장교와 미군 장교가 합의하에 내리게 되어 있었다. 핵탄두 자체는 미국 공군이 통제하였다.

케네디는 터키에 배치된 주피터 미사일에 대해 지극히 회의적이었으며, "터키

....

41   Benjamin Schwarzk, "The Real Cuban Missile Crisis: Everything you think you know about those
      13 days is wrong," *The Atlantic*, January/February 2013.

가 바라는 것은 탄도미사일이 아니라 미국의 배치 보조금(payroll)"이라는 인식을 가지고 있었다. 따라서 케네디는 터키에서 미사일을 철수하라는 명령을 내렸다고 착각하였고, 일부 회의에서는 "아직도 주피터 미사일이 철수되지 않은 이유가 무엇인가"라고 발언하기도 하였다. 케네디 대통령은 만일 소련이 쿠바 미사일 폐기와 터키 미사일 철수를 교환하자고 한다면 사람들은 소련의 제안을 "불합리하지 않은 것"(not an unreasonable proposal)으로 판단할 것이라고 지적하면서, 자신은 터키에 배치된 미사일이 쓸모없다고 여기고 이전에 철수를 지시했으며, 따라서 우리는 "쓸모없는, 철수해야하는 것을 지키기 위해서 전쟁을 할 수는 없다"고 생각하였다.

그러나 케네디에게는 시점이 정치적으로 중요하였다. 소련의 강압적 요구를 수용하는 식으로 움직일 수는 없었다. 더구나 그렇게 되면 쿠바에 미사일을 배치한 소련의 행위와 터키에 미사일을 배치한 미국의 행위가 똑같은 비행(非行)임을 인정하는 꼴이 될 것이었다. 따라서 케네디는 스티븐슨에게 "소련이 요구하면 적절한 시점에 결정할 사안이다. 나중에 철수해야 한다면 그렇게 할 수도 있다"고 답하였다. 케네디는 그날 잡혀 있던 총선 유세 일정을 취소하며 최종적으로 대안 찾기에 몰두하였다. 그는 다음 날 아침 마지막으로 공군의 입장을 들은 다음 최종결정을 하겠다고 말하였다.

그러나 케네디는 10월 21일 오전 10시 러스크와 맥나마라를 불러 해상봉쇄를 일단 실시한다고 지시하였다. 대통령은 11시 30분 전술공군사령관(Tactical Air Command) 월터 스위니(Walter Sweeney)의 보고를 청취하였다. 스위니는 대통령과 ExComm 위원들에게 "미사일을 제거하기 위해서는 최소한 소련의 지대공 미사일 기지와 미그기 공군 기지를 폭격해야 하는데 총 수백 차례의 출격이 필요하며, 이것이 이루어진다 해도 결과는 100% 장담할 수 없고, 미사일의 90% 정도를 파괴할 수 있을 것"이라 보고하였다. 케네디는 이 브리핑 전 이미 해상봉쇄로 마음을 정했지만, 무력 사용을 배제하지는 않았다. 그는 브리핑 청취 후, 22일 아침 이후 언제든 외과폭격이 가능하도록 준비에 만전을 기하라고 지시하였다.

10월 22일 정오, 대통령의 지침을 받은 전략공군사령부(Strategic Air Command)는 B-52 핵폭격기 중 1/8을 항시 공중대기하라고 지휘하였고, 183대의 B-47 핵폭격기도 32개의 민간 및 군 공항으로 분산 배치하였다. 대공방위사령부(Air Defense Command)는 161대의 항공기를 16개 기지로 분산배치하고, 모든 항공기에 핵무기를 탑재하도록 명령하였다. 당시 핵전력에 있어서는 4,000개 대 220개로 미국이 절대우위에 있었다.[42] 오후 2시 14분 합참은 오후 7시를 기점으로 방위태세를 데프콘(DEFense readiness CONdition, DEFCON)-3으로 상향조정하였다. 국방장관 맥나마라는 쿠바에 배치된 소련제 폭격기 IL-28이 미 해군 함정들을 공격할 수 있으므로 이 폭격기들의 항속거리인 1,250km 밖인 1,280km(800 해리, 海里, nautical miles)에 봉쇄선을 설치하라고 지시하였다. 봉쇄선은 미 제2함대 소속 태스크 포스 136(해상차단작전 전담부대)에 속한 구축함 12대가 지키게 되었다.

"눈알 대 눈알"

당일 저녁 6시, 러스크는 주미 대사 도브리닌을 만나 대통령 연설문을 보여주며 소련의 사기적인 행동을 비난하였다. 러스크가 보기에 그는 "그 자리에서 일시에 10년이나 늙는 것처럼 보였다." 그는 크레믈린으로부터 미사일에 관해 통보 받지 못한 상태였다. 저녁 7시 케네디 대통령은 전국에 중개되는 TV 브리핑을 통해 미국은 소련이 쿠바에 핵폭격기를 반입했고, 공격용 무기인 MRBM과 IRBM 기지를 건설하고 있다는 "부인할 수 없는 증거(unmistakable evidence)"를 확보했으며, 미국은 이를 제거하기 위한 "첫 번째 조치로서 쿠바에 접근하는 선박들에 대해 '해상차단'을 실시할 것이고, 서반구 어느 국가에든 핵미사일 공격이 이루어지면 이는 미국에 대한 공격으로 간주하고 전면적 보복에 나설 것"이라고 천명하였다. 케네디 대통령은 전쟁행위로 간주될 수 있는 해상봉쇄(naval blockade)라는 용어를 피하고 '해상차단(quarantine)'이라는 용어를 사용하였다(정확한 국제법적 용어는 quarantine interdiction 또는 the naval interdiction).[43] 이를 건의한 앤더슨(George Anderson) 제

....

42   Bradley Lightbody, *The Cold War*, Routledge, 1999, p. 55.

43   W. T. Mallison, "Limited Naval Blockade or Quarantine - Interdiction: National and Collective Defense Claims Valid Under International Law," *George Washington Law Review*, Vol. 31, 1962, p. 335, 348.

독의 견해에 따르면, 해상차단은 일체의 무기나 물자의 출입을 금지할 뿐 아니라 선박의 나포/격침까지 포함하는 해상봉쇄와는 달리 모든 선적물을 대상으로 하지 않고 오로지 공격용 무기만을 대상으로 한다는 것이었다.[44]

한편, 흐루쇼프는 소련 선박들의 노정(路程)을 점검하면서 미국의 봉쇄선에 대해 개의하지 말고 쿠바로 향하라고 지시하였다. 그러나 그는 선박들이 봉쇄선에 가까이 다가가자 보다 신중해졌다. 그는 10월 23일(모스크바 시간 10월 22일) 오전 정치국회의를 열었다. 흐루쇼프는 브레즈네프, 코시긴, 미코얀 등 모두 13명이 참석한 회의에서 소련 선박들 대부분의 회항을 결정하였다.[45] 미사일을 적재한 '키모브스크(Kimovsk)'호와 '유리 가가린(Yuri Gagarin)'호 등 16대의 소련 선박들은 봉쇄선을 막 넘으려던 순간 모스크바의 명령을 받고 일단 멈추었다. 10월 23일 로버트 케네디를 만난 도브리닌이 "미국의 정선과 승선이 확실해 보인다"는 전문을 보낸 것이었다. 이 순간이 쿠바미사일위기의 분수령이었다. 미국과 소련이 "눈알 대 눈알"로 대결 직전까지 갔다가 소련이 "먼저 눈을 깜빡인 것"이었다. 그러나 백악관의 케네디와 그의 참모들은 이 사실을 즉각 보고 받지 못해 고민을 거듭하고 있었다. 어쨌든 미사일을 실은 '키모브스크호'와 '유리 가가린호'가 드디어 물러남으로써 위기가 일단 해결국면으로 전환하였다. 그러나 못지않은 위험이 남아 있었다. 미사일을 실은 함정들을 보호하기 위해 같이 항해하던 소련의 잠수함들이 사르가소(Sargasso) 해의 수중에 남게 되었던 것이다. 그리고 소련의 선박 19척 중 16척이 회항하고 있었지만, 유조선 '부카레스트(the Bucharest)'호는 봉쇄선을 향해 항해하고 있었다. 소련에서는 흐루쇼프가 미국 기업인 윌리암 녹스(William Knox)와 면담 중 "미국이 소련 선박을 정선시키면 공격하겠다"고 경고하였다.

케네디는 폴라리스(Polaris) 핵잠수함들을 유사시에 대비하여 미리 정해진 위치로 이동시켰다. 그는 22대의 요격기들을 공중대기 시킴으로써 쿠바의 공격 가능

....

44   Clifford Krauss, "Confrontation in the Gulf; And Now the 'B Word' (Do Not Say Blockade)," *The New York Times*, August 13, 1990.

45   10월 22일 정치국 회의 내용의 영문번역본은 Minutes # 60a of 22 October 1962. http://web1.miller-center.org/kremlin/62_10_22.pdf

성에도 대비하였다. 카스트로는 미국이 쿠바에 대해 적대정책을 고수하는 한 절대 무장해제하지 않겠다고 선언하였다. 쿠바 내 무기는 엄연히 방어용이며, 쿠바는 자신의 연해에서의 어떠한 도발적 행동도 용납하지 않을 것이라 목소리를 높였다. 소련의 타스(TASS) 통신은 "소련 선박 피격 시 미군 함정을 공격할 것"이라는 소련 정부의 입장을 보도하였다.

해상차단은 국제법적으로 항행의 자유가 보장되어야 하는 공해 상에서 이루어질 것이기 때문에 미국은 남/북아메리카 국가들 간의 지역협력체인 '미주기구(Organization of American States, OAS)'의 승인을 받고자 하였다. 승인을 받은 케네디 대통령은 10월 23일 '대통령 포고령 3504(Proclamation 3504)'를 통해 '해상차단(quarantine),' 즉 사실상의 대쿠바 해상봉쇄를 그리니치 시간으로 10월 24일 오후 2시(미국 동부 시간 오전 10시)부터 실시한다고 공표하였다. 소련은 미국의 조치를 단호히 거부한다는 성명을 발표하였다. 오후 9시 30분, 로버트 케네디는 대통령의 지시로 도브리닌을 만나러 주미 소련 대사관을 방문하였다. 그는 소련 대사에게 "소련은 위선적이고, 사실을 호도하며, 거짓으로 가득 차 있다(hypocritical, misleading, false)"고 원색적으로 비난하였고, 대사는 케네디가 제시한 사실들을 부인하였다. 10시 15분 로버트 케네디가 도브리닌과의 대화에 대해 대통령에게 알리려고 했을 때 케네디 대통령은 주미 영국대사 데이비드 옴스비-고어(David Ormsby-Gore)를 만나고 있었다. 영국대사는 봉쇄선이 쿠바로부터 800해리의 거리에 설정되어 있다고 들었는데, 소련에게 생각할 시간을 주기 위해 이를 500해리로 줄이는 것이 어떻겠냐고 제안하였다. 케네디는 일리가 있다며 봉쇄선의 거리를 조정하였다.[46] 한편, 소련은 바르샤바조약기구 군에 대해 비상경계령을 내렸고, 모든 소련 전력에 대해 경계태세를 상향 조정하였다.

10월 24일 아침 케네디와 참모들은 16척의 소련 선박이 회항하였다는 사실을

....

46 그러나 봉쇄선 거리의 조정이 영국대사의 조언에 따른 것인지는 확실치 않다. 봉쇄를 담당한 검역사령관 알프레드 워드(Alfred Ward) 제독은 자신의 일기에 봉쇄선 거리 "500 해리도 과하다"고 썼다. Personal History or Diary of Vice Admiral Alfred G. Ward, U.S. Navy, While Serving as Commander Second Fleet, ca. 11/28/62; Kennedy(1969), pp. 66-67.

알지 못한 채 봉쇄선 상에서 충돌 가능성을 우려하고 있었다. 대통령은 항공모함 에섹스(USS Essex)호에 키모브스크호와 수중의 호위 잠수함을 나포하라고 명령을 내린 상태였다. 고민하던 케네디는 우발적 사태가 발생할 수 있음을 인식하고 황급히 그의 명령을 취소하였다. "극비—최고위로부터의 명령임. 정선과 승선을 실시하지 말 것. 감시만 할 것." 그러나 위에서 말했듯이, 키모브스크호는 이미 회항하여 에섹스호로부터 800마일 떨어진 곳에 위치하고 있었다.

맥콘 CIA 국장은 ExComm 회의에서 오후 5시 15분 소련 선박들이 항로를 변경하였다고 보고하였다. 국무장관 러스크는 번디에게 "눈알 대 눈알로 맞섰는데 저 놈들이 결국 먼저 눈을 깜빡였네"라며 속삭이듯 말하였다. 그러나 위에서 지적했듯이, 흐루쇼프가 "눈을 깜빡인" 시점은 30시간 전이었고, 이것이 백악관에 알려진 시점이 오후 5시 15분이었다. 백악관 회의실에 앉아 있던 러스크는 영화 같은 일이 일어났다고 상상하고 있었던 것이다. 최근까지 사가들은 맥콘 CIA 국장이 10월 24일 오전 10시 25분 "소련 선박들이 봉쇄선 상에서 정지하여 미동도 하지 않는다"고 잠정적 정보보고를 전달하였고, 오후 5시 15분 소련 선박이 드디어 항로를 변경하자, 국무장관 러스크가 국가안보보좌관 번디에게 "눈알 대 눈알로 맞섰는데 저 놈들이 결국 먼저 눈을 깜빡였네(We're eyeball to eyeball and I think the other fellow just blinked.)"라고 말했다며 케네디 대통령을 공산주의를 물리치고 미국을 구한 영화의 주인공처럼 다루어왔다. 그러나 1차자료와 당시 정책결정에 참여했던 인물들의 구술사(口述史, oral history)에 따르면, 미국과 소련이 "눈알 대 눈알로 맞선 적이 있었다면 그것은 10월 24일이 아닌 흐루쇼프의 명령에 따라 16척의 소련 선박이 봉쇄선 근처에서 회항한 10월 23일 오전이었다.[47] 기존의 사가들은 1차자료

....

47   CIA는 보고서에서 회항이 10월 23일 이루어졌다고 후일 확인하였다. "Report of Soviet Ships to/from Cuba, Course Reversed." https://nsarchive2.gwu.edu//nsa/cuba_mis_cri/dobbs/cia%20kimovsk. pdf. 미 해군의 보고서는 https://nsarchive2.gwu.edu/nsa/cuba_mis_cri/dobbs/sov%20ships%20 oct%2024.pdf. Michael Dobbs, *One Minute to Midnight: Kennedy, Khrushchev, and Castro on the Brink of Nuclear War*, Knopf, 2008; CWIHP, *The Global Cuban Missile Crisis at 50: New Evidence from Behind the Iron, Bamboo, and Sugarcane Curtains, and Beyond*, Issue 17/18, Fall 2012.

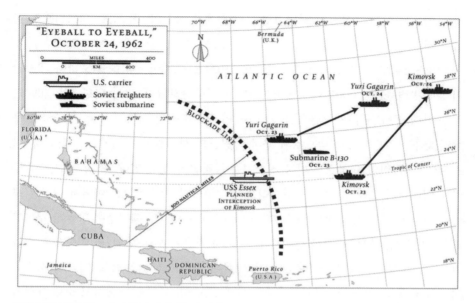

10월 24일 키모브스크호와 유리 가가린호의 위치.

출처: Michael Dobbs, *One Minute to Midnight : Kennedy, Khrushchev, and Castro on the Brink of Nuclear War*, Knopf, 2008.

에 접근하지 못한 채 백악관이나 케네디 대통령의 측근들이 제공하는 자료에 의존하였다.[48] 그들에게는 바로 1년 전인 1961년 10월 동서베를린 경계에 위치한 '찰리초소'에서 소련의 탱크부대와 16시간의 대치 끝에 케네디가 승리한 일을 북서대서양의 한 복판에서 대치하던 소련의 함정들을 역시 케네디가 물리친 것을 '오버랩(overlap)' 처리하는 것이 자연스럽고 만족스러웠을 수도 있다.

　　저녁 9시 24분 흐루쇼프가 보낸 전문이 국무부에 도착했고, 10시 52분에 케네디에게 전달되었다. 흐루쇼프는 이 전문에서 미국이 침략행위를 저지르고 있다고 비난하였다. 전략공군사령부는 미 역사상 최초로 방어태세를 데프콘-2(데프콘-1은 전쟁 개시 직전의 방어태세)로 격상하였다. 그리고 토마스 파워 전략공군사령관은 휘하의 지휘관들에게 데프콘-2를 발령함에 있어 의도적으로 고주파 통신망을 사용

....

48　　Robert F. Kennedy, *Thirteen days: A Memoir of the Cuban Missile Crisis*, New American Library, 1969; Jay David, *The Kennedy Reader*, Bobbs-Merrill Company, Inc., 1967, p. 63.

하여 암호가 아닌 평문으로 하달하였다. 소련에게 상황의 긴박성을 의도적으로 알렸던 것이다.

카스트로도 가만히 있지 않았다. 그는 10월 24일 총동원령을 선포하여 72시간 이내에 병력을 100,000명에서 350,000명으로 증강하였다. 그는 또한 24일 TV 연설을 통해 쿠바 정부는 주권을 수호하고 "미 제국주의의 침략"으로부터 조국을 수호하겠다는 열변을 토해냄으로써 쿠바 국민들의 사기를 증진시키고자 하였다. 카스트로는 "소련의 요청으로 미국 정찰기를 공격하지 않고 있다"고 강조하면서 "쿠바의 인내심이 오래가지 않을 것"이라고 경고하였다. 카스트로는 이어서 미국은 쿠바를 침공할 것이고, 소련의 반격으로 미국과 소련 사이의 핵전쟁이 발발할 것이라 확신한다면서, 자신은 "쿠바 방어를 위해 죽을 각오가 되어 있다"고 기염을 토하였다. 소련 대사관에서 카스트로는 이제 미국의 공격이 임박하였고, 따라서 소련은 미국의 공격을 기다리기보다는 미국을 선제공격해야 한다고 구술하고 소련 대사가 이를 러시아어로 번역하여 소련으로 발송하도록 하였다. 그는 핵공격의 결과가 아무리 끔찍하다 해도 다른 해결책은 존재하지 않기 때문에, 소련은 "미국 제국주의의 공격성을 영원히 제거"하기 위해 결연히 행동해야 한다고 강조하였다.

10월 25일 오전 1시 45분 케네디는 흐루쇼프에게 서한을 보냈다. 소련은 미국을 기만했으며, 미국은 필요한 조치를 취할 것이라는 내용을 담았다. 미 해군 작전사령관은 오전 7시 15분 미 해군의 구축함이 오전 7시 부카레스트호를 정선시키고 검색을 실시한 결과 원유만이 발견됨에 따라 미군 감시하에 항해를 허용하였다고 지휘부에 보고하였다.

소련은 봉쇄를 명시적으로는 거부하였지만 묵시적으로는 준수하고 있었다. 하지만 미국은 반입된, 그리고 완성된 탄도미사일을 철수시킬 방안을 찾지 못하였다. 이때 소련의 탄도미사일 철수를 유도하기 위해 미국이 다른 지역에서 유사한 조치를 취할 필요가 있다는 제안이 공개적으로 등장하였다. 10월 25일 아침 월터 리프먼(Walter Lippmann)이 기고한 "봉쇄 선언(blockade proclaimed)"이라는 제하의 칼럼이 '워싱턴 포스트'에 게재되었던 것이다. 내용의 핵심은 미국과 소련이 각각 터키와 쿠바에서 탄도미사일을 교환 철수함으로써 위기를 해소하자는 것이었다. 미국이 베를린에서 양보하기보다는 터키에서 미사일을 철수하고, 소련이 쿠바에서 미사일을 철수하도록 유도하는 것이 낫다는 것이었다. 맥나마라가 며칠 전 대통령에게 제안한 내용과 유사하였다. 터키미사일 철수안에 대해 국무부 및 터키 주재 미국 대사는 강력히 반대하고 나섰다. 이들은 터키가 탄도미사일 배치를 터키의 명예와 직결된 사항으로 보기 때문에 이를 철수하는 경우에는 강력한 반발이 예상된다고 경고하였다.

10월 26일 오전 10시 케네디는 이미 쿠바에 반입된 소련 미사일을 제거할 수 없는 "해상차단만으로는 안 되겠다"고 판단하였다. 그는 다시 쿠바 침공과 터키/쿠바 미사일 교환이라는 대안을 고민하기 시작하였다. 그는 이미 배치된 미사일을 제거하기 위해서는 결국 침공만이 유일한 수단일 것이라 보았으나, 좀 더 생각할 시간을 갖자는 참모들의 건의를 받아들였다. 하지만 그는 국무부에 "공격/점령 후 쿠바에 [카스트로가 아닌] 민간 정부를 세우는 방안"을 준비하라고 지시하였다.

당일 오후 1시, ABC 뉴스의 국무부 출입 기자 존 스캘리(John Scali)는 소련 대사관에 근무하던 KGB 요원 알렉산드르 포민(Aleksandr Fomin, 실제 이름은 알렉산드르 페클리소프 Alexandr Feklisov)을 만났다. 포민이 긴급히 요청한 만남이었다. 그의 용건은 소련이 쿠바 내 미사일 기지를 폐쇄하고, 카스트로가 공격용 무기 반입 금지를 선언하면, 미국이 쿠바 불침공을 약속할 수 있겠는지 국무부의 고위관리들에게 물어봐 달라는 것이었다. 스캘리는 오후 6시 45분 국무부의 정보조사실장(director of intelligence and research) 로저 힐즈먼(Roger Hilsman)에게 포민의 메시지를 전달하였다. 힐즈먼은 러스크에게 보고하였다. 그들은 포민의 제안이 크레믈린의 의중을 담고 있다고 판단하였다.[49]

흐루쇼프의 서한 1, 그리고 서한 2

한편, 10월 26일 오후 6시 흐루쇼프의 개인 메시지가 주소 미국대사관을 통해 백악관에 전달되었다. 이 메시지는 그가 직접 작성한 것으로 보였다. 로버트 케네

....

49 그러나 1989년에 모스크바 회의에서 포민은 자신의 접촉이 모스크바의 훈령에 따른 행동이 아니라 자기 자신의 독자적인 구상에 따른 것이었다고 고백하였다.

디는 이 편지를 보고는 "매우 길고 격정적이다"라고 생각하였다. '흐루쇼프 서한 1' 이라고 불리는 이 편지에서 그는 핵전쟁이 발생하는 경우에 나타날 참혹함을 강조 하였다. 흐루쇼프는 "우리는 열정과 순간적 감정에 휘둘리면 안 되며, 일단 전쟁이 시작되면 어느 누구도 중간에 멈출 수 없다"고 케네디에게 호소하였다. 또한 쿠바 에 배치된 우리의 수단(means)은 공격용이 아니라 방어용이기 때문에 미국을 위협 하지 않는다고 주장하면서, 미국과 소련은 결코 "세상을 파괴하려고 하지 않는다" 고 제시하였다. 또한 "모든 무기는 쿠바에 반입되어 있기 때문에 쿠바를 봉쇄하는 것은 무의미"하다고 지적하면서, 그는 "소련의 선박들은 무기를 탑재하지 않고 있 다. 미국은 쿠바 불침공을 선언하라. 다른 군대의 쿠바 침공도 지원하지 말라. 그렇 게 되면 소련의 군사전문가들도 쿠바에 체류할 이유가 없어진다"고 해결책을 제시 하였다. 다음은 '흐루쇼프 서한 1'의 일부이다:

본인은 대통령에게 국제수역에서 미국이 수행하려는 침략적인 해적 행위가 야기 할 결과를 숙고해 보시길 호소합니다. 세상에 지각 있는 어떤 사람도 대통령이 그 러한 행위를 할 수 있는 권리를 갖고 있다고 생각하지 않는다는 것을 대통령 자신 이 잘 알고 있지 않습니까? 만일 대통령이 첫 번째 단계로서 전쟁을 향한 이와 같 은 행동을 실행에 옮기신다면 우리로서도 그러한 도전을 받아들이지 않을 수 없다 는 점은 명백합니다. 그러나 대통령이 자제력을 잃지 않고, 이와 같은 행동이 어떤 결과를 초래할 것인지를 지각 있게 예측해 본다면, 대통령과 본인은 대통령이 단단 히 매듭지어 놓은 전쟁의 밧줄의 양쪽 끝을 잡아당겨서는 안 된다는 것을 알게 될 것입니다. 왜냐하면 우리 둘이 밧줄의 끝을 더 세게 잡아당긴다면 전쟁의 매듭은 더 단단히 매어져버릴 것이고, 이 매듭이 더 이상 단단히 매어질 수 없는 정도가 되 어버려 이제 이 매듭을 처음 묶은 장본인이 풀려고 해도 풀 수 있는 힘이 없는 그 러한 상황이 될 것입니다. 그렇게 되면 이 매듭을 잘라내야 할 것이고, 결국 본인이 대통령께 설명하지 않아도 되는 일이 벌어지겠지요.

10월 26일 오후 10시 ExComm은 흐루쇼프의 편지를 검토하는 회의를 진행하 였다. ExComm은 소련 전문가인 헬무트 조넨펠드(Hulmut Sonnenfeldt)와 조셉 뉴버트(Joseph Neubert)에게 포민의 메시지와 함께 흐루쇼프의 편지의 의미를 분석할 것을 의뢰하였다.

10월 26일 오후 6시에 도착한 '흐루쇼프의 서한 1'의 배경에는 '중대한 그러나 희극적인 역사적 해프닝'이 있었다. 10월 25일 늦은 밤 '뉴욕헤럴드트리뷴(*The New York Herald Tribune*)'의 기자 워렌 로저스(Warren Rogers)는 전국기자클럽(the National Press Club)의 한 주점에서 당지(當紙)의 워싱턴 지부장 로버트 도노번(Robert Donovan)과 쿠바미사일 위기에 대해 이야기를 나누고 있었다. 러시아 이민자였던 바텐더 프로코프(Johnny Prokov)는 도노번이 다음 날 개시될 미군의 쿠바 침공 작전을 취재하기 위해 그 밤에 남부행 비행기를 탈 예정이라는 말을 들었다고 생각하였다. 프로코프는 KGB 요원에게 알렸고, 그는 소련대사관에 미국이 전쟁을 곧 개시할 것이라 보고하였다. 다음 날 이른 아침 보리스(Boris)[50]라는 소련대사관 직원이 예전에 한두 번 만난 적이 있는 로저스를 주차장에서 불러세웠다. 보리스는 "현재 상황을 어떻게 보는가?"라고 물었고, 로저스는 "매우 심각하다"고 답하였다. 보리스는 "케네디는 하겠다고 하면 하는 사람인가?"고 재차 물었다. 로저스는 "정확히 그렇다"고 말하였다. 소련의 비밀해제 문건을 조사한 푸르센코(Aleksandr Fursenko)와 나프탈리(Timothy Naftali)에 따르면, 로저스는 의도치 않게 케네디의 의도를 소련에게 전달해준 KGB의 정보원이 된 셈이었다.[51]

소련은 "로저스 정보"라 부를 만한 이 주미 소련대사관으로부터의 첩보를 중시하였다. 소련은 이미 미 전략공군이 10월 23일 저녁 10시에 핵전쟁 비상경계(nuclear alert)에 돌입했다는 명령을 탐지한 상태에서 "미국의 쿠바 침공" 관련 첩보를 사실 가능성이 높은 것으로 판단하였던 것이다. 10월 26일 아침 KGB국장은 "2일 이내에 미국이 쿠바를 침공한다"는 첩보를 정치국에 보고하였다. 이러한 맥락에서 흐루쇼프는 번민 끝에 '서한 1'을 발송한 것이었다.

10월 26일 밤 법무장관 로버트 케네디는 ExComm 위원들 모르게 주미대사

....

50 　로저스는 그의 이름이 "보리스 아무개(Boris somthing)"라고 기억하였다. James G. Blight, David A. Welch, *Intelligence and the Cuban Missile Crisis*, Routledge, 1998, p. 79.

51 　Fursenko and Naftali(1997), p. 262.

도브리닌을 만나러 소련대사관을 찾아갔다. 도브리닌이 터키에 배치된 미국의 미사일을 언급하며 소련의 쿠바 미사일 기지를 정당화하자, 로버트 케네디는 잠시 회의실 밖에서 대통령과 전화를 한 후 다시 도브리닌과 마주 앉아 "대통령은 터키 미사일 문제를 소련 측과 협상할 준비가 되어 있다"고 말하였다. 도브리닌은 이를 즉각 크레믈린에 알렸다.

당시 흐루쇼프는 "로저스 정보"와 함께 카스트로로부터의 전문을 읽고 2-3일 내 미국이 쿠바를 침공할 가능성이 높다고 판단하고 있었다. 이 전문은, 앞서 언급한 바와 같이, 카스트로가 쿠바 내 소련 대사관 지하벙커에서 스페인어로 불러주고 소련대사가 러시아어로 작성하도록 해서 급히 흐루쇼프에게 보낸 것이었다. 흐루쇼프는 이 전문이 매우 절박한 상황을 알리는 것으로서 카스트로가 피침 시 미사일 발사를 요구하는 것으로 이해하였다. 10월 27일 오전 6시 CIA는 산크리스토발의 4개의 MRBM 기지와 사구아 라 그란데(Sagua la Grande)의 2개의 기지가 오전 6시 현재 작전준비 완료 상태에 들어갔으며, 쿠바군의 동원이 빠른 속도로 이루어지고 있다고 긴급 보고하였다. 백악관에서는 긴장이 고조되었다.

케네디는 27일 오전 10시에 열린 ExComm에서 소련과의 "전쟁은 불가하다"고 잘라 말하였다. ExComm 위원들은 흐루쇼프의 제안에 어떻게 대응할 것인지를 두고 숙고와 토론을 거듭하였다. 이때 흐루쇼프가 또 하나의 서한을 보내왔다. 10월 27일 오전 9시부터 모스크바 라디오로 방송된 메시지가 오전 11시 3분에 백악관에 전달되었던 것이다. 그는 이 '서한 2'에서 '서한 1'과는 사뭇 다르게 건조한 톤으로 쿠바 내 소련 미사일 제거와 터키 내 미국 미사일 폐기를 하나의 교환 패키지로 제안하였다. 핵심 내용은 다음과 같았다:

대통령께서는 쿠바(문제)에 대해 당황스럽다고 말했습니다. 쿠바는 미국 해안에서 90마일밖에 떨어지지 않은 곳이라고 했습니다… 그런데 대통령께서는 대통령께서 공격용이라 부르는 미사일을 그야말로 우리의 코 앞에 갖다 놓고 있습니다… 따라서, 본인은 다음과 같이 제안합니다. 우리는 쿠바에서 미사일을 제거할 테니 미국도 터키에서 미사일을 철수할 것이라 선언하십시오. 이러한 조치 후 UN안보리가 지명하는 조사단이 양국이 약속을 이행했는지 현장검증을 실시하도록 합시다.

10월 27일 오전 6시 백악관 상황실의 장교들은 봉쇄선 상의 상황을 점검하느라 바쁘게 움직였다. 대통령은 공습 후 침공을 상정한 작전계획을 유지하고 있었다. 군사태세는 최고도의 수준에 이르렀다. 5개의 공군기지에서 576대의 전술공군기가 출동명령을 기다리고 있었다. 5대의 전투기는 플로리다의 상공을 선회하며 소련의 항공기들과의 공중전에 대비하고 있었다. 183대는 지상에서 대기하고 있었다. 쿠바 내 미군기지인 관타나모에는 5,868명의 해병이 주둔하고 있었는데 1개사단의 증원병력이 미국 서부의 기지에서 이곳으로 이동하고 있었다. 쿠바 침공에 대비해 150,000명의 지상군 병력이 동원된 상태였다. 3척의 항공모함, 2척의 순양함, 26척의 구축함이 쿠바를 둘러싸고 있었다. 소련도 쿠바 방어를 위해 24기의 지대공미사일 기지를 가동하였고, 핵무기 탑재가 가능한 '프로그(FROG) 미사일' 발사대들을 긴급 배치하였다.[52]

일촉즉발의 위기

긴장이 최고조에 달한 이 시점에서 3차세계대전이 "우연에 의해" 발발하려 하고 있었다. 장소는 쿠바가 아니고 소련의 시베리아 상공이었다. 백악관 사람들이 후에 '검은 토요일'이라 부르게 될 10월 27일, 미국 동부 시간으로 4시(알래스카 시간 자정) 미 전략공군 제4080 전략비행단 소속 U-2기 한 대가 "공기측정(air sampling)"의 통상적인 임무를 수행하기 위해 알래스카의 에일슨(Eielson) 기지에서 이륙하였다. 미소 간 핵전쟁이 벌어질 수도 있는 일촉즉발의 엄중한 상황하에서 이러한 통상업무를 잠정 중단할 필요가 있다고 의견을 낸 사람은 전략공군사령부에서 아무도 없었다. 그런데 기지를 이륙한 U-2기는 얼마 되지 않아 방향타 고장으로 추코트카(Chukotka) 반도 상공의 소련 영공에 진입하였다. 오후 1시 45분 국방장관실 전화 벨이 요란하게 울렸고 맥나마라는 보고를 받고는 "얼굴 색이 하얗게 변하며 신경질적으로 '이제 소련과의 전쟁이 시작됐군'"이라 탄식하였다. 그는 오후 1시 45분 이 "소름끼치는 뉴스"를 대통령에게 전화를 통해 전달하였다. 불과 몇

....

52   Dobbs(2008), pp. 208-209.

시간 전 소련은 미국이 터키에 배치한 미사일을 철수할 것을 강하게 요구한 바 있었다. 미 전략공군은 데프콘-2를 유지하고 있었고, 해군 함정들은 쿠바를 둘러싸고 모든 선박에 대해 전쟁행위라고 할 수 있는 해상봉쇄를 사실상 실시하고 있었으며, 소련의 핵잠수함들을 근거리에서 항해하고 있었다. 게다가 당일 오전 쿠바 동부를 비행하던 또 다른 U-2기가 격추되어 긴장이 최고조에 달한 상태였다. 국무부의 정보조사실장 힐즈먼은 조종사 몰츠비(Charles Maultsby) 대위가 구조 요청 신호를 보냈고, 알래스카 기지에서 공대공 핵무기를 장착한 F-102 전투기 한 대가 베링해(Bering Sea)를 향해 발진하였으며, 소련의 미그기들도 U-2기를 강제 착륙시키기 위해 브랜벨랴 섬(ostrov Vrangelya, Wrangel Island) 인근 기지에서 출격하였다는 보고를 받았다. 그는 이를 전하기 위해 대통령 집무실로 황급히 달려갔다. 그는 대통령이 경악하고 노발대발할 것으로 생각하였으나, 그의 예상은 빗나갔다. 보고를 들은 케네디 대통령은 어이가 없어 하며 "항상 말귀를 못 알아듣는 병신 새끼들이 있기 마련이지"라고 고소(苦笑)를 금치 못하였다.[53] 로버트 케네디는 후일 당시 백악관의 분위기를 "올가미가 우리 모두를, 미국인들을, 모든 인류를 옥죄어 오고 있는 느낌이었다. 후퇴할 수 있는 다리가 붕괴하는 느낌이었다"고 묘사하였다.

흐루쇼프의 공포심도 극에 달하였다. 데프콘-3에 따라 핵무기를 장착하고 있던 F-102 전투기의 조종사가 U-2기를 구하기 위해 핵무기를 사용할 수도 있는 상황이었다. 핵무기를 발사하고 말고는 전적으로 조종사의 손끝에 달려 있었기 때문이다.[54] 소련이 이 상황을 미국의 전면침공을 앞둔 최종점검용 정찰비행이라고 생각하지 않은 것이 신기할 정도였다. 흐루쇼프는 케네디에게 보낸 10월 28일자 공개적 편지(모스크바 라디오 방송)에서 이렇게 쓰고 있다:

본인은 대통령의 말을 믿습니다. 그러나 대통령께서도 쿠바 침공을 부추기고, 전쟁을 일으키려는 무책임한 사람들이 대통령 주변에 있음을 잘 아셔야 합니다… 대통

....

53   War Room Journal, October 27, 1962, Chronology of the Cuban Crisis, October 15-28, 1962.
54   Scott D. Sagan, *The Limits of Safety: Organizations, Accidents, and Nuclear Weapons*, Princeton University Press, p. 135.

령의 정찰기 한 대가 추코트카 반도 부근 소련 국경을 침범했습니다… 대통령님, 나의 질문은 이렇습니다: 우리가 이것을 어떻게 해석해야 합니까? 이게 뭡니까? 도발하는 겁니까? 대통령과 내가 이처럼 초조해하는 와중에, 모든 것이 전투준비완료 상태에 있는 지금, 대통령의 항공기 한 대가 우리 국경을 침범하다니. 침범한 항공기가 핵폭격기로 쉽게 오인될 수 있었고, 그랬다면 우린 그야말로 운명적인 결정을 해야만 했던 것 아닙니까? 게다가 미국 정부와 국방부가 오래 전부터 정찰기가 핵무장을 하고 있다고 선언하지 않았나 말입니다.

전략사령부의 장교가 4080 전략비행단장에게 전화하여 "도대체 소련 상공에서 무슨 일이 벌어졌는가?"라고 물었다. 전화를 받은 존 포르티스 대령(John Des Portes)은 몰츠비에게 무슨 일이 벌어졌는지 모르고 있었다.[55] 왜냐하면 그는 71분 전에 벌어진 또 다른 엄청난 사건으로 그야말로 동분서주하고 있었기 때문이었다. 소련에서는 격추되지 않았지만, 쿠바에서는 U-2기가 실제로 격추되었던 것이다.

10월 27일 정오 무렵 쿠바 상공을 정찰하던 U-2가 격추되고 조종사 루돌프 앤더슨 소령이 사망하였다. 최근 밝혀진 바에 따르면, 흐루쇼프는 미국 정찰기에 대한 공격을 금지하였다. 그럼에도 불구하고, 현지 소련군의 지휘관 레오니드 가르부츠(Leonid Garbuz) 대장은 미국 정찰기를 격추하도록 명령하였다. 소련 기록에 따르면, 미국 정찰기는 10월 27일 모스크바 시간으로 오후 5시에 16,000미터 고도로 쿠바 영공에 진입해 들어왔으며, 1시간 21분 동안 중요 지역을 촬영하였다. 그리고 모스크바 시간 오후 6시 20분에 507 대공미사일 연대가 바네스(Banes) 기지에서 2기의 지대공 미사일(S-75 Dvina, SA-2)을 발사하여 U-2정찰기를 고도 21,000미터에서 격추하였다.

당시 대부분의 ExComm 위원들은 U-2기 격추가 소련 정부의 명령에 의한 것이고, 소련이 위기를 격화시키려 하고 있다고 판단하였다. 군부는 쿠바 내 대공기지를 공습해야 한다며 대통령을 강하게 압박하였다. 케네디는 흐루쇼프가 발포명령을 내리지는 않았을 것이라고 "정확하게" 판단하였다. 그는, 흐루쇼프와 마찬가

....

55   Dobbs(2008), p. 258.

지로, 사태가 통제불능의 상태로 급전하고 있으며, 미국이 보복하면 3차대전이 발발할 것임을 직감하였다. 그는 동생 로버트 케네디 법무장관에게 주미대사 도브리닌을 만날 것을 지시하였다.

한편, 공포 분위기를 공유하고 있던 흐루쇼프는 국방장관 말리노브스키로 하여금 U-2 격추 명령을 내린 현장 지휘관에게 다시는 그와 같은 명령을 내려서는 안된다고 강하게 질책하도록 하였다. 카스트로는 24시간에서 72시간 이내에 미국이 쿠바를 공격할 것이라고 전망하면서, 미국은 제한적인 공습으로 쿠바 내 미사일을 파괴할 가능성이 가장 크며, 전면침공의 가능성은 적다고 판단하였다. 카스트로는 미국이 침공하는 경우에, 또는 미국의 침공이 확실해지는 상황이 감지되면, 소련은 미국의 공격을 기다리지 말고 핵무기를 동원하여 미국에 대해 선제공격해야 한다고 주장하였다.

전 주소 대사 톰슨의 지혜

10월 27일 오후 3시 41분 정찰에 나선 미국의 항공기들 중 한 대가 쿠바군의 대공화기가 발사한 포환에 맞았으나 기지로 무사히 귀환하였다. 오후 4시 Ex-Comm 회의가 백악관에서 열렸다. 케네디는 또 다시 미국의 정찰 항공기가 공격을 받을 땐 공격원점을 타격하겠다고 말하였다. 케네디가 불보복을 결정했다는 소식이 알려지자 국방부는 다시 술렁였다. 이날 회의는 흐루쇼프의 두 번째 편지에 대한 대응에 대해 집중 논의하였다. 케네디는, 10월 26일 로버트 케네디와 도브리닌에게 이미 암시하였듯이, 쿠바와 터키의 미사일 철수를 맞교환하자는 흐루쇼프의 제안에 긍정적이었다. 그러나 참석자 대부분은 이 교환이 공개적으로 이루어지면 NATO 동맹국들을 분열시킬 수 있다고 우려하였다. 특히 소련의 위협하에 있던 터키는 크게 반발할 것이 분명하였다. 테일러는 합참의 공습 및 침공계획을 제출하였다. 르메이는 대놓고 대통령을 압박하고 있었다. 국무부는 흐루쇼프의 제안을 거부하는 문건의 초안을 제출하였다. 케네디의 딜레마는 '서한 1'과 '서한 2' 중 어떤 것에 답할 것인가였다. 당시 위원이었던 맥나마라 국방장관의 회고에 따르면, 케네디는 강경한 '서한 2'에 강경하게 답할 생각이었다. ExComm 전체의 분위기가 그에게 큰 압력으로 작용하였다. 이때 소련 전문가이고 흐루쇼프와 개인적 친분을 가지고 있던 전 주소 대사 류웰린 톰슨(Llewellyn Thompson)이 나섰다. 그는 흐루쇼프의 '서한 2'를 무시하고 '서한 1'(터키 내 배치된 주피터 미사일을 언급하지 않았던 10월 26일 자 편지)에만 답하자고 제의하였다. 맥나마라에 따르면, 이때의 케네디와 톰슨의 대화는 쿠바미사일위기 전 기간 중 가장 중요한 순간이었고, 인류를 공멸에서 구하는 데 크게 기여한 위대한 짧은 소통이었다. 이들의 대화는 '케네디 테이프(The Kennedy Tapes)'에 녹음되어 있다:[56]

> 케네디 우리는 이 미사일들을 쿠바에서 제거할 수 없을 것 같습니다. 협상을 통해서는 말입니다… 톰슨 대사, 이렇게 그의 메시지가 공개가 된 이상 흐루쇼프는 결코 물러서지 않을 겁니다. 그는 미사일들을 철수하지 않을 겁니다.
>
> 톰슨 대통령, 저는 그렇게 생각하지 않습니다. 저는 아직까지 기회가 남아 있다고 생각합니다.
>
> 케네디 그가 물러설 것이라구요?
>
> 톰슨 제가 보기에, 흐루쇼프에게 중요한 것은 명분입니다. '내가 쿠바를 구했다. 내가 미국의 침공을 막아냈다.' 그의 체면인 것이죠. 대통령님, 흐루쇼프의 면을 세워주시지요. 그가 터키 내 미국의 미사일에 대해 격하게 비난하겠지만 그건 나중에 다루면 되구요.
>
> 케네디 알겠습니다.

소렌슨과 로버트 케네디가 회의실 밖에서 '서한 1'에 대한 답장 초안을 마련하였다. 대통령은 초안에 약간의 손질을 하고 서명한 후 이날 저녁 흐루쇼프에게 전송하라고 지시하였다. ExComm 회의가 종료된 후 대통령은 맥나마라, 로버트 케

....

56 Transcript of a secret tape recording of a meeting of President Kennedy and his advisers, 4:00 PM, Saturday October 27, 1962, Cabinet Room. Ernest R. May and Philip D. Zelikow eds., *The Kennedy Tapes: Inside the White House during the Cuban Missile Crisis*, W. W. Norton & Company, 2002, p. 554.

네디, 번디, 러스크, 톰슨, 소렌슨을 자신의 집무실로 따로 모이도록 하였다. 이들은 숙의한 결과 주미대사 도브리닌에게 구두의 메시지를 답장 편지와 함께 보내도록 하자는 데 합의하였다. 구두메시지의 핵심은 "소련의 미사일이 제거되지 않으면 미국은 쿠바에 대해 군사행동을 할 것이다. 미사일이 제거되면 미국은 대쿠바 불공격 선언을 할 것이다"였다. 러스크는 "터키 미사일에 대한 공개적인 협의는 없겠지만 쿠바 위기가 해소되면 그것도 자연스럽게 해소될 것이다"라는 보장을 추가하자고 제안하였다. 대통령을 포함 참석자 모두가 이러한 구두 메시지에 찬성하였다.

대통령의 지시에 따라 10월 27일 오후 7시 45분 로버트 케네디 법무장관은 도브리닌 주미 소련대사를 법무부로 초치하여 면담하였다. 로버트 케네디에 따르면, 그는 위기가 빠른 속도로 악화되고 있으며, 따라서 사태를 수습할 시간이 많지 않다고 지적하면서, 소련이 "내일까지는 (쿠바 내) 미사일을 철수한다는 것을 발표해야 한다"고 압박하였다. 이것은 미국의 최후통첩이 아니라 '사실의 적시(摘示, statement of fact)'이며, 소련이 미사일을 제거하지 않으면 "미국이 직접 제거한다"고 위협하면서, "미국과 소련은 모두 막대한 인명피해를 입는다"고 경고하였다. 도브리닌은 터키 미사일은 어떻게 되냐고 물었다. 로버트 케네디는 이러한 종류의 위협과 압박 속에서 물물교환 같은 것은 있을 수 없고, 또한 터키 미사일 관련 최종결정권은 NATO에게 주어져 있다고 말하였다. 그러나 그는 도브리닌에게 "대통령은 터키와 이탈리아에 배치된 미사일을 철수하길 오래 전부터 원하였다. 그는 이미 그 미사일들을 철수하라고 지시한 바 있다. 이 쿠바 위기가 해소되면 곧 그 문제도 해소될 것이다. 시간이 없다. 우리는 몇 시간 내 소련으로부터 답을 원한다. 답이 내일을 넘겨서는 안 된다"라고 말하였다.

그러나 로버트 케네디가 한 것으로 알려진 위의 발언과 실제 있었던 일과는 거리가 있었다. 이는 후일 소련의 기록과 소렌슨의 고백에 의해 밝혀졌다. 우선 흐루쇼프의 회고에 따르면, 케네디 법무장관이 "미국 군부와 강경파가 대통령에게 군사력 사용을 압박"하고 있으며, 상황악화와 전쟁을 피하기 위해서 미국은 "소련의 제안을 수락"하였다고 언급하였다. 즉 소련 문건은 미국 정부가 터키 미사일 철수와 쿠바 미사일 철수는 서로 독립된 사안이고 연계될 수 없다고 강조하고 있었지만, 그는 미사일 철수가 연계된 사안인 것처럼 제시하였다고 기록하였다. 또한 케네디 법무장관은 터키 미사일 철수는 쿠바 미사일 철수의 대가(quid pro quo)는 아니라고 주장했다고 회고하였지만, 도브리닌 대사가 크레믈린으로 보낸 당시의 전문에 따르면, 첫째, 소련이 미사일을 제거하지 않으면 미국이 쿠바에 군사행동을 취하겠다는 말은 없었고, 둘째, 법무장관은 "터키 미사일 문제가 사태 해결의 장애물이기 때문에 대통령이 이것을 정리한 것"이라며, "NATO의 결속력이 약화될지라도 미국은 터키에서 미사일을 철수할 것"이라 말하였다. 물론 미국과 소련 기록 모두, 터키 미사일 철수가 공개적으로 논의될 수 없으며, 터키 미사일 철수 문제는 소련이 쿠바에서 탄도미사일을 철수하는 문제와는 별개의 문제로 다루기로 했다는 점에서는 일치한다.

쿠바미사일위기를 다룬 대부분의 연구자들은 이러한 차이에 주목하지 않았거나 또는 소련의 기록을 신뢰하지 않고 로버트 케네디 등 미국 측의 기록이 정확하다고 보았다. 하지만 대통령의 연설문 초안을 작성했던 케네디의 최측근 소렌슨은 자신이 로버트 케네디 회고록의 해당 부분을 "편집"하였다고 고백하였다.[57] 1989년 소렌슨은 모스크바에서 개최된 쿠바미사일위기 관련 학술회의에서 자신이 보았던 케네디 법무장관의 일기에는 "대통령은 소련이 요구하는 터키 미사일 철수를 수용하겠다고 도브리닌에게 구두로 약속하라고 지시"하였으며, 따라서 "미국은 터키에서, 그리고 소련은 쿠바에서 각각 탄도미사일을 철수한다는 것이 합의(deal)의 핵심"이라고 명시적으로 기록되어 있었다고 술회하였다. 하지만 로버트 케네디가 사망한 이후 회고록을 출판하면서 미국이 소련의 추가 요구조건을 수용하였다는 부분을 자신이 삭제하였다고 인정하였다. 그는 쿠바/터키 미사일 철수는 교환이었으며 로버트 케네디의 회고록을 비롯한 미국 측 기록에서 등장하는 유명한 문구인 "'터키 미사일 철수는 쿠바 미사일 철수와는 무관하다'는 주장은 사실 왜곡이며, 이것은 명백한 교환 철수였다"라고 진술하였다.

어쨌든 도브리닌에게 쿠바/터키 미사일 교환철수 옵션을 제시한 로버트 케네디는 늦은 저녁 백악관으로 돌아왔다. 그에 따르면, 당시 백악관의 분위기는 "포기한 것은 아니지만, 흐루쇼프가 몇 시간 후 어떻게 반응할지에 대해 초조해 하는"

....

57   Allyn, Blight, and Welch(1992), pp. 92-93.

상황이었다. 그들은 흐루쇼프에 대한 희망만 가지고 있었지, 실제 그가 어떻게 할지에 대해서는 전혀 전망할 수 없는 처지에 있었다. 그들이 우려하고 있었던 것은 화요일(10월 29일), 그리고 그 다음 날로 이어질 군사적 충돌의 높은 가능성이었다.

10월 27일 오후 8시 5분, '흐루쇼프의 서한 1'에 대한 케네디 대통령의 답장이 완성되어 모스크바로 전송되었다:

> 본인은 서기장의 편지를 읽었습니다. 서기장께서 제안하신 바는 "① UN의 감시하에 귀측이 쿠바로부터 미사일을 제거하고, 쿠바로 그러한 무기가 추가로 반입되지 않도록 조치를 취한다, ② 미국은 UN을 통해 적절한 방법을 찾아 a) 신속히 해상차단 조치를 폐기하고, b) 쿠바 불공격을 보장한다"로 요약될 수 있습니다. 미국은 서기장의 제안을 원칙적으로 수용할 수 있을 것 같습니다. 그렇게 되어 세계적 긴장이 완화되면 서기장께서 두 번째 서한에서 공개적으로 언급하신 '다른 무기들(other armaments)'에 대한 협상도 가능해질 것으로 판단합니다.

10월 27일 저녁, ExComm 위원들에게는 비밀로 하고 케네디 대통령은 러스크 국무장관을 호출하였다. '터키/쿠바 미사일 동시 철수'에 관한 공개 협상안을 만들기 위해서였다. 그들은 이 안을 UN 사무총장 우 탄트(U Thant)를 통해 추진하기로 하였다. 한편, 케네디는 길패트릭 국방차관에게 터키 미사일 조기 철수안을 준비하라고 지시하였다.

소련의 퇴각

모스크바 시간으로 10월 28일 아침, 모스크바 교외에 있는 정부 소유의 별장에서 소련공산당 정치국 회의가 개최되었다. 모두가 긴장한 가운데 흐루쇼프가 회의를 주재하면서, 미국이 제시한 쿠바 불가침 선언과 해상봉쇄 해제를 수용하고, 대신 소련이 쿠바에서 탄도미사일을 철수해야 한다고 주장하였다. 터키 미사일 철수 또한 논의되었지만, 이것은 쿠바에서 탄도미사일을 철수하는 데 필수조건은 아니라고 강조하였다. 정치국에서 흐루쇼프의 안에 대해 합의가 거의 이루어진 상황에서 케네디 법무장관과 도브리닌 대사 간의 면담에 대한 전문 내용이 소련 외무부에 전달되었다. 그리고 얼마 되지 않아 국방부에서 미국으로부터 메시지를 받은 이바노프(Semion Pavlovich Ivanov) 장군이 정치국에 긴급보고를 신청하였다. 그는 모스크바 시간으로 오후 5시에 케네디 대통령이 중요한 연설을 한다고 보고하였다. "로저스 정보"로 불안해 하던 정치국 회의 참석자들은 케네디의 연설이 쿠바 침공선언이라고 판단하였다.

시간이 없다고 판단한 흐루쇼프는 정치국 결정 내용을 구술하고, 보좌관들에게 내용을 정리하여 오후 5시 이전에 공개하라고 명령하였다. 소련 외교부는 모스크바 시간으로 오후 3시에 미국 대사관에 연락하여 오후 4시 30분에서 5시 사이에 중대한 발표가 있을 것이라고 통보하였다. 흐루쇼프의 문건은 5시에 가까스로 방송국에 도착하였다. 아나운서는 생방송으로 이 문건을 읽어 내려갔다:

소련은 미국의 쿠바 침공을 막기 위해 대통령이 공격용이라고 간주하는 방어수단을 쿠바에 제공하였습니다. 대통령께서는 10월 27일 서한에서 미국은 쿠바를 공격하지 않을 것이고, 서반구의 어떤 나라도 공격하지 않을 것임을 약속하셨습니다. 이 약속이 지켜지게 될 것이므로 우리도 더 이상 대통령께서 공격용이라고 간주한 방어수단을 쿠바에 제공할 동기를 갖지 않습니다. 소련은 현지 지휘관들에게 현재 진행 중인 기지 건설을 중단/폐기하고, 폐기물을 소련으로 반출하라고 지시했습니다… 결론적으로, 본인은 대통령께서 제안하신 NATO와 바르샤바조약기구 국가들 간의 데탕트에 대해 언급하겠습니다. 우리는 오랜 기간 동안 이에 대해 숙고했고, 그 결과, 미국과 의견교환을 지속할 자세가 되어 있음을 알리고자 합니다. 우리는 원자탄·수소탄의 금지, 재래무력의 감축, 그리고 국제적 긴장완화를 위한 지속적인 의견교환의 유용성을 인정합니다.[58]

워싱턴 시간으로 아침 9시 CIA의 해외방송탐지센터(U.S. Foreign Broadcast In-

....

58 U.S. Department of State, *FRUS, 1961-1963*, Volume XI, Cuban Missile Crisis and Aftermath, Moscow, October 28, 1962.

tercept Service)는 흐루쇼프의 메시지를 청취하고 있었다. 발표문은 모스크바 시간으로 오후 5시 10분 주소 미국대사관에 전달된 상태였다. 흐루쇼프의 메시지를 청취한 케네디 대통령은 즉각적으로 흐루쇼프의 메시지가 "중요하고 건설적인 평화를 위한 공헌"이라고 인정/환영하는 서한을 주미 소련대사관에 보냈다. 케네디는 이어 "본인은 본인이 서기장에게 보낸 10월 27일 자 편지와 서기장께서 본인에게 답한 오늘의 메시지를 양국 정부가 신속히 실행에 옮겨야 하는 굳건한 약속이라고 간주한다"고 재확인하였다.

대부분의 ExComm 위원들은 흐루쇼프의 메시지에 흥분하기도 안도하기도 하였다. 케네디는 "완전히 새로 태어난 기분"이라고 말하면서, "화요일에 공습을 시작할 계획이었는데 이제 공격할 필요가 없어졌다"고 말하였다. 맥콘은 "나는 내 귀를 믿을 수가 없었다"고 회고하였고, 안도감에 춤을 추거나 소리를 지르는 백악관 직원도 있었다. 하지만 군인들은 소련의 발표를 불신하였다. 커티스 르메이 공군참모총장은 자신은 이번 위기의 종료가 미국의 승리가 아닌 미국 역사상 최악의 패배로 본다고 말하였다.[59] 그는 "미국의 공격을 늦추려는 (소련의) 비열한 술수"에 말려들어가서는 안 된다고 주장하면서, "미국은 월요일에 어쨌든 쿠바를 쳐야 한다"고 새삼 강조하였다. 조지 앤더슨 제독은 "우리는 사기를 당하고 있다"고 하였다. 하지만 테일러와 맥나마라는 이러한 주장을 케네디에게 전달하면서 자신들은 이러한 주장에 동의하지 않는다고 덧붙였다. 그날 오후 합참은 각 군사령관들에게 비상경계태세를 하향하지 말라며 "소련이 시간을 벌기 위해 속임수를 쓰는 것일 수도 있다"고 지휘하였다.

흐루쇼프는 발표문에서 적시한 바와 같이, 쿠바 현지 소련 지휘관들에게 탄도미사일을 철거하라고 명령하였다. 또한 미국 정찰기에 대한 우발적인 공격을 방지하기 위해 대공미사일과 전투기의 사용을 금지하였으며, 쿠바에 반입된 모든 탄도미사일용 핵탄두는 당시 IRBM 탄두를 적재하고 쿠바에 들어와 있던 수송선 알렉산드로브스크(Aleksandrovsk)호를 통해서 소련으로 반송하라고 지시하였다.

....

59   Alan Axelrod, *The Real History of the Cold War: A New Look at the Past*, Sterling Publishing Co., 2009, p. 332.

그러나 10월 28일 오후와 저녁에 이루어진 정찰 결과, 소련의 공식적인 입장과는 달리 쿠바 현지에서는 미사일 철수를 시작하지 않았다는 사실이 드러났다. 그날 밤, 케네디가 집무실에서 퇴근하였을 때 대통령이 사용하였던 메모지에는 다음의 다섯 단어가 씌어 있었다: "베를린, 베를린, 베를린, 베를린, 베를린." 위기 전 기간 동안 그리고 위기 해소의 와중에도 케네디 대통령은 쿠바와 베를린을 연결시켜 생각하고 있었던 것이다.

르메이는 쿠바의 도발을 유도하였다. 그는 10월 28일 새벽 공군 항공기를 동원해 쿠바의 대공미사일 기지를 저공 정찰하도록 하였다. 이번에는 전혀 위장하지 않은 전투기들이 정찰기를 호위하면서, 공격적인 행동을 의도적으로 과시한 것이었다. 그는 이렇게 함으로써 쿠바 및 소련군의 발포를 유도하여 이를 빌미로 미사일 기지를 공격할 수 있을 것으로 생각하였다. 하지만 소련과 쿠바는 대응하지 않았다. 르메이는 소련이 미사일을 철수한 후에도 쿠바 공격을 주장하였다. 콘과 해러헌(Richard H. Kohn and Joseph P. Harahan)에 따르면, 르메이는 쿠바 위기가 해소되고 25년이 지나서도 "미국이 쿠바 공격을 회피하지 않았다면 쿠바에서 미사일을 제거했을 뿐 아니라 쿠바의 공산주의자들도 제거할 수 있었을 것"이라며 케네디의 결정을 비판하였다.[60]

한편, 사르가소 해의 수중에 남겨진 소련의 '폭스트롯(Foxtrot)'급 잠수함 4척(소련 명칭으로는 B4, B-36, B-59, B-130 등)은 10월 27일 밤 11시경 미국의 대잠자산과 충돌 직전까지 가게 되었다. ExComm은 500해리 봉쇄선 내에서 항해하는 모든 소련 잠수함에 대해 적대적 의도를 가진 것으로 간주하겠다고 선언하기 직전이었다. 소련 잠수함 2척은 봉쇄선 내에 다른 2척은 밖에 있었다. 이 선언은 모호한 어휘로 인해 소련이 해석하기에 따라서는 미군이 소련의 잠수함을 공격할 수도 있다는 의미로 받아들일 소지가 있었다.[61] 따라서 선언이 이뤄진다면 소련이 선제공

....

60   Richard H. Kohn, Joseph P. Harahan, "U.S. Strategic Air Power, 1948-1962: Excerpts from an Interview with Generals Curtis E. LeMay, Leon W. Johnson, David A. Burchinal, and Jack J. Catton." *International Security*, Vol. 12, No. 4, pp. 78-95.

61   Dobbs(2008), p. 320.

격할 수도 있는 상황이었다. 10월 28일 오전 6시 30분 소련 잠수함(B-59)에 근접한 미국 구축함의 지휘관은 러시아어 통역을 급히 확보하여 소련의 승무원들과 소통하고자 하였다. 그들이 응하지 않자 재즈 음악을 틀어놓고 병사들로 하여금 춤을 추도록 하였다. 병사들은 소련군에게 담배와 코카콜라 캔을 던지기도 했지만, 그들에게 닿지는 않았다. B-59의 함장은 소련 병사들에게 "품위 있게 행동하라"고 소리쳤다. 이는 우스꽝스러운 광경일 수도 있었지만 3차세계대전이 일어나지 않았다는 것을 보여주는 광경이기도 하였다. B-59는 방향을 180도 바꿔 현장을 벗어났다. 얼마 되지 않아 미군 함정은 소련의 또 다른 잠수함 B-36을 수면으로 떠오르도록 강제하였다. B-130잠수함은 엔진고장으로 예인함에 끌려 소련의 '콜라 반도(Kola Peninsula)'로 향하였다. B-4는 미군에 의해 수면 위로 떠오르는 수모를 겪지 않고 기지로 귀항하였다. 잠수함의 함장들은 12월 말 무르만스크(Murmansk) 기지에서 상관들의 차가운 대접을 받았다. 그레츠코(Andrei Grechko) 원수는 그들의 해명을 듣지 않고, "불명예이다. 귀관들은 러시아를 부끄럽게 만들었다"고 질책하였다.[62]

　미국은 군비태세를 최고조로 강화하였고, 흐루쇼프는 UN에서 미국의 '해산차단선'을 잠정적으로 인정하겠다는 취지의 연설을 하였다. 이 상황하에서 미국은 비니차(the Vinnitsa)호와 부카레스트(the Bucharest)호를 봉쇄선 넘어로 통과시켜주었다. 그러나 미국은 이 기회에 결기를 보여주면서도 한편으로는 정치적 홍보효과를 노린 군사조치를 취하기로 하였다. 미사일을 적재한 2척의 함정은 이미 멀리 회항을 한 상태였고, 봉쇄선 가장 가까이서 항해하던 선박은 이미 화물선으로 판명난 그로즈니(Grozny)호였다. 그로즈니호는 10월 27일 오전 6시 45분 봉쇄선에서 350해리 떨어진 곳에 있었다. 미국은 이 화물선이 봉쇄선에 다다르면 정선시킬지 여부를 결정해야 하였다. 그로즈니호는 전속력으로 항해하다가 10월 28일 오전 4시 30분 봉쇄선 바로 외곽에서 정지하였다. 미 함정들은 노포크(Norfolk)의 해군사령부에 타전하였다. "0430부터 미동도 하지 않음." 그로즈니호는 모스크바로부터 "봉쇄선을 넘지 말라"는 명령을 받았던 것이다.[63] 미 해군은 소련의 선박(암모니아를 실은

....

62　　Dobbs(2008), p. 328.

63　　Dobbs(2008), p. 327.

그로즈니호)이 봉쇄선을 넘지 못하고 회항하였음을 미국 국민과 세계에 보여주었다.

흐루쇼프는 쿠바 내 소련 미사일을 철수한다는 결정을 내릴 때 카스트로와 사전에 협의하지 않았다. 흐루쇼프의 결정과 메시지를 알게 된 카스트로는 격노하였다. 그는 흐루쇼프를 "개자식, 쓰레기, 병신"이라 저주하였다. 카스트로는 며칠 후 아바나 대학에서의 연설에서 흐루쇼프를 "불알(cojones, balls)이 없는 놈"이라 비난하였다.[64] 카스트로는 이제부터는 미국 정찰기를 격추시키겠다고 호언하였다. 소련은 미코얀을 쿠바로 긴급 파견하였다. 카스트로는 미코얀에게 "쿠바 인민들은 꼬치노스(Cochinos 피그스 만 침공) 때처럼 목숨을 바쳐 조국을 수호할 것"이라 말했고, 미코얀은 이번에 "동지가 감당해야 할 적은 그때처럼 오합지졸이 아닙니다. 미국의 막강한 화력을 생각해보십시오. 동지가 싸우겠다면 싸우십시오. 우리는 싸우지 않습니다"라고 대꾸하였다. 미코얀은 카스트로가 계속 고집을 피운다면 자신은 즉각 모스크바로 떠나겠으며, 모든 경제원조를 중단하겠다고 위협하였다. 카스트로는 결국 굴복할 수밖에 없었으며, 11월부터 미사일 철거 작업이 시작되었다.

케네디는 터키의 주피터 미사일을 철수함으로써 흐루쇼프에 대한 약속을 지켰다. 터키는 미국이 주피터 미사일을 제거하는 대신 5대의 폴라리스(Polaris) 핵잠수함을 NATO에 제공하겠다는 제안을 처음에는 거부하였다. 소련의 오판을 야기할 수 있고, 일개 위성국가인 쿠바와 자신을 비교하는 것이 불쾌하다는 것이었다. 그러나, 미국은 수명이 다한 주피터를 붙들고 있는 것보다 미국이 제시한 새로운 대안이 터키의 국익임을 설득하는 데 성공하였다. 1963년 4월 중순 주피터는 철수되었고, 대신 폴라리스 핵잠수함이 동지중해에 상주하게 되었다. 쿠바미사일위기가 최종적으로 해소된 것이었다.

흐루쇼프, '통일된 사회주의 독일'을 포기하지 않다

미 국무부는 쿠바에 대한 "소련의 행동은 서베를린 문제와 연동하려는 차원에

....

64   National Security Archive, Laurence Chang, Peter Kornbluh, *Cuban Missile Crisis, 1962: A National Security Archive Documents Reader*, New Press, 1999.

서 이루어진 것으로 보인다. 그리고 이 행동의 타이밍은 흐루쇼프가 11월 말 UN에서 연설하기 위해 미국에 도착할 시점, 그리고 쿠바의 소련 미사일 기지가 설치 완료될 시점에 맞춘 것으로 판단된다"고 결론내렸다.[65] 그리고 흐루쇼프가 보기에 이러한 과감한 모험은 쿠바 침공과 관련된 "긴급억지(immediate deterrence)"를 넘어 미소 간 임박하지 않은 위협에 대한 "일반억지(general deterrence)" 차원에서의 대미 핵억지력 강화라는 '핵배당금(nuclear dividend)'을 가져다 줄 것이었다.

주미 대사 도브리닌의 회고에 따르면, 흐루쇼프는 쿠바에서의 후퇴에도 불구하고 베를린 문제 해결에 집착하였다. 그는 마치 베를린 문제에 그의 위신과 정치생명을 거는 것처럼 보였다는 여러 관찰자들의 증언을 방증하는 듯하였다. 도브리닌에 따르면, 흐루쇼프는 쿠바 위기 이후 취약해진 자신의 정치적 위상에도 불구하고 독일과 베를린 문제를 자신의 관점에서 타결하기 위해 집요하게 매달렸다.[66] 그는 11월 주소 영국대사 로버츠(Frank Roberts)에게 "우리가 이 문제에 대해 해결책을 찾을 수 있다면 많은 다른 문제들도 제자리를 찾아갈 수 있을 것이요"라고 말하였다.[67]

그러나 흐루쇼프는 현실감각을 잃어가고 있었다. 더 정확하게 말하면 그는 괴롭고 난감한 현실을 직시하려 하지 않고 '인지적 부조화(cognitive dissonance)'에 빠지지 않기 위해 허장성세를 계속 끌고 나가고자 하였다. 그러나 현실은 그가 서베를린, 전략적 핵배당금 그 어느 것도 손에 넣지 못했음을 드러내주고 있었다. 자신의 카리브 해 위성국 쿠바뿐 아니라 사회주의권 내부에서 정치적 세력을 확장하던 중국도 그의 무모함과 소심함을 극렬히 비난하고 조롱하였다:

카리브 해 위기 시 소련의 지도자들은 무모한 모험주의와 성하지맹(城下之盟)의 패배주의의 오류를 동시에 범하였다. 그러면서도 그들은 자신들의 오류를 반성하기는커녕 자신들이 (미국에게) 뺨을 맞은 것을 자랑스럽게 여기며, 자신들의 비겁한

....

65   Department of State to the mission to NATO and the European Regional Organizations, 28 October 1962, *FRUS*, Vol. 15, doc. 145.

66   Dobrynin(1995), p. 98.

67   Sir Frank Roberts's Report on His Farewell Interview with Khrushchev, 13 November 1962, Kennedy Library, National Security Files no. 188.

행동이 진정한 프롤레타리아 국제주의의 승리요, 이성의 정책, 평화와 사회주의의 힘의 크나큰 승리라 뻔뻔스럽게 자축하였다. 그런데도 자신들의 잘못을 인정하지 않고, 오히려 중국이 미국과 자신들과 정면승부를 하려 했다는 등 말도 되지 않는 언사를 내뱉고 있다. 그야말로 구역질 나는 처사가 아닌가?[68]

"나는 베를린 시민입니다!(Ich bin ein Berliner!)"

쿠바미사일위기를 성공적으로 해결한 케네디 대통령은 궁지에 몰린 흐루쇼프와 달리 국내외적으로 꽃길을 걷고 있었다. 그는 서베를린과 자유세계의 방어에 성공한 로마의 개선장군과 같았다. 그는 1963년 서독과 서베를린을 방문하여 전 세계의 자유진영이 서베를린을 위해 연대할 것이며, 미국이 결연히 앞장서겠다는 결의에 찬 메시지를 선포하고자 하였다. 서베를린 시민들은 6월 26일 그가 도착하기 몇 시간 전부터 시청(Rathaus Schöneberg)이 있는 루돌프 빌데 광장(Rudolph Wilde Platz)으로 몰려들기 시작하였다. 베를린 장벽의 '찰리 초소'를 도보로 방문한 후 연단에 선 케네디는 120,000여 인파의 환호를 받았다. 케네디의 연설은 서베를린의 시민들에게는 사변적인 희망의 웅변이었다. 그는 서베를린은 냉전에 의해 위협받는 자유의 상징이라며 기염을 토하였다:

2,000년 전 세계에서 가장 자랑스러운 말은 "나는 로마 시민이다(civis Romanus sum)"였습니다. 오늘날, 자유의 세계에서 가장 자랑스러운 말은 "나는 베를린 시민이다(Ich bin ein Berliner)"입니다! 자유는 많은 난점을 안고 있고, 민주주의는 완벽하지 않습니다. 그러나 우리는 시민들을 가두어두기 위해 장벽을 쌓지 않아도 됩니다… 모든 자유인은 그들이 어디에 살든지 모두 베를린 시민입니다. 따라서, 자유인의 한 사람으로서 저는 이루 말할 수 없는 자부심을 갖고 말합니다. 나는 베

....

68 Statement by the Spokesman of the Chinese Government — a comment on the Soviet Govern-ment's Statement of August 21, People's Daily, September 1, 1963. Alfred D. Low, *The Sino-Soviet Dispute: An Analysis of the Polemics*, Associated University Press, 1975, p. 131에서 재인용.

를린 시민입니다!

쿠바에서의 항복으로 정치적 위상이 흔들리면서도 흐루쇼프는 독일과 베를린 문제에 대해 견고한 자세를 유지하였다. 그는 케네디의 서베를린 방문 직후인 1963년 7월 26일 대통령 특사로 방소한 해리먼(W. Averell Harriman) 전 뉴욕주지사에게 자신은 결코 물러서지 않을 것임을 경고하였다:

"베를린 장벽은 통일된 사회주의 독일이 건립되기 전에는 없어지지 않을 것이요··· 때때로 우리는 미국 대통령의 발을 밟아 그가 자신의 발에 박혀 있는 티눈을 빼내야겠다고 느끼도록 할 것이요."[69]

그러나 소련 공산당은 그가 그렇게 할 수 있는 기회를 주지 않았다. 흐루쇼프는 쿠바미사일위기의 직접적 결과물로서 크레믈린과 백악관 간의 24시간 직통전화(hot-line)를 개설하고, 미국 등과 부분적 핵실험금지조약(Limited Nuclear Test Ban Treaty, LTBT)을 체결한 지 1년 후인 1964년 10월 14일 당 서기장에서 해임됨으로써 정치적으로 실각하였다. 다음은 희대의 모험을 시도했던 소련 공산당 서기장 흐루쇼프가 실각 시 중앙위에서 비판받은 내용의 일부이다:

흐루쇼프 동지는 미국인들을 놀래주려 하였다. 그러나 그들은 겁먹지 않았다. 우리는 후퇴할 수밖에 없었다. 흐루쇼프 동지는 수에즈 운하 위기 시 영국과 프랑스에 한방을 먹였다. 이 모든 것들은 하나의 체계, 즉 제국주의자들을 전쟁으로 위협함으로써 외교정책을 실행하는 특수 수단이었다. 흐루쇼프 동지는 그러한 모험주의에 기댐으로써 우리가 제국주의 진영 내의 반대와 모순을 활용해야만 할 때 오히려 서방을 단단히 결속시키는 데 기여하였다. 동지는 또한 세계를 핵전쟁의 벼랑 끝으로 몰고 갔다. 이 핵위기는 그러한 위험한 공상을 실현하고자 했던 장본인 자신을 공포에 떨게 만들었다.[70]

....

69   Harriman to Secretary of State, 17 July 1963, U.S. National Archives, NSF 187A.

흐루쇼프는 "이 모든 조치들은 합리적이었고, 모두 정치국의 승인을 받은 것이었다. 이제 와서 왜 문제를 제기하나? 왜 이 모든 것들의 책임을 나에게 묻는가?"라고 항변하였다.[71] 그러나 그는 그 이상 항거하지는 않았다. 그리고 당시 소련 공산당의 지도부도 그를 정치에서 은퇴시키는 선에서 '흐루쇼프 문제'를 해결하였다.

....

70 "Doklad Prezidiuma TsK KPSS," 14 October 1964, *Istochnik*, no.2, 1998, pp. 113-14. Haslam (2011), p. 175에서 재인용.

71 P. Shelest, *Da ne sudimy budete: Dnevnikovye zapisi vospominaniya chlena Politburo TsK KPSS*, Moscow, 1994, p. 235. Haslam(2011), pp. 175-76에서 재인용.

"중동"의 갈등

1962년 10월의 쿠바미사일위기가 해소된 후 미국과 소련은 또 다른 위기에 휘말리지 않기 위해 핫라인을 개설하는 등 소통을 강화하였다. 소련이 비밀리에 미사일능력 강화에 나섰지만, 긴장을 완화하려는 양국의 정책기조는 흐루쇼프가 축출되고 케네디가 암살당한 후에도 유지되었다. 그러나 개선되던 미소관계에도 불구하고 이번에는 이스라엘과 아랍국가들이 구원(舊怨)에 이끌려 무력충돌하였다.

　　1967년 6월 5일 이스라엘군 참모차장 에제르 와이즈만(Ezer Weizman)은 환성을 질렀다. 그리고는 공군 상황실의 전화기를 들고 자신의 아내에게 "우리가 전쟁에서 이겼다"고 외쳤다. 이스라엘 공군기들이 기습을 단행하여 이집트, 시리아, 요르단의 공군력을 전격적으로 무력화하는 데 성공하였던 것이다. 그후 5일 동안 이스라엘군은 이들 아랍국가의 육군을 격파하고 이집트의 가자지구와 시나이반도, 그리고 시리아의 골란고원, 요르단의 서안지구(유대교의 구약에 따르면 유다와 사마리아 땅)와 예루살렘 구도시(Jerusalem's Old City)가 위치한 동예루살렘을 점령하였다. 유대인들로서는 2천 년 만에 예루살렘 성지를 회복한 것이었다. 팔레스타인인들은 1948년에 이어 또다시 대재앙을 겪어야 했고, 인접 아랍국들의 국민은 복수를 다짐하였다. '6일전쟁'으로 알려진 이 1967년 전쟁은 향후 중동의 국제정치의 구조적 조건을 형성하였고, 끊이지 않는 분쟁의 원인으로 작용하게 된다. 다른 모든 대격변과 마찬가지로 1967년 전쟁도 오랜 역사적 배경을 가지고 있었다. 러시아와 중동부 유럽에서의 유대인 박해와 이에 따라 자신들을 보호해줄 국가를 가지려는 유대인들의 시온주의의 대두가 거기에 있었다.

갈등의 씨앗 뿌려지다

빠그롬과 시온주의

러시아나 중동부 유럽에서의 유대인 박해를 의미하는 '빠그롬(погром, po-grom)'은 제정러시아가 1791년-1835 기간 동안 폴란드-리투아니아 지역으로 팽창하여 이 지역의 유대인 인구를 대량으로 수용하면서 발생하기 시작하였다. 이는 19세기 유럽 민족주의의 부상과 관련이 있었지만, 유대인들의 종교와 이들만의 독특한 유대관계가 러시아인들에게는 이질적인 것이었다. 러시아는 1812년에 발트해에서 흑해에 이르는 25개의 지역에 '이주자 지구(Pale of Settlement)'를 만들어 유대인들을 가두었다. 유대인들은 특별한 경우를 제외하고 이 울타리를 벗어나 살아가는 것은 고사하고 밖으로 여행조차 할 수 없었다.[1] 러시아정교회로의 개종이 이를 피하는 유일한 방법이었다.

1881-82년 대규모의 빠그롬이 키에프(Kiev), 바르샤바, 오데사(Odessa) 등에서 발생하였다. 1881년 러시아 황제 알렉산드르 2세를 암살한 범인들이 유대인들이라는 소문이 퍼졌고, 이것이 빠그롬을 촉발하였던 것이다. 이 빠그롬은 지역적으로 광범위하였을 뿐 아니라 희생자의 수도 유례가 없는 것이었다. 알렉산드르 3세는 '5월 법(the May Laws)'을 제정하여 유대인들의 삶을 구속하고 탄압하였다. 러시아에서 저명한 의사로 활동하던 레온 핀스커(Leon Pinsker)는 18세기 말부터 일었던 유대계몽사상인 '하스칼라(the Haskala, Jewish Enlightenment)'에 입각하여 유대인들이 러시아의 언어와 문화에 동화(同化)할 것을 주장해온 인물이었다. 그러나 1881-82년의 빠그롬이 진행되면서 그는 유대인들에 대한 러시아인들의 증오를 동

....

1   폴 존슨 (김한성 역), 『유대인의 역사 2』, 살림, 2005, p. 417.

화를 통해 해결할 수는 없다고 결론내렸다. 핀스커는 1882년 반유대주의의 사회적 심리적 기저를 분석한 『자기해방(Selbstemanzipation, Auto-Emancipation)』이라는 소책자를 발간하여 결국 "유대인들의 진정한 해방은 유대인 국가(a Jewish home-land)의 건설에 의해서만 가능하다"고 선언하였다. 그에 따르면, 국민들은 국가주권 개념에 입각하여 기본적으로 평등한 관계이지만 유대인의 경우는 다르다. 유대인들이 국민으로 간주되지 않는 이유는 살던 땅을 상실하고 망명의 길에 오름으로해서 국민의 근본적인 속성을 갖지 못했기 때문이다. 1884년 핀스커는 러시아 경찰의 감시를 피해 독일의 카토비츠(Kattowitz, 현 폴란드의 Katowice)에서 전국유대인회의를 개최하였다. 그는 34명의 대표들이 이주의 현실적 불가피성을 강조하는 "현실적 시온주의(practical Zionism)"를 채택하고, 그 첫 번째 행동으로서 유대인들의 팔레스타인 이주를 위한 자금 모금에 나서도록 하는 데 결정적 역할을 하였다.[2] 이제 이들은 예루살렘의 성전산(聖殿山, the Temple Mount) 남쪽 자락의 시온산을 운동의 상징적 목표로 삼게 되었다.

유대민족주의와 시온주의는 1890년대에 이르러 유럽으로 확대되었다. 테오도르 헤르츨(Theodor Herzl)이 '유대인 향토'의 법적, 정치적 측면을 강조하는 '정치적 시오니즘(political Zionism)'을 주도하였다. 비엔나 대학에서 법학을 전공하고 문학에 관심을 갖던 부유한 세파르디 유대인 가의 헤르츨은, 핀스커와 마찬가지로, 1881년 오데사(Odessa)의 빠그롬에 크게 영향을 받았다. 그는 1891년 가을 오스트리아-헝가리의 유력지 '노이에프라이에프레세(Neue Freie Presse)'의 특파원으로 파리에 도착하였으며, 도착 후 얼마 되지 않아, '유대인 해방'이 선포된 지 100년이 지났음에도 당시 프랑스에 아직도 유대인에 대한 편견이 만연하다는 것을 알게 되었다. 그는 유대인들이 조직적으로 기독교와 사회주의로 개종/전향하는 대안을 제시하고, 희곡 『게토(Das Ghetto)』를 통해서는 상호존중과 관용을 호소하였다.[3] 그러나 1894년 "드레퓌스 사건"은 그의 유대인 문제에 대한 가치관과 시각을 근원적으로 바꾸어놓았다.

....

2   Jon Bloomberg, *The Jewish World in the Modern Age*, Ktav Pub & Distributors Inc, 2004, p. 162.

3   Bloomberg(2004), p. 163.

"드레퓌스 사건"은 1894년 프랑스군 육군참모본부에서 근무하던 유대인 장교 알프레드 드레퓌스(Alfred Dreyfus)가 독일군 첩자라는 누명을 쓰고 국가반역죄로 체포 구금되면서 시작되었다. 그러나 증거는 오스트리아 태생으로 오스트리아-프로이센 전쟁(1866년)에 참가했던 페르디낭 에스테라지(Ferdinand Walsin-Esterhazy) 소령을 가리켰으나, 군법회의는 그를 무죄방면하였다. 프랑스 소설가 에밀 졸라는 '나는 고발한다(J'accuse)'라는 제하의 편지를 일간신문인 '로로르(L'Aurore)'에 게재하고, 육군이 드레퓌스에 대한 유죄선고가 잘못된 것을 알고도 이를 은폐하였다고 비난하였다. 그는 이로 인해 재판에 회부되어 명예훼손 유죄 판결을 받았다. 가톨릭교회와 군부는 국가에 대한 "충성심에 의심이 가는 유대인" 드레퓌스의 유죄를 강력히 주장하였다. 프랑스 학술원(the Académie Française)조차 이에 동조하였다. 드레퓌스 무죄를 주장한 학술원 회원은 소설가 아나톨 프랑스(Anatole France, 본명 François Anatole Thibault)뿐이었다.

헤르츨은 프랑스 혁명과 '자유·평등·우애'의 본고장인 프랑스 공화국에서 이러한 반유대주의가 존속하고 있다는 사실에 충격을 받았다. 파리 시내를 돌며 "유대인 죽여라(Death to the Jews)"를 외치던 프랑스 군중은 헤르츨을 시온주의자로 만들었다.[4]

그는 1896년 2월 비엔나에서 『유대국가(Der Judenstaat, the Jewish State)』를 발간하고, "유대인 문제는 정치적 문제로서 국제사회가 해결을 위해 나서야 한다"고 주장하였다. 헤르츨은 유대국가 건설을 지향하는 국제조직을 만들고 1897년 8월 스위스 바젤(Basle)에서 첫 회의를 개최하였다. 이 자리에서 그는 세계시온주의기구(the World Zionist Organization)의 회장이 되어 "유대인 향토(a national home) 건설"을 제창하였다. 헤르츨은 이 회의에서 "지금까지의 유대인 해방론은 환상이었다. 유대인 문제에 대한 유일한 해결책은 팔레스타인에 법적 조건을 갖춘 정치적 실체로서 유대인 향토를 세우는 일이다"라고 제안하였다.[5] 헤르츨이 '국가' 대신

....

4   Yoram Mayorek, "Herzl and the Dreyfus Affair," *Journal of Israeli History: Politics, Society, Culture*, Vol. 5, 1994 - Issue 1, 2008, pp. 83-89.

5   Basel Program of the 1st Zionist Congress 1897, 첫째 문장. Hartwig Wiedebach, *The National*

'향토'라는 용어를 선택한 것은 당시 팔레스타인을 지배하던 오스만터키를 자극하지 않으려는 의도에서였다.[6] 헤르츨의 방법론의 핵심은 팔레스타인인들과의 대화나 협상이 아닌 열강의 협력을 이끌어내야 한다는 것이었다. 그와 시온주의자들은 같은 해 유럽과 미국에 조직들을 설치하고 곧 외교적 행보에 나섰다. 1898년 그는 빌헬름 2세를 만나 오스만터키의 술탄에게 유대인 문제를 상의해 달라고 부탁하였다. 빌헬름 2세로부터 연락이 없자 헤르츨은 술탄과 직접 대화에 나섰다. 그는 유대인 자산가들이 터키에 재정지원을 할 수 있다며 유대인 정착지를 제공해달라고 호소하였다. 다음 해 술탄은 오스만제국 내 유대인 정착촌 건설을 승인하였다. 그러나 팔레스타인 내 "유대인 향토"는 언급되지 않았다.

헤르츨은 영국의 조세프 챔벌린(Joseph Chamberlain) 식민지장관(Secretary of State for the Colonies)을 만나 시나이 반도의 엘 아리쉬(El Arish)를 유대인 향토로 제안했으나 성사되지 못했고, 1903년에 다시 만난 챔벌린은 아프리카의 우간다를 제의하였다. 그러나 헤르츨은 팔레스타인 또는 그 근방을 고집하였다. 그러나 사정이 여의치 않다는 것을 이해한 헤르츨은 우간다를 잠정적 해결이라 보고 시온의회에서 의원들을 설득하였다. 근소한 차이로 헤르츨의 안이 통과되었을 때, 동유럽 대표들은 퇴장하였다. 러시아 대표들은 우시쉬킨(Menachem Ussishkin)을 중심으로 하르코프(Kharkov)에서 별도의 회의를 개최하여 팔레스타인을 유대인들의 향토로 선택하였다. 헤르츨은 우시쉬킨을 맹비난하면서 대안 없이 동포들을 선동하지 말 것을 요구하였다. 그러나 영국이 우간다 프로그램을 없던 것으로 하기로 결정함으로써 헤르츨의 입장이 난처해졌고, 결국 그와 우시쉬킨은 1904년 4월 11일 화해/협력하기로 합의하였다. 이때부터 상당수의 러시아와 동유럽의 유대인들이 팔레스타인으로 귀환하기 시작하였다.

헤르츨 외의 시온주의 지도자들도 다른 방향과 시각에서 '유대인을 위한 향토'의 건설을 위해 노력하였다. 우크라이나 출신 도브 베르 보로초프(Dov Ber Boro-

....

Element in Hermann Cohen's Philosophy and Religion, Brill Academic Publication, 2012, p. 20.

6   Naomi E. Pasachoff and Robert J. Littman, *A Concise History of the Jewish People*, Rowman & Littlefield Publishers, 2005, p. 232.

chov)는 마르크스주의와 시오니즘을 결합하였다. 그는 1905년 집필한 『민족문제와 계급투쟁(*The National Question and the Class Struggle*)』에서 "민족문제는 국제경쟁에서 비롯된다. 국제경쟁은 지배계급의 이기적인 특성 때문이라기보다는 자본주의 경제의 결과이다. 자본주의 발전은 필연적으로 팽창으로 이어지고, 이 과정에 의해 영향을 받는 국민들 사이에 어떤 감정과 느낌이 발생한다"[7]고 지적하며 유대인 문제라는 민족주의 문제는 자본주의 발전에 기인한다고 주장하였다. 베로초프와 초대 이스라엘 총리가 된 폴란드 출신 벤-구리온(David Ben-Gurion)이 이끈 이 사회주의 시오니즘은 민족해방과 계급투쟁을 팔레스타인이라는 땅을 매개로 결합시켜 과거 비생산노동(예를 들어, 고리대금)에 종사하던 유대인들을 이제 팔레스타인에서 삽과 낫을 들고 노동하는 민족으로 개조하고자 하였다. 유대인 집단농장인 키부츠(Kibbutz)도 이러한 사고에서 도출된 결과물이었다. 베로초프와 벤-구리온의 사회주의 시오니즘은 향후 이합집산을 거쳐 이스라엘 노동당으로 발전했고, 이스라엘 건국 후 30여 년 가까이 집권여당으로 정치의 중심이 된다.

시온주의자들의 유대국가라는 꿈은 유대인 이주와 토지매입으로 시작하였다. 일찍이 오스만터키는 러시아의 위협을 인식하여 외국인 특히 러시아 유대인들이 이 지역에서 토지를 구입하는 것을 금지하였다. 그러다가 재정압박에 처한 오스만은 1858년 오스만 토지법(Ottoman Land Code)를 제정하여 외국인들의 토지매입을 허용하였고, 유대인들은 팔레스타인의 부유한 지주들이나 외국인들로부터 토지를 조금씩 간접적으로 확보해 나갈 수 있었다. 유대인들은 헤르츨의 주도하에 1901년 유대인국민기금(the Jewish National Fund, JNF)을 조성하고 1903년부터 팔레스타인의 땅을 본격적으로 사들이기 시작하였다.[8]

전시 영국의 대아랍 기회주의: '맥마흔-후세인 서한'

20세기 초 이라크, 시리아, 팔레스타인, 아라비아 반도의 서부 해안 지역 및 일

....

7   https://www.marxists.org/archive/borochov/1905/national-class.htm
8   JNF는 이스라엘 건국 선언 시점인 1948년 팔레스타인 영토의 7%를 구입하게 된다.

부 북아프리카를 지배하던 오스만제국은 아랍 지역을 효과적으로 다스려 제국 운영에 따른 정치적, 경제적 비용을 절감하기 위해 아랍인에 의한 대리통치를 강구하였다. 1908년 새롭게 집권한 청년터키당 정부는 과거 오스만제국의 술탄 압둘-하미드(Abdul-Hamid)가 15년여 동안 이스탄불의 호화로운 궁에서 후대하였던 예언자 무하마드(Abū al-Qāsim Muḥammad ibn ʿAbd Allāh ibn ʿAbd al-Muṭṭalib ibn Hāshim)의 직계인 하심(Hāshimite) 가(家)의 후세인(Sayyid Hussein bin Ali al-Hash-emi)을 혈통과 정치적 정당성 등을 고려하여 메카의 에미르(emir, 통치자)로 임명하였다. 메카는 오스만제국의 영토였지만 에미르는 메카와 메디나 등 성도(聖都)와 성지순례(hajj)를 관리하는 특권 등 상당한 자율권을 갖고 있었다.

그러나 후세인의 개인적 야망은 그 이상이었다. 그는 자신의 자율권과 지배영역, 그리고 에미르의 세습권을 확보하고자 하였다. 그는 당시 오스만의 청년터키당 정부가 '터키화 정책(policy of Turkification)'에 입각하여[9] 성도를 직접 관리하고 자신의 자율권에 제한을 가하려 한다고 불신하였다. 그는 혁명을 구상하였다. 그의 뒤에서는 오랜 기간 동안 형성되어온 '범아랍주의(Pan-Arabism)'가 그를 지지하고 있었다. 이 무렵 유럽에서 1차대전이 발발하였다. 아랍의 민족주의 운동은 당연히 오스만제국의 안보를 위협하는 주요 요인으로 대두하였다. 이를 우려한 독일은 동맹국 오스만터키 정부에 아랍인들에게 자치정부를 허용할 것을 은밀히 종용하였다.[10] 성전에서 아랍인들의 지지를 획득하기 위한 방책이었다. 독일은 더 나아가 인디아, 이집트, 수단, 그리고 북아프리카의 무슬림들이 영국과 프랑스에 대해 반기를 들도록 하기 위해 백방으로 노력하였다. 그러나 아랍인들의 마음을 사로잡은 세력은 영국이었다.

영국은 원래 아랍민족주의 운동에 관심을 갖지 않았으나, 전쟁 초기 독일의 승전에 고무된 오스만터키가 1914년 10월 29일 러시아 흑해함대를 기습공격하며 독

....

9   Majid Khadduri, "The Arab League as a Regional Arrangement," *American Journal of International Law*, Vol. 40, No. 4, 1946, p. 1.

10   T. E. Lawrence, *Secret Dispatches from Arabia*, London, no date, pp. 68-69. Khadduri(1946), p. 1에서 재인용.

일 편에 서서 참전하자 아랍 무슬림 세력의 전략적 가치를 인정하게 되었다. 당시 프랑스는 자신의 영토에서 독일과 싸우고 있었기 때문에 오스만터키와의 전투를 영국이 전담하고 있는 상황에서, 1915년 2월 영국 해군장관 윈스턴 처칠이 주도한 갈리폴리 상륙작전이 실패하고,[11] 1915년 중순부터 전쟁이 교착상태에 빠지자, 영국은 아나톨리아 남부를 통과하여 적의 후면을 공격하는 전략, 즉 오스만터키 후방에 제2전선을 개방하는 전략을 추진했는데, 이를 성공시키려면 아랍인들의 군사적 협력이 절대적으로 필요하였다. 영국은 아라비아 반도의 중동부에 거점을 갖고 있던 와하브계(Wahhab) 이븐 사우드(Ibn Saud)와 아라비아 반도 서쪽 메카의 에미르인 하심 가의 후세인을 포섭대상으로 하였다. 영국은 특히 오스만터키가 선포한 성전(聖戰, jihad)의 의미와 정당성을 훼손하기 위해서는 예언자 무하마드의 직계 혈육이자 메카의 최고권위인[12] 후세인이 이상적인 협력자라고 판단하였다. 이 무렵 후세인이 이집트 주재 영국 고등판무관 헨리 맥마흔에게 연락을 취해 왔다.

아랍의 독립과 대 오스만 연합전에서 공유된 이익을 발견한 메카의 후세인과 영국의 맥마흔 간의 교신은 1915년 7월 14일부터 1916년 1월 30일까지 10차례에 거쳐 이루어지게 되었다. 가장 중요한 내용은 전후 오스만터키의 영토를 어떻게 신생 아랍국에게 분배하는가 하는 문제였다. 후세인은 알레포와 아덴까지의 영토를 원하였다. 맥마흔은 후세인이 제안한 영토 획정 문제와 관련하여, 영국이 아직 결론을 내릴 수 있는 시점은 아니지만, 영국 정부를 대신하여 다음과 같이 밝히며, 이는 후세인이 만족할 만한 결정임을 확신한다고 썼다.

메르시나와 알렉산드레타(Mersina and Alexandretta) 지역, 그리고 다마스커스, 홈스(Homs), 하마(Hama), 알레포(Aleppo) 지역의 서쪽에 위치하는 시리아의 일부는 완전히 아랍권이라 할 수 없으므로, 이 지역은 제외되어야 함. 이와 같은 수정

....

11 이집트에서 동원된 영국군과 약간의 프랑스군, 오스트레일리아군, 뉴질랜드군, 인디아군은 1915년 4월 25일 러시아의 군사적 압박을 덜어주고, 다다넬스 해협과 콘스탄티노플을 점령하기 위해 갈리폴리에 상륙하였지만, 기다리고 있던 터키군에 의해 대패하였다. 터키군 현장지휘관 케말(Mustafa Kemal)은 후일 아타튀르크(Atatürk, 국부)가 된다. 처칠은 갈리폴리 패전으로 해군장관에서 불명예 퇴진하였다.

12 그의 전화번호는 '메카 1번'이었다.

(修正)을 수용하고, 그 밖의 기존의 약속에 대해서는 변동 없이 경계와 구역들을 인정하며, 이 지역에서 행동의 자유를 가지는 영국은 동맹국 프랑스의 이익이 침해되지 않는 한, 아래와 같은 보장과 조건을 확인함.

위의 수정을 전제로, 영국은 메카의 에미르가 제안한 경계와 구역 내의 영토에서 아랍의 독립을 승인하고 지지할 준비가 되어 있음… 아랍은, 바그다드와 바스라(Basra) 지방과 관련하여, 영국의 기존 입장과 이익이 이 지역들을 외부침략으로부터 보호하고, 지역주민들의 복리를 증진하고, 또 우리의 상호경제이익을 보호하기 위하여 특별행정조치를 필요로 한다는 점을 인정함.[13]

그러나 영국 정부는 맥마흔-후세인 서한들이 오갈 때 새로운 전황에 따른 새로운 전후 중동 전략을 구상하고 있었다. 영국은 1915년 가을 무렵 1차대전이 한창이었지만, 궁극적으로 '3국협상'이 승리할 것이라는 희망 섞인 예상을 하고 있었다. '3국동맹'의 일원이었던 이탈리아는 전후 영토 배분 문제와 관련하여 득실을 저울질하다 1915년 4월 '3국협상' 측으로 돌아섰고, 5월 3일 이를 공식화하였다. 8월에는 미국 내에서 '루시타니아호' 침몰 사건 후 참전을 준비해야 한다는 "플라츠버그 구상(Plattsburgh Idea)"이 시민들과 정치인들의 주목과 지지를 받았다. 영국은 이미 1915년 3월 18일, 갈리폴리 전투가 진행되는 와중에, 러시아 프랑스와 콘스탄티노플 협정을 체결하여 전후 오스만터키 영토를 분할하는 큰 그림을 그려놓고 있었다. 이러한 상황하에서 영국은 이 그림을 보다 구체화하면서 이 틀 속에서 후세인에게 약속한 바를 지키는 것이 국익 차원에서 더 합리적이고 현실적이라 판단하였다.

....

13 "Palestine: Legal Arguments Likely to be Advanced by Arab Representatives," Memorandum by the Secretary of State for Foreign Affairs (Lord Halifax), January 1939, UK National Archives, CAB 24/282, CP 19 (39).

영국, 아랍을 배신하다: '사이크스-피코협정'

1915년 10월 21일 영국의 그레이(Edward Grey) 외교장관은 프랑스의 주영 대사 캉봉(Paul Cambon)을 만나 시리아의 미래 국경을 논의하기 위해 대표를 임명할 것을 요구하였다. 회의 결과 영국은 프랑스의 이익과 후세인이 바라는 바가 충돌한 다는 사실을 알게 되었다. 그레이는 카이로의 맥마흔에게 향후 후세인에게 보내는 서한에서는 아랍 독립국이 들어설 지역과 관련하여 "가능한 한 모호하게" 기술할 것을 지시하였다.

영국과 프랑스는 곧 비밀협상에 들어갔다. 협상은 1915년 11월부터 1916년 3월까지 이루어졌고, 협상주체는 영국의 중동전문가 사이크스(Sir Tatton Benvenuto Mark Sykes)와 프랑스의 전 레바논 주재 총영사 피코(François Georges-Picot)였다. 이 비밀협정은 협상자들의 이름을 따서 사이크스-피코협정(Sykes-Picot Agreement) 또는 소아시아협정(Asia Minor Agreement)으로 불린다. 이 협정은 1916년 5월 16일 영국의 그레이 외교장관이 캉봉 주영 프랑스 대사에게 보낸 서한으로 최종 확정되었다.

협상과정에서 영국, 프랑스는 오스만터키의 영토를 분할함에 있어 자신들의 기득권 보호를 우선시하였다. 1차대전 전까지 이 지역에 대한 수출을 지배한 국가는 영국이었다(시리아의 전체 수입 중 33%, 베이루트의 전체 수입 중 48%). 그러나 외국인투자에 있어서는 프랑스가 단연 우위에 있었다. 프랑스의 자본은 베이루트와 레바논 북부의 교통/통신, 수도/전기, 은행, 상업용 주택, 보험업에 집중 투자하였다.[14] 프랑스의 종교 문화적 기관들도 다수 진출해 있었다. 프랑스 철도회사들은 시리아의 내륙도시들과 남부 아나톨리아의 실리키아(Cilicia) 지역에 대한 투자계획을 가지고 있었다. 프랑스는 제국의 위상이 해상역량에 기초한다고 보고, 자신의 북아프리카 속령인 알제리, 모로코, 튀니지 등과 연결할 수 있는 동지중해 연안 지역을 원하였다.

....

14 투자액 2억 프랑으로 시리아 지역 내 최고였고, 베이루트와 레바논 북부에 투자된 액수는 절반을 차지 하였다. Carolyn Gates, *Merchant Republic of Lebanon: Rise of an Open Economy*, The Center for Lebanese Studies, 1998, p. 17.

동지중해 연안 지역에 관심을 보인 것은 영국도 마찬가지였다. 팔레스타인의 하이파 등이 중요하였다. 그러나 프랑스에 비해 영국에게는 인디아 식민지로 가는 관문에 위치한 메소포타미아가 훨씬 더 중요하였다. 게다가 당시 영국은 제국해군 의 생명줄이 될 석유가 이 지역에 대량 매장되었을 가능성이 높다고 판단하였다. 1911년 해군장관에 취임한 윈스턴 처칠은 이미 런던의 이라크계 유대인이자 석유 회사 '셸(Shell)'의 소유주인 사무엘(Marcus Samuel)로부터 석유의 전략적 중요성 을 익히 들어 알고 있었고, 제국해군의 수월성은 석유에 의해서 보장된다고 선언한 바 있었다. 영국은 터키석유회사(Turkish Petroleum Company)를 지배하던 독일제 국이 석유 매장이 확실시 되던 이라크의 키르쿠크(Kirkuk) 지역까지 손을 뻗을 가 능성을 차단해야만 하였다.

중동문제 전문가인 사이크스와 피코는 영국과 프랑스의 경제적, 전략적 이익 을 교환하는 선에서, 그러나 이 지역의 역사적, 종족적, 종교적 현실은 주요 고려대 상으로 하지 않은 채 양국의 세력권을 설정하였고, 그 내부에서의 지역적 경계선들 도 "그들이 보기에 적당한 선(as they may think fit)"에서 결정하였다. 그들은 사막 위에 이른바 E-K선(E-K Line)을 그었다. 지중해 연안 하이파(Haifa) 근처의 팔레스 타인 도시인 아크레(Acre, Akko)로부터 이라크 북부의 키르쿠크까지를 잇는 선을 그은 후 아크레의 끝 알파벳의 E와 키르쿠크의 첫 알파벳 K를 따서 EK선이라 명 명했던 것이다. 그들은 EK선 북부는 프랑스가, 남부는 영국이 각각 자신의 세력권 으로 편입하는 데 합의하였다. 프랑스 세력권에는 현재 국가명을 기준으로 시리아, 레바논, 이라크 북부(모술 포함), 터키 남부(쿠르디스탄 포함)가 포함되고, 영국 세력 권에는 요르단, 이라크 남부, 이스라엘의 하이파가 포함되었다. 이들 양국의 세력권 에서 벗어나 국제적 관리에 속하게 된 지역은 팔레스타인(하이파와 아크레 제외)이었 다. 구체적 내용은 러시아와 협의를 거치고 합의에 이를 경우, 다른 연합국들 및 메 카의 지도자 후세인과의 협의를 거쳐 결정하게 될 것이었다.

러시아도 오스만 영토의 분할 과정에 참여하였다. 콘스탄티노플 협정이 유효 한 상태에서 러시아는 영국, 프랑스와의 5주간의 교신을 통해 이스탄불과 보스포 러스/다다넬스 등 터키 해협 인근 지역 및 동부 아나톨리아의 4개 지역을 확보할 수 있었고, 대신 영국이 이란 내 세력권을 확대하고, 프랑스가 팔레스타인을 포함

'사이크스-피코' 비밀협정에 담긴 오스만터키의 아랍 영토 분할안.

하는 시리아를 합병하고 아나톨리아 남부의 실리키아를 세력권에 포함하는 데 동의하였다.

이 비밀협정은 러시아 혁명 후 1917년 11월 23일 소련의 '이즈베스찌아(*Izvestia*)'지와 '프라우다(Pravda)'지에 의해 그 실체가 만천하에 드러나게 되었다. 영국의 '가디언(*The Gurdian*)'지는 11월 26일 후속 보도를 통해 '이즈베스찌아'지의 보도 내용을 확인하였다. 레닌은 이 비밀협정을 "식민주의 강도들의 협정"이라 비난하였다. 영국과 프랑스는 당황하였고, 터키는 웃었고, 아랍인들은 낙담하거나 격분하였다.[15]

아랍의 참전
한편, 메카의 후세인은 비밀협정이 공개되기 전까지는 카이로의 맥마흔이 명

....

15   Peter Mansfield, *The British Empire*, No. 75, Time-Life Books, 1973.

확한 합의를 거부하고 모호한 태도로 전환한 이유에 대해 알지 못하였다. 후세인은 영국의 약속과 지지를 확신하고 1916년 6월 1일 알레포(시리아)에서 아덴(Aden, 예멘)에 이르는 지역을 포괄하는 아랍 독립국을 선포하고, 10일 메카에서 독립의 총성을 울리며 대오스만 항쟁(al-Thawra al-'Arabiyya, The Arab Revolt)을 시작하였다. 그의 선언은 하심 가가 지배하던 헤자즈(Hejaz)보다 오히려 레반트(Levant)[16] 지역의 아랍인들을 열광시켰다. 1915-16년 오스만터키의 아흐메드 파샤(Ahmed Djemal Pasha)는 이 지역의 아랍 민족주의 지식인들을 대거 체포하고 상당수를 처형한 바있었다. 후세인의 아들 알리(Ali bin Hussein al-Hashemi)와 파이잘(Faisal bin al-Hussein bin Ali al-Hashemi)은 독립 선언 며칠 전 메디나에서 이미 작전을 개시하였다. 영국 원정군과 시나이(Sinai) 및 팔레스타인 전투에서 협력한 아랍군의 수는 5,000여 명[17]으로 대규모 병력이라 할 수는 없었으나, 후세인의 3남인 파이잘이 지휘하고 '아라비아의 로렌스(T. E. Lawrence)'가 자문한 민병대는 상당한 규모였다. 특히이들은 시리아를 함락할 당시 강력한 병력으로 영국군에 못지않은 전공을 세웠다.

아랍군은 영국군의 지원하에 아라비아 반도의 헤자즈 지역과 알아카바(Al-'Aqabah) 및 다마스커스(Damascus)를 점령하는 데 성공하였다. 1918년 다마스커스를 점령한 파이잘은 후세인-맥마흔 서한의 "합의"와 정신에 따라, 그리고 영국과 프랑스에 대해 새로운 정치현실을 기정사실화하기 위해 1920년 3월 그의 부친의 이름으로 시리아, 트랜스요르단, 팔레스타인, 레바논을 포괄하는 대(大)시리아에 입헌군주국 시리아아랍왕국(Arab Kingdom of Syria)의 건립을 선포하였다. 그러나 프랑스는 이를 인정하지 않았고, 영국, 프랑스, 이탈리아, 일본, 그리스, 벨기에 등 연합국최고회의(Supreme Council of the Principal Allied Powers) 대표들이 참가한 4월 이탈리아의 산레모(San Remo) 회의[18]에서 프랑스의 세력권을 규정한 '사이크

··········

16   레반트는 프랑스어로서 "떠오르는(rising)"이라는 의미인데, 동쪽에서 떠오르는 해를 지칭한다.

17   David Murphy, *The Arab Revolt 1916-18 : Lawrence sets Arabia ablaze*, Osprey Publishing, 2008, p. 34.

18   산레모 조약(1920년 4월 25일)에 서명한 연합국들은 오스만터키의 아랍(터키와 쿠르드 일부 포함) 영토를 영국과 프랑스가 임의로 분할한 '사이크스-피코 비밀협정'(1916)과 팔레스타인에 유대인 국가가 건설되는 계기로 작용하게 될 '발포어 선언'(1917)을 사실상 승인하였다.

스-피코' 비밀협정의 승인을 관철하였다. 프랑스는 1920년 6월 24일 시리아아랍왕국을 점령하고 자신의 위임통치를 받도록 하였다. 파이잘은 이를 수용하였지만 아랍주민들은 격렬히 반대하였다. 프랑스는 7월 군대를 투입하여 시위대를 진압하였다. 1920년 8월 오스만터키의 영토를 분할한 세브르 조약은 메소포타미아(이라크)와 팔레스타인을 영국의 위임통치하에, 시리아와 레바논은 프랑스의 위임통치하에 둔다고 산레모 회의의 결정을 재확인하였다. 시리아에 대한 프랑스의 위임통치는 1923년부터 시작하였다. 프랑스는 자신의 위임통치 지역을 레바논, 알레포국가, 다마스커스국가, 알라위국가(Alawite State), 자발 알-드루즈국가(Jabal al-Druz State) 등 5개로 분할하여 관리하였다. 프랑스는 지역주민들의 반발을 고려하여 알레포국가와 다마스커스국가를 통합한 시리아국가를 건립하였고, 이는 나중에 나머지 2개의 국가를 통합하여 시리아공화국이 되었다. 한편, 프랑스는 이라크 북부의 모술(Mosul) 지역을 영국에 넘기기로 하고, 자신이 보기에 더 큰 이익인 터키석유회사를 차지하였다. 이 터키석유회사는 후일 이라크석유회사로 다시 태어나게 된다.

　모술을 포함한 이라크, 그리고 대(大)시리아에서 분리된 팔레스타인에 대한 영국의 위임통치는 국제연맹의 승인에 따라 각각 1920년과 1923년부터 시작되었다. 영국은 프랑스의 공격에 따라 망명을 선택한 시리아아랍왕국의 파이잘 왕을 위해 자신이 1917년 이미 점령한 이라크 일부 지역에 그의 왕국을 건설해주었다. 후일 파이잘은 다른 지역들을 통합하여 이라크 왕국을 건설하였다.

영국, 아랍을 다시 한번 배신하다: '발포어 선언'

　영국은 맥마흔과 후세인이 1915년 7월 14일부터 1916년 1월 30일까지 서한을 교환하며 아랍의 독립과 대 오스만 연합전이라는 공유된 이익을 인정하고 실천방안을 구체화하고 있을 당시 이와는 상반되는 외교 이니셔티브를 추진하였다. 시온주의자들의 로비를 받은 영국의 고위 외교관들이 "팔레스타인에 유대인들의 향토 건설을 지지한다"는 입장으로 의견을 모으게 된 것이었다. 1917년 11월 2일 이러한 내용을 담은 서한을 영국의 외교장관 아서 발포어(Arthur James Balfour)가 영국의 유대인 자산가 월터 로스차일드(Lionel Walter Rothschild)에게 보냄으로써 후일 '발포어 선언'이라 불리게 된 이 외교행위로 아랍인들은 1916년의 사이크스-피코 비밀협정에 이어 다시 한번 영국의 아랍독립에 대한 약속의 신뢰성을 의심하게 되었다.

발포어 선언이 나오게 된 배경에는 카임 바이즈만(Chaim Weizmann)이 있었다. 후일 '세계시온주의기구'의 회장이 된 그는 1904년 영국 맨체스터 대학 화학과로부터 교수 제의를 받고 스위스에서 영국으로 이주하였다. 그는 얼마 되지 않아 이 지역뿐 아니라 전 영국의 유대인 지도자로 부상하였다. 1906년 1월 9일 그는 발포어를 만날 수 있었다. 발포어의 지역구 유대인 대표 찰스 드레퓌스(Charles Dreyfus)가 이들의 만남을 주선했던 것이다. 발포어는 1904년 초 유대인의 영국 이민을 제한하는 외국인법(Aliens Act)을 의회에서 통과시키면서 제정러시아로부터 영국으로 이주하려는 유대인들의 수를 제한해야 한다고 강조한 바 있었다. 발포어는 바이즈만을 만난 자리에서 조세프 챔벌린이 제시했고 헤르츨이 지지했던 1903년의 '우간다 프로젝트'에 대해 언급하였다. 그러나 바이즈만은 "유대인들에게 예루살렘은 영국인들에게 런던과 같다"며 시온주의의 정당성과 절박성을 설파하였다. 발포어는 바이즈만의 설명과 호소를 듣고 개념적인 차원에서 이 문제에 대해 관심을 가지게 되었고, 자신을 시온주의자라고 자처하였다. 그러나 그는 이 문제의 해결책을 찾고자 하는 진정성을 가지고 있지 않았다.[19] 그들이 다시 만나 이 문제에 대해 진지한 자세로 대화하게 된 시점은 8년이나 지나서였다. 바이즈만은 이 기간 동안 여러 나라를 돌아다니며 시온주의를 홍보하였으나 별 소득 없이 좌절감만을 경험하여야 하였다. 보수적 랍비들은 유대인들을 "약속의 땅"으로 모으는 일은 말세와 천년왕국을 약속한 [구약]성경에 대한 불경한 기대에서 비롯됐다고 그를 비난하였다. 그는 1907년 처음으로 팔레스타인을 방문하였다. 그는 팔레스타인을 "슬픈 나라로, 예루살렘은 참담하고 볼품없이 유기(遺棄)된 게토"라고 생각하였다.

1914년 1월 바이즈만은 오랫동안 유대인들에 대해 재정지원을 해온 프랑스계 로스차일드 가의 일원인 에드먼드 로스차일드(Edmond de Rothschild)를 만났다. 예

....

19   Geoffrey Lewis, *Balfour and Weizmann: The Zionist, the Zealot and the Emergence of Israel*, Bloomsbury Academic, 2009, p. 65.

루살렘에 히브루 대학(Hebrew University)을 건설하는 프로젝트와 관련된 모임이었다. 그와의 인연은 1914년 말 바이즈만에게, 동물학자이고 전 의원이었던 월터 로스차일드를 만날 수 있는 기회를 만들어주었고, 로스차일드는 바이즈만과 발포어를 8년 만에 다시 만날 수 있도록 주선하였다. 1917년 1차대전이 한창일 때 바이즈만과 발포어는 이번에는 진지하게 팔레스타인 내 유대인 향토 건설 문제를 논의할 수 있었다. 3월 22일 만남에서 바이즈만은 유대인들의 역사와 현재 겪고 있는 인간적 고통에 대해 설명한 후 "유대인들은 팔레스타인에 대한 미국이나 프랑스 또는 국제사회의 관여보다 영국의 위임통치를 선호한다"고 밝혔고, 발포어는 유대인들의 역사와 고통에 대해 공감을 표한 후, 영국의 위임통치안에 대해서는 동의를 하면서도, "프랑스와 이탈리아를 설득해야 하는 문제가 있다"고 말하였다. 이틀 후 바이즈만은 이 만남에 대해 "최초로 진지하고 내용 있는 논의"를 할 수 있었다고 의미를 부여하였다.

영국이 움직이게 된 배경에는 시온주의자들의 설명과 호소도 있었지만, 무엇보다도 당시 전쟁 중인 영국의 국가이익이 존재하였다. 영국은 '발포어 선언'이 영국 유대인들뿐 아니라 특히 미국 내 유대인들이 가지고 있는 재정능력을 전쟁수행에 활용할 수 있기를 희망하였다. 2년 전 아랍인들의 군사협력이 필요했던 영국은 이제 유대인들의 "돈"을 필요로 했던 것이다. 전략적 이익도 있었다. 영국은 팔레스타인에 친영(親英) "유대인들의 향토"를 건설하면 인근 지역에 위치한 수에즈 운하를 보다 확고하게 통제할 수 있게 되고, 따라서 영국의 사활적 이익이라 할 수 있는 식민지 인디아로 가는 항행이 안전해질 것으로 판단하였으며, 나아가 1차대전 중 결정적으로 중요한 군사자산화된 메소포타미아의 석유에 대한 접근 또한 보다 안전해질 것으로 판단하였다. 1920년 윈스턴 처칠이 말했듯이, "영국 왕이 보호하는 유대인 국가는 대영제국의 진정한 이익과 조화를 이룰 것"으로 생각되었다.[20] 영국의 일부 외교관들은 미국 내 유대인들이 미국을 참전시킬 수 있을 정도로 영향력이 있으며, 이렇게 되면 오스만터키가 진영을 바꿀 수도 있다고 주장하였다.

영국은 프랑스와 이탈리아를 설득하기 위해 사이크스 등 외교관들을 활발하게

....

20   Public Records Office, Kew Gardens, London, Foreign Office Files 371/35039/E5826.

운용하여 '팔레스타인 내 유대인 향토' 건설에 대한 지지를 얻어내었다. 시온주의 지도자 소콜로우(Nahum Sokolow)는 1939년 3월 비오 12세로 교황에 즉위하게 될 당시 몬시뇰 파첼리(Eugenio Pacelli)와 면담하였고, 1917년 5월 6일엔 교황 베네딕트 15세를 "알현"하고 유대인 문제 해결에 대한 그의 동정과 지지를 이끌어내었다. 그는 돌아오는 길에 프랑스의 캉봉을 만나 그가 시온주의에 공감하고 지지한다는 약속을 담은 1917년 6월 4일 자 서한을 받아냈다. 영국은 1917년 4월 6일 참전을 선언한 미국의 양해를 얻기 위해 '발포어 사절단'을 워싱턴 D.C.와 뉴욕으로 보냈다. 이들은 미국 최초의 유대인 출신 연방최고법원 법관이자 "민족자결주의"의 옹호자 윌슨 대통령의 측근인 루이스 브랜디스(Louis Brandeis) 등을 고리로 해서 미국의 정·재계 및 외교 지도자들의 지지를 얻기 위해 노력하였다.

드디어 영국의 전쟁내각은 발포어 등이 내놓은 역사적 문건에 표결을 실시하였다. 마크 사이크스는 "기쁜 결과"를 바이즈만에게 알렸다: "바이즈만 박사님, 아들입니다!"[21] 외교장관 발포어는 1917년 11월 2일 "유대인들의 향토"를 지원한다는 서한을 월터 로스차일드에게 보내며, 영국의 이러한 약속을 영국 시온주의협회(Zionist Federation)에 전달해 줄 것을 당부하였다:

영국 정부는 팔레스타인 내 유대인들의 향토 설립을 긍정적으로 보고 있고, 이 목표를 원활히 달성하기 위해 최선의 노력을 기울일 것입니다. 영국 정부는 또한 팔레스타인의 기존 비유대인 공동체들의 시민적, 종교적 권리를 침해할 소지가 있거나, 타국에 거주하는 유대인들이 누리는 권리나 정치적 위상을 침해할 소지가 있는 어떤 행동도 있을 수 없음을 명확히 하고자 합니다.

발포어 서한이 공개되자 시온주의자들은 한편으로는 아쉬워했고 다른 한편으로는 만족하였다. 아쉬움을 표한 이들은 영국이 이 서한에서 "유대인들의 향토"를 지칭할 때 "the"라는 관사를 사용하지 않고, "a"라는 부정관사를 사용한 것을 지적

....

21 Chaim Weizmann, *The Letters and Papers of Chaim Weizmann, Series B - Papers, Vol. 1, August 1898-July 1931*, Routledge, 1983, p. 630.

```
                              Foreign Office,
                                 November 2nd, 1917.


Dear Lord Rothschild,
            I have much pleasure in conveying to you, on
behalf of His Majesty's Government, the following
declaration of sympathy with Jewish Zionist aspirations
which has been submitted to, and approved by, the Cabinet

     'His Majesty's Government view with favour the
establishment in Palestine of a national home for the
Jewish people, and will use their best endeavours to
facilitate the achievement of this object, it being
clearly understood that nothing shall be done which
may prejudice the civil and religious rights of
existing non-Jewish communities in Palestine, or the
rights and political status enjoyed by Jews in any
other country"

     I should be grateful if you would bring this
declaration to the knowledge of the Zionist Federation.
```

발포어가 월터 로스차일드에게 보낸 1917년 11월 2일 자 서한.

하였다. 그들은 팔레스타인을 "유대인들의 향토"라는 "유일한(the)" 실효적 지배
주체로 대체한다는 선언을 기대했던 것이다. 바이즈만에게는 사이크스가 말한 "그

아들"은 그가 "기대했던 아들이 아니었다" 그러나 그는 이내 "이것은 그야말로 역사적인 성취"라고 의미를 부여하였다.[22] 대다수 유대인들에게는 국가 없이 떠돌며 박해받던 수많은 세월을 생각하면 "약속의 땅"으로 합법적으로, 그리고 제국의 지원하에 되돌아갈 수 있다는 사실은 꿈만 같은 것이었다.

그러나 아랍인들에게 있어 발포어 선언은 영국 등 이른바 연합국들이 사이크스–피코 비밀협정에 이어 자신을 "두 번 죽이는" 뻔뻔한 거짓말이자 자기부정이고, 원한을 살 기만행위였다. 더구나 그들은 발포어 선언이 당시 10% 미만에 지나지 않았던 유대인들을 선언의 주체로 하고, 90% 이상의 "유대인이 아닌 모든 사람들"을 비유대공동체에 속하는 것으로 주변화한 것에 대해 분개하였다. 아닌 게 아니라, 발포어 선언으로 팔레스타인이라는 장소에 "유대인 또는 그 외의 사람들"이라는 이분법적 정치 대립 상황이 야기되었고, 특히 상당수에 달하는 아랍어를 쓰는 유대교도는 비유대공동체에도 속하지 못하고 유대인도 아닌 난감한 상황에 부딪히게 되었다.

후세인 대신 이븐 사우드

발포언 선언에 분개하고 비통해 하던 후세인은 1919년 시리아, 팔레스타인, 이라크를 위임통치령으로 상정한 베르사유 조약에 대한 서명을 거부하였다. 영국은 전시 후세인에게 제공하던 원조를 중단하였다. 그러나 후세인을 위협한 것은 발포어 선언이나 영국의 원조중단이라기보다는 중동부 아라비아를 지배하던 아랍인 경쟁자 압둘 아지즈 이븐 사우드(Abdul-Aziz Ibn Saud)였다. 그는 원래 "청교도적" 이슬람교파 와하비(the Wahabi)로서 정치적 망명객이었으나, 영국의 인디아국(局)의 도움으로 세력을 키워나갔다. 영국은 1915년 12월 26일 협력각서에 서명하고 1년여의 협상 끝에 리야드(Riyadh)를 중심으로 한 광대한 중동부 아라비아 네즈드(Nejd) 지역과 페르시아 만에 연한 알하사(al-Hasa) 지역에 대한 이븐 사우드의 지

....

22 Chaim Weizmann, *Chaim Weizmann decade, 1952-1962*, Weizmann Archives, University of Michigan, 2006, p. 13.

배권을 인정하였다. 이븐 사우드는 1918년 후세인의 아들 파이잘이 다마스커스에 입성하자 지역패권을 의식하여 하심 가의 움직임을 경계하기 시작하였다. 결국 양측의 갈등은 무력분쟁으로 비화하였다. 1924년 이브 사우드는 메카와 메디나를 점령하고 제다(Jiddah)를 포위하였다. 이븐 사우드는 팔레스타인 위임통치령의 비밀정보기관장이던 필비(Harry St John Philby Phillby)가 자신에게 보낸 정보가 위법행위라는 이유로 직을 상실하자 그를 자신의 정치고문으로 영입하였다. 1924년 10월 이븐 사우드는 후세인을 더욱 압박하였고, 후세인은 패전이 분명해지자 장남 알리에게 양위하였다. 그러나 1925년 이븐 사우드는 제다까지 점령하고 아라비아 전역을 석권하였다. 알리 왕국은 붕괴하고, 후세인은 사이프러스(Cyprus)로 망명하여 1931년 그곳에서 사망하였다.

영국은 원한에 찬 반영적(反英的)인 후세인보다 종교적인 이븐 사우드가 덜 위협적이라 보고 개입하지 않았다. 게다가 군사적 관점에서 보더라도 대세는 이븐 사우드에 있었고, 그가 아라비아를 통일할 가능성이 높은 상태에서, '수에즈-아덴-뭄바이(인디아)' 노선의 안전을 강화하기 위해서도 그의 아라비아 통일을 돕는 것이 합리적이었다. 1927년 영국은 이븐 사우드의 정복을 인정하였다. 1932년 이븐 사우드는 헤자즈 왕국과 네즈드 왕국을 합친 사우디아라비아 왕국을 선포하고 왕정 통치를 공식 개시하였다. 그러나 사우디 왕국은 이내 재정지출이 수입을 초과하여 채무불이행(default)의 위기에 빠지게 되었다. 이때 필비는 이브 사우드에게 동부 아라비아 땅 밑에 매장되어 있는 석유를 채굴·판매할 것을 권고하였다. 마침 미국의 스탠다드석유회사(Standard Oil of California, 현재는 셰브론 Chevron)의 프란시스 루미스(Francis B. Loomis)는 런던 주재 미 총영사를 통해 필비에 접근하여 사우디아라비아의 석유에 관심을 표명하였다. 1935년 5월 31일 바레인(Bahrain)에서 석유가 발견되자 스탠다드석유회사는 필비의 중개와 협력을 통해 동부 아라비아의 320,000평방마일의 광역에 대해 60년간의 독점적 석유채굴권과 석유에 대한 일정 지분을 확보하였다. 필비는 이 경험을 통해 이라크석유회사 이권사업에도 관여하여 상당한 수입을 올릴 수 있었다.

아라비아 반도를 이브 사우드가 평정하였지만, 중동에서 하심 가의 정치적 영향력이 사라진 것은 아니었다. 1921년 3월 식민지 장관 윈스턴 처칠은 카이로에서 회의를 개최하고 프랑스에 시리아아랍왕국을 포기한 파이잘이 이라크 왕국을, 그리고 시리아에서 프랑스의 공격에 맞서던 형 파이잘을 지원하기 위해 헤자즈에서 트랜스요르단까지 진출했던 압둘라(Abdullah I bin Al-Hussein Al-Hashemi)가 트랜스요르단 토후국(Emirate)을 받아들이도록 하는 데 성공한 바 있었다. 영국은 특히 트랜스요르단의 지정학적 중요성을 인식하고 있었다. 1924년 이븐 사우드가 트랜스요르단 공격을 시도하자 영국이 개입하여 무위로 돌렸다. 영국은 압둘라에게 다양한 원조를 제공하였고, 그것은 2차대전 시까지 지속되었다.

시온산으로!

1917년 11월 발포어 선언 이후 유대인들이 대거 팔레스타인으로 이주하였다. 그러나 기존의 아랍인들과의 큰 충돌은 일어나지 않았다. 1917년 12월 영국은 팔레스타인을 점령하고 1920년까지 군정(Occupied Enemy Territory Administration)을 실시하였다. 1918년부터 팔레스타인에는 크고 작은 정치조직들이 생겨나기 시작하였다. 1919년에는 팔레스타인 회의(Palestinian Congress)가 결성되어 아랍인들, 기독교인들, 시온주의자들, 영국인들 간의 관계를 관리해 나가고자 하였다. 시리아아랍왕국의 파이잘과 유대인 지도자 바이즈만은 1919년 1월 3일 파이잘-바이즈만 협정(Faisal - Weizmann Agreement)을 체결하여 팔레스타인의 유대인 공동체는 아랍공동체의 경제발전에 기여하고, 파이잘은 대시리아 독립에 대한 아랍의 요구를 유대인 공동체가 지지한다는 조건하에 유대인들의 이민과 종교의 자유를 보장하기로 약속하였다. 그러나 1920년 프랑스가 시리아를 점령하여 이 협정은 사실상 무효화되었다.

1919-1923년 동안 40,000여 명의 동유럽 유대인들이 팔레스타인으로 이주하였다. 1차대전 이후 시작한 '알리야(Aliyah, 유대인 디아스포라들이 유대인의 땅인 에레츠 이스라엘로 돌아오는 것을 말한다. 그 반대는 예리다[yerida]이다)'가 이제 3번째에 이른 것이었다.[23] 이때부터 팔레스타인의 아랍인들은 발포어 선언의 결과가 피부에

....

23 1차 1882-1903, 2차 1904-1914, 4차 1924-1929, 5차 1933-1936.

와닿는다고 비로소 느끼게 되었고, 급기야 충돌이 발생하였다. 뒤늦게 발포어 선언이, 한편으로는 유대인들의 이민을 합법화하고, 다른 한편으로는 자신들의 민족자결주의를 부정하고 있다는 사실을 자각한 일부 팔레스타인의 아랍 지식인들은 양도불가한 팔레스타인인들의 자결권을 위해 궐기하였다. 그러나 영국은 흔들리지 않았다. 발포어는 1919년 "시온주의는, 그것이 맞든 틀리든, 좋든 나쁘든, 오래된 전통에 뿌리를 두고 있고, 현재의 필요와 미래의 희망과 부합하며, 그것은 고대의 땅에 지금 살고 있는 70만의 아랍인들의 바람과 편견보다 훨씬 더 중요한 의미를 가진다"고 아랍의 요구를 일축하며 연합국들에게 영국의 노선을 지지할 것을 당부하였다.[24]

발포어 선언을 있는 그대로 승인한 1920년 4월 산레모 회의는 오스만터키의 중동지역 영토를 분할하면서 이른바 대(大)시리아로부터 두 개의 "A급(Class A)"[25] 위임통치 대상을 분리해 내었고, 대시리아 북부(시리아와 레바논)를 프랑스에게, 대시리아 남부(지중해 연안에서 트랜스요르단까지 이어지는 팔레스타인)를 영국에게 각각 분배하였다. 영국은 1920년 7월 군정을 민정으로 바꾸고 민정책임자를 유대인이자 강경한 시온주의자인 사무엘(Herbert Samuel)을 임명하였다. 7월 1일 취임한 사무엘은 자신의 임무 중 하나가 팔레스타인에 유대인들의 향토를 건설하는 것이라고 보았고, 시온주의자들은 그에게 "유대인들의 향토"란 "유대인 국가"를 의미한다며 그가 핍박받는 동포들의 꿈을 이루어줄 것을 탄원하였다. 당시 팔레스타인의 유대인 수는 채 10%가 되지 못한 상황이었다.

1920년 5월 31일 영국 군정 당국의 감시를 피해 비밀리에 열린 제2차 팔레스타인 회의는 전 예루살렘 시장 후사이니(Musa Kazim al-Husayni)를 위원장으로 집행위원회를 구성하고 자신들이 모든 팔레스타인인들을 대표한다고 선언하였다. 그러나 이 선언은 영국에 의해 거부되었고, 후사이니는 민정장관인 사무엘을 만나지도 못했으며, 또한 대중 결집에도 실패하였다. 유대인들은 자신들의 공동체를 행

....

24 Benny Morris, *Righteous Victims: A History of the Zionist-Arab Conflict, 1881-1999*, Knopf, 1999, pp. 74-76.
25 A급 위임통치 대상은 B급 및 C급에 비해 정치적으로 성숙한 단계에 있는 정체(政體)를 의미하였다.

정적으로 관리하기 위해 유대인 의회를 결성하였다. 영국의 팔레스타인 위임통치령 민정장관 사무엘은 이것을 팔레스타인 유대인들을 위한 정당한 대표기구로 인정하였다. 아랍의 항의가 거세지자 사무엘은 1921년 최고무슬림회의(the Supreme Muslim Council)를 만들고 이것을 위임통치령 내에서 모든 이슬람 기관들에 대한 관리권을 가진 자치기구로 인정하였다. 한편, 1920년대 초 유대인들은 아랍인들의 공격을 막기 위한 자위 수단으로 '하가나(Haganah, 방위)'를 조직하였다. '하가나'는 1929년 팔레스타인 유혈사태로 그 성격이 공격적으로 바뀔 때까지 경비와 수비에 집중하는 "야경적(夜警的)" 조직이었다.

새롭게 설립된 국제연맹은 1922년 7월 24일 팔레스타인에 대한 영국의 위임통치를 공식화하면서 발포어 선언의 내용을 담은 문건을 채택하였다. 이 문건은 영국의 위임통치가 "문명을 위한 성스러운 신탁(sacred trust for civilisation)"임을 인정하고, 유대인 이민과 히브리어의 부활을 장려하였다. 그러나 이 문건에는 "아랍"이라는 단어는 없었다.

위임통치안이 통과된 직후 사무엘은 팔레스타인 입법회의를 무슬림, 기독교인, 유대인 대표들과 자신이 지명한 11명의 위원으로 구성하자고 제안하였다. 아랍 지도자들은 이 제안을 거부하며 발포어 선언을 무효화하지 않는 어떠한 입헌정부에도 참여하지 않을 것임을 명백히 하였다. 그러나 세계시온주의기구가 만든 '유대인청(廳, the Jewish Agency for Palestine)'의 의장은 사무엘을 정기적으로 면담할 수 있었다.

드디어 1929년 8월 아랍인들과 유대인들 간의 대규모 유혈충돌이 발생하였다. 국제연맹의 위임통치령은 예루살렘 서벽(西壁)에 대한 관할권을 아랍에 부여하였다. 그러나 일부 강경파 유대인들이 이에 도전하는 시위를 벌이자 아랍인들이 예루살렘의 유대인 지역까지 쫓아가 폭력을 행사하였다. 영국군이 질서를 회복하였으나 각각 100여 명이 목숨을 잃었다.

1930년 1월 유대인 노동자들을 대표하는 두 개의 조직이 "노동자들과 시온주의자들의 이해관계는 동일하다"며 이스라엘향토노동당(Mapai Party, Workers' Party of the Land of Israel)을 창설하였다. 데이비드 벤-구리온이 당수가 되었다. 정치적 노선을 달리하는 시온주의자들은 대안을 모색하였다. 이들은 특히 '하가나'가 1929

넌부터 대규모화하기는 했어도 지나치게 수세적이라 비판하며 1931년보다 공격적인 "이르군(the Irgun, the National Military Organization in the Land of Israel)"이라는 민족주의적 군사조직을 만들고, 나아가 대규모의 유대인 이민과 유대국가 창립을 추진하였다. 1933-36년 동안 제5차 알리야가 이루어져 기존 유대인 수의 배가 넘는 17만에 달하는 유대인들이 팔레스타인으로 이주하였고, 아랍공동체에는 비상이 걸렸다. 상당수의 유대인들은 농지를 비롯한 토지 구입에 전력을 기울였고, 이 과정에서 토지 매매에 대한 적법성이나 소유권 문제 등으로 곳곳에서 아랍 유대인 간에 충돌이 발생하였다. 이러한 갈등은 1936년 4월 아랍인들의 총파업에서 극에 달하였다. 1937년 10월에는 갈릴리 지역을 담당하는 영국 관리책임자가 살해되었다. 이 와중에도 유대인들의 토지 소유는 증가하였다. 유대인들은 1939년 기준으로 위임통치령의 5%, 그리고 전체 경작지의 10%를 수중에 넣었다.

1939년 중순 아랍-나치 협력의 가능성이 제기되자, 영국 보수당의 챔벌린 정부는 아랍의 불만을 무마하기 위해 팔레스타인 정책의 일대 전환을 시도하였다. 영국은 5월 '백서(the White Paper)'를 발표하여 팔레스타인으로 이주하는 유대인 이민자의 수를 5년간 75,000명으로 제한하고, 향후 이민을 더 받아들일지 여부는 아랍인들이 결정하도록 하며, 민정장관에게 토지 매매를 금지하거나 규제할 수 있는 권한을 부여하였다. 가장 중요하게는, 영국이 "1922년 백서 발행 이후 30만이 넘는 유대인들이 이주해 와 이제 유대인들의 향토에는 45만 또는 팔레스타인 인구 전체의 1/3에 해당하는 유대인들이 정착해 있으므로 발포어 선언의 목표가 달성되었기 때문에, 향후 10년 내 아랍과 유대인들이 통치하는 팔레스타인 독립국가를 건설하고자 한다"고 밝힌 부분이었다.

후사이니를 포함해 일부 아랍인들은 영국의 백서가 아랍의 이익을 충분히 반영하지 않았다는 이유로 처음에는 반발하였으나 결국에는 수용하였다. 그러나 이번에는 유대인들이 들고 일어났다. 그들에게 백서는 발포어 선언에 대한 영국의 배신이었다. 이들은 영국에 맞서 불법이민을 시도했으나, 영국은 봉쇄로 대응하였다. 유대인들은 급기야 무력투쟁에 나섰다. 2차대전이 발발한 상황에서 유대인청장 벤-구리온은 "우리 팔레스타인의 유대인들은 백서가 없다고 간주하고 히틀러에 대해 투쟁할 것이다. 동시에 우리는 (히틀러의) 전쟁이 일어나지 않았다고 생각하고 백서에 대해 투쟁할 것"이라고 선언하였다.[26] 그러나 유대인들의 무력투쟁은 오래 갈 수 없었다. 히틀러에 맞서는 영국에 대해 타격을 가할 수가 없었기 때문이었다. 급진파 민족주의 민병대 '이르군'도 적어도 1944년까지는 행동을 자제하였다.[27] 수천 명의 유대인청년들은 영국 육군 소속의 유대인 여단을 만들고 이탈리아에서 합동작전에 참가하였다. 이때의 전투경험은, 유대인들의 입장에서는, 이스라엘 창립을 위한 무력투쟁 기간에 요긴하게 쓰이게 된다.

그러나 히틀러의 패색이 짙어지고 있던 1944년 2월 '이르군'은 유대인청(廳)의 노선과는 별도로 영국의 팔레스타인 통치기구에 대해 무장봉기를 선언하였다. 조폭으로 불리던 '스턴 갱(the Stern Gang)'의 후신인 '레히(Lehi, Fighters for the Freedom of Israel)' 등을 포함하여 다른 급진 무장단체들도 팔레스타인에서 영국을 구축(驅逐)하기 위한 "테러 투쟁"에 참여하였다.

팔레스타인의 상황은 나치에 의한 유대인 학살인 '홀로코스트'가 세상에 알려지면서 시온주의자들에게 유리한 방향으로 전환되었다. 유럽과 미국 등 서양 각국의 시민들은 나치의 잔인성에 치를 떨면서 팔레스타인에 유대인들의 거처를 마련해야 한다는 주장에 "속죄하는 마음"으로 귀를 기울이기 시작하였다. 특히 전간기 시온주의에 대해 무심하였던 미국 내 유대인들이 양심의 가책 속에 역량을 집결하고자 하였다. 미국 시온주의자들은 1942년 5월 뉴욕의 빌트모어(Biltmore) 호텔에서 모여 유대인의 팔레스타인 이민 자유화와 팔레스타인 내 유대인 국가 건설을 담은 "빌트모어 프로그램"을 발표하였다. 이때부터 미국이 시온주의의 중심으로 부상하였다. 이는 유럽에서 유대인 공동체가 파괴될수록 더 강화되었다. 미국 시온주의자들은 전국을 순회하며 다양한 매체를 통해 홀로코스트와 시온주의를 설명하고 유대인 국가 창립 지원을 호소하였다. 독실한 개신교 침례파 신자인 해리 트루먼 미국 대통령은 1945년 4월 대통령직을 승계하기 전인 상원의원 시절부터 빌트모어 프로그램에 대해 지지를 표명하였다. 이는 트루먼이 민주당 내 시온주의 로비의

....

26   Klaus-Michael Mallmann and Martin Cüppers, *Nazi Palestine: The Plans for the Extermination of the Jews in Palestine*, Enigma Books, 2010, p. 143에서 재인용.

27   Mallmann and Cüppers(2010), p. 143.

영향력을 의식한 면이 있었지만 그의 기독교적 인본주의가 중요하게 작용하였다.

1946년 들어 팔레스타인 내 아랍과 유대인 간의 유혈충돌은 더욱 빈번하고 격렬하게 벌어졌다. 1942년 5월 '망명 자유 폴란드군(Polish army in exile)'의 일원으로 동료들과 함께 팔레스타인에 도착한 러시아(브레스트-리토브스크, 현재 벨라루스) 출신 유대인으로서 일약 '이르군'의 지도자가 된 베긴(Menachem Begin)은 1946년 7월 22일 영국의 위임통치기구의 행정·경찰·군사 본부가 위치한 예루살렘의 '킹 데이비드' 호텔(The King David Hotel) 남쪽 일부를 폭파하였다. 다양한 국적의 사람들 91명이 사망했고, 41명이 중상을 입었다. 베긴은 "영국이 진절머리를 내고 떠나도록 공격을 더욱 다그쳐야 한다"고 '이르군'을 독려하였다. 유대인 민병대들뿐 아니라 조폭들도 영국에 대한 "애국주의적" 테러에 적극 가담하였다. 옥스포드 대학의 중동전문가 호프만(B. R. Hoffman)에 따르면, 영국이 팔레스타인을 떠난 가장 중요한 이유는 "유대인들의 테러"였다.[28] 그렇지 않아도 팔레스타인을 떠나야 한다는 여론이 비등해지고, 팔레스타인 위임통치가 재정압박을 가중하던 차에 테러가 도를 더해가자 영국은 중대 결정을 내릴 수밖에 없었다. 1947년 2월 영국 외교장관 어니스트 베빈(Ernest Bevin)은 영국은 팔레스타인 상황을 더 이상 관리할 수 없다며, UN에 이 문제를 회부하고, 영국의 위임통치를 1948년 5월 15일부로 종료한다고 선언하였다. 1924년 세계박람회가 런던에서 열릴 무렵 전 세계의 땅과 인구의 1/4과 1/5를 각각 차지했던 "해가 지지 않는" 대영제국이 1차대전과 민족자결주의, 그리고 2차대전과, 1947년 파키스탄, 인디아의 상실을 거치면서 이제 자신이 20년 전 의욕적으로 덥썩 물었던 "오스만의 고기"가 씹기 어려울 정도로 버거워졌다는 사실을 깨닫게 되었던 것이다.

영국의 철수, UN의 팔레스타인 분할

영국이 팔레스타인에서 손을 털고 나가겠다고 선언하자, '완충자(緩衝者, buf-

....

28 B. R. Hoffman, *Jewish Terrorist Activities and the British Government in Palestine, 1939-1947*, PhD. dissertation, University of Oxford, 1985.

fer)'를 잃은 팔레스타인의 아랍과 유대공동체는 서로의 급진강경파에 노출되어 큰 파열음을 내기 시작하였다. 그러나 영국이 "진절머리를 내고" 팔레스타인을 떠나기로 한 것은 맞지만, 팔레스타인의 미래는 아랍인과 유대인들이 알아서 할 일이라고 생각했던 것은 아니었다. 영국은 팔레스타인을 떠나고, 문제를 UN에 넘기고자 할 때 팔레스타인 내외의 세력균형이 유대인들에게 우호적이라는 사실을 잘 알고 있었다. 시온주의자들은 장비와 조직 면에서 팔레스타인인들과 비교가 되지 않을 정도로 우수했으며, UN은 유대인들에게 동정적이고 우호적인 미국에 의해 주도되고 있었기 때문이다.

1947년 11월 29일 UN총회는 팔레스타인특별위원회(The United Nations Special Committee on Palestine, UNSCOP)에서 올라온 두 개의 안, 즉 팔레스타인 분할안과 일국연방제 안 중 전자를 찬성 33, 반대 13, 기권 10으로 채택하고 결의안 181호로 발표하였다. 이 결의안 181호는 팔레스타인을 두 지역으로 분할하여 아랍국가와 유대국가를 세우고, 베들레헴(Bethlehem)과 예루살렘은 특별국제관리(a corpus separatum under a special international regime)하에 두고 UN이 행정을 맡아 하도록 하였다. 결의안은 또한 종교나 인종을 불문하고 예루살렘에 대한 자유접근이 보장되며, 성지나 건물에 대한 기존의 관리권은 부인되지 않는다고 적시하였고, 예루살렘의 위상과 관리 문제는 10년 후 시민들이 투표를 통해 조정할 수 있다고 명기하였다. 결의안 181호는, 나아가 양국은 독립 후에도 경제적 통합을 유지하는 가운데 공동관세, 공동통화, 물과 에너지 자원에 대한 공평한 접근 보장 등을 이행하고, 양국의 제헌의회를 구성하기 위해 2개월 내 민주적 선거를 실시할 것을 결의하였다.

결의안 181호의 핵심이자 분란의 원천은 역시 새로운 국가들에게 배분될 영토의 규모에 있었다. 결의안은 위임통치령하의 팔레스타인 지역은, 예루살렘과 베들레헴을 제외하고, 아랍국가와 유대국가로 분할하고, 영토는 약 43%, 56%(예루살렘 1%)로 각각 배분하였다. 아랍인들의 입장에서는 전체 팔레스타인 인구의 1/3을 차지하고, 토지는 7%만을 소유하고 있던 유대인들에게 56%의 영토를 분배한 결의안은 분명 편파적인 것이었다. UN특별위원회(UNSCOP)는 1946년 12월 현재 팔레스타인 내 총인구는 1,845,000명이고, 아랍국가로 지정된 지역에 거주하는 인구

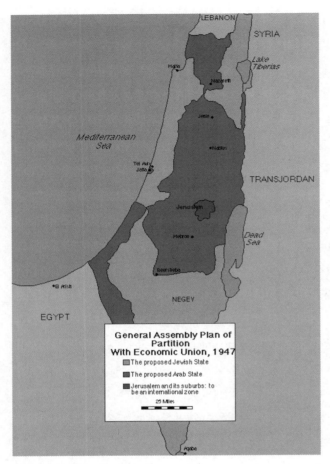

UN의 팔레스타인 분할안.

는 아랍인 735,000명, 유대인 10,000명, 그리고 유대국가로 지정된 지역에 거주하는 인구는 유대인 498,000명, 아랍인 407,000명, 그리고 국제적 신탁통치가 이루어질 예루살렘과 베들레헴에 거주하는 인구는 유대인 100,000명, 아랍인 105,000명으로 파악하였다.[29] 그러나 아랍 측의 보고서를 심의한 특별위원회 제2소위원회(Sub-Committee 2)는 특별위원회가 127,000명에 달하는 아랍 유목민인 베두인(Bedouin) 족의 숫자를 축소 계상하였다고 비판하였다. 제2소위는 영국 대표가 새

....

29   United Nations, *The Origins and Evolution of the Palestine Problem: 1917-1988*, 1990, p. 115.

롭게 측정한 자료를 바탕으로 유대국가로 지정된 지역의 총인구는 1,008,000명, 이 중 유대인은 499,020, 아랍인은 509,780이라 계산하였다.[30] 이를 기준으로 보면 유대국가는 시작부터 아랍인이 50.5%로서 다수를 차지하였다.

UN 결의안 181호는, 동상이몽이긴 했지만, 미국이 주도하고 소련이 적극 협력한 결과였다. 미국은 이미 영국의 1939년 백서를 무효화해야 한다고 주장한 바 있었고,[31] 일국연방제 안 대신 팔레스타인 분할 안을 통과시키기 위해 앞장을 섰다. 소련 특별대표 그로미코(Andrei Gromyko)는 분할 안이 "더 현실적인 방안"이라며 미국을 거들었다.[32] 미국 등은 결의안 181호를 안보리를 우회하는 방법으로 선택하였다. 따라서 이 결의안은 한국 관련 1948년 결의안 195(III)과 마찬가지로, 구속력이 없는 권고로 남았다. 미국 등이 181호를 안보리에 회부하지 않은 이유는 안보리가 결정을 내리면 이를 이행하기 위해 군사적 수단이 사용될 수도 있었기 때문인데, 당시 영국과 팔레스타인에 테러를 자행하던 주요 세력은 유대인들의 민병대와 조폭 등이었다는 사실을 고려할 때 미국 등으로서는 굳이 이러한 난감한 상황이 벌어지게 할 이유가 없었던 것이다.

팔레스타인의 유대인 지도부인 '유대인청(廳)'은 만족스럽지는 않지만 결의안 181호를 수용한다고 발표하였다. 그들은 자신들의 목적인 유대국가가 국제적 승인하에 창립될 것이기는 했지만, 유대국가로 지정된 영토의 크기가 자신들이 법적이고 역사적인 권리를 갖고 있다고 주장해온 영토, 즉 1920년 산레모 회의에서 결정된 그 광역 팔레스타인보다 축소된 것이 불만이었고, 서갈릴리와 서예루살렘도 유대국가에 포함되었어야 한다고 주장하였다. 그러나 유대국가가 이민 관련 주권을 행사한다는 데서 위안을 삼았다. 그러나 팔레스타인의 아랍인들은 결의안 181호가 민족자결주의를 규정한 UN 헌장을 무시하여 다수인 아랍인의 권리를 부정하고 소수인 유대인들에게 특혜를 부여한 터무니없이 불의한 결정이라고 비난하며 거부

··········

30   Ad Hoc Committee on the Palestine question: Report of Subcommittee 2 (11 November 1947)
      A/AC.14/31 (1947), 64번째 문단.
31   Yezid Sayigh, *Armed Struggle and the Search for State: The Palestinian National Movement,
      1949-1993*, Oxford University Press, 1999, p. 16.
32   Sayigh(1999), p. 17.

의사를 분명히 하였고, 조직적 무력투쟁도 불사할 태세였다.

시온주의자들은 1948년 4월부터 이른바 '달레트 계획(Plan Dalet, 히브리어 알파벳의 네번째)'을 실시하고 있었다. 가능한 한 많은 지역을 유대국가로 편입하는 한편 유대국가로 지정된 지역에서 아랍인들을 몰아내는 작업이었다.[33] 고향에 남으려는 아랍인들과 이들을 쫓아내려는 유대인들 간에 충돌이 일어났고, 거리는 피난길에 오른 팔레스타인인들로 가득찼다. 이 와중에 "데어 야신(Deir Yassin) 학살"이 발생하였다.

"데어 야신 학살"은 이르군과 레히의 소속원들에 의해 자행되었다. 이들은 이스라엘 건국 후 정규군이 된 하가나의 통제 밖에서 활동하고 있었다. 이 학살자들은 팔레스타인 민병대의 일부가 예루살렘 외곽의 아랍 마을 '데어 야신'에 은거하고 있다고 판단하고 1948년 4월 9일 이른 새벽에 들이닥쳤다. 하루 종일 "소탕작전"을 펼친 이들은 여자, 노인, 아이를 포함하여 245-250명의 팔레스타인인을 살해하였다. 유대인 지도자들은 이 야만행위를 규탄하였다. 아랍인구가 많은 하이파의 시장 후시(Abba Houshi)는 공포에 질려 고향을 등지고 피난길에 오른 아랍인들에게 떠나지 말 것을 호소하기도 하였다. 그러나 대다수 유대인들은 "데어 야신 학살"을 비난하면서도, 피난길에 오른 아랍인들을 붙잡지는 않았다.[34] "데어 야신 학살"은 그 자체로 인도주의적 재앙이었지만, 팔레스타인인들의 '트라우마'이자 대이스라엘 항쟁 신화로 남아 여러 차례의 팔레스타인-이스라엘 협상을 탈선시키고 팔레스타인인들이 이스라엘에 대해 비타협적인 자세를 견지하게 만든 주요 요인이 되었다. 팔레스타인인들은 이 사건을 나치가 유대인들에 가했던, 그리고 오스만터키가 아르메니아인들에 가했던 집단종족학살(genocide)과 같다고 주장해 오고 있다. 팔레스타인인들은 이때의 학살과 피난을 제1차 아랍-이스라엘 전쟁 이후의 살상과 함께 '알-나크바(al-Nakbah, catastrophe, 대재앙)'로 기억하며 추모하고 있다. 이스라엘은 독립기념일이 아닌 알-나크바를 추모하는 국내 비정부기구에 대해 재

....

33 하카비(Y. Harkabi)는 이 계획이 유대국가에 대한 통제권을 확보하기 위한 조치였다고 주장하고 있다. Y. Harkabi, *Arab Attitudes to Israel*, Jerusalem Israel Universities Press, 1972, p. 366.

34 Cindy C. Combs and Martin W. Slann, *Encyclopedia of Terrorism*, Facts on File, 2007, p. 79.

정지원을 제한하도록 하고 있다.[35]

이스라엘의 독립 선언과 트루먼의 승인

1948년 5월 14일 영국의 마지막 위임통치권자 커닝햄(Alan Gordon Cunning-ham) 장군이 하이파를 떠나 영국으로 향하였다. 영국 국기 '유니온 잭'이 내려지고 팔레스타인에 대한 위임통치가 종료되었다. UN총회가 지정한 '8월 1일' 이전에 위임통치의 종료가 이루어진 것이다. 같은 날 오후 4시 조금 넘어 유대인들의 인민위원회(People's Council)는 헤르츨의 초상화가 걸려 있는 텔아비브 박물관에서 벤-구리온이 낭독한 이스라엘 건국선언문을 승인하였다:

에레츠-이스라엘(Eretz-Israel, 이스라엘의 땅)은 유대민족이 태어난 곳이다. 바로 여기서 유대민족의 영적, 종교적, 정치적 정체성이 형성되었다. 유대민족은 여기서 독립을 성취했고, 민족적이고도 보편적인 의미의 문화적 가치를 창조해냈다. 유대민족은 여기서 성경을 기록했고, 그것을 전 세계에 전해 주었다.

에레츠-이스라엘로부터 강제 유배당한 유대민족은 열방에 흩어진 기간 내내 그 땅에 대한 신앙을 간직했고, 귀환을 위해 기도하고 희망을 버리지 않았으며, 그 땅 안에서 그들의 정치적 자유가 회복되기를 기도하였고 결코 희망을 버리지 않았다.

유대민족은 이러한 역사적, 전통적 소속감으로 인하여 수세기에 걸쳐 조상의 땅으로 되돌아가서 자신들의 국가를 재건하겠다는 일념으로 고군분투하였다. 최근 몇 십 년 동안 많은 사람들이 귀환하였다. 이 개척자들, 온갖 장애물들을 이겨내고 고국에 돌아온 동포들, 이 땅의 수호자들 모두는 사막을 꽃으로 바꾸었고, 히브루어를 부활시켰으며, 도시와 마을을 건설하였고, 자신들의 경제와 문화를 가진 활력있는 공동체, 평화를 사랑하면서도 자신을 어떻게 방어해야 하는지를 아는 공동체, 진보의 축복을 모든 주민들에게 가져다 주는 공동체, 그리고 자주독립을 지향

....

35   Elad Benari, "Knesset Approves Nakba Law," *Arutz Sheva* (Israel National News), March 23, 2011.

하는 그런 공동체를 창조하였다.

유대국가 건설의 영적 아버지인 테오도르 헤르츨의 소환에 따라 5657년(1897년)에 개최된 제1차 시온주의회의는 유대민족이 자기들의 땅에서 국가를 부활시킬 권리가 있음을 선포하였다. 이 권리는 1917년 11월 2일, 발포어 선언에 의해서 인정되었고 국제연맹의 위임통치령에 의해서 재확인되었다. 국제연맹은 특히 유대민족과 에레츠-이스라엘 간의 역사적 연관성과 유대민족이 자신들의 국가적 향토를 재건할 수 있는 권리를 인정하였다.

최근 유럽에서 발생한 유대인 대학살은 에레츠-이스라엘에 유대국가를 재건함으로써 나라 없는 유대민족의 문제를 해결해야 하는 절박성을 다시 한번 증명하였다. 이 유대국가는 모든 유대인들에게 에레츠-이스라엘의 문을 열어줄 것이고, 모든 유대인들에게 국제사회의 완전한 일원으로서의 위상을 부여할 것이다.

유럽의 끔찍한 학살을 모면한 생존자들, 그리고 다른 나라에서 살던 유대인들은 갖가지 어려움과 방해 위험에 직면해서도 에레츠-이스라엘로 되돌아오기 위한 노력을 멈추지 않았고, 자기 조상의 땅에서 존엄하고도 자유롭게 그리고 정직하게 땀을 흘리며 살 수 있는 권리를 포기한 적이 없었다.

제2차대전 중 우리나라의 유대인 공동체는 나치라는 악에 대항해서 싸우는 자유와 평화를 사랑하는 나라들에게 우리 병사들의 피와 전쟁노력을 통해 적극 협력하였고, UN을 설립한 모든 민족들과 어깨를 나란히 할 권리를 얻었다.

1947년 11월 29일, UN 총회는 에레츠-이스라엘에 유대국가를 설립할 것을 요구하는 결의안을 채택하였다. 총회는 에레츠-이스라엘에 사는 주민들이 이 결의안의 이행을 위해 필요한 사항들을 이행해줄 것을 요구하였다. 유대민족이 자기들의 독립 국가를 설립할 권리가 있음을 인정한 이 UN의 결의는 돌이킬 수 없는 것이다. 다른 모든 민족들이 그러하듯이 유대민족이 자기들의 자주 독립 국가 안에서 독립적 존재로 살아가는 것은 자연권에 속한다.

따라서 우리 인민위원회 위원들, 에레츠-이스라엘의 유대인 공동체의 대표들, 그리고 시온주의 운동의 대표들은 오늘 에레츠-이스라엘에 대한 영국의 위임 통치가 끝나는 날 회의를 개최하고, 유대민족의 자연적 역사적 권리에 입각하고 UN 총회의 결의안에 힘입어 에레츠-이스라엘 내 유대국가의 건립을 선언하고, 그 국가의 명칭은 이스라엘 국가(Medinath Yisrael, the State of Israel)라고 선포한다.

우리는, 오늘 밤 위임통치가 종료되는 시점으로서 안식일 하루 전인 5708년 이야르 력의 6번째 날 (1948년 5월 15일)로부터 늦어도 1948년 10월 1일까지 제헌 국민의회에 의해 채택될 헌법에 따라 선출될 정규 국가당국이 성립되기 전까지는 인민위원회가 국가의 임시의회 역할을 수행할 것이고, 행정기관인 인민행정원은 "이스라엘"이라 불릴 유대국가의 임시정부의 기능을 수행할 것임을 선포한다.

이스라엘 국가는 유대인들의 이주와 유대 유배인들의 귀환을 환영할 것이다. 그리고 모든 주민들의 이익을 위하여 국가 발전을 도모할 것이다. 이스라엘은 또한 이스라엘의 선지자들이 품었던 이상처럼 자유와 정의와 평화를 추구할 것이다. 이스라엘은 모든 주민에게 그들의 종교, 인종, 성을 불문하고 사회적, 정치적 권리의 완전한 평등을 보장할 것이다. 이스라엘은 종교, 양심, 언어, 교육, 문화의 자유를 보장할 것이다. 이스라엘은 모든 종교의 성지를 보호할 것이다. 이스라엘은 UN헌 장의 원칙들을 성실히 준수할 것이다.

이스라엘 국가는 1947년 11월 29일 채택된 결의안을 이행하는 데 있어서 UN 의 기관들 및 대표들과 협력할 준비가 되어 있으며 에레츠-이스라엘 전체의 경제 공동체화를 위한 조치들을 취해나갈 것이다.

우리는 UN이 국가를 세우는 유대민족을 지원해 주고 이스라엘을 국제사회의 일원으로 인정해줄 것을 호소한다.

우리는 지난 몇 달 동안 우리에게 자행된 폭력의 와중에서도 이스라엘의 아랍 주민들에게 평화를 유지할 것을 당부하고, 또한 완전하고 평등한 시민권과 모든 이 스라엘의 임시 또는 영구적 공적 기관들에 대한 그들의 정당한 대표권에 기초하여 국가 건설에 참여할 것을 호소한다.

우리는 주위의 이웃 국가들과 국민들에게 평화와 친선의 손을 내밀고 있고, 유대인들의 땅에 정착한 주권을 가진 유대민족과 협력 및 상호부조의 연대를 만들 어 나갈 것을 그들에게 호소한다.

우리는 세계 만방에 거주하고 있는 유대민족에게 에레츠-이스라엘의 유대인 들이 이주와 국가건설의 과제를 달성할 수 있도록 지지해 주고, 이스라엘 속죄라는 오랜 꿈의 실현을 위한 위대한 투쟁에서 그들의 곁을 지켜줄 것을 호소한다.

우리는 "이스라엘의 반석" 위에 우리의 믿음을 올려놓고 5708년 이야르 5일 (1948년 5월 14일), 안식일 전날, 고국 땅 텔 아비브에서 열린 국가임시위원회 회의에서 이 선언문에 서명한다.

이때 아랍의 비정규군과 이스라엘의 '하가나'는 예루살렘을 장악하기 위해 치열하게 싸우고 있었고, 주변 아랍국들은 이스라엘을 공격하기 위해 군을 동원하고 있었다. 반면 미국의 트루먼 대통령은 유대인들을 위해 그리고 자신과 "미국의 국가이익"을 위해 이스라엘을 즉각 승인할 준비가 되어 있었다. 대통령 정무보좌관 클리포드(Clark Clifford)는 워싱턴 D.C. 주재 '유대인청(廳)' 대표 엡스타인(Eliahu Epstein)에게 전화를 걸어 국가승인을 요청하는 공식문건을 미국 동부 시간으로 5월 14일 정오까지 보내라고 말하였다(독립선언문 발표 후 12시간이 지난 시점). 그때까지 국가의 명칭을 알지 못했던 엡스타인은 "유대국가(Jewish State)"를 승인해줄 것을 요청하는 서한을 보내면서 이 국가의 독립선언의 효력은 오후 6시 1분부터 발생한다고 적었다. 백악관은 오후 6시 11분 트루먼 대통령이 이스라엘을 승인하였다고 발표하였다.[36]

트루먼 대통령이 이와 같이 전광석화로 이스라엘을 승인하였지만, 그 과정은 순탄치만은 않았다. 특히 아랍세계에서 소련이 영향력을 증대시킬 가능성을 우려하고, 산유 아랍국들이 미국에 석유금수를 단행할 수도 있다고 판단한 미 국무부는 미국이 유대인들을 위해 이 문제에 개입하는 것은 국익에 부합하지 않는다는 입장을 백악관에 전달하였다. 이러한 반대와 경고에 불구하고 트루먼이 이스라엘 승인을 신속히 밀어붙인 데는 몇 가지 이유가 있었다. 첫째, 그의 개인적 신앙이었다. 그는 독실한 침례파 신도로서 대통령이 되기 전부터 기독교 시온주의자였다. 그는 "하나님은 약속을 지키시는 분이고, 하나님은 구약에서 유대인들에게 가나안 땅을 약속하셨으며, 이제 하나님이 그 약속을 이행하시려 할 때 자신은 기꺼이 도와야 한다"고 믿었다. 그는 자신이 유대인들을 바빌론의 유형에서 해방시키고, 가나안으로 돌아가 예루살렘 성전을 재건할 수 있도록 한, 구약에서 23번이나 언급된, 페르

....

36   이것은 트루먼 대통령의 승인이었고, 공식적 승인은 1949년 1월 31일 이루어졌다.

시아의 키루스 대왕(Cyrus the Great)이라고 말한 적도 있었다.[37] 트루먼의 기독교
적 시온주의가 발동된 데에는 나치의 잔혹성과 유대인들의 희생에 대한 인간적 분
노와 동정도 있었다. 트루먼 대통령의 전기작가 도너번(Robert Donovan)에 따르면,
나치의 "가스실에 대한 이야기가 공개된 지 3년이 된 그 시점에서 그 어떤 미국의
대통령도 트루먼 대통령이 선택한 결정 이외의 결정을 내릴 수 있는 상황은 아니었
다."[38] 트루먼은 이미 1946년 5월 "오갈 데 없는" 유대인들의 팔레스타인 이주를 제
한하고 있는 영국의 1939년 백서를 "수치스럽다(dishonorable)"고 비판하며 10만
의 유대인들이 팔레스타인으로 이주하도록 하는 정책권고안을 승인한 바 있었다.

　　그러나 트루먼은 1947년 팔레스타인 분할을 둘러싸고 모순적이고 모호한 태
도를 취한 적이 있듯이, 일관되게 이스라엘의 건국을 지지했던 것은 아니다.[39] 스넷
징어(John Snetsinger) 교수는 트루먼은 어떤 경우에는 유대인들의 팔레스타인 이
주에 대해 신랄하게 비판한 적도 있어 그가 진정한 인도주의적 가치를 실천에 옮겼
다기보다는 유대인들의 재력과 정치적 조직력을 민주당으로 끌어들이기 위해 행동
하였다고 비난하기도 하였다.[40]

　　사실 이와 같은 국내정치 문제는 트루먼이 이스라엘을 승인하기 이틀 전 열
린 백악관 회의에서 격렬한 논쟁의 대상이었다. 국무장관 마샬은 대통령이 국무부
의 경고와 반대를 무시하고 이스라엘 승인을 왜 서두르는지 답해 달라고 요구하였
다. 트루먼은 외교안보 경험이 없던 대통령 정무보좌관 클리포드가 답하도록 하였
다. 클리포드는 UN안보리가 휴전을 이끌어낼 수 없고, 팔레스타인 분할은 기정사
실화되고 있으며, 미국은 결국 신생 유대국가를 승인하지 않을 수 없을 것인데 소

37　트루먼은 한 유대교신학교에서 이스라엘 건국을 도운 인물이라고 소개받자, "건국을 도왔다고요? 아닙
　　니다. 나는 키루스입니다! 나는 키루스입니다!"라고 말하였다. Paul Charles Merkley, *The Politics of
　　Christian Zionism 1891-1948*, Frank Cass, 1998, p. 166.

38　Stanley Meisler, *United Nations: A History*, Grove Press, 2011, p. 47.

39　Alan Mittleman, Robert Licht, Jonathan D. Sarna eds., *Jewish Polity and American Civil Society:
　　Communal Agencies and Religious Movements in the American Public Square*, Rowman & Lit-
　　tlefield Publishers, 2002, p. 111.

40　John Snetsinger, *Truman, The Jewish Vote, and the Creation of Israel*, Hoover Institution Press,
　　1974.

련보다 먼저 승인하여 선수를 치는 것이 미국의 국익에 부합한다고 말하였다. 그러나 대다수의 회의 참석자들을 안보리가 휴전을 모색하고 있는 상황이라는 점, 신탁통치가 승인되면 독립을 선언하는 주체가 UN과 충돌한다는 점, 그리고 소련이 먼저 이스라엘을 승인하는 것이 오히려 미국의 외교적 운신의 폭을 넓혀줄 것이라는 점을 강조하며 클리포드를 반박하였다. 마샬은 나아가 "왜 국내정치 담당 참모가 외교정책에 관여하는가?"라고 문제를 제기하였다. 트루먼은 클리포드는 프레젠테이션을 하기 위해 참석했다고만 말하였다. 그는 이 중요한 문제에 대해 자신의 말이 기록되길 원하지 않았고, 그의 선거 참모가 대신 말하도록 한 것이었다. 대통령이 국내정치와 곧 닥칠 대선을 의식하고 있다고 판단한 마샬은 대통령이 듣기에는 극히 모욕적인 단어를 사용하며 트루먼에게 돌직구를 날렸다: "클리포드 보좌관이 제시한 권고는 국내정치적 고려에 따른 것입니다. 그러나 우리가 직면한 문제는 국제정치적인 것인바, 저는 대통령께서 클리포드 보좌관의 권고를 수용한다면, 그리고 대선에서 제가 투표를 한다면, 저는 대통령에게 투표하지 않을 것입니다." 마샬은 자신의 발언이 국무부 공식 회의문건에 기록되길 원한다고 말하였다.[41] 그러나 통수권자의 결정이 내려지자 마샬은 군인답게 그의 명령에 복종하였다.

트루먼이 마샬의 위협과 경고에도 불구하고 그의 말을 듣지 않은 데는 대통령으로서 외교안보 문제에 대해 독자적 결정을 내리려는 의중이 실려 있기도 하였다. 트루먼은 루즈벨트가 사망한 후 외교안보 경험이 전무한 상태에서 직을 승계하였다. 따라서 당시 워싱턴 정가에는 트루먼 정부의 외교안보는 마샬이 결정권을 행사한다고 알려져 있었다. 트루먼이 이를 의식하여 이스라엘 승인 건과 관련하여 마샬에게 물을 먹였다면 그는 그의 정치적 목적을 달성한 셈이었다.[42]

한편, 수요일 백악관 회의에 참석했던 또 다른 국무부 고위관리 러벳(Robert Lovett) 차관은 회의 중 오갔던 말과 자신이 주장했던 바를 후세에 남기기 위해 이례적으로 아래와 같은 메모를 작성하였다:

....

41 Clark Clifford, *Counsel to the President: A Memoir*, Random House, 1991, p. 13.
42 Harold Foote Gosnell, *Truman's Crises: A Political Biography of Harry S. Truman*, Praeger, 1980, p. 363.

수요일에 이어 금요일에도 클리포드 보좌관을 만났다. 점심을 같이한 클리포드는 "대통령이 감당하기 어려운 압박을 받고 있다. 이스라엘을 신속히 승인해야 한다" 고 내게 말하였다. 그는 국무부가 승인을 서둘러서는 안 된다고 경고한 부분에 대해서는 "승인의 시점이야말로 국내정치적으로 볼 때 대통령에게 절대적으로 중요하다"고 말하였다… 나는 대통령의 국내정치 참모들이 대통령을 그 신생국의 아버지로 만들고자 했으나 실패했고, 지금은 적어도 산파 정도는 만들어야만 한다고 믿고 있다고 결론내렸다.[43]

트루먼의 결정의 배경에는 그의 신앙과 인도적 가치, 그리고 국내정치적 고려 등이 존재했지만, 못지않게 중요했던 것은 에디 제이콥슨(Eddie Jacobson)이라는 그의 유대인 절친의 역할이었다. 1차대전 중 제이콥슨은 트루먼 대위의 직속부하로 복무했고, 트루먼이 귀향하여 캔자스시티에서 옷가게를 냈을 때는 공동출자하여 비즈니스 파트너가 되었다. 트루먼의 아내 베스 트루먼(Bess Truman)은 이들의 일터에서 무급 경리로 일하였다. 제이콥슨은 트루먼이 대통령이 되었어도 언제든 독대가 가능한 "평생 친구"로 남아 있었다. 제이콥슨은 바이즈만이 지도자로 되어 있는 유대인 기구에 대해 잘 알고 있었고, 많은 유대인 친구들을 가지고 있었다. 바이즈만은 대통령과의 회동을 원했으나 트루먼은 국내정치적 소란 가능성을 우려하고, 시온주의자들의 무례함을 지적하며 이를 고사하였다. 유대인 단체 '브네이 브리스(B'nai B'rith)' 회장 골드먼(Frank Goldman)이 제이콥슨이 나서줄 것을 부탁하였다. 3주간의 휴가를 마치고 돌아온 대통령을 만난 자리에서 제이콥슨은 "대통령님, 바이즈만 박사를 만나주십시오"라고 말하였다. 트루먼은 "뭐라고? 내가 만나지 않겠다고 이미 말했는데, 네가 감히…"라며 흥분하였다. 마샬 등 외교참모들이 극력 반대하는 상황에서 그는 "에디, 난 정말 지겨워. 난 시온주의자들이 나에게 이래라 저래라 할 수 있다고 생각하는 것이 너무 가소로워. 이자들은 자신을 도와주려는 모든 사람들을 정떨어지게 만들고 있어. 그들은 백악관에 와서 나에게 소리지

....

43   U.S. Department of State, *FRUS, 1948*, Vol. 5, No. 2, The Near East, South Asia, and Africa, Washington D.C., U.S. Government Printing Office, 1975, p. 1007.

르고, 미국 유대인들의 표를 운운하며 나를 협박하고 있어"라고 큰소리로 불쾌감을 표시하였다. 트루먼은 책상 위에 손을 모으고 제이콥슨을 직시하면서 "예수가 그들을 만족시키지 못했다면 이 세상 어느 누구가 그들을 만족시킬 수 있겠나?"라고 냉소적으로 자신의 말을 끝내려 하였다. 제이콥슨은 트루먼이 반유대주의자처럼 느껴졌고, 당황했고, 서운하였다. 눈물이 날 지경이었다. 그는 일어서서 애써 감정을 감추며 트루먼의 집무실에 있던 전 대통령 앤드루 잭슨의 모형동상으로 향하였다. 그는 잭슨의 어깨 위에 손을 얹으며 다음과 같이 말하였다:[44]

형님은 평생 동안 영웅을 간직하고 있잖습니까? 형님은 앤드루 잭슨에 대해 미국인 누구보다 더 잘 알고 있을 것입니다. 저는 우리가 옛날 옷가게를 할 때부터 형님이 그에 대해 많은 책을 읽었었다는 것을 잘 알고 있습니다. 형님이 카운티 판사였을 때 잭슨 카운티 법원을 캔자스시티에 새로 지었지요. 그리고 실물크기의 잭슨의 동상을 법원 앞 잔디에 세웠습니다. 형님, 저에게도 영웅이 있습니다. 저는 나의 영웅을 만난 적은 없습니다. 그러나 그는 신사이고 위대한 정치인입니다. 그는 카임 바이즈만입니다. 그는 나이 들고 또 병고에 시달리고 있습니다. 그럼에도 그는 형님을 만나기 위해 수천 마일을 여행하여 지금 그의 동포들의 고통과 희망을 형님께 전달하고자 간절한 마음으로 기다리고 있습니다. 형님은 건방진 몇몇 미국 시온주의자들의 경솔한 행동 때문에 바이즈만 박사가 그들과 아무런 관계가 없는 걸 아시면서도 그와 만나지 않겠다고 하십니다. 형님답지 않으십니다. 저는 형님이 바이즈만 박사를 접견하고 이야기를 들은 뒤 팔레스타인의 현 상황을 제대로 알고자 할 것이라 믿었습니다. 그런데 형님은 바이즈만 박사 면담조차 거부하고 있습니다.

긴 침묵이 흘렀다. 제이콥슨으로서는 한 세기로 느껴진 침묵이었다. 트루먼은 의자에 앉은 채 창밖을 바라보았다. 이윽고 트루먼이 입을 열었다. "네가 이겼다, 이 대머리 빌어먹을 놈아! 바이즈만을 만나면 될 거 아냐!"

트루먼은 약속을 지켰다. 1948년 3월 18일 바이즈만을 만난 자리에서 트루먼

....

44   Eddie Jacobson, "I Too Have a Hero," *American Jewish Archives*, April, 1968, p. 7.

은 "팔레스타인에서 피 흘림이 없는 정의가 세워지길 바라며, 미국은 UN이 승인하든 안 하든 신생 유대국가를 즉각 승인할 것"이라 약속하였다. 트루먼은 마샬이나 UN 미국 대표 워렌 오스틴 등 외교의 거두들의 권고를 거부하고 절친의 요구를 들어준 것이었다. 트루먼은 그의 회고록에서 "나는 제이콥슨보다 더 진실한 친구를 가진 적이 없다. 그는 나의 백악관 시절 전체를 통해 내게 단 한 번도 자신을 위한 부탁을 한 적이 없었다."[45]

미국이 이스라엘을 즉각 승인하자 3일 후 소련도 이 유대 신생국가를 승인하였다. 소련의 이스라엘 승인은 이스라엘로서는 놀랄 만한 일이었지만, 국제정치는 늘 그러했듯이 이익에 따라 움직였다. 민주국가인 영국과 프랑스가 750년간의 적대관계를 청산하고 전제국가인 러시아와 '3국협상'을 형성한 것, 2차대전에서 민주국가인 영국과 미국이 나치와 일본군국주의를 물리치기 위해 공산독재국가인 소련과 협력한 것과 마찬가지 논리인 셈이었다. 19세기 중반 영국의 파머스톤(Henry John Temple, 3rd Viscount Palmerston) 총리가 "영국에게 영원한 동맹은 없다, 영원한 이익만이 있을 뿐이다"라고 말한 바와 같이, 유대인 이주를 야기한 빠그롬의 나라이자 300만 소련 내 유대인들을 탄압하고 있던 장본인이 이제 변동하는 국제정세에 따라 자신의 국가이익을 위해 신생 유대국가에게 화해의 메시지를 보낸 것이었다. 당시 소련의 스탈린은 세력권이 상당 부분 겹치는 영국이 소련의 최대 경쟁국이라 보았고, 러시아 출신 유대인 마르크스주의자 베르 보로호프의 후계자들인 사회주의 시온주의자들이 주도하는 이스라엘의 건국은 영국에 부담을 주며 중동지역에서 갈등을 일으켜 영국의 지역패권을 마모시킬 것으로 판단하였다. 사실 스탈린이 파악한 대로 이스라엘 건국 과정의 주체는 마팜(Mapam, 통합노동당, United Workers Party)과 히스타드루트(Histadrut, 이스라엘노동자총연맹, the General Organization of Workers in Israel) 등 좌파단체와 벤-구리온과 골다 메이어(Golda Meir) 등 좌파정치인들이었다. 사회주의와 시온주의가 결합된 키부츠(kibbutzim)의 성공도 스탈린의 계산에 포함되었다. 그는 이스라엘이 중동에서 소련의 위성국이 될 수도

....

45　Harry S. Truman, *Memoirs of Harry S. Truman: 1946-52, Years of Trial and Hope*, Smithmark Publishers, 1996, p. 160.

있다고 생각하였다. 다른 한편, 냉전이 시작되던 당시인 1947년 3월 미국이 그리스와 터키를 방어하겠다는 '트루먼 독트린'의 선포는 소련 국경 쪽으로 미국의 영향력이 확대됨을 의미했고, 이는 스탈린으로 하여금 포위망을 뚫는 수단으로 이스라엘을 보게 만들었다.

1947년 5월 소련 외교장관 안드레이 그로미코는 팔레스타인을 분할하는 UN 안보리 결의안 181호를 지지하며 "서부 유럽국가들은 유대인들의 기본권을 방어하지 못해 왔다… 이는 유대인들이 자신들의 국가를 가져야 한다는 주장에 정당성을 부여한다"고 말하며 유대인들의 마음을 사로잡으려 하였다. 소련은 서방국가들이 이스라엘에 무기판매를 금지하고 있던 1948년 1월 14일 체코슬로바키아를 활용하여 이스라엘 건국에 필수적 조건이었던 무기(2차대전 중 독일군이 사용하던 것으로 체코슬로바키아에 남아 있던 무기)가 유대인 민병대에 반입되도록 협력하였다. 그후 시리아와 이집트도 체코슬로바키아의 무기 수입을 원했으나 시리아는 200만 달러어치, 이집트는 미미한 양만을 수입할 수 있었던 반면, 이스라엘은 2,300만 달러어치의 무기를 수입할 수 있었다. 벤-구리온은 "그 무기들이 이스라엘을 살렸다. 이 무기가 없었더라면 우리가 이길 수 없었을지도 모른다. 체코로부터의 무기는 우리가 받은 최대의 원조였다"고 말하였다.[46] 소련은 또한 20만의 동유럽 유대인이 팔레스타인으로 이주하는 것을 허용하였다.[47] 물론 소련이 이스라엘을 계속 지원했던 것은 아니다. 소련은 오히려 아랍국들에게 군원을 제공하고 이스라엘을 파괴하려는 테러단체를 지원하기도 하였다. 그러나 소련은 적어도 1955년 이전 특히 1956년 수에즈 운하 위기가 발생하기 직전까지는 이스라엘에 미련을 두고 있었다.

....

46   Zeev Schiff, *A History of the Israeli Army: 1874 to the Present*, Macmillan, 1985, p. 37.
47   Sayigh(1999), p. 17.

중동의 전쟁들

1948년 전쟁

이스라엘이 미국, 소련 등의 후원하에 건국을 하였지만, 이스라엘 내 아랍인들은 1,300여 년 동안 조상 대대로 살아오던 고향을 떠나야 하는 운명에 처하였다. 이스라엘 정부가 차별불가를 밝혔지만, 유대인 민병대와 조폭들은 팔레스타인인들의 시민권이나 종교권보다는 유대인들만의 국가를 만드는 것이 더 중요하다고 생각했고, 아랍의 밀정 노릇을 하는 이른바 '제5열(the fifth column)'을 척결해야 한다고 믿었다. 특히 유대인 지도자들에게는 유대국가 내에 아랍인들이 다수를 차지하는 마을이 존재한다는 사실은 당혹스러운 것이었다. 팔레스타인인들은 지속되는 '알-나크바'를 속절없이 겪어야 하였다.

이스라엘이 건국을 선포하고 '알-나크바'가 계속되자 주변 아랍국들은 팔레스타인인들을 위해, 그리고 이스라엘 건국을 무효화하기 위해 무력 개입을 선택하였다. 이스라엘 건국 선포 다음 날 이집트, 시리아, 트랜스요르단, 사우디아라비아, 이라크, 레바논, 예멘 등은 이스라엘에 대해 선전포고를 하였고, 이집트, 시리아, 이라크, 트랜스요르단, 레바논은 "유대인들을 바다로 처박기 위해" 팔레스타인인들을 소개(疏開)하도록 하고, 이스라엘 공격에 나섰다. 사우디아라비아는 약간의 병력을 보내 이집트군의 작전통제를 받도록 하였다. 초반에는 아랍군이 우세를 보였다. 그러나 얼마 되지 않아 영국군이 교육하고 작전통제하던 당시 최고의 전력을 보유하던 트랜스요르단군이 아랍군으로부터 이탈 조짐을 보이기 시작하였다. 트랜스요르단의 압둘라 왕(Abdullah I bin al-Hussein al Hashemi)은 이미 1946년과 1947년 유대국가 독립을 사실상 인정한 바 있었고, 이스라엘은 압둘라가 요르단 강 서안지구(the West Bank)를 병합할 경우 반대하지 않기로 밀약을 해둔 상태였다. 실제로 이스라엘은 트랜스요르단이 '서안지구'와 동예루살렘을 점령할 때 막지 않았고, 압둘라 왕은 1947년의 안보리 결의안 181호가 정한 국경을 넘어 이스라엘을 공격하지는 않았다. 정전이 두 차례 있은 후 트랜스요르단과 전쟁목표가 달랐던 이집트 및 시리아 사이에 불화가 발생하였고, 전세는 역전되어 이스라엘이 결국 승리하였다. 1948년 전쟁과 정전의 결과 이스라엘은 '역사적 팔레스타인' 영토의 78%를 점령하였고, 나머지, 즉 가자지구(the Gaza Strip)는 이집트가, 서안지구는 트랜스요르단이 각각 점령하였다. 트랜스요르단은 1년 후 서안지구를 공식 합병하였다. 예루살렘은 둘로 나뉘어져 유대인이 많이 사는 서부 예루살렘은 이스라엘, 아랍인이 많이 거주하는 동예루살렘은 트랜스요르단의 일부가 되었다. 압둘라 왕은 예루살렘 구도시의 이슬람 성지를 합병함으로써 한 세대 전에 자신의 부친이 메카와 메디나를 이븐 사우드에게 빼앗긴 것을 벌충하고자 하였다. 이와 같이 '그린라인'에 합의한 1949년 아랍-이스라엘의 정전협정은 1967년까지 유지되었다. 그러나 '알-나크바'는 계속되어 수십만의 팔레스타인 사람들은 고향을 등지고 난민이 되었다. 그들은 서안지구로, 가자지구로, 그리고 트랜스요르단, 레바논, 그리고 시리아로 향하였다. 일부는 친척을 방문하거나 집을 되찾기 위해 휴전선을 넘어 이스라엘 점령지역으로 진입을 시도하다 이스라엘군의 총탄에 희생되었다.

1948년 9월 6일-16일 동안 이집트의 알렉산드리아에서 개최된 아랍리그 회의에서 결성된 전팔레스타인정부(All Palestine Government)는 9월 22일 팔레스타인 '아랍고등위원회(the Arab Higher Committee)'에 의해 공식화되었다. 이에 팔레스타인을 분할하기로 시온주의 지도자들과 비밀협상을 진행 중이던 트랜스요르단의 압둘라가 강하게 반대하고 나섰다. 그는 전팔레스타인정부의 정통성을 격하하기 위해 1948년 10-12월 암만(Amman), 예리코, 라말라(Ramallah)에서 열린 전팔레스타인정부 반대 행사를 지원하였다. 이 행사 참가자들은 서안지구에 대한 압둘라 왕의 지배를 지지하였다. 압둘라가 서안지구와 동예루살렘을 점령한 상태에서 결국 전팔레스타인정부는 이집트 통제하의 가자지구에서만 활동할 수밖에 없게 되었다. 압둘라는 서안지구에 기지를 둔 전팔레스타인정부의 성전군(the Holy War Army)도 해체하길 원하였다. 아랍인 병사들이 주저하자 영국군 장교들이 나서 성전군을 무장해제하였다. 곧 이어 10월 15일 이스라엘군이 가자지구를 공격하였다. 이집트는 가자지구를 떠나지 않으려는 전 예루살렘 최고종교지도자(Grand Mufti of Jerusalem)이자 아랍고등위원회 창립자인 후세이니(Mohammed Amin al-Husseini)를 카이로로 오게 하였다. 한편, 트랜스요르단의 압둘라 왕은 시온주의자들과 협력해 요르단강 서안을 점령한 대가를 죽음으로 치렀다. 그는 1951년 7월 20일 예루살렘의 알-아크사 사원 입구에서 21세의 팔레스타인 청년 아슈(Mustafa Ashu)에 의해 암살되었다. 요르단 당국은 배후에 후세이니가 있다고 발표하였다.

1948년 전쟁에서 패배한 아랍국가들은 내홍을 치렀다. 시리아에서의 내홍은 특히 심각하였다. 화난 시위군중들은 독립지사 쿠왈티(Shukri al-Quwatli) 대통령을 원인으로 지목하였다. 그는 계엄령을 선포하였고, 육군참모총장 자임(Husni Zaim) 대령을 희생양으로 삼으려 하였다. 자임은 CIA에게 미국이 자신의 정부를 승인할 경우 석유와 아랍-이스라엘 갈등 문제를 전향적으로 풀어나가겠다고 약속했고, 이에 미국은 그를 지원하기 시작하였다. 최근 공개된 비밀문건에 따르면, 1948년 11월부터 CIA 요원 스티븐 미드(Stephen Meade)는 최소 6차례 자임을 만났고, "군이 지지하는 독재정부의 가능성(possibility [of an] army supported dictatorship)"을 타진하였다.[48] CIA의 협력을 받은 자임은 1949년 3월 30일 쿠데타를 성공시켰고, 이스라엘과의 정전협정 체결, 아라비아-아메리칸석유회사(ARAM Co.)가 추진하던 시리아를 관통하는 석유파이프라인 건설, 시리아 공산당 해산 등 미국이 원하는 것을 다 들어주었다.

1950년대에 들어서도 팔레스타인인들과 유대인들은 복수에 복수를 거듭하며 유혈 투쟁을 계속하였다. 이때 국제정세는 급격히 변화하고 있었다. 1950년 6월 25일 한국전쟁이 발발하여 유럽에서의 냉전이 세계 수준으로 확대되었던 것이다. 이스라엘은 반제국주의, 반식민주의에 기초한 아랍민족주의와는 달리, 그간의 비동맹(i-hizdahut) 또는 균형외교 노선에서 점차적으로 벗어나 서방진영으로 진입하였다. 이스라엘이 "유대국가는 미국과 소련이라는 두 대부(代父, two godfathers)를 갖고 있다"[49]라는 외교명제에서 냉전적 '동맹의 선택'으로 외교 궤도를 선회한 데는 몇 가지 이유가 있었다. 첫째, 한국전쟁은 냉전의 양 진영을 명확히 해주었다. 이스라엘로서는 두 대부 중 하나만을 선택해야 하는 상황이었다. 이스라엘은 "자신을

....

48 Douglas Little, "1949-1958, Syria: Early Experiments in Covert Action." http://coat.ncf.ca/our_magazine/links/issue51/articles/51_12-13.pdf; Douglas Little, "Cold War and Covert Action: The U.S. and Syria, 1945-1958," *Middle East Journal*, Winter 1990.

49 Interview with Michael Comay, Jerusalem, 2 May 1982. Avi Shlaim, "Israel between East and West, 1948-1956," *International Journal of Middle Eastern Studies*, Vol. 36, No. 4, November 2004에서 재인용.

낳아준" UN이 침략자로 규정한 북한의 배후에 소련이 있다고 알려진 상황에서 소련을 선택할 수는 없었다. 이스라엘은 남한에 군대를 파견하지는 않았지만, UN의 대북규탄성명을 지지하였다. 둘째, 2차대전 후 세계경제패권국이 된 미국의 정치적, 경제적 원조는 신생 이스라엘의 생존에 필수적이었다. 이스라엘의 정치를 주도하고 있던 벤-구리온 등 좌파 정치인들은 이념을 떠나 생존을 위해 전체 미국 유대인들의 지지를 절실히 필요로 하고 있었다. 그들은 소련과의 거리두기가 미국 내 유대인에게 호소력을 가질 것으로 판단하였다. 셋째, 동유럽으로부터의 이민이 감소하였다. 이들은 이스라엘 마팜 당(통합노동당)을 지지하는 경향이 있었는데 이들의 숫자가 줄어들자 이스라엘 좌파정부에 대한 소련과의 우호관계의 중요성이 상대적으로 덜해졌다. 넷째, 벤-구리온은 나치의 유대인에 대한 범죄와 관련 서독으로부터 배상금 청구를 추진하고 있었다. 이것은 미국의 지원 없이는 성공 불가한 것이었다.[50]

이스라엘은 냉전이 격화되고 있는 상황에서 소련 대신 서방을 선택함으로써 결과적으로 자신의 생존을 확고히 할 수 있었다. 특히 프랑스가 초기 이스라엘의 국방력을 강화하는 데 결정적 역할을 하였다. 1955년 서방이 중동국가들에 대한 무기판매에 제한을 두고 있던 상황에서 프랑스는 우하곤(Ouragon) 전투기 24대, AMX 탱크 30대, 1956년에는 수퍼셔면(Super Sherman) 탱크 300대, 미스테리(Mystere 4A) 전투기 36대를 포함하는 8,000만 달러 상당의 무기를 이스라엘에 판매하였다. 프랑스의 대이스라엘 무기판매액은 1962-1966년 동안 매년 평균 1억 7백만 달러로 증가하였다. 이스라엘 생존의 보루라 할 수 있는 디모나(Dimona)의 네게브핵연구센터(Negev Nuclear Research Center)는 1958년 프랑스의 지원하에 지어졌다.

1948년 이스라엘 건국 후 10여년 동안 직접 원조를 피하던 미국은 냉전이 격화되면서 미국 수출입은행을 통해 자금을 지원하기 시작하였다. 케네디 정부는 1960년 미국 정부 최초로 이스라엘과의 관계를 "특별한 관계(special relationship)"로 규정하였고, 1962년 미국을 방문한 골다 메이어 외교장관에게 이스라엘 피침

....

50   Michael Brecher, *Foreign Policy System of Israel*, Yale University Press, 1972, p. 561.

시 원조 제공을 약속하였으며, 호크(Hawk) 지대공미사일 6기를 판매하였다. 존슨 정부는1965년 패튼(Patton M48A) 탱크 210대, 1966년에는 스카이호크(Skyhawk) 전폭기 48대를 판매하였다.[51]

수에즈 위기

중동정세는 1956년 '수에즈 운하 위기'로 다시 한번 요동치게 되었다. 위기는 새롭게 부상한 이집트의 민족주의 노선을 경제적으로 뒷받침하는 문제와 수에즈 운하에 대한 영국과 프랑스의 제국주의적 이해관계가 얽히면서, 그리고 이들 열강과 전략이익을 공유하던 이스라엘이 적극적으로 공모하고 침략행위에 앞장섬으로써 시작되었다.

1948년 이스라엘과의 전쟁에서 대패해 민족적 국가적 굴욕감을 주체할 수 없었던 이집트의 민족주의자 나세르(Gamal Abdel Nasser) 대령은 친영적 군주인 파루크(Farouk)를 전복시킨 1952년 "혁명"을 주도하였다. 그는 초대 나기브(Moham-med Naguib) 대통령 정부에서 총리직을 수행하며 이집트의 새로운 권력자가 되어 갔다. 나세르는 이집트의 '르네상스'를 위해 세 가지 분명한 목표를 가지고 있었다. 1880년대 이후 제국적 지배의 상징이 된 영국군을 몰아내고 이집트의 완전독립을 구현한다, 이스라엘에 이길 수 있는 군사적 역량을 확보한다, 그리고 아스완(Aswan)에 대형 댐을 세워 나일강변의 농사를 원활히 함으로써 국가경제를 획기적으로 발전시킨다 등이 그것이었다. 1954년 10월 19일 이집트와 영국은 1936년의 영·이집트 협정을 대체하는 수에즈운하기본협정을 체결하고, 영국군은 1956년 6월 11일까지 철수하며, 이집트는 수에즈 운하의 자유항행을 보장하고, 수에즈 운하

....

51　미국은 베트남전쟁에서 고전하던 1967년 이스라엘이 아랍국들과의 한판 승부에서 파죽지세로 승리하자 세계전략의 차원에서 이스라엘과의 관계를 더욱 공고히 하였다. 미국은 1967-69년 동안 매년 평균 2억 9천만 달러 어치의 무기를 판매하였고, 액수는 1970-72년 동안 5억 5천만 달러로 증가하였다. 미국의 대이스라엘 무기판매는 점증하여 1973년 욤 키푸르전쟁 이후 18억 달러 어치의 무기, 12억 달러의 경제원조를 제공함으로써 이스라엘의 방위력 향상에 결정적으로 기여하였고, 팔레스타인-이스라엘 갈등뿐 아니라 전 중동정세의 향방에도 다대한 영향을 주었다.

가 외적에 의해 위협받을 시 영국군의 재진입을 허용할 것에 합의하였다.

　이집트의 영광을 재현하려는 나세르의 계획은 영국군이 철수하기도 전에 거대한 장애물에 직면하게 되었다. 1955년 2월 28일 이스라엘은 1948년 아랍–이스라엘 전쟁 이후 이집트 통제 하에 들어간 가자지구의 아랍 무장게릴라 조직이 이스라엘에 대해 파괴 및 살인 행위를 자행했다며 공수부대를 동원하여 가자지구 외곽의 군기지를 공격하였다. 이 과정에서 이집트군 38명과 민간이 2명이 사망했으며, 많은 부상자가 발생하였다. 이는 그렇지 않아도 1948년 전쟁에서의 패배를 만회하려던 나세르와 이집트인들을 자극하였다. 나세르는 이러한 맥락에서 무력증강의 필요성을 절감하고 있었고, 영국과 미국으로부터 무기를 구입하려 하였다. 그러나 영국과 미국은 나세르에게 조건을 내걸었다. 그가 무기를 원한다면 당시 양국이 중동을 소련으로부터 보호하기 위해 구축하고 있던 바그다드 협정(Baghdad Pact)에 가입해야 한다는 것이었다. 이라크와 터키는 이미 1955년 2월 24일 군사협정을 체결함으로써 영국·파키스탄·이란이 참가하게 될 바그다드 협정의 기초를 놓으며 NATO와 SEATO(동남아조약기구)를 연결하는 대소 방공군사네트워크를 건설하려던 영국과 미국의 기대에 부응하고 있었다. 영미가 내세운 이러한 조건은 나세르에게는 "고르디우스의 매듭(Gordian Knot)"과 같은 것이었다.[52] 아랍패권을 두고 이라크와 경쟁하던 이집트의 나세르는 이라크가 주도적 역할을 하는 군사동맹에 뒤늦게 참여할 수는 없는 노릇이었다. 물론, 나세르가 서방으로부터만 무기를 구입하겠다는 것은 아니었다. 소련과 체코의 비밀해제 문건에 따르면, 나세르는 1955년 이전부터 공산권에서 무기를 구입하기 위한 노력을 기울이고 있었다.[53] 어쨌든 영국과 미국의 조건을 수용할 시 발생할 수 있는 중동정치 및 국내정치적 손실을 우려한 나세르는 결국 1955년 9월 27일 소련의 위성국인 체코슬로바키아로부터 무기

....

52　Guy Laron, "Cutting the Gordian Knot: The Post-WWII Egyptian Quest for Arms and the 1955 Czechoslovak Arms Deal," CWIHP Bulletin, No. 55, February 2007, p. 4.

53　Laurent Rucker, "L'URSS et la Crise de Suez," Communisme, 49-50, 1997, pp. 154-55, and Petr Zidek, "Vývoz zbraní z Československa do zemi třetího světa 1948-1962" [Arms exports from Czechoslovakia to Third World countries in 1948-1962], Historie a vojenství, 3, 2002, pp. 540-41. Larson(2007), p. 3에서 재인용.

를 구입하겠다고 선언하였다. 이집트가 바그다드 협정에 가입할 것으로 기대하던 영국과 미국은 나세르를 설득하기 위해 대표단을 황급히 카이로로 파견하였으나 소기의 목적을 달성하지 못하였다. 1956년 6월 23일 대통령에 당선된 나세르는 무기수입을 통한 이집트군 역량 증강에 매진하였고, 이는 이스라엘뿐 아니라 소련의 중동 내 교두보 건설을 우려하던 영국과 미국의 위협인식을 급격히 증가시켰다.

미국이 먼저 행동에 나섰다. 나세르의 야심찬 경제발전전략에 제동을 건 것이었다. 1956년 7월 19일 미국은 아스완 댐 건설을 위한 자금을 제공하기 어렵다고 이집트에 통보하였다. 미국이 몇 달 전에 약속했던 바를 취소한 것이었다.이유는 댐 프로젝트가 성공하기 어렵고, 미국의 해외원조 예산이 줄었다는 것이었지만, 진짜 이유는 나세르의 이집트가 무기수입에서 보듯 급격히 친소화(親蘇化)하고 있었기 때문이다. 영국도 미국과 보조를 같이하여 재정협력을 취소하였다. 세계은행도 이미 약속한 2억 달러의 금융지원을 없던 일로 하였다. 나세르는 1956년 7월 26일 영국과 프랑스의 공동소유인 영불수에즈운하회사의 국유화를 선포하며, 아스완 댐 건설 자금은 수에즈 운하 통행료로 조달하겠다고 발표하였다. 나세르는 충분한 보상을 약속했으나 냉전적 경쟁의식과 제국주의적 관성을 동시에 유지하던 영국과 프랑스에게는 나세르의 사회주의적 민족주의 노선이 위협적이기도 했지만 당돌하고 건방진 일탈로 보였다. 80세의 처칠이 은퇴한 자리에 들어선 최후의 구세대 정치인(old quard) 이든 총리는 나세르를 권좌에서 몰아내고, 영국의 지역적 영향력을 회복하기 위해 군사행동을 고려하였다. 반공주의 전사 덜레스 미국 국무장관도 묵시적으로 지지하였다. 그러나 세계패권국이 된 미국의 아이젠하워 대통령은 비동맹운동 등 제3세계를 의식하고 중동의 아랍국들에 대한 소련의 영향력 확대를 막기 위해, 이들을 자극할 수 있는 영국의 군사행동에 대해 반대입장을 분명히 하였다.

그렇지 않아도 국경지역에서 이집트와 빈번히 충돌하던 이스라엘도 이러한 이집트의 민족주의화와 군사력 강화를 크게 우려하고 있었다. 1950년 홍해로 나가는 출구인 티란해협(Strait of Tiran)에 대한 이집트의 봉쇄도 이스라엘의 무역에 큰 장애로 작용하였다. 나세르가 아카바 만(The Gulf of Aqaba 또는 Gulf of Eilat)을 봉쇄하여 이스라엘의 홍해 접근을 막자 이스라엘은 군사행동에 나서지 않으면 안 된다고 판단하였다. 1956년 10월 프랑스 총리 몰레(Guy Mollet), 영국 총리 이든(Anthony Eden), 그리고 이스라엘 총리 벤-구리온은 파리 근교의 세브르(Sevres)에서 회동하였다. 영국은 중동에서의 발판 상실을 만회해야 했고, 프랑스는 수에즈 국유화뿐 아니라 나세르가 프랑스 식민지 알제리의 반군을 지원하고 있다고 분노하고 있었으며, 이스라엘은 시나이 반도 등의 전략적·경제적 이익을 겨냥하고 있었다. 3국은 이스라엘이 수에즈를 먼저 공격하고, 영국과 프랑스가 이집트, 이스라엘 양국군 철수를 요구한 후 이집트가 거부하면 영국, 프랑스 군이 수에즈를 공격한다는 비밀 계획에 합의하였다.

1956년 10월 29일 이스라엘 공수부대가 기습공격을 실시하였고, 이집트군과 교전하였다. 다음 날 영국과 프랑스는 양측에 즉각 교전을 중단하라는 최후통첩을 발표하였다. 가자지구와 시나이 반도를 점령한 이스라엘군은 이집트군이 반격하길 기대하며 진군했으나 이집트군은 후퇴를 거듭하였다.

10월 31일 영국과 프랑스 공수부대는 운하지역을 공격하였다. 11월 2일 적대행위 중단을 요구하는 미국의 입장을 반영한 UN결의안이 채택되었다. 영국·프랑스 군은 이를 무시하고 11월 5일 나세르가 수에즈 운하 국유화를 선언한 지 100일 만에 공중폭격 등 군사행동을 개시하여 이집트 공군을 순식간에 무력화하였다. 6일에는 해군도 참가하여 이집트군을 쉽게 제압하고 체코슬로바키아로부터 들여온 무기들을 노획하였다. 11월 6일 미국은 영국과 프랑스에게 금융협력(대출) 중단으로 위협하였고,[54] 6일 자정 UN사무총장 하마슐트(Dag Hammarskjöld)의 요구가 받아들여져 정전이 이루어졌다. 영불군은 사이드 항(Port Said) 남쪽 엘캅(El Cap)까지 다다랐으나 운하 전체를 점령하지는 못한 상태였다.

아이젠하워 대통령은 영국과 프랑스가 자신의 중동전략을 훼손한 것에 격분하였다. 또한 마침 1956년 12월 4일 소련은 헝가리 자유화 봉기를 진압하기 위해 군

....

54   수에즈 위기로 인해 영국의 파운드화는 가치가 급락하였고, 재무장관은 이든에게 수십억 달러 상당의
미국의 금융협력이 절실히 요구된다고 보고하였다. 영국의 요청에 대해 아이젠하워는 단호한 자세를 취
하였다: "정전협정이 없이는 대출 불가." 영국군은 사격중지 명령을 받고 UN군이 도착할 때까지 대기하
여야 하였다.

사침공을 단행한 상황이었다. 닉슨 부통령이 말했듯이, 미국으로서는 소련의 군사행동을 비난하면서, 영국과 프랑스의 군사행동을 인정할 수는 없는 노릇이었다.[55] 영국과 프랑스를 포함하여 세계 각국의 여론도 영국과 프랑스의 군사 조치에 대해 매우 부정적이었다. 소련은 개입할 수도 있음을 암시하고 있었다. 영국, 프랑스, 이스라엘군은 결국 수모 속에 철수할 수밖에 없었다. UN은 긴급파견부대(United Nations Emergency Force)를 보내 정전을 감시하고 질서를 회복하였다. 이집트는 수에즈 운하를 재개통하였고, 1950년 이후 봉쇄하였던 티란해협을 통한 이스라엘 선박의 통행을 허용하였다. 수에즈 운하 위기에서 가장 큰 피해를 본 국가는 영국이었다. 정치적·군사적으로 만신창이가 되어 철수함으로써 지역적 영향력이 축소되었을 뿐 아니라, 대서양동맹의 핵심 파트너인 미국에 의해 모욕을 당함으로써 국제사회에서 그 정치적 위상이 추락하였다. 영국은 말레이시아(1957), 가나(1957), 사이프러스(1960)를 위시하여 중동의 걸프 지역, 아프리카, 카리브 지역의 식민지를 포기하며 대영제국의 종말을 고할 수밖에 없었다. 그러나 피해를 본 것은 미국도 마찬가지였다. 베트남전에서 미국이 고전할 때 영국은 사실상 방관하였던 것이다. 수에즈 위기에서 가장 이득을 본 나라는 소련이었다. 반제국주의를 세계적으로 선동할 수 있는 기회를 얻었고, 미국의 봉쇄전략에 흠집을 내면서 중동 진출에 성공하였으며, 1956년 10월 23일 시작된 헝가리의 자유주의적 봉기를 세계 여론이 수에즈에 집중된 틈을 타 무자비하게 무력진압할 수 있었다. 나세르도 승자였다. 그는 이집트뿐 아니라 전 아랍세계에서 제국주의 침략자들과 철천지 원수 이스라엘에 정의의 철퇴를 가한 불세출의 영웅으로 부각되었다. 도전받지 않는 아랍의 지도자가 된 그는 범아랍민족주의 운동에 활력을 불어넣으며, 인디아의 네루(Jawaharlal Nehru), 유고슬라비아의 티토(Josip Broz Tito), 인도네시아의 수카르노(Sukarno), 가나의 엥크루마(Kwame Nkrumah) 등과 함께 미소 양 진영에서 벗어나 "모든 형태의 식민주의와 제국주의에 반대하는 민족자결주의적" '비동맹운동(Non-Aligned Movement)'을 주도하였다.

....

55 "Interview with Richard Nixon concerning J.F. Dulles," National Security Archive, Record no. 65, p. 106.

실제로 수에즈 위기는 비동맹운동(the Non-Alignment Movement)을 활성화시킨 촉매제로 작용하였다. 비동맹운동은 냉전이 격화되던 1950년대 중반 미국이나 소련의 세력권에 편입되길 거부하고 탈식민적, 주체적 발전을 추구하던 신생 독립국들의 집단적 여망을 담은 아시아-아프리카 차원의 국가 간 협력이었다. 비동맹운동의 지도자들은 1955년 인도네시아의 반둥(Bandung)에서 아시아-아프리카 협력 회의를 열고 "열강의 개별적 이익에 복무하는 집단방어나 동맹을 거부하고, 모든 형태의 식민주의와 제국주의를 배격하는 민족자결주의를 지지한다"고 선언하였다. 이들은 1956년 국가주권이 노골적으로 침해된 수에즈 위기가 발생하자 1961년 소련의 위성국가가 되길 거부한 유고슬라비아의 베오그라드에서 제1차 비동맹운동 회의를 열고 국가주권의 존중, 군비축소, 보다 평등한 국제질서를 담은 성명을 발표하였다. 참가국은 25개국이었다. 중국은 비동맹운동을 지지/지원하였지만 소련을 의식하여 옵저버로 참가하였다. 쿠바는 비아시아-아프리카의 유일한 회원국이었다. 비동맹운동은 미국과 소련의 양 진영이 이분법적으로 대결하던 냉전기 신생국들이 자신의 주체적 발전을 위해 선택한 전략적 대응이었고, 이른바 '제3의 길(the Third Way)'이었다.[56]

1967년 전쟁(6일전쟁)

수에즈 운하 위기 이후 근 10년 동안 양측 간 팽팽한 긴장 속에서 크고 작은 충돌이 벌어졌다. 특히 1948년 전쟁 이후 '이스라엘-시리아정전협정'에 따라 비무장지대(DMZ)화된 골란고원(Golan Heights) 일부에서의 간헐적 무력분쟁은 전쟁으로

....

56   서방의 일부 국가들은 쿠바의 가입으로 인해 비동맹운동이 변질되었다고 비판하였다. 그러나 회원국 대다수는 비동맹운동을 미소 양 진영과의 동맹을 거부하는 외교안보적 '행동 통일'의 차원을 넘어서는 반제국주의, 반식민주의, 그리고 세계 평화와 정의를 추구하는 대안적인 신생국 간 협력으로 정의하면서 반제국주의와 아프리카, 아시아, 그리고 라틴 아메리카의 민족해방 운동을 강력히 지원하는 쿠바의 가입을 지지하였다. 피델 카스트로는 1979년 '아바나 선언(the Havana Declaration)'을 통해 비동맹운동의 목적이 "강대국들의 권력정치와 블록정치에 대한 반대뿐 아니라 제국주의, 식민주의, 신식민주의, 인종주의, 그리고 모든 형태의 외적 침략, 점령, 지배, 개입 또는 패권에 대한 비동맹국들의 투쟁에 있어 이들 국가의 독립, 주권, 영토, 안보"를 보장하는 데 있다고 천명하였다.

비화할 수 있는 위험성을 가지고 있었다. 문제는 DMZ의 법적 위상, 그리고, 토지사용권과 수자원을 둘러싼 양국 간 경쟁과 관련이 있었다. 이스라엘은 정전협정은 군사적 합의이기 때문에 DMZ 내에서 자신의 정치적·법적 권리는 존중되어야 한다는 입장이었고, 시리아는 양측 모두 DMZ에 대해 어떤 형태든 주권행사를 할 수 없다고 반박하였다. 1964년 이스라엘이 요르단 강과 갈릴리 호수의 물을 네게브 사막으로 끌어쓰기 위한 국가수자원운송계획(National Water Carrier project)을 완성하자 긴장이 고조되었다. 시리아는 1965년 아랍국들의 지지 하에 이스라엘의 '물 유용'을 막기 위해 요르단 강 상류의 물을 야르무크(Yarmouk) 강으로 돌리기 위한 작업을 시작하였다. 이스라엘은 시리아의 행위가 자신에 대한 주권침해라고 경고하였다. 이러한 상황하에서 팔레스타인 파타(Fatah)의 게릴라 병사들이 이스라엘 내에서 지뢰 등을 사용하여 이스라엘군 수 명을 살해한 사건이 발생하였다. 이스라엘은 이를 "테러" 행위로 간주하고 본보기를 보여야 한다고 판단하였다. 1966년 11월 이스라엘군은 요르단 서안지구의 알사무(Al-Samū') 마을을 공격하였다. 이는 수에즈 위기 이후 최대 군사작전이었다. 이스라엘군은 서안지구에 주둔 중이던 요르단군까지 공격하여 패퇴시켰다.

압둘라 왕의 손자로서 그의 사후 요르단의 왕이 된 후세인은 곤혹스러운 처지에 빠졌다. 요르단은 1948년 전쟁에서 전승한 유일한 아랍국이었고, 그 이후 이스라엘과 협력관계를 유지하며, 영국 및 미국과는 동맹 수준의 밀접한 관계를 유지하고 있었다. 그는 반이스라엘·반영미적 나세르의 이집트나 시리아가 요르단 왕국에서 왕정타도혁명을 부추기지 않을까 전전긍긍하고 있었다. 자신의 영토에 대규모 팔레스타인 난민 캠프가 존재한다는 사실도 정치적으로 우려스러운 부분이었다. 후세인은 팔레스타인인들과 군 내부의 친나세르 세력이 정변을 일으키지 못하도록 감시 수준을 높이는 한편, 나세르를 "UN긴급파견부대 뒤에 숨어 동족의 희생을 방관한 비겁한 자"라고 비난하였다. UN안보리가 이스라엘의 서안지구 침략을 규탄하는 결의안을 채택하였으나, 전운은 가라앉지 않았다.

1967년 4월 이스라엘 공군기가 시리아 공군기와 공중전을 벌여 시리아의 미그기 6대를 격추하였다. 포격전이 뒤따랐다. 아랍인들은 나세르에게 행동할 것을 호소하였다. 모세 다얀(Moshe Dayan) 전 이스라엘군 사령관 등이 나서 전쟁의 가능성에 대한 우려를 표명하며 자제를 촉구하였으나, 대부분의 이스라엘 언론은 "시리아 정권 타도(regime change)"를 선동하였다. 이는 시리아 국민들을 자극하였고, 시리아 내 강경파들은 이를 1948년 패전을 만회하기 위한 기회로 보았다.

1967년 5월 13일 소련은 이스라엘이 시리아를 1주일 내 공격하기 위해 병력을 집결시키고 있다는 정보를 이집트에 제공하였다. 소련의 의도는 현재까지도 불투명하게 남아 있으나, 일부 이스라엘 학자들은 소련이 이스라엘의 핵개발을 저지하기 위해 일을 크게 만들었다고 보고 있다. 그들에 따르면, 당시 미국이 베트남전의 늪에 빠져 있었기 때문에 소련이 이 지역에 무력개입해도 미국이 손을 쓸 능력이 없을 것이라 판단했을 가능성이 있다.[57] 소련의 정보를 접한 나세르는 고민해야 하였다. 당시 이집트군의 절반이 예멘에서의 전투에 참여하고 있었기 때문이다. 그의 군사령관은 승리를 장담할 수 없다는 입장이었다. 그러나 수많은 아랍인들이 성전을 촉구하는 시위를 벌였다. 나세르는 일단 UN평화유지군을 추방하고, 이집트군을 시나이 사막으로 전개하였다. 이스라엘이 대응하지 않자, 그는 5월 22일 1956년 개방된 아카바 만의 입구에 위치한 티란해협을 봉쇄하며 압박수위를 더욱 높였다.

이에 이스라엘의 에시콜(Levi Eshkol) 수상은 군동원을 명령하는 한편, 아바 에반(Abba Eban) 외교장관을 워싱턴에 급파하여 존슨 대통령을 면담하도록 하였다. 존슨은 에반에게 "필요 시 원조할 것이지만, 좀 더 지켜보자"는 입장을 피력하였다. 미국의 태도에 실망한 이스라엘군은 5월 28일 수상이 "2주 정도 지켜보자"고 하자 좌절감과 불만을 노골적으로 표시하였다. 한편, 아랍의 언론은 이스라엘을 저주하는 내용을 연일 쏟아내었고, 이스라엘 국민들은 공포분위기에 휩싸이게 되었다. 이스라엘의 군부와 강경파 정치인들은 에시콜 수상이 5월 28일 대국민연설에서 말을 더듬으며 핵심을 피해가는 모습으로 일관하자 드디어 폭발하였다. 특히 이스라엘에서 태어난 젊은 유대인들(Sabras, 사브라스, '선인장의 열매들')은 나치 하의 유럽 유대인들의 취약성과 수동성을 거부하며 정치권을 압박하였다. 국방장관을 겸직하던 수상은 다얀에게 그 직을 넘겼다. 다얀 국방장관은 이제 신중한 자세에서 벗어나

....

57   Isabella Ginor and Gideon Remez, *The Soviet-Israeli War, 1967-1973: The USSR's Intervention in the Egyptian-Israeli Conflict*, Oxford University Press, 2017.

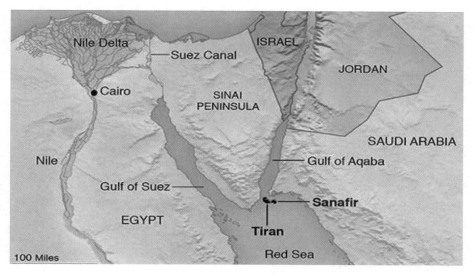

티란해협과 아카바 만.

우리가 "칼을 빼았기면 모두 죽게 된다. 이것이 우리 세대의 운명이다"라며 결전을
암시하였다. 6월 2일 군부는 "기다리면 승리를 장담할 수 없다"며 수상을 코너에
몰아넣었다. 이스라엘 정보기관 모사드(Mossad)의 메이어 아미트(Meir Amit) 부장
은 미 국방장관 맥나마라를 면담하고 개전을 위한 미국의 승락을 얻었다. 6월 5일
오전 7시 10분 16대의 이스라엘 훈련기들(Fouga Magister)이 이륙하였다. 아랍국들
의 레이더에 잡혔지만 통상적 훈련으로 보였다. 7시 15분 183대의 프랑스제 미라
지/수퍼미스테리 전폭기들이(미국은 1968년 이전에는 이스라엘에 항공기를 판매하지 않
았다.[58]) 이륙하여 지중해를 향하다가 이내 서쪽으로 방향을 급전하였다. 이스라엘

....

58 미국은 1967년 전쟁 이전에는 중동전략상 대이스라엘 무기 수출을 사실상 금지하였다. 이스라엘은 독
립선언 후 20여 년 동안 총 5,700만 달러 정도의 무기를 미국으로부터 구입하였다. 이스라엘에 무기를
공급한 주요 국가는 프랑스였다. 이스라엘의 핵개발을 지원한 나라도 프랑스였다. 1950년대 중반부터
무기를 공급하던 프랑스는 1962년 알제리 전쟁이 종료되고, 드골 정부가 대아랍외교를 강화하기 시작
하였고, 급기야 1967년 전쟁이 발발하자 이스라엘을 규탄하면서 중동지역에 대한 무기금수를 선언하였
다. 미국은 반대로 프랑스가 비운자리를 메꾸고자 하였다. 미국은 1967년 전쟁 이후 당시 첨단인 팬텀
기(F-4) 수십 대를 판매하는 등 이스라엘에 대한 무기판매제한을 적극적으로 완화하였다.

공군은 이미 오래 전부터 정찰활동을 통해 이집트의 군사배치 상황 등을 샅샅이 꿰뚫고 있었다. 은밀하게 전격적으로 이뤄진 이스라엘의 '포커스 작전(Mivtza Moked, Operation Focus)'은 대성공이었다. 당시 시나이 반도 비르 타마다(Bir Tamada) 공군기지에서 회의 중 공습을 당한 이집트군 지휘부는 나세르에 대한 쿠데타를 의심할 정도로 무방비 상태였다. 이스라엘 공군기들은 기지에 남아 있던 거의 모든 항공기들을 파괴하였다. 이로써 전쟁의 향방이 결정되었다. 이스라엘 노동당 정부의 부총리 이갈 알론(Yigal Allon)은 전쟁 직전 "이 새로운 전쟁에서 우리는 1948년 독립전쟁 시의 실수를 되풀이 해서는 안 된다. 우리는 완전한 승리, 즉 이스라엘의 '약속된 땅'을 완전히 회복하기 전에는 결코 멈춰서는 안 된다"고 군을 독려하였다.[59] 제공권을 잡은 이스라엘군은 같은 날 지상군을 투입하여 가자지구와 시나이 반도를 향해 진격하였다.

이스라엘군은 이집트 방면인 서쪽뿐 아니라 북쪽인 시리아의 공군기지에 대해서도 같은 날 저녁 대규모 폭격을 단행하였다. 그리고 다음 날엔 1948년 전쟁 이후 요르단이 통제하던 동예루살렘을 공격하였다. 6월 7일 새벽 국방장관 모세 다얀은 이스라엘군에게 동예루살렘에 위치한 구도시(Jerusalem's Old City)를 점령할 것을 명령하였다. 요르단과 이스라엘은 정전을 염두에 두고 한치의 땅이라도 더 얻기 위해 격렬히 싸웠으나, 요르단의 기갑부대는 이스라엘군에 대적할 만한 수준이 아니었다. UN안보리는 같은 날 전투행위 중지를 요구하였고, 정오에 양국은 정전에 합의하였다. 이스라엘군은 정전협정이 조인될 당시 이미 예루살렘의 구도시를 점령하였고, 요르단강 서안지구의 베들레헴(Bethlehem), 헤브론(Hebron), 예리코(Jericho) 등의 도시들을 수중에 넣었다.

이스라엘은 동예루살렘 구도시를 점령한 후 유대인들이 "서벽(the Western Wall, 西壁, 통곡의 벽, The Wailing Wall)"이라 부르고, 무슬림은 "알 부라크 벽(the al-Buraq Wall, 天上馬의 벽)"[60]이라 부르는 성소(聖所)에 대한 접근로를 넓히기 위해

....

59   Benny Morris, *Righteous Victims: A History of the Zionist-Arab Conflict, 1881-1999*, Knopf, 1999, p. 314.

60   이슬람교도들은 무함마드가 신이 내려준 영험한 동물 알부락(al-Buraq)을 타고 예루살렘으로 와서 천

1967년 6월 전쟁 시 점령한 동예루살렘 구도시의 '바위의 돔'을 지나는 벤-구리온과 라빈.

770년의 역사를 가진 '모로코 구역(Moroccan Quarter)'의 400여 무슬림 가구를 파괴하고, '서벽광장(西壁廣場, Western Wall Plaza)'을 구축하였다. 이스라엘군은 총사령관 이차크 라빈(Yitzhak Rabin)의 지휘하에 이 지역에서 1만여 명의 팔레스타인인들을 추방하였다.

이스라엘군은 6월 9일 시리아의 골란고원에 대한 공격을 시작하였고, 다음 날 이 지역을 점령함으로써 시리아의 수도 다마스커스를 눈앞에 두었다. 그러나 UN이 개입하여 6월 9일 이집트-이스라엘 간 정전협정이 체결되었고, 11일 시리아-이스라엘 간 정전협정이 이루어져 전쟁이 사실상 종료되었다.

1967년 전쟁은 향후 이스라엘-팔레스타인 문제뿐 아니라 중동 전체의 국제정치적 지형에 다대한 영향을 주었다. 전쟁은 나치의 박해로 유대인이 겪은 바로 그대로 "갈 데 없는 비참한" 난민이 된 팔레스타인인들에게 심각한 심리적 충격을 가하였다. 그들은 아랍국들의 능력과 의지를 불신하게 되었고, 자신들의 땅은 자신들의 힘으로 찾겠다는 팔레스타인 민족주의에 대한 결의를 다지게 되었다. 팔레스타인 지도자로 부상하던 아라파트(Yasser Arafat)의 PLO(팔레스타인해방기구,

....

상여행을 했다고 믿는다.

Munaẓẓamat at-Taḥrīr al-Filasṭīniyyah, Palestine Liberation Organization)[61]는 1970년 9월 6일 4대의 민간항공기들을 거의 동시에 납치하고 1대를 폭파하였다. 아라파트는 조직의 두 기둥인 파타(Fatah)와 인민전선(Popular Front for the Liberation of Palestine)을 지휘하며 1970년 9월 16일 이스라엘에 유화적이고 팔레스타인에는 적대적인 요르단의 후세인 왕에 무력으로 도전했고, 영토 일부를 장악하였다. 접경국 시리아는 PLO에 동조하여 요르단을 공격하기 위해 국경 넘어 탱크를 보냈다. 곤란한 지경에 처한 후세인은 영국에게 시리아의 진격을 막기 위하여 이스라엘의 공습이 필요하다고 호소하였다. 최근 공개된 영국 외교부의 비밀문건에 따르면, 영국은 취약한 후세인 정권이 아라파트에 의해 붕괴될 가능성 때문에 직접 나서지 않았고, 미국에게 후세인의 호소를 전달하였다. 그러나 미국도 개입을 원하지 않았고, 이스라엘도 후세인을 돕지 않았다. 소련도 위기가 고조될까 염려하여 시리아에게 자제를 촉구하였다. 시리아는 9월 23일 탱크를 철수하였으며, 시리아의 도움을 상실한 PLO는 패배하였다. 1971년 PLO는 본부를 요르단에서 근처 레바논으로 옮길 수밖에 없었다. 요르단 내전 또는 "검은 9월(the Black September)"은 아랍세계의 분열과 약점을 부각시켰다. 아랍권 내에서는 이스라엘이 아랍국을 군사적으로 지원할 것이라는 치욕적인 전망마저 고개를 들었다.

PLO는 "9월 항쟁"이 실패하자 '검은 9월단(Black September Organization)'을 조직하였다. 이들은 1971년 와스피 알탈(Wasfi al-Tal) 요르단 총리를 암살했고, 1972년 뮌헨올림픽에서 이스라엘 선수들 11명을 납치 살해하는 테러를 자행하였다. 한편, 아랍국들은 "유대인들을 바다로 처박는 일"은 불가능하다는 현실을 깨닫게 되었다. 따라서 이후 이스라엘과의 현실적 타협노선이 부상하였다. 이스라엘은 1967년 전쟁으로 가자지구, 골란고원, 서안지구를 점령함으로써 이집트, 시리아, 요르단에 대해 협상력을 제고할 수 있게 되었고, 이들 아랍국은 자신의 영토 회복이 급선무였으므로 팔레스타인 해방 문제는 뒷전으로 밀려나게 되었다.

....

61   팔레스타인해방기구(PLO)는 1964년 5월 카이로에서 아랍리그에 의해 출범하였다. PLO 선언문에 따르면, PLO의 목표는 무력투쟁을 통해 이스라엘을 제거하고 요르단 강과 지중해 사이에 팔레스타인독립국가를 회복하는 데 있었다.

1967년 이스라엘은 줄쳐진 지역,
즉 이집트의 시나이 반도, 시리아의
골란고원, 그리고 팔레스타인의
서안지구(동예루살렘 포함)와
가자지역을 점령하였다.

　1967년 전쟁에서의 완승은 이스라엘에게 자신의 생존능력을 확인시켜준 역사적 사변이었을 뿐 아니라 자신을 둘러싸고 위협하는 대적(大敵)들을 물리친 구약의 인물을 상기시켜주는 기적적인 사건이었다. 구약과 메시아적 구원에 대한 유대적 신앙은 상당수의 젊은 이스라엘인들을 당시까지 금단의 적토(敵土)였던, 그러나 오래 전 "신이 약속하신 성스러운 땅(the Holy Land)"으로 인도하였고, 그들은 이스라엘군이 점령한 서안지구와 가자지구에 정착촌을 건설하였다. 1967년 전쟁 직후 UN은 안보리 결의안 242호를 통해 이스라엘군은 점령지로부터 철수하고 아랍국들은 이스라엘이라는 국가의 존재를 인정할 것을 선언하였다. 이스라엘, 이집트, 요르단은 이 결의안을 수용하였다. 그러나 팔레스타인해방기구는 이 결의안을 거부하였다. 결의안 242호는 팔레스타인이나 팔레스타인인들을 언급하지 않은 채 오로지 "난민의 문제의 정당한 해결"을 촉구하였기에 그들은 자신들이 하나의 "문제"로 규정되었다는 사실에 분개하였다. 게다가 팔레스타인은 이 결의안이 중동의 국가들이 "서로의 주권과 영토적 불가침성, 독립, 평화롭게 생존할 권리 등을 상호 존중할 것"을 권고한 것에 대해, "생존할 권리가 문제시되는 주체는 이스라엘뿐"이었기 때문에 UN안보리는 "아랍국들이 이스라엘의 생존권을 인정하도록 요구하는 것"으로 해석하였고, 이러한 맥락에서 UN은 국가를 갖고 있지 못한 팔레스타인인들의 민족자결주의를 무시한 것으로 이해하였던 것이다. 팔레스타인의 반대는 아라파트가 1988년 이 결의안을 수용하고 '2국가방식(two states solution)'의 문제해결책을 받아들일 때까지 지속되었다.

1973년 전쟁(욤 키푸르전쟁)

1967년 전쟁에서 시나이 반도와 골란고원을 이스라엘에 빼앗긴 이집트와 시리아는 수년 동안을 와신상담하며 복수의 기회를 노렸다. 그러나 이집트의 사다트(Anwar Sadat)와 시리아의 아사드(Hafez al-Assad)는 목표가 같지 않았다. 1970년 나세르 사망 후 대통령에 오른 사다트는 1967년 당시 국회의장 겸 부통령이었지만, 시리아의 아사드는 국방장관이었고, 전패로 인해 그의 정치적 위상이 심각하게 흔들렸다. 아사드에게 골란고원을 회복하는 일은 해방의 의미도 있었지만, 개인적 복수와 정치적 이익도 게재되어 있었다.

양국은 1967년 전쟁 이후 이스라엘이 미국 등 서방에서 수입한 무기로 무장한 만큼이나 소련의 무기를 대량으로 수입하였다. 냉전적 대결이 중동에서 새로운 전쟁의 배경으로 작용한 셈이었다. 사다트는 시나이반도를 해방할 수 있는 능력이 완전치 못한 상태에서 시나이 반환을 조건으로 이스라엘에 평화협정을 제의하였다. 그러나 이스라엘의 골다 메이어 총리는 사다트의 제의를 거부했고, 그는 드디어 1970년 쿠데타로 집권한 시리아의 아사드와 함께 남과 북의 양대전선을 통해 이스라엘을 공격한다는 데 비밀리에 합의하였다. 그럼에도 불구하고 사다트는 복수심에 불타는 아사드와는 달리 제한전쟁을 통해 시나이 반도를 찾고 이스라엘과 평화협정을 체결하는 것을 목표로 하고 있었다.

전쟁이 발발한 날은 1년 중 한 번밖에 없는 유대교의 '속죄일(贖罪日, Yom Kippur, 욤 키푸르)'이었다.[62] 구약의 레위기에 따르면 이 날은 아무 일도 하지 않고 금식

....

62   아랍국들은 당시가 금식성월(禁食聖月) 기간이었기 때문에 이를 '라마단 전쟁(Ramadan War)'이라 부

을 하기로 되어 있었다. 따라서 모든 상점과 교통, 라디오와 TV 방송도 휴업에 들어 갔다. 1973년 10월 6일 오후 2시 이집트와 시리아군은 소련제 무기로 무장한 채 남과 북에서 이스라엘을 공격하였다. 양국 군대는 개전 초기 우위를 차지하고, 빼앗겼던 지역의 일부를 탈환하였다. 그러나 이스라엘 기갑부대가 움직이면서 상황은 역전되었다. 이라크, 사우디아라비아, 요르단의 병력이 시리아 전선에 투입되었으나 이스라엘군에 큰 충격을 주지는 못하였다. 1967년 전쟁 시 마지못해 참전했던 요르단의 후세인 왕은 이번에는 결정적인 시점인데도 이스라엘을 공격하지 않았다. 결과적으로 이스라엘군은 시리아의 수도 다마스커스 35km 근방까지 쳐들어갔다. 미국은 10월 12일 '니켈 그래스(Operation Nickel Grass)' 공수작전을 통해 이스라엘에게 탱크와 야포 등 무기를 신속히 제공하며 자신의 "대리자"를 지원하였다. 소련도 이어 자신의 "대리자들"에게 무기를 제공하였지만, 전세를 뒤집지는 못하였다.

열세에 놓인 아랍국들은 10월 17일 석유를 무기화하였다. 1960년 9월 창립된 석유수출국기구(the Organization of Petroleum Exporting Countries, OPEC)가 유가 17% 인상, 5% 석유감산을 결정했고, 이스라엘이 1967년 이후 점령한 지역에서 철수하지 않고, 팔레스타인인들의 정당한 권리가 회복되지 않을 경우 감산을 지속할 것임을 선포했던 것이다. 이는 중대한 결과를 냈다. 석유가격은 1년 새 배럴당 3달러에서 12달러로 치솟았다. 이스라엘을 군사지원한 미국은 수출중지 조치로 타격을 받았다. 1972년 갤런당 35센트하던 휘발유 가격이 1973년 50센트로 폭등하였다.

미국과 서방은 이 '석유 날벼락'을 피하기 위해 전술적 전환을 시도하였다. 10월 22일 UN안보리는 결의안 338호를 채택하여 즉각적인 정전을 요구했고, 이스라엘이 1967년 전쟁 중 점령한 아랍국들의 영토에서 철수할 것을 요구한 1967년 안보리 결의안 242호를 재확인하였다.

정전협상이 궤도에 오르지 못하다가 10월 18일에 미소 간 대화가 재개되었다. 키신저와 도브리닌이 교섭 주체였다. 도브리닌은 코시긴이 카이로에서 사다트와 협상 중인데 양자 간에 진술한 대화가 기대된다고 말하였다. 그러나 키신저는 "아랍인들은 이스라엘인들만큼이나 거짓말을 잘 한다. 무슨 일이 벌어질지 예측하기

....

른다.

어렵다"고 답하였다. 키신저와 도브리닌은 군사적 상황이 안정적이라는 데는 동의하였다. 이집트, 이스라엘 양측은 사실 교착상태에 빠져 있었다. 키신저는 "어느 쪽이 일방적으로 승리하는 것은 악몽과 같다"고 말했고, 도브리닌은 "그것은 귀하만의 악몽은 아니다"라고 맞장구쳤다.[63] 키신저는 이집트나 이스라엘 중 한쪽의 결정적 승리는 전후평화협상에 대한 미국의 영향력을 약화시킬 것이라 우려한 것이었다. 도브리닌도 소련의 입장에서 그렇게 될 가능성을 걱정하였다. 그러나 얼마 되지 않아 전세가 확연해졌다. 이스라엘 지상군이 시나이 반도에서 큰 전과를 올리고 이집트의 제3군을 포위하기 위해 진격하고 있었던 것이다. 이집트의 사다트는 휴전을 받아들일 태세였다. 키신저는 정전협상을 성사시키기 위해 모스크바와 텔아비브를 방문하였다. 키신저의 "셔틀외교(the Shuttle Diplomacy)"는 OPEC의 석유 권력, 그리고 UN 안보리 결의안 242호 및 340호(10월 25일 발표)와 결합하여 효과를 내었다. 이집트와 시리아는 1967년에 잃었던 영토의 일부를 되찾았고, 이들과 이스라엘 사이에 UN완충지대가 설정되었다.

사다트의 목표가 시나이 반도의 회복과 이스라엘과의 평화협정 체결이었던 만큼 1973년 전쟁 후 이집트-이스라엘 평화교섭에 진전이 있었다. 1977년 사다트는 전 세계의 무슬림들을 분노하게 하며 예루살렘을 방문하여 이스라엘의 의회인 크네셋(the Knesset)에서 "평화를 위한 연설"을 하였다. 카터 미국 대통령은 사다트와 이스라엘 총리 베긴(Menachem Begin)을 대통령 별장이 있는 워싱턴 D.C. 근교의 캠프 데이비드로 초청하였다. 13일간의 협상 끝에 양 정상은 이집트-이스라엘 평화협정을 위한 조건들과 이스라엘-팔레스타인 간 평화를 위한 기본 방향에 합의하였다(the Camp David I). 양국은 1979년 3월 평화협정을 체결하였다. 주요 합의는 ① 이집트는 이스라엘 국가를 인정하고, 이스라엘은 시나이 반도로부터 군대를 철수한다, 이집트는 이 지역을 비무장화한다, ② 이집트는 이스라엘 선박의 수에즈 운하 통행을 허용한다, 그리고 ③ 티란 해협과 아카바 만은 국제수역으로 인정한다 등이었다. 그러나 이 평화협정은 이스라엘-팔레스타인 갈등의 핵심인 팔레스타인

....

63   TELECON, Amb. Dobrynin-Secretary Kissinger, October 18, 1973 7:14 p.m. https://assets.documentcloud.org/documents/6244871/National-Security-Archive-Doc-08-TELECON-Amb.pdf

난민, 예루살렘의 위상, 서안지구 및 가자지구 반환 문제의 해결책은 포함하지 않았다. 팔레스타인인들은 이집트를 이기주의자, 기회주의자라 비난하였다. 22개국으로 구성된 아랍리그는 이집트를 추방하였고, 3개국을 제외한 모든 국가들이 외교관계를 단절하였다. 이집트는 과거 나세르 시절 '빛나던 주역'의 자리를 빼앗기고 아랍사회와 제3세계, 그리고 비동맹운동의 주변으로 밀려나게 되었다.

이스라엘은 요르단과 시리아에 대해서도 이스라엘-이집트 간 이루어졌던 양자적 협상 방식을 준용할 것을 요구하는 한편, 미국이나 소련 등 국제사회가 개입하는 다자적 방식은 거부하였다. 이스라엘로서는 협상에 개입하는 주체들이 많을수록 타결이 어려워진다는 판단이었고, 1:1로 협상하는 것이 협상력 차원에서 자신에게 이롭다고 판단하고 있었다. 이후 요르단과 시리아는 이스라엘과 양자적 협상에 나서지 않았고, 이스라엘은 점령지역에서 철수하지 않았다. 아랍 측은 "최근 무력갈등에서 점령된 영토들"에서 군대를 철수하라는 UN안보리 결의안 242호를 들어 이스라엘을 비난하였고, 이스라엘은 242호는 "모든 영토들(all territories)"에서의 철수를 요구한 것이 아니라고 응수하였다. 이스라엘은 점령지의 90%를 차지하는 시나이 반도를 1979년 이집트에게 반환하였으므로 자신은 결의안 242호를 준수하였지만, 아랍 측은 이스라엘이 "명확하고 확인된 경계 속에서 평화롭게 생존할 권리"를 인정하지 않고 있다고 비판하였다. 이스라엘은 점령지역에 정착촌 건설을 지속적으로 지원함으로써 자신의 영토로 만들려는 의지를 강력히 표명하였다. 요르단은 1994년 이스라엘과 평화협정을 체결하여 아랍국 중 유일하게 이집트의 뒤를 따랐다. 그럼에도 불구하고 이스라엘은 서안지구와 동예루살렘, 가자지구, 그리고 골란고원의 상당 부분을 계속 점령하였다.

이스라엘과 평화협정을 체결한 사다트 대통령은 이스라엘의 베긴 총리와 함께 1978년 노벨평화상을 수상하였다. 그러나 사다트는 1981년 10월 6일, "1973년 전쟁 시 수에즈 운하를 통과한 전승"을 기념하는 군사 퍼레이드에서 그의 대이스라엘 행보에 불만을 품은 이슬람 원리주의 집단인 '무슬림형제단(the Muslim Brother-hood)' 장교들에 의해 암살되었다.

한편, 이스라엘은 1980년 팔레스타인이 자신의 "미래의 수도"로 정한 동예루살렘을 사실상 병합하였다. 이스라엘은 1967년 전쟁에서 동예루살렘을 군사점령한 후 예루살렘의 일부로 편입하고 행정을 관할하였다. UN총회와 안보리(예를 들어, 1968년 안보리 결의안 제252호)는 7차례에 걸쳐 이러한 현상변경 조치가 무효라고 선언하였다. 이스라엘이 안보리의 결의를 무시하고 동예루살렘을 포함한 예루살렘을 수도로 만들려고 하자 안보리는 1980년 6월 30일 결의안 제476호를 긴급 채택하고 이스라엘에게 이 결의안과 이전 결의안들을 준수하고, 예루살렘의 성격과 위상을 변경하는 정책과 조치를 중단할 것을 요구하였다. 이스라엘은 UN의 결의안을 수용하지 않았고, 예루살렘의 위상은 국제적으로 인정되지 않았다. 1990년 10월 8일 '성전산을 지키는 독실한 유대교 신자들(the Temple Mount Faithful)'이 '하람 알-샤리프(Haram al-Sharif, 성전산)'에 위치한 제3성전에 초석을 놓는 과정에서 유혈사태가 발생하였다. 안보리는 1990년 10월 12일 결의안 제672호를 통해 "이스라엘 보안군의 폭력행사를 규탄하는 한편, 이스라엘에게 전시 민간인 보호를 규정한 1949년의 제네바 협정을 준수할 것"을 요구하였다.[64]

이스라엘이 UN 등 국제사회와 갈등을 빚고 있을 때 팔레스타인과 이스라엘 간 대규모 유혈충돌이 발생하였다. 1987년 12월 8일 서안지구와 가자지구의 팔레스타인인들이 들고 일어선 것이었다. 난민수용소에서 시작된 작은 충돌은 이내 수많은 사람들이 참여하는 대규모 항쟁으로 이어졌다. 팔레스타인인들은 저항과 불복종으로, 그리고 돌맹이와 '몰로토프 칵테일(화염병)'[65] 등으로 투쟁하였다. 이스라엘은 무력진압으로 맞서는 한편 점령지 내에 정착촌을 넓혀나갔다. 정착민 중에는 구약의 실현을 위해, 저렴한 주택비용 때문에, 이스라엘과 요르단 사이에 완충지대를 만들기 위해 나서는 사람들이 적지 않았다. 1991년 마드리드 회담 때까지 지속

··········

64   이스라엘은 1999년 5월 예루살렘 동쪽 말레 아두밈 정착촌을 1,300헥타르 확장한다는 계획을 승인하였고, UN총회는 이스라엘이 점령한 동예루살렘의 성격과 법적 위상을 변경하는 이스라엘의 어떤 조치도 무효임을 선언하였다. UN총회는 2000년 12월 1일 결의안을 채택하여 이전 결의안들을 재확인하였고, 안보리 결의안 제478호(1980)를 위반하며 대사관을 예루살렘으로 옮긴 국가들을 규탄하였다. "The Status of Jerusalem," *The Questions of Palestein and the United Nations*, UN Department of Public Information, DPI/2276, 2003.

65   1939년 겨울 소련이 핀란드를 침공하자 핀란드인들은 소련의 외무장관 뱌체슬라프 몰로토프에게 주는 선물이라며 소련군에게 화염병을 던졌다. 그들은 몰로토프의 이름을 따서 화염병을 몰로토프 칵테일(Molotov cocktail)이라고 불렀고, 이것이 화염병의 별칭이 됐다.

된 이 '1차 인티파다(Intifada)' 중 수많은 사람들이 죽거나 다쳤다. 이 사건은 국제사회에서 이스라엘의 이미지를 바꾸어 놓았다. 그때까지만 해도 국제사회는 구약에 나오는 소년 다윗과 거인 골리앗의 싸움을 빗대어 이스라엘을 다윗으로 아랍국들을 골리앗으로 여겼다. 그러나 돌팔매만으로 이스라엘군의 탱크에 맞서는 한 팔레스타인 소년의 모습이 사진에 찍히면서 팔레스타인인들이 오늘날의 다윗으로, 이스라엘군이 거인 골리앗의 모습으로 역전되었고, 국제사회의 시선도 바뀌게 되었다.[66] 아흐메드 야신(Ahmed Yassin)은 이슬람 수니파[67] 원리주의 지파인 이집트 무슬림형제단의 가자지구 단원들을 결집하여 이슬람저항운동 단체 하마스(Ḥarakat al-Muqāwamah al-ʾIslāmiyyah, Hamas, Islamic Resistance Movement)를 만들고 대이스라엘 투쟁에 나섰다. 하마스는 후일 온건파 팔레스타인자치정부에 도전하며 이스라엘-팔레스타인 평화과정을 갈등의 방향으로 트는 역할을 하게 된다.

이스라엘-팔레스타인 협상

1988년 11월 15일 PLO의장 아라파트(Yasser Arafat)는 알제리아에서 열린 팔레스타인국민회의(the Palestine National Council)에서 팔레스타인 국가 창립을 선포하였다. UN은 아라파트를 초청해 총회장에서 연설하도록 하였다. UN총회는 결의안 43/177호를 채택하고 "팔레스타인 국가의 성립이 선포되었다는 사실을 인정"하고 향후 UN에서 "PLO 대신 팔레스타인이라는 명칭을 사용한다"고 결정하였다. 미국과 이스라엘을 제외한 104개국이 이 결의안에 찬성표를 던졌다. 44개국은 기권을 선택하였다.

1991년 미국과 소련이 주선한 평화회담이 스페인 마드리드에서 열렸다. 이 회담은 '점령지를 돌려주고 평화를 얻는다(Land for Peace)'는 교환원칙을 협의하기

....

66   우스키 아키라, 『세계사 속 팔레스타인 문제』, 글항아리, 2013, pp. 241-42.
67   이슬람교에는 두 개의 분파, 즉 수니(Sunnī)와 시아(Shiʾah)가 있다. 이 분파는 예언자 무하마드 사망 이후 후계자(칼리프, khalīfah)를 정하는 규칙에 관한 이슬람교도들 간의 이견으로 시작하였다. 보다 자세한 설명은 '이슬람의 분파: 수니와 시아'를 논하는 장에서 제공될 것이다.

위한 것으로, 안보리 결의안 242호를 이행하는 차원에서 개최된 것이었다. 미국은 이 시점이 팔레스타인을 유인하기 좋은 적기라고 판단하였다. 팔레스타인은 1990년 이라크의 쿠웨이트 침공 시 이라크를 지지하였다. 사담 후세인이 이스라엘을 향해 미사일을 날려주니 이스라엘 점령지의 팔레스타인인들은 환호하였고, 팔레스타인 정부는 이를 반영한 결정을 내린 것이었다. 그러나 이라크가 패전하자 쿠웨이트는 40만에 달하는 팔레스타인인들을 국외로 추방했고, 그간 지원하던 자금도 중단하였다. 걸프전에 미국 주도의 다국적군에 참여한 사우디아라비아도 쿠웨이트와 보조를 맞췄다. 팔레스타인 정부는 재정악화와 외교적 고립, 그리고 이스라엘 정착촌 확대라는 3중고를 겪게 되었던 것이다. 팔레스타인은 이스라엘과 마드리드 회담에서 최초로 마주 앉게 되었다. 요르단, 레바논, 시리아도 참석하였다.

마드리드 회담에서는 양자간, 다자간 협상이 동시에 진행되었다. 1992년 4월 노르웨이 파토재단의 노동사회연구소(The Fafo Institute for Labour and Social Research) 소장 라슨(Terje Rod Larsen)은 이스라엘 노동당 정치인 베일린(Yossi Beilin)을 접촉하고 이스라엘-팔레스타인 간 협상을 오슬로에서 비밀리에 진행하자고 제의하였다. 노르웨이 외교장관 홀스트(Johan Jorgen Holst)는 1993년 양측 대표를 노르웨이 오슬로로 초청하였다. 오슬로 비밀협상은 상당한 진전을 이루어 1993년 9월 13일 아라파트 PLO 의장과 라빈 이스라엘 총리 사이에 체결된 '잠정 자치정부 구성에 관한 원칙의 선언(Declaration of Principles on Interim Self-Government Arrangements)' 또는 '오슬로협정(the Oslo I)'으로 이어졌다.

오슬로협정의 가장 큰 의미는 이스라엘이 PLO를 팔레스타인 인민들의 유일한 합법적 대표로 공인했다는 데 있었다. PLO는 이미 1988년에 팔레스타인 독립국가를 선포하면서 이스라엘을 공식 파트너로 인정한 바 있었다. 이 협정은 서로를 인정한다는 약속 외에 이스라엘에 대한 모든 폭력과 무력행사를 금지하였다. 오슬로협정은, 나아가 이스라엘군이 철수할 가자지구와 예리코에서 5년간 팔레스타인 자치를 제한적으로 실시하고, 9개월 내 팔레스타인 자치의회 구성을 위한 선거를 실시하며, 팔레스타인 경찰을 설립할 것을 규정하였다. 예루살렘, 국경, 난민, 안보, 정착촌, 수자원 등 "영구적 지위와 이스라엘-팔레스타인 갈등 종료에 관한 건"은 UN, 미국, 소련, 유럽연합의 4대감독국(the Quartet)이 이전 단계의 진전을 평가한 후 긍정적일 경우 2년(2004-2005) 예정으로 진행되도록 되어 있었다.

세계언론은 '중동평화의 시대'가 도래했다고 환영하였다. 이스라엘인들 대부분은 흥분과 희망 속에서 협정을 지지하였다. 팔레스타인인들 상당수도 이에 희망을 걸었다. 미국과 서방은 팔레스타인 경제지원을 천명하였다. 아랍국들도 대체로 이스라엘과의 관계개선에 대해 관심을 표명하였다. 그러나 평화협상의 주역이던 PLO에 대해 선명성 경쟁을 벌이던 하마스가 반대하고 나섰다.

하마스는 오슬로협정과 그에 따라 설립된 팔레스타인당국(Palestine Authority)을 모두 거부하였다. 하마스의 거부와 반대는 이념적, 정치적 이유를 가지고 있었다. 즉 하마스는 이 협정이 팔레스타인의 민족적 권리를 배신한 것으로 보았고, 자신을 제외한 당파로 구성된 팔레스타인당국은 팔레스타인 인민들의 이익이 아니라 이스라엘-미국의 이익에 복무하는 도구라고 비난하였다. 하마스는 자신의 입장을 현실로 드러내 보이기 위해 이스라엘을 공격하는 한편 1996년 팔레스타인 대선과 총선을 보이콧하였다. 바야흐로 팔레스타인은 분열하여 국제사회가 인정하는 팔레스타인당국과 상당수의 팔레스타인인들의 지지를 받는 하마스가 정치적 주도권 투쟁에 돌입하게 되었다.

이러한 상황하에서도 팔레스타인당국과 이스라엘은 평화를 향한 대화와 협상을 이어나가 2개의 주요한 성과를 내었다. 1995년 9월 28일 클린턴(William Jefferson Clinton) 미국 대통령과 이집트, 요르단, 노르웨이, 러시아, 유럽연합 대표가 참관하고 이스라엘 총리 라빈과 PLO 의장 아라파트가 체결한 '서안지구와 가자지구에 관한 잠정협정(Interim Agreement on West Bank and Gaza Strip)'은 1993년 시작한 '오슬로 평화과정'의 중요한 일부였다. 이스라엘은 실제 철군이 이루어질 경우에 대비해 매우 자세하고 구체적인 내용을 '오슬로협정 II'에 담아 협정문이 300쪽에 달하였다. 협정문은 서안지구를 A·B·C의 지구로 나누어, A지구는 팔레스타인 자치정부가 관할하고, B지구는 팔레스타인자치정부와 이스라엘이 공동관할하도록 하며, 이스라엘 정착촌을 포함하는 C지구(서안지구 면적의 60%)는 이스라엘이 단독 관할하도록 함으로써, 결과적으로 이스라엘은 서안지구의 6개도시(베들레헴, 제닌, 나블러스, 칼킬랴, 라말라, 툴카람)의 관할권을 팔레스타인자치정부에 이양하는 셈이었다. "영구적 지위"의 문제는 1996년 5월 4일 이전까지 지속적으로 협상하되 협상에 의하지 않고는 어떤 경우든 현상 변경이 불가한 것으로 되었다.

1994년 요르단-이스라엘 평화협정에 이은 1995년의 오슬로협정 II는 이스라엘과 아랍 양측의 지지를 받았다. 물론 네타냐후(Benjamin Netanyahu) 등 이스라엘 우파가 "라빈이 이스라엘 땅을 포기했다"고 비난하였지만, 대다수 국민들은 평화롭고 안전한 유대국가라는 오랜 목표가 달성될 수 있다고 믿고 감격하며 지지하였고, 반대자들을 근시안적이고 정략적인 반평화분자로 몰아세우기도 하였다.[68] 그러나, 이때를 놓치지 않고 팔레스타인 강경파들이 이스라엘 내에서 일련의 자살폭탄 공격을 자행하여 유혈 아수라장을 만들었다. 라빈 노동당 정부의 지지도가 급강하하였다. 그러나 1995년 11월 4일 라빈 총리가 텔아비브에서 열린 평화집회에서 유대 극단주의자 아미르(Yigal Amir)에 의해 암살되자 평화주의 총리에 대한 추모 분위기가 형성되면서 노동당 정부에 대한 정치적 지지도가 다시 급상승하였다. 여기에 최종적 찬물을 끼얹은 것은 1996년 2월 말-3월 초 텔아비브와 예루살렘에 대한 하마스의 공격이었다. 일주일 내 4번의 자살폭탄 공격이 이어져 이스라엘 국민 60여 명이 사망하였다. 런던대 카르시(Efraim Karsh) 교수가 말한 대로, 이스라엘 내 노동당 정부에 대한 지지는 "사라졌고 그것이 끝이었다." 안보 위기 속에서 "안보에 기초한 평화(peace with security)"를 선거 캠페인으로 내세운 보수주의 리쿠드(Likud-National Liberal Movement)당의 네타냐후가 50.5%를 득표하여 49.5%를 얻은 노동당의 페레스(Shimon Peres)를 누르고 신임 총리로 선출되었다. 네타냐후는 집권 후 '오슬로협정 II'에 따라 1997년 1월까지 서안지구의 도시들에서 철군하기로 되어 있던 평화과정의 일정을 무기연기하고, 오히려 서안지구와 동예루살렘에 정착촌 확대를 선언하였다. 이는 이 지역에 살고 있던 팔레스타인인들의 추방을 의미하였고, 노동당 정부가 힘겹게 쌓아놓은 성과물은 일거에 붕괴되었다. 또다시 '복수극'이 중심 무대로 부상하였다. 미국의 클린턴 대통령은 조치를 취하지 않았다. 미국은 UN안보리가 이스라엘의 정착촌 확대를 규탄하는 결의안을 채택하지 못하도록 거부권을 행사하였다.

네타냐후는 일련의 사생활 및 부패 관련 사건이 공개되면서 국민의 지지를 잃

....

68   Efraim Karsh, *From Rabin to Netanyahu: Israel's Troubled Agenda*, Routledge, 2013, i.

었다. 1997년 이스라엘 경찰은 그를 부패혐의로 검찰에 송치했으나 검찰은 증거불충분으로 기소하지 않았다. 그러나 국민은 1999년 선거에서 그를 심판하였고, 노동당과 라빈 정부하에서 내무장관을 지낸 바락(Ehud Barak)을 선택하였다. 바락은 평화과정의 재개를 원했고, 로드맵보다는 이스라엘과 팔레스타인 국가가 공존하는 '2국가체제'의 '패키지 딜'로 해묵은 갈등을 일거에 끝내고자 하였다.

2000년 7월 클린턴을 통해 캠프 데이비드에서 열린 정상회담에서 바락은 예루살렘, 국가, 국경, 난민 등 모든 예민한 문제들을 테이블 위로 올려놓았다. 특히 바락은 예루살렘 구도시에 팔레스타인 대통령궁이 들어오는 것도 수용하겠다고 말했으나 아라파트는 유대지역을 제외한 동예루살렘 전체를 원하였다. 한편, 최대의 걸림돌은 '성전산' 또는 '하람 알-샤리프(Haram al-Sharif)' 지역에 대한 관할 문제였다. 이곳에는 우마야드 시대 때 지어진 '바위의 돔(아랍어로는 the Qubbat al-Sakhra, 히브리어로는 Kippat ha-Sela, the Dome of the Rock)'과 '알아크사 사원(al-Aqsa mosque)'이 있다. 유대교도들은 아브라함이 그의 아들 이삭을 신께 바치려 한 장소가 '바위의 돔' 내 있다고 믿고 있고, 이슬람교도들은 알아크사 사원에서 예언자 무하마드가 하늘로 승천했다고 믿고 있었다. 알아크사 사원은 무하마드가 승천하기 전 메카에서 영험한 동물 '알부락(al-Buraq)'을 타고 "밤의 여행"을 한 후 도착한 곳으로서 그는 이 사원에서 아브라함, 모세, 예수 등을 데리고 기도를 인도한 것으로 쿠란에 기록되어 있다. 이곳은 팔레스타인인들뿐 아니라 모든 이슬람교도에게 중요하기 때문에 이의 관할권 문제는 아라파트가 결정할 사안은 아니었다. 동시에 이곳은 유대교도들에게는 예루살렘 그리고 나아가 "약속의 땅"과 상징적 역사적으로 연결되어 있는 주요 성지였다. 사실 가톨릭교, 개신교, 동방정교 등도 모두 이 문제에 직접 연관되어 있었다. 바락은 이곳에 대한 주권은 이스라엘에 있지만 관리권(custodianship)은 팔레스타인자치정부에 주겠다고 했으나, 그것은 사실상 협상 당시 상황과 같은 것이었다.[69] 아라파트는 이곳에 대한 이스라엘의 주권을 인정할 수 없다고 버티었고, 이것으로 사실상 클린턴이 양 정상을 초대한 캠프 데이비드 협상

....

69   Joel Peters and David Newman eds., *Routledge Handbook on the Israeli-Palestinian Conflict*, Routledge, 2015, p. 95.

은 합의문 없이 종료되었다. 클린턴과 바락은 아라파트를 비난하였다. 자신들은 구체안을 갖고 나왔는데, 그는 그렇지 않았다는 것이었다. 그러나 아라파트로서는 기존의 합의가 실현되지 않았고, 철군은 연기되고 있었으며, 오슬로협정 이후 6년이 지난 당시 이스라엘은 정착촌을 확대하고 있고, 팔레스타인인들의 거주이동의 자유가 더 제한받고 있으며, 이스라엘의 제 조치 때문에 경제 상황은 더 악화되고 있었다는 점을 더 강조할 수밖에 없었다.

이슬람의 분파: 수니와 시아

전기한 바와 같이, 1981년 이집트 대통령 사다트를 암살한 '무슬림형제단'은 가자지구 단원들을 결집하여 이슬람저항운동 단체 '하마스'를 창설한 수니파(Sunnī) 무슬림집단이다. 1979년 이란의 이슬람혁명이 성공한 후 1982년 이스라엘이 레바논을 침공하자 레바논에서 이스라엘을 몰아내고 이슬람국가를 건설한다는 목표 아래 창립된 '헤즈볼라(Hizb Allāh, Hezbollah, "Party of God")'는 시아파(Shi'ah) 무슬림집단이다. 이란-이라크 전쟁(1980-88)의 원인 중 하나는 시아파 이란이 시아파가 다수인 이라크를 소수인 수니파가 지배해온 "부당한 역사를 바로잡고자"한 데서 찾을 수 있고,[70] 수니파의 사우디 아라비아와 시아파의 이란이 대립·충돌해온 이유 중 하나도 종교분파적 혐오와 주도권 투쟁에서 발견된다. 이란의 이슬람혁명 이후 첨예해진 이 이슬람분파 간의 경쟁과 대립은 이스라엘-팔레스타인 분쟁뿐 아니라 중동의 국내외정치, 나아가 세계 전반의 인류적 문제에도 지대한 영향을 미쳐왔다.

수니파는 예언자 무하마드가 건설한 메디나 공동체를 속세적(俗世的)이고 잠정적인 정체(政體)로 보고, 따라서 이 이슬람공동체의 지도자는 신성성(神聖性)이 아닌 무슬림세계의 정치적 현실에 따라 결정되어야 한다고 간주해왔다. 반면, 시아파는 이슬람공동체의 지도자는 무하마드의 피를 이어받은 거룩한 존재가 되어야 한다고

....

70 이 전쟁을 일으킨 쪽은 이라크의 후세인이었지만 그는 호메이니의 '(시아) 이슬람혁명 수출론'에 자극받은 면이 있었다.

주장해왔다. 이러한 입장 차이는 무하마드의 사망과 그의 후계자를 정하는 과정에서 드러나게 되었다.

예언자 무하마드는 632년 후계자를 지명하지 않고 사망하여 그를 신봉하던 공동체는 칼리프(승계자)를 정해야 하였다. 무슬림 장로들은 메디나에 모여 승계자의 자격에 관한 원칙에 대해 논쟁을 벌였다. 다수는 칼리프의 지도력과 관리능력을 기준으로 무슬림공동체인 움마(ummah)의 합의로 선출해야 한다고 주장하였다. 그러나 공동체의 소수파는 무하마드의 가족 중에서 칼리프를 뽑아야 한다고 주장하며 알리(Alī ibn Abī Ṭālib)를 옹립하려 하였다. 알리는 무하마드의 사촌으로서 그의 첫째 부인 하디자(Khadījah bint Khuwaylid)와의 사이에서 태어난 파티마(Fatimah bint Muhammad)와 결혼한 사위였다.[71] 그러나 다수파는 아부 바크르(Abu Bakr)를 지명하였다. 그는 무하마드의 최초의 신도이자 최측근 보좌관이었으며, 무하마드의 후처인 아이샤(Ā'ishah bint Abī Bakr)의 아버지로서 그의 장인이었다. 아부 바크르는 다수파의 지지 하에 초대 칼리프로 선출되었다.

제2대 칼리프는 움마의 합의에 따라 우마르 1세가 선출되었다.[72] 그러나 '이슬람의 바울로' 우마르 1세(Umar Ibn Al-Khattab)는 원한 관계로 644년 페르시아인 기독교도 노예에 의해 암살당하였다. 그를 승계한 3대 칼리프인 우스만(Uthman Ibn Affan)도 새벽 기도 중 반란군 병사에게 살해되었다. 암살의 배후가 밝혀지지 않은 가운데 그동안 홀대받던 알리가 4대 칼리프로 선출됐다. 우스만의 6촌 동생이자 다마스커스의 총독인 우마이야(Umayyad) 가문의 무아위야(Muʿāwiyah ibn Abī Sufyān; Muawiyah)는 알리가 배후라는 의심을 가지고 그에게 반기를 들었다. 무하마드의 후처이자 아부 바크르의 딸인 아이샤도 여기에 가세하였다. 무아위야는 1대 칼리

....

71   다수파는 무하마드가 원래 무지한 인물이었으며, 신의 계시를 인간에 전달하는 단순 임무만을 부여받은 평범한 인간이라고 본 반면 소수파는 그가 높은 학식의 소유자였고, 완전무결한 신적 속성을 가진 인물이었기 때문에 그의 혈통인 파티마나 알리에게도 그와 같은 속성이 부여되었다고 주장하였다. 이희수, 『이슬람』, 청아출판사, 2011, p. 173.

72   3대 칼리프(아부 바크르, 우마르 1세, 우스만)까지는 움마의 합의로 무난하게 선출됐다. 이들 칼리프는 이슬람의 황금기를 구현하였다. 이들은 630년대 동안 시리아, 요르단, 팔레스타인, 이라크를 정복하고 이집트는 645년 비잔틴으로부터 지배권을 확보하였으며, 이후 북아프리카, 아르메니아, 페르시아(이란)로 진출하였다.

프 아부 바크르 밑에서 군사령관을 지내며 세력을 확보한 인물이었다. 알리는 무아위야의 반란을 '낙타 전투' 등을 통해 진압했고, 불리해진 무아위야는 협상을 요구하였다. 알리는 이 협상에 응했으나, 이는 무아위야에게 군사적으로 회복할 기회뿐만 아니라 정치적인 대등성을 내주는 결과를 낳았다. 알리가 화해를 통해 내전을 종식시키려고 하자 그의 지지자 중 상당수가 그러한 결정에 불만을 품고 '카와리지'파(Kharijites)를 형성해 알리를 암살하였다. 이라크에 본부를 둔 알리의 세력은 장남 하산에 충성을 맹세했지만, 그들은 시리아, 요르단, 레바논 등 레반트(Levant)와 이집트를 지배하던 무아위야의 적수가 되지 못하였다.

무아위야는 예루살렘에서 칼리프에 올라 661년부터 750년까지 자신의 후손들이 대대로 다스리는 우마이야 왕조를 건립하였다. 이 속세 왕국(Sultanate)의 명칭은 증조부의 이름(Umayya ibn Abd Shams)에서 비롯되었다. 이제 정통칼리프(the Rashidun, Rightly Guided Caliphs) 시대가 막을 내리고 혈연에 따른 세습 왕조가 시작된 것이었다. 무아위야가 죽은 후 680년 그의 아들 야지드(Yazid)가 칼리프를 세습하였다. 대다수의 무슬림은 야지드를 칼리프로 인정하고 통치에 따랐으나, 4대 칼리프 알리의 차남 후세인 이븐 알리(Hussein ibn Ali)는 자신을 칼리프로 세우려는 지지자들이 있는 이라크의 쿠파(Kufa)지역으로 추종 세력을 이끌고 이주하고자 하였다. 이에 야지드는 680년 10월 10일 카르발라(Karbala)에서 후세인과 추종 세력을 학살하였다. '카르발라 참극'은 수니파와 시아파 간의 적대적 분열을 초래한 결정적 사건이 되었다. '시아'는 추종자 또는 당파라는 뜻으로 '시아 알리'의 준말이다. 이들은 후세인 일가족의 죽음을 순교로 받아들이고 신의 뜻에 따른 의로운 복수를 다짐하였다.

야지드 1세 사후 20여 년간의 무력투쟁 끝에 압드 알 말리크(Abd al-Malik ibn Marwān)가 다마스커스를 도읍으로 우마야드 왕조의 권위를 재건하였다. 그는 왕조 권위 회복 차원에서 예루살렘에 바위돔을 건설하기도 하였다. 그러나 우마야드 왕조는 750년 압바스 가(家)에게 패전하여 몰락하였다. 압바스 가는 무하마드의 삼촌 압드 알라 이븐 압바스(Al-Abbas ibn Abd al-Muttalib)의 자손들로서 시아파의 협력을 받아 봉기를 성공시킬 수 있었다. 바그다드를 중심으로 왕국을 건설한 압바스 가는 요직과 이권을 독점함으로써 시아파를 소외시켰다.

후세인 사후 이라크 지역을 중심으로 형성된 시아파는 압바스 왕조에 이를 갈며 642년 우마르에게 정복된 후 이슬람을 수용하고 시아화된 이란 쪽으로 이동하였다. 이와 같은 박해의 역사를 거치면서 시아파는 이슬람 세계의 현실적인 면보다는 영적인 측면을 강조하고, 신의 비의(祕儀)가 전수된 알리의 혈통을 이어받은 후계자들을 무구무류(無垢無謬)의 이맘으로 받아들였다. 시아파는, 이맘을 예배인도자로 받아들이는 수니파와는 달리, 이맘이야말로 속세적 문제뿐 아니라 이슬람 율법상의 제반 문제에 대해 절대적 해석권과 판결권을 갖는 '신성한 존재'로 인정하였다.

데탕트(Détente)

데탕트의 시작과 전개

미소 경쟁과 피로

1962년 10월 쿠바미사일위기는 평화적으로 해소되었지만, 미국과 소련의 지도자들은 핵전쟁으로 인한 인류의 공멸이라는 끔찍한 가능성이 현실화되기 직전까지 그 과정이 통제되지 않았다는 사실을 인지하고 새삼 큰 충격을 받았다. 이들은 위기가 해소되고 국정이 일상으로 회복되면서 인류 공멸의 현실 가능성뿐 아니라 극단적으로 고조된 긴장 상태가 내부적 의사결정 과정 및 국가 간 의사소통을 심각하게 방해할 수 있다는 점을 깨닫게 되었다. 그 결과 미국과 소련은 1963년 6월 20일 오해, 오인, 실수가 우발적으로 비화하는 상황을 막기 위한 수단으로서 정상 간 직접통화라인인 '핫라인'을 설치하는 '직접소통라인협정(Memorandum of Understanding Between the United States of America and the Union of Soviet Socialist Republics Regarding the Establishment of a Direct Communications Link)'을 체결하였다. 당시 국제적 소통 수단은 전문(telegram)으로서 시간이 많이 소요되고, 뉘앙스를 정교히 담을 수 없고, 동시·양방향(interactive)으로 소통할 수 없는 단점이 있었다. 핫라인은 당사자들이 "언제든지(하루 24시간), 즉각적으로" 글이 아닌 말로 직접 대화적 소통을 할 수 있다는 점에서 당시로서는 획기적인 조치였다. 협정을 체결한 양국의 지도자들은 이 핫라인을 사용하지는 않았다. 핫라인을 최초로 사용한 미국 대통령은 존슨으로서 그는 1967년 이스라엘-아랍전쟁 시 소련의 코시긴 수상에게 자신이 "미국 공군기의 지중해 파견을 고려하고 있음"을 전화로 알렸다.

미국과 소련은 핫라인을 설치하기 몇 주 전 수년을 끌어온 핵무기 관련 협상을 마무리 짓고 역사적인 핵실험제한조약인 미국·영국·소련 간 '대기권·우주·수중 핵실험금지조약(LTBT, 부분적 핵실험금지조약)'을 체결하였다. 양국은 8년여 전 시작된 이 핵실험 제한 협상을 힘들게 끌고 오면서도 정치적 결단을 내리지 못한 상태로 쿠바미사일위기를 맞았던 것이다. 소련은 1961년 8월, 그리고 미국은 쿠바미사일위기 직전인 1962년 8월 각각 대기권핵실험을 단행한 바 있었다. 위기 후 흐루쇼프는 "세계 양대 최강국들이 핵무기 단추에 손가락을 얹어놓고 싸우고 있다"고 말했고, 케네디는 한 백악관 회의에서 "세계의 양쪽 끝에 앉아 있는 두 사람이 인류의 문명을 단숨에 파괴할 수 있다는 현실을 그대로 둔다면 이는 완전히 미친 짓"이라며 그의 우려에 공감을 표하였다.[1] 이들은 일련의 전문을 주고받으며 최고위 수준에서 핵대화에 나섰고, 케네디와 흐루쇼프의 신뢰를 바탕으로 전 주소대사 해리면(Averell Harriman)이 나서 협상 개시 12일 만에 타결을 이끌어내었다. 케네디 대통령은 협상이 타결된 다음 날인 1963년 6월 25일 TV 연설을 통해 "미국의 안보는 무제한적인 핵무기경쟁보다 핵실험제한조약에 의해 더 확실히 보장될 수 있다"고 말하였다. 그는 국민과 의회가 가지고 있던 막연한 공포감을 해소하는 데 성공하였고, 1963년 8월 5일 체결된 '대기권·우주·수중핵실험금지조약'은 10월 10일 발효되었다(상원 80:19로 조약 비준).

쿠바미사일위기를 통해 핵전쟁이 얼마나 쉽게 발생할 수 있는지를 충격적으로 경험한 케네디와 흐루쇼프는 양국 간 갈등의 예방과 해소를 위한 구체적 조치를 강구하여 위에서 적시한 바와 같이 상당한 성과를 거두었다. 그러나 시간이 흐르면서 절체절명의 절박한 위기의식이 감소하고 냉전적 이념경쟁과 이분법적 제로

....

1   Sheldon M. Stern, *The Cuban Missile Crisis in American Memory: Myths versus Reality*, Stanford University Press, 2012, p. 15.

섬(zero-sum) 사고가 다시 외교안보정책결정과정을 지배하게 되면서 1963년의 성과는 후속조치로 이어지지 못하였다. 오히려 양국은 케네디가 베트남전쟁을 이념적으로 '미국화'하고 군사적으로 개입하면서 한반도에 이어 베트남의 대리전적 전쟁에서 맞서게 되었다. 그러나 미국과 소련은 1960년대 말에 이르러, 베트남전과는 별도로, 양국 간 군사적 대립과 대결이 더 이상 지속될 수 없음을 확인하고 모종의 타협이 필요하다는 사실을 인식하게 되었다. 필요에 의해 이른바 긴장완화, 즉 데탕트(Détente, Relaxation)가 이루어지게 되었던 것이다.

데탕트의 가장 큰 원인은 핵무기경쟁에 따른 경제적 피로도가 극에 달했기 때문이었다. 미국과 소련은 1963년의 부분적 핵실험금지조약(LTBT)에도 불구하고 상대적으로 저렴한 비용으로 안보를 유지하기 위해 각종 핵무기와 운반수단을 개발·배치하여 1960년대 말에는 더 이상의 핵무기 보유가 안보 면에서 현실적 의미를 갖지 못하는 이른바 전략적 균형(strategic equilibrium)에 도달하게 되었다. 즉 양국이 이미 보유한 대량파괴무기의 수가 서로를 충분히 파괴하고도 남을 정도가 되어, 다시 말해, 상대의 선제공격을 흡수하고도 보복공격을 위한 핵무기가 충분한 상태가 되어, 추가적인 핵무기 보유는 안보를 추가적으로 증진하지 못할 뿐 아니라 경제적 낭비가 되는 셈이었다. 게다가 당시 양국은 핵군비경쟁을 재정적으로 뒷받침하기 어려운 조건하에 있었다. 미국은 베트남전쟁 개입으로 인한 막대한 정부지출이 축적되어 인플레이션에 시달리고 있었다. 미국은 전쟁 말기 베트남정권을 지탱하기 위해 당시 기준으로 약 1,200억 달러를 지출하였다. 더구나 존슨 대통령이 야심차게 추진하고자 했던 가난과 인종차별 해소를 핵심으로 하는 '위대한 사회(the Great Society)' 프로그램이 핵군비경쟁과 베트남전쟁으로 인해 심각하게 위협받고 있었고, 그로서는 자신의 국내정치적 기반이 잠식되고 민심이 이반하는 것을 방치할 수 없었다. 소련의 사정도 크게 다르지 않았다. 1960년대 내내 핵무기 연구·개발비를 포함한 소련의 국방예산은 정부예산의 20%를 차지하였다. 동유럽의 공산위성국가들과 아프리카, 라틴아메리카, 아시아 등 제3세계에 대한 경제적 지원도 소련의 재정압박을 악화시키는 요인으로 작용하였다. 미국만큼은 아니었지만 북베트남에 대한 원조 때문에 소련도 무시 못할 비용을 지불하고 있었다. 흐루쇼프의 평화공존에 기초한 경제정책은 소기의 목표를 달성하지 못하여 인민들의 삶의 조건은 악화일로에 있었다. 소련은 생필품 등 소비재 대부분을 서방으로부터 수입하였고, 그마저도 턱없이 부족하여 인민의 고통과 불만은 날로 고조되었다.

1960년대 말 미소 간 전략적 균형과 (핵)군비경쟁 및 팽창주의적 비용으로 인한 경제적 피로가 양국 간 군비통제와 긴장완화를 가져온 주요인으로 작용하였지만 그 외 전략적, 지정학적, 국내정치적 요인도 이러한 긴장완화의 조류에 동력을 부여한 중요한 촉진제였다. 특히 1956년 흐루쇼프가 평화공존론을 주창한 이후 지속적으로 심화되던 중소분쟁은 1969년 봄과 여름 심각한 유혈분쟁으로 비화하면서 소련이 중국의 핵무기 시설에 대한 폭격 가능성을 미국에 알리고 협조를 요청할 만큼 걷잡을 수 없을 정도로 악화되었다. 흐루쇼프로서는 반흐루쇼프 노선을 명백히 하면서 사회주의권에 대한 소련의 헤게모니를 스스로 대체하려는 마오쩌둥과 중국을 "임박한 위협(immediate threat)"으로 볼 수밖에 없었고, 이를 제어하고 제압하는 수단으로서 미국과의 타협과 긴장완화가 필수불가결한 전략카드였다. 미국은 베트남전쟁이라는 늪에서 빠져나오기 위해 소련과의 협력이 역시 필수적이었다. 격화되던 반전여론 등 국내정치적 도전을 무력화하고 "명예로운 퇴각로" 찾기에 골몰하던 신임 닉슨 대통령으로서는 1968년 1월 구정 공세를 기점으로 해서 북베트남이 중국 대신 소련의 전략지침에 의존하기 시작하자 소련의 대(對)하노이 영향력을 적극적으로 활용하려는 유인을 갖게 되었다. 닉슨은 북베트남의 또 다른 후원자인 중국과의 "화해"를 동시에 추진함으로써 북베트남에 대한 중층적 제약을 확보하여 자신의 국내정치적 자산을 확충하는 한편, 외교안보전략적 측면에서는, 19세기 독일 중심의 유럽동맹체제를 구축한 비스마르크의 외교책을 연상케하는바, 미국·중국·소련의 '전략적 3각관계'에서 미국이 서로 갈등하는 중국과 소련 모두를 우월한 위치에서 상대하는 전략시스템을 구축하고자 하였다. 소련은 개선된 미중관계를 의식하지 않을 수 없었고, 그로 인해 미국에 타협적으로 나올 수밖에 없었기 때문에 닉슨이 중국과 '화해(rapprochement)'함으로써 '데탕트(détente)'의 시대를 열었다고 할 수도 있을 것이다.

데탕트는 1968년 핵무기의 확산을 방지하고 핵의 평화적 이용을 독려하는 핵확산금지조약(Treaty on the Non-Proliferation of Nuclear Weapons, NPT)에 관한 협상이 타결되면서 구체적으로 모습을 드러내었다. 1969년에는 미국이 닉슨 독트린을 발표하여 미국은 아시아 국가와 맺은 모든 조약상의 공약을 준수하고, 미국의 동맹국이 핵 위협을 받을 경우 이를 보호할 것이나, 다른 형태의 침공을 받았을 경우에는 아시아의 당사국들이 지상군 인력동원의 일차적 책임을 져야 한다는 새로운 외교안보노선을 천명하였다. 닉슨 독트린은 거시적 차원에서 보면, "자유를 지키기 위해 어떤 개입도 마다하지 않겠다"는 1947년 '트루먼 독트린'에 대한 실용주의적 노선 전환이고, 보다 미시적으로 보면, 베트남전에서 명예롭게 퇴각하기 위한 외교적 전술이자, 이를 촉진하기 위한 필수조건으로 인식되던 대중, 대소 관계 개선을 위한 전략적 포석이었다. 닉슨은 전략적 3각관계의 한 축인 중국과 1972년 2월 역사적인 화해를 이루어내면서 중국과 심각하게 갈등하고 있던 또 다른 한 축인 소련에 대해 우월한 위치에서 협상한 결과 일련의 핵군비통제조약을 이끌어낼 수 있었다. 이는 재정압박에 시달리던 소련도 내심 원하던 것이었다. 닉슨과 브레즈네프(Leonid Brezhnev)는 1972년 5월 '전략무기제한협상(SALT I)'의 결과물들인 탄도미사일요격제한협정(ABM)과 전략적공격무기제한잠정협정(Interim Agreement)[2]에 서명하였다. 비유적으로 말해, 양국은 '창(槍, 대륙간탄도미사일, ICBM)'의 수를 제한하고 '방패(미사일 방어체제)'를 갖지 않기로 합의한 것이었다. 1975년에는 미국, 소련, 유럽국가 대부분을 포함한 유럽안보협력회의(the Conference on Security and Cooperation in Europe, CSCE)가 2년여 동안의 협상 끝에 전후 형성된 국경을 최종적으로 확정하고, 군사적 신뢰구축 조치를 포함하며, 교역과 문화적 교류의 기회를 확대하고, 인권을 촉진하는 '헬싱키 최종안(the Helsinki Final Act)'을 산출해냈다. CSCE는 법적 구속력을 가지는 유럽재래식무기감축협정(the Treaty on Conventional Armed Forces in Europe, 1990 CFE),[3] 정치적 구속력을 가지는 유럽병력감축협정

....

2 잠정협정은 미소 양국의 ICBM(대륙간탄도미사일)과 SLBM(잠수함발사탄도미사일)의 수를 현재 수준으로 5년간 동결시켰다. 이 협정은 행정협정(executive agreement)로서 의회의 인준을 필요로 하지 않았지만, 미국 상하원은 이 협정을 지지하는 공동결의안을 통과시켰다.

3 상호균형감군협상(Mutual and Balanced Force Reduction)은 미국의 제안으로 1973-89년 기간 동안 실시되었으나 미국의 균형감축 주장과 소련의 동일비율감축론이 대립하여 실패하였다. 그러나 MBFR로 축적된 군축협상 접근의 노하우, CSCE의 성공, 고르바초프의 신사고 등에 힘입어 증대된 진영 간 신뢰관계를 기초로 1990년 협정이 체결되었다.

(CFE-1A, 1992)을 진수시키는 데 결정적인 역할을 하였고, 영공개방협정(the Open Skies Treaty, 1992)을 성사시키는 데도 철학적, 도덕적 지원을 제공함으로써 유럽의 지역안보의 증진에 크게 기여하였다.

브란트의 '동방정책(Ostpolitik)'

미국과 소련 간의 데탕트는 전후 분단되어 미국, 소련의 냉전적 전초기지로서 완고하게 대립하던 서독과 동독 간 대화와 교류를 촉진하였다. 이 과정을 이끈 지도자는 서독의 사민주의자 빌리 브란트 수상이었다. 서독이 데탕트의 조류에 합류하기로 결정한 시점은 1969년 11월 28일 브란트가 NPT에 서명한 때였다. 미국은 NPT 협상 과정에서 서독에게 이 조약에 동참할 것을 강력히 권유하였지만, 당시 서독의 보수주의 집권당은 "소련이 핵무기로 공갈·협박할 경우 서독은 무방비 상태에 빠지게 될 것"을 우려하여 거부의사를 분명히 하였다. 1966년 미국 CIA는 서독이 핵무기 생산에 필요한 충분한 핵물질을 2년 내 확보할 수 있을 것으로 예측한 바 있었다. 서독으로서는 핵능력이 거의 완비된 상태에서 국제조약을 위해 그것을 포기할 이유가 없었던 것이다. 그러나 독일의 침략에 대한 기억이 생생했던 당시에 서독의 입장을 지지하는 국가는 없었고, 사민당의 빌리 브란트가 선거에서 승리하면서 독일의 안보 노선이 세계 차원의 긴장완화에 비로소 동조하게 되었다. 브란트는 1969년 11월 28일 NPT에 서명함으로써 동독과 사회주의 국가들과의 교류와 협력을 통해 정상적인 관계를 회복한다는 '동방정책(Ostpolitik)'에 발동을 걸었고, 이는 데탕트에 탄력을 받은 것이기도 했지만, 데탕트를 역으로 촉진·확대하는 역할도 하였다. 브란트의 서독은 '동방과의 조약(Ostverträge)'을 맺어나갔다. 1970년 8월 12일 독일연방공화국과 소련 간에 체결된 모스크바 조약(Treaty Between the Federal Republic of Germany and the Soviet Union)은 서독의 동방정책의 핵심을 이루는 것으로서 긴장완화, 국경의 획정(폴란드와의 오데르-나이제[Oder-Neisse] 국경선 등), 분쟁해결을 위한 무력사용 금지 등의 내용을 담았다. 모스크바 조약은 일련의 쌍무적 무역협정으로 이어졌고, 서독은 소련의 대서방 최대 수출 시장이 되었다.

브란트는 폴란드와도 유사한 협정을 체결하고자 하였다. 서독과 폴란드는

바르샤바 게토 봉기의 희생자를 위한 위령비 앞에서 무릎을 꿇은 브란트 서독 수상.

1970년 12월 7일 독·폴 관계정상화의 기초를 마련하는 양국 간 조약에 서명함으로써 그간 서독이 거부해왔던 오데르-나이제 국경선을 상호 인정하였고, 서로의 영토 주권을 존중하며, 분쟁해결을 위한 무력사용 금지, 그리고 외교관계정상화를 위해 노력하기로 합의하였다. 브란트 수상은 서독의 동방정책이 대상국들의 신뢰를 얻기 위해서는 서독이 과거의 과오를 반성하고 참회하는 모습을 보여야 한다며 "참회의 정치(politics of regret)"[4]를 실천하고자 하였다. 그는 바르샤바 조약을 맺기 위해 폴란드를 방문했을 때 나치 시절 학살된 유대인들을 추모하는 위령비 앞에 무릎을 꿇었다. '브란트의 장궤(長跪, Kniefall von Warschau, Warsaw Genuflection, 바르

....

4   올릭에 따르면, 현대의 많은 국가들의 지도자들은 과거에 자신들의 전임자들이 저지른 잘못에 대처하는 방법으로 사과, 배상, 전범의 형사처벌 대신 새로운 정당화 기제로서 참회의 정치를 선택하고 있다고 지적하였다. 그 전형적인 예가 브란트의 정치적 행보였다. Jeffrey K. Olick. *The Politics of Regret: On Collective Memory and Historical Responsibility*, Routledge, 2007.

샤바의 무릎꿇기)'는, 서독 보수 반공주의자들의 격렬한 비난을 받기도 했지만, 세계 인들이 진정으로 참회하는 독일을 용서하는 계기가 되었고, 데탕트를 확대하였으며, 결과적으로 서독의 신뢰성과 국격을 높이면서 동방정책의 성공과 독일통일을 촉진한 문화적, 외교적 동력이 되었다.

브란트의 동방정책이 순조롭게 진행된 것은 아니었다. 브란트가 공산국가에 정통성을 부여한다고 본 독일 내 보수세력은 정치적 사보타지에 나섰고, 동방정책을 "체제에 대한 위협"으로 파악한 동독의 정보기관인 국가보안부(Ministerium für Staatsicherheit, Ministry for State Security, STASI, 쉬타지) 등 동독의 보수적 공산세력도 기회 있을 때마다 브란트의 대동독 이니셔티브를 좌초시키고자 노력하였다.[5] 특히 군사동맹국인 미국도 브란트의 자유주의적 대동독정책을 의심스러운 눈으로 관찰하며 그것이 미국의 통제나 예상을 벗어나지 않도록 관리하고자 하였다. 냉전의 용사 딘 애치슨에서 실용주의자 헨리 키신저까지 대부분의 미국 외교안보전략가들은 브란트의 동방정책에 대해 비판적이었다. 애치슨은 1970년 8월 한 지인에게 보낸 편지에서 자신은 "빌리 브란트가 러시아인들과 순진하게 장난을 하고 있다. 동방정책은 전통적 독일민족주의에 다름 아니다. 동방정책 또는 브란트의 라팔로 정책(Rapallo policy; 라팔로 조약은 1922년 4월 16일 바이마르 독일이 소련과 맺은 협정으로서 연합국들은 이로써 독일이 소련에게 포섭되었다고 우려하였다)에서 새로운 것을 발견할 수 없다"고 썼다. 애치슨은 "브란트가 자신과 사민당의 국내정치적 이익을 위해 위험스러운 동방정책을 무리하게 강행하고 있다"고 비난하기도 했는데, 그가 도를 넘었다고 판단한 닉슨 정부가 개입할 때까지 그의 비난은 계속되었다.[6] 키신저도 애치슨 못지않게 브란트와 그의 최측근 정책보좌관인 에곤 바르(Egon Bahr)의 정치적 정체성을 의심하였고, 동방정책이 미국과 서방에게 극히 위험한 행보라고 보았다. 키신저의 보좌관이었던 로저 모리스에 따르면, 그는 브란트의 동방정책이 동

....

5   Klaus Wiegrefe, "Ostpolitik: How East Germany Tried to Undermine Willy Brandt," Spiegel, July 08, 2010. http://www.spiegel.de/international/germany/ostpolitik-how-east-germany-tried-to-undermine-willy-brandt-a-705118.htm

6   Douglas Brinkley, *Dean Acheson: The Cold War Years, 1953-71*, Yale University Press, 1994, p. 287, pp. 291-96.

서독의 화해와 협력을 낳아 결국 독일의 우경화와 파시즘를 조장하게 될 것이라 믿었다.[7] 닉슨은 애치슨이나 키신저만큼 브란트의 정체성을 의심하거나 동방정책이 위험스럽다고 보지는 않았으나 정책의 성공들이 축적될 경우 서독이 NATO를 이탈하여 중립노선으로 나아갈 수 있다고 우려하였다. 그럼에도 불구하고 닉슨은 동서진영 간의 긴장완화라는 큰 틀에서 데탕트와 동방정책이 시너지 효과를 낼 수 있다고 보고 브란트의 대동독정책을 방해하지 않았다. 키신저도 대통령의 의중을 확인한 이상, 그리고 브란트를 지지하는 상당수의 독일인들을 상대로 싸울 수는 없었다. 모스크바는 브란트의 동방정책을 지지하였다. 특히 KGB 위원장 유리 안드로포프(Yuri Andropov)가 적극적이었다. 후일 고르바초프의 정치적 후견인 노릇을 한 안드로포프는 1970년대 초 낙후된 소련의 경제를 발전시키기 위해서는 서독의 도움이 필요하고, 따라서 브란트의 동방정책을 활용해야 한다는 생각을 갖고 있었다. 그는 브란트에게 대화를 제의하였고, KGB 요원과 에곤 바르 간의 비밀접촉이 성과를 냄에 따라 브레즈네프와 브란트 간 정상회담을 성사시킬 수 있었다. 1971년 브란트는 동방정책으로 소련, 동유럽 공산권 국가들과의 관계 개선과 동서 긴장 완화의 노력을 인정받아 노벨 평화상을 수상하였다.

　　브란트의 서독은 1972년 12월 21일 동서독기본조약(Grundlagenvertrag, the Basic Treaty)을 동독과 체결하였다. 그 핵심 내용은 동서독이 "동등한 권리의 토대 위에서 정상적인 우호 관계를 발전시킨다(제1조), 갈등을 오로지 평화적인 수단을 통해서만 해결하고, 무력 위협과 무력 사용을 포기하며, 쌍방은 현존하며 앞으로도 존속할 경계선의 불가침을 재확인하고 존중한다(제3조), 어느 한 쪽이 상대방을 국제사회에서 대신하거나 대표하지 않는다(제4조), 세계의 안보에 기여하는 군비 제한과 군비 축소의 노력, 특히 핵무기와 기타 대량파괴무기 분야의 군비 축소 노력을 지지한다(제5조), 각자의 권력이 각자의 영토 내에서만 행사될 수 있다는 원칙을 고수하며, 국내 및 대외 문제에 있어서 상대방의 독립과 자주성을 존중한다(제6조), 관계 정상화 과정에서 현실적이고 인도적인 문제들을 타결할 용의가 있음을

....

7　　Seymour M. Hersh, *The Price of Power: Kissinger in the Nixon White House*, Summit Books, 1983, p. 416.

천명한다. 양국은 이 조약의 원칙에 입각하여 상호 이익을 도모하기 위하여 경제, 학술, 기술, 무역, 사법, 우편, 전화, 보건, 문화, 스포츠, 환경보호 등의 분야에서의 교류 협력을 촉진, 발전시키는 협정을 체결하기로 한다(제7조), 상주 대표부를 교환한다(제8조)를 포함하였다. 요약하면, 동서독은 이 조약을 통해 서로를 정치적 실체로 인정하였고, 나아가 쌍무 간 정상적 정치·무역관계를 촉진하고, 군축 및 세계평화에 기여하기로 다짐했으며, 나아가 서독은 1955년부터 시행된 동독에 대한 외교적 고립 전략인 '할쉬타인 원칙'을 최종적으로 폐기하였다. 서독의 보수정치세력은 이 조약이 위헌이라며 정치투쟁에 나섰다. 특히 보수적 '바이에른기독교사회연합(Christlich-Soziale Union in Bayern, Christian Social Union, 기사당)'이 장악하고 있던 바이에른 주정부는 기본조약에 대해 가처분신청과 위헌소송을 제기하였다. 독일 연방법원은 가처분신청을 받아들였으나, 독일 연방헌법재판소는 1973년 7월 31일 "통일의 중요성과 조약의 특수한 성격"을 강조하면서 바이에른 주의 위헌심판 청구를 기각하였다(Basic Law Art. 59 Sec. 2, 23, 16).[8]

국내외적 난관 속에서도 정력적으로 동방정책을 추진하던 브란트는 1974년 4월 심각한 정치적 악재를 맞았다. 자신의 개인비서인 귄터 기욤(Günter Guillaume)이 간첩혐의로 서독 정보기관에 의해 체포되었던 것이다. 기욤은 동독이 서독에 심어놓은 간첩이었다. 그는 1956년 동독 정보기관의 지시에 따라 프랑크푸르트에서 사회민주당에 가입하고 당 수뇌부에 접근하기 위해 단계를 밟아갔다. 1969년 수상에 취임한 브란트는 "똑똑하고 성실한" 기욤을 노조담당 연락원으로 일하도록 하였다. 서독의 정보기관은 기욤을 간첩으로 의심은 하였으나 1973년까지 조사만 진행하였을 뿐 조치를 취하지는 않았다. 1973년 여름 브란트가 노르웨이로 휴가여행을 할 때도 비서로서는 유일하게 기욤이 동행하였으나 서독의 정보기관은 브란트에게 어떠한 경고도 하지 않았다. 기욤은 NATO의 핵무기전략과 관련 닉슨 대통령이 브란트에게 보낸 서한 등을 담은 기밀문서들을 스웨덴에서 암약하던 동독 정보기관 요원에게 넘겨주었다. 서독 정보기관(연방헌법수호청, Bundesamt für

....

8   Federal Constitutional Court, Decision of July 31, 1973 – 2 BvF 1/73. http://germanhistorydocs. ghi-dc.org/pdf/eng/Chapter8Doc11Intro.pdf

Verfassungsschutz)은 1974년 4월 드디어 기욤을 체포하였고, 브란트는 "부주의"의 책임을 지고 5월 수상직을 사임하였다. 기욤은 자신이 "독일민주공화국의 시민이자 공직자"라고 시인하였고, 재판 끝에 13년형을 받았으나 7년 반의 형기를 마친 후 1981년 10월 동독에서 수감 중이던 서독, 미국, 영국의 간첩들과 교환돼 동독으로 이주한 후 동독 정부로부터 칼 마르크스 최고 훈장을 받았다. 브란트는 수상직은 사퇴했지만 1987년까지 사회민주당의 의장직을 수행하였고, 1979년부터는 선진국-개도국 간 경제문제를 해결하기 위해 세계은행이 설립한 브란트 위원회(Independent Commission on International Development Issues, Brandt Commission)의 수장으로 활동하였다.

동방정책은 브란트가 시작하고 주도하였지만, 그가 현실정치에서 물러난 후에도 그의 후임자들에 의해 지속되었다. 사민당의 헬무트 슈미트(Helmut Schmidt)는 1974년에서 1982까지 수상직을 수행하면서 브란트보다는 덜 적극적이었지만 동방정책의 근간을 건드리지는 않았다. 1982년에서 1998년까지 수상을 지낸 보수 기민당의 헬무트 콜(Helmut Kohl)도, 당내의 반발에도 불구하고, 큰 틀에서 동방정책을 이어나갔다. 그는 1987년 동독의 에리히 호네커(Erich Honecker)와의 정상회담을 성사시켰다. 동독 역사상 최초로 국가최고지도자가 서독을 방문한 것으로서 고도의 상징성을 가진 행사였다. 이 회담은 극적인 결과를 산출하지는 못했지만, 양국이 "동의하지 않기로 동의한 것(agree to disagree)"은 당시로서는 동서독 관계상 획기적인 상징적 성과라 할 만하였다.[9] 호네커는 독일민주공화국은 "대결을 원하지 않으며, 주권·평등·내정불간섭의 원칙하에서 대화와 협력을 원한다"고 말했고, 콜은 이를 환영하였다. 양국 지도자들은 '과학·기술, 환경보호 및 핵발전안전 협력' 협정을 체결하였고, 평화와 교류협력의 확대와 콜 수상의 동독 방문을 선언하였다.

....

9   Serge Schmemann, "Leaders of 2 Germanys Agree to Disagree," *The New York Times*, September 9, 1987.

키신저 대 잭슨(Henry M. "Scoop" Jackson) : 데탕트에 대한 신보수주의의 도전

데탕트를 시작하고 주도한 닉슨 대통령은 워터게이트 사건으로 1974년 8월 탄핵 직전 직을 사임하였다. 대통령직을 승계한 제럴드 포드(Gerald R. Ford)는 국무장관 및 국가안보보좌관인 키신저를 계속 기용하면서 전임자의 데탕트 정책을 지속하였다. 그러나 데탕트가 순조롭게만 진행된 것은 아니었다. 시민의 기본권 신장 등 자유주의 가치를 신봉하던 워싱턴 주 민주당 상원의원 헨리 "스쿱" 잭슨(Henry Martin "Scoop" Jackson)은 공산주의는 본질적으로 사악한 이념이고 공산주의자들은 결코 바뀌지 않으며, 행동에 변화를 보인다면 그것은 필요에 의한 잠정적, 전술적 제스처이기 때문에 미국이나 자유세계는 이들의 기만전술에 넘어가서는 안 되고, 불필요하고 의미 없는 대화나 협상이 아니라 오로지 강력한 힘을 통해 그들의 사악한 행동을 억지하고, 미국이 원하는 행동을 강제적으로 유도하는 것이 유일한 대공전략이라고 믿었다.[10]

잭슨은 1970년대 초부터 자신의 사상과 이념을 공유하는 정치인·지식인들을 결집하여 반데탕트 세력화를 도모하였다. 데탕트를 부도덕한 외교정책이라고 비판하던 "스쿱" 잭슨의 호소에 응답하고, 그가 이끌고 있던 초당적인 반데탕트 세력에 참여한 인물들은 1960년대 말 민주당의 "대공 유화 노선"에 실망한 자유주의적 민주당 지지자들을 다수 포함하였다. 후일 신보수주의자(Neoconservatives)라고 알려지게 된 이 세력에는 사회주의자에서 180도로 전향한 인사들이 상당수 있었고, 지적 지도자는 어빙 크리스톨(Irving Kristol)이었다. 크리스톨은 대공황 시절 미국 청년사회주의연맹(the Young People's Socialist League)에서 활동하는 등 급진적인 그러나 반스탈린주의적 사회주의자였다. 그러나 2차대전 후 그는 『평론 (Commentary)』이라는 저널을 편집하면서 사상적 전환을 시도하였다. 그는 이 저널 1952년 3월 호에 "시민권, 1952—혼동에 대한 연구: 우리는 공산주의 보호를 시민권 보호라고 혼동하는 것은 아닐까?(" 'Civil Liberties,' 1952—A Study in Confusion:Do We Defend Our Rights by Protecting Communists?)"라는 제하의 글에서 조셉 매카시

....

10　Alex Fryer, "Scoop Jackson's protégés shaping Bush's foreign policy," *The Seattle Times*, January 12, 2004.

의 공산주의 척결운동에 저항하는 자유주의자들은 현실을 착각하는 무책임한 이상주의자라고 맹렬히 공격하였다. 그는 후일 "신보수주의자는 현실에 의해 강도를 당한, 그러나 고소하길 거부하는 자유주의자(A neoconservative is a liberal who's been mugged by reality but has refused to press charges)"라고 정의하였다.[11] 크리스톨은 1960년대 미국 민주당이 존슨의 '위대한 사회' 프로그램 등에서 보듯 사회복지에 대해 과잉투자하고 있으며 이를 대중선동을 위한 수단으로 사용하며, 정작 미국적 가치를 말살하려는 혁명적 공산주의에 맞서는 베트남전쟁에서는 단호한 응징적 조치를 취하지 못하고, 가치관이나 도덕에 있어서도 위선적인 상대주의(moral relativism)의 입장에 서 있으며, 정치적·사회적 무질서를 야기하는 반전 반핵운동 등 반문화주의(counterculturalism) 시위를 방관함으로써 미국의 문화적 사회적 쇠퇴에 일조하고 있다고 비난하였다.

크리스톨과 그의 '뉴욕 지식인 그룹'이 제1세대 신보수주의자라고 한다면, 그의 영향을 받고 성장한 제2세대 신보수주의자들의 일부는 이론이나 철학에 머무르지 않고 직접 세상을 바꾸기 위해 정치인 스쿱 잭슨을 중심으로 결집하였다. 1972년 민주당 전당대회가 결정적이었다. 주베트남 미군의 신속한 철수, 국방비의 대규모 삭감, 신고립주의 외교를 선거공약으로 내건 진보성향의 조지 맥거번(George McGovern) 상원의원(사우스다코타, South Dakota)이 대선후보로 선출되자 반공주의 민주당원들의 상당수가 민주당 주류에서 이탈하여 반공주의자 잭슨을 지도자로 뭉치게 된 것이었다.

미국의 외교안보정책은 힘의 우위에 기초한 강력한 반공주의, 친이스라엘주의, 반공 개도국 원조, 미국적 가치 확산 등을 "운명적으로" 지향해야 한다는 신념을 가졌던 이들 신보수주의 지식인들 중 폴 울포위츠(Paul Wolfowitz), 리처드 펄(Richard Perle), 더글라스 페이스(Douglas J. Feith)는 잭슨 상원의원의 보좌관으로 일하게 되었다. 펄은 소련을 제재하는 '잭슨-배닉 수정안(Jackson-Vanik Amendment)'의 초안을 작성한 장본인이었다. 이들을 포함하여 윌리엄 베닛(William Bennett), 엘리엇 에이브럼즈(Elliott Abrams) 등은 후일 레이건 정부에서 요직을 차지하

....

11   Irving Kristol, *Neo-conservatism: The Autobiography of an Idea*, Ivan R. Dee, 1999.

였다. 민주당에서 탈당하고 공화당 레이건 정부로 전향한 이들 신보수주의자들은 레이건이 소련을 "악의 제국(Evil Empire)"으로 지칭하게 하고, 전 세계에 미국적 가치를 확산하는 '민주주의를 위한 국가재단(National Endowment for Democracy) 을 만드는 데 기여하였다.[12]

그러나 레이건이 재선에 성공한 후 냉전종식을 위해 소련과 대화하면서 신보수주의자들의 정책적 영향력은 급감하였고, 조지 H. 부시 대통령도 이들을 '이념 과잉'을 지적하며 중용하지 않았다. 그러나 10여 년이 지난 후 조지 W. 부시 대통령은 '불의 신, 벌컨들(the Vulcans)'[13]을 다시 중용하였다. 이들은 부통령(딕 체이니[Dick Cheney]), 국방장관(도널드 럼즈펠드[Donald Rumsfeld], 국방차관(폴 울포위츠), 국방차관보(더글라스 페이스), 국방자문위 위원장(리처드 펄) 직을 차지하여 2002년 대통령의 '악의 축(the Axis of Evil)' 발언, 2002년 이라크 공격 등을 이끌어내었을 뿐 아니라, 미국이 닉슨-키신저 식의 현실주의 또는 실리주의 외교안보정책을 버리고 "미국적 가치를 세계적으로 확산하기 위해 미국의 강점인 무력을 사용해야 한다"는 십자군적 가치우선주의를 지향하도록 하는 데 중심 역할을 수행하였다. "도덕적 목적을 위해 무력을 사용해서는 안 된다"는 4성장군 출신의 콜린 파월(Colin Powell) 국무장관은 이들과 임기 내내 마찰을 빚었다. 그는 영국 외상 잭 스트로(Jack Straw)와 전화 통화 시 이라크 공격을 강행하려던 부시 외교안보팀의 신보수주의자들을 "완전한 미치광이들(F*cking crazies)"이라고 비난하였다.[14] 그러나 정작 자리에서 물러나야 했던 인물은 파월이었다.

어쨌든 이와 같은 역사를 가진 신보수주의의 이념과 철학을 실제 미국의 외교안보정책으로 실천한 최초의 정치적 인물은 스쿱 잭슨이었다. 그는 상원의원의 권한인 법제정권과 권고/동의(advice and consent)권을 십분 활용하여 자신의 의지를 관철하고자 했는바, 잭슨-배닉 수정안과 미국의 탄도미사일요격(Anti-ballistic Mis-

....

12 Justin Vaïsse, "Why Neoconservatism Still Matters," *Policy Paper*, Number 20, May 2010, p. 2.

13 James Mann, *Rise of the Vulcans: The History of Bush's War Cabinet*, Penguin Books, 2004.

14 Martin Bright, "Colin Powell in four-letter neo-con 'crazies' row," *The Guardian*, September 12, 2004.

siles) 능력 제고 프로그램 지원이 잘 알려진 사례이다. 잭슨과 배닉은 1972년 10월 소련이 유대인들에게 과도한 출국이민비자 수수료를 부과하지 못하도록 하기 위해 미국 통상법에 대한 수정안을 제출하였다. 이들은 이 수정안의 목적이 인권침해를 자행하는 공산국가들에게 통상과 융자를 제한하여 정치적 압력을 가하는 데 있다고 제시하였으나, 이슈를 이민 문제에 국한함으로써 이 조치가 소련과 데탕트를 겨냥하고 있음을 숨기지 않았다.

데탕트를 지키려던 키신저는 의원들을 상대로 잭슨-배닉 수정안이 미국의 국가이익을 해칠 수 있음을 경고하였다. 청문회에 참석한 키신저는 "소련의 국내정치에 영향을 주려는 이와 같은 조치는 역효과를 낳을 것이고, 데탕트에 회복불가한 타격을 가할 것"이라 말하며, 자신은 "이 법안이 통과되면 대통령에게 거부권 행사를 건의하겠다"는 입장을 피력하였다. 그는 자신이 유대인으로서 나치독일의 전체주의가 얼마나 사악한지 누구보다 더 잘 안다면서도, 이 수정안은 "잘못된 맥락에서 제시된 잘못된 수단(the wrong vehicle and the wrong context)"이며, "미국과 소련 간의 데탕트는 가치의 공유가 아니라 핵전쟁의 위험성에 대한 공동의 인식에 기초해 있음을 강조"하였다.[15]

키신저 등의 설득 노력에도 불구하고 소련의 유대인 이민 정책을 미국의 '최혜국대우지위(the Most Favored Nations Status)' 부여와 연계한 이 통상법 수정안은 상하양원을 통과하고 1975년 1월 3일 포드 대통령의 서명에 따라 미국의 통상법 제402조로 법제화되었다. 잭슨의 비판자들은 그의 수정안이 반공이나 유대인 이민 자유화라는 명분보다는 개인적, 정치적 이익과 관련이 있다고 주장하였다. 소련을 포함 동구공산권은 1972년 말부터 "교육비상환수수료(education reimbursement fees)"[16] 부과 제도를 폐기했는데, 즉 문제가 해소되었는데도, 수정안의 법제화가 강행 처리되었기 때문이다. 또한 소련을 떠나는 유대인 이민자들의 숫자도 1968년

....

15   Editorial Note, Foundations of Foreign Policy, 1973–1976, *FRUS, 1969-1976*, Vol. XXXVIII, p. 165.

16   이 수수료 부과 제도는 국가가 이민자들을 위해 기왕에 투자한 교육비를 상환해야 한다는 취지를 갖고 있었으나, 사실은 고급두뇌가 국외로 유출되는 것을 막고자 하는 의도에 따른 것이었다.

400명에서 1973년 33,500명으로 증가하였기 때문에 그러한 비판이 일정하게 설득력을 가지게 되었다. 비판자들은 수정안이 통과된 후 소련이 발급한 출국이민비자가 급감하였음을 지적하며 잭슨이 이를 미리 알지 못했다면 무능하고, 알고 있었다면 그의 순수성이 의심된다고 비난하였다. 나아가 비판자들은 당시 세계무역은 인플레이션과 에너지 위기로 인해 극히 불안정한 상태였는데, 소련의 국내정치 문제에 간섭하기 위한 무역과 금융 제제라는 정책수단은 일부 미국 정치인들의 이기적 이익에 복무했을지 모르지만, 미국과 세계인들의 복리를 해칠 수 있는 무모한 조치였다고 주장하였다.[17] 이스라엘 벤-구리온대학(Ben-Gurion University)의 프레드 라진(Fred A. Lazin)은 잭슨-배닉 수정안이 소련에 거주하는 유대인들의 비참한 처지를 세계에 알린 효과를 인정하면서도 유대인의 이민 문제를 더 꼬이게 만들었고, 미국의 대소협상력을 떨어뜨린 면을 간과할 수 없다고 지적하였다.[18]

잭슨은 다른 민주당 소속 의원들과는 달리 미국의 군사비 증액을 강력하게 요구하였다. 힘에 의한 외교를 뒷받침하기 위한 수단을 충분히 확보하기 위해서라는 명분이었다. 그는 미국은 소련의 선제 공격을 허용하지 않기 위해 더 많은 미사일과 발사대를 개발·배치해야 한다고 주장하며, 닉슨 정부의 군사비 증액과 탄도미사일요격능력개선 프로그램 진수를 적극적으로 지지하였다. 이 프로그램안은 상원에서 1표 차로 통과되었는데 여기에는 잭슨의 정치력이 큰 역할을 하였다. 잭슨은 추후 닉슨 정부가 소련과의 3년간의 협상 끝에 탄도미사일요격제한협정(ABM)을 포함하는 전략무기제한협정(SALT)을 체결하자 이에 극력 반대하며, 데탕트가 미국을 무장해제하고 있는바, 이의 책임은 닉슨과 키신저가 져야 한다고 맹공하였다.[19] 잭슨의 비판자들이 그에게 붙여준 별명은 "보잉 상원의원(the senator from Boeing)"이었다. 잭슨에 비판적이었던 유진 매카시 상원의원은 이 별명이 그의 업적에

....

17 "The Jackson Amendment," Special to *The New York Times*, March 9, 1974.

18 Fred A. Lazin, *The Struggle for Soviet Jewry in American Politics: Israel versus the American Jewish Establishment*, Lexington Books, 2005, p. 51.

19 Anna Kasten Nelson, "Senator Henry Jackson and the Demise of Détente" in Anna Kasten Nelson and Lloyd Gardner eds., *The Policy Makers: Shaping American Foreign Policy from 1947 to the Present*, Rowman and Littlefield, 2008, p. 90.

걸맞지 않다고 그를 변호하였지만, 비판자들은 잭슨이 데탕트하에서도 미국 정부에게 무기구입을 강권했고, 그의 고향인 에버릿(Everett)에 공장을 두고 있고, 그가 대변하는 워싱턴 주의 최대의 고용자인 방산기업 보잉의 군수계약 성사를 위해 발벗고 나섰다며 "보잉의 영업담당 상무"라고 비난하였다.[20]

포드와 키신저는 국내외적인 악조건하에서도 데탕트를 밀고 나아갔다. 1974년 11월 블라디보스토크에서 체결된 '전략무기제한협정 II(SALT II)을 위한 기본합의'와 1975년 12월 베이징미중정상회담 등이 그에 따른 결과였다. 그리고 1975년 8월에 체결된 헬싱키 합의(the Helsinki Accords), 1975년 9월의 제2차 이집트-이스라엘군 철수협정 성사도 포드의 신임을 얻은 키신저가 이루어낸 성과였다.

데탕트의 그늘과 종말

칠레의 살바도르 아옌데

미국과 소련 간의 긴장완화가 상당한 국제정치적 성과를 내고 있던 1970년대 초·중반, 데탕트로 인해 그리고 동시에 데탕트임에도 불구하고, 이른바 제3세계의 민주주의가 전 세계의 민주화를 외교 목표 중에 하나로 하는 미국의 사주(使嗾)에 의해 파괴되는 일이 발생하였다. 1973년 9월 11일 남아메리카 칠레에서 민주적 절차에 의해 선출된 아옌데 정부가 미국 CIA와 칠레 군부 간의 협력하에 폭력적으로 축출되었던 것이다.

1959년의 쿠바 혁명은 제국주의에 시달려온 중남미 제국의 국민들을 각성시키고 의식화하는 계기가 되었다. 특히 'UN라틴아메리카·카리브경제위원회(United Nations Economic Commission for Latin America and the Caribbean)'는 이 지역의 빈곤과 저발전의 문제를 종속(dependency)이라는 관점에서 조명함으로써 자력갱생 자급경제주의(自給經濟主義) 자주노선을 지지하는 정치세력의 형성·부상을 재

....

20   Robert G. Kaufman, *Henry M. Jackson: A Life in Politics*, University of Washington Press, 2000, p. 146.

촉하였다. 칠레도 예외가 아니었다. 특히 칠레 국민들과 정치인들은 경제의 핵심인 구리산업 등 주요 산업에 대한 국유화 문제를 둘러싸고 좌우로 나뉘어 격렬히 논쟁을 벌였다.

　미국의 케네디 정부는 중남미의 자주화 또는 사회주의화를 방지하기 위해 1961년 '진보를 위한 동맹(Alliance for Progress, Alianza para el Progreso)'을 출범시키고, "미국 국경 남쪽의 자매국가들"의 사회간접자본, 교육, 민주주의 확충 및 공고화를 위해 상당한 금융 지원 및 재정적 투자를 실시하였고, 칠레는 이러한 지원의 주요 수혜자였다. 그러나 칠레의 1964년 대선에서 구리산업 국유화 문제가 이슈화되고, 특히 미국 기업인 아나콘다(the Anaconda Company)와 케니코트(Kennicott Copper Corporation)가 국유화될 가능성이 현실적으로 대두되자, 미국은 이를 막을 수 있는 칠레 내 정치적 대안을 찾고자 하였고, 기독교민주당(Christian Democratic Party)을 선택하였다. 미국의 지원에 힘입어 1964년 9월 기민당의 에두아르도 프레이(Eduardo Frei Montalva)가 인민행동전선(the Front for Popular Action)의 소아과 의사 출신 정치인 살바도르 아옌데(Salvador Allende Gossens)를 누르고 대통령에 선출되었다. 칠레 최초의 자유주의 지도자인 프레이는 아옌데가 내세운 "국유화(nationalization)"라는 혁명 대신 "칠레화(Chileanization)"라는 개혁을 추진하여 1966년 1월 아나콘다와 국유화 협상을 마치고 1966년 1월 25일 법안 제16425호를 통과시켰다(법제화된 번호는 16624호). 그러나 이는 기민당 내에서도 반발이 일었을 정도로 미국 기업에 유리한 것이었다.[21] 자주노선의 진보세력은 들고 일어섰고, 이 문제는 1970년 대선의 주요 이슈로 재부상하였다. 대선에는 세 사람이 출마하였는데, 미국 국무부의 자료에 따르면, 미국은 선거에 개입하기로 하고, 그러나, 특정후보를 지원하기보다는 아옌데 후보를 낙선시키는 데 역량을 집중하고자 하였다.[22] 미국의 선거개입은 상당한 효과를 거두었으나 아옌데를 낙선시키는 데는 실

....

21　Raymond F. Mikesell, *Foreign Investment in the Petroleum and Mineral Industries: Case Studies of Investor-Host Country Relations*, RFF Press, 2013, p. 384.

22　U.S. Department of State, Office of the Historian, "The Allende Years and the Pinochet Coup, 1969-1973." https://history.state.gov/milestones/1969-1976/allende

패하였다. 칠레 좌파세력들이 결성한 인민연합(Unidad Popular, Popular Unity)의 대표 아옌데는 36.8%를 득표했으나 다수득표에 실패하였으므로 칠레 헌법에 따라 의회가 대통령 선출 여부를 결정하게 되었다.

　미국의 닉슨 정부와 아나콘다, 케니코트, 국제전화전신회사(International Telephone & Telegraph) 등 미국 기업들뿐 아니라 당시 칠레 현정부조차도 마르크스주의자 아옌데가 집권하는 것을 극구 반대하였다. 칠레 군부는 둘로 나뉘었다. 아옌데를 거부하는 측과 군의 정치적 중립을 지키려는 측이 대립하였다. 쿠데타를 모의하던 세력은 "정치-군대 상호독립"이라는 '쉬나이더 독트린'[23]을 강력히 견지하던 칠레군 총사령관 르네 쉬나이더(René Schneider)를 제거하려 하였다. 두 번의 시도가 있었으나 모두 실패하였다. 그러나 1970년 10월 22일 세 번째 시도는 결과적으로 성공하였다. 쿠데타 세력은 산티아고 시내를 차량으로 이동하던 쉬나이더를 납치하려 했으나 실수를 저질렀고 권총을 빼든 쉬나이더에게 총격을 가하여 살해한 것이었다. 이 사건 이후 군부는 대통령 선출 과정에 영향을 주는 행동은 더 이상 취하지 않았다. 칠레 의회에는 아옌데 반대세력이 훨씬 더 많았다. 아옌데는 기민당 의원들이 요구한 10개의 자유주의적 헌법수정안들에 대한 지지를 보장하는 등 설득 노력을 기울여 대통령에 선출되었고, 11월 3일 아옌데 정부를 공식 출범하였다.

　집권한 아옌데는 칠레의 가난과 저개발의 근본적 배경에는 미국에 대한 경제적 종속과 그에 따른 칠레 민족자본의 결핍이 있다고 판단하였다.[24] 아옌데 정부는 민주주의, 의회주의, 시민적 권리, 법치주의를 유지하는 가운데 칠레 사회를 탈종속 및 마르크스주의 노선에 따라 개조해 나가기 시작하였다. 아옌데는 대선 시 주요 정치적 쟁점이었던 미국의 구리기업들에 대한 국유화 조치를 실행에 옮겼다. 보상이 문제였다. 아옌데 정부는 미국 기업들이 칠레에서 오랫동안 국제기준을 크게 상회하는 초과이윤을 취하였으므로 이를 합하면 기업들의 서류상의 자산가치를 능가

23　　Peter Kornbluh, *The Pinochet File: A Declassified Dossier on Atrocity and Accountability*, The New Press, 2013, p. 22.

24　　Joseph L. Nogee and John W. Sloan, "Allende's Chile and the Soviet Union: A Policy Lesson for Latin American Nations Seeking Autonomy," *Journal of Interamerican Studies and World Affairs*, Vol. 21, No. 3, 1979, pp. 339-68.

하므로 사실상 보상을 할 필요가 없다는 입장이었다. 아옌데는 1971년 7월 11일 칠레 의회의 동의를 얻어 5일 후 일부 광산을 제외하고 구리채굴기업에 대해 보상 없는 국유화를 실시한다는 내용의 법안을 법제화하였다. 아옌데 정부는 IT&T가 대주주인 칠레전화회사에 대해서도 통제권을 확보하였다.

　　미국의 닉슨 정부는 아옌데 정부의 국유화 조치에 대해 항의하며 칠레에 대해 사실상의 금융제재를 단행하였고, 이는 칠레에 대한 외국투자자들의 신인도 하락에 큰 영향을 미쳤다. 1972년에 이르러 칠레는 국내경기가 침체된 상태에서 수출·민간투자·외화보유 감소라는 3중고에 직면하게 되었다. 미국뿐 아니라 미국이 지배하던 국제금융기구들도 칠레에 대한 금융지원을 거부하였다. 이에 따라 칠레는 경제위기에 빠졌고, 아옌데 정부는 극좌파가 주도하는 대규모 파업에 시달려 1972년 8월 21일 수도 산티아고(Santiago)에 비상사태를 선언하는 등 심각한 내우외환을 겪게 되었다. 미국의 CIA는 아옌데 정부에 타격을 주기 위해 반아옌데 세력의 파업을 비밀리에 지원하였다. 1972년 가을 26일 동안이나 지속된 트럭 운전사들의 파업은 '성공작'이었다. 칠레는 세계에서 가장 길쭉한 영토를 가진 나라로서 산업과 유통의 동맥은 트럭 운송이었다. 트럭 파업은 칠레 경제를 마비시켰다. 1972년 9월 19일 키신저 국무장관은 미국 상원 외교위원회 증언에서 칠레에 대한 정보기관의 개입은 아옌데의 소수 정부에 의해 위협받는 정당과 언론을 살리기 위한 목적으로만 승인되었다고 주장하였다. 그는 이러한 비밀 공작은 칠레 정부를 전복시키려는 목적을 갖고 있지 않았다고 말하였다.[25]

　　당시 소련은 쿠바 지원으로부터 시작한 남아메리카 좌파 정부들에 대한 원조비용이 축적되어 아옌데 정부의 경제적 난관을 해소해주기 어려운 상태였다.[26] 그리고 이때는 데탕트의 시대였다. 소련의 브레즈네프는 "칠레 경제가 못 견디도록 아프게 해 줄(make the economy scream)"[27] 요량이던 닉슨을 자극할 수 있는 행동

....

25　Seymour M. Hersh, "C.I.A. Is Linked to Strikes In Chile That Beset Allende," *The New York Times*, September 20, 1974.

26　Aldo César Vacs, "Soviet Policy Towards Argentina and the Southern Cone," *The Annals of the American Academy of Political and Social Science*, Vol. 481, No. 1, 1985. pp. 159-71.

27　CIA, Notes on Meeting with the President on Chile, September 15, 1970. https://nsarchive2.gwu.

을 피하고자 하였다.[28] 아옌데는 중국(1970) 및 쿠바(1971)와 수교하였으나, 이들 국가도 칠레를 도울 수 있는 처지가 아니었다. 특히 중국은 1973년 당시 외교안보정책의 핵심이 주적 소련을 견제하는 데 있었던 만큼 전략적 파트너인 미국이 적대시하는 아옌데 정부를 대놓고 지원할 수는 없었다.[29]

칠레의 경제적 어려움에도 불구하고 노동자, 농민의 다수는 아옌데를 지지하였다. 1973년 3월에 실시된 총선에서 아옌데가 이끄는 인민연합은 44%의 국민적 지지를 획득하였다. 그러나 파업과 시위는 그치지 않았다. 1973년 6월 29일 로베르트 소우퍼(Roberto Souper) 중령 등이 쿠데타를 시도하였다. 카를로서 프라츠(Carlos Prats) 육군 총사령관은 쿠데타를 막는 데 성공하였지만, 군 일부가 공공질서 악화에 대해 책임을 묻자 사임하였다. 1973년 8월 24일 아우구스토 피노체트(Augusto Pinochet Ugarte) 장군이 직을 승계하였다. 한편, 칠레 하원의 보수파는 아옌데의 개혁조치 대부분이 위헌이라고 목소리를 높였고, 정부와 의회 간의 갈등은 군부의 동요를 야기하였다. 마침내 9월 11일 아침 육군 총사령관 피노체트가 주도한 쿠데타군은 대통령궁을 폭격함으로써 정변을 일으켰다. 아옌데는 오전 9시 10분 대국민 라디오 방송을 통해 자신은 "사임하지 않을 것"임을 명확히 하고, "칠레 만세, 국민 만세, 노동자 만세"를 외쳤다. 그의 마지막 방송이었다. 아옌데는 쿠데타군이 대통령궁 안으로 공격해 들어오자 30-40명의 참모들에게 투항할 것을 권유하고, 자신은 '독립관(Independence Hall)'으로 피신하였다. 아옌데의 최후를 유일하

....

edu//NSAEBB/NSAEBB8/docs/doc26.pdf

28 Tanya Harmer, *Allende's Chile and the Inter-American Cold War*, University of North Carolina Press, 2011, p. 150.

29 Riordan Roett and Guadalupe Paz, eds., *China's Expansion into the Western Hemisphere: Implications for Latin America and the United States*, The Brookings Institution Press, 2008, p. 47; William A. Joseph, "China's Relations with Chile under Allende: A Case Study of Chinese Foreign Policy in transition," *Studies in Comparative Communism*, Vol. XVIII, No. 2/3, Summer/Autumn, 1985, p. 125. 쿠데타 후 쿠바는 UN안보리에서 칠레의 쿠데타는 닉슨에 의한 것이라고 미국을 격렬히 비난하였지만 그것이 쿠바가 할 수 있는 전부였다. 인디아의 간디(Indira Gandhi) 수상은 주체를 특정하지 않은 채 "외부세력이 국가를 전복하는 것은 용인될 수 없다"고 미국을 에둘러 비판하였다. Kathleen Teltsch, "Cuba, in U.N., Says Nixon Instigated Chilean Coup," *The New York Times*, September, 18, 1973.

게 목격한 대통령궁 의사 기혼(Patricio Guijon)에 따르면, 아옌데는 쿠데타군에 의해 수모를 당하지 않으려 자살을 선택하였다. 자살에 사용된 총기(AK-47)는 쿠바의 카스트로가 2년 전 칠레를 방문했을 때 아옌데에게 선물한 것이었다.

쿠데타에 성공한 피노체트는 1973년 9월 13일 칠레의 대통령이 되었고, 의회 및 좌파정당들을 해산하였으며, 46년간의 칠레 민주주의를 끝장내었다. 피노체트는 1975년 6월 앞으로 "칠레는 선거를 필요로 하지 않는다"고 선언하였다. 피노체트 군사정권은 수많은 정치적 반대자들을 구금·고문·살해하였다. 그는 1978년 사면령(Amnesty Decree Law)을 내리고 1973년 9월 11일부터 1978년 3월 10일까지 인권 유린 혐의로 기소·투옥된 모든 이들에게 형사상 책임을 묻지 않는다고 선언하였다. 그 이면에는, 국제사면위원회(the Amnesty International)에 따르면, 1973년에서 1990년까지 피노체트 정부에 의해 살해되거나 행방불명된 사람은 3,000명이 넘고, 수감과 고문을 당한 생존자의 수는 40,000명을 상회하였다.[30]

칠레의 마르크스주의 정권이 전복되자 미국 닉슨 정부는 한편으로는 쾌재를 불렀지만, 다른 한편으로는 민주주의와 인권탄압 문제가 불거지며 곤혹스러운 입장에 빠졌다. 미국 상원은 특위를 구성하여 정보활동과 관련된 미국 정부의 공작(operations)에 대해 조사에 나섰다. 일명 처치위원회(the Church Committee)라 불리는 이 상원특위는 110,000건에 달하는 방대한 문건을 검토하고, 수많은 인터뷰와 166회의 청문회를 실시한 후 "비밀작전은 있었고, 미국이 아옌데의 집권을 막기 위해 쿠데타를 모의하기는 했으나, 미국이 피노체트 쿠데타와 직접적 관계가 있다는 증거는 존재하지 않는다"고 결론내렸다.[31]

그러나 처치위원회의 결론은 2013년 비밀해제된 문건들을 반영할 수는 없었다. 이 문건들에 따르면, 피노체트 쿠데타는 국가안보보좌관 키신저가 대통령 닉슨을 설득한 결과였다. 키신저는 아옌데가 대통령에 선출된 지 8일 후인 9월 12일

....

30   Chile: 40 years on from Pinochet's coup, impunity must end, 10 September 2013. https://www.amnesty.org/en/latest/news/2013/09/chile-years-pinochet-s-coup-impunity-must-end/

31   Senate Select Committee to Study Governmental Operations with Respect to Intelligence Activities. https://www.senate.gov/artandhistory/history/common/investigations/ChurchCommittee.htm

CIA 국장 리처드 헬름스(Richard Helms)와 통화하면서 자신의 "선제적 쿠데타" 구상을 알렸다. 키신저는 "우리는 칠레가 구렁텅이에 빠지지 않도록 해야 한다"고 말했고, 헬름즈는 "동의한다"고 호응하였다.[32] 이들이 통화한 지 3일 후 닉슨은 키신저 등에게 칠레의 "경제가 비명을 지르도록" 압박하라고 지시했고, 아옌데 집권 방지를 위한 비밀작전의 수장으로 키신저를 임명하였다. 키신저의 이니셔티브에 반대한 백악관 관리도 있었다. 키신저의 참모 바이런 바키(Viron Vaky)는 9월 14일 자신의 보스에게 "쿠데타는 폭력과 봉기를 야기할 수 있으며, 미국의 원칙과 정책노선을 위배하는 부도덕한 행위"라는 내용을 담은 메모를 제출하였다. 바키는 미국이 "이 원칙을 위배할 수밖에 없는 경우는 미국의 생존이 위협받는 상황뿐이며, 아옌데가 미국의 생존을 위협한다고 볼 수는 없다"고 키신저의 구상을 사실상 비판하였다.[33] 바키는 묵살당하였다.

키신저의 구상은 실행되었다. 그러나 하수인들인 칠레의 쿠데타 모의 세력은 군총사령관 쉬나이더를 살해하였으나, 더 이상 성과를 내지는 못하였다. 아옌데가 의회에서 선출되어 집권에 성공하자 키신저는 정권교체(regime change)가 필요하다는 내용의 메모를 닉슨 대통령에게 제출하였다. 그의 논리는 다음과 같았다:

아옌데의 집권은 서반구에서 최초로 일어난 가장 중대한 반미적 도전임. 대통령님의 결정은 올해 가장 어렵지만 역사적인 외교정책결정이 될 것임. 아옌데 정권을 방치할 경우 수십억 달러의 미국의 이익이 침해될 수 있을 뿐 아니라, '나쁜 모델'이 [중남미 전역으로] 파급되는 효과를 발생시키게 될 것임. 미국이 아옌데의 정치적 정당성을 부인할 수는 없음. 그러나 미국이 마르크스주의자가 선거에 의해 선출되면 무사하다는 선례를 남길 경우 중남미의 다른 나라들이 사회주의 노선을 추

....

32   Telcon, Helms - Kissinger, September 12, 1970, 12:00 noon. https://nsarchive2.gwu.edu/NSAEB B/NSAEBB437/docs/Doc%201%20-%20Helms-Kissinger%20telcon.pdf

33   Viron Vaky to Kissinger, "Chile -- 40 Committee Meeting, Monday -- September 14," September 14, 1970. https://nsarchive2.gwu.edu/NSAEBB/NSAEBB437/docs/Doc%202%20-%20Vaky%20 to%20Kissinger%20Sep%2014%201970%20-%20Chile--40%20Committee%20Meeting%20Mon-day%20-%20Sep%2014.pdf

종하게 될 것이고, 그 밖의 지역(예를 들어, 이탈리아)의 선거와 정치에도 큰 영향을 미치게 될 것임. 그렇게 되면 세계 차원의 세력균형과 미국의 위상에 악영향이 초래될 것임.[34]

키신저의 메모를 읽은 닉슨은 다음 날 회의를 소집하여 모든 국가안보회의 구성원들에게 "우리는 아옌데의 성공을 방관해서는 안 된다"고 말하였다. 쿠데타가 성공하자 키신저는 닉슨에게 "미국이 쿠데타를 도왔다. 이는 [미국에] 최선의 조건을 만들어냈다"고 자평하였다. 그러나 닉슨이 "미국 언론들이 아옌데 정부의 전복을 우려하고 있다"고 불평하자, 키신저는 "드와이트 아이젠하워 대통령 시대였다면 우리는 영웅이 됐을 것"이란 말로 위로하였다.

피노체트 군부정권은 쿠데타 직후 저항하는 시민들을 극악한 방법으로 탄압하였다. 미국의 국무부는 "군부에 의한 인권 유린이 도를 넘는다"고 백악관에 보고하였다. 키신저는 이를 무시하였다. 그는 주칠레 미국 대사를 통해 "미국은 칠레와 긴밀히 협력하길 원하며, 우호적 생산적 관계의 초석을 놓을 수 있기를 기대한다"며 피노체트를 안심시켰다. 윌리엄 로저스(William D. Rogers) 중남미담당 국무차관보 등 국무부의 고위 관리는 여전히 "인권 유린"에 대해 우려를 표명하며, 의원들이 이에 대해 질문하면 뭐라 답할지 막막하다고 키신저에게 하소연하였다. 키신저는 "우리는 이 점을 알아야 한다. 미국의 국익의 관점에서 보면, 피노체트는 그가 어떠한 악행을 저지르더라도 아옌데보다는 낫다"고 말하였다.[35] 미국은 피노체트 정권에 경제, 군사, 외교적 지원을 아끼지 않았고, CIA가 주도하여 1974년 6월 14일 후일 "악명을 떨치게 될" 국가정보국(Dirección de Inteligencia Nacional, National Intelligence Directorate)의 설립을 도왔다.

키신저는 피노체트의 인권탄압이 극에 달한 1975년, 외교장관 카르바할(Patri-

....

34 White House, Kissinger, Memorandum for the President, "Subject: NSC Meeting, November 6-Chile," November 5, 1970. https://nsarchive2.gwu.edu/NSAEBB/NSAEBB437/docs/Doc%20 4%20-%20Kissinger%20to%20Nixon%20re%20Nov%206%20NSC%20meeting.pdf

35 U.S. Department of State, SECRET/NODIS, "Secretary's Staff Meeting, October 1, 1973." https:// nsarchive2.gwu.edu/NSAEBB/NSAEBB110/chile03.pdf

cio Carvajal) 제독을 만나 "미국 국무부는 성직자의 소명의식을 갖고 있는 인물들로 구성되어 있다. 그들은 교회나 성당의 수가 충분치 않아 국무부에 갔을 것"[36]이라며 자국의 외교관들을 면전에서 조롱하였다. 1976년 6월 키신저는 피노체트를 방문하였다. 키신저는, 칠레의 인권 상황을 거론해야 한다고 주문한 윌리엄 로저스의 권고에도 불구하고, 피노체트에게 "칠레의 인권 문제는 좌파선동세력에 의해 왜곡되고 있다. 미국은 대통령님의 성과를 높게 평하고 있다. 우리는 피노체트 정부를 돕고자 하며, 대통령님은 아엔데를 전복시킴으로써 서방에게 큰 공헌을 하였다"고 군부독재자를 칭송해 마지 않았다.

중남미에서 쿠바혁명의 재현을 막기 위해 아엔데를 축출하고자 했던 키신저는 그가 예상했던 것보다 더 큰 성공을 거두게 되었다. 미국의 사주와 협력하에 성공한 칠레의 군부쿠데타에 고무된 아르헨티나 군부는 1976년 3월 24일 이사벨 페론(Isabel Perón) 좌파 정부를 전복시켰다. 호르헤 라파엘 비델라(Jorge Rafael Videla) 장군이 중심이 된 아르헨티나 군사정부는 "추악한 전쟁(dirty war)"이라 불리게 될 자국민 학살을 자행하며 권위주의 통치를 무자비하게 이어나갔다. 해리 쉴로드먼(Harry W. Shlaudeman) 국무차관보는 키신저에게 "아르헨티나의 비델라 집단의 보안군은 통제불능입니다. 이들은 매일 매일 자국민들을 살해하고 있습니다. 인권단체들은 아르헨티나가 또 다른 칠레라고 비난하고 있습니다만, 그렇지는 않지요?" 라고 우회적으로 우려를 표명하였다. 키신저는 "아르헨티나의 사정이 더 나쁘긴 하지만, 칠레에 적용된 우리의 반공주의 원칙은 아르헨티나에도 적용되어야 합니다" 라고 말하였다.[37]

....

36   201. Memorandum of Conversation, Secretary's Meeting with Foreign Minister Carvajal, Washington, September 29, 1975, *FRUS, 1969-1976*, Volume E-11, Part 2, Documents on South America, 1973-1976.

37   Kissinger to Argentines on Dirty War: "The quicker you succeed the better," National Security Archive Electronic Briefing Book No. 104. https://nsarchive2.gwu.edu/NSAEBB/NSAEBB104/index.htm

이란의 이슬람 혁명과 미국인 인질구출 작전

데탕트가 불안하게 유지되는 가운데 남미뿐 아니라 중동에서도 미국이 개입된 파열음이 나기 시작하였다. 이란이었다. 1953년 무함마드 모사덱 정권이 CIA가 주도한 쿠데타에 의해 축출된 이후 이란의 권력은 미국과 영국의 지지 하에 국왕 팔레비에게 집중되었다. 영국을 대체하여 샤의 새로운 후원자가 된 미국은 이스라엘에 못지않은 지원을 제공하여 이란을 소련 억지를 위한 냉전적 전초기지로 활용하는 한편 중동 최대의 무기시장이자 안정된 석유공급원으로 유지하고자 하였다. 샤로서도 취약한 국내정치적 기반을 확충하고 국내외 공산세력으로부터 정권을 지키기 위해 미국·영국·이스라엘과의 협력은 바람직하고 불가피한 것이었다. 팔레비 정권은 이들 국가의 지원을 받으며 상당한 경제성장을 이룩하였지만, 다른 한편, 이스라엘 정보기관 등의 협력 하에 비판세력을 억압하고 탄압하기도 하였다.

팔레비는 이란의 서구화를 위해 1962년 "백색혁명(White Revolution)"을 선포하면서 토지개혁, 국유기업 사유화, 여성 참정권 도입, 교육 기회 확대 등 6개조의 개혁조치를 담은 정치경제적 프로그램을 진수하였다. 그러나 그의 이니셔티브는 이내 조직적인 반대와 저항에 직면하게 되었다. 종교지도자들은 토지개혁을, 민족주의자들은 국유기업 사유화를, 전통주의자들은 여성의 참정권 도입이나 교육기회 확대를 반대하고 나섰다. 서방에는 아야톨라 호메이니(Ayatollah Khomeini; 호메인 출신의 고위 율법학자라는 의미)라고 알려진 루홀라 무사비(Ruhollah Mostafavi Musavi)는 수도 테헤란 서북쪽의 성도(聖都) 콤(Qom)에서 이란 국민들에게 팔레비 정권에 대한 투쟁에 나설 것을 촉구하며 파업과 시위를 독려·선동하였다.

호메이니는 결국 추방되어 이라크의 시아파 무슬림들의 성도 나자프(Najaf)에 머물면서 강연을 통해 대정부 투쟁을 이어나갔다. 그는 이곳에서 행한 강연을 엮어 '이슬람정부론(Islamic Government: Governance of the Jurist)'이라는 서적을 저술하였는데, 이는 후일 이란을 이슬람화하는 데 종교적·법적 기초가 되었다. 시아파가 다수인 이라크를 지배하던 수니파 사담 후세인(Saddam Hussein)[38]은 호메이니가

....

38 그는 사회주의 바트(Ba'ath) 당의 지도자로서 종교적이지 않았으나 수니파 가정에 태어났고, 그의 추종세력은 수니파였으며, 수니 소수파 정권은 다수파인 시아파를 탄압하였다.

시아파 세력을 키워 나가자 한편으로는 정치적 예방조치로서, 다른 한편으로는 이란과의 관계 등을 고려하여 그를 추방하였다. 호메이니는 파리 근교로 망명하였다.

팔레비 정권에 대한 반대 투쟁은 날로 격화되었다. 샤의 친미주의, 이슬람 전통에 위배되는 개혁조치, 무리한 무기구입 등으로 인한 경제난국, 그리고 비판세력에 대한 무자비한 탄압이 국민적 불만의 대상이었다. 위기에 몰린 팔레비는 1979년 1월 16일 휴가를 명분으로 해외여행을 떠났다. 그는 1974년 이미 암 판정을 받은 상태였다. 카터 미국 대통령은 팔레비에게 캘리포니아의 한 사저에 머물 것을 제의하였으나, 그는 권토중래(捲土重來)를 위해서는 미국의 꼭두각시로 보여서는 안 된다고 생각했고, 특히 지리적으로 가까운 중동지역에 머무르는 것이 정보수집에 유리하다고 한 이집트의 사다트의 권고를 받아들여 카터의 제의를 고사하였다. 샤가 부재한 상태에서 호메이니는 2월 1일 에어 프랑스 전세기를 타고 열화와 같은 지지자들의 환영을 받으며 귀국하였다. 샤가 반정부세력을 위무하는 차원에서 임명한 바크티아르(Shapour Bakhtiar) 총리는 악명 높은 정보기관 사바크를 해체하고 모든 정치범을 석방하였으며 호메이니의 귀환을 허락하였다. 과거 모사덱 정부에서 노동부 장관을 역임한 바 있는 바크티아르는 자유선거 실시를 약속하고, 호메이니 파를 포함하는 거국내각안을 제시하였다.

그러나 호메이니는 총리의 제의를 거부하면서, "나는 국가를 임명한다. 나는 이 정부에 대항하여 행동할 것이다. 국민의 지지로써 나는 국가를 임명할 것"[39]이라며 메흐디 바자르간(Mehdi Bazargan)을 임시정부의 수반으로 임명하였다. 호메이니는 바자르간에 대한 "불복은 신에 대한 불복"임을 선언하였다. 혁명적 모멘텀이 강화되는 가운데 2월 11일 군부는 중립을 선언하였다. 사실상 군주제가 폐지되는 순간이었다. 3월 30-31일 실시된 국민투표에서 "군주제를 이슬람공화국으로 대체"하는 안에 투표자 98%가 찬성하여, 4월 1일 이란이슬람공화국이 공식 선언되었다. 혁명세력은 저항세력을 손쉽게 제압하였다. 이슬람법률가위원회(Council of Experts)가 제정한 헌법은 이슬람법률가회의(Assembly of Experts)에 의해 수정된

....

39   "Return to Tehran," Imam Khomeini. http://en.imam-khomeini.ir/en/n2271/Biography/Return_to_Tehran

후(최고종교판관 겸 통수권자[Faqih Rahbar], 즉 최고지도자 조항 포함) 12월 2-3일 국민투표에 부쳐졌고, 압도적인 표차로 통과되었다. 호메이니는 이란이슬람공화국의 최고지도자가 되기 위한 형식적 절차를 마무리한 셈이었다.[40]

이집트와 모로코에서 머물던 팔레비는 영국령 바하마에 이어 멕시코로 이동하였다. 이란에서 재위 기간 중 암 판정을 받았던 그는 프랑스 의료진의 치료를 받았으나 이제 프랑스는 팔레비와 거리를 두고 있었다. 멕시코에서 중한 상태에 빠진 그를 위해 키신저 등 "미국인 친구들"이 발벗고 나섰다. 카터는 난감한 상황에 직면하였다. 그가 팔레비를 받아들이면 혁명적 이란인들이 가만 있지 않을 것이기 때문이었다. 주이란 미국대사는 현지의 상황을 전하며 혁명적 분위기가 안정화되고 미-이란관계가 정상화되기 전에는 미국이 팔레비를 지원하는 인상을 주어서는 안 되며, 그렇게 될 시에는 이란 내 미국의 이익이 피해를 입을 것이고, 이란 내 미국인들의 안전이 위협받게 될 것임을 국무장관에게 알렸다. 윌리엄 설리반 대사(William H. Sullivan)는 미국이 팔레비의 입국을 허용할 경우 호메이니가 막으려 해도 막을 수 없는 위험한 "폭력적 상황"이 발생할 것이 거의 확실시 되고 있다고 경고하였다. 카터는 엄중한 상황을 인식하고 팔레비가 망명지를 고민할 무렵 제공했던 미국초청장을 철회하였다. 그러자 팔레비의 "미국인 친구들이" 카터가 의리를 지킬 것을 강력히 요구하였다. "팔레비의 은행" 소유자 록펠러(David Rockefeller),[41] 맥클로이(John McCloy) 등 저명한 공화당 인사들뿐 아니라 카터의 국가안보보좌관 브레진스키도 대통령이 팔레비의 망명을 허용할 것을 강하게 건의하였다. 가장 집요하고 공개적으로 팔레비 입국을 요구한 인물은 키신저였다. 카터가 이들의 요구를 거절하자 키신저는 4월 9일 멕시코로 날아가 한 연설을 통해 미국의 대통령이

....

40   이란 신헌법 제5조는 "제12대 이맘의 부재 시 움마는 시대 상황에 정통한 공정하고 독실하며 용감하고 책략이 풍부하고 행정능력이 출중한 최고직 율법학자 중 국민 다수의 지지를 받는 인물을 최고지도자로 선출하도록" 하였고, 제107조는 이맘 호메이니를 직접 거명하였다. 한국이슬람학회, 『세계의 이슬람』, 청아출판사, 2018, pp. 473-74.

41   팔레비의 "모든 해외 금융거래(국가든 그의 재단이든)는 록펠러의 채이스 맨해튼(Chase Manhattan) 은행을 통해 이뤄졌다." Mahvash Alerassool, *Freezing Assets: The USA and the Most Effective Economic Sanction*, St. Martin's Press, 1993, p. 22.

"갈 곳 없는 선장의 기항을 거부하는 식"으로 오랜 친구를 버리고 있다고 비난하면 서[42] 카터 정부의 상징적인 외교 업적이라고 할 수 있는 SALT II 협정(6월 18일 조인)에 대한 지지를 유보할 수 있다고 위협하였다. 이 보수 인사들은 샤가 모로코에서 정치적 압박에 직면하자 그가 바하마와 멕시코에서 지낼 수 있도록 영향력을 발휘한 바 있었다. 카터가 "이란에서 위험한 상황이 발생하면 어떻게 하는가?" 하고 질문하자, 브레진스키는 우리에게 정말 큰 문제는 "친구에게 망명을 허용하고 의리를 보여줄 수 있느냐"라며, 이 원칙이 깨지면 미국은 국가적 자긍심을 잃게 될 뿐 아니라 동맹국들에게 신뢰를 주지 못하게 될 것"이며, 샤를 거부함에 따르는 이득은 단지 불확실할 뿐이라고 대답하였다.[43] 10월 21일 카터는 샤의 미국 입국을 즉각 허용하라고 지시하였다. 카터로서는 치명적인 오판을 한 것이었다. 키신저 등은 샤를 치료할 수 있는 의료진이나 시설은 지구상에서 뉴욕밖에 없다고 했지만, 카터는, 후일 많은 사가들이 지적하듯이, 샤의 병을 치료할 수 있는 의료진이나 시설을 멕시코로 보낼 수도 있었다. 그러나 그는 국익과 자신의 가치관을 지키면서 샤를 도울 수 있는 방법을 당시에는 알지 못하였다. 카터는 또한 국제정치이론가 한스 모겐소가 외교의 성공을 위해 필수적이라고 제시한 '역지사지,' 즉 이란인들의 관점에서 사태를 볼 수 있는 능력을 결여하고 있었다.

그는 이란의 의료진이 샤의 건강상태를 검진할 수 있도록 허락해 달라는 이란 부총리 이브라힘 예즈디(Ibrahim Yezdi)의 요청을 거부하였다. 카터가 이 제의를 받아들였다면 10월 22일 샤의 뉴욕 도착이 그의 "권토중래를 위한 카터-팔레비 간 공모"라는 이란인들의 의심을 불식시킬 수 있었을지도 모를 일이었다.

호메이니는 카터의 조치에 대해 격렬히 반응하였다. 그는 11월 1일 "악랄한 세균에 망명을 허용한 미국은 이란의 색다른 조치에 직면하게 될 것"이라고 선언하였다. 3일 후인 1979년 11월 4일 300여 명의 이란 학생들이[44] 이란 주재 미대사관

....

42   Gary Sick, *All Fall Down: America's Fateful Encounter with Iran*, I.B. Tauris & Co Ltd, 1985, p. 180.

43   Rose McDermott, *Risk-Taking in International Politics: Prospect Theory in American Foreign Policy*, University of Michigan Press, 1998, p. 88.

44   이들은 자신들을 '이맘 노선을 따르는 무슬림 학생들(Muslim Students Following Imam's Line)'이라

을 점거한 후 66명의 직원들을 인질로 잡고 미국에서 치료 중이던 팔레비를 이란으로 송환할 것을 요구하였다. 이는 신정(神政) 헌법을 국민투표에 부치려던 호메이니에게 더할 나위 없는 정치적 호재였다.[45] 이란 외교부는 학생들의 행동은 이란인들의 감정을 무시한 미국의 조치에 대한 정당한 항의의 방법이라는 성명을 발표하였다. 학생들은 11월 18일과 19일 흑인과 여성 13명을 석방하였다. 나머지 53명은 444일을 대사관 건물에 억류될 것이었다.

카터 정부는 인질의 석방을 위해 이란과의 협상을 추진하였으나 호메이니는 미국과의 직접협상을 거부하였다. 이때 중재자들이 나타났다. 파리의 변호사들이었다. 그들은 호메이니의 최측근이자 이란의 외교장관이던 고트브자데(Sadegh Ghotbzadeh)가 프랑스에서 망명생활을 할 때 도움을 준 절친이었다. 보르게(Christian Bourguet)는 팔레비가 고트브자데, 바니-사드르(Abol Hassan Bani-Sadr) 등 반정부인사들을 프랑스에서 추방할 것을 프랑스 정부에 요구하자 동료 변호사들과 함께 샤의 요구의 부당함을 정부에 설득하여 그들의 추방을 막은 적이 있었다. "아마추어 외교관들"의 중재 노력으로 미-이란 협상이 타결 직전까지 갔으나, 그러나 그것이 다였다. 카터 정부는 협상이 결렬된 직후인 4월 24일 인질구출을 위한 군사작전을 실시하였다. 그러나 작전은 실패하였고, 미군 8명이 사망했으며, 4명이 부상당하였다. 이란은 8개월 후 미국인 인질들을 석방하였다. 대선에서 카터에 압도적으로 승리한 로널드 레이건이 대통령에 취임하기 2분 전이었다.

카터의 미국인 인질구출작전과 실패는 미국이나 이란뿐 아니라 국제정치적 수준의 역사적 의미를 갖는 사건이었다. 인질사건이 발발한 당시 카터는 국내외적으로 비난과 조롱의 십자포화를 맞고 있었다. 이란은 직접협상을 거부하고 있었다.

....

불렀다.

45 내외적 위기 의식 속에서 이란 국민들은 신헌법을 압도적으로 승인함으로써 호메이니를 종교 정치 군사 사법의 전권을 가진 최고지도자로 인정하였다. 그러나, 최고지도자를 선출한 이슬람법률가회의의 73명의 의원은 후견위원회(Guardian Council)가 임명하였고, 후견위원회의 구성원은 사실상 호메이니가 지명하였기 때문에 최고지도자를 선출한 이슬람법률가회의는 호메이니의 사람들로 채워진 상태였다. 한편, 미국인 인질 사건과 후세인의 이란 침공은 이란을 지켜낼 수 있는 강력한 지도자의 필요성을 부각시켰고, 호메이니가 신정을 안착시킬 수 있었던 주요 동인이 되었다.

카터 정부에 대한 미국 국민과 의회의 불신은 위험수위에 도달하였다. 사실 카터 정부의 외교정책에 대한 국민적 평가는 인질사건이 터지기 전에 이미 부정적이었다. 1979년 6월에 실시된 여론조사에 따르면 카터의 외교정책을 지지하는 국민은 20%였다.[46] 1980년 3월에는 60%의 미국인들이 카터가 이란에 너무 끌려다닌다며 불만족을 표시하였다. 카터는 3월 마지막 두주 동안 실시되었던 미국 민주당 경선에서 에드워드 케네디 상원의원에게 두 곳(뉴욕과 코네티컷)에서 패하였다. 카터는 4월 1일의 위스콘신 주 경선에서 승리하였으나, "인질석방이 임박했다는 언론플레이 덕분이었다"는 보도가 나왔다. 카터는 이 무렵 처음으로 공화당 후보 레이건에게 밀리기 시작하였다. 1979년 12월에 실시된 조사에 따르면 그는 레이건에 대해 2:1의 우위를 점하고 있었기 때문에 1980년 3월의 역전은 대단한 충격이었다. 이어진 여론조사에서 81%의 미국인들은 미국이 심각한 난국에 처해 있다고 답했으며, 70%는 대통령 교체를 원하였다.[47] 의회와의 관계도 악화되어 카터 정부의 법안이 통과된 비율이 급강하하였다.[48]

미국의 국제적 지위와 신뢰성도 땅에 떨어졌다. 밴스 국무장관은 대이란 경제 제재를 위해 동맹국들의 협력을 요청하였으나 큰 성과를 거두지 못하였다. 이란을 겨냥한 UN안보리 결의안도 소련의 거부권 행사로 인해 채택되지 못하였다. 한편, 친서방적인 안와르 사다트(Anwar Sadat) 이집트 대통령은 미국이 지나치게 수동적이어서 국제적 권위가 훼손되고 있다고 카터를 우회적으로 비판하였다.

이런 상황에서 카터가 고려할 수 있는 선택지는 대략 5개 정도였다. 첫째, 정치적·군사적 압박을 유지하는 가운데 더 이상 조치를 취하지 않고 이란의 정치상황이 정리될 때까지 기다리는 안이었다. 이 안을 제시한 국무장관 밴스는 이란인들을 자극하지 말아야 하며, 인질들에 대한 위해를 막는 것이 가장 중요하다고 주장하였다. 그러나 이 안을 채택하면 공화당의 정적들이 "무능한" 카터를 조롱하면서 정치

....

46 *The New York Times*, June 25, 1979.

47 *Time*, April 14, 1980.

48 1979-1980년 동안 카터 정부의 법안이 상원을 통과한 비율은 81.4%에서 73.3%로 떨어졌고, 공화당 상원의원들의 경우 50% 아래로 감소하였다.

적 이득을 대거 획득할 것은 불문가지(不問可知)였다. 대선을 앞둔 카터가 받아들일 수 있는 안이 아니었다. 더구나 카터와 그의 안보팀 구성원들 대부분은 호메이니가 미국에 가한 의도적인 모욕에 모종의 강력한 조치로 반드시 응징해야만 한다는 입장이었다.

둘째, 이란과의 정치·경제 관계를 단절하고, 대이란제재를 강화하는 안이었다. 그러나 미국은 이미 4월 7일 외교관계를 단절했고, 이란 외교관 및 유학생 추방, 대이란 수출 금지를 실시하고 있었다. 수출금지목록에는 샤가 이미 지불했지만 아직 인도되지 않은 미국 무기를 포함하였다. 미국 내 이란 자산은 동결되었고, 언론인을 포함한 미국 시민의 이란 방문을 막기 위해 모든 형태의 대이란금융거래를 불법화하는 조치가 이루어졌다. 그러나 이 대안은 카터의 목표인 인질구출에 직접적으로 기여할 수 있는 방책이 아니었다.

셋째, 인질구출을 위한 군사작전이었다. 이 안은 카터의 입장에서 정치적 손실과 군사적 모험 사이의 균형점인 셈이었다. 카터는 밴스의 안은 정치적 자살이나 마찬가지였기 때문에 그 손실을 줄이는 방향으로 이동해야 했지만, 전면전이 가져올 재앙적 손실 또한 피해야 했기 때문에 양 극단 사이에 존재하는 인질구출작전이 현실적이고 합리적인 방법이라고 판단하였다. 특단의 조치를 취하지 않으면 그의 정치적 생명이 끝장날 수도 있다고 인식한 카터는 모든 난관을 '한방'에 날려버릴 수 있는 방법은 어떤 위험을 감수하더라도 인질을 구출하는 것이라고 판단하였다.[49] 그는 이제 주사위는 던져졌고, 작전의 성공확률을 높이는 일이 그와 군사참모들이 해야 할 일이라고 생각하였다. 참모들은 작전요원들이 주말 야간을 틈타 대사관 건물을 급습할 수 있고, 또한 대사관 주변에는 상당한 규모의 공터가 있으며, 요원들은 소음기를 장착한 총기를 사용할 것이기 때문에 외부에 발각되지 않을 것이고, 전투경험이 없는 학생들을 쉽게 제압하여 순식간에 작전을 수행할 수 있다고 보고하였다.

넷째, 이란의 항구에 기뢰를 매설하는 안도 있었다. 이는 상선의 접근을 금지

....

49 Pierre Salinger, *American Held Hostage*, Doubleday and Co., 1981. McDermott(1992), p. 241에서 재인용.

하여 사실상 해상봉쇄에 준하는 조치였다. 그러나 기뢰 매설은 사실상의 전쟁행위로 간주되어 이란이 기뢰제거를 위한 소련의 개입을 요청할 수도 있는 부담스러운 방법이었다. 미국은 소련이 중동으로 세력권을 확장하도록 방치할 수 없었고, 그러자니 소련에 대한 무력행사가 불가피할 수도 있었던 것이다. 더구나 이 안은 인질구출이라는 본래 목표와는 거리가 있는 방안이었다.

다섯째, 전면전이었다. 이것 역시 인질구출과는 직접 상관이 없고, 오히려 중동지역 전체를 대규모 전쟁으로 유도할 가능성을 가지고 있었다. 이 안은 국내외적으로 지나치게 위험부담이 큰 것으로서 진지하게 고려될 수 있는 것이 아니었다.

국무장관 밴스는 인질구출을 위한 군사작전에 극력 반대하였다. 군사적·정치적 위험부담이 너무 크다는 이유였다. 그는 미국의 정책은 인질의 안전한 귀환에 초점을 맞춰야 한다고 강하게 주장하였다. 카터는 밴스가 휴가중이던 4월 11일 회의를 열어 인질구출을 위한 군사작전을 실시한다고 결정하였다. 카터는 업무 복귀한 밴스가 항의하자 4월 15일 회의를 다시 소집하였다. 이 회의에서 밴스는 "작전이 성공하여 대사관 직원들의 일부를 구출할 수 있다 하더라도 아직 테헤란에 남아있는 미국 언론인들의 안전이 위협받게 될 것"이기 때문에 "미국의 입장은 전보다 악화될 것이며, 나아가 중동지역의 안정이 크게 훼손되어 미국의 국가이익이 침해될 것"이라고 말하였다. 그는 그뿐 아니라 미국의 군사작전으로 인해 "이란이 소련진영으로 넘어갈 가능성이 높다"고 지적하였다.[50] 사실 밴스는 인질사건 발발 직후 대통령에게 '애그너스 워드' 사건과 북한에 의해 피랍된 '푸에블로호' 사건과 관련된 역사적 사례들을 제시하며 신중한 대처를 권고한 바 있었다. 그는 "2차대전이 끝나고 묵던(Mukden, 심양)에서 중국공산당에 의해 스파이 혐의로 억류(1949년 10월)되었던 미국 영사 애그너스 워드(Agnus Ward)는 트루먼 정부가 인내심을 갖고 기다린 덕에 자연스럽게 석방되었다"고 카터에게 말하였다. 중국공산당이 워드를 국내정치적으로 충분히 활용한 다음 효용이 줄어들게 되자 그를 풀어주었다는 것이었다. 밴스는 당시 트루먼 대통령에게 "무력사용을 자제할 것을 권고한" 합참의 메모를 전달하며, 이란의 경우도 이와 같은 방법으로 대처하는 것이 현명하다고 건

....

50   Cyrus Vance, *Hard Choices*, Simon and Schuster, 1983.

의하였다.

국가안보보좌관 브레진스키는 인질의 안전도 중요하지만 미국의 국가이익이 더 중요하다고 생각하였다. 국가적 위신과 명예도 중요한 국익의 요소였다. 밴스가 이상주의자였다면, 브레진스키는 전통적인 현실주의자였다. 그도 군사작전이 위험하다는 것을 알고 있었다. 합참은 "인질구출작전을 성공시키려면 병력과 장비가 인간과 기계의 한계점에서 작동되어야 한다(더 이상 완벽하게 작동할 수 없을 정도로)"고 명백히 하였다. 합참의 존즈 대장이 성공의 가능성을 물었을 때 작전책임자 찰스 벡위드(Charles Beckwith)는 "성공 확률은 제로이고 위험부담은 높다"고 말하였다.[51] 브레진스키는 군사작전은 국가이익의 관점에서 볼 때 불가피한 것이라고 판단하였다. 그는 인질의 구출이냐 국가이익이냐를 선택해야 한다면 결국 고통스럽게도 후자를 택할 수밖에 없었다고 후일 회고하였다.[52] 브레진스키는 1976년 7월 '엔테베(Entebbe) 작전'의 성공이라는 역사적 사례에서 영감과 자신감을 얻었고, 인질구출작전을 성공시킨 이스라엘의 특공대를 벤치마킹하면 '제2의 엔테베'가 가능하다고 보았다.[53] '작전을 성공시켜야만 했던' 대통령은 '작전이 성공할 것'이라 판단하였다. 그뿐 아니라 거의 모든 의사결정참여자들도 지리적 차이를 구분하지 못하고 '희망적 사고(wishful thinking)'의 함정에 빠지게 되었다. 무엇보다 카터의 결정에 영향을 준 사건은 1979년 말 소련의 아프가니스탄 침공이었다. 그는 최측근 밴스가 아닌 대소 강경파인 브레진스키에게 귀를 기울였다. 카터 대통령은 드디어 최종결정을 내렸다. 그는 작전이 성공할 수 있으며, 동맹국들이 지지할 것이라고 말하였다. 특히 그는 아랍국들의 지도자들은 모두 호메이니를 두려워하기 때문에 미국의 작전에 대해 형식적인 비난 성명을 낼 수는 있지만, 내심 자신들이 원

....

51   인질구출작전의 실패 원인을 규명하기 위한 특수작전평가위원회(Special Operations Review Group)의 위원장 홀로웨이(James L. Holloway III) 제독에 따르면, 작전이 성공할 확률은 60-70% 정도였다.

52   Zbigniew Brzezinski, *Power and Principle*, Farrar, 1985.

53   1976년 7월 3-4일 이스라엘 특공대는 '팔레스타인해방을 위한 인민전선(Popular Front for the Liberation of Palestine)'과 독일의 적군파 등에 의해 피랍되어 우간다의 엔테베 공항에 착륙한 프랑스 국적 항공기를 급습하여 한 시간 내 인질들을 구출하였다. 항공기 내 억류되어 있던 유대인 인질과 이스라엘 등 각국에 수감되어 있던 동료 테러리스트들의 교환석방을 요구하던 납치범 7명 전원이 사살되었고, 1명의 이스라엘 특공대원과 3명의 인질이 희생되었다.

하는 것을 미국이 대신 해주고 있다며 사실상 협력적 자세를 취할 것이라고 자신감을 피력하였다. 카터는 이 군사작전으로 인해 소련이 중동지역으로 침투할 가능성은 높지 않으며, 이란 내 미국인들이 피해를 입을 가능성은 과장되어 있다며 자신의 판단과 입장을 정리하였다.[54]

인질구출을 위한 '독수리 발톱 작전(Operation Eagle Claw, 계획 단계에서는 Rice Bowl)'은 다음과 같았다:

1. 기뢰제거용 해군 헬기 RH-53D(Sea Stallion)를 탑재한 항공모함 '니미치(USS Nimitz)'에 대한 소련 감시선의 주목을 피하기 위해 항공모함 '코럴 시(USS Coral Sea)'를 이동하며 교란작전 실시. 헬기들은 600마일을 무선통신 없이 저소음 저공비행하여 테헤란에서 남동쪽으로 200마일 떨어진 타바스(Tabas) 근처의 제1집결지(Desert One)로 이동.

2. 132명의 델타포스(Delta Force, 1st Special Forces Operational Detachment-Delta; 대테러작전에 투입되는 특수부대)를 태운 공군 수송기 USAF MC-130E 3대, 오만 해역에 위치한 마시라 섬(Masirah Island)에서 이륙하여 CIA가 사전 정지 작업을 마친 이란 내 제1집결지를 향해 발진. 헬기 연료를 담은 수송기 EC-130E 3대도 제1집결지로 출격.

3. MC-130E 1대, 제1집결지에 도착하여 델타포스의 진입착륙을 위한 준비 작업 실시. 나머지 MC-130E 수송기들도 착륙하여 델타포스 전개. EC-130E 수송기들은 제1집결지에서 헬기에 급유.

4. 임무 마친 수송기들은 제1집결지에서 이륙하여 마시라 섬을 향해 발진. 마시라 섬에서 MC-130E의 조종사들은 다른 항공기에 탑승하여 이집트의 와디 케나(Wadi Kena)로 이동. 그들은 와디 케나에서 미 육군 수색부대원들을 태우고 이란의 옛 비행장 만자리예(Manzariyeh)로 이동. 수색부대원들은 구출된 인질들을 C-141에 태워 이란을 탈출하기 위해 이곳에서 대기.

5. 니미츠 호에서 이륙한 헬기들은 제1집결지에 도착하여 델타포스를 테헤란에

....

54   McDermott(1992), pp. 242-43.

서 남동쪽으로 100마일 떨어진 제2집결지로 이동 배치.

6. 델타포스는 이곳에서 낮에는 숨어 있다가 다음 날 밤 이란 내 협력요원들을 만나 6대의 트럭에 분승하여 테헤란의 미 대사관으로 진격. 일부는 외교부를 향해 발진. 델타포스는 45분 내 인질들을 구출하여 대사관에서 200야드 떨어진 축구장으로 이동. 이들은 대기하고 있던 헬기로 만자리예로 이동. 이동하는 동안 공군의 AC-130이 엄호. 육군 수색대원들은 MC-130E를 타고 만자리예로 이동하여 인질들 보호 및 경계하면서 사우디 아라비아에서 오는 수송기 C-141 대기. 이때도 AC-130이 엄호.

7. 인질들, 헬기 타고 만자리예로 이동하여 대기하고 있는 C-141을 타고 델타포스와 함께 이란 탈출. 이란 공군기가 발진할 경우 이를 제압하기 위해 항모 탑재기들 준비. 공중급유 준비.

이 모든 단계는 정확하게 연결되어야 하였다. 사전연습이 여러 차례 미국과 해외에서 진행되었다. 어느 한 단계에서의 오차는 전체 작전의 실패이자 미국과 카터의 재앙을 의미할 것이었기 때문이다. 드디어 1980년 4월 24일 오후 7시 작전계획에 따라 이란에서 80마일 떨어진 아라비아 해의 해역에서 작전 중이던 니미츠 항모에서 헬기 8대가 이륙하였다. 이미 EC-130과 MC-130 수송기들은 마시라에서 출격한 상태였다. 그러나 작전 개시 2시간이 채 안 된 시점에서 6번헬기의 회전익(rotor blade)에 고장이 발생하였다. 이 헬기는 착륙 후 조사한 결과 작전에서 제외되었다. 두 명의 조종사는 8번헬기를 타고 제1집결지로 이동하였다. 이란 상공으로 진입하여 무선통신을 끄고 저공비행하던 헬기들은 '하붑(haboob, 모래폭풍)' 속을 지나게 되었다. '하붑'에 대해 브리핑을 받지 못한 조종사들에게는 치명적인 우연이 발생한 것이었다. 5번헬기는 전원장치에서 고장이 발견되어 니미츠로 귀환하였다. 무선통신이 꺼진 상태에서 비행하던 조종사는 이 사실을 지휘부에 통보할 수 없었다. 수송기들은 자정이 조금 지난 후 제1집결지에 도착하였다. 고장난 헬기를 제외하고 모두 6대의 헬기가 제1집결지에 착륙하였다. 그러나 곧 또 하나의 사고가 발생하였다. 2번헬기에서 수문이 누출된 것이었다. 이 헬기도 작전에서 제외되었다. 현장지휘관 벡워드 대령은 최소 6대의 헬기가 필요한 상황에서 5대의 헬기만으로는 작전에 임할 수 없다고 판단하여 작전 포기를 지휘부에 건의하였다. 이는 카터 대통령에게 전달되었고, 대통령은 작전 포기를 즉각 결정하였다. 황망한 철수 과정에서 인명피해가 발생하였다. 귀환 과정에서 급유 중이던 3번헬기가 모래바람을 일으키는 바람에 급유 수송기의 코를 들이받아 8명이 사망하고 4명이 부상당했던 것이다. 생존 병사들은 5대의 헬기를 두고 마시라 섬으로 철수하였다. 버려진 헬기 1대에는 이란인 협력요원들의 명단이 있었다.

카터 대통령은 4월 26일 새벽 1시(미국 동부 시간) 작전의 실패를 발표하였다. 이란인들은 그제서야 이 작전에 대해 알게 되었다. 호메이니는 "신이 미국의 침략을 물리치셨다(A Plot foiled by God)"고 선언하였다.[55] 미국인 인질들은 이란 전역에 분산 수용되었다.[56]

이란인들은 제국주의 미국이 모사덱 총리 강제축출에 이어 다시 한번 이란의 국가주권을 무력으로 침해하였다며, 호메이니가 제창한 '거대한 사탄, 미국'이라는 운율에 맞춰 극도의 분노를 표출하였다. 이제 이란 내에서 반미는 신실한 무슬림에게 부여된 애국적 의무로 자리매김하게 되었다. CIA가 1953년 이란의 쿠데타를 주도했다는 역사에 대해 잘 알지 못하던 대다수의 미국인들은 문명을 거부하는 이슬람 광신도들이 국제법상 치외법권 지역인 미국 대사관을 공격하여 야만성을 적나라하게 드러내었고, 죄 없는 미국 민간인들을 1년 넘게 억류함으로써 인류의 보편적 가치인 인권을 심각하게 유린하였다고 치를 떨었다. 1981년 1월 19일 알제리의 알지에(Algiers)에서 이란은 인질을 석방하고 미국은 이란의 내정에 불간섭하며 자산동결을 해지한다는 합의가 이루어졌고, 1월 20일 인질들이 석방되었으나, 이후 미국과 이란 간의 상호혐오는 중단되지 않았다.

한편 1979-80년 미국 대 이란의 대결의 이면에는 이슬람 국가들 간 전쟁의 씨앗이 자라고 있었다. 이란을 지배하게 된 호메이니는 중동지역에 대한 이슬람혁명

....

55   Hossein Amini, "Operation Eagle Claw, a Plot Foiled by God," November 4, 2015. http://english. khamenei.ir/print/2167/Operation-Eagle-Claw-a-Plot-Foiled-by-God. U.S. Force Historical Support Division, September 8, 2015.

56   이란 경찰은 후일 버려진 헬기들을 파괴하고, 북한이 푸에블로호에 대해 그렇게 하였듯이, 독재자와 체제를 선양하기 위한 선전물로 사용하였다.

의 수출을 공공연히 지지·선동하였다. 이슬람 수니파가 다수이거나 수니파가 통치하던 사우디 아라비아나 페르시아 만의 왕국들이 그러한 가능성을 우려하였으나 정작 행동을 취한 국가는 이란과 같이 이슬람 시아파가 다수이며 국경을 공유한 이라크의 사담 후세인이었다. 후세인은 사회주의적 이라크 '바트 당(Ba'ath Party, 아랍사회주의부흥당)'의 지도자로서 종교과는 거리를 두고 있었으나 이라크의 집권세력은 소수인 수니파였다. 후세인은 시아파 이슬람혁명 확산에 대해 예방조치의 일환으로,[57] 그러나 보다 중요하게는, 혁명기 이란의 취약한 상황을 이용하여 오랫동안 탐내오던 쿠제스탄(Khuzestan)의 유전 지역을 취하기 위해 전략적 요충지인 '샤트 알아랍 강(The Shatt al-Arab River)' 수로의 주권과 관련된 분쟁을 명분으로[58] 1980년 9월 22일 이란을 공격하였다. 이라크는 걸프국들과 소련의 원조를 받았다.[59] 미국도 후세인을 지원하였다. 최근 공개된 CIA 문건에 따르면 레이건 정부는 후세인이 화학무기를 구입하도록 지원하였고, 그가 이란에 대해 사린(sarin)과 같은 유기인계 맹독성 신경가스를 사용할 것을 알면서도 이란군의 이동로, 보급시설의 위치, 방공망 등과 관련된 영상자료와 정보를 제공하였다.[60] 이란은 미국이 팔레비 시기에 제공한 첨단 무기를 사용하여 전쟁에 임하였다. 그러나, 8년 동안 지속된 이란-이라크 전쟁은 수백만의 인명 피해를 남겼을 뿐 어느 쪽도 상대의 정권을 전복시키거나 영토적 전과를 거두지 못한 채 UN의 중재 하에 1988년 7월 20일 중단되었다.

....

57 이란의 지원을 받는 이라크 알다와(Al-Dawa) 요원들은 1980년 4월 1일 이라크 외교부장관 아지즈(Tariq Aziz)를 암살하려 했으나 실패하였다. 그들은 이어서 문공부장관 알자심(Latif Nusseif al-Ja-sim)를 살해하려 하였다. 이에 이라크는 이라크 내 알다와 요원들을 체포하고 수천 명의 시아파 신자들을 이란으로 추방하였다. 4월 8일 호메이니는 이라크 국민들을 향해 "잠에서 깨어나 너무 늦기 전에 이라크의 부패한 정권을 전복할 것"을 선동하는 방송연설을 하였다.

58 1975년 3월 6일 알지에 협정을 통해 후세인은 군사적으로 우세한 이란의 샤트 알아랍 강의 수로에 대한 부분적 통제권을 인정했고, 이란의 샤는 이라크의 안보이익을 존중하고, 이라크 북부의 쿠르드 반군에 대한 원조를 중단하기로 합의하였다.

59 이란이 자신의 중앙아시아 지역국가들을 위협할 수 있다고 판단한 소련은 동유럽국들과 사우디 아라비아를 통해 간접적으로 이라크에 무기를 제공하였다.

60 Shane Harris and Matthew M. Aid, Exclusive: CIA Files Prove America Helped Saddam as He Gassed Iran, *Foreign Policy*, August 26, 2013. 공개된 문건에 대해서는 https://archive.org/details/CIA-Iraq-Chemical-Weapons-1980s 참조.

이란-이라크 전쟁이 진행 중이던 1986년 11월 그간 이라크를 지원하던 레이건 정부가 이란에게 무기를 제공하고 있다는 사실이 레바논과 미국 언론에 의해 공개되어 국내외적으로 큰 물의를 일으켰다. 레이건 정부는 1981년 1월 집권한 직후부터 중앙아메리카 니카라과의 산디니스타민족해방전선(Sandinista National Liberation Front) 정부를 전복하기 위해 니카라과 내의 반혁명세력(Contra, 콘트라)을 지원하고 있었다.[61] 그러나, CIA가 니카라과의 항구에 기뢰를 설치해왔다는 사실을 인지하게 된 의회는 정박 중이던 소련 선박이 피해를 입을 경우 겉잡을 수 없는 사태가 발생할 수 있으며, 나아가 미국의 개입이 "또 하나의 베트남 전쟁"으로 비화할 수 있다는 판단 하에 콘트라에 대한 군사원조를 법률(House Appropriations Bill of 1982, the Defense Appropriations Act of 1983; 볼랜드 수정안[Boland Amendment])로써 금하였다. 레이건 대통령은 1983년도 국방수권법의 일부로서 제출된 볼랜드 수정안에 대해 위헌인 '개별 조항 거부권(line-item veto)'을 행사할 수 없었기 때문에 법안에 서명할 수밖에 없었다. 레이건 정부는 의회가 "CIA, 국방부, 그리고 정부내 모든 정보기관이 니카라과 정부의 전복이나 니카라과와 온두라스(콘트라의 국외거점 제공) 간의 군사교류를 목적으로 자금을 사용할 수 없도록 하자" 법에 명시되지 않은 국가안보회의(NSC)로 하여금 콘트라 지원 업무를 전담토록 하였다. 국가안보보좌관 맥팔렌(Robert McFarlane)은 이스라엘로 하여금 미국의 원조의 일부를 콘트라에게 이전하도록 요구하였으나 이스라엘에 의해 거부되었다. 그는 타이완과 사우디 아라비아로부터 일정한 자금을 확보하여 콘트라에게 전달되도록 하였다.

볼랜드 수정안은 1985년 12월까지가 유효기간이었다. 의회는 볼랜드 수정안을 강화하는 볼랜드 수정안 II를 1985년 12월 8일 통과시켜 이번에는 "모든 정부기관"에 대해 콘트라를 군사적으로 준군사적으로 지원하지 못하도록 하였고, 제3자

....

61 1926년 니카라과의 혁명가 아우구스토 산디노(Augusto Sandino)는 미국의 지원을 받는 보수주의 아돌포 디아즈(Adolfo Diaz)에 대한 항쟁을 시작하였다. 카스트로의 쿠바 혁명의 성공에 영향을 받아 1961년 사회주의국가 건설을 목표로 하는 산디니스타 민족해방전선이 성립되었다. 민족해방전선은 1979년 7월 19일 집권하여 국가비상사태를 선고하고 각 영역에서 국유화 조치를 선언하였으며 헌법을 폐지하고 의회를 해산하였다. 가톨릭과 재계는 반발하고 나섰고, 머지 않아 반군(콘트라)이 미국의 지원 하에 성장하게 된다.

로부터의 모금 행위도 금지하였다. 의원들은 반군에 대한 미국의 지원은 군사전략적으로 위험할 뿐 아니라 인권 등 니카라과의 정치적 상황을 악화시키고 있다고 지적하였다. 강력한 반공주의자이자 열혈 신보수주의자였던 레이건 대통령은 콘트라 지원을 비밀리에 지속하길 원하였다. 신임 국가안보보좌관 존 포인덱스터(John Poindexter)는 미국이 이스라엘에 제공한 무기가 이란으로 이전되도록 하고, 이로부터 발생한 자금을 콘트라 지원에 사용한다는 안을 채택되었다. 여기에는 당시 레바논에서 인질로 억류되고 있던 미국인들을 이란의 도움으로 구출할 수 있다는 판단도 개재(介在)되었다. 1985년 6월 14일 이슬람 시아파로서 친이란적인 '헤즈볼라' 요원들은 트랜스월드 항공(TWA) 제847기를 납치하여 미국인 39명을 레바논에 억류하고 있었다. 레이건 대통령은 테러리스트와는 결코 협상하지 않을 것임을 천명하였으나, 실제로는 당시 이라크와 전쟁 중이던 이란에 무기를 제공함으로써 헤즈볼라에 영향력을 행사하도록 유인하고자 했던 것이다.[62] 레이건은 1985년 8월 20일 이스라엘이 대전차 토우 미사일 508기를 이란에 인도한 건에 대해 8월 30일 사후 승인하였다. 그는 산디니스타 정부를 전복하기 위한 비밀작전을 지속하기 위해 자신의 공언과 미국 국내법을 위반하고 있었다. 레이건은 1986년 10월 5일 콘트라를 위한 보급품을 실은 미국의 항공기가 격추되고 조종사 유진 헤이젠퍼스(Eugene Hasenfus)가 체포되어 정부의 위법행위에 대한 비난이 일었을 때도 정부의 개입을 부인하였다. 불법거래는 중단되지 않았다. 이란은 1986년 10월 28일 3,600만 달러를 NSC가 주도하여 세운 '회사'에 지불하였다. 이 중 200만 달러는 CIA로, 그리고 나머지는 콘트라에게 돌아갔다.

그러나 비밀은 유지될 수 없었다. 1986년 11월 4일 레바논의 친시리아적 언론 매체인 알시라(Al-Shira'a)가 레이건 대통령의 국가안보보좌관이 이란 관리들과의 협상을 위해 이란을 방문하였다고 보도하였다. 사건의 윤곽이 드러나자 미국 언론

....

62 "National Security Planning Group (NSPG) Meeting, Subject: Response to Threat to Lebanon Hostages, January 18, 1985, Top Secret," Iran-Contra Revisited, Document 4, National Security Archive. https://nsarchive2.gwu.edu/NSAEBB/NSAEBB483/docs/1985-01-18%20-%20NSPG%20on%20retaliation%20against%20Iran%20and%20Hezbollah.pdf

들은 "헤즈볼라–이란–콘트라" 간의 부정한 삼각관계를 집중 보도하며 레이건 정부의 "위선적"인 위법행위를 부각시켰다. 레이건 정부는 테러리스트와는 협상하지 않는다는 대통령의 발언에 정면으로 배치되는 자기기만을 비밀리에 저질렀고, 나아가 당시 이란 미국인 인질사태의 충격이 가시지 않은 상태에서 미국 정부가 생각도 하기 어려운 정치적 금기를 깬 것이었으며, 탈법적으로 모은 자금을 법을 위반해가면서까지 대콘트라 자금지원을 강행한 것이었다. 레이건 대통령은 1987년 3월 4일 TV을 통해 "본인이 인지하지 못한 상태에서 잘못이 저질러졌고, 본인은 이에 대해 누구보다 더 분노하고 실망하고 있지만, 책임은 전적으로 대통령인 본인에게 있다"고 대국민사과 연설을 하였다.[63]

소련의 아프가니스탄 침공

데탕트는 우여곡절 끝에 1979년 소련이 아프가니스탄 내부 문제에 무력 개입하면서 사실상 끝장나게 되었다. 소련의 아프가니스탄 침공은 1978년 아프간 내부의 좌파 간 정변에서 비롯되었지만, 역사적 배경은 이보다 복잡하였다. 입헌군주국인 아프가니스탄은 1955년 이래 총리 다우드 칸(Mohammed Daoud Khan)의 주도하에 소련과의 관계를 우호적으로 유지하였다. 소련은 아프가니스탄에 군사훈련과 상당량의 군사원조를 제공하기도 하였다. 1973년에 이르러서는 아프가니스탄 군의 1/3 정도가 소련 내에서 훈련을 받았다. 파키스탄과의 불화 등으로 1963년 해임되었던 다우드 칸 전 총리는 사촌인 자히르 왕(Mohammed Zahir Shah)이 신병 치료와 휴식을 위해 해외를 순방하던 중 친소적 정치·군사 조직의 도움으로 1973년 여름 무혈쿠데타를 일으켜 공화국을 선포하고 권력을 장악하였다. 집권 후 얼마 되지 않아 다우드 칸 대통령은 '킹메이커'를 자처하던 친소적 군부, 아프가니스탄인민민주당(People's Democratic Party of Afghanistan, PDPA) 등 공산정치세력, 그리고, 배후 외세인 소련과 일정하게 거리를 두고자 하였다. 그는 개발원조를 받기 위해 이란

··········

63 Richard S. Conley, *Historical Dictionary of the Reagan-Bush Era*, Rowman and Littlefield, 2017, p. 362.

과 사우디 아라비아, 그리고 미국에게도 손을 내밀었다. 다우드 칸은 미국과 서방의 지원 하에 파키스탄 정부와 파키스탄 내에 거주하는 아프가니스탄인인 파슈툰족 (Pushtun)의 자결주의(self-determination)에 관한 협상도 비교적 원만히 이끌어 나 갔다. 양국이 소련을 잠재적 공동의 위협으로 인식했기 때문이다. 다우드 칸은 "미 제 담배에 소련제 성냥으로 불을 붙이는" 자신의 모습이 아프가니스탄의 미래를 위 한 것이라고 믿었지만, 동시에 그러한 '줄타기'가 자신과 국가에게 매우 위험하다 는 것도 잘 알고 있었다.

한편, PDPA는 다우드 칸 집권 후 레닌주의 국가 건설을 구상하던 친소 강경파 타라키(Nur Taraki)가 이끄는 '인민당(Khalq Party, People's Party)'과 인민민주전선 노선을 선호한 온건파 카르말(Babrak Karmal)의 '깃발당(Parcham Party, Flag Par-ty)'으로 분열하였다가, 1977년 말 양당의 합당에 의해 원상복구되었다. 이제 다우 드 칸과 소련의 KGB가 양성한 교조적 사회주의자들 간의 권력투쟁이 시작된 셈이 었다. 1978년 4월 17일 '깃발당' 출신의 PDPA 지도자 카이베르(Mir Akbar Khyber) 가 암살되는 사건이 발생하였다. 타라키는 정부의 소행이라고 주장했고, 국민들은 동요하였다. 다우드 칸 정부는 일주일 후 타라키를 체포했고, PDPA 인민파 중앙위 원 아민(Hafizullah Amin)은 가택에 연금하였다. 그러나, 카르말은 소련으로 탈출하 였다. 좌파 세력의 지도자들은 정부에 대해 궐기할 것을 국민들에게 선동하였다. 사 실, 이미 1977년 말경부터 공산세력이 쿠데타를 준비 중에 있다는 소문이 공공연히 떠돌았다. '인민당'과 '깃발당'의 합당, 좌파지도자들의 암살, 그리고 "아프간의 쿠 데타가 임박했다"는 1978년 3월의 영국 BBC의 방송 등은 쿠데타의 신빙성을 높인 사건들이었다. 다우드 칸은 참모들의 경고를 들었으나, 별다른 조치를 취하지 않았 다. 그는 카르말의 깃발파가 주요 위협이라고 생각했으나, 정작 정변을 노리던 세력 은 군에 광범위하게 침투한 아민의 인민파였다. 아민은 가택연금 하에서 쿠데타를 위한 지시를 내리고 있었다. 경제 불황에 시달리고 있던 국민들, 특히 다우드 칸에 의해 권력을 박탈당한 지방 호족들은 반정부 시위에 적극 참여하여 정국은 극도로 불안정한 상태에 빠지게 되었다.

드디어 1978년 4월 28일 타라키와 아민을 지지하는 군인들이 쿠데타를 일으 켜 다우드 칸 정권을 축출하였다. '사우어 혁명(Saur Revolution)'이라고도 불리는 이 쿠데타가 성공한 이유 중 하나는 다우드 칸이 파키스탄과의 전쟁을 우려하여 소련으로부터 들여온 첨단항공기들을 대통령 궁을 폭격하는 데 사용한 공군의 배신이었다. PDPA의 군사조직을 지휘하던 아민이 혁혁한 공을 세우기도 하였다. 쿠데타를 통해 타라키는 대통령·총리 겸 PDPA 서기장, 아민은 외교장관, 그리고 카르말은 PDPA 부서기장을 맡았다.

미국의 카터 정부는 이 쿠데타를 어떻게 볼 것인가에 대해 논쟁을 벌였다. 타라키를 응징해야 한다는 국가안보보좌관 브레진스키와 타라키의 인민당 정부를 승인함으로써 소련의 영향력 증대를 차단하는 것이 실리와 부합한다는 국무장관 밴스가 대립하였으나, 카터 대통령은 밴스의 손을 들어주었다. 1978년 12월 5일 타라키와 그의 정치적 동지 아민 외교장관은 모스크바를 방문하여 양국 간 우호협력조약(Treaty of Friendship, Good Neighborliness and Cooperation)을 체결하였다. 소련은 이에 따라 타라키 정권이 이슬람 반란세력에 의해 위협을 받을 경우 사실상 군사원조를 제공할 의무를 지게 되었다. 그러나, 아프가니스탄의 내정은 더욱 불안정해졌다. PDPA 정부의 개혁정책(예를 들어, 여성문맹퇴치운동이나 토호와 이슬람 학자들이 통제하던 토지의 몰수를 포함하는 토지개혁)이 아프가니스탄의 이슬람 문화·종교 전통, 그리고, 다우드 칸 정부 시절부터 원심력을 키우던 지방의 부족 권력과 충돌하였다. 수많은 분규와 쟁의가 발생하였다. 소련은 개혁의 속도 조절을 권고하였으나, 타라키는 이를 받아들이지 않았고, 오히려 공포정치를 실시하였다.

아프가니스탄 서쪽에 위한 헤라트(Herat)에서 사달이 났다. 몇 달 전 이슬람공화국이 된 이란에 근접한 이 지역에서는 시아파 이슬람의 영향력이 확대되고 있었다. 1979년 3월 15일 헤라트에서 격렬한 반정부시위가 벌어졌다. 그런데 진압을 위해 파견된 정부군은 '공산주의 점령군'에 대해 성전을 선포하며 반란을 일으켰다. 타라키는 소련제 항공기를 동원하여 시위를 진압하는 데 성공했으나, 수만 명의 시민을 학살하였다. 이를 계기로 탈영병이 속출하고, 무자히딘(Mujahideen, 성전에 임한 전사들)의 반정부 투쟁이 탄력을 받았다. 정치적·사회적 불안이 가중되는 가운데 아민은 1979년 3월 27일 자력으로 총리에 취임하였고, 6월 PDPA 정치국원, 그리고 7월 국방장관직을 각각 차지하였다. 그는 이후 과거 다우드 칸을 지지했던 카르말이 '깃발당' 세력을 규합하여 자신이 실세인 타라키 정부의 전복을 모의하고 있다는 첩보를 입수하고, 선수를 쳐 깃발당원들을 대대적으로 체포·숙청하였다. 카르말은 소련의 도움으로 체코슬로바키아로 망명하였다. 득세한 아민은 PDPA 정치국에서 집단지도체제를 관철하여 타라키에게 정치적 치명상을 입혔으며, 그 자신이 당의 주도권을 장악하였고, 타라키와는 거리를 두고자 하였다. 그러나, 소련은 미국과 내통한 혐의가 있는 아민이 아프가니스탄의 차기 지도자가 되는 것에 반대하고 나섰다. 타라키는 소련의 암묵적 동의 하에 아민을 암살하려 했으나 실패하였다. 이에 아민은 인민당과 군조직을 장악하여 쿠데타를 준비하였다. 9월 13일 타라키 측근들은 KGB의 카불 분소장을 면담하고 아민이 CIA 및 미국 외교관과 밀통하고 있다며 그를 체포·기소하고자 한다고 말하였다. 소련은 유혈사태를 방지하기 위해 중재를 시도했으나, 아민은 선수를 쳐서 9월 14일 이미 포섭된 대통령궁 경호부대로 하여금 타라키를 체포하도록 하였고, 타라키는 10월 9일 살해되었다.

권력을 장악한 아민은 소련이 반대한 급진적 개혁정책을 지속하면서도, 미국·중국·파키스탄과 관계개선에 나섰다. 그러나, 국내적 소요는 지속되었고, 아민−소련 관계는 악화되었다. 1979년 12월 12일 소련 정치국은 아민 제거를 위해 직접 무력을 사용하기로 결정하였다. 사가들은 이러한 소련의 결정에 대해 오랫동안 논쟁을 거듭해왔다. 영국과의 '그레이트 게임' 이후 중앙아시아 위성국들에 대한 통제력 유지는 소련의 권위와 관련된 핵심이익이라는 견해가 제시되었고, 전 세계 차원의 대전략(grand design)의 일환으로서 사회주의 세력 유지가 소련의 국익이라는 주장도 유사한 맥락에서 개진되었다. 이는 남예멘, 이디오피아, 앙골라 등에서의 "공산주의 혁명의 반전"이 제3세계 전체로 확산될 수 있는 상황을 반영하는 분석이었다. 한편, 파키스탄의 사가 힐랄리(A. Z. Hilali)에 따르면, 소련은 아프가니스탄의 이슬람주의가 확산하여 중앙아시아 제 공화국들에 대한 자신의 통제력에 부정적으로 영향을 미칠 것을 우려하였다.[64] 아프가니스탄에서 이란의 호메이니식 원리주의 이슬람혁명이 발생할 것을 우려했다는 것이다.

냉전 직후 비밀해제된 소련 문건에 따르면 소련은 '이슬람주의화한 새로운 아

....

64   A. Z. Hilali, "The Soviet Decision-Making for Intervention in Afghanistan and its Motives," *The Journal of Slavic Military Studies* Vol. 16, No. 2, 2003, 130.

프가니스탄' 정부가 자신이 PDPA 정권의 배후였다는 것을 이유로 같은 이슬람주의국가인 이란 및 (미국의 동맹국) 파키스탄과 연합하여 자신에게 적대행위를 할 가능성을 크게 우려하였다.[65] 그렇게 되면 소련의 남부국경이 위험해지고, 나아가 미국이 구축하고 있는 대소포위망(동남부의 중국, 남부의 아프가니스탄·이란·파키스탄, 그리고 서부의 서유럽국들로 구성되는)이 완성될 수 있다는 것이었다. 소련의 입장에서 특히 우려스러웠던 부분은 1950년대 터키에 배치되었던 것처럼 미국의 미사일이 아프가니스탄에 배치될 수 있다는 가능성이었다. 소련은 이를 예방하려면 국내 소요의 원인 제공자인 아민을 제거해야만 하였다.

2019년 공개된 비밀외교문건은 소련의 아프가니스탄 침공 결정에 대한 가장 신뢰할 만한 근거를 제시하고 있다. 이 문건에 따르면, 주아프가니스탄 미국 외교관 아처 블러드(Archer K. Blood)는 카르말이 암살된 직후인 1979년 10월 27일 신임 대통령 아민의 연락을 받고 대통령 집무실로 초치되었다. 아민은 영어를 사용하며 40분가량 아프간-미국 관계에 관한 자신의 비전을 제시하였다. 한마디로 하면, "대소종속에서 벗어나 미국과의 관계를 개선하고 싶다"는 취지였다. 그는 "아프간-미국 관계개선은 자신이 미국 유학 중 갖게 된 개인적 바람이기도 하다"고 강조하면서, "소련이 자신을 제거하려 할 수도 있지만 자신은 어떤 외세의 개입에 대해서도 아프가니스탄의 독립을 지킬 것"이라고 힘주어 말하였다. 블러드에 따르면, 아민은 1972년 소련을 배신한 이집트를 연상시키는 "말 바꿔타기"를 강력히 암시하였다.[66]

....

65   "Transcript of CPSU CC Politburo Discussions on Afghanistan," March 17, 1979, History and Public Policy Program Digital Archive, TsKhSD, f. 89, per. 25 dok.1, ll. 1, 12-25. Wilson Center, International History Declassified, "Soviet Invasion of Afghanistan." https://digitalarchive.wilsoncenter.org/document/113260

66   "AmEmbassy Kabul cable 7726 to SecState, October 28, 1979, "Meeting with President Amin" (by Archer Blood)." https://nsarchive2.gwu.edu//dc.html?doc=5696254-Document-2-AmEmbassy-Kabul-cable-7726-to 한국의 입장에서 흥미로운 것은 블러드가 박정희의 암살에 대해 언급했다는 사실이다. 그는 미국의 원조를 요청하는 아민에게 "아프가니스탄은 비동맹운동의 회원국으로 활동하면서 점점 친소 친쿠바 성향을 보이고 있다며, 한 예로서 한국과의 외교관계 단절"을 들었다. 아민은 그것은 아프가니스탄 정부의 독자적 결정이었다고 대꾸하였다. 블러드는 한국 관련 이야기를 이어가면서 "어젯밤 한국의 박정희가 암살된 것을 아느냐"고 물었고, 아민은 모른다고 답하였다. 블러드는 아민이 권력 장악에 성공한 계기가 된 9월 14일 총격전을 연상시키는 방식으로 박정희가 암살된 경위를 설명하였다.

모스크바는 이 면담을 예의 주시하고 있었다. KGB 의장 안드로포프는 12월 초 브레즈네프에게 제출한 친필 보고서에서 "아민의 서방과의 비밀접촉에 관한 첩보를 수집해온 KGB는 그가 주아프간 미국 대리대사를 비밀리에 만나 온 사실을 중시하고 있다"며 아민에 대한 의심을 숨기지 않았다.[67] 안드로포프는 12월 8일 자 보고에서는 "아프가니스탄 내에 미국의 미사일이 배치될 가능성"을 우려하였다. 브레즈네프 등 소련 정치국원들은 12월 12일 "A 상황에 대하여(On the Situation 'A')"라는 친필 메모에 서명함으로써 대아프가니스탄 무력개입을 결정하였다.[68] 12월 13일 독극물에 의한 아민 암살 시도는 실패로 돌아갔다. 2차 독극물 암살 시도는 계획대로 이뤄졌으나, 아민 제거 계획을 알지 못한 주아프가니스탄 소련대사관은 그를 병원으로 급히 이송하여 소련 정치국의 작전을 결과적으로 방해하였다.

이러한 상황 하에서 소련은 군대를 아프간 국경지역에 집결시켰다. 카터 정부는 막대한 경제적·정치적·군사적 비용 때문에 소련이 아프가니스탄을 결코 침공하지 못할 것이라 예측하였다. 그러나 미 국무부 문건이 후일 밝혔듯이, 카터 정부의 예측은 정당화될 수 없는 희망사항에 따른 것이었다.[69] 소련군은 1979년 12월 24일 밤 국내 변란으로부터 공산정권을 지켜야 할 공산국의 권리와 의무를 담은 '브레즈네프 독트린'에 따라 전격적으로 아프가니스탄 국경을 넘고 수도 카불을 점령하였다. 신속히 전개된 소련군은 아민을 사살하고, 체코에서 망명 중이던 카르말을 꼭두각시 정부의 수반으로 세웠다. 그러나, 아프가니스탄 인민들 대부분은 카르말을 지지하지 않았고, 미국의 지원을 확보한 무슬림들은 대소 성전(聖戰)을 본격적으로 시작하였다. 소련군은 전국적으로 강력한 세를 형성한 이 무자히딘을 소탕하

....

블러드에 따르면, 아민은 박정희에 대해 친근감(collegial association)을 가지고 있었다 해도 표현하지는 않았다. 아민은 "어떤 경우에도 테러는 규탄되어야 한다"고 말하였다.

67 "Andropov handwritten memo to Brezhnev," early December 1979. https://nsarchive2.gwu.edu//dc.html?doc=5696256-Document-4-Andropov-handwritten-memo-to-Brezhnev

68 "On the Situation in 'A'", December 12, 1979. https://nsarchive2.gwu.edu//dc.html?doc=5696258-Document-6-On-the-Situation-in-A-December-12-1979

69 Office of the Historian, Foreign Service Institute, United States Department of State, "The Soviet Invasion of Afghanistan and the U.S. Response, 1978–1980," https://history.state.gov/milestones/1977-1980/soviet-invasion-afghanistan

기 위해 대대적인 폭격과 토벌작전을 펼쳤으나 대량 난민만을 남겼을 뿐 미국 무기로 무장한 반군을 제압하지 못하였다. 소련의 침공을 예상하지 못했던 카터 대통령은 국가안보보좌관 브레진스키로부터 소련의 행동은 "오랫동안 모스크바가 추구해온 인도양에 대한 직접적 접근로(부동항, warm water ports)를 확보하기 위한 조치"라는 설명을 들었다.[70] 카터 대통령은 1980년 1월 3일 소련의 아프가니스탄 침공을 이유로 SALT II 비준을 위한 법적 조치를 중단하였다.[71] 그는 소련의 행동을 비난하는 서한을 브레즈네프 서기장에게 보냈고, 1980년 1월 23일 연두교서를 통해 "소련의 세력확장으로부터 중동의 석유공급라인을 보호한다"는 '카터 독트린'을 발표하였다. 카터 정부는, 이어서, 대소 곡물·첨단기술 수출 금지 등 경제제재를 실시하고, 모스크바 올림픽 보이콧을 선언하였고, 무자히딘에 대한 원조를 증대하였다. 카터 정부는 이러한 조치를 통해 소련의 아프가니스탄 점령의 비용을 가능한 한 증가시키고, 점령 기간을 최소화하겠다는 의지를 표명한 셈이었다. 어쨌든, 소련의 아프가니스탄 침공은 닉슨과 키신저 등 미국의 실리주의자들이 어렵사리 유지해온 데탕트를 효과적으로 파괴하였다. 1981년 집권한 반공적인 신보수주의 로널드 레이건 정부는 1983년 3월 21일 "소총으로 첨단무기에 맞서는 용감한 아프간 자유전사

....

70   "Memorandum for The President from Zbigniew Brzezinski, 'Reflections on Soviet Intervention in Afghanistan,'" December 26, 1979. https://nsarchive2.gwu.edu//dc.html?doc=5696260-Document-8-Georgy-Kornienko-was-the-top-deputy

71   SALT II는 SALT I(1972)에서 해결되지 못한 난제들에 대한 오랫동안의 미소협상의 결과였다. 거의 7년 동안의 협상이 매듭지어진 이유는 미국은 소련이 군비경쟁에서 앞서 나가고 있다는 인식을 갖고 있었고, 소련은 미중화해가 자신의 안보를 근본적 차원에서 위협하고 있다고 인식하였기 때문이다. SALT II는 양국의 핵무기운반수단의 수적 균형을 맞추었을 뿐 아니라, 위협적인 첨단무기인 '다탄두 각개목표설정 재돌입 비행체(Multiple independently targetable reentry vehicle, MIRV)'의 양에도 제한을 두었다. 그러나, 카터는 이 협정으로 인해 엄청난 국내적 비난에 직면하였다. 이 협정에 포함되지 않은 소련의 각종 무기에 미국이 무방비 상태로 노출될 것이라는 비판이 워싱턴 내에서 공감대를 형성하였다. 카터는 6월 22일 동의 절차를 밟기 위해 상원에 협정문을 제출하였으나, 상원에서의 심의와 논쟁은 몇 달간 지속되었다. 카터는 소련이 아프가니스탄을 침공하자 그에 항의하는 차원에서 상원의 동의 절차를 중단한 것이었다. 이후 미국과 소련은 SALT II상의 제한조치를 자발적으로 이행하였고, 1982년 제네바에서 전략무기에 대한 제한(limitation)을 넘어서는 감축(reduction)을 위한 협상(Strategic Arms Reduction Talks, START)을 시작하였다.

들은 자유를 갈망하는 모든 이들을 고무하고 있다"[72]며 무자히딘에 대한 지원을 강화하였다. 이로써 데탕트가 막을 내리고, '신냉전'이 시작하였다. 냉전이 10여 년간 데탕트에게 기회를 주었으나, 이제 그것을 거둬들인 것이었다.

소련은 헝가리(1956년)와 체코슬로바키아(1968년)의 경우처럼 새로운 친소정부를 세우고 철수하는 단기작전이 성공할 수 있을 것으로 보았다. 그러나 소련의 점령과 미국이 지원하는 무자히딘의 저항투쟁은 10여 년 지속되었다. '중앙아시아의 베트남이라는 늪'에 빠진 소련은 결국 1988년 미국·아프가니스탄·파키스탄과 '소련군 철수협정'을 체결하였고, 1989년 2월 15일 철수를 완료하였다. 소련의 아프간 침공과 점령은 백만이 넘는 아프가니스탄인들을 희생시켰으며, 소련으로 하여금 막대한 비용을 치르게 함으로써 그렇지 않아도 압박을 받고 있던 소련의 경제·재정 상태를 더욱 악화시켰다. 뿐만 아니라 소련의 아프가니스탄 침공과 '강요된 철수'는 중앙아시아에 위치한 소련의 공화국들에 모종의 메시지를 던졌다. 이들은 이웃국가의 이슬람 교우들이 경험한 소련에 대한 민족적 이질감과 이념적 환멸감을 공유하게 되었다. 이는 1930년대 말 내전에서 패해 소련으로 넘어간 핀란드 좌파들이 결국 스탈린의 대숙청에 희생된 사실이 이른바 대소련 '겨울전쟁'에서 핀란드인들이 이념의 차이를 초월하여 똘똘 뭉치게 한 역사와 일맥상통한 것이었다. 이와 같은 중앙아시아 공화국들의 정서적, 심리적 이탈은 얼마 되지 않아 소련의 붕괴를 재촉한 외적 원인 중 하나가 될 것이었다. 못지않게 중요한 것은, 소련의 철수 이후 분열된 아프가니스탄이 이슬람 원리주의자들인 탈리반(Taliban, 학생들)의 손아귀에 넘어갔다는 데 있었다. 탈리반은 후일 미국의 "십자군"과 "중동의 전제주의 정권"에 대한 "장기 전쟁"을 선언한 오사마 빈 라덴(Osama bin Laden)[73]에게 은신처와 테러리스트 훈련장을 제공하는 등 테러가 세계화되는 데 일역을 담당하였다. 카터는 재선을 위한 유세 기간 내내 레이건 공화당 후보에게 공격당하였다. 무능하고 유약

....

72   "Message on the Observance of Afghanistan Day by U.S. President Ronald Reagan," March 21, 1983. https://www.reaganlibrary.gov/sites/default/files/archives/speeches/1983/32183e.htm

73   "Profile: Osama bin Laden: The story of a most-wanted fugitive and billionaire," March 18, 2018. https://www.aljazeera.com/news/asia/2011/05/20115235148217423.html

한 카터는 미국을 위험에 빠뜨리고 있다는 논리였다. 이 무렵 이슬람공화국이 된 이란에서 미국인들이 인질로 잡히는 사건이 발생하였다. 카터는 1980년 4월 성공하기 어려운 인질구출작전이라는 모험을 감행함으로써 정치적 만회를 도모했지만, 작전이 어처구니없는 실수로 실패하면서 미국 국민들의 신망과 지지를 상실하였다. 그는 11월의 대선에서 레이건에게 49 대 489(선거인단 수)로 크게 패배하였다.

냉전의 종식

1979년 소련의 아프가니스탄 침공은 데탕트의 위기를 가져왔고, 1981년 반공 보수주의 로널드 레이건 정부의 출범은 데탕트의 붕괴를 촉진하였다. 그후 미국과 소련은 군비경쟁과 교류·협력의 교차 국면을 거치면서 40여 년간의 냉전에 종지부를 찍게 되었다. 냉전 종식의 원인은 무엇이고, 그 과정은 어떠했는가?

냉전의 종식은 흔히 베를린 장벽의 해체로 상징된다. 주지하듯, 동독은 1961년 8월 13일 동서베를린의 경계에 "반파시스트 방어벽"을 세웠다. 자신의 생존을 위협하는 서독을 향한 '지력(知力)의 대탈출(知力大脫出, intellectual exodus)'을 막아보려는 시도였다. 이 장벽 서쪽에 위치한 서베를린은 1963년 6월 26일 케네디 미국 대통령이 독일어로 "나는 베를린 시민(Ich bin ein Berliner)"이라고 선포하면서 '자유의 아이콘'이 되었다. 이 "추악한 차단(ugly divide)"의 상징인 베를린 장벽은 1989년 11월 9일 독일 시민들에 의해 제거되기 시작했고, 이듬해 2월에는 새로운 동독의 지도부에 의해 역사의 뒤안길로 사라졌다. 베를린 장벽의 해체는 수십 년간의 "차가운 전쟁"의 종식을 극적으로 상징하는 대사건이었다.

그러나 베를린 장벽 해체는 보다 근본적인 세계 차원의 모순의 해소에 따른 하나의 정치적, 지역적 결과였다. 40여 년간 축적되고 격화된 냉전적 모순이 1980년대 중후반 4-5년에 걸쳐 거의 일거에 해소된 데는 냉전의 핵심 주체들 간의 대립과 대결을 지지하던 사고, 관념, 담론에서 거대한 변화가 발생했기 때문이다. 미국과 소련이 1989년경 냉전을 그만두기로 자발적으로 '합의'하였던 것이다. 따라서, 냉전은 관념적인 관점에서 본다면, 1991년 소련이 붕괴하기 전인 1989년에 이미 종식된 것이다. 물론 이러한 관념적 변화는 물질적 조건 및 환경의 변화와 상호구성, 상호작용의 관계에 있었다. 고르바초프와 소련의 다수 지도자들이 소련의 정체성이나 냉전에 대한 관념을 바꿀 수밖에 없던 물질적 측면이 있었던 것이다. 냉전 종식의 원인은 그것의 시작의 원인과 마찬가지로 복합적이고 다면적이었다. 냉전의 종식을 초래한 요인들은 관념과 물질, 그리고 개인(정책적 선택)과 구조(체제의 내재적 경향성)의 상호구성적 동학(動學)이라는 시각에서 분석될 수 있다. 물론 이러한 제 요인들은 조건의 변화에 따라 상대적 무게(relative weight)를 달리하면서, 그리고 역동적인 상호작용을 통해 서로를 자극하고 추동하며 때로는 신속히 때로는 더디게 냉전의 종식이라는 결말(結末, dénouement)로 함께 나아갔다.

소련 붕괴의 요인

소련의 붕괴는 중층적인 요인에 의한 것이었다. 이들은 소련의 사회주의 경제 체제 자체가 가지는 내재적 모순, 그리고 1980년대 유가 하락에 따른 "석유국가(Petrostate)"[1]의 추락과 재정위기, 미국과의 강제된 군비경쟁 등 국제구조적 요인과 이른바 '중국 요인(China factor),' '아프가니스탄 비용,' 그리고, "이중적·동시적 전환" 등 '인간 주체(human agency)'가 개재되는 정책적 문제 등을 포함하였다.

소련 붕괴의 체제적 요인
냉전의 종식은 궁극적으로 공산주의 소련의 붕괴에 따른 것이었다. 그리고 경

....

1   "Oil price and Russian politics: a history," *The Economist*, January 21, 2016. https://www.economist.com/graphic-detail/2016/01/21/oil-price-and-russian-politics-a-history

제체제적 관점에서 본다면, 그 시작점은 아이러니하게도 1917년 러시아 공산혁명으로 시작된 소련의 '성립'에서 찾아야 할 것이다. 이것은 결정론(determinism)처럼 들릴 수 있으나 이는 단지 필요조건(necessary conditions)을 강조하기 위함일 뿐이다. 소련의 붕괴는 1789년 프랑스 혁명의 과정과 유사한 측면을 가지고 있었다. 혁명 이전 프랑스는 강력한 국가적 통제력으로 장기간에 축적된 체제적 모순의 폭발을 틀어 막고 있었다. 그러나 국가의 통제력은 전쟁(영국과의 7년 전쟁과 미국독립전쟁의 일부로서의 대영전쟁)과 재정위기 등 내외적 압력에 따른 엘리트 간의 분열로 그 동력을 상실하면서 이완된 틈새를 노출하였고, 이 틈새를 통해 사회적 불평등과 같은 체제적 모순의 마그마가 급격히 분출되었던 것이다.[2] 물론 소련의 붕괴가 프랑스 혁명의 과정을 그대로 재현하지는 않았다. 단지 체제에 '내재된 경향(inherent trend)'과 국가엘리트들의 결정과 선택(policy choices)이 결합된 '의도되지 않은 결과들'의 산물이었다는 점에서 양자는 닮았다는 의미이다. 이를 소련의 경우에 대입한다면, 소련은 스탈린이 1924년 세계사회주의혁명을 포기하고, 그에 따른 '일국사회주의'가 1950년대 중반 흐루쇼프의 '평화공존론'을 거치면서 서방의 자본주의 시장 매커니즘에 장기간 노출되는 과정에서 태생적인 체제적 비효율성과 모순이 지속적으로 축적·격화되었고, 체제수호 통제력이 약화되었다. 나아가 유가 하락에 의한 국가재정위기, 그리고, 미국, 중국 등과의 갈등 및 아프가니스탄 침공과 같은 '제국적 과잉 팽창(imperial overreach)' 등에서 비롯된 체제적 위기 상황에서 처방으로 제시된 국내외정책들이 공산당의 리더십에 의해 통제되지 않는 경제 및 정치 영역에서의 "이중적·동시적 전환(double-simultaneous transitions)"[3]으로 이어져 속절없이 내파(內破, implode)하였던 것이다.

공산주의는 생산성의 측면에서 자본주의를 대체할 수도, 그것과 장기적으로 경쟁할 수도 없는 체제였다. 레닌은 사회주의와 자본주의 간 투쟁은 전쟁터가 아니라 생산성의 수준에서 결정될 것이라 예측하였다. 그의 예측은 정확하였지만, 그와

....

2   Theda Skocpol, *States and Social Revolutions: A Comparative Analysis of France, Russia, and China*, Cambridge University Press, 2015.

3   Keith Crawford, *East Central European Politics Today*, Manchester University Press. 1996, p. 93.

그의 공산주의 동료들에게는 불행히도, 소련이라는 일국사회주의의 국가는 적어도 장기적으로는 생산성의 측면에서 자본주의의 경쟁상대가 될 수 없었다.

　공산주의는 이윤극대화를 추구하고 보장하는 자본주의의 무한경쟁으로 인간의 존엄성 자체가 위협받는다는 인본주의적 반성·성찰에서 비롯되었다. 따라서 물질적 생산능력의 차원에서는, 자본주의가 자체 모순에 의해 와해되지 않는 한, "장기적"으로는, 공산주의가 자본주의를 결코 능가할 수는 없다. 현실공산주의가 유지되고 성공하려면 자본주의의 침투가 없는 상태, 즉 전 세계적 공산주의혁명이 일어나 모든 나라들이 공산화되어야만 한다. 이렇게 되었을 때 비로소 공산주의는 전 세계적 계획경제를 통해 개인 간, 국가 간 이윤극대화 경쟁을 완화하고 궁극적으로는 폐기하여 계급도 없고, 국가도 없는 공산세계로 나아갈 수 있었을지도 모른다. 이러한 맥락에서, 스탈린의 일국사회주의, 그리고 흐루쇼프의 1956년 평화공존론은 그 동기와 의도가 어떠했든, 자본주의가 소련 및 위성국가들로 침투 할 수 있는 통로를 열어준 셈이었다.

　소련이 생산성에서 자본주의국들과 경쟁하기 어려웠던 체제 차원의 핵심 이유는 계획경제, 사적 유인의 부재, 그리고 경제적 순발력의 결핍이었다. 첫째, 소련의 중앙계획경제(centrally planned economy)는 자유시장경제체제에서 '잉여(surplus)'가 착취되는, 또는 '노동력의 잉여가 전유(專有, expropriation of the surplus product of labor power)'되는 구조를 일소하고,[4] 독점에 의한 시장의 실패를 극복하며, 분배의 평등을 실천하기 위해 국가가 투자, 생산, 유통, 가격을 철저히 계획하고 통제한다는 개념에 기초해 있었다. 그러나 경제가 발전하고 복잡해지면 경제당국의 계산과 계획 능력이 한계를 노정할 수밖에 없다. 더구나 소련은 경제가 안보 및 정치와 밀접하게 연동되는 체제로서 소련공산당 정치국원들의 '정치적' 결정이 최고 권위를 가지게 되는데, 그들은 계획경제를 이해하거나 관리할 수 있는 전문성(expertise)을 갖고 있지 못했고, 오히려 그들의 잦은 '자의적(arbitrary)' 행동은 계획경제의 효율성을 방해할 소지도 있었다. 또한 공산당 정치국에 의한 독재는 다양하고 대안적인 사고를 배제하였고, 나아가 당과 정부는 정책의 실패에도 책임질

....

4　　Nicholas Churchich, *Marxism and Alienation*, Fairleigh Dickinson University Press, 1990, p. 94.

(accountability) 필요가 없었기 때문에 현실·현장과 동떨어져 관료화되었고, 시행착오에 따른 피드백을 효과적으로 활용할 수 없었다.

둘째, 사적(私的) 유인의 결여도 생산성을 떨어뜨린 주요인이었다. 대약진운동 시 중국에서 '일평이조(一平二調)'가 야기한 '공산풍(共産風)'이 "일하든 일하지 않든 똑같다"라는 냉소주의를 확산하고 농민의 생산 의욕을 저하하였던 것처럼 소련 공산주의의 "결과적 평등주의" 경향은 소련이, 강제에 의하지 않는 한, 사적 유인에 기초한 자본주의의 생산성에 대해 경쟁력을 갖기 어렵게 만들었다. 소련은 이러한 문제를 사적 유인 이외의 수단으로 해결하기 위해 이타적 사상과 당성(黨性)을 강조하는 '훈육체제(preceptoral system)'[5]를 활용하였지만, 그것이 장기적으로 유지될 수는 없는 것이었다. 이러한 맥락에서 1947년 "X 논문"에서 다음과 같이 말한 조지 케넌은 설득력이 있었다:

소련 체제의 내구성은 어떻게 되나? 소련 체제는 단기적으로는 성과를 낼 수 있다. 그러나 폭력과 강제는 국민과 경제에 장기적으로 효과를 낼 수 없다. 국민들이 쉬지 않고 일하도록 얼마 동안 강제할 수 있겠는가?

자본주의와 교류·협력하는 흐루쇼프의 소련 사회주의 체제 내부에서는 그 태생적 모순들이 더욱 첨예하게 부각되었다. 소련의 입장에서는 "제국주의에 의한 경제적 착취"뿐 아니라 자본주의에 의한 "이념적 오염"이 더 큰 문제였다. 흐루쇼프의 '평화공존론' 이후 데탕트 등 서방과의 교류·협력을 통해 "철의 장막" 밖을 일부 볼 수 있게 된 소련 주민들은 당이 원하는 사회주의적 인간으로 개조되기보다는 "썩어빠진 서방(rotten West)"을 오히려 동경하게 되었다. 모스크바 국제관계연구소의 페차트노프(Vladimir O. Pechatnov)가 잘 관찰하였듯이, 소련 사람들은 "물론 서방은 썩어빠졌지만, 그래도 냄새는 좋다(The West is rotten, of course, but it smells so good!)"[6]며, 소련 경제의 질적 낙후성과 이를 해결하려는 정치적 선전과 훈육의

....

5   Charles E. Lindblom, *Politics and Markets: The World's Political-economic Systems*, Basic Books, 1980.

효과가 제한적이라는 사실을 드러내 주었다. 공산당은 "냄새가 좋은 서방"의 체제 침투를 막기 위해 숙청, 강제수용소, 검열, 상호감시 등의 국가보안체계를 활용하였으나, 이는 경제의 장기적 효율성을 저해한 또 다른 요인이 될 뿐이었다.

셋째, 소련의 계획경제는 특히 자본주의 역동성에서 비롯되는 세계경제의 변동에 기민하게 대처하기 어려운 "순발력이 없는 체제"였다. 전쟁에 대비하는 차원에서 스탈린이 구축한 중공업 중심의 소련 경제는 비유연, 비탄력적이었고, 세계경제 변화에 따른 국내적 요소이동이 소련에 부과하는 경제적, 사회적 비용은 막대하였다. 이로 인해 소련은 슘페터(Joseph Schumpeter) 식의 "창조적 파괴"를 도모하고 기술 변화의 조류에 유연하고 탄력적으로 대처할 수 없었다

소련공산당 최고지도자 고르바초프는 사회주의 계획경제의 축적된 모순이 1980년대 중반부터 여타 군사적, 전략적, 국내정치적 수준의 부정적 요인들과의 접합(接合)에 의해 급격히 격화되자, 서방과의 '필요한 정도'의 물질적, 지적 교류·협력 확대를 통해 소련 체제를 재활성화·공고화하고자 하였다. 그러나 고르바초프가 개혁을 추진하던 1980년대 중후반은 이른바 제3차 산업혁명의 시대로서 정보·통신 기술이 혁명의 과정을 주도하였지만, 정작 고르바초프의 소련은 정보·통신을 산업화할 수 있는 능력을 결여하고 있었다. 특히, 지도부의 의지가 있다 하더라도 소련 공산주의 정치체제 자체가 불투명하고 억압적이어서 정보의 흐름이 자유롭지 못하고 따라서 속도전쟁에서 서방에 밀릴 수밖에 없었다. 서방의 경제는 시장 매커니즘에 기초한 구조조정에 능동적으로 임하여 기존의 중공업을 정보·통신, 컴퓨터 등으로 유연하게 전환하여, 결과적으로 소련의 산업 경쟁력을 더욱 악화시켰다. 소련 해체의 근본적이고 구조적인 원인은 자본주의에 대한 사회주의 체제 자체의 '상대적 비효율성,' 그리고 1956년 흐루쇼프의 평화공존론 이후 30여 년 동안 점차적이고 간헐적으로, 그렇지만 쉼없이 이루어진 사회주의 체제에 대한 자본주의 시장 매커니즘의 자연스러운 '포섭(capture)'이었다.

초기 소련의 체제적 모순은 혁명적 이데올로기와 그에 기초한 정치적 정당성

....

6   Vladimir O. Pechatnov, "The Cold War: A View from Russia," *Journal of Azerbaijani Studies*, 2010, p. 10. http://jhss-khazar.org/wp-content/uploads/2010/12/01.pdf

덕에, 그리고 테러·감시·숙청 등 스탈린주의적 통제에 의해 효과적으로 관리·억지·봉쇄되었다. 그러나 스탈린주의적 통제는 1953년 그의 사망 후 30여 년간 점차적으로 이완되어 궁극적으로는 기능을 상실하였다. 스탠포드 대학의 소련사가인 알렉산더 달린(Alexander Dallin)에 따르면, 스탈린 사후 소련의 인민들은 공산당 지도부에 대해 더 이상 '무오류성,' '절대확실성'의 권위를 부여하지 않았다.[7] 이는 당내 권력투쟁과 정책경쟁에서 드러났는데, 흐루쇼프 축출 과정에서 그 절정에 달하였다. 브레즈네프 시대의 경제침체는 부패, 냉소주의, 관료화를 야기했고, 특히 당·국가·보안기관으로 이루어진 "유일조직체제(mono-organizational system)"의 내부 균열은 국가통제수단의 효력을 더욱 약화시켰다.

1970년대 초의 데탕트는 소련의 지식인들과 인민들에게 서방의 규범과 삶의 방식, 고도로 발달된 소비재 상품 등을 경험하게 함으로써 대안적 체제 또는 비교의 준거에 대한 상상을 가능하도록 하였다. 이는 한편으로는 소련공산당의 정통성을 잠식하였고, 다른 한편으로는, 흐루쇼프 시대 때 출현한 개혁적이고 민주적인 신세대의 세력화를 추동하였다. 체제적 위기가 명백해진 1985년 집권한 고르바초프는 신세대에 힘을 실어주며 소련과 당을 살리기 위해 '최후의 모험'을 시도하였다. 그의 '페레스트로이카(Perestroika, Restructuring, 경제 개혁)와 글라스노스트(Glasnost, Openness, 정치적 토론에 대한 개방성 확대),' 그리고 이를 뒷받침하기 위해 '강제된 군비통제' 정책은 체제의 "탈신성화(脫神聖化, desacralization)"와 "권위의 비정통화(delegitimation)"를 초래했고, 이는 소련의 붕괴를 그나마 지연시켜온 국가통제력의 행사를 자발적으로 무력화함으로써 국가와 체제의 멸망을 재촉하였다.

소련 붕괴의 체제 외적 요인들: 석유국가의 추락과 재정위기, 미국과의 강제된 군비경쟁, 중국 요인, 아프가니스탄 비용, 이중적·동시적 전환

소련 붕괴의 체제 외적 원인은 '석유국가(Petrostate)'의 추락과 재정위기, 미국

7 Alexander Dallin, "Causes of the Collapse of the USSR," *Post-Soviet Affairs*, Vol. 8, No. 4, 1992, p. 283.

과의 강제된 군비경쟁 등을 포함하는 국제구조적 요인과 이른바 '중국 요인,' '아프가니스탄 비용,' 그리고, "이중적·동시적 전환" 등 '인간 주체'가 개재되는 정책적 원인으로 대별될 수 있다. 먼저 '석유국가'의 추락과 재정위기에 대해 살펴보자. 1980년대 초중반 2차대전 이후 최악의 경기침체가 세계경제를 억눌렀다. 1979년 발생한 이란의 이슬람혁명은 석유가격의 급등을 야기했고, 이는 그렇지 않아도 증가하고 있던 인플레이션 압력을 격화시켜 선진국들이 앞다퉈 금리를 인상하도록 하였다. 결과는 세계적 경기침체였다. 미국과 일본 등은 세계은행이 '1982년의 세계적 불경기'라고 명명한 이 경기침체를 산업 구조조정 등을 통해 상대적으로 신속히 벗어날 수 있었다. 그러나 소련경제는 변화하는 조건에 맞춰 기민하게 움직일 수 없었다. 소련의 계획경제는 능동적 관리·조정·조종 능력을 상실하고 있었고, 그 결과 1960년대 6%를 상회하던 경제성장률이 1980년대 초에는 2%를 하회하게 되었다.[8] 1인당 실질소득도 마찬가지로 감소하였다. 경제 위축의 가장 중요한 이유는 과거엔 자본·노동·에너지 등 투입요소가 충분하고 저렴하였지만, 1970년대 이르러서는 그것이 더 이상 가능하지 않았던 데 있었다. 따라서 당시 소련은 외연과 규모의 확장(extensive development)보다 내실을 지향하는 전략적 발전(intensive development)으로의 전환을 필요로 하였지만, 경직된 계획경제체제는 이를 허용하지 않았을 뿐 아니라 낮은 생산성에도 불구하고 사적 유인이나 기술적 혁신을 위한 조치를 취하지 못하였다. 그 결과 소련경제가 서방에 개방된 상태에서 소련의 상품과 서비스는 국제경쟁력을 갖지 못했고, 이는 수출 감소, 경상수지 악화, 그리고, 국가재정 악화로 이어졌던 것이다.

소련의 재정 문제가 "국가적 위기"가 된 배경에는 고르바초프가 소련의 최고지도자가 된 1985년부터 발생한 석유가격의 하락이 있었다. 1970년대 소련은 "석유국가"였다. 소련은 1970년대 석유와 천연가스를 수출하여 서방으로부터의 곡물 수입 비용을 충당했고, 군비를 확충하였고, 동유럽 위성국가들을 지원했으며, 아프가니스탄 점령 비용을 댈 수 있었다. 그러나 1985년 사우디아라비아가 그간 지속하던 석유가격유지 정책에서 이탈하여 산유량을 늘리기로 하면서 '석유국가'의 악

....

8   Dallin(1992), p. 294.

몽이 시작되었다.

　미국과의 강제된 군비경쟁도 소련 붕괴의 국제구조적 요인이었다. 1981년 집권한 로널드 레이건 대통령은, 할리우드 배우 시절부터 이어온 반공주의 경력에 걸맞게, 대외정책에 있어 강력한 대소 억지력 건설에 역점을 두고자 하였다. 그는 1983년 1월 17일 국가안보회의가 제출한 '국가안보결정명령-75호(National Security Decision Directive 75, NSDD-75)'를 승인함으로써 소련에 대해 협상은 하되, 소련의 폭정을 드러내고 사회적 취약점을 파고들기 위해 소련 내부에 대해 이념적·정치적 공세를 펼치는 한편, 미국의 재래식·핵 무력을 대폭 증강하여 미국의 대소 억지력을 강화하고자 하였다.

　소련은 충격을 받고 극도로 긴장했지만 미국이 유인하는 군비경쟁의 길로 따라 갈 수는 없었다. 경제가 뒷받침할 수 없었기 때문이다. 고르바초프와 당 지도부는 내적으로는 개혁과 경비절감(retrenchment), 그리고, 외적으로는 개방과 "조심스러운 유화책(appeasement)"을 선택하였다. 특히 후자는 소련의 (잠재적) 적들이 느끼는 소련의 위협을 감소시켜 소련에 대한 그들의 군사적 위협을 낮춤으로써 소련의 내부 자원의 효율적 재분배를 가능케 하고, 다른 한편, 선진 자본주의국들과의 관계개선을 통해 경제교류·협력을 강화함으로써 소련 사회주의가 장기적 재활을 모색할 수 있게 할 것으로 기대되었다.[9] 그러나, 고르바초프의 이른바 신사고(Novoye Myshleniye, New Thinking)에 입각한 정책적 이니셔티브는 그가 원하던 결과를 가져다주지 않았다. 이는 오히려 소련이 초강대국임을 자처하게 만든 군사력의 감축을 야기하여 페레스트로이카와 글라스노스트가 초래한 국내외적 통제력 이완을 촉진하는 역할을 하였다. 어쨌든, 그가 이러한 실패한 정책이라도 시도하지 않을 수 없게 만든 것은 전략방어구상(Strategic Defense Initiative, SDI)과 같은 미국의 군비 확충이 소련에 부과한 안보 스트레스와 재정 압박이었다.

　1950년대 중반부터 시작되어 1960년대 말 극에 달했던 중소분쟁은 1980년대까지 소련을 정치적, 경제적으로 마모시킨 주요 요인이었다. 소련의 붕괴를 재촉한

....

9　William C. Wohlforth, "Realism and the End of the Cold War," *International Security*, Vol. 19, No. 3, 1994-1995, p. 111.

이와 같은 '중국 요인'은 군사비 증가, 경제개혁 모방과 실패, 국내 정치 불안정에 대한 통제력 행사 포기 등 세 가지 측면에서 생각해 볼 수 있다.[10] 무엇보다 소련은 "사회주의 형제국"인 중화인민공화국과의 갈등과 분쟁으로 인해 생산적으로 사용되어야 할 막대한 재원을 군사비로 전용할 수밖에 없었다는 점이 치명적이었다. 뿐만 아니라 덩샤오핑의 경제개혁이 성과를 내었고, 소련은 이를 모방하고자 하였지만, '어설픈' 고르바초프의 소련은 성공하지 못했고, 그 부작용은 체제를 뿌리에서부터 위협하였다. 나아가, 1989년 4월 발생한 티엔안먼 사건은 전시 효과(展示效果, demonstration effect)와 파급효과(contagion effect)를 내어 소련 및 동유럽 공산국가들의 인민들에게는 용기와 영감을 가져다 주었고, 정치지도자들에게는 무력 사용에 대한 억제와 자제의 중요성을 일깨워 주었다.

아프가니스탄 비용은 소련의 또 다른 정책적 실패였다. 아프가니스탄 침공과 10년간의 군사작전 등 누적된 '아프가니스탄 비용'은 소련의 경제력을 잠식하였다. 절박한 국내 경제 문제 해결에 투입되어야 할 자금이 군사적, 이념적 용도를 위해 유용되었던 것이다. 정치적 비용 또한 의미심장한 것이었다. 분기점은 고르바초프가 글라스노스트를 선언한 1986년이었다. 미국 무기로 무장된 무자히딘은 소련군 사상자를 양산하였다. 본국으로 귀환하는 부상자들이 늘어나자 그렇지 않아도 장기전에 피로를 느낀 여론은 급격히 악화하였다. 소련을 지탱하는 물리력인 군의 자존감과 위신, 그리고 병사들의 사기도 크게 저하되었다. 제대 장병을 일컫는 '아프간치(Afgantsy)'가 소련의 비러시아 공화국들의 도시에 대거 등장하자 문제가 심각해졌다. 이웃국가의 무슬림 형제들이 도륙되는 현장을 목도한 이들 제대 군인들은 모스크바에 대해 공개적으로 반전을 요구하면서 고르바초프를 난감하게 했을 뿐 아니라 무슬림이 대다수인 이들 공화국들이 소련에서 정서적으로 이탈하는 데 역할을 하였다.

고르바초프가 1986년 2월 제27차 소련공산당 대회에서 "출혈상(bleeding wound)"이라고 지칭한 아프가니스탄의 군사적 상황은 1986년 말 소련의 국내정치

....

10 Nancy Bernkopf Tucker, "China as a Factor in the Collapse of the Soviet Union," *Political Science Quarterly*, Vol. 110, No. 4, 1995/96.

에 영향을 주기 시작하였다. 글라스노스트가 채택된 상황에서 종군기자들의 '검열되지 않은' 전황 보도는 소련 체제 자체를 흔드는 한 요인으로 작용하였다.[11] 아프가니스탄 전쟁의 상처는 크레믈린 통치에 반대하는 정치 세력, 특히 비러시아인들에게 울림을 주는 정치적 상징이 되어갔다. 1988년에 이르러서는 소련공산당 지도부조차 군사력의 대외적 사용의 효과에 대해 회의하기 시작하였다. 소련군 자체의 취약성도 부각되었다. 1988년에 내려진 소련군 철수라는 당 정치국의 결정은 내외적으로 치욕적 패배로 인식되면서 결국 소련 체제의 생존력에 의구심을 자아내었다.

소련 붕괴의 정책적 원인 중 가장 도드라졌던 것은 정치 영역과 경제 영역에서의 "이중적·동시적 전환"이었다. 그것은 극도로 취약해진 소련이나 공산당의 능력으로서는 감당키 어려운 것이었고, 나아가, 그 자체로 심각한 모순을 배태하고 있었다. 페레스트로이카와 글라스노스트의 관념적 핵심은 "유일하고 절대적인 진리는 존재하지 않고, 어느 특정 당이 진리의 담지자가 될 수 없다"는 것이었다. 고르바초프는 이러한 정책노선을 실천에 옮기기 위해 "검열제도, 정치탄압, 역사해석에 대한 당의 독점권 등을 폐기"하였다. 그러나, 결과는 그가 전혀 의도하지 않은 체제의 "탈신성화"와 "권위의 비정통화"였다. 고르바초프는 개혁과 개방이라는 도구를 통해 국가와 당의 내공을 강화하려 했으나, 작은 구멍이 방치되면 결국 제방이 무너지듯 더 많은 개혁과 개방을 요구하는 시민적 압력이라는 이른바 도구의 함정에 빠진 것이었다. 이는 신사고 외교안보정책으로 인한 군비감축과 함께 소련의 붕괴를 그나마 지연시켜온 국가의 내외적 통제력의 행사를 '논리적으로,' 그리고 '현실적'으로 무력화하였다. 통제될 수 없는 자유의 홍수는 사실 자승자박, 소련공산당 서기장 고르바초프 자신이 초래한 것이었다.

냉전 종식의 과정

전기한 바와 같이, 1917년 사회주의 혁명과 1922년 국가 성립 후 장기간 축적

....

11   Reubeny and Prakash(1999), p. 698.

되어온 소련의 체제적 모순은 1950년대 중반부터 시작된 자본주의적 침투, 그리고 1980년대 초중반의 유가 하락에 따른 심각한 경제침체와 재정위기로 인해 격화되고 첨예화되었다. 그 외에도 냉전 종식의 과정에 영향을 미친 요인들은 미국과의 강제된 군비경쟁, '중국 요인,' '아프가니스탄 비용,' 그리고 "이중적·동시적 전환"과 같은 소련의 정책적 선택 등 다양하고 복합적인 것이었다. 여기서는 이러한 정책적 요인들이 어떻게 서로를 자극하고 추동하며 때로는 신속히 때로는 완만하게 냉전의 종식이라는 결말을 초래하였는지를 역사적 관점에서 일관해보기로 한다.

레이건의 '전략방어구상'

체제적, 구조적 모순과 제약이 소련의 운신의 폭을 좁히는 가운데 소련의 세계관, 가치관, 정체성의 변화를 유인·강제한 미국의 대소 냉전전략은 소련의 붕괴를 재촉하였다. 주역은 로널드 레이건과 고르바초프였다. 되돌아보면, 냉전이 해체될 조짐은 1983년에 발생하였고, 그 해체 과정이 속도를 낸 시점은 1986년이었다. 1983년은 1962년의 베를린위기 및 쿠바미사일위기 이후 미소 갈등이 최고조에 이른 해였고, 따라서 냉전의 역사에서 가장 위험한 시기 중 하나였다. 1980년 대외정책의 핵심 개념으로 인권외교를 내세웠던 지미 카터 대통령을 물리치고, 보다 구체적으로는, 카터 정부의 이란 내 미국인 인질구출작전의 실패에 따른 반사이익에 힘입어 대통령에 당선된 로널드 레이건은 의회에 대해 "어째서 미국의 어린이들은 교실에서 하나님을 섬길 수 없는가?"[12]라며 공립학교에서 공개적으로 기도할 수 있는 자유를 요구할 정도로 독실한 개신교 신자 정치인으로서 종교적 자유와 인권을 억압하는 무신론적 공산 소련을 "악(惡, evil)"으로 보는 '열심 당원(zelotes)'이자 '반공 투사'였다. 그는 1983년 1월 17일 국가안보회의가 마련한 '국가안보결정명령-75호'를 승인하고 실행에 옮긴다는 차원에서 소련에 대해 두 가지 중요한 도

....

12 Message to the Congress Transmitting a Proposed Constitutional Amendment on Prayer in
    School May 17, 1982. https://www.presidency.ucsb.edu/documents/message-the-congress-trans-
    mitting-proposed-constitutional-amendment-prayer-school

전을 제기하였다. 첫째, 이념공세였다. 레이건은 3월 8일 자신의 이념적 텃밭인 기독교 복음주의자들(Evangelicals)의 한 행사에 참가하여 역사적 사건으로 기록될 연설을 하였다. 그는 플로리다 올랜도(Orlando)에서 열린 '복음주의 전국회의' 연차 총회에서 행한 이 연설에서 "소련과 공산주의 지도부를 현대세계의 "악"이라 칭하며, 이들은 지구를 지배하고자 하는 욕망에 사로잡혀 있다"며 대소 '십자군전쟁 (crusade)'을 선포하였다.[13]

둘째는 미사일방어체계 구축이었다. 레이건은 2주 후 TV연설에서, 소련이 전략무기감축조약(START)에 관한 미국의 제안을 거부했기 때문에 대륙간탄도미사일을 우주에서 요격하는 탄도미사일방어체계를 구축하겠다고 선언하였다. 레이건이 제시한 '전략방어구상', 즉 SDI는 획기적이고 혁명적인 방어개념이었다. 1949년 소련의 핵실험 이후, 그리고, 전략적 균형이 형성되던 1960년 중반 이후 미소 양국은 서서히 '상호확증파괴(相互確證破壞, Mutual Assured Destruction)'라는 개념에 익숙해져 가고 있었다. '상호확증파괴'는 미소 양측이 상대의 핵선제공격을 흡수한 후 보복공격이 가능할 정도의 충분한 장거리핵미사일을 보유한 상태에서 적의 미사일을 요격할 수 있는 미사일방어체계를 자발적으로 포기함으로써 한쪽의 선제 핵공격은 결국 공멸로 이어진다는 확증적 가능성 때문에 어느 누구도 선제공격을 시도하지 못하게 된다는 논리에 기초한 전략개념이었다. 간단히 말해, 핵보복능력의 존재는 공멸이라는 '공포의 균형(balance of terror)'을 형성하고, 이에 의하여 핵전쟁이 방지된다는 논리였다. 닉슨과 브레즈네프는 1967년 맥나마라 당시 미 국방장관이 제안한 이 개념을 받아들여 1972년 '탄도탄요격미사일제한조약(ABM)'을 체결하였다. 이 조약에 따라 미소 양국은 2개의 지상 기지에 각각 100기의 탄도탄 요격미사일을 배치하여 수도와 대륙간탄도미사일 기지 한 곳을 보호하게 하고, 나머지 모든 영토를 상대의 탄도미사일공격에 의도적으로 노출되도록 하였다. 양국은, 나아가 예외로 인정된 두 개의 미사일방어기지가 지역미사일방어체계로 전환

....

13   Remarks at the Annual Convention of the National Association of Evangelicals in Orlando, Florida March 8, 1983. https://www.reaganlibrary.gov/sites/default/files/archives/speeches/ 1983/ 30883b.htm

되지 않도록 하기 위해 양 기지 사이의 거리를 1,300km 이상으로 유지하기로 합의하였다. 개념적으로 요약하면, 이 조약의 핵심인 '상호확증파괴'나 '공포의 균형'은 인간의 이성이 상시적으로 작동한다는 믿음에 기초한 것으로서, 선제공격은 확증적으로 공멸을 의미하니 선제공격은 엄두도 내지 못할 것이라는 미소 간의 공유된 관념이었다. 그런데 레이건은 1983년 3월 23일 공포의 균형을 "자살적 조약(suicide pact)"이라 칭하며 ABM 체제를 전복한 것이었다. 레이건은 소득의 상당부분을 세금으로 납부하는 미국 시민들이 '공포의 균형'이라는 항상적(恒常的)인 공포 속에 살게 할 수는 없다고 말하였다. 그는 소련 지도자가 이성을 잃을 가능성이 있고, 또한 실수나 우발적 사건이 비화할 수도 있기 때문에, 미국의 지도자로서는 이러한 "핵 아마게돈(nuclear Armageddon)"의 가능성을 SDI로 차단하는 것이 도덕적일 뿐 아니라 납세자들에 대한 국가적 의무라고 말하였다. 그는 미국의 산업적 최대 강점이자 자신의 '전략방어구상'의 핵심인 첨단우주기술이야말로 미국의 납세자들을 소련의 핵미사일이 야기하는 공포로부터 해방시켜 줄 수 있는 미국의 자산이라고 강조하였다.[14] 그는 미국이 SDI를 일방적으로 구축하여 창과 방패를 모두 가진다면, 미국은 소련의 보복공격에 대해 우려할 필요가 없어지고, 그렇게 되면 대소 핵선제공격에 대한 유혹에 빠지지 않겠냐는 비판에 대해서 평화를 사랑하는 미국은 핵선제공격을 하지 않을 것이고, 실수에 의한 공격을 방지하기 위한 엄격한 안전조치와 제도는 이미 마련되어 있다고 주장하였다.

일부로부터 공상과학이라는 비판과 국내정치용이라는 비난을 동시에 받았지만,[15] 레이건의 SDI 선언과 개발은 소련 지도부를 경악시키기에 충분하였다. 안드

....

14　Ronald Reagan, Address to the Nation on Defense and National Security, 23 March 1983, *Public Papers of the Presidents Ronald Reagan*, U.S. Government Printing Office, 1984, Vol. 1, p. 442.

15　레이건의 SDI는 그의 개인적인 신념에 따른 것이었다. SDI 기술은 개발되지도 않은 상태였기 때문이다. SDI는 과학의 발전이 정책에 영향을 준 것이 아닌 정책이 과학에 영향을 주려던 사례였다. 레이건은 이 사실을 1984년 확인하였다: "솔직히 말해 나는 그러한 방위의 성격이 어떤 것이 될지 알지 못하였다. 나는 우리 과학자들에게 그러한 방위가 가능할지 여부를 조사할 것을 요청했을 뿐이다." Paul Lettow, *Ronald Reagan and His Quest to Abolish Nuclear Weapons*, Random House, 2006, p. 120. Luigi L. Lazzari, *The Strategic Defense Initiative and the End of the Cold war*, Master Thesis, Naval Postgraduate School, March 2008, p. 31에서 재인용. SDI의 대소 선전(propaganda) 효과는 다대하였다.

로포프 서기장은 미국은 "핵전쟁에서 이길 수 있다는 망상에 빠져 이것저것 궁리를 하고 있다. 이는 전적으로 무책임할 뿐 아니라 정신이 나간 짓이다"라고 말하였다.[16] 소련 지도부는 레이건의 일방주의와 모험주의를 개탄하였지만, 이들에게 더 중요한 것은 미국의 경제력과 기술력을 고려할 때 SDI는 소련의 안보를 근본에서 부터 흔드는 사활이 걸린 군사적 위협이 될 것이라는 점이었다.[17] SDI 조직이 미 국방부 내에 설치된 1984년, 소련 지도부는 당시 침체되고 위축된 소련의 경제력으로는 천문학적 비용이 예상되는 SDI 대응조치가 불가능하다고 판단하였다. 더구나 스탈린 집권 이래 소련은 3차 세계대전에 대비하기 위해 중공업 위주로 산업구조를 형성·유지해 왔기 때문에 SDI에 대적할 수 있는 무기체계 건설에 필요한 첨단 지력(知力)과 기술력을 갖추고 있지 못한 상태였다. 설상가상으로 소련은 중국과의 출혈 경쟁을 지속하고 있었고, 특히, 1979년부터 아프가니스탄에서 자신의 세력권을 유지하기 위해 엄청난 인적, 물적 비용을 치르고 있었다. 사실 이것도 소련이 능력이 있어서라기보다는 '중앙아시아 소련'의 주변에서 급증하는 이슬람 세력의 영향력으로부터 자신의 공화국들을 보호하는 한편, 아프간 무자히딘과 파키스탄-중국-미국 간의 사실상의 동맹으로부터 자신의 지역적 지배를 수호하기 위한 최후의 노력인 셈이었다.

이런 취약한 상태에서 레이건이 "도발적" 이니셔티브를 취하자 소련은 극도의 긴장에 빠졌고, 만일의 경우에 대비하기 위해 사소한 문제에도 과민하게 반응할 수밖에 없었다. 이를 극명히 보여주는 사례가 1983년 9월 1일 대한항공(KAL) 007편 여객기 격추 사건이었다. 해당 KAL기는 알래스카에서 서울로 비행하던 중 뜻하지 않게 소련의 북동부 지역에 진입하였다. 레이건의 "SDI 협박"으로 긴장이 최고조

....

레이건은 "소련의 허리가 부러질 때까지 미국의 몸을 소련에 기대 앉자"고 말했고(p. 23), 슐츠 국무장관은 "소련은 우리가 특수기술혁신을 시작한 것으로 볼 것이다. 그게 아마도 가장 큰 미국의 이익일 것이다"라고 말하였다(p. 251).

16 "Replies by Yu. V. Andropov to Questions from a Correspondent of Pravda," *Pravda*, March 27 1983. Raymond L. Garthoff, *The Great Transition: American-Soviet Relations and the End of the Cold War*, Brookings Institution, 1994, p. 111에서 재인용.

17 Dobrynin(1995), p. 528.

에 달한 당시, 소련군 현장 지휘관은 KAL기를 미국의 정찰기라고 오인하여 격추명령을 내렸다. 이로써 미국 하원의원 맥도널드(Lawrence McDonald) 외 미국인 63명을 포함 총 269명의 탑승자가 전원 사망하였다. 그런데 당시 CIA 고위관리였던 로버트 게이츠(Robert Gates)는 미군의 정찰기 RC-135가 한 시간 전에 그 공역(空域)에서 작전을 수행하였다고 후일 확인하였다.[18] 어떤 학자들은 미국의 잘못을 인정하였고,[19] 어떤 전문가들은 소련이 너무 성급하게 무력을 사용하였다고 지적하였다.[20] 어쨌든 소련 지도부는 문제가 확대되지 않도록 하기 위해 휴가 중이던 도브리닌 대사를 워싱턴으로 급파하는 등 레이건의 승부수에 대한 고조된 위기의식을 적나라하게 노출하였다.

그러나 위기는 격화되었다. 미소 간 긴장은 1983년 말 극에 달하였고, 이는 NATO의 군사연습과 관련이 있었다. 1983년 11월 2일부터 11일까지 실시된 '명궁수(名弓手, Able Archer-83)'라고 명명된 이 NATO동맹군 연례군사연습은 핵탄두 투발 절차를 제외하고는 이전에는 없었던 실전을 가정한 구체적인 전쟁 절차를 연습하는 것을 주요 목적으로 하였다. 소련의 지도부는 이 연습이 실제상황으로 돌변할 수도 있다고 의심하였다. 그들은 동독에 주둔하고 있던 소련군의 요격기들에게 비상경계령을 내렸고, 그 외 동맹국들에게도 만일의 사태에 대비할 것을 주문하였다. 소련 자신은 핵무기를 관장하는 부대에 비상경계령을 발령하였다. 그러나, 소련은 이러한 극도의 긴장을 장기간 감당할 수 없는 조건에 처해 있었다. 소련 지도부는 대미 유화책을 마련하지 않으면 안 된다고 생각하였다.

레이건의 온건노선과 소련의 '인식 공동체'의 '신사고'

소련에게 초긴장을 조성한 장본인인 레이건은 그의 행보가 의도하지 않은 결과로 이어질 가능성에 대해 우려하기 시작하였다. 케네디 대통령이 쿠바미사일위

....

18 Robert Gates, *From the Shadows: The Ultimate Insider's Story of Five Presidents and How They Won the Cold War*, Simon & Schuster, 2007, pp. 266-70.

19 Alexander Dallin, *Black Box: KAL 007 and the Superpowers*, University of California Press, 1985, pp. 26-56; David E. Pearson, *KAL 007: the Cover-Up*, Summit Books, 1987, pp. 345-61.

20 Dobrynin(1995), pp. 535-39; Garthoff(1994), pp. 118-26.

기 후에 그러했듯이 레이건도 1983년의 위기가 통제불능 상태로 번지지 않도록 하기 위해 대소 수사(修辭, 레토릭)을 완화하고 보다 온건한 방향으로 자세를 전환하였다. 레이건은 1984년 1월 16일 대국민방송을 통해 그가 언제 소련을 "악의 제국(the evil empire)"이라 불렀느냐는 듯이 소련과의 "건설적 협력"을 제안하면서, 미소 간에는 공동의 이익이 존재하며, 이 공동이익의 핵심은 전쟁방지와 군비감축이라고 강조하였다. 레이건이 이 연설을 통해 추구했던 목표는 냉전의 종식이라기보다는 긴장이 고조된 상태에서 발생할 수 있는 우발적인 사태가 핵전쟁으로 비화하는 것을 막아보자는 것이었다.

　　레이건의 자세에 변화가 생겼음을 간파한 소련의 젊은 지도자들과 지식인들은 소련이 생존하고 미래를 담보하기 위해서는 이 기회를 놓쳐서는 안 된다고 생각하였다. 이런 생각을 공유한 지도자들 중에는 가장 유력한 차기 지도자감이었던 고르바초프도 있었다. 고르바초프는 이전 지도자들과는 다른 점을 가지고 있었다. 기독교 집안에서 성장했고, 모스크바 국립대학 법학과에서 고등교육을 받았으며, 보다 중요한 것으로는 그가 스탈린 사후 성인이 되었다는 점이었다. 그는 스탈린 시대의 피비린내 나는 권력투쟁이나 숨막히는 감시체제의 기억에서 상대적으로 자유로웠을 뿐 아니라, 교조적 마르크스-레닌주의에 의해 세뇌되지도 않았다. 오히려 그는 이념이나 혁명보다는 생활수준 향상 등 구체적 문제 해결을 위해 전반적 개혁을 요구하던 '신세대'의 일원이었다. 고르바초프는 집권 전부터 직책상 서방의 지도자들을 직접 경험할 수 있었다. 그는 1972년부터 1984년까지 벨기에, 서독, 캐나다, 영국 등을 방문하며 이들 국가의 지도자들과 직접 소통하는 가운데 소련의 미래를 위한 단초를 찾고자 하였다. 이 시기 고르바초프의 사고와 인식에 큰 영향을 준 사건은 그의 1975년 서독 방문과 1984년 영국 수상 마가렛 대처(Margaret Thatcher)와의 만남이었다. 고르바초프는 서독 방문 전까지 '대조국전쟁(the Great Patriotic War, 나치 독일과의 전쟁)'의 산물로서 그의 세대 대부분이 공유하던 대독 증오심을 가지고 있었다. 소련공산당의 공식적 대독노선도 소련군정의 결과들을 유지하는 데 있었다. 그러나 고르바초프는 애국주의에만 매몰되어 있는 인물이 아니었다. 그는 소련군정의 결과들이 "정의로운지, 독일의 분단이 영구화되어야 하는지"에 대해 성찰할 수 있을 정도로 개방적이고 지적으로 성숙한 인물이었다. 그는 1975년 서독을 방문한 후 암울하고 피폐한 동독과 연관 지으며 "내가 서독에서 본 모든 것들은 나의 서독에 대한 이미지와 전혀 부합하지 않았다"고 후일 술회하였다.[21]

고르바초프는 1984년 신자유주의(neoliberalism)의 아이콘 마가렛 대처[22] 영국 수상과의 회담을 특히 인상 깊게 기억하였다. 그에 따르면, 회담이 본격화되자 두 사람은 이념적 충돌이 격화하여 대화가 중단될 위기에 빠졌다. 고프바초프는 "저는 소련공산당으로부터 수상을 설득하라는 지시를 받지 않았습니다"라고 말하며 대처를 "빵터지게" 만들었다. 그는 자신은 수상의 견해를 존중하며 수상도 자신의 시각을 존중해 주실 것으로 믿는다며, 자신은 이견에도 불구하고 양국 간 대화 자체가 얼마나 소중한 것인지를 잘 안다고 말하였다. 대처는 그의 소통의지를 확인하고, "저는 고르바초프 씨를 좋아합니다. 우리는 거래를 할 수 있을 것 같습니다"라며 그에 호응하였다.[23]

레이건이 온건노선을 취하면서부터 미소 지도자들 간에 접촉이 늘어났고, 다양한 수준에서 교류·협력이 활발해지기 시작하였다. 이러한 미소 간 교류·협력 과정을 주도했던 소련 측의 주체들은 '나이 들은 신세대' 지식인들이었다. 이들은 흐루쇼프가 1956년 제20차공산당대회에서 스탈린 격하운동을 통해 시작한 서방과의 평화공존 및 이념·사상의 자유화 물결의 혜택을 받은 세대였다. "20차 당대회

....

21   Mikhail Gorbachev, *Kak eto bylo*, Moscow, 1999, p. 75. Haslam(2014), p. 167에서 재인용.

22   신자유주의는 18세기 프랑스 중농주의자들(French Physiocrats)에 의해 시작되어 19세기 유럽을 지배하던 '자유방임주의(Laissez-Faire; 영어 해석은 "leave alone," 또는 직역하면 "let you do")'가 20세기 초중반 수용되던 케인즈주의(Keynesianism)를 1970년대 중반 대체하면서 부상한 경제이론이다. 자본주의 경제의 근본적 불안정성을 전제로 정부의 적극적 개입을 처방한 케인스주의는 1970년대 고실업률과 인플레이션을 동시에 동반한 스태그플레이션(stagflation)에 대처할 수 없었고, 그 대안으로 자유시장, 자유무역, 민영화, 탈규제, 탈복지 등을 다시 내세운 자유주의 경제이론이 각광을 받게 되었다. 일부 좌파 경제이론가들은 영국의 대처나 미국의 레이건이 추구한 보다 근본적이고 급진적인 자유방임주의를 신자유주의라 지칭하였다. "그들은 그들의 문제들을 사회에 내던진다. 그러나, 사회와 같은 것은 존재하지 않는다. 개별적인 남성과 여성, 그리고 가족들이 있을 뿐이다… 정부는 국민을 통하지 않고는 아무것도 할 수 없다. 국민은 자신의 문제를 자신이 먼저 해결해야만 한다"라는 대처의 1987년 발언은 신자유주의의 핵심적 원리라 할 수 있다.

23   Margaret Thatcher, *The Downing Street Years*, Harper Collins, 1993, pp. 459-63; Mikhail Gorbachev, "The Margaret Thatcher I knew," *The Guardian*, April 8, 2013.

의 아이들"[24]이라고 할 수 있는 이들 신세대 지식인들은 1970년대 연구소, 대학, 언론 및 정부 각 부처 등에 포진하여 상당한 수준의 학문적 자유와 해외경험의 혜택을 누리면서 국가발전과 개혁의 방편을 제시하였다. 중심적 연구기관으로서 1956년 소련과학원(the Academy of Sciences of the USSR) 소속으로 재정립된 '세계경제 · 국제관계연구소(IMEMO)'와 1967년 미국 통 아르바토프(Georgy Arbatov)의 주도에 의해 역시 과학원의 일부로 설립된 '미국 · 캐나다연구소(Institute for U.S. and Canadian Studies of the Russian Academy of Sciences, ISKRAN)'는 1970년대 말에 이르러 각각 800명, 400명의 전문연구원을 보유하였다.

이들의 지적 영향력이 행사된 사례는 1970년대 초의 데탕트, 즉 '긴장완화'였다. 중국 방문을 성공리에 마치고 1972년 소련을 방문한 닉슨 대통령은 미국 · 소련 · 중국의 '전략적 3각관계(strategic triangle)'에서의 우위를 점한 상태였지만, 그가 소련의 호응을 받아 성취한 '전략무기제한협정,' '생물학무기협약(Biological Weapons Convention),' '탄도미사일요격제한조약' 등은 소련의 지적 개혁이 없었다면 불가능한 것들이었다. 미소 간 소통과 협력은 지속되어 1973년 '핵전쟁방지협정(the Prevention of Nuclear War Agreement)'과 1975년 '헬싱키 합의(the Helsinki Accords)'로 이어졌다. 신세대 지식인들과 이들에 공감한 일부 젊은 지도자들은 이러한 전향적 외교안보조치들을 통해 소련을 안정적으로 개혁하고, 그렇게 함으로써 소련을 보다 강력하고 유연한 국가로 만들 수 있을 것으로 생각하였다. 서방의 지식인들도 소련의 신세대와 적극적으로 소통하며 냉전이라는 국제정치의 관념적 구조와 그 성격을 바꾸어 나가고자 하였다. '스톡홀름국제평화연구소(Stockholm International Peace Research Institute),' 오슬로의 '평화연구소(Peace Research Institute),' 서독의 사회민주당의 외교연구원 등이 앞장섰고, 스웨덴 정부가 지원하는 '팔메위원회(Palme Commission)'는 안보는 공공재(public goods)라는 인식하에 '공동안보(common security)'라는 새로운 안보개념을 고안해냄으로써 데탕트의 동력을 강화하는 데 크게 기여하였다.

....

24   Jeremi Suri, "Explaining the End of the Cold War: A New Historical Consensus?", *Journal of Cold War Studies*, Vol. 4, No. 4, Fall 2002, p. 73.

소련 신세대의 상당수는 소련 외교안보 영역에서 이른바 '인식 공동체(epis-temic community)[25] 또는 전문가 공동체(expert community)'를 이끄는 주체들이었다. 한 사회의 거대 변화를 이해하기 위해서는 어떤 아이디어는 정치적 어젠다가 되고 어떤 아이디어는 채택되지 않는지에 대한 성찰을 필요로 한다. 물론 아이디어만으로 어떤 정치적 현상이나 결과를 설명할 수는 없다. 그것은 아이디어가 선택되는 정치적 과정의 관점에서 이해되어야 할 것이다. 러시아 전문가 멘델스존(Sarah E. Mendelson)에 따르면, 아이디어가 실현되고 인식 공동체가 영향력을 가지려면 지도부에 대한 접근권, 지도부에 대한 아이디어의 중요성, 그리고 정치적 어젠다를 통제할 수 있는 지도부의 능력이 필수적이다.[26] 소련의 외교안보 '인식 공동체'를 주도하던 신세대는 1980년대 중반 이 세 조건을 다 만족할 수 있게 되었다. 브레즈네프가 1979년 아프가니스탄을 침공함으로써 데탕트는 좌초하게 되었고, 신세대의 개혁구상도 동력을 잃었으나, 이 무렵 소련의 신세대와 같이 호흡할 수 있는 개혁파 지도자가 공산당 내에서 부상하고 있었던 것이다. 미하일 고르바초프였다. 그는 안드로포프를 승계한 체르넨코(Konstantin Chernenko) 서기장이 1985년 3월 11일 사망한 지 3시간 후 역사상 가장 젊은 정치국원으로서 소련공산당의 서기장 직에 오르게 되었다. 소련의 신세대는 이제 비로소 자신들의 아이디어와 구상을 제대로 실현시킬 수 있는 최고지도자를 가지게 된 것이었다. 고르바초프도 급변하는 내외환경에 조응하는 자신의 국가전략에 대해 진지하게 논의할 수 있는 능력 있고 사려 깊은 지적 공동체의 도움을 기꺼이 수용할 자세가 되어 있었다.

....

25 인식 공동체는 특정 지식 영역에서의 전문가들의 초국적 네트워크로 정의된다. 하스에 따르면, 특정 인과관계, 결과-수단 관계에 대해 인식 공동체 구성원들 간에 존재하는 일련의 공유된 신념, 즉 "합의된 지식(consensual knowledge)"은 정치과정에 주입되어 외교안보정책을 주조하는 데 핵심적인 역할을 한다. 국가이익의 변화는 인식 공동체 구성원인 국내정치엘리트의 행동의 결과이다. Peter M. Haas, "Introduction: Epistemic Communities and International Policy Co-ordination," *International Organization*, Vol. 46, No. 1, 1992.

26 Sarah E. Mendelson, "Internal Battles and External Wars: Politics, Learning, and the Soviet Withdrawal from Afghanistan," *World Politics*, Vol. 45, No. 3, 1993.

페레스트로이카와 글라스노스트, 그리고 "시나트라 독트린"

1985년 집권한 고르바초프가 보기에 소련의 근본 문제는 경제 체제의 경직성과 국가재정의 압박에 있었다. 따라서 그는 체제를 개혁하고 재정 유출의 원인인 외교안보정책을 바꿔야 한다는 결론에 도달하였다. 옥스포드 대학의 사가(史家) 브라운(Archibald Haworth Brown)에 따르면, 고르바초프가 이러한 인식에 도달한 데는 신세대의 영향이 컸다.[27] 그는 정부 대변인과 소련공산당 중앙위원을 겸하던 아르바토프 등 신세대 지식인들을 동원하여 사회주의를 재정의하는 과정을 우선 시작하도록 하였다. 브라운에 따르면, 그가 원하는 새로운 형태의 사회주의는 북유럽의 사회민주주의와 유사하였다. 공산당은 자본주의의 고삐 풀린 마력(魔力)이 인민의 일상적 삶에 침투하는 것을 막아야 하지만 동시에 개인적 창의성이나 사적 경쟁을 격려할 수도 있어야 하는 것이었다.

고르바초프는 1986년부터 경제체제의 재구조화를 시작하였다. 그는 1986년 2월 개최된 소련공산당 제27차 대회에서 페레스트로이카라는 개념을 제시했고, 이듬 해 6월에 열린 중앙위원회에서는 페레스트로이카를 위한 정치적 기초라 할 수 있는 기본 테제를 발표하였다. 1987년 7월 소련의 연방의회(the Supreme Soviet of the Union of Soviet Socialist Republics)는 '국유기업에 관한 법'을 통과시켜 국가가 소유하는 기업들이 생산량을 소비자의 수요에 따라 자유롭게 결정할 수 있도록 하였다. 물론 국유기업들은 국가경제계획이 배정한 기본 생산량을 채워야 했지만 그를 넘어서는 잉여생산물에 대해서는 자체적으로 처분할 수 있는 권한을 갖게 된 것이었다. 나아가 소련은 이제 계획경제의 수준과 범위를 완화하고 사기업을 일부 허용하는 등 페레스트로이카를 향한 주행을 시작할 수 있게 되었다.

그런데 경제의 구조 개혁만으로는 소련을 살리는 데 역부족이었다. 경제를 재활시킬 수 있는 재정적 능력이 턱없이 미흡했던 것이다. 마치 혈관은 정화되고 있지만 혈관을 통해 몸에 산소와 영양소를 공급할 수 있는 혈액이 부족한 것과 같은 상황이었다. 고르바초프는 군과 KGB를 운영하고 위성국가들을 원조하는 데 들어가는 '제국의 유지 비용'뿐 아니라, 미국과의 군비경쟁, 중국과의 공산주의 패권경쟁,

....

27   Archie Brown, *The Gorbachev Factor*, Oxford University Press, 1997, pp. 43-52, 59-61.

그리고 아프가니스탄 점령 등에 따르는 '제국적 과잉 팽창'의 비용이 국내경제적 필요를 충족시키는 데 사용되어야 할 자원을 고갈시키고 있다고 보았고, 따라서 외교안보정책을 바꿔야 소련의 경제를 살릴 수 있다는 결론에 도달하였다. 못지않게 중요한 것은 3차 산업혁명에 참여하기 위해 필요한 첨단기술의 도입과 인적, 물적 투자를 위한 자금 조달이었다. 이 모든 것을 가능케 할 수 있는 것은 서방과의 관계 개선이었다. 소련이 군사비를 줄이고 보다 생산적인 곳에 투자하기 위해서는 서방으로부터의 위협이 줄어야 했고, 또한 서방의 군사적 압박을 줄이기 위해서는 소련이 군축 등 군비통제를 선제적으로 실시해야 하였다. 그렇게 안보환경이 개선되면 서방과의 경제 교류와 기술 도입, 그리고 자금 조달이 보다 원활해질 것이었다.

고르바초프가 동서관계를 탈이념화하고 실사구시를 지향하는 '신사고(Novoye Myshleniye, New Thinking)'적 발상의 전환[28]을 하게 된 배경에는 소련의 외교안보 '인식 공동체'의 지적 동력이 존재하였다. 경제학자 출신으로서 그 자신이 IMEMO 원장을 지낸 고르바초프의 "심복(éminence grise)"[29] 알렉산드르 야코블레프(Alexander Nikolaevich Yakovlev)와 역사가인 고르바초프의 외교 특보 아나톨리 체르냐에프(Anatoly Sergeevich Chernyaev) 등이 신사고를 주도하였다. 외교장관 셰바르드나제(Eduard Amvrosiyevich Shevardnadze)[30]는 '인식 공동체'를 정치적으로 후원하였다. "핵전쟁은 정치적, 경제적, 이념적, 또는 여타 목적을 달성할 수 있는 수단이 결코 되지 못한다"고 믿은 신세대와 '인식 공동체'는 레이건 미국 대통령이 SDI 선언 이후 보다 온건한 노선으로 전환하고 소련의 안보환경이 개선될 기미가 보이자,

....

28   신사고라는 용어는 1988년 처음 공식적으로 사용되었다. Mikhail Gorbachev, "Perestroika: New Thinking for Our Country and the World," *Pace International Law Review*, Vol. 2, Iss 1, September 1990.

29   Jonathan Haslam, "1989: history is rewritten," in Silvio Pons and Federico Romero eds., *Reinterpreting the End of the Cold War*, Frank Cass, 2014. p. 166.

30   셰바르드나제는 외교부 내에 SALT II와 INF 초기 협상에 대표로 참여한 카르포프(Viktor Karpov)가 주도하는 부서를 새로이 마련하여 신사고를 격려하였다. Foreign Broadcast Information Service Daily Report: Soviet Union (FBIS-SOV), June 18, 1986, p. AA5. Kimberly Marten Zisk, *Engaging the Enemy Organization Theory and Soviet Military Innovation, 1955-1991*, Princeton University Press, 1993, p. 124에서 재인용.

이 '기회의 창'이 닫히기 전에 서둘러 외교안보정책의 개혁을 추진해야 한다고 고르바초프에게 강력히 건의하였다. 고르바초프는 "안보에 있어 군사기술의 비중 축소, 전쟁과 평화는 오로지 정치적, 외교적으로만 해결 가능하다는 원칙, 한 국가의 안보는 일방적 조치에 의해 가능하지 않다는 '공동안보'의 개념, 세계적 불평등 완화를 통한 평화를 추구하는 국제기구의 역할 인정" 등을 포함하는 신사고를 소련의 외교안보정책에 반영하였다.[31] 신사고의 도드라지는 요소는 무력에 관한 "합리적 충분성(reasonable sufficiency)"이라는 개념이었다. 소련은 타국에 대해 열위에 처해져서는 안 되지만 동시에 지나쳐서도 안 되며, 타국의 무력 증강에 대해 대칭적으로 대응할 필요도 없는 것이었다. 자국을 지키기에 충분한 무력만이 필요하다는 이 새로운 개념은 소련의 대전략을 군사에서 경제로 우선순위를 바꿨다는 면에서 소련과 그 위성국가들의 입장에서는 그야말로 사변적인 의미를 가지고 있었다. 고르바초프는 NATO 회원국들에게 핵 및 재래식 무기의 감축을 제안했고, 미국 등 서방은 조심스러운 그러나 긍정적인 관망을 선택하였다.

고르바초프의 이니셔티브에 대해 반신반의하던 서방은 정치적 자유 확대를 의미하는 글라스노스트가 현실화되자 비로소 그의 진정성을 확인하게 되었다. 고르바초프가 글라스노스트를 본격화하게 된 배경에는 국가적 사활이 걸린 경제 개혁을 담은 페레스트로이카가 실패할 조짐을 보였기 때문이었다. 그는 당과 정부 관료의 저항이 주원인이라고 보고 이를 타파하기 위해 내부 비판을 장려하는 개혁정책을 추진한 것이었다.

미국의 레이건 정부는 고르바초프와 그의 신세대의 새로운 국가정책적 이니셔티브를 격려하고자 하였다. 그는 현상유지 또는 점진적 개혁을 주장하는 크레믈린 내 보수파를 의식하여 고르바초프에게 힘을 실어주려 했던 것이다. 레이건은 이미 1985년 고르바초프가 집권하자마자 부시(George H. Bush) 부통령을 모스크바로 보내 정상회담을 제의하는 친서를 전달하도록 한 바 있었다. 그때까지만 해도 고르바초프는 서방에 잘 알려지지 않은 인물이었다. 그러나 레이건은 정치적 절친인

....

31   Thomas M. Nichols and Theodore William Karasik, The Impact of "Reasonable Sufficiency" on the Soviet Ministry of Defense, *Naval War College Review*, Vol. 42, No. 4, 1989, p. 22.

영국의 마가렛 대처로부터 그에 대해 들어 잘 알고 있었다. 레이건도 대처와 마찬가지로 고르바초프를 "거래를 할 수 있는 인물"로 보았던 것이다. 레이건의 우호적 접근은 효과를 내어 미소관계는 1985년 11월 제네바 정상회담을 기점으로 극적으로 탄력을 받았고, 이는 1986년 10월 아이슬란드의 레이캬비크(Reykjavik) 정상회담으로 이어졌다. 이 회담은 고르바초프가 1986년 9월 15일 레이건에게 편지를 보내 제네바 정상회담의 합의의 진전이 더딘 점을 지적하며 "아이슬랜드나 런던에서 일대일 회담을 갖자"고 제의함으로써 성사된 것이었다.[32] 이 회담에서 레이건과 고르바초프는 핵무기의 완전철폐를 논의함으로써 국제정치와 인류의 삶에 혁명적 변화를 도모하였다. 2006년에 공개된 비밀문건에 따르면, 두 정상은 회담 중 실제로 "핵무기 없는 세상"의 가능성을 진지하게 논의하였다.[33] 그러나, 그들의 꿈은 고르바초프의 최측근인 아르바토프가 레이건의 대통령군비통제특보 폴 니치[34]에게 "소련은, 현재의 소련·미국 간 신뢰 수준"을 고려할 때, 미국은 "SDI의 후속연구를 지속하면서," 양국의 "모든 공격용 핵무기의 궁극적 철폐로 이어지게 될 탄도미사일 완전 폐기를 10년에 걸쳐 달성하자"는 미국의 제안은 무리라고 생각한다고 말하면서 현실화되지 못하였다.[35] 흥미로운 점은 10월 30일 자 소련 정치국 메모에 따르면, 고르바초프는 레이건의 SDI 후속연구 대부분에 대해 수용할 수 있다는 입장이었다.[36] 따라서 양 정상이 논의의 모멘텀을 유지할 수 있었다면 "핵무기 없는 세상"

....

32 "Dear Mr. President," Mikhail Gorbachev letter to Ronald Reagan, 15 September 1986, The Reykjavik File, Previously Secret Documents from U.S. and Soviet Archives on the 1986 Reagan-Gorbachev Summit, Document 1. https://nsarchive2.gwu.edu/NSAEBB/NSAEBB203/Document01.pdf

33 "Russian transcript of Reagan-Gorbachev Summit in Reykjavik, 12 October 1986 (afternoon)," (published in FBIS-USR-93-121, 20 September 1993), The Reykjavik File, Document 16. https://nsarchive2.gwu.edu/NSAEBB/NSAEBB203/Document16.pdf

34 미국의 대소 봉쇄정책을 대체한 NSC-68의 작성을 주도하며 냉전기 미국의 대소정책을 이끌었던 인물 중 하나인 니치는 중거리핵무기조약(Intermediate-Range Nuclear Forces Treaty, INF) 협상에서 미국 측 대표로 활동하였다.

35 "Russian transcript of Negotiations in the Working Group on Military Issues, headed by Nitze and Akhromeev, 11-12 October 1986," The Reykjavik File, Document 17. https://nsarchive2.gwu.edu/NSAEBB/NSAEBB203/Document17.pdf

에 대한 시도가 탄력을 받을 수도 있었을 것이다. 그러나 핵군축에 대한 미국의 국내정치적 저항은 요지부동이었고, 소련 또한 '가보지 않은 길'에 대한 두려움에 더 이상 양보할 수는 없었다.

여기에 운도 따라주지 않았다. 당시 레이건 정부는 백악관 NSC가 주도한 불법적인 '헤즈볼라-이란-콘트라' 삼각관계, 즉 '이란-콘트라 스캔들'이 언론에 노출되어 심각한 정치적 위기에 빠진 상태였다. NSC의 작전을 지휘하던 국가안보보좌관 존 포인덱스터(John Poindexter)는 사임했고, 후임자인 프랭크 칼루치(Frank Carlucci)는 핵무기 폐기 구상에 관심이 없는 인물이었다. 레이건 자신도 스캔들이 지핀 발등의 불을 끄는 것이 우선이었다. 미국 군부도 강력히 저항하였다. 군부는 "제한적인 수준에서라도 핵무기가 폐기된다면 그로 인한 대소억지력의 공백을 재래식 무기의 증강으로 메꿔야 하는데 이는 천문학적 비용을 초래할 것"이라는 논리를 제시하였다. 레이건의 구상은 그야말로 구상에 머물러야 하였다. "핵무기 없는 세상"은 후속조치와 관련하여 제동이 걸리기는 했지만, 이러한 혁명적인 구상은 고르바초프를 포함한 소련의 신세대와 "선지자적 사명"에 충만했던 레이건이 서로에 대해 호응한 결과였다. 레이건과 고르바초프가 이루어낸 미소관계의 재정의와 관계재설정은 그대로 동력을 유지한 채 1987년 말에는 "냉전을 끝낼 것인가?"가 아니라 "어떻게 끝낼 것인가?"가 미국과 소련뿐 아니라 국제사회의 주요 외교안보적 화두가 되었다.[37]

1986년 10월의 레이캬비크 정상회담에서 합의에 이르지는 못했지만 레이건과 고르바초프는 관계개선의 실체적 연장으로서 핵무기감축을 실행에 옮겼다. 1987년 12월 8일 이들은 백악관에서 회동하고 역사적인 '중거리핵무기조약(Intermediate-Range Nuclear Forces Treaty, INF)'에 서명하였다. INF 협상은 유례가 없는 것이었고, 냉전 종식의 관점에서 보면 획기적으로 전향적인 것이었다. 첫째, 이 과정을

....

36   "USSR CC CPSU Politburo session. Reykjavik assessment and instructions for Soviet delegation for negotiations in Geneva, 30 October 1986," The Reykjavik File, Document 23. https://nsarchive2.gwu.edu/NSAEBB/NSAEBB203/Document23.pdf

37   Suri(2002), p. 81.

주도했던 주체는 미국과 소련의 군비통제 전문가들을 포함하는 초국적 '인식 공동체'였다. 특히 소련의 신세대의 신사고가 지적 동력을 제공하였다. 둘째, 소련은 불과 몇 년 전 큰 비용을 들여 업그레이드한 지상발사 핵무기 전체를 유럽에서 제거하는 데 동의하였다. 셋째, 소련은 그간 주장해왔던 1:1의 대칭적 축소라는 전통적 입장을 포기하고 비대칭적 군축 방식에 동의하였다. 미국은 소련이 더 많은 핵무기를 갖고 있었기 때문에 대칭적 축소는 조약 이후에도 소련이 미국에 비해 더 많은 핵무기를 보유하게 만든다고 지적하고 있었다. 넷째, 소련은 레이건의 SDI를 INF 협상에 포함시키길 원했으나, 결국 그것과 INF 협상을 일단 분리하는 데 합의하였다. INF 조약에 따라 미국과 소련은 핵미사일 기지와 생산시설에 대한 상호현장검증을 허용하였고, 이는 전반적인 군비통제 과정에 추가적인 동력을 부여하였다. 레이건 대통령은 INF 조약을 체결한 지 6개월 후 소련을 방문하였고, 모스크바국립대학교에서 대학생들과 대화의 시간을 가졌다. 한 학생은 "대통령은 아직도 소련을 악의 제국이라고 보십니까?"하고 물었다. 레이건은 "절대 아니죠. 그건 다른 시간, 다른 시대의 얘기입니다"라고 특유의 웃음을 곁들이며 답변하였다. 이 방문과 대화는 양국 간 신뢰와 우호를 증진하는 상징적 사건이 되었다.

그러나 양국의 지도부는 마지막으로 넘어야 할 거대한 산에 막혔다. SDI와 '전략무기감축조약(START)'을 연계할 것인가 하는 문제였다. 고르바초프는 크레믈린 내에서 자신의 의지를 관철하고자 했으나 난관에 봉착하였다. 군축은 실존적 이해관계가 걸려 있는 군부나 "기생적(寄生的, parasitic)" 군산복합체에게는 극도로 예민한 문제였다. 그들은 SDI를 제외한 START는 일방적 '벗어주기'일 뿐이라고 노골적으로 저항하였다. 국내정치적 권력관계도 고르바초프에게 우호적이지 않았지만, 글라스노스트를 제창한 "민주적," "개혁적" 당 서기장이 완력을 사용할 수는 없는 노릇이었다. 그는 세계여론에 호소하기 위해 UN을 선택하였다. 그는 1988년 12월 7일 UN 총회에서 소련은 "50만의 병력을 감축하고 동유럽에서 소련군 탱크 5,000대를 철수할 것"이라고 약속하였다. 그는 "동서진영 간의 관계가 이처럼 변했으니 이를 뒷받침하는 물리적 능력의 감축은 당연하다"며 양국의 보수강경파를 겨냥하였다. 미국의 SDI에 대한 공약은 레이건이 퇴임하면서 약화되었다. 그 결과 START는 조지 H. 부시 정부 때인 1991년 7월 31일 체결되었다.

전기한 바와 같이, 미국과 서방이 소련에 대해 전향적인 태도를 취하고 군비통제 협상에 적극적으로 나서게 된 이유는 글라스노스트 때문이었다. 그리고 글라스노스트에 힘입은 미소 간 군비통제는 고르바초프의 경제적 이니셔티브에 동력을 제공할 수 있는 '호재'였다. 그러나 다른 한편, 소련공산당의 입장에서 보면 글라스노스트는 열려버린 '판도라의 상자'였다. 글라스노스트에 따라 소련에는 수많은 독립적인 조직들이 만들어졌고, 이는 300개(1989년 말 기준)를 상회하는 독립 매체들을 포함하였다. 이들은 소련의 군사, 경제 정책들을 실패로 규정하고, 민감한 국내 정치적 이슈들을 건드리면서 공개적으로 공산당의 정책을 비판하였다. 고르바초프는 딜레마에 빠진 것이었다. 경제 개혁을 위해 글라스노스트가 필요했지만, 그것은 정치적 모순을 배태하고 있었기 때문이다. 글라스노스트가 허용한 정치적 자유는 동유럽의 공산 독재에 대한 비판과 반대를 용인하는 것이었고, 시민들이 집단적으로 그러한 의사를 표시하게 만들었다. 물론 소련은 1956년 헝가리와 1968년 체코슬로바키아에서처럼 무력을 사용하여 시위를 손쉽게 제압할 수 있었다. 그러나 브레즈네프 독트린의 발동은 그간 진전된 서방과의 관계를 되돌릴 것이고, 그에 따라 고르바초프는 모든 것을 새로 시작해야만 하는 어려움에 직면하게 될 것이었다. 그러나 다른 한편, 소련의 경제 개혁을 위해 브레즈네프 독트린을 포기하면 공산당의 정통성은 도전받을 수밖에 없었다. 동유럽 국가들은 그간 '세계 프롤레타리아 혁명'이라는 신화에서 정치적 정통성을 확보할 수 있었고, 소련 군사력이 보장하는 감시·탄압 기제들을 활용하여 통제력을 유지할 수 있었다. 고르바초프가 브레즈네프 독트린을 포기하고 페레스트로이카와 글라스노스트를 동유럽 공산 지도자들에게 권고했을 때 그것은 동유럽뿐 아니라 소련 전체의 존재 자체를 근본에서부터 흔드는 힘을 가지는 것이었다.

미국과 소련이 군축을 협상하고 있을 때 소련의 지배를 거부하는 봉기가 동유럽 국가들에서 동시다발적으로 일어났다. 그동안 소련과 공산당에 의해 억압받아 오던 반체제인사들이 고르바초프의 페레스트로이카와 글라스노스트가 열어놓은 '자유의 틈새'를 이용해 정치적 반대자들을 규합·동원하였던 것이다. 이들은 소련 내부의 자유화를 지적하며 동유럽 국가들도 같은 자유를 누릴 권리를 주장하였고, 시민들이 이에 크게 동조하였다. 이는 사실 고르바초프 자신이 초래한 것이었다. 고르바초프는 1986년 6월 28일 소련공산당 정치국회의에서 페레스트로이카와 글라스노스트를 바르샤바조약기구 회원국들에게도 확대 적용할 의지를 표명하였다. 그는 일부 정치국원들의 우려를 반영하여, 결국 이들 국가들에게 "이데올로기적 영향력과 협력 강화를 위한 건설적인 지도력, 솔선수범, 그리고 사회적 변동이 야기하는 문제들에 대한 창조적이고 효과적인 해결책 제시"를 요구하는 선에서 타협하였다.[38] 고르바초프의 프로그램은 도그마를 배척하고 실용주의를 수용하였다는 점에서 세계적으로 주목을 받았지만, 그것은 근본적인 내적 모순을 갖고 있었다. 고르바초프는 소련공산당의 신노선을 설명하며 "많은 국가들에서는 객관적 원인으로 인해 지도력의 변화가 필요하다"고 강조하였는데,[39] 그러나 이는 소련의 동맹국들의 입장에서는 소련이 자신들에게 더 많은 자율성을 허용한다고 하면서, 동시에 그들의 지도부를 교체하라는 소련의 명령을 따르라고 말하는 셈이었다. 이와 같이 이도 저도 아닌 즉흥적 프로그램이 혼선을 야기하자 고르바초프는 1986년 가을 페레스트로이카와 글라스노스트를 확대하는 노선으로 입장을 정리하였다. 그는 1986년 11월 개최된 공산권의 '경제상호원조위원회(Council for Mutual Economic Assistance, COMECON)' 정상회의 석상에서 "우리의 공동 노선은 각국 공산당의 독립, 국가발전과 관련된 문제의 해결책을 결정할 수 있는 각국의 주권, 국민들에 대한 각 공산당의 책임"을 존중하는 것이라고 천명하였던 것이다.[40]

고르바초프가 제시한 '공동 노선'은 즉시 효력을 발생시켰다. 1988년 '자유화 시위'를 시작한 폴란드에 이어 1989년에는 헝가리, 동독, 체코슬로바키아 등에서 수많은 인민들이 자유를 요구하는 시위를 벌였다. 고르바초프는 이들에 대해 무력 사용을 자제하였다. 그는 이들 국가에 대해 브레즈네프 독트린을 발동할 경우 자신이 주창한 페레스트로이카·글라스노스트와 자기모순에 빠질 뿐 아니라, 자신의 개

....

38 'V Politburo TsK KPSS: O nekotorykh aktual'nykh voprosakh sotrudnichestva ssotsstranami,' 28 June 1986, Volkogonov Archives, Library of Congress. Haslam(2014), p. 166에서 재인용.

39 *Ibid*.

40 SAPMO, the East German Party Archive, now part of the Bundesarchiv in Berlin; B.-E. Siebs, "Die Aussenpolitik der DDR 1976-1989: Strategien und Grenzen, Padeborn", 1999, pp. 326-27. Haslam(2014), p. 166에서 재인용.

혁·개방 조치를 수행하는 데 절대적으로 필요한 서방의 협력을 얻지 못할 것을 우려하였다. 1989년 8월 폴란드 공산당은 고르바초프 승인하에 바웬사(Lech Wałęsa) 등 자유노조 지도부가 이끄는 연정에 정권을 내주었고, 브레즈네프 독트린은 사실상 폐기되었다. 헝가리 시민들의 시위는 동유럽 공산주의의 통제력을 더욱 잠식하였다. 1989년 6월 16일 1956년 반소 '헝가리 혁명'을 이끌다 헝가리 공산당에 의해 처형된 임레 나기(Imre Nagy)의 개장(改葬)식 행사에 10만 명이 넘는 시민이 참여하였다. 8월 19일에는 헝가리-오스트리아 국경지역의 소프론(Sopron) 근처에서 '범유럽소풍(páneurópai piknik, Pan-European Picnic)' 행사가 열렸는데 이때 개방된 국경은 자유의 확산과 소련의 해체를 더욱 추동하였다. 1989년 9월 11일 미클로스 네메스(Miklos Nemeth)가 이끄는 헝가리의 개혁주의 공산당 정부는 오스트리아와 6월 27일 합의한 대로 20년 동안 지켜오던 동독(바르샤바조약기구)과의 협정을 잠정적으로 중지하는 한편 "난민들의 자유 통과를 허용한다"며 여행비자를 통해 입국한 동독 주민 7,000여 명이 서독으로 향하는 것을 막지 않았다. 공식적 사유는 이들의 수가 너무 많아 헝가리 정부로서는 감당하기 어렵다는 것이었다.[41] 그러나 실제 이유는 시민적 요구와 연동된 서방과의 경제협력이 필요했기 때문이다. 국경수비대장 노바키 대령(Balazs Novaki)은 국경 개방이 "헝가리의 국제관계를 개선하는 새로운 과정의 시작"이 되길 기대한다고 말하였다.[42] 당시 미국은 재정 위기에 빠진 헝가리에 대한 금융지원에 대해 유보적이었다. 네메스는 서독을 방문하여 자금 지원을 요청했고, 콜 총리는 '헝가리의 협조'를 조건으로 자신이 워싱턴과 IMF, 그리고 유럽공동체를 적극적으로 설득하겠다고 약속하였다.[43] 요컨대, '난민의 자유 통과 허용'은 헝가리의 선택이었던 것이다. 헝가리에 와서 오스트리아를 통해 서독으로 탈출하는 동독인들의 수는 날이 갈수록 증가하였다. 동독인들은 프라하와 바르샤바의 서독 공관에도 모여들어 서독으로의 여행을 허가해줄 것을 요구하였다.

....

41   Serge Schmemann, "Hungary Allows 7,000 East Germans to Emigrate West," *The New York Times*, September 11, 1989.

42   Ian Traynor, "Snipping away at the Iron Curtain: when Hungary opened its Austrian border," *The Guardian*, 3 May 1989.

43   Haslam(2014), p. 173.

1989년 10월 9일 70,000여 명의 시민들이 라이프찌히(Leipzig)의 칼 마르크스 대학(Karl Marx University of Leipzig)에서 열린 '월요일의 시위'에 참가하여 표현의 자유와 정치개혁을 요구하였다. 동독의 독일사회주의통일당(Sozialistische Einheitspartei Deutschlands, Socialist Unity Party of Germany) 서기장 호네커는 고르바초프가 도착하기 전 "반혁명분자들"의 시위를 "모든 수단을 동원하여" 진압하라고 명령하였다. 그러나 커트 마이어(Kurt Mayer)와 같은 지역 당 간부들은 '제2의 티엔안먼'을 우려하며 시위대에 대한 무력 사용을 거부하였다. 라이프찌히 공산당은 독일의 사회주의가 지속될 필요가 있는지에 대해 시민들이 "자유롭게 토론할 필요가 있고," 라이프찌히 공산당은 "대화"를 보장할 것이며, 이는 "라이프찌히 내에서뿐 아니라 정부와의 관계에서도" 마찬가지라고 선언하였다. 이에 고무된 시위대는 "우리가 국민이다," "비폭력"을 외치며 시내를 행진하였다. 시위 진압을 준비하던 경찰은 현장에서 철수하였다.[44] 10월 17일 호네커를 대체하여 그의 측근인 에곤 크렌츠(Egon Krenz)가 집권하였다. 10월 23일에는 전 동독에서 모여든 20-30만여 명이 시위에 참여하였다. 사회주의 국가에서 '밑으로부터의 압력(pressure from below)'이 고조되었다.

한편 고르바초프는 1989년 10월 25일 핀란드를 방문하여 소련은 "동유럽 사태에 개입할 도덕적 권리도 정치적 권한도 갖고 있지 않다"고 선언하였다.[45] 1989년 초여름에 막을 내린 "티엔안먼 학살" 직후였다. 그의 대변인인 게라시모프(Gennadi Gerasimov)는 "모스크바는 '프랭크 시나트라 독트린(Frank Sinatra doctrine)'[46]을 채택하였다… 모든 나라들은 자기 식으로 살도록 해야 한다"고 고르바초프의 연설을 보충하였다.[47] 1989년 11월 3일 동독의 크렌츠 서기장은 체코슬로바키아 국경을 통한 동독인들의 이동을 허용하였고, 이후 이틀 동안 15,000여 명의 동독인

....

44 Jackson Diehl, "Leipzig's Leaders Prevent a Bloodbath," *The Washington Post*, January 14, 1990.

45 *CSCE Digest*, December 1989.

46 프랭크 시나트라의 대표 히트곡 제목 '마이 웨이(My Way)'를 따라, 브레즈네프 독트린의 간섭 원칙을 포기하고 대신 사회주의 각국이 '마이 웨이(제 갈 길)'를 가도록 내버려둔다는 의미.

47 Michael Dobbs, "Changes Prove to be Bonus for Gorbachev," *The Washington Post*, November 10, 1989.

들이 이 길을 통해 서독으로 이주하였다. 1989년 11월 9일 독일분단과 냉전의 상징인 베를린 장벽이 해체되었다.

'몰타 정신,' 군축, 그리고 독일의 통일

고르바초프는 1986년 동독을 포함 동유럽의 자유화의 물꼬를 터주었으면서도 그것이 서독에 의한 동독의 흡수통일로 이어져서는 안 된다는 입장을 견지하고 있었다. 1987년 10월 서독 총리 콜은 모스크바를 방문하였다. 콜은 고르바초프를 흔들 수 있다고 생각하였다. 그는 고르바초프가 미국의 신임 대통령 조지 H. 부시(George H. Bush)와 관계를 트려면 NATO와 서유럽 경제에서 차지하는 서독의 비중으로 인해 자신을 필요로 할 것이라고 판단했던 것이다. 콜은 독일의 통일 문제를 꺼냈다:

> 우리 독일인들은 분단이 역사의 마지막 단어라고 말하지 않습니다. 현실주의자로서 우리는 전쟁이 정치의 수단이라고 보지 않습니다. 우리가 말하는 변화는 평화적 수단에 의해서만, 그리고 이웃국가들과의 협력에 의해서만 가능합니다. 우리는 매우 오랫동안 기다려야만 할 수도 있습니다. 그러나, 보복의 재현이 통일을 가로막아서는 안 될 것입니다. … 통일은 우리 세대의 과제는 당연히 아닙니다. 그러나, 우리는 유럽의 화해로 나아가야 합니다. 우리의 손주들에게 우리가 지금 얘기하는 변화가 찾아오길 바랄 뿐입니다.[48]

그러나, 고르바초프는 "총리는 역사를 다시 쓸 수 없습니다"라며, 다음과 같이 서독 총리에게 훈계조로 말하였다:

> 우리가 통일의 문제에 대해 얘기할 수 있게 되었다고 말할 때, 그리고 우리가 그 문제의 해결을 위해 1940년대와 1950년대의 정치적 사고의 수준에 머무를 때, 그에

....

48   Haslam(2014), p. 169.

대한 신속한 반작용이 우리 사이에서뿐 아니라 총리의 서쪽 이웃국가들 사이에서도 발생할 것입니다.[49]

이와 같이 고르바초프는 독일 통일에 대해 소련뿐 아니라 미국, 프랑스, 영국도 반대할 것이라고 생각했고, 그것을 언설로 표현하길 주저하지 않았다.

고르바초프는 1989년 말 동독에서 공산당이 실권한 이후에도 동독에 대한 서독의 흡수통일은 결코 허용할 수 없다는 자세를 견지하였다. 그는 1990년 2월 9일 미국 국무장관 베이커(James Baker)에게 "새로운 독일은 유럽의 안정을 해칠 것"이라 경고하며 소련은 동유럽에서 세력권을 유지하겠다는 의지를 표명하였다. 그러나, "미국인"인 베이커로서는 언뜻 이해하기 어려운 논리였다. 그는 소련이 동유럽의 공산국들에게 '시나트라 독트린'을 적용하기로 했으면 동독도 당연히 그에 해당된다고 생각하였다. 그리고 그는 동유럽국가들의 주민들이 소련의 억압과 지배에서 벗어나기만 하면 자유세계의 품으로 안길 것은 당연하다고 보았고, 동서독 관계에도 마찬가지 논리가 적용된다고 생각하였다. 반면에 고르바초프는 소련의 정치적 관용과 국가안보이익은 별개라고 보았다. 그는 미국이 자신의 논리를 이해하고 존중해주길 바랐다.

레이건을 승계한 조지 H. 부시 대통령은 선임자가 마련해놓은 관계개선과 군축의 분위기를 강화하기보다는 소련의 태도를 더 지켜보자는 신중한 입장을 취하였다. 그는 고르바초프를 신뢰하지 않았고, 최우선 정책목표도 동유럽의 정치변동이나 미소 군축이 아닌 공화당 우파의 관심사인 쿠바 및 니카라과 산디니스타의 위협에 관한 것이었다. 2009년에 공개된 비밀외교문건에 따르면,[50] 부시는 1989년 6월 고르바초프에게 몰타에서 만나자는 메시지를 전달하는 순간에도 티엔안먼 학살의 책임이 있는 중국 공산주의 독재자들에게 많은 시간을 할애하고 있어지만 정작

....

49   *Ibid*.

50   Svetlana Savranskaya and Thomas Blanton ed., "Bush and Gorbachev at Malta," National Security Archive Electronic Briefing Book No. 298, December 3, 2009. https://nsarchive2.gwu.edu/NSAEBB/NSAEBB298/index.htm

동유럽에서의 학살을 거부한 소련의 개혁적 공산주의 지도자에게는 큰 관심을 갖지 않았다. 몰타 정상회담을 준비하던 부시의 안보팀은 레이건의 성과를 확대하기보다는 부시 대통령이 평화의 사도라는 이미지를 고양하는 데 열을 올렸다. 군축을 자문하던 로우니(Edward Rowny) 장군은 START가 체결되면 이익은 별로 없고 위험부담만 떠안게 되며, 특히 해군력의 감축은 어떤 경우에도 미국에게 손해이기 때문에, 고르바초프와의 협상을 시작하자마자 "미국 해군은 협상의 대상이 아니다"라며 단호히 선을 그어야 한다고 부시 대통령에게 자문할 정도였다.

부시는 1989년 12월 2일 고르바초프를 직접 대면하고서야 그가 군축에 진지하게 접근하고 있음을 확인할 수 있었다. 2009년 외교문건에 따르면, 고르바초프는 군축을 원했을 뿐 아니라 유럽에 주둔하고 있는 미군이 독일의 '고토회복주의'의 위험을 제어할 수 있는 안정자로서의 역할을 할 수 있다고 믿었다. 어쨌든 양국의 지도자들은 몰타회담에서 실질 이슈에 대한 합의를 이끌어내지 못하였다. 그러나 몰타회담은 첫 번째 대면 회담으로서 부시와 고르바초프가 개인적인 신뢰관계를 형성한 계기가 되어 이후 어려웠던 2년간의 미소관계를 헤쳐갈 수 있는 발판을 마련했다는 의미가 있었다. 특히 고르바초프가 부시에게 제시한 개인 차원의 재보장은 의미심장한 것이었다:

미국의 새 대통령이 최우선적으로 알아야 하는 것은 소련은 어떤 상황에서도 전쟁을 일으키지 않을 것이라는 사실입니다. 제가 대통령에게 개인적으로 직접 이 말을 반복하는 것은 그것이 그만큼 중요하기 때문입니다. 나아가, 저는 소련이 미국을 더 이상 적으로 보지 않을 준비가 되어 있다는 사실을 대통령에게 그리고 전 세계를 향해 공개적으로 선언하는 바입니다.[51]

부시는 양국 간 "협력적, 전향적 관계"를 더욱 발전시켜 나가자고 화답하였다. 회담에서 사안의 중대성과 고르바초프의 진정성을 확인한 부시는 전임자가 시작한 군축의 과정에 동력을 부여할 수 있는 조치를 취하도록 안보팀에 지시하였다. NSC

....

51   *Ibid.*

의 소련/동유럽 담당 보좌관 콘돌리사 라이스(Condoleezza Rice)는 1989년 12월 5일 "대통령은 1990년 6월의 미소정상회담에 앞서 야심찬 군비통제를 추진하겠다는 생각임. 관료들이 START 체결에 장애가 되어서는 안 될 것임."이라는 내용을 담은 메모랜덤을 회람시켰다. 그럼에도 불구하고 부시는 군축조약을 향해 보폭을 넓힐 수 없었다. 국방장관 체이니(Richard Bruce Cheney)와 미국 해군이 저항세력을 대변하였다. 해군은 현장검증과 잠수함 발사 순양미사일 감축에 대해 결사적으로 반대하였다. 미국은 소련에 비해 훨씬 더 많은 근해 대도시들을 갖고 있음을 고려할 때 잠수함 발사 미사일 감축 반대는 국가안보이익이라기보다는 해군의 관료적/조직체적 이익에 부합하는 것이었다.[52] 부시가 머뭇거리고 있을 때 고르바초프는 국내에서 정치권력을 잃어가고 있었다. START는 1991년 7월 31일 체결되었고, 전술핵무기 철거는 그해 9월 27일에 가서야 실현되었는데 이때는 고르바초프가 사실상 실각한 상태였다. 국제정치학자나 군비통제 전문가들은 '몰타에서 잃어버린 기회(missed opportunity at Malta)'에 대해 아쉬워하였다. 그들은 만일 부시가 몰타회담 이후 관료적 저항을 제압할 수 있었다면 고르바초프가 권력을 상실하기 전 군축과 관련 많은 성과를 낼 수 있었을 것이라고 판단한 것이다.

부시가 움직이지 않은 것은 아니었다. 그는 '몰타 정신(the Malta Spirit)'에 따라 1990년 11월 '재래식무기조약(Treaty on Conventional Armed Forces in Europe, CFE)'을 소련과 체결하여 동서 무력 대립구조의 주요 일부를 제거하였다. START는 8개월이 지난 1991년 7월 31일에 체결되었다. 이 조약에 따라 미국은 핵탄두의 1/4, 소련은 1/3을 감축하기로 하였다. 부시 대통령은 1991년 9월 27일 군비감축의 양대 효과(신뢰구축과 비용절감)를 극대화하고, 독일, 한국, 일본 등 국내 전술핵무기 배치를 불편해하던 동맹국들의 이익을 고려하며, 그리고 무엇보다도 8월의 쿠데타에 의해 국내정치적 위기에 빠진 고르바초프가 공식적으로 실각하기 전에 소련의 상응 조치를 유도하기 위해,[53] 전 세계에 배치된 미국의 지상발사 전술핵무기 2,150기 전부를 폐기하고, 해상발사 전술핵무기 2,175기, 해군 항공기에 장착된

....

52   *Ibid.*

53   1989년 8월의 쿠데타 시도는 고르바초프의 권력을 심각하게 손상시켰다. 부시는 그가 파트너로 남아

600기의 전술핵무기, 그리고 잠수함발사 순항미사일 360기를 폐기한다는 '전술핵폐기선언,' 즉 '대통령핵무기구상(Presidential Nuclear Initiatives)'을 공표하였다.[54] 9월 27일 부시로부터 전화를 받은 고르바초프도 10월 5일 부시에게 전화를 걸어 미국이 취한 조치에 상응하는 소련 전술핵무기 제거를 약속했고, 곧 이행하였다. 고르바초프는 그에 더하여 핵실험중단, 소련군 70만 감축 등을 선언하였다.

부시 대통령의 '전술핵폐기선언'은 한반도의 정세에도 큰 변화를 가져다 주었다. 1958년 처음 배치되어 33년간 군산공군기지의 F-16 항공기 등에 장착되어 있던 전술핵무기 전부가(1991년 현재 100기) 철수하게 된 것이었다.[55] 미국의 전술핵무기는 아이젠하워 정부의 국가안보전략의 일환으로 한국에 반입되었다. 1953년 아이젠하워 정부는 한국전쟁 이후 공산국들에 대한 억지를 미국의 경제적 피로도를 감안한 합리적인 비용으로 수행한다는 "신사고(New Look)"라는 전략 개념을 채택하였다. 따라서 비용이 많이 드는 재래식무기나 병력 수를 감축·억지하기 위해 핵무기 개발·배치가 선호되었고, 한국의 경우에도 같은 논리가 적용되었다. 특히 당시 미국은 한국군 유지 비용으로 연간 6억 5천만 달러를 지출하였기 때문에 한국 내 핵무기 반입은 경제적, 군사적, 전략적 관점에서 정당화되었다.

그러나 핵무기의 한국 내 반입은 미국 정부 내에서 법적 문제가 제기되어 논쟁의 대상이 되었다. "허니스트 존 미사일과 280밀리 포의 한국 반입과 관련한 국방부의 안(Defense Proposal to Authorize the Introduction of 'Honest John' and the 280

....

있는 기간 동안 최대한의 진전을 이뤄내야 한다고 판단하였다. 해체 과정에 있는 소련의 핵무기에 대한 지휘·통제가 가장 큰 우려였다. 부시는 1991년 9월 5일 NSC의 외교안보참모들에게 "우리가 보다 공세적으로 나가야 하니 다양한 안을 만들라"고 지시하였다. 국가안보좌관 스코우크로프트(Brent Scowcroft)는 전 세계에 배치된 모든 전술핵무기(공중발사 핵무기는 예외) 제거를 제시하였다. 그는 그렇게 함으로써 미국의 기타 외교안보 현안도 해결할 수 있을 것으로 보았다: "서독에 배치되어 있는 단거리 핵무기에 대한 서독의 반대, 북한과의 관계개선을 시도하는 한국 정부가 한국에 배치된 미국의 전술핵무기 감축을 원하는 점, 미국의 핵추진 함정의 기항(寄港)에 대해 불편해 하는 일본, 뉴질랜드와 같은 반핵국가들."

54 G. H. W. Bush, "Address to the Nation on Reducing United States and Soviet Nuclear Weapons," September 27, 1991. https://bush41library.tamu.edu/archives/public-papers/3438

55 한국에 배치된 전술핵무기의 수가 가장 많았던 시기는 1967년으로 950여 기가 있었다. David E. Rosenbaum, "U.S. to Pull A-Bombs From South Korea," *The New York Times*, October 20, 1991.

millimeter Gun in Korea)"이라는 제하의 1956년 11월 28일 자 국무·국방연석회의 메모랜덤에 따르면,[56] 국무부 법률고문 허먼 플리거(Herman Phleger)는 핵무기의 반입은 정전협정 제13조 제4항에 위반한다고 문제를 제기하였다. 즉, "한국 국경 외부로부터 증원하는 작전비행기, 장갑차량, 무기 및 탄약의 반입을 정지한다. 단 정전기간에 파괴, 파괴, 손모(損耗) 또는 소모된 작전비행기, 장갑차량, 무기 및 탄약은 같은 성능 같은 유형의 물건을 1대1로 교환하는 기초 위에서 교체할 수 있다"는 조항을 아무리 "유연하게 해석해도(liberal interpretation)" 미국의 조치는 적법하다고 볼 수 없다는 것이었다. 그러나 합참은 "북한도 정전협정을 위반하며 신형 대포 및 항공기를 도입하였으며, 이번 조치는 군사적 관점에서 필수불가결하다"고 주장하였다.

1957년 6월 21일 군사정전위원회 UN 측 선임장교인 리첸버그 중장(Homer L. Litzenberg)은 북한의 정전협정 위반을 거론하며 "UN군사령부는 정전협정의 제한조치에 구속되지 않을 것임"을 밝혔다. 북한 측 대표는 리첸버그의 발언을 "정전협정을 무력화하고 남조선을 미국의 핵기지로 만들려는 시도"라고 비난하였다.[57] 같은 날 UN군사령부는 정전협정의 해당 제한조치의 폐기를 선언하였다. 1957년 8월 8일 국무장관 덜레스는 국가안보회의에서 "한국정전협정의 무기반입조항 폐기는 자유세계의 큰 호응을 받고 있다"고 말했고, 국방장관 윌슨(Charles Erwin Wilson)은 "핵무기반입계획"이 채택되면 "우리는 8천여 명의 미군 병사들을 철수시키고 한국군 4개사단을 해체할 수 있게 되어 1억 2천5백만 달러의 비용을 절감할 수 있을 것"이라고 덜레스를 지지하는 발언을 하였다.[58] 미국은 한국군 4개사단을 해체하기 위해 이승만 정부와 협상에 임하는 한편, 1957년 12월 24일 전술핵무기를

....

56   "Memorandum of a Conversation," Washington, November 28, 1956, Department of State, NA Files: Lot 59 D 407, Problems of Para. 13d of Armistice Agreement 1956. Secret. *FRUS, 1955-1957, Korea*, Volume XXIII, Part 2.

57   "The United Command Report on the 75th meeting of the MAC," from Seoul, August 23, Department of State, Central Files, 795.00/8-2357.

58   "Memorandum of Discussion at the 334th Meeting of the National Security Council, Washington, August 8, 1957," *FRUS, 1955-1957, Korea*, Volume XXIII, Part 2, Eisenhower Library, Whitman File, NSC Records. Top Secret; Eyes Only.

"미 육군의 배치 일정을 감안하여 가능한 한 신속히 한국 내에 배치한다"고 결정하였다. 3일 후 주한미국대사관은 핵무기 반입이 이제 공공연한 비밀이 되었으므로 대외적으로 발표하는 것이 바람직하다는 입장을 UN군사령부에 전달하였고, UN군사령부는 1958년 1월 28일 서울에서 핵무기 반입을 공표하였다. 유럽에 핵무기를 배치한 지 4년이 지난 시점에서 한국에 전술핵무기를 배치하기 시작한 아이젠하워 정부는 핵무기의 수를 늘려갔다. 1967년에는 950기(핵포탄, 핵폭탄, 지대지 미사일, 대공미사일, 핵지뢰 등)에 이르렀다. 그러나 핵무기의 수는 1980년대 초 200-300기로 감축되었고, 1990년에는 100기로 줄어들었다.

미국 군부는 냉전이 사실상 종식하여 한반도에서의 세력균형이 한국과 주한미군 쪽으로 크게 기울자 한국 내 전술핵무기를 철수하려 했었다. 미 군부는 한반도 유사시 한반도 외에 배치된 장거리미사일이나 괌에 배치된 B-52 전략폭격기로써 한국을 충분히 보호할 수 있다고 판단하였던 것이다. 그럼에도 부시 정부가 전술핵무기를 철수하지 않았던 이유는 정치적인 것이었다. 부시 대통령은 주요 동맹국에 대한 미국의 안보공약이 의심받는 상황을 만들 필요가 없다고 생각한 것이었다.[59] 그러나 1991년 소련의 정정이 불안하게 변해가는 가운데 더 늦기 전에 소련의 핵무기를 고르바초프와 함께 협력적으로 관리해야 할 필요성이 제기되면서 부시 대통령이 결단을 내렸고, 그 결과 한반도에서도 미국의 전술핵무기 철수가 이루어진 것이었다.

부시 대통령의 '전술핵폐기선언'은 한반도에서 '북한핵문제'가 불거진 상태에서 이루어진 것이었다. 국제사회는 1991년 북한의 핵 의혹을 풀기 위해 북한 내 핵시설을 사찰해야 한다고 압박하고 있었다. 북한은 이에 대해 남한 내의 미국 핵무기 철수, 팀스피리트 군사훈련 중단, 한반도비핵지대화 실시 등으로 맞섰다. 한국은 1991년 12월 18일 '핵 부재 선언'을 통해 부시 대통령의 '전술핵폐기선언'이 이행되어 남한 내 배치된 전술핵무기는 없다고 발표하였다. 이에 힘입어 남북한은 1991년 12월 31일 '한반도 비핵화 공동선언'에 서명하였다. 1992년 1월 7일 한미 양국의 군사당국은 북한이 요구하던 팀스피리트 합동군사훈련 중지를 공동으로 발표했

....

59   *Ibid.*

고, 북한은 1992년 1월 31일 국제원자력기구(International Atomic Energy Agency, IAEA)와 핵안전조치협정(safeguard agreement)을 체결하여 국제사회의 핵사찰 요구를 수용하였다. 남과 북은 1992년 2월 19일 평양에서 열린 제6차 남북고위급회담에서 '한반도 비핵화 공동선언'을 정식 발효시키고, 남북은 "핵무기의 시험, 제조, 생산, 접수, 보유, 저장, 배분, 사용을 하지 않고, 핵에너지를 오직 평화적 목적에만 이용하며, 핵재처리시설과 우라늄 농축시설을 보유하지 않고, 한반도의 비핵화를 검증하기 위하여 상대측이 선정하고 쌍방이 합의하는 대상들에 대하여 남북핵통제공동위원회가 규정하는 절차와 방법으로 사찰을 실시"하기로 하였다.

한편, 1989년 중후반 동유럽의 자유화에 따른 정치변동에도 불구하고 고르바초프는 독일 통일에 대해서는 완고한 입장을 견지하고 있었다. 부시 미국 대통령은 고르바초프를 설득하기 위해 서독의 헬무트 콜 수상과 함께 온갖 압박적, 회유적 수단을 동원하였다. 그러나 소련에게 자신의 핵심동맹국을 포기하고, 나아가 유럽 전체의 세력균형을 허물 수 있는 독일의 통일, 그것도 소련을 적으로 상정해온 NATO에 속하는 통일독일을 받아들이라고 설득하는 일은 결코 쉽지 않은 일이었다. 소련의 대규모 군대는 여전히 바르샤바조약기구의 일원인 동독에 주둔하고 있었고, 고르바초프는 독일사회주의통일당(동독공산당)의 개혁적 인사들이 마르크스-레닌주의를 버리고 1989년 가을 출범시킨 민주사회당(Partei des Demokratischen Sozialismus, Party of Democratic Socialism)이 사회주의적 동독을 지킬 수 있을 것으로 믿고 있었다.

부시는 콜에게 기회를 놓치지 말라고 주문하였다. 미국과 부시로서는 콜에게 압박을 가할 충분한 이유가 있었다. 당시 자르(Saarland)의 주지사이자 독일사회민주당 부대표였던 오스카 라퐁텐(Oskar Lafontaine)은 한 라디오 방송에서 "콜이 [통일]독일이 NATO에 남을 수 있다고 생각한다면 그는 틀렸다"며[60] 자신은 유럽합중국(United States of Europe) 내의 유럽방위체제를 선호한다고 말하였다. 부시는 다수의 서독 국민들이 통일독일이 NATO에 남기를 바라지 않는다는 것을 알고 있었

....

60 Francine S. Kiefer, "Kohl Counts on Reunification Issue," *The Christian Science Monitor*, March 12, 1990.

기 때문에 만일 라퐁텐이 집권하게 되면 미군이 독일에서 철수해야 할 수도 있다고 우려하였다. 라퐁텐의 발언에 놀란 부시는 그가 독일사회민주당의 총리후보가 될 것이 유력해지자 "죽 쒀서 개 줄 수는 없다"고 생각하였다. 그는 신뢰할 수 있는 콜을 모든 수단과 방법을 동원해 지원·압박하는 것이 필요하다고 판단하였다.

1990년 6월 8일 콜과 부시는 백악관에서 회동하여 통일독일이 NATO에 남을 것임을 재확인하였고, 이를 기정사실화하고자 하였다. 그들은 "새롭게 탈바꿈하게 될 NATO는 NATO 회원국으로서의 통일독일에 대한 모스크바의 공포를 일소할 것"이라고 말했고, 특히 콜은 "독일이 고립되었을 때 나쁜 일이 생겼던 과거를 기억하지 않을 수 없다"며 독일이 NATO에 "묶여 있어야" 할 필요성을 강조하였다.[61] 귀국한 콜은 1990년 7월 14일 고르바초프와 회담하기 위해 소련 방문길에 올랐다. 영국의 '이코노미스트(*The Economist*)'지는 콜이 "그의 인생을 건 협상"을 하기 위해 소련을 방문한다고 평하였다.[62] 콜은 여태까지의 고르바초프의 자세로 보아 역시 가장 어려운 문제는 "통일독일이 NATO에 잔류할 수 있을 것인가?"가 될 것으로 보았다. 콜은 통일독일의 NATO 잔류를 협상타결을 위한 전제조건으로 내걸고 고르바초프를 강하게 밀어붙일 생각이었다. 그는 통일을 위해서는 미국의 물질적, 비물질적 힘이 절대적으로 필요하다고 보았고, 따라서 미국이 원하는 독일의 NATO 잔류 문제의 해결에 전력을 기울이고자 하였다.

이 무렵 고르바초프의 협상력은 극도로 약화된 상태였다. 재정압박이었다. 소련의 재정 문제가 "국가적 위기"가 된 배경에는 고르바초프가 소련의 최고지도자가 된 1985년부터 발생한 석유가격의 하락이 있었다. 1970년대 막강했던 "석유국가" 소련은 1985년 사우디아라비아가 그간 지속하던 석유가격유지 정책에서 이탈하여 산유량을 늘리기로 하면서 악몽에 시달리게 되었던 것이다. 사우디아라비아는 비-OPEC 국가들이 생산량을 늘리자 가격유지를 위한 감산이 아니라 시장점유율 유지를 선택했던 것이다. 1979년 12월 소련이 아프가니스탄을 침공할 당시

....

61 Melissa Healy, "President and Kohl Chart New Political Directions for NATO," *The Los Angeles Times*, June 9, 1990.

62 "North Atlantic Tryst," *The Economist*, July 7, 1990.

배럴당 101달러였던 석유가격이 7년 후 30달러(브렌트 원유가격)로 곤두박질쳤다. 1986년 봄에 이르러는 10달러 아래로 내려앉았다. 총수출의 67%를 차지하던 석유·가스 가격의 급락은 소련의 계획경제에 치명적이었다. 소련은 경제가 굴러가게 하기 위해 서방 특히 독일은행들로부터 대규모로 차입하여 재정적자를 메꿔나갈 수밖에 없었다.

소련의 외채 규모는 1986년 307억 달러에서 1989년 538억 달러, 그리고 1990년에는 593억 달러, 1991년에는 671억 달러로 증가하였다.[63] 소련은 만기된 외채를 또 다른 외채로 돌려막기를 할 수밖에 없었다. 예를 들어, 소련은 채무불이행을 막기 위해 1990년 50억 마르크(30억 달러)를 90% 독일정부보증으로 독일 은행권에서 차입하였다. 그러나 이는 외채 급증을 야기하여 악순환을 초래하였다. 서방의 은행들은 대소련 신규대출을 중단하였다. 소련은 단기차입시장에서 퇴출되다시피 하였다. 소련의 외화보유고도 급감하였다. 1989년 12월 146억 달러였던 것이 1990년 12월 기준으로 86억 달러, 1991년 3월에는 64억 달러, 1991년 말에는 51억 달러로 내려앉았다. 1990년 7월 콜과 회동할 당시 소련의 외화보유고는 전체 수입(imports) 비용의 2.5달치 정도밖에 되지 않았다.[64] 고르바초프가 사임하기 전날인 1991년 12월 24일 그의 재무장관은 소련의 부채가 12월 한 달 동안에만 50억 루블이 증가할 것이고, 1991년 말에는 총부채액이 1조 루블에 이를 것이라고 발표하였다.[65] 주소련 영국대사 로드릭 브레이스웨이트(Rodric Braithwaite)가 런던에 보낸 전문에 따르면, "소련 정부가 당시 가지고 있는 자금(30억 루블)은 군인과 공무원들의 3일치 임금밖에 되지 않았다."[66]

당시 서방은 소련의 경제적 붕괴의 불똥이 자신에게 튈 것을 우려하여 긴급대

....

63   World Bank, *World Debt Tables, 1991-1992*, 1992.

64   U.S. General Accounting Office, *Former Soviet Union: Credit Worthiness of Successor States and U. S. Export Credit Guarantees*, 1995, p. 60.

65   Francis X. Clines, "End of the Soviet Union: Gorbachev Plans to Give Up Power to Yeltsin Today," *The New York Times*, December 25, 1991.

66   PREM 19/3750, European Policy: Setting up of European Bank for Reconstruction and Development, part 3. http://discovery.nationalarchives.gov.uk/details/r/C16561621

책 마련에 분주하였다. 2017년에 공개된 영국 국가기록보관소의 한 문건에 따르면, 1991년 12월 서방은 영국이 중심이 되어 소련의 부채와 핵무기를 탕감·해체하는 계획을 매우 구체적으로 세웠다. 이 계획의 핵심은 서방이 '유럽재건개발은행(European Bank for Reconstruction and Development)'을 설립하여 소련 부채의 상당 부분을 떠안고 대신 소련의 핵기술에 대한 접근권과 25,000기에 달하는 소련의 핵무기를 해체할 수 있는 권리를 확보한다는 것이었다.[67] 영국 재무장관이 반대하고, 에스토니아·라트비아·리투아니아가 1940년 소련의 침공 직전 영국에 맡긴 금괴를 반환할 것을 요구하면서 이 계획은 결국 무산되었지만, 서방이 소련의 정치군사적 생명과 같은 핵무기 전체를 대상으로 협상에 나서려 했다는 것은 소련의 처지가 어떠했는지를 단적으로 보여준다 하겠다.

콜은 1990년 7월 회담에서 고르바초프에게 자금 지원을 제시하였다. 독일이 통일된다는 가정하에 소련군이 동독에서 철수하고 소련 내에 재배치되는 데 들어가는 비용을 서독이 부담하겠으며, 소련의 금융안정자금도 제공하겠다는 것이었다. 콜은 최대 120억 마르크를 제시하였다. 고르바초프는 이렇게 된다면 "모든 것을 처음부터 다시 협상해야 할 것"이라며 액수에 대해 실망을 표시하였다. 콜은 무이자 차관을 포함한 자금지원 패키지를 다시 제시했고, 고르바초프는 이를 수용하였다. 서독이 소련에게 제공한 자금의 총액은 800억 마르크(500억 달러) 정도로 추정되었다.[68] 이에 고르바초프에 대한 비난이 일기 시작하였다. 그러나 다수의 사가들은 "고르바초프가 동독을 팔아넘겼다"는 주장은 지나치게 단순화된 억측이라고 보았다. 독일 마인츠(Mainz) 대학의 역사학과 교수 안드레아스 뢰더(Andreas Roedder)는 "고르바초프는 훨씬 높은 가격을 부를 수도 있었다…동독 지역에 대한 이동통신 주파수 구매 가격이 그[콜과 고르바초프가 합의한 가격]보다 더 비쌌다"고 말하였다. 그에 따르면, 콜과 협상을 타결지을 때 고르바초프가 무엇을 생각했는지 정확히 알 수 없지만, 분명한 것은 그가 원했던 것은 "서독으로부터의 돈"만은 아

----

67   *Ibid.*

68   Randall Newnham, "The Price of German Unity: The Role of Economic Aid in the German-Soviet Negotiations," *German Studies Review*, Vol. 22, No. 3, 1999, p. 432.

니었다.[69]

전기했듯이, 회담 전 콜이 걱정했던 것은 통일독일의 NATO 잔류 건이었다. 그러나 고르바초프는 "자신은 통일독일이 NATO에 잔류하는 것에 대해 '원칙적'으로 반대하지 않는다"며 콜을 놀라게 하였다. 그는 5월 30일 부시와의 회담 때 서방은 대소 무역제한 조치를 철폐하고, 소련은 독일통일 및 통일독일의 NATO 잔류 문제에 대해 유연하게 접근하기로 합의한 바 있었던 것이다. 고르바초프가 콜에게 '원칙적'이라 말한 데는 단서조항이 있었기 때문이다. 하나는 통일독일이 NATO에 잔류하되 독일 동부에 NATO 소속 외국군이 주둔해서는 안 되고, 핵무기가 배치되어서도 안 된다는 것이었다. 그리고 다른 하나는 소련은 자신에게 위협이 되는 NATO의 확장은 허용할 수 없다는 것이었다. 콜과의 회담 시 고르바초프의 관심은 통일독일의 NATO 잔류가 아니라 NATO의 동진에 있었다. 그리고 그는 미국이 이미 이 문제에 대해 강력한 보장을 제공했기 때문에 'NATO 동진 불허'를 콜에게 반복해서 강조했던 것이다. 콜·고르바초프 회담 몇 달 전인 1990년 2월 9일 모스크바를 방문한 미국의 베이커 국무장관은 소련의 외교장관 셰바르드나제에게 다음과 같이 말하였다:

"변화된 NATO, 즉 군사적 조직에서 훨씬 더 정치적 조직으로 탈바꿈한 NATO에 확고히 묶여 있는 독일은 독립적인 물리력을 필요로 하지 않을 것입니다. 물론 NATO의 관할권 또는 군대가 동쪽으로 확대되지 않을 것이라는 확고부동한 보장(iron-clad guarantees)이 필요하겠지요.[70]

그는 같은 날 고르바초프에게도 다음과 같이 말하였다:

....

69 Klaus Wiegrefe, "Germany's Unlikely Diplomatic Triumph: An Inside Look at the Reunification Negotiations," *Spiegel*, September 29, 2010.

70 Memorandum of conversation between James Baker and Eduard Shevardnadze in Moscow, Feb 9, 1990, U.S. Department of State, FOIA 199504567 (National Security Archive Flashpoints Collection, Box 38).

우리는 동쪽 국가들의 안전보장의 필요성에 공감하고 있습니다. 우리가 NATO의 일원인 독일에 미군을 배치하더라도, NATO군을 위한 NATO의 관할권은 동쪽으로 1인치도 확장하지 않겠습니다. 서기장께서는 NATO에서 탈퇴한, 미군이 주둔하지 않는, 독립적인 통일독일을 원하십니까, 아니면, NATO의 관할권이 현재 영역에서 '1인치도 동쪽으로 나아가지 않는다'는 확약 하에서 통일독일이 NATO와 엮여 있기를 원하십니까?"[71]

고르바초프는 "NATO의 동쪽으로의 확대는 수용 불가"라고 답하였다. 베이커는 고르바초프와의 면담하는 동안 "NATO의 관할권의 동쪽으로의 확대는 1인치도 없을 것"이라는 말을 세 번이나 반복해서 강조하였다. 이러한 베이커의 '구두(口頭)보장'은 회담 후 1주도 안 돼 고르바초프가 그간의 완고한 입장을 바꿔 독일통일에 관한 협상에 나서게 된 주요인이었다. 냉전종식 후 미국은 소련에게 NATO 확대에 관한 어떠한 공식 보장도 제공한 적이 없다고 주장해왔다. 그러나, 최근에 공개된 소련과 미국의 비밀문건에 의하면, 비록 공식적으로 외교문서화되지는 않았으나, '베이커의 확고부동한 보장'은 명백한 사실이었다.[72] 고르바초프가 통일독일의 NATO 잔류를 인정하는 대신 미국은 NATO의 동진 불허를 약속했던 것이다. 그러나 미국은 소련 해체 후 동유럽국가들을 NATO 회원국으로 받아들이면서 이 집단 군사동맹체를 동쪽으로 확대하였다.

당시 미국도 베이커의 발언이 오해의 소지가 있다고 보았다. 베이커가 방소 후 귀국하자 미국의 국가안보회의 참모진은 "NATO의 관할권이 동쪽으로 1인치도 확대되지 않을 것"이라는 부분이 "NATO의 집단방어의 원칙이 독일 영토의 일부에

....

71 Memorandum of conversation between Mikhail Gorbachev and James Baker in Moscow. Feb 9, 1990, U.S. Department of State, FOIA 199504567 (National Security Archive Flashpoints Collection, Box 38).

72 "Declassified documents show security assurances against NATO expansion to Soviet leaders from Baker, Bush, Genscher, Kohl, Gates, Mitterrand, Thatcher, Hurd, Major, and Woerner," https://nsarchive.gwu.edu/briefing-book/russia-programs/2017-12-12/nato-expansion-what-gorbachev-heard-western-leaders-early

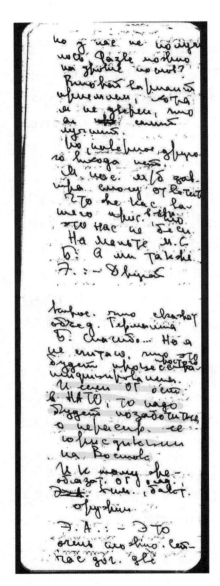

베이커의 약속을 담은 셰바르드나제의 보좌관 스테파노프-마말라제(Teimuraz G. Stepanov-Mamaladze)의 메모(1990년 2월 12일): "통일독일이 NATO에 잔류하게 된다면 우리는 NATO의 관할권(jurisdiction)이 동쪽으로 확대되지 않도록 조치를 취해야 한다."

만 적용되어 독일의 주권을 제한하는 식"으로 해석될 수 있다고 지적하였다.[73] 지금 당장 동독으로 군대를 이동하지 않는 데 동의하는 것과 독일 전체가 NATO의 일부이어야 한다는 것은 다른 이야기이기 때문이었다. 그들은 통독 이후 소련군이 동독에서 완전히 철수하게 되면 NATO 관할권이 동독 지역에도 미치게 될 것임을 확인해야 한다고 주장하였다. 베이커는 5월 방소하여 "소련군이 동독에서 철수할 때까지 그곳에 NATO군을 배치하지 않겠다"며 미국의 입장을 명확히 하고자 하였다. 그러나 그것은 NATO군의 동부독일 주둔에 관한 것이었지 NATO의 동진 불허 약속에 대한 입장 변화는 아니었다. 어쨌든, 고르바초프는 당시 체결하려던 조약은 통일독일의 지위에 관한 것이었고, 따라서 동유럽국가들에 대한 언급이 당연히 없었기 때문에 베이커의 이 발언에 대해 문제를 제기하지 않았다. 미국은 통일독일조약에 NATO의 동진 관련 언급

....

73   Peter Baker, "In Ukraine Conflict, Putin Relies on a Promise That Ultimately Wasn't," *The New York Times*, January 9, 2022.

이 없었다는 점을 강조하지만, 당시 소련의 지도부는 미국이 NATO가 동유럽으로 확대되지 않을 것이라고 약속했다고 이해하였다. 당시 미 CIA 국장이었던 로버트 게이츠(Robert Gates)도 자신의 회고록에서 "서방 지도자들이 계속 'NATO는 동진하지 않을 것'이라고 발언했기 때문에, 고르바초프와 소련 수뇌부는 '나토 확장은 없을 것이라고 믿게끔' 됐다(led to believe)"고 썼다.[74]

고르바초프는 베이커의 약속을 믿었고, 그에 따라 독일 통일에 협력하였다. 고르바초프와의 협상에서 동력을 얻은 콜은 서독 헌법(기본법) 제23조에 따라 통일을 추진하고자 하였다. 콜은 당초 서독헌법 제146조를 이용, 제헌의회구성 → 동·서독 국민투표 → 통일헌법 제정 → 양독정부 해체 → 통일정부구성이라는 다소 복잡한 절차를 생각하였다.[75] 그러나 그는 국제정치적 조건이 이미 성숙했고, 아울러 수많은 동독인들이 서독으로 밀려들어오자 서독 헌법 제23조에 의한 조기통일을 선택하였다. 1949년 연방헌법(기본법) 제정 시부터 유지되어온 이 조항은 "이 기본법은 독일연방을 구성하는 12개 주에 즉각 적용되며, 독일 영토를 구성하는 다른 지역에 대해서는 그 지역의 연방가입과 동시에 적용된다"고 규정하였다. 따라서 독일 영토를 구성하는 다른 지역인 동독의 의회가 연방가입을 결정하면 통일이 실현되는 것이었다. 그러나 당시 다수당인 동독 사민당은 서독 헌법 제23조에 의한 합병에 반대하고 제헌의회구성 방식을 공식 지지하고 있었기 때문에 조기통일의 성사 여부는 불투명하였다.

1990년 3월 18일 동독 최초의 자유선거가 실시되었다. 사실상 통일 문제에 대한 국민투표였다. 선거는 원래 5월에 실시 예정이었으나 동독 국민들의 요구와 압

....

74   Robert M. Gates, "Interview with Robert M. Gates," George H. W. Bush Oral History Project Transcript, July 23-24, 2000, College Station, Texas, p. 101.

75   서독 기본법은 분단된 독일의 재통일의 경우에 발생하게 될 국가적 통일 그리고 헌법적 통일의 실현을 위하여 두 가지 대안적 방법(alternative Wege)을 준비하였다: 한편으로는 재통일 이후에 개정되기 전 (a. F.)의 기본법 제23조 제2항에 의하여 독일연방공화국에 가입하는 지역에 대하여 의무적으로 기본법의 효력이 확장적으로 적용되는, 이전의 독일민주공화국(DDR) 혹은 독일민주공화국 영토의 개별적 부분의 독일연방공화국에로의 가입(Beitritt)하는 방식, 다른 한편으로는 개정되기 전의 오래된 기본법 제146조에 의한 원래의 통일성을 증진시키는 헌법제정을 통한 방식이 그것이다. 박진완, 『통일법제 Issue Paper 18-19-③』, 한국법제연구원, 2017, p. 18.

력에 의해 3월로 앞당겨진 것이었다. 언론은 동독인 93%가 참가한 이 의회선거에서 동독 사민당이 승리할 것으로 예측하였으나 결과는 동독 기민당이 주축이 된 보수연합의 압승이었다. 헌법 제146를 택한 사민당은 총투표의 22%를 얻은 반면 헌법 제23조를 지지한 보수연합은 48%을 획득한 것이었다. 1990년 8월 22일 동독의 인민의회(Volkskammer, Chamber of the People)는 294 대 62로 연방 가입을 승인하였다. 1990년 9월 12일 미국, 소련, 영국, 프랑스 외교장관이 회동하여 '2+4 조약'에 서명하고 통일독일에게 주권을 부여하였다. 동독의 독일연방공화국 가입은 1990년 10월 4일 효력을 발생하였고 이로써 독일민주공화국이라는 법적, 정치적 실체는 소멸하였다. 동독인들은 1990년 12월 2일 다시 한번 자유선거에 참여할 수 있었다. 그러나 이번에는 통일독일의 초대 연방의원들을 서독의 동포들과 함께 선출하는 자유선거였다. 고르바초프가 콜에게 "총리는 역사를 다시 쓸 수 없습니다"라고 말한 지 3년도 안 돼 역사는 다시 쓰여졌다.

소련의 해체와 냉전 종식의 결과

소련의 해체

콜의 자금 지원과 베이커의 'NATO 동진 불허'라는 약속을 믿고 독일 통일을 허용한 고르바초프는 소련 내 공화국들이 글라스노스트를 넘어 분리독립을 추구하자 강경하게 대응하려 하였다. 그는 최초로 분리독립을 추진하던 그루지아(Georgia)와 아제르바이잔(Azerbaijan)에 대해 군사력을 사용하였다. 발틱3국의 경우도 유사하였다. 그러나 이로 인해 그를 지지하던 '신세대' 정치인들과 지식인들은 그에 대해 신뢰를 거두기 시작하였다. 그루지아 출신 외교장관 셰바르드나제는 1990년 말 사임하였다. 이는 분리독립주의자들을 더욱 자극하였다. 결국 고르바초프는 자신의 정치적 지지기반인 '신세대'를 상실할 위기에 처하게 되었다.

고르바초프를 당혹하게 만든 사건들이 연이어 일어났다. 그 중 하나가 보리스 옐친(Boris Yeltsin)이 강력한 정적으로 대두한 것이었다. 옐친은 1987년 모스크바 당서기 시절 모스크바에서 두 차례의 불법시위를 허용했다는 이유로 보수강경파 예고르 리가초프(Yegor Ligachev) 당 제2서기로부터 질책을 받고 고르바초프에게 사임계를 제출한 인물이었다. 당과 국가의 개혁이 미진하다는 것이 옐친의 사임 사유였다. 소련 역사상 공산당의 최고위 간부가 사임한 적은 없었다. 고르바초프는 옐친을 "정치적으로 미성숙"하고 "책임감을 결여"하고 있다고 비판하며 한직으로 내쫓았다.[76] 그러나 이러한 사실이 외부로 전달되는 과정에서 왜곡·과장되면서 옐친은 일약 기성정치에 용감하게 반기를 든 새로운 지도자로 부상하게 되었다.[77] 그의 기회는 고르바초프가 페레스트로이카의 일환으로 신설한 인민의회(Съезд народных депутатов СССР, Congress of People's Deputies of the Soviet Union)와 함께 찾아왔다. 옐친은 고르바초프의 개혁이 더디고 미진하다며 맹공한 끝에 모스크바 시민들의 압도적 지지를 받아 의원에 당선되었다. 고르바초프는 이후 일어난 옐친의 돌풍과 돌출행동을 잠재우기 위해 5,000여 명의 보안군을 동원하여 '옐친의 시위'를 진압하려 했으나, 늘어나는 그의 지지자들의 규모와 위력에 눌려 진압을 포기하였다. 옐친은 이러한 '정치적 바람'을 타고 1991년 6월 12일 러시아공화국 대통령을 선출하는 직접선거에서 고르바초프의 측근인 리쥐코프(Nikolai Ryzhkov)를 큰 표차로 누르고 당선되었다.

얼마 되지 않아 당 서기장 고르바초프를 우스꽝스럽게 무력화하는 정변이 일어났다. 고르바초프의 개혁에 일말의 희망을 걸고 불안감 속에서 인내하던 KGB, 군·당 내부의 보수세력, 군산복합체 등은 소련해체의 위험성이 현실화되자 1991년 8월 쿠데타를 일으켰던 것이다. 이들 중 상당수는 고르바초프의 측근이었다. 꼭 74년 전 제정러시아의 코르닐로프 장군은 케렌스키 임시정부를 지지하며 친위쿠데타를 일으켰다가 오히려 케렌스키에 의해 체포되고 반란혐의로 투옥되었고, 궁극적으로 케렌스키 정부의 몰락을 재촉하였다. 1991년의 쿠데타 주도자들은 자신들을 국가비상대책위원회 위원으로 자처하며 정치권력의 장악을 시도하였다. 그러

....

76　Philip Taubman, "Gorbachev Accuses Former Ally of Putting Ambition Above Party," *The New York Times*, November 13, 1987.

77　Bill Keller, "Critic of Gorbachev Offers to Resign His Moscow Party Post," *The New York Times*, November 1, 1987.

나 1917년 8월의 쿠데타처럼 권력은 진압의 정당성을 설명할 수 있는 세력에게 돌아갔다. 그 세력은 1917년에는 볼셰비키가 동원한 적군이었고, 1991년에는 쿠데타 세력에 공개적으로 대항하여 인민의 지지를 획득한 러시아 대통령 보리스 옐친이었다.

쿠데타의 시점은 1922년의 소련창설조약(Декларация и договор об образовании СССР, Treaty on the Creation of the USSR)을 대체할 신연방조약(Новый союзный договор, new Union Treaty)이 체결되는 8월 20일 이틀 전날에 맞춰졌다. 18일 5명의 쿠데타 주동자들은 크리미아 해변의 포로스(Foros)에 위치한 대통령 별장에 도착하여 고르바초프에게 국가비상사태를 선언할 것을 요구하였다. 격노한 고르바초프는 그들의 요구를 단호히 거부하였다. 고르바초프를 지키던 32명의 무장경호원들은 쿠데타 요원들이 그를 이 휴양지 별장에 감금할 수 있도록 '협조'하였다. 쿠데타 주도자들은 고르바초프를 가택연금한 채 TV에 출연하여 당 서기장이 병환으로 유고(有故) 중에 있으므로 사태를 장악하기 위해 행동에 나섰다고 말하였다. 탱크들이 모스크바 거리를 누비고 있었다. 상당수 공화국들의 지도자들은 쿠데타를 기정사실화했고, 다른 공화국들은 관망적 태도를 취하였다. 그러나 쿠데타가 헌법유린이라며 비난하는 인물이 있었으니 그는 러시아 대통령 옐친이었다. 1991년 8월 19일 그는 민주주의자들이 집결해 있던 의회 건물 근처에 나타나, 미국의 방송매체인 CNN의 생중계를 이용이라도 하듯 고장난 탱크에 올라 민주주의를 외쳤고 시민들은 그의 이름을 열렬히 연호(連呼)하였다.

쿠데타 세력의 명령에 따라 거리에 배치된 병사들이나 KGB 요원들은 시위 군중을 해산시키지 않았다. 8월 21일에 이르러 쿠데타가 실패했음이 명백해졌다. 쿠데타를 주도한 KGB 의장 크류치코프(Vladimir Kryuchkov)는 옐친과 같은 강력한 권력의지나 카리스마를 갖고 있지 못한 인물이었다. 그는 결국 시민과 군 일부의 저항으로 소기의 목적을 달성하지 못하였다. 1991년 7월 미국 하원 외교위 소위원회 청문회에서 소련의 임박한 붕괴를 예측한 소련문제 전문가 존 던롭(John Dunlop)에 따르면, 소련의 강경파가 소련을 원상복구하려면 1989년 중국 티엔안먼 사태 때처럼 대대적인 무력 사용이 불가피하였다. 그러나 소련의 강경파 중 누구도 덩샤오핑과 같은 의지와 자신감을 갖춘 인물은 없었다. 오히려 강한 권력의지와 자신감을 갖고 있던 인물은 보리스 옐친이었다.[78] 초췌한 모습으로 모스크바에 귀환한 고르바초프는 옐친의 거점인 의회를 방문했으나 옐친과 의원들은 그를 조롱하였다. 그는 쿠데타의 책임을 물어 공산당을 해체하려는 옐친의 강력한 의지에 굴복하고 8월 24일 서기장 직에서 물러났다. 이제 소련의 미래는 옐친의 수중에 놓이게되었다.

이 무렵 소련은 각 공화국들로 급속히 해체되고 있었다. 옐친은 슬라브계인 우크라이나와 벨라루스를 러시아와 한데 묶고, 중앙아시아의 공화국들을 이에 초치하는 정치 과정을 주도하면서 1991년 12월 8일 소련을 '독립국가연합(Содружество Независимых Государств, Commonwealth of Independent States)'으로 대체하였다. 고르바초프는 이를 기정사실로 받아들이는 수밖에 없었다. 그는 "불가피한" 상황을 인정하고 12월 25일 소련의 대통령 직에서 물러났다. 그는 사임이라는 용어를 사용하지는 않았지만, 핵무기통제권을 러시아 대통령 옐친에게 이양한다고 공표하였다. 이로써 '소비에트사회주의공화국연방'은 역사의 뒤안길로 사라졌고, 40여 년간의 냉전도 공식적으로 종식되었다.

국제관계사가들은 소련의 해체와 냉전의 종식을 야기한 원인에 대해 오랫동안 논쟁을 벌여왔다. 그들은 사회주의의 체제적 모순을 필두로 '석유국가'의 추락과 재정위기, 미국과의 강제된 군비경쟁 등을 포함하는 국제구조적 요인과 이른바 '중국 요인,' '아프가니스탄 비용,' 그리고, "이중적·동시적 전환" 등 '인간 주체(human agency)'가 개재되는 정책적 원인에 초점을 맞춰 원인을 규명하고자 하였다. 분명한 것은 소련의 행태적 수준에서의 문제들은 구조적, 체제적 모순과 맞물리면서 장기간 축적되었고, 특정한 시간적 맥락에서 파열음을 내기 시작했으며, 이것이 초기에 제대로 파악·수습되지 못하면서 누구도 걷잡을 수 없는 통제불능의 상태로 급전하였다는 점이다. 냉전은, 동시대인들의 삶에 이루 말할 수 없는 엄청난 영향을 미쳤지만, 인류의 긴 역사적 관점에서 보면, 점 하나에 해당할 정도로 짧은 기간의 국제정치 형태였다. 냉전은 그 핵심내용이 이념이었다는 면에서 특별하고 어쩌

....

78   John Dunlop, *The Rise of Russia and the Fall of the Soviet Empire*, Princeton University Press, 1995, pp. 253-55.

면 비정상적인 투쟁이자 정치과정이라 할 수도 있을 것이다. 따라서 냉전의 종식은 인류가 원래 살던 방식으로의 회귀를 의미하였다. 그러나 단순한 복귀는 아니었다. 짧은 기간이지만 냉전이 남긴 유제는 한동안 거기 남아 있을 것이기 때문이었다.

냉전 종식의 결과

소련의 해체와 냉전의 종식은 국제정치를 설명·이해·예측하는 데 기초가 되는 국제정치적 관점의 적실성과 정확성에 관한 논쟁을 유발하였다. 기원전 5세기 투키디데스(Thucydides) 이래 수천 년의 지적 전통을 가진 현실주의 관점(Realism)은 특히 전간기 이상주의(Idealism)가 전쟁방지에 실패하면서 "마땅히 지향해야 하는(ought to)" 목적론적 규범이 아닌 "있는 그대로(as it is)"의 권력정치적(power politics) 현실에 주목하는 시각으로서 냉전기 국제정치학의 지배적 패러다임으로서의 위상을 과시하였다. 냉전의 종식과 관련한 현실주의 설명이나 예측은 몇 가지로 요약될 수 있다. 첫째, 현실주의의 대표격인 모겐소는 니체(Friedrich Nietzsche)의 "권력에 대한 의지(the will to power)"라는 형이상학적 개념에 기초하여,[79] 모든 인간의 삶을 추동하는 원동력은 "지배욕(animus dominandi, desire to dominate)"이라고 보았다. 이와 같이 시공간을 초월한 충족되지 않는 인간의 권력욕은 인간으로 구성되는 국가의 성격이 되며, 따라서, "당면 목표(immediate goal)"인 "권력에 의해 정의되는 국가이익"을 추구하는 국가들 간의 관계, 즉 국제정치는 "영원한 권력투쟁"이 될 수밖에 없는 것이다.[80] 지배를 위한 권력의 추구는 국가의 존재이유(raison d'être)인 것이다.

두 번째는 국제체제의 안정과 내구성에 관한 것이다. 국제정치의 체제적 변동을 '능력의 분포(distribution of capabilities)'라는 구조적 변수로 설명하는 구조주의적 현실주의자 월츠는 국제체제의 힘이 두 개의 국가에 집중되어 있는 양극체제

....

79   Ulrik Enemark Petersen, "Breathing Nietzsche's Air: New Reflections on Morgenthau's Concept of Power and Human Nature," *Alternatives*, 24, 1999, pp. 100-101.

80   Morgenthau(1960), p. 13.

가 다극체제에 비해 더 안정적이고 내구성이 있는 체제라고 주장하였다.[81] 예를 들어 그는 양극체제 하에서는 모든 국가들은 '우리 편이 아니면 적의 편'이라는 이분법이 통용되고, 따라서 세상은 명료하고 확실하므로 전략적 불확실성이 낮고 계산이 쉬워져 힘이 대등한 상대는 전쟁에서 이기기 어렵다고 판단할 것이기 때문에 현상(status quo), 즉 체제적 안정이 유지된다고 보았다. 반면, 다극체제 하에서 발생하는 위기는 그 위험성에 대한 주의가 분산되고, 책임이 불분명하며, 사활적 이익의 정의가 애매해진다. 오산과 오판이 증가하고, 따라서 전쟁의 가능성이 높아지는 것이다. 양대 강국의 압도적 힘(preponderant power)도 체제 안정에 기여한다. 월츠에 따르면, 전쟁의 원인 중 하나는 동맹에서 비롯되는데 이는 국가들이 변화무쌍하고 불안정한 동맹의 힘과 구성원들 간 결속력을 정확히 측정하기 어렵기 때문이다. 그러나 양극체제 하에서는 두 개의 강대국들의 힘이 '압도적'이기 때문에 군소국가들로 이뤄지는 동맹은 큰 힘(leverage)을 갖지 못한다. 동맹의 힘이나 결속도를 굳이 계산에 넣을 필요가 없기 때문에 승산이 있는지에 대한 계산이 복잡해지지 않는 것이다.

월츠는 국제체제의 안정성은 체제 내 변동이 얼마나 평화적으로 이행되는가의 문제와 함께 '내구성(durability)'의 관점에서 파악되어야 하는 국제정치적 현상이라고 주장하며 다극체제에 비해 더 안정적인 양극체제는 내구성 면에서도 우월하다고 주장하였다. 그에 따르면, 강대부국은 그들이 잃을 수 있는 것들에 의해 발목이 묶이게 된다. 따라서 그들은 책임감을 갖고 행동할 수밖에 없으며, 결과적으로, 자신의 자유를 자발적으로 자제하게 되는 것이다. 그러나 약소빈국은 잃을 것이 없다. 그들은 자신의 이익조차도 경우에 따라서는 무시할 수 있다. 따라서 이들 국가

....

81 그는 역사상 패권체제가 지속된 적은 없다며 국제체제는 다극체제 아니면 양극체제라고 주장하였다. 세력균형이론가인 월츠는 일시적으로 "패권적 상황"이 벌어질 수 있으나 패권의 위협적 성격은 이내 균형화 기제에 의해 양극이든 다극이든 세력균형체제로 전환된다고 제시하였다. Kenneth N. Waltz, "Evaluating Theories," *American Political Science Review*, Vol. 91, No. 4, 1997. 레인은 크라우새머가 만들어낸 패권적 상황이라는 개념은 환상에 지나지 않는다고 비판하였다. Charles Krauthammer, "The Unipolar Moment," *Foreign Affairs*, Vol. 70, No. 1 (1990/91). Christopher Layne, "The Unipolar Illusion: Why New Great Powers Will Rise," *International Security*, Vol. 17, No. 4, 1993.

는 상대적으로 자유롭게 또는 제멋대로 행동할 수 있다. 월츠는 타이완의 장제스, 한국의 이승만, 이란의 모사덱을 언급하며 이들 약소빈국의 행동은 통제되기 어렵지만, '잃을 것이 많은' 미국과 소련 간의 관계는 책임과 자제 면에서 질적으로 다르다고 지적하였다.

셋째, 월츠는 체제적 변동과 관련 국제정치는 무정부적일 것, 그리고 국가들은 생존을 추구할 것 등 두 가지 조건만 충족되면 세력균형은 유지되고 붕괴된 경우엔 반드시 회복된다고 말하였다. 그에 따르면, 권력의 남용은 불가피하다. 패권국은 "오지랖이 넓기 마련이며, 장기적으로 많은 비용을 치르게 된다. 나아가, 과다 권력은 그것이 어떻게 행사되든 간에 타국들에게 필연적으로 위험요인이 된다. 미국도 마찬가지로 세력균형이 이뤄지기 전까지는 타국들을 지속적으로 화나게 하고 놀라게 할 것"이다.[82] 그는 "자연은 공백을 싫어하기 때문에 국제정치도 마찬가지로 세력균형이 깨어진, 세력 집중의 상태를 싫어한다"[83]고 지적하였다.

냉전의 급작스럽고 평화적인 종식은 이와 같은 가설과 예측을 제시한 현실주의자들을 무색하게 하였다. 첫째, 국가의 존재이유는 지배를 위한 권력 추구이고, 국제정치는 영원한 권력투쟁이라는 가설이 비판의 대상이 되었다. 경제적으로 상대적 쇠퇴를 겪고 있던 고르바초프의 소련은 현실주의의 예상과는 달리 패권적 무력을 보유하고 있었음에도 불구하고 생존을 위한 조치를 취하지 않고 오히려 자신의 안보를 위협하고 있던 라이벌에 대한 양보를 선택하였고, 결과적으로 그 라이벌의 상대적 힘을 증가시켜 주었다. 소련은 동유럽의 동맹국들을 자발적으로 포기하였고, INF나 START 체결 등 전략적으로 "불평등한 조약"을 체결하였다. 소련은 전쟁을 선택하지 않았고, 냉전에서 평화적으로 철수하였다.

현실주의의 실패에 대해 대안적 접근이 제시되었다. 만족도라는 비물질적 변수를 중시하기는 하지만 국가 간 역학관계에 초점을 맞추는 구조주의적 현실주의

....

82   Kenneth Waltz, "America as a Model for the World? A Foreign Policy Perspective," *PS: Political Science and Politics*, Vol. 24, No. 4, 1991, p. 69.

83   Kenneth Waltz, "Structural Realism after the Cold War," *International Security*, Vol. 25, No. 1, 2000, p. 28.

이론인 세력전이(Power Transition) 이론가들은 소련이 미국과의 힘의 격차를 줄이는 데 실패했기 때문에, 즉 세력전이가 일어나지 않았기 때문에 패권전쟁이 발발하지 않았다고 냉전의 평화적 종식을 설명하였다.[84] 자유주의적 관점에 기초한 민주평화(Democratic Peace) 이론가들은 고르바초프 하의 소련은 민주화되어 가고 있었기 때문에 "민주국가들끼리는 싸우지 않는다"는 가설이 경험적으로 검증되었다고 주장하였다.[85]

그러나 일부 국제정치이론가들은 고르바초프의 소련이 자신의 정당성과 권위의 원천인 마르크스–레닌주의를 자발적으로 포기하였다는 사실에 주목하였다.[86] 그들에 따르면, 소련의 물질적·구조적 조건은 안드로포프 시대에도 마찬가지였으나, 그는 서방에 대해 공격적이었고, 경비절감을 위해 동유럽을 포기하려는 생각은 전혀 하지 않았다. 따라서 고르바초프의 행동은 물질이 아닌 관념의 변화로만 설명이 가능한 것이었다. 물론 그는 페레스트로이카와 글라스노스트가 성공하면 소련의 재활을 위한 물적 조건이 개선되리라 생각했지만, 못지않게 중요하게도, "스탈린주의의 유제를 청산하고 20세기를 향한 새로운 소련을 시작하려 했던" 1950년대 흐루쇼프와 유사하게, 그는 시대정신에 입각해 계획과 자유가 상보적으로 공존하는 새로운 소련을 만들고자 하였다. 그는 북유럽의 사회민주주의를 이상형으로 생각했고, 그렇기 때문에 소련뿐 아니라 동유럽 공산국가들도 스탈린주의에서 벗어나 새롭게 태어나야 한다고 믿었던 것이다. 그는 1987년 4월 '프라하 연설'을 통해 동유럽국가들이 자율적으로 정체체제를 개혁할 것을 권고했고, 이에 부분적으로 자극된 시위에 대해서도 과거 소련 지도자들과는 대조적으로 무력 진압을 거부하였다. 이데올로기의 근본적인 변화를 지향한 소련의 '인식 공동체'와 그의 일

....

84 Douglas Lemke, "The Continuation of History: Power Transition Theory and the End of the Cold War," *Journal of Peace Research*, Vol. 34, No. 1, 1997, p. 28.

85 James Lee Ray and Bruce Russett, "The Future as Arbiter of Theoretical Controversies: Predictions, Expla-nations, and the End of the Cold War," *British Journal of Political Science*, Vol. 26, Iss. 4, 1996.

86 John Lewis Gaddis, "International Relations Theory and the End of the Cold War," *International Security*, Vol. 17, No. 3, 1992/93, p. 37.

원인 고르바초프의 의도적 선택은 "공유된 관념(shared ideas)"이라는 관념적 구조와 상호구성, 상호작용하는 인간 주체의 가치관이나 정체성이 국가 행위에 대해 갖는 의미를 강조하는 구성주의 관점(constructivism)의 설명력을 부각하는 사례로 간주되었다.[87] 구성주의자들에 따르면, "자력구제(self-help)," "안보 딜레마(security dilemma)" 등 현실주의 관점의 근원이 되는 국제정치의 무정부성은 고정 불변한 것이 아니고, 냉전 후 유명해진 웬트(Alexander Wendt)의 문장이 시사하는 것처럼, "국가들이 그것을 어떻게 보느냐(Anarchy is what states make of it)"에 따라 그 성격이 달라질 수 있는 것이다.[88]

둘째, 미소 양극체제인 냉전체제는 "안정을 지지하는 그 많은 요인들"에도 불구하고 40여 년 만에 급작스럽게, 그리고, 평화적으로 붕괴하였다. 국제체제의 구조적 조건은 1985년 초에서 1989년 말 동안 변하지 않았는데도 안정적인 양극체제가 급격히 무너졌던 것이다. 이로써 능력의 분포라는 국제체제의 물질적·구조적 변수로 국제정치를 설명하는 구조주의 체제이론의 한계가 노정되었다. 국가들은 능력의 분포라는 국제체제의 제약과 기회에 반응하지만, 그들의 반응은 국가-사회 관계, 국내정치의 성격, 전략문화, 그리고, 국가지도자들의 인식 등 단위-수준의 요인들에 의해 여과된다는 신고전적 현실주의(Neoclassical Realism)[89]가 이러한 현실주의의 이론적 공백을 메우기 위해 등장하였지만, 늘어난 설명력에 비해 추가된 변수가 많아 이론의 간결성과 경제성이 훼손된다는 비판이 제기되었다.[90]

....

87 구성주의를 국제정치학에 도입한 인물은 오누프(Nicholas Onuf)였지만, 이 접근법이 국제정치학계에 잘 알려지게 된 계기는 구조주의적 현실주의를 정면에서 비판한 웬트와 카첸쉬타인에 의해 마련되었다. Alexander Wendt, *Social Theory of International Politics*, Cambridge University Press, 1999; Peter J. Katzenstein, *The Culture of National Security: Norms and Identity in World Politics*, Columbia University Press, 1996.

88 Alexander Wendt, "Anarchy is what States Make of it: The Social Construction of Power Politics," *International Organization*, Vol. 46, No. 2, 1992.

89 Gideon Rose, "Neoclassical Realism and Theories of Foreign Policy," *World Politics*, Vol. 51, No. 1, 1998.

90 양준희, 박건영, "신고전적 현실주의(Neoclassical Realism) 비판," 『국제정치논총』, 제51집, 제3호, 2011.

셋째, 미소 양극체제의 붕괴는 미국의 패권체제로 이어졌는데 이에 대항하는 균형화는 현실주의자들의 예측과는 달리 30여 년이 지나도록 가시권에 들어오지 않았다. 울포스(William C. Wohlforth)는 미국의 힘이 압도적이어서 미국에 대항하는 균형화를 주도할 만한 강대국이 나타나지 않기 때문이라고 주장하였다.[91] 위협균형(Balance of Threat) 이론을 제시한 월트(Stephen Walt)는 국가들은 패권국으로부터 공격적 의도를 읽을 때에만 균형화에 나선다며 비물질적 따라서 비현실주의적 요소를 가미하여 전통적 세력균형론을 수정하였다. 그러나 전자는 '언젠가'는 세력균형이 회복된다는 반증불가한(unfalsifiable) 가설을 정당화하려는 임시방편적(ad hoc)이고 퇴행적(degenerating)인 가설에 지나지 않고, 후자는 동어반복(tautology)의 요소를 담고 있다는 비판에 직면하였다.[92]

소련과 동유럽의 급작스러운 붕괴는 다른 사회주의 국가들에게 교훈을 주었다. 특히 중국과 북한 등은 이들의 멸망이 경제와 정치 영역에서의 통제되지 않은 "이중적·동시적 전환"에 기인하였다고 보고, 경제는 개방하더라도 정치적 독재는 국가 생존을 위해 필수불가결하다고 판단하였다. 덩샤오핑의 "중국적인 요소를 담은 사회주의적 시장경제"라는 개념은 이러한 역사적 교훈을 수용한 결과였다. 비슷한 맥락에서, 북한의 김일성은 "모기장을 치지 않고 창문을 열어 놓으면 모기가 달려들어 눈두렁(눈두덩)을 쏘거나 쉬파리가 들어와 쉬(파리알)를 쓸어 놓을 수 있으므로 모기장을 잘 쳐야 한다"며, 체제 유지에 도움이 되는 공기는 통과시키고 해로운 요소는 걸러야 한다는 이른바 '모기장론'을 제시하였다.[93] 한편, 북한은 소련과

....

91   William C. Wohlforth, "Realism and the End of the Cold War," *International Security*, Vol. 19, No. 3, 1994-1995.

92   '의도'라는 비가시적 변수를 포함하는 위협균형론은 현실주의 이론이라고 보기 어려우며, 논리적으로는 사후정당화이고 사실상 동어반복에 지나지 않는다. (구조적) 현실주의자들은 국가들의 의도는 알 수 없다고 전제한다. 알 수 없는 것에 의존하는 국가전략은 위험하기까지 하다는 것이다. 따라서 그들은 오로지 국가들의 상대적 힘만을 고려하는 접근법이 국제정치를 합리적이고 객관적으로 설명·예측하는 유일한 방법이라고 본다. 패권국의 위협이 타국들에게 분명히 인식될 때 타국들이 위협을 느낀다는 (따라서 그에 대한 균형화에 나선다는) 식의 위협균형론은 새로운 지식을 생산하지 않는 순환론이자 미국은 평화국가라는 이미지를 (의도치 않게) 선전하는 '미국을 위한 이론'이라 할 수 있다.

93   김일성, "일군의 혁명성, 당성, 로동계급성, 인민성을 높여 당의 경공업혁명 방침을 관철하자," 『김일성

동구국가들의 붕괴로 인해 시장, 자원, 동맹을 상실하여 경제와 군사적 곤경에 빠졌고, 이를 해소하는 차원에서 핵무기 등 대량파괴무기 개발에 손을 대기 시작하였다.

냉전의 종식은 미국의 패권을 강화하였고, 미국은 이러한 패권적 위상과 권력을 반영하여 미국적 가치를 지구적으로 확산하기 위해 이론적, 정책적 노력을 기울였다. 예를 들어, 냉전 직후 미국의 클린턴 정부는 "민주국가들끼리는 싸우지 않는다"는 이른바 '민주평화론'이라는 국제정치이론에 입각하여 구적성국들이나 비민주국가들에 대한 자유민주주의의 확산을 통해 세계평화를 추구한다는 내용을 담은 새로운 국가안보전략(National Security Strategy), 이른바 "관여와 확산(Engagement and Enlargement)" 전략을 채택하였다.[94] 자유나 민주주의의 개념을 미국과 달리 해석한 중국은 클린턴 정부의 '관여와 확산' 중 '확산'을 중국의 공산체제를 평화적인 방법으로 해체하려는 미국의 '화평연변(和平演邊)' 전략이라며 반발하였다. 중국과의 관계개선을 중시하던 클린턴 정부는 이후 '확산'이라는 용어를 사용하지 않았으나, 자유민주주의의 지구적 확산은 정권마다 다소 차이는 있었으나 냉전 후 역대 미국 정부들의 외교안보전략에 지대한 영향을 미친 전략개념으로 자리를 잡았고, 일정한 성과를 내기도 하였다. 국제정치학계에서는 전통적인 세력균형이론을 변용한 이른바 '위협균형론'이 제시되기도 하였다. 즉 미국은 냉전의 종식으로 패권적 위치에 올랐으나 세력균형이론이 예측하는 것과는 달리, 힘을 사용하여 타국을 위협하지 않기 때문에 (따라서 타국들이 미국의 위협을 인식하지 못하기 때문에) 미국에 대항하는 세력균형이 형성되지 않는다는 것이었다.[95]

그러나 수퍼파워 미국이 지배적인 힘의 사용에 대한 유혹을 뿌리치지 못하고 자의적으로 권력을 남용한 경우가 적지 않았다. 1996년 7월 쿠바와 거래하는 외국 기업을 제재하는 '헬름스-버튼법(The Helms-Burton Act, The Cuban Liberty and

----

저작집, 42』, 조선로동당출판사, 1995, pp. 21-22. 이찬행, 『김정일』, 백산서당, 2001, p. 654에서 재인용.

94 The White House, *A National Security Strategy of Engagement and Enlargement*, February 1995. http://nssarchive.us/NSSR/1995.pdf

95 Stephen M. Walt, "Can the United States Be Balanced? If So, How?" paper prepared for the annual meeting of the American Political Science Association, Chicago, Illinois, September 2-5, 2004, pp. 11-12.

Democratic Solidarity Act),' 같은 해 이란, 리비아에 투자하는 외국 기업들을 제재하는 '다마토법(D'Amato Act, Iran-Libya Sanctions Act)' 등은 힘의 자의적 사용의 주요 사례이고, "공산정권이 무너진 후에도 NATO를 "동쪽으로 확대"하여 러시아를 곤경에 빠뜨리고 러시아 민주화에 찬물을 끼얹은 것"[96] 또한 유관한 예로 지적되었다. 1993년 미 군함이 중국 화물선에 화학무기 원료가 실렸다며 공해상에 한 달간이나 발을 묶어놓고 검문했던 '은하호(銀河號)' 사건 역시 중국의 입장에서는 부당한 패권주의 행태로 인식되었다. 한편, 냉전 종식 직후 초강대국 미국은 자신에게 주어진 "명백한 운명"(manifest destiny)을 실천하는 가운데 미국 고유의 이상주의에 빠져 모겐소나 키신저가 중시하는 정책적 "분별력(prudence)"을 잃기도 하였다. 예를 들어, 신보수주의 조지 W. 정부는 이라크나 아프가니스탄 침공과 안정화 과정에서 막대한 경제적 정치적 비용을 치렀으나, 이들 사회를 "미국의 상(像)에 따라(in America's image)" 재주조하는 데는 실패하였다. 뿐만 아니라 2016년 미국 공화당의 대선후보 중 한명이었던 랜드 폴(Rand Paul) 상원의원이 지적하였듯이, 부시 정부의 신보수주의자들은 2004년 이라크를 무모하고 부당하게[97] 침공하고 무리한

....

96 '뉴욕타임즈'는 NATO 확대가 미국 군산복합체의 압력과 로비의 결과라면 미국 정부가 미국의 패권적 지위와 힘을 통제·관리하기 어려울 수 있다며 우려를 표명하였다. *The New York Times*, June 29, 1997.

97 부시 대통령과 그의 안보참모들은 이라크 공격(2003년 3월 20일 개시)을 두 가지 이유로써 정당화하였다. 즉 9·11 테러와 이라크의 사담 후세인 사이에 직접적 관련성이 있고, 이라크에 대량파괴무기(WMD)가 존재한다는 것이었다. 그러나 이라크 침공 이후 미국의 정보기관들이 위의 두 가지 관련성에 대해 의문을 제기하자, 부시 정부는 사담 후세인이 이라크의 인권을 말살하는 장본인이기 때문에 이라크의 민주주의를 위해 그를 제거해야 한다는 입장을 새로이 내놓았다. 9·11과 후세인 간의 관계에 대해서는 2002년 11월 27일 부시 대통령의 지시에 의해 만들어진 9·11위원회(The National Commission on Terrorist Attacks Upon the United States)의 *The 9/11 Commission Report* 참조. https://www.9-11commission.gov/report/911Report.pdf. 이라크의 대량파괴무기 보유에 대해서는 미국 주도의 다국적군이 파견한 '이라크서베이그룹(Iraq Survey Group)'의 *Finding the Truth: The Iraq Survey Group and the Search for WMD* 참조. https://nsarchive2.gwu.edu/NSAEBB/NSAEBB520-the-Pentagons-Spies/EBB-PS37.pdf. 전자는 2004년 6월 "9·11의 주범인 알카에다와 이라크 간에 협력적 관계가 존재하지 않았다"고 결론내렸고, 후자는 2004년 9월 사담 후세인이 2003년 당시 대량파괴무기를 갖고 있다는 증거를 발견하지 못했다"고 보고하였다. 미국의 이라크 공격은 UN의 지지도 받지 못하였다. 2009년 영국의 고든 브라운(Gordon Brown) 수상은 이라크 공격에서의 영국의 역할의 적절

안정화 작전을 시행하는 과정에서 잔인한 반서방 테러집단이자 신앙을 빙자하여 인류를 파괴하는 종교적 괴물인 '이라크시리아이슬람국가(Islamic State of Iraq and Syria, ISIS)'의 배아가 착상되는 데 일조하기도 하였다.[98]

냉전의 종식은 미국의 패권 강화와 함께 유럽과 중국의 영향력 확대를 동반하였다. 냉전의 시작은 유럽의 몰락과 동의어로 여겨졌었다. 유럽은 미국과 소련 군대에 의해 점령되었을 뿐 아니라, 대립하는 양국의 경제원조에 생존을 의존하였기 때문이다. 그러나 냉전이 종식되자 서유럽국가들은 마스트리흐트조약(Maastricht Treaty, 1992년 2월 7일 서명)을 통해 유럽연합(European Union)을 결성하고 모스크바가 지배하던 중동부유럽으로 진출하였다. 특히 독일의 통일은 유럽연합에 활력을 주고, 세계 정치 경제 무대에서 유럽의 영향력을 강화하는 계기가 되었다. 1970년대 미중 관계개선으로 안보환경이 안정됨으로써 개혁·개방을 시작한 중국은 냉전이 종식되고 소련의 위협이 해소되어 갈등비용이 감소한 데 부분적으로 힘입어 서방의 일부가 '황화론(黃禍論, Gelbe Gefahr, Yellow Peril)' 또는 '중국위협론(China Threat)'을 제기할 정도로 급성장하였다.[99]

중국의 미래와 관련해서는 논쟁이 일고 있다. 그러나 분명한 것은 중국공산당이 영도하는 중국의 미래는 단순한 과거의 연장이 될 수는 없을 것이라는 점이다. 중국의 경제성장은 상당 부분 풍부하고 저렴한 노동력, 저이윤 수출전략에 기인한

....

성을 조사하기 위해 존 칠콧(John Chilcot)을 위원장으로 하는 조사위원회를 출범시켰고, 칠콧위원회는 2016년 조사결과보고서를 발표하였다. 이 보고서에 따르면, 영국은 평화적 수단이 소진되기 전에 이라크 침공에 동참하였고, 당시 군사행동은 최후의 수단이 아니었으며, 토니 블레어(Tony Blair) 당시 수상은 후세인으로부터의 임박한 위협이 존재하지 않았는데도 그의 위협을 의도적으로 과장하였다. *The Iraq Inquiry: Statement by Sir John Chilcot*, 6 July 2016. http://webarchive.nationalarchives.gov. uk/20171123123237/http://www.iraqinquiry.org.uk/

98 Conor Friedersdorf, "The Principled Realism of Rand Paul," *The Atlantic*, December 17, 2015. 미국의 이라크 침공과 ISIS의 부상에 관한 역사적 분석은 Fawaz A. Gerges, *ISIS: A History*, Princeton University Press, 2017 참조. 후일 ISIS의 수장(emir)이 되는 아부 바크르 알-바그다디(Abu Bakr al-Baghdadi)의 캠프 부카(Camp Bucca) 교도소에서의 활동에 관해서는 Martin Chulov, "Isis: the inside story," Islamic State: The long read, *The Guardian*, December 11, 2014 참조.

99 미국 정치권에서의 황화론에 대해서는 Michelle Murray Yang, *American Political Discourse on China*, Routledge, 2017 참조.

것이었다. 따라서, 학자들은 선진국가들의 경우와 같이 경제가 성숙하면서 성장률이 둔화되는 '천정효과(ceiling effect)'가 머지않아 중국에서 나타날 것이고, 나아가 중국이 성장전략을 고도화하지 못할 경우 아프리카, 라틴 아메리카, 동남·서남 아시아, 북한 등에 생산기지를 내주게 되어 성장이 둔화될 것으로 보고 있다. 중요한 것은 지속적 신속 성장에서 정치적 정당성을 확보해온 중국공산당이 성장의 동력을 유지하지 못하는 경우 중국적 사회주의 또는 중국적 시장경제 체제의 핵심인 공산당 영도, 즉 일당독재체제가 과연 안정적으로 유지될 것인가에 관한 문제이다. 국제관계사가들은 중국공산당의 "지속 성장에 의존하는 정치적 정당성"이 약화되면 지난 30여 년간 이미 성장한 제 경제·사회세력이 결집하여 자신들의 이익을 대변하는 정당을 조직할 가능성이 커질 것이고, 그리고 이들이 그간 확대되어온 중국의 대외개방성을 기반으로 국제적 네트워크와 결합하여 '정치적 세(勢)'를 키울 수 있을 것으로 보고 있다. 그러나, 다른 한편, 지난 30여 년뿐 아니라 그 이전 혁명기부터 온갖 고통 속에서 역사적으로 형성된 중화민족주의적 정체성(예를 들어, '100년의 수모'라는 관념)이 이와 같은 근대화론적 정치변동 과정에 개입변수로 작용하여 대안적인 정치체제로의 안정적 이전을 가능하게 할 수도 있을 것이다. 어쨌든, 중국의 미래의 정치적 향방과는 별도로, 한 가지 분명해 보이는 것은 수십 년간 성숙하고 복잡화된 중국적 "시장경제"는 그 본질적 "비통제성(uncontrolled economy)"으로 인해 공산당 영도, 즉 중국공산당에 의한 일당독재체제에 대해 상당한 다원주의적 압력을 가하게 될 것이라는 점이다.

보다 거시적인 국제체제적 관점에서 보면 냉전의 종식은 그간 '생존을 위한 이념적 연대'라는 정치프레임에 의해 억압되었던 전통적인 국제정치적 가치와 국가 행동방식의 부상을 가져왔고, 이에 기초한 새로운 국제질서의 틀을 산출하였다. 프린스턴 대학의 아이켄베리(G. John Ikenberry)는 마치 "도금(overlay)이 [오래된 금속으로부터] 벗겨지듯이"[100] 이데올로기의 과잉이 청산되어, 국가들이 탈이념적, 포괄적 이익을 추구하는 보편적인 경쟁체제가 냉전기간 동안 일시적으로 감추었던

....

100   G. John Ikenberry, "The Myth of Post-Cold War Chaos," *Foreign Affairs*, Vol.75, No.3, May/June 1996.

본모습을 드러내게 되었다고 지적하였다. 냉전 후 국제관계는 개별 국가적, 비국가적 주체들이 기본적인 게임의 룰을 벗어나지 않는 범위 내에서 자신의 이익과 이윤을 극대화하기 위해 협력과 경쟁을 신축적으로 선택하는 세계적 보편경쟁의 시대로 접어든 것이다.

탈냉전적 보편경쟁은 이른바 '세계화(globalization)'를 동반하였다. 즉 체제 간 장벽이 사라져 단일화된 전 지구적 시장이 주어짐에 따라 세계 전체의 상호의존성이 높아지면서 지구촌 전체가 단일한 체제로 통합되는 한편 자본주의 작동원리인 이윤의 극대화를 신격화한 신자유주의(neoliberalism)가 영국의 대처주의자들과 미국의 레이건주의자들의 주도하에 새롭고 유일한 지배적 이데올로기로 자리 잡으면서 인간의 물질과 정신 세계를 획일적으로 자유주의화하고, 그 자유주의를 세계화하였던 것이다.[101] 탈냉전적 신자유주의 열풍에 편승하여 후쿠야마(Francis Fukuyama) 등 일단의 지식인들은 인류의 이데올로기적 진화는 최종단계에 도달했으며, 자유민주주의(Western liberal democracy)가 인류의 마지막 이데올로기이자 최종적 정부 형태가 되어 이후 세계는 단일하고 보편적인 '국가들의 사회'가 될 것이라 주장하였다.[102]

한편, 탈냉전으로 인한 진영 내적 협력구조의 이완은 인종집단의 분리독립 운동을 활성화시켰다. 근대 이전부터 존재하고 있었던 '1차적 집단'인 인종과 종족은 근대 국민국가 체제하에서 국가주권에 의해 억압되어 왔을 뿐 아니라, 제국주의 시대에는 외적 억압을 동시에 경험해야 하였다. 그러나 인종·종족을 억압했던 것은 국가 주권이나 제국주의만이 아니었다. 이들과 함께 억압의 기제로 함께 작용했던 것은 미소 진영 간 이데올로기 전쟁이었다. 각 진영의 구성원들이 비록 인종·종족적 분리주의의 동기를 갖고 있었지만, 이들에 대한 통제력 이완이 곧 진영적 안보 위협으로 간주되었기 때문에 양 진영의 맹주들과 그들의 대리자들(agents)이 이를

....

101   Beth A. Simmons, and Zachary Elkins, "The globalization of liberalization: policy diffusion in the international political economy," *American Political Science Review*, Vol. 98, No. 1, 2004; Richard Jerram, "The Globalisation of Liberalism?" *Millennium: Journal of International Studies*, Vol 24, Issue 3, 1995.

102   Francis Fukuyama, *The End of History and the Last Man*, Free Press, 1992.

허용하지 않았다. 또한 인종·종족주의 및 분리주의자들도 보다 큰 위협에 대처하고 생존을 확보하기 위해 진영 이데올로기에 순응하였던 것이다.[103] 그러나 미소 진영 간 대결이 해소되자, 이제까지 냉전질서 속에서 공동체 형성이라는 욕망을 유보할 수밖에 없었던 인종·종족 집단들은 기존의 인위적 국가조직으로부터 이탈하여 새로운 공동체를 만들어 가기 시작하였다. 인종·종족 간 갈등은 특히 국가 주권의 이완과 냉전에서의 패배를 동시에 겪고 있던 구소련과 그 위성국가들에서 광범위하게 나타났으며, 코소보(Kosovo) 학살사건에서 보듯 '이(異)인종·종족의 청소'라는 극단주의적 형태로 악화되는 경우도 있었다.

하버드 대학의 헌팅턴(Samuel Huntington) 교수는 이와 같은 탈냉전기 비국가적 갈등을 목도하면서 '문명충돌론(the Clash of Civilizations)'을 제시하여 냉전 종식 후 새로운 세계에서의 갈등의 근본 원인은 더 이상 이데올로기나 경제적인 것이 아니고 문화적인 것이 될 것이며, 국민국가가 세계정치에서 여전히 가장 강력한 행위자로 남을 것이지만, 세계정치의 주요 갈등은 서로 다른 문명에 속한 국가 또는 집단 간에 발생할 것이라고 주장하였다.[104] 그러나 그의 문명충돌론은 미국의 '테러와의 전쟁'이나, 미국의 자유주의와 중국의 내정불간섭이라는 정치외교관념 간의 충돌 가능성을 이해하는 데는 유익하지만, 1990년 이라크의 쿠웨이트 침공과 미국이 주도한 반이라크 연합군에 이슬람국가들이 참여한 사실, 그리고 대량 난민을 발생시킨 예멘 사태의 배후에 수니파 사우디아라비아와 시아파 이란 간의 종교 내적 분파 간 혐오와 패권경쟁이 존재한다는 사실을 설명하지는 못한다. 따라서, 냉전의 종식에 따른 새로운 국제질서의 전반적인 성격과 구도는 냉전 이데올로기의 퇴각이 비운 자리를 인종·종족·종교·문화적 요인들이 일부 채우는 가운데 개별 국가적 이익 추구와 이익 중심의 연대와 경쟁이 무대 중심을 차지하는 양태가 될 것으로 보이지만, 구체적 시·공간의 제 조건들을 반영하게 될 미래의 국제질서는 매끄

....

103   박건영, 『한반도의 국제정치』, 도서출판 오름, 1999, 제1장 참조.
104   헌팅턴은 이슬람 근본주의의 발흥, 나아가 이슬람과 유교권이 연합할 가능성에 주목하면서 이에 맞서 서구적 가치와 이익을 지키기 위해 서구 문명권의 경제력과 군사력의 유지·강화를 주문하였다. Samuel P. Huntington, *The Clash of Civilizations and the Remaking of World Order*, Simon & Schuster, 1998.

럽고 이음매가 없는 단일체적 모습이라기보다는 비균질적이고 비대칭적이며, 따라서 상당한 정도의 내재적 모순과 가변성을 내포하는 체제가 될 것으로 전망된다.

참고문헌

논문 및 저서

가토 요코(윤현명·이승혁 역), 『그럼에도 일본은 전쟁을 선택했다: 청일전쟁부터 태평양전쟁까지』, 서해문집, 2018.

강정인, "서론: 서구중심주의에 대한 우리 학문의 이론적 성찰과 대응," 강정인 편, 『탈서구중심주의는 가능한가』, 아카넷, 2016.

거름 출판사 편집부, 『러시아혁명사』, 거름, 1987.

공의식, 『새로운 일본의 이해』, 다락원, 2005.

구영록, 배영수, 『한미관계: 1881-1982』, 서울대출판부, 1982.

국방부 전사편찬위원회, 『한국전쟁사』, 제1권, 1997.

국방부 편찬위원회, 『해방과 건군 – 한국전쟁사 1』, 국방부, 1967.

권오중, "제네바 한국평화회담(1954)의 진행, 결과 그리고 의미: 한반도 6자회담의 원형?," 『통일정책연구』, 14권 2호, 2005.

김구(엄항섭 엮음), 『도왜실기(屠倭實記)』, 범우사, 2002.

김기봉, 『내일을 위한 역사학 강의』, 문학과지성사, 2018.

김성호, 『1930 년대 연변 민생단 사건 연구』, 백산자료원, 1999.

김세걸, 『진실의 서로 다른 얼굴들』, 소나무, 2017.

김연철, "1954년 제네바 회담과 동북아 냉전질서," 『아세아연구』, 제54권 1호, 2011년.

김영선, "장관치사," 『남북대화: 남북조절위원회, 남북적십자회담』, 1973.

김용구, 『세계외교사』, 서울대학교출판문화원, 2012.

김윤경, "한국전쟁기 부역자 처벌과 재심: '비상사태하의 범죄처벌에 관한 특별조치령'을 중심으로," 『공익과 인권』, 통권 제18호, 2018.

김일성, 『김일성 저작집 42』, 조선로동당출판사, 1995.

김학준, "분단의 배경과 고정화 과정," 『한국문제와 국제정치』, 박영사, 1976.

김한규, 『티베트와 중국의 역사적 관계』, 혜안, 2003.

나카츠카 아키라, 『시바 료타로의 역사관』, 모시는 사람들, 2014.

대한민국 국방부, 군사편찬위원회, 『국방조약집』, 제1집, 1981.

대한민국 외무부 방교국, 『조약집』, 제1권, 1968.

데이비드 스콧(이기홍 옮김), 『로이 바스카, 비판적 실재론과 교육을 말하다』, 한울, 2015.

돈 오버도퍼(이종길 역), 『두 개의 한국』, 길산, 2002.

로이 바스카(김훈태 옮김), 『자연적 필연성의 질서: 친절한 비판적 실재론 입문』, 두번째 테제, 2017.

마리 클레르 베르제르(박상수 역), 『중국현대사』, 심산, 2009.

모리 가즈코(조진구 역), 『중일관계: 전후에서 신시대로』, 리북, 2006.

문화공보부, "국가비상사태를 총화로 극복하자," 1971년 12월 6일.

민병천, "南北對話의 展開過程에 관한 考察,"『行政論集』, 제14집, 동국대학교 행정대학원, 1984.

박건영, "한국적 국제정치이론의 구상," 미발표원고, 2020.

박건영, "국제관계이론의 역사와 계보," 우철구·박건영 편,『현대 국제관계이론과 한국』, 사회평론, 2004.

박건영·우승지·박선원, "제3공화국 시기 국제정치와 남북관계: 7.4공동 성명과 미국의 역할을 중심으로,"『국가전략』, 제9권 4호, 2003.

박건영,『한반도의 국제정치』, 도서출판 오름, 1999.

박경환, "6·25와 李博士의 放送내용,"『한국방송사』, 1977.

박다정, "태평양전쟁 초기 중국의 팽창주의와 미국의 한반도 신탁통치 결정(1941~1943),"『歷史學報』, 第256輯, 2022.

박다정, "미국의 38선 획정 원인과 목적(1943~1945),"『歷史學報』, 第260輯, 2023.

박상섭,『1차대전의 기원』, 아카넷, 2014.

박진완,『통일법제 Issue Paper 18-19-③』, 한국법제연구원, 2017.

방선주, 「미국 제24군 G-2 군사실 자료 해제」,『아시아문화』3, 한림대 아시아문화연구소, 1987.

블라디미르 레닌,『제국주의: 자본주의의 최고 단계』, 아고라, 2018.

서진영,『중국혁명사』, 한울, 1992.

션즈화(김동길 역),『조선전쟁의 재탐구: 중국 소련 조선의 협력과 갈등』, 선인, 2014.

송건호 등,『해방전후사의 인식』, 한길사, 1980.

심혁주, "티베트 문제와 미국의 역할 변화,"『인문학 연구』, 제41집, 2011.

아돌프 히틀러(이명성 역),『나의 투쟁』, 홍신문화사, 1993.

아마코 사토시(임상범 역),『중화인민공화국 50년사』, 일조각, 2003.

알렉산더 웬트(박건영·구갑우·이옥연·최종건 역),『국제정치의 사회적 이론: 구성주의』, 사회평론, 2009.

야마다 아키라(윤현명 역),『일본, 군비 확장의 역사』, 어문학사, 2014.

양준석, "무기의 길: M1891모신나강 소총과 체코슬로바키아군단의 여정,"『국제지역연구』, 25권 3호, 2021.

양준희·박건영, "신고전적 현실주의(Neoclassical Realism) 비판,"『국제정치논총』, 제51집 제3호, 2011.

앤드루 고든(김한성 역),『현대일본의 역사: 도쿠가와 시대에서 2001년까지』, 이산, 2005.

에리히 프롬(이상두 역),『자유에서의 도피』, 범우사, 2011.

에즈라 보걸(심규호·유소영 역),『덩샤오핑 평전』, 민음사, 2014.

오기평,『세계외교사』, 박영사, 2007.

요아힘 C. 페스트(안인희 역),『히틀러 평전』, 푸른숲, 1998.

우노 시게아끼(김정화 역),『중국공산당사』, 일월서각, 1984.

우스키 아키라,『세계사 속 팔레스타인 문제』, 글항아리, 2013.

윌리엄 듀이커(정영목 역),『호치민 평전』, 푸른숲, 2001.

유영익,『한국과 6·25전쟁』, 연세대학교출판부, 2002.

유영익,『한국과 6·25전쟁』, 연세대학교출판부, 1982.

유지아, "전후 재조선일본군의 무장해제 과정에서 형성된 한미일관계,"『한일관계사연구』, 28집, 2007.

윤용택, "흄의 '인과관계' 분석에 대한 비판적 고찰,"『철학』, 한국철학회, 1994.

윤종현, "7·4공동성명의 배경과 의의,"『統一』(민족통일중앙협의회), 7월호, 2007.

은용수, "국제정치학의 메타이론: 존재론과 인식론." 박건영·신욱희 편,『국제정치이론』, 사회평론아카데미,

2021.

응우옌 응이, "베트남 천주교 역사 개략과 선교 상황,"『교회사연구』, 2010년 6월.

이경자, "淸末 선교사들의 교육활동,"『中國學論叢』, 第49輯, 2015.

이용희,『국제정치원론』, 연암서가, 2017.

이은자, "광조우(廣州)의 개항 기억,"『아시아문화연구』(가천대학교 아시아문화연구소), 제29집, 2013.

이재훈, "1949~50년 중국인민해방군 내 조선인부대의 '입북'에 대한 북·중·소 3국의 입장,"
  『국제정치논총』, 제45집 3호, 2005.

이종석, "한국전쟁 중 중조연합사령부의 성립과 그 영향,"『군사』, 제44호, 2001.

이찬행,『김정일』, 백산서당, 2001.

이희수,『이슬람』, 청아출판사, 2011.

장영민, "한국전쟁 발발 직후 이승만 대통령의 라디오 특별방송 관련 자료,"『한국근현대사연구』, 제67집,
  2013.

장원석, "8·15 당시 여운형의 과도정부 구상과 여운형·엔도 회담,"『아시아문화연구』, 제27권, 2012.

정병준, "카이로회담의 한국문제 논의와 카이로선언 한국조항의 작성과정,"『역사비평』, 107호, 2014.

정병준,『우남 이승만 연구: 한국 근대국가의 형성과 우파의 길』, 역사비평사, 2005.

제바스티안 하프너(안인희 역),『히틀러에게 붙이는 주석』, 돌베개, 2014.

전재성·박건영, "국제관계이론의 한국적 수용과 대안적 접근,"『국제정치논총』, 제42집 4호, 2002.

조녀선 D. 스펜서(김희교 역),『현대중국을 찾아서 1』, 이산, 1999.

조영남,『중국의 엘리트 정치: 마오쩌둥에서 시진핑까지』, 민음사, 2019.

존 톨런드(박병화 등 역),『일본 제국 패망사: 태평양 전쟁 1936-1945』, 글항아리, 2019.

주경철,『그해, 역사가 바뀌다』, 21세기북스, 2017.

진덕규, "미군정의 정치사적 인식," 송건호 등,『해방전후사의 인식』, 한길사, 1980.

페르낭 브로델(주경철 역),『물질문명과 자본주의 I-1: 일상생활의 구조 상』, 까치, 1995.

폴 존슨(김한성 역),『유대인의 역사 2』, 살림, 2005.

한국이슬람학회,『세계의 이슬람』, 청아출판사, 2018.

한나 아렌트(김선욱 역),『예루살렘의 아이히만: 악의 평범성에 대한 보고서』, 한길사, 2006.

한인희,『국제지역연구』, 제11권 제4호, 2007.

헨리 키신저(권기대 역),『중국 이야기』, 민음사, 2012.

홍석률,『분단의 히스테리: 공개문서로 보는 미중관계와 한반도』, 창비, 2012.

황성칠, "한국전쟁시 중공군의 제1·2차 공세 전역에 관한 재조명,"『군사연구』, 제122책, 1992.

히토쓰바시대학 한국학연구센터(형진의 역),『일본 신민족주의 전환기에 '국체의 본의'를 읽다』, 어문학사,
  2017.

柯延 編著, "(萬木霜天紅爛漫, 天兵怒氣沖霄漢. 霧滿龍岡千樟暗, 齊聲喚, 前頭捉張輝瓚)." 毛澤東生平全記錄(上),
  北京: 中央文獻出版社, 2009.

金冲及主编, 中共中央文献研究室编,『周恩来傳』, 北京: 中央文献出版社, 1998.

廖蓋隆 編(정석태 譯),『중국공산당사, 1919-1991』, 녹두, 1993.

神谷不二, "변모하는 조선 문제와 일본: 남북공동성명·적십자회담·국제연합총회."『70年代의 南北韓關係』,

동아일보사, 1972.

服部卓四郎,『大東亜戦争全史』, 동경: 原書房, 1996.

王泰平 主編,『中華人民共和國外交史 1970-1978』, 베이징: 세계지식출판사, 1999.

石原莞爾 資料, 国防論策, 明治百年史 資料, 第18卷.

奥田安弘·川島真ほか,『中国戦後補償―共同研究·歴史·法·裁判』, 明石書店, 2000.

林代昭,『戦後日中關係史』, 北京大學出版會, 1992.

柳田邦男,『日本は燃えているか』, 講談社, 1983.

鈴木貫太郎伝記編纂委員会,『鈴木貫太郎傳』, 1960.

毛泽东,『建国以来毛泽东文稿』, 第一册 (Mao Zedong, Jianguo Yilai Mao Zedong Wengao diyi Ce).

薄一波,『若干重大决策与事件的问题(下)』.

吉田茂,『回想十年』第三卷. 東京: 新潮社. 1958.

鈴木貫太郎伝記編纂委員会,『鈴木貫太郎傳』, 1960.

雷英夫, "抗美援朝战争几个重大决策的回忆,"『黨的文献』, 1993.

Elie Abel, *The Missiles of October: the Cuban Missile Crisis 1962*, MacGibbon & Kee Limited, 1966.

Amitav Acharya, Barry Buzan, "Conclusion: on the possibility of a non-Western IR theory in Asia," *International Relations of the Asia-Pacific*, vol. 7, 2007.

Joachim Acolatse, *Samson: God's Mighty Man of Faith*, Tate, 2010.

Tomas Diez Acosta, *October 1962: The 'Missile' Crisis as Seen from Cuba*, Pathfinder, 2002.

Jefferson Adams, *Historical Dictionary of German Intelligence* (Historical Dictionaries of Intelligence and CounterIntelligence), Scarecrow Press, 2009.

Miyake Akimasa, *Reddo paji to wa nani ka* [What Was the Red Purge?], Otsuki Shoten, 1994.

Mahvash Alerassool, *Freezing Assets: The USA and the Most Effective Economic Sanction*, St. Martin's Press, 1993.

Richard C. Allen, *Korea's Syngman Rhee: An Unauthorized Portrait*, Charles E. Tuttle, 1960.

Hossein Amini, "Operation Eagle Claw, a Plot Foiled by God," November 4, 2015. http://english. khamenei.ir/print/2167/Operation-Eagle-Claw-a-Plot-Foiled-by-God.

John Lee Anderson, Armando Duran, *Che Guevara: A Revolutionary Life*, Grove Press, 2008.

George A. Annas, Michael A. Grodin eds., *The Nazi Doctors and the Nuremberg Code*, Oxford University Press, 1992.

Hannah Arendt, *The Origins of Totalitarianism*, Harcourt, 1951.

Hannah Arendt, *Eichmann in Jerusalem: A Report on the Banality of Evil*, Penguin Books, 1977.

I. Michael Aronson, "Geographical and Socioeconomic Factors in the 1881 Anti-Jewish Pogroms in Russia", *Russian Review*, Vol. 39, No. 1, 1980.

Pierre Asselin, *Hanoi's Road to the Vietnam War, 1954-1965*, University of California Press, 2015.

Alan Axelrod, *The Real History of World War II: A New Look at the Past*, Sterling, 2011.

Paul Bairoch, *Economics and World History: Myths and Paradoxes*, University of Chicago Press, 1995.

Evgeni P. Bajanov, "Assessing the politics of the Korean War, 1949-51," Cold War International History Project (CWIHP) Bulletin, No. 6/7, 1995.

Evgenii P. Bajanov and Natalia Baljanova, "The Korean Conflict, 1950-1953: the Most Mysterious War of the 20th Century," CWIHP Bulletin.

Shelley Baranowski, *Nazi Empire: German Colonialism and Imperialism from Bismarck to Hitler*, Cambridge University Press, 2011.

James David Barber, *The Presidential Character: Predicting Performance in the White House*, Prentice-Hall, 1972.

Pierpaolo Barbieri, *Hitler's Shadow Empire: Nazi Economics and the Spanish Civil War*, Harvard University Press, 2015.

Robert Barnes, "Introduction," in Steven Casey ed. *The Korean War at Sixty*, Routledge, London, 2012.

Wm. Theodore de Bary, Carol Gluck, Arthur Tiedemann, Donald Keene, George Tanabe, Ryusaku Tsunoda, H. Paul Varley eds., *Sources of Japanese Tradition*, Volume 2, Columbia University Press, 2005.

Michael Bazyler, *Holocaust, Genocide, and the Law: A Quest for Justice in a Post-Holocaust World*, Oxford University Presss, 2016.

Antony Beevor, *The Battle for Spain: The Spanish Civil War 1936-1939*, Penguin, 2006.

Robert Beisner, *Dean Acheson: A Life in the Cold War*, Oxford University Press, 2006.

P. M. H. Bell, *France and Britain, 1900-1940: Entente and Estrangement*, Routledge, 1996.

Christopher de Bellaigue, *Patriot of Persia: Muhammad Mossadegh and a Tragic Anglo-American Coup*, Harper Collins, 2012.

Stefan Berger, *A Companion to Nineteenth-Century Europe, 1789-1914*, Wiley-Blackwell, 2009.

Peter L. Berger and Thomas Luckmann, *The Social Construction of Reality: A Treatise in the Sociology of Knowledge*, Penguin Books, 1966.

C. S. Berry-Cabán, "Return of the God of Plague: Schistosomiasis in China," *Journal of Rural & Tropical Public Health*, No. 6, 2007.

Roy Bhaskar, *A Realist Theory of Science*, Routledge, 1998.

Michael D. Biddiss, *Father of Racist Ideology: The Social and Political Thought of Count Gobineau*, Weybright & Talley, 1970.

R. M. Bird, "Land Taxation and Economic Development: the Model of Meiji Japan," *Journal of Development Studies*, Vol. 13, No. 2, 1977.

James G. Blight, David A. Welch, and McGeorge Bundy, *On the Brink: Americans and Soviets Reexamine the Cuban Missile Crisis*, Hill and Wang, 1989.

James G. Blight and David A. Welch, *Intelligence and the Cuban Missile Crisis*, Routledge, 1998.

James G. Blight and Philip Brenner, *Sad and Luminous Days: Cuba's Struggle with the Superpowers after the Missile Crisis*, Rowman & Littlefield Publishers, 2007.

Philipp Blom, *Fracture: Life and Culture in the West, 1918-1938*, Basic Books, 2015.

Jon Bloomberg, *The Jewish World in the Modern Age*, Ktav Pub & Distributors Inc, 2004.

John Morton Blum, *The Republican Roosevelt*, Cambridge, Harvard University Press, 1977.

Andy Blunden, "Stalinism: It's Origin and Future," Marxist Internet Archive, 1993.

R. J. B. Bosworth, *Mussolini*, Bloomsbury Academic, 2002.

H. W. Brands, *The General vs. the President: MacArthur and Truman at the Brink of Nuclear War*, Doubleday, 2016.

Fernand Braudel, *On History*, University of Chicago Press, 1980.

Gregg A. Brazinsky, *Nation Building in South Korea: Koreans, Americans, and the Making of a Democracy*, The University of North Carolina Press, 2009.

Michael Brecher, *Foreign Policy System of Israel*, Yale University Press, 1972.

Piers Brendon, *The Dark Valley: A Panorama of the 1930s*, Vintage Books, 2002.

Gregory Brew, "The 1953 Coup D'Etat in Iran: New FRUS, New Questions," October 30, 2017.
    https://www.wilsoncenter.org/blog-post/the-1953-coup-detat-iran-new-frus-new-questions
Douglas Brinkley, *Dean Acheson: The Cold War Years, 1953-71*, Yale University Press, 1994.
Archie Brown, *The Gorbachev Factor*, Oxford University Press, 1997.
Larry D. Bruns, *German General Staff In World War I*, Verdun Press, 2014, chapter 2.
Zbigniew Brzezinski, *Power and Principle*, Farrar, 1985.
William Burr ed., "First Strike Options and the Berlin Crisis," September 1961, New Documents
    from the Kennedy Administration, *National Security Archive Electronic Briefing Book* No. 56,
    September 25, 2001.
William Burr ed., "The George Polk Case: CIA Has Lost Records on CBS Reporter Murdered in
    Greece in 1948, and Destroyed FOIA File on Case," *National Security Archive Electronic
    Briefing Book No. 226*, 2007.
Joseph Buttinger, *Vietnam: A Dragon Embattled*, Praeger Publishers, 1967.
Malcolm Byrne ed., "The Secret CIA History of the Iran Coup, 1953," *National Security Archive
    Electronic Briefing Book* No. 28, 2000. https://nsarchive2.gwu.edu/NSAEBB/NSAEBB28/
Margaret Canovan, *Hannah Arendt: A Reinterpretation of Her Political Thought*, Cambridge
    University Press, 1994.
Mark E. Caprio and Yoneyuki Sugita, "Introduction," in Caprio and Sugita eds. *Democracy in
    Occupied Japan: The U.S. Occupation and Japanese Politics and Society*, Routledge, 2007.
Steven Casey, *Selling the Korean War: Propaganda, Politics, and Public Opinion in the United States,
    1950-1953*, Oxford University Press, 2010.
Lamar Cecil, *Wilhelm II: Emperor and Exile, 1900-1941*, The University of North Carolina Press,
    1996.
John Whiteclay Chambers et. al. ed., *The Oxford Companion to American Military History*, Oxford
    University Press, 1999.
Laurence Chang, and Peter Kornbluh, *Cuban Missile Crisis, 1962: A National Security Archive
    Documents Reader*, New Press, 1999.
Jessica Chapman, "Staging Democracy: South Vietnam's 1955 Referendum to Depose Bao Dai,"
    Diplomatic History, Vol. 30, No. 4, September 2006.
Ching-Chang Chen, "The absence of non-western IR theory in Asia reconsidered," *International
    Relations of the Asia-Pacific*, volume 11, 2011.
Jian Chen, "China's Road to the Korean War," New Evidence on the Korean War, CWIHP Bulletin,
    Iss. 6-7, 1995/1996.
Jian Chen, *China's Road to the Korean War*, Columbia University Press, 1994.
Jian Chen, *Mao's China and the Cold War*, University of North Carolina Press, 2001.
Jian Chen, Shen Zhihua, Introduction, "The Geneva Conference of 1954: New Evidence from the
    Archives of the Ministry of Foreign Affairs of the People's Republic of China," CWIHP Bulletin,
    Issue 16.
John Chilcot, *The Iraq Inquiry: Statement by Sir John Chilcot*, 6 July 2016. http://webarchive.
    nationalarchives.gov.uk/20171123123237/http://www.iraqinquiry.org.uk/
Thomas Childers, *The Third Reich: A History of Nazi Germany*, Simon & Schuster, 2017.
Soon Sung Cho, *Korea in World Politics 1940-1950: An Evaluation of American Responsibility*,
    Berkeley, University of California Press, 1967.
Noam Chomsky, *Deterring Democracy*, Vintage, 2006.
Thomas J. Christensen, *Worse Than a Monolith: Alliance Politics and Problems of Coercive*

Diplomacy in Asia, Princeton University Press, 2011.

Nicholas Churchich, *Marxism and Alienation*, Fairleigh Dickinson University Press, 1990.

Winston Churchill, *Sinews of Peace*, 1946.

Anna M. Cienciala, Natalia S. Lebedeva, Wojciech Materski eds., *Katyn: A Crime Without Punishment*, Yale University Press, 2008.

Anna M. Cienciala, Wojciech. Katyn Materski, *A Crime without Punishment*, Yale University Press, 2007.

Carl von Clausewitz, *On War*, Forgotten Books, 2008.

James, D. Clayton, *The Years of MacArthur, Vol. III: Triumph and Disaster, 1945~1964*, Houghton Mifflin Company, 1985.

Jonathan Clements, *Mao Zedong*, Haus Publishing, 2006.

Clark Clifford, *Counsel to the President: A Memoir*, Random House, 1991.

Eliot A. Cohen, "The Chinese Intervention in Korea, 1950," *Studies in Intelligence*, vol. 32, no. 3, Fall 1988.

Yohanan Cohen, *Small Nations in Times of Crisis and Confrontation*, State University of New York Press, 1989.

Chris Collodel, "MacArthur and Frozen Chosin: An Analysis of the Press Coverage of Douglas MacArthur during the Battle of Chosin Reservoir," *Voces Novae*, Volume 7 Article 2, 2018.

Cindy C. Combs and Martin W. Slann, *Encyclopedia of Terrorism*, Facts on File, 2007.

Compilation Group for the "History of Modern China" Series, *The Opium War*, University Press of the Pacific, 2000.

Richard S. Conley, *Historical Dictionary of the Reagan-Bush Era*, Rowman and Littlefield, 2017.

Alvin Coox, *Nomonhan: Japan against Russia 1939*, Stanford University Press, 1985.

Edward Crankshaw, *Gestapo: Instrument of Tyranny*, Greenhill Books, 1956.

Keith Crawford, *East Central European Politics Today*, Manchester University Press, 1996.

Philip A. Crowl, "Alfred Thayer Mahan: The Naval Historian," in Peter Paret, Gordon A. Craig, and Felix Gilbert, eds., *Makers of Modern Strategy from Machiavelli to the Nuclear Age*, Princeton University Press, 1986.

Bruce Cumings, *The Korean War: A History*, Modern Library Press, 2010.

Bruce Cumings, *The Origins of the Korean War, Volume I: Liberation and the Emergence of Separate Regimes, 1945-1947*, Princeton University Press, 1981.

Bruce Cumings, *The Origins of the Korean War, Vol. II: The Roaring of the Cataract 1947-1950*, Cornell University Press, 2004.

Bruce Cumings, "The Wicked Witch of the West Is Dead," in Michael J. Hogan ed., *The End of the Cold War: Its Meaning and Implications*, Cambridge University Press, 1992.

Mark E. Cunningham and Lawrence J. Zwier, *The Aftermath of the French Defeat in Vietnam*, Twenty-First Century Books, 2009.

Anthony D'Agostino, *The Rise of Global Powers: International Politics in the Era of the World Wars*, Cambridge University Press, 2012.

Robert Dallek, "JFK vs. the Military," *The Atlantic*. https://www.theatlantic.com/magazine/archive/2013/08/jfk-vs-the-military/309496/

Alexander Dallin, "Causes of the Collapse of the USSR," *Post-Soviet Affairs*, Vol. 8, No. 4, 1992.

Alexander Dallin, *Black Box: KAL 007 and the Superpowers*, University of California Press, 1985.

David Dallin, *Soviet Foreign Policy After Stalin*, J.B. Lippincott, 1961.

Jay David, *The Kennedy Reader*, Bobbs-Merrill Company, Inc., 1967.

Saul David, *Victoria's Wars: The Rise of Empire*, Penguin Books, 2007.

Eugene Davidson, *The Making of Adolf Hitler: The Birth and Rise of Nazism*, University of Missouri Press, 1997.

Phillip Davidson, *Vietnam at War: The History, 1946–1975*, Oxford University Press, 1988.

Daniel L. Davis, "The Battle of Chosin Reservoir: How China Saved North Korea from Extinction," *The National Interest*, January 6, 2018.

Glenn Davis and John G. Roberts, *Occupation Without Troops: Wall Street's Half-Century Domination of Japanese Politics*, Tuttle Publishing. 2012.

Hugh Deane, *The Korean War 1945-1953*, China Books & Periodicals, 1999.

Patrick Degan, *Flattop Fighting in World War II: The Battles Between American and Japanese Aircraft Carriers*, McFarland, 2017.

Peng Dehuai, "Speech at the Meeting to Mobilize the Cadres of the Chinese People's Volunteers at the Division Level and Above," October 14, 1950, in *Peng Dehuai Junshi Wenxuan*, 1988.

Frank Desmond, "M'Carthy Charges Reds Hold U. S. Jobs, Truman Blasted For Reluctance To Press Probe," *The Wheeling Intelligencer*, February 10, 1950.

Frank Dikötter, *Mao's Great Famine; The Story of China's Most Devastating Catastrophe*, Walker & Company, 2010.

Arif Dirlik, "Is There History after Eurocentrism?: Globalism, Postcolonialism, and the Disavowal of History," *Cultural Critique*, No. 42, 1999.

Michael Dobbs, *One Minute to Midnight: Kennedy, Khrushchev, and Castro on the Brink of Nuclear War*, Knopf, 2008.

Anatoly Dobrynin, *In Confidence: Moscow's Ambassador to America's Six Cold War Presidents (1962-1986)*, 1995.

Paul W. Doerr, *British Foreign Policy, 1919-39*, Manchester University Press, 2002.

William Doino, Joseph Bottum, David G. Dalin, *The Pius War: Responses to the Critics of Pius XII*, Lexington Books, 2004.

Arthur J. Dommen, *The Indochinese Experience of the French and the Americans: Nationalism and Communism in Cambodia, Laos, and Vietnam*, Indiana University Press, 2002.

Gary A. Donaldson, *America at War since 1945: Politics and Diplomacy in Korea, Vietnam, Iraq, and Afghanistan*, Carrel Books, 2016.

John W. Dower, "The San Francisco System: Past, Present, Future in U.S.-Japan-China Relations サンフランシスコ体制 米日中関係の過去、現在、そして未来," *The Asia-Pacific Journal*, Vol. 12, No. 2, 2014.

John W. Dower, *War without Mercy: Race and Power in the Pacific War*, Pantheon, 1987.

June Teufel Dreyer, *Middle Kingdom and Empire of the Rising Sun: Sino-Japanese Relations, Past and Present*, Oxford University Press, 2016.

John Dunlop, *The Rise of Russia and the Fall of the Soviet Empire*, Princeton University Press, 1995.

J.S. Dunn, *The Crowe Memorandum: Sir Eyre Crowe and Foreign Office Perceptions of Germany, 1918-1925*, Cambridge Scholars Publishing, 2013.

Michael A. Eggleston, *Exiting Vietnam: The Era of Vietnamization and American Withdrawal Revealed in First-Person Accounts*, McFarland, 2014.

Bruce A. Elleman, *International Competition in China, 1899-1991: The Rise, Fall, and Restoration of the Open Door Policy*, Routledge, 2015.

A. D. Elliott, *The Life of George Joachim Goschen, First Viscount Goschen 1831-1907, Vol. 2*, Longmans Green, 1911.

Mai Elliot, "The End of the War," *RAND in Southeast Asia: A History of the Vietnam War Era*, RAND Corporation, 2010.

Ludwig, Emil, *Bismarck: The Story of A Fighter*, Little, Brown, Little, Brown and company, 1927.

Catherine Epstein, *Nazi Germany: Confronting the Myths*, Wiley Blackwell, 2015.

Richard Evans, *The Third Reich in Power*, Penguin, 2005.

R. J. W. Evans and Hartmut Pogge von Strandmann eds., *The Coming of the First World War*, Clarendon Press, 1990.

Stephen Van Evera, *Causes of War: Power and the Roots of Conflict*, Cornell University Press, 1999.

Richard A. Falk, *The Vietnam War and International Law, Volume 3: The Widening Context*, Princeton University Press, 2015.

Donald J. Farinnaci, *Truman and Macarthur: Adversaries for a Common Cause*, Merriam Press, 2017.

Anthony Farrar-Hockley, *The British Part in the Korean War: A distant obligation*, Her Majesty's Stationery Office (HMSO), 1990.

Sydney Fay, *The Origins of the War*, Macmillan, 1928.

Ruth Tenzer Feldman, *The Korean War: Chronicles of America's Wars*, Lerner Publishing Group, 2003.

Felipe Fernández-Armesto, "Epilogue: What Is History Now?," in David Cannadine ed., *What Is History Now?*, Palgrave, 2002.

Fritz Fischer, *Germany and the Origins of the First World War*, Chatto & Windus, 1967

Fritz Fischer, *War of Illusions*, Chatto & Windus, 1975.

Klaus P. Fischer, *Hitler and America*, University of Pennsylvania Press, 2011.

Rosemary Foot, *The Wrong War: American Policy and the Dimensions of the Korean Conflict, 1950-1953*, Cornell University Press, 1985.

Michel Foucault, *Discipline and Punish: The Birth of the Prison*, Vintage Books, 1979.

Benjamin Frankel, *A Restless Mind: Essays in Honor of Amos Perlmutter*, Routledge, 2013.

Jonathan Frankel, *The Fate of the European Jews, 1939-1945: Continuity or Contingency?*, Oxford University Press, 1998.

Lois Frankel, "Mutual Causation, Simultaneity and Event Description," *Philosophical Studies*, Vol. 49, No. 3, 1986.

Christos G. Frentzos, "Warfare and National Building in the Repulic of Korea: 1953-1973," in Antonio S. Thompson and Christos G. Frentzos eds., *The Routledge Handbook of American Military and Diplomatic History: 1865 to the Present*, Routledge, 2013.

Richard M. Fried, *Nightmare in Red: The McCarthy Era in Perspective*, Oxford University Press, 1990.

Conor Friedersdorf, "The Principled Realism of Rand Paul," *The Atlantic*, December 17, 2015.

Henry Friedlander, *The Origins of Nazi Genocide: From Euthanasia to the Final Solution*, University of North Carolina Press, 1997.

David Fromkin, *A Peace to End All Peace: The Fall of the Ottoman Empire and the Creation of the Modern Middle East*, Holt Paperbacks, 2009.

Helen Losanitch Frothingham, *Mission for Serbia: Letters from America and Canada, 1915-1920*, Walker and Co., 1970.

Michael Fry, "National Geographic, Korea, and the 38th Parallel: How a National Geographic map helped divide Korea," *National Geographic*, August 4, 2013.

Francis Fukuyama, *The End of History and the Last Man*, Free Press, 1992.

Aleksandra Fursenko and Timothy Naftali, *One Hell of a Gamble, Khrushchev, Castro, and Kennedy*,

1958-1964: The Secret History of the Cuban Missile Crisis, W. W. Norton, 1997.

John Lewis Gaddis, *The Cold War: A New History*, Penguin Books, 2006.

John Lewis Gaddis, "International Relations Theory and the End of the Cold War," *International Security*, Vol. 17, No. 3, 1992/93.

John Lewis Gaddis, *We Now Know: Rethinking Cold War History*, Clarendon Press, 1997.

John Garrett, *Task Force Smith: The Lesson Never Learned*, School of Advanced Military Studies, United States Army Command and General Staff College, Fort Leavenworth, Kansas, Second Term AY 99-00.

Raymond L. Garthoff, *Détente and Confrontation*, Brookings, 1985.

Raymond L. Garthoff, *The Great Transition: American-Soviet Relations and the End of the Cold War*, Brookings Institution, 1994.

John W. Garver, *China's Quest: The History of the Foreign Relations of the People's Republic*, Oxford University Press, 2016.

Carolyn Gates, *Merchant Republic of Lebanon: Rise of an Open Economy*, The Center for Lebanese Studies, 1998.

Robert M. Gates, *From the Shadows: The Ultimate Insider's Story of Five Presidents and How They Won the Cold War*, Simon & Schuster, 2007.

Robert M. Gates, "Interview with Robert M. Gates," George H. W. Bush Oral History Project Transcript, July 23-24, 2000, College Station, Texas.

Imanuel Geiss, "Origins of the First World War" in H.W. Koch ed., *The Origins of the First World War*, Macmillan, London/Basingstoke, 1984.

Imanuel Geiss, ed. *July 1914: The Outbreak of the First World War: Selected Documents*, Scribner's, 1967.

Fawaz A. Gerges, *ISIS: A History*, Princeton University Press, 2017.

Alexander Gerschenkron, *Economic Backwardness in Historical Perspective: A Book of Essays*, Belknap Press of Harvard University Press, 1962.

William Conrad Gibbons, *The U.S. Government and the Vietnam War: Executive and Legislative Roles and Relationships, Part III: 1965-1966*, Princeton University Press, 2014.

Anthony Giddens, *Central Problems in Social Theory: Action, Structure, and Contradiction in Social Analysis*, University of California Press, 1979.

Anthony Giddens, *The Constitution of Society: Outline of the Theory of Structuration*, Polity, 2013.

Martin Gilbert, *Winston S. Churchill*, vol. VIII, "Never Despair," 1945-1965, Boston: Houghton Mifflin, 1960.

M. S. Gill, *Immortal Heroes of The World*, Sarup Book Publishers, 2005.

Isabella Ginor and Gideon Remez, *The Soviet-Israeli War, 1967-1973: The USSR's Intervention in the Egyptian-Israeli Conflict*, Oxford University Press, 2017.

David M. Glantz, *The Soviet Strategic Offensive in Manchuria, 1945: 'August Storm'*, Routledge, 2003.

Bernard Glassman, *Benjamin Disraeli: The Fabricated Jew in Myth and Memory*, UPA, 2003.

Carol Gluck, *Japan's Modern Myths: Ideology in the Late Meiji Period*, Princeton University Press, 1985.

Arthur de Gobineau, *The Inequality of Human Races*, translated by Adrian Collins, Heinemann, 1915.

Lyle J. Goldstein, "Return to Zhenbao Island: Who Started Shooting and Why It Matters," *The China Quarterly*, no.168, 2001.

Serigei Goncharov, John W. Lewis, and Xue Litai eds., *Uncertain Partners: Stalin, Mao, and the*

Korean War, Stanford University Press, 1993.

Leland M. Goodrich and Edvard Hambro, *Charter of the United Nations: Commentary and Documents*, World Peace Foundation, 1949.

Mikhail Gorbachev, *Kak eto bylo*, Moscow, 1999.

Mikhail Gorbachev, "Perestroika: New Thinking for Our Country and the World," *Pace International Law Review*, Vol. 2, Iss 1, September 1990.

Leon Gordenker, *The United Nations and the Peaceful Unification of Korea: The Politics of Field Operations, 1947-1950*, The Hague, Matinus Nijhoff, 1959.

Harold Foote Gosnell, *Truman's Crises: A Political Biography of Harry S. Truman*, Praeger, 1980.

Terrell D. Gottschall, *By Order of the Kaiser: Otto von Diederichs and the Rise of the Imperial German Navy, 1865-1902*, Naval Institute Press, 2003.

Barry Gough, *Pax Britannica: Ruling the Waves and Keeping the Peace before Armageddon*, Palgrave Macmillan, 2014.

Norman A. Graebner and Edward M. Bennett, *The Versailles Treaty and its Legacy: The Failure of the Wilsonian Vision*, Cambridge University Press, 2011.

June M. Grasso, Jay P. Corrin, and Michael Kort, *Modernization and Revolution in China: From the Opium Wars to the Olympics*, Routledge, 2015.

Mike Gravel, *The Pentagon Papers: The Defense Department History of United States Decisionmaking on Vietnam*, Volume 1, Beacon Press, 1971.

John Grenville, Bernard Wasserstein eds., *The Major International Treaties of the Twentieth Century: A History and Guide with Texts*, Routledge, 2013.

Joseph Grew, "Review of Policy regarding Korea," *Department of State Bulletin*, June 10, 1945.

Kedar Griffo, Michael Berkley, *Religion, Politics, and Freemasonry: A Violent Attack Against Ancient Africa*, Lulu, 2011.

Ted Robert Gurr, *Why Men Rebel*, Routledge, 2011.

Peter M. Haas, "Introduction: Epistemic Communities and International Policy Co-ordination," *International Organization*, Vol. 46, No. 1, 1992.

Briton Hadden, *The Time*, Vol. 135, No. 10-18, 1990.

Lawrence R. Hafstad, N. F. Mott, George C. Laurence, Bart J. Bok, Francis Friedman, Victor Weisskopf, Peter Kihss, and David E. Lilienthal, *Bulletin of the Atomic Scientists*, Vol. 3, No.2, Atomic Scientists of Chicago, February 1947.

David Halberstam, *The Best and the Brightest*, Ballantine Books, 1993.

Simon Hall, *Peace and Freedom: The Civil Rights and Antiwar Movements in the 1960s*, University of Pennsylvania Press, 2006.

Brigitte Hamann, *Hitler's Vienna: A Portrait of the Tyrant as a Young Man*, Tauris Parke, 2010.

Richard F. Hamilton, Holger H. Herwig, Decisions for War, 1914-1917, Cambridge University Press, 2014.

Sung-ju Han, *The Failure of Democracy in South Korea*, University of California Press, 1974.

Jussi M. Hanhimaki and Odd Arne Westad eds., "Hitler on the Future of Germany and Europe," in *The Cold War: A History in Documents and Eyewitness Accounts*, Oxford University Press, 2004.

Wang Hanming, "A Brief Study of Sino-American Relations in the Korean War," *Junshi Lishi*, No. 4, 1989.

Kimie Hara, *Cold War Frontiers in the Asia-Pacific: Divided Territories in the San Francisco System*, Routledge, 2006.

Y. Harkabi, *Arab Attitudes to Israel*, Jerusalem Israel Universities Press, 1972.

Tanya Harmer, *Allende's Chile and the Inter-American Cold War*, University of North Carolina Press, 2011.

Tim Harper and Christopher Bayly, *Forgotten Armies: Britain's Asian Empire and the War with Japan*, Penguin, 2004.

Shane Harris and Matthew M. Aid, Exclusive: CIA Files Prove America Helped Saddam as He Gassed Iran, *Foreign Policy*, August 26, 2013.

Hope Millard Harrison, *The Bargaining Power of Weaker Allies in Bipolarity and Crisis: The Dynamics of Soviet-East German Relations, 1953-61*, Ph.D. Diss., Columbia University, 1993.

Michael Harsgor, "Total History: The Annales School," *Journal of Contemporary History*, Vol. 13, No. 1, 1978.

Jonathan Haslam, "1989: history is rewritten," in Silvio Pons and Federico Romero eds., *Reinterpreting the End of the Cold War*, Frank Cass, 2014.

Jonathan Haslam, *Russia's Cold War: From the October Revolution to the Fall of the Wall*, Yale University Press, 2011.

Max Hastings, *The Korean War*, Simon & Schuster, 1988.

David A. Hatch and Robert Louis Benson, "The Korean War: The SIGINT Background," *NSA Monograph*, June 2000.

William L. Hauser, *America's Army in Crisis: A Study in Civil-Military Relations*, Johns Hopkins University Press, 1973.

John Earl Haynes, Harvey Klehr, *Venona: Decoding Soviet Espionage in America*, Yale University Press, 2000.

Richard Helms, William Hood, *A Look Over My Shoulder: A Life in the Central Intelligence Agency*, Presidio Press, 2003.

Ruth Hening, *Versailles and After 1919-1933*, Lancaster Pamphlets, 1984.

Seymour M. Hersh, *The Price of Power: Kissinger in the Nixon White House*, Summit Books, 1983.

James G. Hershberg, "Who Murdered "Marigold"?: New evidence on the mysterious failure of Poland's secret initiative to start U.S.-North Vietnamese Peace Talks, 1966," Woodrow Wilson International Center for Scholars, 2000. https://www.wilsoncenter.org/publication/who-murdered-marigold-new-evidence-the-mysterious-failure-polands-secret-initiative-to

John D. Hickerson, Oral History Interview with John D. Hickerson, Washington, DC, November 10, 1972, by Richard D. McKinzie. https://www.trumanlibrary.gov/library/oral-histories/hickrson

Paul G. Hiebert, *The Missiological Implications of Epistemological Shifts: Affirming Truth in a Modern/Postmodern World*, Christian Mission & Modern Culture, 1999.

James David Hillmer, *Democratizing Punishment: South Korean Penal Reform and Cold War Subjectivity 1945-60*, A dissertation submitted in partial satisfaction of the requirements for the degree Doctor of Philosophy in Asian Languages and Cultures, UCLA, 2022.

Adolf Hitler, *Mein Kampf*, A Project Gutenberg of Australia eBook. http://gutenberg.net.au/ebooks02/0200601.txt.

John Atkinson Hobson, *Imperialism A Study*, Cosimo Classics, 2005.

B. R. Hoffman, *Jewish Terrorist Activities and the British Government in Palestine, 1939-1947*, PhD dissertation, University of Oxford, 1985.

Michael J. Hogan, *Cross of Iron: Harry S. Truman and the Origins of the National Security State, 1945-1954*, Cambridge University Press, 1998.

Terence M. Holmes, "Absolute Numbers: The Schlieffen Plan as a Critique of German Strategy in

1914," *War In History*, Vol. 21, Issue 2, 2014.

Raymond F. Hopkins and Richard W. Mansbach, *Structure and Process in International Politics*, Joanna Cotler Books, 1973.

Max Horkheimer and Theodor W. Adorno, *Dialectic of Enlightenment*, Stanford University Press, 2002.

Germaine A. Hoston, *Marxism and the Crisis of Development in pre-war Japan*, Princeton University Press, 1986.

Douglas Howland, "Sovereignty and Laws of War: International Consequences of Japan's 1905 Victory over Russia," *Law and History Review*, Vol. 29, No. 1, 2011.

Edwin P. Hoyt, *The Day the Chinese Attacked: Korea, 1950*, McGraw-Hill, 1990.

Edwin P. Hoyt, *On To The Yalu*, Stein and Day, 1984.

Walter M. Hudson, *Army Diplomacy: American Military Occupation and Foreign Policy after World War II*, University Press of Kentucky, 2015.

Samuel P. Huntington, *The Clash of Civilizations and the Remaking of World Order*, Simon & Schuster, 1998.

Caleb Hyatt, Great Expectations: the U.S. Army X Corps in Korea, September-November 1950, School of Advanced Military Studies, United States Army Command and General Staff College, Fort Leavenworth, Kansas, AY 2014-001. https://apps.dtic.mil/sti/pdfs/ADA612017.pdf

G. John Ikenberry, "The Myth of Post-Cold War Chaos," *Foreign Affairs*, Vol.75, No.3, May/June 1996.

Edward T. Imparato, *General MacArthur Speeches and Reports 1908-1964*, Turner, 2000.

Akira Iriye, *The Origins of the Second World War in Asia and the Pacific*, Routledge, 1987.

Mayumi Itoh, *The Making of China's War with Japan: Zhou Enlai and Zhang Xueliang*, Palgrave Macmillan, 2016.

Christopher Ives, *Imperial-Way Zen: Ichikawa Hakugen's Critique and Lingering Questions for Buddhist Ethics*, University of Hawaii Press, 2009.

Ernest Jackh, *The Rising Crescent: Turkey Yesterday, Today, and Tomorrow*, Farrar and Rinchart, 1944.

Seth Jacobs, *Cold War Mandarin: Ngo Dinh Diem and the Origins of America's War in Vietnam, 1950–1963*, Rowman & Littlefield, 2006.

Eddie Jacobson, "I Too Have A Hero," *American Jewish Archives*, April, 1968.

Frank James, "William Calley Makes First Public Apology For Vietnam War's My Lai Massacre," *National Public Radio*, August 21, 2009.

Richard Jerram, "The Globalisation of Liberalism?" *Millennium: Journal of International Studies*, Vol 24, Issue 3, 1995.

Robert Jervis, "Arms Control, Stability, and Causes of War," *Political Science Quarterly*, Vol. 108, No. 2, 1993.

Liu Jiangyong, "New Trends in Sino-U.S. Relations," *Contemporary International Relations*, Vol. 8, No. 7, July 1998.

Xiao Jianning, "An analysis of U.S. Policy toward China on the Eve of the Outbreak of the Korean War and After," *Dangshi Yanjiu*, No. 6, 1987.

Zhu Jianrong, "Why China Abstained from War Reparations," *Gaikou Forum*, October, 1992.

Cong Jin, Quzhe qianjin de shinian, *The Decade of Tortuous Advance*, Henan People's Press, 1989.

David Johnson, *The Man Who Didn't Shoot Hitler: The Story of Henry Tandey VC and Adolf Hitler, 1918*, The History Press, 2014.

William Johnston, *A War of Patrols: Canadian Army Operations in Korea*, University of British Columbia Press, 2011

Howard Jones, *Crucible of Power: A history of American foreign relations from 1945*, Rowman & Littlefield Publishers, 2008.

Joseph Marion Jones, *The Fifteen Weeks*, Mariner Books, 1965.

William A. Joseph, "China's Relations with Chile under Allende: A Case Study of Chinese Foreign Policy in transition," *Studies in Comparative Communism*, Vol. XVIII, No. 2/3, Summer/Autumn, 1985.

JTA, "Vatican Paper Denies Eichmann Had Vatican Passport," June 28, 1960.

Niu Jun, *The Cold War and the Origins of Foreign Relations of People's Republic of China*, Brill, 2018.

David Kaiser, *American Tragedy: Kennedy, Johnson, and the Origins of the Vietnam War*, Harvard University Press, 2000.

Immanuel Kant, *Kant: Political Writings*, Cambridge University Press, 1991.

Fred Kaplan, "JFK's First-Strike Plan," *The Atlantic*, October, 2001.

Stanley Karnow, *Vietnam: A history*, Penguin Books, 1997.

Efraim Karsh, *From Rabin to Netanyahu: Israel's Troubled Agenda*, Routledge, 2013.

Peter J. Katzenstein, *The Culture of National Security: Norms and Identity in World Politics*, Columbia University Press, 1996.

David Kaufmann, "In Light of 'The Light of Transcendence': Redemption in Adorno," in Wayne Cristaudo and Wendy Baker eds., *Messianism, Apocalypse and Redemption in 20th Century German Thought*, ATF Press, 2006.

Robert G. Kaufman, *Henry M. Jackson: A Life in Politics*, University of Washington Press, 2000.

Kazuo Kawai, "Mokusatsu, Japan's Response to the Potsdam Declaration," *Pacific Historical Review*, Vol. 19, No. 4, 1950.

Noriko Kawamura, *Emperor Hirohito and the Pacific War*, University of Washington Press, 2016

T. E. Kebbel, ed., *Selected Speeches of the Earl of Beaconfield*, Longmans, Green & Co., 1882.

John Keegan, *The First World War*, New York, 1998.

Edmund Keeley, *The Salonika Bay Murder: Cold War Politics and the Polk Affair*, Princeton University Press, 1989.

Sun Kejia, "New Development of Mao Zedong's People's War Concept During the War to Resist and Aid Korea," *Junshi Lishi*, No. 5, 1990.

Frederick Kempe, *Berlin 1961: Kennedy, Khrushchev, and the Most Dangerous Place on Earth*, Penguine, 2012.

George F. Kennan, *The Fateful Alliance: France, Russia, and the Coming of the First World War*, Manchester, Manchester University Press, 1984.

George F. Kennan, *Memoirs, 1925-1950*, Little, Brown, 1967.

Charles S. Kennedy, "Nixon Goes to China," The Association for Diplomatic Studies and Training: Foreign Affairs Oral History Project, April 28, 1998.

Paul Kennedy, *The Rise and Fall of the Great Powers: Economic Change and Military Conflict from 1500 to 2000*, Random House, 1987.

Robert F. Kennedy, *Thirteen days: A Memoir of the Cuban Missile Crisis*, New American Library, 1969.

Ian Kershaw, *Hitler, 1889-1936: Hubris*, Penguin Books, 1998.

David I. Kertzer, *The Pope and Mussolini: The Secret History of Pius XI and the Rise of Fascism in Europe*, Random House Trade Paperbacks, 2015.

John Maynard Keynes, *The Economic Consequences of the Peace*, Macmillan & Co., 1919.

Majid Khadduri, "The Arab League as a Regional Arrangement," *American Journal of International Law*, Vol. 40, No. 4, 1946.

Nicholas Khoo, *Collateral Damage: Sino-Soviet Rivalry and the Termination of the Sino-Vietnamese Alliance*, Columbia University Press, 2011.

Nikita Sergeevich Khrushchev, *Khrushchev Remembers*, Strobe Talbott, Little, Brown, 1971.

Francine S. Kiefer, "Kohl Counts on Reunification Issue," *The Christian Science Monitor*, March 12, 1990.

F. A. Kierman, "The blood fluke that saved Formosa," *Harper's Magazine*, 1959.

Donggil Kim, "China's Intervention in the Korean War Revisited," *Diplomatic History*, Vol. 40, No. 5, 2016.

Robert S. Kim, *Project Eagle: The American Christians of North Korea in World War II*, Potomac Books, 2017.

Hong Nack Kim, "The U.S. and the Territorial Dispute on Dokdo/Takeshima between Japan and Korea, 1945-1954," *International Journal of Korean Studies*, Vol. XIII, No. 2, 2009.

Donggil Kim and William Stueck, "Did Stalin Lure the United States into the Korean War?: New Evidence on the Origins of the Korean War," July 7, 2011, *North Korea International Documentation Project*, Wilson Center.

Ivone Kirkpatrick, *The Inner Circle: Memoirs*, London McMillan, 1959.

Henry Kissinger, *Diplomacy*, Touchstone, 1994.

Henry Kissinger, *White House Years*, Little, Brown & Co., 1979.

Wilfred Kohl, *French Nuclear Diplomacy*, Princeton University Press. 1971.

Richard H. Kohn, Joseph P. Harahan, "U.S. Strategic Air Power, 1948–1962: Excerpts from an Interview with Generals Curtis E. LeMay, Leon W. Johnson, David A. Burchinal, and Jack J. Catton," *International Security*, Vol. 12, No. 4.

Masaru Kojima ed., *The Record of the Talks between the Japanese Communist Party and the Communist Party of China: How Mao Zedong Scrapped the Joint Communique*, The Central Committee of the Japanese Communist Party, 1980.

Ryosei Kokubun, Yoshihide Soeya, Akio Takahara, Shin Kawashima, *Japan–China Relations in the Modern Era*, Routledge, 2017.

Joyce and Gabriel Kolko, *The Limits of Power: The World and United States Foreign Policy, 1945-1954*, Harper and Row, 1972.

Peter Kornbluh, *The Pinochet File: A Declassified Dossier on Atrocity and Accountability*, The New Press, 2013.

Hans Martin Krämer, "Just Who Reversed the Course? The Red Purge in Higher Education during the Occupation of Japan," *Social Science Japan Journal*, Vol. 8, No. 1, 2005.

Mark Kramer, "Ideology and the Cold War," *Review of International Studies*, Vol. 25, 1999.

Charles Krauthammer, "The Unipolar Moment," *Foreign Affairs*, Vol. 70, No. 1 (1990/91).

Irvin Kristol, *Neo-conservatism: The Autobiography of an Idea*, Ivan R. Dee, 1999.

R. R. Kroells, *On the Back of a Grasshopper: The XXIV Corps and the Korean Occupation*, School of Advanced Military Studies United States Army Command and General Staff College, 2016.

Julia Kwong, *Chinese education in transition: Prelude to the Cultural Revolution*, McGill-Queen's University Press, 1979.

James Lacey and Williamson Murray, *Gods of War*, Bantam Books, 2020.

Walter LaFeber, *America, Russia, and the Cold War, 1945-92*, McGraw-Hill, 1993.

William L. Langer, *European Alliances and Alignments, 1871-1890*, Alfred A. Knopf, 1956.

A. J. Langguth, *Our Vietnam: The War 1954-1975*, Simon & Schuster, 2000.

Guy Laron, "Cutting the Gordian Knot: The Post-WWII Egyptian Quest for Arms and the 1955 Czechoslovak Arms Deal," CWIHP Bulletin, No. 55, February 2007.

T. E. Lawrence, *Secret Dispatches from Arabia*, London, no date.

Christopher Layne, "The Unipolar Illusion: Why New Great Powers Will Rise," *International Security*, Vol. 17, No. 4, 1993.

Fred A. Lazin, *The Struggle for Soviet Jewry in American Politics: Israel versus the American Jewish Establishment*, Lexington Books, 2005.

Luigi L. Lazzari, *The Strategic Defense Initiative and the End of the Cold war*, Master Thesis, Naval Postgraduate School, March 2008.

Richard Ned Lebow, "Was Khrushchev Bluffing in Cuba?," *Bulletin of the Atomic Scientists*, April 1988.

Richard Ned Lebow, *Why Nations Fight: Past and Future Motives for War*, Cambridge University Press, 2010.

Jae-Hyung Lee, *China and the Asia-Pacific Region: Geostrategic Relations and a Naval Dimension*, iUniverse, 2003.

Kenneth B. Lee, *Korea and East Asia: The Story of a Phoenix*, Praeger, 1997.

Seonyeong (Anes) Lee, "The Opium War, 1839-1842: Warfare technology in the Opium War," November 22, 2014.

Chae-Jin Lee, *A Troubled Peace: U.S. Policy and the Two Koreas*, Johns Hopkins University Press, 2006.

Bong Lee, *The Unfinished War: Korea*, Algora Publishing, 2003.

H. W. Lee, E. Archbold, *Social-Democracy in Britain: Fifty Years of the Socialist Movement*, The Social-democratic federation, 1935.

Douglas Lemke, "The Continuation of History: Power Transition Theory and the End of the Cold War," *Journal of Peace Research*, Vol. 34, No. 1, 1997.

Paul Lettow, *Ronald Reagan and His Quest to Abolish Nuclear Weapons*, Random House, 2006.

Rebecca Leung, "An American Hero: Vietnam Veteran Speaks Out About My Lai," *60 Minutes*, May 06, 2004.

Ralph B. Levering, Vladimir O. Pechatnov, Verena Botzenhart-Viehe, Earl C. Edmondson, *Debating the Origins of the Cold War: American and Russian Perspectives*, Rowman and Littlefield Publishers, 2001.

Jack S. Levy, "Misperception and the Causes of War: Theoretical Linkages and Analytical Problems," *World Politics*, Vol. 36, No. 1, 1983.

Jack S. Levy, "Preferences, Constraints, and Choices in July 1914," *International Security*, Vol. 15, No. 3, Winter, 1990-1991.

Geoffrey Lewis, *Balfour and Weizmann: The Zionist, the Zealot and the Emergence of Israel*, Bloomsbury Academic, 2009.

John W. Lewis and Xue Litai, *China Builds the Bomb*, Stanford University Press, 1988.

Nicolas Lewkowicz, *The German Question and the International Order, 1943-48*, Palgrave, 2010.

Gucheng Li, *A Glossary of Political Terms of the People's Republic of China*, The Chinese University Press, 1995.

Xiaobing Li, Allan R. Millet, and Bin Yu (tr. and ed.), *Mao's Generals Remember Korea*, University of Kansas Press, 2001.

Michael Lind, *Vietnam: The Necessary War: A Reinterpretation of America's Most Disastrous Military Conflict*, Free Press, 2002.

Bradley Lightbody, *The Cold War*, Routledge, 1999.

Bradley Lightbody, *The Second World War: Ambitions to Nemesis*, Routledge, 2004.

Charles E. Lindblom, *Politics and Markets: The World's Political-economic Systems*, Basic Books, 1980.

Douglas Little, "Cold War and Covert Action: The U.S. and Syria, 1945-1958," *Middle East Journal*, Winter, 1990.

Georgii Lobov, "Blank Spots in History: In the Skies Over North Korea," JPRS Report, JPRS-UAC-91-004.

Frederik Logevall, *Choosing War: The Lost Chance for Peace and the Escalation of War in Vietnam*, University of California Press, 1999.

Frederik Logevall, *Embers of War: The Fall of an Empire and the Making of America's Vietnam*, Random House, 2012.

Alfred D. Low, *The Sino-Soviet Dispute: An Analysis of the Polemics*, Associated Univ Press, 1975.

Emil Ludwig, *Bismarck: The Story of a Fighter*, Skyhorse Publishing, 2013.

John Lukacs, *George Kennan: A Study of Character*, Yale University Press, 2009.

John Lukacs, *Through the History of the Cold War*, University of Pennsylvania Press, 2010.

Martin Luther, The Jews and Their Lies, 27-28. "On the Jews and their Lies," *Humanitas International.org*.

Lorenz M. Lüthi, *The Sino-Soviet Split: Cold War in the Communist World*, Princeton University Press, 2008.

A. A. Lyakhovskiy's "Plamya Afgana" ("Flame of the Afghanistan veteran")", Iskon, Moscow, 1999; Translated for CWIHP by Gary Goldberg. https://digitalarchive.wilsoncenter.org/document/111778.pdf?v=6249c377fa10d04ae19f15cb8c07d17e

Michael Lynch, *Mao*, Routledge, 2004.

Douglas MacArthur, *Reminiscences*, McGraw-Hill, 1964.

Giles MacDonogh, *1938: Hitler's Gamble*, Basic Books, 2011.

Roderick MacFarquhar, *The Origins of the Cultural Revolution*, Volume 3, Columbia University Press, 1999.

Roderick MacFarquhar, Michael Schoenhals, *Mao's Last Revolution*, Harvard University Press, 2006.

Timothy P. Maga, *Judgment at Tokyo: The Japanese War Crimes Trials*, University Press of Kentucky, 2001.

Joseph Maiolo, *The Royal Navy and Nazi Germany, 1933-39: A Study in Appeasement and the Origins of the Second World War*, Palgrave Macmillan, 1998.

W. T. Mallison, "Limited Naval Blockade or Quarantine - Interdiction: National and Collective Defense Claims Valid Under International Law," *George Washington Law Review*, vol. 31, 1962.

Klaus-Michael Mallmann, Martin Cüppers, *Nazi Palestine: The Plans for the Extermination of the Jews in Palestine*, Enigma Books, 2010.

James Mann, *About Face: A History of America's Curious Relationship with China, from Nixon to Clinton*, Alfred A. Knopf, New York, 1999.

James Mann, *Rise of the Vulcans: The History of Bush's War Cabinet*, Penguin Books, 2004.

Peter Mansfield, *The British Empire magazine*, no. 75, Time-Life Books, 1973.

Ernest R. May and Philip D. Zelikow eds., *The Kennedy Tapes: Inside the White House during the Cuban Missile Crisis*, W. W. Norton & Company, 2002.

Mao Tse-tung, "*A Single Spark can start a Prairie Fire*," in *Selected Works of Mao Tse-tung*, Foreign Language Press, 1965. http://www.marx2mao.com/PDFs/MaoSW1.pdf

Mao Zedong, *The Writings of Mao Zedong*, John K. Leung and Michael Y. M. Kau eds., M. E. Sharpe, 1992.

Mao Zedong, 『建国以来毛泽东文稿』, 第一册 (Mao Zedong, Jianguo Yilai Mao Zedong Wengao diyi Ce).

Alexandre Y. Mansourov, "Stalin, Mao, Kim, and China's Decision to Enter the Korean War, September 16-October 15, 1950: New Evidence from the Russian Archives," CWIHP Bulletin, Iss. 6-7, 1995/1996.

G. Patrick March, *Eastern Destiny: Russia in Asia and the North Pacific*, Praeger, 1966.

John Marciano, "The American War in Vietnam: Crime or Commemoration?," Monthly Review Press, 2016.

Chi-kwan Mark, *China and the World Since 1945: An International History*, Routledge, 2011.

Donald Markwell, *John Maynard Keynes and International Relations: Economic Paths to War and Peace*, Oxford University Press, 2006.

George Catlett Marshall, Larry I. Bland, Mark A. Stoler, Sharon Ritenour Stevens, and Daniel D. Holt eds., *The Papers of George Catlett Marshall: "The Whole World Hangs in the Balance," January 8, 1947–September 30, 1949*, Vol. 6, The Johns Hopkins University Press, 2012.

Samuel Lyman Atwood Marshall, *World War I*, Houghton Mifflin Harcourt, 1964.

Kati Marton and Mark Crispin Miller, "The Polk Conspiracy: Murder and Cover-Up in the Case of CBS News Correspondent George Polk," *Open Road Media*, 2014.

Matthew Masur, "Historians and the Origins of the Vietnam War," in Andrew Wiest, Mary Kathryn Barbier, and Glenn Robins eds., *New Perspectives on the Vietnam War: Re-examining the Culture and History of a Generation*, Routledge, 2010.

Irma Materi, *Irma and the Hermit*, W. W. Norton, 1949

Masato Matsui, "The Russo-Japanese Agreement of 1907: Its Causes and the Progress of Negotiations," *Modern Asian Studies*, Vol. 6, Iss. 1, 1972.

Chris Matthews, *Bobby Kennedy: A Raging Spirit*, Simon & Schuster, 2017.

Ernest R. May, "Korea, 1950: History of Overpowering Calculation" in Ernest R. May, *Lessons of the Past: The Use and Misuse of History in American Foreign Policy*, Oxford University Press, 1973.

Ernest R. May and Phillip D. Zelikow, *The Kennedy Tapes: Inside the White House During the Cuban Missile Crisis*, Harvard University Press, 1977.

Yoram Mayorek, "Herzl and the Dreyfus Affair," *Journal of Israeli History: Politics, Society, Culture*, Volume 15, 1994 - Issue 1, 2008.

Martin McCauley, *The Russian Revolution and the Soviet State 1917-1921: Documents*, Palgrave Macmillan, 1980.

Rose McDermott, "Prospect Theory in International Relations: The Iranian Hostage Rescue Mission," *Political Psychology*, Vol. 13, No. 2, 1992.

Grant McLachlan, *Sparrow: A Chronicle of Defiance*, CreateSpace Independent Publishing Platform, 2012.

Roderick R. McLean, *Royalty and Diplomacy in Europe, 1890-1914*, Cambridge University Press, 2001.

Robert J. McMahon, *Dean Acheson and the Creation of an American World Order*, Potomac Books, 2008.

Sean McMeekin, *July 1914: Countdown to War*, Basic Books; Reprint edition, 2014.

Robert S. McNamara, *In Retrospect*, New York: Times Books, 1995.

Robert H. McNeal ed., *Lenin, Stalin, Khrushchev: Voices of Bolshevism*, Prentice Hall, 1963.

Wayne C. McWilliams, Harry Piotrowski, *The World Since 1945: A History of International Relations*, Lynne Rienner Publishers, 2014.

E. Grant Meade, *American Military Government in Korea*, King's Crown Press, 1951.

W. N. Medlicott, *Britain and Germany*, Athlone Press, 1969.

Stanley Meisler, *United Nations: A History*, Grove Press, 2011.

Sarah E. Mendelson, "Internal Battles and External Wars: Politics, Learning, and the Soviet Withdrawal from Afghanistan," *World Politics*, Vol. 45, No. 3, 1993.

Paul Charles Merkley, *The Politics of Christian Zionism 1891-1948*, Frank Cass, 1998.

John Merrill, "The Origins of the Korean War: Unanswered Questions," Paper presented at the Second International Conference on the Korean War, June 14-15, 1990.

Dennis Merrill, *Documentary history of the Truman presidency*, University Publications of America, 1997.

Dennis Merrill, Thomas Paterson, *Major Problems in American Foreign Relations, Volume II: Since 1914*, Wadsworth Publishing, 2009.

Raymond F. Mikesell, *Foreign Investment in the Petroleum and Mineral Industries: Case Studies of Investor-Host Country Relations*, RFF Press, 2013.

Roy Andrew Miller, *Japan's Modern Myth*, Weatherhill, 1982.

Frank O. Miller, *Minobe Tatsukichi: Interpreter of Constitutionalism in Japan*, University of California Press, 1965.

Roger Gene Miller, *To Save a City: The Berlin Airlift, 1948-1949*, Texas A&M University Press, 2000.

Allan R. Millett, *The War for Korea, 1945–1950: A House Burning*, The University Press of Kansas, 2005.

Richard Minear, "The Aftermath of the Emperor-Organ Incident: the Tōdai Faculty of Law 天皇機関説事件の余波―東大法学部," *The Asia-Pacific Journal*, Volume 11, Issue 9, Number 1, 2013.

Guo Ming et al., *Zhong Yue guanxi yanbian sishinian* (Forty- Year Evolution of Sino- Vietnamese Relations), Guangxi People's Press, 1992.

Yang Mingwei and Chen Yangyong, *Zhou Enlai waijiao fengyun* (Zhou Enlai's Diplomatic Career), Jiefangjun wenyi, 1995.

Ministry of Foreign Affairs, the People's Republic of China, "Resist U.S. Aggression and Aid Korea."

Otis C. Mitchell, *Hitler's Stormtroopers and the Attack on the German Republic, 1919-1933*, McFarland & Company, Inc., 2008.

Rana Mitter, *A Bitter Revolution: China's Struggle with the Modern World*, Oxford University Press, 2004.

Rana Mitter, *Forgotten Ally: China's World War II, 1937-1945*, Mariner Books, 2014.

Alan Mittleman, Robert Licht, Jonathan D. Sarna eds., *Jewish Polity and American Civil Society: Communal Agencies and Religious Movements in the American Public Square*, Rowman & Littlefield Publishers, 2002.

Richard A. Mobley, "North Korea: How Did It Prepare for the 1950 Attack?," *Army History*, No. 49, 2000.

Annika Mombauer, "Of war plans and war guilt: The debate surrounding the Schlieffen Plan," *Journal of Strategic Studies*, Volume 28, Issue 5, 2005.

Enrique Moradiellos, "The Origins of British Non-Intervention in the Spanish Civil War: Anglo- Spanish Relations in early 1936," *European History Quarterly*, Vol. 21, No. 3, 1991.

Forrest Morgan, *Compellence and the Strategic Culture of Imperial Japan: Implications for Coercive Diplomacy in the Twenty-First Century*, Praeger, 2003.

Hans J. Morgenthau, *Politics Among Nations: The Struggle for Power and Peace*, Alfred A. Knopf, 1960.

Hans J. Morgenthau, *Scientific Man versus Power Politics*, University of Chicago Press, 1946.

Elting Morison, John Blum eds, *The Letters of Theodore Roosevelt*, 8 vols. Harvard University Press, 1951-54.

Igor Morosov, "'The War Has Not Begun Yet…', Interview with the Military Historian Grigorii Kuzmin," *Pereval*, March 1991.

Benny Morris, *Righteous Victims: A History of the Zionist-Arab Conflict, 1881-1999*, Knopf, 1999.

Ian Morris, *Why the West Rules – for Now: The Patterns of History, and What They Reveal about the Future*, Farrar, Straus and Giroux, 2010.

Leonard Mosley, *Hirohito, Emperor of Japan*, Prentice Hall, 1966.

Walter Moss, *A History of Russia Volume 2: Since 1855*, Anthem Press, 2004.

Matthew Moten, *Presidents and Their Generals*, Harvard University Press, 2014.

John J. Muccio, Oral History Interview with John J. Muccio, December 7, 1973 by Richard D. McKinzie, https://www.trumanlibrary.gov/library/oral-histories/muccio3

Andrew Mumford, "Parallels, prescience and the past: Analogical reasoning and contemporary international politics," *International Politics*, Vol. 52, 2015.

David Murphy, *The Arab Revolt 1916-18: Lawrence sets Arabia ablaze*, Osprey Publishing, 2008.

John Francis Murphy, *The United Nations and the Control of International Violence: A Legal and Political Analysis*, Manchester University Press, 1983.

Timothy Naftali, Ernest May, and Philip Zelikow, eds., *The Presidential Recordings, John F. Kennedy: The Great Crises*, Vols. 2, W. W. Norton, 2001.

The National Commission on Terrorist Attacks Upon the United States, *The 9/11 Commission Report*. https://www.9-11commission.gov/report/911Report.pdf

The national security archives, "Report of Soviet Ships to/from Cuba, Course Reversed, October 27, 1962, Chronology of the Cuban Crisis, October 15-28, 1962, War Room Journal, https://nsarchive2.gwu.edunsacuba_mis_cri/docs.htm

Anna Kasten Nelson, "Senator Henry Jackson and the Demise of Détente" in Anna Kasten Nelson and Lloyd Gardner eds., *The Policy Makers: Shaping American Foreign Policy from 1947 to the Present*, Rowman and Littlefield, 2008.

Randall Newnham, "The Price of German Unity: The Role of Economic Aid in the German-Soviet Negotiations," *German Studies Review*, Vol. 22, No. 3, 1999.

Lien-Hang T. Nguyen, "The Sino-Vietnamese split and the Indochina War, 1968-1975," in Odd Arne Westad and Sophie Quinn-Judge, eds., *The Third Indochina War: Conflict between China, Vietnam and Cambodia, 1972-79*, Routledge, 2006.

Thomas M. Nichols and Theodore William Karasik, The Impact of "Reasonable Sufficiency" on the Soviet Ministry of Defense, *Naval War College Review*, Vol. 42, No. 4, 1989.

Harold Nicolson, *Diplomacy*, Harcourt Brace, 1939.

Harold Nicolson, "Has Britain a Policy?" *Foreign Affairs*, Vol. 14, No. 4, 1936.

Frank Ninkovich, *The Wilsonian Century: U.S. Foreign Policy Since 1900*, University of Chicago Press, 2001.

Richard Nixon, "Address to the Nation on the War in Vietnam," November 3, 1969, P-691101 11/3/1969

Richard Nixon, "Asia after Viet Nam," *Foreign Affairs*, Vol. 46, No.1, October 1967.

Richard Nixon, *RN: The Memoirs of Richard Nixon*, Simon & Schuster, New York, 1978.

Joseph L. Nogee, John W. Sloan, "Allende's Chile and the Soviet Union: A Policy Lesson for Latin American Nations Seeking Autonomy," *Journal of Interamerican Studies and World Affairs*, Vol. 21, No. 3, 1979.

Joseph Nye, Jr., *Bound to Lead: the Changing Nature of American Power*, Basic Books, 1990.

Ronald J. Oakley, *God's Country: America in the 50's*, Barricade Books, 1990.

Don Oberdorfer, *The Two Koreas: A Contemporary History*, Addison-Wesley, 1997.

The Office of Research and Estimates (ORE) 18-50 Excerpt, "Current Capabilities of the Northern Korean Regime," 19 June 1950.

Jeffrey K. Olick, *The Politics of Regret: On Collective Memory and Historical Responsibility*, Routledge, 2007.

James S. Olson, Randy W. Roberts, "Into the Abyss, 1965-66," in *Where the Domino Fell: America and Vietnam 1945-1995*, Wiley-Blackwell, 2008.

A. F. K. Organski, *World Politics*. 2nd edition. New York: Knopf, 1968.

David M. Oshinsky, *A Conspiracy So Immense: The World of Joe McCarthy*, Oxford University Press, 2005.David M. Oshinsky, *A Conspiracy So Immense: The World of Joe McCarthy*, Oxford University Press, 2005.

Christian F. Ostermann ed., The Global Cuban Missile Crisis at 50: New Evidence from Behind the Iron, Bamboo, and Sugarcane Curtains, and Beyond, CWIHP, Issue 17/18, Fall 2012.

Matthew J. Ouimet, *The rise and fall of the Brezhnev Doctrine in Soviet foreign policy*, UNC Press Books, 2003.

Rüdiger Overmans, "Kriegsverluste," in Hirschfeld, Gerhard, et. al. eds., *Enzyklopädie Erster Weltkrieg*, Paderborn, 2004.

Kavalam Madhava Panikkar, *In Two Chinas: Memoirs of a Diplomat*, George Allen and Unwin, 1955.

Naomi E. Pasachoff, Robert J. Littman, *A Concise History of the Jewish People*, Rowman & Littlefield Publishers, 2005.

Prabhat Patnaik, Lenin, Imperialism, and the First World War, *Social Scientist*, Vol. 42, No. 7/8, 2014.

T. V. Paul, *Asymmetric Conflicts: War Initiation by Weaker Powers*, Cambridge University Press, 1994.

Jacques R. Pauwels, *Big Business and Hitler*, James Lorimer and Company, 2017.

Michael D. Pearlman, *Truman and MacArthur: Policy, Politics, and the Hunger for Honor and Renown*, Indiana University Press, 2008.

David E. Pearson, *KAL 007: the Cover-Up*, Summit Books, 1987.

Mark R. Peattie, David C. Evans, *Kaigun: Strategy, Tactics, and Technology in the Imperial Japanese Navy*, Naval Institute Press, 1997.

Vladimir O. Pechatnov, "The Cold War: A View from Russia," *Journal of Azerbaijani Studies*, http://jhss-khazar.org/wp-content/uploads/2010/12/01.pdf

People's Daily and Xinhua News Agency Commentators, *On the Vietnamese Foreign Ministry's White Book Concerning Vietnam-China Relations*, Foreign Language Press, 1979.

Jeronim Perovic, "The Tito–Stalin Split: A Reassessment in Light of New Evidence," *Journal of Cold War Studies*, Vol. 9, No. 2, Spring 2007.

David A. Perrin, *The Socialist Party of Great Britain: Politics, Economics and Britain's Oldest Socialist Party*, Bridge Books, 2000.

Joel Peters, David Newman eds., *Routledge Handbook on the Israeli-Palestinian Conflict*. Routledge,

2015.

Ulrik Enemark Petersen, "Breathing Nietzsche's Air: New Reflections on Morgenthau's Concept of Power and Human Nature," *Alternatives*, 24, 1999.

Edward Norman Peterson, *An Estimate of Gustav Stresemann*, Thesis(MA), University of Wisconsin-Madison, 1951.

Jack B. Pfeiffer, Official History of the Bay of Pigs Operation, DCI-8, Volume III, Evolution of CIA's Anti-Castro Policies, 1959-January 1961, CIA, December 1979.

Otto Pflanze, *Bismarck and the Development of Germany*, Princeton University Press, 1990.

James Picciotto, *Sketches of Anglo-Jewish History*, Forgotten Books, 2018.

Douglas Pike, *History of Vietnamese Communism, 1925-1976*, Hoover Institution Press, 1978.

Richard Pipes, *Russia under the Bolshevik Regime*, Knopf, 1994.

Forrest C. Pogue, *George C. Marshall: Statesman, 1945-1959*, Penguin, 1989.

Kenneth Pomeranz, *The Great Divergence: China, Europe, and the Making of the Modern World Economy*, Princeton University Press, 2000.

Gareth Porter ed., *Vietnam: The Definitive Documentation of Human Decisions*, E. M. Coleman Enterprises, 1979.

Gerald Prenderghast, *Britain and the Wars in Vietnam: The Supply of Troops, Arms and Intelligence, 1945-1975*, McFarland, 2015.

John Price, "A Just Peace? The 1951 San Francisco Peace Treaty in Historical Perspective," JPRI Working Paper No. 78, June 2001. http://www.jpri.org/publications/workingpapers/wp78.html

L. Fletcher Prouty, *The Secret Team: The CIA and its allies in control of the United States and the world*, Prentice-Hall, 1973.

Jin Qui, *The Culture of Power: The Lin Biao Incident in the Cultural Revolution*, Stanford University Press, 1999.

Nguyen Qui (chu bien), *Lich su Xu uy Nam b ova Trung uong cuc Mien Nam: 1954-1975*, Nxb Chinh tri Quoc gia.

Sergey Radchenko, "We do not want to overthrow him": Beijing, Moscow, and Kim Il Sung," 1956, August 7, 2017. https://www.wilsoncenter.org/blog-post/we-do-not-want-to-overthrow-him-beijing-moscow-and-kim-il-sung-1956

Harold E. Raugh, *The Victorians at war, 1815–1914: an encyclopedia of British military history*, ABC-CLIO, 2004.

James Lee Ray and Bruce Russett, "The Future as Arbiter of Theoretical Controversies: Predictions, Expla-nations, and the End of the Cold War," *British Journal of Political Science*, Vol. 26, Iss. 4, 1996.

David Raynolds, *Summits: Six Meetings That Shaped the Twentieth Century*, Basic Books, 2009.

Ronald Reagan, "Address to the Nation on Defense and National Security, 23 March 1983," *Public Papers of the Presidents Ronald Reagan*, Vol. 1, Government Printing Office, 1984.

Ronald Reagan, "Message on the Observance of Afghanistan Day by U.S. President Ronald Reagan," March 21, 1983. https://www.reaganlibrary.gov/sites/default/files/archives/speeches/1983/32183e.htm

David Rees, *Korea: The Limited War*, Penguin, 1964.

T. Zane Reeves, *Shoes Along the Danube: Based on a True Story*, Strategic Book Group, 2011.

Gary W. Reichard, *Politics as Usual: The Age of Truman and Eisenhower*, Harlan Davidson, 1988.

Robin Renwick, *Fighting With Allies: America and Britain in Peace and War*, Biteback Publishing, 2016.

Francis Rey, "La situation international de la Coree," *Revue Generale de droit international public* 13, 1906.

Norman Rich, *Hitler's War Aims, Volume I: Ideology, the Nazi State, and the Course of Expansion*, W.W. Norton, 1973.

Norman Rich, *Hitler's War Aims: Ideology, the Nazi State, and the Course of Expansion*, W. W. Norton & Company, 1992.

Hugh Edward Richardson, *A Short History of Tibet*, Dutton, 1962.

Matthew Ridgway, *The Korean War*, Doubleday, 1967.

Priscilla Mary Roberts ed., *World War II: The Essential Reference Guide*, ABC-CLIO, 2012.

Riordan Roett and Guadalupe Paz, eds., *China's Expansion into the Western Hemisphere: Implications for Latin America and the United States*, The Brookings Institution Press, 2008.

Stewart Ross, *Causes and Consequences of the First World War*, Evans Brothers Ltd, 1997.

Robert Ross, *Negotiating Cooperation: The United States and China, 1969-1989*, Stanford University Press, 1997.

Lily Rothman, "How the Korean War Started," *The Time*, June 25, 2015.

James Rothrock, *Divided We Fall: How Disunity Leads to Defeat*, Author House, 2006.

Laurent Rucker, "L'URSS et la Crise de Suez," *Communisme*, 49-50, 1997.

Peter Ruggenthaler, "The 1952 Stalin Note on German Unification: the Ongoing Debate," *Journal of Cold War Studies*, Volume 13, Issue 4, Fall 2011.

Dean Rusk, *As I Saw It*, W.W. Norton, 1980.

Henry Butterfield Ryan, *The Fall of Che Guevara: A Story of Soldiers, Spies, and Diplomats*, Oxford University Press, 1999.

Konstantin Vîacheslavovich Sakharov, *The Czechs legions in Siberia*, Buda Publishing Co., 1992.

Pierre Salinger, *American Held Hostage*, Doubleday and Co., 1981.

Pierre Salinger, *With Kennedy*, Doubleday, 1967.

A. E. Samaan, *From a Race of Masters to a Master Race: 1948 To 1848*, A. E. Samman, 2013.

Danesh Sarooshi, *The United Nations and the Development of Collective Security: The Delegation by the UN Security Council of Its Chapter VII Powers*, Clarendon, 1999.

Norman E. Saul, *War and Revolution: The United States and Russia, 1914-1921*, University Press of Kansas, 2001.

Haun Saussy, *Great Walls of Discourse and Other Adventures in Cultural China*, Harvard University Press, 2001.

Yezid Sayigh, *Armed Struggle and the Search for State: The Palestinian National Movement, 1949-1993*, Oxford University Press, 1999.

Michael Schaller, "The Nixon 'Shocks' and U.S. - Japan Strategic Relations, 1969-74," Working Paper No. 2, 1996. https://nsarchive2.gwu.edu//japan/schallertp.htm

Michael Schaller, *The U.S. and China in the 20th Century*, Oxford University Press, 2002.

Zeev Schiff, *A History of the Israeli Army: 1874 to the Present*, Macmillan, 1985.

Arthur M. Schlesinger Jr., *The Vital Center: The Politics of Freedom*, Transaction Publishers, 1997.

Steven Schlesser, *The Soldier, the Builder and the Diplomat*, Cune Press, 2005.

Donald E. Schmidt, *The Folly of War: American Foreign Policy, 1898-2005*, Algora, 2005.

James F. Schnabel, *Policy and Direction: the First Year*, U.S. Government Printing Office, 1972.

James F. Schnabel, *United States Army in the Korean War Policy and Direction: the First Year, Center for Military History, U.S. Army*, Washington D.C., 1992. https://apps.dtic.mil/sti/pdfs/ADA353574.pdf

Benjamin Schwarzk, "The Real Cuban Missile Crisis: Everything you think you know about those 13 days is wrong," *The Atlantic*, January/February 2013.

Douglas Selvage, "Khrushchov's Berlin Ultimatum: New Evidence from the Polish Archives," CWIHP Bulletin, 1998.

Douglas Selvage, "Mabnahmen zu den Analysen über den Warenaustausch mit den volksdemokratischen Ländern: Anlage Nr. 1 zum Protokoll Nr. 37 vom 25.7.61," Stiftung Archiv der Parteien und Massenorganisationen der ehemaligen DDR im Bundesarchiv (SAPMO BA), Berlin, J IV 2/2-778, 1998.

Mingyu Seo, *Reality and Self-Realization: Bhaskar's Metaphilosophical Journey toward Non-dual Emancipation*, Routledge, 2014.

Michael B. Share, *Where Empires Collided: Russian and Soviet Relations with Hong Kong, Taiwan and Macao*, The Chinese University Press, 2007.

P. Shelest, *Da ne sudimy budete: Dnevnikovye zapisi vospominaniya chlena Politburo TsK KPSS*, Moscow, 1994.

Zhihua Shen, trans. Chen Jian, "The Discrepancy between the Russian and Chinese Versions of Mao's 2 October 1950 Message to Stalin on Chinese Entry into the Korean War: A Chinese Scholar's Reply," CWIHP Bulletin, Iss. 8-9, 1996/1997.

Zhihua Shen, Yafeng Xia, *Mao and the Sino–Soviet Partnership, 1945–1959: A New History*, Lexington Books, 2015.

Zhihua Shen, and Yafeng Xia, "China and the Post-War Reconstruction of North Korea, 1953-1961," *The North Korea International Documentation Project*, Wilson Center, 2012.

Michael Sheng, Mao's Role in the Korean Conflict: A Revision, *Twentieth-Century China*, 2014.

William L. Shirer, *The Collapse of the Third Republic: An Inquiry into the Fall of France in 1940*, Simon & Schuster, 1969.

William L. Shirer, *The Rise and Fall of the Third Reich: A History of Nazi Germany*, Simon & Schuster, 1960.

Avi Shlaim, "Israel between East and West, 1948-1956," *International Journal of Middle Eastern Studies*, Vol. 36, No. 4, November 2004.

Guang Zhang Shu, *Mao's Military Romanticism: China and the Korean War, 1950-1953*, University Press of Kansas, 1995.

Beth A. Simmons, and Zachary Elkins, "The globalization of liberalization: policy diffusion in the international political cconomy," *American Political Science Review*, Vol. 98, No. 1, 2004.

Richard L. Sims, *Japanese Political History Since the Meiji Renovation, 1868-2000*, Palgrave Macmillan, 2001.

Theda Skocpol, *States and Social Revolutions: A Comparative Analysis of France, Russia, and China*, Cambridge University Press, 2015.

Patrick J. Sloyan, *The Politics of Deception: JFK's Secret Decisions on Vietnam, Civil Rights, and Cuba*, Thomas Dunne Books, 2015.

Lyman P. Van Slyke, *The China White Paper*, Stanford University Press, 1967.

Lyman P. Van Slyke, "The Chinese Communist Movement during the Sino-Japanese War, 1937-1945," in John K. Fairbank and Albert Feuerwerker eds., *The Cambridge History of China*, Vol. 13, Cambridge University Press, 1986.

Earl T. Smith, former American Ambassador to Cuba, during 1960 testimony to the U.S. Senate, in Douglas Kellner, *Ernesto "Che" Guevara*, Chelsea House Publishers, 1989.

Woodruff D. Smith, *The German Colonial Empire*, University of North Carolina Press, 1978.

John G. Snetsinger, *Truman, The Jewish Vote, and the Creation of Israel*, Hoover Institution Press, 1974.

Scott Snyder, Joyce Lee, "The Impact of the Korean War on the Political-Economic System of North Korea," *International Journal of Korean Studies*, Vol. XIV, No. 2, 2010.

Mary Soames ed., *Winston and Clementine: The Personal Letters of the Churchills*, Mariner Books, 2001.

Ronald H. Spector, *Eagle Against the Sun: The American War with Japan*, Vintage, 1985.

J. D. Spence, *The search for modern China*, Norton, 1999.

Roderick Stackelberg, *Hitler's Germany: Origins, Interpretations, Legacies*, Routledge, 2008.

Bettina Stangneth, *Eichmann Before Jerusalem: The Unexamined Life of a Mass Murderer*, Vintage, 2015.

S. Frederick Starr, *Xinjiang: China's Muslim Borderland*, Routledge, 2004.

Jonathan Steele, *Soviet Power: The Kremlin's Foreign Policy: Brezhnev to Chernenko*, A Touchstone Book, 1984.

Gerald Steinacher, *Nazis on the Run: How Hitler's Henchmen Fled Justice*, Oxford University Press, 2012.

Zara S. Steiner, *The Lights that Failed: European International History 1919-1933*, Oxford University Press, 2007.

Sheldon M. Stern, *The Cuban Missile Crisis in American Memory: Myths versus Reality*, Stanford University Press, 2012.

Edward R. Stettinius, *Roosevelt and the Russians: The Yalta Conference*, Doubleday, 1949.

Henry L. Stimson, *On Active Services in Peace and War*, Lovenstein Press, 2007.

John G. Stoessinger, *Why Nations Go to War*, Wadsworth Publishing, 1974.

Nathan Stoltzfus, *Resistance of the Heart: Intermarriage and the Rosenstrasse Protest in Nazi Germany*, Rutgers University Press, 1997.

I. F. Stone, *The Hidden History of the Korean War*, Monthly Review Press, 1952.

Oliver Stone and Peter Kuznick, *The Untold History of the United States*, Gallery Books, 2013.

Lawrence N. Strout, *Covering McCarthyism: How the Christian Science Monitor Handled Joseph R. McCarthy, 1950-1954*, Greenwood Press, CT, 1999.

William Stueck and Boram Yi, "An Alliance Forged in Blood': The American Occupation of Korea, the Korean War, and the US–South Korean Alliance," *Journal of Strategic Studies*, 2010.

Jeremi Suri, "Explaining the End of the Cold War: A New Historical Consensus?," *Journal of Cold War Studies*, Vol. 4, No. 4, Fall 2002.

Robert G. Sutter, *Foreign Relations of the PRC: The Legacies and Constraints of China's International Politics since 1949*, Rowman & Littlefield Publishers, 2013.

Bob Swarup and Dario Perkins, Lombard Street Research, *Special Report: Till Debt Us Do Part*, February 2013.

Russel G. Swenson ed., *Bringing Intelligence About: Practitioners Reflect on Best Practices*, Center for Strategic Intelligence Research, 2003.

Kenneth M. Swope, "Deceit, Disguise, and Dependence: China, Japan, and the Future of the Tributary System, 1592-1596." *The International History Review*, Vol. 24, No. 4, 2002.

Nobuo Tajima, "Tripartite Pact between Japan, Germany and Italy," *2016 International Forum on War History: Proceedings*.

Kiyoko Takeda, *The Dual-Image of the Japanese Emperor*, MacMillan, 1988.

Keith Taylor, *Voices from the Second Republic of South Vietnam (1967–1975)*, Southeast Asia

Program Publications, 2015.

Takahashi Tetsuya, "Why Must Japan Apologize for War While the United States Has Not Apologized for the Atomic Bombing?: Reply to a Young Japanese," *Sekai*, vol. 687, April 2001.

Margaret Thatcher, *The Downing Street Years*, Harper Collins, 1993.

Hugh Thomas "The Spanish Civil War," in A.J.P. Taylor ed., *History of the Twentieth Century*, Pumell, 1968.

Hugh Thomas, *The Spanish Civil War*, Penguin, 1990.

John M. Thompson, *Revolutionary Russia, 1917*, Waveland, 1996.

Elise K. Tipton, *Modern Japan: A Social and Political History*, Routledge, 2002

Vadim P. Tkachenko, *Koreiskki Poluostrov i Inrerensy Rossii* (*The Korean Peninsula and the Interest of Russia*), Vostochnaia Literature, 2000.

Ronald P. Toby, *State and Diplomacy in Early Modern Japan: Asia in the Development of the Tokugawa Bakufu*, Princeton University Press, 1984.

Alexis de Tocqueville, *Democracy in America, Library of America*, 2004.

Gerry van Tonder, *Korean War Chinese Invasion: People's Liberation Army Crosses the Yalu*, Pen and Sword Books, 2020.

Stein Tonnesson, *Vietnam 1946: How the War Began*, University of California Press, 2010.

Anatoly Torkunov, *The War in Korea 1950-1953: Its Origin, Bloodshed and Conclusio*, ICF Publication, 2000.

Ralph Townby, *The UN: A View from Within*, Scribner, 1968.

Greg Treverton, *Framing Compellent Strategies*, RAND Corporation, 2000.

Harry S. Truman, *Memoirs of Harry S. Truman: 1946-52, Years of Trial and Hope*, Smithmark Publishers, 1996.

Harry S. Truman, Reaction of President Harry Truman to Loyalty Investigation, News Conference at Key West, March 30, 1950, in Arthur M. Schlesinger, Jr. and Rodger Burns, eds. *Congress Investigates: A Documentation of History, 1792-1974*. New York: Chelsea House, 1975.

Harry S. Truman, *Years of Trial and Hope*, Doubleday & Company, Inc., 1956.

Barbara W. Tuchman, *The Guns of August: The Outbreak of World War I*, MacMillan Company, 1962.

Barbara W. Tuchman, *Stilwell and the American Experience in China, 1911-1945*, Macmillan, 1971.

Nancy Bernkopf Tucker, "China as a Factor in the Collapse of the Soviet Union," *Political Science Quarterly*, Vol. 110, No. 4, 1995/96.

Spencer C. Tucker, *Encyclopedia of the Vietnam War: A Political, Social, and Military History*, Oxford University Press, 2001.

Spencer C. Tucker, *The Roots and Consequences of Civil Wars and Revolutions*, ABC-CLIO, 2017.

Daniel Tudor and James Pearson, *North Korea Confidential: Private Markets, Fashion Trends, Prison Camps, Dissenters and Defectors*, Tuttle Publishing, 2015.

Henry Ashby Turner, Jr., *German Big Business and the Rise of Hitler*, Oxford University Press, 1985.

Patrick Tyler, *A Great Wall*, Public Affairs, 1999.

Adam Ulam, *The Communists: The Story of Power and Lost Illusions: 1948-1991*, New York and Toronto: Charles Scribner's Sons, 1992.

UN Department of Public Information, "The Status of Jerusalem," *The Questions of Palestein and the United Nations*, 2003.

Aldo César Vacs, "Soviet Policy Towards Argentina and the Southern Cone," *The Annals of the American Academy of Political and Social Science*, Vol. 481, No. 1, 1985.

Justin Vaïsse, "Why Neoconservatism Still Matters," Policy Paper, Number 20, May 2010.

Cyrus Vance, *Hard Choices*. Simon and Schuster, 1983.

Dennis Wainstock, *Truman, MacArthur, and the Korean War*, Greenwood Press, 1999.

Frederic Wakeman, Jr., *Spymaster: Dai Li and the Chinese Secret Service*, University of California Press, 2003.

Stephen M. Walt, "Can the United States Be Balanced? If So, How?" paper prepared for the annual meeting of the American Political Science Association, Chicago, Illinois, September 2-5, 2004.

Kenneth N. Waltz, "America as a Model for the World? A Foreign Policy Perspective," *PS: Political Science and Politics*, Vol. 24, No. 4, 1991.

Kenneth N. Waltz, "Evaluating Theories," *American Political Science Review*, Vol. 91, No. 4, 1997.

Kenneth N. Waltz, "Structural Realism after the Cold War," *International Security*, Vol. 25, No. 1, 2000.

Kenneth N. Waltz, *Theory of International Politics*, McGraw-Hill, 1979.

Rex A. Ward, *Bolshevik Revolution and Russian Civil War*, Westport, 2001.

Cynthia Ann Watson, *U.S. National Security: A Reference Handbook*, ABC-CLIO, 2002.

Kathryn Weathersby, "New Russian Documents on the Korean War, New Evidence on the Korean War," CWIHP Bulletin, Iss. 6-7, 1995/1996.

Kathryn Weathersby, "Soviet Aims in Korea and the Origins of the Korean War, 1945-1950: New Evidence from Russian Archives," CWIHP Bulletin, No. 8, 1993.

Kathryn Weathersby, "The Decision for War in Korea: Pyongyang, Moscow, and Beijing," manuscript.

Kathryn Weathersby, "Stalin and the Korean War," in Melvyn P. Leffler and David S. Painters, eds., *Origins of the Cold War: An International History*, Routledge, 2005.

Max Weber, *Politics as a Vocation*, Fortress Press, 1965.

Engelhard Weigl, "Theodicy Between Messianism and Apocalypse," in Wayne Cristaudo and Wendy Baker eds. *Messianism, Apocalypse and Redemption in 20th Century German Thought*, ATF Press, 2006.

Gerhard L. Weinberg, *The Foreign Policy of Hitler's Germany: Starting World War II 1937-1939*, Prometheus Books, 1994.

Chaim Weizmann, *Chaim Weizmann decade, 1952-1962*, Weizmann Archives, University of Michigan, 2006.

Chaim Weizmann, *The Letters and Papers of Chaim Weizmann, Series B - Papers, Vol. 1, August 1898-July 1931*, Routledge, 1983.

Tom Wells, *The War Within: America's Battle Over Vietnam*, University of California Press, 1994.

Alexander Wendt, "Anarchy is what States Make of it: The Social Construction of Power Politics," *International Organization*, Vol. 46, No. 2, 1992.

Alexander Wendt, "On Constitution and Causation in International Relations," *Review of International Studies*, Vol. 24, The Eighty Years' Crisis 1919-1999, December, 1998.

Alexander Wendt, *Social Theory of International Politics*, Cambridge University Press, 1999.

Odd Arne Westad, Stein Tonnesson, Nguyen Vu Tung and James Hershberg eds., "77 Conversations between Chinese and Foreign Leaders on the Wars in Indochina, 1964-1977," CWIHP Bulletin, No. 22, 1988.

Robert H. Whealey, *Hitler and Spain: The Nazi Role in the Spanish Civil War, 1936-1939*, University Press of Kentucky, 1989.

W. Reginald Wheeler, *China and the World War*, the Macmillan Company, 1919.

Rowland White, *Phoenix Squadron*, Transworld Publishers, 2009.

A. S. Whiting, *China Crosses the Yalu: The Decision to Enter the Korean War*, Stanford University

Press, 1960.

Ted Widmer, *Listening In: The Secret White House Recordings of John F. Kennedy*, Hyperion, 2012.

Hartwig Wiedebach, *The National Element in Hermann Cohen's Philosophy and Religion*, Brill Academic Publication, 2012.

Samuel R. Williamson Jr. and Ernest R. May, "An Identity of Opinion: Historians and July 1914," *The Journal of Modern History*, Vol. 79, No. 2, 2007.

Ward Wilson, "The Bomb Didn't Beat Japan ... Stalin Did," *Foreign Policy*, May 30, 2013.

Sandra Wilson, *Nation and Nationalism in Japan*, Routledge, 2011.

William C. Wohlforth, "Realism and the End of the Cold War," *International Security*, Vol. 19, No. 3, 1994-1995.

Roberta Wohlstetter, *Pearl Harbor: Warning and Decision*, Stanford University Press, 1962.

Markus Wolf, Anne McElvoy, *Man Without a Face: the Autobiography of Communism's Greatest Spymaster*, Jonathan Cape, 1997.

David Wolff, "Coming in from the Cold," Archives and Research, October 1, 1999. https://www. historians.org/research-and-publications/perspectives-on-history/october-1999/coming-in-from-the-cold

Garnet Joseph Wolseley, *Narrative of the war with China in 1860*, Adamant Media, 2005.

Renée Worringer, "'Sick Man of Europe' or 'Japan of the near East'?: Constructing Ottoman Modernity in the Hamidian and Young Turk Eras", *International Journal of Middle East Studies*, vol. 36, no. 2, May 2004.

James Wright, *Enduring Vietnam: An American Generation and Its War*, St. Martin's Press, 2017.

Edith Wyschogrod, *Spirit in the Ashes: Hegel, Heidegger, and Man-Made Mass Death*, New Haven, 1985.

Zhang Xi, "On the Eve of and After Peng Dehuai's Assignment to Command to Resist America and Aid Korea," *Zhonggong Dangshi Ziliao Xuanji*, Vol. 31, 1989.

Yafeng Xia, "China's Elite Politics and Sino-American Rapprochement, January 1969–February 1972," *Journal of Cold War Studies*, Vol. 8, No. 4, Fall 2006.

Wang Xiangen, *Kang Mei yuanyue shilu* (A Factual Account of Resisting America and Assisting Vietnam), International Cultural Development Press, 1990.

Guoqi Xu, *China and the Great War: China's Pursuit of a New National Identity and Internationalization*, Cambridge University Press, 2011.

Yao Xu, "The Wise Decision to Resist America and Aid Korea," *Dangshi Yanjiu*, No. 5, 1980.

Benjamin Yang, *Deng: A Political Biography*, M. E. Sharpe, 1998.

Zhonggong zhongyang wenxian yanjiushi, Mao Zedong wenji [Collection of Mao Zedong's Works] (MZWJ), Vol. 6, Beijing, 2009.

Zhonggong zhongyang wenxian yanjiushi, *Mao Zedong nianpu: 1949-1976* [A Chronology of Mao Zedong: 1949-1976] Vol. 1, Beijing, 2013.

Michelle Murray Yang, *American Political Discourse on China*, Routledge, 2017.

Bill Yenne, *Panic on the Pacific: How America Prepared for the West Coast Invasion*, Regnery History, 2016.

Daniel Yergin, *Shattered Peace: The Origins of the Cold War*, Penguin Books, 1990.

Jianguo Yilai, *Mao Zedong wengao* (Mao Zedong's Writings Since the Founding of the PRC), Zhongyang wenxian chubanshe, 1987.

Shigeru Yoshida, "Japan and the Crisis in Asia," *Foreign Affairs*, Vo. 29, No. 2, 1951.

Hilary Young, "Tea culture in Britain, 1660-1800," Ceran1ics and Glass Department, Victoria and

Albert Museum, London SW7 2RL, Great Britain. http://www.ocha-festival.jp/archive/english/conference/ICOS2001/files/PROC/I-004.pdf

John W. Young, John Kent, *International Relations since 1945: A Global History*, Oxford University Press, 2004.

Hao Yufan and Zhai Zhihai, "China's Decision to Enter the Korean War: History Revisited," *The China Quarterly*, No. 121, 1990.

Qiang Zhai, *China and the Vietnam Wars, 1950-1975*, Chapel Hill, University of North Carolina Press, 2000.

Petr Zidek, "Vývoz zbraní z Československa do zemi třetího světa 1948-1962" [Arms exports from Czechoslovakia to Third World countries in 1948-1962], *Historie a vojenství*, 3, 2002.

Kimberly Marten Zisk, *Engaging the Enemy Organization Theory and Soviet Military Innovation, 1955-1991*, Princeton University Press, 1993.

Vladislav M. Zubok, *A Failed Empire: the Soviet Union in the Cold War from Stalin to Gorbachev*, The University of North Carolina Press, 2007.

Vladislav M. Zubok, "Khrushchev and the Berlin Crisis (1958-1962)," CWIHP Bulletin, No. 6, 1993.

"TR to Hermann Speck von Sternberg," August 28, 1900, in John M. Blum, John J. Buckley and Elting E. Morison eds., *The Letters of Theodore Roosevelt*, Vol. 8, Harvard University Press, 1951.

"X," "The Sources of Soviet Conduct," *Foreign Affairs*, July 1947.

정부 문서, 전문, 편지, 메모, 인터뷰 등

대법원, 손해배상(기)(일제 강제동원 피해자의 일본기업을 상대로 한 손해배상청구 사건), 2018. 10. 30., 선고, 2013다61381, 전원합의체 판결. 대한민국 법제처, 국가법령정보센터. https://www.law.go.kr/LSW//precInfoP.do?mode=0&evtNo=2013%EB%8B%A461381

АПРФ, ф.45, оп.1, д.331, л.60.

Ad Hoc Committee on the Palestine question: Report of Subcommittee 2 (11 November 1947) A/AC.14/31, 1947.

Administration of the German Bundestag, Research Section WD 1, The Enabling Act of 23 March 1933, Historical exhibition presented by the German Bundestag, March 2006.

Answers to Questions submitted by the Australian Government arising out of the Statement of Principles regarding a Japanese Treaty prepared by the United States Government, State Department Decimal File No. 694.001/10-2650, State Department Records, Record Group 59 (Oct. 26, 1950).

Ball to Rusk, May 31, 1964, in George W. Ball, *The Past Has Another Pattern: Memoirs*, Norton, 1982.

The Berlin (Potsdam) Conference, July 17-August 2, 1945, Protocol of the Proceedings, August 1, 1945.

British Embassy in Washington, DC, USA, to Commonwealth Working Party on Japanese Peace Treaty, Report of the Commonwealth Working Party, State Department Decimal File No. 694.001/9-2050 CS/H, State Department Records, Record Group 59, Sept. 20, 1950.

British Memorandum to Russian Government, 12 March 1915, in John Grenville and Bernard Wasserstein eds., *The Major International Treaties of the Twentieth Century: A History and*

Guide with Texts, Routledge, 2013.

Cable, "AmEmbassy Kabul cable 7726 to SecState," October 28, 1979, "Meeting with President Amin" (by Archer Blood). https://nsarchive2.gwu.edu//dc.html?doc=5696254-Document-2-AmEmbassy-Kabul-cable-7726-to

"CG USAFIK (Hodge) to SCAP(MacArthur)"(1946. 4. 4), MA, RG 9, Collection of Messages (Radiograms), Blue Binder Series, Korea.

The Chairman of the Korean Commssion in the United States (Rhee) to the Acting Chief of the Office of the Far Eastern Affairs (Lockhart), July 25, 1945.

CIA, *National Intelligence Estimate-5, Indochina: Current Situation and Probable Developments*, CIA Report, 29 December 1950.

CIA, The President's Daily Brief, June 15, 1972.

CIA, The President's Daily Brief, July 5, 1972.

CIA, "Special National Intelligence Estimate," SNIE 85-3-62, Washington, September 19, 1962, *FRUS, 1961-1963*, Volume X, Cuba, January 1961–September 1962.

CIA, Notes on Meeting with the President on Chile, September 15, 1970.

Ciphered Telegram, DPRK leader Kim Il Sung and South Korean Communist leader Pak HonYong to Stalin (via Shtykov), 29 September 1950, APRF, fond 45, opis 1, delo 347, listy 41-45.

Ciphered Telegram #4829, to Pyongyang – Soviet Ambassador, 14.10.50, Typed by Doronchenkova #8865, Made 2 copies: Stalin - 1, 8MDGS – 1, International History Declassified.

"Commentary on 1947 Treaty," Box 1, Folder "Commentary on the 1947 Treaty", Records Relating to the Treaty of Peace with Japan, RG 59, NACP.

"Confrontation Or Cooperation with the Soviet Union," Address by President Carter at the U.S. Naval Academy, June 7, 1978.

"Conversation with General Kim Hyung Wook, former Director, ROK CIA," From Embassy Seoul to Department of State, January 02, 1970.

"Conversation with Members of the Japanese Diet, October 15, 1955," Foreign Broadcast Information Service, *Daily Report*, October 21, 1955.

"The Coup Against Iran's Mohammad Mossadegh," Moments in U.S. Diplomatic History. https://adst. org/2015/07/the-coup-against-irans-mohammad-mossadegh/

Declassified documents show security assurances against NATO expansion to Soviet leaders from Baker, Bush, Genscher, Kohl, Gates, Mitterrand, Thatcher, Hurd, Major, and Woerner," Slavic Studies Panel Addresses "Who Promised What to Whom on NATO Expansion?"

Department of Press and Information of the Ministry of Foreign Affairs of Democratic Kampuchea, *Black Paper: Fact and Evidences of the Acts of Aggression and Annexation of Vietnam Against Kampuchea*, September 1978.

Diary Entry of President Harry S. Truman, April 6, 1951. Truman Papers - President's Secretary's Files. Friday, April 6, 1951.

"Doklad Prezidiuma TsK KPSS," 14 October 1964, *Istochnik*, no.2, 1998.

Dr. King's Speech in Front of U.N. April 15, 1967.

Editorial Board of "Russian Declassified Archives", No. 00284, "Stalin sends a message to Roshchin: Questions about the buildup of Chinese troops at the border between China and North Korea," July 5, 1950. No. 00284 斯大林致罗申电: 关于中国军队在 中朝边境集结的问题(1950年 7月 5日).

Exchange of notes constituting an agreement relating to jurisdiction over offenses by United States forces in Korea. Taejon, 12 July 1950.

Federal Constitutional Court, Decision of July 31, 1973 – 2 BvF 1/73.

Foreign Broadcast Information Service-SOV-89-110, GDR, 9 June 1989.

General Headquarters, Far East Command, Supreme Commander Allied Powers, and United Nations Command, *Historical Journal*, 11 Oct - 10 Nov 1945 / https://librarian.nl.go.kr/LI/contents/L20201000000.do?viewKey=CNTS-00053806722&viewType=C&typeName=%EC%A0%84%EC%9E%90%EC%B1%85

GHQ Commander-in-Chief, USAF, "Commanding Generals' Statement," Summation No. 13, October 1946, 24.

Harriman to Secretary of State, 17 July 1963, U.S. National Archives, NSF 187A.

Hearings on Military Posture, and H.R. 9637, to Authorize Appropriations, During Fiscal Year 1965 for Procurement of Aircraft, Missiles, and Naval Vessels, and Research, Development, Test, and Evaluation, for the Armed Forces, and of Other Purposes: Before the Committee on Armed Services, House of Representatives, Eighty-eighth Congress, Second Session, Government Printing Office, 1964.

Adolf Hitler, "Appeal to the Nation," 15 July 1932.

Adolf Hitler, "Closing speech at the NSDAP congress in Nuremberg."

International Department of the Central Committee of the All-Union Communist Party, APRF, "Report on Kim Il Sung's visit to the USSR, March 30-April 25, 1950," cited in Bajanov and Bajanova.

Interview with Bill Moyers, Vietnam, Bill Moyers, SR #2623, Tape 885, Side 2.

Interview with Jack Valenti, "LBJ Goes to War: 1964-65," Vietnam: A Television History," 04/23/1981.

Interview with Hannah Arendt by Joachim Fest, 1964, Hannah Arendt Center for Political Studies, Department of Human Sciences – University of Verona.

The Iraq Survey Group, *Finding the Truth: The Iraq Survey Group and the Search for WMD.* https://nsarchive2.gwu.edu/NSAEBB/NSAEBB520-the-Pentagons-Spies/EBB-PS37.pdf

"Japan Declaration of War on Germany," 23 August 1914, in *Diplomatic Record: Japan in Shantung Province*, Hoover Archives, Stanley K. Hornbeck Papers, Box 382.

Johnson to Dulles, "Attendance of Korean Observers at Japanese Peace Conference," 20 Aug 1951, Reel 10, Microform C43, Files of John Foster Dulles, RG 59.

Carl Kaysen to General Maxwell Taylor, Military Representative to the President, "Strategic Air Planning and Berlin," 5 September 1961, Top Secret, excised copy, with cover memoranda to Joint Chiefs of Staff Chairman Lyman Lemnitzer, National Archives, Record Group 218, Records of the Joint Chiefs of Staf, Records of Maxwell Taylor.

""LBJ Goes to War: 1964-65," Part of 4 of the documentary "Vietnam: A Television History."

Letter, "Dear Mr. President," Mikhail Gorbachev letter to Ronald Reagan, 15 September 1986, The Reykjavik File, Previously Secret Documents from U.S. and Soviet Archives on the 1986 Reagan-Gorbachev Summit, Document 1, https://nsarchive2.gwu.edu/NSAEBB/NSAEBB203/Document01.pdf

Letter from Ambassador Oshima to Foreign Minister Arita, March 7, 1939, Gendai-shi Shiryo (Modern History Materials), Vol. 10, Misuzu Shobo, 1964.

Letter from Clutton to R. H. Scott, 20 September 1951, FO 371/92599/1419.

Letter from Dean Rusk, Assistant Secretary of State, to You Chan Yang, Korean Ambassador in Washington, D.C., State Department Decimal File No. 694.001/8-1051 CS/H, State Department Records, Record Group 59, August 9, 1951.

"Letter from J. B. Tito and E. Kardelj to J. V. Stalin and V. M. Molotov, April 13, 1948," in Royal Institute (fn. 13), p. 19. Duncan Wilson, *Tito's Yugoslavia*, Cambridge University Press, 1979.

"Letter from President Park to President Nixon," Fm: EA-Marshall Green to: The Secretary,

September 20, 1971.

"A Letter to Dean G. Acheson (US Secretary of State) from You Chan Yang (Korean Ambassador in Washington D.C., USA)," July 19, 1951, Memorandum of Conversation: Japanese Peace Treaty," July 19, 1951.

Lyndon B. Johnson, Press Conference, Transcript, July 28, 1965.

Ltr., Kim, Koo to Lt. Gen. A. C. Wedemeyer, CG US Forces China Theater, 19 Nov. 1945, I & H files (Intelligence and Headquarters files).

"Message on the Observance of Afghanistan Day by U.S. President Ronald Reagan," March 21, 1983.

"New Developments in Korea May Lead to Contacts between North and South," Fm: EA-Wintrop G. Brown to: The Secretary (Information Memorandum), August 16, 1971.

"No Soviet Military Preparations in Germany and Austria," *Daily Summary Excerpt*, 28 June 1950.

Kissinger to Argentines on Dirty War: "The quicker you succeed the better," National Security Archive Electronic Briefing Book No. 104. https://nsarchive2.gwu.edu/NSAEBB/NSAEBB104/index.htm

"The Maintenance of Empire," in T.E. Kebbel ed., *Selected Speeches of the Earl of Beaconfield*, 1882, Vol. II.

Mao Telegram to Zhou Enlai in Moscow re: the Advantages of Enter the War, October 13, 1950.

Mao's comments to Soviet ambassador Pavel Yudin on 22 July 1958 in Zhang Shu Guang and Chen Jian, "The Emerging Disputes Between Beijing and Moscow: Ten Newly Available Chinese Documents," CWIHP Bulletin, Iss. 6-7, 1995/1996.

Mao's verbal message to Stalin via Roshchin, October 3, 1950, RGASPI, Fond 558, Opis 11, Delo 334, Listy 105-6.

Memorandum, "Andropov handwritten memo to Brezhnev," early December 1979. https://nsarchive2.gwu.edu//dc.html?doc=5696256-Document-4-Andropov-handwritten-memo-to-Brezhnev

"Memorandum for The President from Zbigniew Brzezinski, 'Reflections on Soviet Intervention in Afghanistan,'" December 26, 1979. https://nsarchive2.gwu.edu//dc.html?doc=5696260-Document-8-Georgy-Kornienko-was-the-top-deputy

Memorandum from John M. Allison, U.S. Delegation to the United Nations, State Department Records, Record Group 59, May 25, 1950.

Memorandum from Maxwell M. Hamilton, U.S. Representative on the Far Eastern Commission, Territorial Provisions in Japanese Peace Treaty, State Department Records, Record Group 59, May 26, 1950.

Memorandum of conversation between James Baker and Eduard Shevardnadze in Moscow. Feb 9, 1990, U.S. Department of State, FOIA 199504567 (National Security Archive Flashpoints Collection, Box 38).

Memorandum of conversation between Mikhail Gorbachev and James Baker in Moscow. Feb 9, 1990, U.S. Department of State, FOIA 199504567 (National Security Archive Flashpoints Collection, Box 38).

Memorandum to Joint Chiefs of Staff, 3 December 1950, File II Box I, RG6, Douglas MacArthur Papers, MMA.

The Ministry of Foreign Affairs of the PRC, Archive of the Ministry of Foreign Affairs of the PRC, PRCFMA, 109-00751-01, 4.

The Ministry of Foreign Affairs of the PRC, New Evidence from the Archives of the Ministry of

Foreign Affairs of the People's Republic of China, CWIHP Bulletin, Issue 16.

The National Security Archive, "Interview with Richard Nixon concerning J.F. Dulles," Record no. 65.

National Security Council, "Memorandum by the Executive Secretary of the National Security Council (Souers) to the National Security Council, Subject: The Position of the United States with Respect to Asia," Washington, December 30, 1949. *FRUS, 1949*, The Far East and Australasia, Volume VII, Part 2.

"National Security Planning Group (NSPG) Meeting, Subject: Response to Threat to Lebanon Hostages, January 18, 1985, Top Secret," Iran-Contra Revisited, Document 4, National Security Archive. https://nsarchive2.gwu.edu/NSAEBB/NSAEBB483/docs/1985-01-18%20-%20NSPG%20 on%20retaliation%20against%20Iran%20and%20Hezbollah.pdf

New Evidence from the Archives of the Ministry of Foreign Affairs of the People's Republic of China, CWIHP Bulletin, Issue 16.

"NSC-68, A Report to the National Security Council by the Executive Secretary on United States Objectives and Programs for National Security, April 14, 1950," *Naval War College Review* 27, May/June 1975.

Office of Public Communication, Bureau of Public Affairs, The Department of State, *The Department of State Bulletin*, Vol. 13, No. 2, 1945.

"On the Situation in 'A'", December 12, 1979. https://nsarchive2.gwu.edu//dc.html?doc=5696258-Document-6-On-the-Situation-in-A-December-12-1979

"Palestine: Legal Arguments Likely to be Advanced by Arab Representatives," Memorandum by the Secretary of State for Foreign Affairs (Lord Halifax), January 1939, UK National Archives, CAB 24/282, CP 19 (39).

"Record of Meeting at the Kremlin, Moscow, 9 October 1944, at 10 p.m.," October 09, 1944, History and Public Policy Program Digital Archive, Public Record Office, International History Declassified.

"Replies by Yu. V. Andropov to Questions from a Correspondent of Pravda," *Pravda*, March 27 1983.

Report of Zhou Enlai on the war situation in Korea, September 29, 1950, cited from Jin Chongji, *Mao Zedong zhuan: 1949-1976* [Biography of Mao Zedong: 1949-1976], Vol. 1, 2003.

"Report by Four Chinese Marshals, Chen Yi, Ye Jianying, Xu Xiangqian, and Nie Rongzhen, to the Central Committee, 'A Preliminary Evaluation of the War Situation'(excerpt)," July 11, 1969, History and Public Policy Program Digital Archive, Zhonggong dangshi ziliao [CCP Party History Materials], no. 42 (June 1992), pp. 70-75. Translated for CWIHP by Jian Chen with assistance from Li Di.

"Return from the Munich Pact," delivered by Neville Chamberlain, on September 30, 1938.

"Peace in our Time" Speech given in Defense of the Munich Agreement, 1938, Neville Chamberlain, Parliamentary Debates, Commons, Vol. 339, October 3, 1938.

Peking, to the Soviet Ambassador. Pass immediately to Cde. Mao Zedong. Cable N° 4784, October 11, 1950. https://digitalarchive.wilsoncenter.org/document/cable-no-4785-filippov-stalin-and-zhou-enlai-soviet-ambassador-peking

"President Park's July 10 Response," From Embassy Seoul to Department of State, July 28, 1970.

"Proposal for Increased Display of U.S. Interest in Dialogue between ROK and North Korea," From Embassy Seoul to SecState, February 18, 1971.

Personal History or Diary of Vice Admiral Alfred G. Ward, U.S. Navy, While Serving as Commander Second Fleet, ca. 11/28/62.

PREM 19/3750, European Policy: Setting up of European Bank for Reconstruction and Development, part 3.

President Kennedy's Inaugural Address, 20 January 1961.

Press Release, Speech of Representative Joseph W. Martin, February 12, 1951. Truman Papers, President's Secretary's Files. MacArthur, Douglas: Dismissal.

PRO, FO 371/112057/360G, record of Churchill-Radford dinner, Chequers, 26, April 1954.

Public Records Office, Kew Gardens, London, Foreign Office Files 371/35039/E5826.

Rad(Requirement Approval Document), C 50332, CINCUNC to DA for JCS, 3 Dec, 50.

Rad, CG FEAF to CINCFE, 22 Nov. 50.

Rad, CX 69453, CINCFE to CG FEAF, 21 Nov. 50.

Radio, CINCAFPAC to COMGENTEN, etc. (but not to CG XXIV Corps) 121527/Z Aug 45.

Re: Castro, Cuba, and the Missile Crisis, Reply #3 on: July 17, 2013, 09:33:53 pm.

Re: JFK and the Military-Industrial Complex, Reply #4 on: July 17, 2013, 08:04:43 pm, 10/19/1962.

Remarks at the Annual Convention of the National Association of Evangelicals in Orlando, Florida March 8, 1983.

G.A. Res. 15(XV), I U.N. GAOR at 37, U.N. Doc. A/64 (1946).

"Rhee Tells Public of U.S. Arms Aid," Seoul, in Korean to Korea, Foreign Broadcast Information Service, Daily Report, 1941-1959 No. 126, June 27, 1950, 1315 GMT – B(Speech delivered by President Syngman Rhee).

Richardson address, "The Foreign Policy of the Nixon Administration: Its Aims and Strategy," in *U.S. Department of State Bulletin*, Vol. LXI, No. 1578, September 22, 1969.

ROK/DPRK: South-North Talks, a Pause Follows Rapid Progress, Intelligence Note, December 18, 1972.

Russian State Archive of Socio-Political History (RGASPI), fond 558, opis 11, delo 62, listy 71-72. Published in: Andrei Ledovskii, "Stalin, Mao Tsedunh I Koreiskaia Voina 1950-1953 godov," Novaia I Noveishaia Istoriia, No. 5 (September-October 2005), 79-113. Translated for NKIDP by Gary Goldberg.

"Russian transcript of Negotiations in the Working Group on Military Issues, headed by Nitze and Akhromeev, 11-12 October 1986," The Reykjavik File, Previously Secret Documents from U.S. and Soviet Archives on the 1986 Reagan-Gorbachev Summit, Document 17. https://nsarchive2.gwu.edu/NSAEBB/NSAEBB203/Document17.pdf

"Russian transcript of Reagan-Gorbachev Summit in Reykjavik, 12 October 1986 (afternoon)," (published in FBIS-USR-93-121, 20 September 1993), The Reykjavik File, Previously Secret Documents from U.S. and Soviet Archives on the 1986 Reagan-Gorbachev Summit, Document 16, https://nsarchive2.gwu.edu/NSAEBB/NSAEBB203/Document16.pdf

SAPMO, the East German Party Archive, now part of the Bundesarchiv in Berlin; B.-E. Siebs, Die Aussenpolitik der DDR 1976-1989: Strategien und Grenzen, Padeborn, 1999.

Sir Frank Roberts's Report on His Farewell Interview with Khrushchev, 13 November 1962, Kennedy Library, National Security Files no. 188.

Sorensen comments, in Bruce J. Allyn, James G. Blight, and David A. Welch eds., *Back to the Brink: Proceedings of the Moscow Conference on the Cuban Missile Crisis*, University Press of America, 1992.

"Speech Delivered by Stalin at a Meeting of Voters of the Stalin Electoral District, Moscow," February 09, 1946, History and Public Policy Program Digital Archive, Gospolitizdat, Moscow, 1946.

"Stalin to Roosevelt, 27 December 1944," in Manhimaki and Westad eds. 2004.

Stalin's cable to Kim Il Sung (quoting Stalin's earlier message to Mao), 8 October 1950, APRF, Fond 45, list 1, file 347.

"Statement by the President, Truman on Korea," June 27, 1950, History and Public Policy Program Digital Archive, Public Papers of the Presidents, Harry S. Truman, 1945-1953.

Statement by the Spokesman of the Chinese Government – a comment on the Soviet Government's Statement of August 21, *People's Daily*, September 1, 1963.

"A Status report on Contacts Between North and South Korea," Fm: Marshal Green to: the Secretary (Information Memorandum), October 6, 1972.

TELECON, Amb. Dobrynin-Secretary Kissinger, October 18, 1973 7:14 p.m. https://assets. documentcloud.org/documents/6244871/National-Security-Archive-Doc-08-TELECON-Amb.pdf

Telcon, Helms - Kissinger, September 12, 1970, 12:00 noon.

Telegram, "Chinese Troops Should and Must Join the War," Mao to Zhou, October 13, 1950, *Mao Zedong waijiao wenxuan*, Zhongyang wenxian chubanshe, 1995.

Telegrams from Romanian Embassy, Beijing, to Romanian Ministry of Foreign Affairs, no. 74325, 24 August 1968.

Telegram, McCarthy to President Harry S Truman, February 11, 1950.

"Telegram from Mao Zedong to Zhou Enlai regarding deployment and strategy of People's Volunteer Army's Korean war operations," Oct. 14. 1950.

Telegram from Roshchin to Stalin, 15 May 1950, cited in Bajanov and Bajanova.

"Telegram from Stalin to Shtykov," January 30, 1950, History and Public Policy Program Digital Archive, AVP RF, f. 059a, op. 5a, d. 3, p. 11, l. 92, and RGASPI, f. 558, op. 11, d. 346, ll. 0069-0073.

Telegram of His Majesty the Emperor to H. M. the King of England of August 1st, 1914, "How the Franco-German Conflict Might Have Been Avoided," *The American Journal of International Law*, Vol. 9, No. 1, Supplement: Official Documents, January, 1915.

Telegram, Zhou Enlai to Mao Zedong, Regarding Contact with Eden and Bidault, 2 June 1954, [Source: PRCFMA 206-Y0050. Obtained by CWIHP and translated for CWIHP by Zhao Han], The Geneva Conference of 1954.

Telegram, Zhou Enlai to Mao Zedong and Others, Regarding a Meeting with British Foreign Secretary Eden, 1 May 1954, PRCFMA 206-00045-03; P1-4. Obtained by CWIHP and translated for CWIHP by Gao Bei.

"Testimony before the Senate Committee on Armed Services and the Foreign Relations," May 15, 1951, Military Situation in the Far East, Hearings, 82nd Cong., 1st session, part 2.

Text of the Letter from Nixon to Park Chung Hee," Fm. The White House to Amebassy Seoul, November 29, 1971.

To Beijing, Soviet Ambassador (For immediate transmission to Mao Zedong and Zhou Enlai.), Archive of the President, Russian Federation(APRF), fond 45, opis 1, delo 334, listy 97-98. Mansourov(1995/1996).

"Top Secret Report on the Military Situation in South Korea from Shtykov to Comrade," June 26, 1950, History and Public Policy Program Digital Archive, Collection of Soviet military documents obtained in 1994 by the British Broadcasting Corporation for a BBC TimeWatch documentary titled "Korea, Russia's Secret War," January, 1996.

"Transcript of CPSU CC Politburo Discussions on Afghanistan," March 17, 1979, History and Public Policy Program Digital Archive, TsKhSD, f. 89, per. 25 dok.1, ll. 1, 12-25. Wilson Center, International History Declassified, "Soviet Invasion of Afghanistan," https://digitalarchive.

wilsoncenter.org/document/113260Transcript of October 27 Cuban Missile Crisis ExComm Meetings, 10/27/1962.

Transcript of "Off the Record Meeting on Cuba," 16 October 1962, 6:30-7:55 p.m., *International Security*, vol. 10, no. 1, 1985.

United Nations, *The Origins and Evolution of the Palestine Problem: 1917-1988*, 1990.

United Nations, Office on Genocide Prevention and the Responsibility to Protect. Debriefing, London, 20 April 1961, CIA Electronic Reading Room.

United Nations Security Council Resolution 138(S/4349), 1960.

United Nations General Assembly, History and Public Policy Program Digital Archive, *Yearbook of the United Nations, 1947-48*, Department of Public Information, United Nations, 1949.

United Nations General Assembly Resolution 112 (II), 14 Nov 1947.

United Nations, Official Document, Verbatim Record, Second Session, 1947, the Plenary Meetings, Vol. 1.

United States of Armed Forces in Korea, "History of the U.S. Armed Forces in Korea(HUSAFIK)," Manuscript in Office of the Chief of Military History, Washington D.C. (Seoul and Tokyo, 1947, 1948), Vol.1, ch. 1.

U.S. Army Center of Military History, chapter III. https://history.army.mil/books/korea/20-2-1/Sn03.htm

U.S. Census Bureau, *Total Midyear Population for the World: 1950-2050*, 2011.

U.S. Congress, Congressional Record, Appendix, 1960, A3775.

U.S. Congress, Senate, *Executive Sessions of the Senate Permanent Subcommittee on Investigations of the Committee on Government Operations (McCarthy Hearings 1953-54)*, Government Printing Office, 2003.

U.S. Congress, Senate, "The Censure Case of Joseph McCarthy of Wisconsin (1954)," adapted from Anne M. Butler and Wendy Wolff. *United States Senate Election, Expulsion, and Censure Cases, 1793-1990*. S. Doc., Government Printing Office, 1995.

U.S. Congress, Senate Committee on Foreign Relations, *United States Security Agreements and Commitments Abroad: Japan and Okinawa, Hearings before the Sub-Committee on U.S. Security Agreements and Commitments Abroad*, 91st Congress, 2nd Session, Part 5, Government Printing Office, 1970.

U.S. Congress, Senate, *Congressional Record*, October 4, 1967, U.S. Government Printing Office, 1967. Vietnam War U.S. Military Fatal Casualty Statistics, U.S. National Archives.

U.S. Congress, Senate, *Congressional Record of the Senate, 81st Congress 2nd Session*, Senator Joseph McCarthy, Speech at Wheeling, West Virginia, 1950. February 20, 1950. 1954-1957.

U.S. Congress, Senate, XIV. Executive Sessions of the Senate Permanent Subcommittee on Investigations of the Committee on Government Operations, Vol. 5, 83rd Congress, Second Session, 1954, xiv.

U.S. Department of State, The Acting Secretary of State to the Chairman of the Korean Commission in the United States (Rhee) Washington, June 5, 1945. *FRUS*, 1945, The British Commonwealth, The Far East, Vol., VI.

U.S. Department of State, "Asia and the Pacific, 1951," *FRUS 1951*, Volume VI, Part 1, Document 532.

U.S. Department of State, Circular Airgram, 17 December 1946, in RG 59, UPA.

U.S. Department of State, Confidential Reed, 7 November 1946, from Saigon, in General Records of the Department of State (RG 59), University Publications of America(UPA), Hanoi to Secretary of State, 23, November 1946, in RG 59, UPA; Paris to Department, 29 November 1946.

U.S. Department of State, Office of the Historian, "The Allende Years and the Pinochet Coup, 1969–1973." https://history.state.gov/milestones/1969-1976/allende

U.S. Department of State, Office of the Historian, *The Truman Doctrine*, 1947. https://history.state. gov/milestones/1945-1952/truman-doctrine

U.S. Department of State, SECRET/NODIS, "Secretary's Staff Meeting, October 1, 1973."

U.S. Department of State, 'A Date Which Will Live in Infamy,' The First Typed Draft of Franklin D. Roosevelt's War Address.

U.S. Department of State, *FRUS, 1951*, Vol. VI, Part 1, U.S. Government Printing Office, 1951.

U.S. Department of State, "Khrushchev to Kennedy," November 9, 1961, *FRUS Berlin Crisis, 1962-1963*, vol. 15.

U.S. Department of State, Memorandum of Conference with President Kennedy, 20 September 1961, *FRUS, 1961-63*, Government Printing Office, 1998.

U.S. Department of State, Editorial Note, Foundations of Foreign Policy, 1973-1976, *FRUS, 1969-1976*, Volume XXXVIII, Chile: 40 years on from Pinochet's coup, impunity must end, 10 September 2013.

U.S. Department of State, "Memorandum of a Conversation," Washington, November 28, 1956, Department of State, NA Files: Lot 59 D 407, Problems of Para. 13d of Armistice Agreement 1956. Secret. *FRUS, 1955-1957, KOREA*, VOLUME XXIII, PART 2.

U.S. Department of State, "Memorandum of Discussion at the 334th Meeting of the National Security Council, Washington, August 8, 1957," *FRUS, 1955-1957, Korea*, Volume XXIII, Part 2, Eisenhower Library, Whitman File, NSC Records. Top Secret; Eyes Only.

U.S. Department of State, Memorandum of Conversation, Secretary's Meeting with Foreign Minister Carvajal, Washington, September 29, 1975, *FRUS, 1969-1976*, Volume E–11, Part 2, Documents on South America, 1973-1976.

U.S. Department of State, *FRUS, 1948*, vol. 5, no. 2, The Near East, South Asia, and Africa, Washington D.C., U.S. Government Printing Office, 1975.

U.S. Department of State, "My Visit to China," 62. Memorandum From the President's Assistant for National Security Affairs (Kissinger) to President Nixon, *FRUS, 1969-1976*, Volume XVIII, China, 1973-1976, Washington, November 19, 1973.

U.S. Department of State, "My Trip to China," 3. Memorandum From the President's Assistant for National Security Affairs (Kissinger) to President Nixon, Washington, March 2, 1973, *FRUS, 1969-1976*, Volume XXXVIII, Part 1, Foundations of Foreign Policy, 1973-1976.

U.S. Department of State, Memorandum from the President's Assistant for National Security Affairs (Kissinger) to President Nixon, Washington, undated, *FRUS, 1969-1976*, Volume XVII, China, 1969-1972.

U.S. Department of State, Memorandum of Conversation, Beijing, February 21, 1972, 2:50–3:55 p.m., *FRUS, 1969-1976*, Volume XVII, China, 1969-1972.

U.S. Department of State, Memorandum of Conversation, Beijing February 23, 1972, 9:35 a.m.-12:34 p.m. *FRUS, 1969-1976*, Vol. E-13, Documents on China, 1969-1972.

U.S. Department of State, *FRUS, 1945*, Washington, D. C.: USGPO, 1969.

U.S. Department of State, Memorandum of Conversation, October 22, 1971, Hak visit to PRC, *FRUS, 1969-1976*, Volume E-13, Documents on China, 1969-1972.

U.S. Department of State, 1965a, "Memorandum of Conversation: Korea-Japan Negotiations," May 18, 1965, [USNARA/Doc. No.: N/A].

U.S. Department of State, Letter from the Ambassador in Vietnam (Lodge) to the President, June 5, 1964, *FRUS, 1964-1968*, 1, Doc. # 200.

U.S. Department of State, Office of Historian, NSC-68, 1950. https://history.state.gov/milestones/1945-1952/NSC68

U.S. Department of State, Telephone Conversation Between President Johnson and Senator Richard Russell, *FRUS, 1964-1968*, Volume XXVII, Mainland Southeast Asia; Regional Affairs, Washington, May 27, 1964, 10:55.

U.S. Department of State, Operational Immediate. *FRUS, 1961-1963*, Volume III, Vietnam, January-August 1963.

U.S. Department of State, "Statements by Senator Connally regarding U.S. Policy in Korea," Memorandum by the Assistant Secretary of State for Far Eastern Affairs (Rusk) to the Under Secretary of State (Webb), *FRUS, 1950, Korea*, Volume VII, 611.95/5–250, Washington, May 2, 1950.

U.S. Department of State, Telegram from the Department of State to the Embassy in Vietnam, Washington, August 24, 1963, 9:36 p.m., Har-Van Files, Overthrow of the Diem Government in South Vietnam, 1963. Top Secret.

U.S. Department of State, "The United Command Report on the 75th meeting of the MAC," from Seoul, August 23, Department of State, Central Files,795.00/8–2357.

U.S. Department of State to the mission to NATO and the European Regional Organizations, 28 October 1962, *FRUS*, vol. 15, doc. 145.

U.S. Department of State, *FRUS, 1961-1963*, Volume XI, Cuban Missile Crisis and Aftermath, Moscow, October 28, 1962.

U.S. Department of State, Memcon, 6 September 1962, *FRUS*, vol. 15, doc. 112.

U.S. Department of State, *North Korea: a case study in the techniques of takeover*, U.S. Government Printing Office, 1961.

U.S. Department of State, Memorandum of Conversation, Vienna, June 4, 1961, 3:15 p.m., *FRUS, 1961-1963*, Volume XIV, Berlin Crisis, 1961-1962.

U.S. Department of State, 357.AD/9–2650: Telegram, The Acting Secretary of State to the United States Mission at the United Nations, *FRUS, 1950, Korea*, Vol. VII, Top secret, Priority, Washington, September 26, 1950—1 p.m.

U.S. Department of State, 396.1 GE/5–454: Telegram, The United States Delegation to the Embassy in Korea, Geneva, May 4, 1954—8 p.m., *FRUS, 1952-1954, The Geneva Conference*, Volume XVI.

U.S. Department of State, 396.1 GE/5–1754: Telegram, The United States Delegation to the Embassy in Korea, Geneva, May 17, 1954—11 p.m. *FRUS, 1952-1954, The Geneva Conference*, Volume XVI.

U.S. Department of State, 396.1 GE/6–2554, Declaration by the Sixteen, Geneva, June 15, 19541, Geneva, June 15, 1954, *FRUS, 1952-1954, The Geneva Conference*, Volume XVI.

U.S. Department of State, 795.00/5–2854: Telegram, The Ambassador in Korea (Briggs) to the Department of State, Seoul, May 28, 1954—9 p.m, *FRUS, 1952-1954*, Korea, Volume XV, Part 2.

U.S. Department of State, Memorandum of Conversation, by the Chargé in Korea (Drumright), Seoul, May 9, 1950. Subject: Pres. Rhee's Comment on Sen. Connally's Remarks on Korea, *FRUS, 1950, Korea*, Volume VII.

U.S. Department of State, Rust to the mission to NATO and the European Regional Organizations, 28 October 1962, *FRUS*, vol. 15, doc. 145.

U.S. Department of State, *FRUS, Conferences at Malta and Yalta* (Washingotn, D.C.: GPO, 1955.

U.S. Department of State, *FRUS, 1951*, Vol. VI, Part 1, Washington, D.C.: U.S. Government Printing Office, 1951.

U.S. Department of State, *FRUS, 1950. East Asia and the Pacific*, Volume VI, 1950.

U.S. Department of State, Acheson to Sebald, August 1, 1950, Strong to Acheson, August 3 and 4, 1950, *FRUS, 1950*.

U.S. Department of State, MacArthur to Joint Chiefs of Staff, 9 November, 1950, *FRUS 1950*(7).

U.S. Department of State, Joint Chiefs of Staff to MacArthur, 6 November, 1950, *FRUS 1950*(7).

U.S. Department of State, Statement Issued by the President, Washington, June 27, 1950, *FRUS, 1950, Korea*, Volume VII.

U.S. Department of State, Memorandum, Division of Security (SY), n.d. [April 1950], Folder – Loyalty and Security in the Dept," Box 16, Security Files 1932-1963, Records of the Division of A/ SY/Evaluations, Record Group 59-Lot 96D584, National Archives and Records Administration, College Park, Maryland. Moscow, June 29, 1950—6 p. m., [Received June 29—1:02 p. m.], *FRUS, 1950, Korea*, Volume VII.

U.S. Department of State, "North Korea's Peace Offensive," The Bureau of Intelligence and Research, January 18, 1972.

U.S. Department of State, 851G.01/5–1149: Telegram, The Secretary of State to the Consulate at Hanoi, *FRUS, 1949, The Far East and Australasia*, Vol. VII, Part 1, Secret, Washington, May 20, 1949.

U.S. Department of State, Telegram from "The Acting Political Adviser in Japan (Sebald) to the Secretary of State," November 14, 1949, *FRUS 1949*, Vol. 7.

U.S. Department of State, Yalta Conference. "Inter-Allied Consultation Regarding Korea," *FRUS, Conferences at Malta and Yalta*, 1945.

U.S. Department of State, *FRUS, 1945*, VI, 1039, Washington, D. C.: USGPO; Ministry of Foreign Affairs of the U.S.S.R., Correspondence Between the Chairman of the Council of Ministers of the U.S.S.R. and the Presidents of the U.S.A. and the Prime Ministers of Great Britain During the Great Patriotic War of 1941-1945, II, Moscow, Foreign Languages Publishing House, 1957.

U.S. Department of State, 139. Memorandum of Conversation, Beijing, July 9, 1971, 4:35–11:20 p.m., *FRUS, 1969-1976*, Volume XVII, China, 1969-1972.

U.S. Force Historical Support Division, September 8, 2015.

U.S. General Accounting Office, *Former Soviet Union: Credit Worthiness of Successor States and U. S. Export Credit Guarantees*, 1995.

"U.S./Korean Relations," Fm: Department of State to Amebassy Seoul & CINCPAC for PolAd, (Memorandum of Conversation), September 21, 1971.

U.S. National Security Agency, "The Battle of Midway: How Cryptology enabled the United States to turn the tide in the Pacific War." https://www.nsa.gov/about/cryptologic-heritage/historical-figures-publications/publications/wwii/battle-midway.shtml

"USSR CC CPSU Politburo session. Reykjavik assessment and instructions for Soviet delegation for negotiations in Geneva, 30 October 1986," The Reykjavik File, Previously Secret Documents from U.S. and Soviet Archives on the 1986 Reagan-Gorbachev Summit, Document 23. https://nsarchive2.gwu.edu/NSAEBB/NSAEBB203/Document23.pdf

Viron Vaky to Kissinger, "Chile -- 40 Committee Meeting, Monday – September 14," September 14, 1970.

"V Politburo TsK KPSS: O nekotorykh aktual'nykh voprosakh sotrudnichestva s Sotsstranami," 28

June 1986, Volkogonov Archives, Library of Congress.

Waijiaobu(外交部), ed., *Official Documents Relating to the War, for the Year of 1917*, Peking Leader Press, 1918.

Watergate, Volume 2: The Conspiracy Crumbles, Episode 4: Massacre, Discovery Channel. 1994.

White House, Kissinger, Memorandum for the President, "Subject: NSC Meeting, November 6-Chile," November 5, 1970.

Wilhelm II's Comment on Metternich to Bulow, 25 June 1908, *GP*, xxx(ii), no. 8821, note 3, p. 481.

White House, *A National Security Strategy of Engagement and Enlargement*, February 1995.

World Bank, *World Debt Tables, 1991-1992*, 1992.

795.00/6–2950: Telegram, The Ambassador in the Soviet Union (Kirk) to the Secretary of State.

795.00/11–2850: Telegram, The Commander in Chief, Far East (MacArthur) to the Joint Chiefs of Staff, top secret, Tokyo, 28 November 1950–4:45 p. m. [Received November 28–4:46 a. m.].

861.00/2–2246: Telegram, The Charge in the Soviet Union (Kennan) to the Secretary of State, Moscow, February 22, 1946–9 p.m. [Received February 22–3: 52 p.m.].

언론 자료

『인민일보』, 1949년 9월 3일.

최영호, "'한반도 지속 지배' 일본의 망상 만주 이권 노린 소련의 기만," 『신동아』, 2014년 5월호.

최정호, "8·15 광복, '한국의 0년.'" 우리가 살아온 20세기, 『문화일보』, 1998년 8월 8일.

R. W. Apple Jr., "McNamara Recalls, and Regrets, Vietnam," *The New York Times*, April 9, 1995.

Peter Baker, "In Ukraine Conflict, Putin Relies on a Promise That Ultimately Wasn't," *The New York Times*, January 9, 2022.

BBC News, "Scarred by history: The Rape of Nanjing," April 11, 2005.

Elad Benari, "Knesset Approves Nakba Law," *Arutz Sheva* (Israel National News), March 23, 2011.

Frederick T. Birchall, "Hitler Endorsed by 9 to 1 in Poll on his Dictatorship, but Opposition Is Doubled," *The New York Times*, August 20, 1934.

Discovery Channel, Watergate, Volume 2: The Conspiracy Crumbles, Episode 4: Massacre, 1994.

Martin Bright, "Colin Powell in four-letter neo-con 'crazies' row," *The Guardian*, September 12, 2004.

Thomas J. Christensen, "Mao's 2 Telegrams on Korea," *The New York Times*, February 26, 1992.

Martin Chulov, "Isis: the inside story," Islamic State: The long read, *The Guardian*, December 11, 2014.

"CIA Files Show U.S. Blindsided By Korean War," *NPR*, June 25, 2010.

Francis X. Clines, "End of the Soviet Union: Gorbachev Plans to Give Up Power to Yeltsin Today," *The New York Times*, December 25, 1991.

"Counting the cost," *The Economist*, June 9, 2012.

Burton Crane, "South Koreans Kill Own Troops By Dynamiting a Bridge Too Soon; Hundreds of Retreating Soldiers in Trucks Blasted at Span South of Seoul-Two Reporters Hurt-U.S. Planes Cheered." *The New York Times*, June 29, 1950.

Jackson Diehl, "Leipzig's Leaders Prevent a Bloodbath," *The Washington Post*, January 14, 1990.

Michael Dobbs, "Changes Prove to be Bonus for Gorbachev," *The Washington Post*, November 10, 1989.

David W. Dunlap, "1971: Supreme Court Allows Publication of Pentagon Papers," *The New York Times*, June 30, 2016.

Richard M. Fried, "Mccarthy and His 'Ism'," *The Chicago Tribune*, February 09, 1990.

Alex Fryer, "Scoop Jackson's protégés shaping Bush's foreign policy," *The Seattle Times*, January 12, 2004.

"Gen. William Dean Dies at 82: Hero-Prisoner in Korean War," *The New York Times*, August 26, 1981.

Mikhail Gorbachev, "The Margaret Thatcher I knew," *The Guardian*, April 8, 2013.

Peter L. Hahn, "How Jimmy Carter lost Iran: The politics behind Carter's biggest blunder," *The Washington Post*, October 22, 2017.

Melissa Healy, "President and Kohl Chart New Political Directions for NATO," *The Los Angeles Times*, June 09, 1990.

Seymour M. Hersh, "C.I.A. Is Linked to Strikes In Chile That Beset Allende," *The New York Times*, September 20, 1974.

"Hinter dem eisernen Vorhang," *Signal*, May 1943.

Sidney Hook, "Heresy, Yes - But Conspiracy, No," *New York Times Magazine*, July 9, 1950.

Sasha Issenberg, "RFK's death now viewed as first case of Mideast violence exported to U.S," *San Diego Union Tribune* (*Boston Globe*), June 8, 2008.

"The Jackson Amendment," Special to *The New York Times*, March 9, 1974.

Ricrard J.h. Johnston, "Japanese Chief in Korea Thanks Hodge For Courtesies Extended by U.S. Troops," *The New York Times*, November 17, 1945.

C. Julien, "Sept heures avec M. Fidel Castro," *Le Monde*, 22 March 1963.

William Kaufmann, "90; MIT political scientist reshaped Kennedy's defense strategy," *Boston Globe*, December 26, 2008.

Bill Keller, "Critic of Gorbachev Offers to Resign His Moscow Party Post," *New York Times*, November 1, 1987.

Ali Khamenei, "Speech," *Ettela'at*, 5 March 1981.

John Kifner, "Armenian Genocide of 1915: An Overview," *The New York Times*.

Neil King, "May 8, 1945: The war in Europe is over," *Deutsche Welle*, August 5, 2012.

Atsushi Kodera, "Master recording of Hirohito's war-end speech released in digital form," *The Japan Times*, August 1, 2015.

Clifford Krauss, "Confrontation in the Gulf; And Now the 'B Word' (Do Not Say Blockade)," *New York Times*, August 13, 1990.

Sue Lloyd-Roberts, "Diplomat reveals Britain's betrayal of Tibet," *The Independent*, 13 March 1999.

"Lucas and Considine on Interviews With MacArthur in 1954," *The New York Times*, April 9, 1964.

"Many Rebel Khampas Killed in Nepal," *The Tibetan Review*, Vol. 9, No. 8, 1974.

John J. Marchi, "Good Translation Might Have Prevented Hiroshima," *The New York Times*, August 21, 1989.

"M'cArthy Insists Truman Outs Reds," *The New York Times*, February 12, 1950.

"North Atlantic Tryst," *The Economist*, July 7, 1990.

"Oil price and Russian politics: a history," *The Economist*, January 21, 2016.

"Profile: Osama bin Laden: The story of a most-wanted fugitive and billionaire," *Aljazeera*, March 18, 2018.

"Profile: Osama bin Laden: The story of a most-wanted fugitive and billionaire," March 18, 2018. https://www.aljazeera.com/news/asia/2011/05/20115235148217423.html

James Reston, "Yoshida Avers Country Will Not 'Fail' Allies in Promoting Points., *The New York Times*, September 8, 1951.

Ronald L. Ridenhour, "One Man's Bitter Porridge," *New York Times*, November 10, 1973.

David E. Rosenbaum, "U.S. to Pull A-Bombs From South Korea," *The New York Times*, October 20, 1991.

Serge Schmemann, "Hungary Allows 7,000 East Germans to Emigrate West," *New York Times*, September 11, 1989.

Serge Schmemann, "Leaders of 2 Germanys Agree to Disagree," *New York Times*, September 9, 1987.

Emily Schrader, "Israel's failure to recognize the Armenian Genocide is indefensible," *The Jerusalem Post*, April 24, 2020.

Hedrick Smith, "Mitchell Seeks to Halt Series on Vietnam, but Times Refuses," *The New York Times*, June 15, 1971.

Philip Taubman, "Gorbachev Accuses Former Ally of Putting Ambition Above Party," *The New York Times*, November 13, 1987.

Kathleen Teltsch, "Cuba, in U.N., Says Nixon Instigated Chilean Coup," *The New York Times*, September, 18, 1973.

Ian W. Toll, "A Reluctant Enemy," *The New York Times*, December 6, 2011.

Ian Traynor, "Snipping away at the Iron Curtain: when Hungary opened its Austrian border," *The Guardian*, 3 May 1989.

Steve Tsang, "Chiang Kai-shek's "secret deal" at Xian and the start of the Sino-Japanese War," *Palgrave Communications*, January 20, 2015.

Ann Scott Tyson, "Clinton vs. Nixon: Changed US Views On Trip to China," The *Christian Science Monitor*, June 24, 1998.

Volker Ullrich, "Hitler's Underestimated Charisma," Interview conducted by Jan Fleischhauer, *Spiegel*, October 11, 2013.

"The Union: America's Date with Destiny," *Newsweek*, March 24, 1947.

U.S. News and World Report, 5 May 1950.

Arye Wallentein, "Adolf Eichmann Dies on the Gallows; Self-Possessed, Defiant to the End," *Reuters*, June 1, 1963.

Klaus Wiegrefe, "Germany's Unlikely Diplomatic Triumph: An Inside Look at the Reunification Negotiations," *Spiegel*, September 29, 2010.

Klaus Wiegrefe, "Ostpolitik: How East Germany Tried to Undermine Willy Brandt," *Spiegel*, July 08, 2010.

Patrick Witty, "Malcolm Browne: The Story Behind The Burning Monk." *Time*, August 28, 2012.

Edward Wong, "China Seizes on a Dark Chapter for Tibet," *New York Times*, August 9, 2010.

찾아보기

지은이

박건영

1989년 University of Colorado에서 '카를 도이치 상(Karl Deutsch Award)' 수상자인 스티브 챈(Steve Chan), 마이클 워드(Michael Ward) 교수의 지도하에 박사학위("Political Economy of Rapid Development")를 취득하고, Texas A&M University에서 알렉스 민츠(Alex Mintz) 교수와 협업하여 국제정치이론, 미국정치, 정치학 방법론 등을 가르쳤다. 이 시기 연구 성과는 *Journal of Peace Research*, *Defence Economics*, *International Interactions*, *Asian Perspective* 등에 실렸다. 1997년부터 가톨릭대학교에 부임하여 국제학부장, 국제정치경제연구센터장, 인문사회연구소장, 국제대학원장을 역임하고 국제관계이론·외교사·미중관계특강 등을 가르치며 최우수 강의상을 수상하였다. 2000년 『한반도의 국제정치』로 한국국제정치학회 학술상을 받았으며, 2003년에는 『동아일보』에 국제정치부문 제3세대 대표학자로 언급되었다. 2004년에는 미국 브루킹스연구소의 코리아 펠로우로, 2014년에는 「미중관계와 한반도의 통일」로 UNESCO-Korea Commission(*Korea Journal*)의 제1회 'Korea Journal 상' 수상자로 선정되었다.

그는 "자기 사회에 대한 독자적인 문제의식을 형성하지 못하거나 자기 사회의 맥락과 유리된 문제의식"을 갖게 만드는 서구의 관념적, 가치관적 지배력을 경계하면서 국제정치의 보편성 아래 구체적 시공간의 맥락을 반영하는 분석과 처방을 제시해왔다. 이러한 접근법과 문제의식은 『국제관계사: 사라예보에서 몰타까지』(사회평론아카데미, 2020), 『국제정치이론』(공저, 사회평론아카데미, 2021), 『외교정책결정의 이해』(사회평론아카데미, 2021), 『조선이 한국에게 보내는 편지: 한반도의 국제정치』(사회평론아카데미, 2021)에 일관되게 반영되어 있다.